사회복지조사방법론

제8판

Research Methods FOR SOCIAL WORK

***Research Methods for Social Work*, Eighth Edition**

Allen Rubin,
Earl R. Babbie

Original edition © 2014 Wadsworth, a part of Cengage Learning.
Empowerment Series: Research Methods for Social Work, Eighth Edition, International Edition
by Allen Rubin, Earl R. Babbie
ISBN: 9781285177137

This edition is translated by license from Cengage Engineering, a part of Cengage Learning, for sale in Korea only.

ISBN-13: 978-89-6218-383-2

Cengage Learning Korea Ltd.
14F YTN Newsquare 76 Sangamsan-ro
Mapo-gu Seoul 03926 Korea

Cengage is a leading provider of customized learning solutions with employees residing in nearly 40 different countries and sales in more than 125 countries around the world. Find your local representative at: **www.cengage.com**

To learn more about Cengage Solutions, visit **www.cengageasia.com**

Printed in Korea
Print Number: 03 Print Year: 2024

사회복지조사방법론

제8판

Research Methods FOR SOCIAL WORK

Allen Rubin · Earl R. Babbie 지음

김기덕 · 김용석 · 유태균 · 이기영 · 이선우 · 정슬기 옮김

Cengage

Australia • Brazil • Canada • Mexico • Singapore • United Kingdom • United States

옮긴이 약력

김기덕
순천향대학교 사회복지학과 교수
애리조나주립대학교(Arizona State University) 사회복지학 박사
주요경력 보스턴대학교(Boston University) 박사후 연구원(Post-Doc. Research Fellow)

김용석
가톨릭대학교 사회과학부 사회복지학전공 교수
텍사스주립대학교(University of Texas at Austin) 사회복지학 박사
주요경력 서울시 시정여론조사 자문위원

유태균
숭실대학교 사회복지학과 교수
캘리포니아주립대학교 버클리캠퍼스(University of California at Berkeley) 사회복지학 박사
주요경력 숭실대학교 사회보장연구센터장

이기영
부산대학교 사회과학대학 사회복지학과 교수
오하이오주립대학교(Ohio State University) 사회복지학 박사

이선우
인제대학교 사회복지학과 교수
캘리포니아주립대학교 버클리캠퍼스(University of California at Berkeley) 사회복지학 박사
주요경력 중앙자활센터원장

정슬기
중앙대학교 사회복지학과 교수
워싱턴대학교(Washington University in St. Louis) 사회복지학 박사
주요경력 한국정신보건사회복지학회 중독전문사회복지위원장

사회복지조사방법론 제8판
Research Methods for Social Work, 8th Edition

제8판 1쇄 발행 | 2016년 2월 26일
제8판 3쇄 발행 | 2024년 2월 19일

지은이 | Allen Rubin, Earl R. Babbie
옮긴이 | 김기덕, 김용석, 유태균, 이기영, 이선우, 정슬기
발행인 | 송성헌
발행처 | 센게이지러닝코리아㈜
등록번호 | 제313-2007-000074호(2007.3.19.)
이메일 | asia.infokorea@cengage.com
홈페이지 | www.cengage.co.kr

ISBN-13: 978-89-6218-383-2

공급처 | ㈜피와이메이트
주 소 | 서울특별시 금천구 가산디지털2로 53
도서안내 및 주문 | Tel 02) 733-6771~2 Fax 02) 734-4818
이메일 | pys@pybook.co.kr

정가 37,000원

옮긴이 머리말

이 책의 개정판을 번역할 때면 우리 역자들 모두는 이 책의 두 저자인 앨런 루빈 Allen Rubin과 얼 바비 Early Babbie가 가진 이 책에 대한 애정과 열정이 참으로 대단하다는 것을 느낀다. 매번 두 저자가 준비한 개정판의 내용을 읽노라면, 이 책을 독자들을 위한 책으로 만들고자 노력하고 있음을 느낄 수 있기 때문이다. 두 저자는 연구방법이라는 자칫 지루할 수 있는 내용을 독자들이 사회복지 실천현장이라는 맥락 속에서 흥미를 잃지 않고 배울 수 있게 하기 위해 그리고 어려운 내용을 가능한 한 쉽게 설명하기 위해 끊임없이 노력해오고 있다.

이들이 지난 10여 년간 이러한 노력을 줄기차게 할 수 있었던 이유는, 추측건대 다음과 같은 두 가지가 아닐까 생각한다. 첫째는 자신의 전공 분야인 연구방법론에 대한 애정과 자부심일 것이다. 사회복지학이라는 학문을 익히고 가르치는 사람들 중에 종종 이런 말을 하는 사람들을 접하곤 한다. "연구방법론? 그거 누구든 가르칠 수 있는 과목이잖아. 그걸 전공이라고 할 수는 없지." 이런 말을 하는 사람 중 열의 아홉은 연구방법론을 가르쳐본 적도 없고 사실 가르칠 수도 없는 사람들이다. 연구자로 성장하는 과정 내내 자신의 운명을 그런 사람들에게 맡기고 자신이 삶의 어떤 기회를 잃는지조차 모르는 학생들의 운명이 안타까울 뿐이다. 연구방법이 아무나 가르칠 수 있는 것이고 전공도 아니라는 생각을 가진 사람들에게 이번 8판을 포함해서 이 책의 지난 개정판들을 한 번이라도 읽어볼 것을 권하고자 한다. 다행스러운 것은 그런 사람들 대다수는 향후 10년 안에 자연스럽게 학계에서 사라질 것이라는 사실이다. 그러나 안타깝게도 그런 사람들은 세대가 바뀌어도 또 나타난다. 앞으로 나타날 그런 사람들의 수를 세월이 좀 걸리더라도 줄이려면 이 책을 번역해야 한다는 것이 우리 역자들의 생각이다.

또 한 가지 이유는 좋은 책의 가치를 독자들과 동료 연구자들이 올바르게 인정해주는 사회에서는 단 한 권의 책만으로도 충분한 물질적, 비물질적 보상을 받을 수 있기 때문일 것이다. 아직도 이 책의 내용을 상당 부분을 인용 없이 옮겨다 쓴 책을 출간하면서 '옮김'이나 '번역'이 아니라 당당하게 '지음'이나 '저서'로 표기하는 연구자들이 넘쳐나는 사회에서는 학문적 후세대를 위해 좋은 책을 더 좋은 책으로 만들고자 이미 출판한 책의 내용을 곱씹으면서 고민하고 다듬고 업데이트하는 데 시간과 정력을 쏟는 것은 '짓'으로 취급받는다. 그런 사회에서는 학문적 성장은 존재하지도 않고 기대할 수도 없다. 존재하는 것은 현실적으로 아무런 도움이 되지 않고 그렇기 때문에 아무도 읽지 않으나 몇몇 어리석은 사람들이 광적으로 중요시하기 때문에 그 몇몇 어리석은 사람들의 눈치를 보느라 이미 오래전에 도덕 불감증에 걸려버린

정부가 학술 진흥이라는 명목하에 엄청난 세금을 쏟아부어 포디즘적 생산방식을 통해 찍어내는 '학술논문'뿐이다.

이 두 가지 이유는 우리 역자들이 책의 두 저자를 부러워할 수밖에 없는 이유이기도 하다. 이러한 부러움을 마음에 담고 이번 8판의 번역작업을 시작했고 마쳤다. '다음 개정판을 번역할 때는 절대 범하지 말아야지'라고 다짐했던 오류들 중 아마도 몇 가지 오류는 또 범했다는 지적을 독자들로부터 받을 것이 틀림없다. 그러나 다시 범한 오류의 개수보다는 기억했기 때문에 범하지 않은 오류의 개수가 확실히 더 많다고 생각한다. 이런 조그만 개선은 번역서를 읽으면서 오역한 부분을 지적해주고 번역과 관련된 의견을 제시해준 많은 고마운 분들이 있었기에 가능했다. 우리 역자 일동은 그분들 모두에게 진심으로 감사하다는 말을 전하고자 한다. 아무쪼록 이 책을 읽게 될 모든 사회복지학 연구자와 실천가에게 역자들의 조그만 그리고 완벽하지 못한 노력이 이 책의 내용을 이해하고 연구방법론에 대한 흥미를 갖게 되는 데 조금이나마 도움이 되기를 간절히 기원한다.

2016년 2월
역자 대표 유태균

지은이 머리말

주요 개정 내용

이번에 출판하게 된 제8판에서도 이전의 개정판에서와 마찬가지로 여러 부분의 내용을 발전시켜 지난 개정판 출간 이후 사회복지 분야에 나타난 많은 변화와 동료들이 해준 더없이 귀중한 조언을 책 내용에 반영하고자 노력했다. 이번 판의 주된 개정 내용은 다음과 같다.

- 1장의 내용을 재구성하여 사회복지 실천에 있어 조사방법이 가진 유용성 부분을 강조했다.
- 2장에서는 개입효과에 관한 질문에만 초점을 맞추지 않고 증거기반 실천에 관한 여러 가지 질문의 예를 추가했다. 아울러 다음 내용을 추가했다.
  - 비판적 사고
  - 평생학습
  - 실현 가능성 장애요소 제거
  - 공통요인과 도도새
- 새로운 내용의 3장을 추가했다. 이 장에서는 기존의 혼합 연구방법론에 관한 논의를 좀 더 확대했으며 질적 연구방법, 양적 연구방법, 혼합 연구방법에 관한 더 많은 관심을 이끌어내고자 시도했다.
- 6장에서는 문화적 민감성이 높은 연구에 관한 내용을 보강함과 동시에 측정 등가성에 관한 논의의 폭을 넓히고자 시도했다.
- 8장에서는 통제변수에 관한 설명 부분, 특히 매개변수, 조절변수, 상수에 관한 설명 부분을 늘렸다. 또한 질적 연구의 개념화와 양적 연구의 개념화 간의 차이에 관한 논의를 보강했다.
- 9장과 10장에서는 조사도구를 개발하는 단계에서 주로 행하는 매우 객관적인 사전조사와 이후의 연구단계에서 행하는 다양한 사전조사, 예를 들면 성과연구에서의 사전조사 활용 방안을 구분해 논의했다.
- 11장에는 성과연구를 위한 분석의 목적에 관한 논의가 추가되었다.
- 16장에서는 설문조사 응답률과 응답률을 높이는 방법에 대한 논의를 업데이트했다. 또한 온라인 설문조사에 관한 논의와 혼용 연구에서 설문조사와 질적 연구방법을 어떻게 혼용하는지에 관한 좀 더 많은 논의를 추가했다.

- 17장에서는 기관 내 기존 자료 출처에 관한 글상자를 추가해 2차 자료분석에 관한 설명을 보완했다.
- 19장에는 자기반영성에 관한 논의 부분을 추가했다.
- 20장에서는 기존의 NUD*IST 사용 예시 부분을 Qualrus와 NVivo 사용 예시로 대체해 질적 자료분석 컴퓨터 프로그램에 관한 논의를 업데이트했다.
- 22장에서는 승산비, 위험비 및 기타 추정량 관련 수치에 관한 부분을 추가해 효과크기 측도에 관한 논의를 더욱 확대했다. 아울러 제2종 오류가 가진 잠재적 중요성에 관해 좀 더 자세한 설명을 덧붙였다.

감사의 글

이번 개정판을 준비하는 과정에서 귀중한 조언과 제안을 해준 다음의 동료 연구자들에게 감사하고자 한다. Najma Adam(개인 연구자), Robin Allen(Boise State University), Steven Applewhile(University of Houston), Kathleen Boland(Cedar Crest College), Mark Cameron(Southern Connecticut State University), Marta Carvalhal(USC College of Social Work), Patrick Dattalo(Virginia Commonwealth University), Gloria Davis(University of Arkansas at Pine Bluff), Michael Dougherty(Stephen F. Austin University), Thomas Felke(Florida Gulf Coast University), Trudy Festinger(New York University), Kirk Foster(University of South California), Ellen Frank-Miller(University of Chicago), Joe Gliem(Ohio State University), Jason Good(Eastern Mennonite University), Jude Gonsalvez(Anna Maria College), Philip A. Hall(Our Lady of the Lake University), Stuart Hanson(California State University, East Bay), Nelson Henning(Cedarville University), Shannon Hughes(Utah State University), Jerry Ingram(University of Arkansas at Pine Bluff), Jitendra Kapoor(Alabama A&M University), Joseph Kumi(Temple University), Peter Lee(San Jose State University), Susan McDonald(Alvernia University), Kathy McRill(Boise State University), Reuben Miller(Loyola University, Chicago), Kristi O'Dell(University of Mississippi), David Okech(University of Georgia), Emmerentie Oliphant(Stephen F. Austin State University), Jeanne Saunders(University of Iowa), Carolyn Smith(University at Albany), Phyllis Solomon(University of Pennsylvania), Lisa Stewart(CSUMB), Leslie Tower(West Virginia University)

앨런 루빈 Allen Rubin
얼 바비 Earl Babbie

요약 차례

차례

chapter 13 단일사례 평가설계 340

chapter 14 프로그램 평가 370

PART 05 대규모 자료의 자료수집 방법

chapter 15 표본추출 405

PART 06 질적 연구방법

PART 07 양적 자료분석

chapter 21 양적 자료분석 584

chapter 22 추론적 자료분석(I) 618

chapter 23 추론적 자료분석(II) 645

사회복지의 과학적 탐구 입문

An Introduction to Scientific Inquiry in Social Work

PART 1

과학(science)은 모든 사람이 사용하는 단어이지만 사람들이 과학에 대해 가진 이미지는 매우 다양하다. 어떤 사람에게는 과학이 수학인 반면, 어떤 사람에게는 하얀 가운과 실험실이다. 과학은 종종 과학기술(technology)과 혼동되기도 하고, 고등학교나 대학교에서 배우는 어려운 교과목 같은 것으로 여겨지기도 한다.

만약 과학을 잘 모르는 사람에게 당신이 과학적 탐구를 다루는 과목을 하나 수강하고 있는데 어떤 학과에서 그 과목을 가르칠 것 같으냐고 물어본다면 대부분 사회복지보다는 생물학과나 물리학과를 언급할 것이다. 실제로 많은 사회복지사 스스로도 과학적 탐구가 사회복지 실천에서 차지하는 중요한 역할에 대해 종종 과소평가한다. 하지만 변화가 일어나고 있다. 점점 더 많은 사회복지사가 과학적 접근을 취하는 것이 자신들이 행하는 실천의 효과성을 어떻게 향상시키는지 배우는 중이다.

학자들은 과학의 철학적 쟁점에 대해 논쟁할 수도 있겠지만, 이 책의 목적상 우리는 과학을 하나의 탐구방법(사회복지 실천에서 이루어지는 결정들을 이끌어줄 수 있는 것을 배우고 인식하는 하나의 수단)으로 살펴볼 것이다. 사회복지사가 무언가를 배우고 인식할 때 사용하는 여타의 방법과 대조해볼 때 과학적 탐구는 몇 가지 고유한 특징이 있는데, 가장 주목할 만한 것은 증거에 대한 추구다.

이 책의 1부에서는 과학적 탐구의 본질과 아울러 그 본질이 가진 사회복지와의 관련성을 고찰하려고 한다. 우리는 사회복지에서 사용되는 여타의 인식방법과 과학적 탐구를 구별하는 기본 특성과 쟁점을 탐색할 것이다.

1장에서는 사회복지 실천에서 과학적 탐구가 지닌 가치를 알아보고 아울러 과학적 탐구가 실천지식을 제공하는 여타의 대안적 방법이 가진 위험에 대한 안전장치로서 어떻게 기여할 수 있는지 살펴보려고 한다.

2장에서는 증거기반 실천(실천과 관련된 결정을 내릴 때 과학적 방법과 과학적 증거 사용을 강조하는 사회복지 실천모델)을 탐구할 것이다.

3장에서는 과학적 방법에 깔려 있는 몇 가지 철학적 쟁점과 이런 철학적 쟁점에 관한 의견의 불일치가 과학적 탐구에 대한 대조적이지만 보완적인 접근들과 어떻게 연결되어 있는지 살펴보려 한다. 그리고 사회복지 조사에서 차지하는 이론의 구조와 역할도 고찰하려고 한다.

4장에서는 다음과 같은 서로 대조적이면서도 보완적인 세 가지 사회복지 연구모델을 소개한다. 엄밀하고 일반적인 통계결과를 산출하는 양적 연구를 사용한 모델, 숫자로 쉽게 환원할 수 없는 현상에 대한 좀 더 깊은 이해를 위해 유연한 질적 방법을 활용한 연구, 동일한 연구 내에서 양적 접근과 질적 접근을 통합한 연구.

CHAPTER 1

왜 조사를 배워야 하는가?

Why Study Research?

이 장의 학습내용

왜 사회복지과 학생들은 조사론 과목을 수강해야 할까? 이 장에서 이 질문에 대한 대답을 시작하려 한다. 사회복지사가 세상과 사물을 알아가는 방법과 그 과정에서 저지르는 실수를 고찰하는 한편, 무엇이 과학적 탐구를 여타의 인식방법과 구별되게 만드는지, 그리고 과학적 탐구가 사회복지 실천에 대해 가진 유용성을 살펴보고자 한다.

서론

의사, 변호사, 간호사, 또는 여타 전문가들과 마찬가지로 사회복지사는 무엇이 자신이 행하는 전문적 실천을 효과적으로 만드는지에 대해 알아야만 한다. 모든 사회복지사가 이 말에는 동의하겠지만, 자신이 알아야 할 그것들을 배우는 최선의 방법이 무엇인지에 대해서는 의견이 일치하지 않을 것이다. 어떤 이들은 스승이나 관리자, 혹은 좀 더 경험 많은 사회복지사가 흔히 사실이라고 동의하는 것을 배우려 할 것이다. 또 어떤 이들은 자신이 실천과정에서 관찰하고 경험해봄으로써 배우는 것이 다른 믿을 만한 전문가들이 사실이라고 동의하는 것만큼 가치가 있다고 주장할 수 있다.

이 두 가지 앎의 방법 모두는 사회복지 실천을 인도하는 데 있어서나 개인적 삶에서 어떠한 결정을 내리는 데 있어 가치가 있다. 우리는 성장하면서, 존경하는 인물들이 안전하고 건강하게 해줄 것이라고 이야기한 것들에 의존한다. 해서는 안 되는 것이 무엇인지 알기도 전에, 안전하지도 혹은 건강에 도움이 되지도 않는 것들을 직접 해보면서 해가 되거나 고통스러운 결과를 경험해서는 안 되고 그럴 필요도 없다. 우리는 직접적인 관찰이나 경험을 통해서도 배운다. 대학생활을 시작할 때 폭음을 하지 말라고 경고해주는 이가 아무도 없을지도 모르지만, 한 번이라도 그런 경험을 해보면 이후에는 다시는 그렇게 해서는 안 된다는 사실을 스스로 배우게 된다. 마찬가지로 말벌집을 건드리지 말라고 이야기해주는 사람이 아무도 없을지라도, 한 번이라도 그렇게 해보면 다시는 그런 짓을 하지 않으려 할 것이다.

여기서 논의한 이 두 가지 앎의 방식은 합의적 실재(agreement reality)와 경험적 실재(experiential reality)로 명명된다. 개인적 혹은 전문적 행동을 이끌어나가는 데 있어 이 두 가지 방법이 모두 소중하긴 하지만, 이 가운데 배타적으로 한 가지에만 의존하는 행위가 얼마나 위험한지를 살펴보자.

합의적 실재

우리가 알고 있는 것의 대부분은 합의나 믿음의 문제다. 개인적인 경험이나 발견에 근거한 것은 거의 없다. 사실 어떤 사회에서나 어른이 된다는 것의 상당 부분은 주위 사람들이 그렇다고 '알고 있는' 것을 받아들이는 학습과정이다.

당신은 화성이 춥다는 사실을 알고 있다. 어떻게 이런 사실을 알게 되었을까? 만약 당신이 화성에 직접 가본 적이 없다면, 누군가가 화성이 춥다는 사실을 알려주었을 것이고 당신은 그것을 믿은 것이다. 아마 물리학 혹은 천문학 교수님이 당신에게 화성은 춥다고 이야기했거나, 「뉴스위크」에서 그 사실을 읽었을 수도 있다.

그렇지만 합의적 실재에만 배타적으로 의존할 경우 위험할 수 있는데, 그 이유는 모든 사람이 동의하는 것이라고 해도 틀릴 수 있기 때문이다. 예를 들어, 한때는 모든 사람이 지구는 평평하다고 '알고 있었다'. 사회복지 전문직의 역사를 돌아보면, 모든 사회복지사와 정신보건 전문가들이 잘못되었을 뿐만 아니라 해가 된다고 믿었던 것들이 있다.

예를 들어, 20세기 중반에 정신분열증의 주요 원인이 잘못된 양육이거나 가족의 역기능이라는 데 광범위한 동의가 있었다. '정신분열을 만드는 엄마'는 어린이를 (이후 어른이 되었을 때) 정신분열에 이르게 하는 주요 이유로 널리 간주되었다. 그런 엄마는 차갑고 권위적이며 과보호를 일삼아 아동의 정체성이 발달하지 못하게 하는 것으로 묘사되었다. 그 어떤 분명한 증거도 이러한 개념을 지지하지 않았지만, 그럼에도 불구하고 정신보건 전문가들에게는 널리 받아들여졌다. 그 결과 사회복지사와 정신보건 전문가들은 종종 가족을 치료의 협조자로 개발하기보다는 오히려 문제의 원인으로 다루어왔다. 이후에 많은 부모가 자녀의 발병에 대해 자책의 감정을 느낀다고 보고했다. 능히 짐작할 수 있듯이 이것은 부모들에게는 매우 고통스러운 일이었다.

1970년대와 1980년대에 수행된 과학적 조사연구는 정신분열증이 정신분열을 만드는 엄마나 다른 가족의 역기능에 의해 야기된다는 주장이 틀렸음을 보여주었다. 몇몇 연구는 정신분열증의 생물학적 기초를 밝혔고, 다른 연구들도 실천가들이 정신분열증 환자와 그 가족을 다루면서, 잘못된 양육 주장(이나 가족동학의 역기능)을 받아들임으로써 병든 친척을 돌보는 가족들이 담당해야 할 부담이 어떻게 재발하고 불필요하게 확대됐는지를 보여주었다(Rubin & Bowker, 1986).

합의적 실재를 따름으로써 비효과적이거나 해가 된 전문적 실천의 또 다른 사례로는 'Scared Straight' 프로그램과 CISD(Critical Incidents Stress Debriefing)가 있다. Scared Straight 프로그램은 한때 청소년의 장래 불법을 예방하는 효과적인 방법으로 인기를 누렸다. 청소년들로 하여금 교도소를 방문해서 어른 재소자들을 만나게 함으로써 심하게 겁을 집어먹게 만들고, 이러한 공포심을 통해 미래의 범죄행위가 예방된다고 생각했다. 그렇지만 다양한 과학적 조사연구는 이 프로그램이 비효과적일 뿐만 아니라, 실제로 비행의 위험을 증가시킨다는 사실을 발견했다(Petrosino, Turpin-Petrosino, & Buehler, 2002).

CISD는 집단적인 트라우마 사건의 생존자들을 위한 인기 있는 위기개입 유형이었다. 사건 직후 생존자들은 사건에 대한 그들의 경험, 예를 들어 그들이 있던 장소, 그들이 보고 들은 것, 느낀 것 등을 상세하게 토론하기 위해 집단적으로 만났다. CISD는 사건의 경험이 외상 후 스트레스 장애(posttraumatic stress disorder, PTSD)로 발전되지 않도록 예방하는 차원에서 제공되었다. 하지만 연구들은 대부분의 생존자가 외상 후 스트레스 장애로 진전되지 않고 시간이 지나면서 트라우마로부터 자연히 회복된다는 사실을 보여주었다. 과학적 연구는 또한 CISD가 실제로는 생존자 대부분의 회복을 지연시킨다는 사실을 발견했다(Rose, Bisson, & Wessely, 2001).

EP 2.1.6b

경험적 실재

합의를 통해 알게 되는 것과 대조적으로, 직접적인 경험과 관찰을 통해서도 알 수 있다. 만약 캐나다 로키 산맥의 빙하에 직접 뛰어들어 본다면, 그 물이 얼마나 차가운지에 대해 이야기해줄 누군가가 전혀 필요하지 않을 것이다. 온전히 스스로 그 사실을 알게 된다. 처음 가시를 밟았을 때는, 누군가가 이야기해주기도 전에 아프다는 사실을 깨달을 수 있다. 그렇지만 합의적 실재에 배타적으로 의존하면 위험하듯이, 경험적 실재에만 의존하는 경우도 그렇다. 왜냐하면 경험하는 것의 일부는 정확할 수도 있지만 그렇지 않을 수도 있는 합의에 근거한 개인의 선호에 영향을 받기 때문이다.

한 가지 사례를 들어보자. 당신이 어떤 파티에 갔다고 상상해보라. 그 파티는 상류층의 행사여서 먹거리가 훌륭했다. 특히 주인이 접시에 담아 돌리고 있는 어떤 전채요리에 유독 끌린다. 빵가루를 묻혀 기름에 튀겨낸 아주 맛있는 요리다. 두 개를 먹었는데 정말 맛있다! 그래서 몇 개를 더 먹는다. 어느새 당신은 그 전채요리가 담긴 접시를 든 집주인이 가는 곳마다 슬금슬금 따라다니며 방 안을 움직이고 있다.

마침내 더는 참지 못하고 "그게 뭐예요? 요리법 좀 알 수 있을까요?"라고 묻는다. 그러자 집주인은 큰 비밀을 알려주듯 "당신이 먹은 것은 빵가루를 입혀 기름에 튀긴 벌레입니다!"라고 속삭인다. 아마 당신의 반응은 볼 만

우리는 경험이나 사회적 합의에 의해 무언가를 배운다. 아마도 이 젊은이는 자신의 개인적 경험에서 무언가를 배운 것 같다.

할 것이다. 속이 뒤집혀서 곧바로 거실 카펫 위에 모든 것을 토해낼지도 모른다. 이럴 수가! 손님에게 그런 끔찍한 것을 대접하다니…

이 이야기의 핵심은 그 전채요리에 대한 당신의 느낌이 둘 다 사실이라는 점이다. 본인이 직접 경험에 근거해 가졌던 요리에 대한 처음의 선호는 분명한 실재이며, 벌레를 먹었다는 사실을 알게 된 후에 가졌던 역겨운 느낌 역시 그렇다. 하지만 역겨운 감정은 분명히 벌레는 먹기에 적당하지 않다고 주위 사람들과 당신이 공유하고 있던 합의의 산물임이 분명하다. 그 합의는 먼지 구덩이에 앉아 꿈틀거리는 벌레 절반을 입에 집어넣은 당신을 부모님이 처음 봤을 때 시작된 것이다. 부모님이 당신 입을 벌리고 벌레의 나머지 반쪽을 찾아 목구멍에 손을 넣었을 때, 당신은 우리 사회에서 벌레는 음식으로 받아들여지지 않는다는 사실을 배웠다.

우리가 가진 합의를 제쳐놓고 볼 때 벌레가 잘못된 것이 무엇인가? 아마 벌레는 고단백이며 저열량일 것이다. 게다가 한입 크기인데다 포장도 쉬워 식품 배달업자에게는 꿈의 상품이다. 벌레는 혐오스럽다는 합의가 없는 사회에 살고 있는 사람에게는 맛있는 음식이다. 어떤 사람은 벌레는 좋아하지만 기름에 튀긴 바삭한 빵가루 껍질을 오히려 싫어할 수도 있다.

사회복지 실천의 역사에는(또한 다른 원조 전문직의 실천에서도) 이러한 벌레 사례와 유사한 일이 많았다. 예를 들어, 수십 년 전에는 '정신분열증을 만드는 엄마' 개념을 믿는 실천가들이 자신들의 합의된 실재와 부합하는 방식으로 엄마의 행위를 찾고 인식하고 해석하고자 했다. 심지어 우리는 효과성에 의심을 불러일으키는 행위는 간과하는 반면 충분히 중요하지 않은 클라이언트의 행위를 그들이 선호하는 접근법이 효과적이라는 증거로서 찾아내고 받아들이는 임상실천가들을 알고 있다. 이 장의 후반부에서 선택적 관찰이라는 개념을 통해 이 현상을 다룰 것이다. 이는 우리의 합의된 실재가 경험적 실재에 영향을 미치는 일반적인 방식의 하나다.

그래서 실재란 까다로운 문제다. 비록 우리의 삶이나 전문직 경력을 시작하면서 '앎'의 출발점으로 어쩔 수 없이 합의적 실재나 경험적 실재에 의존할 수밖에 없긴 하지만, 당신이 '알고 있는' 것의 일정 부분은 사실이 아닐 수 있다. 무엇이 사실인지 어떻게 알 수 있는가? 사람들은 이 문제를 두고 수천 년간 씨름을 해왔다. 과학은 그러한 씨름의 과정에서 등장한 한 가지 전략이다.

과학적 방법

과학은 합의적 실재와 경험적 실재 모두에 대한 접근법을 제공한다. 이러한 접근법을 **과학적 방법**(scientific method)이라고 부른다. 사회복지사는 무엇인가에 의문을 가지고 실천적 판단의 기초가 되는 증거들을 탐색할 때 과학적 방법을 적용한다. 지금부터는 개방된 마음을 유지하기를 요구하는 원칙으로부터 시작해서 이러한 과학적 방법의 특징들을 차례로 살펴보자.

지식의 임의성과 개방성

사물을 이해하려는 우리의 여정에서, 우선 우리가 알고 있다고 생각하고 믿고 있는 모든 것에 대해 열린 마음을 견지하도록 노력해야 한다. 다시 말해, 우리가 '지식'이라고 부르는 것은 잠정적이며 논박당할 수 있다고 간주해야 한다. 이런 특성에는 예외가 없다. 아무리 오랫동안 어떤 전통이 지켜져 왔을지라도, 어떤 인물이 많은 권력과 존경을 받고 있을지라도, 어떤 대의명분이 아무리 고상할지라도, 어떤 믿음이 아무리 신봉되고 있을지라도 우리는 얼마든지 의심할 수 있다.

열린 마음을 견지하는 일이 언제나 쉽진 않다. 신봉하는 믿음의 여정에서 우리가 믿고 있던 것이 거짓이라고 밝혀진다면 이를 즐거워할 사람은 아무도 없다. 모든 것이 의문에 대해 열려 있음을 인정하면서 스스로를 논박할 정도로 열린 마음을 가졌음에 자부심을 가져야 한다는 생각이 유행에 뒤떨어졌다고 느껴질지도 모른다. 예를 들어 우리가 자유주의적 성향을 가졌다면 전형적인 여성의 역할, 동성 결혼을 금지하는 법률, 낙태에 대한 교황의 포고령에 의문을 제기하는 것이 과학적이라고 자부심을 느낄지도 모른다. 그러나 우리가 신봉하는 믿음에 대해서도 열린 마음, 즉 그것이 의문시되고 논박되는 것을 허락할 준비가 되어 있는가? 당신이 신봉하는 믿음이 의문시될 때에 비로소 당신은 지식의 잠정적 본질과 모든 것이 의문과 반박에 열려 있어야 한다는 과학적 견해에 관한 어려운 시험에 직면하게 될 것이다.

재현

그렇지만 질문에 개방되어 있는 것은 우리의 믿음뿐만이 아니다. 과학적 연구의 발견 역시 잠정적이며 질문에 열려 있다. 왜냐하면 과학적 방법에 의해 산출된 증거가 순수하게 객관적이고, 명확하며, 일반화가 가능함을 보장하는 간단한 방법이 존재하지 않기 때문에 과학적 방법은 연구의 재현을 요구한다. **재현**(replication)이란 동일한 증거와 결론이 산출되는지 확인하기 위해 연구를 반복하는 것을 의미한다. 이는 또한 연구결과가 기존 연구들을 진전시키는지 그리고 상이한 표적집단과 상황하에서도 의미가 있는지를 판단할 수 있는 방식으로 절차를 수정해서 연구를 반복하는 것을 의미하기도 한다.

관찰

과학적 방법의 또 다른 중요한 특성은 지식의 기초로 관찰에 근거한 증거를 탐색한다는 것이다. '경험적'이라는 용어는 관찰에 기반을 둔 증거에 가치를 부여하는 것을 의미한다. 이후에 보듯이 증거의 본질과 그것을 관찰하고 탐색하는 방식에 따라 여러 가지 상이한 방식으로 경험적일 수 있다. 그러나 여기서는 사회적 압력이나 우파 혹은 좌파의 정치적 성향이 아무리 강하게 특별한 신념과 연관되어 있다 할지라도, 아무리 많은 사람이 그러한 신념을 신봉한다고 하더라도, 아무리 오랜 기간 그런 신념이 진실이라고 선포되어 왔다 할지라도, 과학적 방법은 권위나 전통 혹은 이념을 통해서가 아니라 관찰된 증거를 통해 진리를 추구한다는 점을 명심해야 한다. 지난날 지구가 평평하다는 고집스럽게 견지된 신념에 의문을 제기하는 행위는 상당한 용기를 필요로 했다. 오늘날 과학적 마음을 가진 사회복지사들이 자신이 듣고 믿도록 배운 실천적 개입이나 정책을 지지하는 증거를 탐구하는 데도 똑같은 용기가 필요하다.

사회복지사는 그러한 증거의 본질도 검토해야 한다. 진정으로 과학적이기 위해서는 증거를 축적하는 관찰이 **체계적**이면서도 **포괄적**이어야 한다. 과대일반화와 선택적 관찰(곧 논의할 오류)을 피하려면 관찰 **표본이 크고 다양해**야 한다.

객관성

과학적 절차는 편견의 가능성을 철저히 검토해야 한다. 과학적 방법은 우리가 증거를 찾고 인식하는 방법을 왜곡할 수 있는 선입견과 편견을 가졌음을 인정한다. 따라서 과학적 방법은 증거를 추구하고 관찰할 때 **객관성의 추구**를 강조한다. 아무리 과학적 방법을 강하게 추구하더라도 어느 누구도 순수하게 객관적일 수는 없다. 연구자는 자신의 연구가 아무리 과학적으로 순수하다고 할지라도 연구에서 무언가 중요한 것, 즉 인간의 행복을 증진하는 데 크게 기여할 수 있거나 (덜 고상하기는 하지만) 자신들의 전문적 지위를 고양할 수 있는 결과물을 발견하길 원한다. 과학적 방법은 연구자 자신으로 하여금 이처럼 편견이 없다고 스스로 기만하도록 만들지 않는다. 대신에 자신이 이런 편견을 저지를 수 있음을 인정하고, 자신의 편견에 영향을 받지 않는 관찰방법을 발견하려고 한다.

예를 들어 당신이 외상충격을 입은 어린이의 자존감을 향상시킬 수 있는 새로운 치료법을 고안했다고 가정해보자. 당신은 당연히 자신의 치료를 받은 어린이의 자존감이 향상되는 모습을 보고 싶을 것이다. 그런 성향을 띠는 것은 괜찮지만, 과학적 방법은 당신의 치료법으로 인해 정말로 자존감이 향상되었는지를 요구한다. 여기서 연구는 단순히 자신의 주관적 인상에 근거할 수는 없다. 이런 접근은 어린이의 자존감이 향상되었다는 당신의 판단의 객관성에 대해 엄청난 회의를 불러일으킬 것이다. 그러므로 임상상의 인상에 배타적으로 의존하는 대신에, 자신의 편견에 영향을 받지 않는 관찰 절차를 고안해야 한다. 당신의 치료법이나 연구의 본질을 알지 못하는 동료에게 어린이를 면접하고 자존감의 정도를 평가해달라고 부탁할 수도 있고, 사회과학자들이 타당하다고 여기는 자존감 테스트를 시행할 수도 있다. 어떤 대안도 완전한

과학적 방법의 핵심 특성

과학적 방법의 핵심 특성들의 앞글자만 따서 암기하는 방법은 바로 'trout(송어)'이다. 맛있는 송어[1]를 잡아서 먹는 모습을 떠올려보면 다음과 같은 핵심 특성을 암기하는 데 도움이 될 것이다.

T	**Tentative**(임의적)	오늘날 우리가 알고 있다고 생각하는 모든 것은 질문에 노출되어 있고 재평가와 수정과 반박을 받을 수 있다.
R	**Replication**(재현)	심지어 최고의 연구도 의문에 개방되며 재현되어야 한다.
O	**Observation**(관찰)	지식은 체계적이고 종합적인 관찰에 근거해야 한다.
U	**Unbiased**(무편견)	관찰은 편견이 없어야 한다.
T	**Transparency**(투명성)	모든 절차는 검토와 평가가 가능하며 연구가 도달한 결론의 기초를 보일 수 있도록 상세하게 제시되어야 한다.

1 만약 당신이 채식주의자라면 이 물고기가 얼마나 아름다운지 그려보면서 당신이 얼마나 많은 물고기의 생명을 구하고 있는지 상상해보라.

객관성을 보증해주지는 못하지만, 어떤 대안은 객관성을 추구하려는 당신의 노력에 비춰볼 때 좀 더 과학적일 수는 있을 것이다.

투명성

마지막으로, 과학적 방법은 연구자로 하여금 자신의 연구가 어떻게 수행되었는지를 상세하게 보고하도록 함으로써 투명성을 요구한다. 모든 절차가 명확하게 드러나서 도달한 결론의 기초 및 과대일반화와 선택적 관찰을 정말로 피할 수 있는지를 살펴보고, 결론이 증거와 그 증거들이 관찰된 방식에 비춰 보증될 수 있는지도 판단할 수 있어야 한다.

'과학적 방법의 핵심 특성'이라는 제목의 글상자는 이러한 특성들을 요약하고 있고, 이러한 특성을 손쉽게 앞글자만 따서 기억할 수 있는 방법을 제공한다.

EP 2.1.6b

앎의 다른 방법

과학적 방법이 세상을 알아가는 유일한 길은 아니다. 앞서 언급했듯이, 우리는 출생 이래 개인적 경험과 타인에게서 얻은 지식을 통해 세상사를 알아간다. 때때로 이런 지식들이 우리 삶에 깊은 영향을 미치기도 한다. 우리는 교육이 미래의 삶에서 돈을 얼마나 벌 수 있는지에 영향을 미치고, 암초를 넘어 수영할 경우 상어와 불행한 만남을 가질 수도 있다는 사실을 안다. 한편 상어는 암초 주위를 돌아다니다 보면 불행한 수영자와 행복하게 만날 수 있음을 배우기도 한다. 학생으로서 우리는 열심히 공부하면 시험결과가 더 나아짐을 알고 있다.

또한 원인과 결과에 대한 그와 같은 유형화가 본질적으로 확률적이라는 것을 안다. 이는 원인이 없을 때보다는 있을 때 결과가 더 자주 발생한다는 뜻이지만, 항상 그런 것은 아니다. 학생들은 대부분 열심히 공부하면 좋은 성적이 나온다고 알고 있지만 항상 그런 것은 아니다. 암초를 넘어 수영하면 위험하다는 사실은 인식하고 있지만 암초를 넘어가면 언제나 치명적이라고 믿는 것은 아니다. 사회복지사는 어릴 때 받은 학대가 후에 가학적인 부모가 되게 할 가능성을 높인다는 것은 알지만, 어릴 때 학대받은 사람 모두가 가학적인 부모가 되는 것은 아니라는 사실을 안다. 사회복지사는 또한 심각한 정신질환이 노숙인을 만들 수도 있지만, 심한 정신질환을 앓고 있는 성인 모두가 반드시 노숙인이 되지는 않는다는 사실을 안다. 이 책에서는 인과와 확률 개념을 다시 다룰 것이다. 앞으로 살펴보겠지만 과학적 탐구는 인과와 확률 개념을 더욱 명확하게 하며, 세상을 알아가는 다른 여러 가지 방법보다 더욱 엄정하게 그런 개념을 다루는 기술을 제공할 것이다.

전통

사물을 이해하는 간접적 방법 중 중요한 하나는 전통을 통하는 것이다. 스스로 이런 '진실' 중의 일부를 검증해 볼 수도 있지만, 대부분은 단순하게 받아들인다. 이런 것들이 바로 '모든 사람이 알고 있는' 것이다. 이런 의미에서 전통은 인간이 행하는 탐구에 명백한 이점을 가져다준다. 모두가 알고 있는 것을 받아들이면 규칙과 이해를 찾기 위해 완전한 무에서 출발해야 하는 엄청난 과제를 줄일 수 있다. 지식은 쌓여가는 것이며, 물려받은 정보와 이해 체계는 더 많은 지식을 개발하기 위한 출발점이다. 우리는 종종 "거인의 어깨를 딛고 선다"라고 말하곤 하는데, 바로 이전 세대의 어깨를 말한다.

동시에 전통은 인간이 행하는 탐구에 불리하게 작용할 수 있다. 만약 당신이 모든 사람이 이미 알고 있으며 항상 이해하고 있는 어떤 것에 대해 새롭고 다른 이해를 추구하면, 바보로 간주될 수도 있다. 더 중요한 점은, 이미 알려져 있고 명백한 무언가를 다르게 이해해보려는 생각을 결코 하지 않을 수도 있다는 것이다.

당신이 전문 사회복지사로 첫발을 내디딜 때 당신의 직장에서 선호하는 개입방법에 대해 알게 될 것이다(만약 당신이 전문 현장실습 교육을 시작했다면 벌써 이런 현상을 경험했을 것이다). '이 기관에서 어떻게 해야 하는지'에 대해 교육을 받으면서 편안하고 좋은 기분을 느꼈을 것이다. 실제 사례를 맡아서 진행할 때 불안할 수도 있는데, 클라이언트에게 어떻게 해야 할지를 다룬 수많은 경쟁이론 중에서 굳이 어떤 것을 선택할 필요가 없다는 점에서 안도감을 느낄 수 있다. 새로운 일터에서 이전 실천가 세대가 축적한 '실천지혜'로부터 혜택을 얻고 기관 전통에 순응하면서 당신은 한발 앞서 나간다고 느낄 수 있다. 실제로 그렇다. 졸업 직후 최선의 개입방법을 결정하는 데 있어 경험이 풍부한 사회복지사보다 더 나은 위치에 있을 수 있는 사회복지사가 얼마나 되겠는가?

전통적인 실천지혜에 순응할 때의 단점은 순응을 너무 편하게 생각할 수 있다는 점이다. 아마도 당신은 전통적인 접근이 모든 사람이 믿는 것처럼 과연 그렇게 효과적인지 혹은 대안적 접근이 더욱 효과적이라는 증거를 찾는 일에 대해 전혀 생각하지 않을지도 모른다. 만약 그런 증거를 추구하고 발견한다 하더라도, 기관의 전통 때문에 동료들이 새로운 정보에 그다지 수용적이지 못하다는 사실을 발견할 수도 있다.

권위

전통의 힘과는 별개로 새로운 지식은 매일 등장한다. 우리는 살면서 개인적 탐구 외에도 타인에 의한 새로운 발견과 이해의 혜택을 누린다. 종종 이런 새로운 발견의 수용 여부는 발견자의 지위에 달려 있다. 예를 들어, 키스를 통해 감기가 옮을 수 있다는 주장을 일반인이 하는 것보다는 유행병 전공학자가 말하는 편이 훨씬 더 믿음이 간다.

전통과 마찬가지로 권위도 인간이 행하는 탐구에 도움이 될 수도, 방해가 될 수도 있다. 예를 들어, 자신의 전문영역 밖의 것을 이야기하는 전문가의 권위에 의존할 경우 우리의 탐구는 방해를 받는다. 광고업계는 유명한 운동선수에게 아침식사용 시리얼의 영양상 가치에 대해 토론하도록 하거나, 영화배우에게 자동차 성능을 평가하게 하는 등 이와 비슷한 전략을 통해 권위를 심하게 오용하고 있다. 특히 주어진 문제에서 모순되는 입장이 있을 때는 그 문제에 대해 특별한 훈련을 받고 전문성과 자격증을 가진 사람의 판단을 신뢰하는 편이 더 낫다. 동시에 자신의 전문영역에서 실수를 저지른 권위자에 의해서도 탐구가 방해받을 수 있다. 생물학자도 생물학 분야에서 실수를 범할 수 있고, 또한 실수를 저지르고 있다. 생물학적 지식은 시간이 가면서 변화한다. 앞서 언급한 정신분열증의 원인과 조치에 관한 잘못된 생각에서 보이는 것처럼 사회복지 지식도 마찬가지다.

여기서 지적하고 싶은 사항은 합법적이고 높은 평가를 받는 전문가의 권위에 근거해 채택된 지식이라도 틀릴 수 있으며, 해가 될 수도 있다는 것이다. 따라서 사회복지사는 자신이 존경하는 상관이나 선호하는 이론을 따라서 신봉하는 믿음에 도전하는 새로운 발견에 개방적이어야 한다. 또한 낡은 지식을 대체할 새로운 지식에 대해 개방적인 마음을 견지해야 한다. 물론 새로운 지식 또한 그것을 만든 사람이 아무리 유명하다고 할지라도 결점을 가질 수 있다. 누가 장담할 수 있겠는가? 언젠가는 부모가 정신분열증의 원인이라는 생각이 결국 옳았다는 증거를 발견할지도 모른다. 물론 현재까지의 증거로 볼 때 이런 전망은 거의 불가능해 보이지만, 지식에 대한 과학적 접근을 견지할 때 아무리 새로운 발견이 전통적인 지혜와 현재의 권위에 충돌할지라도 우리는 객관성을 유지하고 새로운 발견에 대해 개방적이도록 노력해야 한다는 것이다. 완벽한 객관성이란 도달하기 불가능한 이상일 수 있지만, 전통과 권위에 충돌할 수 있는 새로운 생각들에 대해 마음을 닫지 않도록 노력해야 한다.

전통과 권위 둘 다 세상에 대한 지식을 탐구하는 양날의 검이다. 그것은 우리가 탐구를 시작하는 출발점을 제공하지만, 잘못된 지점에서 출발하게 만들기도 하고, 잘못된 방향으로 밀어 넣을 수도 있다.

상식

상식(common sense)이라는 개념이 종종 세상을 알아가는 또 다른 방법으로 거론된다. 상식은 논리적 추론을 의미할 수 있다. 논리적으로 생각할 때 무지개가 비를 내리게 한다는 것은 납득이 되지 않는다. 왜냐하면 무지개는 비가 내리고 난 이후에, 폭풍우 속에서 태양이 빛날 때만 나타나기 때문이다. 또한 상식이란 전통과 권위에 기초한 광범위하게 공유된 믿음을 의미할 수도 있다. 이런 종류의 상식에서 문제가 되는 부분은 '모든 사람이 알고 있는' 것이 틀릴 수 있다는 점이다. 오래전에는 모든 사람이 지구가 평평하다고 '알고 있었다'. 이는 정말 소박한 상식이었는데, 왜냐하면 사람들은 지구 표면에서 휘어진 면을 볼 수도 없었고 지옥이 지표면 아래에 있다고 생각했기 때문이다. 역사적으로 볼 때, 한때는 상당수의 사람들이 노예제도는 상식이라고 생각했다. 테러리스트에게는 테러리즘이 상식이다. 많은 사람이 게이나 레즈비언의 결혼이나 입양을 금지하는 법률을 상식이라고 생각한다. 대부분의 사회복지사는 어떤 이유에서도 그와 같은 법률은 전혀 상식이 아니라고 생각한다. 비록 상식이 종종 합리적이고 명확해 보이기도 하지만, 지식의 기원으로서 과학의 대안으로는 불충분하고 매우 위험하다.

대중매체

우리는 대부분의 정보를 뉴스 매체를 통해 알게 된다. 2001년 9월 11일에 있었던 세계무역센터 쌍둥이 빌딩에 대한 그 비참한 공격을 텔레비전을 통해 보고, 신문과 잡지, 인터넷을 통해 관련 기사를 읽고 알게 되었다. 매체들은 우리에게 뉴욕 시, 펜실베이니아, 워싱턴 시의 희생자와 영웅들에 대해 알려주었고, 범인과 관련 쟁점, 사건에 대한 정보도 제공해주었다. 그 사건을 알기 위해 과학적 연구를 수행할 필요가 없었고 그렇게 할 어떤 감정도 느끼지 않았다. 전통과 권위도 필요하지 않았다. 우리는 공격을 직접 경험할 필요도 없었다(비록 텔레비전에서 보고 들음으로써(어느 정도는 심리적 외상이 있을 것이다) 실제로 경험했지만).

대중매체를 통해 많은 것을 배울 수 있지만, 한편으로는 잘못된 정보를 접하기도 한다. 예를 들어 CNN 같은 케이블 뉴스네트워크와 정치적으로 더 보수적인 폭스(Fox) 중 누가 더 진정으로 믿을 만한가에 대해서는 증언이 엇갈린다. 대부분의 언론인이 정확성과 객관성을 추구하지만, 어떤 사람은 자신의 정치적 편견에 영향을 받는다. 또한 어떤 언론인은 사건의 가장 선정적인 측면만을 추구해서 사람들의 관심을 얻거나 자신의 편견을 호소하는 방식으로 보도한다(시청률이나 구독률이 이윤에 영향을 미치기 때문이다). 1965년과 1966년에 베트남전쟁이 미국의 대중 사이에서 평판이 나빠지기 전, 전쟁에 반대하는 시위를 방송하는 뉴스 매체는 몹시 기괴하게 옷을 입고 가장 자극적인 행동을 하는 시위자들에게 주로 초점을 맞추었다. 시위 현장에 직접 참가하지 않고서는 대부분의 시위자가 평균적인 미국 시민과 똑같이 차려입고 행동한다는 사실을 알지 못했을 것이다. 매체에 주로 의존했던 사람들은 당시 전쟁에 반대했던 사람들이란 비애국적인 좌파이거나 상징적인 반미 행위를 통해 관심을 끌고자 하는 이상성격자라고 생각하도록 오도되었다.

심지어 언론인이 보도의 정확성을 추구한다 할지라도, 언론업의 본질이 그런 노력을 어렵게 만들 수 있다. 예를 들어, 그들은 지켜야 할 마감시간이 있고 쓸 수 있는 글자 수가 제한되어 있다. 따라서 언론은 시청에서 자신들의 지역에 제안한 경제개발계획을 지지하는 사람들과 그에 반대하는 사람들의 증언을 다룰 때, 큰 목소리를 내지 않는 대다수의 지역주민은 담지 않을 수 있다. 대신에 대표성은 제일 작지만 가장 목소리가 크고 제안된 개발 계획에 대해 많이 표현하는 집단에 본의 아니게 의지하기도 한다.

사실만으로 사건을 보도하는 게 아니라 사설과 의견을 전달하는 것이 직업인 언론인도 있다. 그로부터 우리가 무엇을 알게 되든 그것은 그 언론인의 선입견에 오염된 것이다. 또한 대중매체는 우리가 세상에 대해 안다고 생각하는 것에 영향을 미칠 수 있는 각색된 이야기와 텔레비전 쇼를 포함하고 있다. 각색된 역사 설명은 실제로 교육적이다. 남북전쟁 당시 북부연합을 위해 싸웠던 흑인에 대해 처음으로 알리거나, 홀로코스트나 노예 제도의 공포에 민감하도록 만들 수 있다. 그러나 대부분의 정신질환자가 범죄인으로 그려지거나 대부분의 사회복지수혜자가 흑인으로 묘사될 때처럼 오도될 수도 있다.

오늘날 점점 더 많은 사람이 인터넷으로부터 정보를 얻고 있다. 인터넷을 통해 엄청나게 많은 유용한 정보를 즉각적으로 얻을 수 있다는 경이로움에도 불구하고, 인터넷상의 비과학적인 사이트로부터 정보를 얻을 위험은 항상 존재한다. 이러한 측면에서 가장 주목할 만한 것은 위키피디아(Wikipedia) 웹사이트다. 위키피디아는 누구나 편집을 할 수 있는 무료 온라인 백과사전이다. 이 사이트에서 이용 가능한 정보를 누구나 편집할 수 있도록 함으로써 야기된 위험의 가장 우스운 사례가 이브 페어뱅크스 Eve Fairbanks(2008, p.5)에 의해 보고되었다. 2008년 2월 민주당 대통령 후보 지명을 둘러싸고 힐러리 클린턴과 버락 오바마 사이에 벌어졌던 격렬한 경쟁기간 동안 누군가가 힐러리의 위키피디아 페이지에 접속해서 그녀의 사진을 바다코끼리로 바꿔놓았다. 그에 대한 보복으로 다음 달에는 힐러리의 지지자가 오바마의 약력을 케냐 출신 미국인 정치인이라고 바꿔놓았다. 그달에 또 누군가가 힐러리의 전체 페이지를 "힐러리 로드햄 클린턴은 오랑우탄과 성교를 해 성기 헤르페스에 감염되었다고 보고되었다"라는 문장으로 바꿔놓았다.

이 위키피디아 사례가 극단적이긴 하지만, 독자들이 힐러리를 혐오하지 않거나 웹사이트에 접근했을 때 발견하는 이상한 것을 곧이곧대로 믿지만 않는다면, 바다코끼리가 정말 힐러리라든지 그녀가 오랑우탄과 성교를 했다고 생각하지는 않았을 것이다. 그렇지만 이 사례는 인터넷이 지닌 엄청난 영향력에도 불구하고 우리가 대중매체로부터 가치 있는 것들을 많이 배울 수도 있지만 과학적인 지식의 근거에 대한 적절한 대안을 제공받는 것은 아니라는 사실을 보여주고 있다.

EP 2.1.3a

사회복지 실천지식의 비과학적 근거

과학적 탐구는 사회복지 실천을 이끌 지식의 원천으로 전통, 권위, 상식, 혹은 대중매체에 배타적으로 의존하는 잠재적 위험을 막아준다. 또한 우리가 주로 자신의 실천 경험과 비체계적인 관찰을 통해 실천지혜를 구축하고자 할 때 저지를 수 있는 오류를 예방해준다. 또한 과학적 탐구는 비판적인 사고와도 연관이 있어, 다른 사람들의 실천지혜와 개입방법의 오류를 지적할 수 있게 해준다. 자, 이제 우리가 주목해야 할 상식적인 실수와 오류를 살펴보고, 과학이 그런 실수를 예방하는 몇 가지 방법에 대해서도 살펴보자.

부정확한 관찰

다양한 정서적·행동적 문제가 있는 8명의 매우 활동적인 아동을 대상으로 치료놀이를 제공한다고 가정해보자. 당신은 매번 한 시간짜리 그룹세션을 마칠 때마다 진척 기록을 작성할 것이다. 그러나 해당 세션에서 각 학생을 고무시켰던 임상적으로 의미 있는 모든 것을 관찰하기란 거의 불가능하다. 심지어 당신이 어떤 아이에게 무언가 의미 있는 것에 주목한다고 할지라도 그 당시에는 그것이 의미 있음을 인식하지 못할 수도 있다. 특히 방 안의 두 아이가 통제를 벗어나 싸우기라도 한다면 더욱 그럴 것이다. 게다가 어떤 관찰은 이후에 진척 노트를 기록해야할 때(특히 그날 늦게까지 당신이 관찰했던 것을 기록하지 못하게 만드는 무슨 일이 생긴다면) 기억하지 못할 수도 있다. 예를 들어, 오늘 당신이 마지막으로 이야기한 사람을 떠올려보라. 그 사람이 어떤 종류의 신발을 신었는가? 심지어 그 사람이 신발을 신기는 신었는지 확실하게 기억하는가? 전반적으로 우리는 무심결에 사물을 관찰하고, 그 결과 실수를 저지르게 된다. 바로 앞에 있는 것을 보지 못하고, 그렇지 않은 것을 그렇다고 잘못 관찰하기도 한다.

무심결의 인간적 탐구와는 대조적으로 과학적 관찰은 의식적인 행위다. 단순히 관찰을 좀 더 신중하게 하는 것이 오류를 줄이는 데 도움이 된다. 아마도 당신은 강의 첫날 강사가 무엇을 입었는지 기억하지 못할 것이다. 지금 그날의 일을 추측하면 틀림없이 오류를 범하고 만다. 하지만 강사가 무슨 옷을 입었는지 관찰하고 기록하려는 의식적인 계획하에 첫 수업에 참석했다면 더 정확하게 기억날 것이다.

대개 단순 혹은 복잡한 측정도구가 부정확한 관찰을 예방하는 데 도움을 줄 수 있다. 게다가 측정도구는 인간의 원래 감각을 훨씬 뛰어넘는 정확도를 더해준다. 예를 들어, 수업 첫날 강사의 컬러사진을 찍어두었다고 가정해보라.

과도한 일반화

우리는 주위의 특정한 것을 관찰하고 그 가운데서 유형을 발견하고자 할 때, 종종 몇 개의 비슷한 사건을 일반적 유형의 증거라고 간주한다. 과도한 일반화의 경향은 보편적 이해에 도달해야 한다는 압력이 높을 때 가장 크지만, 압력이 없을 때도 과도한 일반화는 일상적으로 발생한다. 과도한 일반화가 발생하면 탐구를 잘못된 방향으로 이끌거나 망치게 된다.

당신이 지역사회 조직가이고, 그 지역사회에서 시위가 시작하는 것을 막 알았다고 가정해보자. 당신은 두 시간 후에 중요한 모임이 있으며, 시민들이 왜 시위를 일으켰는지에 대해 모임의 다른 사람들에게 알려야 한다. 그래서 현장으로 달려가 시위자들에게 그 이유가 무엇인지 인터뷰하기 시작했다. 만약 처음 인터뷰를 한두 사람이 어떤 상점을 털기 위해 시위하는 것이라고 이야기한다면 당신은 아마 나머지 300명도 바로 그 이유로 시위를 벌인다고 잘못 가정할 것이다.

과도한 일반화에 대해 좀 더 설명하기 위해 다른 예를 들어보자. 당신의 실습강사가 전도유망한 새로운 개입방법에 대해 들려줄 초빙강사를 불렀다고 가정해보자. 비록 그 강사가 상당한 양의 사례를 갖고 있으며 꽤 많은 수의 클라이언트에게 그 개입방법을 제공했지만, 그녀의 강의가 단지 그 개입방법으로 상당한 혜택을 받았다고 보이는 한두 명의 클라이언트에 대한 심층적인 보고에만 초점을 맞췄다고 하자. 그러면 당신은 그 개입방법이 다른 클라이언트에게도 동일하게 효과적이었을 거라고(아니면 심지어 전적으로 효과적이었을 거라고) 잘못 가정할지도 모른다.

과학자들은 충분히 큰 관찰 표본을 확보함으로써 과도한 일반화를 예방한다(15장 참조). 탐구의 재현은 또 다른 보호장치를 제공한다. 앞서 언급한 것처럼 재현은 기본적으로 연구를 반복해 매번 같은 결과가 산출되는지를 살펴보는 것이다. 그 다음 연구는 약간 변형된 조건하에서 반복될 수 있다. 따라서 사회복지 연구자가 특정 상황에서 특정 서비스가 효과적임을 발견한다고 해도 그것은 단순히 시작에 불과하다. 그 프로그램이 모든 종류의 클라이언트에게 똑같이 효과적인가? 남성과 여성 모두에게 효과적인가? 늙은 사람과 젊은 사람 모두에게 효과적인가? 모든 인종집단 사이에서도 효과적인가? 다른 기관의 환경에서도 그만큼 효과적인가? 이러한 탐구의 확대는 프로그램의 효과를 일반화할 수 있는 폭과 한계를 발견하려는 것이다.

다른 연구자가 수행하는 완전히 독립된 재현은 안전장치를 더욱 확대한다. 어떤 개입이 효과적임을 보여주는 연구를 읽었다고 가정하자. 그 뒤에 당신은 다소 상이하게 효과를 측정하면서 상이한 환자에 대해 자신만의 연구를 수행할 수 있다. 만약 독립된 이 연구가 당신이 처음 읽었던 것과 정확하게 동일한 결론을 산출한다면, 결론을 일반화하는 데 더욱 확신을 가질 수 있다. 만약 다소 상이한 결과를 얻거나, 전혀 그런 결과를 지지하지 않는 클라이언트의 하위집단을 발견한다면 당신은 과도한 일반화로부터 우리를 구해내는 데 일조한 것이다.

선별적인 관찰

과도한 일반화의 한 가지 위험은 선별적 관찰로 이어질 수 있다는 것이다. 한번 특정한 유형이 존재한다고 결론을 내리고 그 이유에 대한 일반적 이해를 해나가기 시작하면, 그 유형에 들어맞는 사건과 상황에는 주목하지만 그렇지 않은 것은 무시할 가능성이 크다. 그림 1-1은 과도한 일반화가 선별적인 관찰로 이어지고 또 선별적인 관찰이 과도한 일반화로 이어지는 순환을 보여준다. 이 그림에서 가상의 인물인 도널드 도크 박사가 소개되는데, 9장에서 다시 등장할 것이다.

인종과 민족에 대한 편견의 지속은 이런 선별적 관찰에 크게 좌우된다. 하지만 선별적인 관찰은 단지 불쾌한 편견을 가진 사람들한테만 나타나는 것이 아니라 우리 모두에게서 나타난다. 예를 들어, 많은 애정을 가지고

과도한 일반화

Ann은 도널드 도크 박사의 'dorkotherapy'(박사가 개발한 새로운 우울증 치료법)의 첫 번째 환자다. 이후 그녀는 행복해 보였고, 그래서 박사는 그 치료법이 우울증에 효과가 있으며 다른 환자들도 이를 활용해야 한다고 주장했다.

선택적 관찰

박사는 이후 4명의 추가적인 환자 Jan, Dan, Nan, Van에게 치료법을 사용했다. 이들 중 3명은 계속 우울했으나 박사는 이를 알아차리지 못하고 분명하게 행복한 모습을 보이는 Nan의 경우만 주목했다.

과도한 일반화와 선택적 관찰

박사는 우울증에 대한 선택적 치료를 다루는 직접 실천영역의 강연에 참여해 자신의 치료법의 성과를 극찬하면서 단지 Ann과 Nan의 경우만 소개했다.

그림 1-1 과도한 일반화와 선택적 관찰

클라이언트를 돕는 데 최선을 다하는 사회복지 실천가도 통상적으로 선별적 효과에 빠져 자신의 노력을 제한한다. 역학상의 가족 의사소통 관점에서 문제를 해석하도록 훈련받은 실천가는 잠재적 의사소통 문제의 징후를 주의 깊게 살피고 주어진 문제를 설명할 때 이런 문제의 역할을 지나치게 확대하는 경향을 보인다. 동시에 그 실천가는 다른 역동은 간과한 채 그 역동의 영향력만 과소평가할 가능성이 높다.

자신이 관심을 가진 전도유망한 새로운 개입방법에 대해 들려줄 강사를 초빙해 그 방법으로 상당한 혜택을 본 것으로 보이는 한두 명의 클라이언트에게 주목한 실습강사를 소개했던 과도한 일반화의 사례를 떠올려보자. 그녀는 개입으로 혜택을 얻었으리라 여기는 클라이언트만 한정해 선택적으로 결과를 관찰한 것일 수 있다. 심지어 그런 클라이언트에 대해서도, 긍정적 결과에 대한 지표만 선택적으로 관찰했을 수 있고 새로운 개입기법이 클라이언트에게 얼마나 도움이 되었는지에 대해 의문을 던질 만한 다른 지표는 간과했을 수도 있다.

일반적으로 연구설계를 할 때는 결론에 도달하는 근거로 수행될 관찰의 종류와 숫자를 분명히 한다. 만약 남성보다 여성이 낙태에 대해 산모의 결정을 우선시하는 입장을 더욱 지지하는지 여부를 알고 싶으면, 연구 프로젝트에서 그 질문에 관해 구체적으로 명확한 숫자의 관찰을 할 수 있도록 노력해야 한다. 이 문제에 대해 면접할 1,000명을 선택했다고 하자. 비록 처음 면접한 10명의 여성이 그 입장에 찬성하고 처음 면접한 남성 10명이 반대했더라도 연구를 위해 선택된 모든 사람을 면접해 매번 관찰하고 기록해야 한다. 그런 다음 그 모든 관찰을 분석한 것에 기초해 결론을 내려야 한다.

과학적 탐구에는 대부분의 다른 함정에 대해서도 작동하면서 선별적인 관찰을 예방하는 두 번째 안전장치가 있다. 만약 당신이 내린 결론과 모순되는 무언가를 연구에서 간과할 때는 당신 동료가 그것을 알아차리고 알려줄 것이다. 이것이 과학자들이 서로 해줄 수 있는, 과학 그 자체에 대해 제공하는 봉사이다.

사후소급가설 설정

당신이 폭력 남편과 여전히 같이 사는 매 맞는 여성을 위한 프로그램을 운영하고 있다고 하자. 만약 그 프로그램이 성공적이라면 치료를 시작하자마자 매 맞는 여성이 한 개인으로서 자기 자신에 대해, 그리고 폭력 남편에게 덜 의존적일 수 있는 자신의 능력에 대해 긍정적으로 느끼기 시작할 것이라 생각한다고 가정해보자. 당신은 치료에 들어가기 전후 간단하게 구조화된 몇 번의 면접을 통해 프로그램의 효과성을 검증할 수 있다. 면접 중에 당신은 (1) 그들이 자기 자신에 대해 얼마나 긍정적으로 느끼고 있는지, (2) 폭력 남편으로부터 벗어나 독립적으로 생활할 수 있다는 자신감을 얼마나 갖고 있는지 알아낼 수 있다. 그 다음에는 치료에 들어가기 전보다 치료에 들어간 이후에 자신이 더 나아졌다거나, 더 능력이 생겼다고 느끼는지에 대해 분석할 것이다.

그런데 그들의 응답이 당신이 기대한 것과 반대, 즉 치료 이후에 치료 이전보다 더 악화된 기분을 느낀다고 가정해보자. 우선 그 결과에 무척 실망스러울 것이다. 어쩌면 "아하!" 당신은 그 이유를 발견했다고 생각할지 모른다. 부정적인 결과가 나타난 이유는 치료에 들어가기 전에 여성들이 무의식적으로 거부라고 하는 심리적 방어기제로 자신을 보호하고 있었기 때문이다. 그들은 치료에 들어가기 전 더 나은 감정상태를 보였는데, 그 이유는 그들이 자신이 처한 위험하고 비참한 상황에 직면하기를 거부했기 때문이다. 치료는 그 같은 부정을 일부 극복하도록 도움을 주었고, 그들이 변화하기 위해 직면해야만 하는 괴로운 현실에 좀 더 접촉할 수 있도록 도운 것이다. 그러므로 치료에 참여하고 나서 나타난 더 많은 '부정적' 반응은 실제로 더 '긍정적인' 것이다! 그들이 얼마나 열악한 상황에 처해 있는지를 인식하기 시작한 것은 좋은 징조다. 다시 말해, 향상을 위한 첫걸음을 내디딘 셈이다.

방금 묘사한 사례는 **사후소급가설화**(ex post facto hypothesizing)라고 하는데, 만약 거기서 중단하지만 않는다면 이는 전적으로 과학에서 받아들일 수 있다. 당신이 제안하는 쟁점은 분명히 좀 더 다양한 사람을 통해 새로운 방식으로 프로그램의 효과성에 대한 자신의 가설을 검증할 필요가 있다는 것이다. 그러나 당신의 추론이 자신의 가설이 옳다는 것을 증명해주고 있지는 않다. 다만 그에 대한 어느 정도의 가능성만 있다는 것이다. 이후의 관찰은 그 정확성을 검증해줄 것이다. 따라서 과학자들은 종종 추론적 정보에 관심을 갖게 되고 사실들을 다시 관찰하면서 그들의 추론을 계속 진행하게 된다.

자아가 개입된 이해

사건과 조건에 대한 이해는 종종 우리에게 특별한 중요성을 갖는다. 우리는 수많은 방식으로 세상에 대한 우리의 이해와 타인에게 제시하는 자신의 이미지를 연결한다. 이런 연결 때문에 자신이 가진 이해에 대한 반박은 우리 자신을 모자라고, 멍청하며, 괜찮지 않은 사람으로 보이게 하는 경향이 있다. 그래서 우리는 세상이 어떤지에 대해 우리가 갖고 있는 이해에 좀 더 집착하게 되고, 따라서 더 많은 탐구와 정확한 이해를 하는 데 거대한 걸림돌을 만들게 된다.

사물을 이해하는 데 **자아가 개입**(ego involvement)되는 일은 사회복지 실천에서도 흔하게 일어난다. 자연스럽게 자기 책임을 받아들이고 자신의 행동이 문제를 야기한 방식에 직면하기보다는 자신이 통제할 수 없는 타인과 외부환경을 비난하는 클라이언트한테서 그런 것을 발견한다. 사회복지 실천가가 자신의 자아를 개입시켜 실천을 망칠 수 있다는 사실을 알아차리기는 더욱 어렵다. 실천가는 이미 익숙하고 전문성을 가져서 자신이 좋아하는 실천방식의 효과성을 과학적으로 재평가하기보다는 선별적 관찰, 사후소급가설화, 자신의 실천적 접근이 비효과적일 수 있다는 증거로부터 발뺌하기 위한 여타의 노력 등에 집요하게 매달린다.

평가연구를 수행하는 사회복지사는 자신의 연구가 평가하는 프로그램의 효과성을 지지하지 않을 때 종종 이런 형태의 자아개입에 직면한다. 평가가 진행되는 프로그램과 관련된 행정가나 실천가는 종종 훌륭한 평가연구 설계로 인해 평가를 받을 때 괴롭힘을 당하고 싶어 하지 않는다. 그들은 평가에서 방법론적인 엄격성보다는 편의를 선호하기 때문에 골치 아픈 평가를 설계하고 수행하는 일을 평가자에게 넘기려고 한다. 그러나 평가 설계에서 무관심을 표현하고 전문성의 부족을 드러냈던, 방법론적으로 엄격한 설계가 필요 없다고 하던 바로 그 사람들이 광적인 비판자가 될 수 있다. 그들은 아무리 연구가 방법론적으로 엄격하다고 할지라도 자기 프로그램의 효과성을 의문시하는 발견을 담고 있는 연구의 방법론에 이의를 제기한다. 지지를 받지 못하는 프로그램에 대한 자신들의 자아개입과 이해관계의 영향으로, 행정가와 실천가는 연구의 방법론적인 신뢰도를 훼손하기 위해 그 연구에서 어떤 사소한 방법론적인 결점을 확대함으로써 조그만 지푸라기라도 잡을 것이다. 동일한 이유에서 그들은 자신이 선호하는 결과를 가진 연구라면 심지어 명백한 방법론적 결함이 존재해도 그것에 주목하려고 하지 않는다. 그들은 그런 연구들을 통해 자신의 프로그램이 가치가 있음을 선전하고자 한다. 프로그램 평가에 관한 13장에서 이 현상을 좀 더 심도 있게 다룰 것이다.

이해하는 데 있어 자아가 개입할 수 있는 사회복지사가 행정가와 실천가만은 아니다. 프로그램 평가자와 다른 사회복지 실천가들도 인간이다. 또한 그들은 과학적 탐구에서 자신들이 도달한 결론에 대해 한 사람의 인간으로 관여하고 전념하는 위험을 감수한다. 때때로 이것은 비과학적인 삶보다 더 나쁠 수 있다. 예를 들어, 당신이 암을 치료할 수 있는 확실한 방법을 발견해 노벨상을 받았다고 가정해보라. 그런데 누군가가 당신의 치료법이 실제로 효과가 없다고 주장하는 논문을 발표한다면 기분이 어떠할지 상상할 수 있겠는가? 아마 당신은 전적으로 객관적일 수는 없을 것이다.

우리가 검토한 다른 과학 규범에 대한 확고한 준수는 과도한 자아개입을 예방해줄 것이다. 하지만 당신에게 그런 헌신이 부족하다 해도, 당신 동료들이 당신이 할 수 있는 것보다 훨씬 더 객관적으로 중요한 논문들을 평가할 수 있다는 사실을 알게 될 것이다. 궁극적으로, 자아개입이 개별 연구자에게는 이따금 문제가 될지 모르지만 과학 일반에 있어서는 크게 문제되지 않는다.

비논리적 추론의 다른 형태

지성적인 사람들도 일상적인 삶에서 다른 형태의 비논리적 추론을 종종 저지른다. 한 가지 사례로 과학자들이 도박사의 오류(gambler's fallacy)라고 부르는 것이 있다. 행운이나 불운이 지속적으로 이어지면 이는 그 반대가 시작될 전조라고 여긴다. 포커 게임에서 저녁 내내 불운하면 행운의 손이 곧 다가오리라는 믿음을 부추기게 되고, 많은 포커꾼이 이런 잘못된 믿음으로 더 많은 돈을 잃는다. 혹은 그 반대로, 오래 지속되는 좋은 날씨는 주말 피크닉 때 틀림없이 비가 올 것이라고 걱정하게 만든다. 심지어 우리 중에서 가장 나은 사람도 때때로 다소 이상한 추론을 하곤 한다. 그러나 더 나쁜 것은 우리가 다른 사람들이 논리상의 오류를 지적할 때 방어적인 태도를 취한다는 점이다.

사회복지사는 비판적으로 사고해야 하며, 자아의 개입이나 이해관계로 인해 그릇된 주장이나 논증을 하는 개인의 흠 있는 추론을 주의해서 찾아내야 한다.

허수아비 논쟁 한 가지 일반적인 오류는 허수아비 논쟁(straw person argument)이라는 것으로, 이는 특정한 입장을 공격하기 쉬운 방식으로 왜곡해놓고서 공략하는 것이다. 예를 들어, 국가의료보험이나 환자의 권리장전 등을 제안하는 의료보장개혁에 대한 반대자들은 이러한 개혁안이 의료비용을 증가시키고 의료서비스 대기시간을 늘릴 수 있다고 주장하며 그 정도를 과장한다.

대인논증 또 다른 오류는 대인논증(ad hominem attack)인데, 이것은 주장하는 논증 그 자체가 아니라 논증하는 사람을 불신하려고 애쓰는 것을 말한다. 경쟁하는 심리치료 방식에 이해관계가 있는 두 명의 심리학자 사이에서 벌어진 최근 논쟁에서, 한쪽은 상대방이 전문 학위를 취득한 학교가 적법한 학교인지에 대해 조롱했다. 또 다른 사례는 복잡하게 얽힌 특정 외교정책에서 군사력의 사용을 비판하는 사람들은 정책의 옹호자들에 의해 자신들의 애국심을 의심받을 수 있고, 군사력의 사용을 옹호하는 사람들은 무력 사용을 반대하는 사람들에 의해 자동적으로 전쟁광이라 낙인찍히게 된다.

시류에 편승하기 때때로 새로운 개입기법이 단순하게 새로움과 전망 때문에 장려되기도 한다. 그러나 이것 역시 하나의 오류다. 이런 논증을 하는 동료들이 있다면, 한때 대뇌의 백질을 절제하는 행위가 정신질환자를 위한 새롭고 전망 있는 치료법으로 간주되었음을 그들에게 일깨워주는 것이 좋겠다. 이와 다소 연관된 오류가 시류에 편승하기(bandwagon appeal)인데, 예를 들어 상대적으로 새로운 치료기법이 대중적 인기에 편승해 크게 각광받는 것이 이에 해당한다. 암묵적인 가정은 많은 전문가가 시류에 편승한다는 것은 그 치료법이 효과적임을 의미한다는 것이다. 예를 들어, 새로운 치료법을 위한 비싼 비용의 워크숍을 선전하는 안내문은 전 세계적으로 25,000명 이상의 정신건강 실천가가 이 워크숍에 참석했다는 사실을 강조한다. 만약 시류에 편승하고자 하는 움직임이 있다면, 전혀 효과적이지 않으며 심지어 해가 된다는 사실이 과학적인 증거에 의해 밝혀지면서 시류에서 탈락했던, 이 장에서 언급했던 다양한 개입기법과 이후에 논의할 다른 개입기법을 기억하는 게 도움이 될 것이다.

또 다른 형태의 비논리적 추론은 노스캐롤라이나 대학교(University of North Carolina)의 논리적 추론에 관한 웹사이트 http://www.unc.edu/depts/wcweb/handouts/fallacies.html에서 찾아볼 수 있다. 오류가 있는 주장에 의해 권장되는 실천개입이나 정책이 반드시 비효과적이거나 바람직하지 않다는 뜻은 아니다. 어떤 개입기법이나 정책은 그 지지자들이 권장할 때 잘못 선택한 불행한 방법인데도 실제로 견실한 과학적 연구에 의해 지지를 얻을 수 있으며, 이미 지지를 받고 있기도 하다. 요점은 비논리적인 추론에 근거한 주장에 따라 이 방식 혹은 저 방식으로 흔들리지 말라는 것이다. 그 대신 과학적인 증거를 찾고 이를 비판적으로 평가해야 한다.

섣부른 탐구종료

과도한 일반화, 선택적인 관찰 그리고 비논리적 추론의 방어적 사용은 모두 탐구를 섣부르게 종료하도록 만든다. 때때로 이 같은 탐구의 종료는 개인적 행위라기보다는 사회적 행위다. 예를 들어 '이미 밝혀진' 주제에 대해서는 더 이상의 지원을 거부하는 민간재단이나 정부기관은 마치 전통적인 종교적 신념에 도전할 수 있는 학문과 연구를 금지하는 종파주의 대학처럼 사회적 행위로서 연구의 종료에 영향을 미친다. 사회복지사는 자신이 선호하는 실천개입, 프로그램, 정책이 믿고 있는 것만큼 효과적이지 않다는 증거를 고려하지 않겠다고 거부할 때 이런 실수를 저지를 수 있다. 페미니스트나 소수집단의 조직가도 성차별주의자나 편협한 사람들에 의해 여성이나 소수집단의 진출에 낙인을 찍거나 반대하는 데 부적절하게 이용하는 결과를 생산할 것으로 기대되는 종류의 연구들에 제한을 둠으로써 이런 일을 저지를 수 있다. 5장에서 이런 현상의 윤리적 문제와 함께 탐구에 미치는 정치와 이념의 영향을 심도 있게 살펴보겠다.

탐구를 섣부르게 종료하는 위험은 명백하다. 이것은 사물을 완전하게 이해하기 전에 이해하려는 시도를 중단하는 것이다. 그러나 당신이 인간 지식의 역사를 살펴본다면 놀라운 결론에 도달하게 된다. 우리는 자신이 알고 있는 것이나 확실하게 알고 있는 것을 계속해서 바꾸어왔다. 중요한 의미에서, 어떤 탐구의 종료도 미숙한 것이다.

인간 사회의 현상들은 다른 과학 분야와는 달리 순환적 속성을 갖는다. 우리가 자신에 대해 배운 것은 우리가 어떤 존재이며 어떻게 살아가야 할지(이 과정에서 처음 우리가 배운 것은 종종 상쇄됨)에 영향을 미친다. 이는 사회과학에서 탐구는 항상 필요함을 의미한다(사회과학 탐구를 하나의 안정된 직업으로 만든다).

기본적으로 과학이란 결론이 지속적으로 수정되는 개

방적 성격을 띤다. 그것은 과학의 명백한 규범이다. 경험 많은 과학자는 이를 삶의 현실로 받아들이고 확립된 이론도 언젠가는 뒤집어질 것으로 기대한다. 만약 어떤 과학자가 특정 탐구 분야가 영원히 완성된 상태로 지속되리라 간주한다고 해도, 다른 과학자들은 그렇게 생각하지 않을 것이다. 한 세대 전체의 과학자가 특정 주제에 대한 탐구를 종결한다고 해도, 다음 세대가 낡은 생각을 검증하고 이를 바꿔나갈 것이다.

부분적으로 과학의 보상구조가 이런 개방성을 뒷받침한다. 비록 초기의 엄청난 저항과 비난을 극복해야만 하겠지만, 사람들이 늘 믿어왔던 것이 단순히 사실이 아님을 설득력 있게 보여준다면 얼마나 유명해질지 상상해보라. 만약 당신이 일산화탄소가 실제로는 사람들에게 진정으로 유익함을 증명한다면 어떨까? 놀라운 발견에 대한 과학의 잠재적 보상은 과학적 탐구에서 모든 것을 공정한 게임으로 유지해준다.

의사과학

사회복지사로서 경력을 쌓아가는 동안 당신은 아마도 강력한 조사연구의 반복을 통해 그 기초가 탄탄한 실천방법이나 개입에 대해 배울 것이다. 그러나 편향된 조사연구나 지식에 대한 비과학적 근거에 기초한 어떤 개입에 대해 경의를 표하는 주장들과 조우할 수도 있다. 이러한 주장들 중 일부는 기적의 치료라고 하면서 매우 비싼 교육훈련 워크숍 광고전단지의 형태로 드러나기도 한다. 이러한 주장들은 과학적 탐구의 일부 특징을 포함하고 과학적이라는 표면적 모습을 갖추고 있는 것 같지만, 주의 깊게 살펴보면 과학적 방법의 원칙들에 위배되거나 과학적 방법이 지켜야 할 사항들에 반하는 오류를 포함하고 있다.

'의사(pseudo)'라는 전치사는 '가짜(fake)'라는 뜻이다. 따라서 의사과학은 가짜과학이다. 촉망받는 전문가들 중에는 의사과학에 기초를 둔 개입을 채택하는 사람들도 있는데, 이들은 어쩌면 책을 팔거나 그에 관한 워크숍을 열어서 돈을 벌고 명성을 얻으려는 것과 같은 이해관계가 있기 때문이다. 그들은 자신이 팔고 있는 것을 정말 믿고 있을 수도 있다. 그리고 그 추종자들은 진정한 신봉자일 수도 있으며, 그들이 믿고 있는 신념에 사실을 갖다 맞춤으로써 자신이 단언하고 있는 그 개입에 자신을 투자했을 수도 있다.

늦은 밤 유명인사들이 TV 프로그램에 나와 증언한 내용에 근거를 둔 정보 광고로 비만이나 다른 고통에 대한 기적적인 치료를 팔고 있는 사람들과 같은 유사과학의 조달자들을 발견하는 일은 어렵지 않다. 하지만 어떤 유사과학적 주장이 취약한 연구에 근거하고 있어도 그럭저럭 심사를 통과해 전문학술지에 발표된 경우에는 이를 알아차리기가 어렵다. 그림 1-2는 어떤 개입이 과학보다 의사과학에 근거를 두고 있다는 의심을 갖게 하는 몇몇 일반적인 경고 표식을 보여준다. 대부분의 표식은 이 장의 앞부분에서 논의했던 잘못된 앎의 방식과 관련이 있다. 그러나 하나 혹은 그 이상의 그런 표식이 있다고 해서 반드시 그 개입이 의사과학에 근거를 두고 있다는 뜻은 아니다. 결점들은 그 개입을 주장하는 적절치 못한 방식에 있는 것이지 인용되는 연구의 질 자체에 있는 것은 아니다. 예를 들어, 견고한 과학적 연구는 어떤 개입이 특정한 조건하에서 어떤 문제에 대해 미약하게 효과가 있음을 발견할 수 있다. 그렇지만 이 개입의 추종자들은 이를 마치 보편적인 만병통치약처럼 보이게 만든다. 그러나 이러한 표식들을 알아차릴 수 있다면 최소한 의사과학이 작동하고 있을 가능성을 인지할 수 있으며, 더 많은 표식을 발견해낼수록 더 회의적이 될 수 있다. 우리가 이전에 논의했던 의사과학과 대조되는 과학적 방법의 특징들은 그림 1-2의 하단에 적어두었다.

유사과학의 조달자들을 발견해내는 일이 중요하긴 하지만, 사람들이 의사과학이라고 부르는 모든 게 가짜이거나 가치가 없는 것은 아니다. 몇몇 새로운 개입방법의 조달자들이 그 방법과 이해관계가 있다고 해서 반드시 그 새로운 개입방법이 가치가 없다거나 해롭다는 뜻은 아니기 때문이다. 심지어는 그들이 보고하거나 인용하는 연구들이 편향되어 있거나 조잡하더라도 그렇다.

유사과학의 옹호자는

- 성과에 대해 극단적인 주장을 한다.
- 과대일반화를 일삼는다.
- 효과에 대해 일반적이지 않은 추측성 설명을 지어낸다.
- 과학적으로 들리지만 실제로는 그렇지 않은 자신의 주장을 위해 가식적 용어를 지어낸다.
- 주장의 근거로 다음을 활용한다.
  - 개인적 증언이나 일화
  - 권위자나 전문가
  - 전통
  - 엉성하고 편향된 연구
  - 대중적 인기
  - 소수의 선택된 관찰
  - 대중매체상의 이미지(영화나 TV 쇼)
- 반증자료에 대해 다음과 같이 반응한다.
  - 이를 무시하고 오직 자신의 개입방법을 지지하는 근거만 인용한다.
  - 사후소급적 가설을 이용해 설명한다.
  - 반증자료를 인용하는 사람들을 대인논증으로 공격한다.
  - 자신의 개입방법을 지지하는 연구의 엄격성과 수월성을 과장한다.
  - 허수아비 논쟁으로 반증하는 주장을 왜곡하고 이를 공격하기 용이하게 만든다.
  - 반증자료를 반박하는 데 있어 현재는 맞지 않는 역사적 인물(예: 갈릴레오, 프로이드)을 거론(암묵적으로 자신을 역사적 인물과 비교)한다.
  - 자신의 개입방법으로 위협을 느끼는 사람들의 이해관계 탓으로 돌리면서 음모론을 이용해 신빙성을 떨어뜨린다.
- 자신의 추종자들이 다음을 하지 못하도록 성급하게 연구를 종결한다.
  - 엄격하고 편향되지 않은 연구를 통해 주장을 하지 못하도록 한다.
  - 반증자료를 산출하는 연구를 출간하지 못하도록 한다.

이와는 달리 과학적 방법을 사용한 연구는

- 모든 지식은 잠정적이며 반박에 개방되어 있기 때문에 반증자료의 추구를 격려하고 환영한다.
- 조심스럽게 주장을 펼친다.
- 과대일반화를 피한다.
- 다음에 근거해 결론을 내린다.
  - 종합적이고 체계적이며 편향되지 않은 관찰
  - 엄격한 연구
  - 충실한 연구에 의해 산출된 반증자료를 무시하거나 묵살하지 않는 반복연구

그림 1-2 의사과학의 가능성을 찾아낼 수 있는 공통적 경고 표식

더욱이 앞에서 언급된 것처럼 몇몇 의사과학은 가치 있는 개입과 연관되어 있고 견고한 과학적 연구에 기초를 두고 있지만, 이해관계가 있는 의사과학 조달자들에 의해 그 효과가 과장될 수 있다. 오늘날 과학적으로 받아들일 만하다고 간주되는 것들 중에는 처음 소개될 당시 의사과학으로 취급되었던 것들도 있다. 예를 들어, 안구운동둔감화재처리(eye movement desensitization and reprocessing, EMDR)는 많은 비판가에 의해 의사과학으로 묘사되었다. 비판가들은 초기 연구의 약점을 들춰내고 그 옹호자들이 사용한 방식이 의사과학적이었음을 지적했다. 그러나 그 방법의 효과성이 과학적으로 엄격한 설계를 갖춘 많은 연구에 의해 재현된 이후, 이는 심리치료 연구 분야에서 과학을 지향하는 전문가들에게 외상 후 스트레스 장애(PTSD)에 가장 효과적인 치료법 중의 하나로 널리 받아들여졌다.

EP 2.1.3

사회복지에서 과학적 탐구의 유용성

어떤 사회복지학과 학생들은 실천전문가가 되기 위해 이수해야 할 전문 교과과정에 왜 조사과목이 필요한지 의문을 갖고 있다. 그들에게는 사람을 돕는 일과 관련해 배워야 할 게 너무나 많고, 또 그것을 배우고자 하는 진정한 열망이 있다. 조사방법론이 학문세계의 사회학자나 심리학자에게는 중요할지 모르지만, 사회복지학과 학생들은 "아직 남을 돕는 데 필요한 기술도 충분히 발전시키지 못했는데, 왜 그 많은 사회복지교육을 연구방법론에 소모해야 하는가?"라고 질문할지도 모른다.

어떤 학생은 조사방법론이 냉정하고 쌀쌀맞으며 기계적일 것이라고 생각한다. 이런 속성은 그들을 사회복지 분야로 이끌었던 점과는 전혀 다르다. 사회복지는 따뜻함, 관여, 온정, 인도주의, 헌신 등의 속성과 관련이 있을 것이다. 사회복지학과 학생들은 현실세계에서 맞서 싸워야 할 수많은 사회적 문제를 보면서 간절하게 어떤 행동을 취하고 싶어 한다. 사실 그들의 독특한 배경이 자신들이 다루고자 하는 문제영역을 분명하게 인식시켜 주었을 것이다. 그들은 그 문제영역과 바로 맞서고 싶겠지만, 그보다 먼저 이 조사라는 장해물을 통과해야 한다.

당신은 많은 사회복지 연구자가 바로 이런 감정을 느끼며 자신의 직업적 경력을 시작했다는 사실에 놀랄지도 모르겠다. 많은 사람이 사회복지 경력을 조사연구자가 아니라 취약한 사람들을 돕고 사회정의를 추구하려는 불타는 열정을 지닌 실천가로 시작했다. 처음에는 언젠가 자신이 조사연구자가 되리라는 생각은 전혀 하지 않은 채 좋은 의도만으로는 충분하지 않다는 사실을 실천경험을 통해 발견하게 된다. 그들은 어떤 실천개입과 정책이 그들의 고귀한 목적 달성에 도움이 되거나 방해가 되는지 실천가들에게 안내해줄 더 많은 증거가 필요하다는 점을 깨닫는다. 그들의 노력을 조사연구로 향하게 만든 것은 바로 그들을 추동하는 변화에 대한 애정과 헌신이다. 왜냐하면 조사연구를 통해 실천을 위한 증거기반을 구축할 수 있기 때문이다. 사회복지사들은 검증되지 않은 미지의 효과들로 실천을 계속해나가기보다는, 전문적 지식의 기반을 구축하고 그 결과 좀 더 효과적인 서비스 전달체계의 확립과 사회 변화에 대한 노력을 완수할 수 있는 조사연구를 수행하는 편이 사회취약계층을 돕고 사회정의를 추구하는 데 더 많은 일을 할 수 있으리라 판단했다.

대부분의 사회복지 연구자는 전형적 유형의 학문연구자와는 다르다. 이들은 지식 그 자체를 위해 지식을 생산하기보다는 사회복지사가 일상의 실천적인 문제를 해결하는 데 필요한 실천지식을 제공하고자 한다. 궁극적으로 이들은 인간의 고통경감과 복지증진에 필요한 정보를 사회복지 분야에 제공하고자 한다. 따라서 사회복지 조사는 사회복지 실천이 추구하는 것과 동일한 인본주의적 목표를 성취하려는 것이다. 실천영역과 마찬가지로 사회복지 조사 역시 온정적이고, 문제해결을 지향하며, 실천적인 노력이다.

조사연구를 진정 수행할 것인가?

이 시점에서 당신은 '그래, 그건 좋아. 하지만 내가 조사연구를 수행할 가능성은 여전히 희박해'라고 생각할지도 모른다. 그러나 자신을 한 사람의 조사연구자로 생각하지 않는다 하더라도 현장에서 활동하는 과정에서 조사연구기술을 사용하기도 하고, 또 조사기술에 대해 좀 더 많이 알았더라면 하는 상황을 수없이 직면하게 될 것이다. 예를 들어, 클라이언트에 대한 효과를 과학적으로 평가해야만 지속적인 예산지원을 받을 수 있는 임상 프로그램을 감독할 수 있다. 또한 직접 서비스를 제공하면서 실천개입이 클라이언트에게 미친 효과성을 과학적으로 평가하기 위해 단일사례 설계방법을 사용하고자 할 수도 있고, 지역사회조직이나 계획에 관여하면서 지역사회의 욕구를 사정하기 위해 과학적인 설문조사를 수행할 수도 있다. 어떤 프로그램을 수행하면서 사회에 대한 책임의 일환으로 프로그램이 의도한 유형과 분량의 서비스를 실제로 전달하고 있는지에 대해 과학적 보고를 해야 할 때도 있다. 여러분이 사회개혁운동에 참가할 경우 현행 복지정책의 해악을 폭로하고 좀 더 인도적인 법안을 제정할 수 있도록 입법자들을 설득하는 데 과학적 자료가 필요해질지도 모른다.

아마 당신은 여전히 회의적일 수 있다. 어쨌든 이 책은 조사연구 교재이며, 따라서 저자들이 당연히 과학적 방법을 배워야 하는 가치를 과장하리라 기대하고 있을지 모른다. 당신은 '비록 사회복지 조사가 가치 있다는 주장을 받아들였다 할지라도, 조사연구자는 자신의 일을 하고 나는 내 일을 한다고 믿어'라고 생각할지도 모른다. 하지만 당신은 어떻게 할 작정인가? 많은 실천현장에서 실제로 무엇이 효과적인지는 여전히 불확실한 상태다. 어떤 기관에서는 조사에 의해 비효과적이라고 밝혀진 실천개입을 제공하고 있다. 언젠가 당신도 그런 실천개입을 제공하리라 예상되는 기관에 근무할지도 모른다. 조사연구를 이해하고, 그래서 특정 서비스가 효과적인지 아닌지에 대해 새로운 증거를 제공하는 연구들을 읽어나가면서 자신의 실천이 가진 효과성을 향상시킬 수 있다.

사회복지의 효과성에 대한 검토

사회복지 전문직을 도입한 이래로 이 분야의 여러 지도자는 과학으로부터 사회복지 실천을 인도할 수 있는 방법을 모색해왔다. 하지만 20세기 후반에 이르러서야 비로소 사회복지 실천을 위한 증거기반을 향상시키고자 하는 욕구가 사회복지 전문직(특히 사회복지 교육자들) 사이에서 전반적으로 구현되기 시작했다.

초기의 고찰

1970년대에 들어 몇 명의 저자가 사회복지 실천이 효과적이지 않음을 보여주는 연구를 통해 사회복지 전문직을 뒤흔들어놓았다(Fischer, 1973; Mullen & Dumpson, 1972; Wood, 1978). 부정적인 결과를 담은 초기 연구의 대부분은 구체적이면서 명확하게 설명된 실천개입을 평가하지 않았다. 이런 연구들은 특정 문제에 대한 구체적인 실천개입을 평가하기보다는 사회복지사의 효과성을 일반적으로 평가하고서 사회복지사는 효과적이지 못하다는 전반적인 결론을 내렸다. 하지만 이 연구들은 특정 실천개입 중 어떤 것이 다른 것에 비해 더 효과적인지 혹은 아닌지 명확히 할 수는 없었다. 그래서 초기 연구들은 좀 더 효과적인 실천개입을 추구했던 사회복지사에게 아무런 길잡이가 되지 못했다.

특정 개입방법에 대한 연구

위에서 검토한 문헌들은 훈련받은 사회복지사가 언제나 효과적일 것이라고 가정하는 것이 안전하지 못함을 보여준다. 만약 당신이 이런 태도로 실천개입에 임한다면, 많은 개입이 효과적이지 않을 수 있다. 그러나 이후의 연구들은 효과성 있는 개입의 등장에 대한 낙관적인 결과를 내놓았다(Reid & Hanrahan, 1982; Rubin, 1985a; Gorey, 1996; Reid, 1997; Kirk & Reid, 2002). 초기 문헌들에 대한 연구와 후기 문헌들에 대한 연구 사이에 존재하는 중요한 차이점은 연구의 초점을 특정 문제에 적용된 구체적이면서 잘 설명된 개입에 두었느냐, 아니면 단순히 사회복지사의 일반적 효과성에 두었느냐에 있다. 이와 대조적으로 후기 연구들은 사회복지 실천가가 해결하고자 했던 문제, 성취하고자 했던 목표 그리고 이런 목표를 달성하기 위해 사용된 절차에 대해 분명하게 설명된 매우 구체적인 실천개입을 평가했다(Blythe & Briar, 1987; Briar, 1987).

특정 유형의 클라이언트나 문제를 해결하고자 하는 구체적 목표를 위해 사용된 특정한 개입절차와 실천개입이 진정으로 중요하다. 후기 연구들이 보여주듯이, 과학적 증거의 확충이 다양한 실천개입의 효과성을 보장해줄 수 있다. 예를 들어, '대조적인 실천개입: 도움이 되는 개입과 해가 되는 개입'이라는 제목의 글상자를 살펴보자. 칼럼 A에 나열된 개입은 한때 정신건강 전문가들 사이에서 효과적이라고 간주되어서 유행했다. 그들은 왜 그렇게 생각했을까? 이 개입은 자신들이 받아들인 이론이나 임상적 직관에 비춰볼 때 합당해 보였던 것이다. 하지만 후속 연구에서 그 개입이 효과적이지 못할 뿐만 아니라 심

대조적인 실천개입: 도움이 되는 개입과 해가 되는 개입

칼럼 A

한때 유행했으나 조사연구에 의해 지지를 받지 못한 개입

- 정신성 외상 피해자를 위한 주요 사건 스트레스의 경감
- 중증의 지속적 정신분열증 환자들에 대한 정신역동적 시각에 기초한 심층치료
- 가족치료의 맥락에서 역기능적인 가족역동을 정신분열증의 원인으로 취급하는 것

칼럼 B

조사연구의 지지를 받고 있는 개입

- 정신성 외상 피해자를 위한 장기 노출 치료
- 중증의 지속적 정신분열증 환자들을 위한 긍정적 사례 관리/지역사회 치료
- 중증의 지속적 정신분열증 환자를 돌보는 가족을 위한 심리교육적 지지집단

지어 해로운 것임을 발견했다. 이와 대조적으로, 칼럼 A의 개입과 동일한 표적집단을 대상으로 하는 칼럼 B의 개입은 다양한 조사연구가 지지하는 효과성을 지속적으로 견지해왔다.

오늘날의 조사연구는 효과적 개입이라는 지지를 얻어 실천현장에 이용 가능한 실천개입이 어떤 것인지 점점 더 분명하게 밝혀왔다. 그러나 이런 진보에도 현재 많은 사회복지사가 적절한 검증을 받지 않은 실천기법과 절차를 여전히 사용하고 있다. 예를 들어, 티어 Thyer(2002)는 아동학대와 방임, 가정폭력, 정치행동 등의 문제와 실천영역이 다른 영역, 특히 정신장애 영역의 개입과 비교해 볼 때 좀 더 협소한 증거기반을 가졌다고 언급했다. 그리고 긍정적인 결과를 가진 것으로 평가된 실천개입에 대해서도 관련 증거가 개입의 효과성에 관한 한 점의 의혹마저도 충분히 해소할 수 있는지 더 많은 검증이 필요하다.

이런 의심들이 곧바로 해소될 수는 없다. 게다가 새로운 실천개입이 속속 등장하고 있으며, 이들은 개입의 효과성에 대한 적절한 과학적 증거 없이 널리 확산된다. 어떤 실천개입은 과학적 검증을 전혀 받지 않는다. 어떤 실천개입은 연구설계나 측정과정이 바람직한 결과를 산출하기에는 너무 왜곡되어서 과학적으로 전혀 적절하지 않은 방식으로 '검증'될 수도 있다. 어떤 것들은 특정 인종집단에는 검증이 되지만 다른 집단에는 그렇지 않을 수 있다. 전문직 사회복지사들은 효과적이라는 새로운 실천개입에서 고가의 보수교육을 제공한다는 광고의 홍수에 늘 시달린다. 어떤 것은 보증이 되지만 어떤 것은 그렇지 않다. 이런 현실에 직면해 과학적 탐구와 연구에 대한 이해는 실천적 지식이 된다. 만약 우리가 훈련받은 사회복지사의 행위가 효과성을 보인다고 확실하게 말할 수 없다면, 적절한 과학적 증거가 특정 실천상황에서 특정 실천개입을 지지하는지에 대해 어떻게 과학적 평가를 내리는지 학습하는 것이, 유행은 하지만 언제나 효과적이지는 않은 일반적 실천을 학습하는 것 못지않게 중요하다.

조사의 질에 대한 비판적 고찰

연구자가 필요한 연구를 수행한 다음 그 결과를 실천가에게 알려주면 되지 않느냐고 반문할 수 있다. 그렇게 되면 실천가는 충분한 과학적 지지를 얻고 있는 개입의 실천적 측면에만 초점을 맞추면 된다. 이상적인 세계에서는 이런 생각이 나쁘지 않을 수 있지만, 현실세계에서는 훨씬 더 까다롭다.

출간과 조사의 질

수행되고 발표되는 사회복지 조사(그리고 사회복지와 관

련 있는 학문 분야에서 이루어지는 응용조사)의 질적 수준은 무척 다양하다. 그중 몇몇은 뛰어나지만 출간되어선 안 될 연구도 있다. 이 책에서 배울 기본적인 원칙에 어긋나는 연구를 발견하는 일은 그리 어렵지 않다. 예를 들어, 저자들이 스스로 개발한 새로운 개입을 사용하고 자신이 직접 클라이언트의 향상 정도를 점수화해 평가한 연구를 발견할 수도 있다. 불행히도 이런 점수화는 종종 자신의 주관적인 판단에 근거하고 있는데, 이는 성공적인 결과를 바라는 자신의 열망에 따라 크게 왜곡되기 쉽다. 혹은 부적절하게 사실들을 정의함으로써 자신이 옹호하고자 하는 정책의 필요성을 과장하는 연구를 읽을지도 모른다.

사회복지와 관련된 영역에서 수행되는 연구의 수준이 고르지 못한 데는 다양한 이유가 존재한다. 연구자들 간에 존재하는 상이한 능력의 차이나 편견은 단지 부분적 설명에 불과하다. 단순히 저자들이 편견을 가졌다거나 연구방법을 잘 몰라서 많은 수의 취약한 연구가 만들어지는 게 아니라, 연구자가 좀 더 탄탄한 연구를 수행하기 어렵게 만드는 기관의 제약 때문이다. 예를 들어, 이 책의 후반부에서는 개입의 효과성을 평가하려는 연구에서 클라이언트를 실험집단과 통제집단으로 할당하는 일의 중요성을 학습하게 될 것이다. 통제조건하에서는 검증하고자 하는 개입이 클라이언트에게 적용되지 않는다. 많은 사회복지기관에서 임상연구 중 통제조건의 사용을 허가하지 않는다(이런 제약에는 많은 실천상의 이유가 있으며, 이 책에서 그에 대해 검토할 것이다). 결과적으로 연구자는 딜레마에 봉착한다. 즉, 약한 과학적 엄밀성이라는 조건하에서 연구를 수행하거나, 아니면 연구를 중단해야 한다. 더 나은 대안이 마땅하게 없는 상태에서 다소 제한적인 증거라도 증거가 전혀 없는 것보다는 나을 것이라는 믿음이 연구자에게 연구를 수행하도록 만든다.

겨에서 밀을 분리하기

이는 사회복지 실천가가 사회복지 조사결과를 이용하고자 한다면 적절한 과학적 방법론과 신뢰할 만한 결과를 가진 연구와 전혀 그렇지 못한 연구를 구별할 수 있을 정도로 사회복지 조사방법론을 이해할 수 있어야 한다는 뜻이다. 또한 수행된 사회복지 조사의 질은 오직 연구자의 방법론적 전문지식만이 아니라 연구자의 실천지식과 실천가의 조사지식에도 달려 있음을 의미한다. 실천지향적 조사연구자와 방법론을 잘 알고 있는 실천가 사이의 동반자관계가 없다면 실천영역이 절실하게 필요로 하는 연구(충분한 수준의 방법론적 엄밀성하에서 기관실천가의 진정한 필요에 부합하는)에 대한 지지적 분위기는 존재할 수 없다. 여러분이 조사연구를 전혀 수행하지 않는다 하더라도, 조사방법론을 이해하면 다른 사람들이 수행한 조사연구를 비판적으로 평가하고 이용하거나, 그들의 연구가 실천 필요성에 부합하는지 확인할 수 있도록 연구자와 의사소통하는 데, 그리고 궁극적으로 훌륭하고 적절한 연구를 수행할 수 있도록 기관의 환경을 조성하는 데 도움을 주게 된다.

사회복지의 비판적 대응

앞서 어떤 연구가 실천을 지도하기에 충분히 신뢰할 만한가를 결정할 때 조사방법론을 이해하는 일이 얼마나 중요한지 살펴봤다. 또한 사회복지사는 사회복지 전문직과 사회복지사업 전체를 공격하려는 저자들에 의해 수행된 연구들을 비판적으로 평가할 필요가 있다. 이런 저자들이 꼭 정치적 의도로 그런 것은 아니며, 또 우리가 관심을 갖고 있는 사람들을 해하려는 것도 아니다. 그들도 우리만큼 그 사람들에게 관심을 가졌을지 모르며, 사회복지사와 복지정책이 그들에게 해를 준다고 진지하게 믿고 있을지도 모른다. 이런 저자들과 그들의 연구는 종종 대중매체에서 상당한 관심을 받고, 공공복지 지출을 반대하는 사람들에 의해 인용된다. 주목할 만한 사례가 찰스 머리 Charles Murray가 저술한 『Losing Ground』(1984)인데, 이 책에서 그는 가난한 사람을 돕고자 개발된 사회복지 프로그램이 실제로 그들을 돕기보다는 상처를 주고 있다는 것에 관한 엄청난 자료를 수집했다. 이런 비판의 또 다른 사례는 크리스토퍼 라시 Christopher Lasch가 지은 『Haven in a Heartless World』(1977)이다. 이 책에서 그는 사회복지사가 의도적으로 부모의 기능을 침범하고 있고, 그리하여 가족을 약화시키고 다양한 사회적 문제를 악화시킨다고 주장했다.

이런 비판이 논리와 결론에서 올바르다면 우리는 돕고자 하는 사람들에게 피해를 주고 있으며, 완화하고자 하는 문제들을 악화시키고 있는 것이다. 만약 이런 비판가들의 논리나 조사방법론에 결점이 있거나 결론에 오류가 있다면, 우리가 봉사하고자 하는 사람들에게(대중을 포함해) 이런 사실을 지적해주어야 할 의무가 있다. 전문가의 자기보존에 대한 관심이 아닌, 클라이언트에 대한 관심에서 이런 비판가의 주장과 증거를 동등한 입장에서 살펴봐야 한다. 우리는 방법론적 원칙을 무시하는 반과학적 실천전문가로 보여서는 안 된다. 만약 그렇다면 사람들은 사회복지사가 모두 사라져야만 클라이언트가 좀 더 나은 삶을 살 수 있다는 결정을 내릴 것이기 때문이다. 따라서 진정 그렇게 할 수 없다면, 우리는 스스로를 '전문가'로 부르지 못하게 된다.

동정심과 전문가 윤리

전문가에게는 몇 가지 사항이 수반된다. 하나는 가능한 한 클라이언트에게 가장 효과적인 서비스를 확실하게 제공하고자 노력한다는 것이다. 어떻게 하면 그렇게 할 수 있을까? 단순히 상급자에게 무엇이 최선이라고 생각하는지 물어보면 어떨까? 아마도 이것이 출발점이 될 수 있을지 모른다. 하지만 자신의 분야에서 진행되는 최신 연구에 대해 전혀 모른 채 기존의 실천에만 단순하게 순응하는 실천가는 최선의 서비스를 클라이언트에게 제공하는 데 자신이 할 수 있는 모든 노력을 쏟아붓지 않는 것이다. 실제로 앞서 실천의 효과성에 대한 검토에서 지적된 바와 같이, 잘 확립되어 있는 전통적인 서비스가 종종 비효과적이라고 밝혀지기도 한다.

사회복지 서비스가 효과적이지 않다는 사실이 심심찮게 밝혀지고 있으며, 최근 들어 새롭고도 확실하게 효과적인 실천개입을 소개하는 연구가 속속 등장하는 보습을 볼 때, 자신의 분야에서 이루어지는 조사연구에 보조를 맞추지 못하는 것은 매우 심각한 문제다. 훈련받은 사회복지사가 행하는 모든 것이 효과적이라는 주장에 대한 증거가 부족한 상황에서, 사람들을 돕는 일에 너무 바쁘다는 합리화로 조사연구에 소홀한 것을 정당화할 수는 없다. 우리의 서비스가 클라이언트에게 효과적인지가 검증되지 않는다면, 실제로 우리는 누구든 돕는 게 아닐 가능성도 있다. 만약 그렇다면 검증되지 않은 전통적 실천지혜에 대한 우리의 맹신으로부터 과연 누가 이익을 얻을까? 우리의 클라이언트는 아니다. 서비스에 대해 비용을 지불하는 사람도 아니고 사회도 아니다. 그렇다면 우리 사회복지사인가? 어떤 의미에서는 그럴지도 모른다. 별다른 의심 없이 현행 서비스를 계속해나가면 일거리가 줄어들기 때문이다. 이런 식으로 해나가면 분란을 일으키지 않아도 되고, 그만큼 고민하지 않아도 된다. 매일 이어지는 고된 일 가운데 한 가지(조사보고서 읽기)는 적게 할 수 있다. 하지만 장기적으로 볼 때 조사연구에 대해 잘 알고 클라이언트에게 가능한 한 최선의 서비스를 제공하기 위해 할 수 있는 모든 것을 다해야 함을 잘 알고 있는 실천가가 더 높은 직무만족도를 경험하면서도 소진에는 더욱 강할 것이다.

그러나 조사를 이용해야 하는 가장 중요한 이유는 클라이언트에 대한 동정심이다. 우리는 남을 돕는 일에 관심이 있어서 우리가 제공하는 서비스의 효과성과 더 나은 대안 서비스에 관한 과학적 증거를 추구한다. 만약 우리가 제공하는 서비스가 비효과적인 데 반해 다른 사람들이 제공하는 서비스는 효과적이라면, 현행 서비스를 계속하는 것은 클라이언트에게 해를 끼치는 셈이다. 최선의 조치 없이 현재의 문제가 계속되도록 방치함으로써 클라이언트의 시간(그리고 아마도 금전)을 낭비하게 만든다. 조사문헌을 등한시함으로써 더 나은 도움이 될 수 있는 서비스 기회를 그들한테서 박탈하는 것이다.

정신보건 영역의 사례

이 점은 정신건강 분야에서 높이 평가되며 자주 인용되는 한 편의 사회복지 조사를 사례로 해서 설명할 수 있다. 1970년대 제라드 호가티 Gerard Hogarty(MSW 수준의 사회복지사)와 동료들은 정신분열증으로 입원했던 환자들에 대한 사후 서비스 중 약물치료와 심리사회적 개별치료가 재발방지와 지역사회 적응 향상에 효과적인지에 대한 일련의 현장실험을 수행했다(Hogarty, 1979). 그들은 약물요법이 재발 방지에는 매우 효과적이지만 지역사회 적응에는 전혀 효과가 없음을 발견했다. 심리사회적 개별치료 그 자체는 재발 방지에 아무런 영향이 없었다. 지역사회 적응에서 최선의 결과는 약물치료와 개별치료를 함께 받은 환자한테서 발견되었다. 그런데 심리사회 개별치료만 받은 환자집단은 전혀 아무런 조치를 받지 않은 집단보다 상태가 더 좋지 않았다. 호가티와 동료들은 그 이유가 정신분열증을 앓은 사람들이 고도의 인지 자극과 심리사회적 개별치료와 관련된 기대에 대처하기가 어렵기 때문이라고 추론했다. 약물치료의 여러 혜택 중 하나인 생리적 효과가 심리사회적 개별치료의 자극을 처리하고 도움을 받을 수 있는 클라이언트의 능력을 향상시켰다. 따라서 약물치료가 제공되지 않을 경우에는 심리사회적 개별치료가 없는 편이 좀 더 나은 상태를 보였다.

자, 그렇다면 이런 연구가 발표될 당시 당신이 정신분열증 진단을 받은 이들을 주로 맡고 있는 사후 프로그램의 실무자 혹은 행정담당자라고 가정해보자. 아마도 프로그램은 주로 전통적인 방식으로 이루어지고 있고, 호가티와 동료들에 의해 평가된 것과 같은 집중적 개별치료 없이 약물치료에만 강조점을 두고 있을지도 모른다. 포괄적인 사회적 치료 노력도 없으며, 위에서 언급한 검증된 치료와는 달리 검증되지 않은 치료 노력이 존재할지도 모른다. 그렇다면 당신의 서비스는 클라이언트가 지역사회에 적응하는 수준에 아무런 영향력도 행사하지 못할 것이다. 하지만 당신이 조사결과를 사용했다면 이런 상황을 인지하고 향상시킬 수 있는 더 나은 입장에 설 수 있었을 것이다. 다른 한편으로 프로그램의 강조점이 호가티와 동료들이 평가한 것과 같은 심리사회적 개별접근에 있기는 하지만, 환자들이 처방된 향정신성 약물을 반드시 복용하도록 만드는 체계적 노력이 적거나 전혀 없을 수도 있다. 이런 경우 앞서의 연구결과들은 당신의 프로그램이 어떤 환자에게는 해로운 결과를 야기하기도 한다고 제안할 수 있지만, 만약 당신이 연구결과를 사용해 그에 부합하도록 서비스를 수정하고자 한다면(다시 말해 체계적인 약물치료 요소를 첨가하거나, 더욱 지속적인 약물복용을 감독함으로써) 클라이언트에게 유익한 결과를 제공하는 프로그램으로 전환될 수 있다고 제안한다.

앞의 사례는 조사방법을 이해하고 분명하게 사용하는 것이 보살핌이나 동정 같은 사회복지의 기본 가치와 깊이 연관되어 있음을 잘 보여준다. 그와 같은 조사를 이해하고 사용하는 실천가는 클라이언트의 복지에 좀 더 많은 관심을 보이며, 궁극적으로는 조사연구에 대한 잘못된 고정관념에 근거해 조사를 이해하고 사용하는 수고를 하지 않는 것을 정당하게 여기는 실천가보다 클라이언트에게 더 많은 도움이 된다. 클라이언트의 입장에서 바라보면 이를 좀 더 잘 이해할 수 있다. 당신이 사랑하는 가까운 친척들 중 한 명이 정신분열증을 앓고 있다고 가정하고 그에 따른 친족구성원의 정신적 상처와 걱정을 상상해보라. 이제 그 친척 환자가 입원치료를 마치고 사후관리 프로그램으로 넘어갔고, 그가 지역사회에서 겪게 될 일들에 대해 당신과 친척들이 가질 근심과 걱정을 상상해보라. 아마도 그 친척은 지역사회에 적응하는 데 실패해 다시 입원해야 할지도 모른다. 만약 여러분이 호카티의 연구에 대해 알고 있고 그 친척이 사회적 개별치료나 약물치료 중 한 가지 서비스만(동시에 두 가지가 아니라) 받았다는 사실을 발견했는데, 그 이유가 프로그램 담당자가 그 연구를 사용하는 수고를 하지 않으려 했기 때문임을 알았다면 얼마나 분노할지 상상해보라. 당신에게는 그 담당자가 온정적으로 보이겠는가? 아마 당신은 그 담당자가 조사연구에 대해 묘사하는 것 이상으로 차갑고, 냉정하고, 무관심하고, 기계적이고, 비인간적이라고 묘사할 것이다.

사회복지 실천에서 조사연구가 지닌 가치에 대한 더욱 충격적인 사례는 생명과 죽음의 문제와 관련되어 있으며, 왜 비판적으로 평가하고 조사를 분명하게 활용하는 실천가가 그렇지 않은 실천가보다 더욱 동정적이고 윤리적인지를 극적으로 보여준다. 2000년 5월 19일 『Rocky Mountain News』에 실린 한 논문(Crowder and Lowe, 2000)은 석사 수준의 사회복지사를 포함한 어른들이 시술한 개입의 결과로 발생한 열 살짜리 소녀의 죽음을 보도했다. 리버싱 테라피(rebirthing therapy)라고 불리는 이 실천기법은 연구에 의해 지지되는 증거나 근거가 없었다. 한 명의 심리치료사와 보조인 두 명은 소녀를 담요로 감고 그 담요를 베개로 덮은 다음 누르는, 지금은 인정되지 않는 개입방법을 시술했다. 아이디어는 출산 시의 진통을 모방하여 소녀가 입양 엄마의 자궁으로부터 '다시 태어나게' 하여 어머니와의 유대를 강화할 수 있다는 것이다. 그들은 이러한 논쟁적인 절차가 애착 장애를 완화한다고 주장했다. 그 소녀는 태아 자세로 70분 동안 돌돌 말린 채로 있었는데, 처음 16분 동안 반복해서 죽을 것 같다고 말했었다. 두 명의 치료사는 "죽을 것 같니? 그래 그러면 죽으렴. 지금 당장 죽으려무나."(p. 5)라고 대꾸했고, 그들이 그녀를 풀어 놓았을 때 소녀는 토사물 속에서 잠들어 있었다. 다음날 소녀는 병원에서 질식으로 사망했고, 시술자들은 체포되었다.

응용 사회복지 현장에서 조사의 활용

사회복지 개입의 효과성에 대한 연구는 많은 사회복지 조사의 유용성 중 한 가지 중요한 사례에 불과하다. 수많은 조사연구의 사례가 조사방법론의 가치를 사회복지에 전달하고, 실천가가 되고자 준비하는 학생들이 왜 조사방법론을 배우고 사용하며, 또 이에 기여해야 하는지 그 이유를 알려준다. 그리고 이런 많은 연구는 이 책을 통해 강조하는 방법론상의 개념을 설명하는 실례로 인용될 것이다.

미래에 사용될 조사연구 방법

우리는 언젠가 당신이 알고 싶어 할 정책이나 행정 분야의 조사연구 결과와 연관된 주제들의 사례도 인용할 것이다. 몇 가지만 여기서 인용하겠다. 예를 들어 왜 많은 클라이언트가 섣부르게 치료를 종료하는 것일까? 어떤 유형의 클라이언트가 치료를 계속하고, 어떤 클라이언트가 그만둘까? 그 이유는 무엇일까? 그들은 어떤 서비스를 받았을까? 그들은 얼마나 그 서비스에 만족했을까? 기관의 실천가들은 다양한 실천 역할에 어느 정도의 시간을 사용하고 있을까? 실천가가 만족하면서 시간이 많이 들지 않는 기능 수행에 너무 많은 시간을 사용하면서, 클라이언트에게 필요하지만 그다지 매력적이지 않은 기능 수행에는 너무 적은 시간을 사용하고 있지는 않을까? 어떤 특성을 지닌 자원봉사자가 오랫동안 지속적으로 봉사를 할까? 자원봉사자를 교육하고 훈련시키거나 보상을 제공하며 중간에 봉사를 그만두는 경우를 줄이려면 무엇을 할 수 있을까? 목표로 하는 지역사회 중에서 아웃리치 프로그램의 혜택을 받고 있는 지역은 얼마나 되는가? 노숙인과 이민자 등 가장 손길이 미치기 어려운 사람이 거주하는 지역은 어디인가? 왜 그렇게 많은 노숙인이 쉼터에 머무르기를 거부하고 길바닥에서 노숙을 하는 것일까? 노숙인들은 쉼터에서 무엇을 경험하고, 그들의 관점에서 볼 때 쉼터에 머무르는 이유는 무엇일까? 서비스가 목표로 하는 집단에서 영어를 이해하지 못하는 비율은 얼마나 되는가? 왜 당신 기관에서는 소수인종이 서비스를 받는 비율이 그렇게 낮은 걸까? 당신 기관은 그들에게 어떤 의미인가? 그들의 시각으로 볼 때 기관의 분위기는 어떠한가? 복지수혜를 받는 어린 엄마의 아이들에게 무슨 일이 일어나고 있는가? 계속해서 사례를 들 수도 있지만, 이쯤에서 당신은 조사연구에서 사회복지가 얻을 수 있는 가능성이 정말 무한하다는 사실을 알아차렸을 것이다.

EP 2.1.6b

연구방법론을 배운다는 건, 단지 연구결과를 이용하는 것 이상의 가치를 실천가에게 가져다준다. 실천가는 사람들과 대면접촉을 할 때, 특히 치료계획을 위한 접촉에 연구방법론을 사용할 수 있다. 예를 들어, 실천가는 사정 평가를 하면서 다양한 개인으로부터 임상자료를 수집한다. 측정 오류, 신뢰도, 타당도, 표본추출 원리 등의 개념은 실천가가 수집하는 임상자료의 의미와 질을 평가하고, 질을 향상시키는 방식으로 자료를 수집하는 데 도움을 준다. 실천가는 정규 조사연구에서 체계적으로 자료를 수집할 때와 동일한 방식과 논리를 가지고 실천 활동의 일부분으로 정보를 수집할 때의 조건과 상황을 살펴봐야 한다.

EP 2.1.10

사회복지사 윤리강령

윤리는 사회복지사가 조사연구를 고려할 때 가장 중요한 관심사항 중 하나이며, 이 책을 통해 계속 논의될 주제다. 미국 사회복지사협회의 윤리강령은 사회복지사들이 실천의 지적 토대로 실천과 연관된 연구들을 계속해서 파악하고 비판적으로 살펴볼 것을 특별히 요구한다. 조사연구를 분별 있게 사용할 때 전문직의 가치와 임무는 유지되고 향상될 수 있으며 더욱 윤리적일 수 있다. 여전히 사회복지를 전공하는 학생들은 일반적으로 조사연구의 윤리에 대해 회의적으로 접근한다. 우리는 윤리에 한정된 장뿐만 아니라 이 책의 여러 장에서 그와 같은 윤리적 관심을 강조할 것이다. 당신이 이 책을 다 읽었을 때쯤엔 사회복지 조사와 연관된 윤리적 딜레마뿐만 아니라 왜 전문직 윤리강령이 조사연구를 이해하고 사용하며, 그에 기여해야 한다는 책무를 담고 있는지 더 잘 이해하기를 희망한다.

EP 2.1.2b

사회복지 조사연구는 모든 사회복지사에게 자신이 직면한 문제에서 이전보다 훨씬 큰 변화를 일으킬 수 있는 기회를 제공한다. 당신이 서비스의 효과를 극대화하려는 임상실천가이든, 더욱 인도적인 사회복지입법의 통과를 원하는 사회활동가이든, 그리고 이 두 가지 다이든 간에 사람들을 돕고자 하는 노력의 성공은 과학적인 탐구와 조사로 향상될 수 있다.

주요 내용

- 사회복지 조사는 사회복지사가 직면하는 문제를 해결하는 데 필요한 실천적 지식을 제공하고자 한다.
- 사회복지 조사는 인간의 고통을 완화하고 사회복지를 향상시키는 데 필요한 정보를 현장에 제공하고자 한다.
- 사회복지 조사는 사회복지 실천과 동일한 인본주의적 목표를 달성하고자 한다. 실천과 마찬가지로 사회복지 조사는 동정적 · 문제해결적 · 실천적이다.
- 특정 실천현장의 특정 실천기법이 적절한 과학적 증거에 의해 지지받아야 한다는 사실을 인식하는 것은 사회복지 실천에서 중요한 지침이다.
- 사회복지 실천가는 사회복지 조사방법론을 충분히 이해하여 설득력 있는 연구와 취약한 연구를 구별할 수 있어야 한다.
- 클라이언트에 대한 동정심은 우리가 조사를 사용하는 중요한 이유다.
- 사회복지사는 조사연구를 활용하고 전문직의 지식기반이 발전하는 데 기여해야 할 윤리적 책무를 갖는다.
- 우리가 알고 있는 많은 것은 경험보다 합의에 의한 것이다.
- 전통과 권위는 이해의 중요한 원천이지만, 배타적으로 의존할 경우 위험할 수 있다.
- 경험을 통해 이해할 때 우리는 관찰하고, 관찰한 것에서 규칙성의 유형을 찾으려고 한다.
- 일상적 탐구에서 우리는 종종 실수를 범한다. 과학은 이런 실수에 대한 예방책을 제시한다.
- 과학적 방법을 사용할 때 모든 것은 의문에 열려 있다. 따라서 우리는 알고 있다고 생각하거나 믿고 싶은 모든 것에 대해 열린 마음을 견지해야 한다.
- 과학적 방법을 사용할 때 우리가 '지식'이라고 부르는 것이 일시적이며 반박될 수 있다고 가정해야 한다.
- 과학적 방법을 사용할 때는 지식의 기초인 관찰에 근거를 둔 증거를 찾아야 한다.
- 과학적 관찰은 체계적이고 포괄적이며 가능한 한 객

관적이어야 한다.

- 과학적 관찰은 도달한 결론의 근거를 보여줄 수 있고, 그 증거가 그 같은 결론을 보증할 수 있는지 다른 사람이 판단할 수 있도록 명확해야 한다.
- 과학적 방법은 연구의 재반복을 요구한다.
- 사람들은 종종 부정확하게 관찰하는 반면에 과학에서는 주의 깊고 계획적인 관찰 활동을 통해 그 같은 오류를 피해 간다.
- 우리는 종종 몇 개의 관찰을 근거로 해서 결론으로 비약한다. 연구자와 과학적 실천가는 반복, 즉 연구를 되풀이함으로써 과도한 일반화를 피한다.
- 일단 결론에 이르게 되면, 우리는 때때로 결론에 모순되는 증거를 무시하고 결론을 증명할 수 있는 증거에만 관심을 기울인다. 연구자와 과학적 실천가는 관찰에서 어떤 유형이 일찍 나타나는지 여부에 관계없이 미리 예정되어 있던 관찰에 전념해야 한다.
- 모순된 증거에 직면할 때 우리 모두는 종종 실제로 관찰되지 않은 사실을 가정해 그런 모순을 해명하기 위한 설명을 꾸민다. 그러나 연구자와 과학적 실천가는 그런 가정을 검증하기 위해 추가적인 관찰을 해야 한다.
- 사람들은 때때로 단순하게 비논리적 추론을 한다. 연구자와 과학적 실천가는 관찰할 때와 마찬가지로 주의 깊고 계획적으로 추론하는 것으로 이를 피한다. 게다가 과학의 공적 성격은 과학자에게는 그들을 뒤에서 주시하는 동료들이 있음을 의미한다.
- 동료들의 한결같은 지지가 과학자들이 자신의 결론에 자아를 개입시키지 않도록 돕는다.
- 사람들은 가끔 무언가를 이해한다고 결정해버리고 새로운 답을 찾는 일을 그만두는 반면, (집단으로서) 연구자와 과학적 실천가는 궁극적으로 모든 쟁점이 열려 있다고 간주한다.
- 의사과학은 표면적으로는 과학적으로 보이지만 주의해서 살펴보면 과학적 방법의 원칙들을 하나 이상 위반하고 있으며, 과학적 방법이 지키고자 하는 것에 반하는 오류를 담고 있다.

연습문제

1. 이 장의 '사회복지 실천지식의 비과학적 근거' 절에서 논의한 인간탐구의 통상적인 오류를 복습하고, 이런 오류 중 하나를 예시하는 잡지나 신문기사 혹은 편집자에게 보내는 편지 등을 찾아보라. 그리고 과학이 어떻게 오류를 범하지 않도록 예방하는지 논의해보라.
2. 「Research on Social Work Practice」와 「Social Work Research」의 최근호를 살펴본 후 개입의 효과성에 관한 증거를 보고하고, 사회복지 실천을 지도하는 조사의 가치를 보여주는 논문을 찾아보라. 그리고 사회복지사가 어떻게 논문에 인도되는지에 대해 논의해보라.
3. 사회학, 심리학 등 응용 전문직 분야의 최근호 논문 몇 개를 살펴보고, 그 잡지의 논문과 연습문제 2에서 살펴봤던 논문 간에 발견되는 동일성과 차이점에 대해 토론해보라.

인터넷 연습문제

1. 사회복지 실천에 유용한 함의를 제공할 수 있는 조사연구의 사례를 찾아보라. 유용한 조사보고서를 발견하면 보고서의 참고문헌을 적고 간단하게 실천적 함의를 기술하라. 예를 들어, 정신질환과 약물남용으로 고통받는 사람들을 위한 실천개입에 관심이 있다면 「Health and Social Work」(May, 1999)에서 캐럴 모브레이 Carol T. Mowbray와 동료들이 발표한 'Analysis of Postdischarge Change in a Dual Diagnosis Population'을 읽을 수 있다. 논문 말미에 '실천에의 함의'라는 부제가 달린 부분이 있다.
2. http://www.campbellcollaboration.org를 이용해 Campbell Collaboration 웹사이트를 방문하여 당신이 흥미를 가진 문제에 대한 개입방법의 효과성을 조사한 연구들을 논평한 것을 찾아보라(거기서 가정폭력, 성적 학대, 부모 훈련, 범죄 가해자, 청소년비행,

인격장애, 청소년 행동장애, 심한 정신질환, 약물남용, 복지개혁, 주택, 입양부모 훈련, 섭식장애 등의 많은 문제에 대한 논평을 발견할 수 있다). 논평의 결론을 간단하게 요약하고, 그 논평이 사회복지 실천을 지도하는 데 도움이 되는지, 왜 도움이 되는지에 대해 토의해보라(건강관리 실천개입에 더욱 관심이 있다면 http://www.cochrane.org를 이용해 Cochrane Collaboration의 웹사이트를 이용할 수 있다).

3. 비논리적 추론 형태에 관한 더욱 많은 사례를 위해서는 노스캐롤라이나 대학교의 웹사이트 http://www.unc.edu/depts/wcweb/handouts/fallacies.html을 방문해보라.
   a. 사이트에서 이 장에서 논의하지 않은 논리적 오류를 최소한 두 가지 이상 적어보고, 이들 각각에 대한 사회복지 사례를 간단히 제시해보라.
   b. 오류를 발견하는 데 사용할 수 있는 자신만의 요령을 적어보라.
   c. 논쟁 사례 연습 링크를 눌러서 논쟁 사례에서 찾을 수 있는 오류를 적어보라. 그런 다음 페이지 하단의 링크를 눌러 얼마나 많은 오류를 정확하게 찾았는지 확인해보라.
4. 의사과학으로 묘사된 논쟁적인 개입을 인터넷에서 찾아보라('psedoscientific intervention', 'EMDR pseudoscience' 같은 용어를 활용해 접근할 수 있다). 특정한 개입이 의사과학인가 아닌가와 관련하여 발견한 사례의 논박과 반박을 요약해보라. 어느 쪽이 좀 더 설득력이 있는지, 그리고 그 쟁점에 대해 확신이 없다면 왜 그런지를 적어보라.

추천도서

Gibbs, L., & Gambrill, E. (1999). *Critical Thinking for Social Workers: Exercises for the Helping Professions*. Thousand Oaks, CA: Pine Forge Press. 이 유쾌한 교재는 사회복지 실천에서의 결정과 생활 속에서 직면하는 다른 결정에 대해 더욱 효과적으로 사고할 수 있도록 도움을 주는 유용한 연습문제로 가득 차 있다. 이 연습문제는 인간 관련 서비스 광고에서의 선전방법을 알아차리고 전문직 의사결정에서의 오류와 함정을 인식하고 피하는 데 도움을 줄 것이다.

Kirk, S. A., & Reid, W. J. (2002). *Science and Social Work*. New York: Columbia University Press. 이 책은 사회복지 실천을 위한 과학적 지식을 발전시키고 사회복지 실천을 좀 더 과학적으로 만들고자 하는 과거와 현재의 노력에 대한 비판적인 평가를 제공한다. 그리고 이런 노력이 직면하는 개념적이고 실천적인 장애를 분명히 하고 미래의 노력을 향상시키고자 하는 교훈을 제공하며, 앞으로 이루어질 진보에 대해 낙관적 의견을 내놓고 있다. 이 책은 사회복지 실천의 과학적 기초를 증진하려는 지속적인 노력에 대해 배우고자 하는 사람들에게 필독서다.

Lilienfeld, S. O., Lynn, S. J., & Lohr, J. M. (2003). *Science and Pseudoscience in Clinica Psychology*. New York: Guilford Press. 이 도발적인 책은 제목에서 심리학을 언급하고 있지만, 사회복지와 많은 관련이 있다. 이 책은 과학적 방법에 대한 이해를 향상시켜줄 것이며, 어떤 실천개입을 선전하는 유사과학적 옹호(과학적 탐구의 일부 특징을 가져 표면적으로는 과학적으로 보이는)에 대한 경고 표시를 인식할 수 있게 해준다. 그리고 이런 것이 과학적 방법의 원칙을 한 가지 이상 위반했는지 혹은 과학적 방법이 예방하고자 하는 오류를 포함하고 있는지에 대한 주의 깊은 조사를 볼 수 있다.

활용 노트

EP 2.1.2b

EP 2.1.2b: 사회복지사 윤리강령의 표준을 활용해 윤리적 결정 내리기: 사회복지사는 윤리적인 연구를 수행하는 일환으로 그리고 다른 사람들에 의해 수행되거나 제안된 연구들을 평가할 때 사회복지사협회의 윤리강령을 적용할 수 있다.

EP 2.1.3

EP 2.1.3: 전문적 판단에 비판적 사고 활용하기: 사회복지사는 비과학적인 의사과학이나 실천지식의 비과학적 근거에 담긴 오류를 찾아내면서 비판적 사고를 활용할 수 있다.

EP 2.1.3a

EP 2.1.3a: 연구에 근거한 지식과 실천지혜를 포함한 지식의 다양한 출처를 구분, 평가, 통합하기: 과학적 방법이 세상을 이해하는 유일한 길은 아니다. 우리 모두는 태어나서 지금까지의 개인적 경험과 다른 사람들이 우리에게 알려준 합의된 지식을 통해 세상의 모든 것을 발견해나간다.

EP 2.1.6b

EP 2.1.6b: 실천에 유용한 연구증거 활용하기: 사회복지사는 어떠한 정책, 프로그램, 개입방법이 가장 효과적인지를 판별할 때 과학적 방법을 활용한다.

EP 2.1.10

EP 2.1.10: 개인, 가족, 입단, 조직, 지역사회에 관여, 접근, 개입, 평가하기: 사회복지사는 평가 자료를 수집하고, 수집한 자료의 의미와 질을 평가할 때 연구방법을 사용해야 한다.

CHAPTER 2

증거기반 실천

Evidence-Based Practice

이 장의 학습내용

1장에서는 사회복지에서 조사가 차지하는 가치와 함께, 사회복지 실천과 사회정책에 관한 의사결정에서 과학적 접근을 취하지 않을 경우의 위험성에 대해 살펴봤다. 2장에서는 사회복지사가 실천에서 과학적 접근을 취하도록 이끄는 포괄적 모델을 상세하게 고찰하는데, 이 모델을 증거기반 실천이라고 한다.

서론

사회복지의 역사를 통해 여러 가지 실천모델이 등장하면서, 실천가들이 다양한 실천상황에 어떻게 개입할 것인지를 결정할 때 이론들을 종합적으로 다루고 관점을 조직화하는 데 필요한 안내자로서 큰 도움을 주었다. 예를 들어 초기 모델 중 하나는 주로 심리분석이론에 근거하고 있는데, 통상 **심리사회적 모델**(psychosocial mode)로 불렸다. 여러 해를 거쳐 유행했던 몇 가지만이라도 언급해 보면 문제해결 모델, 과업중심 모델, 인지행동 모델 같은 다양한 모델이 있었다. 그중 몇 가지 모델은 연구를 통해 다른 모델보다 더 많은 지지를 받기도 했지만, 대부분의 모델은 과학적 증거보다는 이론적 개념에 근거를 두었다. 그런데 21세기로 접어들면서 주로 과학적 방법과 증거에 기반을 둔 새로운 모델이 등장했으며, 현재 사회복지 관련 영역에서 엄청난 관심을 받고 있는 이 새로운 모델은 **증거기반 실천**이라고 불린다.

증거기반 실천(evidence-based practice, EBP)은 실천가가 이용 가능한 최선의 연구증거에 비춰 실천에 관한 결정을 내리는 하나의 과정이다. 그러나 증거기반 실천은 엄격하게 제한된 선택지라기보다는 실천가로 하여금 과학적 증거와 자신의 실천적 전문성 및 지식을 통합하도록 장려하는 모델이다. 그림 2-1은 음영으로 나타낸 영역에 자리하고 있는 EBP의 통합모델을 보여준다. 이 영역은 슬론스키 Shlonsky와 깁스 Gibbs(2004)가 논의한 바와 같이 최선의 증거가 클라이언트의 속성 및 실천가의 전문성과 교차하는 곳이다. 이 세 요소 중 그 어느 것도 홀로 존재할 수는 없다. 즉, 효과가 입증된 개입이 활용되는 클라이언트 맞춤형 계획을 전개하는 실천가의 능력이 동시에 작동한다. 따라서 분명한 증거가 존재할 경우 최선의 증거가 차지하는 요소는 더욱 커지는 반면, 관련된 증거가 부재할 경우에는 다른 두 요소의 비중이 더욱 커질 수밖에 없다.

또한 이 모델은 그들이 내린 결정의 결과를 평가하는 것도 포함한다. 증거기반 실천이 주로 클라이언트에게 어떤 개입을 제공할 것인가를 결정하는 것과 관련해 논의되고 있긴 하지만, 어떻게 문제를 최선으로 사정할 것인가에 대한 결정과 함께 사회정책, 지역사회 등과 같이 상이한 수준의 실천에서 내리는 실천 관련 결정에도 적용된다. 예를 들어, 증거기반 실천모델을 따르는 임상실천가가 새로운 클라이언트를 맡게 되면 클라이언트의 문제와 치료 욕구를 사정하는 데 있어 과학적으로 가장 타당한 진단기술을 찾아 사용하고자 할 것이다. 그리고 사정 결과, 실천가의 임상적 전문성, 클라이언트의 고유한 속성과 환경의 견지에서 어떤 실천개입이 가장 효과적인지에 대해 이용 가능한 최선의 조사증거에 비춰 치료계획을 개발하고자 할 것이다. 사회정책의 수준에서 증거기반 실천가는 자신이 원하는 목적을 가장 잘 달성할 수 있는 이용 가능한 최선의 연구결과가 제안하는 정책을 입안하고 지지할 것이다. 마찬가지로 지역사회에서 활동하는 증거기반 실천가는 지역사회 수준의 조사연구에 근거해 수준에 맞는 실천결정을 내릴 것이다. 게다가 각 수준의 증거기반 실천가는 선택된 일련의 행위가 의도한 목적을 성취하고 있는지 살펴보기 위해, 자신이 내린 실천결정의 결과를 평가하는 데 조사방법론을 사용할 것이다. 만약 목적을 달성하고 있지 못하다면, 증거기반 실천가는 (이용 가능한 최선의 조사결과에 비춰 그 결과물을 평가해) 대안적 행위를 선택할 것이다.

EP 2.1.6b

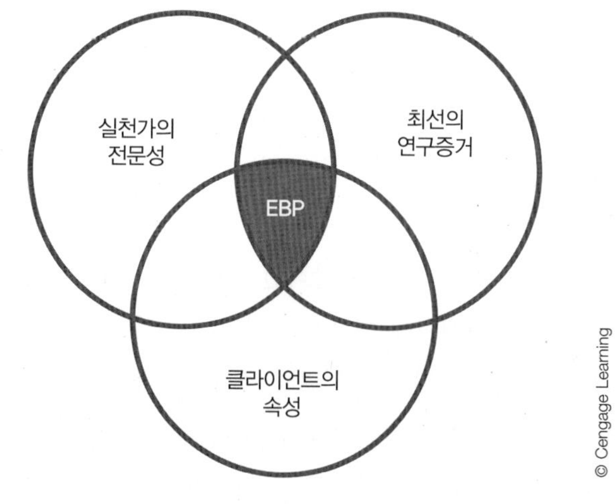

그림 2-1 EBP의 통합모델

역사적 배경

비록 사회복지 내에서는 증거기반 실천모델이 새로운 것이기는 하지만, 그 역사적 전례는 전문직 자체만큼이나 오래되었다. 예를 들어, 사회복지 실천에 관한 메리 리치먼드 Mary Richmond의 독창적인 교재(『Social Diagnosis』, 1917)는 사회개혁에 대한 노력과 개인이나 집단에 대한 직접적 실천을 지도하기 위해 조사결과를 사용할 것을 논의했다. 초기 역사를 통해 사회복지는 과학에 근거한 원조 기술이 되고자 열망했다(Zimbalist, 1977). 이런 열망에도 불구하고 여러 연구에서 사회복지 실천가는 좀처럼 연구결과를 살펴보지 않으며 실천에 이를 이용하지도 않는다고 밝힌 것처럼, 20세기는 대부분 연구와 실천 간의 공백으로 특징지어진다. 대신에 그들은 전통(전문가의 합의)과 자문위원과 슈퍼바이저(supervisor) 같은 권위에 더 많이 의존했다(Kirk & Reid, 2002; Mullen & Bacon, 2004).

사회복지 실천이 효과적이지 않다고 결론을 내리는 연구검토(1장에서 이미 언급했음)가 속속 등장하면서(Fischer, 1973; Wood, 1978; Mullen & Dumpson, 1972), 조사와 실천 간의 단절에 대한 관심은 1970년대 내내 계속 증가했다. 이런 재검토는 사회복지사들이 조사를 활용하는 것이 부족하다는 연구와 결합해 십 년 동안 몇 차례에 걸쳐 전국적인 차원의 회의를 촉발했다. 회의의 목적은 조사와 실천 사이의 공백을 강조하고 그 연결을 시도하며, 사회복지사가 실천에서 조사연구를 더 많이 사용하도록 장려하는 것으로, 간단히 말해 사회복지 실천을 더욱 증거기반으로 만들려는 것이었다.

이런 활동으로 인한 가장 중요한 발전 중 하나는 경험적 임상실천 모델의 등장이었다(Jayaratne & Levy, 1979). 이러한 모델의 구성에서 가장 많은 관심을 받은 것은 사회복지사들에게 실천의 효과성 평가를 위해 단일사례 설계를 요구한 것이었다(단일사례 연구는 13장에서 살펴보겠다). 또한 이 모델은 실천가가 과학적 증거에 근거해 실천결정을 내리고, 실천을 사정하는 단계에서 과학적으로 타당한 측정도구를 사용할 것을 주장했다. 이 장에서 살펴보겠지만, 이 모델은 증거기반 모델의 중요한 선구자였으며 다양한 측면에서 증거모델과 유사했다.

증거기반 실천이라는 용어는 사회복지뿐만 아니라 많은 원조 전문직에서 사용된다. 이 용어는 1980년대에 의료 전문가들이 환자에 대해 임상적 결정을 내릴 때 이용 가능한 최선의 증거를 사용하는 과정을 묘사하기 위해 만든 용어인 **증거기반 의학**(evidence-based medicine, EBM)에서 확장된 것이다(Rosenthal, 2006). 증거기반 의학에서 널리 인용되는 한 권의 교재가 이 원칙을 다른 원조 전문직에 적용하는 것과 아울러 '의학'이라는 용어를 좀 더 일반적 용어인 '실천'으로 대체하는 데 기초를 마련했다. 『Evidence-Based Medicine: How to Practice and Teach EMB』(Sackett, Richardson, Rosenberg, & Haynes, 2000)는 EBM을 "최선의 연구증거, 임상적 전문성, 환자 가치의 통합"이라고 정의한다(p. 1). 정의에 임상적 전문성과 환자의 가치를 포함시킨 것은 중요하다. 이는 증거기반 실천이 클라이언트의 독특한 속성과 상황에 대해 실천가들이 가진 지식과 상반되는 것처럼 보일 때도 최선의 과학적 증거를 담고 있다는 이유로 반드시 사용해야 하는, 불변하는 개입목록이 아님을 의미한다. 게다가 1장에서 본 것처럼 과학적 방법의 한 가지 원칙은 모든 지식이 임의적이며 반박될 수 있다는 것이다. 그러므로 EBM을 단순히 실천가들이 기계적으로 사용해야 하는 과학적으로 '승인된' 개입목록으로 정의하면, 지속적으로 진화하는 지식의 본질에 대한 과학적 방법의 강조점과 충돌하게 된다.

이상의 발전에 근거해서 21세기의 첫 10년에 접어들면서 사회복지 분야에서 사회복지학자들에 의해 쓰인 EBP에 관한 다양한 서적들(이 장의 말미에 있는 추천도서 목록에서 다양한 서적들을 볼 수 있을 것이다)을 포함하여, 증거기반 실천에 관한 문헌이 원조 전문직에서 쏟아지고 있다. 그리고 최근에 「Journal of Evidence-Based Social Work」라는 명칭의 잡지가 등장했다. 마찬가지로 다른 사회복지 잡지의 특별호가 증거기반 실천에 관한 논문을 싣고 있으며, 이 주제를 다룬 많은 논문이 사회복지 잡지의 정규호에도 등장한다. 이와 같은 발전과 더불어 증거기반 실천에 관한 다양한 사회복지연구학회가 개최되고 있으며, 사회복지학과의 교과과정에서 이에 대한 강조는 더욱 증가하고 있다.

EBP와 비판적 사고

과학적 방법을 실천결정에 적용하는 데 있어 증거기반 실천은 '권위에 기반을 둔 실천'과는 사뭇 다르다(Gambrill, 1999). 증거기반 실천을 사용하는 실천가는 비판적 사고를 한다. 더 많은 경험과 권위를 가진 사람들이 실천에 대해 들려주는 것을 자동적으로 받아들이기보다 의문을 제기한다. 아직 발견되지 않은 믿음과 가정을 인정하고 다른 사람들이 실천적 지혜라고 전해주는 것을 지지하는 증거와 논리에 대해 스스로 생각한다. 전통과 권위에 맹목적으로 동조하기보다 미시적 혹은 거시적 수준의 실천에서 어떻게 개입해야 할지에 대해 이용 가능한 최선의 과학적 증거를 고려할 것이다. 그렇게 하기 위해서는 비판적 사고의 활용이 요구된다.

비판적 사고(critical thinking)라는 용어는 다양하게 중첩되는 방식으로 정의될 수 있으며, 때때로 사회복지 실천에서의 판단과는 전혀 무관한 광범위한 요소들을 포괄하는 방식으로 정의되기도 한다. 실제로 대부분이 EBP와 관계가 있는 비판적 사고가 의미하는 거의 대부분의 정의는 다음과 같다.

- 자기 자신에 대해 생각하라.
- 믿음이나 지식에 대한 주장이 단단한 증거나 논리에 기반하고 있는지 고려하라.
- 믿음이나 주장에 깔려 있는 천명되지 않은 가정들을 인지하고 의문시하는 열린 마음을 가지고 사고하라.
- 자기 자신의 믿음이나 결론을 검증하려고 노력하면서 새로운 경험이나 증거에 기초하여 수정하라.

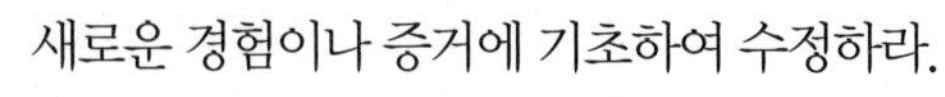

- 적절한 질문을 구성하고 결정의 기초가 될 만한 증거들을 수집하고 평가하라.

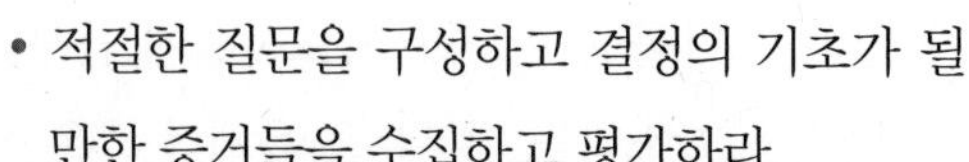

EP 2.1.3

EBP와 평생학습

증거에 기반해 비판적 사고를 행하는 실천가가 실천에 필요한 판단의 기초로서 가장 과학적인 증거를 고려하려면 먼저 그러한 증거를 찾아야만 한다. 실천가는 어쨌든 증거가 스스로 자신에게 나타날 것이라는 희망이나 가정하에서 수동적일 수는 없다. 그들은 지속적인, 즉 실천에서 '필생의' 부분으로 그 증거를 추적해야 한다. 그들은 관련된 증거를 찾아내는 방법을 알아야 하며, 조사설계와 연구방법을 이해해 자신이 발견한 증거의 타당성을 '비판적으로 평가'할 수 있어야 한다. 마지막으로, 자신이 사용하는 증거기반 실천이 실제로 달성하고자 했던 결과를 가져왔는지 평가할 수 있는 조사방법을 사용해야 한다(Gambrill, 2001).

심지어 증거에 기반한 지식 역시 좀 더 새롭고 좋은 연구가 더 나은 증거로 논박한다면 변경될 수 있다는 점을 고려할 때, 증거에 기반한 실천가가 된다는 건 평생학습과 연관되어 있음을 의미한다. 이는 새로운 증거를 찾고 평가해야 하는 필요성은 지속적인 과정, 즉 실천을 계속하는 한 '평생 지속되는' 부분임을 인식한다는 뜻이다.

EP 2.1.1e

증거기반 실천가라고 해서 어떠한 행동을 취해야 할지를 자동적으로 결정하는 증거를 언제나 발견할 수 있는 건 아니다. 다른 개입을 함의하는 타당한 연구가 있어서 증거가 결정적이지 못할 때도 있다. 가끔 증거는 특정한 개입이나 정책이 효과적이지 않다는 사실을 보여줄 때처럼 어떤 행동을 취해서는 안 된다는 것을 알려준다.

비록 증거기반 실천이 어떻게 행동하는 것이 최선인지에 대해 언제나 분명한 해답을 발견하지는 못하지만, 중요한 건 그런 해답을 찾아보는 것이다. 만약 해답이 존재한다면 놓쳐서는 안 된다. 심지어 증거가 혼란스럽다면, 이는 당신이 고려하는 행동보다 더 많은 지지를 받는 행동을 고려하고 있지 않음을 뜻할 수도 있다. 그리고 하나의 가능성을 검증해봤지만 효력이 없는 것으로 보인다면, 다른 증거에 기반을 둔 대안을 시험해볼 수 있다.

때때로 증거는 클라이언트가 원하지 않는 행동을 선택하도록 지시할 수 있다. 증거기반 실천과정에서 한 가지 중요한 단계는 클라이언트의 가치와 기대를 고려하며 정보를 제공받고 참여하는 대상으로 그들을 의사결정과정에 포함시키는 것이다. 갬브릴(2001)은 증거기반 실천이 동정적이며, 클라이언트 중심의 실천임을 일깨워준다. 우리는 클라이언트의 행복감을 극대화하는 데 관심이 있으므로 최선의 증거를 찾아야 하는 책임이 있다. 그러므로 우리가 발견하는 증거가 특정한 클라이언트와 잘 맞는지 결정할 때 클라이언트의 가치와 관심을 무시해서는 안 된다.

또한 심지어 최선의 증거에 의해 지지를 받는 실천개입이라 해도 반드시 모든 클라이언트와 상황에 효과적인 것은 아니다. 어떤 인종집단의 클라이언트에게 효과가 있는 개입이 상이한 인종의 클라이언트에게는 효과가 떨어질 수 있다. 남성 폭력자를 다루는 데 효과적인 개입이 여성 폭력자에게는 효과가 없기도 하고, 또 그 반대일 수도 있다. 증거기반 실천은 문제가 되는 클라이언트나 상황이 증거기반 기법이 검증되는 맥락과 진정으로 부합하는지 살펴봐야 한다. 그리고 부합한다 하더라도 증거기반 개입이 모든 클라이언트와 상황에 효과적임을 보장하진 못함을 명심해야 한다. 어떤 실천개입이 효과적이라는 증거를 제공하는 연구가 의미하는 바는 그 개입이 다른 대안보다 효과적일 가능성이 더욱 높다는 뜻일 뿐, 모든 사례에 효과적이라는 말은 아니다(이는 **확률적 지식**의 개념과 연관되는데, 4장에서 더 자세하게 다루겠다). 이런 고려들은 증거기반 실천에 담긴 클라이언트 중심이라는 본질의 중요성과 함께 증거기반 실천과정에서 마지막 단계의 중요성, 즉 특정 사례에서 취하는 증거기반 행위가 원하는 결과를 야기했는지를 평가하는 데 있어 연구방법론을 사용하는 것의 중요성을 강조한다. 이전에 언급했듯이 이 책에서 배우는 많은 것(관련 있는 연구를 발견하고 그것을 비판적으로 평가하는 것)이 증거기반 실천과정에서 이 단계와 아울러 여타의 단계를 밟아나가는 데 도움을 줄 것이다.

EBP의 단계

지금까지 증거기반 실천의 본질과 가치, 역사적 토대 등을 살펴봤다. 이제부터는 증거기반 실천과정에서 제시되는 단계들을 좀 더 상세하게 검토해보자. 이 과정에서 실천가는 연구방법을 이해할 필요성이 있음을 깨닫게 될 것이다. 몇몇 저자가 증거기반 실천 단계에 대해 유용한 개요를 제공하고 있다(Cournoyer & powers, 2002; Gambrill, 2001; Sackett Richardson, Rosenberg, & Haynes, 1997). 다음에 기술하는 단계는 이를 각색한 것이다.

1단계: 실천상의 필요에 대답할 질문 형성하기

첫 단계에서 실천가는 실천결정과 관련해 이미 알려져 있는 것과 최선의 결정을 위해서는 어떤 추가적 정보가 필요한지에 기초해 질문을 형성한다. 비록 많은 EBP 관련 문헌이 프로그램, 정책, 혹은 개입의 효과성에 대해 제기되는 의문에 주목하고 있지만, 다른 유형의 EBP 질문들도 존재한다. 루빈 Rubin(2008, p. 43)에 의하면 다음과 같은 일반적인 4개 유형의 EBP 관련 질문이 존재한다.

1. 어떠한 개입, 프로그램, 혹은 정책이 가장 효과적인가?
2. 어떠한 요인이 바람직한 혹은 바람직하지 못한 결과를 가장 잘 예견하는가?
3. 내 클라이언트의 사례와 어떠한 관련이 있는가?
4. 어떤 평가도구가 사용되었는가?

'EBP 질문 사례'라는 글상자에서는 상이한 사회복지 실천 수준에서 위에서 제시한 4개의 일반적인 질문 각각에 대해 던져질 수 있는 특별한 유형의 EBP 질문들을 보여준다. 그중 효과성에 관한 질문들이 가장 보편적인 유형이다. EBP 질문들을 형성하는 과정을 고려하면서 각 질문들에 초점을 맞추어보자.

예를 들어, 당신이 알래스카에서 감정과 행동에 문제가 있는 소녀를 위한 재가치료시설에 근무하고 있다고 가정하자. 그 소녀들 대부분은 육체적 혹은 성적 학대 피

> **EBP 질문 사례**
>
> **효과성에 관한 질문**
>
> - 성적 학대를 경험한 어린이의 트라우마를 경감하는 데 있어 트라우마에 집중하는 인지행동 치료가 비지시적 놀이치료보다 더욱 효과적인가?
> - 오랜 기간 무주택인 재향 군인들이 노숙인이 되는 것을 감소시키는 데 있어 주택 및 도시개발 재향군인국이 지원하는 주택 프로그램이 효과적일까?
>
> **바람직한 혹은 바람직하지 못한 결과를 예측하는 변수에 대한 질문**
>
> - 사회복지 학위를 받은 아동복지 실천가는 사회복지 학위가 없는 실천가들보다 포기하거나 소진될 확률이 낮을까?
> - 입양부모와 아동의 특성 가운데 어떠한 것들이 성공적인 입양과 성공적이지 못한 입양에 좀 더 영향을 미칠까?
>
> **클라이언트의 경험을 이해하는 것과 관련된 질문**
>
> - 여성 노숙인이 긴급대피소에 머문다는 것은 어떤 것일까?
> - 군인들의 해외파견은 가족역할, 부부관계, 자녀들의 행복과 관련하여 군인 가족들에게 어떠한 영향을 미칠까?
>
> **평가도구에 관한 질문**
>
> - 어떤 표준화된 도구가 이라크나 아프가니스탄에서 귀환한 전투병들이 겪을 수 있는 PTSD를 평가하는 데 가장 정확할까?
> - 자기존중감 척도 가운데 어떤 것이 자기존중감이 낮은 아동들에서 일어나는 작은 자기존중감의 변화를 찾아내는 데 최선이며, 그래서 그러한 아동들의 진전 상태를 살피는 최선의 선택이 될 수 있을까?

해자인 알래스카 원주민이다. 당신의 첫 번째 질문은 다음과 같을 것이다. “어떤 실천개입이 재가치료시설에 거주하는 학대받은 소녀들에게 제일 효과가 큰 것으로 연구증거에 의해 가장 높은 지지를 받고 있을까?” 그 질문에 대한 해답을 위해 문헌들을 찾아가면서 당신은 소녀들이 가진 특성의 차이에 관한 정보를 질문에 넣어야 할 필요성을 금방 발견할 것이다.

외상 후 스트레스 장애(PTSD)를 다루는 데 효과적인 개입은 경계선상의 인성 장애에는 효과적이지 않을 수 있다. 특정 개입이 단일한 정신적 외상을 가진 소녀에게는 매우 효과적일 수 있으나 여러 가지 정신적 외상을 가진 소녀에게는 비효과적일 수 있다. 심지어 동일한 개입이 분열성 장애를 가진 소녀에게는 해로울 가능성도 있다. 어떤 개입은 나이 많은 소녀에게는 효과적이지만 어린 소녀에게는 효과가 없는 것으로 밝혀질 수도 있다. 결과적으로 질문은 수정되어야 하기 때문에 다시 일련의 질문을 구성해야 할 것이다. 단순히 정서적·행동적 문제를 가진 피학대 소녀들에 대해 질문하는 것 대신에 다양한 진단, 다양한 문제력, 다양한 연령의 소녀들에게 가장 효과적인 개입에 대한 것들로 질문을 구분해야 한다.

또한 알래스카 원주민의 민족성을 질문에 포함시켜야 한다. 그렇게 하지 않으면 질문과 관련 있는 많은 연구를 발견하더라도 알래스카 원주민이 포함된 연구는 없을지도 모른다. 결과적으로 당신이 발견한 개입들이 다른 민족성을 가진 소녀들에게는 효과적이었다 해도 당신이 다루고자 하는 소녀들에게는 효과적이지 않을 수 있다. 알래스카 원주민의 민족성을 질문에 포함시킨다면, 다른 정신적 외상 관련 장애와 함께 약물남용 문제를 가진 외상성 장애 젊은이들을 다룬 연구는 수없이 많지만, 약물남용을 포함하지 않으면서 단일한 장애에 배타적으로 초점을 맞춘 연구는 거의 없다는 사실도 알게 될 것이다. 또한 당신은 PTSD를 가진 미국 인디언 원주민 청년이 자신의 증상을 감추도록 영향을 미치는 문화적 요인 때문에 PTSD 진단을 받지 않는다는 것을 보고하는 연구결과를 발견할 수 있다. 이런 사실을 알게 되면 소녀가 받은 진단을 재검토하고 이전 기록에서 그런 진단을 받지 않은 소녀들을 위한 증거기반 개입들을 고찰하게 될 것이다. 그러므로 질문에 민족성을 포함시키면 당신이 발견할 수 있는 증거와 그 증거가 실천에서 갖는 함의에서 엄청난 차이를 만들어낼 수 있다.*

지금까지 논의한 문제들은 미리 특정한 개입을 규정하지 않았다. 어떤 개입이 연구되고 있으며, 또 최선의 과학적 증거에 의해 지지를 받는지 그 증거를 찾는 데 개방된 접근을 취했다. 그러나 이따금 질문을 미리 하거나 혹은 그 이상의 특정한 개입으로 좁혀야 할 바람직한 이유가 있기도 하다. 예를 들어 정신적 외상을 가진 소녀가 너무 어리고, 기관이 전통적으로 모든 소녀에 대한 주요 개입으로 간접적 놀이치료를 제공한다고 가정해보자. 비판적으로 생각하는 증거기반 실천가로서 당신은 이런 전통이 지닌 과학적인 근거에 대해 탐구할 수 있다. 존경받는 상담역이나 상사가 당신에게 그냥 그 문제에 대한 자신들의 권위(혹은 '실천지혜')를 신뢰하라고 요구한다고 가정해보라. 진정한 증거기반 실천가로서 당신은 계속 증거를 찾아나갈 용기가 필요하다. 만약 그렇다면 다음과 같이 치료놀이를 규정하는 질문을 형성할 바람직한 이유를 갖게 된다. 즉, "간접적인 놀이치료가 여덟 살 혹은 그 이하 나이의 성적으로 학대받은 알래스카 원주민 소녀의 정신적 외상 증상을 완화하는 데 효과적일까?"

때때로 당신의 질문 속에 하나 혹은 그 이상의 대안적 개입을 한정하는 것이 바람직하다. 예를 들어 당신이 근무하는 기관과 비슷한 환경에서 비슷한 클라이언트와 일하는 동료가 있다고 가정해보라. 그리고 그 동료가 자신의 기관에서는 노출치료의 요소를 혼합한 간접적 놀이치료 접근을 선호한다고 알려주면서, 놀이치료의 권위자들 사이에서 자신의 기관과 당신 기관의 접근이 이론적인 근거에서 의미가 있는지에 대한 논쟁이 고조되는 실정임을 알려준다고 생각해보자. 그렇다면 이런 새로운 정보에 비춰 실천을 지도할 과학적 증거를 찾아나가며, 다음과 같이 두 가지 대안적 개입을 분명히 제시하는 증거기반 질문을 형성할 수 있다. 즉, "여덟 살 혹은 그보다 어린 나이에 성적으로 학대받은 알래스카 원주민 소녀가 간접적 놀이치료와 직접적 놀이치료를 받을 때, 어떤 쪽이 정신적 외상 증상을 좀 더 경감할 수 있을까?" 이 질문에 노출치료를 포함시켜 질문을 확장할 수도 있다.

CIAO라는 약자는 하나 혹은 그 이상의 개입을 미리 명확하게 하는 질문을 만들려고 할 때 손쉽게 사용할 수 있다. 이탈리아어로 'ciao'가 '안녕히 가십시오', '안녕', '자기야 잘 가' 또는 '다음에 봐, 친구' 등의 뜻임을 알면 이 약자를 쉽게 기억할 수 있다. 약자가 의미하는 것은 다음과 같다.

- 클라이언트의 특성(Client characteristics)
- 고려되고 있는 개입(Intervention being considered)
- (만약 존재한다면) 대안적 개입(Alternative intervention)
- 결과(Outcome)

이 약자를 위에서 예로 든 질문에 적용하면 다음과 같다.

- C: 여덟 살 혹은 그보다 어린 나이에 성적으로 학대받은 알래스카 원주민 소녀가
- I: 간접적인 놀이치료를 받으면
- A: 혹은 노출치료 기법을 혼합한 직접적인 놀이치료를 받으면
- O: 어떤 치료가 정신적 외상 증상을 더 경감할 수 있을까?

2단계: 증거 찾기

이 책의 뒤쪽에서 연구과제를 위한 문헌연구를 수행할 때 도서관이나 컴퓨터를 이용하는 방법에 대해 상세하게 살펴볼 것이다. 우리가 살펴볼 원칙은 실천가가 실천결정을 이끌어줄 증거를 찾을 때도 동일하게 적용된다. 그

* 이 문단에서 하는 주장에 대해 어떠한 증거가 있는지를 비판적으로 생각해보고, 만일 당신이 그 소녀가 지닌 알래스카 원주민의 민족성을 이 질문에 포함시킨다면 어떤 발견을 할 수 있을지 고려해보기 바란다. 이 주장은 저자 중 한 사람(루빈)이 2006년 4월 29일 알래스카 대학교 사회복지대학원에서 행한 EBP에 관한 발표를 준비하면서 이 질문에 관한 문헌연구를 수행하며 발견한 것에 근거하고 있다.

러나 실천가는 연구자에 비해 포괄적으로 문헌연구를 수행하기에 충분한 시간과 자료를 갖고 있지 않다. 바쁜 실천가에게 흥미로운 한 가지 선택은 컴퓨터를 이용한 도서관 검색이나 전문 문헌 데이터베이스 검색이다.

온라인으로 문헌을 검색할 수 있도록 도서관 사서가 FirstSearch, Cambridge Scientific Abstracts, Medline, OVID 같은 다양한 인터넷 전문 문헌 데이터베이스 서비스를 제공할 수 있다. 이런 서비스 중 당신이 찾고자 하는 전문영역에 필요한 것을 선택할 수 있다. 예를 들어 Cambridge Scientific Abstracts는 Social Service Abstracts와 Sociological Abstracts를 제공하고, FirstSearch는 Social Sciences Abstracts를, OVID는 PsycINFO를 제공한다. 관련된 주제에 대해 상이한 데이터베이스에서 발견할 수 있는 자료에는 상당한 중복이 있다. 예를 들어 아동학대에 대한 문헌의 경우, Social Service Abstracts를 활용해 찾을 수 있는 참고문헌 중 많은 부분은 PsycINFO를 활용해도 얻을 수 있다. 주제와 가장 관련 있어 보이는 한 가지(혹은 몇 가지) 서비스를 찾으려면 온라인 요약본이나 색인 데이터베이스 목록을 도서관에서 검색하면 된다.

몇 가지 검색용어를 입력하면 이런 데이터베이스는 검색용어와 연관된 관련 서적, 학술지 논문, 학위논문, 다른 여러 출판물의 목록을 곧바로 제공한다. 참고문헌의 요약본을 살펴보고 싶으면, 가장 적절해 보이는 자료를 마우스로 클릭하면 된다. 심지어 학술논문, 서적 또는 학위 논문 전체를 다운로드할 수도 있다.

어떤 검색용어를 입력할 것인지는 무엇을 찾고 있는지에 달려 있다. 예를 들어, 특별한 책이나 잡지에 흥미가 있다면 '제목'을 클릭해서 찾고자 하는 책이나 잡지의 제목을 입력하면 된다. 특정 저자의 출판물을 찾는다면 '저자'를 클릭한 다음 해당 저자의 이름을 입력하면 된다. 특정 주제영역과 연관된 참고문헌을 찾고자 할 때도 동일한 절차에 따라 관심 있는 주제와 연결된 검색용어를 입력하면 된다. 개입의 효과성에 관한 증거를 찾고자 할 때 사용할 수 있는 검색용어로는 치료결과, 효과성, 평가, 개입 등이 있다. 이런 용어들은 1단계에서 언급된 사례인 재가치료시설, 외상 후 스트레스 장애, 분열성 장애, 경계역 인격장애, 성적 학대, 아동학대 등 클라이언트와 상황을 묘사하는 용어를 결합해서 사용할 수도 있다.

예를 들어 매 맞는 아내의 지지집단에 관한 문헌을 찾는다고 가정하자. 그러면 매 맞는 여성, 배우자 학대, 가정폭력, 지지집단 등의 검색용어를 입력할 수 있다. 검색을 얼마나 넓게 혹은 좁게 할 것인지는 당신의 선택에 달려 있다. 만약 매 맞는 여성에 대한 지지집단의 효과성에 대한 평가로 검색을 제한하고 싶다면, '매 맞는 여성과 평가'와 같이 핵심적 단어의 조합과 일치하는 참고문헌만 요구할 수 있다. 특정 출판연도, 영어 사용 등 다른 기준에 따라 검색을 한정지을 수도 있다. 더 광범위한 검색을 원한다면 더 많은 핵심 단어를 사용하거나, 더 광범위하게 표현된 핵심 단어를 사용할 수 있고('가정폭력'은 '매 맞는 아내'보다 더 많은 참고문헌을 제공할 수 있음), 단어의 조합 대신에 핵심적 단어 각각에 부합하는 모든 문헌을 요구할 수 있다.

만약 특정 도서관을 통한 온라인 접근으로 전문 문헌을 찾을 수 없는 경우의 한 가지 대안은 개인 컴퓨터의 검색엔진을 이용해 인터넷에 직접 접속하는 것이다. 필요한 문헌을 검색할 수 있는 다양한 웹사이트가 있다. 그 중 하나는 사이트 주소가 http://www.nlm.nih.gov인 국립의학도서관(National Library of Medicine)이다. 그곳에서 사회복지와 관련 영역에 대한 다양한 문헌을 담고 있는 데이터베이스인 Medline을 무상으로 이용할 수 있다.

그러나 가장 편리한 선택은 구글처럼 인기 있는 검색엔진을 사용하는 것이다. 구글에서 자료와 관련 웹사이트 링크를 찾는 일은 매우 대중화되어 있어, 이제 많은 사람이 '구글'이라는 단어를 동사로 사용한다. 당신이 얼마나 많은 것을 구글할 수 있는지 알면 놀랄 것이다. 예를 들어 이 책 저자들의 이름을 구글해보면, 사진과 저서를 비롯한 그 밖의 사항들에 관한 웹사이트 링크를 발견할 수 있다.

또한 구글은 구글 스칼라(Google Scholar)라는 웹사이트도 제공한다. 두 사이트의 차이점은 구글 스칼라가 주

PTSD 치료에 관한 구글 검색

구글에 'PTSD treatment'라는 검색용어를 입력하면, 다음과 같은 유용한 웹사이트 링크가 처음 두 페이지의 결과물에 나타난다(더 많은 내용이 있다).

- Treatment of PTSD // National Center for Post-Traumatic Stress…
  This fact sheet describes elements common to many treatment modalities for PTSD, including education, exposure, exploration of feelings and beliefs, …
  http://www.ncptsd.va.gov/facts/treatment/fs_treatment.html
- Running head: PROMISING PTSD TREATMENT APPROACHES
  A recent review of current treatments of PTSD, Solomon, Gerrity, …
  http://www.fsu.edu/~trauma/promising.html
- PTSD: Treatment Options
  Information and articles about a variety of treatments for mental illness, covering everything from psychotherapy to herbal remedies.
  http://www.mental-health-matters.com/articles/article.php?artID=34
- Post Traumatic Stress Disorder (PTSD) Treatment
  There is a growing body of evidence about effective treatment of PTSD…. Treatment for PTSD typically begins with a detailed evaluation and development of…
  http://www.omh.state.ny.us/omhweb/ebp/adult_ptsd.htm
- Amazon.com: Effective Treatments for PTSD: Practice Guidelines from the International Society for Traumatic Stress Studies: Books by Edna B. Foa, Terence M….
  http://www.amazon.com/exec/obidos/tg/detail/-/1572305843?v=glance
- Treatment of Posttraumatic Stress Disorder Treatment of posttraumatic stress disorder (PTSD) involves psychotherapy and medication. EMDR may be used to treat PTSD. Read more about the treatment of PTSD.
  http://www.healthyplace.com/Communities/anxiety/treatment/ptsd_3.asp

어진 주제에 대해 출판된 학술논문과 서적에 대한 링크를 제공하는 반면에 구글은 검색용어에 부합하는 웹사이트의 링크 목록을 제공할 가능성이 높다는 것이다. 예를 들어 'PTSD 치료에 관한 구글 검색'이라는 제목의 글상자는 구글의 검색란에 'PTSD treatment'라는 검색용어를 입력했을 때 얻을 수 있는 결과의 처음 두 페이지(더 많이 있음)에 나타나는 6개의 유용한 웹사이트 링크를 보여준다. 마찬가지로 '효과적인 PTSD 치료에 관한 구글 스칼라 결과물'이라는 제목의 글상자는 구글 스칼라 검색란에 'Effective Treatments for PTSD'라는 검색용어를 입력했을 때 나타나는 결과의 첫 페이지에 보이는 5개의 유용한 참고문헌(더 많이 있음)을 보여준다.

하향식 검색과 상향식 검색 증거 탐색의 두 가지 중요한 접근법을 멀런 Mullen(2006)은 **하향식 전략과 상향식 전략**으로 정의했다. 상향식 전략을 사용하면 실천질문과 관련된 증거를 제공하는 거의 모든 출처를 찾을 수 있는 문헌을 검색할 수 있다. 그러면 당신은 모든 출처의 증거를 읽고 그 질을 비판적으로 평가하고, 구체적인 실천결정에 적용할 수 있을지 판단하며, 마지막으로 이용 가능한 최선의 증거라고 보이는 것에 근거해 일련의 행동을 선택한다. 한편 하향식 전략을 사용하면 모든 관련 있는 연구를 무에서 발견하고 평가하는 대신에 다른 사람들이 이미 수행한 증거기반 조사연구 결과에 의존하게 된다. 특정 문제영역에 대한 실천지침이나 진단범주, 특정 영

효과적인 PTSD 치료에 관한 구글 스칼라 결과물

구글 스칼라에 'Effective Treatments for PTSD'라는 검색용어를 입력하면, 수천 건의 참고문헌이 나타난다. 참고문헌의 첫 페이지는 다음과 같은 것을 담고 있다.

- [BOOK] Effective treatments for PTSD: practice guidelines from the International Society for Traumatic …
- Effects of Psychotherapeutic Treatments for PTSD: A Meta-Analysis of Controlled Clinical Trials, JJ Sherman—Journal of Traumatic Stress, 1998 … the magnitude of improvement due to psychotherapeutic treatments is moderate and that these treatments are effective in reducing PTSD symptoms, depression…
- PSYCHOSOCIAL TREATMENTS FOR POSTTRAUMATIC STRESS DISORDER: A Critical Review—EB Foa, EA Meadows—Annual Review of Psychology, 1997—psych. annualreviews.org … able to identify immediately following a trauma those who are likely to develop chronic PTSD and to develop efficacious and cost-effective treatments for these…
- Comparative Efficacy of Treatments for Posttraumatic Stress Disorder: A Meta-Analysis—ML Van Etten, S Taylor—Clinical Psychology & Psychotherapy, 1998—doi.wiley.com
- Cognitive-behavior therapy vs exposure therapy in the treatment of PTSD in refugees—N Paunovic, LG Ost—BEHAVIOUR RESEARCH AND THERAPY, 2001—psy.surrey.ac.uk … The conclusion that can be drawn is that both E and CBT can be effective treatments for PTSD in refugees. 2001 Elsevier Science Ltd. All rights reserved….

역에 관한 조사들의 체계적 검토 혹은 메타분석 등을 제공하는 서적 등의 출처에서 이런 보고들을 발견할 수 있다. 메타분석은 메타분석적 통계에 의해 알 수 있듯이, 특정 개입에 대한 연구들의 통계적 결과를 모아서 어떤 개입이 치료결과에 가장 강력한 영향력을 갖는지에 대해 결론을 내린다(메타분석은 23장에서 살펴보겠다).

하향식 접근의 중요한 장점은 실행 가능성이다. 당신이 근무하는 사회복지기관은 비싼 비용으로 인해 인터넷 문헌 데이터베이스에 접근하는 데 제한이 있을 수 있다. 대학은 일반적으로 학생과 교직원의 문헌 검색시간을 대폭 줄일 수 있도록 인터넷 데이터베이스에 무상으로 접근하게 해준다. 만약 당신이 기말 보고서나 다른 과목의 과제에 필요한 문헌을 찾는 데 이런 데이터베이스를 이미 이용하고 있다면, 자료를 찾기 위해 직접 도서관을 방문하는 일이 얼마나 많은 시간이 걸릴지 상상할 수 있을 것이다. 게다가 인터넷 데이터베이스에 접근한다 할지라도, 검색된 증거의 과학적 우수성에 대해 그리고 그 증거가 당신의 특정한 실천결정에 적용 가능한지에 대해 평가를 요하는 수많은 연구가 발견된다면 상향식 접근은 너무 많은 시간이 소요될 수 있다. 어떤 검색용어들, 예를 들어 아동학대와 가정폭력, 정신적 외상 등에 대한 효과적 개입방법을 찾는 용어들은 당신의 검토를 필요로 하는 1백여 개 이상의 연구를 찾아낼 것이다. 심지어 이런 연구들을 컴퓨터로 다운로드하더라도, 이것을 읽고 평가하는 데는 바쁜 실천가들이 감당할 수 없을 정도로 많은 시간이 걸린다. 특정한 실천영역의 연구증거를 평가할 때 전문성을 지닌 사람들에게 의존하면 얼마나 편리하겠는가?

그러나 하향식 접근에는 한 가지 심각한 난점이 있는데, 바로 검토를 수행하고 증거를 평가하며 실천지침을 도출하는 과정에서 발생할 수 있는 전문가의 오류 가능성이다. 증거기반 방식으로 실천질문에 대한 대답을 찾을 때 하향식 검색에 배타적으로 의존하면 어느 정도는 그런 전문가의 권위에 의지할 것이 요구된다. 권위에 대한 의존이 과학적 방법과 부합하지 않기 때문에 하향식 접근만을 사용하는 것은 역설적이다. 비록 '전문가'라도 자신들의 조사에서 관련된 많은 연구를 놓칠 수 있다. 더 높은 방법론적 기준을 가진 어떤 전문가의 경우 특정 연구에서 증거가 가진 과학적 우수성과 어떤 개입이 최선의 증거에 의해 지지받고 있는지에 대해 다른 사람이 내린 평가에 동의하지 않을 수도 있다. 일부 '전문가'는 (자신이 최선의 증거들로 지지를 받고 있다고 주장하는 개입에 대해 이해관계를 갖고 있다면) 평가할 때 더욱 편향적일 수 있다. 예를 들어 PTSD를 위한 효과적 개입에 대해 하향식 검색을 수행하다 보면, 누구의 검토가 많이 왜곡되었다고 하면서 자신이 선호하는 치료법이 더 나은 증거상의 지지를 받고 있다고 주장하는 노출치료 전문가나 안구운동둔감화재처리(eye-movement desensitization and reprocessing, EMDR) 전문가를 발견할 수 있다.

상향식 접근을 하고자 하지만 실행 가능성이라는 장해물이 전적으로 하향식 접근에 의존하도록 요구한다면, 실천가는 비판적 사고자로서 그 작업을 수행해야 한다. 실천가는 추천받았거나, 처음 발견한 한 가지 혹은 몇 가지 하향식 출처에만 전적으로 의존해서는 안 된다. 자신의 실천결정과 연관된 모든 하향식 자료를 찾아 평가하고, 그들 사이에 존재하는 모든 의견 차이를 발견하고자 노력해야 한다. 해당 출처의 저자들이 추천하는 특정 실천접근에 대해 이해관계를 갖지 않는지도 분명히 해야 한다. 마지막으로, 연구를 평가하는 데 사용된 기준도 검토해야 한다. 연구들이 검토에 포함될 수 있을 정도로 최소한의 방법론적 기준을 충족시켰는가? 최선의 증거를 제공하는 연구와 그렇지 않은 연구를 구별할 때 어떤 방법론적 기준이 사용되었는가? 이 책의 나머지 부분과 조사론 과목의 정보들에 비춰볼 때 그런 기준들은 적절한가?

다행히 하향식 접근과 상향식 접근이 상호 배타적이지는 않다. 시간과 접근성이 허락한다면 개별적인 연구와 함께 개별 연구를 미리 검토해, 그로부터 실천지침을 계발해놓은 하향식 출처를 검색하고 평가할 수 있다. 사실상 완전한 상향식 검색은 암묵적으로 하향식 출처와 개별적인 연구 둘 다를 찾아서 평가하는 것이다. 당신이 위에서 추천받은 각 출처를 비판적으로 평가하는 한, 개별적 연구에 대한 자신의 평가를 다른 사람들이 제공한 검토를 통해 향상시키는 것이 그다지 기분 나쁜 일이 되지는 않을 것이다. 이런 것을 염두에 두고 사회복지와 관련 분야의 연구자로부터 높은 평가를 받고 있는 두 개의 하향식 출처를 살펴보자. '검토물과 실천지침 발견에 유용한 인터넷 사이트'라는 제목의 글상자에서는 이 두 개의 출처와 함께 유용하다고 판단되는 몇 가지 출처의 웹사이트가 제시되었다.

Cochrane Collaboration과 Campbell Collaboration

Cochrane Collaboration은 연구자나 실천가, 사용자 등을 심사집단으로 채용해 건강관리에 관한 개입의 효과성에 관련된 연구들의 검토결과를 제공하는 국제적인 비영리 조직이다. http://www.cochrane.org를 이용해 Cochrane Collaboration의 웹사이트를 방문하면 검토, 비평과 비판, 다른 검토의 요약본, 연구의 참고문헌, 방법론에 대한 검토 등을 저장하고 있는 기관 도서관으로 가는 링크와 당신 자신이 검토를 수행할 수 있도록 도와주는 링크를 발견할 수 있다. Cochrane 웹사이트는 Cochrane의 평가시스템이 지닌 우수성을 판단할 수 있는 정보도 제공한다.

2000년 Cochrane Collaboration이 등장한 직후, 자매 비영리 국제조직인 Campbell Collaboration이 공식적으로 설립되었다. 그 임무와 활동은 자매조직과 유사하지만 사회복지와 교육, 교정에 초점을 맞추고 있다. 이 조직의 검토물은 실천가, 대중, 정책입안자, 학생, 연구자 등이 사용할 수 있도록 작성된다. http://www.campbellcollaboration.org를 이용해 웹사이트를 방문하면 Cochrane Collaboration에 있는 것과 같은 링크를 발견할 수 있으며, 주제들이 건강관리에만 한정되어 있지는 않다. 예를 들어 가정폭력, 성적 학대, 양육훈련, 범죄가해자, 청소년비행, 인격장애, 청소년 행동장애, 심각한 정신질환, 약물남용, 복지개혁, 주택, 입양부모 훈련, 섭식장애 등 여러 가지 주제에 대한 개입의 효과성을 검토

검토물과 실천지침 발견에 유용한 인터넷 사이트

- Campbell Collaboration: http://www.campbellcollaboration.org/index.html
- Cochrane Collaboration:http://www.cochrane.org
- American Psychological Association's website on empirically supported treatments: http://www.apa.org/divisions/div12/rev_est
- Center for Substance Abuse Prevention: http://modelprograms.samhsa.gov/template.cfm?page=default
- Crisis Intervention, Comorbidity Assessment, Domestic Violence Intervention, and Suicide Prevention Network: http://www.crisisinterventionnetwork.com
- Expert Consensus Guideline Series: http:// www.psychguides.com
- National Guideline Clearinghouse: http://www.guidelines.gov
- National Institute of Drug Abuse: http://www.nida.nih.gov
- Substance Abuse and Mental Health Services Administration: http://www.samhsa.gov/index.aspx
- 구글, 야후 또는 기타 검색엔진에 검색용어를 입력하면 추가적인 하향식 검토 사이트를 발견할 수 있다.

한 자료를 발견할 수 있다.

3단계: 발견한 관련 연구를 비판적으로 검토하기

1장에서 언급했듯이 다양한 개입의 효과성을 평가하는 연구들의 질은 무척 다양하다. 우수한 연구가 많지만, 이 책에서 배울 기본적인 원칙을 어느 정도 위반하는 연구도 많다. 이 시점에서 발견한 연구를 비판적으로 평가하기 위해 알아야 할 모든 조사방법론과 연구설계의 개념을 상세하게 설명하는 것은 어리석은 일이다. 그것은 이 책의 나머지 부분에서 다룰 내용이다. 그러나 몇 가지 핵심을 간단히 살펴보면 증거기반 실천과정을 더 잘 이해하는 데 도움이 된다.

실천의 효과성에 관한 연구에 담겨 있는 증거의 질을 평가할 때 통상적으로 던지는 두 가지 중요한 질문은 다음과 같다. (a) 치료결과가 믿을 만하고 타당하며 편향되지 않게 측정되었는가? (b) 개입이나 다른 것들이 클라이언트에게 나타난 결과의 편차를 가장 그럴듯하게 설명할 수 있는지를 결정적으로 보여줄 수 있을 만큼 연구설계가 충분히 견고한가? 연구들은 증거를 평가할 수 있도록 개발된 다양한 증거기반 실천의 위계에 따라 서열화할 수 있다. 가장 일반적으로 인용되는 위계질서는 개입방법, 프로그램, 정책의 효과성에 대한 질문과 관련이 있다. 이 위계질서는 표 2-1에 제시되어 있다. 가장 상위에는 다른 요인이 아니라 개입실천이 치료결과를 적절하게 설명하고 있다는 증거의 질을 평가하는 위의 두 가지 기준과 관련하여 출간된 연구들을 가장 강력한 설계들과 종합적으로 통합하는 체계적인 고찰 혹은 메타분석이 자리하고 있다. 이런 설계는 흔히 **무작위 실험** 혹은 **무작위 임상실험**이라고 한다. 이 책의 이어지는 장에서 체계적인 분석, 메타분석, 무작위 실험을 살펴볼 것이다.

무작위 임상실험(randomized clinical trial, RCT)은 비슷한 문제나 진단을 공유하는 클라이언트를 상이한 개입치료를 받는 집단으로 할당할 때 무작위 도구(동전 던지기 같은)를 이용하는 실험이다. 예를 들어, 한 집단이 통상적인 치료를 받는 반면에 다른 집단은 통상적 치료보다 더욱 효과적일 것으로 가설화된 개입치료를 받을 수 있다. 무작위 할당의 절차는 클라이언트가 집단에 할당되는 방식에서 편향(가장 동기가 높은 클라이언트를 한 집단에 함께 배치하고 가장 동기가 낮은 클라이언트를 다른 한 집단에 함께 배치하는 것과 같은 편향)을 피하기 위해 사용된다. 만약 집단 간에 예견된 결과적 차이가 발견될 때, 이 차이를 비교가 불가능한 집단 간의 선험적

표 2-1 개입실천, 프로그램, 정책의 효과성에 관한 EBP 질문에 대한 연구의 위계질서(가장 상위가 가장 최선임)*

수준 1	체계적 고찰, RCT에 대한 메타분석, 잘 설계된 실험설계 또는 유사실험설계
수준 2	RCT의 다양한 재현과 잘 설계된 다른 실험
수준 3	RCT와 여타의 무작위 실험
수준 4	유사실험
수준 5	단일사례 실험
수준 6	상관연구
수준 7	• 일화적 사례 보고 • 통제집단 없는 사전/사후 비교연구 • 실험기간 혹은 이후 클라이언트의 경험에 관한 질적 연구 • 클라이언트와 참여자에 대한 설문조사

* 이 위계질서는 더 높은 수준의 연구가 특히 측정의 오차와 관련해 더욱 잘 설계되었다고 가정한다. 잘 설계되지 못한 연구들은 더 낮은 수준의 위계질서에 위치하게 된다.

차이로 돌리는 것은 그럴듯하지 않다.

다음으로 위계가 높은 것은 클라이언트를 집단에 할당할 때 무작위 절차를 사용하지는 않지만 결과의 차이를 두 집단 간의 선험적 차이로 돌릴 가능성을 줄여줄 수 있는 다른 수단을 사용하는 유사실험(quasi-experiment)이다. 비록 유사실험에서 사용하는 대안적 절차가 무작위 할당보다 덜 이상적이기는 하지만, 그와 같은 절차를 적절하게 사용한 유사실험은 실천결정을 인도할 수 있는 강력한 근거를 제공할 수 있다고 간주된다.

그러나 당신은 RCT나 유사실험설계를 사용하는 모든 연구가 강력한 증거 근거라고 당연하게 가정해서는 안 된다. 예를 들어, 결과가 왜곡된 방식으로 측정될 수 있다. 검증받을 개입기법을 개발한 실천가가 자신의 치료법으로 치료받은 클라이언트가 통상적인 치료법을 받은 클라이언트보다 더 나아졌는지에 대한 평가를 주관적으로 할 수도 있다. 이 주제와 관련해 주로 실험설계와 유사실험설계에 대해 12장에서 좀 더 상세하게 살펴볼 것이다.

그 다음으로 위계가 높은 것은 단일사례 평가설계(single-case evaluation design)다. 이 설계는 치료 전과 후에 보이는 개별적 사례의 추이를 반복적인 측정으로 묘사하면서 실험과 유사실험의 논리를 적용한다. 비록 이 설계가 클라이언트 집단을 상호 비교하는 것은 아니지만 그 결과가 반복되고 지속적으로 개입의 효과성을 지지한다면, 잠정적이기는 하지만 개입의 잠재적 효과성에 대한 강력한 증거를 제공하는 것으로 간주된다. 13장에서 단일사례 평가설계를 상세하게 검토할 것이다.

다양한 다른 출처들은 일반적으로 증거위계상 바닥에 가깝게 보인다. 그런 출처들 중 하나는 클라이언트의 향상에 대한 다른 그럴듯한 설명에 대한 통제 없이 한 번의 사전조사와 한 번의 사후조사에서 클라이언트의 증진을 보여주는 연구와 연관되어 있다(이런 설명은 일반적으로 내적 타당도를 위협하는 것으로 알려져 있는데, 10장에서 상세하게 논의하겠다). 다른 하나는 정교한 통계적 통제가 부족해 단순히 상이한 치료경력을 가진 클라이언트가 상이한 속성을 가졌음을 보여주는 상관연구와 관련되어 있다. 예를 들어 어떤 설문조사가 전체 12단계의 약물남용 치료 프로그램을 마친 클라이언트가 치료를 거부한 클라이언트나 중간에 탈락한 클라이언트, 치료계약을 어겨 내쫓긴 클라이언트보다 재발이 거의 없다는 사실을 발견했다. 이 연구결과는 치료의 효과성을 지지하는 강력한 증거를 제공했다기보다는 재활하고자 동기화된 클라이언트와 그 같은 동기가 부족한 클라이언트 사이에 존재하는 선험적 차이에 기인한 것일 수 있다.

증거위계상 바닥이거나 거의 바닥인 것은 임상적 경험

에 근거한 일화적인 사례 보고서나 존경받는 임상전문가의 의견이다. 비록 이런 출처가 더 나은 증거출처를 얻을 수 없을 때 어떤 개입을 고려해야 할지에 대한 출발점을 제공할 수는 있지만, 과학적 방법에서 가장 높게 평가되는 객관적 증거를 제공하는 것은 아니다. 전문가는 자신이 칭찬하는 개입에 이해관계가 있을 수 있기 때문에 그들의 의견이나 사례보고는 부정확한 관찰, 과도한 일반화, 선별적인 관찰, 자아가 개입된 이해 등과 같이 1장에서 논의한 여러 가지 결점에 큰 영향을 받을 수 있다.

증거기반 실천을 인도하기 위해 개발된 증거상의 위계를 좋아하지 않는 학자도 있다. 일반적으로 이런 위계를 비판하는 데 가장 목소리가 큰 사람들은 증거기반 실천의 위계에서 낮게 평가되고 있는 과학적 탐구형태를 통상적으로 사용하는 학자들이다. 그들의 우려가 이해되기는 하지만, 그들은 위계의 고안자가 의도한 것보다 더 많은 것을 과도하게 추정한다. 증거기반 실천의 증거상 위계는 연구목적과 무관하게 어떤 종류의 조사연구가 일반적으로 더 우수한지 혹은 열등한지를 규정하려는 의도는 없다. 6장에서 보겠지만, 모든 조사연구가 개입이 실제로 특정한 결과를 야기했는지 결정하는 것만을 목적으로 하고 있지는 않다. 예를 들어, 정신질환 노숙인이 비참하게 살고 있는 모습과 허리케인 카트리나가 걸프만 지역 거주자에게 끼친 충격적인 영향을 보여주는 설문조사 연구는 유권자에게 이들을 돕기 위한 고율의 세금을 받아들이게 만드는 데 엄청난 가치가 있었다. 이 경우 어떤 연구가 도움을 필요로 하는 사람들에게 충분한 역할을 하고 있지 않은 정부에 가장 큰 영향을 미치고 있는지를 연구하는 RCT는 아마 조사설계 위계상 거의 바닥일 것이다. 마찬가지로 문화적 측면에 민감하게 반응하는 노력을 전혀 기울이지 않는 기관에서 소수집단 클라이언트와 자신들이 취급되는 방식에 대해 어떻게 이해하고 있는지, 그리고 그런 인식이 자신들을 어떤 기분이 들게 만드는지에 관해 심층 인터뷰를 한다고 생각해보라. 그런 인터뷰는 개입의 효과를 객관적으로 결정하려는 설계에서는 위계상 높을 수 없지만, 클라이언트의 인지와 느낌에 대한 깊이 있는 통찰을 얻으려는 설계에서는 높은 위치를 차지한다.

4단계: 클라이언트에게 가장 적절한 증거기반 실천을 결정하기

최선의 증거에 따라 지지를 받는 개입이 모든 클라이언트와 모든 상황에 반드시 효과적인 것은 아니다. 어떤 개입의 효과성에 대한 타당한 증거를 제공하는 견고한 연구라도 통상 그 개입이 모든 사례에 효과적인 것이 아니라 다른 대안보다 효과적일 가능성이 높다는 의미다. 어떤 인종집단 구성원에게 효과적이라고 밝혀진 개입이 다른 인종의 클라이언트에게는 효과가 없을 수 있다. 가장 강력한 연구의 지지를 받는 개입이 어떤 문화나 개별 클라이언트의 가치와 갈등을 일으키는 절차를 담고 있을 수도 있다. 결정을 내릴 때는 각자의 임상적 전문성, 클라이언트에 대한 지식, 클라이언트의 피드백, 자신의 문화적 수월성 등을 사용해야 할 것이다.

최선의 개입들 가운데 어떤 것이 특정 클라이언트나 클라이언트 집단에 잘 부합하는지를 결정할 때 몇 가지 고려할 점이 있다. 물론 한 가지는 3단계에서 평가한 증거의 질이다. 학생들은 통상적으로 "어떤 개입이 증거에 기반하고 있다고 말하려면 그 개입을 지지하는 훌륭한 연구가 얼마나 많이 필요한가요?"라고 질문한다. 그 질문에 대한 정확한 대답은 없다. 특정 개입을 지지하는 한 가지 혹은 두 가지 강력한 연구로도 충분하다. 아주 강력한 하나의 연구로부터 지지를 받는 개입이 수많은 약한 연구의 지지를 받는 것보다 더 나은 증거가 된다.

더욱 중요한 것은 어떤 개입이 증거기반인가 하고 묻는 것은 좋은 질문이 아니라는 점이다. 이런 질문 속에는 과학적 방법에서 이야기하는 지식의 임의적 본질이나 반박 가능성과 부합하지 않는 궁극성이 담겨 있다. 어떤 실천개입이 증거기반인지 고려하도록 요구하기보다는 지금 당장 '어떤 실천개입이 최선의 증거를 갖는가'라는 식으로 생각하는 편이 더 낫다. 당신의 클라이언트와 전혀 다른 클라이언트를 임상적으로 의미 있게 다룬 연구에서 개입을 지지하는 증거가 나타난다 하더라도, 이것은 다소 약한 설계이기는 하지만 당신의 클라이언트와 동일한 클라이언트를 다룬 연구에서 나온 증거보다는 못한 것이다.

그러나 몇 가지 중요한 점에서 당신의 클라이언트와 비슷하긴 해도 다른 중요한 점에서는 그렇지 않은 클라이언트를 다룬 강력한 연구가 지지하는 기법은 발견했지만, 당신의 클라이언트와 똑같은 클라이언트를 다룬 그 어떤 연구에서는 지지를 받고 있는 개입을 발견하지 못할 경우에는 어떻게 해야 하는가? 이 경우 어떤 임상적인 이유로 인해 채택할 수 없다는 이유만 없다면 전자의 개입은 시험해볼 만한 가치가 있다. 예를 들어, 경계역 인격장애 진단을 받은 재가치료시설의 12~13세 소녀들에게 효과적일 것으로 보이는 개입을 전혀 발견할 수 없다고 가정해보라. 그러나 장애가 있지만 시설에 있지 않은 14~16세 소녀들에 대한 어떤 개입의 효과성을 지지하는 연구를 발견할 수는 있다. 더 나은 대안을 발견할 수 없기 때문에 당신은 시험단계로 그 기법을 사용하고 결과를 평가할 수 있다(6단계에서와 같이).

어떤 기법을 선택할 것인지 최종결정을 내리고 그것을 적용하기 전에 가능하다면 클라이언트의 가치와 기대를 고려하고, 결정에 클라이언트를 포함시키며, 잠재적 효과성과 모든 가능한 바람직하지 않은 부작용에 대해 알려주고, 그 기법에 참가하는 것에 대해 클라이언트에게 고지에 입각한 동의를 얻어야만 한다. 당신은 단순히 다음과 같이 말하는 것으로 많은 세세한 것을 피하고자 할지도 모른다. "이 기법이 현재까지 효과성에 대한 가장 강력한 증거를 갖고 있습니다." "이 기법이 몇 가지 바람직한 결과를 보였습니다." "이 치료법이 당신과 같은 사람들에게 잘 듣는다는 몇 가지 초기 증거를 갖고 있습니다." 이런 식으로 클라이언트는 어떤 개입이 가장 적절하고(문화, 성격, 그 밖의 요소에 비춰) 또 가장 긍정적인 결과를 낳을 가능성이 높은지에 따라 치료에 대해 고지에 입각한 의사결정을 할 수 있다. 개입의 선택에 관해 클라이언트에게 고지에 입각한 동의를 얻어야 한다는 윤리적 이유를 넘어서, 그렇게 해야 클라이언트 치료과정에서 자신의 소유권과 책임성을 느낄 수 있게 해준다. 그래서 클라이언트가 성공적인 결과를 달성할 가능성이 높아진다.

EP 2.1.3a

5단계: 증거기반 개입의 실천

일단 개입의 선택에 대한 마지막 결정이 내려지면 그 개입을 적용하기 전에 몇 가지 단계를 필요로 한다. 우선 지속적인 교육 워크숍이나 전문 학회를 통해 개입에 대한 훈련을 받아야 한다. 가까운 사회복지대학에서 그 개입방법에 대한 선택과목이 제공될지도 모른다. 또한 기법에 대한 매뉴얼을 포함해 어떻게 그 기법을 실행하는지에 대한 문헌자료를 확보해야 한다. 개입의 경험이 많은 동료를 찾아내고 자문과 슈퍼비전도 준비한다. 상대적으로 새로운 기법이라면, 정기적으로 만나 다양한 사례에 새로운 기법을 어떻게 실행할 것인가에 대해 서로 피드백을 줄 수 있는 전문적인 동료들로 구성된 지지집단을 찾는다. 충분한 훈련이나 슈퍼비전을 얻을 수 없다면 그 개입에 필수적인 훈련을 받고 경험이 있는 다른 전문가에게 클라이언트를 의뢰하라.

만약 당신 스스로 개입을 제공하거나 의뢰한 뒤에도 그 클라이언트와 함께 계속 일해야 한다면, 개입이 시작되기 전에 한 단계를 더 밟아야 한다. 증거기반 실천가로서 당신은 클라이언트와 협력해 선택된 개입이 진정으로 클라이언트에게 도움이 되는지 평가하는 과정에서 측정될 치료목표를 설정해야 한다. 이 책의 7장이 측정 가능한 용어로 치료목표를 정의하는 데 도움을 줄 것이다. 2단계에서 당신이 평가한 몇 가지 연구도 치료목표를 정의하고 측정하는 유용한 방법을 분명히 해줄 것이다.

EP 2.1.10g

6단계: 평가와 피드백

이 단계에서 당신과 클라이언트는 설정된 치료목표를 달성해가는 과정을 측정하고 평가할 것이다. 이 책의 8, 9, 12장이 이를 위한 방법을 설계하는 데 도움을 줄 것이다. 예를 들어 개입을 적용하기 전에 매일 잠시 동안, 기법으로 치료하는 과정 동안, 그리고 개입이 완결된 후의 후속 기간 동안 특정 행위, 감정이나 인지를 클라이언트 스스로가 측정하도록 할 수 있다.

개입이 특정 클라이언트에게 효과적인지를 평가하기 위해, 매일의 자료를 도식화해 개입이 시작된 후에 의미 있는 향상의 유형이 있는지 살펴볼 수 있다. 당신과 클라이언트는 개입이 유용하지 않은 것처럼 보이거나 치료목표가 달성되었을 경우 치료계획을 수정할 필요성을 포함해 진행형으로 논의해야 한다. 어떤 클라이언트는 이 과정, 즉 그들의 진전을 보고 왜 증상이 좋아지고 악화되는지 논의하는 일을 정말로 좋아한다(때때로 그들의 진전에 영향을 미치고 치료과정을 특징짓는 중요한 외적 사건이 그들의 삶에 발생한다).

일단 클라이언트와의 과업이 종료되면, 관련된 동료들과 결과물을 교류해야 한다. 심지어 치료과업의 출간을 위해 단일사례 평가연구로 작성할 수도 있다(당신이 이렇게 하기로 했다면, 조사보고서 작성을 논의하는 이 책의 다른 부분과 함께 특히 12장이 도움을 줄 수 있다). 심지어 쿠르노이어 Cournoyer와 파워스 Powers(2002)는 당신이 적용하고 평가한 개입의 증거기반을 제공했던 연구를 수행한 연구자와 당신의 결과물을 교류하라고 제안한다.

그러나 아마도 처음에는 6단계가 왜 필요한지 궁금할 것이다. 출간된 연구가 그 효과성에 대한 증거를 이미 제공했다면, 왜 당신의 클라이언트에 대한 개입을 또 평가해야 할까? 이 질문에는 두 가지 해답이 있다. 우리가 이전에 언급했던 하나는 개입의 효과성을 지지하는 연구들에 따르면 통상 검증된 실천개입이 모든 클라이언트와 모든 상황에 효과를 발휘할 것으로 보증되지 않는다는 것이다. 대신에 단지 그 실천개입이 다른 대안보다 효과적일 가능성이 높다. 따라서 당신의 클라이언트가 그 개입이 효과를 발휘하지 못하는 사례 중 하나일 수 있다. 두 번째 대답은 재현의 원칙과 연관되어 있다. 1장에서 논의한 것처럼 과학적 방법은 모든 지식을 임의적이고 반박될 수 있는 것으로 간주한다. 12장과 여타의 다른 곳에서 논의하겠지만, 특정한 개입의 특정한 결과를 재현하는 수준 높은 연구가 많을수록 개입의 효과성에 관한 증거에 더 확신을 가질 수 있다.

EP 2.1.10d, m

증거기반과정과 증거기반 실천의 구별

많은 학자와 실천가는 EBP 과정을 언급하면서 흔히 **증거기반 실천**이라는 용어를 사용한다. 그렇지만 어떤 사람들은 과정이 아니라 연구에 의해 지지되는 특정한 **개입실천**을 언급할 때도 동일한 용어를 사용하곤 한다. 따라서 지속적으로 연구에 의해 지지를 받고 있는 특정한 프로그램, 정책 혹은 개입실천은 **증거기반**이라고 할 수 있고, 또 **증거기반 실천** 같은 복수의 명칭을 가진 목록에 등장할 수 있다. 단일한 혹은 복수의 명칭 둘 다 동일한 EBP 접두어를 갖고 있지만 종종 EBP에 대해 토론과 논의를 할 때 혼란을 야기한다. 예를 들어 당신이 왜 어떤 실천가들은 EBP에 대해 부정적인 태도를 갖고 있는지를 탐구할 때, 아마도 그들의 태도가 EBP 과정에 대한 정의와 관련되어 있지 않고, 실천가의 판단이나 클라이언트의 속성에 상관없이 증거기반 실천이라고 해서 회사의 개입실천 목록에 등장하는 개입 가운데 어느 한 가지를 자동적으로 제공하지 않을 경우 보험회사 혹은 정부기관이 그들의 서비스에 대해 지불을 하지 않을 것이라는 생각과 관련되어 있음을 발견할 것이다. EBP **과정**이라는 **단수** 개념과 증거기반 **실천**이라는 **복수** 개념(이것은 때로 경험적으로 지지되는 처지 혹은 ESTs라고 불린다) 사이의 구분을 염두에 두고서, 다음 절에서는 EBP를 둘러싸고 표출된 논쟁과 오해를 다룰 것이다. 그전에 'EBP 과정에서의 EST 사례'라는 제목의 글상자를 읽어보자.

증거기반 실천에 관한 논쟁과 오해

자신들의 실천상의 역할이나 지향과 무관하게 모든 실천가가 따라야 하는 하나의 모델로서 증거기반 실천이 등장하면서 많은 논쟁을 야기했다. 모든 실천가가 증거기반 실천에 참여해야 한다는 주장에 대해 많은 반대가 제기되었는데, 증거기반 모델의 지지자들은 대부분의 반대가 오해라고 규정했다. 그러면 증거기반 모델의 가장 두드러진 반대를 검토해보고, 왜 이런 비판이 오해로 간주되었는지 살펴보자.

증거기반 실천에 대한 관심을 촉발했던 중요한 초기 사건은 심리적 절차의 고양과 전파에 대한 전미심리협회(American Psychological Association) 12분과 특별위원회의 1995년 보고(Task Force, 1995)와 이 보고의 개정(Chambless et al., 1996, 1998)이었다. 이 보고에 따르면 개입실천의 효과성이 '훌륭하게 정립된 것'으로 간주되기 위해서는 개입을 실행할 때 단계별로 명확하게 실천가가 따라야 할 절차를 제공하는 매뉴얼을 가져야 한다. 그런 매뉴얼이 다양한 실천가들이 의도된 방식으로 개입을 실행할 수 있는 확률을 높여줄 것으로 간주된다. 마찬가지로 그런 매뉴얼이 없다면 실천가가 효과적이라고 알려진 방식을 벗어난 다른 방식으로 실천을 실행할 가능성이 증가하므로 개입의 효과성에 대한 확신은 감소할 것이다.

특별위원회의 보고가 미친 영향은 많은 사람에게 특별위원회의 추천을 증거기반 실천과 동일시하게 만들었고, 증거기반 실천을 권위 있는 전문가 조직이나 연구검토가 효과적이라고 생각하는 개입을 사용하는 것으로 정의하게 만들었다. 게다가 몇몇 사람은 편람식 절차 등 자세한 설명서를 사용하는 것을 증거기반 실천의 필수 특성으로 인식했다. 이런 인식에 근거해, 아래에 논의된 것과 같은 수많은 반대가 제기되었다.

증거기반 실천은 통상 일상적인 사회복지 실천에서 직면하는 클라이언트와는 다른 클라이언트를 다룬 연구에 근거하고 있다. 한 가지 반대는 증거기반 실천의 연구위계상 가장 높은 자리에 위치하는 실험유형(RCT)에 참여하는 클라이언트의 특성과 관련되어 있다. 예를 들어 RCT는 통상 한 가지 이상의 진단을 받은 클라이언트는 배제하고, 소수인종이나 소수민족 클라이언트는 대부분의 RCT에서 낮게 반영된다(Messer, 2006; Western 2006). 이 반대는 특히 사회복지와 밀접한 연관이 있는데, 그 이유는 사회복지사가 통상 소수인종이나 여러 가지 장애를 가진 클라이언트 혹은 대부분의 RCT 참여자에게 요구되는 전형적인 진단범주에 잘 부합하지 않는 관심을 다루기 때문이다. 표준화된 개입평가에 참여하는 클라이언트의 특성과 실천가가 일상실천에서 직면할 가능성이 가장 높은 클라이언트 특성 간의 불일치에 비춰볼 때, 증거기반 실천을 실천가가 엄격하게 치료절차에 따라야 한다고 인식하는 것은 독특한 클라이언트의 속성과 환경에 반응할 수 있도록 실천가의 전문성을 융통성 있게 사용하지 못하게 만든다는 비판을 받아왔다.

증거기반 실천은 과도하게 제한된 설명서 방식의 접근으로 전문가의 전문성을 훼손하고 클라이언트의 가치와 선호를 무시한다. 관련된 또 다른 반대는 증거기반 실천을 전문가의 전문성을 최소화하고 경험적인 지지를 얻고 있는 개입을 모든 클라이언트에게 동일한 방식으로 적용하며, 그 과정에서 클라이언트의 가치와 선호를 무시하는 과도하게 제한된 접근으로 묘사한다. 증거기반 실천의 지지자들은 이런 반대를 위의 것과 마찬가지로 오해에 근거한 것이라며 무시한다(Gibbs & Gambrill, 2002; Mullen & Streiner, 2004). 그들은 이런 반대가 증거기반 실천과정에서 임상적 전문성이 통합되는 것을 간과하고 있다고 주장한다. 그들은 이 장의 초반부와 'EBP 과정에서의 ETS 사례'라는 글상자에서 보이듯, 이러한 반대 역시 증거기반 실천과정에서 임상적인 전문성의 통합을 강조하는 증거기반 실천에 대한 정의의 일부분을 무시하고 있다고 처리해버린다.

증거기반 실천은 단순한 비용절감 도구다. 일부 비판자는 증거기반 실천이 서비스 비용을 지불하는 정부기관이나 관리의료회사에 의해 악용되는 단순한 비용절감 도구라고 묘사한다. 그들의 비판은 제3자 방식의 비용지불자는 RCT에 의해 지지를 받아온 개입에만 지불할 것이며, 오직 RCT 결과가 필요하다고 지시한 치료회기의 수만큼만 지불할 것이라는 주장에 근거한다. 증거기반 실천의 지지자들은 이런 것이 증거기반 실천에 대한 비판이 아니라 관리의료회사가 이를 왜곡하는 방식에 대한 비판이라고 반박한다. 게다가 그들은 최선의 연구증

EBP 과정에서의 EST(노출치료) 사례

캐롤은 가상의 사회복지사로서, 트라우마를 겪고 있는 여성들에 대해 전문성을 가지고 있으며 현재 EBP 과정에 관여하고 있다. 그녀는 이 과정에서 PTSD에 효과적인 처치로 지속적 노출치료(prolonged exposure therapy, PET)와 EMDR이 가장 최선의 과학적 증거를 갖고 있음을 알게 되었다. 그리고 PET와 EMDR을 지지하는 증거들이 거의 동일하다는 점도 알게 되었다. 그녀는 PET에 대한 훈련과 슈퍼비전을 받을 수 있었고, 머지않아 EMDR에 대해서도 훈련과 슈퍼비전을 받을 계획이다.

캐롤의 새로운 클라이언트는 사라인데, 그녀는 늦은 밤 다층구조로 된 실내 주차장의 외딴 곳에서 자기 자동차 근처에서 강간을 당한 이후 몇 달 동안 PTSD로 고통을 받고 있다. 캐롤은 처음에 PET로 사라의 PTSD 증후군을 치료하려 했다. 가상 노출과 실제 노출이라는 두 가지 형태의 노출치료가 고려되었고, 이들은 둘 다 경험적으로 지지되고 있으며 동일한 환자에게 연속적으로 사용될 수 있는 것이었다. 캐롤은 흔히 그렇게 하듯이 가상 노출로 PET를 시작했는데, 이는 클라이언트로 하여금 계속해서 트라우마 상황(사라의 경우 강간)으로부터 벗어나고 있다는 이미지를 그리도록 하면서 안전한 치료환경에서 반복적으로 사건을 상세하게 묘사하도록 했다. 이 과정은 치료 중에 여러 번 반복되었는데, 회기가 진행될수록 트라우마 상황에 대한 더욱 상세한 묘사(클라이언트의 감정과 다양한 감각 경험(시각, 청각, 후각 등)에 대한 세부적인 것)이 이루어지도록 했다.

캐롤은 클라이언트가 준비가 되었다고 느낄 때 실제 노출치료를 시작할 수 있도록 했다. 실제 노출은 그녀에게 트라우마를 떠올려서 PTSD 증후군을 야기하는 것들, 장소, 사람, 상황을 적어보라고 요구하는 것으로 시작한다. 클라이언트는 그 항목에 직면했을 때 경험하는 스트레스의 정도에 따라 각 항목을 점수화한다. 사라에게는 밤에 혼자 실내 주차장에서 운전을 하는 것이 가장 많은 스트레스를 주었고, 친구와 함께 운전할 경우에는 다소 스트레스가 완화되었다. 그리고 낮 시간에 친구와 함께 운전을 하는 것이 가장 낮은 스트레스 정도를 보였으며, 낮에 실내 주차장에서 그다지 멀리 떨어지지 않은 실외에서 운전하는 것은(특히 친구와 동행하는 경우) 스트레스가 있기는 하지만 상당히 낮았다. 사라는 친구와 함께 다소 안전한 지역으로 이동하는 것부터 실제 노출을 하기 시작했고, 그녀의 목록에서 좀 더 높은 스트레스 지수를 보이는 상황으로의 노출과정을 반복하게 된다. 이 과정이 반복되면서 점점 더 스트레스 정도를 높여나가게 된다.

가상 노출과 실제 노출에 공히 깔려 있는 개념은 습관화다. 습관화는 실제의 트라우마 사건과 안전 유발계기들 사이의 연관이 사라지면서 클라이언트가 피하려고 했던 것들과 직면하는 데 있어 성공을 경험하면서 점점 더 스트레스를 느끼지 않게 되는 것을 말한다(물론 이것은 노출치료의 간결한 요약이다. 인터넷에서 이 용어로 검색해본다면 더 많은 정보를 얻을 수 있다).

캐롤은 EST가 성공적이기 위한 전제조건으로서 클라이언트와 강한 치료관계를 형성하는 것의 중요성을 이해하고 있었다. 그래서 그녀가 치료 초기(PET에 대해 사라와 논의를 시작하기 전에)에 그러한 관계를 형성하는 중에 독실한 가톨릭교도인 사라가 최근 강간으로 인한 임신을 발견해 낙태를 했고 이후 그 죄책감을 견디지 못해 자살을 생각하고 있음을 알게 되었다. 그녀의 임상적 전문성과 자살을 생각하는 클라이언트에 대한 새로운 정보에 근거해, 캐롤은 그녀가 아직 PET의 준비가 되어 있지 않다고 판단했다. 그녀는 트라우마를 감소시키려는 목적의 이미지 훈련이나 심지어 트라우마를 일깨울 가능성이 있는 가벼운 사건과 직면하는 것 자체가 사라의 자살 위험을 증가시킬 수 있다는 사실을 알게 되었다. 게다가 캐롤의 임상적 판단은 사라의 자살 증후군을 해결하는 데 가장 우선순위를 두어야 한다고 말해주고 있었다. 다시 말해, PTSD 증후군은 더 이상 자살 위험이 존재하지 않을 때까지 기다려야 하는 것이다.

다행히도 캐롤은 EBP 과정과 연관된 동료들을 비롯해 우울과 자살을 경험적으로 지지할 수 있는 전문성을 가진 동료들과 좋은 관계를 맺고 있었다. 그녀의 동료들과 사라는 사라의 우울과 자살 생각에 대한 치료를 위해 그녀를 전문가에서 보내는 것이 어떤 트라우마 치료보다 선행되어야 한다는 데 캐롤과 의견을 같이했다. 그 치료가 끝난 후에 캐롤은 사라에게 PTSD를 다시 시작할 것이다. 그렇지만 사라에게 가상 치료를 설명할 때 그녀는 가상으로 트라우마가 감소될 수 있다는 전망을 받아들이지 못했다. 심지어 캐롤이 왜 그 치료가 안전하고 효과적인지를 설명하고 자신이 그녀를 계속 지지할 테니 한번 시도해보자고 격려했지만 사라는 계속해서 "지금은 아니에요, 절대 아니에요."라고 말했다. 캐롤은 그런 다음 실제 노출에 대해 설명했고 사라는 비록 걱정스러워 보이기는 했지만 한번 해보자고 했다. 그녀는 강간으로부터 벗어나고 있다고 가상으로 이미지화하기보다는 친구와 안전하고 스트레스가 적은 곳으로 가보는 일부터 시작하는 편이 훨씬 두렵지 않다는 사실을 발견했다. 캐롤은 사라가 성공적으로 실제 노출 부분을 끝내고 난 후 가상 노출 부분을 시도할 수 있으리라 희망했다. 이런 식으로 캐롤은 사라에게 개입을 하면서 자신의 임상경험과 클라이언트의 상태와 선호에 대한 지식(연구증거에 대한 그녀의 지식과 조화를 이루면서)을 활용했다. 이렇게 하면서 캐롤은 ETS를 EBP의 일부로 활용할 수 있었고, 어떻게 하는 것이 임상적 유연성의 여지를 줄 수 있는지를 보여주었으며, 이러한 접근이 실천가로 하여금 기계적으로 설명서를 따르는 방식으로 움직이도록 요구하지 않음을 보여주었다.

거에 의해 지지를 받은 몇몇 개입실천은 지지를 적게 받은 대안보다 훨씬 더 비용이 높다고 주장한다(Gibbs & Gambrill, 2002; Mullen & Streiner, 2004). 증거기반 실천의 목적은 가장 효과적인 개입을 찾고자 하는 것이지, 가장 저렴한 개입을 찾으려는 게 아니라는 얘기다.

증거기반 실천연구의 위계는 질적 연구와 대안적 철학을 부적절하게 평가절하한다. 이 장에서 앞서 언급한 것처럼 증거기반 실천의 연구위계는 실천의 효과성에 관한 연구에서 보고되는 증거의 우수성을 주로 다음 두 가지 질문에 바탕을 두어 밝히고 있다. 그 두 가지 질문은 다음과 같다. (a) 치료의 결과는 믿을 만하고 타당하며 편향되지 않은 방법으로 측정되었는가? (b) 개입이나 다른 것들이 클라이언트에게 나타난 결과의 편차를 가장 그럴듯하게 설명할 수 있는지를 결정적으로 보여줄 수 있을 만큼 연구설계가 충분히 견고한가? RCT가 이런 질문에 긍정적인 대답을 얻을 수 있는 가장 견고한 설계라고 간주되고 있으며, 잘 통제된 유사실험설계가 위계상 그 다음이다.

그에 반해, 질적 연구방법에 의존하는 연구들은 어떤 요인이나 요인들이 특정한 결과를 실제로 야기했는가를 증명하는 데 있어 상당히 약한 증거를 제공하는 것으로 그려지고 있다. 3장과 이후의 장에서 볼 수 있듯이 질적 연구는 실험과는 다른 우선순위를 갖는 경향이 있으며, 처치의 결과에 대한 가능한 대안적 설명을 논리적으로 밝혀내기보다는 더욱 깊은 의미를 주관적으로 탐구하는 데 더 많은 가치를 부여한다. 비록 질적 연구방법의 가치가 사회복지와 관련 분야의 학자들에게 널리 인정되고 있지만, 질적 연구를 선호하는 많은 학자는 이런 방법이 EBP에서 부적절하게 평가절하되고 있다고 느낀다.

그 개념은 인과관계를 확인하려는 실험에 강조점을 둔다는 면에서 이해할 만하지만, 모든 EBP 질문이 인관관계 규명과 관련된 것은 아니다. 이 장의 앞에서 언급한 바와 같이, 어떤 의문은 "내 클라이언트의 사례와 어떠한 관련이 있는가?"를 질문하고 있다. 그와 같은 질문의 경우, 질적 연구가 실험연구보다 더욱 강조된다. 예를 들어 노숙인은 어떠한 사람들인지, 왜 많은 노숙인이 보호소에서 자기를 거부하는지 이해하려고 한다면, 새롭고 깊은 통찰을 얻을 수 있는 최선의 방법은 노숙인들과 개방된 심층 인터뷰 같은 질적 방법을 활용한 연구, 혹은 그들과 같이 밖에서 지내면서 노숙인에 대한 현상을 관찰하고 주관적으로 경험해봄으로써 얻을 수 있을 것이다.

증거가 부족하다. 증거기반 실천에 대한 또 다른 비판은 많은 사회복지 치료영역과 인구집단에 대한 실천을 지도할 만한 양질의 연구가 충분하지 않다는 것이다. 이 주장이 어느 정도는 사실이지만, 양질의 연구는 점점 증가하고 있다. 증거기반 실천의 지지자들은 양질의 연구가 부족하다는 것은 증거기반 연구에 대한 논거라기보다는 연구 부족 자체에 대한 논거라고 주장함으로써 이 비판에 반박한다. 만약 실천가들이 거의 혹은 전혀 증거에 근거하지 않고 결정을 내린다면 '조심스럽게 실천을 해야 하며, 심지어 결과를 체크하는 데 더 신중해야 함'은 너무도 당연한 일이라는 것이다(Mullen & Streiner, 2004, p. 115).

또 다른 반론은 클라이언트를 도울 최선의 방법을 발견하고자 안 해본 일이 없을 때 당신이 느낄 수 있는 불편한 심기에 대한 것이다. 당신이 찾고자 하는 증거가 없을 수도 있다. 당신이 계획하고 있는 방법이 클라이언트를 돕는 최선인지 아닌지를 처음에 깊이 살펴보지 않고서 개입을 진행하는 반대 경우를 상상해보라. 예를 들어, 당신이 지금 의사에게 치료를 받고 있다고 가정해보자. 그런데 그 의사가 존재하지 않을 수도 있는 증거를 찾아서 자신의 시간을 낭비하고 싶지 않기 때문에 자신이 당신에게 처방하는 것이 최선인지 여부를 확인하는 번거로움을 원치 않는다고 말한다고 상상해보라.

게다가 이론적으로는 견고해 보이고 심지어 유행하기도 하는 몇몇 개입은 실제로 해를 끼친다(1장에서 논의한 바와 같이). 만약 당신이 해를 끼치는 개입을 제공했는데 그 개입에 대한 연구를 검토했어야 한다는 사실을 나중에 발견하게 되었다면 어떤 느낌이 들지 상상해보라. 당신은 클라이언트에게 해를 끼치지 않을 수도 있었다.

치료관계가 훼손될 수 있다. 치료 매뉴얼을 엄격하게 고집할 경우 관계의 설정에서 전문가의 전문성과 경험을 발휘하는 데 있어 실천가의 융통성을 제한할 수 있고, 결과적으로 치료적인 협조를 해치고 더 나쁜 치료결과를 야기할 수 있다고 주장하는 사람도 있다(Reed, 2006; Messer, 2006; Westen, 2006; Zlotnik & Galambos, 2004). 게다가 RCT는 통상 표준화된 개입만을 평가해왔다. 그러므로 증거기반 실천은 사회복지사가 일상의 실천에서 전형적으로 직면하는 클라이언트와는 상이한 클라이언트와 주로 연관되어 있을 뿐만 아니라, 일상적인 사회복지 실천과 부합하지 않는(아마도 훼손하는) 자세한 설명서 유형의 절차를 사용하는 것으로 간주되었다. 그렇지만 EBP 옹호자들은 이러한 반대가 EBP의 정의가 EBP 과정에서 임상 전문성의 통합을 강조하고 있음을 무시하는 것이라고 일축한다(그림 2-1과 'EBP 과정에서의 EST 사례' 글상자에서 보이듯). 게다가 이러한 반대 의견은 치료 매뉴얼이 전형적으로 치료의 일부로서 치료관계를 강조하고 있다는 사실을 간과하고 있다. 개입이 효과적이기 위해서는 강력한 치료관계의 맥락 속에서 제공되어야 함을 독자들에게 경고한다(실제로 우리가 살펴본 거의 모든 증거기반 실천 매뉴얼은 이를 강조하고 있었다).

공통요인과 도도새

만약 당신의 EBP 질문이 최선의 효과를 보여줄 개입방법을 선택하는 일과 연관되어 있을 때 개입의 결과는 단순히 최선의 개입방식을 선택하는 것뿐만 아니라 개입의 여타 요인들에 의해서도 영향을 받는다는 점을 명심해야 한다. 예를 들어 우리는 위에서 치료관계의 중요성에 대해 언급했으며, 증거기반 개입이 효과적이기 위해서는 치료관계에 주목해야 함을 인정했다. 따라서 개입 실천은 강한 치료적 협력의 맥락 속에서 제공되어야 한다. 연구들은 지속적으로 치료 전반에 걸쳐 치료적 협력관계와 치료결과에 영향을 미칠 수 있는 실천가와 치료의 공통적 특성을 밝혀왔다(Hubble, Duncan, & Miller, 2009). 비록 이러한 공통요소에 대한 경험적 문헌들은 여전히 진전 중이지만, 엄정한 연구에 의해 치료결과에 분명한 영향을 미치는 것으로 지지를 받고 있는 실천가와 치료의 특성은 존재한다.

- 정확한 감정이입
- 따뜻함

- 긍정적인 관심
- 희망 일구기
- 클라이언트의 변화 단계에 적절한 치료

이러한 공통요소의 중요성을 지지하는 연구들은 EBP에 관심을 가진 실천가들에게는 필수 요소로 간주되어야 한다. 다시 말해, 만약 당신이 조사의 증거에 기반해 실천의 효과를 극대화하고자 한다면 단지 개입의 방법에 대한 증거뿐만 아니라 이러한 공통요소들에 대한 증거 또한 고려해야 한다는 뜻이다. 게다가 최선의 증거를 가진 공통요소들을 다루는 기술 또한 극대화할 수 있도록 노력해야 한다. 그러므로 이러한 공통요소를 개발하고 향상시키기 위한 과목의 학습은 다양한 문제를 지닌 여러 종류의 사람들에게 효과적인 개입방법과 EBP를 학습하는 데 있어 핵심적인 부분이다.

그렇지만 EBP를 비판하는 사람들은 이러한 공통요소의 중요성이 EBP의 중요성을 감소시킨다고 본다. 치료관계의 질이 제공되는 특정 치료보다도 치료의 결과에 더욱 큰 영향을 미친다는 연구결과를 인용하면서 치료방법의 선택은 별로 중요하지 않다고 간주하기도 한다. 실제로 좋은 관계 기술을 가진 실천가에 의해 제공되기만 한다면 어떠한 개입방법도 똑같이 효과적이라고 주장되기도 한다(Wampold, 2001). 이 논쟁은 '도도새 판정'이라고 알려져 있는데, 그 이유는 이상한 나라의 앨리스에서 경주가 끝난 후 도도새가 "모든 사람이 승리했기 때문에 모든 사람이 상을 받아야 한다."라고 판정을 했기 때문이다(Luborsky, 1975).

그렇지만 다른 사람들은 그러한 판정을 지지하는 연구에 사용된 방법론의 오류를 들거나 가장 큰 영향력을 가진 실천방법을 실제로 발견한 연구들을 제시하면서 도도새 판정에 대해 반론을 제기했다(Beutler, 2002; Craighead, Sheets, & Bjorness, 2005; Lilienfeld, 2007). 또한 그들은 관계요인이 개입방법보다도 결과에 더 큰 영향을 미친다 하더라도 이것이 개입방법의 선택이 중요하지 않다는 뜻은 아니라고 주장한다. 그들은 어떻게 둘 다 중요하지 않을 수 있겠느냐고 반문하고 있다. 더군다나 EBP 과정 자체가 둘 다를 강조하고 있으며, 많은 증거기반 개입의 매뉴얼 역시 둘 다를 강조한다.

우리는 관계요인과 치료기법 가운데 어떤 것이 치료의 결과에 더 큰 영향을 미치는가에 대한 논쟁에서 어느 한 쪽의 편을 들려는 것은 아니다. 그렇지만 개입방법에 대한 선택이 치료의 결과에 아무런 의미 있는 영향을 주지 못한다는 것을 보여주는 방식으로 논쟁이 진행되고 있는 이상, 도도새 판정은 잘못된 이분법이라고 제안하고 싶다. 즉, 비록 관계요인이 더 큰 영향력을 갖고 있다 하더라도, 개입방법의 선택이 관계요인의 효과에 의미 있는 방식으로 그 영향력을 더할 수 있는 한, 이것이 EBP 과정에 반하는 결정적인 논쟁은 아닌 것이다.

현실 실천에서의 EBP 구현 장애요소

아마도 EBP와 관련해 가장 문제가 되는 논쟁은 그 바람직성과는 아무런 관련이 없으며 EBP 옹호자들마저도 힘들어하는 것으로, 매일의 현실 실천에서 EBP의 구현을 방해하는 요소들과 연관되어 있다. 사회복지사들은 흔히 상사가 EBP를 이해하지 못하거나 혹은 그 가치를 알지 못할 경우 또 EBP를 수행하기에(특히 증거를 발견하는 데 있어 상향식 접근을 취할 경우(앞서 이 장에서 논의한 바와 같이)) 충분한 시간이 주어지지 않는 상황에서 일하기도 한다. 심지어 EBP의 가치를 인정하는 상황에서도, EBP를 효율적이면서도 적절하게 수행하는 데 필요한 시간이나 훈련, 출간, 인터넷 자료나 검색엔진에 대한 접근 등과 같은 자원이 충분하지 않을 수 있다.

비록 몇몇 EBP 지도자들이 기관들에 존재하는 이러한 장애요인들을 극복하려는 전략을 형성하고 시범적으로 검증하고 있지만, 그 진전은 험난하다. 예를 들어 심지어 연구를 발견하고 평가하는 것이(다시 말해 EBP 과정을 수행하는 것이) 가능하다 할지라도, 기관이 최선의 연구가 지지하는 개입방법을 효과적으로 제공하는 데 필요한 훈련이나 슈퍼비전 비용을 감당하지 못할 수 있다.

EBP 실현의 장애요소 경감하기

실현 가능성이 EPB가 직면하는 가장 힘든 도전임을 인정하면서 EBP 옹호자들은 EPB의 실현 가능성을 높이는 다양한 방법을 제안하고 있다(Rubin, 2010). 한 가지 방법은 기관 내의 실천팀이 EBP 업무를 분담하는 것이다. 팀은 한 번에 하나의 EBP 질문에 집중하고, 각 질문은 기관의 공통적인 클라이언트와 문제를 다룬다. 각각의 팀 구성원들은 전체 과정 가운데 하나의 단계를 수행한다. 기관에 중요한 한 가지 EBP 질문에 필요한 과정을 완수한 이후에 팀은 계속해서 업무를 수행해나간다. 학생 인턴을 보유한 기관의 경우 이러한 과업은 더욱 실현 가능할 것이다. 인턴이 자신의 현장실습 과제로 그 과정을 수행할 수 있으며, 이는 기관의 실무자가 EBP 자체를 학습하는 동안 실무자의 부담을 분산해줄 수 있다. 게다가 학생은 아마도 자신의 학교 도서관에서 인터넷 문헌자료에 접근할 수 있을 것이다. 만약 학생이나 기관의 실무자에게 접근이 허용되지 않을 경우 Medline처럼 정부에서 제공되는 무료 데이터베이스가 또 다른 선택이 될 수 있다. 또한 도시지역에 있는 기관의 경우 학생이나 실무자는 지역의 공공 도서관을 통해 인터넷 문헌자료에 무료로 접근할 수 있다.

멀린 Mullen과 동료들(2007)은 EBP 훈련을 현재 존재하는 기관의 서비스 훈련에 포함함으로써 실무자들의 부담을 완화할 수 있다고 제안한다. 또한 그들은 대학의 사회복지학과가 기관 실무자들을 위한 교육을 수행해야 하며, 실습 담당자에게 EBP 훈련을 제공해야 한다고 주장한다. 그러한 교육에 대해 보수교육 학점을 부여한다면 좋은 동기부여가 될 것이다.

당신의 사회경력 중에, 다른 어떤 때보다 EBP에 관여하기가 용이한 시기가 있을 것이다. 하지만 심지어 그러한 시기에도 많은 장애요인이 존재할 것이다. 우리는 당신이 연구조사의 증거에 근거해 실천과 관련된 결정을 내릴 수 있도록 최선을 다하기를 희망한다. 또한 이 책의 나머지 장들이 당신의 이러한 노력에 도움을 줄 수 있기를 희망한다.

주요 내용

- 증거기반 실천은 이용 가능한 최선의 연구결과에 비춰 실천을 결정하는 과정이다.
- 증거기반 실천모델은 실천가에게 특정한 실천결정을 담고 있는 자신의 실천경험과 독특한 환경에 대한 지식과 과학적 증거를 통합하도록 격려한다.
- 증거기반 실천은 클라이언트에게 어떤 개입을 제공할 것인지를 결정하는 것에 대해 주로 논의하긴 하지만, 어떻게 실천문제에 최선으로 접근할 것인지, 그리고 다른 수준의 실천에서 실천가가 내리는 결정에도 적용할 수 있다.
- 증거기반 실천은 비판적 사고, 문제 제기, 발견되지 않은 신념과 가정의 인식, 다른 사람이 실천지혜라고 일러주는 것을 지지하는 논리와 증거에 대한 독립적인 사고, 개인이나 가족, 집단 혹은 지역사회에 어떻게 개입할 것인가를 결정하는 데 이용 가능한 최선의 과학적 증거를 사용하는 것을 포함한다.
- 증거기반 실천가들은 증거를 자신의 실천과정에서 진행 중인 일부분으로 추적할 필요가 있다. 그들은 관련된 연구를 발견하는 방법과 그들이 발견한 연구의 타당성을 비판적으로 평가할 수 있도록 조사설계와 방법론을 이해하는 방법을 알아야 한다. 그들은 발견할 수 있는 최선의 증거에 근거해 행동을 취해야 하며, 증거에 기반을 둔 행위가 자신들이 달성하고자 하는 결과를 야기했는지 평가할 수 있는 연구방법론을 사용해야 한다.
- 심지어 증거에 기반한 지식 역시 좀 더 새롭고 좋은 연구가 더 나은 증거로 그것을 논박한다면 변경될 수 있다는 점을 고려할 때, 증거에 기반한 실천가가 된다는 건 평생학습과 연관되어 있음을 의미한다. 이는 새로운 증거를 찾고 평가해야 하는 필요성은 지속적인 과정, 즉 실천을 계속하는 한 '평생 지속되는' 부분임을 인식한다는 뜻이다.
- 증거기반 실천과정의 단계에는 질문의 형성, 증거의

탐색, 발견한 연구에 대한 비판적 평가, 어떤 증거기반 개입이 자신의 특정한 클라이언트에게 가장 적절한지에 대한 결정, 증거기반 개입의 적용, 평가과정과 피드백의 제공 등이 포함된다.

- 증거기반 실천에서의 질문은 개입에 대해 개방적이거나, 하나 혹은 몇 가지 개입을 미리 규정할 수 있다.
- 증거를 탐색하는 가장 편리한 방법은 구글 혹은 구글 스칼라 등 인기 있는 인터넷 검색엔진을 사용하는 것이다.
- 증거를 탐색할 때는 하향식 전략과 상향식 전략을 사용할 수 있다.
- 상향식 전력을 사용하면 형성된 실천질문에 관련된 증거를 제공할 수 있는 모든 출처를 찾을 가능성이 있는 문헌을 검색하게 된다. 그러면 각 출처에서 발견한 증거의 우수성을 읽고서 비판적으로 검토하고, 자신의 독특한 실천결정에 적용이 가능한지를 판단하고, 최종적으로 최선의 적용 가능한 증거라고 보이는 것에 근거해 행동방침을 선택하는 것이다.
- 하향식 전략을 사용하면 관련된 모든 연구를 찾고 평가하는 작업을 무에서 스스로 시작하는 대신에 다른 사람들이 이미 수행했거나, 실천적 지침을 제공하는 서적이나 체계적 검토 혹은 메타분석과 같은 출처에 보고된 증거기반 탐색결과에 의존하게 된다.
- 증거에 대한 평가에 도움이 되는 연구상의 위계가 개발되었다. 이 위계상의 최정점에는 다른 어떤 것이 아니라 특정 실천개입이 치료결과를 최대한 그럴듯하게 설명하는지를 평가하는 데 가장 견고한 설계를 가진 연구를 보고하고 평가하는 출처가 위치한다. 이런 설계를 무작위 임상실험(RCT)이라 한다.
- 비록 최선의 증거에 의해 지지되고 있는 개입이라도 반드시 모든 클라이언트와 상황에서 효과적인 것은 아니다. 어떤 인종집단의 구성원에게 효과적이라고 발견된 개입이 다른 인종의 클라이언트에게는 효과적이지 않을 수 있다. 가장 견고한 연구에 의해 지지를 받는 개입도 어떤 문화 혹은 개별적 클라이언트와 충돌을 일으킬 수 있는 절차를 포함한다.
- 모든 실천가가 증거기반 실천에 참여해야 한다는 요청에 대해 다양한 비판이 제기되고 있는데, 증거기반 모델의 지지자들은 대부분의 반대를 오해라고 규정한다.
- 사회복지사는 통상적으로 증거기반 실천과정을 효율적이면서 적절하게 수행하는 데 필요한 시간, 훈련, 출판물, 인터넷 데이터베이스와 검색엔진에 대한 접근성을 직원들에게 제공하기에는 자원이 불충분한 환경에서 활동하고 있다.
- 몇몇 치료의 공통 요소들은 치료 전반에 걸쳐 치료 효과에 영향을 미친다고 연구에 의해 지지되어 왔다. 비록 일부 연구자들은 EBP에 반하는 주장으로 공통 요소의 중요성을 강조하지만, EBP 옹호자 역시 이 주장에 대한 타당한 반대 주장을 제시할 수 있다.

연습문제

1. 자신의 아버지가 어머니를 심하게 구타하는 모습을 목격하고 행동장애와 정신적 외상 후 스트레스 장애 진단을 받은 여섯 살짜리 흑인 아동의 사례에 사용할 가장 효과적인 실천개입에 대한 결정을 이끌어낼 증거기반 실천질문을 형성하라.
2. 연습문제 1의 질문에 대답할 증거를 검색하는 과정에서 당신의 클라이언트가 지닌 특징과 부합하는 참여자를 가진 연구를 찾지 못했다고 가정해보라. 경험적으로 지지를 받고 있는 몇 가지 상이한 연구 중 어떤 것이 당신의 클라이언트에게 가장 효과적일 가능성이 높은지에 대한 결정을 이끌어낼 다양한 고려사항에 대해 논의해보라.
3. 연습문제 2에 대한 당신의 해답이 어떻게 증거기반 실천의 비판자들이 제기한 몇 가지 반대를 담고 있는지 논의하라.
4. 실습교과에서 당신이 배웠던 중요한 일반 관계 기술 가운데 가장 중요하다고 생각하는 것을 떠올려보고, 이들이 당신이 증거기반 실천가가 되는 데 있어 어떻

게 일부분이 되는지 토의해보라.

인터넷 연습문제

1. 증거기반 실천과정의 처음 두 단계에서 여러 가지 EBP 관련 사이트 링크를 찾을 수 있도록 http://www.lib.umich.edu/socwork/rescue/ebsw.html로 가라. 거기에서 당신이 찾은 것이 어떻게 EBP 과정의 처음 두 단계를 완수하는 데 도움이 될지 논의해보라.
2. 인터넷 연습문제 1의 사이트에서 당신이 발견한 추가적인 EBP 사이트 링크 중 적어도 두 가지가 어떻게 EBP 과정을 용이하게 하는지 간략하게 묘사해보라.
3. 구글 같은 인터넷 검색엔진을 이용해 당신이 관심을 가진 정책이나 실천개입에 대한 용어를 입력하라. 검색결과에서 더욱 흥미롭게 보이는 링크를 클릭해보라. 그 링크에서 무엇을 발견했으며, 그것이 검색용어에서 당신이 규정한 실천개입이나 정책에 대한 실천 결정을 이끌어낼 증거탐색을 얼마나 용이하게 만들지 간략하게 묘사해보라.
4. 구글 스칼라 혹은 이 장에서 언급한 다른 데이터베이스 서비스에 접근할 수 있다면, 그 서비스로 가서 당신이 관심을 가진 정책이나 실천개입에 관한 검색용어를 입력하라. 연구결과 중에서 더 관련 있어 보이는 몇 가지 문헌자료를 클릭하라. 각 자료에 어떤 증거 유형이 있는지, 이들이 검색용어에서 당신이 규정한 개입이나 정책에 대한 실천결정에 대해 어떤 함의를 갖고 있는지를 간략하게 요약해보라.
5. 1장의 마지막에서 한 것처럼 http://www.campbellcollaboration.org를 이용해 Campbell Collaboration의 웹사이트를 방문하여 당신이 관심을 가진 문제에 대한 개입의 효과성을 검토한 것들을 찾아라. 어떻게 하향식 검색전략을 보여주는 검토물에 의존할 수 있는지, 그와 같은 전략을 사용하는 것이 왜 상향식 검색전략을 사용하는 것보다 더욱 편리한지에 대해 논의하라.
6. '도도새 판정'과 '공통요인 심리치료'를 사용해 탐색해보라. 공통요인을 논의하는 자료나 도도새 판정에 찬성하거나 반대하는 사이트를 방문해보라. 당신이 읽은 것들이 EBP에 대한 당신의 전망에 어떠한 영향을 미칠지 간략하게 요약해보라.

추천도서

Corcoran, J. (2000). *Evidence-Based Social Work Practice with Families: A Lifespan Approach*. New York: Springer. 제목처럼 이 책은 그 효과성이 조사연구에 의해 지지를 받고 있는 가족치료를 소개하고 있다. 이 책은 아동복지 영역과 아울러 가족과 아동을 다루는 다른 영역에서 일하는 사회복지사에게도 매우 유용하다.

O'Hare, T. (2005). *Evidence-Based Practices for Social Workers: An Interdisciplinary Approach*. Chicago: Lyceum Books. 이 책에는 절차와 지도원칙, 증거기반 사정절차, 증거기반 실천을 다양한 유형의 임상 문제에 적용하는 것 등 증거기반 실천을 정의하는 장이 포함되어 있다.

Roberts, A. R., & Yeager, K. R. (Eds.). (2004). *Evidence-Based Practice Manual: Research and Outcome Measures in Health and Human Services*. New York: Oxford University Press. 이 책은 증거기반 실천에 대한 104개의 짤막한 장으로 구성되어 있다. 첫 번째 부분은 증거기반 실천의 절차와 비판점에 대한 개관을 제공하는 11개의 장으로 되어 있다. 두 번째 부분은 증거기반 실천을 이끌어낼 연구를 수행하는 데 필요한 재원을 얻는 것과 윤리적 쟁점에 관한 6개의 장을 포함한다. 세 번째 부분은 증거기반 실천의 다양한 관심, 예를 들어 다양한 임상적 문제에 효과적이라는 최선의 증거를 가진 개입 등에 관한 25개의 장이 있다. 나머지 부분은 공적 의료 문제의 만연, 증거기반 사정원칙과 기술, 프로그램 평가전략과 기타 주제에 관한 연구를 다루고 있다.

Roberts, A. R., & Yeager, K. R. (Eds.). (2006). *Foundations of Evidence-Based Social Work Practice*.

New York: Oxford University Press. 이 책은 로버트 Robert와 예거 Yeager의 증거기반 실천 매뉴얼의 요약판으로 사회복지에 더욱 초점을 두고 있다.

Rubin, A. (2008). *Practitioner's guide to using research for evidence-based practice*. Hoboken, NJ: Wiley. 이 책은 조사연구를 EBP 과정의 일부로 생각하고 활용하려는 실천가를 지향하는 지침을 제공한다. 실천가들은 이 책을 연구의 위계질서(제기되는 EBP 질문들에 달려 있는)상의 다양한 위치에 있는 연구들이 자신들의 실천을 이끌어나간다고 했을 경우 이들이 가진 받아들일 만한 방법론상의 연구한계와 치명적인 결점 간의 차이를 구별하는 데 활용할 수 있다.

Rubin, A., & Springer, D. W. (Eds.). (2010). *The Clinician's guide to evidence-based practice*. Hoboken, NJ: Wiely. 이 시리즈는 일상에 바쁜 임상가들이 증거기반 개입실천을 학습할 수 있도록 돕고자 한다. 시리즈를 구성하는 각각의 책은 연구 관점이 아니라 실천가를 위한 안내서다. 각 권은 실천가들에게 최선의 과학적 증거에 의해 지지되는 실천의 효과를 어떻게 제공할 수 있는지를 상세히 설명하는 풍부하고 깊은 내용을 담고 있다. 첫 번째 권의 제목은 『Treatment of Traumatized Adults and Children』이고, 두 번째 권은 『Substance Abuse Treatment for Youths and Adults』, 세 번째는 『Psychosocial Interventions for People Affected by Schizophrenia』이다.

Thyer, B. A., & Wodarski, J. S. (Eds.). (2007). *Social Work in Mental Health: An evidence-based approach*. Hoboken, NJ: Wiely. 이 개요서는 광범위한 정신건강장애를 개략적으로 설명하고 이 분야의 사회복지적 개입에 있어 증거기반 접근을 제공하는 23개의 장을 담고 있다.

활용 노트

EP 2.1.1e

EP 2.1.1e: 평생학습에 참여하기: 지식은 좀 더 새롭고 더 나은 연구가 등장하면 변할 수 있음을 인정한다면, 증거기반 실천가가 된다는 건 평생학습에 참여한다는 것을 의미한다.

EP 2.1.3

EP 2.1.3: 전문적 판단에 비판적 사고 활용하기: EBP 과정은 사회복지사가 실천지식과 관련해 비판적 사고를 하도록 요구한다.

EP 2.1.3a

EP 2.1.3a: 연구에 근거한 지식과 실천지혜를 포함한 지식의 다양한 출처를 구분, 평가, 통합하기: 증거기반 실천에 관여된 사회복지사는 자신의 독특한 실천 맥락과 부합하는 최선의 활동을 결정하는 데 있어 어떻게 연구에 기반한 지식을 발견하고 비판적으로 평가하는지 그리고 이를 다른 실천지식과 통합하는지를 알게 된다.

EP 2.1.6b

EP 2.1.6b: 실천에 유용한 연구증거를 활용하기: 사정 평가와 관련된 질적, 양적 그리고 혼합 방법(또한 연구과정)을 이해하면, 실천을 수행하는 데 있어 연구증거를 활용하는 사회복지사의 능력이 향상된다.

EP 2.1.10d

EP 2.1.10d: 클라이언트의 자료를 수집, 조직화하고 해석하기: EBP의 최종 단계는 선택한 개입방법이 그 목적을 달성할 수 있을지를 평가하기 위해 클라이언트의 자료를 수집하고 해석하는 것이다.

EP 2.1.10g

EP 2.1.10g: 적절한 개입전략을 선택하기: EBP 과정은 과학적 증거를 여타의 실천 지식들과 통합해 적절한 개입의 전략을 선택하는 것과 연관되어 있다.

EP 2.1.10m

EP 2.1.10m: 개입을 비판적으로 분석하고, 모니터링하고, 평가하기: EBP 과정의 단계들은 대안들에 대한 비판적 분석과 선택된 개입이 클라이언트에게 가장 잘 맞는지 여부를 평가하는 클라이언트의 자료 관찰에 기초해 개입방법을 선택하는 것과 관련되어 있다.

CHAPTER 3

사회복지 조사의 철학과 이론

Philosophy and Theory in Social Work Research

이 장의 학습내용

이 장에서는 사회복지 조사에 깔려 있는 철학적 쟁점을 고찰하려 한다. 이러한 쟁점에 대한 의견의 차이가 과학적 탐구에 대한 대조적이지만 가끔은 보완적인 접근들과 어떻게 연관되는지 살펴보겠다. 그리고 이론의 본질과 창출 그리고 이론과 조사연구의 관계에 대해서도 검토하겠다.

서론

1장에서는 일상적 탐구에서 흔히 저지를 수 있는 오류를 검토했다. 과학자도 자신의 탐구에서 이와 동일한 오류를 저지를 수 있으며, 과학이 이에 대해 완벽하게 보호해 주지 않는다는 점도 언급했다. 과학은 오류에 빠질 수 있을 뿐만 아니라, 과학자와 과학철학자도 과학의 철학적 기초에 대해 보편적인 의견일치를 보이고 있지 않다.

상이한 철학적 가정으로 인해 모든 사람이 과학을 수행하는 최선의 방법에 대해 동의하지는 않는다. 과학적 탐구의 한 가지 특징이 바로 과학에는 '신성불가침'이란 있을 수 없으며, 모든 것이 의문에 열려 있다는 것이다. 따라서 일부 학자는 대부분의 과학자가 오랫동안 신봉해온 특정한 과학적 방법에 의문을 제기해왔으며, 때때로 이를 거부해왔다. 어떤 주장이 이치에 닿는지를 둘러싸고 지속적 논쟁이 고조되고 있다. 논쟁의 핵심쟁점은 실재의 본질과 객관성의 추구에 대한 철학적 견해와 관련되어 있다. 논쟁의 한쪽 편에는 실재를 관찰하고 이해하는 우리의 탐구과정에서 객관성의 추구를 강조하는 사람들이 존재한다. 다른 한쪽에는 완전히 객관적이기란 불가능하기 때문에 객관성을 극대화하려는 건 심지어 무가치하다고 믿는 사람들이 존재한다. 일부 학자는 더 나아가 객관적 실재는 존재하지 않는다고 말한다. 따라서 우리가 할 수 있는 일은 개개인의 고유한 주관적 실재를 고찰하는 것뿐이라고 주장한다. 예를 들어, 2장의 마무리에서 일부학자들이 증거기반 실천을 반대하는 이유가 증거를 평가하면서 객관성을 과도하게 강조하기 때문이라고 언급한 바 있다.

과학에서 객관성에 대한 논쟁을 검토할 때 명심해야 할 사항은 만일 과학적 방법의 특징이 자신에 대한 의문을 허용하지 않는 '신성불가침'으로 그려진다면 과학적 방법은 그 자체가 모순적일 수 있다는 것이다. 만약 과학적 방법이 하나의 폐쇄된 신념체계로서 문제 제기에 개방되어 있지 않다면, 이는 하나의 **이데올로기**(ideology)로 불릴 것이다. 그렇다면 과학적 방법의 철학적 기초를 살펴보기 위한 기반으로 이데올로기의 본질을 간략히 검토해보자.

이데올로기

이데올로기는 그것을 믿는 사람들의 이해와 행위를 모양짓는 신념과 가치의 폐쇄체계다. 그 가정은 확고하고 강력하며 문제 제기에 개방적이지 않다. 이데올로기는 신봉자라고 불리는, 즉 자신을 믿는 사람들에게 절대적 확신을 제공하며 반박증거에 전혀 영향을 받지 않는다. 신봉자들은 자신이 옳다는 것을 '알고 있으며', 사실들로부터의 혼란을 느끼고 싶어 하지 않는다. 그들은 자신의 신념체계를 반박증거로부터 보호하기 위해 과도한 일반화, 선별적 관찰, 사후소급가설화, 섣부른 탐구종료 등 1장에서 논의한 몇 가지 오류를 통상적으로 저지른다. 당신의 비판적 사고가 아무리 날카롭다 해도, 증거기반이 아무리 견고하다 해도, 신봉자들의 닫힌 마음을 변화시키는 데는 어려움이 따른다.

이데올로기는 여러 가지 형태로 나타난다. 예를 들어, 케이블 TV에서 진행되는 정치 토크쇼에서 정치적 신봉자들이 자신이 반대하는 정치적 이데올로기를 타도하려고 애쓰는 모습을 볼 수 있다. 또한 확고한 여권주의자나 종교적 확신을 가지고 낙태나 줄기세포연구 등의 윤리적 쟁점에 대해 찬성하거나 반대하는 사람들이 반대자의 관점이 옳을 수 있다는 가능성을 전혀 고려하지 않는 모습도 볼 수 있다. 학술적 논쟁이나 사회복지에 관한 토론에서도 이데올로기 신봉자를 볼 수 있다. 만약 우리가 과학적 방법이 결코 의심되거나 수정되지 않는다고 주장한다면 우리도 이데올로기 신봉자다. 한 명은 마르크스주의자이고 다른 한 명은 보수주의자인 두 명의 사회정책 교수는 사회적으로 보수적인 복지개혁정책을 열렬히 비판하거나 지지할 것이며, 학생들이 그 주제에 대한 자신의 관점을 의문시하는 증거를 인용하도록 허락하지 않을 것이다(아마 그렇게 하는 학생들의 학점을 깎는 것으로). 그렇다면 그들은 이데올로기 신봉자다. 어떤 사회복지 실천 교수가 오직 정신분석적 접근만 가르치면서 사회복지사가 다루는 많은 문제에 대해 다른 접근법이 더욱 효과적일 수 있다는 증거를 전혀 고려하지 않으려고 한다면, 그는 이데올로기 신봉자다. 당신 동료가 종교적 근거에서 동성애는 죄악이며 따라서 사회복지사는 게이와 레즈비언을 설득해 양성애자로 만들어야 한다는 자신의 주장에 대한 문제 제기를 거부한다면 그 또한 이데올로기 신봉자다.

우리는 자신이 가진 어떤 신념에 대해서는 이데올로기적이지만 다른 어떤 것에서는 아닐 수 있다. 정신분석 교수와 복음주의 보수파 동료는 복지개혁의 이롭거나 해로운 영향을 연구하는 데 개방적으로 접근하는 등 전혀 이데올로기적이지 않을 수 있다. 학자들은 과학적 방법이나 증거기반 실천의 특정 측면에 대해 논쟁할 때 이데올로기 신봉자가 되지 않으려고 노력하긴 하지만, 그들의 입장은 이따금 이데올로기적으로 보일 수도 있다. 이제 그 논쟁을 살펴보자.

패러다임

과학적 방법에 대한 논쟁은 흔히 패러다임 간의 경쟁에 그 기초를 두고 있다. **패러다임**(paradigm)이란 무언가에 대해 우리의 관점을 조직하는 근본 모델 혹은 도식(scheme)이다. 패러다임이 중요한 질문에 대해 반드시 대답을 해주지는 않지만, 우리가 어디에서 해답을 찾아야 할지에 대해서는 이야기해줄 수 있다. 반복적으로 살펴보면, 당신이 어디서 해답을 찾을지가 사실 대답의 대부분을 결정하게 된다. 비록 패러다임이 이데올로기와 유사점을 공유하고 있으며, 어떤 사람은 자신이 신봉하는 특정한 패러다임에 대해 다소 이데올로기적으로 의견을 개진하기도 하지만, 패러다임은 이데올로기보다는 질문과 수정에 좀 더 개방적이라고 간주된다.

우리는 자연스럽게 한 가지 이상의 방식으로 사물을 조직화하고 이해한다. 상이한 관점은 상이한 설명을 낳을 가능성이 높다. 정서적으로 학대받은 아내들을 위한 일을 시작한 두 사람이 있다고 생각해보라. 한 사람은 여권주의자이고, 다른 한 사람은 전통적인 가족의 가치에 대해 우파 보수주의적 기독교 관점을 가졌다. 두 사람은 실천에서 상이한 설명을 전개해나가고 상이한 실천모델을 선택할 것이다. 특히 학대를 해결하는 과정에서 아내가 자신의 남편을 떠나도록 격려해주어야 하는지, 아니면 결혼생활을 유지하기 위해 남편과 함께 치료에 참가해야 하는지를 결정할 때는 더욱 그렇다.

실천모델이나 이론을 창출할 때 완전히 깨끗한 백지 상태에서 시작하는 사람은 아무도 없다. 이론을 구축하는 벽돌 같은 개념은 무에서 만들어지는 게 아니다. 예를 들어, 당신이 청소년비행을 연구주제로 제안할 때는 이미 그 주제에 대한 암묵적 생각을 갖고 있는 것이다. 그래서 청소년비행이론과 관련이 있을 것 같은 개념을 나열해보라고 요청을 받으면 아마 충분히 몇 가지를 제시할 수 있을 것이다. 따라서 당신은 이미 청소년비행에 대한 일반적 관점이나 준거틀을 가졌다고 말할 수 있다.

토머스 쿤 Thomas Kuhn(1970)은 패러다임이란 의미를 탐색할 때 과학을 특징짓는 근본적 관점이라고 언급했다. 우리는 때때로 과학을 시간과 함께 점진적으로 발전하면서 중요한 발견과 발명에 의해 구분되는 것으로 생각하지만, 쿤은 하나의 패러다임이 어떤 실질적 변화에 저항하면서 굳어지는 것이 전형적이라고 언급했다. 그러나 그 패러다임의 결점이 점점 명백해지면서 새로운 패러다임이 등장해 과거의 것을 대체하게 된다. 따라서 태양이 지구 주위를 돌고 있다는 관점은 지구가 태양 주위를 돌고 있다는 관점으로 대체된다. 이 주제에 대한 쿤의 고전적 저서 『과학혁명의 구조(The Structure of Scientific Revolutions)』는 적절하게 제목이 붙여진 것으로 보인다.

사회과학자들은 사회적 행위를 이해하는 데 활용할 수 있는 몇 가지 패러다임을 개발해왔다. 그러나 사회과학에서 대체된 패러다임은 자연과학에서 쿤이 관찰한 것과는 사뭇 다른 운명을 가졌다. 자연과학자들은 일반적으로 하나의 패러다임에서 다른 패러다임으로의 승계는 그릇된 관점에서 진정한 관점으로의 진보를 표현한다고 믿는다. 예를 들어, 태양이 지구 주위를 돌고 있다고 믿는 천문학자는 이제 아무도 없다.

반면에 사회과학에서 패러다임은 인기를 얻기도 하고 잃기도 하지만 좀처럼 폐기되지는 않는다. 사회복지 실천모델과 비슷하게 사회과학의 패러다임은 다양한 관점을 제공하며, 각 패러다임은 다른 패러다임에서 결여된 통찰력을 갖기도 하지만 다른 패러다임이 드러내는 사회적 삶의 측면을 무시하기도 한다. 때때로 사회과학에서의 상이한 패러다임은 실재의 본질이 무엇인지 그리고 그것은 어떻게 관찰할 수 있는지와 관련하여 경쟁하는 상이한 과학적 입장을 반영하고 있다. 그렇다면 실재의 본질에 대한 전통적인 과학적 방법의 기본 가정을 의문시하는 한 가지 다른 경쟁 입장에 대한 검토로써 우리의 논의를 시작해보자.

포스트모더니즘

철학자들은 때때로 대부분의 사람이 일상적인 삶 속에서 살아가는 방식을 묘사하기 위해 **소박한 실재론**(naive realism)이라는 용어를 사용한다. 글을 쓰려고 책상 앞에 앉았을 때 책상이 '실제로는' 대부분 텅 빈 공간인 원자들로 구성되었다는 것에 대해 생각하느라 많은 시간을 보내지는 않을 것이다. 거리에서 시내버스가 당신에게 돌진하고 있을 때는 그 버스가 실제로 존재하는지를 검증할 방법에 대해 생각하기에 적당한 시점이 아니다. 우리는 무엇이 실재인지는 꽤 명확하다는 관점을 갖고 살아가면서 하루하루를 보낸다.

그러나 몇몇 철학적 관점은 '실재'의 본질을 우리가 일상적으로 가정하는 것보다 훨씬 복잡하게 바라본다. 예를 들어 실재에 대한 **포스트모더니즘**(postmodernism) 패러다임은 객관적 실재라는 개념, 진리에 대한 객관적 기준, 과학적 방법과 관련된 논리적 추론 등을 거부한다. 포스트모던주의자에게는 외부세계와 우리 마음속에 있는 것 사이의 구분이 없기 때문에 진리에 대한 객관적 기준이란 존재하지 않는다. 모든 것이 주관적이다. 즉, 실재에 대한 어떤 관점도 여타의 관점보다 우월하지 않다.

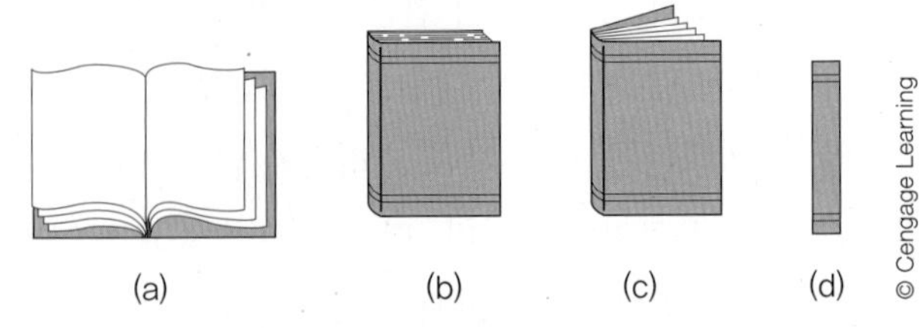

그림 3-1 책이 실제로 어떻게 보일까?

얼핏 생각해보면 포스트모던주의가 매우 기괴하게 보이기도 하지만, 여기에는 어떤 반어법적 불가피성(ironic inevitability)이 내포되어 있다. 잠시 당신이 읽고 있는 책을 살펴보자. 특히 그 책이 어떻게 보이는지 살펴보라. 지금 글을 읽고 있기 때문에 아마 그림 3-1(a)와 같이 보일 것이다. 그러나 그림 3-1(a)가 그 책이 '실제로' 보이는 대로 재현하고 있을까? 아니면 단지 당신의 현재 관점에서 보이는 것을 재현하는 것일까? 확실히 그림 3-1의 (b), (c), (d)는 똑같이 타당한 재현이다. 그러나 이런 책의 모습은 서로 너무 다르다. 그렇다면 어떤 것이 '실재'인가?

이 사례가 보여주는 것처럼 책에 대해 상이한 관점을 가진 각기 다른 사람들은 "그 책이 실제로 어떻게 보이는가?"라는 질문에 대해 상이한 대답을 내놓을 수 있다. 전통적인 과학자들은 특정한 관찰점을 지정함으로써(예를 들어, 책상 위에 뉘여 놓고 이 페이지를 열어보면) 그 질문에 대해 객관적인 대답을 발견할 수 있다고 주장하긴 하지만, 포스트모더니즘적인 시각은 '책'이란 것이 실제로 존재할 수 없으며 오직 다양한 관점에서 보이는 다양한 이미지만 있을 뿐이라고 주장한다. 그리고 모든 상이한 이미지는 동등하게 '진실한' 것이다. 이제 이런 주장을 사회적 상황에 적용해보자.

남편과 아내가 다투는 모습을 상상해보라. 그림 3-2(a)는 다툼에 대한 아내의 관점을 보여준다. 만약 당신이 이 그림 속의 여성이라면 어떻게 느끼고 생각할지 잠시 상상해보라. 나중에 외부인(아마 당신의 가장 친한 친구)에게 이 상황을 어떻게 설명할 것인가? 당신이 이 상황 속의 여성이라면 이 갈등에 대해 어떤 해결책이 필요하며, 또

그림 3-2 실재에 대한 두 가지 주관적 관점

(a)

(b)

© Cengage Learning

가장 적절할 것 같은가? 당신도 이와 비슷한 상황에 처한 적이 있을 것이다. 그리고 그 사건에 대한 당신의 기억이 이 질문에 대한 해답을 구하는 데 도움이 될 것이다.

자, 이제 이야기를 극적으로 바꿔보자. 이 여성의 남편이 보는 것은 그림 3-2(b)처럼 완전히 다른 문제다. 그의 관점에서 이 상황에 대한 경험을 상상해보라. 어떤 생각과 느낌이 드는가? 당신의 가장 친한 친구에게 이 일을 어떻게 이야기할 것인가? 이 갈등에는 어떤 해결책이 가장 적절해 보이는가?

이제 제3의 관점을 고려해보자. 당신이 아내와 남편 간의 상호작용을 바라보고 있는 외부 관찰자라고 가정하자. 이제 어떻게 보이는가? 불행하게도 우리는 '외부' 관찰자로서 자신이 가진 문제에 대한 개인적 느낌, 신념, 과거 경험 등에 관한 것을 자세히 알지 못하고서는 제3의 관점을 쉽게 보여줄 수 없다(우리가 당신을 외부 관찰자라고 부르고 있을지라도 물론 당신은 당신 자신의 내적 정신세계에서 관찰하는 것이다).

극단적인 예를 들어 당신이 확고한 남성우월주의자라면, 아마 남편이 바라보는 것과 매우 동일한 방식으로 그 다툼을 바라볼 것이다. 반면에 남자들이란 통상 비합리적인 사람이라는 관점을 신봉한다면 아내가 보는 것과 같은 식으로 이 상황을 바라볼 것이다.

그러나 다음과 같은 점을 고려해보라. 이 상황에서 두 명의 비논리적인 사람이 비합리적으로 다투고 있다고 상상해보라. 두 사람 중 그 누구도 자부심을 느낄 만한 식으로 행동하고 있지 않다. 두 사람 모두 그 갈등에 책임이 있다는 느낌을 당신도 받을 수 있는가? 아니면 인간적으로 어려운 상황에 직면한 두 사람이 그것을 해결하기 위해 각자 최선을 다하고 있다고 상상해보라. 그들에게 연민이 일어나는가? 비록 문제의 심각성 때문에 그들이 계속 싸우기는 하지만, 두 사람이 이따금 상황을 진정시켜가면서 적대감을 없애려는 시도를 하고 있음을 주목해보라.

각자의 관점이 얼마나 다른지 주의해서 살펴보라. 어떤 것이 아내와 남편 사이에 발생하고 있는 일에 대한 '진실한' 묘사인가? 관찰이라는 과업을 수행할 때 당신이 짊어지고 온 개인적 짐이 현재 일어나는 일에 대한 당신의 인지를 방해할 수 있다는 사실을 알아차렸다면 당신은 성공한 셈이다. 이러한 측면을 인식하면서 포스트모더니즘의 시각은 어떠한 객관적 실재도 관찰될 수 없으며, 오직 우리의 상이한 주관적 관점만이 존재할 뿐이라고 본다.

현대 실증주의

우리 모두는 자신의 주관적 실재만을 가질 뿐이라는 인식은 전통적인 과학적 입장을 견지하는 연구자들에게 심각한 딜레마를 야기한다. 비록 그들의 과업이 '실제로' 일어나는 일을 관찰하고 이해하는 것이지만, 우리 모두는 인간이다. 즉, 인간으로서 우리는 관찰하는 것과 그것을 설명하는 방식에 영향을 줄 수 있는 개인적 지향을 갖고 있다. 궁극적으로 세상을 '실제' 존재하는 대로 바라보고 이해할 수 있을 만큼 당신의 인간성으로부터 완전히 벗어날 수 있는 방법은 없다.

이런 딜레마를 사회복지 실천에 적용해보자. 아내 구타를 신고한 사례에서 막상 부부가 그 사실을 부정하는 경우에 직면했다고 가정해보라(나는/그녀는 단순히 계단에서 미끄러져 굴러 떨어졌어요. 그게 얼굴과 다른 부위에 상처가 생긴 이유예요). 배우자 모두 격리감금이라는 결과를 두려워하고 있는지도 모른다. 아내가 처음으로 학대를 신고했지만 지금은 그녀의 남편이 신고를 철회하지 않으면 보복하겠다고 위협해서 생명의 안위를 걱정하고 있을 수도 있다.

포스트모더니즘적 시각을 취한다면 실제로 무슨 일이 일어났는가라는 질문에 대한 객관적인 해답은 없다고 결론지을 것이다. 그럼에도 당신은 증거에 대해 합의된 판단기준 내에서 역할을 수행하고, 아내를 쉼터로 보내는 것과 같은 실행 가능한 결론과 행동에 도달할 수 있다. 그러나 전통적인 과학적 관점을 취한다면 비록 각 배우자가 실재에 대해 자신들의 고유한 주관적 관점을 가졌을지라도, 혹은 아내가 자신의 관점에 대한 보고를 변경할지라도, 또는 상황에 대한 조사가 당신 자신의 경험에 영향을 받을지라도, 아내 구타가 발생했고 아내가 보호받아야 할 필요(예를 들어 쉼터에서)가 있는지에 대해 객관적인 확인이 가능하다고 인정할 것이다.

이러한 후자의 관점은 **현대 실증주의**(contemporary positivism) 패러다임을 반영하는 것이다. 현대 실증주의 관점을 취하는 경우에도 당신은 전적으로 객관적인 것과 발생한 것을 정확하게 확신을 갖고 알아내는 일은 실제로 불가능하다는 포스트모던주의자의 관점에는 동의할 수 있다. 그럼에도 무엇이 실제로 발생했는가라는 질문에 대한 객관적인 해답이 있으며, 질문에 대한 대답의 정확성을 극대화할 수 있도록 가능한 한 객관적으로 조사하는 것이 가치가 있다는 사실을 신봉할 수 있다. 그러므로 궁극적인 실재라는 점에서 보면 실증주의적, 과학적 관점과 포스트모더니즘적 관점이 근본적으로는 상이하긴 하지만, 당면한 인간사에 대해 반드시 상이한 행위를 도출하는 건 아니다.

그렇지만 실증주의가 언제나 현대적인 모습이었던 것은 아니다. **실증주의**라는 용어는 프랑스 철학자 오귀스트 콩트 Auguste Comte(1798~1857)가 만든 것이다. 콩트 이전의 사회는 단순히 존재할 뿐이었다. 사람들이 비록 상이한 종류의 사회가 존재하고 시간이 지나면서 사회가 변화한다는 사실은 인식해왔지만 일반적으로 종교적 패러다임이 그와 같은 상이함에 대한 설명을 지배했다. 사회 상태는 종종 신의 의지의 반영이나 표현으로 간주되었다. 사람들은 죄악과 무신론을 대체하기 위해 지상에서 '천국(city of God)'을 건설할 것을 요구받았다.

콩트는 그의 연구를 종교에서 분리했다. 그는 종교적 믿음을 과학적 객관성으로 대체함으로써(지식을 믿음보다는 오감을 통한 관찰에 근거를 둠으로써) 사회를 과학적으로 연구할 수 있다고 생각했다. 콩트는 사회를 논리적이고 합리적으로 이해할 수 있으며, 생물학이나 물리학처럼 과학적으로 연구할 수 있다고 보았다. 콩트의 관점은 사회과학이 지속적으로 발전할 수 있는 근본적 토대를 형성했다. 미래에 대한 그의 낙관주의 때문에 이런 과학적 접근을 묘사하기 위해 **실증주의**라는 용어를 만들었다. 이는 계몽운동의 과정에서 부정적 요소라고 그가 간주했던 것들과는 대조적이다.

콩트의 시대 이래로 과학의 성장과 미신의 상대적 감소, 관료적 구조의 성장 등 모든 것이 우리 삶의 중심에 더 많은 과학성을 부여하고 있는 것처럼 보인다. 그러나 합리성이 대부분의 사람에게 근본적인 것만큼이나 현대의 일부 학자는 그에 대해 의문을 제기하고 있다. 예를 들어, 인간이 항상 합리적으로 행동할 수는 없다는 것이다. 당신의 경험으로부터 이에 대한 풍부한 사례를 발견할 수 있다. 그러나 수많은 현대 경제학 모델은 근본적으로 인간이 경제영역에서 합리적 선택을 내릴 것이라고 가정한다. 즉, 보수가 가장 높은 직업을 선택하고, 가장 낮은 가격으로 비용을 치르리라는 것이다. 이는 인간 행위를 결정하는 데 있어 이성과 경쟁하고 있는 전통, 충성심, 이미지, 기타 여러 가지 특성이 지닌 힘을 무시하는 것이다.

더욱 정교한 실증주의인 현대 실증주의는 심지어 '비합리적인' 인간 행위도 합리적으로 이해할 수 있다고 주장한다. 여기에 한 가지 사례가 있다. 유명한 애시 실험(Asch, 1958)에서, 실험대상 집단에게 몇 개의 선이 그려진 화면을 보여주면서 길이가 같은 두 선을 찾아보라고 요구했다. 당신이 실험대상자라면 주어진 선들 중에서 매우 명확하게 정답을 발견할 수 있을 것이다. 그러나 놀랍게도 다른 실험대상자들은 틀린 답에 동의하는 모습을 발견할 수 있었다!

사실 당신이 그 실험의 유일한 실제 실험대상자였다. 즉, 다른 사람들은 연구자와 함께 일하는 사람들이었다. 이 실험의 목적은 당신이 혹시 대중의 압력에 좌우되어 잘못된 답에 동조하는지를 살피는 데 있었다. 애시는 초기 실험의 3분의 1에서 연구대상자들이 그처럼 행동하는 모습을 발견했다.

이와 같이 대중의 압력에 굴복하는 것은 비합리적인 행위의 한 가지 예다. 그럼에도 그런 행위가 여전히 과학적이고 합리적으로 연구될 수 있다는 사실에 주목하라. 실험가들은 더 많은 수 혹은 더 적은 수의 연구대상자에게 틀린 해답에 대해 찬성을 이끌어내는 다양한 상황을 고찰해왔다.

나아가 현대 실증주의자들은 과학에 대한 이상적 이미지가 가정하고 있는 것만큼 과학자들이 그다지 객관적이지 않다는 사실을 인정한다. 개인적 느낌이 과학자가 연구하기로 선택한 문제들에 대해, 무엇을 관찰할 것인지에 대해, 그런 관찰에서 도출할 결론에 대해 영향을 줄 수 있고 또한 주고 있다. 비록 현대의 실증주의자들이 자신의 연구에서 객관성과 엄밀성, 일반화 가능성을 강조하고 있지만, 관찰과 측정이 과학의 이상적 이미지가 함축하고 있는 것만큼 순순하게 객관적일 수는 없음을 인정하고 있다. 그럼에도 그들은 여전히 잠재적으로 비객관적인 영향의 효과를 알아내고 최소화하고자 한다. 또한 인과관계를 규명함으로써 무엇이 진정으로 무엇을 야기하는지를 가려내고자 시도한다. 비록 파악하기 힘든 속성을 가졌음을 인정하기는 하지만, 그들은 객관적인 외적 실재가 존재한다고 믿는다. 그들은 보편적인 법칙을 규명하려고 하기보다는 특정한 사상과 가설이 존재하고 반증되지 않는 조건을 탐구한다.

현대 실증주의자들은 통상 고도로 구조화된 조사방법론을 사용하지만, 종종 사회적 실재의 특정 측면을 조사할 수 있는 최선의 방법을 미리 결정할 수 없음을 인정하면서 유연한 방법을 사용하기도 한다. 유연한 방법을 사용하면서 그들은 연구의 발견물을 본질적으로 잠정적이며 탐색적인 것으로 간주하려 한다. 그리고 이런 유연함에서 앞으로의 검증을 위한 새로운 생각이 창출될 수 있다(다음 장에서 조사연구가 고도로 구조화된 혹은 유연한 방법론을 사용하는지 여부와 관련해 **양적 연구방법론**(quantitative method)과 **질적 연구방법론**(qualitative method)이라는 용어와 그들의 관계를 검토하겠다).

현대 실증주의자들은 연구자의 주관적 인상에 대해 회의적이다(그렇지만 4장에서 살펴보듯이, 그들의 회의주의는 상이한 연구자들이 독립적으로 동일한 주관적 인상을 도출한다면 점점 감소할 것이다). 실제로 그들은 개별적으로 진행된 조사연구의 결론에 회의적이다. 그들은 조사연구란 상이한 연구자들에 의해 결과물의 재현을 요구함으로써 이루어지는 지식에 대한 끝없는 자기 교정이라고 생각한다. 비록 현대의 실증주의자들은 조사가 결코 정치적이거나 이데올로기적인 가치로부터 자유로울 수 없음을 인정하지만, 자신의 가치가 연구결과물에 미치는 영향을 줄일 수 있는 논리적 장치와 관찰기법을 사용하는 것이 가능하다고 믿는다.

또한 그들은 이런 기제에 비춰 타인이 누군가의 결과물이 가진 타당성을 평가할 수 있고, 후속연구로 그 결과물을 검증할 수 있다고 가정한다. 사회적 실재는 종잡을 수 없으며, 그 누구도 왜곡에서 자유로울 수 없다. 그러나 많은 연구자가 독자적으로 다양한 접근법을 사용해 엄격한 연구를 수행하며 열린 마음을 가지고 자신의 결과물과 방법에 대해 의사소통을 한다면, 객관적인 사회적 실재를 이해하는 일에 장기적으로 한 걸음 더 가까이 다가갈 수 있다.

해석주의

현대 실증주의와는 대조적이지만 상호 배타적이지만은 않은 다른 한 가지 패러다임은 **해석주의**(interpretivism)이다. 해석주의 연구자는 원인을 고립시켜 객관적으로 측정하거나 일반화를 전개하는 데 초점을 두지 않는다. 대신에 그들은 개인의 일상 경험을 해석하고, 더 깊은 의미와 감정 그리고 그들의 행위에 대한 특유의 개인적 이유를 탐구함으로써 사람들이 내적으로 어떻게 느끼고 있는지를 감정이입에 입각해서 이해하고자 한다.

해석주의 연구자는 사람들과 교류하며 삶에 대한 심도 깊은 주관적 이해를 전개할 수 있는 자연스러운 상황에서 그들을 관찰한다. 또한 다수의 사람을 대상으로 특정한 인과과정의 통계적 확률을 전하기보다는 자신들의 보고서를 읽는 독자가 그들이 연구하는 소수 사람의 입장이 어떠한지 느낄 수 있도록 만들려고 한다.

해석주의 연구자는 여러 사람에게 동일하게 표준화된 방식으로 사용되는 객관적인 측정도구(객관성을 추구하기 위해 관찰자를 관찰대상에서 제거하려고 하는 도구)에 의지한다면 인간에 대해 제대로 알 수 없다고 믿는다. 대신에 해석주의 연구자들에 따르면 인간을 알 수 있는 최선의 방법은 접근법이 유연하고 주관적이어서 연구대상의 세계가 대상 자신의 눈을 통해 '보일' 수 있는 것이어야 한다고 믿는다. 단순히 연구대상의 외적 행위나 설문지의 질문을 측정하는 것으로는 충분하지 않다. 주관적 의미와 개인이 하는 말이나 행위의 사회적 맥락이 더욱 깊이 고찰되어야 한다.

해석주의 연구자는 관찰 가능한 객관적이며 외적인 사회적 실재의 존재와 관련하여 현대 실증주의자 혹은 포스트모더니스트의 주장에 동의할 수도 있고 그렇지 않을 수도 있다. 그러나 객관적인 외적 실재의 존재에 대한 그들의 관점과 무관하게 해석주의 연구자는 인간이 내적이며 주관적인 기초 위에서 세상을 어떻게 인지하고 경험하는지를 발견하고 이해하는 데 더욱 관심을 둔다. 나아가 그들은 실재에 대한 인간의 주관적 해석이 어떻게 사회적 실재의 창출에 영향을 미치는가를 이해하지 않고서는 사회적 실재에 대한 설명은 결코 완결될 수 없다고 믿는다. 다수의 여성 노숙인 개개인을 간단하게 관찰한 현대 실증주의 연구자는 그들이 개인위생에 소홀하다는 점에 주목하면서 이를 정서적 역기능과 연관 짓거나 사회적 기술 훈련의 필요성에 대한 제안을 할 수 있다. 대조적으로 해석주의 연구자는 소수의 여성 노숙인을 더욱 집중적으로 연구해 사회적 실재에 대한 그들의 주관적 해석으로 깊이 파고들어 간다. 그리고 그에 기초해 그들의 불유쾌한 냄새와 외적 모습은 자신이 위험한 사회적 정황이라고 인식하고 있는 곳에서 경험할 수 있는 성적 희생을 예방하려는 합리적 전략이라고 결론지을 수 있다.

비판사회과학

여기서 마지막으로 고려하는 패러다임은 **비판사회과학**(critical social science) 패러다임이다. 이 패러다임은 사회생활을 경쟁하는 개인과 집단 사이의 투쟁으로 바라본다. 예를 들어 마르크스주의자의 '계급투쟁'처럼, 이는 '가진 자'와 '못 가진 자'의 투쟁이다. 비판사회과학 패러다임은 다양한 방식으로 불린다. '마르크스주의' 패러다임이나 '페미니스트' 패러다임이라고 하는 사람도 있다. 또한 '임파워먼트(empowerment)' 혹은 '옹호(advocacy)' 패러다임이라 불리는 것도 납득이 간다. 명칭과 상관없이 이 패러다임의 중요한 특성은 억압에 초점을 두면서 억압받는 집단의 권력을 강화하려는 연구절차의 사용에 몰두한다는 것이다. 그 목적을 향해 이 패러다임에 전념하는 연구자는 매우 구조화된 연구절차를 사용할 수도 있고, 유연한 연구절차나 다른 패러다임에서 선택한 요소를 사용할 수도 있다.

이 패러다임의 연구자는 전형적으로 실증주의와 연관된 방법을 사용할 수도 있지만, 결과물에 대해 취하는 입장에 따라 구별될 수 있다. 실증주의 연구자는 결과물을

패러다임	연구질문	연구설계
실증주의	새로운 정책이 빈곤을 감소시키는 데 효과적인가?	새로운 정책이 실시된 지역과 그렇지 않은 지역에서 빈곤에서 벗어난 인구집단을 비교하는 실험연구를 수행
해석주의	복지수혜자는 새로운 정책하에서 변화하는 그들의 삶을 어떻게 경험하고 있는가?	복지수혜자의 관점에서 새로운 정책이 그들의 삶에 미치는 영향을 보고하는 심층적 질적 면담의 수행
비판사회과학	새로운 정책은 실제로 가난한 사람들에게 도움이 되는가, 아니면 그들을 억압하고 있는가?	덜 억압적인 정책 변화를 목표로 입법가에게 로비를 하기 위해 필요한 자료를 수집하는 방법에 관한 연구를 설계, 수행할 수 있도록 가난한 사람들을 조직화
여성주의	새로운 정책은 가난한 여성들에게 어떤 영향을 미치는가?	여성 복지수혜자의 시각에서 그들의 삶에 영향을 미치는 새로운 정책을 보고하는 심층적, 질적 면접의 수행 또는 여성에게 덜 억압적인 정책 변화를 목표로 입법가에게 로비를 하기 위해 필요한 자료를 수집하는 방법에 관한 연구를 설계, 수행할 수 있도록 가난한 여성들을 조직화

그림 3-3 상이한 패러다임에 따라 새로운 복지개혁에 대한 연구가 어떻게 상이하게 수행될 수 있을까?

해석하는 데 있어 정치적이거나 이데올로기적 가치의 영향을 최소화하고, 중립적이며 사실적인 방식으로 그 연구결과물을 해석하려고 한다. 대조적으로 비판이론가들은 임파워먼트와 옹호 목적이라는 필터를 통해 결과물을 해석한다.

이 점을 보여주기 위해 현대 실증주의 연구자와 여성주의 연구자가, 남성 사회복지사는 여성 사회복지사보다 더 많은 보수를 받지만 동일한 직무책임이나 경력으로 남성과 여성을 비교하면 이 차이가 줄어든다는 연구결과를 어떻게 해석하는지 그 차이점을 살펴보자. 여성 문제에 정통하지 못한 현대 실증주의 연구자는 이 연구결과가 사회복지사의 임금에 미치는 성차별의 영향이 많은 사람이 가정하는 것보다 적음을 보여준다고 결론짓는다. 그러나 여성주의 연구자는 동일한 연구결과로부터 '여성의 일'에 대한 저임금과 육아기간의 연간 증가분 손실 등을 통해 성차별이 임금에 영향을 미친다고 결론 내릴 것이다.

비판이론가가 해석주의 연구방법을 사용하면 연구대상자들이 가진 주관적 의미를 넘어서서 그들이 변화시키기 위해 노력하는 부당하고 광범위한 객관적 실재에 대한 그들의 선험적 개념과 관찰을 연결하고자 시도함으로써 해석주의자와 구별된다. 그러므로 매 맞는 여성에 대한 연구에서 해석주의 접근법을 취하면서 비판사회과학 패러다임을 사용하는 여성주의 연구자는 매 맞는 여성의 눈을 통해 현실을 바라보는 데 그치지 않고, 연구되는 여성들과 공유하지 못할 수도 있는 현실에 대한 여성주의적 전망을 강조할 것이다. 예를 들어 매 맞는 여성이 구타의 심각성을 부인하거나 축소하고, 구타자를 위한 변명거리를 찾으려 하거나 구타자를 떠날 수 없다고 생각한다면, 여성주의 연구자는 그 여성의 주관적 관점과 연구자에게 보이는 객관적 현실 사이의 불일치에 주목할 것이다. 여성주의 연구자는 이런 바람직하지 못한 불일치의 이유에 대해 의문을 제기하고, 그 여성의 여성주의적 의식을 고양하고 능력을 강화하려는 전략을 도출하고자 할 것이다. 그림 3-3은 어떻게 상이한 패러다임이 연구에 영향을 미칠 수 있는지를 보여주는 추가 사례다.

연구에서 패러다임의 유연성

패러다임에 대해 읽어나가면서 자신이 특정 패러다임을 선호하고 다른 패러다임은 싫어함을 발견할 수도 있지만, 어느 한 패러다임을 꼭 선택할 필요는 없다. 개별 연

사회복지 연구가 갈 수 있는 길은 여러 가지가 있다.

구자는 자신의 탐구(연구하려는 것이 무엇인가에 따라)가 어떤 연구에서는 어떤 패러다임과, 다른 연구에서는 또 다른 패러다임과 공통점이 있다는 사실을 알게 될 것이다. 게다가 때때로 동일한 연구에서 하나 이상의 패러다임 요소를 결합하고 있는 모습을 발견할 수도 있다.

각 패러다임에는 고유의 장단점이 있다. 우리는 앞에서 이런 장단점을 일부 논의했다. 특정 패러다임에 대한 극단적 관점을 옹호할 때 단점이 가장 두드러진다. 예를 들어, 초기 실증주의자는 사회적 실재의 정의하기 힘든 속성을 인식하지 못하고 주관성의 역할을 부정할 때 특히 비판에 취약해진다. 또 다른 극단에는 외부적인 객관적·사회적 실재의 존재를 부정하면서 그것은 불가지한 것이라고 언급하고, 사회적 실재에 대한 개개인의 주관적 관점은 다른 사람들의 그것과 동일하게 타당한 것이라고 주장하는 사람이 있다. 이런 관점을 신봉하는 사람들은 상이한 종류의 질문과 맞서야 한다. 만약 외부적인 객관적·사회적 실재가 존재하지 않는다면, 그것이 사실임을 어떻게 관찰했는지, 그것을 어떻게 알게 되었는지에 대해 질문을 받을 수 있다.

특정 패러다임의 몇몇 극단적 관점이 지닌 심각한 문제점은 인정하지만, 어떤 하나 혹은 다른 패러다임의 선택을 옹호하려는 것은 아니다. 패러다임의 선택을 골프채가 담긴 가방으로 간주할 수도 있다. 비록 실험과 선택의 여지가 있지만 상이한 상황은 상이한 골프채를 요구한다. 아마 몇몇 골프채는 유용하겠지만 좀처럼 쓸 일이 없다는 사실을 발견할 것이다. 그러나 게임 전체를 단지 하나의 드라이버나 퍼터로 하는 건 실용적이지 못하다. 어떤 골프채가 원래부터 우월하지는 않다. 단지 각기 다르게 쓰일 뿐이다.

이 책을 읽으면서 이 책이 다양한 패러다임에서의 기여를 반영하고 있음을 알게 될 것이다. 예를 들어 설문조사, 실험, 통계에 대한 장에서는 현대 실증주의의 요소를 발견할 수 있고, 질적 연구방법과 측정에 관한 장에서는 현대 실증주의와 해석주의적 개념을 발견할 수 있다. 이 책을 통해 비판사회과학 패러다임의 기여도 볼 수 있는데, 특히 인간의 고통을 경감하고 사회적 개혁을 달성하기 위해 사회복지 조사를 활용하는 것을 논할 때 그렇다.

EP 2.1.3a

이론

패러다임이 연구자가 어떻게 조사연구를 진행해나갈지에 영향을 줄 수 있는 것처럼, 이론도 영향을 줄 수 있다. 사실 어떤 사람은 특정 이론에 매혹되어 그에 대해 지나치게 확신한 나머지 광범위한 현상을 그 이론의 용어로만 해석하려고 할 수도 있으므로 **이론**과 **패러다임**이라는 용어의 구별은 모호하다. 그들은 다른 이론들이 제공할 수도 있는 대안적인 통찰과 관점을 놓치거나 독단적으로 무시한다. 그러므로 어떤 사람은 특정 이론, 예를 들어 정신분석이론이나 역할이론, 행동이론 등을 하나의 패러다임으로 묘사하기도 한다.

용어들이 때때로 호환되어 사용되기도 하지만 패러다임과 이론 사이에는 중요한 차이점이 있다. 패러다임은 삶을 바라보는 일반적인 틀이다. **이론**(theory)이란 사회적 삶의 특정 측면을 설명하고 사람들이 일상의 삶에서 어떻게 행동하고 의미를 찾는지에 대한 우리의 이해를 풍성하게 하고자 하는 상호 연관된 진술의 체계적 집합이다. 동일한 패러다임을 공유하는 상이한 사람들이 동일한 이론적 지향을 공유할 수도 있고 그렇지 않을 수도 있다. 예를 들어 어떤 현대 실증주의 사회복지 조사자는 정신분석이론에서 도출된 실천개입의 효과성을 검증하고자 하는 반면, 또 어떤 실증주의 사회복지 조사자는 인지주의나 행동주의 이론에 뿌리를 둔 실천개입의 효과성을 규명하고자 할 수 있다.

이론과 가치

사회과학이론은 무엇이어야 하느냐가 아니라 무엇인가와 관련되어 있다. 이는 과학적 이론이(좀 더 넓게는 과학 그 자체가) 가치에 대한 논쟁을 해결할 수 없음을 의미한다. 그렇지만 이론과 가치의 구별은 사회과학자가 이데올로기적 관점을 반영하는 사회 프로그램의 연구와 관련될 때 모호하게 보일 수 있다. 예를 들어, 사회복지 연구자가 대면하는 가장 큰 문제 중 하나는 다양한 이데올로기를 가진 프로그램 담당 직원과 여타의 이해관계자들이 프로그램의 성공과 실패에 대한 어떤 기준에 합의하도록 만드는 것이다. 앞으로의 학대를 예방하고 그로 인한 입양 필요성 등을 논의하기 위한 일환으로 학대와 방임 문제로 의뢰된 부모들에게 개입하는 아동복지 프로그램을 평가하고자 한다고 가정해보라. 그런 프로그램을 '가족보존 프로그램'이라고도 한다. 이 프로그램과 연관된 일부 지원자와 직원들은 이데올로기적으로 프로그램의 성공에 대한 중요한 기준으로 가족의 보존에 가치를 둘 수 있다. 그들은 학대받은 아동을 입양가정에 보낸다는 것은 프로그램의 실패를 보여주는 한 가지 지표라고 간주한다. 또 다른 지원자와 직원들은 아동보호를 프로그램 성공의 가장 중요한 기준으로 여겨 가치를 부여한다. 그들은 입양을 실패의 징표라고 생각하는 사람들의 생각에 동의하지 못한다. 대신에 성공과 실패에 대한 중요한 지표는 아이의 행복에 달려 있다고 생각한다. 성공과 실패의 기준에 대한 합의에 이르기가 어렵다 하더라도, 만약 연구가 가치 문제에 대해 뭔가 유용한 것을 들려줄 수 있다면 그와 같은 기준은 매우 중요하다.

이와 같은 모호한 구별의 또 다른 사례는 복지개혁정책과 관련되어 있다. 좀 더 보수적인 이데올로기를 가진 몇몇 사람은 사회복지 프로그램에서 벗어나 직업을 갖게 하는 것을 성공적인 사회복지정책의 중요한 기준으로 보아 가치를 부여한다. 좀 더 자유주의적 이데올로기를 가진 사람들은 그 기준에 반대하고 복지개혁이 어떻게 가족의 생활조건, 의료보험 적용범위, 가족의 욕구를 충족시켜줄 수 있는 부모의 능력 등에 영향을 줄 것인가에 더욱 관심을 갖는다. 만약 속력이 중요한 기준이라는 말에 합의하지 않으면, 어떤 단거리 선수가 다른 선수보다 뛰어나다는 것을 스톱워치가 알려줄 수 없다. 마찬가지로, 어떤 프로그램 혹은 정책 결과에 가장 가치를 두는지가 합의되지 않으면 어떤 사회서비스 프로그램이나 정책이 더 훌륭하다는 것을 연구자가 우리에게 알려줄 수 없다.

EP 2.1.3a

사회복지 실천과 조사에서 이론의 활용

이론은 사회복지 실천에서와 마찬가지로 사회복지 조사에서도 중요한 역할을 수행한다. 실천과 조사 둘 다에서 이론은 다양한 관찰을 납득할 수 있게 하며, 그 속에서 유형을 발견할 수 있도록 돕는다. 이론은 우리의 탐구가 유용한 유형이나 설명을 보여줄 가능성이 더욱 높은 영역으로 향할 수 있도록 돕는다. 또한 이론은 우연한 발생과 미래의 발생을 기대할 수 있는 가치 있는 관찰을 구별할 수 있도록 돕는다.

어떤 동료가 당신에게 자신이 어린 소년에게 모래판에서 작은 장난감을 가지고 놀도록 하면서 놀이의 주제에 대해 간접적으로 그 소년에게 논평을 해주었다고 이야기한다고 상상해보라. 이런 식으로 그녀는 그 소년이 자기 어머니의 비극적 죽음에 대해 더 나은 대처를 하며 삶을 살아갈 수 있게 돕고자 했다. 만약 당신이 아동발달이론을 공부하지 않았고 놀이의 중요성을 알지 못했다면 어떻게 단순히 소년을 놀게 하면서 그에 대해 말을 건네는 것이 강력한 전문적 개입이 될 수 있는지 궁금해하며 혼란스러운 반응을 보였을 것이다. 사실 당신이 동료에게 왜 그 개입이 효과적인지 설명을 요구했지만 그녀가 설명을 하지 못했다면, 이론적으로 설명했을 경우보다 그 기법이 당신 클라이언트에게 효과적일 가능성을 더욱 회의적으로 볼 것이다. 이론은 전혀 고려하지 않고 효과가 있을 것으로 보이는 무언가를 우연히 마주칠지 모른다는 희망을 갖고 누군가가 당신에게 알려준 것은 무엇이든 시도해보면서 실천 속에서 발버둥질할 수도 있다. 그러다가 무언가가 어떤 클라이언트에게 효과가 있다면, 아마 당신은 그것을 적용해서는 안 되는 다른 클라이언트에게도 무차별적으로 적용해나갈 것이다.

당신 동료의 모래판 놀이 아이디어를 클라이언트 중 하나인, 2001년 9월 11일에 자신의 아빠를 죽게 한 세계무역센터 빌딩에 대한 공격과 붕괴를 목격한 뒤 집 안에 틀어박혀 우울증을 앓아온 여섯 살 된 소녀에게 검증해보기로 결정했다고 가정해보라. 몇 번의 모래놀이 이후, 소녀의 엄마가 당신에게 소녀가 분노를 폭발시키기 시작했으며 아빠를 찾으며 여러 번 심하게 흐느꼈다고 보고했다. 이론이 없었다면 아마 당신은 모래놀이가 해로운 결과를 야기하지 않을까 두려워하며 중단하려고 할 것이다. 반면에 아동발달이론과 슬픔에 대한 이론에 대해 알고 있다면 소녀가 보인 행동 변화를 하나의 필요 단계, 즉 슬픔을 치유하는 과정에서 겪는 긍정적 초기 단계로 해석할 것이고 결국 그 개입을 멈추지 않을 것이다.

당신이 2001년 9월 11일의 비극적인 희생자들의 어린 자녀를 돕고자 모래놀이 개입의 효과성에 대한 연구를 수행한다고 가정해보라. 만약 이론 없이 진행한다면 비슷한 문제들에 직면할 가능성이 높다. 예를 들어, 개입의 효과를 성급하게 측정하고 성공에 대한 잘못된 지표를 찾을지 모른다. 이론이 없다면 연구를 설계하는 데도 단서가 없을 것이다. 그 개입은 어느 정도 지속되어야 하는가? 대상자의 최소 혹은 최대 연령은 어떤가?

어떤 조사연구들은 관찰되는 것에 대한 이론적 기대의 영향을 최소화하기 위해 덜 구조화되고 좀 더 유연한 방식으로 수행된다. 즉, 연구자는 이론적 기대가 자신들의 전망을 왜곡시킴으로써 그들이 찾으려는 것을 축소하지 않기를 원한다. 이론은 이렇게 덜 구조화된 연구에서도 제 역할을 한다. 비록 이런 연구들을 수행할 때는 이론이 보다 덜 사용되겠지만 일반적으로 새로운 이론을 창출하는 데 도움이 될 유형을 밝히려고 노력한다. 물론 전문적으로 훈련받은 연구자가 자신이 교육받은 이론적 틀을 완전히 벗어던진다는 건 불가능하다. 아동발달이론에 대한 사전지식과 슬픔을 치유하는 과정에 대한 이론이 수많은 사례기록 자료에서 어떤 유형(부모를 잃은 어린이들에 대한 효과적 개입은 아동이 부모 상실에 대한 자신의 분노를 행동화하는 단계와 연관이 있을 것 같다는 것을 제시하는 유형)을 발견하는 데 도움을 줄 수 있다. 그리고 연구자가 사전에 가진 이론적 지식은 효과적인 개입이 문제가 악화되는 것처럼 보이는(순진한 관찰자에게는) 시기와 관련이 있음을 역설적으로 보이는 관찰을 납득하는 데도 도움을 줄 수 있다.

또한 이론들은 결과물에서 실천과 정책에 대한 유용한 함의를 개발하는 데도 도움을 준다. 어떤 연구자가 양부모 가정보다 한부모 가정에서 더 많은 비행이 발생한다는 사실을 발견했다고 가정해보라. 이론을 사용하지 않는다면 그 이유와 앞으로 우리가 무엇을 해야 하는지에 대한 이해는 다소 제한적일 것이다. 그러나 왜 한부모 가정이 더 많은 비행을 낳는지에 대한 이론적 이해를 통해 슈퍼비전의 부족과 긍정적인 역할모델의 부재가 두 가지 중요한 이유임을 알고 있다고 가정해보라. 이는 방과 후 멘토링 프로그램 같은 효과적인 사회 프로그램을 개발할 수 있는 입지를 향상시킬 것이다.

사회복지 실천모델

사회복지에서는 사회복지 문제를 경감하려는 노력의 일환으로 기존의 사회과학적 연구를 적용하기도 한다. 그러나 사회복지 실천 교재는 사회복지 실천지침으로 사회과학이론보다는 실천모델(practice model)이라는 것을 좀 더 인용하고 있다. 이런 모델은 사회복지 실천에 대한 우리의 관점을 조직화하는 데 도움을 주며, 기존 이론을 종합적으로 반영하기도 하고 그렇지 않기도 하다.

실천모델이 어떠하며 어떻게 이름이 붙여진 것인가에 대한 설명은 사회복지 문헌에 매우 다양하게 나와 있다. 만약 당신이 다른 사회복지 과목을 수강했다면 '심리사회적', '기능주의적', '문제해결', '인지행동적', '과업중심적', '사례관리', '위기개입', '생태학적 관점', '생애모델', '일반주의', '증거기반 실천', '절충적' 등의 실천모델 용어들을 접해봤을 것이다. 사회복지 실천모델이 상호 배타적인 것은 아니다. 예를 들어, 상당수의 모델이 사회복지사와 클라이언트 간의 관계와 치료적 연대형성의 필요성을 강조한다.

좁게 해석하면 이런 모델 중 어떤 것은 실천의 중요한 측면을 생략하거나 많은 유형의 문제 또는 클라이언트에게 적용할 수 없는 것을 과도하게 강조하는 것처럼 보일 수 있다. 예를 들어 어떤 모델은 비자발적 클라이언트보다는 자발적 클라이언트에게 적용될 수 있는 것으로, 또 어떤 모델은 사회경제적 위기에 대해 즉각적, 구체적, 단기적 도움을 필요로 하거나, 장기적 치료를 할 수 없다거나 싫어하는 클라이언트보다는 성격 변화를 목표로 해 장기 치료를 원하고 또 감당할 수 있는 클라이언트에게 더 적용 가능성이 있는 것으로 그려져 왔다. 어떤 모델은 때때로 클라이언트가 가진 문제의 피상적 측면만 다룬다고 비판받는다(그 문제를 다른 형태로 지속시키는 근원적인 문제의 해결 없이 단지 증상만을 다룬다는 것이다). 대조적으로 다른 모델은 사회적 보살핌, 경제적 원조 혹은 보호적 환경을 필요로 하는 수많은 클라이언트와는 무관한 비현실적으로 고상한 장기적 심리치료를 지나치게 강조한다는 비판을 받는다.

세월이 흐르면서 특정 모델은 비판에 대한 반응으로 연구결과와 이론의 중요하고 새로운 영역을 받아들여 확장하는 경향이 있다. 이런 일이 생기면서 모델들 간의 구분은 점점 더 불분명해진다. 여기서 다른 모든 사회복지 실천모델의 특성이나, 서로 어떻게 비슷하고 다른가 하는 세밀한 구분을 파고들지는 않겠다. 이런 내용은 실천이나 사회복지 전문직을 소개하는 교과목에서 배울 수 있다. 대신 사회복지 문제를 연구하기 위해 선택하는 방식에 어떤 주제가 영향을 줄 수 있음을 간략하게 보여줄 것이다.

예를 들어 아동학대의 위험이 있는 부모에 대한 치료의 효과를 평가하는 경우를 생각해보자. 인지행동 모델에서는 아동학대 같은 문제를 비합리적 신념과 연관된 역기능적 감정으로 보며 인지를 재구조화하고 더 나은 대처기술과 양육기술을 학습해야 할 필요성의 관점에서 바라본다. 이 모델은 장기적인 성격 변화나 부모 자신의 아동기로부터의 미해결된 문제에 초점을 맞추기보다는 행동수정과 인지치료 기법을 통해 단기간에 변화될 수 있는 구체적인 기술, 인지, 행동을 현재 시점에서 다룬다.

위험한 부모를 치료한 결과를 연구할 때 이 모델에 영향을 받은 연구자는 다음과 같이 할 것이다. 즉, 부모가 화를 덜 내게 되었는지, 처음에는 도발적인 것으로 인식하던 정상적인 아동행동에 대해 그들의 태도가 바뀌었는지, 새로운 아동양육 기법(타임아웃(time-outs)을 사용하는 것과 같은)을 배웠는지 측정하기 위해 필답검사를 실시할 수 있다. 또한 이 연구자는 자신의 자녀와 함께 있는 부모들을 직접적으로 관찰하면서 양육기술이 요구될 때 바람직한 부모의 행동(칭찬, 격려 등)과 바람직하지 못한 부모의 행동(때리기, 위협하기 등)이 나타난 횟수를 헤아려볼 수도 있다.

대조적으로, 심리사회적 모델의 영향을 받은 사람들은 앞서의 접근법이 치료결과의 연구에 적절한지 다소 회의적일 수 있다. 특히 관찰된 개선이 치료가 종료된 후에도 장기간 지속될지, 관찰 당시에는 바람직한 검증상의 답변을 하고 받아들일 수 있는 방식으로 행동하는 부모의 능력이 관찰자가 존재하지 않는 실제 가정환경을 진정으로 반영한 것인지에 대해 의심할 수 있다. 장기간에 걸쳐 부모가 학대행동으로 인해 법원에 보고되었는지 여부가 결과를 표현하는 더 나은 지표라고 제안할 수 있다.

앞의 사례가 본질적으로 가설적인 것이기는 하지만, 실제로 많은 연구가 인지행동 실천모델과 연관된 실천개입이 바람직한 결과를 가져왔다고 평가했다. 대부분의 다른 모델은 아직 연구가 덜 이루어졌으며, 연구결과도 일관성 있게 바람직한 것은 아니었다. 몇몇 다른 모델의 지지자는 이를 인지행동적 평가에서 사용된 결과지표의 '피상성'과 더불어 자신들의 모델이 더욱 복잡하고 장기적이어서 목표 평가가 어렵기 때문이라고 주장한다. 이 자리에서 논쟁을 해결하지는 않을 것이며, 이 논쟁은 오래 지속될 것으로 기대된다.

EP 2.1.3a, b

비이론적 조사연구

그러나 몇몇 가치 있는 사회복지 조사연구는 이론을 포함하고 있지 않다. 예를 들어, 일부 연구는 무엇인가를 설명하려 하기보다는 관련된 방법론적 쟁점에 대해 배타적으로 초점을 두고 있다. 따라서 그러한 연구는 어떤 유형의 조사방법이 가장 빈번하게 혹은 가장 적게 사용되고 있는지, 연구자가 얼마나 자주 부적절한 조사방법을 사용하고 있는지를 알아보거나, 특정 유형 결과물의 빈도를 명확히 하고자 이미 출간된 연구들을 조사할 수 있다. 또 다른 비이론적(atheoretical) 연구들은 무엇인가를 설명하려 하기보다는 묘사하고자 한다. 예를 들어, 다양한 영역에서 사회복지사들의 평균 임금이나 미래 혹은 현재의 소비자들이 표현하는 다양한 서비스에 대한 욕구 등을 평가할 수 있다.

어떤 비이론적 연구는 기관에 대한 평가연구인데, 이 연구는 후원자들에게 클라이언트가 받았으면 하고 자신들이 원했던 유형의 서비스를 클라이언트들이 받았는지 그리고 그러한 서비스를 받고 클라이언트는 만족했는지, 그리고 프로그램에 대한 탈락률은 낮지는 않았는지에 대한 증거를 제공하려는 연구다. 이러한 증거는 클라이언트와 기관의 기록들을 조사함으로써 얻을 수 있다. 조사는 이론을 검증하거나 개발하지 않고, 프로그램 유지라는 실용적인 목적을 충족하기 위해 수행될 수 있다. 이론과의 연결이 없음에도 불구하고 이러한 유형의 비이론적 연구는 직접적인 실용적 가치를 갖는다. 예를 들어, 그 결과에 따라서 후원이 계속될 것인지(혹은 확대될 것인지) 아니면 중단될 것인지(단지 감소할 것인지) 여부가 결정될 수 있다.

비록 사회복지 조사연구는 이론과 어떠한 연결 없이도 가치를 가질 수 있지만, 이론과의 연결을 통해 그 가치가 향상되기도 한다. 예를 들어 위의 경우에서 만약 그 연구가 단순히 후원에 대한 직접적인 관심을 넘어, 다른 기관의 사회복지사들이 자신의 서비스 전달을 향상시키기 위해서는 무엇을 해야 할지에 대한 함의를 얻으려는 목적으로 클라이언트의 만족, 프로그램의 완료, 후속적인 함의들에 영향을 미치는 요인에 대한 사회복지 실천이론을 구축한다면, 전문적 지식의 토대에 다소간 기여할 수 있을 것이다(그러나 이것이 비이론적 연구가 이론 발달에 있어 아무런 잠재적 가치가 없다고 말하는 것은 아니다. 예를 들어 연구들을 검토하는 과정에서, 직접적인 관련이 없는 일련의 비이론적 연구들이 종합되어 이론으로 연결될 수도 있다).

예측과 설명

사물을 설명하면서 이론은 불가피하게 예측과 연관된다. 예를 들어, 어릴 때 학대의 희생자였던 것이 후에 어른이 되어 아동학대의 가해자가 되는 것을 설명하는 중요한 요소라고 보는 이론은 어린아이일 때 희생자가 된 사람들이 다른 사람보다 어른이 되었을 때 가해자가 될 가능성이 높다는 것을 암묵적으로 예측한다. 그 예측은 검증될 수 있으며, 이론의 신뢰성은 아동시기에 희생자였던 이가 다른 사람보다 가해자가 될 가능성이 높은지를 발견하는 것에 따라 영향을 받는다.

예측이 암묵적으로 설명 속에 들어 있긴 하지만, 이 둘을 구분하는 일은 중요하다. 종종 우리는 아무 설명 없이도 예측할 수 있다. 예를 들어 아픈 무릎이 쑤시면 비가 올 것이라 예측한다. 그리고 종종 이유를 이해하지 못하면서도 이미 보인 예측능력에 근거해 행동하려고도 한다. 우리 조상들은 왜 태양이 뜨고 지는가에 대한 이해 없이 매일 일출과 일몰을 예측할 수 있었고, 그에 따라 자신들의 행동을 계획했다. 심지어 자신들은 이해한다고 생각하지만, 실제로 평평한 지구라는 옳지 못한 설명에도 일출과 일몰을 정확하게 예측했다.

이론의 구성요소를 살펴보면서 일련의 예측이 이론의 중요한 부분임을 살펴볼 것이다. 따라서 예측과 설명의 구분을 기억해두는 것이 중요하다.

이론의 구성요소

앞서 이론을 사회적 삶의 특정 측면을 설명하며 사람들이 일상의 삶에서 어떻게 행동하고 의미를 찾는지에 대한 우리의 이해를 풍부하게 하려는 상호 연관된 진술의 체계적 집합이라고 정의했다. 사물을 설명하려는 진술을 가설이라 한다. **가설**(hypothesis)은 이론이 맞는다면 실제 세상에서 관찰되어야만 하는 것을 예측한다. 이는 어떤 것에서의 변화가 어떻게 다른 것에서의 변화를 설명할 것인지 기대되는 것에 대한 잠정적이며 검증 가능한 진술이다. 예를 들어, 학습이론의 한 가지 가설은 다음과 같다. "아이들이 더 많은 칭찬을 받으면 더 많은 자존감을 갖게 될 것이다." 가설이 예측하는 것은 **변수**(variable)라고 한다. 앞서 말한 가설은 두 가지 변수로 구성되어 있는데, (a) 칭찬의 양과 (b) 자존감의 수준이다. 요소들이 어떻게 함께 변하는지를 가설이 예측하기 때문에 가설의 요소는 변수라고 불린다. 이에 대한 또 다른 용어는 가설이 변수들 간의 관계를 예측한다는 것이다. **관계**(relationship)란 한 변수에서의 변화가 다른 변수에서의 변화와 연관될 가능성이 있음을 의미한다.

대부분의 가설은 어떤 변수가 다른 변수에 영향을 미치는지를 예측한다. 즉, 하나는 원인이고 다른 하나는 결과다. 무언가를 설명하거나 원인이 되는 변수는 **독립변수**(independent variable)라고 한다. 설명하거나 원인이 되면서 다른 변수에 의존하고 있지 않기 때문에 독립이라고 불린다. 역으로 설명되거나 야기되는 변수, 즉 결과가 되는 변수는 **종속변수**(dependent variable)라고 한다. 예를 들어 앞의 가설에서 칭찬의 양은 독립변수이고, 자존감의 수준은 종속변수다.

변수는 그것이 독립변수든 종속변수든 간에 하나의 개념이다. **개념**(concept)이란 어떤 생각이나 사물, 사건 혹은 사람을 상징하는 정신적 이미지다. 개념이 상징하는 것이 성별처럼 상대적으로 단순하고 관찰이 용이한 것일 수도 있지만, 자존감의 수준처럼 좀 더 추상적이고 관찰이 힘든 것도 있다. 변수들은 변화하기 때문에, 그 자체가 다른 변수들로 구성된 개념이다. 예를 들어, 성별은 남성과 여성이라는 다른 변수들로 구성된 개념이다(이후의 장에서 성전환자와 양성화자 같은 개념도 포함될 것이다).

변수를 구성하는 개념은 그 변수의 **속성**(attribute)이라고 한다. 속성이란 사물이나 사람을 묘사하는 특성이나 성질이다.

또 다른 사례로는 흑인이고, 지적인, 보수적인, 정직한, 내과의사, 노숙인 등이 포함된다. 당신 자신이나 누군가를 묘사하기 위해 말하는 무엇이나 속성과 연관된다. 반면에 변수는 속성의 논리적 배치다. 예를 들어 남성과 여성은 속성이고, 성별은 이 두 가지 속성을 조합한 변수다. 직업이란 변수는 농부, 교수, 트럭 운전사 같은 속성으로 구성되어 있다. 사회적 계층은 상류층, 중산층, 하류층 같은 일련의 속성이나 몇몇 유사한 구분으로 구성된 변수다. '가설과 그 구성요소의 실례'라는 제목의 글상자는 개념, 독립변수, 종속변수, 가설을 구성하는 속성들 사이의 구분과 연결을 그림으로 보여준다.

따라서 이론은 가설과 두 종류의 개념으로 구성되는데, 바로 변수와 그 변수를 구성하는 속성이다. 이론은 또한 관찰을 요구한다. **관찰**(observation)이란 이론을 구축할 수 있도록, 그 이론이 맞는지 검증할 수 있도록 도움을 주는 실생활에서 우리가 경험하는 것이다. 이론이 맞는다면 우리가 경험할 것으로 기대하는 바와 관찰이 부합할 때 이런 관찰을 이론에 대한 **경험적 지지**(empirical support)라고 한다. 이론의 신뢰성은 (a) 우리의 경험이 경험적으로 이론을 지지하는 정도, (b) 구성요

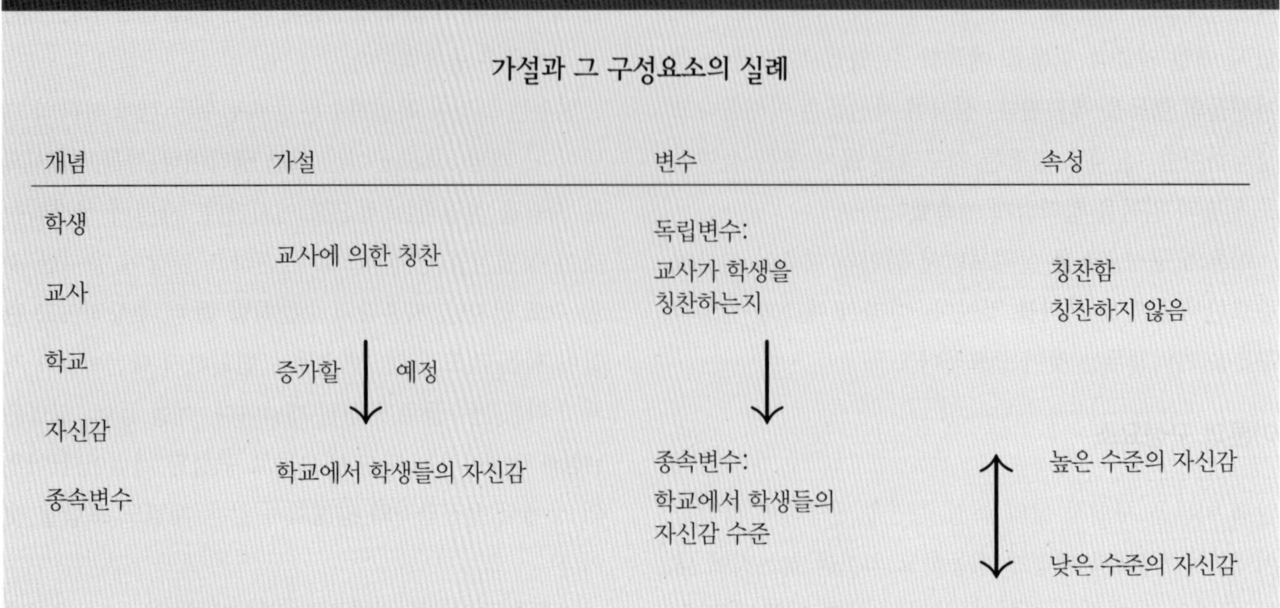

가설과 그 구성요소의 실례

개념	가설	변수	속성
학생	교사에 의한 칭찬	독립변수: 교사가 학생을 칭찬하는지	칭찬함 칭찬하지 않음
교사			
학교	증가할 예정		
자신감	학교에서 학생들의 자신감	종속변수: 학교에서 학생들의 자신감 수준	높은 수준의 자신감 낮은 수준의 자신감
종속변수			

과학적 이론의 구성요소

마이클 레밍 Michael R. Leming(St. Olaf 대학, 사회학과)

조지 호만스 George Homans에 따르면 과학적 이론은 실증적 명제들의 연역적 체계를 활용해 현상을 설명하는 것이다. 과학적 이론의 세 가지 기초적 구성요소는 (1) 개념적인 도식, (2) 속성 혹은 변수들 간의 관계를 진술하는 명제들의 집합, (3) 증명의 맥락이다.

현수교 모델이 과학적 이론을 구성하는 세 가지 구성요소 간의 관계에 대한 좋은 예시가 된다. 다리는 대들보와 대갈못으로 조립되어 강 양쪽 제방에 연결된다. 비슷한 방식으로 이론은 경험적 지지기반에 연결된 명제('대들보')와 개념('대갈못')으로 구성된다. 이것이 다리 또는 이론을 구성하는 요소들 간의 관계다. 어지럽게 널려 있는 대들보와 대갈못 더미는 다리라고 불리는 것의 충분한 요소가 아니다. 마찬가지로 개념, 명제, 관찰은 그 자체로는 과학적 이론으로 충분하지 않다.

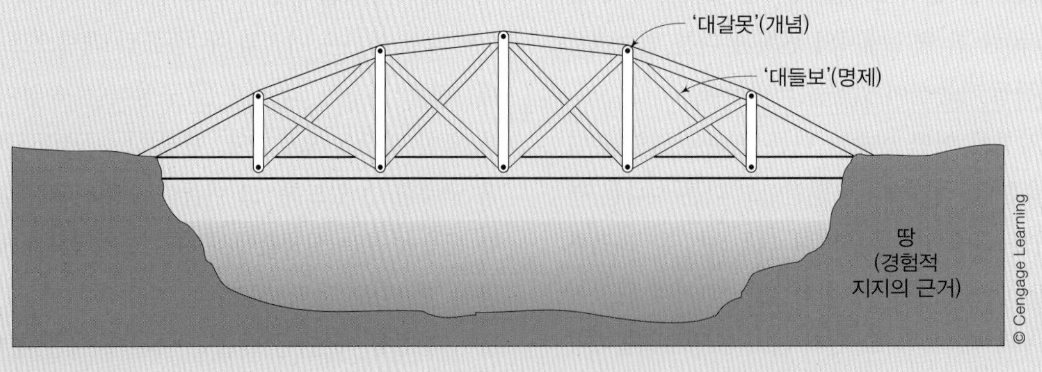

소가 논리적인 방식을 통해 체계적으로 조직화되어 우리가 세상을 더욱 잘 이해하도록 돕는 정도에 달려 있다. 거칠게 일반화해본다면 과학적 이론은 과학의 논리적 측면을 다룬다. 반면에 조사방법론은 관찰상의 측면을 다룬다. 과학적인 이론은 세상을 구성하는 부분들 사이에 존재할 것으로 기대되는 논리적 관계를 묘사하고, 조사는 그런 관계가 세상에 실제로 존재하는지에 대한 관찰수단을 제공한다. '과학적 이론의 구성요소'라는 제목의 글상자는 이론과 조사연구 사이의 연결을 그림으로 보여준다.

속성과 변수의 관계

과학에서 속성과 변수의 관계는 기술과 설명에서 모두 핵심적이다. 예를 들어, 사회서비스기관의 사례들은 '남성'과 '여성'이라는 속성의 관찰 빈도를 보고해 '성별'이라는 용어로 기술할 수 있다. 즉, "사례의 60%는 남자이고 40%는 여자다." 실업률은 '고용된'과 '고용되지 않은'이라는 속성으로 노동력에서의 고용 상태라는 변수를 기술한 것으로 생각할 수 있다. 심지어 어떤 시의 가족임금에 대한 보고는 그 변수를 구성하는 속성의 요약이다. 예를 들어 3,124달러, 10,980달러, 35,000달러 등으로 요약할 수 있다.

속성과 변수의 관계는 설명을 할 경우 더욱 복잡해지기도 한다. 여기 두 변수와 관련된 사회복지 실천사례가 있다. 하나는 '계약의 사용'이고 다른 하나는 '클라이언트의 만족 수준'이다. 사례를 단순하게 만들기 위해 두 번째 변수는 '만족'과 '불만족'이란 두 가지 속성을 갖는다고 가정하자. 계약을 맺은 클라이언트의 90%가 만족하지 않고, 나머지 10%는 만족한다고 가정하자. 그리고 계약을 맺은 클라이언트의 30%는 만족하지 않고, 나머지 70%는 만족한다고 가정하자. 그림 3-4의 첫 번째 부분에서 이를 그림으로 묘사했다. 두 변수 사이의 관계나 관련은 그들이 가진 속성들의 짝에서 볼 수 있다. 두 가지 우세한 짝은 (a) 계약을 맺고 만족한 사람들, (b) 계약을 맺지도 않고 만족하지도 않는 사람들이다. 이 관계를 바라보는 다른 두 가지 유용한 방법이 있다.

첫째, 클라이언트가 만족할 것인지 만족하지 않을 것인지 추측하는 능력에 대해 내기게임을 하고 있다고 가정하자. 한 번에 클라이언트 하나를 선택할 수 있고(그리고 고른 사람이 누구인지에 대해서는 당신에게 이야기하지 않을 것임), 선택된 클라이언트가 만족했는지 여부를 당신이 추측한다. 그림 3-4의 첫 번째 부분에 있는 20명 모두에게 게임을 할 것이다. 이 경우 당신이 선택할 수 있는 최선의 전략은 항상 만족하지 못한다고 추측하는 것이다. 왜냐하면 20명 중 12명이 만족하지 못한 것으로 분류되어 있기 때문이다. 따라서 당신은 12번을 맞추고 8번을 틀리게 되어 성공한 결과를 4번 더 얻을 수 있다.

이번에는 클라이언트를 선택할 때, 당신에게 실천가가 클라이언트와 계약을 맺었는지 여부를 알려줘야 한다고 가정하자. 이제 선택할 수 있는 최선의 전략은 계약을 맺지 않은 각 클라이언트에 대해서는 만족하지 않았다고 추측하고, 계약을 맺은 클라이언트에 대해서는 만족했다고 추측하는 것이다. 이 전략을 따르면 16번을 맞추고 4번을 틀리게 된다. 계약을 했는지 여부를 아는 것만으로 만족도 수준의 추측을 향상시킬 수 있다는 것이 연관된 변수가 무엇을 의미하는지에 대한 예증이다.

둘째, 대조적으로 이번에는 계약을 맺는 것과 만족도가 서로 연관이 없다면 20명의 사람들이 어떻게 분포되어 있을지 가정해보라. 이는 그림 3-4의 두 번째 부분에 표현되어 있다. 클라이언트의 반은 계약을 맺었고 나머지 반은 맺지 않았으며, 20명 중 12명(60%)이 만족하지 않았음에 주목하라. 만약 각 집단에서 10명 중 6명이 만족하지 않았다면, 우리는 두 변수가 서로 연관이 없다고 결론지을 것이다. 그러면 계약을 맺었는지 여부를 아는 것이 클라이언트가 만족했는지를 추측하는 데 아무런 가치가 없을 것이다.

이 책의 7부에서는 변수 간 관계의 본질에 대해 심도 있게 다루는데, 특히 조사분석이 관계를 발견하고 해석하는 몇 가지 방법을 살펴볼 것이다. 지금은 사회과학이론의 논리를 이해하는 데 필요한 관계를 일반적으로 이해하는 일이 중요하다.

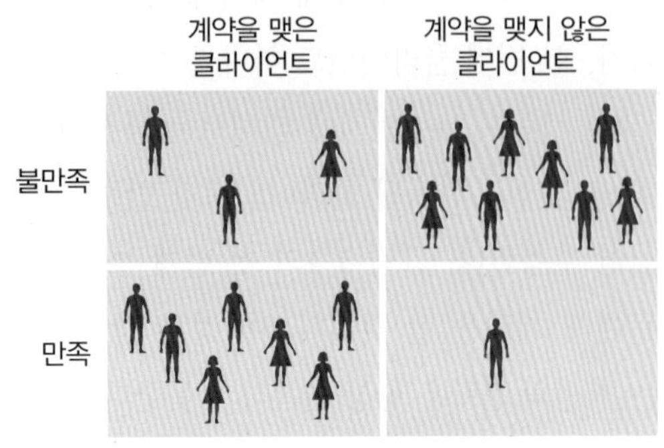

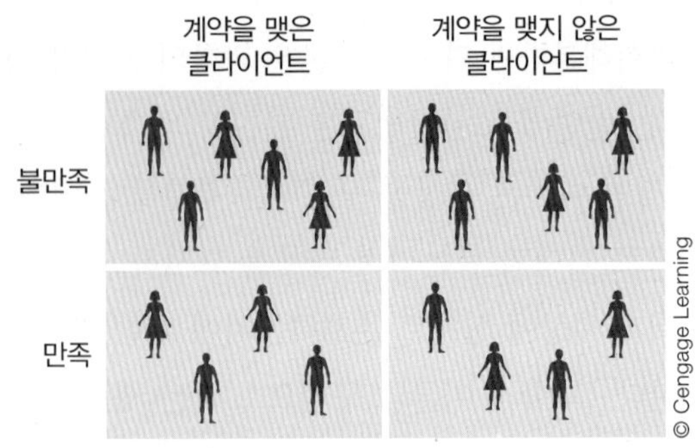

그림 3-4 두 변수 사이의 관계(두 가지 가능성)

이전에 언급했던 것처럼, 이론은 변수들 사이에서 논리적으로 기대되는 관계를 기술한다. 기대는 종종 인과관계라는 개념을 담는다. 어떤 변수의 속성은 다른 변수가 가진 특정 속성의 원인이나 소인이 되고, 촉진할 것으로 기대된다. 주어진 사례에서 계약을 맺는 것은 클라이언트가 만족하거나 만족하지 못하는 것에 영향을 미칠 것으로 보인다. 계약에 참여하는 것과 관련된 그 무엇인가가 가계약에 참여하지 않은 것에 비해 클라이언트에게 더욱 만족을 느끼도록 유도한 것으로 보인다.

그림 3-4에 대한 논의는 자료해석과 관련되어 있다. 우리는 클라이언트 20명의 분포를 두 가지 변수의 측면에서 보았다. 이론을 구성할 때 두 변수 사이의 관계에 대한 기대를 각 변수에 대해 우리가 알고 있는 데 근거해 도출할 것이다. 예를 들어 계약을 맺은 클라이언트가 (a) 다루는 문제에 대해 실천가의 견해에 동의할 가능성이 더욱 높을 것이며, (b) 계약을 맺지 않은 클라이언트보다 그 문제를 해결하고자 하는 동기부여의 가능성이 높을 것으로 가정할 수 있다. 서비스의 목표에 동의할 가능성이 높고 목표 추구에 대한 동기부여가 더욱 높을 것이기 때문에 계약을 맺은 클라이언트가 서비스에 만족할 가능성이 더욱 높다고 할 수 있다. 더 나아가 효과적인 치료의 필요전제조건은 클라이언트와 실천가가 서로 합의한 문제를 다루고 목표를 함께 추구하는 것이라고 추측할 수 있다.

이론은 두 개의 변수인 '계약의 사용' 및 '클라이언트의 만족 수준'과 관계가 있는 것이지, 사람 그 자체와 관계가 있는 것이 아님에 주목하라. 이전에도 지적했듯이 사람은 그런 두 변수의 보유자이며, 따라서 두 변수 사이의 관계는 오직 사람을 관찰함으로써 볼 수 있다. 그러나 궁극적으로 이론은 변수 언어로 구성된다. 이론은 상이한 변수의 특정한 속성 사이에 존재할 것이라고 논리적으로 기대되는 연관을 묘사한다.

이 사례에서 '계약의 사용'은 독립변수이고, '클라이언트의 만족도 수준'은 종속변수다. 즉, 우리는 만족도의 수준이 무엇인가에 의해 결정되거나 야기된다고 가정하고, 이런 이유로 종속변수라고 한다. 종속변수가 의존하고 있는 것은 독립변수라고 한다. 이 경우 만족은 계약의 사용에 달려 있다. 비록 연구되고 있는 클라이언트들에게 계약의 사용 여부는 상이하겠지만, 그것은 만족도 수준과는 독립된 것이다.

두 가지 논리체계

1장에서 '과학적 방법'을 언급했었다. 사실 연구에서 이론을 사용하는 방식에 의해 구분되는 두 가지 과학적 방법이라고 하는 것이 더욱 정확할 것이다. 하나는 연역적 논리에 근거하는 연역적 방법(deductive method)이고, 다른 하나는 귀납적 논리에 근거하는 귀납적 방법

(inductive method)이다. 이제 이 두 논리체계를 고찰하고 대조해보자. 연역적 모델부터 시작해보자.

연역과 귀납의 비교

연역적 방법에서 연구자는 이론으로 시작한 다음 검증을 위해 하나 혹은 그 이상의 가설을 그 이론에서 도출한다. 다음으로 각 가설에서 변수와 변수를 측정할 때 사용될 조작을 구체적이고 관찰될 수 있는 용어로 정의한다. 마지막 단계에서는 구체적인 측정을 실행하는데, 현상들이 실제로 어떤지 관찰하고 그런 관찰이 가설을 확증하는지 아니면 확증하지 못하는지를 살핀다. 때때로 이 마지막 단계는 실험의 수행이나 사람들에 대한 면접, 관심 있는 연구대상을 방문해 관찰하는 것을 포함한다.

그림 3-5는 이론에서 조작화로, 관찰로 이동하는 과학적 탐구의 연역적 모델을 개략적으로 보여준다. 연구자가 어떤 문제에 대한 관심 혹은 그 문제에 대한 생각, 예를 들어 청소년 가출 문제로 시작하는 것을 볼 수 있다. 다음은 이론적 이해의 전개다. 이론적 고려는 가설이나, 이론적 기대가 맞는다면 세상에서 사물이 그렇게 될 수밖에 없는 방식에 대한 기대를 낳는다.

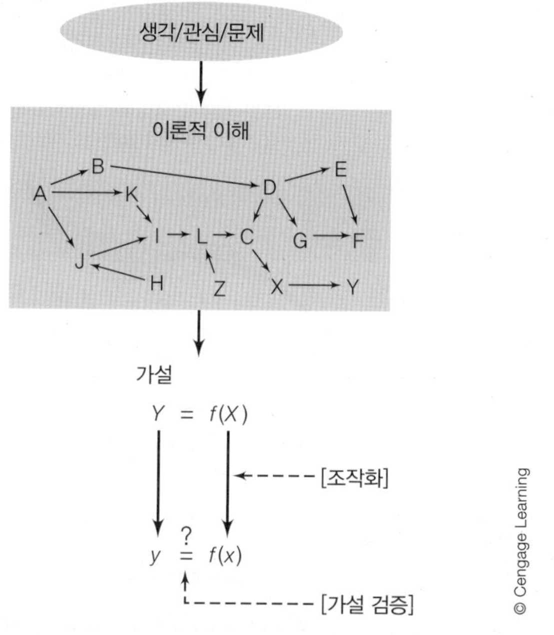

그림 3-5 과학의 연역적 이미지

예를 들어 연구자는 가족 역기능이 청소년 가출을 설명한다고 보고, 가족 역기능과 그 대책을 이해하기 위해 가족체계이론을 사용할 수 있다. 그림 3-5에서 이처럼 폭넓게 인식된 가설이 $Y=f(X)$라는 기호로 표현되어 있다. 이것은 *Y*(예를 들어, 가출사건)가 *X*(예를 들어, 가족 역기능)의 함수(어떤 식으로 영향을 받는)라고 이야기하는 통상적 방식이다. 그러나 이 수준에서 *X*와 *Y*는 구체적인 의미보다는 일반적인 의미를 갖는다. 이런 이론적 이해로부터 연구자는 하나나 그 이상의 구체적인 가설(예를 들어, 가족체계 치료를 제공하면 미래에 일어날 가출사건의 가능성을 감소시킬 것임)을 도출한다. 다음은 이런 두 가지 일반적인 개념이 가설을 검증할 수 있도록 구체적이고 관찰 가능한 지표(indicator)로 전환되어야 한다. 이것은 조작화 과정에서 이루어진다. 예를 들어 소문자 *y*와 소문자 *x*, 대문자 *Y*와 대문자 *X*의 구체적이고 관찰 가능한 지표를 표현한다. 가출사례에서 *y*(소문자)는 무엇이 가출사건을 구성하는지 관찰할 수 있는 용어로 명확하게 설명해야 할 필요성을 언급하는 것이며, *x*(소문자)는 검증될 가족체계의 유형을 구성하는 내용과 과정을 구체적인 용어로 묘사할 필요성을 언급한다. 마지막으로, 가설을 검증하기 위해 관찰이 이루어진다.

이미 언급한 것처럼 연역적 모델은 귀납적 논리와는 대비되는 연역적 논리를 사용한다. 과학철학자인 W. I. B. 베버리지 Beveridge(1950)는 이 두 가지 논리체계를 다음과 같이 기술했다.

> 논리학자들은 귀납적 추론(특수한 사례에서 보편적 원칙으로, 사실에서 이론으로)과 연역적 추론(보편에서 특수로, 이론을 특수한 사례에 적용하는)을 구별했다. 귀납에서는 관찰된 자료에서 출발해 관찰된 대상들 사이의 관계를 설명하는 일반화로 발전한다. 반면에 연역적 추론에서는 일반적 법칙에서 시작해 그 법칙을 특수한 경우에 적용한다(p. 113).

연역적 논리의 고전적인 사례는 "모든 사람은 죽는다. 소크라테스는 사람이다. 따라서 소크라테스는 죽는다." 라는 익숙한 삼단논법이다. 이 삼단논법은 이론과 이론의 조작화를 제시한다. 증명을 위해서는 소크라테스의 죽음에 대한 경험적인 검증을 수행해야 한다. 이것이 본래 연역적 모델로 논의되는 접근이다. 귀납적 논리를 사용하려면 소크라테스가 죽었다는 것을 알고 다른 사람들도 그렇다는 것을 관찰하면서 시작한다. 그 다음 관찰한 모든 사람이 죽었다는 것에 주목하게 되고, 결국 모든 사람이 죽는다는 잠정적인 결론에 도달하게 된다.

그림 3-6은 연역적 방법과 귀납적 방법을 그림으로 비교한 것이다. 두 경우 모두에서 우리는 시험공부에 소비하는 시간과 그 시험에서 받은 점수 사이의 관계에 관심이 있다. 연역적 방법을 사용하면 우리는 그 문제를 논리적으로 고찰하면서 시작한다. 시험을 잘 봤다는 것은 정보를 기억해내고 조작하는 학생의 능력을 반영한다. 이 두 가지 능력은 시험 전 정보에 노출됨으로써 증가되어야 한다. 이런 방식으로, 공부에 사용한 시간과 시험에서 받은 점수 사이의 긍정적 관계를 제안하는 가설에 도달한다. 공부시간이 증가하면서 점수가 증가할 것으로 기대하기 때문에 '긍정적'이라고 말한다. 증가한 시간이 점수의 감소를 초래한다면 아마 '부정적인' 관계라고 불릴 것이다. 이 가설은 그림 3-6의 I(a)에서 선으로 제시되어 있다.

연역적 방법에서는 우리의 가설을 검증하는 것과 연관된 관찰을 하는 것이 다음 단계다. I(b)의 그림자 부분은 학생이 얼마나 많은 시간을 공부했는지, 그들이 받은 점수가 어떤지를 나타내는 수백 명의 서로 다른 학생들의 관찰을 표현한다. 마지막으로 I(c)에서 가설과 관찰을 비교한다. 실제 세상에서의 관찰이 우리가 기대한 것과 부

그림 3-6 연역적 방법과 귀납적 방법

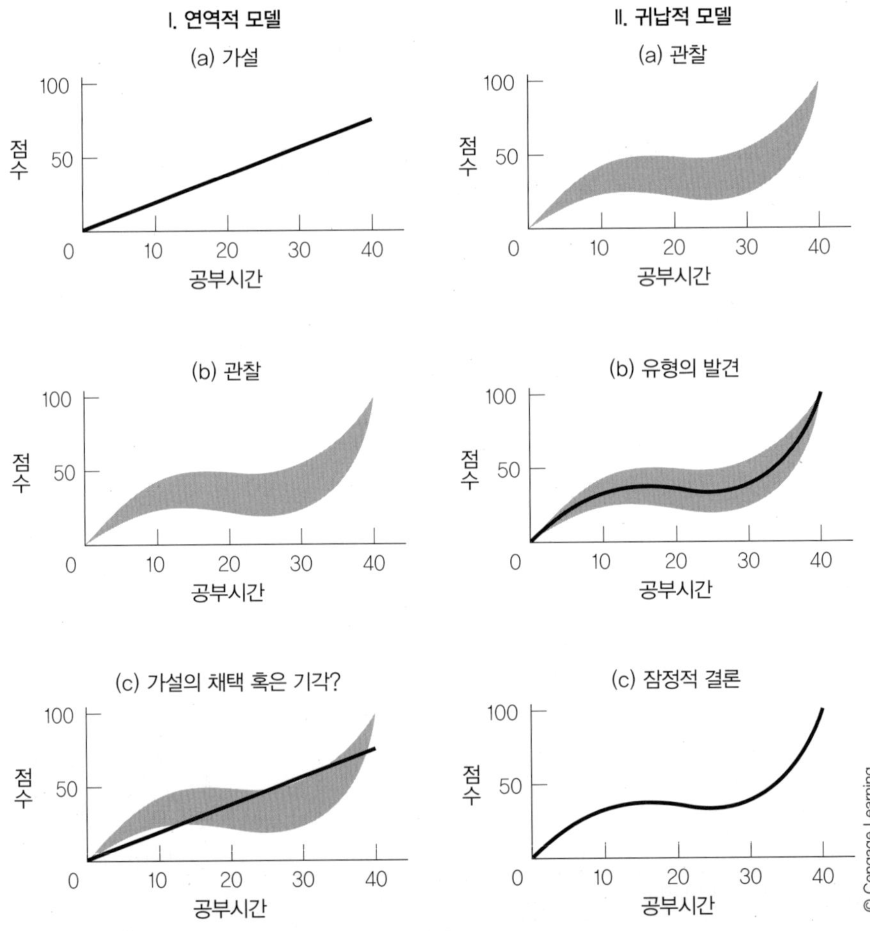

합한다고는 해도 완벽하지는 않기 때문에 가설이 확정되었다고 말할 정도로 충분하게 부합했는지를 우리가 결정해야만 한다. 달리 표현하자면, 실제 생활에서 약간의 편차가 있다는 것을 인정하더라도 가설이 존재하는 보편적 유형을 잘 기술하고 있다고 결론 내릴 수 있는가?

이번에는 귀납적 방법을 사용해 같은 연구 질문을 다뤄보자. 이 경우 II(a) 부분처럼 일련의 관찰로 시작한다. 공부에 사용한 시간과 얻은 점수 사이의 관계를 궁금해하며 관련 자료를 수집하기로 한다. 그 다음 우리의 관찰을 가장 잘 표현하거나 요약할 수 있는 유형을 찾는다. II(b) 부분에서 유형은 구부러진 점들의 중심을 관통하는 곡선으로 드러난다.

이 경우 점들에서 발견된 유형은 1~15시간 공부할 경우에는 통상 추가적인 공부시간이 시험에서 더 높은 점수를 야기함을 보여준다. 그러나 15~25시간에서는 추가적인 공부시간이 오히려 성적을 약간씩 더 낮게 만드는 것으로 보인다. 반면에 25시간 이상의 공부는 처음의 유형으로 다시 돌아오는 결과를 낳는다. 즉, 더 많이 공부할수록 더 높은 점수를 받는 유형이다. 귀납적 방법을 사용하면 두 변수 사이의 관계 유형에 대한 잠정적 결론에 도달하게 된다. 우리가 했던 관찰이 유형에 대한 검증으로 간주될 수 없기 때문에 결론은 잠정적인 것이다(그런 관찰들이 우리가 창출한 유형의 출처다).

실제 연구 프로젝트에서는 그 다음 어떤 일이 일어날까? 호가티 Hogarty가 약물치료는 받지 않고 오직 개별치료만 받은 정신분열증 환자들이 약물치료든 개별상담이든 둘 다 받지 못한 환자보다 상태가 좋지 않다는 발견에 대한 논리적 설명을 찾으려고 노력한 것처럼, 우리도 자료에서 발견된 유형에 대한 논리적 설명을 찾으려고 할 것이다. 결국 우리는 어떤 설명에 도달하게 된다. 즉, 실제 세상에서 관찰되어야 할 것에 대한 더 많은 기대를 창출하는 예측 말이다. 그러면 우리는 다시 조사하게 될 것이다.

그러면 실제 실천에서 이론과 연구는 연역, 귀납, 연역의 끝없는 교대를 통해 상호작용한다. 월터 월리스Walter Wallace(1971)가 하나의 원으로 이 과정을 멋지게 묘사했는데, 그림 3-7에 수정된 형태로 표현되어 있다. 월리스의 모델에서 이론은 가설을 창출하고, 가설은 관찰을 제안하며, 관찰은 일반화를 산출하고, 그런 일반화는 이론의 수정을 야기한다. 그러면 수정된 이론은 다소 수정된 가설과 새로운 관찰을 제안하며, 이들은 다소 개정된 일반화를 산출하고 나아가 이론을 수정하게 된다. 이 모델에서는 분명하게 시작도 없고 끝나는 시점도 존재하지 않는다. 당신에게 흥미가 있는 것을 조사할 때 어디서든지 시작할 수 있다. 따라서 우리가 청소년 가출 문제를 이해하고 그에 대해 무언가를 수행하기 원한다면, 가족체계이론(혹은 어떤 다른 이론)으로부터 가설을 도출하면서 시작해 그런 가설을 검증할 관찰을 할 수 있고, 아니면 특정 이론적 방향을 가리키는 것과 같은 어떤 일관된 유형을 발견할 때까지 가출에 대한 관찰에 몰두하면서 시작할 수 있는데, 이는 가설과 관찰로 이어질 것이다.

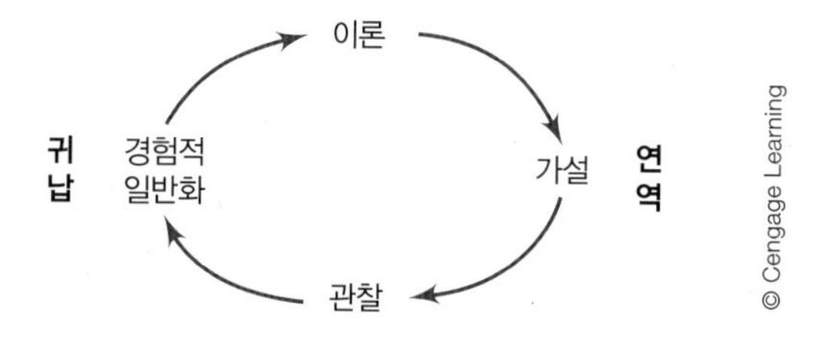

그림 3-7 과학의 수레바퀴

요약하면 논리적 추론이라는 과학적 규범은 이론과 연구 간의 다리(양방통행 다리)를 제공한다. 실제 과학적 탐구는 통상 연역과 귀납 간의 교대와 관련된다. 연역단계 중에는 관찰 방향으로 추론을 해나가고, 귀납단계 중에는 관찰로부터 추론을 한다. 논리와 관찰 둘 다 필수적이다. 실제로 연역과 귀납 모두 사회이론의 구축으로 이르는 길이다.

확률적 지식

인간행동 가운데 우리가 확인할 수 있는 요인만으로 전적으로 설명될 수 있는 것은 거의 없다. 비록 아직 발견되지 않았지만 수많은 요인이 특정 현상의 설명에 기여한다. 예를 들어, 가난은 노숙의 원인에 기여하는 요인이지만 가난하다는 것이 노숙을 야기하는 유일한 문제는 아니다. 저소득층을 위한 주택의 부족, 알코올중독, 정신장애, 갑작스러운 실업 등 다른 요인도 작용한다. 우리는 상당한 확신을 갖고 가난이 사람들을 노숙으로 내몰 가능성이 높다고 얘기할 수 있지만, 한편으로 빈곤이 노숙의 원인으로 기여하기는 해도 대부분의 가난한 사람이 노숙인이 아니라는 것도 인식한다. 그러므로 인간행동을 설명하거나 예측할 때 우리는 확신이 아니라 확률로 이야기한다.

확률에 근거한 지식은 만약 A가 발생하면 B가 발생할 가능성이 높다고 이야기할 수 있게 한다. 확률적 지식은 'B가 발생할 것이다' 혹은 '아마도 B가 발생할 것이다'라고는 말하게 해줄 수가 없다. 예를 들어, 개입 A가 개입 B보다 효과적일 가능성이 높다는 사실을 발견한 조사연구에서 개입 A가 당신의 클라이언트에게 효과적일 것이라고 보장하지는 않는다. 마찬가지로 정신질환의 원인에 관한 연구는 정신질환 부모를 둔 자녀가 나머지 인구집단보다 정신질환자가 될 가능성이 10배나 높다고 제시하지만, 정신질환 부모를 둔 대부분의 자녀는 결코 정신질환자가 되지 않는다. 오직 그들 가운데 10%만 그럴 뿐이다. 그러나 나머지 인구집단의 경우 1%만 정신질환에 걸리기 때문에 우리는 정신질환 부모를 둔 것이 정신질환이 될 수 있는 한 가지 요인으로 보인다고 말할 수는 있다(아마 생물학적으로 정신질환을 야기하는 요인에 취약하게 만드는 어떤 유전적 조합이 유전됨으로써). 부모의 정신질환이 자녀가 앓는 정신질환의 '원인'이라고 말할 수 있는 우리의 능력은 많은 정신질환자의 부모가 원래 정신질환자가 아니었다는 관찰에 의해 더욱 제한된다(다시 여기서 유전학이 가능한 대답을 제공할 것이다).

그러므로 인간행동을 '결정'하는 수많은 '원인'은 자신들이 야기한 '결과'에 필요하지도 충분하지도 않다. 노숙인 중에는 알코올중독이 노숙을 야기한 경우도 많다. 그러나 알코올중독자가 아니라도 노숙인이 될 수 있다. 그러므로 알코올중독은 노숙이 발생하는 데 필요조건이 아니다. 알코올중독은 충분조건도 아닌데, 그 이유는 알코올중독 하나만으로 노숙을 창출하지는 않기 때문이다.

확실성을 열망하는 사람들은 확률적 지식을 불편해하고, 따라서 사회조사의 연구결과물을 경멸한다. 우리는 자신이 할 것을 단지 선택할 뿐이라는 자유의지의 개념처럼 그들은 '이해'에 이르는 데 있어 보다 덜 복잡하고 비과학적인 길을 선호한다. 대안으로 그들은 상사나 다른 권위 있는 사람이 확신 있게 제공하는 협소한 설명을 선호할 수 있다. 사회복지 실천을 해보면 불확실성을 취급하는 것이 지속적인 불편과 불안의 원천이라는 사실을 이해할 수 있을 것이다. 당신은 과학적 연구의 확률적 지식보다는 실천에 관해 독단적 견해를 가진 어떤 전문가의 '확실한' 주장을 의심 없이 받아들임으로써 이런 불편으로부터 안도감을 느낄 수도 있다. 1장에서는 그처럼 권위에 의존할 때의 위험에 대해 논의했었다.

비록 불확실성이 주는 불편함에서 벗어나는 것이 당신을 기분 좋게 만들지는 몰라도 진리로부터는 더 멀어질 것이고, 이는 궁극적으로 클라이언트에게 최선의 이익이 되지 않을 것이다. 그러나 대부분의 조사연구가 당신의 실천에 확신을 가져다줄 그런 종류의 대답을 제공하지 않는다는 것을 미리 경고해둔다(더 나은 연구자가 될 수 있도록 미리 무장하기를 바라는 입장에서).

설명에 대한 두 가지 인과모델

앞서 살펴봤듯이, 복합적인 이유가 특정한 현상을 설명할 수 있다. 어떤 사람의 행위를 그에 대한 수많은 이유, 그 개인에게 독특한 이유를 낱낱이 열거해서 설명하려고 할 때 우리는 설명에서 **개별사례 모델**(idiographic model)을 사용하는 것이다. 물론 실제로 그런 이론을 전부 규명할 수는 없다. 그럼에도 개별사례 모델이 다양한 맥락에서 자주 사용됨을 인식해야 한다.

한 가지 사례로, 우리가 특정 청소년이 왜 비행에 빠졌는지를 이해하는 데 관심이 있다고 하자. 만약 당신이 그

소년의 담당자라면 가족상황, 이웃, 학교환경, 친구 등 비행을 설명할 수 있을 것으로 보이는 모든 요소에 대해 가능한 한 많은 것을 알아내려고 할 것이다. 결손가정이나 역기능적 가정에서 살고 있지는 않은가? 비행을 일삼는 형제나 자매가 있지는 않은가? 폭력조직에 속해 있지는 않은가? 학교에서는 어떻게 행동하는가? 집이 가난한가? 그의 행동과 그에 대한 당신의 이해에 영향을 미칠 신체적 혹은 심리적 문제가 있지는 않은가? 이 경우 당신의 목적은 이 한 사람을 그의 모든 개별적인 특성을 통해 가능한 한 충분히 이해하려는 것이다. 이것이 바로 설명에서의 개별사례 모델이다.

개별사례 모델이 종종 일상의 삶과 사회복지 실천에서 사용되지만, 다른 상황에서는 설명에서의 **보편법칙 모델**(nomothetic model)이라는 다른 접근이 요구된다. 이 모델은 특정 개인을 가능한 한 충분하게 이해하고자 하는 것과는 달리 보편적인 현상을 부분적으로 이해하려고 한다. 앞의 사례에 따르면 청소년비행의 보편적인 원인을 알아내는 데 관심을 가질 수 있다. 많은 청소년의 비행을 설명하는 데 가장 중요한 요소는 무엇일까? 비행을 야기하는 한부모 가정의 역할을 고려해보자.

많은 수의 청소년을 연구하기로 했다면 양부모 가정에서 살고 있는 청소년보다 한부모 가정에 살고 있는 청소년 중에서 더 높은 비율의 비행이 발생한다는 사실을 발견한다. 그렇다고 이것이 한부모 가정이 항상 청소년비행을 낳는다거나, 양부모 가정이 확실하게 비행을 예방한다는 뜻은 아니다. 그러나 일반적 법칙으로 한부모 가정이 양부모 가정보다 비행을 창출할 가능성이 높다는 것이다.

실제로 사회과학자들은 한부모 가정의 어떤 한 가지 요인이 청소년비행의 가능성을 높인다는 것을 발견했다. 그것은 어른의 감독 결여다. 구체적으로, 양부모 가정은 청소년이 학교에서 집으로 돌아왔을 때 어른이 집에 있을 가능성이 높다. 청소년비행의 가능성을 줄이는 것은 어른이 갖는 감독의 존재다. 한부모 가정의 경우 청소년들이 방과 후에 부모의 감독을 받지 않을 가능성이 높고, 따라서 문제에 빠질 가능성이 높다.

개별사례 모델이 가능한 한 많은 원인요인을 사용해 특정 사례에 관한 모든 것을 이해하고자 한다면, 보편법칙 모델은 상대적으로 적은 수의 변수를 이용해 일반적인 현상에 대한 부분적 이해를 추구한다. 이 논의를 시작할 때 묘사했던 비행청소년은 한부모 가정에 살 수도 있고, 그렇지 않을 수도 있다. 만약 그가 한부모 가정에 살고 있다면, 그 요인이 그의 비행을 설명할 수도 있고 그렇지 않을 수도 있다. 개별사례의 방침을 취하면 한 청소년이 길을 잃게 만든 모든 특수 요인을 발견하고자 할 것이다. 보편법칙의 관점을 취하면, 부모 감독의 부족처럼, 많은 비행사례를 일반적으로 설명할 수 있는 요소를 찾으려 할 것이다.

보편법칙 모델을 이용한 설명은 인과성에 대한 접근에 있어 불가피하게 확률적이다. 몇 개의 인과요인을 들먹인다 해도 좀처럼 완전한 설명을 제공하지는 못한다. 실제로 기껏해야 보편법칙은 제한된 숫자의 특수한 고려점이 존재할 때마다 주어진 행동이 발생할 확률이나 가능성이 매우 높다는(혹은 매우 낮다는) 것을 의미한다. 더 많은 고려사항을 확인하면 일반적으로 설명의 정도는 높일 수 있겠지만, 기본적으로 단순한 모델이 선호됨을 고려한다면 높은 설명 정도와 적은 수의 원인요인 사이에서 균형을 잡도록 요구된다.

사회복지 실천에서 보편법칙 연구와 개별사례 연구의 활용

사회복지 실천에서 보편법칙 모델과 개별사례 모델의 사용을 좀 더 살펴보기 위해, 당신이 뉴욕 시에 살고 있는 임상실천가라고 상상해보라. 당신은 2001년 9월 11일 세계무역센터에 대한 공격으로 외상 후 스트레스 장애(PTSD)를 경험하고 있는 생존자 치료에 자원했다. 실천을 하면서 당신이 클라이언트에게 가장 효과적인 서비스를 제공하고 있는지 확인하기 위해 발표되는 연구문헌을 정기적으로 접해오고 있는데, 최근에 PTSD를 가진 사람들에게 희망적인 새로운 개입에 대해 알게 되었다. 그 개입은 몇 개의 보편법칙적 조사 논문에서 지지를 받고 있다. 특히 당신이 다루고 있는 9·11 생존자에게 효과가 있을 것으로 보인다.

보편법칙적 조사 논문은 새로운 개입이 다른 치료적 접근보다 PTSD로 고통받는 사람들에게 효과적일 가능성이 일반적으로 더 높다는 것을 보여준다. 다른 대안적 접근법을 사용한 클라이언트 중 오직 30%만 증상이 사라진 것에 비해, 새로운 개입을 받은 클라이언트의 70%가 몇 주 만에 증상이 사라졌다. 그러나 새로운 개입은 다른 접근법보다 일시적으로 더 심한 정서적 불쾌감을 수반하는 경향이 있는데, 이는 이 개입이 클라이언트에게 충격적 사건의 생생한 이미지를 회상하도록 요구하기 때문이다. 따라서 효과가 없다면 새로운 개입을 클라이언트에게 계속 제공하려고 하지 않을 것이다.

연구는 새로운 개입을 고려하는 데 필요한 보편법칙적 근거를 제공한다. 즉, 확률적인 용어로 새로운 개입이 일반적으로 효과적이긴 하지만 당신의 특정한 클라이언트에게도 효과적일 것이라고 보장하진 못한다는 것을 알려준다. 아마도 당신의 클라이언트가 새로운 개입으로 도움을 받지 못한 30%의 사람에 들 수도 있다. 당신이 읽은 연구는 개입을 좀 더 성공적으로 만들 수 있는 변수, 예를 들어 성별이나 연령, 사회계층, 가족상황 등에 대해서는 아무런 제시가 없다. 게다가 그 연구는 9·11 테러의 생존자와는 아무런 관련이 없다.

사회복지 실천가로서 당신은 하나의 특정 사례에 관심이 있을 것이며, 개입의 효과성에 영향을 미칠 수 있는 특성의 범위를 고려하려고 할 것이다. 당신의 사례는 두 명의 학령기 전 아동과 어머니로 이루어진 가정인데, 그 어머니는 푸에르토리코에서 뉴욕으로 이민을 왔으며 영어를 유창하게 하지 못한다고 가정해보라. 남편은 9·11 테러로 살해된 관리인이었다. 그녀도 같은 빌딩에서 남편과 함께 관리인으로 일했는데 공격 당시 아래층에 있는 바람에 공격을 피할 수 있었으나 남편은 그러지 못했다는 점에 죄책감을 느끼고 있다. 그녀의 학령기 전 두 아이 중 하나는 심각한 학습장애가 있다. 그 어머니는 PTSD 증상을 보이고 있다. 무역센터빌딩이 공격을 받고 무너지는 이미지를 텔레비전을 통해 본 아이들도 둘 다 같은 증상을 보인다. 어머니가 어릴 때 학대를 받았다고 가정해보라. 이것이 어느 정도 그녀의 PTSD 증상과 새로운 기법이 그녀에게 성공적일 가능성에 영향을 미치게 될까? 또한 성공의 확률이 그녀가 소수인종이라는 것과 이민자라는 것, 언어적 요인 혹은 사회경제적 스트레스 요인에 의해서도 영향을 받을까? 그녀의 아이들처럼 어린아이에게도 효과가 있을까? 심각한 학습장애가 있는 어린아이에게도 효과가 있을까? 또한 그 개입이 다른 종류의 외상에는 효과가 있었지만 9·11 테러의 생존자들에게는 효과가 없을 수도 있다는 점에 주목하라. 이것이 인과에서 개별사례 모델의 한 가지 사례다.

분명히 개별사례 모델의 사례에서 논의된 모든 상황적 변수가 보편법칙적 분석에서도 조사될 수 있고 종종 조사되고 있다. 그러므로 우리는 새로운 개입이 많은 수의 9·11 테러 생존자 표본에 효과가 있는지를 연구할 수 있다. 또한 아동보다는 어른에게 효과가 있을 가능성이 더 큰지 혹은 학습장애가 없는 아동보다 있는 아동에게 효과가 있을 가능성이 더 큰지, 이전에 다른 외상의 희생자였던 사람에게 효과가 있을 가능성이 더 큰지를 연구할 수도 있다. 중요한 차이점은 개별사례 접근이 단일한 사례에 대한 충분한 설명을 목표로 하는 반면, 보편법칙적 접근은 일반적으로 발생하는 인과유형을 찾는다는 데 있다.

당신의 개입이 클라이언트에게 효과적인지를 알아내고자 할 때 단일사례 설계평가를 수행함으로써 개별사례 접근법을 취할 수 있다. 그 접근법은 일주일 혹은 2주일 동안 매일 클라이언트의 PTSD 증상을 측정하고 새로운 기법을 수행하기 전의 결과를 도표화하는 것이다. 그 다음 새로운 기법이 시작된 후에 증상을 계속 도표화한다. 도표화된 자료가 개입의 시작과 동반되어 PTSD 증상이 감소되는 것을 보여주느냐의 여부가 그 개입이 클라이언트에게 효과가 있는지를 알려줄 것이다. 단일사례 연구를 다룬 이 책의 13장에서 이 같은 개별사례 연구를

가설에 대한 개별사례적 검증과 보편법칙적 검증의 예시

가설: 노출치료가 PTSD 증상을 완화하는 데 효과가 있음

개별사례적

(치료는 질 Jill에게는 효과가 있으나 잭 Jack에게는 없음)

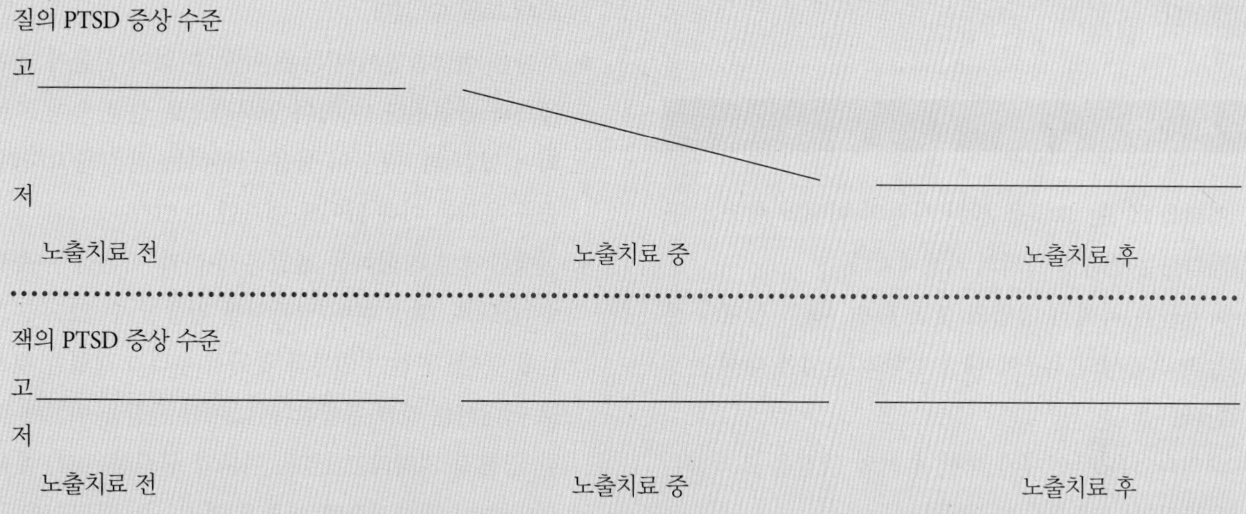

질의 PTSD 증상 수준

고

저

노출치료 전 노출치료 중 노출치료 후

잭의 PTSD 증상 수준

고

저

노출치료 전 노출치료 중 노출치료 후

보편법칙적

(치료는 200명의 참여자가 보여준 결과에 근거해 확률적으로 효과적임)

	치료조건에 따른 참여자의 수	
PTSD 증상	노출치료	치료를 받지 않은 통제집단
경감된 경우	70 (질은 이 집단에 속함)	30
경감되지 않은 경우	30 (잭은 이 집단에 속함)	70

어떻게 설계하고 실행하는가에 대해 더 많이 배우게 될 것이다.

'가설에 대한 개별사례적 검증과 보편법칙적 검증의 예시'라는 제목의 글상자는 PTSD 증상을 경감하는 데 효과가 있다고 보여준 어떤 치료법에 대한 개별사례적 검증과 보편법칙적 검증의 차이점을 그림으로 제시하고 있다. 상자의 아래쪽에서 연구참여자가 200명인 보편법칙적 검증을 보여준다. 그 결과는 개입이 효과적이라는 확률적 근거를 제공한다. 그러나 상자의 윗부분에 있는 개별사례적 검증은 그 개입이 어떤 클라이언트(질)에게는 효과가 있지만 다른 클라이언트(잭)에게는 효과가 없음을 보여준다. 잭과 질은 보편법칙적 실험에는 포함되지 않았다. 그러나 그들이 보편법칙적 실험의 부분으로 치료를 받았다면, 질은 증상이 경감된 70% 안에 속했을

것이고, 잭은 증상이 경감되지 않은 30% 안에 속했을 것이다.

이 장에서는 어떻게 상이한 철학적 쟁점, 이론, 모델이 연구가 수행되는 방식에 영향을 미치는지를 살펴봤다. 다음 장에서는 이 장에서 논의한 요인들의 영향을 받고 있는 사회복지 연구에 있어 세 가지 대표적 모델을 살펴볼 것이다.

주요 내용

- 이데올로기는 그것을 믿는 사람의 이해와 행동을 구체화하는 믿음과 가치의 폐쇄체계다.
- 학자들은 과학적 방법의 몇몇 측면, 특히 실재의 본질과 객관성의 추구에 대한 철학적 관념에 대해 논쟁한다.
- 패러다임은 무언가에 대한 우리의 관점을 조직하는 근본적인 모델 혹은 도식이다.
- 사회과학은 연구의 수행방식에 영향을 미치는 수많은 패러다임을 활용한다.
- 실증주의 패러다임은 연구에서 객관성, 예측성, 일반화의 가능성을 강조한다. 현대의 실증주의 연구자들은 관찰과 측정이 과학의 이상적 이미지가 의미하는 것처럼 순수하게 객관적일 수 없음을 인정하지만, 여전히 잠정적인 비객관적 영향의 충격을 예측하고 최소화하려고 한다.
- 해석주의 패러다임은 사람들이 내면에서 어떻게 느끼는지, 일상적 경험을 어떻게 해석하는지, 그들 행동의 고유한 이유에 대한 감정이입적 이해를 얻는 데 강조점을 둔다.
- 비판사회과학 패러다임은 억압에 초점을 두고 있으며, 억압된 사람들에게 권력을 부여하기 위한 연구절차를 사용한다.
- 객관성은 과학적 탐구의 중요한 목표이지만, 객관성을 획득하는 최선의 방법에 대해 모든 과학자의 생각이 일치하는 것은 아니다.
- 이론은 사회적 삶의 측면을 설명하거나 사람들이 어떻게 행동하고 그들의 삶 속에서 의미를 발견하는지에 대한 우리의 이해를 풍성하게 하려는 상호 연관된 진술의 체계적 집합이다.
- 이론과 가치의 구분은 사회과학자가 이데올로기적 관점을 반영하는 사회 프로그램의 연구와 관련될 때 모호해 보일 수 있다.
- 사물을 설명하면서 이론은 피할 수 없이 사물에 대한 예측과 관련된다. 예측이 암묵적으로 설명 속에 포함되어 있긴 하지만, 이 둘을 구분하는 것은 중요하다. 종종 우리는 이해 없이도 예측할 수 있다.
- 실생활에서 경험하는 관찰은 우리가 이론을 구축할 수 있도록, 그 이론이 맞는지를 검증할 수 있도록 도움을 준다. 관찰이 이론과 맞아서 우리가 경험할 것으로 기대하는 것과 부합한다면, 이런 관찰을 이론에 대한 경험적 지지라고 한다. 이론의 신뢰성은 (1) 우리의 경험이 경험적으로 이론을 지지하는 정도, (2) 구성요소가 논리적인 방식으로, 체계적으로 조직화되어 있어 우리가 세상을 더욱 잘 이해하도록 돕는 정도에 달려 있다.
- 가설은 이론이 맞는다면 실제 세상에서 관찰되어야 할 것을 예측한다. 이것은 어떤 하나에서의 변화가 다른 것에서의 변화를 설명할 것으로 기대되는 것에 대한 잠정적이고 검증 가능한 진술이다.
- 가설은 변수들 간의 관계, 즉 한 변수에서의 변화가 다른 변수에서의 변화와 연관될 가능성을 예측한다.
- 변수는 어떤 생각, 사물, 사건이나 사람을 상징하는 정신적 이미지를 의미하는 개념이다.
- 무언가를 설명하거나 야기하는 변수를 독립변수라 하고, 설명되거나 야기되는 변수를 종속변수라 한다.
- 변수를 구성하는 개념은 그 변수의 속성이라고 한다.
- 연역적 방법에서는 연구자가 이론으로 시작해 그로부터 검증을 위한 한 가지나 그 이상의 가설을 추출한다. 귀납적 방법에서는 관찰된 자료에서 출발해 특정한 관찰을 설명할 가설을 개발한다.

- 과학은 연역과 귀납을 번갈아가며 반복해 사용하는 과정이다.
- 대부분의 설명적 사회과학 연구는 인과관계에서 확률적 모델을 사용한다. *X*가 *Y*에게 어느 정도 영향력을 가진 것으로 보이면 *X*가 *Y*를 야기했다고 할 수 있다.
- 설명에서 개별사례 모델은 주어진 행동의 이면에 놓여 있는 다양하고 독특한 고려사항을 열거를 통해 설명하고자 한다.
- 보편법칙 모델은 일반적인 현상을 이해하고자 한다.

연습문제

1. 당신이 강하게 신봉하고 견지하고 있는 특정한 믿음과 관련된 사회복지 실천접근법이나 사회정의와 관련된 쟁점 혹은 원인에 관해 생각해보라. 그런 믿음에 관해 당신이 얼마나 과학적일지 1에서 10까지의 척도로 자신을 평가해보라. 당신은 얼마나 그런 신념들이 과학적 증거에 의해 의문시되고 논박당하도록 허용할 것인가? 그런 믿음을 유지 혹은 변화시키기 위한 토대로 당신은 얼마나 과학적 증거를 추구하는가? 당신과 다른 신념을 가진 학우를 찾아서 당신이 가진 대조적인 관점에 대해 토론해보라. 그런 다음 각각을 동일한 10점 척도로 평가해보라. 당신이 부여한 점수와 학우가 당신에게 부여한 점수의 부합 정도를 비교하고 토론하라. 만약 당신이 그런 믿음에 대해 과학적이지 않으려고 한다면 수업에서 그 이유를 논의하고, 학우들에게 당신의 관점에 대한 그들의 반응을 함께 나누도록 격려하라.
2. 「Research on Social Work Practice」, 「Social Work Research」 등의 사회복지 조사 학술지 최근호를 검토하라. 개별사례 모델을 보여주는 논문 하나와 보편법칙 모델을 보여주는 논문 하나를 찾아라. 각각의 가치와 그들이 어떻게 대조적인 모델을 예증하는지 토론해보라.

인터넷 연습문제

1. 과학적 방법을 논의하는 논문을 하나 찾아서 읽어보라. 그 논문의 참고문헌을 적어보고 논문을 몇 줄의 문장으로 요약하라. 당신이 보기에 그 논문이 유용한지, 만일 그렇다면 왜 그러한지를 밝혀보라.
2 「Policy Studies Journal」(Spring, 1998)에서 'Bridging Positivist and Interpretivist Approaches to Qualitative Methods'라는 제목으로 앤 치 린 Ann Chih Linn이 쓴 논문을 찾아보라. 이 두 가지 접근이 결합될 수 있고, 서로 배타적이지 않다는 그녀의 주장을 간략하게 기술하라.
3. 구글, 야후, 라이코스 등의 검색엔진을 이용해 다음의 패러다임 중 적어도 두 가지에 대한 정보를 웹상에서 찾아보라. 웹주소를 적고, 토론장에서 당신이 발견한 중심 주제를 보고하라.

비판사회과학	페미니즘
해석주의	실증주의
포스트모더니즘	사회구성주의

추천도서

Babbie, E. (1986). *Observing Ourselves: Essays in Social Research*. Belmont, CA: Wadsworth. 이 논문집은 객관성, 패러다임, 개념, 실재, 인과성, 가치 등을 포함해 이 책에서 제기된 몇몇 철학적 쟁점을 확대한 것이다.

Denzin, N. K., & Lincoln, Y. S. (1994). *Handbook of Qualitative Research*. Thousand Oaks, CA: Sage. 이 책에서 여러 저자는 탐구의 본질이 패러다임에 따라 어떻게 영향을 받는지 보여주면서, 다양한 패러다임의 관점에서 질적 연구의 수행을 논의하고 있다. 또한 편저자들은 포스트모더니즘적 관점으로부터 실증주의를 비판하고 있다.

Kaplan, A. (1964). *The Conduct of Inquiry*. San Francisco:

Chandler. 이 책은 논리학과 과학철학, 사회과학 철학에 관한 표준 참고서다. 엄밀하게 말하면 학술적이긴 하지만 매우 흥미롭게 읽을 수 있으며, 탐구의 실상과 끊임없이 연관되어 있다.

Kuhn, T. (1970). *The Structure of Scientific Revolution*. Chicago: University of Chicago Press. 과학적 발달의 본질을 흥미롭고 혁신적으로 재조명하면서 쿤Kuhn은 과학에서의 점진적인 변화와 수정이라는 개념을 반박한다. 대신에 그는 모순적 증거의 비중으로 새로운 패러다임에 의한 기존 패러다임의 거부와 대체가 일어나기 전까지는 정립된 패러다임이 지속된다고 주장한다. 이 짧은 책은 자극적이면서도 풍부한 정보를 담고 있다.

Lofland, J., & Lofland, L. H. (1995). *Analyzing Social Settings: A Guide to Qualitative Observation and Analysis*. Belmont, CA: Wadsworth. 이 탁월한 교재는 어떻게 실증주의 패러다임을 거부하지 않으면서 질적 탐구를 수행할 수 있는지를 논의하고 있다. 이 책은 또한 포스트모더니즘에 대한 비판을 담고 있다.

Reinharz, S. (1992). *Feminist Methods in Social Research*. New York: Oxford University Press. 이 책은 페미니스트 관점에서 몇 가지 사회조사 기법, 예를 들어 면접이나 실험, 내용분석 등을 탐색하고 있다.

Sokal, A. D., & Bricmont, J. (1998). *Fashionable nonsense: Postmodern intellectual abuse of science*. New York: Picador USA. 이 책은 포스트모더니즘과 비판사회과학의 패러다임을 비판하고 있다.

활용 노트

EP 2.1.3a

EP 2.1.3a: 연구에 근거한 지식과 실천지혜를 포함한 지식의 다양한 출처를 구분, 평가, 통합하기

EP 2.1.3b

EP 2.1.3b: 사정, 예방, 개입, 평가 모델 분석하기

CHAPTER 4

양적 연구방법, 질적 연구방법, 혼합 연구방법의 비교

Comparing Quantitative, Qualitative, and Mixed Methods of Inquiry

이 장의 학습내용

이 장에서는 서로 대조적이면서 동시에 보완적인 세 가지 사회복지 연구모델을 살펴볼 것이다. 첫 번째 모델은 정확하고 일반화 가능한 통계적 결과물을 만들어내는 데 있어 객관성을 중요시하는 모델이다. 두 번째 모델은 객관성에 대해 첫 번째 모델과 다른 입장을 취하는 모델인데, 숫자로 환원하기 어려운 현상들에 대한 심층적 이해와 주관성을 중요시하는 모델이다. 세 번째 모델은 하나의 연구에서 첫 번째 접근방법과 두 번째 접근방법을 혼용하는 모델이다.

서론

3장에서는 연구를 어떻게 수행할지에 영향을 미치는 방법론적 쟁점과 철학적 쟁점에 대해 학자들 간에 적지 않은 견해 차이가 존재함을 알 수 있었다. 4장에서는 먼저 그러한 사실과 관련이 있는 쟁점 중 하나인 과학적 탐구에 있어서의 객관성과 주관성에 대해 살펴볼 것이다. 객관성과 주관성이라는, 본질적으로 상호 보완적인 두 가지 접근방법을 이해함으로써 사회복지 조사의 두 가지 상호 보완적 모델인 양적 연구방법과 질적 연구방법을 비교하는 데 필요한 준비지식을 갖게 될 것이다.

오랜 세월에 걸쳐 학자들 간에는 양적 연구방법과 질적 연구방법의 상대적 가치에 대한 서로 다른 의견이 존재해왔다. 심지어 연구자들은 자신 또는 상대방을 양적 연구방법론자(양적 연구자) 혹은 질적 연구방법론자(질적 연구자)라고 부르며, 각자 자신들이 선호하는 연구방법이 더 우월한 방법이라는 입장을 견지해왔다. 20세기 후반에 접어들면서 질적 연구자들은 사회복지 연구문헌이 지나치게 양적 연구 일변도로 나아가고 있다는 점을 비판하면서 질적 연구방법의 장점을 이따금씩 강조하기 시작했다.

그러면서, 아마도 부분적으로는 질적 연구자들의 주장에서 비롯된 것이라 볼 수 있는데, 연구자들 사이에서 두 가지 연구방법이 병용될 수 없다는 생각이 점점 줄어들고 두 접근방법을 상호 보완적인 방법으로 인식하며 한 연구에서 두 연구방법을 혼용하는 경향이 나타나기 시작했다. 이러한 변화는 결국 제3의 접근방법인 혼합 연구방법의 발전을 가져왔다. 혼합 연구방법은 한 연구 안에서 양적 연구방법과 질적 연구방법을 함께 사용하는 것을 강조하는데, 두 연구방법을 혼합하는 여러 가지 방식에 관한 이론적 틀(framework)을 제시한다.

이 장에서는 탐구를 위한 양적 및 질적 접근방법을 개괄적으로 살펴보면서, 각 접근방법의 특성과 장단점을 비교해볼 것이다. 그런 다음 두 접근방법을 혼합한 제3의 모델, 즉 혼합 모델에 대해 심층적으로 살펴보겠다. 물론 혼합 모델에 관한 논의는 이 장에서 가장 많이 하겠지만, 이 책의 다른 장들에서도 기회가 될 때마다 심도 있게 논의하기로 하겠다.

과학적 탐구에 있어서의 객관성과 주관성

객관적인 연구자는 실재를 관찰할 때 자신의 생각이 관찰에 영향을 미치지 않게 하려고 노력한다. 마찬가지로 객관적인 연구자는 다른 사람들의 행동을 관찰할 때도 관찰대상에게, 평소 같으면 하지 않았을 행동을 관찰당하는 상황이기 때문에 하게 만드는 식의 영향을 미치지 않으면서 관찰을 수행하려고 노력한다. 객관적인 연구자는 사람들에게 질문을 할 때도 사람들이 보여주려는 허구적 인상이 아니라 실제로 사람들이 어떻게 생각하거나 느끼는지를 알아낼 수 있는 방식으로 질문을 한다. 그럼에도 불구하고 객관성이란 쉽게 얻을 수 있는 것이 아니며, 의미 그 자체도 결코 분명하지가 않다. 이미 3장에서 살펴봤듯이, 요즘은 심지어 실증주의자들도 완벽하게 객관적이 된다는 건 불가능하다는 데 동의한다.

이와 대조적으로, 많은 연구자가 주관적 탐구의 장점을 인정한다. 예를 들면 연구자들은 자기 자신이 무언가를 직접 경험할 수 있고(노숙인이 되거나 노숙인 쉼터에서 머무는 등의), 그러한 경험이 자신의 생각에 어떤 영향을 미쳤는지를 연구할 수 있다. 그렇게 함으로써 자신이 이해하고자 하는 사람들의 입장에서 그들이 어떻게 느끼는지를 알 수 있게 된다.

그러나 연구자들은 탐구의 주관적 성격을 강조하는 와중에도 역설적으로 그들의 주관적 관찰이 과연 객관적인지 궁금해할 수도 있다. 즉, 자신이 경험하고 관찰한 것을 다른 사람이 경험하고 관찰할 때 그 사람이 자신과 비슷한 생각이나 느낌을 갖는지 궁금해할 수도 있다. 혹시 연구자들이 전부터 갖고 있었던 어떤 정신적, 정서적 경험 보따리들이 지금 어떤 현상을 이해하는 데 영향을 미쳐서 현상을 부정확하게 묘사하게 만드는 것은 아닌가?

궁극적으로 우리는 어느 한 순간이라도 우리가 실재

를 객관적이고 정확하게 관찰하고 있음을 입증해 보여줄 수 없다. 그럼에도 불구하고 과학적 연구방법은 서로 다른 연구들이 주장하는 결론들이 과연 객관적이고 정확한지 판단하는 한 가지 방법을 제시해준다. 서로 다른 연구들이 동일한 결론에 도달한다면 (적어도 현대 실증주의자들의 관점에서 볼 때) 우리는 그 연구들이 모두 객관적이라 인정하고 그 연구들이 객관적인 실재를 발견했다고 말한다. 이 기준은 연구자가 연구에서 탐구의 객관성을 주장하든 주관성을 주장하든 상관없이 모든 연구에 적용될 수 있다. 어떤 접근방법을 선호하는지와 상관없이 연구자들은 자신의 생각만큼 객관적이지 않을 수 있다. 연구자도 사람이기 때문에 연구자는 앞서 언급했던, 인간 탐구에 있어서의 오류를 범하기 쉽다.

예를 들어, 어떤 사회복지사가 새로운 개입 접근방법을 고안하고 검증하고자 한다고 가정해보자. 그 사회복지사가 쏟은 노력의 가치와 그에 대한 인정은 새로운 개입방법이 비효과적일 때보다 효과적일 때 더 클 것이다. 물론 효과적이지 않은 개입방법에 관한 연구도 학술논문으로 발표할 만한 가치가 있고, 그렇게 함으로써 다른 사람들이 실패를 배우고 동일한 실패를 반복하지 않게 할 필요가 있다. 그러나 일반적으로는 일이 왜 잘못되었는지를 논의하는 것보다는 무언가 효과적인 것을 발견했음을 사람들에게 보여주는 편이 훨씬 더 기분 좋은 일이다.

연구자는 자신이 발견했으면 하는 특정 연구결과와 이해관계가 있을 수 있다. 그렇기 때문에 연구자는 어떤 현상을 관찰함에 있어서 자신의 관찰이 영향을 받지 않도록 하는 객관적 탐구방법을 중요하게 생각한다. 이 책의 뒷부분에서 살펴보겠지만, 연구자는 관찰의 객관성을 담보하기 위해 여러 가지 방법을 사용한다. 예를 들면 관찰자를 모집할 때 조사연구에 대해 편견적 정보를 갖고 있지 않은 관찰자를 모집하고, 조사도구를 사용하는 경우에는 응답자가 직접 작성하는 자기보고식 조사도구를 주로 사용한다. 또 학교 성적처럼 연구에 대해 전혀 모르는 사람이 수집한 기존 정보를 연구자료로 사용하기도 한다.

주관적 탐구방법을 강조하는 연구자, 특히 객관적 현실에 대한 현대 실증주의의 관점을 강조하는 연구자들은 종종 공동연구자와 협업한다. 공동연구를 하는 연구자들은 각자 문제에 대해 독립적이고 주관적으로 접근하고 동료 연구자가 도달한 결론과는 또 다른 자신만의 독립적인 결론을 도출한다. 이렇게 다른 두 결론은 이후 서로 비교되고, 만약 연구를 진행한 연구자들이 결과에 동의한다면 비교적 객관성을 갖추었다고 간주된다.

위의 내용은 연구자들이 객관적 방법과 주관적 방법 중 어느 것을 강조하느냐와 상관없이 어떻게 객관성을 위해 노력하는지에 대한 몇 가지 예시다. 이 책의 다른 장에서 더 많은 예를 살펴볼 것이다. 이러한 대안들을 검토해보면, 결함이 없는 방법은 없다는 사실을 알 수 있다. 현상을 관찰하는 모든 방법은 저마다 잠재적인 오류를 내포하고 있기 때문이다.

비록 우리가 특정한 관찰자 혹은 관찰방법이 진정으로 객관적인지에 대해서는 모르지만, 상이한 이해를 가진 관찰자가 관찰된 것에 대해 동의한다든지 혹은 상이한 관찰방법에서 본질적으로 동일한 결과가 도출되었다면 객관성이 달성되었다고 가정하게 된다.

양적 연구방법과 질적 연구방법의 비교

연구과정은 일반적으로 양적 과정과 질적 과정으로 구분한다. **양적 연구방법**(quantitative research method)은 정확하고 일반화 가능한 통계적 결과물의 산출을 중요시한다. 어떤 원인이 어떤 결과를 일반적으로 야기하는지를 검증하고자 할 때 주로 양적 연구방법을 사용한다. 양적 연구에서는 모든 또는 대부분의 연구절차를 미리 정하고, 정해놓은 절차를 엄격하게 준수하며, 자료를 수집할 때 최대한의 객관성을 유지하고자 노력한다. 양적 연구의 대표적인 예로는 실험, 유사실험, 설문조사가 있다. 사회복지 분야에서 이루어지는 실험이나 유사실험에서는 보통 클라이언트를 비교할 수 있는 두 그룹으로 나눈다. 각 그룹에게는 서로 다른 프로그램, 정책, 혹은 다른

호스피스 서비스와 일반 병원 서비스의 사회심리적 측면 사정

어떤 의료사회복지사가 말기 환자를 위한 호스피스 서비스와 일반 병원 서비스의 사회심리적 측면을 사정하고자 한다고 가정해보자. 한마디로 말해서 일반 병원 서비스는 의료장비에 의존해 질병과 싸우는 것으로서 환자의 삶의 질을 떨어뜨리고 불편함을 느끼게 만드는 부작용이 있다. 이에 비해 호스피스 서비스는 말기 투병기간 동안 환자가 느끼는 불편함을 최소화하고 삶의 질을 극대화하는 데 초점을 맞추며, 필요하다면 환자의 수명을 연장하기 위한 의료장비 사용을 억제하기도 한다.

의료사회복지사가 이 연구에서 가장 중요시하는 부분은 환자가 받은 서비스의 종류에 따라서 환자의 삶의 질에 차이가 있는지 여부와, 차이가 있다면 어떤 차이가 있는지를 이해하는 것이다. 양적 연구를 할 경우, 의료사회복지사는 각 환자에 대해 환자와 가장 가까운 가족들에게 환자가 느끼는 고통의 정도, 의료장비 사용으로 인한 고통스런 부작용 발생 횟수(예를 들면, 화학적 항암치료로 인한 탈모 등), 환자의 기분, 환자의 활동 등을 묻는 표준화된 질문 문항들에 답해 줄 것을 부탁할 것이다. 그리고는 각 질문의 응답 내용에 점수를 매길 수 있는 어떤 도구를 찾아야 할 것이며, 그렇게 매긴 점수를 모두 합하여 전반적인 삶의 질 점수를 산출해야 한다. 가장 이상적으로는, 사회복지사가 사용할 측정도구가 이미 검증과정을 거친 도구여서 연구대상을 달리하여 반복 측정하더라도 항상 일관된 자료를 제공해줄 수 있어야 한다. 따라서 이 연구에서 사용할 측정도구는 연구자의 성향이나 이해관계에 의해 영향을 받지 않을 수 있는 것이어야 한다. 만일 호스피스 서비스를 받은 환자의 점수가 일반 병원 서비스를 받은 환자의 점수보다 높게 나타난다면, 사회복지사는 호스피스 서비스가 일반 병원 서비스보다 환자의 삶의 질에 좋은 영향을 미친다는 결론을 내릴 것이다.

그런데 이 의료사회복지사는 과연 자신이 사용한 측정도구가 삶의 질의 모든 복잡한 측면을 정말로 보여줄 수 있을지에 대해 의문을 제기할 수 있을 것이다. 측정도구가 줄 수 있는 건 수량적인 점수이며, 점수는 피상적인 것일 뿐이다. 점수는 우리에게 각 서비스가 환자의 삶의 질에 어떻게 다른 영향을 미쳤는지에 대해 말해줄 수 있는 게 거의 없다. 또한 점수는 환자가 어떤 경험을 하는지 그리고 그러한 경험들이 환자들에게 어떤 의미인지를 말해주지 못한다.

한 가지 대안으로서 사회복지사는 탐구를 위한 질적인 접근을 선택할 수 있다. 이를 위해 사회복지사는 말기 환자들에게 일반 병원 서비스를 제공하는 병동과 호스피스 서비스를 제공하는 병동에서 오랜 시간을 보낸다. 그곳에서 사회복지사는 어떤 일들이 벌어지는지를 그저 관찰하고 관찰결과를 자세하게 기록(log)하고 관찰기록을 분석해 혹시 어떤 유형이 나타나는지 볼 수 있다. 15장에서는 이러한 접근방법을 사용한 한 가지 연구(Buckingham et. al, 1976)를 자세하게 살펴볼 텐데, 그 연구에서 연구자는 자신이 말기 환자인 것처럼 가장하여 두 가지 서비스를 직접 받아보고 각 서비스를 받으면서 자신이 어떻게 느끼는지를 연구했다. 즉, 간접적인 양적 측정에 의존하기보다 자신이 직접 현상을 경험해보고자 시도한 것이다. 직접적인 관찰과 주관적 경험을 바탕으로 연구자는 호스피스 병동의 의료진이 일반 병동의 의료진에 비해 환자를 더 세심하게 배려하고 공감하는지, 호스피스 병동에서 환자 가족들의 참여를 더 격려하고 그러한 사실이 개별화된 돌봄 서비스에 어떤 함의를 주는지, 그리고 그러한 모든 것에 대해 환자들이 어떻게 느끼는지를 심층적으로 이해할 수 있었다. 자신이 환자의 역할에 주관적으로 뛰어들어봄으로써 연구자는 각기 다른 두 서비스가 어떻게 삶의 질에 영향을 미치는지를 심층적으로 그리고 공감적으로 이해해볼 수 있었다.

그런데 이러한 접근방법의 단점은 무엇인가? 어떤 사람은 연구자가 가진, 호스피스 서비스에 대한 호감, 편향성 및 중요한 발견을 하고자 하는 바람이 연구자로 하여금 호스피스 서비스를 더 긍정적으로 바라보게 만들었을 수 있다는 점을 지적할 수 있을 것이다. 한마디로 말해서, 연구자의 관찰이 충분히 객관적이었는지 의문시된다는 것이다. 양적 연구와 질적 연구 중에서 과연 어느 것이 더 나은 연구인가? 사실 양적 연구와 질적 연구 모두 가치 있는 연구다. 각각으로부터 우리는 중요한 정보를 얻을 수 있으며, 각 연구는 진리를 탐구하고 이해하는 데 있어 저마다의 장단점이 있다.

개입조건이 주어지며, 하나의 프로그램, 정책, 개입효과가 다른 하나보다 더 효과적인지를 평가하기 위해 객관적인 측정을 수행한다. 표본이 되는 사람들에게 배포하는 설문은 보통 폐쇄형 질문으로 만들어지는데, 이는 표본이 대표하는 좀 더 많은 인구에게 조사결과를 일반화할 수 있도록 발전시키기 위해서다.

질적 연구방법(qualitative research method)은 구체적인 인간경험의 심층적 의미를 끌어내고자 하며 숫자로 환원될 수 없는, 이론적으로 풍부한 관찰의 산출을 강조한다. 일반적으로 질적 연구는 양적 연구에 비해 훨씬 더 유연한 계획을 가지고 출발하는데, 관찰을 해나가면서 연구절차는 바뀔 수 있다. 양적 연구가 정확하고 객관적인 연구결과를 모집단에 대해 일반화하는 데 초점을 맞추는 것과 달리, 질적 연구에서는 인간경험의 의미를 심층적으로 이해하기 위해 주관성의 사용을 권장한다. 물론 양적 연구라고 해서 유연성이 전혀 없는 것은 아니며, 질적 연구라고 해서 미리 계획된 연구절차가 전혀 없다는 뜻은 아니다. 단지 양적 연구와 질적 연구는 강조점이 다를 뿐이며, 어떤 연구는 양적 연구방법과 질적 연구방법을 혼용하기도 한다.

양적 연구방법과 질적 연구방법 가운데 어느 것이 더 적합한지(또는 두 가지를 병용해야 할지 여부)는 연구의 목적과 여건에 따라 달라진다. 질적 연구방법은 이제까지 알려진 바가 거의 없는 새로운 현상을 탐구하기 위해 융통성이 요구되는 연구, 복잡한 현상의 주관적 의미들에 대한 직관이 필요한 연구, 혹은 이러한 현상에 대한 이론을 만들기 위한 연구에 적합하다. 그렇기 때문에 질적 연구는 동일한 주제를 양적으로 연구하기 위해 필요한 길을 닦는 과정이라고 볼 수 있다. 물론 다른 한편으로 보자면 질적 연구는 그 자체로서 충분한 결과를 만들어내는 연구이기도 하다. 양적 연구방법과 질적 연구방법은 모두 유용하고 타당하며, 저마다의 장점과 단점을 가지고 각기 다른 방식으로 지식 탐구에 기여한다. 각 접근방식은 교리가 아닌 일군의 도구들로 이루어져 있다. 연구자는 연구질문과 연구조건에 따라 적절한 도구를 사용할 줄 알아야 한다. 어떤 경우에는 양적 도구를, 어떤 경우에는 질적 도구를, 그리고 또 어떤 경우에는 두 종류의 도구를 모두 사용해야 할 때도 있다. '호스피스 서비스와 일반 병원 서비스의 사회심리적 측면 사정'이라는 제목의 글상자에서 이와 같은 점을 알 수 있다.

양적 연구방법과 질적 연구방법이 양립 가능한 연구방법임에도 불구하고 많은 연구가 어느 한 가지 것만을 배타적으로 또는 주로 사용하는데, 어떤 연구방법을 선택하는가에 따라 연구과정의 성격이 매우 달라진다. 이 책 전반에 걸쳐 **양적 연구방법**과 **질적 연구방법**이라는 용어를 사용할 것이다. 어떤 부분에서는 양적 연구방법에 더 초점을 맞출 것이고, 어떤 부분에서는 질적 연구방법에 초점을 맞출 것이다. 이 두 가지 연구방법 중 어느 하나의 장점과 단점을 논할 때 독자들은 그러한 논의가 두 가지 방법 중 어느 하나가 더 뛰어나거나 못하다는 뜻이 아님을 유념하기 바란다. 그림 4-1에는 양적 연구방법과 질적 연구방법의 특성들이 비교되어 있는데, 각 방법이 강조하는 부분이 서로 다르다는 사실을 알 수 있다. 그림 4-1에 제시된 내용이 생소한 사람도 있겠지만, 지금부터 이러한 특성을 하나씩 공부해나가겠다. 따라서 지금은 그림 4-1에 제시된 용어들 중에 모르는 것이 있더라도 걱정하지 말기 바란다. 또한 비록 두 연구방법이 그림 4-1에 제시된 것처럼 강조점들이 서로 다르기는 하지만, 양적 연구방법과 질적 연구방법은 얼마든지 양립 가능하다는 점을 분명하게 기억하기 바란다. 아울러 어떤 특성은 어느 한 가지 연구방법에 더 잘 적용되지만, 그렇다고 해서 해당 특성을 두 연구방법 모두에 적용할 수 없는 것은 결코 아니다. 예를 들어, 어떤 양적 연구는 귀납적이거나 표본이 그리 크지 않거나 탐색적 연구목적을 가진 연구일 수도 있다. 마찬가지로 어떤 질적 연구는 연구대상들이 처해 있는 자연스러운 환경에서가 아니라 기관이라는 세팅에서 진행될 수도 있다. 또 어떤 질적 연구는 먼저 진행된 양적 연구에서 발견한 점들 가운데 어떤 것을 좀 더 심층적으로 이해하려는 목적에서 진행되기도 한다.

EP 2.1.3a, b
EP 2.1.6b

특성	양적 연구방법	질적 연구방법
목적	정확성, 일반화 가능성, 가설 검증	심층적 이해, 맥락에 대한 설명, 가설 도출, 발견
구조	연구과정이 미리 구체화되어 있음	자료가 수집될 때 유연하게 연구과정이 진행됨
자료수집 환경	사무실, 기관, 우편이나 인터넷	연구참여자들의 자연스러운 환경
이론적 접근	연역적	귀납적
표본의 크기	대규모	소규모
조사시기	나중에, 현상이 친숙하다고 여겨진 이후에	초기에, 현상의 친숙함을 얻기 위해
객관성 혹은 주관성 강조	객관성	주관성
강조되는 재료의 특성	숫자	단어
결과의 심층성과 일반화 가능성	좀 더 표면적이지만 일반화 가능성이 큼	좀 더 심층적이지만 일반화 가능성이 작음
세부사항과 맥락의 풍부함	맥락에 대한 세부적 설명이 풍부하지 않음	맥락에 대한 세부적인 설명으로 풍부하게 기술함
강조하는 자료수집 방법의 특성	다양하지만 엄격히 구조화됨	장황하고 덜 구조화된 관찰과 면접
연구설계 및 연구방법	실험, 유사실험, 단일사례 설계, 설문조사	문화기술지, 사례연구, 생애사, 초점집단, 참여적 액션 리서치, 근거이론
자료수집 도구	질문과 척도에서 폐쇄형 문항 사용	개방형 문항 및 면접
자료수집 시 연구자의 노동 강도	시간 소요가 적음	상대적으로 시간 소요가 큼
자료분석 시 연구자의 노동 강도	시간 소요가 적음	상대적으로 시간 소요가 큼
자료분석과정	인구사회학적 특성을 알 수 있는 통계적 산출 혹은 가설 추론에서 오차 발생 가능성 평가	수치가 아니라 서술에서 나타난 패턴과 의미를 찾음
엄격성 평가에서 강조되는 패러다임	편견의 최소화, 객관성의 최대화, 대안적 설명을 위한 통계적 통제를 위해 현대 실증주의자들이 기준을 둠	현대 실증주의자들이 기준을 두기는 했으나, 해석주의자, 사회구조주의자, 비판사회과학, 페미니즘 패러다임에 기반한 기준이 좀 더 일반적으로 적용됨
다른 연구자들의 재실험 용이성	쉬움	어려움

그림 4-1 양적 연구방법과 질적 연구방법의 강조점 비교

혼합 연구방법

대부분의 양적 사회복지 연구들은 하나 이상의 양적 연구방법을 사용하고, 질적 사회복지 연구 역시 하나 이상의 질적 연구방법을 사용한다. 예를 들어, 아동복지 프로그램에 대한 엄격한 양적 평가는 프로그램 시행 이후 공식적으로 기록된 아동학대비율이 감소했음을 측정할 것이며, 동시에 올바른 양육법에 대한 검사 점수가 프로그램 참여 이후 이전보다 나아졌음을 측정할 수 있다. 또 다른 예로, 노숙경험자에 대한 엄밀한 질적 연구는 노숙인들에게 구조화되지 않은 개방형 면접을 진행하면서, 동시에 연구자가 노숙인들과 함께 살아가면서 그들이 누구와 어울리는지와 같은 노숙인의 행동을 관찰할 수 있다. 그리고 거리에서 생활하는 것이 어떤 느낌인지 주관

적인 감각을 익힐 수도 있다.

위에 설명한 예시들은 한 연구가 하나 이상의 양적 연구방법을 사용했고, 마찬가지로 한 연구가 하나 이상의 질적 연구방법을 사용했기 때문에 이를 혼합 연구방법이라고 이야기할 수 있지만, 보통 **혼합 연구방법**은 한 연구에서 양적 연구방법과 질적 연구방법을 함께 사용하는 것을 말한다. 하지만 최근 **혼합 연구방법**(mixed methods research)이 점차 대중화되어, 특정 연구에서 양적 · 질적 연구방법을 함께 사용했다는 것 이상의 의미로 정의된다. 이제 혼합 연구방법은 독립적인 연구설계 방법으로 보이며, 하나의 연구가 단지 양적 · 질적 자료를 함께 수집하는 것뿐만 아니라 조사하고 있는 현상에 대한 더 나은 이해를 위해 해당 자료들을 하나 혹은 그 이상의 연구 진행 단계에서 통합하기도 한다(Hanson, Creswell, Plano Clark, Petska, & Creswell, 2005).

혼합 연구방법의 유형

혼합 연구방법 범주는 '질적 연구방법 혹은 양적 연구방법 중 어느 것을 강조하느냐', '어떤 연구방법을 먼저 사용했느냐'에 따라 9가지 하위 혼합 연구방법으로 분류될 수 있다. '어떤 연구방법을 강조하느냐'를 고려한다면, 다음과 같은 세 가지 경우가 있다.

- 질적 연구방법 강조
- 양적 연구방법 강조
- 균등한 강조

'어떤 연구방법을 먼저 사용했느냐'에 따라서는 다음과 같은 세 가지 경우가 있다.

- 질적 연구방법 선행
- 양적 연구방법 선행
- 동시 사용(질적 연구방법과 양적 연구방법을 동시에 사용)

연구설계의 9가지 결과는 그림 4-2에 설명되어 있다. 굵은 글씨체로 표시된 유형은 다른 유형보다 우선적으로 강조되었음을 의미한다. 이제 그림 4-2에 소개된 혼합 연구방법 설계의 9가지 유형 각각의 예를 살펴보겠다.

질적 연구방법 강조	
질적 연구방법 → 양적 연구방법	(질적 연구방법 강조, 질적 연구방법 우선 사용)
양적 연구방법 → **질적 연구방법**	(질적 연구방법 강조, 양적 연구방법 우선 사용)
질적 연구방법 강조, 동시 사용	
양적 연구방법 강조	
양적 연구 방법 → 질적 연구방법	(양적 연구방법 강조, 양적 연구방법 우선 사용)
질적 연구 방법 → **양적 연구 방법**	(양적 연구방법 강조, 질적 연구방법 우선 사용)
양적 연구 방법 강조, 동시 사용	
균등한 강조	
질적 연구방법 → 양적 연구방법	(균등한 강조, 질적 연구방법 우선 사용)
양적 연구방법 → 질적 연구방법	(균등한 강조, 양적 연구방법 우선 사용)
균등한 강조, 동시 사용	

그림 4-2 혼합 연구방법 설계의 9가지 유형: 시점에 따른 강조

'질적 연구방법' → 양적 연구방법 첫 번째로 소개된 연구설계의 예시로는 이라크와 아프가니스탄 전쟁에서 돌아온 베테랑 전쟁 군인들과의 심층적이고 개방적인 인터뷰로 시작한 연구를 살펴볼 수 있다. 이러한 연구에서 최우선으로 고려되는 사항은 그들이 전쟁에서 돌아와 민간인의 삶으로 돌아가는 데 겪은 어려움에 대한 깊이 있는 이해를 얻는 것이다. 질적 자료 분석기술을 사용해 정보를 모으고 분석한 뒤에는 양적 연구방법이 사용되는데, 양적 연구방법은 질적 분석을 통해 생성된 각 분류(category)에 얼마만큼의 응답자들이 해당되는가를 조사한다. 이 연구의 강조점과 시사점은 질적 분석에 있다. 그리고 양적 분석에서 도출된 값은 중요하지 않은 것은 아니지만, 양적 연구는 이 유형의 연구가 중점적으로 다루고자 하는 부분이 아니다.

양적 연구방법 → '질적 연구방법' 두 번째로 소개된 연구설계는 양적 연구방법으로, 이는 무작위 표본추출한 베테랑 전쟁 군인들에게 구조화된 면접조사를 진행하면서 그들이 어떤 외상 후 스트레스 증상들을 겪고 있는지 체크리스트를 완성해가는 것이다. 하지만 여기서 설문자료를 수집하는 것은 연구의 주요 목적이 아니다. 그보다도 설문에서 모아진 자료는 질적 연구방법에서 사용될 질문을 확인하는 기초자료로 활용된다. 질적 연구방법으로 심층적이고 개방적인 심층규명 면접을 진행하는데, 극심한 증상을 겪는 베테랑 전쟁 군인과 증상이 미약한 베테랑 전쟁 군인을 하위표본으로 구분한다. 그리고 왜 어떤 군인들은 더 심한 외상 후 스트레스 증상을 겪는지를 이해하고자 노력하고, 그들의 입장에서 그들이 겪는 것이 어떠할지를 기술하고자 한다.

'질적 연구방법' 강조, 동시 사용 세 번째로 소개된 연구설계는 앞서 말한 질적 면접과 양적 체크리스트를 같은 베테랑 전쟁 군인들을 대상으로 동일한 자료수집회기 동안 시행한다(아마 베테랑 전쟁 군인 중 절반은 질적 연구방법 부분에 먼저 응답하고, 나머지 절반은 양적 연구방법 부분에 먼저 응답할 것이다). 연구의 우선적인 목적은 베테랑 전쟁 군인들이 민간인의 삶에 다시 적응하고자 노력하는 것이 어떠한가에 대한 심층적인 이해다. 양적 자료는 다음과 같은 두 가지 2차적 목적을 위해 사용된다. (a) 양적 자료를 통해 각 군인들의 질적 부분의 분석을 재입증하기 위해, (b) 질적 분석에서 드러난 다양한 심층적인 경험을 얼마나 많은 군인이 겪었는지 헤아리기 위해.

'양적 연구방법' → 질적 연구방법 네 번째로 소개된 연구설계는 '군인들의 정신건강과 민간인으로서의 삶에 재적응하는 데 전쟁이 주는 영향이, 남성인지 여성인지에 따라 다른가?'라는 연구질문에 대한 대답을 찾는 데 우선적인 목적이 있는 연구를 사례로 살펴볼 수 있다. 남성군인과 여성군인은 그들의 외상증상과 심리사회적 적응을 측정하는 양적 척도를 작성한다. 비록 연구의 목적이 이러한 양적 척도 점수가 성별에 따라 유의미한 통계적 차이를 보이는지를 검증하는 것이라 하더라도, 양적 분석이 이루어진 뒤, 외상증상과 적응 수준의 척도 점수가 심각하게 나타난 군인들을 대상으로 질적 면접이 진행될 수 있다. 질적 면접의 목적은 양적 연구방법에서 얻은 결과를 풍부하게 기술함으로써 삶으로 확장시키고 특정 사례에 참고할 만한 전형적인 예시를 마련하는 것이다. 이러한 혼합 연구방법 설계를 사용한 기존 연구('아동기에 성적 학대를 경험한 성인 여성에 대한 혼합 연구방법의 사회복지 연구')가 글상자에 요약되어 있다.

질적 연구방법 → '양적 연구방법' 다섯 번째로 소개된 연구설계의 예로는 시범연구 차원에서 시행된 질적 면접으로 시작하는 연구가 있다. 질적 면접을 통해 연구를 위한 아이디어를 얻고, 동시에 베테랑 전쟁 군인이 민간인으로서의 삶에 적응하기 위한 심리사회적 측면을 측정할 수 있는 양적 도구를 개발할 수 있다. 또한 이러한 시범연구는 양적 연구에서 검증할 수 있는 가설을 찾는 데 활용된다. 이 유형의 혼합 연구방법의 우선적인 목적은 질

아동기에 성적 학대를 경험한 성인 여성에 대한 혼합 연구방법의 사회복지 연구

톤야 에드먼드 Tonya Edmond는 텍사스오스틴 주립대학교에서 쓴 사회복지 박사논문에서 혼합 연구방법을 사용했다. 이 논문에서는 아동기에 성적 학대를 경험한 성인 여성의 정신적 외상증상 완화에 대한 안구운동둔감화재처리(eye movement desensitization and reprocessing, EMDR) 효과를 평가하는 양적 연구실험이 진행되었다. 그리고 혼합 연구방법의 유형 중에서도 양적 연구방법으로 시작하고 양적 연구방법에 강조점을 두었다. 하지만 양적 연구방법이 먼저 사용되었음에도, 처음부터 그녀는 이 연구를 혼합 연구방법을 사용한 연구라고 개념화했다. 실험 단계 이후에는 실험참여자들이 질적 면접에 참여하여 치료과정에서 느낀 그들의 인식에 대해 설명했다.

이 실험에서 아동기에 성적 학대를 경험하고 이와 관련된 정식적 외상증상을 겪은 59명의 성인 여성은 개별 EMDR 치료법(individual EMDR therapy), 개별 절충적 치료법(individual eclectic therapy), 치료지연 통제집단(delayed treatment control group)에 무작위로 할당되었다. 치료의 효과는 실험 전과 후에 각각 측정된 정신적 외상증상에 대해 네 가지 표준화된 측정을 사용해 평가했다. 실험결과는 EMDR 치료법과 절충적 치료법 모두 효과가 있다고 나타났다. 이 두 유형의 치료법은 치료지연 통제집단의 결과보다 상당히 좋은 결과를 보였다. 어떤 자료는 EMDR 치료법이 절충적 치료법보다 더 효과적이라는 결과를 보이기도 하지만, 이 자료만으로는 EMDR 치료법이 다른 치료법보다 확실히 효과적이라고 결론짓기에는 불충분하다.

실험이 끝난 뒤, 에드먼드는 EMDR 혹은 절충적 치료법 참여자들을 대상으로 반구조화된 질적 면접을 진행하고 그 과정을 녹취했다(이러한 면접유형에 관한 논의는 19장에서 다루겠다). 에드먼드 Edmond, 슬로안 Sloan, 맥카티 McCarty(2004)는 면접에서 사용한 질문들을 다음과 같이 설명하고 있다.

> "당신이 처음 연구에 참여했을 때와 비교하면 지금 어떤가요?", "치료가 당신에게 어떤 식으로든 도움이 된 면이 있나요?", "치료가 당신이 가지고 있는 어려움들에 효과가 있었나요?"라는 질문에 대해 응답자들이 긍정적인 대답을 했다면, 이어서 다음과 같은 질문을 한다. "이번에 얻은 긍정적인 효과들이 계속될 것이라고 생각하나요?", "당신이 겪은 성적 학대 문제를 해결하기 위해 치료가 계속 필요할 것이라고 생각하나요?", "당신의 치료사에 관해 어떻게 생각하나요(느끼나요)?", "본 연구에서 받은 치료법이 당신이 이전에 받아봤던 다른 치료법이나 상담과 비교했을 때 어떤가요?", "당신이 받은 치료에 대해 가장 마음에 들었던 점 혹은 가치 있다고 생각하는 점은 무엇인가요?", "당신이 받은 치료 중 가장 마음에 들지 않았던 점이나 가치가 적었다고 생각한 점은 무엇인가요?"(p. 264)

인터뷰 자료에 대한 질적 분석 결과(20장에서 질적 자료를 분석하는 방법에 대해 깊이 다루겠다)는 에드먼드와 그녀의 공동저자들을 다음과 같은 두 가지 결론을 내리도록 이끌었다. (a) EMDR 치료법을 받은 참여자들은 절충적 치료법을 받은 참여자들보다 그들의 정신적 외상증상이 나아졌다고 말할 가능성이 많다. (b) 절충적 치료법을 받은 참여자들은 EMDR 치료법을 받은 참여자들에 비해 치료사와의 관계를 더욱 가치 있다고 평가했고, 또한 효과적인 대처전략을 배울 가능성이 더욱 많았다고 응답했다.

본 연구의 질적 연구 부분에서 얻어진 이러한 통찰을 언급하면서, 에드먼드 외(2004)는 "개입효과를 평가하기 위해 혼합 연구방법으로 접근하면 양적 연구방법과 질적 연구방법을 개별적으로 사용할 때에 비해 더욱 많은 것을 알 수 있다."고 말한다(p. 270).

적 분석의 결과를 얻는 것이 아니며, 그보다는 질적 연구방법을 통해 찾아낸 가설을 양적 연구(양적 도구 활용 등을 통해)에서 검증하는 것이다. 그러한 가설로 '남성군인과 여성군인은 민간인으로서의 삶에 심리사회적 재적응 수준이 다르다'와 같은 예를 들 수 있다.

'양적 연구방법' 강조, 동시 사용 여섯 번째로 소개된 연구설계 또한 '남성군인과 여성군인이 민간인으로서의 삶에 재적응하는 데 심리사회적 수준에서 차이를 보이는가'라는 질문에 답을 얻고자 하는 사례를 생각할 수 있다. 하지만 양적 자료가 분석된 뒤 질적 면접을 진행하는 것이 아니라, 군인들을 두 그룹으로 나눈다. 그리고 두 그룹에서 과반수 이상의 남성군인과 여성군인은 양적 척도를 작성하고, 나머지 소규모 그룹은 심층적인 질적 면접에 응답하게 된다. 이 방법의 우선적 목적은 양적 결과에 있으며, 질적 결과는 남성군인과 여성군인이 민간인으로서의 삶에 재적응하는 과정에서 겪은 각기 다른 문제를 자세히 설명하는 데 활용된다.

질적 연구방법 → 양적 연구방법 일곱 번째로 소개된 연구설계는 질적, 양적 방법에 동일한 강조점을 둔다. 따라서 앞서 살펴본 '남성군인과 여성군인이 민간으로서의 삶에 재적응하는 데 심리사회적 수준에서 차이를 보이는가'라는 질문에 대한 대답을 찾는다. 동시에 재적응과정에서 남성과 여성이 겪은 각기 다른 유형의 어려움이 무엇인지, 그들이 그러한 어려움에 어떻게 대처했는지에 대한 깊은 이해를 얻고자 한다. 남성군인과 여성군인으로 구성된 하나의 그룹은 질적 면접에 응답하게 된다. 그리고 이러한 면접내용의 분석에 기반해 양적 도구가 개발되면, 남성군인과 여성군인으로 구성된 다른 그룹을 대상으로 양적 도구를 시행한다. 이러한 유형의 연구에 대한 보고서는 두 방법에서 도출된 결과 모두에 동일한 강조점을 둔다.

양적 연구방법 → 질적 연구방법 여덟 번째로 소개된 연구설계 역시 일곱 번째 유형과 마찬가지로 '남성군인과 여성군인이 민간인으로서의 삶에 재적응하는 데 심리사회적 수준에서 차이를 보이는가'라는 질문에 대한 대답을 찾는다. 또한 이 유형도 재적응과정에서 남성과 여성이 겪은 각기 다른 유형의 어려움이 무엇이고 그들이 그러한 어려움에 어떻게 대처했는지에 대한 깊은 이해를 얻고자 한다. 하지만 이 유형은 양적 연구방법을 먼저 진행한 뒤, 재적응 정도를 가장 잘 대표할 수 있는 하위소그룹(가장 잘 적응, 평균, 재적응 어려움)을 대상으로 질적 면접을 진행한다. 이러한 유형의 연구에 대한 보고서 역시 두 방법에서 도출된 결과 모두에 동일한 강조점을 둔다.

균등한 강조, 동시 사용 마지막으로 소개된 아홉 번째 연구설계 역시 '남성군인과 여성군인이 민간인으로서의 삶에 재적응하는 데 심리사회적 수준에서 차이를 보이는가'라는 질문에 대한 대답을 구하고자 한다. 하지만 질적, 양적 연구방법을 순서대로 적용하는 것이 아니라 군인들을 두 개의 그룹을 나누고 각 그룹에서 과반수 이상의 남성군인과 여성군인은 양적 척도를 작성한다. 나머지 소규모 그룹은 심층적인 질적 면접에 응답하게 되며, 이 유형은 두 방법에서 도출된 결과에 동일한 강조점을 둔다.

혼합 연구방법을 사용하는 이유

위의 설명을 통해 추측할 수 있듯이, 질적 연구방법과 양적 연구방법을 혼합해 사용하는 데는 다양한 이유가 있다. 혼합 연구방법을 사용하는 이유를 크게 분류하자면 다음과 같은 세 가지 이유가 있다. (a) 사례를 설명하기 위해 한 연구방법을 사용하거나, 다른 연구방법의 결과에 얼마나 많은 사례가 해당되는가를 보여주기 위해, (b) 한 연구방법을 위한 아이디어나 기술을 찾고 이를 다른 연구방법을 통해 설득하기 위해, (c) 각 방법의 결과가 서로의 결과를 재입증하는가를 보기 위해. 그림 4-3에 각 이유들이 설명되어 있으며, 질적 연구방법은 '질적', 양

이유	시점	예시
주요 결과의 확장	**양적** → 질적 **질적** → 양적	질적 결과는 양적 결과를 어떻게 특정 사례에 적용할 수 있는지를 설명 양적 결과는 질적 분류에 얼마나 많은 사례가 해당되는지를 보여줌
연구질문 및 기술 도출	질적 → **양적**	질적 결과는 (a) 양적 방법을 적용할 수 있는 연구질문을 확인하거나 (b) 양적 측정 도구의 개발을 용이하게 함
재입증	**양적** → 질적 **질적** → 양적 동시	질적 결과는 양적 결과의 유의미함을 재입증함 양적 결과는 질적 결과의 유미의함을 재입증함 위와 같은 재입증 역할을 질적, 양적 모두에 동일한 강조점을 두고 활용함

그림 4-3 혼합 연구방법을 사용하는 이유

적 연구방법은 '양적'으로 표기했고, 각 방법 중 강조된 연구방법을 굵은 글씨체로 표기했다.

예를 들어 어떤 연구에서는 어떻게 양적 자료가 특정 사례에 적용될 수 있는가를 질적 자료를 통해 설명할 수 있으며, 이를 보여주기 위해 두 연구방법을 혼합해 사용한다. 또 어떤 연구에서는 질적 자료의 분류에 얼마나 많은 사례가 해당되는가를 양적 자료를 통해 보여주기 위해 두 연구방법을 혼합해 사용하기도 한다. 이 두 연구는 첫 번째 이유(a)의 전형적인 예다. 두 번째 이유(b)의 예로는 양적 연구방법에서 검증할 가설을 찾기 위해 질적 연구방법을 사용한 연구나, 설명하기 어려운 양적 연구의 결과를 질적 연구방법을 통해 설명하고자 한 연구가 있다. 세 번째 이유(c)를 설명하기 위해서는 남성군인과 여성군인이 민간인으로서의 삶에 재적응하는 과정에서 각기 다른 종류의 문제를 겪었고 재적응 수준에도 차이가 있음을 보여주는 질적 면접이 있다. 그리고 이런 자료는 이러한 차이를 지적하는 양적 연구 결과를 재입증한다. 하지만 만약 이 두 자료가 서로 모순된다면 해당 자료의 타당성이 의심받게 된다. 이러한 모순은 왜 이러한 모순이 발생했는지 그 이유를 밝히거나, 모순을 해결하기 위한 새로운 연구의 필요성을 내포한다는 가치가 있다.

질적, 양적, 혼합 연구방법에 대해 논의한 이 장을 읽으며 부담감을 느낄 수도 있다. 하지만 이러한 부담감은 우리가 아직 질적 연구방법과 양적 연구방법의 다양한 유형을 세부적으로 다루지 않았기 때문이다. 따라서 독자들은 부담을 덜고, 이 글을 읽는 모든 독자가 같은 마음일 것이라고 위안해도 된다. 독자들이 느끼는 기분은 아직 이 책의 나머지 부분을 읽지 않았기 때문에 느끼는 자연스러운 현상이고, 이 책의 나머지를 읽는다면 구체적인 연구방법들을 좀 더 깊이 이해할 수 있을 것이다. 그러나 이 장을 끝내기 전에, 연구과정의 각 단계를 대략적으로 살펴보겠다. 다음에 기술되는 연구단계들은 어떤 연구방법인지 혹은 어떤 방법을 강조했는지와는 상관없이 적용된다.

양적 연구방법, 질적 연구방법, 혼합 연구방법의 연구과정

질적 연구방법과 양적 연구방법 간의 차이에도 불구하고, 이 방법들을 구분하여 혹은 혼합하여 사용한 연구들은 일반적인 연구단계를 따르게 된다. 지금부터 양적, 질적, 혼합 연구방법을 모두 아우르는 일반적인 연구과정의 단계를 살펴보겠다.

- **제1단계: 문제형성**(Problem Formulation). 첫 번째 단계에서 더 많은 지식이 필요하다는 어려움을 인식한다. 하나의 문제(연구문제)가 제기된다. 연구문제

와 연구문제에 내재되어 있는 개념들은 지속적으로 구체화해감으로써 해당 분야에 좀 더 구체적이고, 관련 있고, 의미 있어진다. 이러한 과정 속에서 연구자는 늘 연구의 현실적 실행 가능성(feasibility)을 염두에 두고 있어야 한다. 궁극적으로 연구의 목적을 결정하고, 연구의 중요한 요소들, 예를 들어 분석단위, 가설, 변수, 조작적 정의 등을 구체화한다. 이 단계에서 문헌고찰이 매우 중요하다. 이 단계에서 연역적인 양적 연구는 가설과 변수를 구체화하고 변수들을 관찰할 수 있는 형태로 정의하는데, 이것을 '조작화(operational definitions)'라고 부른다(조작화에 대해서는 8장에서 자세히 다루겠다). 반면에 귀납적인 질적 연구에서는 관찰을 진행한 이후 가설이 나타날 때까지 기다릴 가능성이 높다. 앞서 말한 바와 같이, 혼합 연구방법은 문제형성에 대한 질적 혹은 양적 접근을 어떤 순서로, 어떤 방법을 강조하는지에 따라 달라진다. 혼합 연구방법을 사용한 연구 중 어떤 것은 질적 접근으로 시작하고, 또 어떤 연구는 양적 접근으로 시작할 것이다. 그러나 '어떤 연구방법으로 시작했는가'가 꼭 연구의 우선순위를 의미하진 않으며, 마찬가지로 둘 다 연구방법의 사용시점(어떤 방법을 먼저 사용했는지)에 상관없이 동일한 우선순위를 가질 수 있다. 두 가지 연구방법을 동시에 수행하는 경우도 있는데, 필연적으로 그런 것은 아니지만 이러한 경우는 두 연구방법에 동일한 강조를 둔다고 볼 수 있다. 3장에서 논의한 바와 같이, 연구 전반에 영향을 미칠 수 있는 두 가지 요인은 패러다임과 이론이다. 핸슨 Hanson 외(2005)는 이 두 요인은 특히 혼합 연구방법의 문제형성 단계에서 중요하다고 했는데, 그 이유는 연구의 방향을 잡기 위한 이론이나 패러다임 선택이 연구에서 어떤 연구방법에 강조점을 둘 것인가를 결정하기 때문이다.

- **제2단계: 연구설계**(Designing the Study). 두 번째 단계에서는 여러 가지 논리 전개(arrangements) 및 자료 수집 방법을 생각해본다. 어떤 논리 전개와 방법을 선택할 것인가는 문제형성 단계의 쟁점들을 고려해 결정한다. 현실적 실행 가능성은 하나의 기준이 될 수 있으며, 연구의 목적 또한 중요한 기준이다. 인과관계를 규명하려는 연구는 12장에서 논의할 인과관계 성립에 필요한 세 가지 기준을 충족시키는 논리 전개를 갖추어야 한다. 어떤 현상을 탐색하거나 기술하고자 하는 연구는 다른 논리 전개도 충분할 수 있다.
- **제3단계: 자료수집**(Data Collection). 3단계에서는 2단계에서 설계한 연구를 실행에 옮긴다. 연구를 미리 엄격하게 구조화하여 실행할 것인지 아니면 새로운 통찰력을 발견하면서 연구를 유연하게 수정하면서 실행할 것인지 연구의 목적과 설계가 방향을 제시한다. 가설을 검증하려고 하는 연역적 연구나 정확성과 객관성을 강조하는 기술연구는 특정 현상의 의미를 더 잘 이해하거나 현상에 대한 가설을 만들려는 질적 연구 방법론을 사용하는 연구보다 엄격히 구조화된 자료수집과정을 요구한다.
- **제4단계: 자료처리**(Data Processing). 사용한 연구방법론에 따라 상당량의 관찰자료를 모으고, 그 자료는 아마도 의미를 해석하기에 어려운 형태일 것이다. 자료가 양적 자료이든 질적 자료이든, 4단계 자료처리에서는 일반적으로 자료를 좀 더 해석하기 쉽게 만들기 위해서 관찰자료를 분류하거나 코딩하게 된다.
- **제5단계: 자료분석**(Data Analysis). 이 단계에서 연구문제에 대한 답을 얻기 위해 처리과정을 거친 자료를 분석한다. 분석으로 연구문제를 반영하지만, 연구를 이끌었던 구체적인 문제를 넘어서는 예상하지 못했던 결과들을 발견하기도 한다는 것은 충분히 생각할 수 있다. 분석결과는 처음 단계의 문제형성에 영향을 미치기도 하며, 새로운 연구과정을 출발시키기도 한다.
- **제6단계: 결과해석**(Interpreting the Findings). 연구를 계획하는 정확한 한 가지 방법은 없으며, 자료분석 결과가 연구문제에 대한 정답을 제공할 것을 확실히 할 방법이 없다는 사실은 이 책의 나머지를 통해 명백해질 것이다. 자료를 가능한 한 올바르게 해석하기 위해

특정 통계기법이 필수적일 수는 있으나 수학공식이나 컴퓨터로도 결과의 의미를 판단해야 하는 필요성은 줄어들지 않는다. 불가피하게 분석결과에 대한 다른 설명이 가능할 수 있으며, 연구결과를 일반화할 수 있는 정도에 영향을 미치는 다양한 방법론적 제약을 고려해야 한다. 결과적으로 연구보고서는 자료분석 결과를 제시하는 것으로 끝나지 않는다. 반면에 분석결과와 더불어 분석결과를 다르게 해석할 수 있는 가능성, 분석결과를 바탕으로 어떤 일반화를 할 수 있고 어떤 일반화는 할 수 없는지, 그리고 분석결과의 의미와 타당도와 관련 있는 방법론상의 제약에 대한 충분한 논의가 뒤따른다. 마지막으로 사회복지정책, 프로그램 개발, 사회복지 실천과 이론 그리고 후속연구에 주는 함의를 제시한다.

- **제7단계: 연구보고서 작성**(Writing the Research Report). 논리적으로 연구보고서를 작성하는 것은 연구과정의 마지막 단계이지만, 실제로는 연구를 추진하면서 조금씩 작성하게 된다. 연구보고서의 구성요소는 앞에서 언급한 연구과정의 단계를 대체로 따른다. 구체적인 표제는 연구마다 다르지만 일반적으로 연구보고서는 연구문제의 배경을 제시하고, 연구의 필요성 및 중요성, 관련 이론 및 선행 연구들을 고찰하는 **서론**으로 시작한다. 서론 다음에는 분석단위, 변수, 가설, 가정, 조작적 정의 같은 연구의 개념적 요소에 대한 설명이 이어진다. **방법론** 부분은 정확한 용어로 논리 전개, 표본추출 및 자료수집 방법, 측정방법 같은 연구의 설계를 기술한다. 다음으로 자료분석 결과가 이어지는데, 사용한 통계기법을 분명히 하고, 표와 그래프를 비롯한 시각적 도구로 자료를 제시하며, 구체적 자료가 의미하는 것을 기술적(技術的)이고 사실적으로 보고하는 설명을 제공한다. 다음으로는 **논의** 부분이 이어지는데, 6단계에서 확인한 쟁점들을 포함한다. 보고서나 논의 부분의 분량 또는 요약이 있는지에 따라, 연구보고서는 주요 연구결과 및 결론을 간략하게 요약하는 앞에 나온 구성요소의 짧은 요약으로 보고서를 끝낼 수 있다. 연구보고서 작성에 관한 좀 더 자세한 정보는 이 책의 24장에서 설명하겠다.

EP 2.1.3a, b
EP 2.1.6b

연구과정의 도식화

궁극적으로 연구과정은 효과적인 연구설계를 만들기 위해 전체로서 볼 필요가 있다. 안타깝게도 교재와 인간의 인지는 모두 일련의 부분을 기초로 작동한다. 그림 4-4는 사회복지 연구과정의 도식적 개관을 보여준다. 이 개관을 주저하면서 제시하는데, 이 그림은 연구에 대한 실제적인 예라기보다는 다소간 연구에 대한 '요리책'식 접근을 제안하기 때문이다. 그럼에도 불구하고 이러한 그림은 연구의 특정 요소들의 구체적인 내용으로 들어가기 전에 전체 연구과정을 그려보게 해준다.

도표의 가장 위에 있는 문제, 아이디어, 이론은 연구를 위한 출발점이 될 수 있다. 대문자(A, B, X, Y 등)는 성차별, 사회적 기능, 특정 개입방법 같은 변수 또는 개념을 의미한다. 따라서 연구문제는 사회적 기능을 개선하는 데 있어 특정 개입방법이 다른 개입방법보다 더 효과적인지를 밝히는 것이 될 수 있다. 이와 달리 연구는 현상들이 있는 그대로의 상태에 대한 아이디어에서 시작할 수도 있다. 연구자는 어떤 기관의 남성이 여성보다 감독직이나 행정직으로 더 빨리 승진하고, 이러한 행정 관행이 성차별 문제를 반영한다고 생각할 수 있을 것이다. 그림의 물음표는 연구자가 어떤 생각을 가지고 있으나 그것이 맞는 것인지를 확실히 알 수 없음을 의미한다. 마지막으로, 이론을 여러 변수들 간의 복잡한 관계로 나타냈다.

또한 여러 출발점들 간에 종종 이동이 있음을 주목하라. 최초의 문제는 아이디어를 형성하게 되고, 이는 거시 이론을 변경하게 될 수 있다. 그 이론은 새로운 아이디어를 만들고 새로운 문제에 대한 인식을 촉진할 수 있다.

이 세 가지 요소의 일부 또는 모든 요소가 실증적 연구의 필요성을 제시할 수 있다. 그러한 연구의 목적은 문제를 탐색하거나, 어떤 구체적인 생각을 검증하거나, 또는

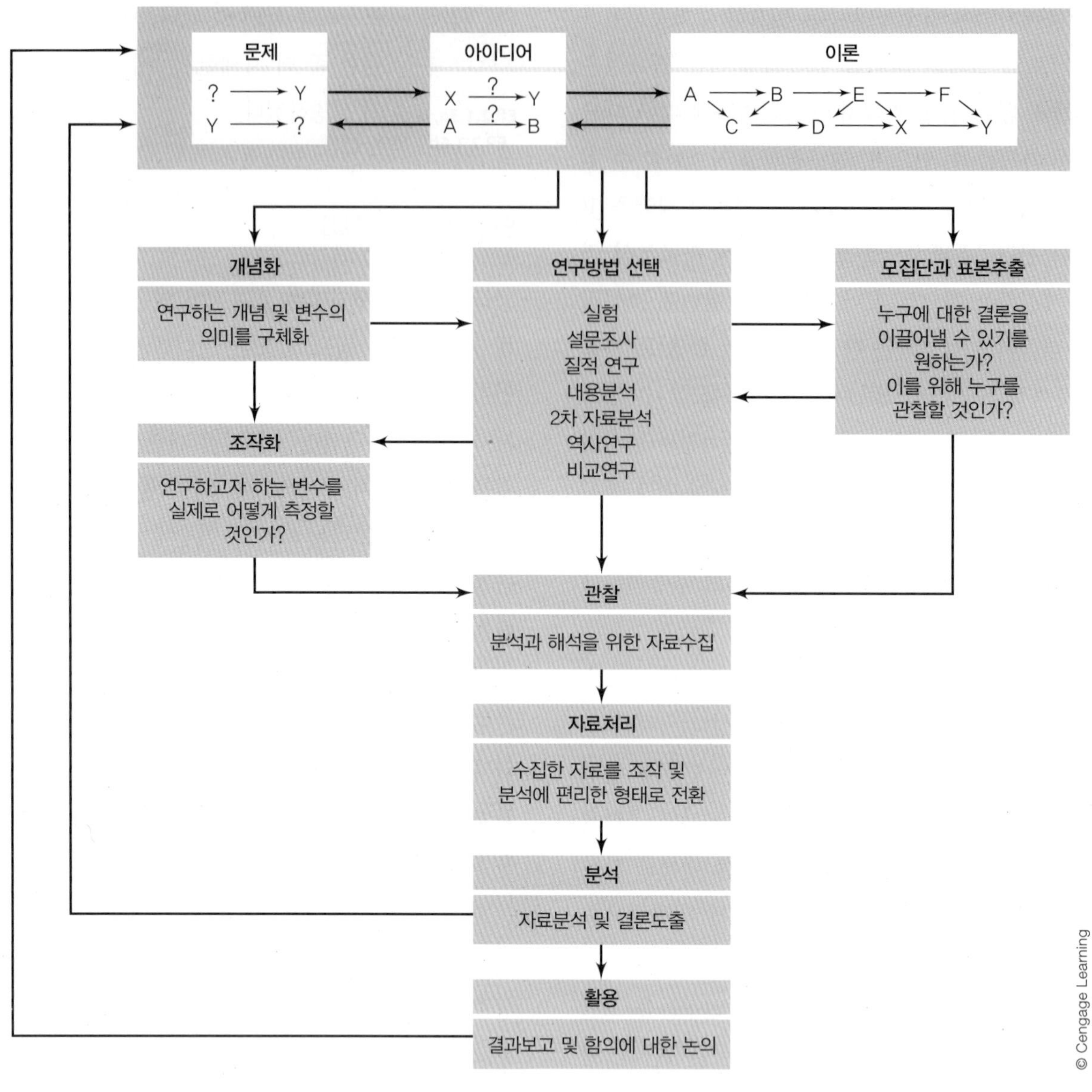

그림 4-4 사회복지 연구과정

복잡한 이론을 증명하는 것이 될 수 있다. 연구의 목적이 무엇이든 간에, 그림의 나머지 부분에 잘 나타나 있듯이 많은 결정을 내려야 한다.

이 논의를 좀 더 구체적으로 하기 위해 구체적인 연구의 예를 들어보자. 행동장애나 정서장애를 가진 아동들을 위한 집단생활시설에서 일하고 있다고 가정하자. 가정(cottages, 시설 내의 주거단위)에서 일어나는 반사회적 행동의 정도에 대한 문제가 인지되었다. 일부 가정은 다른 가정보다 반사회적 행동이 더 많고, 이는 각 가정의 부모들이 사용하는 각기 다른 행동관리 양식과 관련되어 있을 수 있다는 생각을 하게 되었다. 이 생각을 검증하기 위해 학습이론에서 분석틀을 찾았다. 학습이론에 근거해, 바람직한 행동을 할 때 토큰을 주고 토큰으로 특별한 혜택을 받도록 하는 행동강화기제를 사용하는 시설부모들이 가장 적은 빈도의 반사회적 행동을 경험하는 가정의 부모들이라고 가정한다. 또는 연구자가 원래 갖고 있던 학습이론에 관한 지식이 그 생각을 자극했고, 차례로 연구자가 그 문제를 인식하게 했을 수도 있다.

연구자가 해야 할 다음 단계는 행동관리, 강화기제, 반사회적 행동의 '양식'이 무엇을 의미하는지 개념화하는 것이다. 그러고 나면 개념들을 측정하기 위해 사용된 구체적 단계 또는 과정을 세분화할 필요가 있을 것이다. 연구대상에 대한 결정도 내려야 한다. 시설 내 모든 생활자 또는 가정, 즉 모집단을 연구할 것인가? 그렇지 않다면 표본추출은 어떻게 할 것인가? 또는 일반적으로 집단보호시설에 대해 결론을 내리기 원해서, 일하는 시설이 시설의 모집단을 대표하는 표본으로 생각하기를 원하는가?

이 외에도 연구방법의 선택에 관한 많은 결정을 내려야 한다. 여러 행동관리 방식을 사용하는 가정에 아동들을 무작위로 배정하는 실험을 수행할 것인가? 시설부모들에게 설문조사를 실시하여 단순히 그들이 어떻게 행동을 관리하려 하는지, 그들의 가정에서 일어나는 반사회적 행동의 빈도에 대해 면접할 것인가? 사례기록에 대한 내용분석으로 연구문제에 대한 답을 구할 것인가? 어쩌면 정확하게 정의된 가설을 검증하려 하기보다는 가정에서 일어나는 일을 개방형 접근으로 관찰하고 논의하는 질적 연구방법을 선택할 수 있을 것이다.

어떤 것을 선택하든 다음 단계는 그 결정을 실행하는 것이며, 이는 관찰을 수행하는 것을 의미한다. 수집하는 자료는 그 후에 처리되고 분석될 것이다. 연구를 진행하는 과정에서 해당 시설이 아동들이 퇴소 후 지역사회 환경에 얼마나 잘 적응하고 있는지 지역사회로부터 체계적으로 추적조사를 하고 있다는 사실을 알게 되었다. 이 조사의 정보는 소년법원 기록, 학교출석 기록, 학교 성적 및 학교생활 기록 등을 포함한다고 가정하자. 더 나아가 일단 연구를 통해 다양한 행동관리 양식이 다양한 수준의 반사회적 행동과 연관되어 있다는 처음 생각을 경험적으로 지지하는 결과를 찾은 후, 그리고 앞에서 언급한 퇴소 후 자료를 이용할 수 있다는 사실을 알게 된 후 새로운 생각을 갖게 되었다고 가정하자. 발견한 차이가 아동이 퇴소한 후에도 지속되는지 궁금할 수 있다. 다시 말해, 자신들이 시설에서 생활하는 동안 가장 효과적인 행동관리 방식에 노출된 아동들이 지역사회에 돌아간 후 반사회적인 행동을 더 적게 보일 것인지 의문을 가질 수 있다.

따라서 한 연구의 완성은 또 다시 연구과정을 발생시키는 순환으로 돌아오며, 이번에는 지역사회 내 사회적응과 연관되어 있다. 새로운 연구를 실시한다고 가정해보자. 만일 연구결과가 이 문제영역에서 수행되어온 유사한 연구의 결과와 같다면, 아동이 받았던 치료의 유형 또는 프로그램에서 얻게 되는 이득은 퇴소 후 적응과 거의 또는 전혀 관계가 없음을 발견할 것이다. 즉, 특정 방식의 행동관리를 받았던 아동들과 다른 방식으로 행동관리를 받았던 아동들 간에, 또는 퇴소 전에 반사회적인 행동을 별로 보이지 않던 아동들과 많이 보였던 아동들 간에 퇴소 후 적응 수준은 차이가 없음을 발견한다(Whittaker, 1987).

다시 한 번 연구과정의 처음으로 돌아오게 된다. 새로운 연구문제를 갖고 있는데, 이는 연구자가 바로 끝낸 연구에서 확인된 문제다. 시설에서 일어난 일은 퇴소 후 산출에 아무런 관련이 없는 것처럼 보인다. 따라서 프로그램이 비효과적인가? 아마도. 만일 그렇다면 그것이 다루기 시작할 중요한 문제일 것이다. 그러나 이에 대해 생각하면서 다른 생각을 하게 되었다. 프로그램이 진행되는 한, 그리고 프로그램이 주어진 조건에서 프로그램은 효과적이다. 문제는 연구자가 더 나아갈 필요가 있다는 것, 즉 퇴소 후 환경에 개입할 필요가 있다는 점이 문제가 될 수 있다. 아마도 아동들이 거주시설에 있는 동안 그들의 기능을 증진하는 것을 보여주고, 시설에 있는 동안 건전한 생활환경을 제공하는 것보다 현행 프로그램이 더 많은 것을 하리라 기대하는 것은 합리적이지 않을 수 있다. 만일 사회가 생활시설의 직원들이 지역사회 아동들의 행동에 영향을 미치기를 기대한다면, 사회는 퇴소 후 지역사회 환경에 개입하기 위한 권한과 자원을 제공할 필요가 있다.

연구자의 새로운 생각은 사려 깊고 상당히 그럴듯하지만, 과연 타당한가? 아니면 단순히 연구자의 지난 연구의 비참한 결과를 편리하게 합리화하는 것인가? 이에 대한 답을 구하기 위해 또 다른 연구를 시작한다. 이번에 연구자의 초점은 사회적응과 관련이 있는 퇴소 이전의 요인들이 아니라, 사회적응과 관련이 있는 퇴소 후의 환경 내 요인들이 될 것이다. 퇴소 후 사회복지 개입이 영향을 미칠 수도 있는 지역사회 적응과 관련 있는 해로운 환경조건과 도움이 되는 환경조건이 어느 정도나 있는가? 새로운 연구결과가 그러한 관련을 확인한다고 가정해보자. 이 문장의 끝에서 잠시 읽기를 멈추고, 이러한 결과가 새로운 연구과정의 출발점이 될 수 있을지, 무엇이 다음 문제 또는 생각이 될 수 있을지 자문해보라.

생각해봤는가? 그렇다면 아마도 새로운 여러 가지 문제와 생각을 끌어냈을 것이다. 그중 하나는 특정 퇴소 후 개입이 환경조건에 영향을 미칠 수 있도록 효과적으로 실행되었는지, 그리고 그러한 개입들이 궁극적으로 지역사회 적응을 개선했는지 검증하는 것이 되었을 가능성이 높다. 만일 재정적 여건이 허락하지 않는다면 소규모의 시범연구로 할 수 있을 것이다.

연구계획서

연구과제의 설계에서 종종 연구자는 다른 사람의 검토 또는 승인을 위해 구체적인 계획내용을 제시해야만 한다. 예를 들어, 강의 과제의 경우 교수는 학생이 과제를 시작하기 전에 '계획서(proposal)'를 보기 원할 수 있다. 나중에 연구자가 대형 과제를 수행하기를 원한다면 재단이나 정부기관으로부터 자금을 획득할 필요가 있을 수 있으며, 재단이나 정부기관은 연구자가 돈을 어떻게 쓰고자 하는지 기술한 구체적인 계획서를 당연히 원할 것이다.

24장에서 연구계획서를 어떻게 발전시키고 쓸 것인지 논의할 것이다. 다양한 재원기관은 연구계획서의 요소나 구조에 각기 다른 요건을 제시할 수 있다. 일반적으로 요구하는 요소는 (1) 문제 또는 목적, (2) 개념적 분석틀, (3) 문헌고찰, (4) 표본추출과정, (5) 측정, (6) 설계와 자료수집 방법, (7) 자료분석 계획, (8) 시간계획서, (9) 예산이다.

주요 내용

- 객관적 탐구와 주관적 탐구는 각각 장점과 단점이 있다.
- 객관적 탐구와 주관적 탐구 모두에서 연구자는 서로 다른 이해관계나 편견을 가진 다수의 관찰자들이 관찰 내용에 동의할 때 또는 상이한 관찰전략들이 기본적으로 동일한 관찰결과를 만들어낼 때 객관성이 확보됐다고 여길 수 있다.
- 양적 연구방법은 정확하고 일반화할 수 있는 결과물을 산출하는 데 주안점을 둔다.
- 질적 연구방법은 이해의 깊이를 강조하고, 인간경험에 대한 더 깊은 의미를 주관적으로 끌어내려 하며, 이론적으로 풍부한 관찰을 하고자 한다.
- 혼합 연구방법은 양적 자료와 질적 자료 모두를 수집하고 양적 및 질적 자료출처 모두를 연구를 진행해나가는 단계들 중 어느 하나 또는 그 이상의 단계에서 통합함으로써 연구하고자 하는 현상에 대한 이해를 증진시킨다.
- 혼합 연구방법은 양적 방법과 질적 방법 중 어느 것을 강조하는지에 따라, 그리고 양적 또는 질적 연구방법 중 어느 것을 먼저 사용하는지에 따라 9가지 유형으로 구분된다.
- 혼합 연구방법을 사용하는 이유는 (1) 사례들을 보여주거나 한 연구방법을 사용해 얻은 결과를 뒷받침해 줄 수 있는 수치를 제공하기 위해, (2) 한 연구방법을 이용해 아이디어나 기법을 찾고 다른 한 연구방법을 통해 그것들을 탐구해 나아가기 위해, (3) 각 연구방법을 통해 얻은 결과가 서로를 재입증하는지 보기 위해서다.
- 연구의 단계는 문제형성, 연구설계, 자료수집, 자료처리, 자료분석, 결과해석, 연구보고서 작성 단계로 구분된다.

연습문제

1. 사회복지 조사 학술지(「Research on Social Work Practice」나 「Social Work Research」 같은) 최근호를 몇 개 검토하라. 개별사례 모델(양적 연구방법)을 보여주는 논문 하나와 보편법칙 모델(질적 연구방법)을 보여주는 논문 하나를 찾아라. 각각의 가치와 그들이 어떻게 대조적인 모델을 예증하고 있는지 토론해보라.
2. 동일한 학술지에서 '혼합 연구'라는 용어를 제목이나 초록에서 사용하고 혼합 연구방법 사용을 강조한 최근 연구를 찾아서, 해당 연구가 이 장에서 소개한 9가지 혼합 연구방법 중 어떤 유형과 가장 잘 맞는지 확인한 뒤 그 이유를 설명하라.
3. 집중적인 가정 내 사회복지 서비스를 제공함으로써 아동학대나 방임의 위험이 있는 아동이 가정으로부터 격리되는 것을 예방하고자 하는 가족보존 프로그램의 성공 정도를 평가하는 조사연구를 설계하라는 요청을 받았다고 가정해보라. 어떤 조건하에서 양적 방법 혹은 질적 방법을 강조할 것인가? 각 접근방법의 장단점은 무엇인가? 어떻게 그리고 왜 두 가지 유형의 방법을 결합하고자 할 수 있을까?

추천도서

Denzin, N. K., & Lincoln, Y. S. (2000). *Handbook of Qualitative Research*. Thousand Oaks, CA: Sage. 이 책에서 다양한 저자들은 어떻게 탐구의 본질이 패러다임에 의해 영향을 받는지를 보여주면서 다양한 패러다임의 관점으로부터 질적 연구의 수행을 논의한다. 또한 편저자들은 포스트모더니즘적 관점으로부터 실증주의를 비판하고 있다.

Creswell, J., & Plano Clark, V. (2010). *Designing and conducting mixed methods research* (2nd ed.). Thousand Oaks, CA: Sage. 이 책은 혼합 연구방법을 이해할 수 있도록 10개 장에 걸쳐 설명한다. 어떻게 수행하는지, 어떻게 분석하고, 어떻게 결과를 제시하는지를 설명하고, 진정한 혼합 연구에 대해 설명한다. 또한 혼합 연구방법에서 종종 제기되는 중요한 질문들도 다룬다.

Tashakkori, A., & Teddlie, C. (Eds.). (2010). *Sage handbook of mixed methods research in social and behavioral research* (2nd ed.). Thousand Oaks, CA: Sage. 이 책은 혼합 연구방법의 두 개척자가 저술했으며, 혼합 연구방법을 총 31개 장에 걸쳐 설명하고 있다. 이 장들은 개념적 쟁점, 방법론적 쟁점, 동시 적용, 이렇게 세 부분으로 나뉜다.

활용 노트

EP 2.1.3a

EP 2.1.3a: 연구에 근거한 지식과 실천지혜를 포함해 지식의 다양한 출처를 구분, 평가, 통합하기: 사회복지사들은 지식의 질적, 양적, 혼합 연구방법을 구분할 수 있다.

EP 2.1.3b

EP 2.1.3b: 사정, 예방, 개입, 평가 모델 분석하기: 사회복지사는 사정과 평가의 질적, 양적, 혼합 연구방법을 이해할 수 있다.

EP 2.1.6b

EP 2.1.6b: 실천에 유용한 연구증거 활용하기: 사정 평가의 질적, 양적, 혼합 연구방법을 이해하면서(또한 연구과정을 이해하면서), 사회복지 실천에 정보를 제공하기 위한 연구증거를 사용할 수 있는 사회복지사의 능력이 강화된다.

사회복지 조사의 윤리적 · 정치적 · 문화적 맥락

The Ethical, Political, and Cultural Context of Social Work Research

사회복지 조사는 (사회복지 실천과 마찬가지로) 사람들에 관한 것이다. 게다가 사회복지 조사는 사람들을 조사참여자로 포함한다. 따라서 구체적인 조사방법과 설계를 배우기 전에 사회복지의 윤리적 쟁점에 대해 알게 되면 많은 도움이 된다. 이제부터 살펴보겠지만, 조사를 어떻게 구조화하고 수행할 것인가에 대한 결정은 윤리적 고려의 영향을 받는다.

사람들과 관련된 조사는 또한 정치적 함의를 갖는다. 예를 들어 조사자 자신의 정치관과 이데올로기는 무엇을 연구할지, 연구가 어떻게 수행될지에 영향을 미친다. 또한 사회복지 조사의 결과는 때때로 기관의 이해관계자가 자신들의 프로그램을 위한 기금을 더 많이 확보할 수 있을지에 대한 전망에 영향을 미친다. 조사결과는 이따금 사회정책에도 영향을 미치는데, 아마 정치적 스펙트럼의 다른 양쪽 끝에 있는 사람들의 선호에 영향을 줄 것이다.

그리고 조사결과는 때때로 어떤 문화의 구성원에게 알코올 남용이 만연하다는 연구가 그 문화에 대한 고정관념을 강화하는 방식으로 전파될 때처럼 특정 문화의 구성원을 불쾌하게 하는 방식으로 보고될 수 있다. 게다가 조사연구가 문화적으로 능숙하지 못한 방법으로 수행될 경우 연구를 끝내지 못하거나 오도하는 결과를 낳는다.

5장에서는 사회복지 조사연구에서 발생하는 특수한 윤리적, 정치적 고려를 고찰할 것이다. 여기서는 이어지는 나머지 장들에서 조사방법을 논의할 윤리적, 정치적 맥락을 설정하고자 한다.

6장에서는 사회복지 연구자가 어떻게 하면 조사연구의 모든 단계에서 문화적 능력을 향상시킬 수 있도록 질적, 양적 방법을 사용할 수 있을지에 대해 탐구한다. 그리고 문화적 능력이 어떻게 연구자가 소수계 집단 및 억압받는 집단과 관련된 의미 있는 정보를 얻고 제공하도록 돕는지, 그리고 그로 인해 그러한 집단에 대한 실천과 정책을 진전시킬 수 있는지를 살펴본다.

CHAPTER
5

사회복지 조사의 윤리학과 정치학

The Ethics and Politics of Social Work Research

이 장의 학습내용

이 장에서는 사회복지 연구를 설계하고 수행하면서 어떻게 과학적 고려와 아울러 윤리적, 정치적인 고려가 참작될 수 있을지 살펴본다. 그러나 종종 까다로운 윤리적, 정치적 쟁점들에 대한 명확한 대답은 쉽게 도출되지 않는다.

서론

인간을 대상으로 연구를 실시하는 사회복지사와 기타 전문가들은 연구를 실시하기에 앞서 자신이 계획한 조사의 윤리성과 관련된 문제에 직면하게 된다. 그들은 자신의 윤리적 기준을 충족하기 위해, 그리고 계획된 연구의 윤리성을 검토하고 윤리적 관점에서 연구수행의 찬반을 논의하고자 구성된 위원회의 기준에 부합하기 위해서라도 이러한 문제를 해결해야 한다.

인간을 대상으로 하는 연구의 윤리성에 대한 관심이 언제나 지금처럼 이렇게 격렬했던 것은 아니다. 이런 관심에 대한 뿌리는 수십 년 전 인간을 대상으로 하는 연구가 윤리에 대한 아무런 검토 없이 실시될 수 있었던 시기, 즉 일부 연구자가 기본적인 윤리기준을 비인간적으로 위반함으로써 악명을 떨치던 시기로 거슬러 올라간다. 가장 극악무도한 사례는 유태인 대학살 기간에 이루어졌던 의학실험에서 보여준 나치의 잔혹함이었다.

비록 타락한 나치 실험이 비인간적인 '연구'의 가장 극악무도한 사례인 것은 사실이지만, 이것이 당시 저질러졌던 비인간적 윤리적 위반과 연관된 유일한 연구는 아니었다. 미국에서 가장 악명 높은 사례는 1932년에 앨라배마 주에서 시작되었던 터스키기(Tuskegee) 매독연구다. 이 연구에서 의료연구자들은 매독을 앓고 있던 수백 명의 가난한 아프리카계 미국인 남성을 진단한 후 그들에게 매독을 앓고 있다고 알려주지 않았다. 대신에 그들이 가진 '나쁜 혈액'에 대한 치료를 받게 된다고 이야기해주었다. 실제로 연구자들은 질병을 치료할 생각이 없었으며 단지 그 질병의 진전을 연구하려고 했다. 심지어 매독 치료제로 페니실린이 발견된 뒤에도 연구대상자에게 페니실린을 제공하거나 페니실린에 대해 전혀 알려주지 않은 채 연구는 계속되었다. 연구참여자들로 하여금 지역사회에서 치료 방안을 찾지도 못하게 했다(연구자들이 질병이 충분히 진전되었음을 관찰한 이후에). 때때로 요추천자(spinal taps) 같은 진단절차가 마치 매독의 치료방법인 것처럼 거짓으로 소개되기도 했다. 그 연구에 대해 13개의 학술논문이 발표되는 동안 아무런 제지 없이 연구는 진행되었다. 제임스 존스 James Jones(1981)는 터스키기 실험에 대한 저서인 『Bad Blood: The Tuskegee Syphilis Experiment』에서, "터스키기 연구와 관련된 보건 관련 공무원 그 누구도 비평가들이 의문을 제기하기 전까지 어떤 윤리적 우려도 표명하지 않았다."(p. 190) 라고 보고했다. 사실 의학교수 중 한 명이 처음에 이 연구에 반대해(1965년) 질병관리센터(Centers for Disease Control)에 편지를 보냈으나 아무런 응답을 받지 못했는데, 그 내용은 다음과 같다.

> 나는 효과적인 치료가 존재함에도 의사들이 환자들에게 잠재적으로 치명적인 질병을 치료하지 않고 내버려두고 있다는 사실에 매우 놀랐다. 당신들은 치료를 받지 못하고 있는 이 집단으로부터 추출된 정보가 그들을 희생할 만한 가치가 있다고 믿고 있는 것 같다. 만약 그렇다면 나는 이 연구와 연관된 미국 공중보건국(United States Public Health Service)과 의사들에게 이런 관점에서의 도덕적 판단을 재평가해야 한다고 제안하는 바다 (Jones, 1981, p. 190).

존스는 이 편지가 연구를 보고한 한 논문의 저자에 의해 다음과 같은 메모가 붙은 채 단순히 철해져 있었다고 보고했다. "이것은 우리가 처음 받아보는 유형의 편지다. 그러므로 이 편지에 답할 계획은 없다." 1965년 12월 육군에서 복무하던 중 사회복지사로 훈련받은 피터 벅스턴 Peter Buxtun은 공중보건국에 성병 상담자로 고용되었다. 벅스턴은 곧바로 동료로부터 터스키기 연구에 관해 알게 되었으며, 그 연구에 대해 출간된 논문들을 살펴본 후 그 문제에 개입하려는 노력을 계속했다. 고위관료들에게 보낸 일련의 편지와 어렵게 성사된 만남을 통해 마침내 실험을 검토하기 위한 위원회가 열렸으나, 위원회는 연구대상자를 치료하는 데 반대하는 결정을 내렸다.

벅스턴은 곧장 언론으로 달려갔고, 1972년 이 사실은 대중에게 알려졌다. 이 폭로로 문제에 대한 공청회가 미국 상원에서 열렸다. 결국 1970년대 중반 연구대상자들은 감염된 아내와 태어나면서 감염된 아이들과 함께 항생제 치료를 받게 되었다(Royse, 1991). 존스(1981, p. 203)에 따르면, 터스키기 연구의 중단이라는 궁극적 책무를 다한 사람으로 대접받아야 할 사람은 다름 아니라 언론에 도움을 요청한 사회복지사 벅스턴이었다.

기관윤리위원회

터스키기 연구처럼 악의적으로 비윤리적인 연구실험에 대응하기 위해 현재 연방법률은 인간과 관련된 연구에서 연구윤리를 통제하고 있다. 연방으로부터 연구지원을 받으려 하는 모든 기관(대학이나 병원 같은)은 기관윤리위원회(institutional review board, IRB)를 설치해 인간과 관련된 모든 연구계획서를 검토하고 윤리 문제를 해결할 일단의 전문가를 확보해야 한다. 그들의 목적은 연구대상자의 권리와 이해를 보호하는 것이다. 법은 특히 연방정부가 지원하는 기금에 대해 적용되지만, 많은 대학은 동일한 기준과 절차를 비연방정부 지원을 받는 연구나 학생들의 연구처럼 전혀 비용이 들지 않는 연구를 포함한 모든 연구에 준용하고 있다.

IRB의 중요한 책무는 연구참여자의 권리와 이해관계를 보호하며 연구에 참여하면서 그들이 직면할 수 있는 위험을 최소화하고, 예견되는 연구의 이익이 이러한 위험을 초월한다는 것으로 정당화될 수 있도록 보장하는 것이다. 어떤 경우에 IRB는 연구 승인을 거부할 수도 있고, 연구설계를 변경하도록 요구할 수도 있다. IRB는 연구가 진행되고 난 이후에도 계속해서 그 연구를 감독할 수 있으며, 승인을 취소해 종결시킬 수도 있다.

이어지는 절들에서는 IRB 심사관들이 제안된 연구를 승인할지를 검토하고 결정할 때 고려해야 할 핵심적인 윤리지침을 소개한다. 터스키기 연구 같은 사례를 고려하면서 윤리적 위반을 발견해내고 연구자가 노골적으로 비윤리적이었다는 데 동의하기는 그다지 어렵지 않다. 그러나 사회복지 연구에서 몇몇 윤리적 위반은 미묘하고 애매모호하며 논쟁의 여지가 있다. 때때로 그 상황에 대한 '올바른' 해답이 존재하지 않으며, 선의의 사람들도

출처: National Archives and Records Administration. Photo from the Tuskegee Syphilis Study

서로 의견이 다를 수 있다. 따라서 합리적인 사람들이라도 어떤 연구가 비윤리적이라는 데(그리고 기대되는 이익이 위험보다 훨씬 크다는 데) 동의하지 않을 수 있다. 따라서 모든 IRB 결정이 제안된 계획서의 윤리적 문제에 대해 '옳은 것이며', 최선의 결정이라는 확실한 보장은 없다. 이러한 윤리적 문제를 고려한 후, 이 장의 후반부에서 연구자들이 따라야 할 다양한 IRB 규율과 연구자들이 작성해야 하는 양식을 살펴볼 것이다.

자발적 참여와 고지에 입각한 동의

그리고 사회복지 조사는 종종 사람들에게 자신에 관한 정보, 예를 들면 친구나 동료도 알지 못하는 정보를 밝히라고 요구할 뿐만 아니라 종종 그런 정보를 낯선 사람에게 밝히라고 요구한다. 이와 같은 요청은 응답자의 개인적인 이해에 도움을 주기 위해 요구되었다는 점에 근거해 정당성을 가질 수 있다. 그러나 사회복지 연구자가 언제나 이런 주장을 할 수 있는 것은 아니고, 단지 자신들의 노력이 도움을 필요로 하는 전체 인구집단을 궁극적으로는 돕게 되리라는 주장 정도를 할 수 있을 뿐이다.

연구윤리에서 가장 중요한 신조는 연구참여가 자발적이어야 한다는 것이다. 그 누구도 참여를 강요당해서는 안 된다. 모든 참여자는 자신이 연구에 참여하고 있다는 사실을 알아야 하며, 모든 연구결과를 통보받아야 하고, 연구에 참여하겠다고 동의해야 한다. 그러나 어떤 연구에서는 이것이 적용되지 않는다. 예를 들어 지역사회 조직체가 시청에 교통신호등 설치를 요구하려는 노력의 일환으로 학교 근처에 있는 번잡한 교차로에서 자동차의 통행량과 통행속도를 측정하고자 할 때, 교차로를 통과하는 모든 자동차의 운전사에게 고지에 입각한 동의를 얻을 필요는 없다.

자발적 참여라는 규범은 이론적으로 받아들이기는 쉬우나 실제로 적용하기는 훨씬 어렵다. 다시 의학연구가 유용한 사례를 제공한다. 많은 실험약물은 죄수를 상대로 시험된다. 윤리적으로 가장 엄격한 경우라면 죄수들은 실험의 본질(그리고 가능한 위험, 참가는 완전히 자발적이라는 것, 더 나아가 참여한다고 하더라도 조기 가석방 등 특별한 보상을 기대할 수 없다는 것)을 듣게 된다. 심지어 이런 조건에서도 몇몇 참여자는 분명히 실험에 협조하면 개인적으로 도움을 얻을지 모른다는 믿음에 따라 참여 동기를 갖게 될 것이다.

사회복지 수업에서 강사가 자신이 분석해 발표하려는 설문지에 대해 학생들에게 응답해달라고 요청하는 경우에도 설문조사에 참여하는 것은 전적으로 자발적이라고 알려주어야 한다. 그렇다고 하더라도 대부분의 학생은 설문에 참여하지 않으면 성적에 어떤 식으로든 영향을 미칠 것이라고 두려워할 것이다. 그래서 강사는 학생들이 은연중에 생각하는 상벌에 대해 민감해야 하며, 이를 방지하고자 특별한 조치를 취해야 한다. 예를 들어, 강사는 학생들이 설문지를 작성하는 동안 그 방을 떠나 있을 수 있다. 혹은 학생들에게 설문지를 우편으로 돌려보내달라고 하거나, 다음 수업 시작 전까지 가까운 상자에 넣어달라고 말할 수도 있다.

여기서 분명히 해야 할 사항은 이런 자발적 참여라는 규범이 우리가 나중에 이 책에서 논의할 몇 가지 과학적 우려에 직접적으로 배치된다는 점이다. 그 같은 우려의 한 가지는 **일반화 가능성**(generalizability)이라는 과학적 목표와 관련되는데, 특정 연구에 자발적으로 참가하고자 하는 사람들이 그 연구가 일반화하고자 하는 사람들과 상이한 정도만큼 일반화 가능성은 위협을 당하게 된다. 빈곤의 여성화에 관한 학생들의 태도를 설문조사하는데 페미니즘과 가난한 사람에 대해 가장 관심이 많은 소수계 학생만이 자발적으로 참가했다고 가정해보라. 그 같은 소규모 응답자 집단으로는 일반적인 학생들의 태도를 기술할 근거가 없으며, 만약 그 결과를 전체 학생 집단에게 일반화한다면 그와 같은 일반화는 심각한 오류로 이어질 것이다.

어떤 연구에서는 관찰되는 사람들에게 연구의 본질을 숨겨야 할 필요성이, 자발적인 참여와 고지에 입각한 동의라는 규범과 절충되어야 할 또 다른 과학적 관심이다. 이런 필요성은 참여자들이 연구에 참여하고 있다고 인식할 경우 그들이 수행하는 사회적 과정에 의미 있는 영향을 미칠지도 모른다는 두려움에서 나온다. 종종 연구자는 심지어 연구가 진행된다는 사실을 밝힐 수조차 없다. 예를 들어 로젠한 Rosenhan(1973)이 어떤 연구를 보고했는데, 그 연구에서는 연구에 대해 전혀 알지 못하는 병원의 임상직원들이 지속적인 입원이 필요 없는 '정상적인' 사람들(아마 조사연구자)을 인식할 수 있는지 평가하기 위해 정신병원에 환자로 위장해 입원했다(결과는 병원직원들이 이를 알아내지 못했다고 제시한다). 만약 연구의 대상자, 즉 임상직원에게 자발적으로 참여할지 혹은 참여를 거부할지에 대한 선택권을 주었다면 그 연구는 심하게 훼손되어 연구를 수행할 가치도 없었을 것이다. 임상직원이 연구자가 환자로 위장하리란 사실을 이미 알고 있다면 그런 연구가 무슨 의미가 있겠는가?

그러나 자발적 참여와 고지에 입각한 동의라는 규범을 준수하기가 불가능하다는 사실만으로 그것을 위반하는 연구를 정당화할 수는 없다. 로젠한이 보고한 연구는 정당화될 수 있을까? 연구를 아예 실시하지 않는 편이 더 윤리적이었을까? 그것은 그 연구로 장기적인 이익을 도출했느냐에 달려 있다. 즉, 정신병 진단과 치료의 문제점에 대한 파악, 이해, 그리고 가능한 개선에 대한 관찰과 자료가 그 연구에 대한 자발적 참여 또는 거부의 기회를 임상직원에게 주지 않는 것으로 인한 피해보다 더 큰 비중을 차지하는가에 달려 있다. 연구의 장기적 이익이 윤리적으로 문제를 가진 실천으로 인한 해악보다 더 중요한지를 판단해야 하는 필요성은 자발적 참여뿐만 아니라 다른 윤리적 규범에도 적용되기 때문에 나중에 다시 이 주제로 돌아갈 것이다. 자발적 참여와 고지에 입각한 동의 규범은 중요하다. 이를 위반하는 것이 궁극적으로 정당화될 수 있다고 느끼는 경우, 연구 중인 사람들에게 아무런 피해를 주어선 안 된다는 것과 같은 여타의 윤리적 규범을 준수하는 일이 더욱 중요하다.

자발적 참여와 고지에 입각한 동의라는 규범에 대해 어떻게 느끼고 있든지 간에 자신의 연구가 인간을 연구대상으로 하고 있다면, IRB로부터 연구윤리에 대한 승인을 얻어야만 하며 IRB는 아마도 참여자가 연구에 참여하기 전에 동의서에 서명을 하도록 요구할 것이다.

동의서는 참여자가 참여 여부를 결정할 때 영향을 미칠 수 있는 연구와 관련된 모든 정보, 특히 연구절차, 잠재적 해악, 익명성과 비밀보장 등에 관한 정보를 제공해야 한다. IRB 동의서는 상당히 자세하게 구성할 수 있다. 만약 어린아이가 연구의 참여자라면 별도의 양식이 요구된다. 부모와 자녀가 동시에 연구의 참여자라면 몇 쪽 분량의 부모 동의서, 부모가 자녀의 참가를 동의하는 별도의 동의서, 그리고 자녀가 서명하는 또 하나의 동의서를 작성하게 된다. 후자의 동의서는 일반적으로 승인서라고 하며, 상대적으로 더 간단하고 아이들이 이해하기 쉬운 언어를 사용한다. 마찬가지로 진정한 고지에 입각한 동의를 얻기 위해서는 예상되는 연구참여자의 읽기 수준을 고려해야 하며, 외국인이라면 번역본을 준비해야 한다. 그림 5-1은 가상 연구의 동의서 양식 샘플(부모용)과 승인서 양식 샘플(아동용)을 제시하고 있다. 이 샘플은 IRB가 일반적으로 동의서와 관련해 요청하는 것들에 대한 정보를 제공한다.

EP 2.1.2c

참여자에게 피해 주지 않기

연구는 연구대상자인 사람들에게 결코 피해를 주어서는 안 된다. 현실적으로 이 규범의 가장 명백한 피해 사례는 참여자를 당황하게 하거나 그들의 가정생활, 친구관계, 직업 등을 위태롭게 할 수 있는 정보의 노출과 관련되어 있다.

연구참여자는 연구과정에서 심리적으로 피해를 볼 수 있으므로, 연구자는 종종 미묘한 어려움에 대해 잘 알고 그에 대비해야 한다. 연구의 참여자들은 종종 그들이 느끼기에 민망한 비행이나 태도 혹은 저임금이나 복지 수혜 여부 등 부담스럽게 느끼는 개인적 특성을 밝히도록 요구받는다. 그런 정보를 밝히는 것은 어쨌든 참여자를 불편하게 할 가능성이 높다.

사회복지 연구 프로젝트는 참여자가 통상적으로 고려해보지 못한 자신의 측면에 직면하도록 만든다. 그것은 정보가 직접 연구자에게 밝혀지지 않을 때도 발생한다.

[대학교의 이름]

당신과 당신의 아이는 조사연구에 참여 요청을 받고 있습니다. 이 양식은 연구에 대한 정보를 제공합니다. 연구책임자나 연구책임자의 대변인이 이 연구에 대해 설명하고 당신의 모든 질문에 대답해줄 것입니다. 다음의 정보를 읽고 연구에 참여할 것인지를 결정하기 전에 당신이 이해할 수 없는 모든 것에 대해 질문할 수 있습니다. 당신의 참여는 전적으로 자발적이며, 처벌이나 당신이 받을 권리가 있는 어떤 혜택에 대한 손실 없이 참가를 거부할 수 있습니다.

조사연구의 제목:

성적 학대를 당한 멕시코계 미국 아동의 외상 후 스트레스 장애 치료에 있어서 외상 초점형 인지행동치료의 효과성

연구책임자의 이름:

연구기금의 출처:

연구의 목적:

이 연구는 외상 후 스트레스 장애 증상 경감에 있어 외상 초점형 인지행동치료의 효과성에 대한 단순 무작위 실험 평가를 수행하는 것을 목적으로 합니다. 연구대상은 [기관 이름]에서 서비스를 받고 있는 6세에서 12세의 멕시코계 미국 아동 84명으로, 기관에 들어오기 전에 성적 학대를 당했으나 현재는 더 이상 학대를 받지 않고 있습니다.

연구에 참여하기로 결정하면, 당신은 무엇을 해야 하는가?

연구에 참여하기로 결정하면, 연구책임자는 과학적인 무작위 과정(예: 동전 던지기)을 사용하여 당신과 당신의 아이에게 기관의 다른 모든 서비스와 함께 외상 초점형 인지행동치료를 받는 집단에 배정될 50%의 기회와 기관의 다른 모든 서비스와 함께 외상 초점형 인지행동치료가 포함되지 않은 치료를 받는 집단에 배정될 50%의 기회를 부여합니다. 외상 초점형 인지행동치료가 포함되지 않은 집단에 배정되면, 당신은 3개월 뒤에 외상 초점형 인지행동치료를 받게 될 것입니다. 당신이 받게 될 치료에 더해서 당신과 당신의 아이 혹은 당신이나 당신의 아이는 치료의 시작과 끝에 겪은 증상에 대한 질문에 서면으로 답하게 됩니다. 이 연구는 12주 동안 진행되고, 아이와 함께 한 시간짜리 세션에 참가합니다. 당신과 당신의 아이 둘 다 참여하는 몇몇 세션은 시간이 더 길고, 당신 혼자서 참여하는 세션도 있습니다. 이 연구는 대략 60명의 참여자를 포함할 것입니다.

이 연구와 관련하여 어떤 불편함과 위험요인이 있을 수 있는가?

외상 초점형 인지행동치료를 받는 것은 현재로서는 예견할 수 없는 위험을 수반할 수 있습니다. 이 연구와 관련해 발생 가능한 위험에는 치료를 받는 동안이나 그 이후에 경험할 수 있는 정서적 불편함이 포함될 수 있습니다. 외상 초점형 인지행동치료는 참여자로 하여금 이전의 정신적 외상을 초래한 경험과 관련하여 마음을 혼란스럽게 할 수도 있는 기억을 상기시킵니다. 당신은 정신건강치료 인력을 고용하고 있는 기관에서 서비스를 받고 있으므로, 당신이나 당신의 아이가 치료를 받는 동안 어떤 불편함을 겪는다면 도움을 받을 수 있습니다. 또한 기관이 문을 닫은 시간에 불편함을 경험하면 일주일 내내 하루 24시간 이용할 수 있는 콜센터가 있습니다.

당신이 경험할 수도 있는 다른 위험 혹은 위의 정보에 관해 의논하고 싶다면, 지금 질문을 할 수도 있고 나중에 이 양식의 첫 페이지에 언급된 연구책임자에게 전화를 할 수도 있습니다.

이 연구는 어떤 혜택을 줄 수 있는가?

외상 초점형 인지행동치료는 성적으로 학대받은 아동에게 효과성이 있다는 강력한 과학적 근거를 가집니다. 하지만 멕시코계 미국 아동을 주대상으로 한 연구는 없습니다. 이 연구는 외상 초점형 인지행동치료가 멕시코계 미국 아동에게 어떻게 효과가 있는가에 관한 근거를 제공할 것입니다. 이것을 밝혀내는 일은 성적으로 학대받은 멕시코계 미국 아동에게 어떤 치료 접근이 가장 도움이 될 수 있는가에 관한 앞으로의 의사결정을 도와줄 것이다.

이 연구에 참여하면 비용을 지불해야 하는가?

아닙니다.

이 연구에 참여하면 보상을 받게 되는가?

당신은 이 연구에 참여하는 것에 대해 어떤 보상도 받지 않을 것입니다.

당신은 참여해야만 하는가?

당신의 참여는 자발적입니다. 당신은 참여하지 않기로 결정할 수도 있고, 연구를 시작한 후에 언제든지 중단할 수도 있습니다. 참여를 거절하거나 중단한다고 해도 [대학교의 이름] 혹은 [기관의 이름]과의 관계에 어떤 방식으로든 영향을 주지 않을 것입니다. 당신과 당신의 아이 혹은 당신이나 당신 아이의 참여 거절은 당신이나 당신의 아이가 받을 권리가 있는 어떤 혜택에 대한 불이익이나 상실을 수반하지 않습니다. 당신은 당신의 동의를 철회할 수도 있습니다. 그리고 당신의 아이는 언제든지 승인을 철회할 수도 있고 불이익 없이 참여를 중단할 수도 있습니다.

그림 5-1 가상의 연구에 대한 피험자 동의서 견본

당신은 어떻게 이 연구의 참여를 중단할 수 있는가? 그리고 질문이 있다면 누구에게 전화를 해야 하는가?

어떤 이유로든 이 연구의 참여를 중단하고 싶다면, 당신은 [연구책임자의 이름]에게 [전화번호]로 연락을 해야 합니다. 당신은 자유롭게 당신의 동의를 철회할 수 있고, 당신이 받을 권리가 있는 어떤 혜택에 대한 불이익이나 손실 없이 언제든지 연구의 참여를 중단할 수 있습니다. 연구가 진행되는 동안 연구자는 당신에게 새롭게 이용할 수 있는 정보와 당신을 이 연구에 남아 있도록 결정하는 데 영향을 줄 수도 있는 정보를 알려줄 것입니다. 이에 더해서 연구참여자로서의 권리에 대해 궁금하다면, [기관감사위원회 의장의 이름과 연락처]로 연락할 수 있습니다.

당신의 사생활과 연구기록의 비밀은 어떻게 보호받는가?

[대학교의 이름]의 관계자와 기관감사위원회는 당신의 연구기록을 열람할 권리를 가지며, 법에 의해 허용된 범위 내에서 기록의 비밀을 보호할 것입니다. 연구 프로젝트가 연구비용을 지원받는다면, 지원기관 또한 당신의 기록을 열람할 법적 권리를 가집니다. 그 외에는 법이나 법원 명령에 의해 요구받는 경우가 아니면, 당신의 연구기록은 당신의 동의 없이 공개되지 않을 것입니다.

이 연구의 결과가 학술지에 게재되거나 학술대회에서 발표되면, 당신의 신분은 공개되지 않을 것입니다.

이 연구에 참여하는 아동 중 아홉 명이 무작위로 선택될 것입니다. 그리고 그들의 외상 초점형 인지행동치료 세션 중 하나가 CD에 기록될 것입니다. 그 CD는 암호화되어 사적인 신분 정보는 알아볼 수 없습니다. 그 CD는 연구책임자 사무실의 잠긴 문서 수납장에 보관될 것입니다. 그 CD는 향후 분석의 목적으로만 보관될 것입니다.

당신이 이 연구에 참여할 경우 연구자가 얻는 이득이 있는가?

당신의 참여에 의해 연구자가 이득을 얻는 유일한 방법은 결과를 학술지에 게재하고 학술대회에서 발표하는 것뿐입니다.

서명:

아래의 당신의 서명은 당신이 이 연구의 목적, 절차, 가능한 혜택과 위험에 대해 인지하고 있으며 당신이 이 동의서 사본을 받았음을 의미합니다. 서명을 하기 전에 당신에겐 질문을 할 기회가 주어졌습니다. 그리고 언제든지 다른 질문을 할 수 있다는 사실을 들었습니다. 당신은 이 연구에 참여하는 데 자발적으로 동의합니다. 이 동의서에 서명하는 것에 의해 당신은 어떤 법적 권리도 포기하지 않습니다.

____
아동의 이름

______________________ ______________________
부모나 법적 후견인의 서명 **날짜**

______________________ ______________________
아동의 서명 **날짜**

______________________ ______________________
연구책임자의 서명 **날짜**

아동 승인서

성적 학대를 당한 멕시코계 미국 아동의 외상 후 스트레스 장애 치료에 있어서 외상 초점형 인지행동치료의 효과성

나는 새로운 치료가 나 같은 아동을 더 기쁘게 해주고 나 같은 아동의 행동을 개선해주는지에 관한 연구에 참여하는 데 동의합니다. 이 연구는 제 부모님이나 후견인에게 설명되었고, 제 부모님이나 후견인은 제가 이 연구에 참여할 수 있다고 말했습니다. 연구를 담당하는 사람만 유일하게 내가 이 연구에서 말하고 행동하는 것을 알게 될 것입니다.

나는 내가 받는 치료에서 내 치료사가 내가 생각하거나 말하기 싫어할 수도 있는 것들에 관해 생각하거나 말하기를 요구할 수도 있다는 것을 이해합니다. 또한 나는 연구에 참여하는 것을 멈추고 싶다면, 그저 손을 들거나 "멈춰"라고 말하면 된다는 것을 이해합니다. 그리고 내가 언제든 이 연구에 대한 참여를 중단해도 어떤 나쁜 일이나 잘못된 일이 생기지 않는다는 것을 이해합니다.

이 페이지에 내 이름을 쓰는 것은 내가 이 페이지의 내용을 읽었고, 내가 이 연구에 참여하는 데 동의함을 의미합니다. 나는 나에게 생길 일들을 알고 있습니다. 내가 연구를 그만두기로 결정하면, 단지 담당자에게 말하기만 하면 됩니다.

______________________ ______________________
아동의 서명 날짜

______________________ ______________________
연구책임자의 서명 날짜

그림 5-1 (계속)

회상 중에 과거의 어떤 행위는 부당하거나 비도덕적으로 보일 수 있다. 그러면 그 프로젝트는 연구대상에게 계속해서 개인적 고뇌의 원천이 된다. 예를 들어 연구가 윤리적 행동강령에 관한 것이라면 참여자들은 자신의 도덕성을 의심하기 시작할 것이며, 그런 개인적 우려는 연구가 종료되어 보고된 후에도 오랫동안 지속될 수 있다.

종종 침해받은 사실이 알려지지 않은 채 지나가기도 하지만, 참여자는 자료분석과 보고에 따라 침해를 받을 수 있다. 때때로 연구대상자는 자신이 참여했던 연구에 관한 서적을 읽는다. 상당히 지성적인 참여자는 다양한 지표와 표 속에서 자신을 찾아낼 수 있다. 그러다가 비록 이름은 밝혀지지 않았지만 자신이 편협하고 독설적인 사람으로 묘사된 것을 발견할 수도 있다. 적어도 그 같은 묘사는 그들을 힘들게 만들고 자신이 가진 이미지를 위협할 수 있다. 그러나 그 연구 프로젝트의 전반적 목적은 편견을 갖고 있는 사람과 그렇지 않은 사람에 대해 일반적인 이유를 설명하려는 것일 수 있다.

이제 당신은 자신이 행하는 어떤 연구가 다른 사람에게 상처를 줄 위험이 있다는 사실을 깨달았을 것이다. 자발적 참여와 마찬가지로 사람들에게 피해를 주지 말아야 한다는 것은 이론적으로 받아들이기는 쉬운 개념이지만 현실적으로 보장하기는 어렵다. 가능한 모든 피해를 예방할 수 있는 확실한 방법은 없다. 그러나 몇몇 연구설계는 다른 연구설계보다 그럴 가능성이 높다. 어떤 연구절차가 예를 들어 응답자에게 일탈행동을 보고하도록 요청한다든지 하여 참여자에게 불쾌한 감정을 줄 것처럼 보이면, 연구자는 그것을 행할 때 가장 확고한 과학적 근거를 가져야 한다. 어떤 연구설계가 필수적이지만 참여자를 불쾌하게 만든다면 당신은 윤리 지옥에 빠지게 되고, 어느 정도 개인적으로 고민해야만 한다. 비록 고민 그 자체가 가치 있는 것이 아니라 해도, 이는 당신이 그런 문제에 민감해졌다는 건강한 신호일 수 있다. 고민 끝에 당신의 연구에서 얻는 이익이 피해에 대한 최소한의 위험을 훨씬 초과한다고 확신할지라도 IRB가 이에 동의하지 않을 수 있다. 때때로 어떤 IRB 심사관은 과도하게 열성적으로 심사하여 이익이 피해보다 훨씬 많은 가치 있는 조사연구를 승인하지 않을 수 있다. IRB의 요구조건은 비윤리적인 연구를 막아내기도 하지만, 가장 꼼꼼한 연구자들도 간과할 수 있는 윤리적 쟁점을 드러내기도 한다.

익명성과 비밀보장

연구대상자의 이해와 행복을 지키는 데 있어 가장 분명한 관심사는 조사연구에서 대상자의 신원을 보호하는 것이다. 설문응답을 밝히는 행위가 어떤 식으로든지 그들에게 피해를 준다면 이 규범을 지키는 일은 더욱 중요해진다. 자주 혼동되기도 하는 두 가지 중요한 기법(**익명성과 비밀보장**)이 이러한 문제와 관련해 도움을 줄 것이다.

익명성 연구자가 특정 응답을 누가했는지 분명하게 알 수 없을 때 응답자는 **익명성**(anonymity)을 갖게 된다. 따라서 면접조사의 응답자는 절대 익명으로 간주될 수 없는데, 그 이유는 면접조사자는 신원이 알려진 응답자로부터 정보를 수집하기 때문이다(우리는 여기서 표준적인 표본추출 방법이 사용되었다고 가정한다). 익명성의 사례로 우편 설문조사를 들 수 있다. 이 조사에서는 조사연구 사무실에 설문지가 돌아오기 전까지 설문지에 아무런 신원 관련 번호가 붙어 있지 않다.

15장(설문조사에 관한)에서 살펴보겠지만, 익명성을 보장하면 누가 설문지를 돌려보냈고, 누가 돌려보내지 않았는지를 추적하기가 어렵다. 이런 문제에도 불구하고 어떤 상황에서는 필요한 대가를 지급해야 한다. 예를 들어, 마약남용을 연구할 경우 익명성을 보장하면 응답의 가능성과 정확성을 높일 수 있다. 또한 마약범죄자의 이름을 요구하는 당국의 요청을 피할 수도 있다. 만약 응답자가 자발적으로 이름을 남긴 경우 그런 정보는 즉시 설문지에서 삭제된다.

비밀보장 **비밀을 보장**(confidentiality)하는 설문조사에서 연구자는 주어진 응답자의 응답을 확인할 수는 있지만 원칙적으로 그렇게 하지 않겠다고 공적으로 약속한다. 예를 들어, 면접조사에서 연구자는 응답자가 보고한 소득을 공개할 수 있는 위치에 있지만 응답자는 그렇게 하지 않으리라고 확신한다.

보장을 더욱 확실하게 하는 몇 가지 기법을 사용할 수도 있다. 우선 응답자의 신원에 접근할 수 있는 연구자와 다른 사람들이 윤리적 책무에 대한 훈련을 받아야 한다. 그리고 가능한 한 빨리 모든 이름과 주소를 설문지에서 제거하고 식별번호로 대체해야 한다. 나중에 손실되거나 잘못된 정보를 교정하기 위해 번호와 이름을 연결한 원본 파일을 만들어야 하지만, 이 파일은 합법적인 목적을 제외하고는 그 누구도 접근할 수 없도록 해야 한다. 설문조사가 익명적이라기보다 비밀보장적일 때는 이 사실을 응답자에게 분명하게 해주는 것이 연구자의 책임이다. 비밀보장을 의미하고자 익명성이란 용어를 절대 사용해서는 안 된다.

사회복지 실천에서와 마찬가지로, 사회복지 조사연구에서도 비밀보장을 유지하지 못하게 하는 윤리적 고려상황이 발생할 수 있다. 면접을 수행하는 과정에서 아동이 학대받고 있음을 알게 되거나, 응답자가 자신이나 다른 사람을 심각하게 해하려고 하는 긴박한 위험에 처했음을 알게 될 때를 가정해보라. 이를 적절한 기관에 보고하는 것이 당신의 직업적(그리고 아마도 법적) 책임일 것이다. 연구참여자도 연구에 참여하기로 동의하기 전에 고지에 입각한 동의과정의 일부로 이런 가능성을 알아야 한다.

당신의 손에 비밀보장을 유지해야 한다고 믿고 있는 조사자료가 있는데, 정부기관의 요원이 그것을 얻으려고 법적 조치를 취하는 상황이 있을 수 있다. 예를 들어, 그들이 당신에게 소환장을 보내 연구참여자의 약물사용에 관한 자료를 보고하도록 법적으로 강제할 수 있다.

2002년에 미국 후생성(U.S. Department of Health and Human Services)은 경찰이나 다른 정부기관에 의한 강제적 폭로에 대항해 연구대상자의 자료에 대한 비밀보장을 지키기 위한 비밀보장증서(Certificate of Confidentiality)를 발행하는 프로그램을 선언했다. 모든 연구 프로젝트가 그러한 보호를 받을 수는 없지만, 많은 경우에 이는 연구윤리의 중요한 지원책이 되고 있다.

> 공공 건강 서비스법(Public Health Service Act: 42. U.S.C. 241[d])의 섹션 301(d)에 따라, 생명의학, 행동, 임상을 비롯한 기타 연구에 관여한 사람들에게 연구참여자인 개인의 사생활을 보호하기 위한 권한을 부여할 수 있다. 이 권한은 국립보건원(National Institutes of Health, NIH)에 위임된다.
>
> 연구대상자의 사생활 보호에 대한 권한을 NIH에게서 위임받은 사람은, 연구대상자의 이름을 확인하는 절차나 혹은 다른 특성을 확인하려는 어떠한 연방, 주, 지방정부, 사법, 행정, 입법 및 기타 절차에 의해 폭로를 강요당할 필요가 없다(http://grants.nih.gov/grants/policy/coc/index.htm).

EP 2.1.2c

'비밀보장증서'라는 제목의 글상자는 이러한 증서에 사용된 표현 사례를 제공한다.

연구참여자 속이기

연구참여자의 신원을 다루는 일이 윤리적으로 중요한 고려사항임을 살펴봤다. 연구자로서 당신 자신의 신원을 다루는 것 또한 힘들 수 있다. 때때로 연구대상자에게 연구자로서 당신을 밝히는 일은 분명 도움이 되고 필요하기도 하다. 만일 연구참여자에게 연구를 수행하고 있음을 알리지 않고도 장문의 설문지를 끝마치게 하려면 위대한 예술가가 되어야 한다.

심지어 연구자 신분을 속이는 일이 가능하고 중요할 때도 고려해야 하는 중요한 윤리적 차원이 있다. 사람을 속이는 행위는 비윤리적이지만 사회조사에서는 어찌할 수 없는 과학적 혹은 행정적 고려에 의해 정당화될 필요가 있다. 정당화 문제가 논의될 수 있지만 IRB에서 당신의 정당화를 받아들이지 않을 수 있다.

때때로 연구자는 자신이 연구를 수행하고 있음은 인정하지만, 왜 연구하는지 혹은 누구를 위해 연구하는지 속

비밀보장증서

다음 내용은 미국 후생성 웹사이트인 http://grants.nih.gov/grants/policy/coc/appl_extramural.htm에서 내려받은 것이다.

> 연구자가 비밀보장증서를 얻을 때, 연구참여자는 증서에 의해 제공되는 보호와 그 보호의 예외에 대해 들어야만 한다. 그러한 정보는 고지된 동의서 양식에 담겨야 한다. 다음은 적절한 표현의 사용 사례다. 연구자는 연구참여자의 욕구와 연구의 대상에 언어를 맞추어 바꾸어야 한다. 그렇지만 그 표현은 기본적인 쟁점들은 다루어야 한다. 연구자는 또한 일상적으로 동의서에 포함되는 비밀보장과 자료의 보안에 관한 언어도 비밀보장증서의 보호내용과 일관성이 있는지 확실하게 검토해야 한다.
>
> **사례**
>
> 우리는 당신의 사생활을 보호하기 위해 NIH로부터 비밀보장증서를 얻었다. 이 증서로 연구자는 심지어 법원의 소환이나 어떠한 연방, 주, 지방의 민사, 형사, 행적, 입법 등의 절차에 의해서도 당신의 신원을 확인할 수 있는 정보의 폭로를 강요당해서는 안 된다. 연구자는 다음에 설명하는 것을 제외하고는 당신의 신원을 확인할 수 있는 어떠한 정보의 요구라도 이에 저항하기 위해 이 증서를 활용할 것이다.
>
> 이 증서는 미국정부 관계자에 의해 연방정부에 의해 지원을 받는 프로젝트나 FDA의 요건을 충족시키기 위해 공개되어야 할 정보 요구를 거부하는 데는 사용할 수 없다.
>
> 당신은 당신이나 당신의 가족이 자발적으로 자신에 관한 정보나 자신이 이 연구에 관여되어 있다는 사실을 외부로 누출하는 것을 이 증서가 보호해주지는 못한다는 점을 이해해야 한다. 만일 보험업자나, 고용주, 혹은 다른 사람들이 연구정보의 제공에 대해 당신의 서면 동의를 얻는다면 연구자는 그 정보를 막기 위해 이 증서를 사용할 수 없다.
>
> [연구자는 만일 아동학대, 자신이나 타인에 대한 위해 의도 같은 사안에 대한 자발적인 폭로 혹은 다른 자발적 폭로를 하려 한다면 다음과 같은 표현을 준비해두어야 한다]. 비밀보장증서는 다음과 같은 상황에서 연구 프로젝트 참여자로서의 당신 신원을 확인할 수 있는 정보를 당신의 동의 없이 자발적으로 폭로하는 것으로부터 연구자를 보호하지 않는다. [연구자는 자발적인 폭로가 이루어질 수 있는 조건을 여기에 천명해야 한다. 만일 어떠한 자발적인 폭로도 이루어지지 않을 경우 연구자는 이것도 천명해야 한다.]

일 때가 있다. 공공복지기관으로부터 수혜자의 삶의 기준에 대한 연구를 수행해달라는 요청을 받았다고 가정해 보라. 심지어 그 기관이 현재 상황을 향상시키기 위한 방법을 찾고 있다 하더라도, 수혜자인 연구참여자가 '복지 사기꾼'에 대한 마녀사냥을 두려워할 가능성이 높다. 그런 이유로 그들은 실제보다 더 가난하게 보일 수 있는 대답을 하려고 할 것이다. 그러나 그들이 진실된 대답을 제공하지 않는다면 그 연구는 효과적인 생활조건 개선에 기여할 수 있는 정확한 자료를 산출하지 못할 것이다. 당신은 어떻게 할 것인가? 한 가지 해결책은 연구참여자에게 당신이 복지기관과 연계되어 있다는 사실을 숨기고 대학 연구 프로그램의 일부로 연구를 수행한다고 말하는 것이다. 그렇게 하면 연구의 과학적 우수성은 향상되겠지만, 그 과정에서 중요한 윤리적 쟁점이 제기될 수 있다.

EP 2.1.2c

분석과 보고

사회복지 연구자로서 당신은 연구참여자에게 몇 가지

윤리적 의무를 갖는다. 동시에 당신의 전문가 동료들에게도 윤리적 의무를 갖는다. 이 의무에 대해 간단히 논평하고자 한다.

어떤 엄격한 연구에서든 연구자는 누구보다 연구의 기술적 결점과 실패에 대해 잘 알고 있어야 한다. 당신은 독자에게 그것을 알려야 할 의무가 있다. 비록 실수를 인정하는 일이 바보스럽게 느껴질지 모르지만 어쨌든 그렇게 해야 한다. 당신이 분석한 것과 연관이 있다면 부정적인 결과도 보고해야 한다. 오직 긍정적인 발견만 보고할 가치가 있다는 유감스러운 믿음이 과학계에 존재한다(그리고 학술잡지의 편집자 역시 종종 그렇게 믿는 잘못을 저지른다). 그러나 과학에서는 종종 두 변수가 연관되어 있다는 것만큼이나 연관되어 있지 않다는 것을 아는 일도 중요하다. 예를 들어 어떤 실험이 특정 개입으로 치료받은 클라이언트와 치료를 받지 않은 클라이언트 사이에 아무런 결과의 차이가 없음을 발견했다면, 실천가들은 대안적인 개입을 고려할 필요성이 있다는 사실을 알게 되는 것이 중요하다. 특히 동일한 효과 없음의 결과가 다른 연구에서도 되풀이되었다면 더욱 그렇다. 그리고 원래 실험이 보고되지 않았다고 한다면 그 실험의 재현은 있을 수 없었을 것이다.

개입이나 프로그램 혹은 정책을 평가하는 연구에서 부정적인 결과를 보고하는 것의 윤리적 중요성은 증거기반 실천과정에서는 특히 명백하다(2장에서 논의했듯이). 클라이언트가 가진 문제에 대해 효과 있음을 지지하는 최선의 증거를 가진 개입을 찾는 증거기반 실천연구를 수행하고 있다고 가정해보라. 그 과정에서 관련 개입의 효과성을 지지하는 잘 설계된 연구를 발견했고, 이를 개입 A라고 하자. 당신이 그 결과와 모순된 증거를 가진 다른 연구를 발견하지 못했다면, 개입 A를 클라이언트의 문제에 대해 최선의 증거기반을 가진 연구라고 간주하고 싶은 유혹이 생길 것이다. 그러나 개입 A가 그 문제에 효과가 없다는 몇 개의 연구가 발견되었고, 효과 없는 연구에는 그 누구도 관심을 보이지 않을 것이라는 연구자의 믿음 때문에 보고가 되지 않았다고 가정하자. 실제로는 개입 A가 아닌 다른 개입이 효과성에 대한 훌륭하고 일관성 있는 증거를 가졌을 수도 있고, 만약 개입 A에 대해 부정적 결과를 가진 연구를 발견했다면 다른 개입들 중 하나를 클라이언트에게 제안했을 수도 있었을 것이다. 게다가 당신의 클라이언트는 아프리카계 미국인 혹은 남미계인데, 몇몇 연구(부정적인 결과를 보고하는)는 아프리카계 미국인이나 남미계 미국인 클라이언트와 관련된 것이고 개입 A를 지지하는 하나의 연구가 오직 백인과 관련이 있다고 가정해보라. 이 경우 부정적인 결과를 가진 연구를 보고하지 않을 때의 윤리적 함의는 당신에게 명백할 것이다. 그런 연구를 보고하지 않음으로써 당신은 잘못된, 그리고 전혀 도움이 되지 않는 개입을 클라이언트에게 제안하게 된다.

또한 연구자는 결과가 맞지 않을 때 결과물을 용의주도하게 사전에 계획된 분석전략의 산물로 묘사해 체면을 유지하려는 유혹을 피할 수 있어야 한다. 많은 결과가 예상과 다르게 나타난다(비록 다시 뒤돌아보면 명백하게 보일지도 모르지만 말이다. 또한 우연히 흥미로운 관계를 발견하기도 한다). 그래서 어떻다는 것인가? 허구적인 가설을 제시해 그와 같은 상황을 윤색하는 것은 정직하지 못한 일이고, 이는 경험 없는 연구자에게 모든 과학적 탐구가 엄격하게 사전에 계획되고 조직된 것이라고 오해하도록 만들 수 있다.

일반적으로 과학은 정직함과 개방성을 통해 진보하고 자기방어와 속임수에 의해 지체된다. 연구자는 특정 탐구영역에서 자신이 경험한 모든 결점과 문제를 들려줌으로써 동료 연구자에게(그리고 과학적 발견 전체에게) 봉사해야 한다. 아마 그런 솔직함이 당신의 동료를 동일한 문제로부터 구원할 수 있을 것이다.

이득과 비용 따져보기

사회복지 조사연구를 수행할 때 윤리적 고려가 종종 딜레마에 빠지게 만든다는 점을 지적했다. 연구자가 취해야 할 가장 윤리적인 행동노선이 언제나 분명한 것은 아니다. 때때로 연구로부터 얻어지는 장기 이익이 적절한 과학적 타당성 때문에 요구되는 윤리적으로 문제를 가진 실천으로 인한 피해보다 더욱 비중이 큰 것인지를 판단하기는 어렵다. 예를 들어, 어떤 연구팀이 자신이 정상이라는 사실을 병원 직원들이 인식할 수 있는지 연구하기 위해 그들의 신원을 속이고 거짓 정신질환자로 위장해 입원했던 연구를 고려해보라.

앞서 우리는 연구의 잠재적인 이득이 (정신의학적 진단과 치료에 관한) 직원의 자발적 참여라는 규범을 위반한 것을 정당화할 수 있는지 질문했다. 만약 그 연구목적이 환자를 육체적으로 학대하는 직원에 대한 의심을 규명하기 위한 것이라면 어떠했을까? 직원에게 무시당하고 학대받는 환자의 규모가 실제로 엄청나고, 연구자들이 그 사실을 발견했다고 가정해보라. 서비스의 질을 폭로하고 그리하여 개선을 통해 얻어지는 현재 혹은 미래의 클라이언트에게 돌아갈 잠재적 이익이 연구참여자를 기만한 것보다 더 가치 있는 것일까?

만약 연구를 수행할 수 있는 대안적 방법, 즉 윤리적으로 문제가 있는 조사를 하지 않고도 연구질문에 대해 동일하게 타당하고 유용한 해답을 제공할 수 있는 방법이 있다면, 딜레마는 해결되고 그 대안적 방법을 선택할 수 있다. 실제로 IRB는 가능한 대안적 방법을 찾는 데 혈안이 될 수 있으며, 심지어 당신 생각에 그 방법이 타당하고 편향되지 않은 결과를 낳을 가능성이 더 적다고 생각되는데도 그 방법이 사용 가능하다고 주장할 수 있다.

그러나 때로 그런 대안이 나타나지 않을 수도 있다. 대안이 나타나지 않을 때 연구자가 이 딜레마를 어떻게 해결할 것인가는 그 연구의 여러 가지 비용과 이득, 그리고 연구자가 부여하는 가치와 특정 목적이 특정 수단을 정당화할 수 있다고 믿는지의 여부에 달려 있다. 이런 결정에 적용할 수 있는 객관적인 공식이란 없다. 그것은 본원적으로 주관적이다. 어떤 사람은 목적이 결코 수단을 정당화할 수 없다고 주장한다. 또 다른 사람은 어떤 특별한 목적이 어떤 특별한 수단을 정당화할 수 있다는 것에 동의하지 않을 수 있다. 비록 당신 생각에 이 딜레마를 해결했다고 하더라도 IRB의 모든 구성원이 당신의 생각에 동의하기란 매우 어렵다는 사실을 발견할 것이다. '사례: 죽어가는 사람과 함께 살아가기(참여관찰 사용)'이라는 제목의 글상자는 어떤 연구로부터 얻어진 장기적인 선(good)이 어떻게 윤리적 지침을 어기는 일을 정당화할 수 있는가에 대한 사례를 제공하고 있다.

EP 2.1.2c

서비스 받을 권리 대 서비스 효과를 평가해야 할 책임

사회복지 조사연구에서 가장 중요한 윤리적 딜레마는 도움이 필요한 클라이언트가 서비스를 받을 권리와, 장기적으로 클라이언트의 복지를 향상시킨다는 이익을 명분으로 클라이언트에 대한 서비스 제공을 단기적으로 지연하는 것을 정당화할 수 있는가에 관한 것이다. 증거기반 실천에 관여된 실천가는 서비스의 효과성과 관련해 이용 가능한 최선책을 찾으려고 할 것이다. 2장에서 언급한 것처럼, 서비스 효과성을 평가하는 증거기반 실천연구 위계의 최상에는 제공된 서비스나 다른 어떤 것이 클라이언트에게 나타난 결과를 가장 그럴듯하게 설명할 수 있는지 추론할 수 있는 강력한 설계로 이루어진 연구가 놓여 있다. 이런 연구설계는 서비스를 받은 클라이언트의 상태와 서비스를 받지 않은 클라이언트의 상태를 비교함으로써 서비스의 효과성을 평가하는 실험을 포함한다(12장에서 실험에 대해 상세하게 살펴보겠다). 여기서 두 개의 가치가 충돌한다. 하나는 도움이 필요한 사람에게 즉각적인 도움을 제공하고 무엇인가를 해야 한다는 것이고, 다른 하나는 클라이언트가 받을 서비스가 과학적으로 검증된 효과(이로운 것이든 해로운 것이든지 간에)를 갖고 있는지를 확인할 전문가의 책임이다.

어떤 연구자는 도움이 필요한 개인이 어느 기간에 어떤 연구목적을 위해서도 서비스를 거부당해서는 안 된다고 주장한다. 또 다른 연구자는 비록 효과가 있다고 하더라도 아직 과학적으로 검증되지 않은 서비스는 지연될 수 있다고 반박한다. 그렇지 않다면 효과를 검증할 필요가 없을 것이다. 동일한 서비스가 정말 누군가를 돕고 있

죽어가는 사람과 함께 살아가기(참여관찰 사용)

버킹엄 Buckingham, 랙 Lack, 마운트 Mount, 맥클레인 MacLean, 콜린스 Collins(1976)는 말기 환자를 위한 통상적 병원치료의 가치를 호스피스 치료와 비교하려고 했다(4장에서 언급했듯이 호스피스 치료의 강조점은 환자의 불편을 최소화하고 삶의 질을 극대화하는 데 있는데, 이는 생명은 연장하지만 삶의 질은 저해하는 의료절차를 피한다는 것을 의미한다. 대조적으로 통상적인 병원치료는 비록 죽어가는 환자의 삶의 질이 낮아지는 대가를 치르고서라도 생명연장을 강조할 가능성이 높다. 통상적인 치료는 환자와 환자 가족의 심리사회적, 기타 비의료적 욕구에 대해 덜 민감하다).

버킹엄은 병원의 두 병동, 즉 수술치료(호스피스가 아닌) 병동과 완화치료(호스피스) 병동에서 말기 환자의 치료를 관찰하면서 이를 경험해보기를 원했다. 유용한 관찰을 위해 병동 안의 직원과 다른 환자들은 그가 무엇을 하고 있는지 모르게 해야 했다. 그들을 속이려고 그가 밟은 단계들은 언급할 만하다. 그는 병원에 들어가기 전 6개월 동안 다이어트를 통해 약 10킬로그램을 감량했다(그는 감량을 시작하기 전에도 원래 말랐다). 그는 스스로 자외선 방사선 요법을 실시해 마치 방사선 치료를 받아온 것처럼 보이도록 했다. 그리고 손과 팔에 정맥주사 바늘로 구멍 자국을 만들어 마치 화학요법을 받고 있었던 것처럼 보이게 했다. 조직검사 흉터를 만들려고 가벼운 수술을 받기도 했다. 그는 진료카드를 검토하고 췌장암 환자들과 밀접한 관계를 유지해 췌장암으로 죽어가는 환자의 흉내를 어떻게 내는지도 알게 되었다. 마지막으로, 병원에 들어가기 며칠 전부터 턱수염을 듬성듬성 기르고 씻지도 않았다.

버킹엄은 병원에서 열흘간 머물렀는데 이틀은 대기 부서에서, 4일은 수술치료 부서에서, 그리고 마지막 4일은 호스피스 부서에서 보냈다. 그곳에서 나타난 결과는 말기 환자에 대한 호스피스 서비스의 장점을 지지했다. 예를 들어 수술치료 병동에서는 직원들이 불충분하고 무정하고 무심하게 의사소통하는 모습을 관찰할 수 있었고, 의사는 환자와 이야기도 하지 않았다. 직원들은 대개 환자와 인사하는 것을 피했으며, 거의 눈을 마주치지 않았고 종종 환자들을 언급할 때 환자의 이름보다 병명을 사용했다. 활기찬 환자들은 관심을 받지 못했고 환자의 상태 가운데 부정적인 측면이 강조되었다.

그러나 호스피스 병동에서의 관찰은 사뭇 달랐다. 직원들은 환자와 시선을 맞췄고 먹고 싶은 것을 비롯해 그 밖의 원하는 것에 대해 질문했다. 그리고 자신들이 어떻게 하면 환자에게 도움이 될지 질문했다. 그들은 명확하면서도 서두르지 않고 감정이입을 해서 환자의 말을 들었다. 의사는 환자 및 그 가족과 의사소통하는 데 상당히 많은 시간을 보냈다. 직원들은 가족을 치료과정에 참여할 수 있도록 격려했다. 말기 환자와 그 가족에 대한 서비스를 향상시킨다는 측면에서 버킹엄의 연구결과가 지닌 가치를 알아내는 일은 어렵지 않다. 그와 같은 연구결과의 이득이 특별한 속임수의 사용을 정당화할 수 있는지를 고려할 때 연구의 몇 가지 다른 측면도 흥미로울 것이다.

병원에 들어가기 전에 버킹엄은 병원의 의료, 행정, 법률 분야 최고위 직원들을 연구의 계획과 승인과정에 참여시켰다(당시에는 IRB가 존재하지 않았다). 수술병동과 호스피스 병동의 책임자도 이 연구를 승인했다. 그리고 호스피스 병동의 직원들은 비록 평가의 본질은 밝혀지지 않았지만, 사전에 그들의 병동이 평가받을 것이라는 점을 통보받았다. 마지막으로 연구의 윤리성을 고려하고자 임시위원회가 구성되었고, 그 위원회는 연구를 승인했다. 이런 연구절차와 연구에서 얻은 이익이라는 측면을 고려해보면, 이 연구에 대해 어떤 윤리적 논쟁도 일어나지 않았다는 사실이 그다지 놀랍지 않을 것이다.

는지 또는 피해를 주고 있는지를 한 번도 과학적으로 검증하지 않은 채 계속해서 제공하는 것이 윤리적이냐고 그들은 오히려 반문한다. 만약 서비스가 잠정적으로 해로운 것이라면 효과가 측정될 때까지 서비스를 일시 거부당하는 사람보다 서비스를 받고 있는 사람이 실제로 더 큰 위험을 감수하는 것이 아닌가? 의학 분야의 다른 사례를 들면, 이로운 효과가 있는지 해로운 효과가 있는지 아직 검증되지 않았다는 사실을 알면서도 해당 약물로 당신을 치료하려고 하는 의사가 윤리적이라고 생각하는가? 당신이 대가를 받고 이익과 부작용이 아직 알려지지 않은 어떤 약물의 효과성을 검증하려는 의학실험에 참가했다면 당신은 어느 집단에 속하는 것이 더 안전하다고 느끼는가? 약물을 복용하는 집단인가, 약물을 복용하지 않는 집단인가?

클라이언트가 가진 문제의 심각성이 이러한 딜레마와 연관된 한 가지 요인이다. 위기를 경험하고 있거나 심각하게 자신을 해칠 위험에 처한 사람, 예를 들어 자살충동환자에게 서비스를 지연하는 행위는 덜 심각한 상황에 있는 사람보다 정당화하기가 훨씬 힘들 것이다. 또 다른 요인은 검증될 개입과 비교 가능한 대안적 개입의 존재 여부다. 검증될 서비스를 받지 못하는 사람은 비슷한 수준의 이익을 가진 것으로 증명된 대안적 개입을 받을 수 있다.

만약 대안적 개입이 가능하다면 서비스에 대한 권리와 평가할 책임 사이의 갈등은 완화될 수 있다. 현재 검증 중인 새로운 서비스를 받은 클라이언트를 아무 서비스도 받지 못하는 사람과 비교하는 대신에 새로운 것이 개발되기 전에 있던 통상적 서비스를 받는 사람과 비교할 수 있다. 이것은 특히 서비스를 원하는 모두 혹은 다수에게 새로운 서비스를 제공하기에 자원이 충분하지 않을 때 사용할 수 있는 윤리적 방법이다. 이 방법을 사용하면 어느 누구도 서비스를 거부당하지 않고도 자원이 허용하는 최대한의 많은 사람이 새로운 서비스를 받을 수 있다.

새로운 서비스를 모든 클라이언트에게 제공하기에는 자원이 충분하지 않을 때 윤리적 딜레마를 줄일 수 있는 또 다른 방법은 몇몇 클라이언트를 새로운 서비스의 대기자 명단에 할당하는 것이다. 그들이 새로운 서비스를 받을 자신의 차례를 기다리는 동안 이들을 현재 새로운 서비스를 받고 있는 클라이언트와 비교할 수 있다. 궁극적으로 모든 사람이 서비스를 받을 수 있고 대기자 명단의 클라이언트는 끝까지 서비스를 거부당하는 일 없이 연구에 참여하기를 거부할 자유가 주어질 수 있다.

EP 2.1.2c

미국 사회복지사협회 윤리강령

만약 연구윤리에 대한 결정이 잠정적인 연구이익과 연구 참여자에게 미칠 잠재적 비용을 비교하는 주관적 가치판단을 포함하고 있으며, 다양한 개별 요소에 비춰 그런 결정을 내려야 한다면, 그 결정에는 옳고 그른 답이 없을 수도 있는 딜레마가 존재한다. 그러나 연구자는 가능한 한 가장 윤리적일 수 있도록 무엇인가를 할 수 있다. 그들은 자신이 제안하는 연구의 윤리성에 대해 동료들의 피드백을 받을 수 있다. 윤리적으로 더 나은 대안이 없는지를 주의 깊게 고려해봐야 하며, 자신들이 제안하는 연구가 생각할 수 있는 가장 윤리적인 것인지 확실히 해야 한다. 물론 이에 대해 IRB의 승인을 얻어야만 한다.

연구자를 이런 방향으로 유도하기 위해 다양한 전문가 협회들은 연구윤리를 다루는 공식적인 행동규정을 만들어 공표했다. 그림 5-2는 미국 사회복지사협회 윤리규정의 '평가와 연구' 부분의 규정을 보여준다. 이 규정은 연구를 수행하는 데 윤리적 지침을 제공하지만, 규정의 다른 부분, 즉 전문가로서 사회복지사의 윤리적 책임에서는 우리가 연구를 수행할 때뿐만 아니라 규정을 연구에 활용하기를 거부할 때도 전문가로서 윤리적 책임을 위반할 수 있음을 상기시킨다. 그 부분은 다음과 같다.

> 사회복지사는 사회복지와 관련된 지식을 비판적으로 고찰하고 계속 추적해야 한다. 사회복지사는 전문 문헌을 일상적으로 검토해야 한다. … 사회복지사는 사회복지 및 사회복지 윤리와 관련

Section 5.02 **평가와 연구**

(a) 사회복지사는 정책과 프로그램의 실행 및 실천개입을 지켜보고 평가해야 한다.

(b) 사회복지사는 지식의 발전에 기여할 수 있도록 평가와 조사연구를 조장하고 촉진해야 한다.

(c) 사회복지사는 사회복지와 관련되어 등장하는 지식을 비판적으로 검토하고 계속 추적해야 한다. 그리고 평가와 조사의 증거를 전문적 실천에 충분히 활용해야 한다.

(d) 평가와 조사에 연관된 사회복지사는 가능한 한 결과를 주의 깊게 고려해야 하며, 평가와 연구의 참여자를 보호하기 위해 개발된 지침을 따라야 한다. 적절한 기관윤리위원회와 상의해야 한다.

(e) 평가와 연구에 연관된 사회복지사는 참여자로부터 자발적으로 서면작성된 고지에 입각한 동의를 얻어야 한다. 참여 동의는 적절한 때에, 참여 거부에 대한 암묵적 혹은 실제적 박탈이나 처벌 없이, 참여에 대한 부당한 권유 없이, 참여자의 행복, 사생활과 존엄성을 적절하게 고려해 이루어져야 한다. 고지에 입각한 동의는 참여의 본질, 정도, 기간과 함께 참여로 인한 위험과 혜택에 대한 공개도 포함해야 한다.

(f) 평가와 연구의 참여자가 정보에 입각한 동의를 할 수 없을 때, 사회복지사는 참여자에게 적절한 설명을 제공하고 참여자가 할 수 있을 정도의 동의를 얻어야 하며, 적절한 대리인으로부터 서면동의를 얻어야 한다.

(g) 사회복지사는 연구에 대한 엄격하고 책임 있는 검토를 통해 예견되는 과학적 · 교육적 · 실용적 가치 때문에 그 연구가 정당하다고 하지 않는 한, 그리고 동의에 대한 유예를 하지 않으면서도 동일하게 효과적인 대안 절차가 불가능한 경우가 아닌 한 특정 형태의 자연적 관찰이나 기록연구와 같이 합의한 절차를 사용하지 않는 평가나 연구를 설계하거나 수행해서는 안 된다.

(h) 사회복지사는 연구참여자에게 어느 때나 아무런 처벌 없이 평가와 연구로부터 탈퇴할 수 있는 권리에 대해 알려주어야 한다.

(i) 사회복지사는 평가와 연구의 참여자가 적절한 지원서비스에 대한 접근을 보장하기 위해 적절한 절차를 밟아야 한다.

(j) 평가와 연구에 연관된 사회복지사는 부당한 육체적 · 정신적 고통, 피해, 위험 혹은 박탈로부터 참여자를 보호해야 한다.

(k) 서비스 평가와 연관된 사회복지사는 수집된 자료를 오직 전문적 목적으로, 이 정보에 전문적으로 관심이 있는 사람하고만 논의해야 한다.

(l) 평가와 연구에 연관된 사회복지사는 참여자와 그들로부터 얻은 자료의 익명성과 비밀보장을 확실히 해야 한다. 사회복지사는 비밀보장에 대한 어떤 제한, 비밀보장을 확실히 하기 위한 수단, 그리고 연구자료가 담긴 기록이 언제 폐기되는지에 대해 알려주어야 한다.

(m) 평가와 연구의 결과를 보고하는 사회복지사는 노출을 허락하는 적절한 동의가 없는 한 신분과 관련된 정보를 삭제해 참여자의 비밀을 보호해야 한다.

(n) 사회복지사는 평가와 연구결과를 정확하게 보고해야 한다. 자료를 가공하거나 허위로 만들어서는 안 된다. 그리고 표준화된 출간방법을 사용해 출간된 자료에서 후일 발견된 어떤 오류도 교정할 수 있도록 적절한 단계를 밟아야 한다.

(o) 평가와 연구에 연관된 사회복지사는 참여자와의 이해갈등과 이중관계에 대해 조심하고 이를 피할 수 있어야 한다. 사회복지사는 실제적 혹은 잠재적 이해갈등이 발생할 때 이를 알려야 하며, 참여자의 이해를 중요하게 고려하는 방식으로 쟁점을 해결하기 위한 단계를 밟아야 한다.

(p) 사회복지사는 책임 있는 연구의 실천에 대해 자신과 학생들 그리고 동료들을 교육해야 한다.

출처: Copyright © 1999, National Association of Social Workers, Inc. NASW Code of Ethics.

그림 5-2 미국 사회복지사협회 윤리규정

EP 2.1.2b

해 경험적인 근거를 갖춘 지식을 포함하여 인정된 지식에 근거해 실천해야 한다 (NASW, 1999, Section 4.01).

IRB 절차와 양식

IRB마다 제안된 연구의 설명에 요구하는 정보의 양과 형식은 다양하다. IRB는 연구계획을 승인할지 결정하는 과정에서 연구가 받아들여지기 위한 특정한 수정을 요구할 수도 있다. 예를 들어, 어떤 사회복지 조사연구는 윤리적 고려 때문에 비밀보장이 유지되어선 안 된다는 지시를 내리는 상황과 관련될 수 있다. 예를 들어 아동학대가 예상치 못하게 발견된다든지 연구대상이 자신이나 타인을 해하려는 임박한 위험상태에 있다든지 하는 경우가 이에 해당한다. 당신은 이런 부대조항을 동의서 양식과 IRB 제출 양식에 첨부해야 한다. 또한 연구대상과 IRB에 서비스를 요구하는 누구에게나 서비스가 제공될 수 있도록 조치하겠다는 확인도 해주어야 한다. 상황은 매우 다양하기 때문에, 당신이 근무하는 대학의 IRB 양식과 절차를 검토해볼 것을 제안한다.

훈련 규정

다양한 IRB에서 공통적인 한 가지 규정은 인간과 관련된 연구를 수행하는 개별 연구자와 조교들을 대상으로 한 참여자들의 보호에 관한 훈련 규정이다. 당신이 근무하는 기관은 연구참여자의 보호에 대해 기관 고유의 교육 프로그램을 제공하거나 대안으로 NIH 윤리교육 웹사이트 http://cme.cancer.gov/clinicaltrials/learning/humanparticipant-protections.asp에서 무료 온라인 교육을 받을 수 있다. 교육은 약 3시간 정도 걸리며, 7개의 기준으로 되어 있고 그 중 네 가지는 퀴즈가 제공된다. 모든 기준을 완수하고 퀴즈 문제의 정답을 맞히면 수료 증서를 받게 되는데, 이 증서를 당신이 필요한 훈련을 받았다는 증명으로 IRB에 제출하면 된다. 지금 현재 IRB의 승인이 필요한 연구와 무관한 경우에도 온라인 훈련을 수료할 수 있다. 그리고 수료 증서를 소지하고 있다가 연구조교가 되어 IRB의 승인이 필요한 경우 사용하면 된다. 수료 증서를 획득하면 추가적인 학점이 주어질 경우 이를 담당교수에게 요청할 수 있다. 이 점과 관련해 당신이 수강하는 조사론 과목의 강의계획서를 잘 살펴볼 필요가 있다. 그러한 추가 학점의 제공이 이미 포함되어 있을 수도 있기 때문이다.

속성심사

운 좋게도 조사론 과목의 강사가 당신에게 연구를 설계하고 수행하라고 요구한다면, 자료를 수집하기 전에 현재 근무하는 대학의 IRB로부터 연구에 대한 승인을 얻어야 한다는 사실을 발견할 것이다. 게다가 당신의 연구 프로젝트가 연방정부의 돈을 받는 기관에서 수행된다면, 근무하는 학교의 IRB와 기관의 IRB 두 곳 모두에서 승인을 얻어야 한다. 바로 당신에게 필요한 것들이다. 그렇지 않은가? 미리 겁먹지 마라. 당신 연구는 전면심사에서 면제될 자격을 갖게 될 수도 있고, 그리하여 며칠 안에 승인을 얻게 될 수도 있다. 연방규정은 IRB에게 어떤 종류의 연구는 면제해주도록 허용하는데, 물론 기관마다 연방규정을 해석하는 데 상당히 차이가 있다. '속성심사를 위한 연방정부의 면제범주'라는 제목의 글상자에 전면심사 면제를 받을 수 있는 요건들에 대한 지침이 제시되어 있다.

대부분의 학생 연구(박사학위는 제외)는 최소한 한 가지 이상의 면제에 해당한다. 하지만 한 개 또는 그 이상의 면제에 해당되는 것처럼 보이는 연구도 연구대상자가 노출되거나, 응답을 알 경우 어떤 종류의 피해에 처하게 되거나, 자료가 민감한 성질의 것이라면 여전히 전면적 검토를 요한다는 사실을 알아야 한다. 물론 연구가 문제가 될 만한 절차를 포함하고 있다면(조사연구 과목을 가르치는 강사가 통계학을 언급할 때마다 기절하는 척해서 강사가 동정심을 보일 수 있는지 혹은 이것이 시험내용에 영향을 줄 수 있는 효과적 방법인지를 알아보는 것과 같은), IRB의 승인을 받아내는 데 문제가 될 수도 있다(강사가 당신의 보고서를 읽었을 때 성적에 어떤 결과를 가져올지는 말할 것도 없다). 문제가 될 만한 다른(좀 더 현실적인) 예시는 마약남용이나 성행위 등 민감한 주제에 관한 설문조사나, 응답자가 기억해내기에 고통스러울지도 모르는 외상적 사건에 관한 설문조사가 포함된다.

당신이 속성심사를 원하든 그렇지 않든 혹은 당신의 연구계획서가 윤리적이라고 확신하든 간에, 가능한 한 빨리 IRB 신청서를 제출하는 편이 현명하다. 만약 당신이 봄학기가 끝나기 전(아마도 5월 중)에 자료수집을 끝마치고 싶은데, IRB는 매달 말에 검토를 위해 소집되며 당신의 자료수집은 1달 정도 걸릴 것이라고 가정해보자. 만약 당신이 3월에 신청서를 제출하고 속성심사를 하게 될 경우, 아마 아무런 문제가 없을 것이다. 그런데 만약 IRB가 당신의 계획서에서 뭔가 논쟁이 될 만한 점을 발견하거나 속성심사를 받지 못하게 되면 어떻게 될까? 만일 3월 말에 승인을 받지 못하고 전면심사를 받게 되거나, IRB가 문제를 제기하고 계획서의 수정을 요구한다고 가정해보라. 아마 4월 말 혹은 더 늦은 IRB 회의까지 승인이 연기될 것이다. 그렇게 되면 당신은 봄학기 중 자료수집을 끝내지 못할 것이다. 하지만 계획서를 한 달 이상 더 일찍

속성심사를 위한 연방정부의 면제범주

속성심사를 받을 수 있는 연구는 다음과 같다.

1. (a) 정기적 혹은 특별한 교육목적으로 수행하는 조사, (b) 교육상의 기법, 교안, 교실 운영방법의 효과성이나 비교에 대한 연구 같은 일상적인 교육실습을 포함해 이미 입증되었거나 통상적으로 인정되는 교육공간에서 수행되는 연구
2. (a) 획득한 정보가 조사참여자의 신원이 직접적으로 혹은 참여자와 연관된 것들을 통해 확인할 수 있는 방식으로 기록되지 않는 한에서, (b) 연구참여자의 응답이 연구 외부로 폭로되어 연구자를 민형사상의 위험에 처하게 하거나 연구참여자의 재정 상태, 고용, 평판에 해를 끼치지 않는 한에서 (인지, 진단, 적성, 성취) 영역의 교육적 평가의 활용, 설문조사 절차, 면접 절차, 공적 행위 관찰과 관련된 연구
3. (a) 연구참여자가 공직이나 그 후보자로 선출되거나 지명되었을 경우와 (b) 연방법률이 개인을 확인할 수 있는 정보의 비밀보장이 예외 없이 연구수행과정과 그 이후에도 유지될 수 있는 경우일 때, 위의 2(b)하에서 면제가 되지 않는 경우의 (인지, 진단, 적성, 성취) 영역의 교육적 평가의 활용, 설문조사 절차, 면접 절차, 공적 행위 관찰과 관련된 연구
4. 공적으로 이용 가능하거나 연구참여자의 신원이 직접적으로 확인될 수 없거나 연구참여자와 관련된 것들을 통해서도 확인할 수 없는 방식으로 기록된 기존 자료, 공문서, 기록물, 연구, 병리 표본, 진단 표본의 수집이나 연구
5. 부처나 기관 책임자의 승인에 의하거나 지시를 받아 (a) 공공 편익 혹은 서비스 프로그램, (b) 그러한 프로그램하에서 이익이나 서비스를 얻는 절차, (c) 그러한 프로그램이나 절차상의 가능한 변화나 대안, 혹은 (d) 그러한 프로그램하에서 이익이나 서비스 지불 수준이나 방법상의 가능한 변화 연구, 평가, 혹은 검토하는 조사연구나 시범연구 프로젝트
6. (a) 첨가물이 없는 건강한 음식이 소비되는 경우 혹은 (b) 식품의약국(Food and Drug Administration)에 의해 안전하다고 판단되는 수준 이하의 환경오염물이나 농업용 화학품이 사용되었거나 환경보건국(Environmental Protection Agency)이나 미국 농무부(U.S. Department of Agriculture)의 식품안전검사국(Food Safety and Inspection Service)에 의해 승인된 성분을 포함하고 있는 음식물이 소비되는 경우에 맛과 음식물의 질 평가와 소비자 채택 연구

제출한다면 계획했던 날짜를 맞출 수 있을 것이다.

과도하게 열성적인 심사관

우리의 경험에서 볼 때 대부분의 IRB 심사관과 직원은 매우 합리적이어서 연구자(특히 학생)가 사회복지 조사 프로젝트에 대해 적절한 승인을 받을 수 있도록 최선을 다하고 있다. 그렇지만 때로는 조사참여자들을 보호하는 역할과 윤리적 지침을 해석하는 데 있어 너무 과도하게 열성적인 IRB 심사관을 만나기도 한다.

예를 들어, 어떤 연구가 5개의 1시간짜리 치료회기를 담은 비디오테이프를(5명의 클라이언트가 포함된) 콜로라도에 사는 1명 그리고 뉴욕에 사는 4명의 심리학자에게 텍사스에서 특급우편으로 보내는 것을 포함하고 있었다. 두 명의 심리학자는 평가하고자 하는 치료에 대해 전국적으로 알려진 전문가였고, 그들의 과업은 각 치료회기를 검토해서 그 회기들이 적절하게 수행되었는지 그 정도에 대해 평점을 부여하는 것이었다. 치료에 참여한 그 어떤 클라이언트의 이름도 비디오에는 거명되지 않았

다. 각 치료회기는 1시간 분량이고, 심리학자들의 바쁜 일정 때문에 모든 회기를 평가하는 데는 일주일 이상이 소요될 것이라고 예상되었다.

연구계획서를 평가한 후 세 명의 IRB 심사관이 비디오테이프는 특급메일로 보내서는 안 되고 연구자가 직접 가지고 콜로라도와 뉴욕으로 이동해 심리학자들이 평가를 마칠 때가지 그곳에 머물렀다가 그 비디오를 가지고 텍사스로 다시 돌아와야 한다고 주장했다. 그들의 논리는 비디오테이프가 배송 중에 분실될 경우(비록 연구자의 주소가 비디오테이프에 정확하게 붙어 있기는 하지만), 우편직원이 비디오를 보게 될 것이고, 그럴 경우 클라이언트를 알아볼 수 있다는 것이다.

물론 이런 일의 발생이 불가능한 것은 아니지만 IRB 승인은 한 달 이상 지연되었다(다음번 회의까지). 다음번 회의에서 연구자가 출석하여 어떻게 자신이 지역의 재가치료센터의 요청으로 아무런 지원 없이 자원봉사로 그 연구를 수행하게 되었는지(이미 서류에서 제시된 정보)를 설명했고 그러한 사정과 아울러 연구의 잠재적 이득을 고려할 때, 비디오테이프를 우편으로 보내지 않고 자기로 하여금 두 곳으로 직접 이동해 수일 동안 그곳에서 기다리라고 요구하는 건 합리적이지 않음을 설명했다. IRB의 위원장은 진심으로 연구자에게 동의했으며, 대부분의 심사관이 그 연구를 승인하도록 설득했다. 그럼에도 불구하고 최종 투표에서 세 명의 심사관은 여전히 요지부동이었고 승인은 부인되었다.

IRBwatch 웹사이트 http://www.irbwatch.org를 방문해보라. 이 사이트의 목적은 IRB 남용을 시간순으로 소개하는 것이다. 사이트에 따르면 "IRB는 연구대상자를 보호하지도 못하면서 점점 더 연구자를 괴롭히고 중요한 연구를 지연시키고 있다." 이 사이트에서 발견할 수 있는 중요한 사례는 시어 Shea(2000)의 연구와 관련된 것이다.

그렇지만 이러한 비판이 참여대상자를 보호하는 데 있어 IRB의 중요성을 최소화하려는 것은 아니다. 또한 앞서 언급한 것처럼 대부분의 IRB 심사관과 보조직원은 사회복지 조사연구들이 적절한 시간 내에 승인을 얻을 수 있도록 최선을 다한다는 사실도 잘 알고 있다. 단지 몇몇 IRB 위원이 너무 과도하게 열성적일 수 있으므로 가능한 한 일찍 IRB 계획서를 제출해야 하며, 자신의 연구가 신속하게 승인을 얻을 것이라고 미리부터 장담하지 말라는 것을 환기시키고자 한다.

네 가지 윤리적 논쟁

이미 짐작했겠지만, IRB의 등장이나 윤리강령의 전파도 어떤 연구 프로젝트가 윤리적으로 정당화될 수 있는지를 결정하는 데 있어 합리적인 사람들이 완전히 동의하도록 만들지는 못했다. 여기서는 윤리적 논쟁과 토론을 불러일으킨 연구 프로젝트 네 가지를 간략하게 소개하려고 한다. 이 네 가지가 지금까지 이루어진 논쟁적 프로젝트의 전부는 아니지만, 실제 현실의 윤리적 쟁점을 보여주고 있어서 아마 흥미로우면서 도발적일 것으로 생각된다. 첫 번째 두 개는 심리학과 사회학 분야다. 이 연구들은 IRB 등장 이전에 수행되었고, 종종 IRB 필요성의 근거로 인용된다. 나머지는 사회복지 분야로서 그 이후에 수행된 것이다. 각 연구를 읽어나가면서 만약 당신이 IRB의 구성원이라면 이러한 연구계획서에 어떠한 반응을 보였을지 상상해보라. 악명 높은 밀그램 Milgram 연구부터 시작해보자.

인간의 복종 관찰

제2차 세계대전에서 나온 무척 심란한 합리화 중 하나는 자신의 잔혹성에 대한 독일 병사들의 상투적인 변명이었다. "나는 단지 명령을 따랐을 뿐이었다." 이런 언급이 나온 관점에서 본다면 어떤 행동도(얼마나 비난할 만한 것인지에 상관없이) 다른 누군가가 그에 대해 책임을 진다면 정당화될 수 있다는 것이다. 만약 상관이 병사에게 어린아이를 죽이도록 명령했다면, 명령했다는 그 사실이 행위에 대한 개인적 책임을 병사에게서 면제해준다는 것이다.

전범 사례를 재판한 군사재판소는 그러한 변명을 받아들이지 않았지만, 사회과학자와 다른 사람들은 이런 관점이 사회생활에 어느 정도는 만연되어 있음을 인정한다. 사람들은 종종 그 일을 하라고 명령한 더 높은 권위의 사람을 언급할 수 있을 때는 자신이 보기에도 잘못되었다고 간주하는 일을 하려고 하는 것처럼 보인다. 이에 대한 사례는 베트남전쟁 중에 단순히 그 마을을 베트콩의 본거지라고 간주한 미군이 300명 이상의 비무장 민간인(그 중 일부는 어린아이였음)을 살해한 밀라이(My Lai) 학살을 정당화한 일이었다. 이런 유형의 정당화는 매일의 일상적인 삶에서 덜 극적인 모습으로 나타난다. 권위에 대한 이런 의존이 존재한다는 데 어느 누구도 이의를 제기하지는 않지만, 이 주제에 관한 스탠리 밀그램 Stanley Milgram의 연구(1963, 1965)는 상당한 논쟁을 촉발했다.

명령에 따라 타인을 해하려는 의지를 관찰하기 위해 밀그램은 연구할 현상을 만들어내도록 고안된 연구실에 매우 다양한 삶의 영역에 속하는 40명의 성인을 데려왔다. 만약 당신이 실험의 참여자였다면 다음과 같은 것을 경험했을 것이다.

당신은 다른 참여자와 함께 학습실험에 참여하게 되리라는 말을 듣게 될 것이다. 추첨을 통해 당신은 '교사'의 역할을, 다른 참여자들은 '학생'의 역할을 할당받게 된다. 그 다음 당신의 학생들은 다른 방으로 보내져 의자에 묶이고 팔목에 전극을 붙이게 된다. 교사인 당신은 다이얼과 측정기, 스위치가 장착된 멋진 전기통제계기판 앞에 앉는다. 각 스위치에는 15볼트에서 315볼트에 이르는 상이한 수치를 표시하는 꼬리표가 부착되어 있다. 스위치에는 다른 꼬리표도 붙어 있는데, 어떤 것에는 '극한 강도의 충격', '위험(심한 충격)', 'XXX'라고 붙어 있다.

실험은 이렇게 진행된다. 당신은 쌍으로 되어 있는 단어의 목록을 학생에게 읽어주고 그 단어들을 연결할 수 있는지 학생의 능력을 시험한다. 당신은 학생의 모습을 볼 수 없지만, 계기판에 들어오는 전등으로 그가 선택한 답을 볼 수 있다. 학생이 실수할 때마다 당신은 스위치 중 하나를 눌러 (가장 약한 것부터 시작해서) 충격을 가하라는 연구자의 지시를 받게 된다. 그리고 두 방 사이의 열린 문을 통해 학생의 반응소리를 듣게 된다. 그 다음 또 다른 단어 쌍의 목록을 읽어주고 다시 학생의 능력을 시험한다.

실험은 학생이 비명을 지르고 자비를 호소하며 실험을 끝내달라고 간청할 때까지 점점 심한 강도의 충격을 가하게 된다. 어쨌든 당신은 다음 충격을 실시하라고 지시받는다. 잠시 후 학생은 두 방 사이의 벽을 발로 차면서 비명을 지르기 시작할 것이고, 당신은 계속 충격을 주라는 말을 들을 것이다. 마침내 다음 목록을 읽고 학생에게 답을 요구했는데, 그 방에서는 오직 침묵만 존재할 뿐이다. 연구자는 당신에게 무응답은 실수로 간주한다고 알려주면서 다음 단계의 높은 충격을 주라고 지시한다. 이런 과정은 마지막 단계인 'XXX' 충격에 이를 때까지 계속된다.

학생이 처음으로 비명을 지르기 시작할 때 당신은 어떻게 했을 것이라고 생각하는가? 그가 벽을 차기 시작했을 때는 어떻게 했을까? 혹은 그가 완전히 조용해져 살아있다는 징후가 없을 때는 어떻게 했을까? 당신은 충격 주기를 거부했을 것이다. 그렇지 않은가? 분명히 대부분의 사람도 그럴 것이다.

하지만 우리의 생각과 달리 밀그램은 그렇지 않다는 사실을 발견했다. 밀그램의 실험에 참여한 처음 40명의 성인은 학생들이 두 방 사이의 벽을 발로 차기 전까지는 충격 주는 일을 거부하지 않았다. 학생들이 벽을 발로 차기 시작하자 40명 가운데 5명이 거부했다. 그리고 3분의 2, 즉 40명 가운데 26명은 모든 과정이 끝날 때까지(계속해서 최고의 충격을 가할 때까지) 지시받은 대로 계속했다.

아마 짐작하고 있겠지만, 충격은 가짜였고 '학생'은 또 다른 연구자들이었다. 오직 '교사'만이 실험대상이었다. 당신은 다른 사람에게 고통을 주고 있다고 믿게끔 만들어놓은 상황에 있었을 뿐 실제로 해치지는 않았다. 이 실험은 (누군가를 죽일 정도의) 명령을 따를 수 있는 당신의 의지를 시험하려고 고안되었다.

밀그램의 실험은 방법론과 윤리적 측면에서 둘 다 비

판을 받았다. 특히 윤리적 측면에서 비평가들은 실험이 연구대상자에게 미친 영향을 지적했다. 많은 사람이 자신이 누군가에게 주고 있는 것과 똑같은 고통을 개인적으로 경험한 것처럼 보였다. 그들은 연구자에게 충격 주는 행위를 중단하게 해달라고 간청했다. 그들은 극도의 혼란에 빠지고 신경질적으로 변했다. 어떤 사람은 통제할 수 없을 정도의 발작을 일으키기도 했다.

당신은 이 연구에 대해 어떻게 생각하는가? 연구주제가 그런 측정방법을 정당화할 정도로 중요하다고 생각하는가? 연구자가 복종 정도를 조사하는 다른 방법을 생각해낼 수는 없었을까? 밀그램의 실험에 대한 엄청난 양의 논의를 웹상에서 발견할 수 있다. 'Milgram experiments', 'human obedience experiments', 'Stanley Milgram' 등으로 검색해보라.

남자 화장실을 둘러싼 분쟁

두 번째 사례는 대학원생에 의해 수행되었으며, 『Tearoom Trade: Impersonal Sex in Public Places』라는 제목으로 출간되었다. 연구자 로드 험프리 Laud Humphreys(1970)는 낯선 사람들끼리 공원 내 공중화장실에서 만나 이루어지는 동성애 행위를 연구하고자 했다. 이런 목적으로 화장실을 이용하는 사람들 사이에서 화장실은 '티룸(tearoom)'으로 불렸다. 통상적으로 남자 화장실에서의 만남은 세 사람으로 이루어진다. 실제로 동성애 행위와 관련된 두 사람과 망을 보는 한 사람이다.

연구에 필요한 관찰자료를 모으려고 험프리는 공중화장실에 나타나 적당하다고 보일 때마다 망보는 사람 역할을 자처하기 시작했다. 험프리는 망보는 사람으로서 관찰하는 것을 넘어서 그가 관찰하는 사람들에 대해 더 많은 것을 알고 싶어 했다. 많은 참여자는 자신의 동성애를 비밀에 붙여 그 지역사회에서 낙인찍히거나 지위를 상실하고 싶지 않은 기혼 남성들이었다. 그들은 아마 인터뷰에 동의하지 않았을 것이다. 험프리는 그들에게 인터뷰를 요청하는 대신에 차량의 번호판을 적어두었다가 경찰을 통해 그들의 이름과 주소를 추적했다. 그런 다음 자신을 알아보지 못하도록 변장하고 집으로 그들을 방문해 설문조사를 수행하고 있다고 이야기했다. 이런 방식으로 그는 화장실에서 얻을 수 없었던 개인정보를 수집할 수 있었다.

험프리의 연구는 사회과학계 내부와 외부 모두에서 상당한 논쟁을 불러일으켰다. 어떤 비평가는 험프리가 과학의 이름으로 엄청난 사생활 침해를 했다고 비난했다. 화장실에서 무엇을 하든지 그것은 그들의 문제이지 험프리의 문제는 아니다. 또 어떤 사람은 주로 사용된 속임수에 대해 우려했다. 험프리는 그들에게 자신을 단순히 관음증환자로 참여하는 것처럼 믿게 만들어 그들을 속였다. 험프리가 공중화장실에서 했던 행동보다는 나중에 추가로 실시한 설문조사를 더욱 우려한 사람도 있었는데, 그들은 그가 참여자의 집까지 추적한 것과 거짓 구실로 면접조사를 한 것은 비윤리적이라고 생각했다. 그럼에도 어떤 사람은 험프리의 연구를 정당화했다. 그들은 그 주제가 연구할 가치가 있으며, 다른 방식으로는 연구할 수 없다고 주장했다. 또한 험프리가 화장실에서의 행위가 폭로되어 연구대상자가 해를 입지 않도록 조심스럽게 행동한 점을 언급하면서 본질적으로 그의 속임수에는 해가 없었다고 간주했다.

당신이 상상하는 것처럼 화장실을 둘러싼 논쟁은 결국 해결되지 못했다. 여전히 논쟁 중에 있고 오랫동안 계속될 것이다. 왜냐하면 이 논쟁은 사람의 감정을 자극할 뿐만 아니라 사람들 사이에서 이견이 있는 윤리적 쟁점을 담고 있기 때문이다. 당신은 어떻게 생각하는가? 험프리의 행동은 윤리적이었는가? 당신이 생각하기에 연구에서 수용할 만한 부분과 수용하지 못할 부분은 무엇인가? 이 문제에 대해 어떻게 느끼든지 간에 당신과 의견을 달리하는 사람을 분명히 발견할 수 있을 것이다.

복지연구가 800명 텍사스 주민의 복지수혜를 보류하다

이것은 1990년 2월 11일자 『댈러스 모닝 뉴스(Dallas Morning News)』의 1면 머리기사 제목이다. 그 다음에는 다음과 같은 글이 실렸다. "텍사스를 비롯한 몇몇 주에 사는 수천 명의 가난한 사람이 자신도 모르는 채 정부의 도움 없이 얼마나 잘살 수 있는지를 조사하는 연방정부의 실험대상이 되어, 일부분이지만 연방정부의 도움이 거절되었다."

이것은 상당한 영향력을 가진 문제였고, 곧 전국적인 텔레비전 방송국 중 하나에서 다루어졌다. 세 번째 사례로 이 문제를 좀 더 고찰해보자.

텍사스 복지사무국은 주민들로 하여금 복지수혜자 명단에서 벗어날 수 있도록 만들기 위해 고안된 시험적 프로그램의 효과성을 검증하고자 정부의 돈을 받게 되었다. 그 프로그램은 직장을 찾고 있거나 직업훈련을 받고 있는 수혜자를 대상으로 한 것이었다. 새로운 프로그램이 시행되기 전에는 수혜자가 복지수혜자 명단에서 빠진 후에도 4개월 동안 무료 의료서비스와 탁아서비스 일부를 제공받았다. 새로운 프로그램은 이런 혜택을 1년 동안의 의료 보조 서비스와 탁아서비스 보조금으로 확대하는 것이었다. 이 프로그램의 논리는 수혜기간을 연장하면 복지수혜자가 의료보험과 보육서비스를 제공할 가능성이 적은 수습 수준의 저임금 직업이라도 받아들여 계속 일하게 된다는 것이다.

그 돈을 준 연방기관은 중요한 조건을 달았다. 기금을 받는 주정부는 사람들을 복지수혜로부터 벗어나게 하는 목표를 달성하는 프로그램의 효과성을 측정할 때 과학적이고 엄격한 실험을 실시해야 했다. 일부 연방정부 관리는 이런 요구사항에 어떤 사람은 새롭게 확대된 프로그램 대신에 4개월만 혜택을 주는 이전 프로그램을 계속 받는 통제집단에 무작위로 할당하는 것이 포함되어야 한다고 주장했다. 그 요점은 수혜자 집단(실험집단)과 비수혜자 집단(통제집단)이 새로운 프로그램을 제공받는 것을 제외하고는 가능한 한 모든 면에서 동일하다는 가능성을 극대화하기 위한 것이었다. 그런 경우 수혜자 집단이 비수혜자 집단보다 더 복지수혜로부터 빠져나간다면, 다른 어떤 것이 아니라 새로운 프로그램이 성공적인 결과를 가져왔다고 안전하게 추론할 수 있을 것이다(11장, 12장에서 이런 논리를 계속 고찰하겠다).

실험연구에 대해 보고하는 많은 학술논문을 읽어봤다면 그중 많은 연구가 무작위로 연구대상의 절반을 실험집단에 할당하고, 나머지 절반을 통제집단에 할당한다는 사실을 알고 있을 것이다. 이런 통상적 절차에서는 실험대상자 절반에게 실험조건을 제공하지 않게 된다. 텍사스 실험은 주 전체의 복지수혜 자격이 있는 모든 사람을 포함하도록 고안되었는데, 그들 가운데 90%는 실험집단에, 나머지 10%는 통제집단에 할당되었다. 따라서 이 연구에서는 800명에 이르는 10%의 대상자는 직업을 구했을 때라도 새로운 혜택을 받지 못하게 되는 셈이다. 물론 이것은 대상자의 50%에게 혜택을 주지 않는 것에 비해서는 더 인도적으로 보일 수 있지만, 신문기사는 수천 명에 이르는 주 전체의 모든 자격 있는 사람에게 확대된 프로그램에서 불공평하게 누락된 것처럼 보이는 800명의 통제집단을 '불운한 텍사스 주민'으로 묘사했다. 그리고 두 집단 사이의 결과를 비교하기에 충분한 시간을 주기 위해 800명의 통제집단 대상자는 2년간 새로운 프로그램을 제공받지 못한다고 지적했다. 더군다나 이 800명의 '불운한 텍사스 주민'은 새로운 프로그램이나 실험에 관해 전혀 정보를 받지 못했다. 그들은 단지 통상적인 4개월의 혜택에 대해서만 알도록 되어 있었다.

실험의 옹호자들은 통제집단이 수혜를 받지 못하는 것이 아니라고 주장하며 이 설계를 옹호했다. 그들은 통상적인 수혜를 받고 있으며, 적은 수의 사람이 무작위로 통상적인 정책에 할당되지 않는다면 애초에 어느 누구에게도 새로운 수혜는 제공되지 않았을 것이라고 주장한다. 다시 말해, 새로운 혜택의 전반적 요점은 새로운 복지정책을 검증하는 것이지 단순히 그것을 실행하는 게 아니라고 했다. 그들은 더 나아가 새로운 프로그램이 이런 혜택을 확대한 사실을 알고 어떤 기업체가 피고용자를 위한 탁아서비스나 보험혜택을 중단할지도 모를 가능성과 같은, 새로운 프로그램의 의도하지 않은 부정적 결과에 대한 검증의 필요성도 이런 실험설계를 정당화한다고 주장했다. 그들은 그렇게 되면 결국 그런 업종에 종사하는 낮은 보수의 근로자가 일을 그만두고 복지에 의존할 수도 있다고 주장했다. 복지수혜자가 된 후 새로운 직업을 갖게 되면, 그들은 정부의 확대된 혜택의 수혜 자격을 갖게 되고 이는 복지 프로그램을 더욱 고비용으로 만든다.

반면에 이 연구를 비판하는 사람들은 이것이 자발적 참여와 고지에 입각한 동의 같은 연방윤리기준을 위반했다고 주장했다. 연구에 참여하는 누구나 연구와 모든 결과에 대해 알아야 하며, 참여를 거부할 수 있는 기회를 가져야만 한다. 윤리에 관한 전국적 '두뇌집단'의 전문가는 이 실험을 터스키기 매독연구(앞에서 논의한)에 비교하면서 "이것들은 정말 크게 다르지 않다."라고 말했다. 그는 더 나아가 "당신이 얻는 것이 비록 좋은 정보라고 해도 사람을 물건처럼 취급해서는 안 된다."라고 주장했다.

그런 비판의 여파로, 텍사스 주 관리들은 통제집단에 속한 800명에게 새로운 혜택을 확대할 수 있도록 통제집단 요구사항을 폐지해달라고 연방정부를 설득하기로 결정했다. 통제집단 설계를 사용하는 대신 모두에게 혜택을 확대하면서 프로그램 결점을 찾아내는 데 도움이 되는 통계적 절차를 발견하려고 했다(이 책의 뒷부분에서 살펴보겠지만, 이는 가치 있는 설계이지만 무엇이 무엇을 실제로 야기한 것인지에 대해서는 덜 결정적이다). 또한 그들은 통제 집단 구성원에게 그들의 특수한 위치를 설명하는 편지를 보내기로 결정했다.

『댈러스 모닝 뉴스』는 이 기사를 폭로하고 이틀 뒤에 미국 의료사회복지부 장관이 기사를 보고 나서 부하직원에게 텍사스 주의 복지관료들과 협력해 프로젝트 설계로 인해 800명의 통제집단 구성원이 새로운 프로그램을 제공받지 못하는 일이 더 이상은 없도록 하라고 지시했다는 후속기사를 실었다. 당신은 장관의 결정에 동의하는가? 실험의 잠정적인 이득이 실험이 야기한 논쟁적인 윤리적 실천을 정당화할 수 있는가?

만약 수혜자가 참여를 거부할 수 있는 권리를 부여받았다면 아마도 통제집단을 구성할 수 없었을 것이다. 그 누가 무료로 제공되는 의료와 보육서비스를 거부하려고 하겠는가? 그러나 그것이 가능했다고 가정하더라도 그들에게 새로운 프로그램을 제공하지 않는 것의 정당성에 대한 당신의 의견에 영향을 미치는가? 이 연구가 근본적인 설계에서 터스키기 매독연구와 별반 다르지 않다고 주장하는 전문가의 말에 동의하는가? 만약 90%의 대상자를 실험집단에 할당하는 대신에 단지 10%만 할당했다면 어떠했을까? 그렇게 했다면 실험집단에 할당된 800명은 '행운의 텍사스 주민'으로 간주될 수 있었을 것이고, 나머지는 차별받는 소수의 불운한 영혼으로 여겨지지 않았을지도 모른다. 바꾸어 말하면, 주정부가 운 좋은 소수에게 새로운 프로그램을 검증할 정도의 적은 기금을 가졌다면 반대가 더 적었을지도 모른다는 것이다. 그것이 반응을 변화시킬 수 있다고 생각하는가? 그것이 실험에 대한 윤리적 정당성에 대한 당신의 인식에 영향을 미쳤겠는가?

사회복지사가 학술잡지의 편견을 시험하려고 가짜 논문을 제출하다

마지막 사례는 사회복지사의 연구가 포함된 것으로는 처음 대중적으로 널리 알려진 윤리적 논쟁이다. 『뉴욕타임스(New York Times)』의 기사 두 개(1988년 9월 27일, pp. 21, 25; 1989년 4월 4일, p. 21)와 『고등교육 연대기(Chronicle of Higher Education)』의 기사 하나(1988년 11월 2일, pp. A1, A7)를 포함해 전국 단위의 신문이 이에 관한 몇 개의 기사를 실었다. 이 실례에 나오는 정보는 주로 이 세 가지 신문기사에서 추출된 것이다.

사회복지사 윌리엄 엡스타인 William Epstein은 학술잡지 편집자가 사회복지 개입의 효과성을 입증하는 결과를 담은 연구논문은 채택하려는 경향이 있는 반면, 개입의 효과성을 입증하는 데 실패한 연구결과를 담은 논문은 채택하지 않으려는 편견을 가졌다는 가설을 가지고 출발했다. 자신의 가설을 검증하고자 엡스타인은 천식을 앓고 있는 아동의 증상을 완화하려는 사회복지 개입의 효과를 평가한 것처럼 가장한 허구의 연구를 만들어냈다(천식은 흔히 심인성질환으로 간주된다). 엡스타인은 두 가지 형태의 가짜 연구를 만들었다. 하나에는 개입의 효과성을 지지하는 결과를 만들어냈고, 다른 하나에는 개입이 비효과적임을 보여주는 자료를 만들어냈다.

엡스타인은 146개의 학술잡지에 가짜 논문을 제출했는데, 33개는 사회복지 학술잡지이고 113개는 관련 분야의 학술잡지였다. 학술잡지의 절반에는 개입 효과를 입증한 논문이 보내졌고, 나머지 반에는 입증하지 못한 논문이 보내졌다. 엡스타인은 허구의 논문 저자로서 자신의 실제 이름을 넣지 않았고 대신 두 개의 가짜 이름을 사용했다.

실제 연구에서 엡스타인은 연구결과가 그의 가설을 어느 정도 지지하는 것으로 해석했다. 즉, 학술지 편집자는 긍정적 결과를 보인 가짜 논문을 선호하고 부정적 결과를 보인 논문을 싫어하는 편견을 가졌다는 것이다. 예를 들어, 사회복지 학술지 중 8개가 긍정적 형태의 논문을 채택했고 단지 4개만 부정적 형태를 채택했다. 9개의 학술지가 긍정적 형태의 논문을 거부했고 12개 학술지가 부정적 형태를 거부했다. 관련 분야 학술지 중에서는 53%가 긍정적 형태의 논문을 채택했음에 반해, 단지 14%만이 부정적 형태를 채택했다. 통계적 분석은 엡스타인의 가설에 대해 이 자료가 제공한 입증 정도는 '잠정적'이며 통계적으로 유의하지 않은 것으로 나타났다.

그의 허구 논문에 대한 채택 혹은 거부를 통고받은 후 엡스타인은 각 학술지에 그의 연구의 실제 본질을 통보했다. 그 후 「Social Service Review」라는 권위 있는 사회복지 학술지에 그의 실제 연구를 보고하는 진짜 논문을 자신의 이름으로 제출했다. 그런데 그 학술지는 그의 실제 연구의 출간을 거부했고, 편집자였던 존 슈르만 John Schuerman은 몇몇 편집자를 모아 미국 사회복지사협회에 엡스타인을 정식으로 고소했다. 그 고소는 엡스타인의 행위를 다음 두 가지 점에서 비윤리적이라고 말했다. 그것은 (a) 가짜 논문을 검토하도록 학술지 편집자들을 속인 것, (b) 연구에 자발적으로 참여하겠다는 고지에 입각한 동의를 그들한테서 받지 못했다는 것이었다.

시카고 대학교 사회복지학과 교수이면서 높이 평가되는 몇몇 연구논문의 저자였던 슈르만은 때때로 연구의 이득이 연구대상자를 속이는 것과 연구참여에 대해 고지에 입각한 동의를 받아내지 않는 것을 정당화할 수 있음을 인정했다. 그러나 그는 엡스타인의 (실제) 연구에서 얻을 수 있는 이득이 가짜 논문을 읽고 비평해야 했던 많은 편집자와 검토자, 그것을 처리했던 직원들의 시간과 돈의 비용보다 더 가치 있진 않았다고 주장했다.

논문 하나가 전문 사회복지 학술지에 출간되기 위해 제출될 때, 그것은 보통 몇 명의 자원 검토자에게 할당되는데 그들은 대개 사회복지학 교수들로서 검토 작업에 대한 보수를 받지 못한다. 검토자들은 논문 저자가 누구인지 모르고, 따라서 그 검토는 공평하고 편견에 치우치지 않게 된다. 각 검토자는 논문을 아마 두세 번씩 주의 깊게 읽고, 그 논문을 출간할 것인지를 학술지 편집자에게 추천하고, 그리고 저자에게 논문을 향상시킬 수 있는 구체적인 제안을 하게 된다. 학술지 편집자 역시 대개 학회회원으로서 전문적 의무의 한 부분으로 자신의 시간을 자발적으로 할애하는 교수다. 슈르만은 언급된 시간과 돈의 비용에 더해 그 논문에 정서적인 비용이 있다고 지적했다. "그 [가짜] 논문을 채택했던 편집자들의 분함과 당혹감"이다(『뉴욕타임스』, 1988년 9월 27일, p. 25).

엡스타인은 그의 (실제) 연구의 이득이 그 비용을 정당화하는지의 여부를 판단하는 사람은 학술지 편집자가 아니라고 반박했다. 그의 관점에서 보면 편집자는 자신의 비용을 매우 소중하게 평가하려는 경향이 있다. 따라서 그들은 자신을 기만하는 연구를 비용을 들일 만한 가치가 있다고 판단하지 않을 가능성이 높다. 엡스타인은 학술지는 공적 책임을 갖는 공적인 실체라고 주장했다. 따라서 무엇을 출판할 것인지를 결정할 때 편견이 있는지의 여부를 검증하는 것은 편견 검증에 필요했던 속임수와 고지에 입각한 동의의 결여를 정당화할 수 있다고 주장했다.

만약 학술지 편집자와 검토자가 개입의 효과성을 확증하는 데 실패한 연구를 출판하는 것에 반대하는 경향이 있다면, 현장에서는 유행 중인 어떤 무가치한 개입이 클라이언트를 돕지 못하고 있음을 알지 못할지도 모른다고 주장할 수 있다. 게다가 몇 개의 연구가 개입의 효과성에 대해 이견을 보이고 있는데 오직 효과성을 입증하는 연구만 출간된다면, 불균형적이고 선별적인 형태의 재현만이 현장으로 전파될 것이다. 이는 현장에서는 실제로 그렇지 않음에도 개입이 일관되게 긍정적인 결과를 가져올 것으로 믿도록 잘못 유도하게 된다. 이는 클라이언트에게 가장 효과적인 서비스를 제공하려는 사회복지사의 노력을 방해할 수 있고, 따라서 궁극적으로는 클라이언트의 복지를 향상시키는 정도를 감소시킨다.

만약 엡스타인이 편집자들에게 일 년 안에 가짜 논문을 받게 될지 모른다고 사전에 경고하고 그 논문의 구체적인 내용은 모른 채 연구에 참여하겠다는 동의만 받았다면 그의 연구가 윤리적으로 행해질 수 있었다는 주장이 제기될 수도 있다. 반대 관점은 그런 경고가 검토자들에게 출간을 결정하는 데 영향을 미치는 실제 편견을 드러내지 않도록 주의하게 만드는 방식으로 연구되는 현상에 영향을 미쳤을 거라는 것이다.

엡스타인의 관점에 다소 동정적인 견해를 표현한 일부 학자는 학술지 편집자와 검토자가 과학적이고 전문적인 지식의 토대에 큰 영향을 행사하고 있고, 따라서 그들이 가진 정책과 절차는 조사할 필요가 있다고 주장했다. 엡스타인에 대해 고소장을 낸 슈르만은 이런 견해에는 동의했지만, 엡스타인의 연구가 그런 조사를 수행하는 윤리적 방법은 아니었다고 주장했다.

「Social Service Review」의 논설에서 슈르만(1989)은 자신의 관점을 상세하게 설명했다. 그는 학술지들이 적은 예산과 소수의 직원만 갖고 "자신들의 노력을 전문적 책임으로 보면서" 그 일을 통해 개인적 혹은 전문적 혜택을 거의 받지 않는 자원 검토자에게 크게 의존하고 있다고 지적했다(p. 3). 또한 그는 엡스타인의 연구를 "형편없이 수행된 연구"로 묘사하면서 자신이 보기에 매우 심각한 몇 가지 설계상의 결점을 인용했는데 그런 결점이 엡스타인이 행한 연구의 예상된 혜택을 최소화하고 앞서 언급한 비용을 가치 없는 것으로 만들었다고 언급했다. 슈르만은 연구의 심각한 통계적 한계와 자신의 연구를 단지 탐색적인 것으로 간주해달라고 인정한 엡스타인의 말을 인용했다. "이 지점에서 연구설계와 연구윤리 문제가 동시에 나타난다"라고 슈르만은 주장했다(p. 3). 다시 말해, 슈르만의 논점은 연구설계의 방법론적 우수성이 윤리적 원칙을 침해한 것을 정당화하는 데 함의를 가질 수 있다는 것이다. 만약 연구가 그렇게 어설프게 설계되어 얻은 결과가 거의 가치가 없다면, 결과가 매우 이익이 된다는 근거에서 연구윤리 훼손을 정당화하기는 더욱 어려워진다.

미국 사회복지사협회 윤리위원회의 최초 판결은 엡스타인이 기만과 고지에 입각한 동의서를 받지 못한 것과 관련해 연구규칙을 위반했다는 것이었다. 그것은 전문가 협회 자격을 영구히 박탈하고 추가적 제재를 가하기 위해 주정부 면허위원회에 이 사례를 의뢰하는 것을 포함해 엡스타인에 대한 심각한 제재를 야기할 수 있는 것이었다. 그러나 어떤 징계활동이 취해지기 전에 엡스타인에게 그 결정에 대한 항소가 허용되었다. 그의 항소는 협회 집행위원회의 지지를 받게 되었는데, 위원회는 그의 연구가 윤리규칙을 어기지 않았다고 결론을 내렸다. 위원회는 이 사건이 윤리침해가 아니라 '적절한 연구방법론에 관한 이견'이었다고 판결해 엡스타인의 혐의를 풀어주었다. 위원회는 엡스타인의 항소를 지지한 근거와 최초의 판결을 뒤집은 것에 대한 상세한 추가설명은 공표하지 않았다. 엡스타인은 그 반전이 대중매체를 통해 그 사례가 널리 알려지면서 영향을 받았을지도 모른다고 추정했다.

만약 엡스타인의 추정이 타당하다면, 그 반전이 연구가 실제로 윤리규칙을 위반하지 않았다는 집행위원회의 진지한 판단에 의한 것인지, 아니면 잠정적인 앞으로의 대중적 평판 또는 다른 비용에 관한 우려로 인한 편의주의적 고려에 의한 것인지 궁금해진다. 당신은 어떻게 생각하는가? 두 가지 판결과 엡스타인 연구의 윤리적 정당성에 대해 어떤 생각을 갖고 있는가? 당신은 어느 판결에 동의하는가? 연구설계 방법의 결함이 연구윤리에 함의를 갖는다는 슈르만의 주장에 동의하는가? 이 문제에 관한 슈르만의 견해에 동의하면서 또 여전히 이 사건은 방법론에 관한 불일치이지 윤리적 침해는 아니라는 집행위원회의 결정에 동의하는 것이 가능한가? 만약 단지 논의를 위한 목적으로 엡스타인 연구가 확실한 연구결과를 얻을 가능성을 저해하는 매우 심각한 설계상의 결함을 가졌다고 가정한다면, 이는 엡스타인 연구의 윤리적 정당성에 대한 당신의 관점에 어떤 영향을 미칠 것 같은가?

엡스타인이 학술지의 편견을 검증하고자 가짜 논문을 이용하는 연구에 대해 자신의 대학에 있는 IRB로부터 사전승인을 얻었다고 가정해보라(엡스타인은 당시 자신의 대학에 IRB가 없었지만 자신의 연구가 윤리적이라고 동의하는 몇몇 동료에게 비공식적인 피드백을 얻었다고 했다). 엡스타인이 IRB의 승인을 얻었다면 심지어 나중에 그의 연구를 비윤리적이라고 묘사하는 사람들도 그를 고소할 근거가 없었을 것이다. 대신에 그들의 고소는 엡스타인의 연구를 승인한 IRB에 대해 이루어졌을 것이다. 그 같은 결정을 스스로 하지 않음으로써(그래서 비록 있다고 하더라도 자신의 이해관계와 자아개입이 그의 결정에 영향을 줄 수 있는 기회를 피함으로써) 누군가가 나중에 연구방법론의 윤리성에 대한 어떤 판단을 내리든지에 관계없이 엡스타인은 확실하게 연구를 수행할 수 있었을 것이다. 비록 엡스타인의 연구가 윤리적이라고 하더라도 IRB의 승인을 얻어두는 것이(만약 그가 그렇게 하는 것이 가능했다면) 어떤 윤리적 논쟁으로부터 그 자신을 보호했을 것이라고 말할 수 있다. 이 사례에는 후기가 있다. 엡스타인은 그가 행한 처음 연구를 재현했다(Epstein, 2004). 이번에는 그가 일하는 대학의 IRB로부터 고지에 입각한 동의를 유예받는 승인을 얻었다.

EP 2.1.2c

성과 문화에 관한 편견과 둔감함

이 책의 몇몇 장에서 어떻게 성적 · 문화적 편견과 둔감이 연구방법론의 질과 결과물의 타당성을 훼손할 수 있는지에 대한 사례를 접하게 될 것이다. 최근 이런 문제에 관한 많은 문헌이 나왔고, 어떤 이론가는 연구자가 성차별적이거나 문화적으로 둔감한 연구를 수행할 경우 단지 방법론적 오류를 범하는 것일 뿐만 아니라 윤리적으로도 잘못이라고 주장했다.

어떤 연구가 여성과 소수민족에 대한 피해를 영속시키는 것으로 간주될 때 윤리 문제가 대두된다. 페미니스트나 소수계를 연구하는 학자들은 다양한 방식으로 그와 같은 피해가 이루어지고 있다고 주장한다. 다른 문화에 둔감한 면접자들은 소수계 응답자들의 기분을 상하게 만들 수 있다. 만약 그들이 문화적으로 둔감한 방식으로 연구를 수행한다면, 그들의 연구결과는 소수계의 욕구와 현실을 무시하는 실천 함의를 산출할 수 있으며, 소수계를 부정확하게(그리고 아마 고정관념에 따라) 묘사할 수도 있고, 전혀 유용하지 않은 방식으로 부적절한 일반화에 이를 수 있다. 같은 이유로 성적 편견이나 둔감성을 가진 조사연구는 남성중심적 세상을 영속시키거나, 남성과 여성에 대해 잠정적으로 상이한 함의를 고려하는 데 실패한 것으로 보일 수 있다.

다양한 저자들이 연구조사를 수행하면서 문화적 · 성적 편견과 둔감함을 피할 수 있는 방법을 추천해왔다. 방법론에 관한 이후의 장(특히 문화적 능력을 갖춘 연구를 다룬 6장에서)에서 이런 추천을 더 깊이 다루겠지만, 잠정적인 윤리적 관련성에 비춰 여기서도 언급할 것이다. 소수계에 관한 조사연구와 관련해 통상적으로 추천되는 지침사항은 다음과 같다.

- 조사연구 설계를 최종적으로 마무리하기 전에 조사연구에 포함될 소수집단의 문화 속으로 직접 빠져 들어가 어느 정도 시간을 보내라(예를 들어 18장과 19장에서 소개한 질적 연구방법을 사용해).
- 소수민족의 욕구와 관점에 조사연구가 반응적임을 확실히 하도록 연구문제 형성이나 연구의 모든 단계에 소수계 학자와 지역사회 대표를 참여시켜라.
- 연구될 소수계 집단의 대표를 연구설계와 측정도구 개발에 포함시켜라.

- 어떤 인종집단을 연구한 이전 연구에서 성공적으로 사용된 도구가 소수계에게 적용될 때도 타당한 정보를 산출할 것이라고 자동적으로 가정하지 마라.
- 비영어권 번역을 포함해 측정할 때 문화적으로 민감한 언어를 사용하라.
- 번역에서 문제가 될 만한 언어와 결함을 교정하기 위해 사용될 측정도구를 심도 깊게 사전에 검사하라.
- 필요할 때는 2개 국어를 할 수 있는 면접자를 참여시켜라.
- 소수계 응답자를 위해 비소수계 대신 소수계 면접자를 써야 할 잠정적 필요에 대비하라.
- 자료를 분석할 때 상이한 인종범주들 사이에서 연구결과가 달라질 수도 있는 방식을 찾아보라.
- 소수계의 결점에만 배타적으로 초점을 맞추는 것은 피하라. 그들의 강점에 초점을 둘 수도 있다.
- 상이한 인종집단 간의 차이점을 찾는 것에 덧붙여, 특정한 소수계 집단 내부에서 이루어지는 상이한 문화 동화 수준의 차이점을 찾아보라.
- 자신의 비교문화 능력을 평가해보라.
- 문헌을 검토할 때 비교문화 연구를 찾아보라.
- 소수계 집단을 적절하게 대표할 수 있도록 특수한 표본추출 전략(6장과 15장에서 논의한)을 사용하라.

『Nonsexist Research Methods』의 저자인 마그리트 아이클러 Margrit Eichler(1988)는 연구를 수행할 때 성적 편견과 둔감을 피하기 위한 페미니스트 지침을 다음과 같이 추천하고 있다.

- 어떤 연구가 한 성에 관해서만 행해진다면, 제목과 서술에서 그 사실을 확실하게 밝히고 연구결과를 다른 성으로 일반화하지 마라.
- 성차별적인 언어나 개념(예를 들어, 남성을 '가구주'로 언급하면서 여성을 '배우자'로 언급하는 경우)을 사용하지 마라.
- 조사연구 질문을 만들 때 이중기준(일과 양육 사이의 갈등을 어머니에게서는 찾으면서 아버지에게는 그렇게 하지 않는 경우)을 사용하지 마라.
- 조사도구에서 남성중심적인 활동을 지나치게 강조하지 않는다(사회적 기능을 주로 직업활동의 측면으로 측정하고, 가사일과 양육활동을 무시하는 경우).
- 자료를 분석할 때 연구결과가 남성과 여성에게 상이할 수 있는 방식을 찾아라.
- 남성에게 성공적으로 사용돼왔던 측정도구가 여성에게도 자동적으로 타당할 것이라고 가정하지 마라.
- 당신의 연구표본에서 남자와 여자의 비율을 보고하라.

EP 2.1.4a

사회복지 연구의 정치성

이 시점에서 당신은 사회복지 연구에서 윤리적 쟁점과 정치적 쟁점 사이에 분명한 선이 있다고 생각할지도 모른다. 윤리와 정치는 둘 다 이데올로기적 관점에 따라 정해진다. 어떤 관점에 의해 받아들여질 수 없는 것이 다른 관점에 의해서는 받아들여질 수 있다. 그러므로 우리는 사람들이 조사연구의 윤리적 측면에서 의견을 달리하는 것처럼 정치적 측면에서도 의견을 달리한다는 것을 살펴보고자 한다. 지금 주제를 바꾸면서, 두 가지 방식으로 윤리적 문제와 정치적 문제를 구별하고자 한다.

첫째, 윤리와 정치가 종종 긴밀하게 얽혀 있지만, 정치적 이슈는 연구의 실질적 비용과 사용에 좀 더 관심을 갖는 데 반해 사회복지 연구윤리는 사용된 방법을 더 많이 다룬다. 예를 들어, 어떤 사람은 특정 집단의 클라이언트에게는 서비스 제공을 지연하면서 다른 집단의 클라이언트에게는 해당 서비스를 제공함으로써 사회복지 서비스의 효과성을 평가하는 실험에 대해 윤리적으로 반대를 제기한다. 이런 반대 목소리를 내는 사람들은 서비스 제공을 지연함으로써 클라이언트에게 가해진 피해가 서비스의 효과성을 평가함으로써 도출되는 혜택보다 더 중요하다고 말한다.

이와 반대로 어떤 연구의 평가결과가 서비스가 효과적

이지 않음을 나타내고, 그런 부정적 결과가 기관의 기금 모금에 피해를 줄 수 있다면 이 연구에 대해 정치적인 반대가 있을 수 있다. 또 다른 정치적 반대는 서비스의 철회가 도움이 필요한 사람을 기관이 '방치'하고 있다고 간주됨으로써 생길 나쁜 여론은 말할 것도 없고, 서비스 사례비용이나 제3자의 지불비용을 축소할 수 있을 때 발생할 수 있다.

둘째, 윤리적 측면을 사회복지 연구의 정치적 측면과 구별할 수 있는 이유는 앞서 논의한 윤리적 행동강령에 비견할 만한 정치적 행동에 대한 공식적인 규정이 존재하지 않기 때문이다. 정치적인 측면이 있는 윤리규범이 있긴 하지만(예를 들어, 연구대상자에게 피해를 주지 않아야 하는 것은 명백하게 정치적 자유의 보호와 관련되어 있음) 어느 누구도 사회복지 연구자들이 동의할 수 있는 일련의 정치적 규범을 개발하지 못했다. 정치적 규범의 결여에 대한 유일한 예외는 연구자의 개인적인 정치적 성향이 과학적 조사연구를 방해하거나 부당하게 영향을 미쳐서는 안 된다는 통상적으로 받아들여지는 견해다. 자신의 정치적 견해를 조장하기 위한 한 가지 방법으로 조잡한 기법을 사용하거나 조사연구에 대해 거짓말하는 것은 부적절하다고 간주된다. 그러나 짐작하다시피 많은 연구가 이런 규범을 자주 위반한 것으로 비난받을 만큼 부적절하게 이루어지고 있다.

객관성과 이데올로기

3장에서는 사회조사가 결코 전적으로 객관적일 수는 없다고 주장했는데, 이는 연구자들이 인간적인 견지에서 주관적이기 때문이다. 과학은 사용하는 과학자의 주관적인 견해와 무관하게 동일한 결과에 도달하도록 의도된 연구기법을 활용함으로써 객관성에 이르고자 한다. 사회과학자는 더 나아가 자신이 신봉하는 믿음이나 개인적 정치성과 부합하는지의 여부와는 상관없이 사실만을 추구할 것을 요구받고 있다.

그러나 많은 학자는 사회조사 연구가 전적으로 가치중립적이라고 믿지 않는다. 그들은 가치가 연구문제의 선택, 표본, 다양한 정의 등 연구과정의 모든 단계에서 영향을 미칠 수 있다고 주장한다. 새로운 주정부 프로그램이나 정책의 효과성을 연구하는 주정부의 기획가들은 새로운 접근법이 주 예산을 절감할 수 있는지, 예를 들어 새로운 사례 관리 프로그램이 정신질환을 가진 시민에 대한 주정부의 입원비용을 절감할 수 있는지와 같은 것에 연구초점을 맞출 수 있다. 기획가들은 수지균형을 맞추는 데 우선순위를 두려는 그들의 열성 때문에 클라이언트의 복지라는 지표는 연구할 생각조차 하지 못할 수도 있다. 예를 들어, 입원치료가 필요한 많은 사람은 새로운 프로그램이 시행될 경우 형편이 더욱 나빠질 것이다. 이에 반해 임상연구자들은 정신질환을 앓고 있는 개인의 증상이나 삶의 질에 미치는 영향이라는 관점에서 새로운 프로그램의 효과성을 평가하는데, 그 이유는 그 같은 관심이 이미 예산부족으로 부적절한 서비스에 대해 납세자들의 세금을 줄이는 것보다 더욱 중요하다는 자신들의 믿음 때문이다. 클라이언트의 복지를 극대화하려는 그들의 열정 때문에 구체적 혜택 증진에 필요한 프로그램 비용에 대해서는 검토할 생각을 하지 못할 수도 있다.

다른 사례를 보면, 노숙에 관한 연구자의 가치관이 노숙을 정의하는 방식에 영향을 미칠 수 있고, 이것은 노숙자 표본에 누구를 포함시킬 것인가에 영향을 미친다. 노숙자는 단지 거리에서 생활하는 사람만 포함하는가? 아니면 감당할 만한 쾌적한 괜찮은 공간을 발견할 수 없어서 친구나 친척과 '같이 방을 쓰거나' 혹은 누추한 임시 숙소에서 살고 있는 사람도 포함해야 하는가? 우리가 가진 가치관과 무관하게 그와 같은 결정을 내리기는 어렵다. 노숙을 경감하기 위한 사회행동에 적극적이었던 연구자들은 넓은 정의를 채택하려는 경향을 띨 것이고, 그것은 더 많은 숫자의 노숙인을 표시할 것이다. 사회복지 지출이 낭비이며 가난한 사람에게 너무 많은 의존성을 불러일으킨다고 믿는 연구자는 좀 더 좁은 정의를 선택하려는 경향을 띨 것이다.

사회조사 연구가 결코 가치중립일 수 없다고 믿는 학

자들은 전적으로 객관적이라고 자신이나 다른 사람들을 속이는 대신 자신의 가치관에 대해 잘 알고 솔직하게 묘사할 수 있어야 한다고 제안한다. 실제로 연구자는 자신의 가치를 연구활동에서 분리해야 한다는 주장에 대해 모든 사회과학자가 동의하는 것은 아니다. 비판사회과학 패러다임(3장에서 논의한)을 반영하는 시각을 가진 몇몇 연구자는 사회과학과 사회행동은 분리될 수 없고 분리되어서도 안 된다고 주장한다.

사회복지는 조사연구를 사회를 좀 더 인도적으로 만들기 위한 도구로 사용하는 오랜 전통을 가져왔다. 예를 들어 짐발리스트 Zimbalist(1977)는 20세기의 전환점에서 많은 도시 문제를 경감하기 위한 환경개혁을 법제화하도록 사회를 이해시키는 방법으로, 어떻게 전문직이 사회설문조사운동을 받아들이게 되었는지를 설명한다. 사회개혁의 박차를 가하기 위한 과도한 열망으로 사회설문조사운동은 종종 과학적으로 엄격하고 균형 잡힌 발표와 자료에 대한 해석을 제공하기보다는 '주장'을 펼칠 목적으로 어떤 사실을 선별적으로 제시했다.

오늘날 사회복지 연구자들은 1세기 전보다는 더 객관성을 가지려고 노력하지만, 여전히 통상적으로 사회행동의 박차를 가하기 위해 연구결과를 사용하는 전통을 따르고 있다. 조사연구를 인간의 고통을 경감하고 사회복지를 촉진하는 데 사용할 수 있는 도구로 간주하는 데는 아무런 문제가 없다. 실제로 사회복지 전문직에서는 그것이 바로 연구의 존재이유다. 그러나 과학적 관점에서 볼 때 우리의 가치관과 우리가 발견하는 진실이 인도적 목적 달성을 촉진할 것이라는 희망에서 구체적 연구 프로젝트에 착수하게 만드는 것과, 우리의 가치관과 이데올로기적인 신념이 연구를 수행하고 결과를 해석하는 방식에 편견을 갖게 함으로써 진실을 숨기거나 왜곡하도록 만드는 것은 별개의 일이다. 연구를 수행할 때 완전히 객관적이고 가치중립적이고자 하는 것이 불가능한 이상이라면, 완전히 중립적이라고 생각하면서 우리 자신을 속이는 것도 위험하다. 그러나 이것이 우리의 신념이 진실 추구를 왜곡하지 않도록 노력할 필요가 없다는 의미는 아니다. 연구의 모든 단계에서 작동하는 편견을 알게 되면 그것이 미치는 영향을 최소화할 수 있다. 그리고 다른 사람들에 대한 편애를 솔직히 설명하면, 다른 사람들이 우리 연구결과의 타당성을 평가하는 데 더 잘 준비할 수 있을 것이다.

다소 혼란스러울 수도 있다. 만약 완전한 객관성이라는 목표가 그렇게 도달하기 어렵고, 우리가 이전 연구와 의견을 달리하는 새로운 연구를 계속 생산한다면 무엇이 진실인지 과연 어떻게 알 수 있을까? 1장에서 과학이란 결론이 지속적으로 수정되는 개방형 기획이라고 언급했다. 주어진 주제에 대한 탐구는 결코 완성되지 않으며, 기존 이론의 끊임없는 전복은 삶에서 받아들여진 사실이다. 이것에 비춰볼 때 많은 사회복지 실천가가 전통과 권위를 단순히 추종할 수도 있다. 자신의 실천에 도움이 되도록 연구결과를 활용하기보다(증거기반 실천과 보조를 맞추며), 단지 특정 기관에서 작동하는 전통적 운영방식이나 그들이 존경하는 명망 있는 노련한 실천가의 명령에 따르고자 할 것이다. 그러나 미국 사회복지협회의 윤리규정에 따르면 연구를 자신의 실천지침으로 사용할 것을 거부하는 것은 비윤리적이다. 그리고 다양한 실천의 권위자들 스스로가 전적으로 객관적일 가능성이 없다는 점도 인식해야 한다.

사회조사와 인종

앞서의 논쟁에 비춰보면 일부 사회과학 조사연구가 연구의 결과물이 단순히 연구자 자신의 정치적 가치의 산물이라는 것과 관련해 상당한 논쟁을 일으켰다는 사실에 별로 놀라지 않을 것이다. 인종관계 분야만큼 사회조사연구와 정치가 논쟁적으로 얽혀온 곳도 없다.

대부분의 사회과학자는 20세기 동안 미국에서 진행된 아프리카계 미국인의 평등이라는 대의명분을 지지해왔다. 많은 사람이 인권운동에 적극적으로 관여해왔고, 어떤 사람은 더욱 급진적이기도 했다. 따라서 사회과학자들은 동료들의 비판에 대한 두려움 없이 평등의 명분을 지지하는 연구결과를 이끌어낼 수 있었다. 평등 문제에 대한 일반 사회과학적 관점의 결속을 알아보기 위해 주도적이었던 이념적 관점과 상이한 결론을 이끌어냈던 몇 개의 연구 프로젝트를 살펴볼 필요가 있다.

대부분의 사회과학자는 (최소한 겉으로는) 사실상 학교 분리의 종료를 지지했다. 따라서 존경받던 사회학자인 제임스 콜먼 James Coleman(1966)이 인종과 교육에 관한 전국적 연구결과를 출간했을 때 즉각적이고 열띤 논쟁이 일어났다. 일반적 합의와는 반대로 콜먼은 통합 학교에 다니는 아프리카계 미국인 학생과 분리학교에 다니는 아프리카계 미국인 학생 사이에 학업 수행에서의 별다른 차이를 발견하지 못했다. 실제로 도서관, 실험시설, 학생당 비용 같은 명백한 것은 별다른 차이를 보이지 않았다. 대신에 콜먼은 가족과 이웃 요인이 학업성취에 가장 큰 영향을 미친다고 보고했다. 콜먼의 연구결과는 시민권 운동에 적극적이던 많은 사회과학자에게 쉽게 받아들여지지 못했다. 어떤 학자들은 방법론적 근거에서 콜먼의 연구를 비판했지만, 다른 학자들은 연구결과가 분리주의적 정치결과를 야기한다는 근거로 뜨겁게 반대했다.

인종과 관련된 사회연구를 둘러싼 정치적 논쟁의 또 다른 예는 아프리카계 미국인과 백인의 지능지수 문제와 관련된 것이다. 1969년 하버드 대학교의 심리학자였던 아서 젠슨 Arthur Jensen은 지능검사 결과에서 인종 간의 차이에 관한 자료를 연구한 논문을 「Harvard Educational Review」에 실어달라는 요청을 받았다(Jensen, 1969). 이 논문에서 젠슨은 아프리카계 미국인과 백인 간의 유전적 차이가 아프리카계 미국인이 평균적으로 지능지수가 더 낮은 것을 설명한다고 결론지었다. 이 논문으로 젠슨은 유명해졌고, 그 문제에 대해 논의하는 전국의 대학 캠퍼스에 자신의 모습을 드러내었다.

젠슨의 주장은 수많은 방법론적 근거에서 공격을 받아왔다. 젠슨이 결론의 근거로 삼은 수많은 자료가 불충분하고 엉성하다고 비난받았다(예를 들어 많은 지능검사 방법이 존재하며, 어떤 것은 다른 것에 비해 문제가 많다). 마찬가지로 비평가들은 젠슨이 사회환경적 요인을 충분히 고려하지 않았다고 비난했다. 다른 사회과학자들은 또 다른 적절한 방법론적 이의를 제기했다.

그러나 젠슨은 과학적 비평을 넘어 많은 사람한테서 인종차별주의자로 비난을 받았다. 그는 야유를 받았고 그의 공식적 발표는 적대적인 군중에 의해 중단되었다. 몇몇 대학의 청중으로부터 받은 대접은 1세기 전 여론의 우세가 노예제도의 존속을 선호할 당시 노예 폐지론자들이 받은 대접과 크게 다르지 않았다.

정치적 우파의 지도적 사상가로 알려진 사회학자 찰스 머리 Charles Murray와 심리학자이면서 하버드 대학교의 저명한 교수였던 고 리처드 헌스타인 Richard J. Herrnstein이 공동으로 저술해 1994년에 출판된 『벨 곡선(The Bell Curve)』에 대해서도 비슷한 반응이 분출되었다. 두꺼운 책의 아주 적은 부분에서 지능 면에서의 인종적 차이는 일부(그러나 전적이지는 않고) 유전적 요인에 기인할 수 있다고 주장하고 있다.

머리와 헌스타인(1994)은 자신들의 책에서 지능을 미국인이 번영할지 아니면 최하층 빈곤 문화와 기타 사회적 질병으로 전락할지를 결정하는 중요한 요인으로 꼽고 있다. 지능은 변화시키기 어렵다는 논제에 기초해 이 책은 열악한 환경에 놓인 청소년의 지적 수행능력을 향상시키고자 하는 프로그램을 포함해 수많은 사회적 프로그램에 돈을 쓰지 말 것을 권유한다.

어떤 비판자는 머리와 헌스타인 연구에서 절차와 결론에 심각한 방법론적 결함이 있음을 지적했다. 앞서 젠슨과 연관된 논쟁에서와 마찬가지로, 이 장과 가장 밀접한 관계가 있는 부분은 벨 곡선에 대한 방법론적 비판이 아니라 정치적 비난이다. 이 책이 처음 등장했을 때, 책에 대한 초기 비판은 연구의 심각한 방법론적 결함보다는 정치적 반대에 더 많은 관심을 보냈다. 심지어 출판되기도 전부터 이 책은 『보스턴 글로브(Boston Globe)』의 사설에서 공격을 받았다. 『워싱턴포스트(Washington Post)』는 머리의 지지자이자 친구인 보수적 성향의 전직 교육부 장관 윌리엄 베넷 William Bennett이 이 책을 극구 칭찬했으나 인종과 지능에 관한 부문에는 신경을 썼다고 보고했다. 그 부분으로 베넷이 머리를 '요주의 인물'로 묘사했다는 말도 있다.

잡지 「New Republic」은 1994년 10월 31일자 호에 이 책을 소개하는 기사를 실었다. 책 내용 중 지능과 유전학을 다룬 부분에 기초해 머리와 헌스타인이 쓴 10페이지의 논문이 포함되었다. 그 논문에 앞서 『벨 곡선』과 머리-헌스타인 논문에 관해 20명의 다른 저자가 쓴 17페이지에 이르는 사설이 실렸다. 일부 사설은 이 잡지가 그 논문을 싣겠다고 고려하는 것조차 윤리적인지에 대해 논쟁했지만, 대다수의 사설은 논문을 날카롭게 공격하거나 그것을 싣기로 한 잡지사의 결정을 비판했다. 머리와 헌스타인을 부정직하다고 묘사한 사설도 있었고, 그들을 억압을 정당화하려는 사람으로 묘사한 사설도 있었다. 또 다른 사설은 그들을 인종차별주의를 정당화하려는 인종차별주의자 혹은 유사과학적 인종차별주의를 실천하고 있는 고집불통에 견주었다. '신나치(Neo-Nazis)'라는 제목의 가혹한 사설은 머리와 헌스타인의 책 속에 있는 장들이 신나치주의자가 출판했던 책들의 결과를 '섬뜩하게 합성'한 것이라고 넌지시 말하기도 했다.

머리와 헌스타인의 논문을 싣기로 한 편집자의 결정을 자유로운 탐구라는 근거에서 정당화하는 한 사설에서는 어떤 주제에 관한 논쟁을 억압할 것인가에 대한 입증 책임은 논쟁을 억압하려고 하는 사람들에게 있다고 주장했다. 편집자는 과학적이고 논리적 근거에서 쟁점을 판단해야 하며, 저자들의 동기를 비난하거나 그들을 나치와 연관시켜 공박하지 말 것을 주장했다. 또한 편집자는 『벨 곡선』이 유전적으로 열등하다고 불리기를 원치 않는 아프리카계 미국인들, 특히 아동의 감정을 손상시킨다고 주장하는 비평가에게도 응수했다. 편집자는 아프리카계 미국인이 자유롭고 개방적인 지적 교류에서 보호되어야 한다는 관점 그 자체가 본질적으로 인종차별적이라고 묘사했다.

많은 사회과학자는 콜먼, 젠슨, 머리와 헌스타인의 연구에 대한 반대를 과학적·방법론적 근거로만 한정했다. 그러나 여기서 이 내용을 다룬 목적은 정치적 이데올로기가 종종 사회조사 연구에 관여된다는 점을 지적하기 위해서다. 비록 과학의 추상적 모형은 이데올로기와 분리되어 있지만, 과학의 실천은 그렇지 않다.

어떤 영역에서 정치적·이데올로기적인 힘이 과학적 탐구를 제한할 때, 관련된 분야에 필요한 탐구를 억제하는 불행한 파급효과를 가져올 수 있다. 예를 들어 텍사스 대학교의 엠디앤더슨암센터(M. D. Anderson Cancer Center)의 부인과 및 내분비학 실험실의 책임자였던 로벨 존스 Lovell Jones가 유방암을 앓고 있는 백인 여성에 비해 유방암을 앓고 있는 아프리카계 미국인 여성이 더 높은 사망률을 보이는 것에 관한 연구가 부족하다고 우려를 표현했다. 존스에 따르면 아프리카계 미국인 여성의 높은 사망률의 원인으로 보이는 한 가지 요인은 이들이 '에스트로겐 수용체 거부'형 유방암을 더 많이 보인다는 사실인데, 이것은 종양이 더 '공격적'인 경향을 띤다는 것을 의미한다. 존스는 이런 가능성을 조사한 구체적 연구가 이전에 없었음을 놀라워했고, 백인 동료 연구자들에게 받은 피드백에 근거해 그 이유가 무엇인지 알게 되었다고 생각했다. 그의 동료들은 이것이 정치적으로 너무 큰 논쟁거리가 될 것 같아서 이런 분야의 탐구를 하려하지 않는다고 말해주었다. 그들은 연구가 유방암에 대한 유전적 소인에서의 인종적 차이를 파고들어야 할 것이라고 말했다. 그들은 젠슨이 그랬던 것처럼 인종적 편견으로 비난받을 것을 두려워했다. 만약 유방암에 관한 연구결과 그 자체 때문이 아니더라도 아프리카계 미국인과 백인 간의 유전적 소인과 관련해 정치적으로 더욱 민감한 차이점(예를 들어, 지능과 관련된 차이점)에 대한 연구를 다른 연구자가 더욱 손쉽게 연구할 수 있도록 만든 이유로 말이다.

또한 존스는 우리가 유방암 가족력을 가진 백인 여성이 가족력이 없는 백인 여성보다 유방암에 걸릴 위험이 더 높다는 사실을 10년 동안이나(1991년까지) 알고 있었음을 알아냈다. 그렇다면 그 분야에서 유방암 가족력이 있는 아프리카계 미국인 여성과 가족력이 없는 아프리카계 미국인 여성에게도 같은 현상이 나타나는지를 조사하는 연구가 앞의 연구를 바로 뒤따라 이루어지는 것이 이치에 맞는다고 생각했다. 그러나 백인 여성에 관한 연구가 나타난 후 무려 10년이 지나서야 이 여성들에 관한 최초의 연구가 나왔다. 존스는 이런 시간적 지연을, 그 같은 조사를 하면서 연구자가 직면할 정치적 위험 탓으로 돌린다. 연구자들은 아프리카계 여성이 유방암에 걸릴 위험이 백인 여성보다 더 높다는 사실을 발견했을 때 인종차별주의자로 공격당할 것이라고 두려워했다.

더 나아가 존스는 전국 뉴스 프로그램 직원 중 한 사람이 이전에 말해준 내용을 자세히 설명했는데, 국립암협회의 대변인이 아프리카계 미국인의 암을 언급할 때는 '유전학'이란 단어를 쓰지 않았으면 한다고 제안했다는 것이다. 이와 다소 연관된 사건으로 존스는 저명한 신문에 사설을 쓴 적이 있었는데, 그 사설은 소수계 인구집단의 암을 논의하는 것이었다. 그런데 그 신문 편집자가 전화해서 사설을 실으면 인종편견으로 비난받을 수 있기 때문에 그 글을 실을 수가 없다고 말했다고 한다. 그러나 존스가 아프리카계 미국인임을 알고 나서 그 편집자는 "아, 그렇다면 실을 수 있습니다."라고 말했다고 한다.

존스의 논평[1]은 특정 종류의 탐구에 대한 정치적 뿌리를 가진 금기가 자신이 보호하려는 바로 그 사람들에게 어떻게 해악을 끼칠 수 있는지를 보여준다. 그런 금기에 대해 당신은 어떤 의견을 갖고 있는가? 그중 어떤 것 혹은 전부를 정당화할 수 있는가? 어떤 연구결과를 해로운 목적으로 오용하지 못하도록 확실하게 하는 것의 이득이 관련 분야에서 요구되는 많은 연구를 하지 못하도록 만드는 그런 금기의 위험보다 더욱 큰 가치가 있을까?

1 존스의 논평은 1991년 7월 18일에 텍사스 주 오스틴 시에서 개최된 'Texas Minority Health Strategic Planning Conference'의 'The Impact of Cancer on the Health Status of Minorities in Texas'라는 제목의 발표에서 부분적으로 제시되었다. 존스는 1991년 7월 25일에 루빈과의 전화통화에서 그가 학회에서 언급한 내용에 대해 부연 설명을 했다. 그의 논평에 포함된 몇몇 자료는 존스가 편역한 책인 『Minorities and Cancer』(1989, Springer Verlag)의 5~20쪽에 실린 제롬 윌슨(Jerome Wilson)의 논문 'Cancer Incidence and Mortality Difference of Black and White Americans: A Role for Biomarkers'에 포함되어 있다.

주요 내용

- 사회복지 조사연구 프로젝트는 기술적이고 과학적인 고려뿐만 아니라 행정적, 윤리적, 정치적 고려에 의해 형성되기 쉽다.
- 연구에서 무엇이 '옳고', '그른지'는 궁극적으로 사람들이 무엇을 옳고 그르다고 하는지에 대한 합의의 문제다.
- 연방정부의 연구지원을 받고자 하는 모든 기관은 인간과 관련된 어떤 연구계획서든 평가하고 윤리 문제를 다룰 수 있도록 IRB를 설치해야 한다.
- 과학자는 연구의 참여는 자발적이어야 한다는 일반규범에 동의한다. 그러나 이 규범은 일반화 가능성이라는 과학적 필요와 충돌할 수 있다.
- 아마도 모든 과학자는 연구의 참여자가 기꺼이 그리고 알면서 피해의 위험을 받아들이지 않는 한 그들에게 피해를 주어서는 안 된다는 것에 동의할 것이다.
- **익명성**이란 심지어 연구자도 자신이 제공하는 구체적인 정보로 그 개인이 누구인지 알 수 없는 것을 의미한다.
- **비밀보장**이란 연구자가(비록 어떤 정보가 누구를 설명하는지를 알고 있다고 해도) 그 정보에 대해 비밀을 유지하기로 합의한 상황을 의미한다.
- 어떤 경우에는 연구의 장기적인 이익이 특정한 윤리적 규범을 어기는 것보다 더 가치가 있다고 여겨진다. 그러나 연구목적이 과연 연구수단을 정당화할 수 있는지를 결정하는 것은 어려운 일이며, 종종 매우 주관적인 과정이다. 오늘날에는 기관윤리위원회가 연구를 승인하는 과정에서 그런 역할을 한다.
- 비밀보장증서는 경찰이나 다른 정부기관의 강압적인 정보공개에 대해 연구대상자 관련 자료의 비밀을 보호하기 위한 것이다.
- IRB는 인간과 연관된 연구를 수행하는 개별 연구자와 연구 보조자들을 대상으로 연구참여자들의 보호에 대한 교육을 요구하고 있다.
- 연방정부의 규정은 특정 종류의 연구에는 면제를 허용

하고 있으며 면제된 연구는 속성심사를 받을 수 있다.

- 몇몇 IRB 심사관들은 때때로 너무 과도하게 열성적으로 심사를 하여 연구의 이익이 해악을 초과하는 가치가 있는 연구계획의 승인을 거부할 수도 있다.
- 성과 문화에 대한 편견과 둔감성은 많은 사회과학자에게 윤리적 쟁점이 되어 왔다.
- 페미니스트와 다른 학자들에 의해 연구지침이 제안되었다.
- 비록 과학이 정치 문제에 중립적이라고 해도 과학자는 그렇지 못하다.
- 비록 과학규범이 개별 과학자에게 개인적 가치관을 포기하도록 강요할 순 없지만, 승인된 과학적 절차를 사용하면 '과학적' 결과가 단지 편견의 산물이 되는 것을 예방할 수 있다.
- 어떤 진실이 특정한 취약집단에게 피해를 줄 수 있는 방식으로 오인되거나 오용될 수 있다는 두려움에 근거한 이데올로기적 우선사항이 탐구를 제한할 수 있다. 이런 제한은 그 제한이 보호하고자 했던 사람들을 오히려 해할 위험이 있는 불충분하거나 왜곡된 지식을 유도할 수도 있다.

연습문제

1. 어떤 사회복지 연구자가 유아 때 친부모에 의해 입양기관에 맡겨진 아동들을 면접한다고 가정해보라. 면접자는 언젠가 자신의 친부모를 만나는 것에 대한 그들의 감정에 초점을 맞출 것이다. 이때 연구자가 직면할 수 있는 윤리적 문제점과 이를 어떻게 피할 수 있는지에 대해 논의해보라.
2. 개인적으로 인종 간의 입양을 반대하는 어떤 연구자가 인종 간의 입양이 입양아의 자아상에 미치는 영향을 탐구하는 면접조사를 실시하려 한다고 가정해보라. 연구자가 직면할 수 있는 개인적 관여의 문제와 이를 피할 수 있는 방법에 대해 논의해보라.
3. 다음과 같은 실제 혹은 가상의 연구상황을 고려해보고, 각 상황에서 윤리적 요소를 분명히 해보라. 당신은 그에 대해 어떻게 느끼는가? 설명된 절차가 궁극적으로 받아들일 만하다고 느끼는가, 아니면 그렇지 않다고 느끼는가? 학과의 동료들과 이에 대해 토론해보면 유용할 것이다.
   a. 어떤 사회복지 교수가 사회복지정책 수업에서 학생들에게 출간을 목적으로 하는 자신의 학술논문에 사용될 설문지를 작성하라고 요구했다.
   b. 시민들의 불복종 시위에 대한 현장조사 이후, 경찰관이 연구자에게 법을 위반한 사람들을 확인해달라고 요구했다. 사후 공범으로 체포될 위험 때문에 연구자는 협조하기로 했다.
   c. 연구 프로젝트를 보고하는 책의 최종 원고를 완성한 직후에 연구자와 저자들은 2,000개의 설문면접 중 25개가 면접자에 의해 위조되었음을 발견했다. 그러나 저자들은 이 사실을 무시하고 어쨌든 그 책을 출간하기로 했다.
   d. 연구자들은 자신이 연구하고자 하는 학대부모의 명단을 확보했다. 그들은 부모들과 접촉해 그들이 '대중여론'을 알아보기 위해 일반 인구집단으로부터 '무작위'로 선택되었다고 설명했다.
   e. 사회복지 박사과정 학생이 유아를 가진 학대부모의 훈육 유형에 대한 학위논문 연구를 수행하고 있다. 부모와 아이는 장남감이 흩어진 방으로 들여보내졌고 부모들은 연구자로부터 아이가 장난감을 가지고 놀기 전에 먼저 정리하게 하라는 요구를 받았다. 그러자 부모는 연구자가 부모와 아이 사이의 상호작용을 일면창(one-way mirror) 뒤에서 지켜볼 것인지에 대해 물어봤다.
   f. 성적 행위에 관한 연구에서 연구자는 연구대상자 스스로 비행이라고 간주하는 행위에 대해 보고하는 것을 주저하지 않게 만들려고 한다. 그래서 연구대상자에게 다음과 같이 질문했다. "누구나 사람이라면 가끔 자위행위를 합니다. 당신은 얼마나 하시나요?"

g. 어떤 연구자가 특정 대학의 학생들 중 85%가 상습적으로 마리화나를 피운다는 사실을 발견했다. 이 연구결과를 출간하면 아마 지역사회에 엄청난 파문이 일 것이다. 마약 이용에 대한 어떤 확대분석도 계획되어 있지 않았기 때문에 연구자는 이 결과를 무시하고 조용히 하기로 했다.
h. 사회복지사가 자신이 전혀 알지 못하는 문제에 대해서도 임상적인 의견을 발표함으로써 체면치레를 하려는 정도를 검사하기 위해, 연구자가 가상의 실천모델에 대한 그들의 임상적 의견에 대해 질문을 던졌다.
i. 기관에 입소하는 절차의 일부로 조사설문지를 클라이언트에게 돌리고 있다. 클라이언트에게 설문지를 반드시 작성해야 한다고 말하지는 않았지만, 그들이 그렇다고 믿었으면 한다. 그래야만 설문지 작성률이 높아질 것이다.
j. 어떤 참여관찰자가 연구를 위한 목적으로 가족계획 서비스에 반대하는 집단에 합류한 것처럼 위장했다. 그 연구자는 성공적으로 내부 기획집단의 구성원으로 받아들여졌다. 그 집단이 다음과 같은 계획을 세울 때 그 연구자는 어떻게 해야 할까? (1) 가족계획 서비스에 반대하는 불법이지만 평화시위를 계획한 경우, (2) 사람들이 없는 것이 확실할 때 낙태시술 병원에 대한 폭탄테러를 계획한 경우.

인터넷 연습문제

1. 사회조사에서 윤리 문제를 논의하는 논문을 찾아보라('research ethics', 'informed consent', 'institutional review boards' 같은 용어를 사용해보라). 당신의 관심을 끄는 논문을 하나 읽고 참고문헌을 적어보고 몇 개의 문장으로 요약하라.
2. 이번에는 'research politics'를 핵심용어로 사용해 인터넷 연습문제 1을 다시 해보라.
3. 'informed consent'에 대한 검색을 한 다음, 검색을 'research'로 좁혀보라. 나타나는 논문들을 일별해보고 고지에 입각한 동의가 문제가 될 만한 집단(정보를 줄 수 없는 집단)을 분명히 해보라. 이 문제를 극복할 수 있는 방법을 제시하라.
4. http://cme.cancer.gov/clinicaltrials/learning/humanparticipant-protection.asp 주소를 이용해서 NIH(National Institutes of Health)의 'Human Subjects/Research Ethics Tutorial' 사이트를 방문해보라. 만약 당신이 이 사이트에서 온라인 수업을 듣는다면 현재 몇몇 IRB에서 인간을 대상으로 하는 연구를 하는 연구책임자와 그들의 연구조교에게 요구하는 이수 허가증을 받을 수 있다. 이 허가증은 나중에 당신이 연구조교가 된다든지, 자신의 연구를 위해 IRB의 승인을 필요로 할 때 여러모로 편리하게 사용할 수 있다. 당신의 강사에게 이런 자격증을 얻은 것에 대해 추가 점수를 줄 수 있는지 요구해보라.
5. 'Tuskegee syphilis study'를 검색해보고 이 주제에 관한 다른 사이트를 방문해보라. 'Nazi medical experiments'를 사용해 동일한 탐색을 해보라.
6. IRBwatch 웹사이트인 http://www.irbwatch.org를 방문해 IRB 남용에 관한 보고서를 검토해보라. 당신이 보기에 정말 남용이라고 동의하는 한두 개의 보고서와 당신이 남용이라고 동의할 수 없는 한두 개의 보고서도 찾아 적어라. 그런 다음 그 이유를 간략히 적어보라.

추천도서

Jones, J. H. (1981). *Bad Blood: The Tuskegee Syphilis Experiment*. New York: The Free Press. 이 뛰어난 책은 이 장에서 논의했던 터스키기 연구에 대한 매혹적인 설명을 제공한다. 그 연구의 역사적 내력에 대한 설명에 놀랄 것이다. 보건복지당국과 수년간에 걸쳐 무자비한 전쟁을 하고 마침내 언론이 그 연구를 중단하도록 만든 한 사회복지사의 이야기에 감명받을 것이다.

Potocky, M., & Rodgers-Farmer, A. Y. (Eds.). 1998. *Social Work Research with Minority and Oppressed Populations*. New York: Haworth Press. 이 논문집은 소수계와 억압받고 있는 집단을 연구할 때 문화적 편견과 둔감을 피할 수 있는 혁신적인 아이디어들을 담고 있다. 이런 집단으로는 후천성면역결핍증 환자, 저소득 도시젊은이, 유색인종 여자, 비백인 노인, 흑인 아동 등이 있다.

활용 노트

EP 2.1.2b

EP 2.1.2b: NASW 윤리강령의 표준을 적용해 윤리적 의사결정하기: 사회복지사는 윤리적 연구수행의 일환으로 그리고 다른 사람들에 의해 제안되고 수행된 연구가 윤리적인지를 평가할 때 NASW 윤리강령을 적용한다.

EP 2.1.2c

EP 2.1.2c: 윤리적 갈등 해결에 있어 애매모호함 견디기: 사회복지사는 어떤 연구는 윤리적 사안이 미묘하고 논쟁적이어서 예상되는 연구의 이익이 그러한 우려는 초과할 수 있을지 판단하는 일이 언제나 쉽지만은 않다.

EP 2.1.4a

EP 2.1.4a: 문화 구조와 가치가 권위와 권력을 억압하고 주변화하고 소외시키는 혹은 창조하고 향상시킬 수 있는 정도를 인식하기: 사회복지사가 문화적으로 편향되거나 문화적으로 둔감한 방식으로 연구를 수행할 때 억압당하는 인구집단을 소외시킬 뿐만 아니라 나아가 그 억압에 기여할 수 있다.

CHAPTER 6

문화적 능력을 갖춘 연구

Culturally Competent Research

이 장의 학습내용

5장에서 문화적으로 편견을 갖고 있는 것과 문화적으로 둔감한 것은 윤리 문제임을 얘기했다. 문화적 편견과 둔감을 피하려면 문화적 능력이 있어야 한다. 6장에서는 윤리를 넘어 문화적 능력이 사회복지 실천 연구조사의 성공과 연구결과의 타당성에 어떤 영향을 미칠 수 있는지 살펴본다. 어떻게 연구자들이 소수계의 관심에 민감하게 반응하는 방법으로 연구문제를 형성하고 개념화할 수 있는지, 어떻게 연구자들이 사용하는 측정과정의 문화적 민감성을 개선할 수 있는지, 어떻게 연구결과를 문화적 능력을 갖춘 방법으로 해석할 수 있는지, 그리고 어떻게 연구조사에서 소수계 집단과 억압받는 집단을 확보하고 유지할 수 있는지 보게 될 것이다.

서론

많은 사회복지 실천은 미시 수준뿐만 아니라 거시 수준에서도 소수계 집단과 억압받는 집단을 대상으로 한다. 결과적으로 사회복지 교육은 학생들이 문화적 다양성을 배우도록 돕고, 문화적으로 능력 있는 실천가가 되도록 돕는 것을 크게 강조한다. 또한 문화적 능력은 조사론 과목에서도 중요하다. 연구조사에서 **문화적 능력**(cultural competence)이라는 용어는 연구조사과정의 모든 단계에서 문화적 요인과 문화적 차이가 연구하는 대상, 연구하는 방법, 결과를 분석하고 해석하는 데 영향을 미치는 방식을 인식하고 적절하게 반응하는 것을 의미한다.

연구참여자

예를 들어, 연구조사의 표본추출 단계에서 문화적 능력을 갖춘 연구자들은 소수계 집단과 억압받는 집단에서 충분하고 대표성 있는 연구참여자를 확보하려고 시도한다. 더욱이 연구자는 소수계 집단과 억압받는 집단의 참여를 확보할 가능성을 극대화하는 방법을 배운다. 특정 소수계 집단과 억압받는 집단을 표본에서 적절하게 대표하지 못하는 연구는 다른 면에서 아무리 엄격하게 설계되었다고 하더라도 소수계 집단과 억압받는 집단에는 일반화할 수 없다.

이 문제를 검토하면서 호만 Hohmann과 파론 Parron (1996)은 여러 문화집단이 서비스를 다르게 이용하며, 서비스에 대한 기대가 다르고, 그들이 서비스를 필요로 하는 문제에 다르게 반응한다는 점을 보여주는 연구들에 대해 논의했다. 따라서 개입의 효과성을 평가하는 연구에서 특정 소수계 구성원이 제대로 대표되지 않는다면 그 집단이 개입으로부터 혜택을 받는지를 어떻게 알 수 있을 것인가?

역사적으로 소수계 참여자들은 임상조사에서 제대로 대표되지 않았다는 사실을 인정하면서 미 국립보건원(National Institutes of Health, NIH)은 1994년 NIH가 지원하는 연구 중 참여자가 있는 모든 연구과제는 표본에 여성과 소수계 구성원을 적절하게 대표해야만 한다는 새로운 정책을 실시했다. 이 요건에 대한 예외는 '분명하고 강력한' 이유가 있을 때만 정당화될 수 있다(Miranda, 1996). 더욱이 새로운 정책은 연구계획서에 그 연구에서 어떻게 여성과 소수계 참여자를 모집하고 유지할 것인지에 대한 구체적인 계획을 포함하도록 독려했다. 연구자들은 이제 여성과 소수계 참여자를 모집하고 유지했던 자신의 이전 경험을 기술하고, 이런 경험이 있는 다른 연구자와의 협력을 보고하고, 관련 지역사회 집단으로부터 해당 연구를 지지하는 편지를 제시하도록 요구받고 있다(Hohmann & Parron, 1996).

NIH 정책이 함의하는 것처럼 연구에서 소수계의 대표성을 시도하는 것만으로 대표성이 보장되지는 않는다.

조사연구에서 소수계 참여자를 성공적으로 모집하고 유지하는 데는 특별하고 문화적으로 민감한 지식과 노력이 필요한데, 이를 이 장에서 다룰 것이다. 그런 요건 중 하나는 연구문제를 형성하는 과정에서 소수계 사회의 관심을 반영하는 것이다. 그런 관심에 민감하지 못하면 참여자의 모집과 유지에 문제가 생길 뿐만 아니라 소수계 사회의 구성원이 인지하는 욕구와는 무관한 연구결과를 가져올 수 있다.

측정

문화적 능력을 갖춘 조사연구의 또 다른 특성은 조사에 참여하는 소수계 집단과 억압받는 집단에게 신뢰도와 타당도가 있는 측정과정을 사용한다는 것이다(이 책의 9장에서 측정의 신뢰도와 타당도의 개념을 살펴볼 것이다). 일부 소수계 참여자에게는 신뢰도 혹은 타당도가 낮은 도구로 개입의 성과를 측정한다면 매우 효과적인 개입이라도 그 참여자에게는 오해를 불러일으키는 결과를 가져올 것이다. 예를 들어, 응답자가 이해하지 못하는 질문을 한다면 응답자의 대답은 신뢰할 수 없다. 질문이 참여자에게 연구자가 원래 의도했던 바와 다른 것을 의미한다면 얻은 정보는 타당성을 잃을 것이다. 따라서 개입이 참여자가 목표를 달성하도록 돕는다고 하더라도 측도는 그 목표를 실제로 측정하지 않기 때문에 그 성과를 나타내지 못할 수 있다.

자료분석과 해석

문화적 능력은 자료를 분석하고 해석하는 방법에도 영향을 미친다. 문화적 능력을 갖춘 연구자는 소수계 집단이 다수집단과 다른지 여부에만 관심이 있지 않을 것이다. 연구자가 충분히 다양한 연구참여자 표본을 확보하고 있다면, 자료분석에서 다수집단과 비교하기 위해 모든 소수계 집단을 한 범주로 합치기보다는 다양한 소수계 집단을 서로 비교할 것이다. 여기에는 두 가지 이유가 있다. 첫째, 소수계 집단을 서로 비교하는 것이 아니라 하나의 집단으로 다수집단과 비교하는 방법에만 관심을 갖는 것은 문화적으로 민감하지 못한 것이 되기 때문이다. 둘째, 서로 다른 소수계 집단은 여러 면에서 다수집단과 다르다. 예를 들어, 아시아계 미국인은 현재 미국 백인보다 평균적으로 높은 학업성적을 보인 반면에 다른 소수계는 평균적으로 백인보다 낮은 학업성적을 보인다. 따라서 아시아계 미국인의 학업성적을 다른 소수계의 낮은 학업성적과 합치면 소수계의 합친 (평균) 학업 수준은 백인의 수준과 유사하다. 이는 백인과 비교했을 때 진정한 차이를 가리게 되고, 소수계 집단 간의 중요한 차이를 간과하게 만들 것이다.

연구의 자료분석과 보고서 작성 단계에서 문화적 둔감성(cultural insensitivity)은 민족 간의 차이를 편향되게 해석하는 결과를 낳을 수도 있는데, 소수계의 결점에 지나치게 치중하고 장점을 너무 소홀히 다룰 수 있다. 예를 들어, 미란다 Miranda(1996)는 도시빈민가 소수계 아동이 중산층 백인 아동과 비교해 미래보다는 당장의 이익을 추구할 가능성이 높은 것을 타고난 약점으로 해석했던 연구들을 인용했다. 미란다는 도시빈민가 소수계 아동은 다만 자신들의 불리한 환경에 적응하는 방식으로 반응하는 것일 가능성을 간과했기 때문에 인종차별적 해석이라고 서술한다.

소수계를 연구에 포함시키지 않았으면서도 자료를 해석하면서 마치 소수계가 포함되어 있는 것처럼 연구결과를 일반화할 때도 문화적 둔감성은 일어난다. 이와 마찬가지로 연구참여자가 남자 또는 여자만 있는 연구는 그 결과를 다른 성별에 일반화하지 못한다는 점을 분명하게 명시해야 한다.

소수계 집단은 다수집단보다 빈곤할 가능성이 높기 때문에 문화적 능력을 갖춘 연구자들은 소수계 집단과 다수집단이 어떻게 다른지를 연구할 때 분석에 사회경제적 요인을 포함시킨다. 예를 들어 연구결과가 아프리카계 미국인이 백인보다 장기 심리역학(long-term psychodynamic)형 치료에 관심이 떨어진다면 그것을 설명하기 위해 문화적 요인만 고려하기보다는 아프리카계 미국인이 더 빈곤하고, 따라서 아프리카계 미국인과 백인의 차이가 재정, 실업 및 주택 등의 문제에 대한 서비스 같은, 어떤 인종의 빈민이든 간에 부딪히는 매일매일의 힘든 문제에 대처하기 위해 위기 서비스를 더 필요로 한다는 사실로 설명할 수 있는지 여부를 검토할 것이다.

문화적 동화[1]

문화적 능력을 갖춘 연구자는 또한 소수계 집단과 다수집단 간의 차이를 연구하면서 조사에 포함시키는 요인으로 이민 경험(immigration experience)과 동화(acculturation)를 고려한다. 또한 이런 요인에 대한 민감성은 연구자들이 특정 소수계 내의 차이를 연구하도록 주의를 이끌어줄 것이다. 예를 들어, 최근 미국으로 이민을 온 라틴계 또는 아시아계는 부모나 조부모가 미국에서 수십 년 이상 살아온 라틴계나 아시아계 사람들과 다른 욕구와 문제를 가졌을 가능성이 높고, 자녀양육이나 부부 역할에 대한 태도가 다를 가능성이 높으며, 사회서비스에 다르게 반응할 가능성이 높다. 소수계 문화의 구성원으로 다수집단 문화에 오래 살면 살수록 다수집단 문화에 동화될 가능성이 더 높다. **동화**는 한 집단 혹은 개인이 다수집단 문화와 접촉하고, 다수집단 문화의 언어, 가치관, 태도, 생활양식의 기호를 받아들인 후 변화하는 과정이다. 예를 들어, 한국계 미국인의 서비스 이용 유형이나 자녀양육 태도에 영향을 미치는 요인을 연구하고자 한다면 동화의 정도는 고려해야 할 요인 중 하나가 될 것이다.

동화의 수준(level of acculturation)이라는 용어는 동화가 전부 또는 전무의 현상이 아님을 의미한다. 예를 들어, 8~18세 사이의 자녀가 5명이 있는 가족이 7년 전 멕시코에서 미국으로 이주를 했다고 하자. 가장 나이가 많은 자녀는 많은 문화적 전통, 가치관, 태도, 스페인어를 유지하고 있고, 가장 어린 자녀는 가장 동화가 많이 되어서 문화적 전통, 가치관, 태도에 대한 지식이나 관심이 적을 수 있다. 막내는 집에서 스페인어를 사용하기 때문에 스페인어를 이해할 수는 있지만 말조차 못할 수도 있다. 그 사이의 형제들은 이 극단 사이에서 한 명이 다른 형제보다 더 동화되어 서로 다른 수준에 있을 수 있다. 부모들도 극단 사이에서 한 명이 다른 한 명보다 더 동화가 되어 서로 다른 수준에 있을 수 있다. 가족 간에 서로 다른 동화 수준은 학교 출석 또는 교육에 대한 태도에 영향을 미치는 요인을 탐구하는 등의 조사연구에서는 평가를 하는 것이 중요하다.

연구과정에서 동화요인을 얼마나 고려해야 하는지를 예시하기 위해 미국 서남부 멕시코 국경 근처에 살고 있는 운전 가능 연령대의 청소년을 대상으로 설문조사를 실시하고자 한다고 가정해보자. 설문조사의 목적은 음주 또는 마약을 한 상태의 운전에 대한 태도와 행동을 평가해 궁극적으로는 청소년 집단을 대상으로 예방적 운전자 교육 프로그램을 개발하는 데 연구결과를 활용하려는 것이다. 특히 청소년 중 상당수가 다양한 동화 수준을 보여주는 멕시코계 미국인임을 알기 때문에 청소년의 민족을 단순히 물어보기보다는 비백인 응답자의 동화 수준 평가가 필요할 것이다. 동화 수준을 대략 측정하는 가장 실행 가능한 방법은 청소년과 그 부모가 미국에서 태어났는지, 얼마나 오래 계속 미국에서 살고 있는지, 영어와 스페인어 중 어느 것으로 말하는 편을 선호하는지 등을 묻는 것으로 정할 수 있다. 청소년의 동화 수준을 평가하지 않으면 청소년이 음주 또는 마약을 한 상태의 운전을 어떻게 보고 어떻게 대처하는지, 청소년들 사이에 그 문제를 예방하기 위해 가장 좋은 방법이 무엇인지에 대해 동화 수준이 다른 청소년들이 갖고 있는 중요한 차이를 발견하는 데 실패할 수 있다. 예를 들어, 동화가 덜 된 청소년은 친구의 압력에 의해서는 영향을 받을 가능성이 적지만 가족 축하행사에서 음주 후 운전할 가능성이 높을 수 있다. 이들의 설문조사에 대한 응답은 가족 축하행사에 대한 교육 프로그램(아마도 스페인어로)에 초점을 둬야 할 필요를 지적할 수 있다. 반면에 동화가 좀 더 된 청소년들의 응답은 친구의 압력에 대한 프로그램에 초점을 두도록 지적할 수 있다.

1 문화적 동화에 대한 유용한 제안을 해준 텍사스오스틴 주립대학교 사회사업 박사과정의 멕시코계 미국 학생인 에덴 헤르난데즈 로블레스(Eden Hernandez Robles)에게 감사드린다.

방금 제시한 예에서 볼 수 있듯이 동화 수준을 측정하는 다양한 방법이 있다. 한 가지 선택은 특정 민족을 대상으로 그 목적을 위해 연구자들이 개발한 기존 척도를 이용하는 것이다. 이런 척도 중 일부는 다른 척도들보다 더 실행 가능할 수 있다. 예를 들어, 어떤 척도는 몇 개 항목만으로 구성되어 있지만 다른 척도는 훨씬 더 길 수 있다. 어떤 연구에서 연구자는 동화 수준의 대리 지표로서 응답자의 언어에 대한 선호만을 묻기도 한다.

응답자들 사이에 동화 수준 그 자체를 평가하는 것 외에 연구자는 다른 현상을 측정하는 방법을 결정할 때도 동화 수준을 고려해야 한다. 예를 들어, 청소년이 스트레스를 받는 생애사건을 경험하는 정도를 측정하려고 한다고 가정해보자. 더 나아가 그 변수를 측정하는 척도가 이미 있으며, 연구자들이 그 척도를 일반적으로 사용하며 높게 평가한다고 가정해보자. 뿐만 아니라 그 척도는 다수집단 문화에서 일반적으로 경험한 스트레스를 받는 생애사건에 대해서만 묻고, 이민 경험과 관련된 스트레스가 심한 사건에 대해서는 묻지 않는다고 가정해보자. 척도를 완성할 청소년 중 일부가 이민자라면 동화 수준에 대해 묻는다고 하더라도 연구자가 얻게 되는 정보는 잘못된 정보일 수 있다. 이는 연구자가 이민 경험과 연결된 스트레스 정도에 대해 모르기 때문이다. 더욱이 척도가 청소년 각자가 스트레스를 주는 생애사건을 경험한 정도를 보여주는 합계 점수를 만들어낸다면, 이민 청소년이 이민자로서 더 심한 스트레스를 받고 있다고 하더라도 그들의 점수는 다른 청소년보다 스트레스가 더 많다는 것을 보여주지 않을 것이다.

문화적 둔감이 조사연구 환경에 미치는 영향

문화적으로 둔감한 연구가 줄 수 있는 피해는 오해를 불러일으키는 결과만이 아니다. 윤리를 다룬 5장에서, 문화적으로 둔감한 면접자는 소수계 응답자를 기분 나쁘게 만들 수 있음을 보았다. 더욱이 문화적으로 둔감한 과정을 사용하는 연구 또는 소수계의 관심을 고려하지 않는 연구는 그 집단에 대한 앞으로의 연구환경에 악영향을 미칠 수 있다. 예를 들어, 노턴Norton과 맨슨Manson(1996)은 알래스카 이누피아트(Inupiat) 부족의 알코올 사용에 대한 1979년 연구에서 연구자들이 내놓은 보도자료로 인해 언론의 제목이 미친 부정적 영향에 대해 논의했다. 한 신문의 제목은 "알코올이 에스키모인들 사이에 만연하다"라고 썼다. 또 다른 신문은 "갑작스런 부(wealth)가 알코올중독 전염병을 일으킨다"라고 했다. 하룻밤 새 스탠더드앤드푸어스(Standard & Poor's)는 이누피아트 지역사회의 채권 신용등급을 갑자기 떨어뜨렸고, 몇 가지 중요한 시 차원의 계획에 더 이상 재원을 조달할 수 없었다. 결과적으로 일부 알라스카 원주민 부족은 지역사회 내 알코올중독 문제의 중요성에도 불구하고 더 이상 알코올중독에 대한 연구를 수용하지 않았다.

이제 사회복지 실천연구에서 문화적 능력의 중요성을 이해한 만큼 어떻게 연구자들이 연구를 문화적으로 더 능력 있게 만들 수 있는지 살펴보자. 여기서는 문제형성의 과정부터 시작할 것이다.

EP 2.1.4b

문화적 능력 개발

소수계에 대한 연구를 수행하려면 당연히 그 집단의 문화를 상당히 알아야 한다. 따라서 연구자는 어떤 조사를 시작하기 전에 연구와 관련된 소수계 집단 또는 억압받는 집단의 문화에 관한 문헌을 반드시 읽어야 한다. 문헌에는 구성원의 연구참여와 관계가 있는 쟁점을 다루는 조사연구뿐만 아니라 문화와 가치관을 서술하는 문헌을 포함시켜야 한다.

다시 말해, 연구자는 연구에 포함시키려는 집단과 관련해 **문화적 능력**(cultural competence)을 개발해야 한다. 봉크Vonk(2001)가 논의한 것처럼 문화적 능력에는 지식, 태도, 기술이 포함된다. 연구자는 편견과 억압의 영향을 포함해 소수계 문화의 역사적 경험을 이해해야 하며, 이 경험이 그 구성원이 살아가고, 주류문화의 구성원들을 보는 방식에 어떻게 영향을 미쳤는지도 이해해야 한다.

또한 연구자는 소수계의 전통, 가치관, 가족체계, 사회경제적 쟁점, 사회서비스와 사회정책에 대한 태도를 이해해야 한다. 연구자는 자신의 태도가 자신의 문화적 배경에 어떻게 연결되어 있는지, 자신의 태도가 소수계 문화 구성원들의 세계관과 어떻게 다른지 인식해야 한다. 연구자는 자기 문화의 우월성에 대한 믿음인 **자기민족 중심주의**(ethnocentrism)를 인지하고 피하려고 노력해야 한다. 연구자는 소수계 문화의 구성원과 언어적·비언어적으로 효과적인 의사소통을 하고 라포르(rapport)를 형성하기 위한 기술을 개발해야 한다.

예를 들어 노턴 Norton과 맨슨 Manson(1996)은 미국 원주민에 대한 연구의 문화적 능력을 고양하기 위해 연구자가 알아야 할 중요한 사항을 제시했다. 연구자는 미국 원주민이 선조의 땅을 잃은 것에 대해 어떻게 느끼는지 알아야 한다. 연구자는 원주민의 삶에, 그들의 연구참여에 영향을 미치는 부족의 중요한 역할에 대해 알고 있어야 한다. 연구자는 자신의 연구에 참여하는 개인의 동의 외에 부족의 허가를 받아야 할 수도 있음을 알아야 한다. 또한 연구자는 부족문화 간의 다양성과 원주민이 거주하는 지역의 다양성에 대해서도 알아야 한다. 연구자는 미국 원주민의 대규모 소수계가 보호구역에서 살고 있으며, 그들이 그것에 대해 어떻게 느끼는지 알아야 한다. 연구자는 이전에 보호구역에 거주하던 많은 원주민이 제2차 세계대전 이후 도시로 강제 이주했다는 사실과 원주민이 그 사실에 대해 어떻게 느끼는지 알아야 한다. 연구자는 1990년 미국 센서스국에 따르면 미국 원주민이 가장 많이 거주하는 곳이 뉴욕 시라는 사실을 알고 놀랄 수도 있다. 그러나 도시지역에 거주하는 미국 원주민은 다른 소수계 집단에 비해 같은 동네에 집중하는 경향이 덜하다.

톰슨 Thompson, 네이버스 Neighbors, 먼데이 Munday, 잭슨 Jackson(1996)은 아프리카계 미국인의 정신건강 서비스에 대한 연구를 수행하기 전에 연구자가 알아야 하는 중요한 사항을 제시했다. 연구자는 아프리카계 미국인의 부정적 이미지를 강화했거나 다른 측면에서 둔감했던 이전의 연구들 때문에 많은 아프리카계 미국인이 연구, 특히 백인이 수행하는 연구를 불신하게 만들었다는 사실을 알아야 한다. 미국 원주민의 경우처럼 아프리카계 미국인도 연구자를 지역사회에서 무언가를 빼어가기만 하고, 보답으로 아무것도 주지 않는 대상으로 볼 수 있다. 연구자는 일부 아프리카계 미국인이 정신질환의 개념에 상대적으로 높은 수준의 낙인을 부여하고, 연구에 대한 불신과 함께 낙인이 그들의 연구참여를 확보하기 어렵게 만든다는 사실을 알아야 한다.

미란다 Miranda와 동료들(Alvidrez, Azocar, & Miranda, 1996; Miranda, 1996)은 정신보건 서비스에 대한 라틴계의 태도와 이용에 대한 잘못된 생각이 어떤 식으로 심리치료 연구자들이 연구에서 라틴계를 모집하고 유지하려는 노력을 방해했는지 논의했다. 라틴계가 정신보건 서비스를 적게 이용하는 이유는 치료에 대한 부정적 태도 때문인 것으로 알고 있었지만, 많은 연구는 라틴계가 정신보건 서비스를 긍정적으로 보며, 대개 백인보다 더 긍정적인 견해를 갖고 있다는 사실을 발견했다. 또 다른 일반적인 오해는 라틴계 미국인이 전문적인 정신보건 서비스보다 가족 또는 쿠란데로스(curanderos, 정서 문제에 약초와 물약을 주어 치료하는 전통적 민속치료사)를 선호한다는 것이다. 그러나 미란다와 동료들은 전통적 민속치료사의 이용은 라틴계가 미국 내에서 전문적 정신보건 서비스를 충분히 이용하지 않는 이유의 아주 일부분만을 설명할 뿐임을 지적하는 여러 연구를 인용한다. 연구자가 라틴계가 많이 거주하는 지역에서 정신보건 서비스를 평가하는 연구를 수행하려고 계획한다면, 라틴계의 서비스 이용에 영향을 미치는 요인이 무엇인지 정확히 알고 있는 것이 중요하다. 그렇지 않으면 연구자는 자신의 연구에서 라틴계의 참여를 모집하고 유지하기 위해 적절한 노력을 수행하지 않은 채 라틴계의 연구참여가 부족한 것이 그들을 모집하고 유지하려는 연구자의 노력이 부적절하다기보다는 라틴계의 부정적 태도 때문이라고 너무 쉽게 판단을 내릴 수 있다. 예를 들어, 미란다와 동료들은 많은 전통적 라틴계 미국인이 핵가족

구성원뿐만 아니라 대가족 구성원을 포함한 가족보다 개인을 덜 중요하게 여기는 방식을 논의한다. 결과적으로 연구자는 개인이 치료결과에 대한 연구에 참여를 허락받거나 참여하려고 하기 전에 가족구성원과 상호작용을 할 필요가 있다.

위의 예는 왜 연구자가 자신의 연구와 관련 있는 소수계 문화에 대해 배우고 알아야 하는지를 보여주는 한 예일 뿐이다. 노숙인 또는 HIV와 AIDS 때문에 개입을 필요로 하는 사람들처럼 민족 외의 이유로 불이익을 당하거나 억압받는 집단의 문화와 같은 많은 예를 들 수 있다. 이 장 전반에 걸쳐 다른 예들과 다른 집단을 논의할 것이다.

물론 연구자가 이미 연구를 계획하기도 전에 관심 있는 문화와 관련해서 상당한 경험과 지식, 민감성을 축적했을 수도 있다. 그럴 경우 연구자의 기본 독서량은 줄어들 것이다. 그럼에도 연구자는 자신의 문화적 능력에 대한 자신의 평가를 향상시키고, 자신의 개념구상이 정확하고 최근의 연구결과와 일치한다는 사실을 확인하기 위해 최신 문헌, 특히 조사연구문헌을 검토해야 한다. 더욱이 문화는 단일한 것이 아니다. 문화는 출신지역, 사회경제적 지위와 동화 등의 요인에 따른 차이와 관련된 다양한 하위문화를 갖는다. 따라서 연구자 자신의 문화적 능력을 평가할 때 연구자가 이미 전문성을 갖고 있는 문화 안의 문화적 다양성을 간과하지 않도록 해야 한다. 이와 관련해 이 교재의 저자들은 한국계 박사과정 학생들 간의 강의 중에 나눈 대화를 관찰해왔다. 한국 민족 계보와 한국계 미국인 문화에 대해 한국계 박사과정 학생들이 갖고 있던 전문성에도 불구하고, 한국계 박사과정 학생들은 한국계 미국인을 대상으로 한 서로의 학위논문 연구계획에서 문화적 민감성을 개선하는 데 도움이 되는 방안을 제안했다.

이 책의 다른 부분에서 배우는 내용이, 아직 익숙하지 않은 문화에 대해 더 많이 배우는 데 도움이 될 수 있다. 예를 들어 2장에서는 문헌고찰을 쉽게 하는 요령을 제공했다. 7장에서도 그 요령을 더 찾을 수 있다. 문헌고찰 외에, 자기 연구의 문화적 능력을 개선하는 데 유용한 또 다른 초기 단계는 19장에서 얘기하는 **참여관찰**(participant observation) 방법을 이용하는 것이다. 이런 방법은 연구자가 관심 있는 문화 내에 더 직접적으로 자신을 담그도록 도울 것이며, 자신의 문화적 능력에 대한 평가를 향상시키도록 도움을 줄 것이다.

연구자는 그 문화의 일원이거나 구성원과 함께 일한 경험이 많은 전문가 동료의 충고도 구해야만 한다. 이 동료에는 관심대상인 문화를 다룬 학자들뿐만 아니라 실천가도 포함해야 한다. 동료들은 문화에 대해 더 배우도록 도움을 주고 그 문화의 구성원들이 가진 욕구와 관점에 민감한 연구문제를 형성하도록 도울 수 있다. 또한 지역사회의 구성원과 지도자의 정보도 도움을 줄 수 있다. 실제로 연구문제의 형성과 연구의 이어지는 모든 단계에 소수계 문화의 대표자를 참여시키는 것이 중요하다. 그렇게 하면 연구자가 소수계의 관심에 민감한 연구문제를 형성하도록 도울 뿐 아니라 연구자가 연구설계와 실행의 이후 단계에서 일어날 수도 있는 문화와 관련된 문제(연구자가 그렇지 않았다면 예상하지 못했을 문제)를 막거나 처리하도록 도움을 줄 수 있다. 이처럼 현재의 연구에 대한 지역사회의 지지를 강화할 수 있고, 앞으로의 연구에 대해 수용성을 더 높일 수 있다.

19장에서 다루는 **초점집단**(focus group)을 사용하면 연구와 관련된 쟁점을 지역사회 대표자가 어떻게 보는지 배우는 데 도움이 될 수 있다. 예를 들어, 알비드레 Alvidrez 등(1996)은 양육개입에 대한 연구를 시작하기 전에 젊은 아프리카계 미국인 여성으로 구성된 초점집단 조사를 실시한 것이 어떻게 연구자를 도울 수 있었는지 언급한다. 이 집단의 양육에 대한 태도를 더 잘 이해함으로써 연구자는 젊은 아프리카계 미국인 여성이 양육개입에 반응하는 방식에 대한 문화적으로 구체적인 가설을 개발하도록 더 잘 준비할 수 있었다. 또한 초점집단은 연구자가 연구참여자를 모집하고 유지하는 데 있어 장벽을 예상하도록 도울 수 있고, 또한 연구자가 참여자 모집과 유지를 강화하고자 취할 수 있는 단계들을 확인하도록 도울 수 있다.

이제, 그 장벽과 단계의 일부를 살펴보자.

조사연구에서 소수계 집단과 억압받는 집단의 모집과 유지

소수계 집단과 억압받는 집단에서 충분하고 대표성 있는 연구참여자 표본을 모집하는 일은 힘든 도전일 수 있다. 모집한 후에 연구 전반에 걸쳐 그들의 참여를 유지하는 일도 마찬가지다. 소수계 집단과 억압받는 집단으로부터 참여자들을 모집하고 유지하는 어려움을 설명하기 위해 많은 이유가 제시되었다. 이 장의 앞부분에서 이전에 문화적으로 둔감한 방법을 사용한 연구들의 악영향이 현재 진행하는 연구참여자를 모집하려는 노력을 어떻게 방해하는지 논의했다. 이와 관련 있는 장벽은, 더 큰 사회에서는 연구문제가 가치가 있지만 특정 소수계에는 거의 가치가 없다는 인식이다. 특정 소수계의 구성원은 일반적으로 연구나 주류문화의 구성원을 불신할 가능성이 높다.

일부 참여예상자는 **문화적으로 둔감한 고지된 동의과정**(culturally insensitive informed consent procedures) 때문에 참여하지 않을 수도 있다. 예를 들어, 노턴과 맨슨(1996)은 "연구윤리심의위원회(IRB) 규정이 요구하는 복잡한 용어가 미국 원주민과 알래스카 원주민, 특히 영어가 제2외국어인 사람들에게 위협적일 수 있다"고 관찰했다(p. 858). 그들은 몇몇 미국 원주민 베트남전쟁 참전군인이 제목에서 '임상연구(Clinical Research)'라는 단어를 통해 자신이 면접이 아닌 의료적 과정에 참여하도록 요청받는 것으로 생각하면서 동의 양식을 잘못 이해했던 예를 들었다.

또 다른 장벽은 **참여자를 어디에서 찾는지 모르는 것**과 관련이 있다. 양육 우울증이 한국이나 남미에서 미국으로 갓 이민 온 부모들의 자녀양육 방식에 미치는 영향을 연구하기를 희망한다고 가정하자. 그런 이민자는 전형적인 정신보건 서비스 이용률이 극단적으로 낮기 때문에, 연구자가 이민자들이 우울증으로 치료를 받는 곳이라고 생각하는 전형적인 정신보건 서비스 제공 장소에서 의뢰나 광고를 통해서만 참여자를 모집하려고 시도한다면 그다지 성공적이지 못할 것이다. 노숙인, 이주노동자, 불법이민자 등 거주지가 불확실한 집단의 참여예상자들이 있는 위치를 찾거나 발견하는 것은 특히 어려운 도전일 수 있다. 위치를 찾아내기 어려운 또 다른 인구집단은 사회가 낙인을 찍어 노출되는 것이 위험한 그런 특성을 지닌 사람들로 구성되어 있다. 예를 들어, HIV 또는 AIDS에 대한 개입을 필요로 하는 사람들은 그런 '숨은' 집단을 구성한다(Roffman, Picciano, Wickizer, Bolan, & Ryan, 1998).

소수계 집단과 억압받는 집단에서 참여자를 모집하고 유지하는 과정의 많은 장벽을 완화하거나 극복하기 위해 무엇을 할 수 있는가? 이 쟁점에 대한 문헌은 여전히 발간되고 있다. 잠재적으로 유용한 몇 가지 접근방법이 추천돼왔다. 앞으로 연구가 계속되면서 추가로 추천할 수 있는 접근방법이 발전될 것이다. 현재 추천받는 접근방법 모두가 적절한 경험적 검증을 받은 것은 아니다. 일부는 다양한 조사자가 특정 소수계 집단 또는 억압받는 집단에 대한 연구를 수행하면서 얻은 경험에서 배웠다고 믿는 것에 근거를 두고 있다. 추천받는 접근방법의 일부는 증거기반 과정보다는 실천상의 지혜로 볼 수 있다고 이해하면서, 문화적 능력을 갖춘 몇몇 연구자들이 소수계 집단과 억압받는 집단에서 참여자를 모집하고 유지하는 과정에서 장벽을 극복하기 위해 문화적으로 민감한 접근방법으로 추천했던 것을 살펴보자.

지역사회 지도자의 추천 확보

연구에 참여할 예상자는 자신이 존경하는 지역사회 지도자가 연구를 추천한다고 하면 조사연구자에 대한 불신이나, 지역사회에 가치 있는 연구인지에 대한 의구심이 완화될 수 있다. 예를 들어, 노턴과 맨슨(1996)은 미국 원주민 또는 알래스카 원주민을 모집하려는 연구자는 먼저 참여예상자가 속한 부족으로부터 허가를 얻어야 할 필요성이 있다고 논의했다. 그들은 나바호부족정부(Navajo

Nation)가 이제 지역사회에 제안된 모든 보건 관련 연구를 검토하고, 승인하고, 감시하는 부족대표들로 구성된 위원회를 운영하게 되었다고 지적했다. 부족정부는 부족에 제안된 연구과제의 가치를 적극적으로 평가한다. 한 부족위원회는 그 구성원을 대신해 연구참여에 대한 집합적 동의를 부여하는 권한을 가졌다고 주장하기도 했다.

지역사회 지도자의 동의를 구하는 일은 힘든 과업이 될 수 있다. 완전하고 주의 깊게 하려면, 어떻게 연구가 설계되고 수행되는지, 어떻게 연구결과가 제시되고 배포되는지 뿐만 아니라 연구문제의 형성에 지역사회 지도자의 의견을 담는 것도 포함한다. 그러나 그 노력은 참여자의 모집과 유지를 향상시키는 것뿐만 아니라 연구설계 또는 결과의 해석을 개선함으로써 보상받을 수 있다. 노턴과 맨슨(1996)은 여러 연구지역 중 한 곳에서 부족정부와 대화하면서 연구참여자들이 외부에서 온 임상학자보다 그 지역의 직원에게 알코올 소비량에 대해 밝히기를 더 꺼린다는 사실을 경고받았다고 인용했다. 이 사실을 알고 그들은 지역의 면접자를 활용하려는 계획을 바꿔 편견이 줄어든 응답을 얻을 수 있었다.

비밀보장과 관련한 문화적으로 민감한 접근방법의 사용

집단 정체성을 중요시하는 소수계의 입장에서는 개인적 비밀보장을 확실하게 하는 것만으로는 충분하지 않을 수 있다. 소수계 집단은 지역사회 비밀보장도 요구할 수 있다. 노턴과 맨슨(1996)은 연구자가 미국 원주민과 알래스카 원주민 지역사회에서 수행한 연구를 출간할 때 특정 지역사회를 밝히지 않아야 한다고 충고한다. 보도자료는 연구자로부터 나오는 것이 아니라 부족정부가 주도해야 한다. 연구결과는 일반화의 형태가 되어야 한다. 독자들은 연구결과물과 관련된 실제 지역사회를 확인할 수 없어야 한다.

지역사회 구성원을 연구원으로 채용

연구자가 예산이 있다면 참여예상자를 찾고 모집하는 일을 돕고 고지된 동의를 얻기 위해 지역사회 구성원을 채용할 수 있다. 연구자가 채용하는 지역주민이 지역사회 지도자라면 더욱 좋다. 그들은 연구자의 연구홍보 노력을 향상시킬 수 있고 연구에 대한 자신들의 열렬한 지지를 표현할 수 있기 때문이다. 또한 고지된 동의를 얻기 위해 지역사회 주민을 채용하면, 동의서를 이해하거나 동의서에 위협을 느끼는 문제를 극복하도록 도울 수 있다. 왜냐하면 주민들은 그 연구를 말로 설명하고, 참여예상자들이 더 잘 이해할 수 있는 방법으로 연구에 대한 질문에 답할 수 있기 때문이다. 연구에서 지역사회 주민을 채용하는 경우의 또 다른 장점은 더 많은 일자리를 제공하는 것만으로도 지역사회에 도움을 준다는 점이다. 지역사회 주민을 채용할 때의 단점 중 하나는 비밀보장과 관련한 함의다. 참여예상자는 자기 지역의 주민이 자신을 면접하기를 원하지 않거나, 자신의 참여에 대해 모르기를 원할 수도 있다.

적절한 보상의 제공

조사연구에 참여하는 모든 사람은 시간과 노력에 대해 보상을 받을 수 있다. 연구참여에 대한 보상은 특히 소수계 집단과 억압받는 집단의 연구에 적용될 수 있다. 일부 소수계 지역사회의 높은 빈곤율을 고려할 때 보상은 주민들의 참여를 유발하는 강력한 동기를 제공할 수 있다. 그러나 바로 그 높은 빈곤율 때문에 일부 주민들이 높은 수준의 보상을 강압적으로 받아들이고, 따라서 비윤리적으로 보게 할 수 있다. 연구자가 너무 많은 보상을 하고 싶지 않다고 하더라도 적절한 수준의 보상은 연구가 지역사회에 혜택을 주는 또 다른 방법이 될 수 있다. 보상은 동기부여가 될 정도로 커야 하지만, 보상이 강압적일 정도로 많지는 않아야 한다. 노턴과 맨슨(1996)은 보상이 개인 참여자에게만 한정될 필요는 없다고 얘기한다. 그들은 한 지역의 푸에블로(Pueblo) 부족사회가 집단 정체성을 강조하면서 부족 전체에게 보상을 제공해달라고 요구했던 것을 인용했다.

현금이 연구자가 사용할 수 있는 유일한 보상 형태는

아니다. 예를 들어, 연구자가 노숙인을 연구한다면 음식이나 옷에 대한 욕구에 즉시 반응하는 것이 신뢰를 쌓고 그들의 참여를 보상할 수 있다. 샌드위치 한 개, 담배 몇 개비, 또는 한 잔의 커피가 노숙인에게는 중요할 수 있다. 연구자가 노숙인과 함께 쉼터, 재정지원 또는 의료기관에도 갈 수 있을 것이다. 식권은 연구자가 노숙인 및 다른 저소득층 개인에게 현금 외에 일반적으로 연구참여에 대한 보상을 할 수 있는 방법이다. 패스트푸드 체인은 연구를 위해 1인당 10달러 정도의 식권을 기부할 의사가 있을 수도 있다.

교통편 문제와 보육 문제 해소

일부 소수계 사회의 높은 빈곤율 때문에 참여자 모집과 유지에 대한 장벽은 문화적 쟁점 그 자체와 관련 있는 것이 아니라 경제적 어려움과 관련되어 있다. 예를 들어, 아동지도센터에서 일하면서 경제적으로 취약한 소수계를 대상으로 하는 부모와 아동이 함께 치료를 받는 새롭고 문화적으로 민감한 개입을 평가하기를 원한다고 가정하자. 연구자가 모집하려는 많은 부모는 치료시간을 위해 아동지도센터로 오면서 교통이나 보육 문제를 경험할 수 있다. 따라서 연구에 대한 문화적 능력을 갖춘 접근은 무료 교통수단과 보육(부모들의 다른 어린 자녀들을 위한)을 제공하는 것을 포함할 수 있다. 무료 교통수단 제공의 대안은 치료와 자료수집을 부모들의 가정에서 수행하는 것이다. 그래도 많은 가족은 자료수집 시간에 보육을 필요로 할 것이다.

민감하고 접근 가능한 장소의 선택

치료나 자료수집을 참여자의 가정에서 수행하지 않는다면 연구자는 참여자의 욕구, 자원과 관심에 민감하게 장소를 선택해야 한다. 아레안 Areán과 갤러거-톰슨 Gallagher-Thompson(1996)은 문화적으로 민감한 장소의 선택과 관련된 유용한 통찰력을 제공해주었다. 예를 들어 소수계 구성원에게 교통수단이 있고, 경제적 장벽 때문에 참여를 단념하게 되지 않더라도 일부 구성원은 인종적 동기에 의한 범죄의 두려움으로 다른 지역에 있는 특정 장소에 가기를 꺼려할 수 있다. 또는 그 장소가 지역사회 내의 위험한 지역에 위치할 수도 있다. 이런 두려움은 특히 소수계 노인들한테서 두드러지게 나타날 수 있다.

따라서 연구자가 선택하는 장소는 참여자들이 안전할 뿐만 아니라 편리하다고 인식하는 곳에 위치해야 한다. 또한 연구자는 일부 참여자가 선택한 건물의 특성에 불편해하지 않는지 고려해야 한다. 예를 들어, 연구자가 지역사회의 교회를 선택한다면 그 교회 신도가 아닌 일부 참여예상자는 그 교회에 들어가는 것을 불편해할 수도 있다. 어떤 사람은 자신이 서비스를 받거나 연구에 참여하는 모습을 이웃 사람이 보는 걸 원하지 않을 수도 있다. 친구들이 자신의 참여에 대해 모르는 인근 대학이 더 나을 수도 있다. 연구자가 이 책에서 언급했던 제안, 예를 들어 초점집단 조사의 실시, 연구계획에 지역사회 지도자의 개입, 연구원으로 지역주민 채용 등을 실행할 수 있다면 연구자는 어떤 장소가 참여예상자에게 접근 가능하고, 또 접근 가능하지 않은지 확실히 하고, 그들의 관심에 민감하도록 노력해야 한다.

문화적 능력을 갖춘 면접자의 활용과 훈련

연구에서 소수계 참여자의 모집과 유지를 향상시키는 가장 중요한 방법의 하나는 참여예상자와 접촉할 연구원이 문화적 능력을 확실히 갖추도록 하는 것이다. 물론 그렇게 하는 방법 중 하나는 앞에서 언급한 것처럼 지역주민을 연구원으로 채용하는 것이다. 또한 이 책에서는 어떤 경우 지역주민을 채용하면 비밀보장이 되지 못할 거라는 우려와 갈등이 있을 수 있다는 점도 언급했다. 지역주민의 채용이 바람직하지 않거나 실행 가능하지 않을 때 문화적 능력을 극대화하기 위해 연구자가 택할 수 있는 다른 조치는 무엇인가?

문화적 능력을 갖춘 연구에 대한 문헌에서 일반적으로 발견되는 제안은 연구자가 모집하고자 하는 소수계와 동일한 인종의 면접자를 이용하는 것이다. 따라서 특정 지역에서 아프리카계 미국인 참여자를 모집하고 유지하려고 한다면 다른 지역에서 아프리카계 미국인 면접자를 채용할 수 있다.

그러나 면접자와 참여자의 인종을 일치시키는 것이 연구자의 모집 노력을 방해하지 않는다 하더라도, 여러 연구에서는 성공적인 면접은 인종의 일치보다는 면접자의 능력에 더 많이 좌우된다고 제안해왔다(Jackson and Ivanoff, 1999). 예를 들어, 톰슨 등(1996)의 연구에서는 인종 일치가 아프리카계 미국인 정신과 입원환자들이 면접에 동의하는 데 전혀 영향을 미치지 않았다. 연구자들에 따르면 인종 일치보다 더 중요한 것은 면접자가 이전에 대상집단 구성원과 일해본 적절한 경험이나 훈련이 있는지 여부다. 그들의 면접자 훈련은 참여자에게 접근하는 방법 실습, 참여자에게 연구의 개관을 제시하는 방법 실습, 비밀보장과 자발적 참여를 가장 잘 토론하는 방법 실습, 그리고 그들이 사용하려는 설문조사 도구의 세부적 내용을 완전히 익히는 것으로 구성되었다. 면접자는 면접지침과 연구를 소개하는 설명서의 모든 것을 검토해야 했으며, 연구자가 준비한 내용을 사용해 연구를 소개하고 설명하는 것을 연습해야 했다. 또한 면접자는 서로 면접 실습을 하는 역할놀이를 하고, 실제 환자와 두 번의 실습면접을 완수해야 했다. 이러한 연습 면접을 검토하고 문제점을 지적하기도 했다.

톰슨의 연구가 충분한 면접자 훈련으로 면접자-참여자의 인종 일치가 필수적이 아님을 보여주었다고 하더라도 그 결과를 지나치게 일반화하지는 않아야 한다. 연구대상이 정신과 입원환자가 아니었다면 다른 결과가 나왔을 수도 있다. 대상집단 구성원과 일해본 사전경험이 충분한 면접자를 찾을 수 없었다면 어떻게 되었을까? 면접자를 그렇게 다각도로 훈련시킬 자원이 없었다면 어떻게 되었을까? 그런 조건하에서 면접자와 참여자의 인종 일치는 큰 차이를 가져왔을 수도 있다.

이중언어 직원의 활용

많은 주민이 영어를 말하는 데 어려움이 있는 지역에서 참여자를 모집하고자 한다면, 참여자 모집 담당 직원은 참여예상자가 가장 편안한 언어로 의사소통을 할 수 있어야만 한다. 예를 들어, 라틴계가 많이 사는 지역에서 연구를 진행한다면 면접자는 스페인어로 대화할 수 있어야 한다. 만약 그럴 수 없다면 참여자 모집 노력은 성공하지 못할 것이다. 그처럼 참여자를 모집한 후 자료수집 노력은 스페인어로 수행할 필요가 있다. 그리고 연구자가 개입을 평가하고 있다면 개입은 스페인어로 실행되어야 한다. 그렇지 않으면 연구에서 충분한 수의 비영어 사용 참여자들을 유지하지 못해 성공적인 참여자 모집 노력조차 낭비될 가능성이 높다.

참여에 영향을 미치는 문화적 요인 이해

이 장의 앞에서 미국 원주민의 생활에서 부족의 역할이 얼마나 중요한지, 얼마나 많은 라틴계 미국인이 개인보다 가족을 중요시하는지에 대해 논의했다. 연구자들은 개인이 연구에 참여하도록 허용되거나 참여하고자 하기 전에 부족의 지도자나 가족과 접촉할 필요가 있을 수 있다는 점에 주목했다. 미란다와 동료들(Alvidrez et al., 1996; Miranda, 1996)은 정신보건 서비스에 대한 연구에서 저소득 전통 라틴계 미국인의 모집 및 유지와 관련이 있는 그 밖의 문화적 요인들을 발견했다. **파밀리스모**(Familismo, 가족주의)는 전통적 라틴계 중에서 강하고 전통적인 가족가치관을 말한다. **마키스모**(Machismo, 남성우월주의)는 의사결정, 경제적·정서적 안정, 그리고 위험으로부터 가족을 보호하는 것에서 아버지의 권한을 말한다. **마리아니스모**(Marianismo, 마리아주의)는 어머니가 남편과 자녀들을 돕기 위해 고통과 자기희생을 할 능력을 갖추고 있을 때 어머니의 정신적 우월성을 말한다. **페르소날리스모**(Personalismo, 추종주의)는 연구자가 라틴계 미국인과 관계를 가질 때 위엄을 갖춘 방법, 예를 들어 존경을 담고 있는 공식 언어와 공식 인사를 사용하는 것과 같은 방법을 많은 전통적 라틴계 미국인이 선호한다는 것을 의미한다. 그러나 동시에 참여자 모집 노력은 너무 공식적이지는 않아야 한다. **심파티아**(Simpatía)

는 전통적인 라틴계 미국인들이 존경심을 갖고 자신들을 대하는 사람이 또한 따듯하고 친밀한 태도로 대할 것이라는 기대를 말한다. 이런 문화적 요인에 대한 민감성이 참여자 모집과 유지를 얼마나 향상시킬 수 있는지 예시하기 위해 미란다와 동료들은 공식적 명칭(시뇨르(senor) 또는 시뇨라(señora)), 공손한 형태의 단어('you' 대신에 'usted')를 사용하는 미세한 관심을 기울여 따뜻하고 친밀하게 하고, 참여자들 자녀의 이름을 기억하며, 면접하는 동안 자녀에 대해 질문함으로써 라틴계 미국인을 모집하고 유지하는 데 성공했던 연구를 인용했다.

낙인찍힌 집단에 대한 익명 등록 이용

사회가 낙인을 찍은 특성을 갖고 있어서 신분을 노출하는 데 위험부담이 있는 사람들에 대한 연구를 한다면 참여예상자들을 찾고 모집하는 일은 특별한 도전일 수 있다. HIV와 AIDS에 대한 개입을 필요로 하는 사람들은 그런 집단 중 하나다. 워싱턴 대학교 사회복지학 교수로저 로프만(Roger A. Roffman)과 4명의 동료들은 최근 콘돔을 사용하지 않고 남성들과 항문성교 또는 구강성교를 한 동성애자 남성, 양성애자 남성과 에이즈 예방 상담에 대한 전화집단 접근의 효과성에 대한 연구로 SSWR(Society for Social Work and Research)이 수여하는 우수조사연구상을 수상하는 영광을 안았다(Roffman, Downey, Beadnell, Gordon, Craver, & Stephens, 1997; Roffman et al., 1998).

연구자들이 연구 참여예상자를 찾는 일은 쉽지 않았다. 참여자 모집기간은 거의 2년간 지속되었으며, '동성애 언론 대상 광고, 주류언론의 뉴스, HIV 검사센터와 동성애자 남성/동성애자 여성/양성애자 보건사회 서비스기관에 자료 배포, 동성애자 술집과 목욕탕에 포스터 보내기'가 포함되었다(Roffman et al., 1998, p. 9). 연구와 개입을 모두 전화로 실행함으로써 로프만과 동료들은 그들이 원한다면 참여예상자들에게 익명성을 보장해주었다. 참여자 모집 자료에서 **익명 등록**(anonymous enrollment)을 홍보함으로써 참여예상자들이 참여 모집 노력에 응답해도 더 안전하다고 느낄 수 있었다. 따라서 연구팀이 일반적으로는 신분노출과 관련된 사회적 위험부담 때문에 숨어 있었을 참여예상자들을 더 많이 발견하도록 도왔다. 익명 등록은 더 많은 참여예상자와 접촉할 수 있게 만드는 것 이상이었는데, 더 나아가 연구에 참여하려는 그들의 의지를 확고히 하도록 도왔다.

로프만과 동료들은 연구에서 익명성을 보장하고 참여예상자들이 참여하는 것을 안전하다고 느끼도록 만들기 위해 창의적인 방법을 사용했다. 익명으로 등록된 클라이언트들은 (우송된 수표의 수취인에는 이름을 기입하지 않은 채) 인근 우체국에서 사서함을 빌리는 비용을 보상받았다. 그들은 연구원으로부터 우송된 자료를 받기 위해 가명을 사용했다. 연구팀은 그 연구에 548명의 참여자를 모집하는 데 성공했으며, 따라서 익명 등록은 그 방법이 아니었다면 접근하지 못해 남아 있었을 숨겨진 집단의 연구참여를 촉진하는 데 효과적인 방법이라고 결론을 내렸다. 그러나 연구팀은 그와 같은 접근방법이 전화가 있는 참여예상자들과 전화로 전달할 수 있는 개입에만 적용된다는 점을 인정했다. 또한 연구자들은 익명 등록이 연구에서 참여예상자를 찾아내고 참여시키는 데는 중요한 요소였지만, 그들의 참여를 유지시킨 것은 이 집단에 대해 문화적 능력을 갖춘 연구원이 있어서 촉진되었다고 인정했다.

특수 표본추출 기법의 이용

익명 등록은 연구에서 숨겨진 집단을 찾아내고, 참여시키고, 유지하는 하나의 방법일 뿐이다. 이 쟁점에 대한 문헌은 걸음마 단계이며, 앞으로의 연구는 또 다른 혁신적인 접근을 발견해낼 것이다. 일부 접근방법에는 이 책의 15장에서 논의할 특별한 표본추출 기법이 포함된다. 이와 일반적으로 관련된 표본추출 접근은 **눈덩이 표본추출**(snowball sampling)로, 연구자가 찾은 각 연구참여자에게 다른 잠재적 참여자를 찾아내는 일을 돕도록 요청하는 것이다. 예를 들어, 노숙인 연구에서 연구자는 노숙인을 가장 잘 찾을 수 있을 것 같은 특정 지역에 가는 것으로 시작한다. 일단 연구자가 노숙인들을 찾으면, 그들에게 자신이 알고 있는 다른 노숙인을 찾는 데 도움이 되는 정보를 요청함으로써 눈덩이 표본을 확장하려고 한다. 또 다른 기법은 상대적으로 소규모인 소수계로부터 상대적으로 높은 비율의 참여자를 모집하는 것이다. 이는 특정 소수계의 사례가 각 소수계 내에서 하위집단 비교를 할 수 있을 정도로 충분히 선택되도록 확실하게 하려는 것이다.

어디를 찾아볼 것인지 배우기

문화적 능력을 갖춘 연구자는 특정 소수계 참여자나 숨어 있고 낙인찍힌 집단의 구성원을 모집하려면 전통적 기관의 의뢰에만 전적으로 의존해선 안 된다는 사실을 배웠다. 그러면 대안은 무엇인가? 이 질문에 대한 대답은 표적집단에 따라 다양하다. 예를 들어 HIV와 AIDS 개입을 필요로 하는 사람들에 대한 연구에서 로프만과 동료들은 동성애 언론에 광고를 냈고, HIV 검사센터와 동성애자 남성/동성애자 여성/양성애자 보건사회 서비스기관에 자료를 배포했으며, 동성애 술집과 목욕탕에 포스터를 우송했다. 노숙 참여자는 증기 터널, 하역장, 공원 의자, 버스터미널, 교회, 여인숙, 버려진 건물 같은 장소에서 확보할 수 있을 것이다. 정서적 문제를 가진 아프리카계 미국인을 연구하는 문화적 능력을 갖춘 연구자는 그런 많은 대상자가 전통적인 정신보건 서비스로부터 도움을 구하지 않는다는 사실을 배웠다. 따라서 연구자는 전통적인 서비스기관 외에 성직자, 1차 진료 의사, 비공식적 지지 연계망에서 연구참여자들을 모집하는 데 도움을 얻고자 한다(Thompson et al., 1996). 그렇다고 해서 전통적 기관을 무시해야 한다는 말은 아니다. 다만 전통적 기관에만 배타적으로 의존해서는 안 된다는 뜻이다.

이 책에서 하고자 하는 제안은 연구자가 참여자를 찾고자 하는 모든 장소, 연구대상 집단에 따라 크게 달라지는 모든 다양한 장소를 확인하려 하기보다는 이미 논의했던 다른 제안들을 따름으로써 어디를 살펴볼 것인지 배우라는 것이다. 대상집단 문화에 대한 문헌고찰은 중요한 통찰을 제공할 것이다. 또한 주요 지역주민이나 관심집단에 대한 전문성을 갖고 있는 동료 학자로부터 도움을 받을 수도 있다. 초점집단(19장에서 논의할)은 추가적 제안을 제공할 것이다. 연구계획에 지역의 지도자를 개입시키고, 토착 지역주민들을 연구원으로 활용하는 데서 연구자가 배우는 것은 특히 중요한 가치를 지닐 수 있다. 연구자가 지역사회에 대해 배우면서 지역사회 개략서(profile)를 작성하면 도움이 될 수 있다. 그 안에는 참여자 모집 노력을 도와줄 수 있는 다른 주요 지역주민 외에 다양한 기관과 다른 잠재적인 의뢰처(referral source)를 열거할 수 있다(Areán & Gallagher-Thompson, 1996).

의뢰처 연결과 양성

연구를 위한 의뢰처로 전통적 기관에 의존하든 비전통적 기관에 의존하든 간에 그 기관으로부터 충분한 의뢰를 확보하는 데 성공할 가능성은 그 기관에서 일하는 개인들과 라포르를 형성했다면 향상될 것이다. 예를 들어, 연구자는 기관의 직원회의에 참석해서 직원들을 위해 자원봉사를 할 수 있는지 알아볼 수 있을 것이다. 연구자가 의뢰를 요청할 주요 인사들과 초기 상호작용을 확대할수록, 연구자가 그들과 이미 확립한 관계가 더 나아질수록, 참여자를 모집하는 데 그들의 도움을 구할 때 더 많은 도움을 받을 가능성이 있다. 의뢰처와 라포르를 형성한 후, 연구자는 그들에게 해당 연구가 개인 참여자뿐 아니라 그 분야에 제공할 수 있는 혜택에 대해 알려야 한다. 예를 들어, 참여자는 참여에 대한 대가와 다른 보상뿐만 아니라 가능성이 높은 새로운 서비스를 받게 될 수 있다. 그 분야에서는 가능성이 높은 새로운 서비스가 실제로 효과적인지 알 수 있게 될 것이다. 연구에 대한 의뢰처의 질문에 답하고 연구에 대한 의뢰처의 두려움을 완화하려고 시도하라. 또한 연구자는 연구 전체를 통해 의뢰처와의 관계를 성장시켜야 한다. 기관 직원들의 회의에 계속 참석하고 그들을 도우라. 그들이 연구가 어떻게 진행되고 있는지 계속해서 알리게 하라. 어떤 예비 연구결과가 나타날 때마다 지속적으로 그 결과를 알려라.

빈번하고 개별화된 접촉과 개별 마무리의 활용

이 책에서 지금까지 논의해온 많은 기법은 참여자 모집뿐만 아니라 유지와도 관계가 있지만, 많은 논의는 유지보다는 모집을 강조해왔다. 그러나 참여자와 여러 차례 시간을 갖는 연구에서 성공적인 유지 노력이 뒤따르지 않으면 성공적인 모집 노력은 헛수고가 된다. 예를 들어, 개입을 평가하는 연구는 개입을 받는 클라이언트를 유지하기 위해 특별한 노력을 기울여야 한다. 비개입 통제집단이 있다면 그 구성원은 사전검사(pretesting), 사후검사(posttesting), 그리고 여러 번의 추후검사(follow-up testing)에 참여하도록 기억나게 해주고, 동기를 갖도록 할 필요가 있다.

미란다와 동료들(Alvidrez et al., 1996; Miranda, 1996)은 저소득층 라틴계 참여자를 대상으로 하는 여러 개입의 결과, 연구에서 성공적이었던 참여자의 유지를 향상시키기 위한 몇 가지 접근법을 제안했다. 그들의 제안은 다른 저소득층 소수계에도 적용될 수 있으리라 예상된다. 예를 들어 미란다와 동료들은 비개입 통제집단 참여자에게 정기적으로, 이를테면 매달 1회 정도 따뜻하고 친절한 연구보조원이 참여자와 그 가족들의 안부를 묻는 전화를 하도록 주장한다. 동일한 연구보조원이 매번 전화를 걸어야 하며, 참여자와 그 가족이 처해 있는 상황의 구체적인 내용을 기억하고 언급해야 한다. 이렇게 하는 것이 전화통화와 통화 사이에 라포르와 연속성을 형성한다. 그들은 참여자와 그 자녀에게 생일카드를 보내는 것도 제안한다. 앞에서 언급했던 것처럼 평가시간에 오고 가는 교통편을 제공하는 것은 평가시간 후에 참여자에게 적당한 현금이나 식권으로 보상하는 것과 함께 도움을 준다. 커피, 시원한 음료수, 약간의 샌드위치나 간식도 훌륭한 마무리다. 미란다와 동료들은 가능하면 특별한 행사와 일치해 평가시기를 정하도록 제안한다. 예를 들어 자녀의 생일 주간에 시간을 잡아, 평가시간이 끝날 때 생일 케이크를 작은 선물과 함께 전달할 수 있다. 축하파티를 비디오로 촬영해 연구 참여의 기념으로 테이프를 선물로 줄 수도 있다.

이 책에서 지금까지 언급한 일상적 접촉과 개별 마무리(personal touch) 외에 연구자가 언제나 해야 하는 다른 중요한 것이 있다. 참여자들의 예정된 개입 또는 평가시간 전에 참여자에게 **기억나게 하는 전화**(reminder calls)를 잊지 말아야 한다. 실제로 하루나 이틀 전에 하는 전화 외에도 한두 주 전에 전화하도록 노력해야 한다. 참여자가 가난하면 자동응답기가 없을 수 있다. 또는 그들이 이사해서 연구자가 그들을 찾는 데 시간이 필요할 수도 있다.

준거점의 활용

참여자가 노숙인이거나 거주가 불안정하다면 기억나게 하는 전화나 다른 접촉을 하기가 쉽지 않다. 휴 Hough, 타케 Tarke, 렌커 Renker, 쉴즈 Shields, 글랏슈타인 Glatstein (1996)은 정신질환이 있는 노숙인에 대한 연구를 검토한 후 참여자를 찾을 수 있는 다양한 장소에 대한 정보인 **준거점**(anchor points)을 이용하도록 추천한다. 연구자가 한 개인을 처음 연구에 참여시킬 때 찾을 수 있는 준거점이 많을수록, 후에 그들을 찾을 가능성이 높다. 예를 들어 참여자가 여성 노숙인이라면 준거점은 그 여성이 일반적으로 먹고, 잠자고, 어슬렁거리는 장소를 포함할 수 있다. 또한 연구자는 그 여성이 근처에 어떤 가족이나 친구는 없는지, 그 여성과 어떻게 접촉할 수 있는지 물어볼 수도 있다. 그녀를 찾을 방법을 알고 있을 지역사회 서비스기관의 직원, 집주인, 또는 친밀한 다른 사람은 없는가? 그 여성이 우편물이나 메시지, 또는 보충급여수표를 수거하기 위해 가는 주소가 있는가? 그 여성이 사용하는 별명이나 가명이 있는가? 이 모든 정보는 추적양식에 체계적으로 기록되어야 한다. 연구자는 참여자 또는 그녀의 위치를 알고 있는 다른 사람과 계속 접촉하면서 준거점 정보를 계속적으로 갱신해야 한다.

추적방법의 활용

준거점을 사용하면서 휴와 동료들은 참여자를 추적하고 접촉하는 추가적 기법을 제안한다. 준거점이 전화번호라면 **전화추적**(phone tracking)을 이용할 수 있다. 앞에서 언급한 것처럼 면접 1~2주 전에 전화를 걸기 시작해야 한다. 노숙인이라면 한 번의 면접시간을 잡기 위해 준거점에 여러 차례 전화해야 한다고 생각하라. 또한 연구자는 노숙 참여자가 약속이나 자신을 찾는 방법을 변경하거나, 기타 관련 정보에 대해 메시지를 남겨놓을 수 있는 무료 전화번호를 주어야 한다. 연구자는 그런 정보를 남겨놓는 대신 식권 같은 동기부여를 할 수도 있다. 참여자가 약속이나 연구팀과 접촉하는 방법을 기억하도록 돕기 위해 연구자는 한 면에는 주요 지역자원 같은 유용한 정보를 열거한 카드를 주어야 한다. 그 카드의 다른 면에는 약속시간과 연구팀의 주소와 전화번호를 기재한다.

전화추적 외에 **우편추적**(mail tracking)을 이용할 수도 있다. 연구자는 다가올 면접을 기억하도록 만드는 우편물을 우송하고, 그들과 접촉하는 방법이 바뀌면 최신 정보로 바꾸기 위해 전화를 하라고 참여자에게 요청한다. 우편추적은 생일카드, 연하장, 참여에 대한 감사증서를 보낼 수 있다. 모든 우편물은 참여자가 알고 있는 연구원이 서명해야 한다.

그리고 **기관추적**(agency tracking)도 이용할 수 있는데, 연구자는 서비스 제공자나 다른 지역사회기관에게 연구자가 찾을 수 없는 참여자와 최근 접촉이 있었는지를 묻는다. 일부 기관은 연구자의 준거점으로 기록되었을 수도 있다. 만약 그들이 참여자를 어디에서 찾을 수 있는지 말해줄 수 없다면, 연구자는 사회서비스기관, 병원, 경찰, 보호관찰관, 약물남용 프로그램, 쉼터, 공공주택 직원, 사회보장청 사무소, 검시실 등 기타 기관을 추가적으로 접촉한다. 연구자가 이 기관들로부터 얻는 협조는 이 장의 앞에서 언급했던 다른 제안들, 예를 들어 지역 지도자로부터 연구에 대한 지지 획득, 연구와 관련 있는 지역기관과 관계를 맺고 확고하게 하는 등의 제안을 따른다면 더 향상될 것이다.

전화추적과 기관추적에 대한 노력으로도 참여자를 찾지 못한다면 **현장추적**(field tracking)을 할 수 있다. 현장추적은 특히 노숙인에 대한 연구와 관련이 있으며, 참여자를 어디에서 찾을 수 있는지를 거리에서 사람들에게 묻는 것이다. 연구자는 참여자를 아는 다른 노숙인이 있는 곳으로 가서 그들에게 물어볼 수 있다. 그들에게 커피나 담배 등 작은 선물을 제공하면 도움이 될 수 있다. 또한 연구자는 참여자를 찾는 데 도움이 되는 이웃, 친구, 가족 또는 이전에 다니던 장소를 찾기 위해 준거점을 사용할 수도 있다.

휴 등(1996)은 어떤 추적방법을 사용하든 관계없이 연구자의 집요함이 아마도 만족스러운 유지율을 확보하는 데 가장 중요한 요인일 것이라고 주장했다. 예를 들어 노숙 정신질환 참여자에 대해 연구자는 매번 여러 차례 10개의 준거점을 찾아보고, 참여자와 접촉하기 위해 15번의 시도를 하거나, 이전의 네 차례 면접에 나타나지 않은 참여자와의 다섯 번째 면접시간이라도 참석할 필요가 있다.

이런 추적기법은 5장에서 논의한 익명성과 사생활 보호라는 윤리지침과 충돌할 수 있다. 결과적으로 추적기법을 사용하기 전에 연구자는 고지된 동의과정에서 추적기법을 예상하고 포함시켜야 한다. 지금까지 언급한 다양한 장소에서 연구참여자를 찾을 수 있도록 연구자는 미리 참여자에게 허락을 받을 필요가 있다. 그 외에 연구자는 참여자에 대한 민감한 정보를 의뢰처에 우연히 알리지 않도록 확실히 할 필요가 있다. 예를 들어, 의뢰처는 연구가 정신질환이나 AIDS에 관한 연구라는 사실을 알지 못해야 한다. 만일 의뢰처에 연구팀의 주소나 전화번호를 주게 된다면, 어디에도 연구과제의 민감한 특성에 대한 암시를 줄 어떤 것이든 포함되지 않아야 한다.

문화적 능력을 갖춘 측정

이 장의 앞에서 문화적으로 둔감한 측정은 신뢰할 수 없거나 타당하지 않은 정보를 만들어내는 것 이상의 문제를 만들 수 있다고 언급했다. 또한 참여자를 화나게 하고, 참여자가 현재의 연구 또는 앞으로의 연구에 참여하지 않도록 하며, 연구가 지역사회에도 해로운 것으로 인식하는 결과를 이끌 수 있다. 이 책에서는 또한 연구자가 이런 문제를 최소화하기 위해 시도할 수 있는 방법에 대해 논의했다. 이 시점에서 문화적 능력을 갖춘 측정과정이 어떻게 신뢰할 수 없거나 타당하지 않은 정보를 만들어내는 문제를 피하려고 하는지 더 자세히 살펴보자.

사회복지 조사에서 문화적 능력을 갖춘 측정에 대한 세 가지 주요한 위협이 있다. 첫째, 위에서 언급한 것으로 개인의 성격이나 면접 유형이 소수계 응답자를 화나게 하거나 위협하거나, 또는 다른 방법으로 소수계 응답자가 관련 있고 타당한 정보를 밝히기를 꺼려하게 만드는 면접자를 이용하는 것이다. 두 번째는 자기기입식 설문지나 면접자 설문지에서 소수계 응답자가 이해하지 못하는 용어를 사용하는 것이다. 셋째는 문화적 편견이다. 이제 면접자의 특성부터 시작해보자.

문화적 능력을 갖춘 면접

앞에서 본 것처럼 문화적으로 경쟁력 있는 면접자를 이용하고 훈련시키는 것은 연구의 소수계 참여자 모집과 유지를 향상시키기 위한 가장 중요한 방법이다. 면접이 참여를 확보하기 위해서만 사용되는 것이 아니라 자료수집 방법이기도 하다면, 면접자가 문화적 능력을 갖추었는지 여부는 소수계 참여자로부터 얻게 되는 자료의 질에 심각한 영향을 미칠 수 있다. 세 가지 주요 요인이 면접자에 의한 자료수집에서 문화적 능력의 정도에 영향을 미친다. (1) 면접자가 응답자와 동일한 언어를 사용하는지 여부, (2) 면접자가 응답자와 동일한 민족인지 여부, (3) 면접자가 응답자로서 동일한 민족의 사람들을 면접하는 데 적절한 훈련과 경험이 있는지 여부다.

면접자가 면접대상자들의 언어를 말해야 하는 것은 자명한 일로, 추가 설명은 필요하지 않다. 영어만 쓰는 유럽계 미국인이라면 중국어로만 수행되는 면접에 어떻게 반응할 것인지 상상해보라. 그러나 면접자와 면접대상자의 민족이 일치하는 것의 영향은 좀 더 복잡할 수 있다. 외부인이 면접을 할 경우, 사람들은 사회적으로 바람직한 응답을 하려는 노력으로 자신의 견해를 한 방향으로 과장하는 경향을 보일 수 있다. 그러나 자기 자신과 같은 민족의 사람이 면접할 경우에는 사회적으로 바람직하게 보이고 싶은 희망이 다른 방향으로 과장하도록 영향을 미칠 수 있다. 예를 들어, 아프리카계 미국인이나 미국 원주민은 백인 면접자에게는 자신이 가진 인종차별에 대한 분노와 유감의 감정을 부인할 수도 있다. 그러나 같은 민족의 사람이 면접을 하면, 면접자가 듣기를 원한다고 생각하는 답을 주려는 유사한 시도 속에서 인종차별에 대한 그들의 분노와 유감의 감정을 과장할 수 있다.

면접자와 면접대상자의 민족이 반드시 일치해야 하는 건 아니지만, 가능하면 따라야 하는 간단한 원칙이다. 예를 들어, 연구자 자신의 민족을 외부인으로 간주하고 적개심을 보이는 주민들을 면접하기 위해 가난에 찌든 민족 지역에 들어가면서 연구자가 어떻게 느낄지 상상해보라. 그 지역에서 자란 면접자만큼 면접에서 편해지기 위해 얼마나 많은 훈련과 경험을 필요로 할 것인가? 동일한 면접문항을 글자 그대로 읽는다 하더라도 자세, 눈길, 면접대상자와의 물리적 거리, 목소리에서 묻어나는 자연스러움 등에서 불편함을 보일 가능성이 높다.

면접자와 면접대상자의 민족을 일치시킬 수 없다면 적어도 대상집단의 구성원과 이전에 일해본 경험이 있는 면접자를 활용하도록 노력해야 한다. 물론 이것도 가능하지 않을 수 있다. 그러나 면접자와 면접대상자의 민족을 일치시킬 수 있고, 이전 경험이 있는 면접자를 이용할 수 있다고 하더라도, 그들을 훈련시키는 일은 중요하다. 이때 16장에서 논의할 면접자를 훈련시키기 위한 일반원칙을 지키고, 정보의 제공과 감독하의 예행연습, 역할놀이, 실습면접의 활용을 통한 문화적 능력에 초점을 맞춰야 한다. '아시아계 미국인을 면접할 때의 문화적 쟁점'이라는 제목의 글상자는 면접에서 문화적 능력과 관련된 측정 문제와 그 문제를 피하는 방법을 예시한다.

아시아계 미국인을 면접할 때의 문화적 쟁점

낸디 Nandi(1982)는 다양한 문화적 고려사항이 아시아계 미국인 대상의 면접 설문조사에 영향을 미치는 방법에 대해 논의했다. 연구자는 우편 설문조사는 하지 않았는데, 아시아계 미국인을 대상으로 하는 이전 연구에서 무응답률이 지나치게 높게 나타났기 때문이다. 또한 연구자는 면접에 적극적으로 참여하고 싶어 했던 인도인 및 파키스탄인과 참여를 꺼려했던 다른 아시아계 사람들 간의 차이에도 주목했다. 낸디는 면접대상자들이 높은 수준의 겸손, 주거와 일자리에 대한 감사, 주거와 일자리를 모두 잃을지 모른다는 두려움, 그에 따라 미국에 비판적이기를 꺼려하는 것을 표현하는 데 주목했다. 결과적으로 생활과 일에 대한 질문에 긍정적으로 응답하는 경향이 있었으며, 면접자가 백인일 경우에 특히 그랬다. 연구자는 모든 응답을 재점검하여 이 문제를 완화하려고 했다. 예를 들어, 한 필리핀 남성은 자신의 일자리가 크게 만족스럽다고 설명한 후 녹음기를 껐을 때 거의 정반대의 태도를 나타냈다.

또한 연구자는 백인 남성 면접자가 아시아계 여성을 면접하도록 배정하지 않아야 한다고 결정했는데, 이는 미국의 주류 규범에서는 백인 남성을 공격적으로 보지 않아도 아시아계 여성은 백인 남성을 너무 공격적이라고 정의하는 경향이 있기 때문이다. 마찬가지로 연구자는 여성 응답자에게는 또 다른 아시아 국가에서 온 여성 면접자와 짝을 지어주는 것을 택했다. 연구자는 면접자와 면접대상자가 동일한 국적일 때 응답자가 은밀한 정보가 누설될 것을 두려워하는 경우가 자주 있다는 사실을 발견했다. 반면에 아시아계 여성 면접자를 아시아계 남성 면접대상자와 짝을 지어주는 것은 현명한 일이 아닐 수 있다. 아시아계 남성이 갖고 있는 강한 가부장적 감정으로 그들의 응답에 편견(예를 들어, 허풍이 심한 응답을 하게 함으로써)이 포함될 수도 있기 때문이다.

하지만 연구자는 이런 문제들을 피하기 위한 실패 없는 처방은 없다고 결론 내렸다. 낸디는 심층면접의 가장 흥미로운 측면은 외관상 응답의 불일치인데, 때로 모순에 가깝다는 점에 주목했다. 예를 들어 어떤 아시아인은 동일한 사람, 상징, 가치관 또는 체계의 어떤 측면에 동시에 끌리거나 혐오감을 표현한다. 연구자는 이를 일부 아시아 문화의 이원주의 철학적 가치관에 기인하는 것으로 보았다. 이런 이원주의는 서양철학과 달리 면접자료를 수집하고 해석하는 기존 기법에 상당한 도전이 될 수 있다.

언어 문제

자료를 수집하기 위해 면접을 이용하든 다른 기법을 이용하든 간에 연구참여자 중 일부가 주류언어에 능통하지 않을 때 과정을 변경할 필요가 있다. 실제로 연구윤리심의위원회는 연구계획서를 승인하기 전에 그런 참여자를 위해 고지된 동의서 양식을 번역하도록 요구할 것이다(연구윤리심의위원회는 5장에서 다루었다). 또한 위원회는 독해에 어려움이 있는 참여예상자들에게 고지된 동의서 양식을 읽어주기 위한 특별한 방법도 요구할 것이다. 독해의 어려움은 사회복지 실천 연구조사의 많은 참여예상자, 특히 자신의 언어조차 읽는 데 어려움이 있는 저소득/이민자 집단에게는 흔한 편이다.

언어 문제를 다루기 위해 수행되는 세 가지 명백한 단계는 이중언어 면접자 활용하기, 고지된 동의서 양식과 조사 척도를 응답자의 언어로 번역하기, 척도가 원래 의도처럼 이해되는지 보기 위해 연습 면접에서 척도를 사전조사하기다. 그러나 이런 단계도 신뢰할 수 있고 타당한 측정, 또는 **번역 타당도**(translation validity)라는 것을 얻는 데 성공을 보장하지는 않는다. 예를 들어, 번역과정은 결코 단순하지 않다.

이중언어 면접자 또는 통역자의 언어 숙련도와 관련된 문제가 있다. 그들이 생각한 것만큼 소수계의 언어에 아주 능숙하지 않을 수 있다. 예를 들어, 특정 외국어와 관련해 그 언어로만 말할 수 있는 사람들과 이중언어를 사용하는 사람들 사이에 언어적 차이가 있을 수 있다. 예를 들어, 영어와 스페인어를 둘 다 사용하는 미국 주민은 스페인어를 말할 때 일부 영어 단어를 스페인어 식으로 사용할 수 있다. 이는 스페인어만 말하는 라틴 아메리카에서 온 최근 이민자들이 이해하지 못하는 단어다(Grinnell, 1997).

단어가 정확하게 번역되었다 하더라도 그 단어가 전달하는 개념을 정확하게 번역했음을 보장하진 않는다. 왜냐하면 동일한 단어가 여러 집단에서 다른 의미를 가질 수 있기 때문이다. '파랗게 느낀다(feeling blue)', '마음이 가라앉다(downhearted)' 등 우울증을 측정하는 도구에서 일반적으로 사용되는 북미 용어를 생각해보자. 이 용어를 다른 언어로 번역하기는 어렵다. 예를 들어 연구자의 언어로 그들이 '파랗게 느끼는지' 묻는다면 라틴계 또는 아시아계 응답자는 문자 그대로 피부가 파란지를 묻는 것으로 생각할 수 있다.

다른 집단에게 다른 의미를 갖는 다른 단어의 문제는 주류문화와 소수문화 간 차이에만 적용되는 것은 아니다. 그 문제는 동일한 언어를 사용하는 다른 소수문화에도 적용된다. 예를 들어 푸에르토리코 사람들에게 'chavos'라는 단어는 '돈'을 의미한다. 그러나 멕시코계 미국인에게 'chavos'라는 단어는 '남자'를 의미한다. 따라서 한 동료는 다음과 같은 실제 이야기를 전해주었다. 두 명의 여성 전문가가 미국 중서부에서 열리는 학회에 함께 차를 타고 가고 있었다. 여행 경험이 적은 푸에르토리코 사람인 카르멘 Carmen은 멕시코계 미국인인 로사 Rosa를 쳐다보며 "chavos가 얼마나 있어요?"라고 물었다. 로사의 얼굴 표정이 굳어지고 태도가 매우 쌀쌀해지면서 분위기가 순식간에 바뀌었다. 로사는 "충분히요!"라고 소리쳤다.

카르멘은 로사의 갑작스런 분위기 변화를 이해하지 못했으나 그 이유를 캐려 하지 않았다. 몇 시간이 지나서 카르멘은 로사가 그녀에게 남자가 몇 명이나 있느냐고 물은 것으로 생각했다는 사실을 알았다.

유 Yu, 장 Zhang 등(1987)은 측정도구를 번역할 때의 복잡함을 다음의 예에서 제시한다. 그들은 상해에서 수행하는 연구를 위해 영어에서 중국어로 자존감에 대한 문항을 번역하고자 했다. 그들의 첫 번째 문제는 그 도구를 표준어가 아니고 글로는 쓰지 않는 언어인 상해어로 할 것인지, 아니면 표준 중국어로 번역할 것인지였다. 또 다른 어려움은 '당신이 일반적으로 삶의 실패자라고 느끼는 사람을 생각해보라' 또는 '당신이 매우 자랑스럽다고 느끼는 사람을 생각해보라'와 같은 문장에서 '...하는 사람을 생각해보라'라는 말로 시작하는 질문들과 관련되어 있다. 그러고 나서 "그 사람이 지난해 당신과 매우 비슷합니까, 상당히 비슷합니까, 약간 비슷합니까, 거의 비슷하지 않습니까, 전혀 비슷하지 않습니까?"라고 질문한다(p. 78). 사전조사에서 유와 장은 대부분의 응답자들이 이 형식의 질문을 이해하지 못했으며, "그 사람이 누구입니까?", "그 사람의 이름이 무엇이라고 했지요?"라고 질문하는 경우가 많다는 사실을 발견했다(p. 79).

유와 장은 결과적으로 질문을 수정했으나 그 다음 사전조사에서 여전히 문제에 부딪혔다. 문제가 되는 수정된 문항은 "귀하는 자신이 자랑스럽다고 느낀 적이 있습니까?"라는 내용이었다. 유와 장은 그들이 연구하는 문화에서 겸손은 중요한 미덕이라는 사실을 발견했으며, 따라서 그들은 자존감에 대한 지표로서 이 질문에 대한 부정적 응답을 사용할 수 없었다. 또 다른 수정된 문항은 "귀하는 자신을 인생에서 실패자로 생각한 적이 있습니까?"였다. 많은 가난한 주부는 멍한 표정으로 "인생에서 무엇이 실패입니까?"라는 질문으로 응답했다. 공산당 정부가 일자리와 급여를 배정하고, 거의 아무도 해고되지 않고, 소득 차이가 최소인 사회에서 살면서 그들은 인생을 경쟁과 성공 또는 실패라는 용어로 생각해본 적이 없었다. 또한 유와 장은 면접자들이 감시체계의 일부라는 문화적으로 관련된 의심을 받았다고 보고했으며, 그 의심은 응답자가 제공하는 정보의 타당도를 저해할 수 있었다.

한 언어에서 다른 언어로 도구를 번역하는 복잡성을

다루기 위해 개발되어온 과정은 역번역(back translation)으로, 잠시 뒤에 논의할 것이다.

문화적 편견

소수계 문화의 독특한 가치관, 태도, 생활양식, 제한된 기회로 인해 실제 측정대상의 정확성 또는 의미가 변화되는 방식을 고려하지 않고 소수계 문화에 대한 측정을 실시할 때 측정과정은 **문화적 편견**(cultural bias)을 갖는다. 문화적 편견을 피하는 것은 언어의 어려움을 해결하는 것과는 별개의 문제다. 예를 들어, 중국 응답자들이 자부심을 인정하기를 주저하는 것은 번역의 문제가 아니라 독특한 문화적 가치와 사회적으로 바람직한 일에 대한 문화적 가치의 함의를 이해하는 문제다. 또 다른 예로, 성 문제에 대한 질문은 일부 문화에서 극단적인 금기다.

문화적 편견은 주류언어를 하지 못하는 사람이나 주류문화에 동화되지 않은 사람을 대상으로 측정과정을 실시할 때만이 아니라 주류문화에 잘 동화된 소수계에게 실시할 때도 적용된다. 일부 소수계는 자신들에게 적용되지 않는 어떤 문장 때문에 소외감과 혼란을 느낄 수 있다. 예를 들어, 오르테가 Ortega와 리치 Richey(1998)는 문화 상담가가 표준화된 척도를 아프리카계 미국인과 필리핀계 미국인 부모들에게 문화적으로 더 민감하도록 바꾸는 방법을 제안했던 것을 논의한다. '내가 외출할 때 나는 벽의 꽃처럼 느낀다'라는 표현은 '외출할 때 나는 사람들이 나를 인식하지 못하는 것처럼 느낀다'로 바꾸었다. 또 다른 변화는 '우리 가족은 나의 신경을 건드린다'에서 '우리 가족은 나를 화나게 만든다'로 바꾸는 것이었다. 세 번째 사례에서는 '가족은 내가 필요로 하는 도덕적 지지를 보내준다'에서 '나의 가족은 내가 희망을 느끼도록 돕는다'라고 바꾸었다(pp. 57-58).

문화적 편견은 척도의 문구가 응답자들에게 완벽하게 분명하지 않을 때도 일어날 수 있다. 예를 들어 다음과 같이 써놓은 정신병리학의 다양한 유형을 측정하는 척도에 대한 '예/아니오' 문항을 생각해보자. "내가 집을 나갈 때 문을 잠갔는지, 창문을 닫았는지 걱정한다." 아프리카계 미국인 청소년은 백인보다 정신병리를 더 갖고 있지 않을 때도 '예'라고 대답할 가능성이 더 높을 수 있다. 이는 아프리카계 미국인 청소년이 백인 청소년보다 문을 잠그지 않으면 강도를 불러들이는 것으로 볼 수 있는 우범지역에서 살고 있을 가능성이 높기 때문이다(Nichols, Padilla, & Gomez-Maqueo, 2000).

로글러 Rogler(1989)는 정신보건 연구와 관련해 몇 가지 추가적인 문화적 편견이 미치는 영향의 실제 예를 제공했다. 예를 들어, 로글러와 홀링스헤드 Hollingshead(1985)가 푸에르토리코에서 수행했던 한 연구는 한 배우자의 정신분열증이 부부의 의사결정에 어떤 영향을 미치는가를 검토했다. 미국에서 의사결정을 평가하기 위해 일반적으로 사용되는 질문인 "휴가 때 어디로 가는가", "자녀들은 어떤 학교에 가야 하는가", "보험 가입을 했는가" 등은 "음식, 의복, 주거 같은 가장 기본적 욕구를 충족시키기 위해 몸부림치고" 있던 가난한 푸에르토리코 가족에게는 적합하지 않았다(Rogler, 1989, p. 297).

또 다른 예에서 로글러는 맨해튼의 워싱턴 하이츠 지역에서 살고 있는 푸에르토리코 사람들이 같은 사회계층의 다른 민족들과 사는 푸에르토리코 사람들보다 더 많은 정신질환 증상을 보고한 연구결과를 논의했다. 로글러는 측정 척도의 정신질환 증상 문항에 대해 다른 민족의 응답자보다 푸에르토리코 응답자가 사회적으로 바람직하지 않다고 생각하는 정도가 낮은 것으로 나타났음을 보여주는 다른 결과도 인용했다. 바꾸어 말하면, 정신질환 증상을 인정하는 데 대한 사회적 바람직성 편견이 다른 응답자보다 푸에르토리코 응답자에게 미치는 영향이 적은 것으로 보였다. 따라서 푸에르토리코 응답자의 정신질환 증상 비율이 높다는 결과는 타당하지 않을 수 있는데, 특정한 척도에 대한 응답을 사회적으로 바람직하지 않은 것으로 여기는 데 있어 문화적 차이에서 기인한 측정오류일 수 있다.

이와 같은 문제를 예상하고 피하기 위해 로글러는 다른 인구집단을 위해 개발되었던 척도를 시행하기 전에 연구대상 집단의 문화에 직접 빠져보는 기간을 연구자가 갖도록 추천했다. 척도의 적용 가능성에 대한 잠재적인 문제를 평가하기 위해 연구자는 앞에서 논의했던 다양한 방법, 예를 들어 연구 모집단에 대해 식견 있는 정보제공자를 면접하고, 참여관찰법을 사용하는 것과 같은 방법을 사용해야 한다. 예를 들어 로글러와 동료들은 이렇게 하면서, 푸에르토리코의 정신병원에서 환자들의 영혼을 통제하려 시도하는 심령술사 영매를 관찰했다. 이 관찰은 연구자가 그 문화 안에서 심령술의 중요성에 민감해지도록 도와주었고, 연구자가 정신질환 척도에서 악령에 대한 환자의 보고를 어떻게 해석하는가에 영향을 미쳤다.

또한 로글러의 연구는 대상집단이 측정도구를 이해하는가, 너무 버겁게 생각하지 않는가를 보기 위한 예행연습에서 측정도구를 **사전검사**(pretesting)하는 것이 중요하다는 사실을 보여준다. 이 논의에서 측정도구를 개발했던 원래 대상이 아닌 다른 모집단에 적용할 때 사전검사가 특히 중요함을 알 수 있다. 예를 들어, 로글러가 가난한 푸에르토리코 가족의 의사결정을 연구할 때 휴가와 보험 구입에 대한 문항을 적용할 수 없다는 사실을 알게 된 건 사전검사를 통해서였다(9장과 10장에서 예행연습 사전검사를 다룰 것이다).

문화적 능력을 갖춘 측정에 대한 문헌이 증가하면서 측정오류를 피하기 위한 전통적 개념 중 일부는 확장되거나, 의문시되거나, 변경되고 있다. 예를 들어, 오르테가와 리치(1998)는 "한 측정도구 안에서 동일한 문항을 다시 쓰거나 반복하는 일상적인 실태"에 대해 의문을 던진다. 이는 때때로 연구자가 측정도구의 신뢰도를 평가할 수 있도록 하기 위해 사용된다. 오르테가와 리치는 이렇게 하는 것이 "과묵과 예의를 가치 있게 보는 문화의 응답자에게 강압적이고 귀찮고 무례한 것으로 여겨질 수 있다"고 주장한다. 이와 마찬가지로 긍정적 문항과 부정적 문항을 섞는 것도 부정적으로 표현된 문항에 문제가 있는 일부 문화에서는 번역과 해석의 문제를 야기할 수 있다(pp. 59-60). (9장에서 연구자들이 응답자에게 한 문항에서는 어머니를 사랑하는지 여부를 묻고, 뒤의 문항에서 어머니를 싫어하는지를 묻는 것과 같이 긍정적으로 표현된 문항과 부정적으로 표현된 문항을 섞는 것을 좋아하는 이유를 설명할 것이다.)

지금까지 주로 면접과 측정도구의 맥락에서 문화적 편견을 논의해왔다. 이 주제를 마치기 전에 문화적 편견은 직접 관찰을 사용해 수집된 자료를 손상시킬 수도 있다는 점을 지적해야 한다. 예를 들어 코세 Cauce, 코로나도 Coronado, 왓슨 Watson(1998)은 아프리카계 미국인 어머니와 딸의 상호작용을 담은 비디오테이프를 보면서 아프리카계 미국인 관찰자는 다른 관찰자보다 상호작용에서 갈등이 덜한 것으로 평가했음을 보여주는 연구를 인용했다. 또한 아프리카계 미국인 평가자는 어머니가 통제를 덜 하는 것으로 평가했다. 따라서 연구에서 관찰자 또는 평가자를 사용한다면 그들이 문화적 능력을 갖추어야 한다는 것은 결정적이다.

측정등가

문화적 능력을 갖춘 측정을 개발하기 위해 지금까지 제안해온 모든 단계가 한 문화에서 시험했을 때 타당도가 있는 것으로 보이는 측정도구라고 해서 다른 문화에 사용했을 때도 타당도가 있음을 보장하지는 않는다(9장에서 측정 타당도를 깊이 있게 논의할 것이다). 미국에서 이 쟁점은 특히 백인에게 시험한 후에 소수계 구성원 대상의 연구에서 사용되어온 측정도구와 관련되어 있다. 알렌 Allen과 월시 Walsh(2000)는 현재 미국에서 사용되는 입증된 성격검사 대부분은 주로 유럽계 미국인으로 구성된 표본에서 입증되었다는 점을 지적했다. 그런 측정도구를 수정할 때, 소수계 문화에 사용되는 수정된 측정도구가 주류문화에서 입증된 측정도구와 실제로 동등한 것인지 평가해야 한다. 한 국가에서 입증된 측정도구를 다른 국가에 적용할 때도 동일하게 할 필요가 있다.

측정등가(measurement equivalence)라는 용어는 한 문화에서 개발된 측정과정을 다른 문화의 사람들에게 실행했을 때 동일한 가치와 의미를 갖는 것을 의미한다(Burnette, 1998; Moreland, 1996). 가장 크게 주목을 받는 경향이 있는 측정등가는 언어등가, 개념등가, 계량등가의 세 가지 유형이다.

언어등가

언어등가(linguistic equivalence)는 번역등가(translation equivalence)라고도 하는데, 측정도구를 성공적으로 번역했을 때 확보된다. **역번역**(back-translation)은 언어등가를 확보하려고 가장 일반적으로 사용하는 방법이다. 이 방법은 이중언어 사용자가 도구와 그에 대한 지침서를 대상언어로 번역하는 것으로 시작한다. 그러고 나서 다른 이중언어 사용자가 대상언어에서 원래의 언어로(그 도구의 원래 내용을 보지 않고서) 다시 번역한다. 그 뒤에 원래의 도구와 역번역된 내용을 비교하고, 차이가 있는 문항은 더 고친다.

다른 대안인 **순번역**(forward translation)은 원래의 측정도구를 대상언어로 번역하는 역번역 방법과 동일한 방법으로 시작한다. 그러나 그것을 역번역하는 대신 여러 명의 이중언어 사용자들이 두 측정도구가 동일한 개념적 의미를 전달하는지 확인하도록 한다.

두 방법의 차이를 예시하기 위해 청소년과 어머니 간의 관계의 질을 평가하기 위한 측정도구에서 "당신의 어머니가 얼마나 자주 당신의 신경을 건드립니까?"라고 묻는다고 가정해보자. 역번역 방법은 '어머니'와 '신경' 같은 단어는 올바르게 번역, 역번역할 수 있지만 그 문장이 실제로 의미한 것을 잡아내는 데는 실패할 수 있다. 다른 문화에서는 어머니가 청소년을 정서적으로 괴롭히는 것이 아니라 어머니가 청소년의 말초신경에 물리적 압력을 가한다는 의미일 수도 있다. 단어가 정확하게 역번역이 되는지를 보는 것보다 순번역 방법을 사용해 번역된 측정도구가 여전히 정서적 괴롭힘이라는 함의를 갖고 있는지 이중언어 사용자가 판단할 수 있을 것이다.

그러나 역번역도 순번역도 결코 완벽하지는 않다. 어느 것도 번역 타당도, 문화적 편견의 회피, 또는 이어서 보게 될 개념등가를 보장하지는 않는다.

개념등가

개념등가(conceptual equivalence)는 측정도구와 관찰된 행동이 여러 문화에 걸쳐 동일한 의미를 갖는 것을 의미한다. 따라서 위의 예에서 신경을 건드린다는 문구는 비영어권 문화에서 미국에서 의미하는 것과 동일한 의미를 갖지 않을 수 있다. 마찬가지로 이 장의 앞에서 **파랗다고 느끼는 것**(feeling blue)이라는 용어의 성공적인 언어 번역은 슬프다고 느끼는 것을 함의하지 않을 수 있다. 이와 유사하게 모어랜드 Moreland(1996)는 일부 문화에서는 트림을 칭찬으로 생각하는 반면 다른 문화에서는 트림을 모욕으로 생각한다고 지적한다. 연구자가 아동들의 반사회적 행동을 관찰하고 있다면 트림을 칭찬으로 생각하는 문화의 참여자로부터 반사회적 행동으로 트림을 계산한다면 개념등가를 갖지 못할 것이다.

앞에서 순번역은 이중언어 사용자가 번역된 측정도구가 여전히 의도했던 개념적 함의를 갖고 있는지 판단하려고 검토하게 하여 개념등가를 확보하려고 한다는 사실에 주목했다. 하지만 이중언어 사용자가 주류문화에 동화가 많이 되어 번역된 측정도구를 읽었을 때 의도했던 의미를 갖는 것으로 잘못 해석했다면 어떻게 되는가? 예를 들어 스페인어 이중언어를 사용하는 일리노이 주의 영어 사용 주민이 '나는 파랗다고 느낀다'의 스페인어 번역(즉, 'Estoy azul' 또는 'Me siento azul')을 읽고서, 슬프게 느끼는 것으로 자동적으로 해석할 수 있다. 왜냐하면 스페인어를 잘하기는 하지만 그들에게는 그것이 피부 색깔을 물어보는 것이라는 생각이 들지 않기 때문이다.

허 Hurh와 김 Kim(1982)은 한국 이민자에 대한 연구에서 개념등가 문제를 논의했다. 그들의 면접 설문지는 미국에서 태어나 이중언어를 사용하는 한국인 조사원이 한국어로 번역했다. 일부 이민자들을 대상으로 번역본을 사전검사한 후에 개념적 문제 때문에 여러 질문을 다시 쓰거나, 추가하거나, 삭제해야만 했다. 예를 들어 "응답자에게 얼마나 자주 미국인 가정에 초대를 받았습니까(또는 미국인들을 집으로 초대했습니까)?"라고 물었을 때 'invitation'으로 사용된 한국어는 '초대'였다. 그러나 한국어 '초대'는 많은 경우 여흥이 포함된 잘 준비된 공식 만찬 또는 공식 행사에 참석하도록 요청하는 것을 말한다. 한국 이민자 가족 내에서 부부의 역할에 대한 다른 연구에서는 미국 가족을 대상으로 개발된 측정도구를 사용했다. 이를 한국어로 번역한 후 일부 문항은 식료품 장보기나 설거지 같은 집안일에서 부부의 역할을 나누려고 하지 않는 한국 남성에게는 부정적 함의를 갖고 있었다.

계량등가

계량등가(metric equivalence)는 **정신계량등가**(psychometric equivalence) 또는 **스칼라등가**(scalar equivalence)라고도 하는데, 척도상의 점수가 여러 문화에 걸쳐 비교 가능함을 의미한다. 개념등가와 계량등가의 차이를 예시하기 위해 병약하고 연세 많은 부모를 돌보는 자녀가 경험하는 부담의 정도를 측정하려고 도구를 고안한다고 가정해보자. 측정도구의 일부 문항은 돌봄에 얼마나 많은 시간을 쓰는가 등의 '객관적' 부담을 언급할 수 있다. 다른 문항은 돌보는 사람들이 돌봄에 대해 얼마나 우울하게 느끼는지와 같은 '주관적' 부담을 언급할 수 있다. 개념등가의 수준에서 연구자는 '우울한 느낌이다(I feel blue)'와 같은 우울증에 대한 문항이 둘 이상의 서로 다른 문화에 걸쳐 동일한 의미를 갖지 않을 수 있다고 걱정할 수 있다. 계량등가의 수준에서, 일부 문화에서 돌봄에 사용한 시간의 양이 실제로 부담의 지표인가 궁금해할 수 있다. 왜냐하면 일부 문화는 노인과 돌봄의 역할을 매우 존경해서 돌봄의 행위는 부담으로 여기지 않기 때문이다.

측정도구는 언어등가와 개념등가가 없으면 계량등가를 가질 수 없다. 그러나 위에서 예시한 것처럼 언어등가와 개념등가가 계량등가를 보장하진 않는다. 돌봄에 얼마나 많은 시간을 쓰느냐는 질문의 의도를 정확하게 이해한다고 해도, 높은 사용시간 점수가 '부담'이라는 개념이 많은 것을 표시한다고 보장하진 않는다. 한 문화에서는 하루 8시간이 돌봄에 적절한 시간을 쓰는 것으로 인식될 수 있는 반면, 다른 문화에서는 너무 많아서 부담스러운 것으로 보일 수 있다.

수 Sue(1996)는 백인을 대상으로 타당도를 폭넓게 인정받은 정신병리를 측정하는 척도를 사용했던 연구에서 계량등가 문제의 예시를 제공한다. 그 척도는 다양한 수준의 문화적응을 보이는 백인과 아시아계 미국인에게 실행되었다. 가장 문화적응이 낮은 아시아계 미국인이 가장 높은 정도의 정신병리를 표시하는 척도 점수를 받았고, 백인은 가장 낮은 정도의 정신병리를 표시하는 척도 점수를 받았다. 문화적응이 높은 아시아계 미국인은 중간의 점수를 받았다. 이런 결과가 아시아계 미국인이 실제로 백인보다 정신병리를 더 많이 갖고 있으며, 문화적응이 가장 낮은 아시아계 미국인이 가장 많은 정신병리를 갖고 있음을 나타내는가? 그럴 수도 있다. 아마도 이민, 문화 갈등, 새로운 환경에 적응, 언어의 어려움, 편견 등과 관련된 스트레스가 더 높은 수준의 정신병리에 기여했을 수도 있다. 그러나 또 다른 가능성은 받고 있는 질문이 무엇이든 동의하는 경향의 민족적 차이가 두 문화의 점수를 계량적으로 동등하지 않은 것으로 만든다는 점이다. 더 많은 정신병리를 갖고 있다기보다는 아시아계 미국인은 단순히 자기 문화의 공손함에 대해 강조하고, 동의하지 않는 것이 공손하지 않다는 의미를 전달할 수 있어서 정신병리 증상에 대한 문장에 더 동의할 가능성이 높을 수 있다.

위의 예시에서 두 번째 설명이 올바른 설명이라고 가정하자. 이렇게 된 것이 그 척도가 두 문화 간에 계량등가가 부족하기 때문에 아시아계 미국인의 정신병리를 측정하는 데 사용하지 않아야 함을 의미하는가? 반드시 그렇지는 않다. 계량등가가 부족하다는 것이 그 척도가 아시아계 미국인에게 동등하게 타당하지 않을 가능성을 나타낸다고 하더라도, 문화적 차이와 연결된 약간의 변형으로 그 문제를 해결할 수 있다. 또한 그 문제는 아시아계 미국인에 대한 독특한 기준과 커트라인을 개발함으로써 완화될 수 있다. 아시아계 미국인의 높은 점수는 백인의 낮은 점수와 같은 수준의 정신병리를 표시하는 것으로 여겨져야 한다. 예를 들어, 그 척도에서 백인의 척도에 대한 연구에 기초해 60점은 정신보건 치료가 필요함을 나타낸다고 여겨진다. 아시아계 미국인에 대한 비슷한 척도 연구는 더 높은 점수, 아마도 70점 정도가 아시아계 미국인에게 정신보건 치료의 필요성을 나타낸다고 여겨져야 한다는 것을 보여줄 것이다. 앞의 예는 연구자가 두 문화집단의 속성을 비교하기 위해 동일한 측정도구를 사용할 때 감수해야 하는 위험을 예시한다. 측정에서 점수가 다르다는 것은 두 집단이 다를 수도 있다는 것만을 표시한다. 측정등가의 부족은 측정에서 점수가 다르게 나온 또 다른 설명이 될 수 있다(Sue, 1996).

측정등가 평가하기

측정도구의 측정등가를 평가하기 위해 몇 가지 과정을 사용할 수 있다. 한 방법은 한 문화에서 유사한 방법으로 응답을 얻은 문항이 다른 문화에서도 유사한 응답을 얻는지 보기 위해 9장에서 검토할 통계과정을 사용하는 것이다.

예를 들어, 알츠하이머로 고생하는 친척을 돌보는 주부양자인 멕시코계 미국인의 부양부담을 평가한다고 하자. 멕시코계 미국인을 포함하지 않은 표본으로 입증된 부양부담을 측정하는 척도를 사용하기를 원한다고 가정하자. 그 척도가 부양부담의 세 측면을 측정하는 것으로 나타났다고 가정하자. 첫째 객관적 부담(돌봄에 사용하는 시간과 가장 상관관계가 높은 다른 희생 등에 대해 질문하는 문항), 둘째 우울증(서로 가장 상관관계가 높은 우울증의 여러 측면에 대해 질문하는 문항), 셋째 육체건강(서로 가장 상관관계가 높은 부양자의 신체적 건강의 다양한 지표에 대해 질문하는 문항)이다. 멕시코계 미국인 부양자를 대상으로 측정등가를 평가하기 위해 연구자는 동일한 문항이 부양부담의 동일한 세 측면에서 서로 상관관계를 갖는지 보게 될 것이다. 완전하게 일치할 필요는 없다. 그 차이가 작다면 측정도구가 두 문화에서 동일한 측면을 측정한다는 것을 의미한다.

측정등가를 평가하는 또 다른 과정은 문화적 동화(acculturation)의 수준이 다른 사람들이 측정도구에 다르게 반응하는지를 평가하는 것이다. 위의 예를 사용해 부양부담 척도를 실시하는 외에 연구자는 멕시코계 미국인 부양자의 문화적 동화 정도를 평가하고, 그들이 최근 멕시코에서 이민을 왔는지 평가할 수 있다. 만약 최근 이민자들과 문화적 동화가 덜한 다른 사람들이 문화적 동화가 더 된 다른 사람들과 동일한 평균 부담 점수를 나타내는 경향이 있다면, 그 척도가 등가임을 의미한다. 그와 반대로 평균 점수가 다르다면, 척도 점수가 문화 차이에 의해 영향을 받는 것으로 보이기 때문에 측정등가에 문제가 있을 수 있음을 암시한다.

그러나 연구자는 이런 추론을 할 때 주의를 기울여야 한다. 외국에서 이민 경험과 새로운 구성원이 되고 문화적 동화가 덜 되어 있다는 것은 실제로 돌봄 역할을 더욱 부담스럽게 만들 수 있다. 그러면 평균 점수의 차이는 척도의 등가가 부족함을 의미하는 게 아닐 것이다. 이 쟁점을 더 잘 다루기 위해 연구자는 그 척도의 여러 개별 문항이 문화적 요인들과 상관관계가 높은지, 그 문항을 삭제하거나 변경하면 평균 척도 점수에서 차이를 충분히 줄일 것인지를 탐구하기를 원할 수 있다.

만약 앞의 분석에서 척도의 측정등가가 부족한지 확신할 수 없다면 다음 단계는 연구자가 사용하려는 여러 문화에서 따로따로, 9장에서 논의할 타당도를 평가하는 다양한 기법을 사용하면서 그 척도의 타당도를 검증하는 것이 된다. 척도의 타당도 평가는 측정등가의 궁극적 검사다. 예를 들어, 멕시코계 미국인 부양자의 표본이 부양자가 아닌 인구학적으로 동일한 멕시코계 미국인의 표본보다 척도 점수가 훨씬 더 높은지 볼 수 있을 것이다.

그림 6-1은 지금까지 논의해온 세 가지 유형의 측정등가를 보여준다. 그림은 어떻게 언어등가를 평가하는 것이 개념등가를 평가하기 위한 전제조건인지, 일단 언어등가와 개념등가가 구축된 이후 계량등가를 어떻게 평가할 수 있는지를 보여준다.

그림 6-1 측정등가의 유형

청소년과 어머니의 관계의 질을 측정하는 도구에서 아래와 같이 묻는다고 가정하자.

얼마나 자주 어머니가 귀하를 짜증 나게 합니까(get on your nerves)?

거의 언제나 자주 때로 드물게 전혀

언어등가 (번역등가) ↓	비영어판이 다음을 의미하는 단어들로 번역될 것인가? 어머니가 얼마나 자주 당신을 짜증 나게 합니까? 거의 언제나 자주 때로 드물게 전혀
개념등가 (언어등가를 가정한다) ↓	비영어를 말하는 청소년들이 그 질문을 짜증 나게 하다는 용어로 해석할 것인가? 그렇다면 개념등가가 있다. 또는 청소년이 어머니가 실제 신경의 끝에 물리적으로 압력을 가하는지를 묻는 것으로 생각할 것인가? 그렇다면 그 질문은 개념등가가 부족하다.
계량등가 (언어등가와 개념등가를 가정한다)	어머니에 대한 불손을 허용하지 않는 문화의 청소년이 '자주'라고 한 대답이 주류문화에서보다 더 나쁜 관계를 나타낼 가능성이 더 높은가? 계량등가를 확보하기 위해 두 문화에서 대표적인 청소년 표본이 얼마나 다르게 반응할 것인지를 평가해야 할 것이다. 만일 한 문화에서 훨씬 더 많은 청소년이 다른 문화의 청소년보다 '자주' 또는 '거의 언제나'로 반응한다면 그들의 대답은 그 대답이 표현하는 관계 문제의 심각도와 관련해 다르게 해석할 필요성이 있다.

측정등가 개선방법

앞에서 측정등가를 개선하려는 방법 중 하나가 순번역이라고 했다. 그러나 순번역이 완벽한 건 아니라는 사실도 알았다. 여기서는 측정등가를 개선하기 위한 추가적인 방법을 살펴볼 것이다.

번역자 선정 역번역자 또는 순번역자를 선정할 때, 연구자는 언어능력이 유일한 기준이며, 같은 언어를 말하고 같은 문화권에서 온 사람도 출신 국가, 출신 지역, 교육 수준, 경제적 지위의 차이에 따라 방언과 개념적 의미가 상당히 다를 수 있음을 기억해야 한다. 따라서 나이트 Knight, 루사 Roosa, 우마나-테일러 Umana-Taylor (2009)는 그 같은 측면에서 다양한 번역자 팀을 활용할 것을 추천했다.

사전조사 또한 방언과 개념적 의미의 다양성은 번역한 측정도구를 사전조사할 때 고려해야 한다. 연구의 최종 조사표본이 그와 같이 다양하다면 측정도구의 개념적 의미를 의도되었던 것처럼 하위집단이 동일하게 해석하는지를 보기 위해 다양성을 대표하는 하위집단을 대상으로 측정도구를 사전검사해야 한다.

질적 면접의 가치

개념등가에서 문화적으로 연관된 문제를 적절하게 제거하고 수정하지 않고서 측정도구를 개발했다고 가정하자. 그 문제는 측정도구를 질적 연구에서 면접지침으로 사용하는 것보다 양적 연구에서 더 심각할 수 있을 것이다. 표준화된 측정도구를 양적 연구에서 자기보고 형식으로 실행할 때 연구의 자료수집 단계에서 개념등가 문제를 발견하거나 수정할 기회는 없다. 그러나 측정도구를 질적 면접에서 지침으로 사용한다면 면접대상자는 특정 항목이 무엇을 의미하는지에 대해 의문을 표시할 기회를 갖게 된다. 이와 마찬가지로 면접자는 면접대상자가 말이 안 되는 것 같은 항목으로 혼란스러워하는 모습을 보이는 언어적 또는 비언어적 표현을 감지할 기회를 갖게 된다. 예를 들어 번역한 항목에서 친척이 짜증 나게 하는지(getting on their nerves)를 묻는다면 어떤 면접대상자는 묻는 듯이 “아니요, 친척들은 저를 절대로 만지지 않아요.”라고 대답할 수 있다. 또는 우울하게 느끼는지(feel blue) 묻는다면, 면접대상자는 자신의 손을 바라보면서 “아니요, 언제나 이 색깔이었어요.”라고 대답할 수 있다. 그러면 면접자는 해당 항목을 원래 의도했던 개념적 의미를 전달하도록 다시 설명할 기회를 갖게 된다.

조사연구를 문화적으로 경쟁력 있게 만드는 과정에서 문제가 되는 쟁점

해결이 곤란한 몇 가지 쟁점이 연구를 문화적으로 더 경쟁력 있게 만드는 노력을 복잡하게 한다. 하나는 누가 구체적인 민족 소수계의 구성원으로 자격이 있는지 정의하는 과정이 복잡하다는 점이다. 예를 들어, 노턴 Norton과 맨슨 Manson(1996)은 “누가 미국 원주민 또는 알래스카 원주민인가?”라는 질문에 대답하기가 언제나 쉽진 않다고 한다. 단지 고조할머니가 체로키 인디언이기 때문에 미국 원주민으로서 적극적 조치(affirmative action)의 혜택을 받고자 하는 사람들은 어떤가? 뵈틀러 Beutler, 브라운 Brown, 크로더스 Crothers, 씨브룩 Seabrook(1996)은 누구를 히스패닉으로 분류할 것인지의 기준이 자주 바뀌고 일치하지 않는다고 지적한다. 예를 들어, 쿠바인들은 “특별한 적극적 조치 고려를 위한 히스패닉으로 자격이 있는 반면 스페인 사람들(원래 히스패닉)은 그렇지 않다”(p. 893).

이와 관련된 문제는 민족을 분류하기 위해 연구자가 연구참여자에게 사용하는 호칭(label)이다. 예를 들어 라틴계 응답자는 ‘백인’, ‘히스패닉(Hispanic)/라티노(Latino)’, ‘흑인’의 세 가지 중 하나로 민족을 표시해야 하면 당황할 수 있다. 왜냐하면 라틴계는 히스패닉/라티노이면서 백인이나 흑인이 될 수 있기 때문이다. 따라서 문화적으로 더 경쟁력 있는 응답범주는 ‘백인, 비히스패닉’, ‘흑인/아프리카계 미국인(비히스패닉/라티노)’, ‘히스패닉/라티노’일 것이다. 흑인/아프리카계 미국인을 한 범주로 넣도록 하는 제안이 중복이라고 생각하면서 의문을 가질 수 있다. 그 이유는 어떤 응답자는 아프리카계 흑인이 아닌 카리브해 섬들에서 온 흑인일 수 있기 때문이다.

예를 들어, 일부 문화적 동화가 덜된 히스패닉 미국인은 ‘라티노’라는 용어를 선호할 수 있다. 문화적 동화가 더 된 많은 사람은 ‘히스패닉’이라는 용어를 선호할 것이다. 두 용어 모두에 대해 분개하고, ‘멕시코계 미국인’처럼 국적에 따른 분류를 선호하는 사람도 있을 수 있다. 어떤 용어를 더 선호하는지는 사람에 따라, 그리고 지역에 따라 다양하다. 한 용어를 일반적으로 더 선호하고, 다른 용어는 분노를 일으킬 가능성이 높은 지역에서 연구를 계획하고 있다면, 연구자는 이를 미리 발견하고 그 용어가 적용되는 참여자와 대화할 때 선호하는 용어를 사용하도록 확실히 해야 한다.

또 다른 쟁점은 구체적인 민족 소수계 내에서 중요한 하위집단 간 차이와 연관이 있다. 어떤 민족 소수집단도 동질적이지 않다. 위에서 논의된 것처럼 출신 문화, 사회경제적 지위, 문화적 동화의 수준, 본인 또는 선조들이 이민을 왔는지, 얼마나 최근에 이민을 왔는지, 주류문화의 언어를 말하는지, 정신적 충격이 큰 정치적 난민 경험을 갖고 있는지와 같은 특성과 관련해 각 집단은 이질적이다(Alvidrez et al., 1996). 이런 이질성을 고려하지 못한다면 잘못된 연구결론을 이끌어낼 수 있다. ‘히스패닉’이라는 용어를 사용할 때 뿌리가 멕시코, 쿠바, 푸에르토리코 또는 기타 라틴아메리카 지역인 사람들을 언급하는지에 차이를 발생시킨다. ‘미국 인디언’ 또는 ‘미국 원주민’이라는 용어를 사용할 때 알래스카, 뉴멕시코의 인디언 보호구역, 또는 브롱크스의 아파트에 사는 사람을 말하는 것인지 차이가 있다. 만약 개입효과를 평가하는 연구가 저소득 아프리카계 미국인 참여자와 중산층 백인만을 포함하고 사회경제적 요인을 고려하지 않는다면, 백인과 아프리카계 미국인 간의 개입 산출에서의 차이가 실제로는 사회경제적 차이에 기인했음에도 불구하고 그 차이를 민족에 기인한 것으로 결론을 내릴 수 있다. 그러므로 진정으로 문화적 능력을 갖추기 위해서는 단지 충분한 수의 소수계 참여자를 포함하는 것만으로는 충분하지 않다. 연구자는 다음의 두 가지 문제를 피하기 위해 추가적인 특성도 사정하고 분석해야 한다. (1) 실제로 다른 요인에 기인한 차이를 민족의 탓으로 하는 것, (2) 소수계 내의 하위집단에만 적용되는 결론을 전체 소수계에 과도하게 일반화하는 것이다.

이 장은 연구가 모든 측면에서 확실히 문화적 능력을 갖추게 하는 아주 간단한 방법은 없다는 내용으로 끝낸다. 사회복지 실천 관련 분야의 연구자들은 여전히 연구가 문화적 능력을 더 갖추게 만드는 방법을 배우고 있다. 또한 연구자들은 비교문화(cross-cultural) 연구를 수행하는 연구자들의 실천적 지혜를 통해 나타나는 제안을 경험적으로 검증하고 있다. 그럼에도 연구자가 이 장에서 한 제안들을 따른다면 연구의 문화적 능력이 크게 향상될 것이라고 생각한다. 연구방법론의 다른 측면처럼 연구자가 얼마나 많이 할 수 있는지는 연구자가 보유한 자원의 양에 영향을 받을 것이다. 연구자의 실행 가능성에 대한 제약 내에서 연구자의 일반적인 문화적 능력을 극대화하는 것을 포함해, 연구의 문화적 능력을 극대화하기 위해 할 수 있는 모든 것을 수행하기를 바란다.

주요 내용

- 문화적 능력은 문화적 요인과 문화적 차이가 연구대상, 연구방법, 연구결과를 해석하는 방법에 영향을 미치는 방법을 인식하고 적절하게 반응하는 것을 의미한다.
- 표본에 특정 소수계 모집단과 억압받는 모집단의 적절한 대표성을 포함하지 않는 연구는 그 모집단에 일반화할 수 없다.
- 문화적 둔감성은 민족 차이에 대한 연구결과를 소수계의 결점에 대해 너무 많이 집중하고, 소수계의 강점을 너무 적게 다루는 편향된 방법으로 해석하는 결과를 가져올 수 있다.
- 문화적 능력을 갖춘 연구자는 소수계 집단과 다수집단의 차이를 연구할 때 분석에 사회경제적 요인을 포함시킨다.
- 문화적 능력을 갖춘 연구자는 또한 소수계 집단과 다수집단 간의 차이를 연구하면서 연구에 포함시키는 요인으로 이민 경험과 문화적 동화를 고려할 것이다.
- 문화적 동화는 한 집단 또는 개인이 주류문화와 접촉한 후 다수문화의 언어, 가치관, 태도, 선호하는 생활양식을 받아들이면서 변화하는 과정이다.
- 문화적으로 둔감한 과정을 사용하거나 소수계 집단의 관심에 반응하지 않는 연구는 그 집단에 대한 미래 연구를 위한 분위기에 해를 끼칠 수 있다.
- 소수계 집단이나 억압받는 집단에 대한 어떤 연구라도 시작하기 전에 연구자는 그 문화에 대한 문헌을 충분히 읽는 것을 포함해 그 집단에 관한 문화적 능력을 발전시키는 것이 중요하다.
- 연구대상 소수계 문화의 대표자들은 연구문제의 형성과 이어지는 연구의 모든 단계에서 포함되어야 한다.
- 소수계 집단과 억압받는 집단의 연구참여자를 모집하고 유지하는 데 장벽을 제거하려면 연구자는 다음과 같이 해야 한다. 지역사회 지도자의 추천을 확보한다. 비밀보장과 관련한 문화적으로 민감한 접근방법을 사용한다. 지역사회 구성원을 연구원으로 채용한다. 적절한 보상을 제공한다. 교통편과 보육 문제를 해소한다. 민감하고 접근 가능한 장소를 선택한다. 문화적 능력을 갖춘 면접자를 활용하고 훈련시킨다. 이중언어 직원을 활용한다. 참여에 영향을 미치는 문화적 요인을 이해한다. 낙인찍힌 집단에는 익명 등록을 사용한다. 특수 표본추출 기법을 활용한다. 어디를 찾아볼 것인지 배운다. 의뢰처와 연결하고 양성한다. 빈번하고 개별화된 접촉과 개별 마무리를 사용한다. 준거점을 활용한다. 추적기법을 활용한다.
- 문화적 능력을 갖춘 측정에 대한 세 가지 위협은 다음과 같다. (1) 개인적 특성이나 면접방식이 소수계 응답자를 불쾌하게 만들거나 위협하거나, 그 밖의 방법으로 응답자가 관련 있는 타당한 정보를 드러내기를 꺼

려하도록 만드는 면접자의 이용, (2) 소수계 응답자가 이해하지 못하는 언어의 이용, (3) 문화적 편견이다.

- 일부 연구참여자가 다수집단 언어에 유창하지 않을 때 연구자는 이중언어 면접자를 이용하고, 측정도구를 응답자의 언어로 번역하고, 그 측정도구를 원래 의도했던 것처럼 이해하는지 보기 위해 도구를 사전검사해야 한다.
- 역번역은 번역 타당도를 확보하기 위해 실시하는 일반적으로 사용하는 단계다. 역번역은 이중언어 사용자가 측정도구와 지침을 대상언어로 번역하는 것으로 시작한다. 그러고 나서 다른 이중언어 사용자가 대상언어에서 원래의 언어로 거꾸로 번역한다. 그 다음에는 원래의 측정도구와 역번역판을 비교하고 차이가 있는 문항은 계속 수정한다.
- 어떤 연구자는 역번역 대신 순번역을 사용한다. 순번역은 원래의 측정도구를 대상언어로 번역하는 것으로 시작한다. 그러고 나서 역번역하는 대신에 여러 이중언어 사용자가 두 측정도구가 동일한 개념적 의미를 전달하는지 확인하기 위해 두 측정도구를 모두 검토한다.
- 질적 면접은 자기보고 양적 연구보다 연구의 자료수집 단계에서 개념등가의 문제를 발견하고 수정하는 데 더 많은 기회를 제공한다.
- 측정등가는 한 문화에서 개발된 측정과정을 다른 문화의 사람들에게 적용할 때 동일한 가치와 의미를 갖는다는 것을 의미한다.
- 언어등가는 측정도구를 성공적으로 번역했을 때 확보된다.
- 개념등가는 측정도구와 관찰행위가 여러 문화에 걸쳐 동일한 의미를 갖는다는 것을 의미한다.
- 계량등가는 측정 점수가 여러 문화에 걸쳐 비교 가능함을 의미한다.
- 개량등가를 개선하기 위한 방법은 번역자를 선정하고 참여자를 사전조사할 때 방언과 개념적 의미에 영향을 미치는 하위집단의 차이를 고려하는 것이다.
- 측정등가를 평가하는 방법에는 측정도구의 점수가 문화적 동화의 측정과 상관관계가 있는지 평가하고, 측정도구를 사용하고자 계획하는 여러 문화 안에서 측정의 타당도를 따로 검증하는 것이 포함된다.
- 연구를 문화적으로 더 능력 있게 만드는 노력을 복잡하게 하는 세 가지 쟁점은 다음과 같다. (1) 누가 구체적인 민족 소수계 구성원으로서 자격을 갖추었는지를 정의할 때의 복잡성, (2) 자기 민족을 분류하기 위해 연구참여자에게 사용하는 라벨에 대한 선호도와 분개, (3) 특정 민족 소수계 내에서 중요한 하위집단 간 차이(어떤 민족의 소수계도 동질적이지 않음).

연습문제

1. 최근 멕시코에서 미국으로 이민 온 이주 농장노동자에게 영향을 미치는 서비스나 정책을 개선하고자 도움을 줄 수 있는 연구를 수행하기를 원한다고 가정하자.
   a. 문화적으로 능력 있는 접근방법을 선택하는 것이 연구과정의 다음 단계들 각각에 문화적으로 둔감한 접근방법과 어떻게 다른지 대조하라. (1) 연구문제 형성, (2) 측정, (3) 참여자 모집, (4) 결과 해석
   b. 연구에서 이주 농장노동자를 모집하고 유지하기 위해 연구자가 취할 단계를 논의하라.
2. 연습문제 1의 연구에서 어머니와 자녀 관계의 문제를 평가하기 위해 '어머니에 대한 아동의 태도(CAM)' 척도를 이용하기를 원했다고 가정해보자(9장의 그림 9-2에서 그 척도를 보게 될 것이다).
   a. 그 척도를 검토하고 개념등가 또는 계량등가의 관점에서 문제가 될 수 있는 적어도 두 개 문항을 찾는다. 그리고 왜 그런지 논의하라.
   b. 그 척도의 개정판의 언어등가와 개념등가를 극대화하기 위해 취할 단계를 짧게 기술하라.
   c. 개정한 척도의 측정등가를 어떻게 평가할 것인지 짧게 기술하라.
3. 척도의 측정등가를 평가하는 연구에 대해 보고하는 논문을 찾을 때까지 「Research on Social Work

Practice」 학술지 최근호의 목차와 요약을 검토하라. 그 연구가 측정등가를 평가한 방법과 그 결과를 짧게 요약하라.

인터넷 연습문제

1. 구글이나 그 밖의 검색엔진을 사용해 문화적으로 민감한 연구를 수행하는 노력을 하거나 측정도구의 문화적 민감성을 향상하기 위해 노력한 보고서를 적어도 하나 이상 찾기 위해 검색어 'culturally sensitive research'를 써넣어라. 찾은 것을 짧게 요약하고 비판적으로 평가하라.
2. http://www.Treatment.org/Documents/documents.html에서 'Increasing Cultural Sensitivity of the Addiction Severity Index(ASI): An Example with Native Americans in North Dakota'라는 제목의 보고서를 찾아보자. 그 보고서의 처음 두 장을, 2장에 주의를 기울여 읽어보라. ASI의 문화적 민감성을 개선하고 평가하고자 시도하기 위해 취했거나 취하지 않았던 단계들을 비판적으로 평가하라.
3. 「Social Work Research」 2002년 3월호에 실린 테레사 크로위 Teresa V. Crowe의 'Translation of the Rosenberg Self-Esteem Scale into American Sign Language: A Principal Components Analysis'라는 제목의 논문을 찾아보자. 보고된 연구에서 측정등가를 확보하고 평가하기 위해 취한 단계들을 짧게 기술하고 비판적으로 평가하라.
4. 「Journal of Social Work Education」의 2001년 가을호에 실렸던 현승림과 미리암 맥나운 존슨 Miriam McNown Johnson의 'Korean Social Work Students' Attitudes Toward Homosexuals'라는 제목의 논문을 찾아보자. 이 논문에서 보고된 연구가 어떻게 계량등가의 개념을 예시하는지 짧게 기술하라.
5. 「Social Work Research」 2002년 6월호에 실렸던 스티븐 쿨리스 Stephen Kulis, 마리아 나폴리 Maria Napoli, 플라비오 프란시스코 마르시글리아 Flavio Francisco Marsiglia의 'Ethnic Pride, Biculturalism, and Drug Use Norms of Urban American Indian Adolescents'라는 제목의 논문을 찾아보자. 그 연구가 어떻게 문화적으로 민감한 연구를 예시하는지 짧게 기술하고 비판적으로 평가하라.
6. 'Psychosocial Measures for Asian-American Populations'라고 부르는, http://www.columbia.edu/cu/ssw/projects/pmap에 위치한 컬럼비아 대학교의 사회복지학 교수인 메리앤 요시오카 Marianne Yoshioka 박사가 개발하고 운영하는 웹사이트에 가보자. 그 사이트에서 발견하는 척도의 요약 몇 개를 다운로드하고, 그 척도들이 이 장에서 논의한 문화적으로 민감한 측정에 대해 적어도 두 가지의 주요 내용을 어떻게 예시하는지 짧게 기술하라.

추천도서

Cuéllar, I., & Paniagua, F. A. (Eds.). (2000). *Handbook of Multucultural Mental Health: Assessment and Treatment of Diverse Populations*. San Diego: Academic Press. 이 책은 연구에서뿐만 아니라 실천에서 문화적 능력을 향상할 수 있는 내용을 포함하고 있다. 다루고 있는 연구 개념은 표본추출과 심리학적 검사점수의 해석에서 문화적 편견, 측정등가를 평가하는 방법이다. 또한 몇 개 장에서는 각 집단 내에서 문화적으로 능력 있는 실천과 연구를 논의하는 데 있어 구체적 소수계 집단에 초점을 둔다.

Fong, R., & Furuto, S. (Eds.). (2001). *Culturally Competent Practice: Skills, Interventions, and Evaluations.* Boston: Allyn & Bacon. 제목이 함의하는 것처럼 이 책의 대부분 내용은 문화적으로 능력 있는 사회복지 실천에 초점을 둔다. 문화적 능력을 개발하는 것이 그 자체로 중요하며, 또한 연구자가 연구에서 더 문화적 능력을 갖추도록 도울 것이다. 더욱이 5부로 이루어진 책의 4부는 프로그램과 실천 평가에서 문화적 능력을 갖춘 실천 개념과 기술을 적용하는 데 초점을 둔다. 제기된 주요 개념은 문화적 능력을 갖춘 평가기술, 강점 관점(strengths perspective), 역량강화과정(empowerment process)을 아프리카계 미국인, 멕시코계 미국인, 라티노, 미국 원주민, 아시아계 미국인, 하와이와 태평양 군도계 개인, 가족, 조직 및 지역사회에 적용하는 것을 포함한다.

Freeman, R. C., Lewis, Y. P., & Colon, H. M. (2002). *Handbook for conducting drug abuse research with Hispanic populations*. Westport, CT: Praeger. 이 해설서는 히스패닉 집단을 대상으로 약물남용을 조사할 때 문화적으로 능력 있는 연구조사를 수행하는 과정의 다양한 측면에 대한 내용을 포함하고 있는데, 히스패닉 지역사회 대상으로 연구를 시작하는 단계, 연구참여자 모집과 유지, 측정도구 개발 등이다.

Hernandez, M., & Isaacs, M. R. (Eds.). (1998). *Promoting Cultural Competence in Children's Mental Health Services*. Baltimore: Paul H. Brookes. 이 책은 아동의 정신보건 서비스에서 문화적 능력의 다양한 차원에 대한 유용한 관점을 제공하는 것 외에도 평가와 연구에서 문화적 능력에 구체적으로 초점을 맞춘 세 장이 있다.

Journal of Consulting and Clinical Psychology, 64(5), 1996. 이 심리학 학술지는 자주 임상사회복지 실천 및 연구와 관련 있는 훌륭한 연구논문을 싣는다. 이번 호는 심리치료 연구에서 소수자들을 모집하고 유지하는 데 대한 내용이 담긴 특별호다. 이 특별호의 논문 중에는 미국 원주민, 아프리카계 미국인, 라티노, 소수계 노인, 노숙 정신질환자 등에 초점을 맞춘 논문들이 있다.

Knight, G. P., Roosa, M. W., & Umana-Taylor, A. J. (2009). *Studying ethnic minority and economically disadvantaged populations: Methodological challenges and best practice*. Washington, DC: American Psychological Association. 이 책은 200페이지를 겨우 넘지만 이 장에서 논의했던 주요 쟁점과 방법 대부분을 상세히 설명하는데, 특히 연구참여자를 모집하고 유지하는 것, 측정 등가를 평가하고 확보하는 것, 그리고 번역과정을 다룬다. 또한 이 책은 윤리적 쟁점에 대한 장, 예방적 개입 연구조사에서 이런 쟁점과 방법의 적용을 예시하는 장 등을 담고 있다.

Potocky, M., & Rodgers-Farmer, A. Y. (Eds.). (1998). *Social Work Research with Minority and Oppressed Populations*. New York: Haworth Press. 5장에서 언급한 것처럼 이 편리한 논문 모음집은 소수계 집단과 억압받는 집단의 연구에서 문화적 편견과 둔감성을 피하기 위한 혁신적인 아이디어를 포함하고 있다. 이 장에 가장 관련이 있는 것은 유색 여성의 우울증을 측정하기 위한 도구의 구성과 비백인 민족 노인들의 노인학적 사회복지 관심에 대한 쟁점을 기술하는 두 논문이다.

Suzuki, L. A., Meller, P. J., & Ponterotto, J. G. (Eds.). (1996). *Handbook of multicultural assessment. San Francisco*: Jossey-Bass. 이 책은 여러 문화에 걸쳐 심리적 사정도구를 활용하는 과정에서 문화적 민감성에 관한 다양한 쟁점을 다루는 것으로 시작한다. 그러고 나서 이 책은 사회적 · 정서적 · 인지적 기능을 사정하기 위한 구체적 측정도구와 관련 있는 문화적 민감성 쟁점을 검토한다. 책의 마지막 부분은 다문화적 사정에서 나타나는 쟁점을 검토한다.

활용 노트

EP 2.1.4b

EP 2.1.4b: 다양한 집단과 일하면서 개인적 편견과 가치관의 영향을 제거하기 위해 충분히 자각하기: 사회복지사가 이 장에 소개된 모든 개념을 이해한다면 자신의 조사연구에서 문화적 능력을 더 갖출 수 있으며, 여기에는 다양한 집단과 조사연구에 참여할 때 개인적 편견과 가치관의 영향을 제거하는 것이 포함된다.

문제형성과 측정

Problem Formulation and Measurement

문제를 정확하게 제기하는 것은 종종 그에 대한 답을 하는 것보다 더 어려울 때가 있다. 올바르게 표현한 질문은 때때로 그 자체가 대답이 되는 것처럼 보인다. 당신은 다른 사람에게 명백한 질문을 만드는 과정에서 그냥 그 질문에 대한 답을 발견한 적이 있을 것이다. 3부에서는 탐구의 구조를 고찰하는데, 과학적인 관점에서 올바르고 사회복지 실천과 사회복지 관점에서 유용한 연구조사 질문을 제기하는 과정을 포함한다.

7장은 연구의 시작을 다룬다. 7장에서는 몇 가지 탐구의 목적, 연구문제를 선정하는 출처와 기준, 연구문제를 정교화하고 조사연구를 계획하는 데 고려해야 할 일반적 쟁점과 과정, 사회복지 연구의 분석단위를 살펴본다.

8장에서는 연구하고 싶은 것을 구체화하는 것, 조사하려는 개념을 관찰하기 위한 단계 또는 조작을 다루는데, 이 과정을 개념화와 조작화라고 한다. 이 책에서는 사회복지 실천에서 일상적으로 사용하는 몇 가지 용어, 예를 들어 자존감, 사회적응, 온정을 살펴보고, 그 용어가 실제로 무엇을 의미하는지 명확히 하는 일이 얼마나 필수적인지를 알게 된다. 일단 어떤 용어를 사용할 때 그 의미를 명확히 하고 나서, 그 용어의 의미를 측정하는 도구를 만들게 된다.

9장에서는 측정오류의 일반적 출처와, 측정오류를 방지하고 측정절차의 질을 평가하기 위해 취할 수 있는 조치를 살펴본다. 마지막으로, 사회복지 연구에서 빈번하게 사용되는 몇 가지 측정도구의 개발과정을 살펴볼 것이다. 10장에서는 질문하기와 설문지와 척도의 개발을 위한 지침을 논의할 것이다.

3부에서 배운 내용을 통해 통제되고 과학적인 관찰로 나아갈 수 있을 것이다. 어떻게 그런 관찰을 할 것인가를 배우게 되면 연구를 전혀 하지 않는다 해도 사회복지사로서 업무가 향상될 것이다. 사회복지 실천가들은 의사결정의 지침이 되는 관찰에 지속적으로 관여한다. 관찰이 더 과학적이고 타당할수록 관찰에 근거한 결정도 더 나은 결정이 된다.

CHAPTER
7

문제형성
Problem Formulation

이 장의 학습내용

이 장에서는 다양한 사회복지 연구의 목적, 초기 연구과정, 조사연구를 계획하는 방법, 그리고 누구 또는 무엇을 연구대상으로 언제, 어떻게, 어떤 목적으로 연구할 것인지에 대한 여러 가지 선택을 배우게 된다.

서론

사회복지 연구는 증거기반 사회복지 실천과 상당히 많은 부분을 공유한다. 사회복지 연구와 증거기반 사회복지 실천은 기본적으로 모두 사회복지 문제를 해결하면서 동일한 문제해결과정을 따른다. 두 방법 모두 문제형성과정으로부터 출발하는데, 문제형성과정에서 사회복지 문제를 인지하고, 정의하고, 구체화하게 된다. 그러고 나서 연구자와 증거기반 실천가는 그 문제를 해결하기 위한 대안을 만들고, 이를 탐구하고 선택한다. 마지막으로 그들은 선택한 대안을 실행에 옮기고, 평가하며, 그 결과를 널리 알린다. 실천과 연구에서 이런 과정은 모든 과정이 서로 연결되어 있다. 논리적 순서로는 한 단계에서 다음 단계로 나아가는 것이지만, 어떤 특정 단계에서든 만날 수 있는 극복하기 어려운 난관이 다음 단계로 나아가는 것을 막고 이전 단계로 돌아가게 한다.

예를 들어, 증거기반 실천에서 최선의 증거를 가진 개입방법이지만 클라이언트에게 적용할 수 없으면 증거가 그렇게 많지 않아도 대상자의 가치와 선호에 맞는 다른 개입방법을 찾는 것으로 검색을 다시 시작할 필요가 있다. 이와 유사하게, 한 개입방법을 실행하고 평가한 후, 클라이언트에게 효과가 없다는 판단이 서면 동일한 방법을 취해야 할 것이다. 연구과정을 고려할 때 이전 단계로 돌아가는 동일한 과정을 적용한다는 것을 기억해야 한다. 따라서 훌륭한 연구를 설계한 후, 실행비용이 예산을 초과한다는 사실을 깨닫는다면 이전 단계로 돌아가서 좀 더 실행 가능한 연구를 이끌어낼 필요가 있다.

연구문제를 형성하는 첫 번째 단계는 연구문제에 대한 연구자의 이전 연구, 연구문제에 대한 기존 지식 기반과 같은 요인에 따라 다르다. 예를 들어, 많은 연구가 있는 영역이지만 어떤 특정한 측면에 대해 연구하려고 하는지 확실하지 않은 영역에서 착수하고자 하는 연구자는 어떤 새로운 영역의 탐구가 가장 필요한지 분명하게 하도록 돕는 해당 주제의 기존 문헌에 대한 철저한 고찰로부터 시작해야 한다. 반대로 주제에 대해 이미 많은 연구를 해왔고, 아주 최근에 완성한 연구에서 추가적인 연구에 대한 구체적인 함의를 이끌어낸 연구자라면 광범위한 문헌 고찰로 시작할 필요는 없다. 그러나 가장 최근의 연구를 수행하는 동안 나온 최신 연구도 포함했음을 분명히 해야 한다.

연구과정의 문제형성 단계를 고려하기 위해 사회복지 연구의 다양한 목적을 서술하고 비교하는 것으로 시작해보자. 앞으로 보게 될 것처럼 어떤 연구는 여러 목적 중 하나만을 추구하지만 많은 연구는 다수의 목적을 추구한다.

사회복지 연구의 목적

사회복지 연구는 여러 목적을 가질 수 있다. 한 연구가 하나 이상의 목적을 가질 수 있으며, 대부분의 연구가 그렇다. 그러나 각 목적은 연구설계의 다른 측면에 다른 함의를 갖기 때문에 좀 더 일반적인 목적을 구분해서 살펴보겠다.

탐색

많은 사회복지 연구는 어떤 주제를 탐색(exploration)하기 위해, 즉 그 주제에 처음 익숙해지기 위해 수행한다. 이 연구목적은 연구자가 새로운 관심사에 대해 연구하거나, 연구주제가 비교적 새롭고 연구가 되지 않았거나, 연구자가 좀 더 철저한 연구를 수행할 수 있는 실행 가능성을 알아보고자 하거나, 좀 더 철저한 연구에서 사용할 방법을 개발하고자 할 때 주로 볼 수 있다. 탐색 목적에 맞는 연구의 유형은 사실상 끝이 없다. 가능한 예는 다음과 같다.

- 클라이언트가 개입 프로그램을 그만두는 이유에 대해 예비적 아이디어를 발전시키기 위해 조기에 개입을 종결한 클라이언트를 면접
- 과거 노숙인 쉼터에 거주했던 여성들이 쉼터에 머무르게 하는 것이 무엇인지, 그 여성들 중 많은 여성이

거리에서 지내는 편을 더 선호하는 이유에 대해 예비적 아이디어를 발전시키기 위해 그 여성들을 면접

- 외상 후 스트레스 증후군(PTSD)으로 진단을 받고, 최근에 전역한 전쟁 퇴역군인이 군 경험이 없는 지역사회 기반 실천가로부터 서비스를 찾고 서비스를 받게 만드는 것이 무엇인지 예비적 아이디어를 발전시키기 위해 그들을 면접

실제로 실행되었던 탐색연구를 예시하기 위해 사회복지 실천가의 증거기반 실천과정 개입이라는 주제를 생각해보자. 1970년대 후반, **증거기반 실천**이라는 용어가 인기를 끌기 전에 최첨단 사회복지조사론 교수들은 학생들이 졸업한 후 자신들의 실천에 대한 결정을 내리는 데 지침을 얻기 위해, 완성된 조사연구를 읽고 자신들의 실천 효과성을 평가하기 위해 조사방법을 활용하는 정도를 개선할 목적으로 혁신적인 조사론 강의전략을 실행하고 있었다. 자신들의 노력의 결과를 모르는 상태에서 어떤 교수들은 최근 졸업생들과 그들이 일하는 기관의 슈퍼바이저와 관리자를 대상으로 비구조화 개방형 면접을 실시하는 탐색연구를 주도했다. 그들의 목적은 졸업생들이 실천에서 조사론 내용을 이용하는 정도에 대한 예비적인 지식을 얻고, 조사론 내용의 이용을 돕거나 방해하는 실제 기관 요인에 대한 잠정적인 아이디어를 만들어내려는 것이었다.

수십 년 후 **증거기반 실천**이라는 용어가 인기를 얻게 된 후에 일부 사회복지 연구자(이 교재의 저자 중 한 명도 포함하여)는 두 가지 측정도구를 개발했는데, 증거기반 실천에 대한 교수들의 견해에 대한 설문지와 증거기반 실천과정에 대한 실천가의 태도와 참여를 평가하는 척도였다. 측정도구를 개발하는 초기 단계는 각 측정도구에 대한 문항을 만들어내기 위해 교수 및 실천가와 탐색적 면접을 수행하고, 그러고 나서 예비 측정도구에 대한 실천가와 교수의 반응을 알기 위해 비공식 회의를 통해 각 측정도구를 간결하고 정교하게 만드는 것이었다.

앞에서 본 것처럼 사회복지 실천에서 많은 다양한 유형의 가치 있는 탐색연구가 있다. 탐색연구는 연구자가 새로운 분야에 관심을 가질 때는 필수적이며, 거의 언제나 연구주제에 대한 새로운 통찰력을 제공할 수 있다. 탐색연구는 또한 근거이론(grounded theory)의 원천이 되며, 이는 17장에서 논의한다.

탐색연구는 분명한 가치를 갖고 있지만, 탐색연구가 연구문제에 대해 만족할 만한 답을 주는 경우가 거의 없다. 탐색연구는 단지 답에 대한 힌트를 제시하거나 좀 더 확실한 답을 제공할 수 있는 연구방법에 대한 통찰력을 줄 수 있다. 탐색연구가 그 자체로 확정적이지 못하는 이유는 대표성의 문제이며, 표본추출 방법과 관련해서 15장에서 깊이 있게 논의할 것이다. 일단 표본추출과 대표성을 이해하면 어떤 탐색연구가 실제로 연구문제에 대한 답을 주는 것인지, 아니면 단지 답의 방향만 제시하는 것인지 결정할 수 있다.

기술

많은 사회복지 연구는 두 번째 목적인 상황과 사건을 기술(description)하는 것이다. 연구자는 관찰하고, 관찰한 내용을 기술한다. 과학적 관찰은 주의 깊고 의도적이므로 과학적 서술은 전형적으로 일상적인 서술보다 더 정확하고 꼼꼼해야 한다.

앞서 소개한 증거기반 실천에 관한 교수와 실천가를 대상으로 한 조사의 예에서, 교수가 증거기반 실천을 여러 가지 다르게 해석하는 정도와 실천가가 증거기반 실천과정에 참여하거나 적어도 잠재적으로 증거기반 실천을 하는 데 호의적인 태도를 갖고 있는 정도를 평가하려는 기술적 목적으로 탐색 단계에서 만든 측정도구를 사용했다.

선거운동 기간에 실시하는 갤럽조사는 유권자의 투표의도를 기술하려는 목적을 갖고 있다. 개별 국회의원이 사회복지 관련 법안에 찬성하거나 반대한 횟수를 계산해 보고하는 연구자도 기술적 목적을 갖고 있다. 사회복지 분야에서 가장 잘 알려진 기술연구는 사회복지교육협의회(Council on Social Work Education)가 실시하는 사

회복지대학원 연간 통계조사다. 이 통계조사는 모든 대학원의 학생과 교수의 매우 다양한 특성을 파악한다. 매년 보고되는 이 조사결과를 살펴보면 사회복지학 교육에서 다양한 학위과정의 지원자와 등록학생 수의 증가 또는 감소, 여성 및 소수인종계 등록학생과 교수의 비율 등의 중요한 동향을 알 수 있다.

이제까지 살펴본 기술연구의 예들은 특성 면에서 모두 양적 연구다. 그러나 기술연구는 질적 연구도 될 수 있다. 양적 연구와 질적 연구에서 '기술'이라는 용어는 서로 다르게 사용된다. 양적 연구의 경우, 기술이란 전형적으로 특정 모집단의 특성을 말한다. 그 모집단을 대표한다고 생각되는 사람들의 표본에서 얻은 양적 자료에 기초한 것이다. 양적 연구에서 기술하는 자료는 수량화하기 쉬운 외적인 속성, 예를 들면 연령, 소득, 가구원 수 등의 자료다. 양적 기술연구에서 기술된 자료의 객관성, 정확성, 일반화 가능성은 무엇보다 중요하다. 이에 대해서는 9~13장에서 자세히 살펴보겠다.

질적 연구에서 '기술'은 어떤 현상과 그 현상의 깊은 의미에 대한 풍부한 고찰을 말한다. 질적 기술은 큰 모집단에 정확하게 일반화하는 것보다는 기술하는 대상의 입장이나 느낌이 어떤가 하는 것(그들이 처한 환경, 상호작용, 의미하는 것, 그들의 일상적인 삶)을 자세하게 전달하는 데 더 관심을 갖는 경향이 있다. 예를 들어, 급여 수준이 가장 낮은 주에서 복지혜택을 받는 어머니에 대한 질적 기술연구는 아마도 부족한 급여가 어머니와 그 자녀의 소수표본의 일상생활에 미치는 영향, 그들의 생존을 위한 노력, 이웃이나 사회복지사와의 상호작용, 그 과정에서 그들이 받는 느낌, 그리고 가족을 부양하기 위해 그들이 해야만 하는 일 등을 기술할 수 있다. 반면에 복지급여를 받는 어머니에 대한 양적 기술연구는 아마도 대규모의 대표성이 있는 어머니 표본을 선택해 공공부조를 필요로 하는 기간, 연령과 교육 수준 등을 기술할 수 있다. 질적 기술의 방법은 10장과 18장, 19장에서 좀 더 자세히 논의하겠다.

설명

사회복지 연구의 세 번째 일반적인 연구목적은 어떤 것을 설명(explanation)하는 것이다. 한 유권자의 투표의도를 보고하는 것은 기술적 활동이지만, 왜 어떤 사람들은 사회복지 서비스를 확대하기 위한 증세안(tax initiative)에 찬성하거나 반대하는지를 보고하는 것은 설명활동이다. 왜 어떤 도시는 다른 도시보다 아동학대율이 높은지 알아보는 것은 설명연구인 반면, 단순히 도시별 아동학대율을 조사하는 것은 기술연구다. 연구자가 매 맞는 아내들이 단순히 얼마나 자주 폭력남편한테로 되돌아가는가보다는 왜 반복적으로 돌아가 함께 사는지를 밝히고자 한다면 연구자는 설명의 목적을 갖고 있다. 앞서 들었던 증거기반 실천의 예에서 설명연구의 목적은 특정한 응답자의 특성이 증거기반 실천에 관한 그들의 견해와 자기보고 행동을 예측했는지를 검토하는 것이다. 많은 설명연구는 가설검증의 형식을 갖고 있으며, (3장에서 논의했던 것처럼) 가설은 한 변수의 변량이 다른 변수의 차이를 설명하는 것으로 가정하는 잠정적인 문장이다.

평가

사회복지 연구의 네 번째 목적은 사회복지정책, 프로그램과 개입을 평가(evaluation)하는 것이다. 사회복지 연구의 평가목적은 실제로 앞에서 언급한 세 가지 목적인 탐색, 기술, 설명을 모두 포함한다. 예를 들어, 지역주민이 필요로 하는 서비스를 평가하는 첫 번째 단계로 지역주민과 개방형 탐색적 면접조사를 수행할 수 있다. 주민들이 갖고 있다고 하는 문제와 그들이 필요하다고 말하는 서비스를 평가하기 위해 기술적 지역사회 설문조사를 수행할 수도 있다. 또한 기술적 연구는 서비스가 의도대로 실행되고 있는지를 평가할 수도 있다. 인종이나 문화적 동화 등의 요인이 왜 일부 주민이 다른 주민보다 서비스를 이용할 가능성이 높은지를 설명하는지 평가할 수도 있다.

그리고 평가연구는 사회복지정책, 프로그램 또는 서비

스가 설정한 목표를 달성하는 데 효과적인지 여부를 물을 수도 있다. 목표달성 평가는 탐색적, 기술적, 설명적 방법으로 할 수 있다. 예를 들어, 사회복지 실천가에게 치료목표를 달성하는 데 가장 효과적이거나 가장 비효과적인 것으로 보였던 자신들이 사용했던 기법을 기억해내도록 단순히 개방형으로 실천가에게 묻는다면 어떤 개입방법이 더 자세하게 평가를 내릴 만한 가치가 있는가 등 시험적인 통찰력을 개발하기 위한 탐색적 평가를 수행하는 것이 된다. 만약 학교 중퇴에 반해 고등학교 졸업 여부 등 치료목표를 달성한 서비스 수급자의 비율을 평가한다고 가정해보자. 그것은 기술적 평가가 될 것이다. 연구설계가 목표가 달성된 이유를 설명하는 것이 다른 요인이 아니라 실제로 사회서비스였는지 여부를 결정하게 해줄 수 있는 설계가 아니라면 '설명적'이라고 부르지 말아야 한다. 어쩌면 성공하도록 가장 큰 동기부여가 된 학생들은 동기부여가 가장 덜 된 학생들보다 사회서비스를 구할 가능성이 더 컸을지도 모른다. 그러나 그런 다른 요인을 검토한다면 설명적 평가라고 할 수 있을 것이다. 즉, 원하던 결과를 야기했던 것이 실제로 사회서비스인지 여부를 결정할 수 있도록 해주는 그런 평가다.

앞의 증거기반 실천의 예로 돌아가서 연구자가 자신이 개발한 증거기반 실천에 대한 보수교육 워크숍의 효과성을 검증하기 위한 연구를 수행했으면 평가목적을 갖는다. 동시에 연구자가 워크숍이 실천가들의 증거기반 실천에 대한 지식, 태도와 개입을 개선할 것이라는 가설을 검증한다는 점에서 설명의 목적을 갖는다(연구자들의 노력으로 나온 연구를 읽고 싶다면 다음을 참고하라. Parrish, 2008; Rubin & Parrish, 2007a, 2007b, 2009). 이 책의 4부에서는 프로그램 평가와 실천 효과성을 훨씬 더 깊이 있게 다룰 것이다.

측정도구의 고안

일부 연구는 다른 연구자나 실천가가 실천의 사정 또는 평가 측면의 부분으로 사용할 수 있는 측정도구를 개발하고 검증하려고 한다. 이런 연구에서 함축하고 있는 연구문제는 지금까지 논의했던 연구문제의 유형과는 대조를 이룬다. 이 연구문제는 실천을 위한 함의를 개발하려고 시도하기보다는 특정 측정도구가 실천이나 연구에서 적용될 수 있는 유용하고 타당한 도구인지를 묻는다. 따라서 이 연구는 40개 항목의 가족위험 척도가 아동학대 또는 방임으로 치료를 받고 있는 부모들이 앞으로 다시 학대하거나 방임할 가능성이 있는지 여부를 정확하게 예측하는지 여부를 평가한다. 또는 한 국가에서 주류문화의 클라이언트에게 정확했던 측정도구가 소수인종의 클라이언트 또는 다른 국가에 거주하는 클라이언트에게 사용될 때 타당한지 여부를 사정할 수도 있다. 앞의 증거기반 실천의 예에서 연구자는 궁극적으로 실천가들이 보수교육 워크숍을 받은 후 탐색 단계에서 개발하기 시작했던 해당 측정도구가 증거기반 실천에 관한 실천가의 변화를 찾아내는 데 유용했는지 검증했다. 또한 연구자는 사회복지 실천가들을 대상으로 실시한 폭넓은 설문조사에서 해당 측정도구의 점수가 실천가들이 갖고 있었던 증거기반 실천에 대한 이전 훈련의 양과 상관관계를 갖는지 검토했다. 이 책의 9장과 10장은 측정도구를 개발하고 검증하는 연구와 관련 있는 주요 개념과 방법을 검토할 것이다.

다수의 연구목적

사회복지 연구의 목적을 구별하는 것이 유용하기는 하지만, 대부분의 사회복지 연구는 여러 연구목적의 요소를 갖는다는 점이 강조되어야 한다. 연구는 둘 이상의 목적을 가질 수 있기 때문에, 때로 특정 연구목적을 어떻게 가장 잘 규정하는지 판단하기가 어렵다. 이는 때로 탐색목적과 설명목적 간의 모호한 구분으로 더욱 복잡해진다. 예를 들어, HIV나 AIDS 환자를 돌보는 환자 가족을 위한 사회적 지지 서비스 프로그램을 개발한다고 가정해보자. 연구자는 프로그램 개발 초기에 일부 환자의 배우자는 결혼하기 전에 이미 상대가 HIV나 AIDS에 걸렸다는 사실을 알았던 이성 배우자들임을 알았다. 연구자는 환자의 배우자 중 이 하위집단을 위한 지지 서비스를 계획하면서 왜 그들이 앞으로 환자를 돌보는 부담과 슬픔을 예상할 수 있었음에도 결혼했는지 이해하는 일이 중요하다고 믿었다.

이 주제가 그때까지 연구되지 않아 새로워서, 극소수의 잠재적으로 전형적이지 않은 표본만을 얻을 수 있기 때문에, 그리고 이 현상에 대한 시험적이며 초보적인 통찰력을 얻으려고만 추구했기 때문에 연구자는 탐색연구를 수행하기로 선택할 수 있다. 탐색연구에서 어쩌면 연구자는 주로 그들이 왜 배우자와 결혼했는지, 그리고 그것이 사회적 지지 욕구에 함의하는 것은 무엇인지를 이해하고자 하면서, 배우자와 결혼하고자 했던 스스로의 결정에 대해 5~10명 정도의 환자 배우자들과 개방형 면접조사를 수행할 수 있을 것이다. 비록 이 연구가 부분적으로 탐색적이라고 하더라도 설명의 목적을 갖기도 한다. 연구자가 새로운 현상을 설명하려는 장기 목적으로 그 현상을 탐구하고 있다고 하자. 따라서 어떤 사람이 그 연구가 탐색적인지 설명적인지 여부를 묻는다면 '두 가지 모두'라고 정확하게 대답하기 전에 잠시 생각해야만 할 수도 있다.

탐색의 목적과 설명의 목적을 구분하려면 두 가지 추가적인 연구목적인 이해(understanding)와 예측(predicting)도 고려해야 한다. 연구가 어떤 현상에 대한

목적	양적 연구의 예	질적 연구의 예
탐색	설문조사하기에 편리한 대표성이 떨어지는 실천가 집단을 대상으로 얼마나 자주 증거기반 실천과정에 참여하는지, 그리고 그렇게 하거나 하지 않는 이유를 나타내기 위해 표시하는 문항으로 폐쇄형 설문지를 사용한다.	소수의 실천가를 대상으로 얼마나 자주 증거기반 실천과정에 참여하는지, 그리고 그렇게 하거나 하지 않는 이유에 관해 구조화되지 않은 개방형 면접을 실시한다.
기술	대규모의 대표성 있는 실천가 표본을 대상으로 증거기반 실천과정에 대한 견해와 얼마나 자주 그 과정에 참여하는지에 관해 구조화된 폐쇄형 설문지를 사용한다.	아동가족 서비스기관에서 상당한 기간(몇 달 또는 그 이상) 많은 시간을 보낸다. 치료회기를 관찰(비디오를 통해)할 허가를 얻고, 직원회의와 집단 사례관리 회의에 참석하고, 근무 중 훈련에 참석하고, 실천가의 과정기록을 읽는다. 이런 모든 관찰로부터 그 기관의 증거기반 실천의 정도와 특성에 대한 상세한 기술을 발전시킨다.
평가	실천가가 증거기반 실천과정에 대한 보수교육 워크숍에 참여하기 전과 후에 위의 척도로 실천가에게 검사를 실시한다. 6개월, 1년 후에 다시 워크숍이 증거기반 실천과정에 관한 실천가 지식과 관점을 개선하고 실천가의 과정 참여를 증진하는 데 효과적이었는지 평가하기 위해 검사를 실시한다.	실천가가 증거기반 실천 보수교육 워크숍을 마친 직후와 6개월 후에 다시 실천가가 워크숍을 어떻게 경험했는지, 실천에 대한 가치, 워크숍이 자신들의 실천에 영향을 미쳤는지, 영향을 미치거나 미치지 않았다면 그 이유는 무엇인지, 워크숍을 개선하기 위한 제안, 워크숍에서 가장 도움이 되었던 측면과 가장 도움이 되지 않았던 측면으로 인식했던 점을 사정하기 위해 개방형의 심층규명 면접을 실시한다.
측정도구 고안	위의 척도를 완성한 후, 위의 기술연구나 설명연구에서 사용하기 전에 다음의 두 대규모 실천가 집단에 검사를 실시한다. 1) 증거기반 실천에 대한 상당한 훈련을 받고 증거기반 실천 강조 규정이 있는 기관에서 일하는 실천가 2) 증거기반 실천에 대한 훈련을 받지 않고 증거기반 실천에 대한 강조가 없는 기관에서 일하는 실천가 첫 번째 집단의 평균 점수가 두 번째 집단의 점수보다 상당히 더 나은 지식과 관점을 반영한다면 그 결과는 척도의 타당도를 지지한다.	이후의 양적 연구에서 확인될 수 있는 예비척도를 개발한 후, 여러 기관에서 한 기관당 5~10명의 실천가와 초점집단 조사를 실시한다. 초점집단 참여자들에게 예비척도를 검토하도록 요청하고 척도에 대한 반응을 논의한다. 예를 들어, 어떤 문항에 더 명확한 용어를 선택할 필요가 있는가? 그들이 이해하지 못하는 기술적 용어가 있는가? 척도의 문항이 적절하게 잡아내지 못할 것 같은 증거기반 실천 관점이 있는지, 만약 있다면 실천가는 척도를 개선하기 위해 어떤 추가 문항(또는 더 나은 문항)을 제안하는가?

그림 7-1 실천가의 증거기반 실천에 대한 관점과 활용을 조사하는 사회복지 연구의 다양한 목적의 양적 및 질적 예시

초보적인 이해를 발전시키고자 한다면 비록 응답자가 왜 어떤 것을 했는지를 설명하도록 요청하는 질문이 포함되어 있다고 하더라도 그 연구는 설명적이라기보다는 탐색적일 가능성이 높다. 반면에 그 주제에 대한 기존 연구에서 추출한 시험적 설명이 함의하는 예측(가설)을 엄격하게 검증하려 한다면 연구는 설명적이 될 가능성이 높다. 이 장과 나머지 장의 다양한 사례에서 여러 가지 연구목적이 작동한다는 사실을 보게 될 것이다. 그림 7-1은 지금까지 논의해온 증거기반 실천의 예와 연결된 목적을 제시한다. 지금까지 이런 목적을 검토했으니 이제 문제형성과정의 첫 번째 단계인 연구할 주제 또는 문제의 선정을 살펴보자.

주제선정과 연구문제

사회복지 실천은 매우 다양한 전문직이므로 이 분야에서 가능한 연구주제는 무수히 많다. 연구주제는 보건과 정신보건, 아동복지, 노인학, 약물남용, 빈곤, 정신지체, 범죄와 비행, 가정폭력 등 한 문제영역이나 여러 문제영역에 걸쳐 있을 수 있다. 문제영역 내에서도 연구의 초점은 개인, 가정, 집단, 지역사회, 조직 또는 더 큰 사회체계가 될 수 있다. 연구는 대상집단의 특성, 사회복지사가 제공하는 서비스, 사회복지사를 지도·감독하고 훈련시키는 방식, 사회복지기관 행정의 쟁점, 사회복지정책의 쟁점, 프로그램 개발과 치료계획 수립을 위한 클라이언트 또는 지역사회 욕구의 사정, 잠재적 클라이언트가 프로그램을 이용하지 않는 이유, 사회복지사가 처리하는 문제의 역동성과 그런 측면이 서비스 전달에 주는 함의, 사회복지기관이 특정 문제에 얼마나 적절하게 대처하는지, 사회복지기관이 특정 표적집단에 의도한 대로 접근하는지, 특정 유형의 클라이언트나 서비스에 대해 사회복지 실천가가 갖고 있는 태도, 시민참여 전략과 그 산출에 관련된 요인 등을 다룰 수 있다.

다른 학문 분야의 사회과학 연구들과는 달리 사회복지 분야의 연구에서 주제를 선정하는 데 가장 중요한 자극제는 사회서비스를 제공하는 기관들이 직면한 결정이나 사회복지의 실천 문제를 해결하는 데 필요한 정보다. 모든 연구와 마찬가지로 연구자의 지적 호기심과 개인적인 관심이 확실히 영향을 미친다. 그러나 사회복지정책, 계획 또는 실천을 이끄는 데 필요한 정보를 제기하는 주제를 선정한다면 그 연구는 사회복지 분야에 중요한 가치가 있을(그리고 사회복지 연구로 인식될) 가능성이 더 높다. 사회복지 연구의 가치는 실천적 사회복지와 사회복지 관심에 대한 적용 가능성에 의존하며, 일반 사회과학이론을 정립하거나 검증하는지에 의존하지 않는다. 일부 유용한 사회복지 연구는 일반 사회과학이론과 분명한 연결 없이도 수행될 수 있다. 다른 유용한 연구는 사회과학이론과 연결되어 있다. 때로 기존 이론에 문제형성을 연관시킴으로써, 특히 이론이 다른 연구자들이 해당 연구문제의 틀에 대한 논리와 그 중요성을 이해하도록 돕는 분석틀을 제공한다면 연구의 잠재적 유용성을 높일 수 있다.

사회복지 연구가 사회복지 분야의 현실적 문제를 해결하기 위해 시작되었다고 얘기할 때 '응용' 연구에 대한 초점이라는 함의는 불가피하다. 이는 지식 그 자체를 발전시키려고 시도하는 것을 함의하는 '순수' 연구와 대조된다. 그러나 이런 구분이 처음 보는 것처럼 명백하지는 않다. 비록 사회복지 연구가 일반 사회과학이론을 발전시키려는 목적을 갖지는 않았지만 연구결과는 여전히 그런 효과를 가질 수도 있다. 예를 들어 폴란스키 Polansky(1975)는 자신이 참여했던 '아동집단에서 행동 전염'에 대한 사회복지 연구가 어떻게 사회복지학 문헌보다 사회심리학 문헌에 더 자주 인용되었는지 논의했다(Polansky, Lippitt, & Redl, 1950). 같은 논리로 응용의 목적이 연구에서 사회복지 문제를 해결하는 데 관련 있는 지식을 생산하는 것이 될 필요는 없다. 사회복지학은 늘 '순수' 사회연구가 발전시킨 기초 사회과학 지식을 차입했으며, 현실적 사회복지 문제에 적용해왔다.

일부 중요한 연구는 학문 분야의 범위를 넘어서지만, 그래도 여전히 사회복지 연구로서 가치가 있을 수 있다.

예를 들어, 가정이라는 사회환경에서 비롯된 스트레스가 아동들의 학교 중퇴에 미치는 영향을 평가하는 연구는 교육심리학자나 사회학자가 수행할 수 있다. 그러나 만약 그 연구문제를 선택하기 위한 동력을 제공했던 실천적 필요가 학교 중퇴를 해결하기 위한 방안으로 가족 스트레스를 경감하기 위해 학교 사회복지사를 고용해야 한다는 사실을 정책입안자에게 알리고자 하는 것이라면, 이 연구는 사회복지사들의 큰 관심을 불러일으킬 것이다. 마찬가지로 이 연구의 주요 함의가 학교 사회복지사의 실천을 지도하는 것인 경우, 예를 들어 가족 스트레스의 사회환경적 근원을 완화하기 위한 개입방법을 강화하거나, (학생에 대한 상담만 집중하는 개입방법과 반대로) 가족이 스트레스에 더 잘 대처하도록 도울 필요를 지적하는 경우 사회복지사들의 큰 관심을 끌게 된다. 사회복지사들이 수행한 연구를 일반적으로 사회복지 연구라고 볼 수 있지만 사회복지학자들은 때때로 특정 연구가 사회복지 연구인지 사회과학 연구인지에 대해 동의하지 않는다. 연구결과가 사회복지사와 관련이 있는 한 그 연구를 무엇이라고 부르는지는 별로 중요하지 않다는 사실을 느낄 수 있을 것이다.

연구주제를 연구문제로 구체화

연구주제는 연구질문 또는 연구문제로 좁혀야 할 필요가 있는 광범위한 시작점이다(연구문제는 전형적으로 사회복지의 현실 문제를 해결하는 데 필요한 정보를 다루기 때문에, **연구질문**(research question) 또는 **연구문제**(research problem)를 자주 서로 바꾸어 사용한다). 예를 들어, 미국의 복지개혁이라는 주제에 대한 연구를 수행하려 한다고 가정해보자. 복지개혁에 대한 어떤 구체적 질문을 연구하기를 원하는가? 각 주의 복지개혁 입법의 유사점과 차이점을 연구하고자 하는가? 입법과정에 영향을 미치는 요인에 대한 연구는 어떤가? 여러 복지개혁 정책이 복지수급자의 수를 감소시킨 '성공'률이 다른 것을 비교할 수도 있을 것이다. 반대로 수급자에 대한 근로의무를 늘려 복지수급자를 줄이려는 정책이 복지급여가 중단된 사람들의 삶에 영향을 미친 방식을 연구하려고 할 수도 있다. 그들은 어떻게 생존하고 있는가? 더 이상 의료급여의 자격이 없을 때 그들의 의료보험은 어떻게 되는가? 그들의 어린 자녀들은 적절한 관리, 영양, 의료적 보살핌을 받고 있는가?

위의 예에서 볼 수 있듯이 연구주제는 엄청나게 다양한 연구문제를 포함하며, 연구주제를 구체적인 연구문제로 좁힐 때까지 연구자는 어디에서 시작할지 알지 못한 채 앞으로 나아가지 못할 수도 있다. 좁히는 과정에서 연구자를 안내할 수 있는 몇 가지 기준이 있다. 이 몇 가지 기준은 이미 광범위한 연구주제를 선택하도록 이끌었다. 예를 들어, **개인적 관심**(personal interest)이 '아동의 성학대'라는 주제를 선택하도록 이끌었을 수 있다. 연구자가 보고된 성학대를 조사하는 아동복지기관에서 일했기 때문에 그 주제에 관심이 생겼을 수도 있다. 그 경험은 성학대가 실제로 일어났는지 여부를 결정하는 특정 조사과정의 타당성에 관한 연구문제에 특히 관심을 갖게 할 수 있다. 또는 성적 학대를 받은 여자아이들을 위한 치료센터에서 일했고, 여러 대안 치료접근법 중에서 어느 방법이 그들의 정신적 외상(트라우마)을 완화하는 데 가장 효과적인지 연구하고자 할 수 있다. 또는 연구자가 가해자를 대상으로 일했고, 그들을 위한 새로운 치료의 효과를 검증하려고 할 수 있다. 또는 전문적 경험이나 개인적 경험으로 인해 긍정적 성인 역할모델을 해주는 사람과 맺은 밀접한 양육관계가 성학대를 받은 아동의 심각한 정서장애와 행동장애가 악화되는 것을 막도록 돕는지에 대해 연구자의 호기심을 자극했을 수도 있다.

주제를 구체화하는 또 다른 기준은 일하는 기관 또는 자문을 하는 **기관의 정보 욕구**(information needs of the agency)가 될 수도 있다. 예를 들어 심각한 충동통제 문제를 노출시켜온 성학대 여자아이를 치료하는 거주형 치료센터에서 연구를 수행하기를 원한다면 센터의 직원들은 그들이 "긍정적 성인 역할모델을 해주는 사람과 맺은 밀접한 양육관계가 성학대 아동의 정서장애와 행동장애가 악화되는 것을 막도록 돕는가?"라는 질문에 대답하는 것보다 "여자아이들이 충동통제를 더 잘 발전시키도록 돕는 데 개입 A와 개입 B 중에서 어느 것이 더 효과적인가?"라는 질문에 대답해야 할 욕구가 더 급박하다고 연구자에게 권고할 수도 있을 것이다.

연구주제를 구체적인 연구문제로 구체화할 때 그 문제를 실제로 탐구하는 **실행 가능성**(feasibility)을 고려해야 할 것이다. 다양한 자원과 다른 장벽 때문에 연구 실행 가능성이 더 높은 다른 문제를 다루게 할 수 있을 것이다. 잠시 후 그런 장벽에 대해 더 다룰 것이다.

궁극적으로 연구주제를 연구문제로 구체화하는 데 가장 중요한 기준은 연구문제에 대한 답이 사회복지정책이나 사회복지 실천을 이끄는 데 중요한 잠재적 **관련성**이 있어야 한다는 것이다. 연구문제의 일반적 유용성을 측정하는 한 가지 방법은 연구문제와 관련 있는 영역에서 일하는 주요 인사들과 논의하는 것이다. 또 다른 방법은 연구문제와 관련 있는 문헌을 상세하게 검토하는 것이다. 문헌고찰(literature review)은 아마도 이 과정에서 가장 중요한 단계일 것이다. 문헌고찰은 연구문제의 일반적 유용성을 평가하도록 도울 뿐만 아니라, 처음에 연구문제를 선정하기 위한 훌륭한 기반을 연구자에게 제공할 것이다. 따라서 문헌고찰에 대해서는 뒤에서 더 자세하게 살펴보겠지만, 여기서는 우선 좋은 연구문제의 속성을 검토해보자.

좋은 연구문제의 속성

연구주제를 연구문제로 구체화하는 과정을 논의하면서, 좋은 연구문제와 나쁜 연구문제를 구분하는 몇 가지 속성을 이미 확인했다. 우선 **연구주제가 연구문제가 아님**을 관찰했다. 연구주제는 광범위하고, 질문으로 쓴 상태가 아니다. 연구문제는 구체적이고 질문으로 쓴 상태여야 한다. 따라서 '성적 학대를 받은 여자아이들의 치료'는 주제일 뿐 연구문제는 아니다. 반대로 좋은 연구문제는 "놀이치료가 성적 학대를 받은 6~8세 여자아이의 정신적 외상을 완화하는 데 효과적인가?"라는 것이 될 수 있다.

광범위한 주제를 질문의 형태로 쓰는 것만으로 좋은 연구문제임이 보장되지는 않는다. 연구문제는 **좁고 구체적**이어야 한다. 따라서 "여성의 우울증을 치료하는 데 아동기 성학대가 중요한 쟁점인가?"라는 것은 "현재 중증 우울증 치료를 받는 여성 중 몇 퍼센트가 아동기에 성적 학대를 받은 것으로 보고되는가?"와 같이 표현한다면 더 나은 연구문제가 될 것이다.

연구문제(질문)는 **관찰 가능한 증거로 해답을 얻을 수 있도록 제시할** 필요가 있다. 성학대 가해자에 대한 형사판결이 더 엄해야 하는가를 묻는 것은 연구문제가 아니다. 그 대답은 관찰 가능한 증거에 따르지 않으며, 주로 가치 판단에 기초한 주장에 따른다. 물론 이 논쟁에서 자신들의 주장을 지지하는 증거를 열거하면 된다고 생각할 수 있다. 아마도 가해자의 높은 재범률 또는 재활 프로그램의 실패를 제시하는 연구를 언급할 수 있을 것이다. 그러나 그것으로 논쟁이 되는 문제를 연구문제로 만들 수 있는 건 아니다. 그러나 논쟁에서 인용되는 연구들은 "특정한 유형의 치료를 받거나 받지 않은 특정 유형의 청소년 성범죄자들의 재범률은 어떤가?"라는 질문과 같은 좋은 연구문제를 탐구했을 수 있다.

위에서 연구주제를 연구문제로 구체화하도록 이끄는 가장 중요한 기준으로 질문에 대한 답이 잠재적으로 **사회복지정책이나 사회복지 실천의 방향**을 제시하는 것과 관련이 있어야 한다는 사실을 알았다. 같은 논리로 좋은 연구문제의 중요한 요소는 연구문제가 사회복지기관의 의사결정 욕구나 사회복지의 실천적 문제를 제기하는지 여부다. 이는 연구자가 기획가, 실천가, 행정가 또는 다른 중요한 사회복지 인사들이 자신들을 위한 연구문제를 선정하도록 요청해야 한다는 뜻은 아니다(물론 이들로부터 그들의 욕구와 우선순위에 대해 피드백을 얻는 것이 이 과정에서 가치 있는 단계이기는 하지만). 유용한 연구문제에 대한 영감은 다양한 원천에서 나올 수 있다. 때때로 연구자가 읽은 어떤 것, 기관에서 관찰한 어떤 것, 또는 동료가 얘기한 어떤 것이 될 수도 있다. 때로는 좋은 생각이 우연히 머릿속에서 떠오르기도 한다.

연구문제의 원천이 무엇이든 그것에 빠져들기 전에(그 연구문제를 연구하기 위한 계획을 짜는 데 너무 많은 자원을 투자하기 전에, 초기 열정이나 독특한 개인적 관심이 그 연구문제에 너무 확고하게 고착되기 전에) 연구문제는 "그래서 어떻게 되는데(So what)?"라는 질문을 분명히 통과하기 위한 단계를 밟아야 한다. 이것은 수행하고자 제안하는 연구가 사회복지 실천이나 사회복지를 위한 명확한 중요성과 유용성을 갖는다는 것을 의미한다. 연구가 유용하고 중요하게 다루어질 가능성이 높은지를 미리 평가하는 것은 연구문제에 대한 답이 사회복지 실천이나 사회복지에 대해 관심을 가진 다른 사람들에게 어떤 차이를 만드는지 의심을 갖고 질문하는 것을 의미한다. 예를 들어 HIV/AIDS를 가진 가족이나 친척을 돌보고 있는 사람들을 대상으로 한 사회복지 서비스에 대한 욕구를 파악하려는 연구는 사회복지 실천과 정책에 명백히 중요하다고 할 수 있다. 사회복지 분야 동료들에게 이런 연구의 잠재적 가치에 대한 의견을 묻는다면 아마도 즉각적으로 열정적인 반응을 보일 것이다. 반면에 동일한 동료들에게 사회복지 서비스 기관장들의 여가시간 활동을 알아보는 연구에 대해 질문한다면 아마도 동료들은 "그래서 어떻게 되는데?"라는 반응을 보이면서, 도움을 필요로 하는 사람들에게 더 중요한 문제를 연구하는 데 시간을 쓸 수 없는지 의문을 제기하는 반응을 보일 수 있다.

마지막으로, 연구문제에 대한 받아들일 수 있을 만한 답이 적어도 하나보다 많아야 한다는 것이 중요하다. 이 마지막 요건은 여러 가지로 충족되지 않을 수 있다. 하나는 동어반복적 연구문제를 제시하는 것이다. 즉, 답이 이미 제시되어 있는 결론인 자명한 이치다. "실천가가 특정 활동에 쓰는 시간의 비율을 증가시키는 것이 다른 활동을 위한 남은 시간의 비율이 감소하는 것과 관련이 있는가?"라는 것이 자명한 이치의 예다. 그림 7-2는 5개의 연구문제(각각 5개의 연구목적에 따라)를 예시하고 있으며, 어떤 연구설계가 각 문제와 목적에 맞을 것인지 보여준다.

단 하나의 답만을 받아들이게 하는 또 다른 방법은 실행 가능성에 대한 제약 또는 가치체계로 인해 연구문제에 대한 해답에 기초한 어떤 변화도 실행이 불가능해질 때일 것이다. 따라서 월급을 지급하기 위한 충분한 자금을 모으려고 지속적으로 애쓰고 있는 새로 생긴 자원봉사기관에서 직원-클라이언트 비율 또는 전문적 학회에 참석하기 위한 출장예산이 직원의 사기를 개선할 것인지를 연구하는 것은 현실적 가치가 낮다. 실행 가능성은 하나 이상의 답을 받아들일 수 있는 경우에도 좋은 연구문제의 속성이 된다. 자신이 제기한 연구문제를 답하는 데 필요한 연구를 수행하기 위한 수단이나 협력이 부족하다면, 그 질문은 제대로 된 것이 아니다. 연구자는 완전히 탐구하기에 적당한 자원을 갖고 있는 그런 질문으로 바꿀 필요가 있다. 좋은 연구문제를 형성하는 데 미칠 수 있는 심각한 영향력을 고려해 연구의 실행 가능성과 관련 있는 몇몇 쟁점을 살펴보자.

EP 2.1.6a
2.1.10m

실행 가능성

연구 경험이 많은 연구자와 경험이 적은 연구자 모두에게 엄격하고 가치 있는 연구를 생각해내는 것보다 실제로 연구를 어떻게 실행할 것인지 밝히는 게 훨씬 더 어렵다. 연구자가 부딪히는 가장 어려운 문제는 더 이상 연구할 가치가 없을 정도로 연구문제를 너무 좁게 만들거나 방법론적 엄격함이나 추론능력을 지나치게 희생하지 않으면서 연구를 실행 가능하게 만드는 것이다. 경험이 적은 연구자는 일반적으로 이상적이고 원대한 연구를 계획했다가 자신의 연구를 실행 가능하게 만들려면 처음 계획에서 얼마나 규모를 축소해야 하는지 알게 되면 꼼짝달싹하지 못한다. 그러나 경험이 더해지면서 중용을 취하는 방법을 배우게 된다. 즉, 더 이상 연구할 만한 가치가 없을 정도로 연구문제를 너무 좁게 만들지 않으면서 그렇다고 해서 연구를 실행할 수 없을 만큼 거창하게 만들지 않는 수준에서 연구문제를 형성하고 평가하도록 배운다.

연구의 실행 가능성을 결정하는 데 일반적 쟁점은 연구의 범위, 연구에 필요한 시간, 금전적 비용, 윤리적 고

연구목적	연구문제	연구설계
탐색	주민들(특히 영어가 모국어가 아닌)이 현재의 약물남용 서비스를 어떻게 인식하는가? 그리고 현재 고려하고 있는 새로운 서비스에 대한 설명에 어떻게 반응하는가?	이중언어를 사용하며 문화적 능력을 갖춘 면접자가 주민들의 인식을 심층규명하면서 질적 면접을 실시한다.
기술	해당 지역 내(특히 영어가 모국어가 아닌 주민들 중)에 약물남용 문제의 정도와 특성은 어떤가?	영어가 모국어가 아닌 주민들을 적절하게 포함하는 대표성 있는 대규모 지역주민 표본을 대상으로 문화적으로 민감한 자료수집과정(5장에서 논의된 것처럼)을 사용해 약물남용 행동에 관해 설문조사를 실시한다.
설명	현재의 약물남용 서비스에서 어떤 요인들이 성공적 치료 결과를 가장 잘 예측하고 가장 잘 예측하지 못하는가?	어떤 클라이언트 속성과 서비스 공급 특성이 치료 성공의 정도와 가장 높은 상관관계를 갖는지 확인하고자 다변량 통계과정을 사용해 현재의 서비스 제공기관의 기록을 분석한다.
평가	약물남용의 정도와 심각성을 줄이는 데 새로운 문화적 능력을 갖춘 서비스 프로그램이 이전 프로그램보다 더 효과적인가?	유사한 서비스 수혜자 집단에게 제공했을 때 두 접근의 결과를 비교하는 실험을 실시한다.
측정도구 고안	국경 인근 지역 주민들의 약물남용 행동을 사정하는 데 문화적으로 민감한 새로운 자기보고 측정도구가 기존 도구보다 더 정확한가?	약물남용 치료집단의 주민표본과 약물남용 비치료집단의 주민표본에게 각각의 측정도구를 사용하고, 두 집단 간 약물남용의 정도에서 어떤 도구가 더 큰 평균 차이를 나타내는지 살펴본다. 각 표본이 적절한 비율로 영어가 모국어가 아닌 주민들도 포함했는지 확인한다.

그림 7-2 다양한 연구목적에서 국경 인근 지역에서 문화적 능력을 갖춘 약물남용 서비스를 제공하는 노력을 어떻게 다르게 연구할 수 있는가?

려, 타인으로부터 필요한 협력 등이다. 연구의 범위가 넓을수록 연구에 필요한 시간, 비용, 협력은 더 많아진다. 때로는 이용 가능한 표본의 크기에 비춰 연구가 통계적으로 처리할 수 있는 것보다 더 많은 변수를 분석하려 하기 때문에 연구의 범위가 지나치게 넓어진다. 윤리적인 쟁점은 5장에서 논의한 바 있다. 연구의 실행 가능성과 관련된 가장 중요한 윤리적 쟁점으로는 연구의 가치나 질적 수준이 연구에 참여하는 대상자가 겪는 불안, 불편함이나 위험보다 더 우선시될 수 있는가를 들 수 있다.

연구를 수행하는 데 드는 금전적 비용은 너무 적게 책정하는 오류를 범하기 쉽다. 일반적으로 비용은 인건비, 자료수집을 위한 여비, 이사를 간 설문조사 무응답자를 추적하는 데 필요한 장거리 전화비, 복사와 인쇄비, 설문조사 도구 개발비, 우편요금 등이 있다. 여기서 우편요금은 과소추정하기가 쉽다. 많은 설문지를 우송하는 데는 보통 예상보다 더 많은 요금이 들고, 설문지를 반송하지 않는 사람들에게는 여러 번 설문지를 보내야 한다. 설문지를 보낼 때마다 설문지와 함께 우표를 붙인 반송용 우편봉투를 동봉해야 한다. 인건비는 주로 면접자, 설문지 코딩 인력, 그리고 전산처리를 위한 자료입력 인력을 채용하는 비용이다.

시간제약도 예상보다 훨씬 어려워질 수 있다. 특히 경험이 적은 연구자는 연구참여자를 모집하거나 설문 무응답자에게 설문지를 완성해 우편으로 돌려보내 줄 것을 독려하는 확인접촉을 여러 차례에 걸쳐 하는데, 이때 필요한 시간을 너무 짧게 추정할 수 있다. 면접조사 약속에 종종 나타나지 않거나 취소되어, 추가로 약속 일정을 잡아야 할 때도 있다. 자료수집 도구를 개발하고, 실제 자료수집에 들어가기에 앞서 여러 차례의 시험조사를 하는 것 등 검증하는 데도 많은 시간이 필요하다. 연구를 수행하는 과정에서 전혀 예상하지 못했던 장애요인들에 따라 연구문제를 재구성하고 연구계획을 수정하는 데도 엄청나게 많은 시간이 소요된다. 그 외에도 모든 연구과정의 각 단계, 자료처리와 분석, 보고서 작성 등의 단계에서도 시간이 필요하다.

가장 힘든 시간제약 중 하나는 연구에 대한 사전승인을 받는 것이다. 기관의 책임자나 실무자, 기관 이사회, 또는 연구윤리를 검토하는 인적연구대상심의위원회 등 다양한 주체로부터 승인을 받아야 할 수도 있다. 한 기관 내의 정치적 분쟁으로 인해 연구승인이 늦어질 수도 있는데, 두 그룹이 싸우고 있는 경우 단순히 반대세력이 지지하는 것은 무엇이든 의심하기 때문이다. 행정인력의 교체도 연구승인이 연기되는 요인이 될 수 있다. 예를 들어, 기관의 행정책임자를 연구인력의 구성에 포함시키느라 상당한 시간을 보낸 후 책임자가 다른 기관으로 자리를 옮겨버린다면 어쩔 수 없이 연구실행을 연기해야만 한다.

이따금 한 기관에서 협조가 부족해 연구자가 아예 연구를 실행할 다른 기관을 찾아야 할 때도 있다. 원래 기관의 직원들은 연구에 대해 미심쩍게 생각하고, 아예 연구를 승인하지 않을 수도 있다. 어쩌면 연구결과가 기관 또는 기관 내 특정 부서를 당혹스럽게 할 것을 두려워할 수도 있다. 아마도 과거 어떤 기관은 기관의 욕구나 절차에 민감하지 못한 다른 연구자들 때문에 나쁜 경험을 했을 수도 있다. 일반적인 불만은 연구자가 기관을 이용해서 자신의 지적 호기심이나 경력상 필요(예: 박사학위 논문)를 위해 자료를 얻고, 기관에는 기관이 직면한 문제를 해결하는 데 도움을 줄 수 있는 유용한 연구결과를 아무것도 주지 않는다는 것이다. 일부 기관들의 연구에 대한 거부감은 충분히 합리적인데, 그 거부감을 가볍게 다루거나 기관 관계자의 무지나 불안감에서 비롯됐다고 가정하는 것은 실수다.

문제형성과정에 타인 개입

문제형성 단계에서 수행하는 여러 활동은 궁극적으로 연구자의 중요한 연구문제를 확인하고, 실행 가능하며 유용한 연구질문을 정교하게 확실히 하려는 목적이 있다. 이런 활동에 참여함으로써 연구자는 원래의 연구문제와 그 개념적 요인을 위의 기준과 일치시켜 점차적으로 구체화한다. 또는 원래의 연구문제를 포기하고 기준을 더 잘 충족시키는 새로운 연구문제를 형성할 수도 있다.

동료와 다른 사람들로부터 비판적 검토 의견을 확보하는 것은 이 과정에서 중요한 단계이며, 연구의 유용성, 사고의 명확성, 문제를 바라보는 다른 방법, 연구 실행 가능성에 잠재적인 장애물이 될 실용적·윤리적 고려사항을 더욱 엄격하게 평가하도록 돕는다. 연구자는 동료에게 그들의 인정을 원하는 것이 아니라 비판이나 의구심을 바란다는 점을 강조해야 한다. 그렇지 않으면 동료들은 연구자의 등을 두드려주고, 창의성과 훌륭한 사고를 칭찬하고 나서, 자신에게는 아무런 피해도 없이 연구자가 앞으로 고꾸라지도록 내버려두는 것으로 그들이 연구자에게 호의를 베풀었다고 생각할 수도 있다.

14장(프로그램 평가)에서 연구에 대한 기관의 거부반응을 극복하거나 막기 위해 연구자가 취할 수 있는 몇 가지 단계를 논의할 것이다. 중요한 단계는 연구와 관련 있는 모든 기관 직원을 가능한 한 일찍 문제형성과 연구설계 계획의 전 과정에 걸쳐 참여시키는 것이다. 그들과 상호작용하고, 해야 할 일에 대한 그들의 생각을 확인하라. 단지 그들의 지지를 얻으려고 그들을 참여시키는 척해선 안 된다. 상호작용뿐만 아니라 연구자가 실제로 연구를 형성하는 방법에서도 그들의 의견에 귀를 기울여라. 연구자가 기관 직원들의 의견에 귀를 기울이고, 그들이 연구설계에 의미 있는 기여를 했다고 느낀다면 그들이 그 연구를 유용하게 인식하고 연구를 지지할 가능성이 더 높아진다. 또한 연구자와 기관 직원들 간의 의견교환을 통해 기관에서 무엇인가 조사하고 있는 연구자에 대한 불안감을 몰아낼 수 있는 더 나은 관계, 신뢰도가 더 높은 관계를 구축할 수도 있다. 더 나아가 연구자가 사용하는 연구방법 때문에 생기는 불편에 대해 기관의 직원들이 목적과 필요성을 더 잘 이해하도록 도울 수 있다.

이 주제에서 다른 주제로 넘어가기 전에 마지막으로 다음 사항을 지적하려고 한다. 기관의 직원들이나 이사들뿐만 아니라 연구참여자가 될 클라이언트 또는 그 밖의 사람들로부터 협조를 얻지 못할 수 있다. 연구참여자가 관찰대상이나 면접대상이 되기를 거부할 수도 있고, 우편설문지에 응답하지 않을 수도 있다(특히 자료수집과정이 귀찮거나 위협적일 때). 비록 그들이 연구에 참여하려고 하더라도 그들을 찾을 수 있을 것인가? 정신질환이 있는 노숙인에 대한 종단연구, 즉 수년간에 걸쳐 자료를 수집하는 연구를 수행하려고 한다고 가정해보자. 연구대상의 추적조사를 위해 그들의 소재를 추적해 찾는다는 일이 얼마나 힘들지 상상해보라(최초 면접을 위해 정신질환이 있는 노숙인의 위치를 찾는 것은 말할 필요도 없다). 연구를 확실하게 서비스 소비자들의 욕구, 생활방식과 관심사에 민감하도록 하기 위해 관련 기관 직원들을 연구계획에 포함시킬 때 서비스 소비자의 대표성도 간과하지 않도록 한다.

EP 2.1.6a

이제 연구자가 중요한 연구문제를 파악하고 유용한 연구문제를 정교화하는 데 도움을 줄 문제형성의 또 다른 중요한 단계인 문헌고찰의 작성을 다룰 것이다.

문헌고찰

문헌고찰은 문제형성 단계뿐만 아니라 연구설계의 전 과정에서 가장 중요한 단계 중 하나다. 그 중요성에 비추어 이 책에서는 세 군데에서 문헌고찰을 다룬다. 이 장에서는 왜, 언제, 어떻게 문헌고찰을 하는지만을 다룬다. 또한 증거기반 실천과정에서 증거를 찾았던 2장에서는 문헌을 찾고 고찰하는 온라인 기법(뒤에서 더 살펴볼 내용이다)을 다루었다. 마지막으로, 24장에서는 연구제안서와 보고서에서 문헌고찰을 쓰는 방법에 대해 심층적으로 다룰 것이다. 비록 실행 가능성 쟁점을 논의한 후에 문헌고찰에 관한 논의를 하고 있지만 문헌고찰은 연구과정의 어느 한 시점에서 끝나지 않는다. 연구설계가 발전하면서 추가 문헌고찰을 필요로 하는 새로운 사항이 나타나게 된다. 그럼에도 일반적으로 가능한 한 연구과정 초기에 충실한 문헌고찰을 하는 것이 중요하다.

왜 그리고 언제 문헌고찰을 하는가

경험이 적은 연구자는 일반적으로 연구문제를 구체화하고 탐구하기 위해 설계를 결정할 때까지 문헌고찰을 미루는 실수를 범한다. 연구가 그런 방법으로 수행될 수도 있으나 가장 효율적으로 시간을 사용하는 것이라고는 볼 수 없다. 그 결과로 불필요한 일을 하게 되거나 타인의 실수와 경험으로부터 도움을 받지 못하게 될 수 있다. 문헌고찰을 하지 않고서는 이미 누군가가 자신의 연구문제에 대해 적절한 답을 구해놓았는지, 이런 계통의 연구에서 다른 연구자가 이미 접했던 개념적 또는 실천적 장애요인은 무엇인지, 그런 장애요인은 어떻게 극복되었는지, 특정 문제영역에서 이미 이루어진 연구를 바탕으로 어떤 계통의 연구를 가장 잘 할 수 있는지 알 수 있는 방법이 없다.

문헌고찰을 연구 초기에 하는 또 다른 이유는 문헌고찰이 처음에 연구주제를 선정하는 주요한 원천이기 때문이다. 특정 문제영역에서 이미 어떤 연구들이 진행되어 왔으며, 기존 연구가 앞으로의 연구에 주는 함의가 무엇인지를 아는 것보다 관련이 없거나 시대에 뒤진 연구문제를 선택할 확률을 줄이는 더 좋은 방법이 있는가? 다른 사람들이 관심을 가진 문제를 제기하지 않는 불명확한 연구가 되는 것에 반해 그 문제에 관한 지식축적에 기여하는 가치 있는 연구가 되도록 확실히 하기 위해 더 나은 방법이 있는가?

기존 연구를 바탕으로 한다는 것이 반드시 기존 연구와 절대 다르지 않아야 한다거나 기존 연구를 그대로 재현하지 않아야 한다는 뜻은 아니다. 기존 연구와 완전히 다르거나 기존 연구를 재현할 만한 이유가 있을 수 있다. 중요한 것은 연구자가 기존 연구에 대해 모르는 상태가 아니라, 기존 연구에 비춰 연구자의 판단에 근거해 그 결정을 한다는 점이다. 만약 기존 연구를 재현하는 것이 정당하며 연구자가 할 수 있는 최선의 기여라고 생각한다면 기존 연구를 반복하고자 할 수 있다. 연구자의 연구문제에 대한 답이 이미 제시되어 있으나 그 연구문제를 탐구하는 데 사용된 연구방법의 제한으로 말미암아 현재 인기 있는 해답의 타당성에 의문을 갖게 될 수도 있다. 그러면 더 나은 연구방법으로 동일한 연구문제를 연구하겠다고 결정할 수 있다. 다른 한편으로, 연구자는 아무도 하지 않았던 방법으로 연구문제를 바라보도록 고무될 수도 있다. 연구자는 단지 자신의 호기심을 만족시키기 위해서만이 아니라 기존 연구들을 충분히 검토한 결과, 파격적인 방법이 정확하게 지금 학문 분야에서 필요하다는 생각 때문에 그렇게 하게 될 것이다.

문헌을 초기에 고찰할 경우 어떻게 연구가 풍부해지고 뒤에 나타날 수 있는 골치 아픈 문제를 미연에 방지할 수 있는지 보여주는 예는 많다. 예를 들어, 타당한 측정도구가 무엇인지를 알아냄으로써 연구자가 자신의 측정도구를 개발하고 시험해보면서 엄청난 시간을 쓰는 대신 기존의 척도를 채택하도록 해준다. 문헌고찰이 줄 수 있는 또 다른 혜택은 연구자가 문제에 대한 다양한 개념적 이해를 얻게 해주며, 연구자가 미처 생각하지 못한 중요한 변수들을 발견할 수 있게 해준다는 것이다.

최근 정신병원에서 퇴원한 클라이언트들이 지역사회생활에 적응하도록 돕는 사례관리 프로그램의 효과성을 평가하려고 계획한다고 가정해보자. 프로그램 효과의 지표로서 재입원 일수의 감소를 선택하는 것은 매우 당연하다고 볼 수 있다. 그런데 이 분야의 기존 연구를 고찰한 결과, 일부 사례관리 프로그램은 역설적으로 재입원 일수를 증가시킨다는 점을 발견했다. 만성 정신질환자를 위한 지역사회 내의 자원이 너무 불충분한 체계이기 때문에 클라이언트가 일반적으로 재입원을 필요로 할 수 있으며, 클라이언트가 필요한 재입원을 얻고 있음을 효과적인 사례관리자는 알고 있다는 사실을 연구자가 배울 수 있다.

연구자가 연구를 수행하기에 앞서 문헌고찰을 하지 않았다면 예측하지 못했을 역설적인 결과를 다루도록 연구설계를 하지 못했을 것이다. 만약 실제로 연구결과에서 재입원 일수가 증가했다면 연구자는 그 결과를 가지고 자신의 프로그램이 효과적이라는 결론을 내릴 수 없을 것이다. 왜냐하면 문제형성 단계에서 연구자는 정반대 결과를 효과성(effectiveness) 지표로서 선택했기 때문이다. 그러나 초기에 문헌고찰을 했다면 연구자는 이런 곤경을 피할 수 있었다. 연구자는 효과를 나타내는 지표로서 클라이언트가 지역사회에서 받은 서비스(사례관리 서비스 외)의 양, 클라이언트가 머무는 주거의 질적 수준, 지역사회에서 적절한 재정지원을 받았는지 여부, 지역사회에서 일상생활에 필요한 기본활동을 얼마나 잘 할 수 있는지 여부 등을 선택함으로써 곤경을 피할 수 있다. 간단히 말해 연구의 초점은 프로그램이 클라이언트가 병원에서 보내는 시간의 양을 감소시켰는지 여부가 아니라, 프로그램이 지역사회에서 클라이언트의 삶의 질을 향상시켰는지 여부에 있다.

귀납적 방법으로 이론을 개발하기 위해 근거이론 방법을 사용하는 연구자는(3장에서 논의했던) 연구과정의 거의 마지막 단계에 다다를 때까지 문헌고찰을 미룰 수도 있다. 그 이유는 다른 사람들의 이론이 연구자가 무엇을 관찰할지, 관찰한 것을 어떻게 해석할지에 영향을 미치지 않게 하려는 것이다. 18장에서 이런 유형의 연구를 수행하면서 발생할 수 있는 논리상의 문제점(그 장점과 함께)을 논의할 것이다. 이 연구방법은 연구자가 관찰대상에 대해 주관적인 판단을 하도록 요구한다는 사실을 알게 될 것이며, 이는 연구자의 인식이 연구자의 지향에 따라 다양한 방법으로 영향받을 수 있음을 의미한다. 모든 사람이 이 관점에 동의하지는 않으며, 합리적인 사람들은 다른 의견이 있을 수 있다는 것이 쟁점임을 연구자가 알아야 한다. 길건 Gilgun(1991)은 일부 근거이론가가 문헌고찰을 연기한다 해도 대부분은 연구를 시작하기에 앞서 엄격한 문헌고찰을 한다고 지적한다. 비록 연구자들이 가능한 한 개방적인 시각으로 관찰에 임하기를 원한다고 하더라도 현재 존재하는 지적인 기반과 공백에 대한 이해로부터 출발하기를 원한다.

문헌고찰 방법

지금까지 문헌고찰의 유용성을 제시했으며, 사회복지 연구자들이 일반적으로 살펴보는 문헌을 찾기 위한 일반 출처를 짧게 검토해보자. 수많은 책과 논문이 계속 쏟아져 나오기 때문에, 문헌고찰을 시작하는 가장 좋은 방법은 일반적으로 문헌에 대한 안내서를 검토하는 것이다. 안내서에는 초록, 서지, 색인이 있다.

다양한 분야의 초록(abstract)은 출간된 연구의 짧은 요약을 제공하고, 전체 내용을 찾으려면 어디를 봐야 하는지 알려준다. 연구자는 「Social Work Abstracts」(전에는 「Social Work Research & Abstracts」라는 제목이었음)이나 심리학, 사회학, 도시학, 행정학 등 인근 분야의 초록에서 관련 있는 내용을 찾을 수도 있다.

도서관에서 사용하는 주제별 색인은 또 다른 좋은 출발점이다. 연구자의 일반 관심 분야와 관련이 있는 다양한 주제를 찾는다. 예를 들어, 아동 성학대 문제와 관련이 있는 문헌을 찾는다면 단순히 아동 성학대만을 찾아선 안 된다. 아동학대, 아동복지 등도 찾아야 한다. 다양한 참고서적을 검토하면서 자신이 찾는 주제에 관해 다른 연구자들이 이미 작성한 주석을 포함한 서지(書旨, annotated bibliography)가 있는지 살펴본다. 만약 좋은 서지를 찾는다면 문헌고찰은 매우 신속하게 처리된다. 또한 모든 연구 분야를 다루는 특별 편람(handbook)도 찾아본다.

인터넷 검색

증거기반 실천과정에서 증거를 찾는 것과 연관해 2장에서 논의했던 것처럼 최선의 방법은 온라인으로 컴퓨터 검색을 수행하는 것이다. 검색에는 연구주제에 대한 참고문헌과 요약을 제공하는 전문 문헌 데이터베이스 사이트뿐만 아니라 연구주제에 대한 정보를 제공하는 웹사이트를 방문하는 것도 포함된다.

정보를 제공하는 웹사이트로 연결하기 위해 연구자는 구글, 야후 등 공개적으로 이용 가능한 검색엔진에 검색 용어를 입력하기도 한다. 그렇게 하면 초점과 질이 상당히 다른 웹사이트로 연결된다. 객관적이고 신뢰할 만한 사이트도 있지만, 조악하거나 편견을 갖고 특정 관점을 옹호하거나 무언가 팔려고 하는 사이트도 있다. 어떤 사이트는 상당히 오래되었고, 또 어떤 사이트는 최신 자료를 제공한다. 더 신뢰할 만한 사이트는 정부나 대학 사이트다.

'사고장요법에 대한 구글 검색의 결과'라는 제목의 글상자에서는 연구주제와 관련 있는 웹사이트를 검색할 때 나타날 수 있는 링크의 범위를 예시한다. 이 예시를 위해 검색어로 '사고장요법(thought field therapy)'을 선택했는데, 정체가 드러난 사이비 과학 치료로 널리 알려져 있기 때문이다. 이 글에서 어떤 사이트는 그 치료를 광고하고, 어떤 사이트는 정체를 폭로한다는 사실을 알 수 있다. 또한 일부 광고 사이트는 오른쪽의 '스폰서 링크'에 표시되기 때문에 발견하기 쉽다. 그러나 또 다른 광고 사이트는 왼쪽의 내용에 열거되어 있어서 광고로 구분되지 않는다.

연구주제에 대한 정보를 얻기 위해 다양한 웹사이트를 방문해봐야겠지만, 특히 검색 초기에는 연구주제에 대한 학술문헌을 찾기에 안전하고 좀 더 효율적인 방법은 참고문헌과 요약을 제공하는 전문적 문헌 데이터베이스 사이트를 검색하는 것이다. 도서관에서는 PsycINFO, PubMed, Medline 등 다양한 인터넷 전문 문헌 데이터베이스 서비스를 제공하기도 한다(http://www.nlm.nih.gov에서 국립의학도서관이 제공하는 웹사이트를 통하면 Medline을 무료로 이용할 수 있다). 이런 서비스는 수천 권의 책과 학술지의 완전한 참고문헌과 요약을 포함한다. 이런 서비스로 연구자는 자신의 주제와 관련 있는 주제어 목록을 확인하고, 주제어와 연관 있는 출간된 참고문헌을 요약하는 컴퓨터 출력물을 받을 수도 있다.

2장에서 언급했던 것처럼 구글도 **구글 스칼라**(Google Scholar)라는 유용한 문헌 데이터베이스를 제공한다. 예를 들어 정신적 외상에 초점을 둔 인지행동치료를 연구하는 데 관심이 있으며, 그 치료 접근법(사고장요법과 달리 증거에 기반을 둔 것으로 광범위하게 받아들여지

사고장요법에 대한 구글 검색의 결과

검색 결과

- 체중 감소, 걱정, 스트레스 관리…를 위한 사고장요법
  어떻게 치료를 받는지, 어디에서 훈련을 받는지에 대한 자세한 내용, 그리고 자습을 위한 논문을 포함한다.

  www.tftrx.com/–15k–Cached–Similar pages

- 사고장요법–위키피디아, 무료 백과사전
  사고장요법 또는 TFT는 미국 심리학자인 로저 칼라한(Roger Callahan)이 발전시킨 과격한 심리학적 치료다. [1] 이 치료법의 지지자들은 이 치료법이…할 수 있다고 말한다.

  en.wikipedia.org/wiki/Thought_Field_Thrapy–47k–Cached–Similar pages

- 사고장요법의 정체를 폭로하며
  나는 정신보건 이용자와 전문가들에게 사고장요법과…에 관한 좀 더 과학적인 관점을 제공하기 위해 이 웹사이트를 개발했다.

  www.geocities.com/pseudoscience_2000/–14k–Cached–Similar pages

- 사고장요법: 비판적 분석(회의적인 연구자…
  사고장요법은 여러 심리적 문제에 대해 놀랍게 빠르고 효과적인 몸을 두드리는 치료로 거래된다.

  www.csicop.org/si/2000–07/thought–field–therapy.html–41k–Cached–Similar pages by S Inquirer–Related articles

- 사고장요법 훈련 센터
  사고장요법, TFT는 두려움, 공포증, 정신적 외상, 근심, 우울증, 스트레스, 중독성 충동, …을 완화할 수 있는 빠르고 효과적인 치료다.

  www.thoughtfield.com/–8k–Cached–Similar pages

- 진화 사고장요법: 임상학자의…핸드북
  진화 사고장요법의 비교: 임상학자의 진단, 치료, 이론 핸드북… 구입하기 전에 최선의 가격인지 확인…

  shopping.msn.com/prices/evolving–thought–field–therapy–the–clinician–s.../itemid2397567/? ...thought–field–therapy ...–37k–Cached–Similar pages

- 정신적 원조: 피하기 위한 과정
  칼라한 기법인 사고장요법(TFT)란 무엇인가?… Hook W. A review of thought field therapy. Traumatology 3(2), 1998. Swensen DX…

  www.quackwatch.org/01QuackeryRelatedTopics/mentserv.html–29k–Cached–Similar pages

- TFT 수잔 코널리 워크숍–사고장요법 훈련…
  수잔 코널리는 외상 후 스트레스 증후군(PTSD), 근심, 정신적 외상, 분노를 치료하는 사고장요법을 전문적으로 사용하며, … 하도록 훈련시킨다.

  www.thoughtfieldtherapy.net/–7k–Cached–Similar pages

스폰서 링크

- EFT 치료를 DVD로 배우자
  영감을 주는 엄청난 가치의 DVD로 최고의 자습 기술

  www.emotional–health.co.uk

- 사고장요법
  당신을 위한 순수한 정서적 자유.
  EFT의 코치와 혜택

  www.creatingconsciously.com

- 사고장요법
  상품, 가격, 상점을 비교하라.
  저렴한 가격의 사고장요법

  www.Shopping.Yahoo.com

- 전 세계 TFT에 오신 것을 환영합니다

이 웹사이트는 진화 사고장요법(EvTFT), 심리학적 치료에서 EvTFT의 흥미로운 적용…에 대한 정보를 제공한다.

www.tftworldwide.come/–12k–Cached–Similar pages

- 사고장요법–외상성 스트레스, 공포증에 대한 치료

사고장요법 샌디에이고 센터에서 로버트 L. 브레이 박사가 당신의 개인적 … 해결하기 위해 전문적 치료사로서 30년의 경험을 사용한다.

rlbray.com/–13k–Cached–Similar pages

- 애리조나 위원회는 심리학자의 사고장요법 사용을 금한다

APA Monitor의 논문은 …을 위해 몸의 여러 군데를 두드리는 것으로 구성되는 사고장요법을 사용해 자격정지 중인 심리학자에 대해 논의한다.

www.apa.org/monitor/sep99/nl6.html–11k–Cached–Similar pages

- 사고장요법: 전 내부자의 경험–피그노티…

사고장요법(TFT)은 지압점으로 알려진 곳에 손가락으로 두드리는 참신한 치료다. 지난 10년간 TFT는 …

rsw.sagepub.com/cgi/content/abstract/17/3/392–Similar pages by M Pignotti–2007–Cited by 2–Related articles–All 2 versions

- 사고장요법: …에 대한 심리치료의 혁명적 형태

사고장요법은 …의 힘을 이용하는 독특한 정신–육체 치료다. 칼라한 박사는 TFT를 '…에서 혁명적 경험'으로 여겼다.

www.mercola.com/article/mind_body/thought_field_therapy/overview.htm–50k–Cached–Similar pages

- 보웬 기법 '사고장요법' 활기찬 치유…

보웬 치료기법, 사고장요법–에너지 심리학과 다른 유형의 육체 중심 치료가 어떻게 육체적, 정서적, 그리고 …을 제기할 수 있는지 배우자.

www.bowentherapytechnique.com/–7k–Cached–Similar pages

- 사고장요법 | 정보 치료 논문 | 카사 팔메라

사고장요법(TFT)은 정서적 고통을 제거하기 위한 비침입성의 효과적인 기법이다. TFT는 즉각적인 …을 주는 것으로 여겨진다.

www.casapalmera.com/articles/thought–field–therapy/–18k–Cached–Similar pages

는)에 대한 기존 연구들이 어떤 것이 있는지 알고자 한다. 검색란에서 '정신적 외상에 초점을 둔 인지행동치료(trauma-focused cognitive behavioral therapy)'라는 문구를 입력하고 '검색' 버튼을 클릭한다. 일반적인 구글 검색은 '정신적 외상에 초점을 둔 인지행동치료'라는 문구를 사용한 많은 웹사이트를 보여주겠지만 연구 문헌고찰은 별로 보여주지 않는 반면에, 구글 스칼라는 더 풍부한 수확물을 제공한다. 하지만 발견한 정보의 품질은 연구자가 판단할 필요가 있다.

또한 단어 조합을 구체적으로 입력하는 고급 학술검색(Advanced Scholar Search)의 장점을 이용할 수도 있는데, 한 논문에서 모든 단어가 나오도록 하거나 일부만 나

정신적 외상에 초점을 둔 인지행동치료에 대한 고급 구글 스칼라 결과

- 아동과 청소년을 위한 정신적 외상에 초점을 둔 인지행동치료: 경험적 최신 정보

JA Cohen, Ap Mannarino, L Berliner, E Deblinger–Journal of Interpersonal Violence, 2000–jiv.sagepub.com

…COGNITIVE BEHAVIORAL THERAPY

이 논문은 아동과 청소년을 위한 정신적 외상에 초점을 둔 인지행동치료(CBT)… 의 네 가지 주요 구성요소를 검토한다.

53회 인용–관련 논문–웹 검색–BL Direct–총 2 버전

- …치료에서 EMDR과 정신적 외상에 초점을 둔 인지행동치료의 효과성 비교

[PDF]

GH Seidler, FE Wagner–Psychological Medicine, 2006–Cambridge University Press

Page 1. REVIEW ARTICLE Comparing the efficacy of EMDR and trauma–focused cognitive–behavioral therapy in the treatment of PTSD: a meta–analytic study…

18회 인용–관련 논문–웹 검색–BL Direct–총 6 버전

- 정신적 외상에 초점을 둔 인지행동치료: 성학대… 의 정신보건을 평가하며

MD Judith Cohen, E Deblinger, M Charles Wilson, N …–2007–ncjrs.gov… NCJ Number: 201247.

제목: Trauma–Focused Cognitive–Behavioral Therapy: Addressing the Mental Health of Sexually Abused Children…

Cached–웹 검색–총 2 버전

- Jogging the Cogs: Trauma–Focused Art Therapy and Cognitive Behavioral Therapy with Sexually Abused…

T Pifalo–Art Therapy: Journal of the American Art Therapy Association, 2007–eric.ed.gov

EJ791441–Jogging the Cogs: Trauma–Focused Art Therapy and Cognitive Behavioral Therapy with Sexually Abused Children…

Cached–웹 검색–BL Direct

오도록 할 수 있다. 특정 저자나 학술지를 지정할 수도 있고, 연구자의 관심 학술 분야를 지정해 검색을 그 분야의 논문으로 제한할 수도 있다. '정신적 외상에 초점을 둔 인지행동치료에 대한 고급 구글 스칼라 결과'라는 제목의 글상자에서는 간행물 제목에 '정신적 외상에 초점을 둔 인지행동치료'의 모든 단어가 있는 간행물을 검색하는 것으로 지정했을 때 나오는 참고문헌의 일부를 예시한다.

그러나 컴퓨터의 '마술'에 너무 의존해선 안 된다. 일부 컴퓨터 시스템에는 필요로 하는 참고문헌 일부가 없을 수도 있으며, 있다고 하더라도 연구자가 선택하는 주제어가 시스템의 주제어와 일치하리라는 보장도 없다. 따라서 컴퓨터 시스템을 이용할 때는 광범위한 주제어를 사용하고, 컴퓨터에 저장되지 않은 문헌에 대한 안내서도 이용해야 한다.

도서관 참고문헌실에서는 연구자의 특정 연구 프로젝트를 위한 적절한 컴퓨터 요약 서비스를 확인하고, 주제어(key words) 목록을 작성하도록 도와줄 수 있다. 그러나 이런 서비스는 유료일 수 있다는 점을 기억해서, 서비스 이용료를 연구비에 포함시켜야 한다.

철저하게 하자

문헌 안내서를 아무리 철저히 활용하더라도 연구의 출간에서 문헌 안내서에 실리기까지는 시차가 있다는 사실을 기억해야 하며, 따라서 자신의 주제와 관련된 모든 전문적 학술지의 최근호 목차를 세밀하게 습관적으로 검토하는 것이 현명하다. 이 작업은 학술지를 도서관에서 이용할 수 있다면 시간은 그다지 걸리지 않는다. 연구자가 목차에서 가능성 있는 제목을 발견하면 그 논문의 첫 장에 나와 있는 초록을 읽는다. 초록은 연구자가 알 필요가 있는 내용과 그 논문이 연구자의 특정한 초점과 관련이 있어 더 읽어볼 만한 것인지 판단하게 도와줄 것이다. 검색

한 문헌을 읽으면서 문헌에서 인용하는 다른 관련 문헌의 목록도 만든다. 이런 방법으로 연구자의 서지는 눈덩이처럼 늘어난다.

사회복지와 관련된 문헌만을 찾아서는 안 된다. 많은 학제 간, 문제 중심의 학술지에는 사회복지사가 다루는 문제와 관련 있는 연구가 실려 있다. 예를 들어 정신보건과 정신지체 프로그램을 운영하는 사회복지사의 효과성 연구에 관심이 있다면 「Administration in Mental Health」, 「American Journal of Mental Health Deficiency」, 「Mental Retardation, Community Mental Health Journal」 등의 학술지도 살펴봐야 한다. 학생들은 이런 정기간행물에 대해 잘 모르는 경향이 있지만, 그 문제는 최근의 「Social Work Abstracts」를 검토함으로써 쉽게 해소된다. 「Social Work Abstracts」의 각 호에는 그 호에서 요약한 정기간행물 목록이 실려 있다(이 목록은 매번 약간씩 바뀐다).

충분한 문헌고찰을 했는지는 어떻게 알 수 있을까? 다시 말해, 필요한 모든 문헌을 찾았는지 어떻게 알 수 있을까? 그 질문에 있어 어떤 중요한 연구(도서관에 없는 잘 알려지지 않은 학술지에 실린 매우 최근의 연구 등)도 빠뜨리지 않았음을 보장하는 확실한 답은 없다. 이 질문에 대한 가장 좋은 대답은 위에서 언급했던 모든 단계를 거친 뒤에(모든 관련 학술지의 최신호 검토를 포함해) 가장 최근에 발표된 논문에서 인용된 참고문헌을 이미 알고 있다면 충분한 문헌고찰을 했다고 말할 수 있다.

EP 2.1.1e

시간 차원

문헌고찰을 마친 후 연구문제와 연구목적의 형성에는 시간 차원(time dimension)을 고려할 필요가 있다. 연구에서 관찰은 대개 한 시점에서 이루어지거나, 또는 상당 기간 동안 의도적으로 길게 이루어질 수도 있다. 예를 들어, 병원에서 갓 퇴원한 정신질환자의 주거 유형을 기술하는 것이 연구목적이라면 연구자는 퇴원 후 미리 정해놓은 한 시점에서 각 정신질환자의 주거 유형을 관찰하기로 결정할 수 있다. 반면에 연구목적이 주거 유형이 시간에 따라 어떻게 변하는지 기술하는 것이라면 관찰을 일정 기간에 걸쳐 반복적으로 수행할 필요가 있다.

횡단연구

어느 한 시점에서 어떤 현상의 횡단면을 택해 그 횡단면을 주의 깊게 분석해서 현상을 검토하는 연구를 **횡단연구**(cross-sectional study)라고 한다. 횡단연구는 탐색, 기술 또는 설명의 목적을 가질 수 있다. 예를 들어, 한 번의 미국 센서스조사는 기술을 목적으로 하는 횡단연구의 대표적인 예다. 특정 기간에 한 기관에서 너무 일찍 치료를 종결한 모든 클라이언트를 대상으로 개방형의 비구조화 면접조사를 실시했다고 한다면(기관의 치료 종결률이 왜 그렇게 높은지 감을 잡기 위해), 탐색적 목적을 가진 횡단연구를 수행하는 것이라고 볼 수 있다. 만약 치료를 너무 일찍 종결한 클라이언트와 미리 계획된 치료를 다 받은 클라이언트 모두와 구조화된 면접조사를 수행했다면(치료 목표에 대한 실천가-클라이언트의 의견 차이가 치료를 완료했는지 여부와 관련이 있다는 가설을 검증하기 위해), 설명적 목적을 가진 횡단연구를 수행하는 것이 된다.

설명적 횡단연구는 한 가지 문제점을 내포한다. 일반적으로 설명적 횡단연구는 일정 기간에 걸쳐 발생하는 인과관계를 이해하려고 하지만, 횡단연구의 결론은 한 시점에서만 행해진 관찰에 기초한다는 것이다. 예를 들어 정신병원에서 최근 퇴원한 환자들을 대상으로 하는 횡단연구에서 가족과 함께 살고 있는 환자들이 가족과 함께 살고 있지 않은 환자들보다 더 기능적이고 정신질환 증상이 덜하다는 사실을 발견했다면, 두 집단 간의 기능이나 증상 차이가 현재의 주거 유형에 들어가기 이전부터 있었던 것인지, 아니면 그 후에 나타난 차이인지를 알지 못할 것이다. 다시 말해 주거 유형의 차이가 정신질환자의 기능과 증상의 차이를 야기한 것인지, 아니면 기능과 증상의 차이가 특정한 주거 유형으로의 배치를 야기했는지를 알 수 없다. 비록 횡단연구에서 그런 관계가 존재함을 찾아낸다 하더라도 그 관계에 포함되어 있는 인과관계를 더 잘 이해하기 위해 연구설계와 통계분석에 대한 장에서 논의할 방법론적 배치(arrangements)를 필요로 한다.

종단연구

일정 기간에 걸쳐 나타나는 과정에 대해 기술하고, 그렇기 때문에 상당 기간에 걸쳐 관찰하는 연구를 **종단연구**(longitudinal study)라고 한다. 예를 들면, 가정폭력 피해여성을 위한 지지집단(support group)이나 정신질환자 가족을 위한 권익옹호집단(advocacy group)의 활동을 처음부터 현재까지 참여하고 관찰하는 연구자다. 낙태나 정신병원 입원 등의 주제에 관한 일정 기간의 신문사설이나 대법원 판결에 대한 분석이 다른 예가 된다. 후자의 경우 연구자는 한 시점에서 관찰과 분석을 수행할 수 있지만, 연구자료가 다른 시점에서 일어나는 사건들에 일치하기 때문에 그 연구는 여전히 종단연구라고 할 수 있다.

종단연구는 특정한 속성이 뒤에 문제를 발전시킬 위험을 높이는지 여부를 평가하는 데 큰 가치를 지닌다. 이렇게 하기 위해 종단연구는 그 문제를 발전시킬 위험을 높일 수도 있는 특정한 속성이 있거나, 속성이 없는 개인들을 일정 기간에 걸쳐 추적할 수도 있다. 후에 두 집단 간 문제의 발생을 비교할 수 있다. 예를 들어, 정신분열증 진단을 받은 부모가 있는 아동과 그렇지 않은 아동을 추적해 그들이 정신분열증으로 고생하게 되는지를 보기 위해 수년간 비교하게 된다. 만약 정신분열증이 있는 부모의 자녀들 중 정신분열증의 발병이 다른 아동들보다 유의미하게 높다면 부모에게 정신분열증이 있다는 것은 정신분열증을 발전시키는 위험요인이 된다. 이와 유사하게 종단연구는 특정한 위험요인을 갖고 있는 집단과 갖고 있지 않은 집단 간의 HIV 또는 AIDS에 걸릴 상대적 위험을 평가하기 위해 수행할 수 있다. 두 집단 간의 문제 발생률을 비교함으로써 종단연구는 특정 위험요인을 갖고 있는 사람들이 그 문제를 발전시킬 확률을 계산할 수 있다.

직접적으로 오랜 시간에 걸쳐 사람들을 관찰하는 많은 질적 연구는 자연적으로 특성상 종단적이다. 종단연구는 대규모 설문조사 등 양적 연구에서 더욱 어려울 수 있다. 그럼에도 종단연구는 빈번하게 수행된다. 종단연구의 세 가지 종류를 살펴보자. **추이연구**(trend study, 또는 경향연구)란 일반 모집단 내의 변화를 일정 기간에 걸쳐 연구하는 것을 말한다. 일정 기간 센서스조사를 비교해 전국 인구 또는 특정 소수계의 성장을 살펴보는 연구가 한 예다. 또 다른 예로는 미국의 사회복지교육협의회가 전국의 사회복지대학원을 대상으로 매년 실시하는 조사를 통해 얻어진 자료를 분석해 실천방법과 실천분야별 전공학생 수의 일정 기간에 걸친 변화를 확인하는 연구를 들 수 있다. 지역의 기관 수준에서 기관의 사례를 구성하는 클라이언트의 유형이나 문제의 유형이 시간이 흐르면서 변화가 있는지를 분석해보고, 그러한 분석결과를 바탕으로 향후 기관의 직원구성이나 기관 내 직원훈련의 필요성을 예측할 수 있다.

동류집단 연구(cohort study)란 시간의 변화에 따른 특정 하위모집단(동류집단)의 변화를 관찰하는 연구다. 일반적으로 동류집단은 2차 세계대전 이후의 '베이비 붐' 세대 등 동일한 연령집단을 말하지만, 그 외 시간집단, 예를 들어 탈시설화 정책이 실시된 후 일정 기간에 첫 번째 정신분열증 발작을 일으켰던 사람들과 같은 집단도 기준으로 할 수 있다. 예를 들어, 정신분열증 환자의 약물남용은 질환의 특성과 그들이 복용하는 처방약으로 인해 특히 위험하기 때문에 청년층 정신분열증 환자의 약물남용의 발생이 나이가 들어가면서 어떤 양상을 보일 것인지 관심을 가질 수 있다. 1990년에 20~25세 연령에 해당하는 표본을 대상으로 설문조사를 실시해 술이나 마약 사용에 대해 질문할 수 있다. 2000년에 30~35세 연령에 해당하는 또 다른 표본을 대상으로, 그리고 2010년에는 40~45세의 연령에 해당하는 또 다른 표본을 대상으로 설문조사를 실시할 수 있다. 비록 구체적인 표본은 다르겠지만 각 표본은 1990년 20~25세의 연령에 해당하면서 정신분열증을 갖고 있던 동류집단 가운데 살아 있는 사람들을 대표할 것이다.

그림 7-3은 동류집단 설계를 그림으로 예시한다. 이 예에서 세 연구를 비교하고 있다. 하나는 1980년에 시행되었고, 다른 하나는 1990년에, 그리고 세 번째는 2000년에 시행되었다. 1980년 연구에서 20세였던 사람들과 1990년 연구에서 30세였던 사람들, 그리고 2000년 연구에서 40세였던 사람들을 비교한다. 비록 세 집단에서 기술하는 대상자들은 다르지만, 각 대상자 집단은 1960년에 출생한 동일한 동류집단을 대표한다.

패널연구(panel study)는 매번 동일한 집단을 관찰한다. 특정 연도에 사회복지학 석사학위를 받고 졸업한 학생들을 대상으로 하는 추적조사가 한 예가 될 수 있다. 예를 들어 필수과목이었던 조사론, 정책론, 행정론 과목에 대해 그들이 부여했던 가치가 시간이 흐르면서 변했는지를 알아보고자 할 수 있다. 만약 졸업 후 몇 년 동안 슈퍼바이저나 관리직이 되면서 필수과목에 대한 평가가 크게 증가하기 시작한다면, 이런 정보는 교수와 학생 모두에게 대학원 교과과정을 현재 학생들의 우선순위에 더 맞게 바꿔야 하는지 여부를 논의할 때 매우 유용하다. 또는 여러 인종집단의 십대 어머니들이 어떻게 육아에 대한 자신의 책임에 적응하는지를 알아보려 한다고 가정해보자. 연구자는 십대 어머니 표본을 대상으로 일정 기간 관찰하고 면접하기 위해 준비할 것이다. 십대 어머니들이 다른 가족구성원에게 배운 것, 아기 아버지의 역할 등을 관찰할 수 있는 위치에 있게 될 것이다. 특정 십대 어머니 집단에 대한 심층적인 관찰을 통해 연구자는 그들의 삶에서 일어나고 있는 광범위한 변화를 이해할 수 있을 것이다.

추이연구, 동류집단 연구, 패널연구의 구분은 처음에는 이해하기 어려울 수 있어서 인지행동적(cognitive-behavioral) 개입방법에 대한 사회복지 실천가(임상사회복지사)의 태도라는 동일한 변수를 사용하는 세 가지 연구설계를 대조할 것이다. 추이연구는 사회복지 실천가들이 일정 기간에 걸쳐 인지행동적 개입방법을 사용하는 성향의 변화를 연구하고자 할 것이다. 예를 들어, 5년 혹은 10년마다 전국의 사회복지 실천가 표본을 새로 추출해 설문조사를 실시할 수 있다.

동류집단 연구는 2000~2002년처럼 특정 시기에 사회복지학 학위를 받은 사회복지 실천가들의 태도 변화를 추적할 수 있다. 2003년에 그들의 표본을 조사하고, 2008년이나 2013년, 그리고 그 후에 2000~2002년에 사회복지학 학위를 받은 사회복지 실천가들 중에서 새로운 표본을 추출해 연구하게 된다.

패널연구는 동류집단 연구와 동일한 표본으로 시작할 수 있지만, 2000~2002년에 졸업한 사회복지 실천가들 중에서 새로운 표본을 추출하는 것이 아니라 이어지는 설문조사에서 동일한 표본을 사용한다. 패널연구만이 특

그림 7-3 동류집단 연구설계. 여기에 제시된 세 집단은 1960년에 출생한 사람들을 대표하는 표본이다.

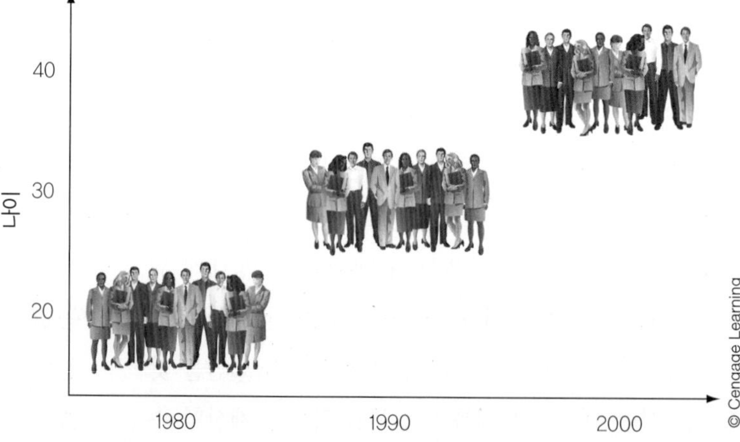

정 개인들의 태도 변화에 대한 전체적인 모습을 보여줄 수 있다. 동류집단 연구나 추이연구는 단순히 순변화(net change)만을 보여줄 뿐이다.

종단연구는 횡단연구와 비교해볼 때, 일정 기간에 걸쳐 나타나는 과정을 기술하는 정보를 제공해줄 수 있다는 명확한 장점이 있다. 그러나 많은 경우 이러한 장점을 살리려면 상당한 시간적·재정적 대가를 치러야 하는데, 규모가 큰 설문조사일수록 특히 그렇다. 사건이 일어나는 바로 그 시점에서 관찰이 이루어져야 하며, 관찰방법은 많은 연구자를 필요로 한다.

패널연구는 매번 동일한 대상을 관찰하기 때문에 일정 기간에 걸친 변화에 대한 가장 포괄적인 자료를 제공하며, 세 가지 종단연구 중 가장 강력하고 정확한 연구라고 말할 수 있다. 주된 단점은 비용이 많이 들고 동일한 대상을 일정 기간 추적하는 데 어려움이 따른다는 것으로, 패널연구는 종단연구 중 수행하기 가장 만만찮은 연구다. 이와 관련해 패널연구에만 영향을 미칠 수 있는 단점은 **패널상실**(panel attrition)이다. 첫 번째 설문조사의 연구대상 중 일부 응답자는 이후 조사에는 참여하지 못할 수도 있다. 그 이유는 많다. 일부 응답자는 이사를 가서 찾을 수 없고, 일부는 죽기도 한다. 일부는 연구에 흥미를 잃고, 단순히 더 이상 연구에 참여하길 거부할 수도 있다. 패널상실의 위험은 연구에서 떨어져 나간 사람들이 일반적이지 않아서 연구결과를 왜곡할 수 있다는 점이다. 예를 들어 아네센셀 Aneshensel, 베세라 Becerra, 피들러 Fiedler, 슐러 Schuler(1989)는 남미계와 비남미계 십대 소녀들을 대상으로 하는 패널연구를 수행했을 때, 미국에서 태어난 소녀들과 멕시코에서 태어난 소녀들 간에 설문조사 중도탈락자의 특성에 차이가 있음을 발견했다. 남미계와 비남미계 간의 차이에 대한 잘못된 결론을 피하기 위해 그런 차이를 고려할 필요가 있었다.

패널연구의 또 다른 단점은 초기에 연구대상을 관찰하는 것이 그 후 연구대상이 말하거나 행동하는 데 영향을 줄 수 있다는 점이다. 예를 들어, 예전에는 폭력집단 가입에 상당한 열의를 보였지만 지금은 생각이 달라진 십대 폭력배가 자신이 일관성 없고 확신 없는 사람처럼 보일까 두려워 망신을 당하지 않기 위해 자신의 생각이 바뀌었다는 사실을 인정하지 않으려 할 수 있다.

지금까지 사회복지 연구를 이끄는 여러 가지 목적과 그런 목적이 시간적 차원과 어떤 관련성이 있는지 살펴봤다. 시간적 차원을 더 확실히 이해하기 위해 '시간 차원과 노령화'라는 제목의 글상자를 읽어보기 바란다. 이제 연구하려는 대상을 생각해보자.

분석단위

사회복지 분야 연구를 포함해 모든 사회과학 분야 연구에서 무엇 또는 누구를 연구하는가는 상당히 광범위하게 다양하다. 이는 연구주제를 의미하는 것이 아니며, 좀 더 기술적인 용어로 표현한다면 **분석단위**(units of analysis)라고 한다. 일반적으로 사회과학자는 개인을 분석단위로 사용한다. 연구자는 다수의 개인에 대한 관찰을 통해 성별, 연령, 출생지, 태도 등 개인의 특성을 기술할 수 있다. 많은 개인의 특성에 관한 기술내용을 종합하면 그 개인으로 구성된 모집단에 대한 기술이 가능해진다.

예를 들어, 어떤 기관에서 클라이언트 개개인의 연령과 성별을 기록해 전체 클라이언트 집단의 특성으로 여자 53%와 남자 47%이며, 평균 연령이 34세라고 할 수 있다. 이는 그 기관의 담당사례에 대한 기술적 분석이다. 비록 최종적으로 기술한 내용은 기관 전체에 관한 내용이라 하더라도, 좀 더 큰 집단의 특성을 기술하려는 목적을 위해 개개인의 특성을 종합했다. 따라서 분석단위는 연구자가 더 큰 집단을 기술하거나 어떤 추상적 현상을 설명하기 위해 개개인의 특성을 총합하는 궁극적 목적을 위해 처음 기술하는 단위다.

어떤 연구는 개인을 분석단위로 사용하지 않기 때문에 분석단위라는 개념을 이해하는 것이 중요하다. 어떤 연구에서 분석단위로 '동네'를 사용하고, 최근 도착한 이민자들의 비율이 가장 높은 동네가 범죄율도 가장 높다는 사실을 발견했다고 가정해보자. 그 연구의 분석단위를 조

시간 차원과 노령화

조셉 레온 Joseph. J. Leon(포모나, 캘리포니아 폴리텍 주립대학교, 행동과학학과)

특정 연구에서 사용된 시간 차원의 유형을 알아볼 수 있는 방법 중 하나는 미국 사회의 노령화에 관한 다양한 연구 프로젝트를 머릿속에 그려보는 것이다. 만약 1990년에 표본을 추출해 다른 연령집단과 비교했다면 그 설계는 **횡단연구**라고 할 수 있다. 만일 2000년에 동일한 연구방법을 통해 또 다른 표본을 뽑아 그 자료를 1990년의 자료와 비교했다면 그 설계는 추이연구라고 할 수 있다.

2000년에 51~60세인 사람들만을 연구하고, 1990년에 41~50세인 사람들의 표본(41~50세 동류집단)을 비교하기를 원한다고 가정해보자. 이 연구설계는 **동류집단 연구**가 될 것이다. 물론 51~60세의 동류집단과 61~70세의 동류집단도 비교할 수 있다. 이제 미국의 노령화에 대한 패널연구를 하려고 한다면 1990년에 표본을 추출하고, 2000년에 동일한 표본을 사용해 다시 연구한다. 한 가지 기억해야 할 사항은 2000년 연구에는 연구대상이 적어질 것이라는 사실이다. 왜냐하면 1990년에 41~50세였던 모든 사람은 2000년이 되면 모두 51~60세가 되고, 2000년 연구에서 41~50세에 해당하는 사람은 더 이상 없을 것이기 때문이다. 또한 1990년에 표본이었던 사람들 중 일부는 2000년까지 살아있지 않을 수도 있다.

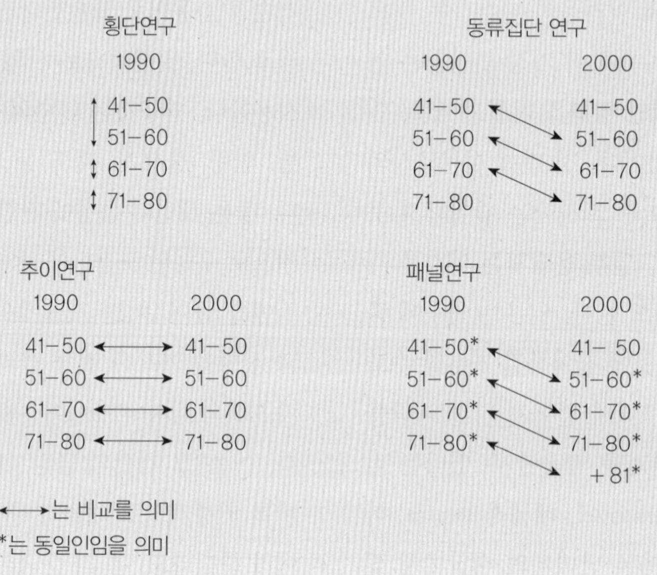

사하지 않고 어떤 개인들(이 경우, 최근에 도착한 이민자들)의 범죄율이 가장 높다고 결론을 내릴 수 있다. 그러나 이민자들이 범죄율은 낮지만 너무 가난해서 안전한 동네에 살 수 없다면 어떻게 되는가? 그러면 최근 도착한 이민자들의 범죄율이 가장 높다고 추론하는 심각한 실수를 하게 될 것이다. 이런 실수를 **생태학적 오류**(ecological fallacy)라고 하며, 잠시 뒤에 더 자세하게 살펴볼 것이다.

연구자가 분석단위를 고려하지 않으면 생태학적 오류를 범할 위험이 있다. 이런 개념은 몇 가지 분석단위를 살펴보면서 더욱 분명해진다.

개인

앞에서 언급했던 것처럼 개인은 사회복지 연구에서 가장 일반적인 분석단위일 것이다. 연구자는 서로 다른 속성을 가진 집단 간의 현상을 그 집단 내의 개인에 대한 정보를 종합하고 처리함으로써 기술하고 이해하는 경향이 있다.

구성원들이 개인 차원에서 분석단위가 될 수 있는 제한적인 집단(circumscribed group)의 예를 들어보면 클라이언트, 사회복지 실천가, 학생, 주민, 근로자, 유권자, 부모, 교수 등이 있다. **모집단**(population)이라는 용어는 15장에서 자세하게 살펴보겠다. 현재로서는 개인이 분석단위인 연구에서 일반적으로 그 개인들로 구성된 모집단을 지칭한다는 사실을 아는 것으로 충분하다.

분석단위로서 개인은 어떤 사회적 집단의 구성원으로 표현되기도 한다. 따라서 어떤 사람을 부잣집 사람 혹은 가난한 집 사람으로 기술하기도 하고, 부모가 고등학교를 졸업한 사람 또는 부모가 고등학교를 졸업하지 못한 사람으로 묘사하기도 한다. 연구 프로젝트에서 부모가 고등학교를 졸업하지 못한 학생들이 부모가 고등학교를 졸업한 학생들보다 학교 중퇴의 가능성이 높은지, 또는 학업을 중도에 포기하는 학생들 중 부유한 가정의 학생들이 빈곤한 가정의 중퇴 학생들보다 정서장애가 있을 가능성이 높은지 여부를 검토할 수 있다. 두 경우 모두 부모나 가정이 아니라 개인이 분석단위다.

집단

사회집단 자체도 분석단위가 될 수 있다. 사회집단이 분석단위가 될 경우 어떤 집단 내 개인을 연구하는 것과는 다르다. 조직폭력배를 연구하기 위해 폭력조직의 구성원을 연구하고자 한다면 분석단위는 개인(조직원)이 될 것이다. 그러나 만약 큰 폭력조직과 작은 폭력조직, '변두리 지역' 조직과 '중심가 지역' 조직 등의 차이를 알기 위해 어떤 도시의 모든 폭력조직을 연구한다면 **폭력조직**이라는 사회집단이 분석단위가 될 것이다.

가구 역시 연구에서 분석단위가 될 수 있다. 연구자는 각 가구에 대해 연간 총소득이나 정신질환자 가족이 있는지 여부 등을 바탕으로 기술할 수 있다. 연구자는 각 가구에 관한 기술내용을 종합해 가구 평균 소득과 정신질환자가 있는 가족의 비율을 기술할 수 있다. 그렇게 되면 연구자는 소득 수준이 높은 가구가 소득 수준이 낮은 가구보다 정신질환자가 있을 가능성이 더 높은지를 판단할 수 있다. 이 경우에 분석단위는 개별 **가구**다.

그 외 집단 차원에서 분석단위가 될 수 있는 것으로는 친구집단, 기혼자집단, 부모-자식으로 이루어진 짝, 인구조사 조사구역, 도시 또는 지역 등이 있다. 또한 각 명칭은 모집단이라는 의미를 갖는다. **폭력조직**이라는 말은 모든 폭력조직을 포함하는 어떤 모집단을 의미한다. 예를 들면 폭력조직의 모집단을 한 도시 내 폭력조직의 지역적 분포를 기준으로 기술할 수 있으며, 폭력조직에 관한 설명연구를 통해 규모가 큰 폭력조직이 규모가 작은 폭력조직보다 폭력조직 간 분쟁에 끼어들 가능성이 더 높은지를 알아볼 수 있다.

공식 사회조직도 분석단위가 될 수 있다. **사회복지기관**이 예가 될 수 있는데, 사회복지기관은 모든 사회복지기관이라는 모집단을 의미한다. 개별 사회복지기관은 직원 수, 예산규모, 클라이언트 수, 소수인종계 사회복지 실천가·클라이언트의 비율 등으로 특성을 보여줄 수 있다. 연구자는 민간 재정지원을 받는 기관이 공적 재정지원을 받는 기관보다 소수인종계 직원의 비율이 더 높은지 또는 낮은지 여부를 판단할 수 있다. 교회, 대학, 군대의 부대, 학과, 가정폭력 피해여성이나 노숙인 쉼터는 분석단위가 될 수 있는 공식적 사회조직의 다른 예다.

사회집단이 분석단위가 되는 경우, 집단의 특성은 개별 구성원의 특성에서 끌어낼 수 있다. 그래서 한 가구는 가구주의 연령, 인종, 교육 수준으로 기술할 수 있다. 그러면 기술연구에서 대학교육을 받은 가구주가 있는 모든 가구의 비율을 알아볼 수 있다. 설명연구에서는 가구주가 대학 졸업자인 가구가 대학을 졸업하지 않은 가구주인 가구보다 평균적으로 자녀 수가 더 많은지 또는 적은지 여부를 알아볼 수 있다. 그러나 이 두 가지 경우 모두 분석단위는 가구가 된다(만약 대학 졸업자(대학교육을 받은 개인)가 대학을 졸업하지 않은 사람보다 자녀 수가 더 많거나 적은지를 알고자 한다면 개인이 분석단위가 된다).

사회집단(그리고 개인)은 다른 방법으로, 예를 들어 그 집단의 환경이나 소속된 상위집단에 따라 특징을 부여받을 수 있다. 예를 들어 가구는 거주하는 주거의 종류에 따라 기술할 수 있으며, 부유한 가구가 빈곤한 가구보다 단독주택(아파트와 대비해[1])에 살 가능성이 더 높은지를 연구할 수도 있다. 분석단위는 여전히 가구가 된다.

이제까지 살펴봤던 내용이 너무 복잡해 보이지만 앞으로 수행할 가능성이 높은 대부분의 연구과제에서 분석단위는 비교적 명확하다. 하지만 분석단위가 명확하지 않다면, 분석단위가 무엇인지 결정하는 일은 절대적으로 중요하다. 그렇지 않으면 누구 또는 무엇에 대해 관찰하는지 결정할 수 없다.

일부 연구는 둘 이상의 분석단위와 관련 있는 기술 또는 설명하는 연구목적을 갖는다. 이런 경우 연구자는 어떤 분석단위에 대해 어떤 결론을 끌어내려고 하는지를 반드시 예상해야만 한다.

사회가공물

분석단위로 사용할 수 있는 또 다른 큰 범주는 일반적으로 사회가공물(social artifacts) 또는 사회적 존재의 산물 내지는 사회적 존재의 행위라고 하는 것이다. 사회가공물의 범주에는 책이나 시, 그림, 자동차, 건물, 노래, 도자기, 농담, 과학적 발견 등 사회매체가 있다.

각 사회매체는 그런 모든 매체의 모집단을 뜻하는 것으로 모든 책, 모든 소설, 모든 자서전, 모든 사회복지학개론 교재, 모든 요리책 등을 말한다. 한 권의 책은 크기, 무게, 길이, 가격, 내용, 그림 수, 판매량, 저자 소개 등으로 특징을 부여할 수 있다. 모든 책의 모집단이나 어떤 특정한 종류의 책의 모집단은 기술 또는 설명을 목적으로 분석될 수 있다. 예를 들어, 일정 시간에 걸쳐 사회복지실습 교재 내용의 변화를 분석해 지지하는 실천원칙이나 개입방법의 효과성을 뒷받침하고자 연구증거를 인용한 정도가 증가하는지 또는 감소하는지 그 경향을 알아볼 수 있다. 또는 정책과 임상 간에 연결을 강조하는 것이 어느 쪽인지 알아보기 위해 영국과 미국의 교재를 비교할 수도 있다.

사회적 상호작용은 사회복지연구에 적합한 또 다른 사회가공물의 범주를 구성한다. 종교적 개종이 일어나는 정도를 알아보기 위해 신앙에 기초한 상담회기를 연구할 수 있다. 동성 간 결혼식의 측면을 이성 간 결혼식의 측면과 비교할 수 있다. 어떤 연구자가 동성 간의 결혼식이 다른 결혼식과 특정한 방식에서 다름을 보고할 때, 결혼하는 개인이 아니라 결혼식이 분석단위라는 것을 깨닫게 된다.

사회복지 연구에서 분석단위가 될 수 있는 사회적 상호작용의 다른 예로는 친구 선택하기, 이혼, 가정폭력사건, 기관의 이사회, 폭력조직 간 싸움, 항의시위 등을 들 수 있다.

분석단위 복습

분석단위라는 개념은 매우 복잡해 보일 수 있다. 그러나 꼭 그런 것만은 아니다. 연구자가 주어진 분석단위를 집단이나 공식적 조직, 또는 사회가공물 중 어느 것으로 분류하든 상관없다. 그러나 분석단위는 확실히 해야 한다. 연구자는 자신이 연구하려는 것이 결혼인지 아니면 결혼 당사자인지, 범죄인지 아니면 범죄자인지, 또는 기관인지 아니면 기관장인지를 결정해야 한다. 이런 점을 항상 염두에 두지 않으면 연구자는 어떤 하나의 분석단위에 대한 관찰을 바탕으로 전혀 다른 분석단위에 대한 주장을 할 위험을 안게 된다.

분석단위라는 개념을 얼마나 이해하고 있는지를 알아보기 위해 실제 연구과제에서 추출한 문장을 제시한다. 각 연구에서 분석단위를 알 수 있는지 생각해보자(답은 이 장 맨 뒷부분에 있다).

1. 여성은 남성보다 집 밖에서 일하는 시간이 적을 가능성이 높기 때문에 남성보다 TV를 더 많이 시청한다.

1 미국에서는 일반적으로 단독주택에 살며, 아파트는 주로 임대로, 보통 저소득층이 산다. – 옮긴이

어떻게 하는가: 분석단위 찾기

분석단위는 연구설계와 이후의 자료분석에서 중요한 요소다. 그러나 학생들은 때로 분석단위가 알기 어렵다고 생각한다. 분석단위를 찾는 가장 쉬운 방법은 연구 대상인 변수에 관한 문장을 검토하는 것이다.

다음 문장을 생각해보자. "평균 가구소득은 40,000달러였다." 소득이 관심 변수다. 그러면 누가 또는 무엇이 소득을 갖는가? 가구다. 여러 가구의 소득을 검토해 앞의 문장에 도달하게 된다. 평균(산술평균) 소득을 계산하기 위해 모든 가구소득을 다 더하고 가구의 수로 나눈다. '가구'는 분석단위가 된다. 분석단위는 변수, 소득이라는 용어로 분석되고 있는 단위다.

또 다른 문장을 생각해보자. "이탈리아 영화는 미국 영화보다 나체가 더 많이 나온다." 여기에서 변수는 나체가 나오는 정도다. 그러면 누가 또는 무엇이 나체를 보여주는가? 영화다. 영화가 분석단위다.

마지막으로 이 문장을 생각해보자. "가족의 24%는 30,000달러 이상을 버는 성인이 두 명 이상 있다." 물론 성인이 소득을 번다. 그러나 이 문장은 가족에 그런 성인이 있는지에 대한 것이다. 이 문장에 이르려면 여러 가족을 연구할 것이다. 각 가족에게 30,000달러 넘게 버는 두 명 이상의 성인이 있는지 물어볼 것이다. 각 가족은 그에 대해 '그렇다', '아니다'로 점수를 받는다. 마지막으로 '그렇다'로 점수를 받은 가족의 퍼센트를 계산한다. 따라서 가족이 분석단위다.

… 아프리카계 미국인은 백인보다 텔레비전을 하루에 평균 약 45분 정도 더 시청하는 것으로 나타났다 (Hughes, 1980, p. 290).

2. 1960년 미국에서 인구가 10만 명 이상인 130개 도시 중 126개 도시에는 미국 병원협회의 인증을 받은 단기입원 비영리 종합병원이 적어도 두 개 이상 있었다 (Turk, 1980, p. 317).

3. 초창기의 초월명상 조직은 작은 규모의 비공식 조직이었다. 1959년 6월에 시작한 로스앤젤레스 그룹은 한 회원의 집에서 모임을 갖게 되었는데, 우연히도 그 집에 마하리쉬 Maharishi[2]가 살고 있었다(Johnston, 1980, p. 337).

4. 그러나 간호사들은 간호체계를 변화시킬 … 결정에 대해 강한 영향력을 행사하는 것으로 나타났다. 그와 정반대로 경영자와 의사들이 주도하는 결정에 대해서는 … (Comstock, 1980, p. 77).

5. 1958년에 직원이 1,000명 이상인 13개의 회사가 있었으며, 해당 산업 부가가치의 약 60%를 차지했다. 이 규모의 회사는 1977년 11개로 줄어들었으나, 해당 산업의 부가가치에서 차지하는 비중은 약 46%로 감소했다(York & Persigehl, 1981, p. 41).

6. 미국의 전체 농부 200만 명 중 667,000명이 여성임에도 불구하고 여성은 전통적으로 농부라기보다는 농부의 아내로 인식되어 왔다(Votaw, 1979, p. 8).

7. 정신장애인 공동생활가정에 대한 지역사회의 반대를 분석한 결과 … 퇴락하는 동네는 반대를 조직화할 가능성이 가장 높은 반면에 중상류층 동네들은 지역 공무원에게 사적으로 접근할 가능성이 높은 것으로 나타났다(Graham & Hogan, 1990, p. 513).

8. 이 연구는 사회복지 실천가 구인광고의 주요 차원을 찾아보고, 변화하고 있는 현대 사회복지의 자화상을 반영하고자 한다. … 사회복지 분야의 구인광고에서는 사회복지 실천의 주요 개념화된 차원들 중 어떤 것이 가장 강조되어야 하는가? 구인광고의 내용과 가장 강

2 명상운동의 지도자 – 옮긴이

조되는 차원이 일정 기간에 걸쳐 변화하고 있는가? 만약 그렇다면 구인광고 내용과 차원은 어느 방향으로, 어느 정도 변하고 있는가?(Billups & Julia, 1987, p. 17)

그림 7-4는 다양한 분석단위와 각 분석단위에 대한 주장을 보여준다.

생태학적 오류

이 시점에서 **생태학적 오류**(ecological fallacy)를 재검토할 필요가 있다. 앞에서 살펴본 것처럼 생태학적 오류란 집단 또는 다른 총체에 대한 조사를 기초로 하여 개인을 분석단위로 주장을 하는 위험을 뜻한다. 이 오류에 대한

분석단위 | **주장의 예**

개인

표본의 60%는 여성이다.

표본의 10%는 눈가리개를 하고 있다.

표본의 10%는 땋은 머리를 하고 있다.

가족

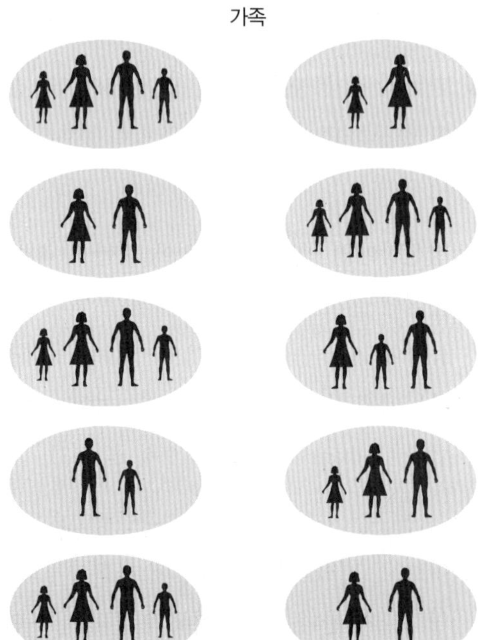

20%의 가족은 한부모 가족이다.

40%의 가족은 자녀가 둘이다.

20%의 가족은 자녀가 없다.

한 가족당 평균 자녀의 수는 1.2명이다.

그림 7–4 분석단위의 예시

그림 7-4 (계속)

또 다른 가상적인 예시를 살펴보자.

전국적 선거에서 새로운 대인 서비스 프로그램의 재원을 마련하기 위한 증세안을 지지하는 유권자의 특성을 알아내는 데 관심이 있다고 가정해보자. 모든 선거구마다 투표결과를 집계하고, 따라서 어느 선거구가 그 안에 대해 가장 지지율이 높고 낮은지를 알 수 있다고 가정해보자. 또한 각 선거구의 특성을 기술하는 인구조사 자료를 갖고 있다고 해보자. 여러 가지 자료를 분석해본 결과, 상대적으로 유권자의 나이가 많은 선거구는 유권자가 평균적으로 젊은 선거구보다 증세안에 대한 지지율이 높은 것으로 나타났다. 이런 결과가 나타나면서 연구자는 나이가 많은 유권자가 젊은 유권자보다 증세안을 지지할 가능성이 높다고, 즉 연령이 증세안 지지에 영향을 미쳤다고 결론을 내리고자 하는 유혹을 받을 수 있다. 이런 결론을 내림으로써 연구자는 생태학적 오류를 범할 위험에 빠지게 되는데, 그 이유는 증세안에 찬성표를 던졌던 사람들은 '평균 연령이 높은 선거구'에 사는 젊은 유권자였을 수도 있기 때문이다. 여기서 문제는 분석단위로 '선거구'를 고찰했지만 '유권자'에 대한 결론을 끌어내고자 했다는 것이다.

아프리카계 미국인 인구가 많은 도시는 아프리카계 미국인 인구가 적은 도시보다 범죄율이 더 높다는 사실을 발견한다면 똑같은 문제가 일어날 것이다. 연구자는 범죄를 실제로 아프리카계 미국인이 저질렀는지를 모를 것이다. 또는 개신교 국가의 자살률이 구교 국가의 자살률보다 더 높다는 사실을 알았다고 해도 여전히 개신교 신자가 구교 신자보다 자살을 더 많이 하는지는 알 수 없다.

연구자는 상당히 빈번하게 생태학적 분석을 통해 특정한 연구문제를 제기해야만 한다. 어쩌면 가장 적절한 자료를 구하지 못할 수도 있다. 예를 들어, 앞서 소개한 예에서 선거구별 투표결과와 선거구별 특성에 관한 자료는 쉽게 얻을 수 있는 반면, 투표 후 개별 유권자 설문조사를 실시하는 데 필요한 재원이 없을 수도 있다. 이런 경우 연구자는 생태학적 오류를 범할 위험을 인식하고 주목하면서 임시적인 결론에 도달할 수 있을 것이다.

그러나 생태학적 오류에 대한 경고 때문에 **개별주의적 오류**(individualistic fallacy)에 빠져선 안 된다. 연구를 처음 해보는 일부 학생들은 일반적인 태도와 행동 유형을 개별 예외와 조화시키는 데 어려움을 겪는다. 예를 들어, 어떤 부자 민주당원을 알고 있다고 하더라도 그것이 대부분의 부자가(각 개인으로) 공화당 후보에게 투표한다는 사실을 부인하는 것은 아니다. 생태학적인 오류는 이와는 다른 것으로, 집단에 대한 관찰만을 토대로 개인에 대한 결론을 이끌어내는 것이다.

환원주의

분석단위와 관련된 또 다른 개념은 **환원주의**(reductionism)다. 기본적으로 환원주의는 다양한 인간의 행동을 설명할 때 원인이라고 생각할 수 있는 개념이나 변수의 종류를 지나치게 엄격히 제한하는 것을 말한다. 사회학자는 사회학적 변수(가치, 규범, 역할)만을 생각하고, 경제학자는 경제학적 변수(수요와 공급, 한계가치)만을 고려하는 경향이 있다. 마찬가지로 심리학자는 심리학적 변수(성격 유형, 정신적 외상)만을 고려하는 경향이 있다. 예를 들어, 아동학대의 원인은 무엇인가? 가해자의 정신병리 때문인가? 가족의 상호작용 유형에서 병리적 역동성(pathological dynamics) 때문인가? 사회경제적 스트레스 때문인가? 문화적 규범 때문인가? 아동이 비정상적이기 때문인가? 각기 다른 분야의 과학자들은 각기 다른 종류의 답을 보고 자신과 다른 답은 무시하는 경향이 있다. 모든 또는 대부분의 인간행동을 경제적 요인으로 설명하는 것을 **경제학적 환원주의**(economic reductionism)라고 하고, 심리적 요인으로 설명하는 것을 **심리학적 환원주의**(psychological reductionism)라고 하며, 그 밖의 학문 분야에도 그렇게 할 수 있다. 이 쟁점이 3장에서 다루었던 패러다임에 관한 논의와 어떤 연관성이 있는지 생각해보기 바란다.

모든 종류의 환원주의는 특정 분석단위 또는 변수가 다른 분석단위 또는 변수에 비해 관련성이 높다고 제안하는 경향이 있다. 심리학자나 정신과의사는 아동학대의 가장 중요한 원인으로 가해자의 정신병리를 들 수 있으며, 따라서 분석단위는 개별 가해자가 될 것이다. 그러나 가족치료사는 가족을 분석단위로 선택하고, 가족체계 상호작용의 역동성을 살펴보고자 할 수 있다. 또한 사회학자는 가족을 분석단위로 정하고, 가족이 경험하는 사회환경 스트레스의 정도를 살펴보려고 할 수도 있다.

이 장에서는 사회복지 연구과정의 문제형성 단계에서 필요한 대부분의 구성요소를 다루었지만 전부는 아니었다. 다음 장에서는 연구조사의 개념적 요소를 설명하는 문제형성 단계의 후반기를 검토할 것이다. 이어지는 장들에서는 연구조사과정 각각의 구체적인 단계를 설계하고 실행하는 방법을 배울 것이다.

EP 2.1.6a

주요 내용

- 사회복지 연구는 사회복지 실천처럼 기본적으로 동일한 문제해결과정을 따른다. 각각은 유사한 단계를 따르며, 다음 단계로의 발전은 전 단계를 성공적으로 완수했는지 여부에 달려 있다. 그 과정의 어떤 시점에서도 예상하지 못했던 어려움으로 인해 이전 단계로 되돌아가야 할 필요가 발생할 수도 있다.
- 좋은 연구주제는 "그래서 어떻게 되는데?"라는 시험을 통과해야 한다. 또한 좋은 연구주제는 구체적이고 관찰 가능한 증거를 바탕으로 답할 수 있고 실행 가능한 것이어야 하며, 의문을 제기할 수 있어 두 가지 이상의 답이 가능해야 한다.
- 문헌고찰을 수행하는 것은 문제형성과정에서 중요한 단계다. 대개 충실한 문헌에 대한 기초지식은 중요한 연구주제의 선정보다 먼저 진행되어야 하고, 연구주제를 위한 기초를 제공해준다.
- 연구 실행 가능성에서 예상되는 쟁점도 문제형성의 중요한 부분이다. 시간제약, 비용, 협조 부족, 윤리적 갈등상황은 연구를 계획할 때 반드시 고려해야 할 중요한 사항이다.
- 다양한 사회복지 연구의 목적은 상호 배타적이지 않다. 한 가지 목적만 추구하는 연구도 있지만, 많은 연구는 다수의 목적을 추구한다.
- 탐색은 어떤 현상에 대한 기초적이고 대략적인 이해를 얻기 위한 시도다.
- 기술은 연구대상인 특정 모집단 또는 현상의 특성에 대해 정확하게 측정하고 보고하는 것이다.
- 설명은 연구대상인 현상의 다양한 측면들 간의 관계를 발견하고 보고하는 것이다.
- 평가연구는 탐색, 기술과 설명의 목적으로 실시할 수 있다.
- 횡단연구는 한 시점의 관찰에 기초한 연구다.
- 종단연구는 여러 번 관찰하는 연구다. 관찰은 일반 모집단으로부터 추출한 표본(추이연구)에 대해, 또는 특정한 하위모집단으로부터 추출한 표본(동류집단 연구)에 대해, 또는 매번 동일한 표본(패널연구)에 대해 실시할 수 있다.
- 분석단위는 사회연구자가 관찰하고, 기술하고, 설명하는 특성을 가진 사람 혹은 사물이다. 일반적으로 사회적 연구에서 분석단위는 개인이지만, 집단이나 사회가공물이 될 수도 있다.

연습문제

1. 각자 특별한 관심을 가진 사회복지 분야의 문제(아동학대, 정신질환, 병약한 노인 등)를 하나 생각한다. 그 문제에 대해 세 가지 연구문제를 만들어본다. 각 질문은 해당 분야에서 중요한 질문이어야 하며, 연구비 지원기관이 관심을 가질 만한 질문이어야 한다. 각 질문을 다른 연구목적을 다루도록 탐색을 위한 질문, 기술을 위한 질문, 설명을 위한 질문으로 만들어본다.
2. 사회복지 연구 분야의 학술지 하나를 살펴보면서 적어도 세 가지 분석단위의 예를 찾아본다. 각 분석단위를 확인하고 그 분석단위를 논의하고 있는 학술지에서 인용 부분을 제시해본다.

인터넷 연습문제

1. 탐색, 기술, 설명을 예시하는 조사연구를 보고하고 있는 논문을 찾아보자. 세 가지 목적 중 그 연구가 예시하는 목적이 어느 것인지 확인하고, 그와 관련해 자신의 판단을 간단하게 설명하라.
2. 「Social Work」 2002년 7월호에서 M. R. 랭크 Rank와 T. A. 허슐 Hirschl이 쓴 'Welfare Use as a Life Course Event: Toward a New Understanding of the U.S. Safety Net'이라는 종단연구를 찾아보자. 그 연구설계의 특성, 주된 결과, 결과가 사회복지 실천과 사회복지정책에 미치는 함의를 기술하라.

추천도서

Alexander, L. B., & Solomon, P. (Eds.). (2006). *The Research Process in the Human Services: Behind the Scenes*. Belmont, CA: Thomson Brooks/Cole. 이 훌륭하고 독특한 책은 존경받는 연구자들이 완성한 조사연구를 보고한다. 연구 다음에는 연구를 수행하면서 접했던 실제 세계의 기관 실행 가능성 장애물과 장애물을 만나서 연구계획을 어떻게 변경했는지에 관한 연구자의 설명이 실려 있다.

Maxwell, J. A. (1996). *Qualitative Research Design: An Interactive Approach*. Thousand Oaks, CA: Sage. 맥스웰은 이 장과 같은 주제 중 많은 부분을 다루고 있지만, 특별히 질적 연구과제에 초점을 맞추고 있다.

Menard, S. (1991). *Longitudinal Research*. Newbury Park, CA: Sage. 저자는 연구자들이 종단연구를 수행하는 이유를 설명하는 것으로 시작해, 종단자료의 분석을 위한 제안뿐만 아니라 다양한 연구설계를 구체적으로 다루고 있다.

활용 노트

EP 2.1.1e

EP 2.1.1e: 평생 직업교육에 참여하기: 사회복지사는 평생 직업교육의 일부로서 전문적 문헌을 검토하는 데 유능할 필요가 있다.

EP 2.1.6a

EP 2.1.6a: 과학적 탐구에 정보를 제공하기 위해 실천 경험 활용하기: 좋은 연구문제를 형성하려면 실천가의 정보가 필요하다.

EP 2.1.10m

2.1.10m: 개입을 비판적으로 분석하고, 모니터링하고, 평가하기: 사회복지사는 효과적인 평가를 설계하는 과정으로 좋은 연구문제를 형성하는 법을 이해한다.

분석단위에 관한 연습문제의 정답

1. 개인
2. 도시
3. 집단: 조직
4. 집단
5. 회사
6. 개인
7. 동네
8. 사회가공물: 구인광고

CHAPTER 8

양적 탐구와 질적 탐구의 개념화

Conceptualization in Quantitative and Qualitative Inquiry

이 장의 학습내용

많은 사회복지 용어가 모호하고 구체적이지 않은 의미를 전달한다. 이 장에서는 양적 연구와 질적 연구가 용어의 개념화와 정의에서 어떻게 다른지 살펴본다.

서론

앞 장에서는 문제형성 단계의 다양한 측면을 기술했다. 양적 연구에서는 문제형성 단계의 마지막에 연구조사의 개념적 요소를 설명한다. 질적 연구에서 개념화 과정은 좀 더 유연하고 새로운 유형을 따른다. 이 장에서는 개념화과정을 양적 및 질적 관점에서 논의한다. 개념화에 대한 두 관점 간 대비를 요약한 후에 각 관점을 별도로 살펴본다. 먼저 개념화에 대한 양적 접근을 살펴보는데, 양적 접근을 이해하면 질적 연구가 양적 접근을 피하려는 이유를 이해하고 인정하는 데 도움이 되기 때문이다. 양적 연구의 문제형성 단계에서 개념화에 대한 접근은 좀 더 구체적이고 복잡한 과정을 포함하기 때문에 좀 더 긴 논의가 필요하다. 하지만 어떤 접근을 더 선호한다고 주장하지는 않는다. 각 접근에는 나름의 장단점이 있고, 3장에서 논의했던 것처럼 두 접근은 상호 배타적이 아니며, 혼합방법 연구는 두 접근을 결합하기도 한다.

양적 개념화와 질적 개념화의 대비

순수한 양적 연구에서 개념화는 문제형성의 최종 단계에 나타나는 경향이 있다. 이때 연구자는 연구하려는 대상에 대한 모호한 생각에서 연구하려는 대상을 인지하고 측정할 수 있게 된다. 최종 단계는 추상적인 개념을 정교화하고 상세하게 구체화하며(**개념화**(conceptualization)), 구체적인 연구과정을 개발해(**조작화**(operationalization)) 현실세계에서 그 개념이 나타내는 대상을 경험적으로 관찰하게 된다. 이 과정은 양적 연구를 구체적인 측정에 근접하게 하는데, 개념의 측정방법과 자료의 수집방법을 위한 단계를 설정하기 때문이다.

순수한 양적 연구와 달리 순수한 질적 연구에서는 관찰과 자료수집과정 전에 변수와 지표를 구체화하지 않는 경향이 있다. 대신 질적 연구는 방법론적 자유와 유연성을 강조해 연구자는 연구하는 현상에 몰두하면서 가장 두드러진 변수(변수의 깊은 의미도 함께)가 드러나도록 한다. 그러나 질적 연구방법의 유연성에도 불구하고 질적 연구조차 자료수집과 해석의 과정에서 정교화할 수 있을 것으로 예상되는 의미를 갖고 연구를 시작한다.

개념화에 대한 두 접근 간의 대비는 7장의 그림 7-1에서 살짝 볼 수 있다. 그 그림에서는 증거기반 실천(EBP)에서 양적 연구와 질적 연구가 어떻게 다른지를 보여주었다. 순수한 양적 연구에서 연구자는 (문제형성 단계의 초기 단계를 완수한 후) 어느 실천가가 증거기반 실천을 긍정적으로 보는지 또는 부정적으로 보는지 그 정도를 나타내는 합산 점수를 만들어내는 폐쇄형 항목으로 구성된 척도를 만들 수 있다. 그 척도는 '증거기반 실천과정에 참여하면 실천 효과성이 향상된다'처럼 증거기반 실천을 긍정적으로 설명하는 문장을 담게 된다. 또한 '증거기반 실천과정에 참여하면 실천가-클라이언트 관계에 해가 된다'처럼 부정적인 문장도 포함한다. 실천가는 자신이 각 문장에 강하게 동의하는지, 약간 동의하는지, 중립인지, 약간 동의하지 않는지, 강하게 동의하지 않는지 표시하여 동의 또는 비동의의 정도를 나타낸다. 각 응답은 1에서 5(또는 0에서 4)의 점수를 가지며, 점수가 높을수록 긍정적 문장에 대한 동의 정도가 높고 부정적 문장에 대한 비동의가 높게 된다. 그러면 증거기반 실천에 대한 시각은 모든 문장에 대한 점수의 합계를 낸 후 척도에 대한 총점으로 정의하게 된다.

이 척도에 대한 합계 점수는 양적 연구에서 변수, 즉 증거기반 실천에 대한 관점이 되는 변수의 정의를 구성한다. 척도 점수와 관련이 있는 변수를 찾아내려는 연구라면 미리 관련 변수들도 정의한다. 관련 변수들을 살펴보려고 연구자는 실천가들에게 연령, 실천 경력 기간, 대학원에서 수강했던 조사과목 수, 참석한 증거기반 실천 연수교육 워크숍 수 등의 질문에 대한 응답을 번호로 입력하도록 요청할 수 있다. 또한 연구자들은 실천가들에게 성별, 민족, 기관에서 일하는지 아니면 상담소 개업을 했는지 등을 물어볼 수도 있다.

이와 반대로 순수한 질적 연구에서 연구자는 미리 실천가의 증거기반 실천에 대한 관점을 정의할 수 있을 정도로 충분히 알고 있다고 가정하지 않는다. 또한 연구자는 미리 관점을 정의하면 사전정의를 통해 밝혀내지 못하는 관점에 대해 중요한 내용을 배우지 못할 수 있다고 믿는다. 더욱이 앞에서 봤듯이 척도 점수는 피상적이어서 실천가의 관점에 대한 깊은 의미와 이유, 이런 관점들이 상황요인들에 의해 어떻게 영향을 받는지를 밝혀내지 못할 수 있다.

예를 들어 일부 항목에 대해 '중립'으로 응답하는 실천가는 자신의 실천에 적용할 때는 증거기반 실천을 매우 긍정적으로 보고, 자신이 실천할 때는 증거기반 실천과정에 규칙적으로 참여할 수 있다. 그러나 다른 많은 실천가는 증거기반 실천과정에 참여하는 것이 도움이 되지 않을 수 있다고 믿기 때문에 '중립'으로 대답할 수 있다. 많은 실천가가 증거기반 실천과정에 적절하게 참여하지 않을 수 있는데, 예를 들어 증거기반 실천을 실천에 대한 요리책 접근으로 잘못 해석해 연구조사 증거를 실천가 전문성과 클라이언트 속성, 선호, 상황에 대한 지식과 결합하는 과정의 단계를 부적절하게 무시할 수 있다. 또는 다른 많은 실천가가 선택한 경험적으로 지지되는 개입을 적절하게 실행하기 위해 필요한 슈퍼비전과 훈련을 얻는 데 필수적인 시간과 자원이 부족할 수도 있다. 따라서 그런 응답자들을 단순히 '중립'으로 점수화해버리면, 증거기반 실천을 제한적으로 또는 잘못 이해했거나 자기 자신의 실천에서 증거기반 실천에 참여하는 것에 대해 양면적이어서 '중립적'인 실천가와 구분하지 못하게 된다.

결과적으로 양적 방법으로 미리 증거기반 실천에 대한 관점을 정의하기보다, 그리고 그 관점과 관련되는 다른 변수들과 관련해 동일하게 처리하기보다 질적 연구자는 다른 접근을 취한다. 질적 연구자는 실천가들과 그들의 증거기반 실천 관점에 대해 구조화되지 않고, 개방적인 면접(중립적인 심층규명과 함께)을 실시한다. 질적 연구자는 실천가들이 증거기반 실천에 참여하는지, 왜 그리고 어떻게 참여하는지에 대한 아이디어를 발전시키기 위해 실천가들과 어울리고 관찰하면서(또는 실천가들의 사례에 대한 진전 보고서를 읽으면서) 많은 시간을 보낸다. 질적 연구자는 증거기반 실천에 대한 실천가의 관점을 논의하기 위해 개방적 방법으로 실천가들에게 질문을 하는 여러 초점집단 조사를 수행할 수도 있다. 질적 연구자는 증거기반 실천에 대한 관점 및 그와 관련된 요인과 관계있는 개념과 정의가 질적 탐구방식으로 나타나게 한다.

개념화에 대한 두 접근방법 간 대비를 기억하면서 이제 양적 접근을 자세히 살펴보자. 그 후에 질적 접근을 다시 다룬다.

EP 2.1.3a

양적 탐구의 개념적 설명

앞서 다루었던 문제형성의 측면(7장에서 논의한)을 일단 처리하고 나면 변수를 구체화하고 조작적으로 정의할 준비가 된 것이며, 순수한 기술연구가 아니라면 변수들 간 관계를 가정(즉, 가설을 개발)할 준비가 된 것이다. 3장에서 논의한 것처럼, **변수**(variable)는 우리가 탐구하는 개념이다. **개념**(concept)은 생각, 대상, 사건, 행동, 사람 등을 상징하는 마음의 상으로 정의된다. 또한 개념은 어떤 것을 상징하는, 사람들이 동의하는 단어로 생각할 수도 있다. 단어는 성별, 키, 주거, 민족, 연령 등 상대적으로 관찰하기 쉬운 어떤 것을 나타낼 수 있다. 그리고 단어는 자존심의 수준, 장기보호시설 생활자의 사기, 사회적 기능의 수준, 사회복지사의 소진, 인종차별, 성차별, 연령차별, 동성애 공포증 등 관찰하기 어려운 어떤 것을 나타낼 수도 있다.

어떤 개념은 다른 개념으로 구성되기도 한다. 예를 들어, 성별은 '남성'과 '여성'이라는 개념으로 구성된 개념이다. 3장에서 논의했듯이 더 넓은 개념을 구성하는 개념을 **속성**(attribute)이라고 한다. 따라서 '남성'과 '여성'은 '성별'이라는 개념의 속성이다(대부분의 조사연구에서 'sex'와 'gender'라는 용어를 동일한 변수에 대한 동의어로 처리하며, 그 변수의 두 가지 속성만을 보지만, 좀 더 포괄적인 개념화를 하면 '성전환자', '양성화자'를 포함할 수도 있다. 또한 성별(gender)도 '남성적', '여성적', '양성적'을 포함하는 사회적 변수로서, 생물학적 변수인 성별(sex)의 속성으로서 남성, 여성, 양성으로 인지될 수도 있다).

그러나 모든 연구자가 변수의 범주를 언급하면서 '속성'이라는 용어를 사용하는 것은 아니다. 일부 연구자는 **범주**(category)라는 용어를 대신 사용하기도 한다. 연구자가 변수에 대해 언급하면서 범주라는 용어를 언급할 때는 '속성'과 '범주'가 동일한 것을 의미함을 이해해야 한다. 다른 연구자는 변수의 속성이나 범주와 동일한 의미로 **값**(value)이라는 용어를 사용하기도 한다. '값'은 '속성'과 '범주'라는 용어와 동의어이지만 해당 변수의 범주가 연령, 시험 점수 등의 변수처럼 숫자일 때는 다른 두 용어보다 더 많이 쓰인다.

조사연구에서 왜 '변수'라는 용어를 사용하는지 궁금할 수 있다. 왜 그냥 '개념'이라는 용어를 사용하지 않는가? 한 가지 이유는 '변할' 것이라 생각하는 대상을 탐구하기 때문이다. 예를 들어 '남성'은 변수가 될 수 없는 개념이다. 남성은 오직 한 가지 값만을 가지며, 따라서 속성일 뿐이다. 다른 한편으로 성별은 두 가지 이상의 값을 가질 수 있는 개념이며, 따라서 변수가 될 수 있는 개념이다. 예를 들어, 성별과 봉급의 관계를 탐구할 수 있다. 남성이 여성보다 더 많이 버는가? 그러나 '남성'과 '봉급'의 관계를 탐구하는 것은 아무 의미가 없다. 남성과 봉급은 둘 다 개념으로, '봉급'이라는 개념만이 변화량을 전달하므로 변수로서 자격이 있다.

개념은 첫째, 둘 이상의 속성 또는 값으로 구성되어 변량이 있고, 둘째 조사연구에서 탐구를 위해 그 개념이 선정되면 변수가 된다. 양적 조사연구에서는 개념을 변수라고 부르기 전에 세 번째 조건이 반드시 충족되어야 한다. 즉, 개념은 관찰 가능한 용어로 번역되어야 한다. **조작적 정의**(operational definition)라는 용어는 바로 그 번역을 말하며, 조작 또는 지표는 우리가 관찰하는 특정 개념의 속성을 결정하려고 할 때 사용하는 개념이다. 따라서 어떤 가족이 아동학대를 할 위험은 **가족위험 척도**(Family Risk Scale, 가족에 대한 아동복지사의 관찰에 기초하여 아동복지사가 작성한 척도)의 **점수**라는 변수로 조작적 정의를 내릴 수 있다. 이 장의 뒤에서 조작적 정의를 더 자세히 논의한다. 먼저 가설의 개발을 검토해보자.

적절한 가설의 개발

3장에서 다른 변수를 설명한다고 가정하는 변수를 **독립변수**라고 했음을 기억할 것이다. 설명이 되는 변수를 **종속변수**라고 한다. 독립변수와 종속변수 간의 관계를 가정하는 문장을 **가설**이라고 한다. 다시 말해, 가설은 우리가 찾을 것으로 기대하는 변수들이 함께 공변하는 방식을 예측하는 잠정적인 문장이다.

좋은 가설은 좋은 연구문제의 속성을 일부 갖고 있다. 좋은 가설은 명확하고 구체적이어야 하며, 가능한 결과가 둘 이상이어야 한다. 즉, 자명한 이치(truism)여서는 안 된다. 7장에서 논의한 것처럼 자명한 이치의 예는 만일 사회복지 실천가가 행정양식을 작성하는 데 사용하는 시간의 비율이 증가하면 다른 활동에 쓰는 시간의 비율은 감소한다고 가설을 세우는 것이다.

또한 가설은 가치중립적(value free)이고, 검증할 수 있어야 한다. 예를 들어, "복지개혁 입법은 철회되어야 한다"라는 문장은 가설이 아니다. 이는 입증하거나 반박할 수 있는 용어로 쓴 두 변수 간의 예측된 관계가 아니라 판단적 제안이다. 앞의 문장을 "복지개혁은 복지수급자의 자녀들에게 해롭다"라고 변경한다면 이 문장을 가설처럼 만든 것이다. 그러나 아직도 좋은 가설 문장으로 자격이 부족하다. 비록 이 문장이 하나의 개념인 복지개혁이 아동에게 해를 끼친다고 예측하고 있지만, 해(害)의 특성이 명백하지 않고 구체적이지 않다. 다시 말해, 종속변수가 되는 개념의 구체적 성격이 명확하지 않고 구체적이지도 않다. 더욱이 독립변수로 생각하는 개념인 '복지개혁'도 모호하다. 복지개혁의 어떤 구체적인 측면을 언급하고 있는가? 두 변수를 좀 더 명확하고 구체적으로 만들어서 위의 문장을 좋은 가설로 바꿀 수 있다. 그렇게 하는 방법 중 하나는 "수혜자의 근로요건을 늘려 부모들이 복지급여에서 벗어나도록 만드는 복지개혁정책은 의료보험 혜택을 받지 못하는 아동 수를 증가시킬 것이다"

라고 가설을 세우는 것이다. 후자의 문장은 그런 정책이 실시된 이후 의료보험 혜택을 받지 못하는 아동 수가 증가하는지를 살펴봄으로써, 또는 그런 정책을 실시하는 주에서 실시하지 않은 주보다 의료보험 혜택을 받지 못하는 아동 수가 더 증가하는지 여부를 살펴봄으로써 입증하거나 반박할 수 있는 명확히 서술된 두 변수 간의 관계를 예측한다.

EP 2.1.6b

가설과 연구문제의 차이

좋은 가설이 좋은 연구문제의 속성을 일부 갖고 있고, 설명연구에서 어떤 가설과 어떤 연구문제 간의 유사성에도 불구하고 가설이 연구문제와 같지 않다. 두 가지가 다른 것 중 하나는 연구의 목적과 연관이 있다. 예를 들면, 탐색연구와 기술연구는 가설을 검증하지 않는다.

7장 그림 7-2의 다음 연구문제를 기억해보자. "주민들(특히 영어가 모국어가 아닌 주민들)은 현재의 약물남용 서비스를 어떻게 인식하는가? 그리고 현재 고려하고 있는 새로운 서비스에 대한 설명에 어떻게 반응하고 있는가?" 7장에서는 질적 탐색연구와 관련해 이 문제를 설명했다. 문제가 독립변수와 종속변수 간 관계를 예측하지 않는다는 점에 주목하자. 가설은 그런 관계를 예측해야 하며, 문제를 탐구하는 연구자가 다음과 같은 가설을 형성하고 검증하려고 한다. "영어가 모국어가 아닌 주민들은 모국어인 주민들보다 약물남용 서비스를 덜 이용할 가능성이 높다." 이 가설은 모국어(독립변수)와 서비스 이용률(종속변수) 간 관계를 예측한다. 또한 동일한 연구문제가 "영어가 모국어인 주민들은 영어가 모국어가 아닌 주민들보다 약물남용 서비스에 더 만족할 것이다"라는 또 다른 가설을 만들어낼 수도 있음에 주목하자.

또한 7장 그림 7-2에서 "해당 마을 내(특히 영어가 모국어가 아닌 주민들 중)에 약물남용 문제의 정도와 특성은 어떤가?"라는 또 다른 연구문제를 기억해보자. 7장에서는 이 문제를 양적 기술연구와 연관해 설명했다. 이 또한 독립변수와 종속변수 간 관계를 예측하지는 않는다는 점에 주목하자. 그러나 '연구문제와 가설 간의 차이와 연결의 예'라는 제목의 글상자에서 설명한 것처럼, 또 다시 그 문제를 탐구하는 연구자는 여러 가설을 형성하고 검증할 수 있다.

변수 간 관계의 유형

가설은 변수 간의 양의 관계 또는 음(부)의 관계, 그리고 곡선형 관계를 예측한다. **양의 관계**(positive relationship)에서는 독립변수가 증가하면서 종속변수가 증가한다(또는 독립변수가 감소하면서 종속변수가 감소한다). 즉, 두 변수가 같은 방향으로 움직인다. 따라서 지역사회조직에 참여할 때 시민이 받는 상징적 보상의 정도와 시민의 참

연구문제와 가설 간의 차이와 연결의 예

연구문제	연구목적	가능한 가설
해당 마을 내(특히 영어가 모국어가 아닌 주민들 중)에 약물남용 문제의 정도와 특성은 어떤가?	기술	없음(독립변수와 종속변수 간 관계 예측 없음)
	설명	영어가 모국어인 주민들이 다른 주민들보다 약물남용률이 높다.
		영어가 모국어인 주민들은 약물을 남용할 가능성이 높고, 다른 주민들은 알코올을 남용할 가능성이 높다.
		동화 수준은 남용하는 약물 유형과 관련 있다.
		최근 이민 온 십대의 부모들은 다른 십대 부모들보다 약물을 판매할 가능성이 낮다.

여 정도 간에 양의 관계가 있다는 가설을 세울 수 있다. 또한 클라이언트의 사회복지 서비스에 대한 만족과 클라이언트가 처음에 도움을 받으려 했던 문제 또는 목표(결정과정에 실천가가 클라이언트를 참여시키지 않고 선정한 문제나 목표와는 달리)에 초점을 두는 정도 간에 양의 관계가 있다는 가설을 세울 수 있다. 그림 8-1에서 맨 위의 그래프는 이 가설로 세운 양의 관계를 그림으로 나타낸 것이다.

음(negative) 또는 **부**(inverse)**의 관계**는 두 변수가 반대 방향으로 움직인다는 뜻이다. 즉, 한 변수가 증가하면서 다른 변수가 감소한다. 담당건수가 너무 많은 임상실천가는 양질의 서비스를 제공하기에는 시간이 부족하기 때문에 직접 서비스 실천가의 담당건수와 실천가의 효과성 정도 간에 음의 관계를 가정할 수 있다. 또한 가족 소득과 가족 스트레스의 수준 간에 음의 관계를 가정할 수 있다. 그림 8-1에서 중간 그래프는 이 가설로 세운 음의 관계를 그림으로 나타낸다.

곡선형 관계(curvilinear relationship)는 관계의 속성이 변수의 수준에 따라 변하는 관계다. 예를 들어, 어떤 사회복지 교육자는 출간된 사회복지 연구의 가치에 대해 가장 의심이 많은 학생은 조사수업을 많이 들었거나 전혀 듣지 않은 학생들이라고 믿는다. 조사수업을 전혀 듣지 않은 학생은 아직 조사의 잠재적 유용성을 인정할 정도로 배우지 못했을 것이다. 조사에 대해 많이 알고 있는 학생은 출간된 많은 연구에서 발견한 많은 심각한 방법론적 오류 때문에 환멸을 느낄 수 있다. 결과적으로 가장 의심이 없는 학생은 좋은 조사의 가치를 인정할 만큼 충분한 지식을 갖고 있지만, 얼마나 많은 연구가 심각한 오류를 범하고 있는지 깨달을 정도로 문헌을 충분히 비판적으로 검토할 수 없는 중간 정도의 학생일 것이다. 이렇게 믿는 교육자는 수강한 과목 수와 연구에 대한 의심의 정도 사이에 음의 관계로 시작해 양의 관계로 끝나는 U자형 곡선을 가설로 세울 수 있다. 즉, 의심의 정도는 일정한 과목 수까지 더 많은 과목을 수강하면서 감소하지만, 그 과목 수를 넘어서면 더 많은 과목을 수강하면서

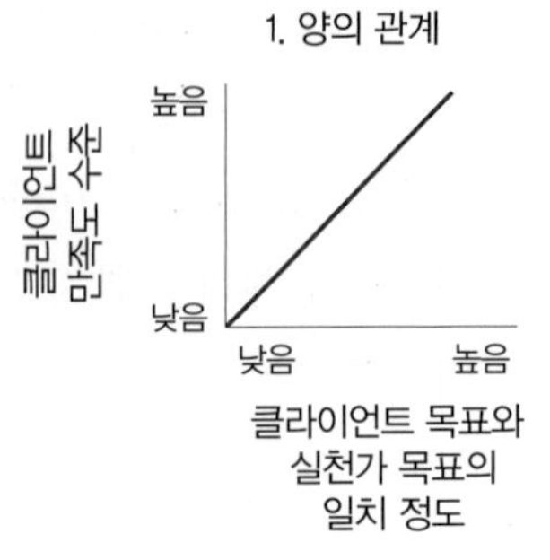

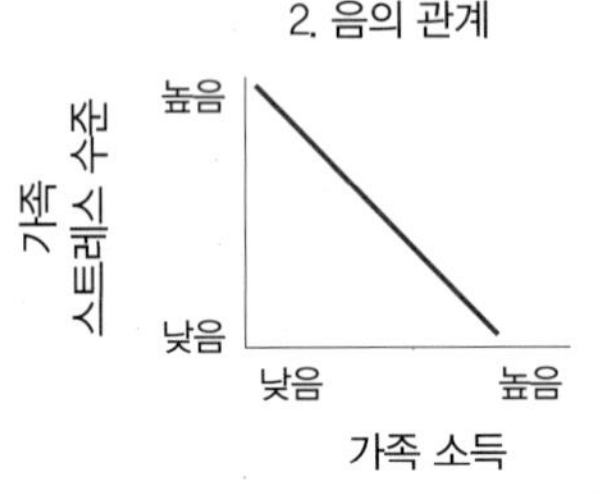

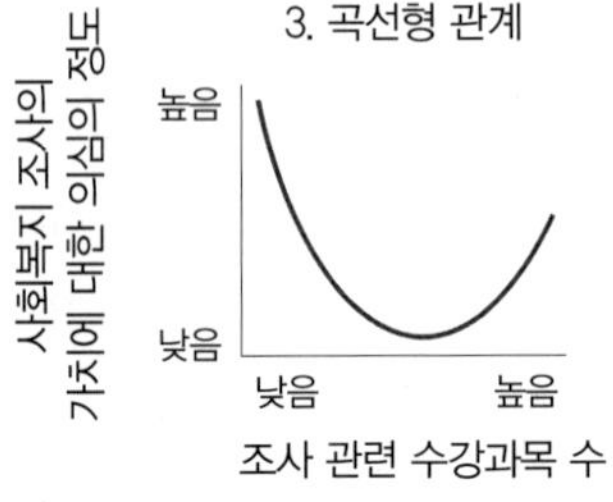

그림 8–1 변수 간 가설적 관계의 유형에 대한 그래프

의심의 정도는 증가한다. 그림 8-1의 마지막 그래프는 이 가설적인 곡선형 관계를 그림으로 나타낸다.

외생변수

세 번째 범주의 변수는 **외생변수**(extraneous variable)라고 한다. 이 변수는 독립변수와 종속변수 간의 관찰된 관계를 대안적으로 설명하는 변수를 나타낸다. 예를 들어, 새로운 복지정책이 실시되는 것과 동시에 경제가 개선된다고 가정하자. 만일 빈민층의 생활 수준이나 고용률이 정책이 실시된 후 개선된다면 생활 수준이나 고용률의 개선이 독립변수(정책의 변화) 때문인지 아니면 외생변수(경제의 변화) 때문인지 여부를 어떻게 결정하는가? 한 연구에서 병원의 환자가 사회복지 서비스를 더 많이 받을수록 수명이 짧아진다는 사실을 발견한다고 가정해

보자. 그 관계는 가장 심각한 질환(특히 말기 질환)은 더 많은 사회서비스를 받을 필요가 있다는 사실로 설명이 가능할 수도 있다. 따라서 '질환의 심각도'는 환자의 수명과 환자가 받은 사회복지 서비스의 양 간의 관계를 설명하는 외생변수로 개념화될 수 있다.

때로는 연구를 통해 독립변수와 종속변수 간의 관계, 또는 관계의 부재가 오해를 불러일으킬 가능성, 즉 다른 변수가 두 변수의 관계를 설명할 가능성을 살펴보기도 한다. 그렇게 할 때 설계에서 통제하려는 변수는 더 이상 외생변수가 아니라 **통제변수**(control variable)가 된다. 위의 예에서 '질환의 심각도'를 여전히 외생변수로 생각할 수 있지만, 그 변수를 통제하고 있기 때문에 **통제변수**라고 부를 수 있다.

조절변수

때로 통제변수는 **조절변수**(moderating variable)라고도 한다. 조절변수는 독립변수와 종속변수 간의 관계의 강도나 방향에 영향을 미칠 수 있다. 따라서 어떤 개입이 남성이 아니라 여성에게만 효과가 있을 것으로 예상한다면 '성별'은 조절변수가 된다. 이처럼 어떤 개입이 폭력적이지 않은 범죄를 저지른 범죄자에게만 효과가 있을 것으로 예상한다면 '범죄의 유형'이 조절변수가 된다.

질병이 가장 심각한 사례들에 더 많은 사회복지 서비스를 제공할 필요가 있다는 사실로 환자의 '수명'과 환자가 받은 '사회복지 서비스 양'의 관계를 설명할 수 있는 가능성을 검토하려 한다고 가정해보자. 이를 검토하기 위해 다음과 같이 할 것이다. 첫째, 모든 사례를 질환의 심각도에 따라 하위집단으로 나눈다. 단순하게 하기 위해 사례를 (1) 생명을 위협하는 질환 또는 말기 질환 사례와 (2) 생명을 위협하지 않는 질환 또는 말기가 아닌 질환 사례인 두 집단으로만 나눈다고 가정해보자. 다음에는 생명을 위협하는 질환 또는 말기 질환 사례에 대해서만 환자의 수명과 환자가 받은 사회복지 서비스의 양 간의 관계를 살펴본다. 그리고 생명을 위협하지 않는 질환 또는 말기가 아닌 질환 사례에 대해서도 같은 과정을 밟는다. 그렇게 해서 각 질병의 심각도 수준에서 독립변수와 종속변수 간의 원래 관계가 변하는지 또는 관계가 동일하게 유지되는지 살펴봄으로써 질병의 심각도를 통제하게 된다.

이 맥락에서 '통제'라는 용어는 연구자가 질병의 특성을 통제한다는 뜻이 아니다. 통제는 단순히 연구자가 통제변수의 각 범주에 대해 개별적으로 가설로 설정된 관계를 검토한다는 뜻일 뿐이다. 그 변수를 통제할 때 독립변수와 종속변수 간의 원래 관계가 사라지면 원래 관계가 허위관계였음을 의미한다. 따라서 **허위관계**(spurious relationship)는 제3의 변수를 통제할 때 더 이상 존재하지 않는 관계다. 그림 8-2는 허위관계를 그림으로 예시한 것이다. 앞으로 두 변수 간에 겉으로 드러난 관계가 실제로 한 변수가 다른 변수를 야기함을 의미하는지 여부를 찾아내기 위한 설계와 통계적 접근을 논의하는 장에서 허위관계의 개념을 다시 다룰 것이다.

조절변수를 통제하는 방법이 독립변수와 종속변수 간의 관계에 영향을 미치는 또 다른 예시를 '어떻게 조절변수 통제가 독립변수와 종속변수 간의 관계에 대한 이해를 변화시킬 수 있는지의 예시'라는 제목의 글상자에서 제시한다.

상수

변수를 통제하는 또 다른 방법은 변수의 한 범주만(즉, 한 속성만)을 포함하는 것이다. 예를 들어 앞에서 언급한 의료의 허위관계에서 연구자는 말기 질환의 사례만을 연구에 포함시켜 그 사례에 대한 사회복지 서비스의 영향을 평가할 수 있다. 덜 심각한 질환이 있는 사례도 포함시키는 데서 나타나는 잠재적으로 오해를 일으키는 결과(사회복지 서비스 수혜자의 생명이 더 짧을 가능성이 높다는 것과 같은 허위 결과)를 통제하겠지만, 질환의 심각도는 통제(조절)변수가 '아니다'. 질환의 심각도는 한 범주만이 포함되어 그 연구에서는 '변하지' 않기 때문에 변수가 아니다. 그럼에도 불구하고 연구자는 한 범주만을 포함해 그 변화가 연구결과를 혼동시키지 않도록 함으로

그림 8-2 제3의 변수를 통제할 때 사라지는 허위 인과관계의 예시

허위 인과관계

의료에서 사회복지 서비스는 사망의 위험을 증가시킨다.
(화살표는 올바르지 않은 인과적 해석을 나타낸다.)

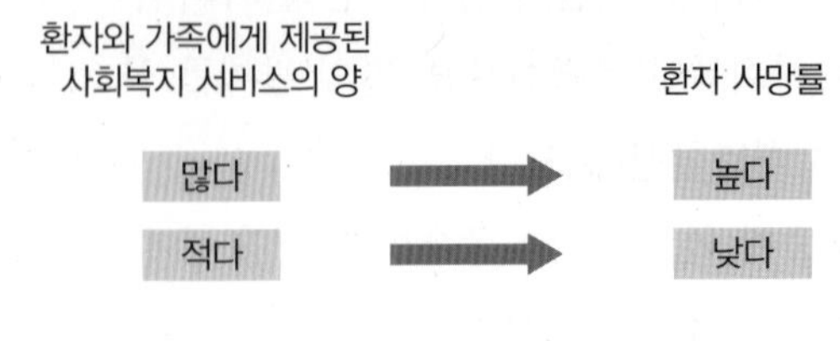

실제 인과관계

질환의 심각도가 사회복지 서비스의 양과
사망 위험 모두에 영향을 미친다.
(많은 사회복지 서비스를 받는다는 것은 말기 질환 환자들이
더 많은 사회복지 서비스를 받기 때문에 높은 사망률과 연관이 있다.)
(화살표는 올바른 인과적 해석을 나타낸다.)

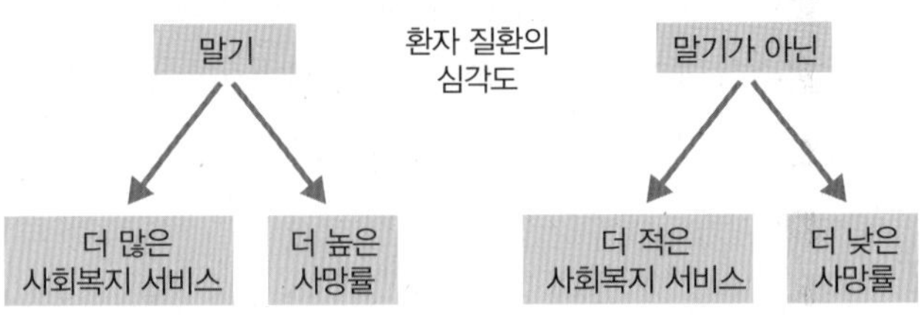

써 그 변수를 통제했다고 올바르게 얘기할 수 있다.

변수의 한 범주만이 연구에 포함될 때(그래서 실질적으로 변하지 않을 때) 이를 변수라고 부르는 것은 정확하지 않지만 연구자가 한 범주만을 포함시켜 특정 변수를 통제했다고 올바르게 얘기하는 것을 듣는 경우가 일반적이다. 따라서 그런 변수를 통제변수라고 부른다면 이해할 만한 기술적인 실수다. 예를 들어, 표본에 남성 또는 여성만을 포함시키는 연구에서 성별을 통제변수라고 부르는 것은 일반적인 실수다. 그럼에도 불구하고 그런 연구는 남성 또는 여성만을 포함시켜서 성별을 통제한다고 얘기하는 것이 정확하다. 이와 비슷하게 외상 후 스트레스 장애(PTSD)에 대한 개입의 효과성을 평가하면서 표본에서 자살 위험이 있는 클라이언트를 제외한다면 그 연구가 자살 가능성의 잠재적 영향을 통제한다고 기술하는 것이 올바르기는 하지만, 자살 가능성을 통제변수라고 부르는 게 기술적으로 정확한 것은 아니다.

매개변수

독립변수와 종속변수 간의 관계에 영향을 미칠 수 있는 또 다른 변수 유형은 매개변수다. **매개변수**(mediating variable)는 독립변수가 종속변수에 영향을 미치는 구조(mechanism)다. 어떤 개입이 먼저 범죄 희생자에 대한 죄수의 감정이입을 증가시킴으로써 재범을 줄이려고 생각한다면 '범죄 희생자에 대한 감정이입 정도'가 매개변수가 된다. 매개변수는 독립변수(죄수가 개입을 받는지 여부)와 종속변수(죄수들이 또 다른 범죄로 다시 구속되는지 여부) 사이에 오게 된다. 다시 말하면 그림 8-3에서 예시된 것처럼 독립변수가 매개변수에 영향을 미치고, 차례로 종속변수에 영향을 미치는 인과의 사슬을 개념화할 것이다. 매개변수는 독립변수와 종속변수 사이에 오기 때문에 **중재변수**(intervening variable)라고도 부른다. '매개변수 영향의 예시'라는 제목의 글상자는 인과의 사슬을 더 자세히 보여준다. 이 내용을 읽으면서 매개변수

독립변수 → 매개(중재)변수 → 종속변수

개입 유형 → 감정이입 정도 → 재구속?

그림 8-3 매개변수의 예시

어떻게 조절변수 통제가 독립변수와 종속변수 간의 관계에 대한 이해를 변화시킬 수 있는지의 예시

다음의 두 표는 아동학대나 방임으로 의뢰된 부모들이 앞으로 아동학대를 하지 않도록 하려는 목적의 가상의 개입 A와 B의 가상의 평가결과를 보여준다. 두 치료 유형의 효과는 실험으로 비교했다. 치료결과는 부모가 재범을 저질렀는지(아동복지기관에 의해 아동학대를 다시 한 것이 발각되었는지) 여부로 조작적으로 정의했다. 가상 연구는 부모의 약물남용자 여부를 조절변수로 통제했다. 조절변수를 통제하는 것이 독립변수(치료 유형)와 종속변수(부모들이 재범을 저질렀는지 여부) 간의 감추어질 뻔한 관계를 어떻게 드러내는지 확인하도록 두 표를 검토해보자. 그 후에 당신의 해석이 정확한지 확인하기 위해 두 번째 표 아래에 있는 설명을 읽어보자.

그러나 표 2에서 약물남용 변수를 통제(즉, 상수로 고정)할 때 두 변수 간에 실제로 관계가 있기 때문에 표 1에서 나타난 결과는 심각한 오해를 낳는다. 약물남용자 중 개입 A 부모의 3/4(40명 중 30명)이 재범을 저질렀으나, 개입 B의 부모는 1/4(40명 중 10명)만이 재범을 저질렀음을 알 수 있다. 표를 보면 약물남용자가 아닌 부모 중에서는 반대의 결과가 나타났는데, 개입 A 부모의 1/4만이 재범을 저질렀던 반면 개입 B 부모의 3/4이 재범을 저질렀다. 따라서 가상의 개입 A는 약물남용자가 아닌 부모에게 더 효과가 있으며, 가상의 개입 B는 약물남용자 부모에게 더 효과적이다. 조절변수의 통제가 어떻게 작용하는지 더 잘 이해하기 위해 조절변수의 영향을 철회하면 표 2의 숫자들이 표 1의 2개의 '개입 A' 열을 합하고, 2개의 '개입 B' 열을 합한 숫자와 일치하며, 각 개입이 40/40으로 분리됨을 알 수 있다.

표 1 치료 유형에 따른 재범률

재범	개입 A	개입 B
예	40	40
아니오	40	40
합계	80	80

표 2 부모의 약물남용자 여부를 통제한 상태에서 치료 유형에 따른 재범률

	약물남용자		비약물남용자	
재범	개입 A	개입 B	개입 A	개입 B
예	10	30	30	10
아니오	30	10	10	30
합계	40	40	40	40

표 1은 치료 유형과 재범률 간에 아무 관계가 없음을 보여준다. 재범을 저지른 40명은 개입을 받은 전체 사례(80)의 절반이기 때문에 각 개입은 똑같이 50%의 재범률을 보여준다.

가 독립변수가 종속변수에 영향을 미치는 유일한 구조가 아닐 수 있다는 점을 명심해야 한다.

학생들은 때로 매개변수와 조절변수라는 용어를 혼동한다. 동사 '매개하다(mediate)'의 정의 중 하나는 단계들 간에 발생하고 한 단계(독립변수)에서 또 다른 단계(종속변수)로 어떤 것을 이동하는 매개체(medium)로서 작동한다

매개변수 영향의 예시

아래의 표는 범죄 희생자에 대한 죄수의 감정이입을 먼저 증가시킴으로써 범죄자의 재범을 막으려는 가상 프로그램의 가상 평가결과를 보여준다. 표의 결과는 프로그램이 감정이입을 증가시키는 데 효과적이었으며, 감정이입이 높은 범죄자의 재구속률을 감소시키는 데 효과적이었음을 보여준다. 따라서 프로그램이 죄수의 감정이입을 증가시켜 재범을 막았다는 구조를 보여준다. 이는 표에서 프로그램 참여자 중에 감정이입 점수가 높을수록 재구속률이 낮다는 것을 보여주고, 높은 감정이입 점수인 프로그램 참여자가 낮은 재구속률을 나타냈기 때문에 명백하다. 다시 말해 감정이입 정도는 독립변수(치료 상태)에 의해 영향을 받고, 다시 종속변수(재구속률)에 영향을 주는 매개변수였다. 추가적인 매개변수(즉, 프로그램이 재범에 영향을 미치는 다른 방법)가 있다고 생각할 수도 있지만, 가능한 매개변수 하나만을 검토하는 것으로 이 예를 단순화했다.

치료 상태	감정이입 프로그램을 완료한 후 실시한 감정이입 척도의 평균 점수	재구속률
감정이입 프로그램 참여*	60~80	5%
	40~59	15%
감정이입 프로그램 미참여**	30~39	30%
	10~29	40%

* 프로그램 참여자는 모두 40~80점의 감정이입 점수를 나타냈다.
** 프로그램 비참여자는 모두 10~39점의 감정이입 점수를 나타냈다.

는 사실을 기억하면 도움이 될 수 있다. 반대로 '조절하다(moderate)'라는 동사의 정의 중 하나는 어떤 것의 정도 또는 심각도를 바꾸는 것이다. 따라서 조절변수는 독립변수와 종속변수 사이의 인과의 사슬 밖에 있지만 두 변수 간의 관계의 정도에 영향을 미칠 수 있다. 그러나 매개변수는 인과의 사슬 중간에 있으며, 독립변수에는 영향을 미치지 않는다. 어떤 의미에서 독립변수에 의해 영향을 받을 수 있고, 차례로 최종의 실제 종속변수에 영향을 미칠 수 있다는 점에서 중간 형태의 종속변수다. 예를 들어, 성별은 죄수 감정이입을 증가시키려는 개입방법에 의해 영향을 받을 수 없어 매개변수가 될 수 없다. 그러나 위에서 본 것처럼 개입방법과 재범 간의 관계의 정도에 영향을 미칠 수도 있다는 점에서 조절변수가 될 수 있다.

동일한 개념이 다른 연구에서는 다른 유형의 변수가 될 수 있다

성별과 달리 대부분의 개념에는 그 개념을 관찰하는 일상의 연구에서 그 자체로 독립변수, 종속변수, 조절변수, 매개변수로 만드는 내재적 특성은 없다. 어떤 개념이 독립변수, 종속변수, 매개변수, 조절변수인지 여부는 특정 연구에서 어떻게 개념화되는지에 달려 있다. 예를 들어, 한 연구에서는 지역계획의 시민 참여 증가가 지역에 노숙인 쉼터를 설치하는 데 대한 주민의 반대를 낮출 가능성이 높다고 가정하면 '시민 참여도'는 독립변수이고 '반대 정도'는 종속변수다. 그러나 또 다른 연구에서는 시민 참여를 증가시키기 위해 선행하는 노력으로 반대 정도를 보고 기존의 반대가 커질수록 시민들이 더 많이 참여할 것이라고 가설을 반대로 설정할 수도 있다.

또한 어떤 변수가 독립변수/종속변수가 되는지는 가설에서 변수를 지정하는 순서에 따라 결정되는 게 아니라는 사실도 깨달아야 한다. 예를 들어, 사례관리 개입은 사회복지 학위가 있는 실천가에 의해 제공될 가능성이 더 높다고 가설을 세우면 가설에서 개입 유형이 먼저 나왔다 하더라도 종속변수가 될 수 있다. 원인이 결과보다 먼저 발생해야 하지만, 가설에서 결과를 앞에 둔다고 결과가 먼저 발생한다는 뜻은 아니므로 혼란을 줄 수 있다.

EP 2.1.10m

조작적 정의

이 장의 앞에서 본 것처럼 양적 연구조사에서는 변수에 대한 자료를 수집하기 위한 연구를 수행하기 전에 먼저 관찰할 수 있는 용어로 그 변수를 변형해야만 한다. **조작적 정의**(operational definition)라는 용어는 그 변형을 말한다. 즉, 조작 또는 지표는 특정한 변수에 관해 관찰하는 양 또는 속성을 결정하기 위해 사용한다. 조작적 정의는 명목적 정의와는 다르다. 명목적(nominal) 정의는 사전적 정의처럼 어떤 용어가 의미하는 것을 이해하도록 돕기 위해 일련의 단어들을 사용하지만 연구에서 그 용어를 관찰하는 데 어떤 지표를 사용할 것인지 얘기해주지는 않는다. 예를 들어 '사회적응'의 명목적 정의는 '부모, 학생, 종업원, 배우자 등 생활의 주요 역할의 적절한 수행'이 될 수 있다. 이 정의는 조작적 정의를 어떻게 개발할지 실마리를 제공할 수 있지만, 어떤 지표를 관찰할 것인지 사회적응에 대한 연구에서 연구자가 주목하는 사회적응의 정확한 범주를 정확하게 상술하지는 않는다.

추상적 변수를 많은 방법을 통해 조작적으로 정의할 수 있다. 사회적응의 조작적 정의 중 하나는 사회적응의 수준을 측정하기 위해 만든 척도의 점수가 될 수 있다. 또 다른 조작적 정의는 어떤 개인이 사회적 기능을 회복하려고 사회복지 서비스를 받는지 여부가 될 수 있을 것이다. 서비스를 받는 사람들은 받지 않는 사람들보다 사회적응의 수준이 낮은 범주에 속하게 될 것이다. 따라서 조작적 정의는 어떤 변수를 어떻게 측정할 것인지 방법을 제시한다.

존재하는 어떤 것이든 조작적으로 정의한다

사회복지사가 관심을 갖는 사랑(love), 증오(hate), 감정이입(empathy), 페미니즘(feminism), 인종차별(racism), 동성애혐오(homophobia), 영성(spirituality) 등의 추상적 변수를 조작적으로 정의하는 과학의 능력에 대해 의문을 가질 수 있다. 영성 등을 다루었던 연구보고서를 읽은 경험이 있을 것이며, 연구자가 무엇을 연구하든지 그것을 측정하는 방법이 만족스럽지 않았을 수 있다. 너무 피상적이거나, 진정으로 가장 중요한 측면을 놓쳤다고 느꼈을 수 있다. 연구자가 교회에 간 횟수로 영성을 측정했거나, 단 한 번의 선거에서 투표행위로 진보성향(liberalism)을 측정했을 수도 있다. 연구자가 사용한 측정방식으로 자신이 잘못 분류되었다면 불만은 더 커졌을 것이다.

추상적 변수를 조작적으로 정의하는 능력에 대한 회의론은 이해할 만하다. 사회복지 연구에서 대부분의 변수는 실제로 바위가 존재하는 방식으로 존재하지 않는다. 실제 사회복지 연구의 변수들은 만들어진 것이다. 더욱이 그 변수들이 단 하나의 명백한 의미를 갖는 경우는 거의 없다. 예를 들어, 페미니즘이라는 용어를 생각해보자. 바위를 관찰하는 방법으로는 페미니스트를 관찰할 수 없다. 단순히 페미니스트인지 물어봄으로써 그 개인이 페미니스트인지 여부를 관찰하고자 시도할 수 있다. 또는 페미니스트 단체에 속하는지 또는 그런 단체의 성명서에 동의하는지를 물어볼 수도 있다.

이런 각각의 조작적 정의는 여러 다른 결과를 낳을 수도 있다는 사실에 주목하라. 질문을 받았을 때, 일부는 페미니스트 단체가 선호하는 입장과 동의하지 않더라도 자신이 페미니스트라고 말할 수 있다. 그들은 그 용어의 의미에 대한 자기 자신의 독특한 이해에 따라 자신이 진정으로 페미니스트라고 생각할 수도 있다. 사실 페미니즘, 영성 등의 추상적 변수는 바위처럼 자연에 존재하는 게 아니다. 그 변수는 우리가 만들어내서, 연구 등의 목적을 위해 구체적 의미를 배정한 단순한 용어다. 그러나 이 용어는 일부 실재를 갖고 있다. 어쨌든 사회복지 실천과 연구에서 사용하는 페미니스트 모형이 있다.

자신의 실천에서 영성을 이용하는 사회복지사의 비율을 알아보려는 조사연구를 읽었다고 해보자. 이런 것이 실제로 존재하지 않는다면 우리가 관찰하고 얘기하는 것은 무엇인가? 실제로 무엇인가? 사회복지사가 관심을 갖는 두 변수, 인종차별과 동성애혐오를 생각하면서 더 자세히 살펴보자.

우리의 삶을 통해 인종차별과 동성애혐오에 연결되는 많은 것을 관찰해왔으며, 관찰을 통해 그 변수들이 실재임을 알고 있다. 우리는 실재하는 것으로 보였던 다른 사람들의 보고서를 읽었거나 들었다. 예를 들어 우리는 사람들이 게이, 레즈비언 또는 특정 소수민족의 구성원에 대해 불쾌한 얘기를 하는 것을 들었고, 그런 사람들에 대한 증오범죄(hate crime)에 대해 읽었으며, 고용 등의 문제에서 그들을 차별하는 것에 대해 읽었다. 일부 사람들이 그들을 비하하는 호칭으로 부르는 것도 들었다. 때로 일부 사람들이 이와 같은 행동을 했거나 승인했던 사람을 지칭하기 위해 **인종차별주의자**(racists)와 **동성애혐오자**(homophobes) 등의 약어를 만들었다. 바위를 관찰하는 방법으로 인종차별과 동성애혐오를 직접적으로 관찰할 수는 없다 하더라도, 심지어 인종차별과 동성애혐오가 바위가 존재하는 방법으로 사실상 존재하지 않는다 하더라도, 우리가 삶의 과정에서 각각 관찰해왔던 명백히 관련된 일련의 현상을 대표하기 위해 그와 같이 만든 용어를 이용하는 데 동의한다.

그러나 이런 각각의 용어는 우리가 일정한 방식으로 용어를 사용한다고 했던 대강의 합의와 별개로 존재하는 것은 아니다. 우리 개개인은 인종차별과 동성애혐오 등의 용어들로 대표되는 것으로 우리가 관찰한 실재적 현상에 대한 마음의 상을 발달시킨다. 일부는 역사적으로 차별을 받아온 소수계 구성원들을 위해 (적극적 조치의 목적으로) 더 낮은 대학입학 기준을 채택하는 것을 반대하는 행위를 인종차별이라고 생각할 수 있다. 다른 사람들은 그런 집단의 구성원이 낮은 기준을 필요로 한다는 생각이 그들이 어쨌든 열등하다는 것을 함의하기 때문에 인종차별이라고 주장하면서 반대의 관점을 가질 수 있다.

인종차별 등의 추상적 용어를 듣거나 읽을 때 우리가 그 용어에 대해 갖고 있는 마음의 상이 머릿속에 떠오른다. 그것은 마치 우리 마음속에 수천 장의 서류가 담긴 서류서랍이 있으며, 각 서류의 오른쪽 상단 구석에 꼬리표가 붙어 있는 것과 같다. 서류서랍에 있는 한 장의 서류에는 **인종차별**이라는 용어가 있다. 그 종이에는 자신이 인종차별에 대해 들었던 모든 것과 자신이 관찰해온 그 예처럼 보이는 것이 적혀 있다. 다른 사람의 서류에는 그들이 인종차별에 대해 들었던 것과 그들이 관찰해온 인종차별의 예처럼 보이는 모든 것이 적혀 있다.

이러한 마음의 상, 즉 정신적인 서류서랍에 있는 서류에 대한 기술적인 용어가 **개념구상**(conception)이다. 각 장의 서류가 하나의 개념구상이다. 대강 얘기하면 우리가 정신적 서류에 담고 있는 내용들이 일치하는 정도만큼만 언어와 의사전달이 가능하다. 우리가 그 서류에 대해 가진 유사성이 우리가 있는 사회의 합의 정도를 나타낸다. 우리는 자라면서 특정 용어를 처음 배웠을 때 거의 동일한 내용을 들었다. 사전은 우리 사회가 그런 용어에 대해 갖고 있는 합의를 공식화한다. 그러면 우리 각자는 그 합의와 일치하는 마음의 상을 형성한다. 그러나 각자가 다른 경험과 관찰을 하기 때문에 서류체계에 있는 어떤 서류에도 완전히 동일한 내용이 입력되어 있는 사람은 없다.

우리의 변수에 대한 독특한 개념구상과 동떨어져 실제로 존재하지 않는 변수를 어떻게 조작적으로 정의할 수 있는가? 학교에서 성적이 좋지 않은 소년이 우울증에 걸렸는지 여부를 측정하려 한다고 가정해보자. 예를 들어, 우리는 소년이 자신이 싫고 미래에 대한 희망이 없다고 얼마나 자주 얘기하는지 관찰할 수 있다. 부모에게 그가 얼마나 집에 혼자 있는지, 친구들과 얼마나 노는지 물어볼 수 있다. 선생님은 그가 학교에서 집중하지 못하는지, 그리고 학교 운동장에서 혼자 있는지를 말해줄 수 있다. 이 모든 것은 존재하며, 따라서 그것들을 관찰할 수 있다. 그러나 우리가 실제로 '우울증'을 관찰하고 있는가? 우리는 그 질문에 대답할 수 없다. 우리는 그런 의미에서 우울증을 관찰할 수는 없다. 왜냐하면 우울증은 우리가 막 기술한 것들이 존재하는 방법으로 존재하지 않기 때문이다. 어쩌면 소년의 부정적인 자술과 사회적 고립은 우울증이 아닌 낮은 자존감에 기인한 것일 수도 있다. 어쩌면 학교에서 집중하지 못하는 것을 설명하는 주의력결핍 과잉행동 장애가 있을 수도 있다. 용어로서 **우울증**은 존재한다. 우리는 우울증의 글자 수를 관찰할 수 있으며, 영어로 10자(depression)라는 것에 동의한다. 또한 우울증이라는 단어가 세 음절로 되어 있으며, 글자 'd'로 시작한다는 데 동의할 수 있다. 간단히 말해, 우울증에서 실재적인 면을 관찰할 수 있다.

이 맥락에서 캐플런 Kaplan(1964)은 과학자들이 측정하는 세 가지 유형의 대상을 구분한다. 첫 번째 유형은 **직접 관찰할 수 있는 대상**(direct observable)이다. 우리가 간단하게 직접적으로 관찰할 수 있는 것들로, 사과의 색깔이나 질문지에 한 체크 표시 같은 것이 있다. 두 번째 유형은 **간접적으로 관찰할 수 있는 대상**(indirect observable)이다. 만일 어떤 사람이 질문지의 여성 옆에 체크 표시를 한다면 우리는 그 사람의 성별을 간접적으로 관찰할 수 있다. 기관 이사회의 회의록은 과거 기관 행동에 대한 간접적인 관찰을 제공한다. 마지막으로 **개념구성체**(constructs)는 관찰에 기초한 이론적인 창조물이지만, 직접 또는 간접적으로 관찰할 수 없다.

그러면 우울증은 추상, 우울증을 구성하는 당신의 개념, 우울증을 구성하는 우리의 개념, 그 용어를 지금까지 사용해온 모든 사람의 개념을 포함하는 '일련의 개념구상(family of conceptions)'(Kaplan, 1964, p. 49)으로 구성된 개념구성체다. 우울증은 직접적으로 또는 간접적으로 관찰할 수 없다. 왜냐하면 우울증은 존재하지 않기 때문이다. 우리가 우울증을 만들어냈다. 우리가 측정할 수 있는 것은 **우울증**이라는 용어가 의미한다고 생각하는 것을 직접적으로 관찰할 수 있는 것과 간접적으로 관찰할 수 있는 것뿐이다. IQ는 또 다른 예다. IQ는 IQ 검사의 많은 질문에 주어진 대답을 관찰해 수학적으로 구성된다. 이 장의 뒤에서 사회적응, 결혼만족, 가족의 아동학대 위험 등을 측정하는 기존의 척도를 찾을 수 있는 문헌을 다룬다. 이들은 '사회복지사가 측정하는 세 가지 대상범주'라는 제목의 글상자에서 예시된 것처럼 개념구성체의 또 다른 예가 된다.

개념화

일상적인 의사전달은 일반적으로 용어 사용에 대한 모호하고 일반적인 합의의 체계를 통해 일어난다. 일반적으

사회복지사가 측정하는 세 가지 대상범주

범주	예
직접 관찰할 수 있는 대상	관찰대상 또는 면접대상의 신체적 특성(성별, 피부색)
간접적으로 관찰할 수 있는 대상	자기기입식 설문지에 주어진 답으로 표시된 특성(성별, 민족, 연령)
개념구성체	직접 관찰할 수 있는 대상과 간접적으로 관찰할 수 있는 대상을 결합해 만들어낸 척도로 측정하는 이론적 추상 개념(우울증, 사회적응, 결혼만족도, 아동학대 위험)

로 사람들은 우리가 전달하고자 하는 것을 정확하게 이해하지는 못하지만, 대략적인 취지는 이해한다. **개념화**(conceptualization)는 특정 용어를 사용할 때 그것이 무엇을 의미하는지 정확하게 구체화하는 과정이다. 예를 들어, 여성이 남성보다 더 동정심이 있는지 밝히기를 원한다고 가정해보자. 우리는 **동정심**이라는 용어의 의미에 대해 정확한 작업합의가 없이는 그 대답에 대해 동의할 수 없음은 말할 것도 없고, 그 질문을 의미 있게 연구할 수도 없다. 그것은 그 문제에 대해 우리가 연구하도록 허용한다는 의미에서 작업합의다. 우리는 특정한 구체화를 사용할 가치가 있다고 동의하거나 또는 동의하는 체할 필요가 없다.

지표와 차원

개념화과정의 최종산물은 우리가 연구하는 개념의 존재 또는 부재를 나타내는 표시, 우리가 생각하고 있는 일련의 **지표**(indicator)의 구체화다. 따라서 우리는 동정심의 지표로서 크리스마스에 아동병원 방문한 것을 사용하기로 합의할 수 있다. 둥우리에 어린 새를 다시 넣어 주는 것 등을 또 다른 지표로 합의할 수도 있다. 그러면 연구의 분석단위가 개인이라면 연구대상인 각 사람에 대한 각 지표의 존재 또는 부재를 관찰할 수 있다. 그것을 넘어서서 각 개인에게 관찰된 동정심 지표들의 수를 더할 수도 있다. 예를 들어, 우리는 10개의 구체적인 지표에 대해 합의하고, 피터는 6개, 폴은 3개, 메리는 9개 등이 있음을 밝혀낼 수 있다.

처음의 질문으로 돌아가서 우리는 연구했던 여성들이 평균적으로 6.5의 동정심을 가지며, 남성은 평균적으로 3.2를 갖는다고 계산해낼 수 있다. 이 집단 차이에 기초해 전체적으로 여성이 남성보다 더 동정심이 있다고 결론을 내릴 수 있다. 그렇지만 일반적으로 그렇게 간단하지는 않다.

사회정의(social justice)라는 용어에 대해 여러 종교 집단의 태도를 연구하는 데 관심이 있다고 가정해보자. 대부분의 사회복지학과 교수와 학생에게 사회정의에 대한 신념은 여러 쟁점 중에서 부의 재분배, 여성의 출산 권리, 동성애자의 권리, 공립학교에서 학생들에게 특정 종교의 기도나 표식을 요구하지 않는 것과 같은 쟁점에 대한 정치적으로 진보적인 관점을 의미한다. 연구하는 집단 중의 하나가 근본주의, 복음주의 기독교회의 신도들이라고 하자.

연구자는 교회 신도들과의 대화과정에서, 종교 행사에 참여하면서 신도들이 갖고 있는 **사회정의**의 의미를 이해할 수 있는 상황에 있고자 할 것이다. 예를 들어 그 집단의 구성원은 낙태아는 살해당한 인간이며, 동성애자와 낙태하는 여성과 의사, 비기독교인은 회개하지 않으면 지옥에서 영원히 불에 탈 죄인들이라고 굳게 믿는다는 점을 알게 될 수 있다. 실제 그들은 지옥불에서 죄인들이 타게 될 것을 깊이 염려하다 못해 사람들이 죄짓는 삶의 방식을 바꾸도록 기꺼이 공격적이고, 심지어는 폭력적인 행동까지 하려고 할 것이다. 그러면 이런 패러다임 안에서 동성애자의 권리를 반대하고, 공공기관에서 기독교의 기도를 강요하고, 심지어는 낙태 병원을 봉쇄하는 것도 교회 신도들에게는 사회정의를 촉진하는 행동으로 보일 수 있다.

사회과학자는 자주 연구대상인 사람들의 말과 행동의 의미에 주목한다. 비록 이러한 주목이 관찰된 행동을 명확하게 할 수 있다고 하더라도, 그것은 거의 언제나 우리가 관심을 가진 개념들을 복잡하게 한다.

우리가 자신의 개념을 심각하게 받아들이고, 그 개념이 의미하는 것을 구체화하기 시작할 때마다 불일치와 비일관성을 발견하게 된다. 우리는 이에 동의하지 못할 뿐만 아니라 각자 자신의 개인적인 마음의 상 안에서도 많은 혼란을 발견할 가능성이 있다. 당신이 **사회정의**가 의미하는 것을 생각해보기 위해 잠시 시간을 갖는다면 아마도 자신의 마음의 상이 여러 종류의 사회정의를 갖고 있음을 발견하게 될 것이다. 당신의 마음에 간직하고 있는 서류의 입력내용은 범주와 하위범주로 분류할 수 있으며, 여러 가지 분류전략을 발견하게 될 것이다. 예를 들어, 그 내용을 **경제정의**와 **시민권**으로 분류할 수 있다.

그런 분류에 대한 기술적 용어가 차원(dimension)이며, 이는 개념을 구체화할 수 있는 각도 또는 측면이다. 따라서 우리는 사회정의의 '경제적 차원'과 '시민권 차원'을 말할 수 있을 것이다. 또는 사회정의는 우리가 사람들을 위해 원하는 것 또는 사람들이 자신을 위해 원하는 것이 되거나 그것을 갖도록 돕는 것이라고 할 수도 있다. 따라서 사회정의의 개념을 여러 차원에 따라 하위집단으로 나눌 수 있다. 차원을 구체화하고, 각 차원에서 다양한 지표를 확인하는 것은 둘 다 개념화의 부분이다. 어떤 개념의 다른 차원들을 구체화하는 것은 연구대상을 더 세련되게 이해하기 위한 길을 자주 닦게 된다. 예를 들어 법학 대학원생이 사회정의의 시민권 차원에 더 헌신하는 반면, 경제학 전공학생은 부의 재분배에 더 관심이 있다는 사실을 관찰할 수 있다. '외상 후 스트레스 장애(PTSD)의 지표와 차원'이라는 제목의 글상자는 개념화의 최종산물에 대해 더 상세히 예시한다.

외상 후 스트레스 장애(PTSD)의 지표와 차원

개념구성체	자기보고식 지표	차원
외상 후 스트레스 장애 (PTSD)	침습적인 회상 회상장면 외상적 사건에 대한 꿈	재경험 증상
	외상에 대한 회상을 일으키는 대상 회피: 장소 사람 사회적 환경 실망의 회피: 비관적으로 느낌 관계 회피 사람에 대한 불신	감정회피 증상
	사랑이나 행복을 느끼지 못함 유머감각 상실 전에 즐기던 활동에 관심 상실	마비 증상
	항상 경계 상태와 위험 전망 쉽게 놀라거나 위협을 당함 집중하기 어려움 걱정	과민반응 증상
	자기 비난 죄의식 낮은 자존감 무기력감	부정적 인지
	신체 통증 기력 상실 불면증	신체적 증상

개념구상과 실재

간단히 복습해보면, 개념은 외관상으로 관련된 관찰과 경험의 모음을 요약한 마음의 영상(개념구상)에서 도출된다. 비록 관찰과 경험이 실재한다 하더라도, 개념은 단순히 정신적 창조물일 뿐이다. 개념과 관련된 용어는 단순히 서류정리와 의사전달의 목적으로 만들어진 도구일 뿐이다. **동성애혐오**라는 단어가 그 예가 될 수 있다.

궁극적으로 그 단어는 글자의 모음일 뿐이고 내재적인 어떤 의미도 없다. 우리는 동일한 목적을 위해 **반동성애주의**라는 단어를 쉽게, 그리고 뜻있게 만들어낼 수 있다. 그러나 우리는 용어가 실질적인 의미를 갖고 있다고 믿는 함정에 빠져드는 경우가 많다. 그런 위험은 용어를 심각하게 받아들이기 시작하고, 그 용어를 정확하게 사용하고자 시도할 때 더 커질 것으로 보인다. 그리고 그 위험은 그 용어가 실제로 무엇을 의미하는지를 당신보다 더 잘 아는 것처럼 보이는 전문가들이 있을 때 더 커진다. 그런 상황에서 전문가의 권위에 굴복하기 쉽다.

일단 용어가 실질적인 의미를 갖는다고 가정하면 우리는 그 실질적인 의미가 무엇인지, 무엇이 그 실질적인 의미의 진정한 측정을 구성하는지를 찾는 고통스러운 작업을 시작한다. 요약이 편리하기 때문에 우리는 실제 관찰의 개념적 요약을 만들어낸다. 그러나 개념적 요약이 너무 편리해서 우리는 그것이 실재라고 생각하기 시작한다. 실재가 아닌 것을 실재로서 생각하는 과정을 **구상화**(reification)라고 하며, 일상생활에서 개념의 구상화는 아주 흔하게 일어난다.

개념적 질서의 작성

사회연구에서 개념의 명확화는 계속적 과정이다. 설문조사와 실험처럼 엄격하게 구조화된 연구설계에서 변수를 조작적으로 정의하는 일은 연구설계의 초기에 매우 중요하다. 예를 들어, 설문조사에서 변수의 조작적 정의는 연구대상인 개념을 대표하게 될 구체적 설문 문항들에 대한 약속으로 귀결된다. 그 약속이 없다면 연구는 진행될 수 없다. 그러나 연구자는 최종보고서에서 다른 사람에게 자신의 발견을 전달하고자 하면서 개념의 의미를 여전히 손질하고 있는 자신을 발견할 수도 있다.

일부 형태의 질적 연구에서 개념 명확화는 자료수집에서 지속되는 요소다. 미국 사회에서 억압에 대항하는 데 헌신하는 급진적인 정치집단을 면접하고 관찰한다고 가정해보자. 연구자가 구성원의 경험과 세계관으로 더욱 깊이 파고들면서 억압의 개념이 어떻게 그 의미를 바꾸게 될 것인지 상상해보자. 사회연구자들은 본문을 분석하면서 때로 '해석학적 순환(hermeneutic circle)', 즉 계속 깊어지는 이해의 순환과정에 대해 얘기한다.

> 예상했던 것처럼 본문의 이해는 개별 부분의 의미가 본문의 전체적인 의미에 의해 결정되는 과정을 통해 일어난다. 개별 부분의 의미를 더 구체적으로 결정하면서 원래 예상했던 전체성(totality)의 의미를 궁극적으로 바꿀 수 있으며, 이는 다시 개별 부분의 의미에 영향을 미치고, 이 과정은 반복된다(Kvale, 1996, p. 47).

그러나 구조화가 덜 된 질적 연구의 형태에서도 연구자는 최초의 일련의 예상된 의미로 시작해야만 하며, 최초의 의미는 자료를 수집하고 해석하는 동안 정제할 수 있다. 아무도 선입견 없이 삶을 관찰할 수 있다고 진정으로 믿지 않는다. 따라서 과학적 관찰자는 그러한 시작점에 대해 의식적이고 명백하다.

개념화가 가장 많이 적용되는 설문조사와 실험처럼 구조화된 탐구에서 초기 개념화에 대한 논의를 계속해보자. 명목적 정의의 구체화는 관찰전략에 초점을 두지만, 명목적 정의의 구체화는 우리가 관찰할 수 있게 해주지는 않는다. 다음 단계로 우리가 무엇을 관찰할 것인지, 어떻게 관찰할 것인지, 어떤 해석을 다양한 관찰에 부여할 것인지 정확하게 구체화해야 한다. 앞에서 논의한 것처럼, 이 모든 세부적으로 구체화하는 일이 개념의 조작적 정의를 구성하며, 개념의 조작적 정의는 그 개념을 어떻게 측정할 것인지 정확하게 설명하는 정의다. 엄격히 말해, 조작적 정의는 이 장의 앞에서 논의했던 것처럼 한 개념을 측정하면서 수행하게 될 조작에 대한 서술이다.

예를 들어, 한 연구에서 사회경제적 지위(socioeconomic status, SES)를 살펴보기를 희망하면서 연구하는 대상에게 두 가지 질문을 하기로 결정할 수 있다.

1. 지난 12개월 동안 귀하의 총가구소득은 얼마입니까?
2. 귀하의 최종학력은 무엇입니까?

여기서 우리는 사람들이 하는 대답을 분류하기 위한 체계를 구체화하기를 원할 것이다. 소득에 대해 '10,000달러 미만' 또는 '10,000~20,000달러' 같은 범주를 사용할 수 있고, 교육 수준도 비슷하게 범주로 분류할 수 있다. 마지막으로, 이 두 질문에 대한 응답으로 SES의 척도를 만들고자 결합하는 방법을 구체적으로 설명한다. 측정도구를 만드는 내용을 담고 있는 10장에서는 그렇게 하는 방법을 제시한다.

궁극적으로 우리는 실용적이며 실행 가능한 SES 정의를 만들어내게 된다. 다른 사람들이 우리의 개념화와 조작화에 동의하지 않을 수도 있겠지만, 그 정의는 한 가지 중요한 과학적 장점을 갖게 될 것이다. 즉, 그 정의는 완전히 구체적이고 명확해질 것이다. 비록 어떤 사람이 우리가 내린 정의에 동의하지 않는다고 하더라도 그 사람은 우리 연구의 결과를 어떻게 해석할 것인지에 대해 충분히 이해하게 될 것이다. 왜냐하면 분석과 결론에서 반영될 SES라는 용어로 우리가 무엇을 의미하는지 명백해질 것이기 때문이다.

아래의 도식은 어떤 용어의 의미가 모호한 상태에서 과학적 연구의 구체적인 측정으로 가는 측정 단계의 발달을 보여준다.

따라서 사회과학자는 실재하는 어떤 것이라도 측정할 수 있으며, 실재하지 않는 것도 상당히 잘 측정할 수 있다. **사회경제적 지위**, **인종차별**, **동정심** 등의 개념이 궁극적으로 바위처럼 실재하지 않다는 것을 인정하더라도, 위에서 사회과학자들이 그런 개념을 다루는 데 있어 질서를 만들 수 있음을 보았다. 그러나 그것은 궁극적인 진실에 기반을 둔 것이 아니라 유용성에 기반을 둔 질서다.

EP 2.1.10m

조작적 정의의 영향

어떤 변수를 조작적으로 정의하기 위해 선택하는 방법은 연구결과에 크게 영향을 미친다. 연구과제가 로스앤젤레스의 한 지구(barrio)에서 시민 참여에 영향을 미치는 요인들을 연구하는 것이라면, 연구결과는 **시민 참여**를 지구 주민들의 사회행동단체 회의 참석, 지구에 관한 쟁점을 논의하는 시정부 회의 참석, 주민들의 정부 공무원과의 접촉, 또는 항의시위 참여 중 어느 것으로 조작적 정의를 하는지에 따라 변할 수 있다. 사람들이 항의시위에 참

측정 단계	사회계층의 간단한 예
개념화 ↓	사회계층이라는 개념의 여러 가지 의미와 차원은 무엇인가?
명목적 정의 ↓	이 연구에서는 사회계층을 경제적 차이, 특히 소득을 나타내는 것으로 정의할 것이다.
조작적 정의 ↓	"지난해 귀하의 연간 세전 소득은 얼마입니까?"라는 설문조사 문항에 대한 대답으로 경제적 차이를 측정할 것이다.
현실세계의 측정	면접원은 "지난해 귀하의 연간 세전 소득은 얼마입니까?"라고 질문한다.

여하도록 동기를 부여하는 요인은, 회의에 참석하게 하거나 시의원에게 편지를 쓰도록 동기를 부여하는 요인과 다를 것이다.

아동학대를 예방하고 가족 유지를 목적으로 하는 아동복지 프로그램을 평가하길 원한다고 가정해보자. 만일 아동학대율을 위탁양육에 배치된 아동 수로 조작적으로 정의하고 그 프로그램이 아동 수를 줄인다면 프로그램은 성공적이라고 생각될 것이다. 그러나 학대의 위험성이 매우 높은 아주 많은 아동이 위탁양육에 배치되지 않았기 때문에 학대의 비율이 실제로 증가하면 어떻게 되는가? 아동학대율의 조작적 정의가 학대의 다른 지표들을 포함한다면, 동일한 결과의 동일한 프로그램이 실패로 생각될 수도 있다.

대학 캠퍼스에서 일정 기간의 성폭력 발생 경향을 연구하고 있다고 가정해보자. 과거에는 어떤 사람이 과음을 한 후 성관계를 거부하지 않았지만 후에 그것을 후회하고 술에 취하지 않았다면 성관계를 거부했을 것이라 하더라도 일반적으로 그것은 성폭력으로 정의되지 않았다. 지금은 그 사람이 후에 성관계를 후회하며 신고하고, 술을 마시도록 압력을 통해 조작되었다고 느낀다면 많은 사람이 동일한 상황을 성폭력으로 정의할 것이다. 우리의 연구에서 발견하게 될 성폭력의 횟수는 나중에 후회하며, 음주 후 성관계에 '동의'하는 대신 거부했어야 했다고 얘기하는 사람을 성폭력의 조작적 정의에 포함시킬 것인지 여부에 따라 상당히 변할 것이다. 우리의 조작적 정의에 그 상황을 포함시키고 나서, 그 결과를 언론에 보고했다고 가정해보자. 언론은 성폭력의 (광범위한) 조작적 정의와 과거에 사용된 좁은 정의 간의 차이를 고려하지 않을 가능성이 높다. 결과적으로 신문 제목에서 대학 캠퍼스의 성폭력 발생이 충격적으로 크게 증가한 것으로 부정확하게 묘사될 수 있다.

조작적 정의의 성 편견과 문화적 편견

조작적 정의를 선택하면서 성 편견과 문화적 편견을 피하기 위해 특별한 주의가 필요하다. 성인 자녀와 부모 사이에 '과도한' 접촉과 의존이라는 관찰할 수 있는 지표를 포함해 가족의 역기능을 조작적으로 정의하려고 시도한다고 가정해보자. 독립을 강조하는 개인주의 문화에서는 과도하거나 병리적인 의존으로 여기는 것이, 개인의 복지보다 집단의 복지를 가치 있는 것으로 두는 문화, 가족을 자연스러운 지원체계로 활용하는 건강한 측면을 강조하는 문화에서는 상당히 정상일 수 있다(Grinnell, 1997).

성 편견과 관련해 아동기에 부모에 대한 애착의 특성이 부모 외의 다른 사람으로부터 성적 학대를 받은 아동들의 탄력성(resilience)에 영향을 미치는지 여부를 연구한다고 가정해보자. 아동일 때 성적으로 학대받은 성인들에게 보낼 설문지를 개발한다고 가정해보자. 초기 아동기 부모의 애착에 대해 물어보면서, 우리는 아버지가 아닌 어머니만 조회해 어머니만이 어린 자녀들의 양육자라는 성 편견을 반영할 수 있다. 또는 배우자 학대의 정도와 원인을 연구하고 싶어 할 수도 있다. 그러나 성 편견(gender bias) 때문에 의도하지 않게 아내 학대로만 언급할 수 있다. 일부 사람들은 사회적 기능의 지표로서 어떤 사람이 스트레스가 심한 상황에서 안정되고 감정에 동요되지 않는지 여부를 물어보는 것은 성 편견을 포함한다고 주장할 수 있다. 여성이 자신의 감정을 더 표현하는 경향이 있으며, 그렇게 표현하는 것이 자신들이 대처하도록 돕는 것으로 볼 수 있다는 게 여기에서의 생각이다.

성 편견의 또 다른 예는 직업 또는 일자리 등의 개념을 조작적으로 정의하면서 자녀양육처럼 남성보다 여성이 참여할 가능성이 더 높은 무급 노동을 배제하는 경우를 들 수 있다. 마지막으로, 어린 자녀를 둔 종업원이 부모로서의 역할과 종업원으로서의 역할 간에 경험하는 갈등을 완화하는 데 어떤 사회정책이나 조직의 과정이 효과가 있는지 여부를 연구하려고 할 수 있다. 어떤 기관이 어머니가 어린 자녀들을 돌보기 위해 융통성 있는 근무시간을 갖도록 허용해주는지(그 질문에서 아버지를 언급하지 않고)를 묻는 것으로 그런 역할 갈등을 조작적으로 정의하면서 아버지가 아니라 어머니만 명기했다면 조작적 정의에 성 편견이 포함되었다고 할 것이다.

위의 예들이 조작적 정의에서 한쪽 성별만 언급한다고 해서 반드시 편견이 있음을 보여주는 건 아니다. 만일 한 성별만 연구에 관련이 있다면, 그리고 연구결과가 그 성별에 대해서만 보고될 것이라면 조작적 정의에 그 성별만을 포함하는 게 적합할 수 있다. 예를 들어, 가정폭력의 남성 가해자가 여성 가해자보다 별도의 개입 프로그램을 필요로 할 수 있다. 또한 아내학대로 치료를 받는 집단의 남성들을 평가하고 있다면, 배우자 학대 대신 아내 학대라고 부르는 것도 수용할 수 있다. 여기에서 초점은, 정의를 내리면서 의도하지 않게 하나의 성별만 언급한다면 한 성으로만 어떤 것을 정의하는 게 적합한지 아닌지 여부를 인지하는지가 될 것이다.

조작화 선택

위에서 지적했던 것처럼 사회복지 연구자에게는 개념을 측정할 때 이용할 수 있는 다양한 선택사항이 있다. 여러 선택은 긴밀하게 연결되어 있지만 논의의 목적으로 선택을 구분했다. 그러나 조작화는 체계적인 점검표를 통해 진행되는 것은 아니라는 점을 염두에 두기 바란다.

변량의 범위

어떤 개념이라도 조작화하면서 자신의 연구에서 관심을 갖고 있는 변량의 범위(range of variation)를 명확히 해야 한다. 상당히 폭넓은 범주의 속성을 어느 정도로 통합할 의사가 있는가?

기록이나 면접으로 정보를 수집해 사람들의 소득을 측정하는 연구를 하기 원한다고 가정해보자. 사람들이 받는 최고 연간소득은 수백만 달러에 이르겠지만, 많은 사람이 그만큼 받는 것은 아니다. 연구자가 최고 부유층을 연구하는 게 아니라면 그렇게 극단적으로 높은 범주를 두고 기록하는 일은 그다지 가치가 없다. 누구를 연구하느냐에 따라 최고 소득범위를 훨씬 낮은 한도, 예를 들어 25만 달러 이상으로 설정하고자 할 수 있다. 비록 이 결정으로 1년에 1조 달러를 버는 사람들과 겨우 25만 달러를 버는 '가난뱅이'들을 함께 한 범주에 넣게 되었지만 그렇게 혼합해도 연구는 전혀 손상되지 않을 것이다. 소득범위의 다른 극단에서도 동일한 결정에 부딪히게 된다. 일반 미국 모집단에 대한 연구에서는 2만 달러 이하의 절단점이면 충분하다.

태도와 성향에 대한 연구에서 변량의 범위 문제는 또 다른 차원을 갖는다. 연구자가 주의를 기울이지 않으면 의도하지 않고 '절반의 태도'만을 측정하게 될 수 있다. 어떤 의미인지 한 가지 예를 들어보자.

연구자가 일반적으로 소수민족의 아이를 다른 민족의 부모들이 입양하는 인종 간 입양에 대한 사회복지 실천가들의 견해에 관심이 있다고 가정해보자. 어떤 실천가는 인종 간 입양을 입양될 가능성이 적은 아동에게 양부모를 찾아주는 훌륭한 방법이라고 생각하는 반면, 다른 실천가들은 그 개념에 대해 전혀 들은 적이 없으며 그에 대해 관심이 전혀 없다고 말할 수 있다. 그런 예상을 하면서 사람들에게 인종 간 입양의 확대를 얼마나 선호하는지 질문을 던지는 것이 그럴듯하게 보일 것이다. 연구자는 '매우 선호한다'에서 '전혀 선호하지 않는다'까지 응답범주를 제시할 수 있다.

그러나 이런 조작화는 인종 간 입양에 대한 태도의 범위에서 절반을 감추고 있는 것이다. 압도적인 백인 지역사회에서 백인 부모가 양육한 소수민족 아동의 자아상과 낙인에 대해 우려하여 소수민족 실천가 등 많은 실천가는 인종 간 입양을 단순히 선호하지 않는 정도를 넘어서는 감정을 갖고 있다. 그들은 인종 간 입양에 반대한다. 이 경우 영점의 왼쪽으로 상당한 변량이 있게 된다. 인종 간 입양을 약간 반대는 사람도 있고, 상당히 반대하는 사람도 있으며, 매우 반대하는 사람도 있다. 그러면 변량의 전체 범위를 측정하기 위해 인종 간 입양을 매우 선호하는 것에서부터 어느 쪽으로든 별 감정이 없는 것을 지나 매우 반대하는 것까지 범위를 넓혀 인종 간 입양에 대한 태도를 조작화하고자 할 것이다.

이런 고려는 사회과학에서 연구하는 많은 변수에 적용된다. 대부분 공공의 쟁점은 각기 다른 정도로 지지와 반대 모두를 포함한다. 정치적 성향은 급진적 자유주의에서 극단적 보수주의까지 있으며, 연구대상에 따라 한 편 또는 양 끝에 급진주의자들을 둘 수 있다. 사람들은 단지 더 종교적이거나 덜 종교적인 것이 아니다. 어떤 사람들은 반종교적이다.

연구자가 어떤 경우에서든 전체 변량의 범위를 측정해야만 한다고 주장하는 것은 아니다. 그러나 전체 변량의 범위를 측정하는 것이 연구목적에 비춰 필요한지 생각해야 한다. **비종교적**과 **반종교적** 간의 차이가 연구와 관련이 없으면 잊어버리자. 어떤 사람은 **실용주의(pragmatism)**를 '어떤 차이도 만들지 않는 차이는 차이가 없는 것이다'라는 관용어로 정의를 내린다. 실용적이 되자.

마지막으로, 변량의 범위에 대한 결정은 연구대상에서 예상되는 속성의 분포에 따라서 결정되어야 한다. 그것이 앞에서 범위는 연구하는 대상에 달려 있다고 얘기했을 때 의미했던 것이다. 고등교육의 가치에 대한 대학교수들의 태도 연구에서 범주를 '가치가 없다'까지 포함시키고, 고등교육이 학생들의 건강에 해롭다고 생각하는 사람들에 대해서는 걱정하지 않아도 될 것이다(그러나 학생들이 연구대상이라면…).

극단 간의 변량

정확성은 변수를 조작화하는 데 있어 고려할 점이다(9장에서 살펴보겠지만 정확성은 측정의 평가 기준이기도 하다). 결국 문제는 한 변수를 구성하는 다양한 속성 간의 구분을 얼마나 세밀하게 할 것이냐다. 어떤 사람이 17세 또는 18세인지가 정말로 중요한가, 또는 '15세에서 19세'로 부호화된 집단에 함께 분류해 연구를 실시할 수 있는가? 너무 빨리 대답하지 않는 것이 좋다. 유권자 등록률과 참여율에 대해 연구하기를 원한다면 연구대상자가 투표하기에 충분한 나이인지 확실히 알기를 원할 것이다.

그래서 연령을 측정하려고 하면, 연구의 목적과 과정을 보고 연령의 세밀한 차이 또는 대강의 차이가 중요한지를 결정해야만 한다. 정치적 성향을 측정한다면 연구에서 어떤 사람이 자유주의 민주당원이 아니라 보수주의 민주당원인지가 중요한가, 아니면 정당을 아는 것으로 충분한가? 종교적 성향을 측정하면서 어떤 사람이 개신교도라는 사실을 아는 것으로 충분한가, 아니면 교파를 알 필요가 있는가? 어떤 사람이 결혼했는지 여부를 알 필요가 있는가, 아니면 결혼한 적이 없는지, 별거 중인지, 사별했는지, 또는 이혼했는지 아는 것이 차이를 가져오는가?

물론, 이런 질문에 대한 일반적인 해답은 없다. 해답은 연구목적(특정한 측도를 만들면서 갖고 있던 목적)에서 나온다. 그러나 유용한 지침을 제시할 수는 있다. 얼마나 구체적으로 측정을 할 것인지 확신하지 못한다면 너무 세분하지 않는 것보다는 세분하는 편이 좋다. 자료를 분석하는 동안 정확한 속성을 더 일반적인 범주로 묶는 건 언제나 가능하지만, 관측과 측정 기간에 한데 묶은 변화량을 분리하는 일은 불가능하기 때문이다.

차원에 대한 설명

사람들이 변수의 조작적 측도를 만들어내는 일을 할 때 자신들이 그 변수의 어떤 차원에 진정한 관심이 있는지 명확하지 않다는 사실을 발견하거나, 더 심하게는 인식조차도 못하는 경우가 종종 있다. 다음은 이것이 무슨 뜻인지 보여주는 예다.

요양원에 있는 친척들의 장기요양보호에 대한 가족들의 태도를 결정하기 위해 심층 질적 면접을 하고 있다고 가정해보자. 검토할 수 있는 여러 차원 중 몇 가지만 다음과 같이 제시할 수 있다.

- 가족들은 친척이 적절한 보호를 받는다고 생각하는가?
- 가족들은 보호가 얼마나 적절하거나, 적절하지 않다고 생각하는가?
- 보호의 적절성에 대한 가족들의 판단이 얼마나 확실한가?
- 가족들은 사회 문제로서 요양원 보호의 부적절성에 대해 어떻게 느끼는가?

- 가족들은 요양원 보호의 부적절성을 야기하는 것이 무엇이라고 생각하는가?
- 가족들은 부적절성이 불가피하다고 생각하는가?
- 가족들은 부적절성에 대해 어떤 대책을 세워야 한다고 느끼는가?
- 가족들은 요양원 보호를 개선하기 위해 개인적으로 어떤 일을 할 의사가 있는가?
- 가족들은 자신들이 하겠다고 말한 것을 하려는 의지가 얼마나 확고한가?

이 목록은 계속될 수 있다. 사람들이 요양원 보호의 적절성에 대해 어떻게 느끼는가는 많은 차원이 있다. 자신의 연구에서는 어떤 차원이 중요한지를 분명히 하고, 적절하게 면접의 방향을 제시하는 것이 중요하다. 그렇지 않으면 사람들이 요양원 보호서비스가 얼마나 된다고 생각하는지 알고자 했으면서도 사람들이 요양원 보호에 대해 어떻게 느끼는지를 측정하게 되거나, 그 반대가 될 수 있다.

사회복지 조작화의 예

이 장을 통해 조작화의 선택에 포함된 복잡함뿐만 아니라 어떻게 일부 용어를 조작적으로 정의할 수 있는지 논의했다. 일반적으로 변수를 조작화하기 위한 선택의 범주로 **자기보고**(self-reports), **직접 관찰**(direct observation), **이용 가능한 기록**(available records)의 검토 등 크게 세 가지를 들 수 있다.

결혼만족이라는 개념구성체부터 생각해보자. 연구조사를 실시하고 있으며, 결혼만족이 변수 중 하나라고 가정해보자. 가족치료가 결혼만족을 증가시키는지 알고자 할 수 있으며, 이 경우 결혼만족은 종속변수가 될 것이다. 또는 입양부모의 결혼에 대한 만족도가 높으면 성공적인 입양에 기여하는지 알고자 할 수 있으며, 그 경우 결혼만족은 독립변수가 될 것이다. 두 연구에서 결혼만족을 조작적으로 정의할 수 있는 방법은 어떤 것이 있는가? 결혼만족을 결혼관계의 질에 대한 주관적 평가로 단순히 정의할 것인가? 그러한 명목적 정의는 결혼만족을 관찰할 수 있는 지표에 근접하지 않기 때문에 조작적 정의로서 기능하지 못할 것이다. 단지 하나의 관찰할 수 없는 개념구성체(관계의 질에 대한 평가)로 다른 관측할 수 없는 개념구성체를 대체한 것일 뿐이다.

그러나 만약 연구조사 참여자에게 '매우 불만족'에서 '매우 만족'까지의 척도로 결혼만족 수준을 평가하라고 요청하면 조작적 정의를 한 것이다(결혼관계의 질을 '안 좋은'에서 '매우 훌륭한'까지로 평가하도록 요청하는 것에도 동일하게 적용된다). 이렇게 하는 것이 결혼만족을 조작적으로 정의하는 데 자기보고 접근을 사용하는 것이다.

자기보고를 더 철저하게 사용하는 방법은 결혼만족을 측정하기 위해 고안된 기존 척도를 사용하는 것이다. 각 연구대상에게 척도를 작성하도록 요청한다. 그 척도의 점수가 높을수록 결혼만족도가 높을 것이다(만약 두 배우자가 모두 응답하면 두 사람의 점수를 더해 각 부부의 총점을 얻게 될 것이다). 어떤 개념구성체를 측정하기 위해 만든 기존 척도는 개념구성체의 지표로 척도를 만든다. 예를 들어 결혼만족도를 측정하기 위한 척도는 각 배우자에게 얼마나 자주 상대방을 성가시게 여기는지, 얼마나 자주 배우자와 재미있는 시간을 보내는지, 얼마나 자주 배우자에게 의지할 수 있다고 느끼는지, 얼마나 자주 배우자와 함께 있기를 원하는지, 얼마나 자주 배우자를 자랑스럽게 여기는지, 얼마나 자주 배우자에 의해 조종당한다고 느끼는지, 얼마나 자주 배우자를 원망하는지 등의 질문을 던질 수 있다. 각 척도의 문항에 점수를 배정하고, 문항의 점수를 합해 결혼만족도의 총점을 구한다. 예를 들어 한 응답자는 '항상'이라고 응답한 긍정적 문항(배우자를 자랑스럽게 여기는 느낌과 같은)과 응답이 '전혀'인 부정적 문항(배우자를 원망하는 것과 같은)에서 각각 5점을 얻게 될 것이다. 척도는 20개 문항인데 모든 긍정적 문항에 '항상'이라고 응답하고, 모든 부정적 문항에 '전혀'라고 대답하면 전체 총점은 100점이 될 것이다. 이 점수는 이 응답자가 모든 항목에 '가끔'이라고 응답해, 이를테면 모든 항목이 3점으로 총점이 60점인 다른 응답자보다 결혼만족도가 더 높음을 나타낼 것이다.

또 다른 방법으로 연구자가 부부를 관찰하고 얘기하는 것을 들을 수 있는 옆방에서 각 부부가 대화하는 모습을 관찰하면서 각자가 결혼이나 배우자에 대해 경멸적인 얘기를 하는 횟수를 셀 수 있다. 이 방법은 직접 관찰을 사용하는 것이다. 이 방법을 택하면 어떤 것이 좋지 않은 얘기라고 생각하는지 기본규칙을 세워야만 한다. 기본규칙을 그저 면접자의 판단에 맡겨두고, 어떤 독립적인 관찰자가 (이를테면 면접한 비디오테이프를 보면서) 면접자의 횟수 계산과 일치하는 경향이 있는지를 봐야 할 것이다. 다음 장에서 **신뢰도(reliability)**를 논의하면서 이에 대해 추가로 논의할 것이다.

경멸적인 얘기의 횟수를 세는 것 외에(또는 대신에), 부부가 서로 상대방의 말을 중단시키며 목소리를 높이거나 상대방에 대한 좌절감 또는 불만을 나타내는 것으로 보이는 다양한 몸짓을 관찰하고 그 횟수를 계산할 수 있다. 이 과정은 까다로울 수 있다. 만약 부부가 지적인 쟁점 또는 정치적 쟁점(예: 외교정책)에 대해 동의하지 않는다면 그들은 실제로 뜨겁고 활발한 논쟁을 즐기는 것일 수 있다. 관찰할 수 있는 정의가 있다 하더라도 그 정의가 실제로 결혼만족도를 측정하는지 의문을 가질 수 있다. 다음 장에서 **타당도(validity)**를 논의하면서 이 문제도 다룰 것이다.

물론 다른 많은 방법으로 결혼만족을 조작적으로 정의하고자 시도할 수 있다. 예를 들어, 비교문화 연구를 한다면 결혼만족도를 나타내는 조작적 지표로 여러 지역의 이혼율을 비교할 수 있다. 이런 예는 이용 가능한 기록의 이용을 보여준다. 또다시 말하지만, 그런 비율이 결혼만족도라는 개념구성체의 진정한 지표가 되리라는 걸 의미하는 게 아니라, 다만 그런 비율이 조작적이 된다는 것을 의미한다. 어쩌면 이혼율이 낮은 문화는 결혼만족도가 더 높은 것이 아니라, 다만 이혼에 대한 더 엄격한 금기가 있을 수 있다. '긍정적 양육 수준의 조작적 정의: 조작화의 세 가지 범주의 예시'라는 제목의 글상자에서 변수를 조작적으로 정의하는 다양한 방법을 추가로 예시하고, 각 방법의 장단점을 보여줄 것이다.

EP 2.1.6b

기존 척도

앞의 예에서 왜 기존 척도가 변수를 조작적으로 정의하는 인기 있는 방법이 될 수 있는지 알 수 있다. 기존 척도는 연구자가 자신의 척도를 고안하는 데 쓰는 시간과 비용을 아끼도록 하고, 이전 연구에서 그 개념을 측정하기 위해 성공적으로 사용한 방법을 제공한다. 따라서 관련 있는 척도를 찾는 방법과 척도에 대한 중요한 정보를 검토해보자.

가장 철저한 과정은 측정하고자 하는 개념구성체에 대한 문헌고찰을 시행하는 것이다. 예를 들어 결혼만족의 측도가 있는 문헌을 찾기 위해 결혼만족도에 대한 문헌을 검토할 수 있다. 문헌연구를 시행하는 방법에 대한 정보는 7장을 참조하라. 물론 이것은 상대적으로 짧은 문헌연구가 된다. 왜냐하면 목적이 그 개념구성체에 대한 모든 연구를 검토하는 게 아니라 개념구성체의 측도를 찾는 것이기 때문이다.

측도를 쉽게 찾는 방법으로 많은 기존 측도를 열거하고 기술하는 참고도서를 찾아볼 수 있다. 그림 8-4는 유용한 도서를 열거하고 있다. 이 도서 중 일부는 실제 측정도구를 다시 출판한 것이다. 다른 도서들은 측정도구를 기술하고 그에 대한 추가 참고도서를 제공한다. 일반적으로 참고도서는 도구의 질(신뢰도와 타당도 등)을 논의하고 그 도구를 얻는 방법과 그에 대한 더 많은 정보를 알려준다. 또한 그 도구가 저작권 보호를 받는지에 대한 정보도 얻게 된다. 저작권 보호는 그 도구를 구입해야만 하는지, 아니면 저자의 승인을 얻어 사용해야 하는지를 알려줄 것이다.

변수를 조작적으로 정의하기 위해 기존의 자기보고 척도를 사용하는 실질적인 장점에도 불구하고 모든 사람이

긍정적 양육 수준의 조작적 정의: 조작화의 세 가지 범주의 예시

아동학대 또는 방임 때문에 회부된 부모들에게 긍정적 양육을 개선하기 위한 혁신적인 새로운 개입 프로그램을 평가하고 있는 주정부 아동복지기관에서 일한다고 가정해보자. 아동복지기관은 양육기술을 개선함으로써 아동방임과 학대의 발생을 감소시킬 것으로 가정한다. 평가를 위해 여러 유사한 지역이 선정되었다. 일부 지역은 새로운 프로그램을 시행하며, 일부 비교지역은 이전의 프로그램을 시행한다. 평가의 가설은 혁신적 프로그램을 받은 지역의 아동학대나 방임으로 회부된 부모들이 이전 프로그램을 받은 지역의 부모들보다 양육기술이 개선될 것이라는 점이다.

평가를 설계하는 데 중요한 과제는 종속변수인 긍정적 양육의 수준에 대한 조작적 정의를 개발하는 것이다. 그 업무를 배정받았다고 하자. 조작적 정의의 세 가지 범주와 가설을 검증하는 데 각 범주를 이용할 수 있는 방법을 함께 아래에 예시하고 있다. 이 예시는 긍정적 양육의 수준을 조작적으로 정의할 수 있는 방법 중 일부다. 이보다 더 우수한 대안을 생각해낼 수도 있다.

자료원	조작적 정의	가설 검증	장점과 단점
직접 관찰	긍정적 양육 행위의 목록(칭찬하기, 격려하기, 모범이 되기, 일관성, 중간 휴식의 활용 등)을 만드는 것으로 시작한다. 또 다른 목록은 바람직하지 않은 양육 행위(위협하기, 때리기, 소리 지르기, 비판하기, 매수하기, 얕보기 등)를 구체화한다. 그리고 부모 또는 위탁가정 부모를 어려운 양육상황(아이들로부터 장난감을 빼앗은 것 등)에서 직접적으로 관찰하면서 부모가 보이는 긍정적 행위와 부정적 행위의 수를 계산한다. 매 긍정적 행위에 +1, 매 부정적 행위에 −1을 주어서 점수를 계산해 양육기술 점수를 낼 수 있다.	혁신적 프로그램을 받은 지역의 부모들의 평균 점수가 이전 프로그램을 받은 지역의 부모들의 평균 점수보다 높은지(좋은지) 본다.	장점 1. 행위를 직접적으로 관찰한다. 단점 1. 시간이 오래 걸린다. 2. 부모들이 자신이 관찰대상임을 알고, 관찰대상이 아닐 때와 똑같이 행동하지 않을 수 있다. 3. 관찰자 편견의 가능성
자기보고	부모들에게 양육에 대한 지식과 태도를 측정하려는 목적이 있는 기존의 자기보고 척도를 작성하도록 요청한다. 그 척도는 여러 가지 자녀양육 상황에서 부모들이 어떻게 할 것인지 또는 일부 부모들이 약 올리는 것으로 잘못 인식하는 다양한 정상적인 아동기 행위를 어떻게 인식하는지에 대한 질문을 부모들에게 할 수 있다.	혁신적 프로그램을 받은 지역의 부모들의 평균 점수가 이전 프로그램을 받은 지역의 부모들의 평균 점수보다 높은지 본다.	장점 1. 직접 관찰보다 비용과 시간이 적게 든다. 2. 익명으로 척도를 작성하면 부모들이 바람직하지 못한 태도도 드러낼 가능성이 높다. 단점 1. 부모들이 사회적으로 좀 더 바람직한 인상을 전달하기 위해 진정한 태도를 왜곡할 수 있다. 2. 척도의 타당도가 떨어질 수 있다. 3. 지식과 태도가 언제나 실제 행위를 반영하진 않을 수 있다.

이용 가능한 기록의 검토	아동학대와 방임의 발생건수에 대한 지역의 자료를 검토한다.	혁신적 프로그램을 받는 지역의 아동학대와 방임의 발생건수가 이전 프로그램을 받는 지역의 발생건수보다 낮은지 본다.	장점 1. 직접 관찰이나 자기보고보다 비용과 시간이 적게 든다. 2. 긍정적 양육 지식과 기술이 학대의 감소로 변환한다고 가정할 필요가 없다. 학대 그 자체를 측정한다. 단점 1. 지역 자료의 적절성에 대한 의존 2. 개입을 받은 부모들이 양육기술을 개선했는지는 보여주지 않는다. 3. 왜곡된 기록의 가능성

American Psychiatric Association. (2000). *Handbook of psychiatric measures.* Washington, DC: Author.

Anastasi, A. (1988). *Psychological testing.* New York: Macmillan.

Beere, C. A. (1990). *Sex and gender issues: A handbook of tests and measures.* New York: Greenwood Press.

Conoley, J. C., & Kramer, J. J. (1995). *The 12th mental measurements yearbook.* Lincoln, NE: Buros Institute of Mental Measurements.

Corcoran, K. J., & Fischer, J. (2000a). *Measures for clinical practice: Vol. 1. Couples, families, children*(3rd ed.). New York: Free Press.

Corcoran, K. J., & Fischer, J. (2000b). *Measures for clinical practice: Vol. 2. Adults*(3rd ed.). New York: Free Press.

Fredman, N., & Sherman, R. (1987). *Handbook of measurements for marriage and family therapy.* New York: Brunner/Mazel.

Grotevant, H. D., & Carlson, D. I. (Eds.). (1989). *Family assessment: A guide to methods and measures.* New York: Guilford Press.

Hersen, M., & Bellack, A. S. (Eds.). (1988). *Dictionary of behavioral assessment techniques.* Elmsford, NY: Pergamon Press.

Hudson, W. W. (1982). *The clinical measurement package: A field manual.* Homewood, IL: Dorsey Press.

Hudson, W. W. (1992). *The WALMYR Assessment Scales scoring manual.* Tempe, AZ: WALMYR.

Jacob, T., & Tennebaum, D. L. (1988). *Family assessment: Rationale, methods, and future directions.* New York: Plenum Press.

LaGreca, A. M. (1990). *Through the eyes of the child: Obtaining self-reports from children and adolescents.* Boston: Allyn & Bacon.

Magura, S., & Moses, B. S. (1987). *Outcome measures for child welfare services.* Washington, DC: Child Welfare League of America.

Martin, R. P. (1988). *Assessment of personality and behavior problems: Infancy through adolescence.* New York: Guilford Press.

Maruish, M. E. (Ed.). (2000). *Handbook of psychological assessment in primary care settings.* Mahwah, NJ: Lawrence Erlbaum Associates.

Maruish, M. E. (Ed.). (2002). *Psychological testing in the age of managed behavioral health care.* Mahwah, NJ: Lawrence Erlbaum Associates.

Mash, E. J., & Terdal, L. G. (1988). *Behavioral assessment of childhood disorders.* New York: Guilford Press.

McCubbin, H. I., & Thompson, A. I. (Eds.). (1987). *Family assessment inventories for research and practice.* Madison: University of Wisconsin Press.

Mullen, E. J., & Magnabosco, J. L. (Eds.). (1997). *Outcomes measurement in the human services.* Washington, DC: NASW Press.

Ogles, B. M., & Masters, K. S. (1996). *Assessing outcome in clinical practice.* Boston: Allyn & Bacon.

Ollendick, T. H., & Hersen, M. (1992). *Handbook of child and adolescent assessment.* Des Moines, IA: Allyn & Bacon.

Reynolds, C. R., & Kamphaus, R. W. (Eds.). (1990). *Handbook of psychological and educational assessment of children.* New York: Guilford Press.

Rutter, M., Tuma, H. H., & Lann, I. S. (Eds.). (1988). *Assessment and diagnosis in child psychopathology.* New York: Guilford Press.

Sawin, K. J., Harrigan, M. P., & Woog, P. (Eds.). (1995). *Measures of family functioning for research and practice.* New York: Springer.

Suzuki, L., Meller, P. J., & Ponterotto, J. G. (Eds.). (1996). *Handbook of multicultural assessment.* San Francisco: Jossey-Bass.

Touliatos, J., Perlmutter, B. F., & Straus, M. A. (Eds.). (1990). *Handbook of family measurement techniques.* Newbury Park, CA: Sage.

Wetzler, S. (Ed.). (1989). *Measuring mental illness: Psychometric assessment for clinicians.* Washington, DC: American Psychiatric Press.

그림 8-4 사회복지의 변수를 조작적으로 정의할 수 있는 기존 척도를 위한 참고도서

기존 척도가 특정 연구에서 특정 변수를 조작화하는 가장 좋은 방법이라는 데 동의하지는 않을 것이며, 기존 척도를 사용하는 데 어려움이 있을 수 있다. 사회복지학과 학생의 면접기술 수준을 조작적으로 정의하기 위해 기존 척도를 사용할 것을 고려해보자. 어떤 측정법이 자료가 학생의 면접기술을 적절하게 반영했다는 자신감을 더 많이 갖게 해줄 것인가? 다양한 가상 면접상황에서 다양한 클라이언트의 얘기에 대해 어떻게 가장 잘 반응할 것인지 필기도구를 사용하는 검사에 대한 대답인가, 아니면 실제 클라이언트와 대면 면접에서 실제 면접을 실행하는 것인가? 많은 사람이 후자를 면접자의 기술에 대한 더욱 현실적인 검사로 선호할 것으로 생각한다. 그러나 동시에 면접기술에 대한 실제 연구에서 기존의 자기보고 척도를 사용하기로 선택할 수도 있다. 이는 그 방법이 그 개념의 최선의 측도라고 생각하기 때문이 아니라, 선호하는 측도를 사용하는 데 필요한 자원이 부족하기 때문이다.

9장과 13장에서 자기보고 척도를 사용하는 장단점을, 10장에서 자기보고 척도를 만드는 방법을 논의할 것이다. 조작적 정의로서 기존 척도를 선택하는 데 고려해야 할 몇 가지 쟁점을 밝히면서 이 절을 끝내려고 한다.

매우 실질적인 쟁점에서 시작해보자. 척도는 얼마나 긴가? 연구대상이 작성하는 데 시간이 너무 오래 걸리는가? 예를 들어, 작성하는 데 한 시간 이상 걸리는 긴 척도를 작성할 경우 20달러를 받는 사람들에게 검사를 시행했다고 가정해보자. 그런 상황에서 척도 작성의 성공은 우편으로 척도를 받고, 무료로 작성해 다시 우송하기 위해 상당한 시간을 자발적으로 제공하도록 요청받는 바쁜 사람 대상의 연구와는 관련이 없을 것이다.

또 다른 실질적인 문제는 그 척도가 연구대상이 작성하기에 너무 어려울 것인지 여부다. 예를 들어, 그 척도가 연구대상에게 너무 귀찮거나 복잡한 말로 만들어졌는가? 멕시코에서 온 불법이민자의 우울증을 연구하려 한다고 가정해보자. 미국 대학생의 우울증을 평가하기 위해 개발된 척도가 미국 대학생 모집단에서 아무리 성공적으로 입증되었다 하더라도 그 척도를 사용하지 못할 가능성이 높다.

연구에서 사회복지 개입을 받기 전과 후처럼 일정 기간에 걸친 변화를 측정하고자 하면 상대적으로 짧은 기간의 작은 변화에도 민감한 척도를 필요로 하게 된다. 예를 들어, 어떤 클라이언트는 낮은 자존감으로 치료를 받은 후에 여전히 나머지 모집단과 비교해 자존감이 낮을 수 있지만, 개입 전보다는 자존감이 높아질 수 있다. 어떤 자존감 척도는 이 변화를 찾아낼 수 있겠지만, 다른 척도는 찾지 못하고 여전히 이 사람들이 모집단의 나머지보다 훨씬 낮은 자존감을 갖고 있음을 단순하게 보여줄 것이다.

척도를 선정하면서 생각해야 할 두 가지 매우 중요한 쟁점은 척도의 신뢰도와 타당도다. 다음 장에서 이 두 가지 용어를 깊이 있게 논의할 것이다. 이 용어들은 도구의 측정 일관성과 도구가 측정하고자 의도했던 것을 실제로 측정하는지 여부에 대한 통계적 정보를 다룬다. 여기서는 기존 척도에 대한 참고도서에서 일반적으로 특정한 척도에 대해 구축되어온 신뢰도와 타당도 수치를 제시할 것이라는 점만을 주목한다. 그러나 그 수치를 주의 깊게 해석하라. 현재 연구의 모집단과 아주 다른 모집단에, 또는 현재 연구조건과 다른 연구조건하에서 도구를 검사했던 연구에 기초한다면, 그 수치는 특정 연구를 위한 도구의 적합성과 관련이 없을 수도 있다. 참고도서에서 어떤 척도의 신뢰도와 타당도가 높다고 하더라도, 특정 연구를 위해 그 척도를 변경해야 하거나 그 척도를 전혀 사용하지 못할 수도 있다. 더욱이 어떤 도구의 신뢰도와 타당도를 평가하는 방법이 방법론적인 관점에서 심각하게 잘못되어, 그 수치가 아무리 인상적으로 높다고 하더라도 그 수치의 가치가 제한되기도 한다. 따라서 기존 척도에 대한 개관을 제공하는 참고도서뿐 아니라 척도의 개발과 검증을 보고했던 연구를 직접 검토할 수도 있다.

또한 기존 척도가 둘 이상의 자료원에서 사용되는 경우도 자주 있다. 예를 들어, 아동들은 얼마나 자주 특정 행동을 하는지 자기보고를 하기 위해 스스로 척도를 완성할 수 있다. 이와 달리, 또는 아동의 자기보고에 추가적으로 성인(아동의 부모, 교수, 시설부모 등)이 아동에 대한 직접 관찰에 기초해 얼마나 자주 특정 행동을 하는지 보고하는 척도를 완성할 수도 있다.

계속되는 조작화

양적 연구에서 자료수집과 분석에 선행하는 활동(관찰하기 전에 조작적 척도를 설계하는)으로 개념화와 조작화를 논의해왔지만, 이 두 과정은 자료가 수집되고 분석된 후에도 연구과제 내내 계속된다는 사실을 알아야 한다. 이는 다음과 같은 의미다.

연구에서 여러 다양한 방법으로 한 변수를 측정한다고 제안했다. 그 배경의 개념이 모호하고 다른 해석과 정의가 가능해지면 다양한 방법으로 측정하는 것은 중요하다. 그 변수를 다양한 방법으로 측정함으로써 분석할 때 여러 가지 조작적 정의를 검토해볼 수 있다. 선택할 수 있는 단일 지표들이 다양하고, 복합척도를 만드는 방법도 다양하다. 따라서 어떤 척도가 연구조사 문제에 가장 명확하고 가장 유용한 해답을 제공하는지 결정하기 위해 여러 측도(각각이 약간 다른 개념화와 조작화를 나타내는)를 실험할 수 있다.

이것이 연구자 자신의 기대에 순응하거나 주장을 입증하는 측정을 선택해야 한다는 뜻은 아니다. 그렇게 하는 것은 분명히 적절하지 않으며, 사회복지 전문직의 지식기반을 크게 발전시키지도 않는다. 조작화는 잘못된 선택이 될 수도 있는 특정한 측도에 맹목적으로 헌신하는 것이 아니라 계속되는 과정이다. 예를 들어, 동정심을 측정하기 위해 사람들에게 자선단체에 돈을 기부하는지 질문해 결정한다고 가정해보자. 그리고 모든 사람이 '그렇다'고 대답한다. 이 결과가 연구자를 어떻게 만드는가? 아무것도 할 수 없게 만든다. 어떤 사람이 다른 사람보다 왜 더 동정심이 있는지에 대한 연구는, 관찰을 설계하면서 다른 가능한 측도가 포함되지 않았다면 매우 심각한 문제에 빠지게 된다.

당신이 연구에서 배우는 내용의 타당도와 유용도는 자신의 생각을 강의 교재나 꿈, 또는 처남으로부터 얻었는지 여부가 중요하지 않은 만큼 언제 대상을 보는 방법을 처음 확인했는지에 달려 있지 않다.

질적 탐구의 개념화

신뢰할 만한 조작적 정의를 구체화하는 것은 매우 자주 개념으로부터 의미의 풍부함을 뺏는 것처럼 보인다. 예를 들어, 결혼만족도는 부부가 결혼상담을 받는지 여부보다 훨씬 더 많은 것을 포함한다. 추상적 개념구성체를 조작적으로 정의하는 방법을 미리 결정하려고 시도하는 데 내재된 위험을 인식하면서 순수한 질적 연구를 실행하는 연구자는 자신의 관찰을 미리 결정된 조작적 지표들로 제한하지 않는다는 것을 기억해야 한다. 그 대신 질적 연구자는 제대로 이해되지 않은 현상들의 의미가 자신의 관찰에서 드러나도록 하는 것을 선호한다. 그 방법은 이 책의 뒤에서 더 자세히 논의할 것이다. 그러나 여기서는 이 쟁점을 약간 정교하게 다룬다.

질적 연구에서 변수를 미리 조작적으로 정의하는 데 있어 세 가지 문제가 있다. 첫째, 모든 가장 두드러진 변수가 무엇인지 미리 알지 못할 수 있다. 둘째, 중요하다고 생각하는 변수에 대한 이해의 한계는 그 변수를 조작적으로 정의하는 가장 좋은 방법을 예상하지 못하게 할 수 있다. 셋째, 가장 잘 된 조작적 정의도 관찰 가능한 지표로만 구체화되기 때문에 피상적일 수밖에 없다. 비록 조작적 정의가 양적 연구에서 필요하지만, 조작적 정의는 관찰대상의 더 깊은 의미를 심층규명하는 데 적절하지 않다. 더 깊은 의미는 질적인 연구의 영역이다.

순수한 양적 연구에서는 제한된 수의 변수에 대해 구체적인 연구문제를 정하고, 연구문제에 대한 답을 얻기 위해 포함시킬 수 있는 변수들에 대해 정확하고 객관적이고 관찰할 수 있는 지표들을 개발할 정도로 어떤 현상에 대해 미리 충분히 알고 있다고 가정한다. 순수한 질적 연구에서는 어떤 현상이 자연스러운 환경에서 일어날 때 그 현상에 대한 더 깊은 이해와 주관적인 의미를 개발할

조작화에 대한 질적 관점과, 양적 관점에 대한 질적 관점의 보완성 예시

양적 관점에 대한 질적 관점의 보완성뿐만 아니라 조작화에 대한 질적 관점을 추가로 예시하기 위해 두 가지 연구문제를 살펴보자.

1. 사회복지사들이 공공복지기관과 민간가족 서비스기관 중 어느 기관에서 일할 때 소진될 가능성이 더 높은가?

질적 연구는 이런 연구문제를 제시하지 않을 것이다. 소진을 1~2개의 지표로 조작적으로 정의하고 미리 결정된 독립변수와의 관계를 보는 대신에, 소규모 사회복지사 집단의 경험을 깊이 있게 살펴보고 소진된다는 것이 어떤 느낌인지, 소진이 사회복지사에게 무엇을 의미하는지에 대해 더 풍부하고 깊은 이해를 이끌어내려고 할 것이다. 예를 들어, 소진되지 않은 사회복지사들의 전기와 대조하면서 소진된 사회복지사들의 직업경력에 대한 전기의 형태를 갖는 연구일 수 있다. 질적 연구를 양적 연구와 연결해서 수행하는 것도 생각해볼 수 있다. 즉, 양적 측면은 두 유형의 기관 중에서 어느 유형에 소진된 사회복지사가 더 많은지 볼 수 있는 반면, 질적 측면은 양적 차이의 기저에 있는 이유를 발견하고자 시도할 수 있다.

2. 실천, 조사론, 정책을 가르치는 교수들 중에서 가장 인기 있는 사회복지 교수는 누구인가?

질적 연구는 이런 연구문제도 제시하지 않을 것이다. 질적 연구는 '인기'라는 조작적 정의를 사용해 가르치는 과목의 유형과 관련 있는지 보는 대신 교수들을 인기 있게 만드는 것이 무엇인지, 인기가 있다는 게 무엇을 의미하는지(인기가 반드시 가장 효과적인 강의를 의미하는 것은 아니다)를 밝히기 위해 교수가 강의실의 안팎에서 학생들과 갖는 상호작용의 모든 측면을 관찰하고, 강의 자료를 분석하고, 교수 및 학생들과 깊이 있는 개방형 면접을 실시할 수 있다.

가장 인기 있어 보이는 교수를 찾는 일은 질적 연구의 부분이 될 수 있지만, 연구의 초점은 인기를 나타내는 특정한 조작적 지표가 또 다른 사전에 결정된 변수와 양적으로 관련이 있는지를 보려는 것이 아니라 교수들의 인기에 대한 의미와 경험을 더 깊이 심층규명하려는 것이다. 질적 연구는 한 교수 집단이 다른 집단에 비해 얼마나 인기 있는지에 대해 숫자로 나타내기보다는 학생들이 일반적으로 가장 인기 있다고 동의하는 교수들과 가장 인기가 없다고 동의하는 교수들을 확인하는 것으로 시작할 수 있다. 그래서 질적 연구는 인기 있는 교수를 인기 없는 교수와 구분하거나, 모방할 만한 이상적인 교습 형태의 사례연구 유형이나 모방하지 말아야 할 바람직하지 않은 교습 형태의 사례연구 유형을 제공하는 것으로 보이는 주제와 유형을 분간해내려고 시도하면서 교수들 각각에 대해 풍부한 정보를 제공할 수 있다. 첫 번째 문제와 같이, 연구의 질적 부분을 양적 부분과 연결해 실시할 수 있다. 인기의 다른 측면이 가진 깊은 의미를 질적으로 살펴보는 연구의 일부로서 인기가 가르치는 과목과 관련이 있다는 가설을 검증하지 못할 이유는 없다.

필요가 있다고 가정한다. 미리 예상할 수 있고 셀 수 있는 관찰 가능한 지표로 제한한다면 더 풍부한 이해를 발전시킬 수 없다는 사실을 당연한 것으로 여긴다. 질적 연구조사에서 연구자는 현상이 자연스럽게 발생할 때 개방형으로 유연한 관찰의 주관적 방법에 더 몰두하여 방대하고 상대적으로 구조화되지 않은 관찰로부터 유형과 주제를 구분하고자 시도한다. 또한 질적 연구조사에서는 관찰의 사회적 맥락이 강조된다.

질적 관점뿐만 아니라 사회적 맥락의 중요성을 강조하기 위해 아동복지 실천가의 가정방문 횟수가 증가하면 부모의 기능이 개선되고, 따라서 가족이 유지될 것이라는 가설을 검증하는 양적 연구를 생각해보자. 이 같은 연구가 실시되고, 종속변수는 아동을 위탁가정에 보냈는지 여부(또는 얼마나 오랜 기간)를 양적 용어로 조작적으로 정의하는 경우가 많다. 이런 연구에서 많은 문제는 가정방문이 늘면서 실천가가 부모의 방임이나 학대를 더 많이 인지할 수 있도록 한다는 점이다. 만일 그렇다면 부모의 기능 개선에 기인한 가정위탁의 감소는 실천가의 감시 증가로 인한 가정위탁의 증가에 의해 상쇄된다고 생각할 수 있다. 따라서 가정방문이 증가해 서비스 결과가 개선된다고 하더라도 위 가설은 받아들여지지 않을 수 있다.

그와 반대로 질적 연구는 각 사례에서 과정과 결과의 깊은 의미와 사회적 맥락에 대해 심층규명을 할 것이다. 단순히 가정위탁의 숫자를 세는 대신 한 사례는 가정위탁을 하고 다른 사례는 가정위탁을 피하는 것 모두 가치 있는 결과의 성취를 의미한다는 사실을 배우게 된다. 더욱이 질적 연구는 실천가와 클라이언트가 했던 것을 구체적으로 관찰하고, 관찰한 것의 더 깊은 의미를 심층규명하고, 실천가들이 다소 효과를 거둔 것으로 보이는 상황의 유형을 구분하려고 시도할 것이다.

조작적 정의에 대한 질적 관점을 기술하고 있지만 질적 관점이 우수한 관점이라는 의미는 아니다(비록 많은 질적 지향 연구자들이 그렇게 생각한다 해도). 우수하지도 않고 열등하지도 않다. 질적 관점이 양적 관점과 상호 배타적인 것도 아니다(비록 일부 연구자는 두 관점이 갈등상태에 있다고 믿더라도). 예를 들어, 앞에서 제시한 가족유지 예시에서 질적 연구를 양적 연구와 동시에 수행할 수 있다. 질적 요소는 양적 가설이 수용될 수 없는 이유를 밝힐 수 있다. '조작화에 대한 질적 관점과, 양적 관점에 대한 질적 관점의 보완성 예시'라는 제목의 상자는 이 쟁점에 대한 두 가지 추가적인 예를 제공한다.

EP 2.1.3a

주요 내용

- ◆ 양적 연구에서 연구조사의 개념적 요소를 설명하는 것은 그 단계의 마지막에 오는 반면, 질적 연구에서는 개념화과정이 좀 더 유연하고 새로운 형태를 따른다.
- ◆ 가설은 독립변수(가정적인 설명변수)와 종속변수(설명되는 변수)로 구성된다.
- ◆ 변수 간의 관계는 양의 관계, 음의 관계, 곡선형 관계가 있다.
- ◆ 관찰된 관계가 왜곡된 것인지를 알기 위해 외생변수 또는 통제변수를 살펴볼 수 있다.
- ◆ 허위관계는 제3의 변수가 통제되면 더 이상 존재하지 않는 관계다.
- ◆ 매개변수는 독립변수가 종속변수에 영향을 미치는 개입구조다.
- ◆ 조절변수는 독립변수와 종속변수 간 관계의 강도와 방향에 영향을 미친다.
- ◆ 개념은 공통점이 있는 것으로 보이는 관찰과 경험을 함께 묶기 위한 요약 장치로서 사용하는 마음의 상이다.
- ◆ 개념이 요약하는 대상을 측정할 수 있다.
- ◆ 개념화는 연구에 적합한 유형의 관찰과 측정을 분류하면서 개념의 모호한 마음의 상을 구체화하는 과정이다.
- ◆ 조작화는 개념화과정의 연장이다.
- ◆ 조작화에서 변수를 측정하게 될 구체적인 경험적 과정을 명료하게 한다.
- ◆ 조작화는 현실세계에서 한 변수의 여러 속성을 어떻게 인식할 것인지 최종적으로 명료하게 하는 것이다.
- ◆ 한 변수의 변량의 범위를 결정하면서 반대의 개념도 생각하라. 종교성을 '매우 높다'에서 '전혀 없다'까지 측정하는 것으로 충분한가, 아니면 '전혀 없다'를 지나 '반종교적이다'까지 측정해야 하는가?
- ◆ 조작화는 연구설계에서 시작해 자료분석을 포함한 연구계획 전반에 걸쳐 계속된다.
- ◆ 기존의 자기보고형 척도는 많은 사회복지 변수를 조작적으로 정의하는 인기 있는 방법이다. 이는 대체로 다른 연구자들이 자기보고형 척도를 성공적으로 사용해왔으며, 시간과 비용 면에서 장점이 있기 때문이다. 그러나 주의를 기울여 척도를 선택할 필요가 있으며, 척도가 언제나 변수를 조작적으로 정의하는 최선의 방법은 아니다.
- ◆ 변수를 조작화하는 또 다른 방법은 직접 행동 관찰,

면접, 이용 가능한 기록의 활용이다.

◆ 질적 연구는 측정하기 위해 구체적이고 정확하고 객관적인 변수와 지표를 사전에 결정하기보다는 자료수집과 해석 기간 동안 세련되게 만들 초기의 예상 의미에서 시작한다.

연습문제

1. 아동방임과 학대, 삶의 질, 비공식 사회지지 수준 등의 사회복지 개념을 한 가지 선택해 연구과제에서 연구할 수 있도록 그 개념을 구체화하라. 개념화에 포함(또는 배제)하고 싶은 지표와 차원을 구체화하라.
2. 특정 개념이 한 가설에서는 독립변수이고, 다른 가설에서는 종속변수인 두 가설을 구체적으로 제시하라. 양의 관계, 음 또는 부의 관계로 가설을 제시하라.
3. 요양시설 거주자의 욕구에 대한 직원의 민감성 수준을 조작적으로 정의하면서 질적 연구자와 양적 연구자가 어떻게 다른 접근방법을 취할 것인지 서술하라.
4. 또 다른 연구자는 요양시설 거주자의 욕구에 대한 직원의 민감성 수준을 조작적으로 정의하기 위해 자기보고, 직접 관찰, 이용 가능한 기록 중 어느 것을 사용할지 확실하지 않다. 각 접근방법의 장점과 단점, 그에 비춰 연구자에게 하고 싶은 조언에 대해 서술하라.

인터넷 연습문제

1. 학술지 「Health and Social Work」에서 여러 조사연구 논문을 찾아보자. 각 연구에 대해 그 연구의 주요 변수들이 어떻게 조작적으로 정의되었는지 적어보라. 기존 척도를 얼마나 자주 조작적 정의로 사용하는지 주목하라.
2. 구글이나 야후 같은 검색엔진을 사용해 주제어 'empathy(감정이입)'를 입력하라. 화면에 나타나는 'empathy'에 대한 다양한 웹사이트를 살펴보라. 서술되어 있는 다양한 'empathy'의 차원에 대한 목록을 만들어라.
3. 「Health and Social Work」 2001년 가을호에 존 롱레스 John F. Longres와 에드워드 스캔런 Edward Scanlon이 쓴 'Social Justice and the Research Curriculum'이라는 제목의 논문을 찾아보자. 또한 동일한 가을호에서 그 논문에 대한 반응들을 검토해보라. 읽은 내용을 바탕으로 'social justice(사회정의)'라는 용어를 조작적으로 정의하는 어려움에 대해 논의하라. 또한 그 논문이 자료수집에서 지속적인 요소로서 개념의 명확화를 어떻게 예시하는지 논의하라.
4. 컬럼비아 대학교의 사회복지학과 교수인 매리앤 요시오카 Marianne Yoshioka 박사가 개발하고 운영하는 웹사이트로 가라. 이 사이트는 'Psychosocial Measures for Asian-American Populations'라고 하며, 주소는 http://www.columbia.edu/cu/ssw/projects/pmap이다. 그 사이트에서 세 가지 다른 개념을 조작적으로 정의하는 기존 척도의 요약 세 가지를 다운로드하라. 척도들이 조작적으로 정의하는 개념들을 밝혀라. 또한 찾은 척도들이 조작적 정의에서 어떻게 문화적 편견을 피하거나 줄이고자 하는지 간략하게 설명하라.

추천도서

American Psychiatric Association. (2000). *Handbook of Psychiatric Measures*. Washington, DC: Author. 이 포괄적인 참고도서는 임상실천의 일부로서 평가할 때와, 연구와 평가를 위해 변수를 조작적으로 정의할 때 사용할 수 있는 많은 척도에 대한 정보를 제공한다.

Miller, D. (1991). *Handbook of Research Design and Social Measurement*. Newbury Park, CA: Sage. 이 유용한 참고도서, 특히 6부는 초기 사회조사 연구에서 사용된 아주 다양한 조작적 측도를 인용하고 기술한다. 여러 사례는 사용된 설문지 양식을 제시한다. 예시들의 질은 일정하지 않지만, 변량이 얼마나 다양할 수 있는지 훌륭한 예를 제공한다.

활용 노트

EP 2.1.3a

EP 2.1.3a: 연구에 근거한 지식을 포함한 지식의 다양한 출처를 구분하고, 평가하고, 통합하기: 사회복지사는 조사연구 지식에서 개념화에 대한 질적 접근과 양적 접근을 구분한다.

EP 2.1.6b

EP 2.1.6b: 실천에 유용한 연구증거 활용하기: 조사연구에서 개념화를 이해함으로써, 사회복지사가 자신의 실천에 정보를 제공하기 위해 조사연구 증거를 활용하는 능력이 향상된다.

EP 2.1.10m

EP 2.1.10m: 개입을 비판적으로 분석하고, 모니터링하고, 평가하기: 조사연구에서 개념화를 이해함으로써, 사회복지사가 개입을 평가하기 위해 조사연구 방법을 활용하는 능력이 향상된다.

CHAPTER 9

측정
Measurement

이 장의 학습내용

이제 측정의 첫 번째 단계인 개념화와 조작화에서 측정과정의 더 넓은 쟁점에 대한 고찰로 넘어간다. 이 장에서는 측정오류, 측정오류를 방지하는 법, 얼마나 측정오류를 잘 피하고 있는지 평가하는 것을 강조한다.

서론

8장에서는 개념을 조작적으로 정의하는 다양한 선택방법을 논의했다. 정확하지 않은 지표 또는 원래 측정하고자 한 것이 아니라 다른 것을 나타내는 지표를 선택하게 될 수도 있음을 배웠다. 측정과정에서 결정해야 하는 매우 많은 대안과 선택이 있어서 불확실하고 불안정한 느낌이 들 수도 있고, 올바른 선택을 할 수 있을지 걱정스러울 수도 있다. 이런 느낌에 대처하고자 확실성과 안정성을 더해보자.

많은 변수는 상당히 명백하고, 직설적인 측도(measures)를 갖는다. 연구자가 어떻게 나누든지 성별은 일반적으로 남성 또는 여성의 문제로 나타나며, 한 번 바라보거나 한 번 질문하는 것과 같은 한 번의 관찰로 측정될 수 있는 변수다. 한 가족에 아동이 몇 명이 있는지 알아내는 일은 그 아동이 입양아동이든 위탁아동이든 일반적으로 상당히 쉽다. 약간의 섬세한 조율을 할 수도 있지만 대부분의 연구목적을 위해 한 나라의 거주인구는 그 나라의 거주인구로, 연감에서 해답을 찾을 수 있다. 그래서 매우 많은 변수가 하나의 명백한 지표를 갖는다. 만일 한 가지 정보만이라도 확보할 수 있다면, 필요한 것을 확보했다고 말할 수 있다.

그러나 때때로 하나의 지표가 변수에 대해 실제로 원하는 측도를 제공하지 않을 수도 있다. 8장에서 논의한 것처럼 많은 개념은 다양한 해석이 가능하고, 각 해석은 다양한 지표가 가능하다. 이런 경우 특정 변수에 대한 여러 가지 관찰을 하고자 할 것이다. 그러면 문제가 되는 그 변수의 **복합측정**(composite measurement)을 만들어내고자 수집한 여러 정보를 결합할 수 있다. 복합측정을 만드는 방법은 측정도구를 다루는 10장에서 논의하며, 지금은 그에 대한 단순한 예만을 제공한다.

학업 수행이라는 개념을 생각해보자. 어떤 학생들은 학교에서 잘하며, 어떤 학생들은 수업에서 잘하지 못한다. 높은 수준의 학업 수행과 관련이 있는 특성과 경험이 어떤 것인지 질문하면서 연구를 하면 유용할 수 있으며, 많은 연구자가 그렇게 해왔다. 어떻게 전체적인 학업 수행을 측정해야 하는가? 어떤 수업이든 각 수업의 학점이 학업 수행을 나타내는 잠재적인 지표이지만, 단 하나의 학점을 사용하면서 그 학점이 해당 학생의 일반적인 학업 수행을 나타내지 않을 수 있는 위험에 부딪히게 된다. 이 문제에 대한 해결은 너무 확실하게 제시되어 있는데, 당연히 **평균 평점**을 사용한다. 각 과목의 학점을 숫자로 변경해, 한 학생이 받은 총점을 계산하고, 복합측도를 얻기 위해 수강한 과목의 수로 나눈다(만일 과목의 학점이 다르면 조정한다). 사회조사 연구에서는 이런 복합측도를 만드는 것이 적절할 때가 많다.

추상적인 개념을 어떤 식으로 조작적으로 정의한다 해도 측정과정이 측정오류의 출처에 대해 극히 취약할 가능성에 주의를 기울여야 한다. 이는 하나의 지표를 사용하든 또는 복합지표를 사용하든, 그리고 선택한 지표에 대한 자료를 어떻게 수집하든(자기보고 척도, 이용 가능한 기록, 면접 혹은 직접 관찰을 사용하든) 간에 마찬가지다. 그런 오류가 발생할 가능성을 최소화하기 위해 주의 깊게 계획해야 하고, 그 다음 측도의 적절함을 점검하기 위한 특정한 단계를 채택해야 한다. 그것을 어떻게 해야 하는가가 이 장의 초점이다.

EP 2.1.6b

EP 2.1.10d

EP 2.1.10m

측정오류의 일반적 출처

측정오류는 측정하고자 하는 개념을 정확하게 묘사하지 못하는 자료를 얻을 때 발생한다. 일부 부정확성은 사소한 것으로, 부모들이 아들이 지난주 11번 짜증을 부렸던 것 중 한 번을 잊어버리고 10번이라고 보고하는 것과 같은 오류다. 다른 부정확성은 심각한 것으로, 측도가 학대하는 부모를 학대하지 않는 것으로 보이게 할 때와 같은 오류다. 일반적인 측정오류는 체계적 오류와 무작위 오류의 두 가지 형태로 나타난다. 체계적 오류부터 살펴보자.

체계적 오류

체계적 오류(systematic error)는 수집한 정보가 측정하려는 개념을 지속적으로 잘못 묘사할 때 발생하는데, 자료를 수집한 방법 때문이거나 자료 제공자들의 역학 때문이다. 때때로 측도는 그것이 측정할 것으로 생각한 것을 실제로 측정하지 않는다. 예를 들어, 어떤 일이 자신이 해야 하는 올바른 일이라고 생각하는지를 측정한 것이 사람들이 보통 행동하는 것을 반드시 반영하지는 않는다. 태도나 관점에 관한 자료로 가능성이 높은 행동을 측정하려고 할 때, 큰 실수를 저지를 수 있다. 말이 항상 행동과 일치하는 것은 아니다. 강제 버스통학 같은 쟁점에 대해 '진보적'인 견해를 가진 사람들도 자신의 자녀가 강제 버스통학을 해야 되면 교외로 이사를 가거나 사립학교로 자녀를 보낸다. 주거지역에 정신장애인 주거시설을 설치하자는 의견을 지지하는 사람들 중 많은 사람이 자신의 집 근처에 그런 시설을 설치하려는 시도에는 대항해 싸울 것이다.

편견 측도가 어떤 사람의 진정한 견해를 이끌어낼 때조차 다른 어떤 것(즉, 가능성이 높은 행동)을 측정하고 있다는 생각 속에서 체계적 오류가 발생할 수 있다. 아마도 측도가 측정한다고 생각한 것이 아닌 다른 것을 체계적으로 측정하는 가장 흔한 방법은 자료를 수집하면서 **편견**(bias)이 포함될 때다. 편견은 여러 형태로 나타날 수 있다. 연구자가 원하는 응답을 하기 쉬운 방식으로 질문을 하거나, 가설을 지지하는 응답을 얻을 때 동의하면서 과도하게 미소를 짓거나 머리를 끄덕일 수 있다. 혹은 사람들은 자신의 진정한 견해나 행동을 왜곡하는 방식으로 연구자의 질문에 대답하는 편견을 가질 수 있다. 예를 들어 사람들은 연구자가 무엇을 말하든 동의하는 쪽으로 기울거나, 자신에 대한 호의적인 인상을 전달하는 일을 하거나 말할 수도 있다.

전자의 편견, 즉 내용에 상관없이 문장의 대부분 혹은 전부에 동의하거나 동의하지 않는 것을 **순응적 반응양식**(acquiescent response set)이라고 한다. 후자의 편견, 즉 그들 자신이나 그들의 준거집단을 좋게 보이기 위해 말하거나 행동하려는 성향을 **사회적 바람직성 편견**(social desirability bias)이라고 한다. 대부분 연구자는 "성경에서 …이라고 한 것에 동의하지 않습니까?"라는 질문이 영향을 미칠 가능성이 높다는 사실을 알고 있어서 훌륭한 연구자들은 그런 문항을 절대 사용하지 않는다. 불행하게도 문항과 용어의 편견이 미치는 영향은 이 예가 제시하는 것보다 훨씬 더 미묘하다.

명성이 높은 사람 또는 기관의 태도나 입장에 대한 단순한 동일시도 반응을 왜곡할 수 있다. "사회복지전문직 윤리강령의 …라는 내용에 동의합니까, 아니면 반대합니까?"와 같은 문항도 비슷한 효과를 갖는다. 그런 표현이 반드시 명성이 높은 사람이나 기관과 동일한 입장을 응답자가 만장일치로 지지하거나, 심지어 응답자 다수가 지지하도록 하는 것이 아니라 단지 그런 동일시가 없을 때 얻었을 지지보다는 지지가 늘었음을 명백히 해야 한다. 설문지 문항은 긍정적으로 왜곡될 뿐 아니라 부정적으로도 왜곡될 수 있다. "아돌프 히틀러가 …라고 했을 때 그의 입장에 동의합니까, 아니면 반대합니까?"가 한 가지 예다.

다른 형태의 질문표현법이 상대적으로 미묘한 편견적 영향을 미칠 수 있는 방식을 좀 더 예시하기 위해, 정부 지출에 대한 태도와 관련된 몇 개의 일반적 사회설문 조사결과에 대한 라진스키 Rasinski(1989)의 분석을 고찰해 볼 수 있다. 그는 정책을 제시한 방식이 정책에 대한 대중의 지지 정도에 영향을 미쳤음을 발견했다. 다음에서 몇 가지를 비교했다.

좀 더 많은 지지	좀 더 적은 지지
치솟는 범죄율 막기	법집행
마약 중독을 다룸	마약 재활
가난한 사람들에 대한 원조	복지
대도시 문제 해결	대도시에 대한 원조

실천가에게 자신의 치료성향에 관해 질문하는 것은

미묘한 편견을 야기할 수 있다. 정신과 약물을 복용하지 않으려는 정신질환자가 약을 복용하도록 동기부여를 하고자 노력해야 한다는 것에 실천가들이 동의하는지를 질문했다고 가정해보자. 실천가들은 동의하는 경향을 보일 수 있다. 환자는 의사가 처방해준 약을 복용해야 하고, 사회복지사가 중증환자들이 자기 자신을 더 잘 돌볼 수 있도록 동기부여를 하고자 도와야 한다는 것은 옳은 듯 보인다. 하지만 사회복지사에게 자기결정의 원칙이 치료를 거부할 수 있는 환자의 권리를 존중하고, 따라서 환자들이 원하지 않을 때 약을 복용하도록 강요하지 말아야 한다는 의미라는 데 동의하는지 질문한다고 가정해보자.

편견의 또 다른 예로 다음 내용을 생각해보자. 1989년 20개 이상의 전국 규모 잡지가 동시에 보육과 가족 문제에 대한 의견을 묻는 설문조사로 설문지를 실었다(1989년 2월 27일 판「New Republic」에 설문지가 처음 실렸다). 독자들은 설문지를 뜯어 작성한 후 뉴욕 시 주소로 되어 있는 '당신의 가족이 중요합니다(Your Family Matters)'라는 명의로 반송할 것을 권유받았다. 설문지 맨 위에 이 설문조사는 '당파 없는 옹호집단 Child Care Action Campaign and the Great American Family Tour'가 후원하고 있으며, 설문조사를 재정지원하는 전국적 케이블 텔레비전 채널에서는 특별 다큐멘터리 '쉿, 작은 아이야: 보육의 과제'를 방송할 것이라고 적혀 있었다. 또한 맨 위에는 크고 진한 글씨로 '대통령에게 당신의 가족이 중요하다고 전하세요'라는 제목이 있었다. 그 아래 질문 문항이 있었는데 다음과 같은 두 개의 '예/아니오' 문항으로 시작되었다.

1. 연방정부가 보육과 그 외 가족의 관심사에 충분한 관심을 기울이고 있다고 생각합니까?
2. 가족 문제가 대통령과 의회의 최우선순위가 되어야 한다고 생각합니까?

이어 제시된 문항 중 일부는 연방정부, 주정부, 시정부 등 다양한 수준의 정부가 보육서비스를 좀 더 합리적인 비용으로 쉽게 이용할 수 있는 정책을 개발하고 보육시설에 대한 최소 기준을 설정해야 할지에 관한 견해를 물었다.

이 설문조사에서 최소한 세 가지 수준의 편견을 발견할 수 있다. 첫 번째 수준에서는 질문지의 제목에서 설문조사자들이 바라는 의견은 보육서비스와 가족 문제에 대한 더 많은 정부의 관심을 요청하는 것임을 어렵지 않게 알 수 있다. 실제로 제목은 '대통령에게 당신의 가족이 중요하다고 전하세요'라고 독자들을 안내하고 있다. 두 번째 수준의 편견은 누가 귀찮게 설문지를 완성해 우편으로 보내는가의 문제와 관련된 것이다. 보육 문제에 깊은 관심이 있는 사람들, 특히 정부의 관심이 더 많이 필요하다고 강하게 믿는 사람들이 다른 사람들보다 응답할 가능성이 훨씬 더 높을 것이다(16장의 설문조사 연구에서 두 번째 수준의 편견(응답률 편견)을 더욱 상세히 살펴볼 것이다). 세 번째 수준의 편견은 애초에 모집단 중 어떤 사람이 설문지를 볼 가능성이 클 것인가와 관련된다. 선별된 잡지를 구독하고 읽는 사람들이 보육 서비스와 가족 문제에 관한 견해와 관련해 나머지 모집단을 대표할 가능성이 적고, 아마 나머지 모집단보다 해당 설문조사 후원자의 견해에 동조할 가능성이 더 높을 것이다(표본추출을 다루는 15장에서 이런 형태의 편견을 예시할 것이다).

사회적 바람직성 편견 앞에서 사회적 바람직성 편견의 가능성을 지적했는데, 이 편견에 특히 유의할 필요가 있다. 사람들에게 정보를 요청할 때마다 그들은 어떻게 하면 자신이 좋게 보일 것인가라는 이해관계의 필터를 통해 대답한다. 이는 특히 그들을 대면 상황에서 면접할 때 그렇다. 예를 들어 어떤 남자는 여자가 부엌에만 머물고, 투표도 못 하고, 사람들 있는 곳에서 조용히 있도록 만들면 상황이 훨씬 더 나을 것이라고 생각할 수 있다. 하지만 여성의 동등한 권리를 지지하느냐는 질문을 받으면 그는 남성 중심적인 사고를 하는 무뢰한처럼 보이지 않으려고 할 수 있다. 자신의 견해가 15세기 때는 진보적이었을지 모르지만 현재의 사고와는 맞지 않음을 인식하고, 그는 '그렇다'고 말할 수 있다. 이런 문제와 관련해 우리가 제공할 수 있는 주된 지침은 당신이 응답자들에게 물었던 질문에 답하면서 스스로 어떻게 느낄 것인지 상상해보라고 제안하는 것이다. 만약 당신이 당혹스럽고 변태적이고 비인간적이고 어리석고 무책임한 것 같다고 느낀다면, 다른 사람들이 그런 대답을 기꺼이 하려 할지에 대해 심각하게 생각해봐야 한다. 이 장의 뒤에서 사회적 바람직성 편견에 대해 더 다룰 것이며, 자료수집 방법과 프로그램과 실천을 평가하기 위한 설계에 대한 장에서도 더 다룰 것이다.

문화적 편견 6장에서 논의했던 것처럼 또 다른 일상적인 편견의 원천은 문화적인 차이에서 기인한다. 예를 들어, 지능검사는 특정 소수인종 집단에게 불리한 것으로 인용되어 왔다. 다른 가치관, 기회, 언어 형태를 갖고 경제적으로 불리한 환경 속에서 성장한 아동들은 백인, 중산층 환경에 맞게 고안된 지능검사를 할 때 불리한 입장에 놓인다는 주장이 제기되고 있다. 예를 들어 소수집단 아동은 동일한 지능이나 낮은 지능의 백인 아동보다 지능지수가 더 낮게 나타날 수 있는데, 그것은 단순히 질문에서 사용하는 언어가 더 낯설거나 백인 중산층 아동은 당연시 여기지만 불리한 조건의 아동은 모르는 내용을 질문에 담고 있기 때문이라는 주장이다.

이 주장은 논쟁의 여지가 있지만, 측정에 문화적 편견이 있을 가능성은 논쟁의 여지가 없다. 예를 들어, 최근 미국으로 이민 온 동양 사람들이 2세대 혹은 3세대 동양계 미국인에 비해 사회복지 서비스를 활용할 가능성이 더 적은지를 알기 위해 설문조사를 실시한다고 가정해보자. 만약 최근 이민자들이 언어 문제로 인해 설문지 질문을 다른 집단과 같은 의미로 이해하지 못한다면, 집단 간 자료의 차이는 사회복지 서비스 활용에 관한 그들 간의 견해 차이보다는 설문지 질문의 체계적인 언어적 편견과 더 관련이 있다.

모네트 Monette, 설리반 Sullivan, 드종 DeJong(1994)은 미국 원주민의 정신건강에 대한 연구에서 비슷한 현상의 예를 제시했다. 미국 원주민에게는 'blue'란 단어가 '슬픔'을 의미하지 않기 때문에 그 연구의 우울증을 측정하는 도구에서 'blue'란 단어를 빼야 했다. 또한 정신건강 서비스의 활용을 측정하면서 문화적 편견을 피하기 위해 미국 원주민이 도움을 요청할 수 있는 전문가 명단에 전통 치유자(신앙 치유자 또는 심령술사로 부르는 사람들)도 포함시켜야 했다.

무작위 오류

체계적 오류와 달리 **무작위 오류**(random error)는 일관적인 유형의 영향이 없다. 무작위 오류는 측도를 왜곡하지는 않으며, 측정과 측정 간에 일관성이 없게 만든다. 이는 시간이 흐르며 자료가 변할 때마다 무작위 오류가 발생한다는 뜻은 아니다. 때로 상황은 실제로 변하기도 하고, 그럴 때 측도는 그런 변화를 탐지해야만 한다. 측정대상이 오랫동안 변하지 않는데 측도는 계속 다른 결과를 나타낸다면, 측정의 불일치 또는 무작위 오류가 일어나고 있다는 뜻이다.

무작위 오류는 여러 형태를 띨 수 있다. 측정절차가 너무 귀찮고, 복잡하고, 지겹고 혹은 피곤해서 연구대상자들이 단지 측정을 가능한 한 빨리 끝내려고 되는 대로 말하거나 행동할 수 있다. 예를 들어, 응답자들이 복잡한 질문이 가득한 긴 설문지를 절반 정도 마치고 난 뒤부터 질문이 정말로 의미하는 것이 무엇인지 또는 거기에 대해 자신이 진정으로 어떻게 느끼는지 깊이 생각해보지 않고 건성으로 답할 수도 있다.

또 다른 예는 클라이언트와의 면담을 비디오로 찍어 사회복지사가 몇 번이나 감정이입의 반응을 보였는지 두 사람의 평가자가 기록할 때다. 평가자들이 비디오를 볼 때 감정이입 반응을 어떻게 알아볼 것인지에 대한 기준이 확실하지 않다면, 그들이 동일한 비디오에서 관찰한 감정이입 반응의 횟수는 상당한 차이가 날 것이다. 이런 종류의 오류와 체계적 오류의 차이를 주목해보라. 평가자 중 한 명이 비디오에 나타난 사회복지사의 스승이나 약혼자이고, 다른 평가자는 그 사회복지사와 승진을 다투는 경쟁자라면 평가의 차이는 아마 체계적 오류에서 기인할 것이다.

무작위 오류의 또 다른 예로, 사회복지 서비스 전문용어를 잘 모르는 클라이언트에게 중개(brokerage), 옹호(advocacy), 연결(linkage) 서비스를 받았는지 질문한다고 가정해보라. 아마 그들은 그 용어가 무엇을 의미하는지 모를 가능성이 높다. 어떤 질문을 받았는지 이해하지 못하지만 무지하거나 비협조적으로 보이기 싫어 그들은 되는 대로 '예/아니오'라고 대답할 수 있고, 그 다음 다시 동일한 질문을 받았을 때 비록 상황은 변하지 않았더라도 응답을 바꿀 수 있다. 이것이 무작위 오류다. 그러나 비록 그들은 어떤 질문을 받았는지 전혀 아는 것이 없었다고 하더라도, 긍정적 응답이 클라이언트 자신 또는 자신의 사회복지사를 더 좋게 보이도록 만든다고 생각했다고 가정해보라. 클라이언트가 단지 부정적으로 보이지 않기 위해 또는 사회복지사를 곤경에 빠뜨리지 않기 위해 모든 질문에 긍정적으로 대답했다면, 그것은 사회적 바람직성 편견이나 순응적 반응양식과 관련된 체계적 오류를 나타낸다.

편견이란 용어가 무작위 오류 또는 측정의 비일관성보다 더 나쁜 것으로 보일 수 있지만, 무작위 오류는 매우 심각한 문제다. 예를 들어, 학업성취가 떨어지는 3학년 아동의 자존감을 향상시키는 데 매우 효과적인 학교사회복지 개입을 평가하고 있다고 가정해보라. 더 나아가 평가에 사용하려고 선택한 측정도구는 교육을 잘 받은 성인한테 사용하기 위해 만들었고, 개입을 평가하는 연구자는 학업성취가 떨어지는 3학년 아동들이 그 도구의 많은 문항을 이해하지 못하리라는 사실을 몰랐다고 가정해보라. 아동들이 문항을 이해하지 못한다는 것은 아동들이 주로 무작위로 응답하고, 그 응답이 아동들의 자존감 수준과 아무 관련이 없음을 의미한다. 결과적으로 심지어 효과적으로 개입을 한 후에도 자존감의 유의미한 증가를 측정도구가 탐지했을 가능성은 희박하다. 따라서 측정의 무작위 오류는 매우 효과적인 개입을 비효과적인 것으로 보이게 할 수 있다.

대안적 형태의 측정오류

앞에서 사회복지 연구의 변수를 측정하는 데 일반적으로 사용하는 네 가지 대안인 필답형 자기보고, 면접, 직접 행동관찰, 이용 가능한 기록 검토를 언급했다. 각 대안이 측정오류에 취약하다는 것도 살펴봤다. 이제 네 가지 대안을 개별적으로 살펴보고, 측정오류에 취약한 각 대안의 유사점과 차이점을 검토할 것이다.

필답형 자기보고 사람들이 설문지나 척도를 작성하도록 하는 것은 상대적으로 자료를 수집하는 값싸고 편리한 방법이다. 결과적으로 이 방법은 사회복지 연구에서 가장 일반적으로 사용되는 측정대안이 될 수 있다. 필답형 자기보고는 사람들에 대한 배경 정보(연령, 성별, 인종 등)를 수집하거나 사람들의 지식, 태도, 기술, 행위를 측정하기 위해 사용할 수 있다. 이런 것들 중 어느 것을 측정하는지와 관계없이 연구자가 설문 문항을 글로 옮기는 방법을 이해하는 데 있어, 또는 측정도구의 길이와 복잡성에 대해 일부 사람들이 갖고 있는 어려움과 관련된 무작위 오류를 피하고자 할 것이다. 또한 설문 문항을 글로 쓰는 방법에서 발생한 편견이나 응답자 자신이 사회적으로 바람직한 모습을 전달하려는 경향에서 발생한 편견에 기인한 체계적 오류를 피하고자 할 것이다.

그러나 측정도구를 만들면서 문제를 완전히 피했다 하더라도 사람들의 말과 행동이 반드시 일치하지는 않는다는 점을 기억해야 한다. 예를 들어, 학대 또는 방임으로 의뢰되어 의무적인 부모교육 프로그램을 수료한 부모는 자녀를 방임하거나 학대할 가능성이 실제로는 감소하지 않았으면서 자녀양육에 대한 지식, 태도, 기술에 대한 필답검사의 바람직한 답을 배워 그 내용을 표시할 수 있다. 그들은 자신이 사회적으로 바람직하게 보이길 원하기 때문에 자신의 행동에 대한 필답은 크게 부정확할 수 있다. 그들에게 익명으로 측정도구를 작성하도록 함으로써 이런 편견의 일부를 완화할 수는 있지만, 사람들은 자신을 사회적으로 바람직하게 보는 경향이 있기 때문에 그런 부정확성을 완전히 피할 수는 없다.

그러나 책에서 언급한 모든 오류를 피한다고 하더라도, 그것이 필답이 측정한다고 생각하는 것을 실제로 측정한다고 보장하는 것은 아니다. 예를 들어, 사회복지사의 실천에 대한 성향을 측정할 것으로 예상되는 자기보고형 척도를 개발한다고 가정해보자. 특히 사회복지사가 상담실에서 심리치료만을 제공하는 것과 치료적 관계 외에도 가정방문, 중개, 옹호, 그리고 클라이언트가 사회적 기술과 구체적인 기본 생활과업을 처리하는 방법을 배우도록 돕는 것과 같은 서비스를 강조하는 사례관리 접근을 제공하는 것 중에서 지향하는 정도를 측정하는 데 관심이 있다고 가정해보자. 더 나아가 각 항목에 대해 이런 서비스 각각을 클라이언트에게 제공하는 일이 얼마나 중요한지 질문한다고 가정해보자. 상담실에서 심리치료만을 제공하는 응답자들은 다른 서비스를 자신의 전문적 수준보다 못하다고 보면서도 자신보다 낮은 수준에 있는 실천가들이 어차피 심리치료가 아닌 다른 서비스를 전달할 것으로 생각하기 때문에 모든 서비스를 매우 중요한 것으로 인정할 수 있다. 그 응답자들은 완전히 정확하고 편견이 없는 방식으로 대답했을 수도 있고, 실제로 그 서비스가 매우 중요하다고 믿었을 수도 있다. 다만 그들은 자신이 그 서비스를 전달해야 하는 사회복지사라고 믿지는 않는다. 따라서 그들의 척도 점수를 그들 자신이 실천을 수행하는 방법에 대한 측도라고 해석한다면 그 측도는 오류가 있게 된다. 그 측도는 측정하고자 의도한 것을 측정하지 않는다. 자기보고형 측도가 실제로 측정하고자 의도한 것을 측정하는지 여부를 전달하기 위해 사용된 기술적 용어를 **타당도**(validity)라고 한다. 이 장의 뒤에서 타당도에 대해 아주 깊이 있게 논의할 것이다.

면접 자기보고 정보를 수집하는 또 다른 방법은 면접을 통한 것이다. 비록 면접이 필답형 자기보고를 사용하는 것보다 시간이 더 걸리고 돈이 많이 드는 자료수집 방법이긴 하지만 면접은 여러 가지 장점이 있다. 응답자가 설문의 내용을 이해하지 못할 경우 면접자는 내용을 분명하게 할 수 있다. 또한 면접자는 응답자가 어떤 설문도 건너뛰지 않도록 확실히 할 수 있다. 게다가 응답자를 관찰할 수 있으며, 개방형 질문에 모호한 대답을 했을 경우 추가적인 정보를 심층규명할 수 있다. 사람들이 대상을 경험하는 방법에 대한 더 깊고 주관적인 이해를 발전시키고자 시도하는 질적 연구에서는 그런 개방형 심층규명을 활용하는 것이 특히 중요하다.

이러한 장점에도 불구하고 면접은 필답형 자기보고와 대부분 동일한 오류, 특히 사회적 바람직성 편견에 취약하다. 앞에서 살펴본 것처럼 자기 자신에 대해 긍정적인 인상을 전달하도록 질문에 대답하는 경향은 필답형 자기보고를 작성할 때보다 면접에서 더 클 수 있다. 응답자가 연구의 가설을 지지하는 대답을 할 때 면접자가 웃거나 고개를 끄덕이는 것과 같이 미묘한 편견을 나타낼 때 이 경향은 악화된다. 때로 치료사가 치료를 종료하는 시점에서 클라이언트에게 치료가 얼마나 도움이 되었는지 묻는 면접을 할 때 편견은 더 분명하다. 치료가 도움이 되지 않았음을 필답형 측정도구를 작성해 보고할 때보다 치료사와 대면해 얘기할 때가 훨씬 더 힘들다. 특히 클라이언트가 어떤 설문지를 작성했는지 치료사가 모른 채 설문지를 작성할 수 있다면 필답형 자기보고는 더욱 편견이 줄어들어 대면 면접과 차이가 난다.

면접에는 또 다른 무작위 오류의 원천이 있다. 예를 들어 여러 면접자가 일관성 없이 질문하고 대답을 기록할 수 있다. 백인 면접자가 사람들과 인종 문제에 대한 견해에 대해 면접할 때 아프리카계 미국인 면접자와는 다른 응답을 얻을 수 있다. 여성 면접자가 사람들에게 여성의 동등한 권리에 대해 어떻게 느끼는지 질문할 때 남성 면접자와는 다른 응답을 얻을 수도 있다.

직접 행동관찰 사람들의 태도, 기술, 행동을 평가하는 방법으로 사람들이 얘기하는 것에 의존하기보다는 그들의 행동을 직접 관찰할 수 있다. 예를 들어, 학대 또는 방임으로 의뢰되어 온 부모들의 양육행동을 개선하기 위한 개입 프로그램의 효과를 평가하고자 한다면, 집을 방문해 그 부모가 자녀와 어떻게 상호작용하는지 관찰할 수 있다. 또는 그 자녀가 놀이방에서 많은 장난감을 갖고 놀도록 한 후, 부모가 아이들 스스로 장난감을 치우도록 하는 힘든 과업을 어떻게 처리하는지 일방 거울을 통해 관찰할 수 있다.

직접 행동관찰에는 시간과 돈이 더 들긴 하지만 연구자 스스로 행동을 보고, 사람들이 질문에 응답하는 방법이 그들이 실제로 행동하는 방법을 반영한 것인지 여부를 궁금해하지 않아도 된다는 장점이 있다. 그러나 직접 관찰 역시 사회적 바람직성 편견 같은 체계적 오류에 매우 취약할 수 있다. 앞에서 검토했던 것처럼 자신이 관찰대상임을 인식하는 사람들은 자신이 관찰대상이 아닐 때보다 또는 자신이 관찰대상임을 모르고 있을 때보다 훨씬 더 사회적으로 바람직하게 행동한다. 게다가 관찰자 자신이 연구의 가설을 지지하는 행위를 인지하도록 편견을 가질 수 있다. 무작위 오류는 여러 관찰자들이 대상을 관찰하고 기록하는 방식의 차이에서 기인할 수 있다. 아마도 관찰자들이 찾고 기록하고 있는 현상을 그들이 얼마나 잘 이해하는지에서 오는 차이에서 기인할 수도 있다.

이용 가능한 기록 검토 시간과 돈이 가장 적게 드는 측정대안은 이용 가능한 기록을 검토하는 것이다. 실천가의 실천에 대한 성향을 평가하는 예로 돌아가서, 사례기록의 과정기록지를 검토해 얼마나 자주 실천가들이 다른 기법을 활용하거나 다른 서비스를 제공하는지 볼 수 있다. 그러나 일부 실천가는 누군가 자신의 업무수행을 평가하기 위해 그 같은 기록을 이용할 수 있다는 생각에서 자신이 특정 활동에 사용한 시간을 기록할 때 과장할 수 있는데, 이는 **체계적 오류**의 원인이 된다. 또는 실천가는 자신이 작성하도록 되어 있는 모든 서류 기록에 대해 화가 나서 업무를 서류로 정리하는 데 주의를 기울이지 않을 수도 있다. 이는 **무작위 오류**가 된다.

측정오류 방지

이 시점에서 당신은 "측정과정에서 오류가 너무 많아서 연구가 할 가치가 거의 없지 않은가?"라고 궁금해할 수 있다. 이 책이 뜻하는 바가 그런 의미는 아니다. 그러나 측정과정은 극단적으로 오류에 취약하며, 이러한 오류가 발생할 가능성에 주의할 필요가 있고, 그것들을 다루기 위해 일정한 단계들을 취해야 한다는 사실을 인식할 필요가 있다고 얘기한다.

모든 가능한 측정오류의 원천을 피한다는 것은 실질적으로 불가능하다. 우리가 하는 것이 고작 다른 연령과 인종집단 중에서 남성과 여성 클라이언트의 비율을 설명하기 위해 한 기관의 담당사례를 조사하는 것이라고 해도, 어떤 측정오류가 있다. 예를 들어 자료를 기록하고, 코딩하거나 컴퓨터로 입력하면서 사무적인 실수가 있을 수 있다. 인종 같은 상대적으로 명확한 개념조차도 설문조사의 응답자가 잘못 이해할 수 있다. 예를 들어 1970년대 사회복지교육위원회는 일부 미국 원주민 회원들로부터 사회복지대학원에 관한 연간 통계조사에서 사용하는 설문지의 한 문항을 변경해달라는 요청을 받았다. 그 문항은 교수의 인종에 관련된 것이었고, 위원회는 이전의 **미국 인디언**에서 **미국 원주민**으로 범주를 바꾸었다. 변경한 다음 해에, 미국 원주민 교수로 보고된 숫자가 크게 뛰었다. 사실상 일 년 전에 백인 교수만 있다고 보고한 몇몇 대학이 이제 미국 원주민 교수만 있다고 보고했다. 다행히 각 대학의 전년도 기록과 새 자료를 비교하면서 쉽게 측정오류를 탐지하고 교정할 수 있었다. 어떤 대학에서 설문지를 작성한 사무직원은 **미국 원주민**이란 용어가 인종과 상관없이 미국에서 태어난 모든 사람을 의미하는 것으로 생각했다.

단지 측정오류가 불가피하다는 점 때문에 연구를 단념해서는 안 된다. 적어도 사회과학 연구 분야에서는 어느 누구도 연구에서 완벽한 측정을 할 것으로 기대하지 않는다. 중요한 것은 연구결과의 신뢰성과 유용성이 손상될 수 있는 주요한 측정오류를 최소화하려고 노력한다는 것과, 측도가 얼마나 잘 합리적 수준 이상으로 주요한 측정오류가 발생하지 않도록 하는지를 평가한다는 것이다.

측정오류는 다양한 방식으로 발생할 수 있기 때문에 어떻게 그것을 피할 것인지 말해주기가 쉽지 않다. 연구자가 취할 수 있는 조처들은 주로 자료수집 방법에 달려 있다. 일부 조처는 10장의 측정도구 고안에서, 그리고 그 밖의 조처는 이후의 장들에서 논의할 것이다. 그러나 여기서 몇 가지 조처를 간단히 소개하는데, 채택할 수 있는 방법을 약간 알려주고자 한다.

설문지나 자기보고 척도를 만든다면, (체계적 오류를 최소화하기 위해) 편견 없는 단어를 쓰고, (무작위 오류를 최소화하기 위해) 응답자가 이해할 수 있는 용어를 사용하려고 노력하라. 연구자가 간과했을 수 있는 편견이나 애매모호한 표현을 찾아내기 위해 동료 연구자들의 피드백을 받아라(연구자가 써놓은 게 무슨 의미인지 본인은 알기 때문에 애매모호한 표현을 놓치기 쉽다). 그리고 연구대상 모집단이 설문 문항을 이해하고 너무 버겁다고 느끼지 않는지 알기 위해 설문지를 사전조사에서 꼭 검증하도록 한다.

만약 면접을 실시하거나 관찰하는 행동을 평가하기 위해 사람들을 활용한다면 반드시 그들을 면밀히 훈련시키고, 그들이 과제를 수행하는 방법에 일관성이 있는지 확인해본다. 또한 그들에게 미칠 수 있는 편견의 영향을 최소화하도록 한다. 예를 들어 아무 개입을 받지 못한 사람과 비교해 개입 전과 후에 클라이언트가 얼마나 잘 기능하는지에 관한 정보를 수집하고 있다면, 개입 전 또는 후에 어떤 특별 조처가 취해지고 있는지, 특정 개인이 개입을 받았는지 여부를 자료수집자들이 모르게 하고자 노력한다.

만약 측정에 직접 행동관찰이 포함된다면, 클라이언트가 관찰되고 있음을 예민하게 느끼지 않고, 좋게 보이고자 평소와 다르게 행동할 가능성이 적도록 상황을 준비하려고 노력하라. 이러한 비관여적 관찰(unobtrusive observation)은 사회적 바람직성 편견을 최소화하는 데 사용된다. 앞으로 이어지는 여러 장에서 비관여적 관찰의 개념을 다시 다룰 것이다.

만일 측정이 이용 가능한 기록을 사용하는 데 의존한다면, 기관이 그런 기록을 소중히 하거나 '공식적인' 것이기 때문에 충분히 오류가 없을 것으로 가정하지 않는다. 얼마나 주의 깊게 또는 아무렇게나 기록을 보관하는지에 대해 기관의 실천가 및 '알고 있는' 다른 사람과 이야기를 나눠보라. 자료 입력자가 기록한 내용의 타당성을 의심하게 만드는 특정한 편견의 영향을 받을 가능성 있는 모든 이유를 심층규명해보라.

몇 가지 다른 자료수집 단계는 사실상 상당히 일반적이어서 많은 자료수집 방법에서 사용된다. 그런 단계 중 하나는 **다원측정**(triangulation)의 원칙을 활용하는 것이다. 다원측정은 동일한 정보를 수집하는 데 몇 가지 다른 연구방법을 사용해 체계적 오류를 처리한다. 체계적 측정오류를 피하는 완전한 방법이 없기 때문에, 몇 가지 불완전한 측정대안들을 사용할 수 있고, 동일한 결과를 이끌어내는지 볼 수 있다. 만약 동일한 결과를 보인다면 측정오류가 수용할 만한 수준에 있다고 더 신뢰(하지만 보장은 아닌)할 수 있다. 만약 한 방법이 대안 척도가 제공하는 데이터와 뚜렷이 모순되는 자료를 만들어낸다면, 어딘가에 심각한 오류가 있다고 의심할 이유를 갖게 되고 어디에서 오류가 발생했는가에 대한 실마리를 갖게 된다. 다원측정은 다양한 측도가 여러 가지 오류의 가능성을 갖도록 요구한다. 만약 각 측도가 동일한 오류에 취약하다면 측도 간의 일관성은 실제로 체계적 오류의 출처를 피하고 있는지를 알려주지 못할 것이다.

예를 들어, 다음의 세 가지 방법으로 만성 정신장애인에 대한 실천가의 반응성을 평가한다고 가정해보자. (1) 장애인을 다루는 태도를 자기보고식으로 평가하고, (2) 실천가와의 접촉 양과 받은 도움에 대한 만족도를 장애인 클라이언트에게 물어보고, (3) 실천가가 장애인 클라이언트에게 제공한 서비스 양을 표로 만들기 위해 사례기록을 조사한다. 모든 실천가가 클라이언트를 대하면서 큰 만족을 얻었다고 말하지만 사례기록에 따르면 장애인 클라이언트는 실천가와 보통 두 번 이하의 접촉이 있었고, 그 다음은 더 이상 접촉이 없었다고 가정해보자. 더 나아가 대다수 장애인 클라이언트는 그들이 받은 서비스의 양 측면에서 사례기록을 확증해주었고, 실천가가 장애인들이 느린 것에 대해 참을성이 없어 보였고 장애인들이 가장 중요하게 여기는 문제에 관심이 없어 보였다고 덧붙였다고 가정해보자. 측도를 다원측정했기 때문에, 앞의 척도 중 단 하나만 사용했을 때보다 자료의 신뢰성을 판단하기에 훨씬 더 나은 입장에 놓이게 된다. 더욱이 실천가 태도를 측정하는 데 내재한 명백한 오류, 즉 사회적 바람직성 편견과 관련된 것으로 보이는, 측도를 다원측정하지 않았다면 피할 수 없었을 오류를 피할 수 있을 것이다.

측정오류를 최소화하기 위해 취할 수 있는 다른 일반적 방법은 다원측정과 밀접하게 관련되어 있다. 그것은 연구를 실행하기 전에 사용할 측정절차가 받아들일 만한 수준의 신뢰도와 타당도가 있는지 확인하는 것을 포함한다. 신뢰도와 타당도는 연구방법론에 관해 배울 수 있는 가장 중요한 개념 중 두 가지다. 두 개념 모두 이 장을 통해 충분히 논의할 것이다.

신뢰도

추상적인 의미에서 **신뢰도**(reliability)는 같은 대상에 반복적으로 적용된 특정 측정이 매번 같은 결과를 만들어 내는지 여부의 문제다. 그러므로 신뢰도는 측정에서 무작위 오류의 정도와 관련이 있다. 척도가 신뢰도가 높을수록, 척도의 무작위 오류가 더 적어진다.

덩치가 큰 학교친구(학교 미식축구팀의 공격형 수비수)가 당신과 또 다른 친구에게 자신의 몸무게를 어림잡아 보라고 말했다고 가정해보자. 당신은 그 친구를 주의 깊게 훑어보고 260파운드(약 118 kg)로 추정하고, 다른 친구는 360파운드(약 163 kg)로 추정한다. 이는 사람들에게 다른 사람의 몸무게가 얼마나 나가는지 추정하도록 하는 기법이 신뢰도가 높지 않다는 사실을 보여준다. 그러나 각자가 덩치 큰 학교친구의 몸무게를 측정하고자 목욕탕의 체중계를 사용했다고 가정해보자. 그 체중계는 매번 거의 동일한 무게를 보여주어, 그 체중계가 추정치보다는 신뢰도가 높은 측도를 제공할 것이다.

그러나 신뢰도가 정확성을 보장하는 것은 아니다. 단지 기분을 좋게 하기 위해 실제 몸무게보다 10파운드(약 4.5 kg)를 줄이도록 목욕탕 체중계를 고정해놓았다고 상상해보자. 비록 체중계는 매번 같은 몸무게를 알려주겠지만(신뢰도는 높음), 당신과 친구가 수행한 체중 재기는 체계적 오류(즉, 왜곡된 체중계)로 인해 틀리게 된다.

여기 또 다른 가정적 예가 있다. 다른 종류의 두 기관에서 일하는 사회복지사들의 사기를 연구하는 데 관심이 있다고 가정해보자. 한 종류는 공공부조기관이며, 다른 종류는 가족서비스기관이다. 어떻게 사기를 측정해야 하는가? 한 전략에 따르면, 서로 간에 농담을 주고받는지, 자주 미소 짓고 웃는지 등을 살펴보면서 각 기관의 사회복지사를 관찰하며 일정 시간을 보낼 수 있다. 그들이 어느 정도 일을 좋아하는지 물어볼 수도 있고, 현재의 기관을 선호하는지 아니면 다른 연구대상 기관을 선호하는지 생각을 물어볼 수도 있다. 여러 기관에서 관찰한 것들을 비교하면서, 어느 기관이 더 높은 사기를 불러일으키는지에 대한 결론에 도달할 수 있다.

이제 이 방법에 내재된 가능한 신뢰도 문제 몇 가지를 살펴보자. 첫째, 관찰을 할 때 연구자가 어떻게 느끼는가에 따라 보는 것을 채색할 가능성이 있다. 연구자가 보는 것을 잘못 해석할 수 있다. 서로 농담을 주고받는 사회복지사를 보면서 그들이 논쟁을 벌이고 있다고 생각할 수 있다. 아니면 그들이 쉬는 날 관찰할 수도 있다. 만약 동일한 사회복지사 집단을 며칠 동안 계속 관찰한다면 매일 다른 평가를 내릴 수도 있다. 그리고 여러 관찰자가 동일한 행동을 평가한다면, 그들도 사회복지사의 사기에 대한 다른 결론에 도달할 수 있다.

여기에 사기를 측정하는 또 다른 전략이 있다. 일정하게 정해진 시기에 얼마나 많은 사회복지사가 이직했는지 보기 위해 기관의 기록을 검토한다고 가정해보자. 아마도 이직 횟수는 사기를 나타내는 지표가 될 수 있을 것이다. 즉, 이직이 많을수록 사기는 더 낮다. 이 측정전략은 신뢰도가 더 높은 것으로 보인다. 이직을 계속 세어볼 수 있고, 계속 같은 숫자에 도달해야 한다.

만약 이직 횟수가 반드시 사기를 측정하는 것이 아니라고 생각한다면, 타당도에 관해 걱정하고 있는 것이지 신뢰도에 대한 걱정은 아니다. 잠시 뒤 타당도에 대해 논의할 것이다. 우선은 신뢰도에 관한 논의를 완결해보자.

신뢰도 문제는 사회과학 연구에서 많은 형태로 나타난다. 설문조사 연구자는 다양한 면접자가 자신의 태도와 행동의 결과로 응답자로부터 동일하지 않은 응답을 얻는다는 사실을 오랫동안 인식해왔다. 어떤 사회적 쟁점을 다룬 신문사설 입장에 관한 연구를 실시하기로 한다면, 그 쟁점에 관한 수백 개의 사설을 읽는 일과 사설의 입장에 따라 분류하는 일을 맡기기 위해 여러 코딩자를 구할 수 있다. 여러 코딩자는 같은 사설도 다르게 코딩할 수 있다. 혹은 몇 가지 표준 코딩체계(예를 들어, 노동부 또는 인구조사국이 만든 범주 같은)에 따라 수백 개의 구체적인 직업을 분류하고자 할 수 있다. 모두가 그런 직업을 같은 범주로 코딩하지는 않을 것이다.

이런 각각의 예는 신뢰도의 문제를 보여준다. 사람들에게 자신에 관한 정보를 제공해달라고 요청할 때마다 비슷한 문제가 생긴다. 때로 사람들이 답을 모르는 질문(당신은 지금까지 교회에 몇 번이나 갔습니까?)을 한다. 사람들에게 그들과 아무 관련이 없는 일에 관해 질문(당신은 알바니아와 중국의 현재 관계에 대해 만족하십니까?)을 할 때도 있다. 때로는 아동들이 아직 배우지 않은 단어나 여러 문화에서 다양한 의미를 갖는 용어를 사용할 때처럼 질문이 의미하는 것을 사람들이 이해하지 못한다. 그리고 때때로 너무 복잡한 질문을 던져 그 일에 대해 분명한 견해를 가졌던 사람도 두 번째 질문을 받았을 때 그 질문을 다르게 해석할 수 있다.

어떻게 신뢰도가 높은 척도를 고안하는가? 몇 가지 기법이 있다. 첫째, 사람들에게 정보를 물어볼 때(만약 연구조사 설계가 그것을 요구한다면) 응답자들이 대답할 가능성이 있는 것만 질문하도록 주의한다. 그들에게 관련이 있는 것을 질문하고 무엇을 질문하고 있는지 명료하게 한다. 정보를 물어보는 경우 사람들은 신뢰도가 높든 아니든 대답할 위험이 있다. 사람들은 비록 중국과 알바니아의 관계에 대해 아무것도 모르더라도, 중국과 알바니아의 관계에 관해 자신이 생각하는 것을 말하게 된다.

사람들로부터 정보를 수집할 때 신뢰도 문제에 대처하는 또 다른 방법은 이전의 연구에서 신뢰도가 입증된 척도를 사용하는 것이다. 연구보조자가 야기한 낮은 신뢰도의 경우, 몇 가지 해결책이 있다. 면접자의 낮은 신뢰도를 막기 위해 설문조사에서 연구감독자가 전화로 몇몇 응답자에게 일부 정보를 확인하는 것이 보통 관례다. 연구의 재현은 다른 상황에서도 효과가 있다. 만약 신문사설 혹은 직업이 신뢰도가 높게 분류되지 않았다고 걱정된다면, 몇 사람의 코딩자가 각각 신문사설 또는 직업을 독립적으로 코딩하는 것은 어떤가? 이때 일치하지 않은 신문사설 또는 직업은 더 주의 깊게 평가해 해결해야 한다.

마지막으로 명료함, 구체성, 훈련 그리고 연습이 낮은 신뢰도와 고통을 상당히 모면하게 해줄 것이다. 한 쟁점에 대한 신문사설의 입장을 어떻게 평가할 것인가에 대해 분명한 일치에 도달할 때까지 어느 정도 시간을 보낸다면(대표되는 여러 입장을 논의하고 몇 개 사설을 함께 읽으면서) 아마도 독립적으로 했을 때와 마찬가지로 사설의 입장을 잘 분류할 수 있을 것이다.

신뢰도의 유형

특정 연구에 가장 적절한 측정 신뢰도 유형은 연구목적과 설계에 따라 다르다. 예를 들어 관찰자나 평가자의 판단이 포함되는 연구라면, 관찰자 또는 평가자 간의 일치 또는 일관성의 정도를 평가할 필요가 있다. 만약 연구에서 응답자들이 자존감, 우울증, 직업만족도 같은 어떤 개념구성체를 측정하고자 작성하는 필답형 자기보고 척도를 사용한다면 신뢰도는 일반적으로 한두 가지 방법으로 측정된다. 만일 일정 기간에 걸친 사람들의 변화를 측정하기 위해 자기보고형 척도를 사용한다면 첫 번째의 측정과 그 뒤의 일관성 있는 측정을 제공하는 데 있어 척도의 안정성(stability)을 평가할 필요가 있다. 일정 시간에 걸친 안정성에 대한 고려 없이 척도의 신뢰도를 평가하는 특히 편리한 대안은 내적 일관성(internal consistency)을 측정하는 것이다. 이제 이런 대안들을 더 자세히 살펴보자.

관찰자 간 신뢰도와 평가자 간 신뢰도

관찰자 또는 평가자 간의 일치나 일관성 정도를 **관찰자 간 신뢰도**(interobserver reliability) 또는 **평가자 간 신뢰도**(interrater reliability)라고 한다. 준전문가나 자원봉사자를 위한 현직 훈련 프로그램이 비디오로 촬영한 역할 연습 상황에서 그들이 표현하는 감정이입의 수준을 높이는지를 연구하고 있다고 가정해보자. 평가자 간의 신뢰도를 측정하기 위해 두 명의 평가자를 훈련시킨다. 그 다음 그들에게 같은 비디오테이프를 보게 하고 그들이 관찰한 감정이입의 수준을 독립적으로 평가하게 한다. 그들이 평가에서 80% 이상 일치하면 측정에서 무작위 오류의 양이 과도하지 않다고 추정할 수 있다. 일부 연구자들은 심지어 70%의 일치도 받아들일 만하다고 주장한다.

일치의 비율을 계산하는 대신, 두 쌍의 평가 간의 상관관계를 계산할 수도 있다. 예를 들어 평가가 1에서 10까지의 척도상에 있고, 비록 두 명의 평가자가 정확히 같은 평가를 거의 내리지 않는다 해도, 두 명의 평가자는 일관된 형태로 높거나 낮은 평가를 주는 경향이 있다. 즉, 한 쌍의 평가는 9와 8, 다른 쌍의 평가는 2와 3이 될 수 있다. 한 평가자의 평가가 올라가면, 다른 평가자의 평가도 올라간다. 한 평가자의 평가가 내려가면, 다른 평가자의 평가도 내려간다. 비록 평가자들의 숫자가 정확하게 일치하는 일은 거의 없지만, 평가자들의 평가는 함께 올라가고 내려간다. 만약 그렇다면 일치의 비율은 낮을지라도 상관관계는 0.80 이상으로 높을 수 있다. 상관관계에 대해서는 7부에서 논의하겠다. 여기서는 상관관계가 0(아무 관계가 없음을 의미함 - 상관관계가 없음)부터 1.0(무작위 오류가 없는 완벽한 관계를 의미함)까지 걸쳐 있음을 아는 것으로 충분하다. 또한 나중에 어떻게 0에서 -1.0에 이르는 부정적 상관관계가 될 수 있는지 논의할 것이다.

검사-재검사 신뢰도

일정 기간 척도 점수의 변화를 평가하고자 하는 연구에서 안정적 측도, 즉 일정 기간 측정의 일관성을 제공하는 척도를 사용하는 것이 중요하다. 만약 측정이 일정 기간에 걸쳐 안정적이지 못하다면, 연구에서 관찰된 변화는 관찰대상 현상의 실제 변화보다는 측정과정의 변화와 더 관련되었을 수 있다. 일정 기간에 걸친 척도의 안정성을 평가하는 용어가 **검사-재검사 신뢰도**(test-retest reliability)다.

검사-재검사 신뢰도를 평가하기 위해서는, 단순히 두 번의 별개 상황에서 같은 사람들에게 동일한 측정도구로 측정한다. 만약 그 측정도구에 대한 두 쌍의 응답 간의 상관관계가 .70 혹은 .80 이상(높을수록 더 좋음)이면, 그 측정도구는 받아들일 만한 안정성이 있는 것으로 여겨진다. 그러나 검사-재검사 신뢰도를 평가하는 일은 까다로울 수 있다. 만약 한 개인이 검사와 재검사 사이에 실제로 변한다면 어떻게 하는가? 검사의 상황(하루 중 시각 등)이 재검사의 상황과 다르다면 어떻게 하는가? 검사-재검사 신뢰도의 평가에서 두 번의 검사를 모두 동일한 조건하에서 실시한다는 점을 확실히 해야 하고, 검사와 재검사 사이의 시간 경과는 첫 번째 검사에서 응답자들 자신이 한 응답을 기억하지 못할 정도로 충분히 길어야 하지만, 두 검사 사이에 응답자들이 유의미하게 변화할 가능성을 최소화하기에 충분히 짧아야 한다. 대략 2주가 검사와 재검사 사이의 일반적인 간격이다. '검사-재검사 신뢰도의 예'라는 제목의 글상자는 이 형태의 신뢰도를 평가하는 중요성과 어떻게 평가하는지를 예시한다.

내적 일관성 신뢰도

일정 기간에 걸쳐 측도의 변화를 평가하고자 계획하든 아니든 간에 측도를 구성하는 다양한 문항이 내적으로 일

검사-재검사 신뢰도의 예

삭스 Sacks, 크루사트 Krushat, 뉴만 Newman(1980)은 예방의학 분야의 보건위험도 평가에 대한 연구에서 내과의사들이 환자와 적절하게 상담할 수 있도록 다양한 배경 및 생활양식 요인들과 관련되어 있는 위험도를 결정하고자 했다. 환자의 생활 상태를 알게 됨으로써 의사들은 환자의 생존 가능성과 이를 개선하는 방법에 대해 충고할 수 있었다. 물론 이 목적은 연구의 개별 연구대상에 대해 수집한 정보의 정확성에 크게 의존했다.

그 정보의 신뢰도를 측정하기 위해 삭스와 그의 동료들은 모두 207명의 연구대상자에게 자신의 성격과 행동에 대해 질문한 기초선 설문지를 작성하도록 했다. 3개월 후 추적설문지에서 동일한 대상자에게 동일한 정보를 요구했으며, 두 설문조사의 결과를 비교했다. 전체적으로 연구대상의 15%만이 두 연구에서 동일한 정보를 제공했다.

삭스 등(1980)은 다음과 같이 보고했다.

> 거의 10%의 연구대상이 추적조사에서 신장을 다르게 답했다. 부모의 연령은 세 명의 연구대상에서 한 살 이상 변했다. 한 부모는 3개월 만에 20세가 더 많아진 것으로 보고되었다. 5명의 과거 흡연자와 과거 음주자 중 1명은 이전 흡연 및 음주 유형을 신뢰도 있게 기억하는 데 어려움을 보였다(p. 730).

일부 연구대상자는 이전에 보고했던 심장의 잡음, 당뇨, 폐기종, 체포기록과 자살에 대한 생각의 모든 흔적을 지워버렸다. 한 연구대상자의 어머니는 첫 번째 설문지에서는 사망했는데, 두 번째 설문에서는 살아서 잘 지내고 있었다. 한 연구대상자는 첫 번째 연구에서 한 개의 난소가 없었으나 두 번째 설문에는 있었다. 또 다른 사례에서는 첫 번째 연구에서 있었던 난소가 두 번째 연구에서는 없었는데, 그런 상태가 10년이나 되었다. 한 대상자는 첫 번째 연구에서 55세로 보고되었는데, 3개월 후에는 50세였다(환자들의 기억이 영향을 미친 것과 같이 내과의사가 환자들에게 그런 영향을 미칠 수 있는지 여부에 의문을 가져야 한다). 따라서 검사-재검사는 이 자료수집 방법이 특별히 신뢰도가 높지 않음을 드러냈다.

관성 있는지 여부를 평가하는 것이 중요하다. 이 방법을 **내적 일관성 신뢰도**(internal consistency reliability)라고 하는데, 측정도구 안에 여러 문항이 있고, 각 문항에 점수를 매겨 다른 문항 점수와 합해 총점을 낸다고 가정한다. 이 방법을 사용해 단순히 각 문항의 점수와 나머지 문항의 점수 간의 상관관계를 평가한다. 또는 여러 다른 하위 문항의 총점을 계산하고, 하위 총점들 간의 상관관계를 평가할 수도 있다. 예를 들어, 반분법(split-halves method)을 사용해 문항의 절반에 해당하는 여러 하위모음 간 하위점수들의 상관관계를 살펴보게 될 것이다. 이 방법은 한 집단의 응답자들에게 한 번에 측정을 실시하도록 요구하기 때문에 신뢰도를 평가하는 데 쓰이는 가장 실질적이고 일반적인 방법이다.

컴퓨터의 등장으로 내적 일관성 상관관계를 계산하기가 쉬워지기 이전에 조사론 교재들은 일반적으로 내적 일관성 신뢰도와 유사한 척도의 신뢰도를 측정하는 데 시간이 더 많이 걸리고, 더 어렵고 실질적이지 못한 방법을 설명했다. 이를 **유사양식 신뢰도**(parallel-forms reliability)라고 불렀다. 이 방법은 첫 번째 측정도구와 동등한 것으로 생각되는 두 번째 측정도구를 만들 것을 요구한다. 두 번째 도구는 더 짧은 질문모음이 될 수 있고, 항상 첫 번째 측정도구와 같은 대상을 측정하고자 시도한다. 두 양식을 동일한 사람들에게 실시하고 나서, 두 쌍의 응답이 적절한 상관관계를 보이는지 평가한다. 이 신뢰도 평가방법은 두 번째 측정도구를 만들어 첫 번째 측정도구와 동등한지를 확인하는 일이 귀찮고 위험하기 때문에 사회복지 연구에서는 극히 드물다. 두 개의 '유사(parallel)' 양식이 일치하지 않는 결과를 보인다고 해도 주된 측도의 신뢰도가 떨어진다는 뜻이 아닐 수 있다. 비일관성은 단순히 첫 번째 측정도구와 진정으로 동등한 두 번째 측정도구를 구하지 못한 데서 기인한 것일 수 있다.

오늘날 내적 일관성 신뢰도를 계산하는 가장 보편적이고 강력한 방법은 **알파계수**(coefficient alpha)다. 알파계수의 계산은 이용 가능한 컴퓨터 소프트웨어를 사용해 쉽게 할 수 있다. 알파계수를 계산하기 위해 컴퓨터는 측정도구의 모든 항목을 모든 가능한 반분(항목들의 절반에 해당하는 하위모음)으로 나누고, 각 응답자의 가능한 반분의 모음의 하위 총점을 계산하고, 모든 가능한 반분 모음의 하위 총점들 쌍의 상관관계를 계산한다. 알파계수는 모든 상관관계의 평균치가 된다. 알파계수가 약 .90 이상일 때, 내적 일관성 신뢰도는 훌륭한 것으로 생각된다. 알파계수 .80에서 .89까지는 좋은 것으로 생각되며, 상대적으로 짧은 도구에서는 약간 낮은 알파계수도 수용할 수 있다고 간주된다(여기서는 다루지 않겠지만 통계적인 이유 때문에 상대적으로 적은 수의 항목을 포함하는 측정도구에서는 하위점수들 간의 상관관계가 높기 어렵다). '알파계수의 가설적 예'라는 제목의 글상자는 이 과정을 명확하게 하려고 시도한다.

이후의 장에서 신뢰도 문제를 여러 차례 더 다룰 것이다. 그러나 지금으로서는 완전한 신뢰도조차 측도가 측정한다고 생각되는 것을 측정한다고 보장하지 않는다는 점을 상기하자. 이제 타당도의 문제로 들어가자.

타당도

관습적인 용법으로 타당도라는 용어는 실증적 측도가 연구대상인 개념의 실재적 의미를 적절하게 반영하는 정도를 의미한다. 그런데 우리는 이미 개념은 어떤 실재적 의미를 갖지 않는다는 견해를 신봉하기로 했다. 그러면 특정 측도가 그 개념의 의미를 적절히 반영하는지 여부를 도대체 어떻게 알 수 있는가? 물론 궁극적으로는 알 수 없다. 동시에 이미 봤던 것처럼 사회조사 연구를 포함해 모든 사회생활은 우리가 사용하는 용어와 용어들이 대표하는 개념에 대한 **동의**에 근거해 작동한다. 그러한 동의에 적합한 측정을 성공적으로 하기 위한 몇 가지 기준이 있다.

액면 타당도

우선 첫째로, **액면 타당도**(face validity)라는 것이 있다. 특정 실증척도는 특정 개념과 연관된 일반적인 합의와 개인의 마음의 상과 일치하거나 일치하지 않을 수 있다. 사회복지사의 사기를 이직의 횟수로 측정하는 것이 적절한지 이의를 제기할 수 있으나, 이직의 횟수와 사기가 어떤 관계가 있다는 데는 확실히 동의할 것이다. 만약 근무 외 시간에 도서관에서 사회복지사가 몇 권의 책을 빌렸는지 확인해 사기를 측정한다고 제안하려면, 의심의 여지없이 더 심각한 반대를 할 것이다. 이 척도는 아무런 액면 타당도를 갖지 않는다.

측정이 가치가 있다고 인정받으려면 액면 타당도는 필수적이다. 그러나 이것으로 충분하진 않다. 사실 일부 연구자는 액면 타당도를 타당도의 한 유형이라고 하는 것이 기술적으로 오해를 불러일으킨다고 주장할 수도 있다. 측도가 액면 타당도가 있는지 여부는 연구자 또는 다른 전문가의 주관적 평가에 따라 결정된다. 액면 타당도를 갖는다고 해서, 연구자가 측정하고자 의도한 것을 측도가 실제로 측정한다는 것을 의미하지는 않는다. 다만 연구자가 측정하고자 의도했던 것을 측도가 측정하는 것처럼 보인다는 뜻일 뿐이다.

액면 타당도의 제한적 가치를 보여주기 위해, 미네소타 다면인성검사(Minnesota Multiphasic Personality Inventory, MMPI)에서 편집증 척도 개발을 고찰해보자. MMPI는 오랫동안 가장 널리 사용되고 높이 평가되어온 성격측도다. MMPI가 원래 임상적 평가 목적으로 개발되었을 때는 9개 척도를 포함하고 있었다. 각 척도는 '그렇다' 혹은 '아니다'로 응답할 수 있는 문항을 포함했다. 그중 한 척도가 편집증을 측정했다. 이 척도의 각 문항

알파계수의 가설적 예

다음과 같이 초등학교 학생들의 우울증을 측정하기 위해 4항목 척도를 개발한다고 가정해보자.

	자주	때로	거의 전혀
1. 나는 슬프다.	2	1	0
2. 나는 운다.	2	1	0
3. 나는 불행하다.	2	1	0
4. 나는 잠을 잘 수 없다.	2	1	0

척도의 내적 일관성 신뢰도를 검증하기 위해 200명의 아동에게 이 척도를 실시한다고 가정해보자. 만약 이 척도가 내적으로 일관성이 있다면 일부 항목에서 0에 표시를 한 아동들이 다른 아동들보다 다른 항목에도 0에 표시를 할 가능성이 높아야 할 것이다. 만약 이 척도가 훌륭한 내적 일관성 신뢰도를 갖는다면, 각 항목과 나머지 항목 각각의 상관관계는 다음과 같은 항목 간의 상관관계 행렬처럼 보일 수 있다.

	항목 1	항목 2	항목 3	항목 4
항목 1	1.0			
항목 2	.6	1.0		
항목 3	.5	.5	1.0	
항목 4	.4	.5	.6	1.0

SPSS 같은 컴퓨터 소프트웨어에서는 순식간에 위의 상관관계 행렬을 만들고, 알파계수를 계산할 수 있다. 위의 행렬에서 4개 항목들이 서로 강한 상관관계가 있음을 볼 수 있다(단순히 각 항목이 자기 자신과 완벽한 상관관계를 갖는다는 것을 의미하는 1.0 상관관계는 무시할 수 있다). 이 척도의 알파계수가 .80(높은 상관관계)이라고 가정해보자. 여기에 어떻게 컴퓨터가 이 숫자를 계산했는지를 보여준다. 이 숫자는 항목들의 모든 가능한 반분의 총점들의 상관관계의 평균이다.

항목 1 + 항목 2의 합계와 항목 3 + 항목 4의 합계의 상관관계	= .85
항목 1 + 항목 3의 합계와 항목 2 + 항목 4의 합계의 상관관계	= .80
항목 1 + 항목 4의 합계와 항목 2 + 항목 3의 합계의 상관관계	= .75

항목들의 전체 세 가지 가능한 반분의 상관관계의 합 = 2.40

알파계수 = 세 상관관계의 평균 = 2.40/3 = .80

위의 세 반분이 4개 항목 척도를 절반으로 나눌 수 있는 모든 가능한 방법임을 주목하면 도움이 될 수 있다. 예를 들어 항목 1은 항목 2, 항목 3, 또는 항목 4와 쌍이 될 수 있다. 그 척도를 절반으로 나누는 다른 방법은 없다. 컴퓨터는 어떤 반분이나 그 상관관계를 보여주지는 않을 것이다. 컴퓨터는 단지 가장 아래의 줄, 즉 알파계수가 .80(또는 실제 자료에 대한 알파계수가 무엇이 되든)이라는 것만을 보여준다. 지금까지 어떻게 알파계수가 계산되는지, 그리고 그것이 무엇을 의미하는지를 밝히는 것을 돕기 위해 반분과 가설적 상관관계를 제시했다.

에서 특정한 응답(그렇다/아니다)에 편집증에 대한 점수가 더 높거나 낮은 것으로 점수를 부여했다. 척도를 실증하기 위해 대규모의 편집증 진단 환자와 편집증으로 진단받지 않은 사람들에게 척도를 적용했다. 만약 편집증으로 진단받은 사람이 편집증으로 진단받지 않은 사람에 비해 문항에 다르게 대답하는 경향이 있다면 문항은 타당한 것으로 여겨졌다.

다음은 편집증 척도의 몇 개의 문항이다. 각 문항은 편집증 환자를 편집증이 아닌 사람과 구별해냈다. 각 문항을 조사해보고 편집증 환자들이 '그렇다' 혹은 '아니다' 중 어느 응답을 고를 가능성이 높은가 알아낼 수 있는지 보라.

"대부분 사람들은 이윤이나 이익을 잃기보다는 얻기 위해 다소 공정하지 않은 수단을 사용할 것이다."

"내가 예상했던 것보다 다소 더 친절한 사람들을 경계하려는 성향이 있다."

"나는 대부분의 사람이 성공하기 위해 거짓말을 한다고 생각한다."

액면 타당도 관점에서 볼 때 편집증 환자들이 선택할 가능성이 더 큰 응답은 아마도 '그렇다'였을 것으로 예상한다. 확실히 편집증 환자가 다른 사람들이 자신을 속이고, 현혹하거나 거짓말하려는 성향을 갖고 있을 거라고 더 의심한다는 가정이 합리적인 것처럼 보인다. 그러나 반대의 경우가 발생했다. 즉, 편집증 환자가 일반인에 비해 위의 문항들에 '아니다'로 응답할 가능성이 더 컸다(Dahlstrom & Welsh, 1960). 이런 사실에 비추어 때늦은 지혜를 가지고 왜 이런 일이 발생했는지 합리적으로 설명할 수 있는데, 아마 편집증 환자는 다른 사람이 어떠할지에 대해 비현실적으로 높은 기대를 하며, 이런 지나치게 이상적인 기대로 인해 사람들이 고결하지 않게 행동할 때 그들은 배신감과 박해당하는 느낌을 받는다는 것이다. 그러나 때늦은 지혜의 혜택이 없었더라면 위 문항들의 액면 타당도 측면에서는 편집증 환자가 더 자주 '그렇다'로 응답할 가능성이 높다고 볼 것이다. 만약 그랬다면, 또한 척도의 질과 점수 체계를 결정하기 위해 액면 타당도에만 의존했다면, 이런 문항들에서 편집증이 아닌 사람들에게 더 나쁜(높은) 편집증 점수를 매기고 편집증 환자에게 더 나은(낮은) 편집증 점수를 매길 가능성이 높았을 것이다.

내용 타당도

액면 타당도의 요소를 포함하는 것으로, 기술적으로 더 합리적인 유형의 타당도는 **내용 타당도**(content validity)로 알려져 있다. 내용 타당도라는 용어는 개념 안에 포함된 모든 의미를 측도가 포괄하는 정도를 말한다. 예를 들어 카르민즈 Carmines와 젤러 Zeller(1979)가 지적한 것처럼 수학능력시험은 덧셈 하나에만 한정될 수 없고, 뺄셈, 곱하기, 나누기 등도 포함시킬 필요가 있다. 그러나 액면 타당도와 마찬가지로 내용 타당도는 판단에 기초해 확립된다. 즉, 연구자나 다른 전문가들이 해당 측도가 개념을 구성하는 측면 전체를 다루는지를 판단한다. 비록 특정 측도를 고안할 때 액면 타당도와 내용 타당도에 대한 판단을 내려야만 하더라도, 중요한 것은 그런 판단의 적합성에 관한 실증적 평가를 하는 것이다. 그런 판단에 아무리 큰 자신감을 가졌다고 해도, 그 측도가 측정하려 한 것을 실제 정말로 측정하는지 확인하기 위해 실증적 증거가 필요하다. 예를 들어, 그 측도가 그것이 측정하려는 개념의 다른 지표들과 얼마나 강한 상관관계를 갖는가? 측도가 측정하고자 의도했던 것을 실제로 측정했는지 여부를 실증적으로 평가하는 두 가지 가장 일반적인 방법은 기준 관련 타당도와 개념 구성 타당도다.

기준 관련 타당도

기준 관련 타당도(criterion-related validity)는 몇 가지 외부 기준에 근거한다. 측정도구의 **기준 타당도**(criterion validity)를 평가할 때, 측정도구가 측정하려는 동일한 변수를 측정하는 또 다른 지표 또는 측도라고 생각되는 외부 기준을 선택한다. 예를 들어, 대학입학 시험의 타당도는 대학에서 학생들의 성공을 예견하는 능력에서 드러난다. 같은 의미에서 운전면허 필기시험의 타당도는 필기시험에서 받은 점수와 운전을 얼마나 잘하는가의 관계에 의해 결정된다. 이런 예에서 대학에서의 성공과 운전 능력이 기준(criteria)이다. 앞에서 인용한 MMPI에서는 개인이 편집증 진단을 받았는지 여부가 기준이었다. MMPI의 타당도는 그 점수에 근거해 편집증으로 진단을 받은 사람들과 진단을 받지 않은 사람을 구별해내는 능력에 따라 결정된다.

기준 관련 타당도의 두 개 하위 유형은 **예측 타당도**(predictive validity)와 **동시 타당도**(concurrent validity)다. 이 하위 유형 간의 차이는 측도가 (1) 미래에 발생할 기준을 예측하는 능력(대학에서 성공 같은 것), (2) 동시발생적으로 알려진 기준에 대한 부합성에 따라 검증되고 있는지 여부와 관련이 있다. 실천개론 과목의 교수가 학생이 실습에 들어가기 전에 학생의 면접기술을 측정하기 위해 선다형검사를 고안한다고 가정해보자. 그 검사의 동시 타당도를 평가하기 위해 교수는 그 검사의 점수가 학생들의 면접상황극을 녹음한 비디오테이프에서 면접기술에 대해 학생들이 받았던 등급과 일치하는지를 볼 수 있다. 검사의 예측 타당도를 평가하기 위해 교수는 검사의 점수가 학생들이 실습을 마치고 난 후 면접기술에 대한 실습 담당교수의 평가와 일치하는지 볼 수 있다. 또한 예측 타당도는 검사 점수와 학생들이 졸업한 후 학생들의 면접에 대한 클라이언트 만족등급을 비교해 평가할 수도 있다.

다양한 측정도구의 기준 타당도를 평가하는 연구들을 읽어보면 해당 측정도구가 측정하는 변수의 관점에서 차이를 보이는 집단들을 정확하게 구별하는지 여부를 확실하게 하는 많은 연구를 발견할 것이다. 예를 들어, 위에서 논의했던 MMPI 연구는 그 검사가 편집증 진단을 받은 것으로 알려진 집단과 진단을 받지 않은 것으로 알려진 집단을 정확하게 구별하는지 여부를 검토했다. 측도의 기준 타당도를 '알려진 집단'을 구별하는 측도의 능력에 따라 평가할 때 평가되고 있는 타당도의 유형을 **알려진 집단 타당도**(known-groups validity)라고 부를 수 있으며, 단순히 기준 관련 타당도의 하위 유형이다. 따라서 인종편견을 측정하기 위해 고안된 척도의 알려진 집단 타당도를 검사하기 위해 사회복지 학생들의 점수와 KKK(Ku Klux Klan)[1] 단원들의 점수가 분명하게 차이가 있는지 여부를 볼 수도 있다.

알려진 집단 타당도의 또 다른 예를 들어보자. 치료받고 있는 청소년 성범죄자들이 피해자들에 대해 갖게 된 감정이입의 정도를 측정하는 도구를 고안했다고 가정해보자. 측정도구의 알려진 집단 타당도를 평가하기 위해 치료를 받지 않은 청소년 성범죄자들의 그 측정도구에 대한 점수를 인근 고등학교에 다니는 학생들의 점수와 비교할 수 있을 것이다. 만약 측도가 타당도를 가졌다면 성범죄의 피해자들에 대해 훨씬 낮은 수준의 감정이입을 보이는 범죄자의 평균 점수가 범죄를 저지르지 않은 학생들의 평균 점수보다 낮을 것으로 기대한다. 이는 알려진 집단 타당도를 평가하는 데 합리적인 접근이 될 것이다. 그러나 측정도구를 발전시켰던 목적이 치료과정 중에 범죄자들의 감정이입에서 발생한 미묘한 개선을 측정하려는 것이라면 어떻게 되는가?

측정도구가 집단 간 극단적인 차이를 감지할 수 있다는 것이 반드시 덜 극단적인 차이가 나는 집단 간의 더 미묘한 차이를 감지할 수 있음을 의미하지는 않는다. 미묘한 차이를 발견해내는 능력을 측정도구의 **민감도**(sensitivity)라고 한다. 측정도구가 특정 문제에 대해 치료를 필요로 하는 집단과 필요로 하지 않는 집단이라는 극단적으로 다른 두 집단을 구별할 수 있다고 보여주는 것이, 치료집단이 치료 후 어느 정도 개선되었음을 측정도구가 나타낼 수 있다는 것을 의미하지는 않는다. 따라서 치료의 진전을 측정하는 측정도구를 선택할 때 민감도와 측정도구의 알려진 집단 타당도가 연구자가 발견할 것으로 기대하는 차이보다 더 극단적인 차이를 보이는 집단에 기초한 것인지 여부에 대해 유의할 필요가 있다.

기준 타당도의 개념이 약간 교묘할 수 있다는 점을 인식하면서 기준 타당도에 대한 이해를 검증하고자 할 수 있다. 우선, 다음의 각 태도 측면의 특질을 확증하기 위해 사용할 수 있는 행동에 대해 생각할 수 있다.

매우 종교적이다.
동성애자의 결혼할 권리를 지지한다.
세계 온난화를 우려한다.

이제 사회복지 학생들이나 실천가들에게 아래 개념구성체를 측정하는 측도의 동시 타당도와 예측 타당도를 평가할 방법을 당신이 생각해낼 수 있는지 살펴보자.

증거기반 실천에 대한 태도
사회정의의 개선을 옹호하기 위한 사회행동에 참여하려는 의지

1 백인우월주의자 - 옮긴이

마지막으로 노인들의 절망감과 자포자기를 측정하려는 측정도구의 알려진 집단 타당도를 평가하려 한다고 가정해보자. 어떻게 그렇게 할 것인가? 그 접근이 극단적으로 연약한 요양원 생활자의 절망감과 자포자기의 미묘한 개선을 측정하는 과정에서 측정도구의 잠재적인 민감도에 대해 무엇을 함의할 것인가?

개념구성체 타당도

기준 관련 타당도의 쟁점에 편해졌다고 가정하면서 더욱 복잡한 형태의 타당도인 **개념구성체 타당도**(construct validity)로 넘어가 보자. 이 형태는 이론적 관계 체계 안에서 측도가 다른 변수들과 관계하는 방식에 기초한 것이다. 예를 들어, '결혼만족'(그 원인과 결과) 연구에 관심이 있다고 가정해보자. 연구의 일부로 결혼만족 측도를 개발하고, 그 측도의 타당도를 평가해보려고 한다. 측도 개발에 덧붙여 결혼만족이 다른 변수들과의 관계 속에서 '행동'하는 방식에 대해 특정한 이론적 예측을 발전시켜왔을 것이다. 예를 들어, 가정폭력은 결혼만족의 수준이 낮을 때 더 많이 발생할 것이라고 결론을 내렸을 수 있다. 만약 결혼만족 측도가 예측된 방식으로 가정폭력과 관련이 있으면, 그것이 그 측도의 개념구성체 타당도의 증거가 된다. 그러나 만약 '만족스러운' 부부와 '불만족한' 부부가 똑같이 가정폭력에 관여할 가능성이 있다면 그것은 척도의 타당도에 이의를 제기하는 것이다.

측도가 이론적 예측에 들어맞는지 여부를 검증하는 것 외에도, 개념구성체 타당도는 그 측도가 수렴 타당도와 판별 타당도 둘 다를 갖는지에 대한 평가를 포함할 수 있다.

측도의 결과가 동일한 개념구성체를 측정하는 다른 방법과 일치할 때 그 측도는 **수렴 타당도**(convergent validity)를 갖는다. 그러므로 임상실천가에 의해 결혼만족도가 낮은 것으로 알려진 클라이언트가, 결혼만족도가 높은 것으로 알려진 클라이언트에 비해 결혼만족 척도에서 더 낮은 점수를 얻는 경향이 있으면, 그 척도는 수렴 타당도를 갖는다.

측도의 결과가 동일한 개념구성체를 측정하는 다른 측도와 일치하는 만큼 별개의 개념구성체에 대한 측도와 크게 일치하지 않을 때 측도는 **판별 타당도**(discriminant validity)를 갖는다. 예를 들어, 우울증이나 자존감에 대한 측도의 결과가 결혼만족도 척도의 결과보다 만족스러운 결혼생활을 하는 클라이언트와 그렇지 못한 클라이언트에 대한 임상실천가의 평가에 더 가깝게 일치한다고 가정해보자. 그러면 그 척도는 비록 수렴 타당도가 입증되었다 해도, 개념구성체 타당도를 갖지는 못한 것이다. 여기서의 요지는 만약 해당 척도가 결혼만족이라는 개념구성체를 정말로 측정하고 있었다면, 그 척도는 개념적으로 별개인 개념에 대한 측도보다 결혼만족에 대한 다른 측도와 더 일치해야 한다는 것이다. 마찬가지로 만약 척도가 정말로 결혼만족을 측정하고 있다면, 그 척도는 결혼만족 측도보다 자존감이나 우울증에 대한 측도와 더 일치하지 않아야 한다.

결혼만족을 측정하려는 척도가 결혼만족에 관한 또 다른 측도와 일치하더라도 실제로는 결혼만족이라는 개념구성체의 매우 좋은 측도가 아닐 가능성도 있다. 예를 들어, 자존감이 낮거나 우울증이 있는 사람들은 다른 사람들보다 결혼에 덜 만족할 가능성이 있다고 가정하면, 결혼만족보다는 우울증 또는 자존감과 실제로 더 관계가 있는 척도라도 여전히 결혼만족 측도와 일치할 것이다. 판별 타당도를 평가하는 과정은 그 가능성을 점검하며, 따라서 문제가 되고 있는 개념구성체와 우연히 관련된 어떤 다른 개념구성체가 아니라 어떤 측도가 측정하려는 개념구성체를 실제로 측정하는지 여부를 결정하도록 해준다.

개념구성체 타당도에 관한 또 다른 가설적인 예를 고찰해보자. '매 맞는 여성 증후군'이라고 부르는 개념구성체를 개념화하고 그것을 측정하기 위한 척도를 개발했다고 가정해보자. 더 나아가 비록 연구자가 알지 못했지만, 모두 우울증과 자존감과 많은 관련이 있는, 여성들이 얼마나 자주 슬프고 희망을 잃고 무기력하고 더 나은 삶을 누릴 자격이 없다고 느끼는지와 같은 문항들을 포함했다고 가정해보자.

그 척도를 매 맞는 여성을 위한 쉼터에서 거주하는 여

성과 매 맞은 전력이 없다고 보고한 여성에게 실시했더니 예측한 대로 두 집단의 점수가 다르게 나왔다. 그래서 척도의 기준 관련 타당도를 확립했다. 그 다음에 매 맞는 여성을 위한 프로그램에서 장기간의 집중개입을 받기 전과 그 후에 그 척도를 매 맞는 여성에게 실시했고, 예측한 대로 여성들의 척도 점수가 나아진 것을 발견했다. 이 결과로 그 척도의 개념구성체 타당도는 이론에 근거한다는 자신감을 주었다.

그러나 이 시점에서 우울증과 낮은 자존감이 매 맞는 여성 증후군의 개념화 중 큰 부분임을 깨달았다. 척도에서 더 높은 점수를 받는 것이 매 맞는 여성 증후군을 극복한 것과 관련되기보다는 더 낮은 우울증 또는 더 높은 자존감과 더 많이 관련된 것이 아닌지 여부를 궁금해하기 시작했다. 그래서 척도의 판별 타당도를 검증해보기로 했다. 연구자는 같은 연구를 반복했는데, 하지만 이번에는 우울증에 관한 가장 좋은 척도와 자존감에 관한 가장 좋은 척도를 그 여성들에게 작성하도록 했다. 연구결과에 따르면 매 맞는 여성들은 치료 후 연구자의 척도상에서 향상된 것보다 가장 좋은 척도들에서 더 많이 향상되었음을 보여주었다. 그리고 매 맞는 여성과 매 맞은 전력이 없는 여성 간의 차이는 연구자의 척도보다 가장 좋은 우울증 척도와 자존감 척도에서 더 크게 나타났다. 이에 더해 연구자의 척도상에서 나타난 점수는 매 맞는 것 또는 치료와 관련된 여성의 상태보다는 우울증과 자존감에 대한 척도와 더 크게 일치한다는 사실을 발견했다. 이에 비춰 비록 연구자의 척도가 기준 관련 타당도가 있다고 하더라도, 연구자의 척도는 매 맞는 여성 증후군에 대한 개념화를 측정하기보다 자존감이나 우울증 같은 개념구성체의 측정과 더 관련이 있다고 적절하게 결론을 내렸다. 따라서 연구자의 척도는 개념구성체 타당도가 부족했다.

요인 타당도

사회복지 조사연구를 보고하는 논문들에서 만날 가능성이 높은 타당도의 유형을 **요인 타당도**(factorial validity)라고 부른다. 이 유형의 타당도는 지금까지 논의해온 유형보다 통계적으로 더 복잡하지만, 요인 타당도가 무엇을 의미하는지 이해하기 위해 통계학을 완전히 이해할 필요는 없다. 요인 타당도는 한 척도가 얼마나 많은 다른 개념구성체를 측정하는지, 그리고 개념구성체의 수와 그 개념구성체들을 구성하는 항목은 연구자가 의도하는 것들인지를 말하는 것이다.

학대받은 아동들의 정신적 외상에 대한 심각도를 측정하기 위한 척도를 개발한다고 가정해보자. 단순하게 하기 위해 연구자가 다음의 세 가지 개념구성체 각각에 대한 하위점수뿐만 아니라 전체 증상의 심각도 점수를 포함하는 척도를 의도한다고 가정해보자. (1) 증상의 내재화(우울증, 주춤거림, 근심 등), (2) 증상의 외재화(반사회적 행동 등), (3) 신체증상(소화불량, 두통 등). 요인 타당도를 논의할 때 하위점수 개념구성체는 가장 일반적으로 요인 또는 차원이라고 한다.

연구자의 척도가 세 가지 요인을 각각 측정하기 위해 고안된 5개 항목의 세 가지 모음으로 총 15개 항목을 포함한다고 가정해보자. 척도의 요인 타당도를 평가하기 위해 **요인분석**(factor analysis)이라는 통계과정을 사용할 것이다. 요인분석의 결과는 항목들의 어느 하위모음이 다른 하위모음보다 서로가 더 강한 상관관계가 있는지를 나타낸다. 각 하위모음은 요인 또는 차원을 구성한다. 요인분석이 세 가지 요인 대신에 여섯 가지 요인이 있다는 것을 보여준다고 가정해보자. 또는 세 가지 요인이 있고, 그 세 가지 요인을 구성하는 항목들이 서로 가장 높은 상관관계를 보일 것으로 의도했던 항목들에 가까이 가지도 않는다고 가정해보자. 어떤 경우든 연구자의 척도는 요인 타당도가 부족한 것이다. 반대로 연구결과 세 가지 요인이 있고, 각 요인을 구성하는 항목들이 대부분 서로 가장 높은 상관관계를 보일 것으로 의도했던 항목들이라면, 연구자의 척도는 요인 타당도가 있다고 할 것이다.

척도는 요인 타당도가 있기 위해 다차원일 필요는 없다. 즉, 여러 요인을 측정하는 하위점수를 포함할 필요가 없다. 연구자가 단일 차원의 척도를 의도할 수도 있다.

즉, 하나의 전체적인 개념구성체를 측정하는 단 하나의 전체 점수를 포함하도록 의도한다는 것이다. 만약 척도를 단일 차원으로 의도한다면 요인분석의 결과는 단 하나의 요인만을 드러내고, 그러면 척도는 요인 타당도를 갖는다.

짐작했을 테지만 요인 타당도는 개념구성체 타당도와 유사하다. 사실 일부 연구자는 요인 타당도를 개념구성체 타당도를 묘사하는 또 다른 방법으로 여긴다. 이 점을 예시하기 위해 '알파계수의 가설적 예'라는 제목의 글상자를 다시 살펴보자. 이 글에서 가설적인 척도는 슬픔, 울음, 불행, 불면이라는 네 가지 항목으로 우울증의 단일 차원 측도가 될 것으로 의도했다. 요인분석이 그 척도가 실제로 단일 차원임을 확인하게 될 가능성이 높다. 그러나 다음 네 가지 추가 항목으로 구성되어 있다고 가정해 보자.

"나는 신뢰가 부족하다."
"나는 나 자신이 싫다."
"나는 내 외모를 좋아하지 않는다."
"다른 아이들은 나보다 더 똑똑하다."

비록 우울증이 있는 아이들이 우울증이 없는 아이들보다 자존감이 낮다고 하더라도 네 가지 추가 항목이 우울증보다는 자존감과 더 관련이 있는 것처럼 보인다는 점에 주목하자. 요인분석은 그 네 가지 항목이 처음 네 가지 항목보다 서로 더 강한 상관관계를 가짐을 보여줄 것이다. 이와 같이 요인분석은 의도했던 것처럼 우울증의 단일 차원 측도가 아니라 항목의 절반이 우울증을 측정하고 있으며, 나머지 절반은 다른 개념구성체를 측정하고 있는 다차원의 척도임을 보여줄 수 있다. 절반의 항목이 우울증이 아닌 다른 개념구성체를 측정하고 있다는 사실은 그 척도가 우울증의 단일 차원 측도로서 요인 타당도는 부족하며, 동일한 이유로 그 척도가 의도했던 개념구성체를 측정하는 것만큼 다른(관련되어 있다고 하더라도) 개념구성체를 측정하는 것처럼 보인다는 점에서 개념구성체 타당도가 부족하다는 것을 시사한다.

학생들은 종종 여러 타당도 유형 간의 이런 차이에 약간 압도당하는 느낌을 받는다. 요인 타당도를 더 잘 이해하고, 요인 타당도와 개념구성체 타당도의 유사성을 더 잘 이해하기 위해 그림 9-1을 공부하도록 권한다. 이 그림은 또한 지금까지 논의해온 다른 유형의 타당도도 예시한다. 또한 다음의 현실적인 예시가 도움이 된다는 사실도 알게 될 것이다. 이 그림은 신뢰도와 타당도의 평가를 더 명확하게 하기 위한 것이다.

사회복지 분야에서 신뢰도와 타당도가 높은 척도의 실례: 임상측정 패키지

1970년대 중반 월터 허드슨Walter Hudson과 그의 동료들은 임상사회복지사들이 클라이언트 문제를 평가하고, 치료의 진전을 점검하고 평가하는 데 반복적으로 사용하도록 고안된 9가지의 짧고 표준화된 척도 패키지를 개발하고 검증하기 시작했다. 9가지의 척도는 전체적으로 임상측정 패키지(Clinical Measurement Package)라고 한다(Hudson, 1982). 각 척도는 최소한 .90의 검사-재검사 신뢰도와 내적 일관성 신뢰도를 갖는 것으로 나타났는데, 이는 상당히 높은 것이다. 각 척도는 또한 타당도가 있다고 보고되었다.

비록 각 척도가 다른 개념구성체를 측정한다고 할지라도, 9가지 척도는 형식 면에서 비슷하다. 각 척도에는 어떤 것에 관해 클라이언트가 어떻게 느끼는지 묻는 25개의 문장이 나열되어 있고, 클라이언트는 얼마나 자주 그렇게 느끼는지 나타내기 위해 각 문장 옆에 1에서 5까지 중 한 번호를 적는다. 25개의 응답은 척도상에서 클라이언트의 총점을 얻기 위해(긍정적으로 표현이 된 문항에는 거꾸로 점수를 매김) 합한다(점수가 높을수록 측정하는 개념구성체의 문제가 더 크다). 9가지 척도가 측정하고자 고안된 9가지의 개념구성체는 (1) 우울증, (2) 자존감, (3) 부부간 불화, (4) 성적 불화, (5) 아이에 대한 부모의 태도, (6) 아버지에 대한 아이의 태도, (7) 어머니에 대한 아이의 태도, (8) 가족 내부의 스트레스, (9) 또래관계다.

액면 타당도

도크 우울증 척도

	강하게 동의한다				강하게 동의하지 않는다
1. 나는 슬프다.	5	4	3	2	1
2. 나는 많이 운다.	5	4	3	2	1
3. 나는 걱정을 많이 한다.	5	4	3	2	1
4. 나는 불안하다.	5	4	3	2	1
5. 나는 자신감이 부족하다.	5	4	3	2	1
6. 나는 나 자신을 싫어한다.	5	4	3	2	1

척도 개발자 도널드 도크 박사는 '흠, 액면상으로는 내 척도가 확실히 우울증을 측정하고 있는 것으로 보이는군'이라고 생각한다.

내용 타당도

우울증에 대한 전문가 집단이 도크 박사의 여섯 가지 항목 척도를 검토하고, 박사에게 "우울증의 추가적 지표에 대한 더 많은 항목이 필요하다고 생각한다. 아직 우울증의 전체 영역을 다루지 않고 있다. 실제로 우울증에 대한 내용만큼 근심과 자존감에 대한 내용도 많은 것처럼 보인다."라고 말했다.

기준 타당도(알려진 집단)

우울증 치료를 받는 사람들이 도크 우울증 척도에서 더 높은(나쁜) 점수를 받는다.

개인별 총 척도 점수:

22 21 19 18

집단 평균 점수: 20

우울증 치료를 받지 않는 사람들이 도크 우울증 척도에서 더 낮은(좋은) 점수를 받는다.

개인별 총 척도 점수:

12 11 9 8

집단 평균 점수: 10

내용 타당도에 대한 전문가의 환류를 무시하고 도크 박사는 자신의 척도를 알려진 두 집단에 실시한다. 그 결과는 그의 척도가 아마도 실제로 우울증을 측정하고 있다고 사기를 북돋운다. 도크 박사는 그 결과를 출간한다.

개념구성체 타당도

루빈 박사와 바비 박사는 도크 박사의 연구를 읽고, 기준 타당도의 결과에 대해 감동받지 않았다. 우울증, 근심, 자존감의 개념구성체들이 일부 겹치는 지표들을 공유하고 있다는 이유로, 두 박사는 도크의 결과가 그런 겹치는 지표들에 기인한 것인지, 그리고 결과적으로 도크 척도가 근심과 자존감이라는 관련된 개념구성체를 측정하기보다 실제로 우울증이라는 개념구성체를 측정하는지 질문했다. 그들은 이를 확인하기 위해 대규모 사회복지 서비스 수혜자들에게 우울증, 근심, 자존감을 측정하는 다른 기준 척도와 함께 도크

그림 9-1 가설적인 척도를 예시로 한 타당도의 유형

의 척도를 실시했다. 첫 번째 분석에서 그들은 도크 척도의 **요인 타당도**를 분석했으며, 단 한 가지 요인(우울증)만을 포함하는 대신 세 가지 요인, 즉 우울증, 근심, 자존감을 포함한다는 것을 알았다. 항목 1과 2는 우울증 요인을 구성했다. 항목 3과 4는 근심 요인을 구성했다. 그리고 항목 5와 6은 자존감 요인을 구성했다. 이러한 요인들은 상관관계 행렬에서 명백하고, 요인분석의 결과는 다음과 같다(항목들의 표현에서도 알 수 있는 것처럼).

요인 타당도?

	항목 간 상관관계 행렬						요인 적재		
	항목 1	항목 2	항목 3	항목 4	항목 5	항목 6	요인 1 우울증	요인 2 근심	요인 3 자존감
항목 1	1.0						.7	.2	.2
항목 2	.6	1.0					.7	.2	.2
항목 3	.2	.2	1.0				.2	.7	.2
항목 4	.2	.2	.6	1.0			.2	.7	.2
항목 5	.2	.2	.2	.2	1.0		.2	.2	.7
항목 6	.2	.2	.2	.2	.6	1.0	.2	.2	.7

다음 분석에서 루빈과 바비는 도크 척도의 총점과 다른 척도의 총점 간의 상관관계를 살펴봄으로써 도크 척도의 수렴 타당도와 판별 타당도를 평가했다. 아래에 나타난 결과는 그 상관관계가 우울증을 측정하는 기존의 척도(r = .40)보다 근심을 측정하는 척도(r = .50)와 자존감을 측정하는 척도(r = .50)와 상관관계가 더 높기 때문에 도크 척도가 수렴 타당도는 있지만 판별 타당도가 부족함을 보여준다. 출간된 논문에서 그들은 우울증을 진단하기 위해 도크의 척도를 사용하지 않도록 주의를 주었다. 그리고 도크의 척도에서 높은 점수는 우울증의 진단을 나타내는 것만큼 적어도 근심 또는 자존감의 문제를 나타내는 것으로 보인다고 주의를 주었다. 이와 연계해 그들은 비록 우울증이 있는 사람들이 대부분의 다른 사람들보다 더 근심이 많고 자존감이 떨어진다고 하더라도 도크 척도의 항목 3과 4는 우울증보다는 근심과 더 관련이 있으며, 도크 척도의 항목 5와 6은 자존감과 더 관련이 있는 것처럼 보인다는 사실에 주목했다. 루빈과 바비는 요인분석의 결과와 판별 타당도 결과에 비춰 도크 척도는 개념구성체 타당도가 부족하다고 결론을 내렸다. 그 척도는 다른 관련된 개념구성체를 측정하는 것보다 우울증이라는 개념구성체를 실제로 더 측정하고 있지 않다는 것이다.

수렴 타당도?

도크 우울증 척도 ← r = .40 → 기존 우울증 척도

판별 타당도?

도크 우울증 척도 ← r = .50 → 기존 근심 척도
도크 우울증 척도 ← r = .50 → 기존 자존감 척도

그림 9-1 (계속)

전체 측정 패키지에 관한 논의에 대해서는 앞의 참고문헌을 참고한다(Hudson, 1982). 그러나 이 책의 목적을 위해 이 척도 중 한 척도의 특성과 그 척도의 신뢰도와 타당도를 실증적으로 평가하는 방법을 조사해보자. 조사할 척도는 어머니에 대한 아이의 태도(Child's Attitude Toward Mother, CAM) 척도인데, 이 척도의 신뢰도와 타당도는 기울리 Giuli와 허드슨 Hudson(1977)이 보고했다.

만약 이 척도를 사용하려고 고려한다면, 어떤 출처의 측정오류가 가장 걱정스러운가? 항목 중 일부는 긍정적으로 표현되어 있고, 다른 항목들은 부정적으로 표현되어 있기 때문에 순응적 반응양식에 관해서는 크게 걱정하지 않아도 된다는 사실에 주목하라. 그러나 사회적 바람직성 편견은 어떤가? 항목 13과 20을 보자. 자신의 어머니를 미워하거나 어머니에 대해 폭력성을 느끼는 아이가 그런 감정을 인정하겠는가? 척도 점수의 차이가 정말로 이런 감정의 차이를 측정할 것인가? 아니면 단지 사회적으로 바람직하지 않은 감정을 인정하는 아이들의 성향 차이를 측정할 것인가? 척도의 기준 관련 타당도를 평가함으로써 이런 질문들을 해결할 수 있으며, 기울리와 허드슨이 그렇게 한 방법도 곧 살펴볼 것이다.

날짜 ____________________

어머니에 대한 아이의 태도(CAM)

성명 ______________________________________

이 설문지는 어머니와의 관계에 대한 만족도를 측정하려고 고안된 것입니다. 이것은 시험이 아니므로 정답이나 오답이 없습니다. 각 항목 옆에 다음과 같이 번호를 써서 각 항목에 가능한 한 주의 깊고 정확하게 답해주십시오.

1. 거의 또는 전혀 그런 때가 없다
2. 아주 조금 그런 때가 있다
3. 약간 그런 때가 있다
4. 그런 때가 상당히 있다
5. 대부분 또는 항상 그러하다

시작해주십시오.

1. 엄마는 내 신경을 건드린다. ______________
2. 엄마와 잘 지낸다. ______________
3. 엄마를 정말로 신뢰할 수 있다고 느낀다. ______________
4. 엄마를 싫어한다. ______________
5. 엄마의 행동이 나를 당혹스럽게 만든다. ______________
6. 엄마는 요구가 지나치다. ______________
7. 다른 사람이 엄마였더라면 좋았을 텐데 생각한다. ______________
8. 엄마의 존재로 정말로 즐겁다. ______________
9. 엄마는 나를 너무 구속한다. ______________
10. 엄마는 내 활동들을 방해한다. ______________
11. 엄마는 나를 분개하게 만든다. ______________
12. 나는 엄마가 최고라고 생각한다. ______________
13. 엄마를 미워한다. ______________
14. 엄마는 나를 매우 참을성 있게 대한다. ______________
15. 나는 엄마를 정말로 좋아한다. ______________
16. 엄마와 같이 있는 것을 좋아한다. ______________
17. 나는 엄마를 사랑하지 않는다고 느낀다. ______________
18. 엄마가 너무 짜증 난다. ______________
19. 엄마에게 너무 화가 난다. ______________
20. 엄마에 대해 폭력적이 되는 느낌을 갖는다. ______________
21. 엄마를 자랑스럽게 여긴다. ______________
22. 엄마가 좀 더 내가 아는 다른 사람 같았으면 한다. ______________
23. 엄마는 나를 이해하지 못한다. ______________
24. 나는 엄마에게 전적으로 의지할 수 있다. ______________
25. 엄마가 수치스럽게 느껴진다. ______________

출처: W. W. 허드슨 Hudson, *The Clinical Measurement Package*, Chicago, Illinois, The Dorsey Press © 1982

그러나 이 척도의 타당도를 고찰해보기 전에 척도의 신뢰도는 어떤가? 이 척도는 무작위 오류에 얼마나 취약한가? 25가지 항목 각각에 1에서 5까지 한 숫자를 선택해야 하는 것이 아동들에게 너무 귀찮은 일인가? 항목 5의 '당혹스럽게 만든다'와 항목 6에서 '요구가 지나치다', 또는 항목 9의 '나를 너무 구속한다'처럼 아동들이 이해하지 못할 단어나 표현이 있는가? 만약 이 척도가 너무 귀찮거나 이해하기 어려우면, 이 척도는 너무 많은 무작위 오류를 담고 있으며, 그로 인해 측정에 일관성이 결여되고 따라서 신뢰도가 떨어진다는 것을 의미한다.

기울리와 허드슨은 664명의 고등학생에게 이 척도를 실시했다. 척도의 내적 일관성 신뢰도를 평가하기 위해 알파계수를 계산했는데, 이는 이 장의 앞에서 언급했듯이 모든 가능한 반분 신뢰도의 평균치다. 그들은 알파계수 .94라는 매우 높은 **내적 일관성 신뢰도**를 얻었다. 일정 시간에 걸쳐 이 척도의 안정성을 평가하기 위해 그들은 척도의 검사-재검사 신뢰도를 평가했다. 이는 대학원에서 심리통계 과목에 등록한 성인 표본을 대상으로 실시되었다. 학생들은 일주일 간격으로 척도를 두 번 작성했으며, **검사-재검사 신뢰도**는 .95로 매우 높았다.

이 척도의 기준 타당도를 평가하기 위해 그들은 664명의 고등학생에게 어머니와 문제가 있는지 표시하도록 요청했다. '예'라고 대답한 사람들은 49.9의 평균 CAM 점수를 보였다. 어머니와 문제가 없다고 응답한 사람들은 20.8의 평균 CAM 점수를 보였다. 기울리와 허드슨은 이 정도의 크고 유의미한 차이는 이 척도의 **기준 타당도**가 우수하다는 의미라고 해석했는데, 왜냐하면 이 척도가 어머니와의 문제를 인정하는 학생들과 그런 문제가 없다고 한 학생들을 너무 잘 구별하기 때문이다.

그러나 이 척도가 정말로 아동의 어머니에 대한 태도라는 개념구성체를 측정했을까? 아마도 이 척도는 실제로 부모와 문제를 갖고 있는 것과 관련되어 있는, 우울증이나 자존감의 수준 등을 측정하고 있었을지 모른다. 척도의 **개념구성체 타당도**를 평가하기 위해 664명 고등학생 모두에게 우울증과 자존감을 측정하는 척도(임상측정 패키지에서 추출한)도 실시했다. 그 다음 각 측도와 학생이 어머니와의 문제가 있다고 인정하는지 여부 간의 관계의 강도를 평가했다. 우울증 점수나 자존감 점수에 비해 CAM 점수가 훨씬 더 후자의 기준과 강하게 연관된 것으로 드러났다. 기울리와 허드슨은 이런 결과들이 CAM 척도의 개념구성체 타당도를 지지하는 것으로 결론지었다.

완벽하게 결점이 없는 사회조사 연구는 없다. 심지어 최선의 연구도 약간의 (아마도 불가피한) 제한점이 있다. 이는 다른 종류의 연구에서 그런 것처럼 신뢰도와 타당도를 평가한 연구에서도 마찬가지로 사실이다. 예를 들어, 기울리와 허드슨 연구의 가능한 제한점 몇 가지를 고찰해보자. 고등학교 연령 미만의 아동에게는 신뢰도를 평가하지 않았음에 주목하라. 그것에 대해 기울리와 허드슨을 비난할 수는 없다. 그들이 생각할 수 있는 모든 연령집단을 다 연구하리라 기대하는 것은 비현실적이다. 그러기 위한 자원을 찾기는 매우 어렵다. 그럼에도 동일한 정도의 높은 수준의 신뢰도가 초등학생, 특히 저학년 학생들에게 적용된다고 가정하는 것은 부적절하다. 아마 그 정도 어린 아동은 고등학생보다 측정도구가 훨씬 더 이해하기 어렵거나 귀찮다고 파악할 것이며, 이로 인해 측정도구에 대한 어린 아동들의 반응은 훨씬 덜 일관적일 것이다.

또한 어머니와 문제가 있는 학생을 그런 문제가 없는 학생과 구별하기 위해 기울리와 허드슨이 사용했던 논쟁이 될 만한 기준을 주목하자. CAM 척도 그 자체와 마찬가지로 그 기준은 사회적 바람직성 편견에 취약했는데, 왜냐하면 그 기준은 학생들이 어머니와 문제가 있다고 인정하는 학생들의 의지에 의존했기 때문이다. 사회적 바람직성 편견으로 인해 CAM 척도에서 어머니와의 문제를 인정하지 않으려 했던 학생들은 같은 편견 때문에 질문받았을 때 일반적인 의미에서 문제가 있음을 인정하지 않으려 할 것으로 생각할 수 있다. 만약 그렇다면 실제로 측정되고 있는 개념구성체는 자신의 어머니에 대한 실질적 태도보다 사회적으로 바람직하지 않은 태도를 인정하려는 의지와 더 관련이 있을 수 있다. 해당 개념구성체의 기준 측도를 선택할 때, 그 기준은 단지 연구자가 타당도를 평가하고 있는 동일한 측도와 유사한 양식이 아니라 그 개념구성체의 **독립적인** 측도인 것이 가장 중요하다. 만약 그렇지 않으면(즉, 해당 측도처럼 그 기준이 같은 편견에 같은 방식으로 취약해 보이면) 실제로 타당도를 측정하는 대신 유사양식 신뢰도를 측정하고 있는 것이다.

기울리와 허드슨은 이 문제를 인식했고, 그래서 CAM 척도의 타당도에 대한 더 자세한 평가를 실시했다. 이번에는 척도의 **알려진 집단 타당도**를 평가했다. 이를 위해 그들은 여러 가지 문제로 치료를 받고 있던 38명의 아동으로 구성된 표본을 구한 후 아동들을 두 집단으로 나누었다. 자기 어머니와 행동적으로 드러난 문제를 가진 것이 치료사에게 알려진 아동과 그런 문제가 입증될 수 없었던 아동이었다. 첫 번째 집단의 평균 CAM 점수는 54.82였고, 후자 집단의 평균 CAM 점수는 14.73이었다. 치료사의 관찰은 CAM 척도처럼 동일한 편견에 취약하지 않았기 때문에 CAM 점수의 크고 유의미한 차이는 CAM 척도의 타당도를 주장하는, 즉 CAM 점수는 단지 그런 태도를 인정하려는 한 개인의 의지와 관련 있는 어떤 체계적 편견이 아니라 실제로 태도를 측정한다고 주장하는 더 강한 근거를 제공했다.

신뢰도와 타당도의 관계

앞에서 언급했듯이 비록 측도가 신뢰도를 갖는다는 것이 바람직하다 하더라도, 측도의 신뢰도가 측도가 타당도를 가졌다고 보증하지는 않는다. 아이를 계속 키우는 전제 조건으로 법원이 가족치료사에게 학대하는 어머니와 아버지를 의뢰했다고 가정해보자. 그들은 비자발적 클라이언트여서 치료사에게 학대 행동을 시인하기를 꺼릴 수 있는데, 그렇게 인정하면 자녀양육권을 유지하지 못하게 될 거라는 걱정 때문이다. 비록 아이를 계속 학대하고 있더라도, 그들은 치료사가 그에 대해 물어볼 때마다 부인할 것이다. 그러므로 치료사는 대단히 신뢰도가 높은(즉, 일관적인) 자료를 얻게 될 것이다. 아무리 여러 번, 여러 방식으로 치료사가 학대 행동에 관해 질문했다 해도 응답은 항상 같을 것이다.

그러나 그 자료는 타당도가 높지는 않을 것이다. 즉, 그 응답은 해당 개념구성체(발생하고 있는 아동학대의 양)를 실제로 측정하지 않는다. 그 대신에 실제로 측정되고 있었던 것은 사회적으로 바람직하지 않은 인상을 치료사에게 전달하지 않으려는 부모의 거리낌이다.

그림 9-2는 타당도와 신뢰도의 차이를 그림으로 묘사한 것이다. 만약 측정을 과녁의 중심점을 맞히는 것과 유사하다고 생각한다면, 신뢰도는 어느 곳이든 상관없이 '촘촘한 경향'처럼 보이는데, 왜냐하면 신뢰도는 일관성의 작용이기 때문이다. 이에 반해 타당도는 과녁 중심 주변에 모인 점들의 작용이다. 이 그림에서 신뢰도의 실패는 무작위 오류로 여겨질 수 있는 반면에 타당도의 실패는 체계적 오류로 여겨질 수 있다. 신뢰도가 낮거나 타당도가 낮은 척도는 쓸모가 없을 가능성이 높다는 점에 유의하라. 또한 신뢰도가 없이 타당도가 있을 수 없다는 점도 유의하라.

신뢰도 기준과 타당도 기준 사이에는 종종 어떤 긴장이 존재한다. 종종 둘 사이의 타협을 위해 교환에 직면

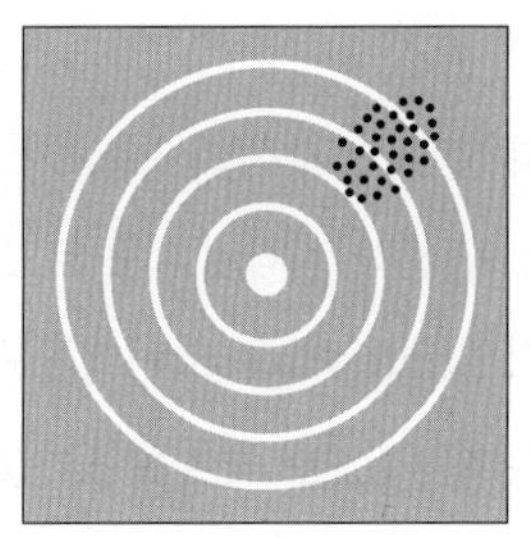
신뢰도가 있으나 타당도는 없음

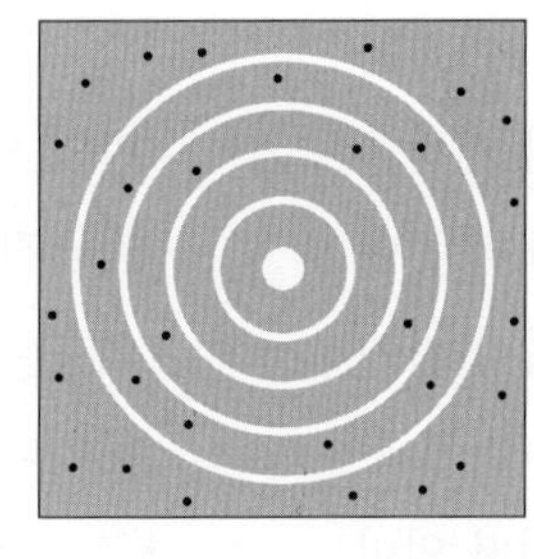
신뢰도와 타당도가 모두 없음

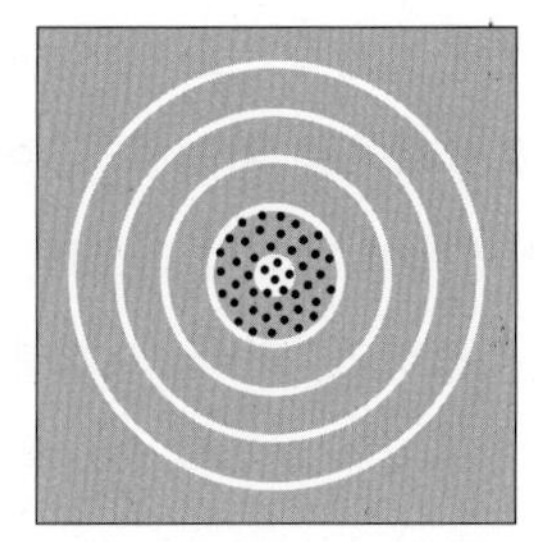
타당도와 신뢰도가 모두 있음

그림 9-2 타당도와 신뢰도에 대한 유추

해 있는 것처럼 보인다. 잠시 각기 다른 일터에서 사기를 측정하는 앞의 예를 기억해보면, 그 기관의 의례적인 일상에 빠져 들어가 진행되는 것을 관찰하고 사회복지사와 이야기하는 전략이 이직의 횟수를 세는 것보다 사기에 대한 더 타당한 측도를 제공하는 것처럼 보인다. 이직 숫자를 세기보다는 그런 방식으로 사기가 높았는지 혹은 낮았는지에 대해 더 명확한 감을 얻을 수 있음은 그냥 명백하다.

그러나 세는 전략이 더 신뢰도가 있다. 이 상황은 연구 측정에서 좀 더 일반적인 긴장을 반영한다. 우리가 연구하려는 참으로 흥미로운 대다수의 개념은 많은 미묘한 뉘앙스가 있다. 그래서 그것이 무엇을 의미하는지 정확하게 상세히 설명하기가 어렵다. 연구자는 때로 그런 개념이 '의미의 풍요로움'을 가졌다고 말한다. 우울증, 자존감, 사회적 지지 등의 주제를 다룬 수많은 책과 논문이 나왔는데, 여전히 그런 개념들의 흥미로운 측면들을 다 논하지 못하고 있다.

그럼에도 과학은 신뢰도 있는 측정을 끌어내기 위해 구체적일 필요가 있다. 그래서 신뢰도가 있는 조작적 정의와 측정에 대한 상세한 설명은 그런 개념으로부터 풍요로운 의미를 빼앗는 것처럼 보일 때가 많다. 예를 들어 사기는 이직의 결여보다 훨씬 더 많은 의미를 갖고 있으며, 우울증은 우울증 척도의 5가지 항목보다 훨씬 더 많은 의미가 있다.

신뢰도가 있으면서 여전히 개념의 풍요로운 의미를 끌어낼 수 있는 측도를 개발하는 것은 사회조사 연구자에게 계속되는 불가피한 딜레마인데, 사전에 경고를 받음으로써 딜레마에 대해 효과적으로 대비하게 될 것이다. 딜레마에 대비하고 딜레마를 처리하라. 어떻게 개념을 측정하는가에 대한 명백한 합의가 없으면, 그 개념을 여러 가지 방식으로 측정하라. 만약 그 개념이 여러 가지 차원을 가졌으면, 여러 차원 모두를 측정하라. 그리고 무엇보다도 그 개념은 우리가 부여하는 것 외의 어떤 의미도 갖지 않는다는 점을 기억하라. 어떤 개념에 특정한 의미를 부여하는 경우에 대한 유일한 정당화는 유용성이다. 우리 주변 세상을 이해하게 돕는 방식으로 개념을 측정하라.

질적 연구조사의 신뢰도와 타당도

무엇이 실재인지를 결정하는 데 합의에 의존한다는 사실을 상기시킴으로써 타당도에 대한 설명을 시작했으며, 사회과학자들이 타당도가 있는 측정을 했음을 자신들 사이에서 동의할 수 있는 몇 가지 방법을 살펴봤다. 타당도를 보는 또 다른 방법이 있다.

누가 무엇이 타당도가 있다고 결정하는가?

사회조사 연구자는 자신이 연구하는 대상자보다 약간 더 우월하다는 암묵적 가정을 갖고 있는 데 대해 스스로 또는 서로를 비판하곤 한다. 실제로 우리는 종종 사회적 행위자들이 스스로 인식하지 못하는 동기를 밝히려고 한다. 당신은 BurpoBlaster의 고성능과 멋진 외관 때문에 새것을 샀다고 생각하지만, 실제로는 자기 자신의 더 높은 사회적 지위를 확립하기 위해 시도한다는 사실을 우리는 알고 있다.

이런 우월성의 암시적 의미가 총체적으로 실증주의적 접근과 편안하게 맞아들어 가지만(생물학자들은 실험실 탁자 위의 개구리보다 더 우월하게 느낀다), 많은 사회과학자가 취하는 좀 더 인간적이고, 전형적으로 질적인 접근과는 충돌한다. 그래서 예를 들어 실버만 Silverman (1993)은 심층면접의 맥락에서 다음과 같이 타당도에 대해 얘기한다.

> 만약 면접대상자가 자신의 인지적 세계의 특성을 적극적으로 구성하는 대상자들로 보이려면, 양측의 간주관적인(intersubjective) 깊이를 얻고자 시도해야 깊은 상호 이해를 획득할 수 있다(pp. 94-95).

민속방법론 학자들은 일반사람들이 자신의 세계를 개념화하고 이해하는 방법을 이해하고자 추구하면서 모든 사회과학자가 그런 자연스럽고 사회적인 과정을 더 많이 존중하도록 촉구해왔다. 최소한 과학자의 패러다임으로는 비이성적으로 보일 수 있는 행동을 행위자의 패러다임을 통해 본다면 논리감을 얻게 될 것이다.

궁극적으로 사회조사 연구자들은 우리가 연구하는 개념들의 가장 유용한 의미와 측정에 대한 합의의 원천으로 동료와 연구대상자 모두를 바라봐야 한다. 때로는 동료들이, 때로는 연구대상자들이 더 유용하다. 그러나 어느 쪽도 제외하지 말아야 한다. 이를 기억하고, 지금까지 신뢰도와 타당도에 대해 논의한 많은 부분이 명백하게 대부분 양적 조사연구에 적용된다는 점을 주목하면서, 이제 질적 조사연구에서 이러한 용어들의 사용에 더 주의를 기울여보자.

신뢰도와 타당도에 대한 질적 접근

비록 신뢰도와 타당도에 대한 많은 기본 논리가 질적 연구와 양적 연구에서 같다고 하더라도, 질적 연구자는 양적 연구자와 약간 다르게 쟁점에 접근할 수 있다. 그런 차이점이 무엇인지 살펴보자.

청소년 우울증에 관한 양적 연구에서 연구자는 청소년기 우울증의 정도를 평가하기 위해, 혹은 우울증 정도가 다른 변수와 관련이 있는지를 보기 위해 꽤 큰 청소년 표본에 표준화된 우울증 척도를 실시할 것으로 생각할 수 있다. 연구를 계획하거나 연구에 관해 읽을 때, 중요한 쟁점은 우울증 척도의 신뢰도와 타당도가 될 것이다. 그러나 심지어 가장 훌륭한 우울증 척도조차 100% 신뢰도와 타당도를 갖지는 않는다는 사실을 알고 있다. 가장 좋은 척도를 사용한다고 해도, 연구는 확률적 지식을 다룰 것이다. 즉, 구체적인 점수는 청소년이 우울증을 갖고 있을 확률이 더 높거나 낮음을 나타낼 것이다. 훌륭한 임상 척도는 청소년이 우울증이 있는지 없는지를 묘사하면서 90% 정도 정확할 것이며, 얼마나 자주 그 척도가 정확한지, 얼마나 자주 그 척도가 틀렸는지 아는 것이 중요하다. 그러나 각 청소년에 관해 우리가 알고 있는 것이 척도 점수로부터 얻은 양적 자료뿐이라면, 어떤 청소년이 정확하게 설명되고 있으며, 어떤 청소년이 부정확하게 묘사되고 있는 10% 안에 들어 있는지 모를 것이다.

청소년 우울증에 관한 질적 연구에서 연구자는 표준화된 측정도구에 의존하지 않는다. 연구자는 훨씬 더 적은 청소년 표본을 연구하고 그들 한 사람 한 사람과 그들 주변 사람에 대한 매우 광범위하고 다양한 직접 관찰과 심층 면접을 실시할 가능성이 훨씬 더 높다. 아마 청소년 우울증이 한 가족에 미치는 영향에 대한 전기적 사례연구로 범위가 한정될 수 있을 것이다. 또는 몇 가족이 표본에 포함될 수도 있다. 어느 경우든 독자가 우울증의 존재를 의심하지 않거나, 단순히 관찰된 현상에 이름을 붙이기 위해 어떤 개념구성체가 사용되었는지 상관하지 않을 만큼 충분히 상세하게 연구대상자의 일상의 삶을 연구자가 기술하기에 충분히 적은 규모의 표본이 될 것이다.

질적 보고서에서 사춘기에 들어선 후 학업과 사회 기능이 점차 떨어지기 시작한 청소년기 여학생을 묘사했다고 가정해보자. 전에 학교에서 높은 성적을 받았던 그 여학생은 밤에는 계속 깨어 있고, 낮에는 자면서, 학교 가기를 거부하기 시작했다. 학교에 갔던 날에는 집중할 수가 없었다. 성적은 가파르게 떨어지기 시작했다. 그 여학생은 가족과 친구로부터 자신을 고립시키고, 자신의 방에서 벗어나기를 거부하기 시작했다. 그 여학생은 미래에 대한 절망의 느낌과 자신의 외모, 지능, 호감, 존재가치에 대한 부정적인 생각을 표현하기 시작했다. 그 여학생은 더 이상 자신이 이전에 잘했던 것들을 할 에너지가 없고, 청결이나 단정과 관련된 기본적 일상과제를 소홀히 하기 시작했다. 매일 똑같은 검은색 옷을 입고 다른 어떤 색도 입기를 거부하기 시작했다. 가족이나 친구가 자신에게 접근할 때 그녀는 반응을 보이지 않거나 신경질을 부렸다. 약물남용의 흔적을 보이진 않았지만 약물이 기분을 낫게 만들지 않을까 하는 생각을 하기 시작했다. 그녀는 자살 생각을 하기 시작했고 손목을 긋기 시작했다. 망상이나 환각 같은 정신분열증 증세는 전혀 보이지 않았다.

좋은 질적 보고서는 독자들이 이 가족에게 부과된 부담뿐만 아니라 그 소녀의 우울증과 고뇌를 느끼면서 소녀와 그 가족의 입장에 있다는 느낌을 갖도록 만들 많은 분량의 상세한 관찰과 인용으로 가득 찬 형식으로 위에서 제시한 임상적 악화과정을 묘사할 것이다. 연구와 보고서의 세부 묘사는 너무 풍부해 그 소녀가 표준척도의 우울증 범위 내의 점수를 받지 않더라도 독자는 척도가 잘못된 10% 경우 중 하나라고 결론을 내릴 가능성이 높다. 독자는 기술된 현상이 우울증 규정 또는 어떤 다른 명칭에 가장 잘 들어맞는지 여부조차 상관하지 않을 것이다. 다른 대상에 일반화될 수 있는 현상의 명칭을 확인하는 대신, 연구는 독자에게 그 소녀와 가족이 싸우고 있던 상황, 다양한 가족구성원들이 그 상황을 경험하는 방식, 그 상황이 그들에게 주는 주관적 의미, 그리고 그들이 필요하다고 느꼈던 것에 관한 깊은 이해를 제공하는 데 더 맞춰져 있을 것이다.

다시 말해 질적 연구의 요점은 아주 깊고 상세하게 연구하고 설명하는 것이며, 그런 다양한 관점과 의미로부터 특정 측도가 측정하고자 했던 것을 실제로 측정하고 있는지 여부를 걱정할 필요가 더 적다는 것이다. 반면 양적 연구에서는 가설적 개념구성체가 많은 수의 사람에게 적용되는 정도를 알기 위해, 그리고 발견한 것을 더욱 많은 수의 사람에게 일반화하려는 목표로 아마 몇 분 안에 실시하는 하나의 지표 또는 몇 개의 지표에 크게 의존할 가능성이 높다. 그런 연구에서 우리가 사용하는 지표들의 신뢰도와 타당도를 평가하는 일은 중요하다. 따라서 질적 연구에서 신뢰도와 타당도의 역할에 관한 다른 관점을 취할 필요성을 받아들이는 동시에, 양적 연구에서 신뢰도와 타당도의 중요한 역할을 인식하는 것이 가능하다. 사실 심층 질적 측정의 타당도를 양적으로 평가하려는 시도조차 없이 관찰의 직접성, 깊이, 상세함이 양적 측정보다 더 나은 타당도를 질적 측정에 종종 제공한다고 주장할 수 있다.

그러나 신뢰도와 타당도의 개념이 질적 연구에서 역할이 없다고 얘기하는 것은 아니다. 질적 연구자는 자신의 연구에서 신뢰도와 타당도의 역할의 특성과 정도에 관해 의견이 다르며, 그들의 다른 의견은 그들의 인식론적 가정과 연결되어 있다. 한 극단에는 객관적 실재 또는 우리의 객관성을 개선하거나 평가하는 능력을 포스트모던 방식으로는 배제하지 않으면서 질적 연구를 수행하는 연구자가 있다. 이 연구자는 질적 연구에 보고된 증거를 정확하고 편견이 없다고 신뢰할 수 있는지 여부를 판단하는 다양한 기준을 사용한다. 그 방법 중 하나는 다원측정, 즉 앞에서 언급했던 것처럼 여러 측정대안을 이용하고, 그 측정대안들이 동일한 결과를 만들어내는 경향이 있는지 살펴보는 것이다. 예를 들어 연구자는 여러 면접자나 관찰자가 동일한 결과를 만드는지 살펴볼 수 있다. 심지어 양적 측도에서 나온 자료와 질적 해석을 비교할 수도 있다. 양적 자료가 질적 해석을 입증하는 정도로, 질적 내용은 더 믿을 수 있는(신뢰도가 높은) 것으로 여겨질 수 있다.

어떤 연구자는 실제로는 양적이지 않지만 신뢰도에 대한 양적 접근의 기저에 있는 논리를 닮은 기준에 따라 질적 해석의 신뢰도를 판단한다. 예를 들어 양적 연구의 관찰자 간 신뢰도와 유사한 것으로, 두 명의 독립적 평가자가 동일한 산더미 같은 필기로 된 질적 현장기록에서 동일한 해석에 도달하는지 여부를 평가할 수 있다. 이것을 양적 접근과 구분하는 것은 두 평가자 간의 일관성을 합의의 비율이나 상관관계 같은 양적 지표를 통해 계산하지 않는다는 점이다. 대신에 단지 두 평가자가 동일한 특정 지배적 해석에 도달했는가만 물을 것이다(일부 연구자들은 이것이 여전히 양적 지표라고 주장할 수 있다. 즉, 합의가 100% 아니면 0%이다). 내적 일관성 신뢰도와 유사하게 다른 자료 출처가 연구자의 관찰과 해석에 일관성 있게 부합하는지를 조사해볼 수 있다. 그러나 양적 신뢰도 계수를 계산하기보다 어떻게 전반적으로 다른 출처들이 질적 일치를 이루었는지를 예시하고자 할 것이다.

어떤 연구자는 좀 더 분명하게 질적인 특성의 신뢰도 지표를 사용한다. 예를 들어, 연구대상자에게 연구자의 관찰에 대한 정확성을 확인하도록 요청할 수도 있다. 또는 연구자의 해석이 사실처럼 들리고 참여자에게 의미가 있었는지를 참여자에게 질문할 수도 있다. 어떤 연구자는 연구보고서가 연구자의 해석에 부합하지 않는 다른 사례 또는 정보제공자의 자료를 찾는 것과 같이 반대증거를 철저히 조사했던 방법을 담고 있는지 여부에 따라 신뢰도를 판단한다. 또한 연구자는 관찰시간, 장소, 맥락을 충분히 다양화했는지, 다른 시간, 장소, 맥락에 걸쳐 행해진 관찰 간에 그 해석이 일관성 있게 부합하는지 여부를 질문할 수 있을 것이다.

제인 크로닉 Jane Kronick(1989)은 필기한 본문 내용의 질적인 해석의 타당도를 평가하기 위한 네 가지 기준을 제안했다. 첫째는 양적 연구의 내적 일관성 신뢰도와 유사하다. 즉, 본문 내용의 부분의 해석은 본문 내용의 다른 부분 또는 전체와 일치해야만 한다. 마찬가지로 '전개 중인 주장'은 '내적으로 일관적'이어야만 한다. 둘째로, 크로닉은 해석이 모든 증거를 고려해 완전한 것이어야만 한다고 제안했다. 세 번째 기준은 '확신'을 포함한다. 이는 해석이 본문 내용의 증거에 비춰볼 때 가장 설득력 있는 것이어야 함을 의미한다. 네 번째, 해석은 뜻이 통해야 한다. 해석은 본문이 말이 되게 해주고, 본문에 대한 이해를 넓힐 수 있어야 한다.

양적 연구처럼 신뢰도와 타당도에 대한 일부 질적 접근에는 한계가 내재되어 있다. 예를 들면 연구참여자가 자신을 묘사한 방식을 좋아하지 않거나, 연구자의 이론적 관점을 이해하지 못하거나, 혹은 사실이지만 대규모 자료에서만 드러나는 경향을 알지 못하기 때문에 연구자의 관찰 또는 해석의 정확성을 확증해주지 못할 수도 있다. 제2평가자는 제1평가자의 해석을 확증해주지 못할 수도 있는데, 왜냐하면 어떤 통찰력은 관찰이나 면접의 실행을 통해서만 얻을 수 있어서 필기 기록만으로는 드러나지 않기 때문이다.

일부 질적 연구자가 앞에 언급한 신뢰도와 타당도의 접근 유형 중 어느 유형을 사용하고 어떻게 사용하는가에 대해 이견을 갖는 동안에, 또 다른 질적 연구자는 객관성과 연결된 가정에 대해 포스트모던 방식의 인식론적 거부를 유지하면서 신뢰도와 타당도에 대한 개념 모두를 거부한다. 그리고 질적 연구자는 다른 연구자들이 신뢰도와 타당도라는 두 단어가 의미하는 것과 완전히 다른 식으로 신뢰도와 타당도를 정의한다. 때로 질적 연구자는 자신의 인식론적 가정을 공유하지 않는 연구자가 비과학적 혹은 심지어 반과학적이라고 생각하는 방식으로 신뢰도와 타당도를 정의한다. 예를 들어, 일부 연구자는 억압받거나 무력하게 보였던 특정 집단이 연구를 해방적이거나 역량을 강화하는 것으로 경험했다면 그 연구는 타당도가 높은 것으로 간주할 것이다. 따라서 타당도를 객관성과 정확성의 관점으로 정의하기보다는 연구결과가 어떤 정치적 또는 이념적 목적으로 적용될 수 있는지 여부에 따라 정의한다(Altheide & Johnson, 1994). 또 어떤 연구자는 타당도 기준으로 집필 형식을 지적한다. 만약 보고서가 사람들을 연구대상자의 세계로 매우 가깝게 끌어들여서 그들이 마치 연구대상자의 삶 속에 들어간 것처럼 느끼고, 자신이 읽은 내용이 자신의 이전 경험과 일치한다고 인식하고, 보고서가 내적으로 일관성 있고 그럴듯하다고 인식할 수 있는 방식으로 써졌다면 그 연구는 타당도가 있는 것으로 간주한다(Adler & Adler, 1994). 이와 관련해 일부 연구자는 포스트모던 질적 연구를 사회과학과 예술과 인문학 사이의 경계에 있는 것으로 묘사했다(Neuman, 1994). 실제로 한 질적 연구는 치매를 앓고 있는 친척을 보살피는 가족의 경험에 관한 통찰력을 발전시키기 위한 자료 출처로 소설과 희곡을 사용했다(England, 1994).

이 책에서 앞으로 신뢰도와 타당도란 용어는 주로 양적 의미로 사용되는데, 이 용어가 양적 연구에서 좀 더 일반적으로 사용되기 때문이다. 그러나 남은 장에서 질적 연구도 역시 논의할 것이고, 그 내용을 읽을 때 질적 연구에서 신뢰도와 타당도를 고려하는 독특한 방법에 유의하기를 바란다.

주요 내용

- 측정오류는 체계적이거나 무작위일 수 있다. 일반적인 체계적 오류는 사회적 바람직성 편견 및 문화적 편견과 관계가 있다. 무작위 오류는 일관성 있는 영향 유형을 갖지 않고, 측정을 일관성 없게 만들고, 측도를 이해하거나 실시하는 과정의 어려움에서 유래하기가 쉽다.
- 측정의 대안 형식에는 필답형 자기보고, 면접, 직접 행동관찰, 이용 가능한 기록의 검토가 있다. 각 방법은 측정오류에 취약하다.
- 어떤 측정 형식도 완전무결하지 않기 때문에 다원측정의 원칙을 적용하면서(즉, 동일한 정보를 수집하기 위해 여러 가지 조사방법을 사용함으로써) 여러 가지 불완전한 측정방법을 사용해, 여러 측정방법이 동일한 결과를 만들어내는 경향이 있는지 알아볼 수 있다.
- 신뢰도는 측도의 무작위 오류의 양 및 측정의 일관성과 관련되어 있다. 신뢰도는 측정이 반복되면 특정 측정절차가 특정 현상을 동일하게 서술할 가능성을 말한다. 예를 들어, 어떤 사람의 나이를 그 사람의 친구들에게 물어서 판단하기보다는 당사자에게 묻거나 출생신고서를 확인하는 편이 신뢰도가 더 높다.
- 신뢰도의 유형에는 관찰자 간 신뢰도 또는 평가자 간 신뢰도, 검사-재검사 신뢰도, 유사양식 신뢰도, 내적 일관성 신뢰도가 있다.
- 타당도는 측정에서 체계적 오류의 정도, 즉 특정 측정이 특정 개념에 대해 통상적으로 받아들이는 의미와 관련이 있는 자료를 제공하는 정도를 말한다. 타당도를 결정하는 많은 기준, 즉 **액면 타당도**, **내용 타당도**, **기준 관련 타당도**, **개념구성체 타당도**가 있다. 액면 타당도와 내용 타당도는 전문가 판단에 기초하는 반면, 기준 관련 타당도와 개념구성체 타당도는 실증적 유형의 타당도다.
- 기준 관련 타당도의 두 가지 하위 유형은 **예측 타당도**와 **동시 타당도**다. 두 하위 유형의 차이는 측도를 미래에 일어날 기준을 예측하는 능력 또는 동시적으로 알려진 기준에 대한 측도의 일치 정도에 따라 검증하는지 여부와 관련되어 있다.
- **알려진 집단 타당도**는 기준 관련 타당도의 또 다른 하위 유형이다. 이 타당도는 측정도구가 측정대상 변수에서 차이가 있는 알려진 집단들 사이를 정확하게 구별하는지 여부를 평가한다.
- 집단 간 미묘한 차이 또는 한 집단 내에서 일정 기간에 걸친 미묘한 변화를 찾아내는 능력은 측정도구의 **민감도**라고 한다.
- 개념구성체 타당도의 입증은 측도가 이론적 예측에 따라 다른 변수들과 관계를 갖는지 여부를 검증한다. 또한 이는 측도의 수렴 타당도와 판별 타당도에 대한 검증을 포함한다.
- 측도의 결과가 동일한 개념구성체를 측정하는 다른 방법의 결과와 일치할 때 측도는 **수렴 타당도**를 갖는다.
- 측도의 결과가 동일한 개념구성체의 다른 측도와 일치하는 것만큼 다른 개념구성체의 측도와 일치하지 않을 때, 측도의 결과가 대안 개념구성체의 측도보다 동일한 개념구성체의 다른 측도와 더 일치할 때 **판별 타당도**를 갖는다.
- **요인 타당도**는 한 척도가 몇 가지의 다른 개념구성체를 측정하는가를 말하며, 개념구성체의 수와 그 개념구성체를 구성하는 항목들이 연구자가 의도한 것인지 여부를 말한다.
- 구체적이고 신뢰도가 있는 측도의 개발은 종종 일반적인 개념이 갖고 있는 의미의 풍요로움을 감소시키는 것으로 보인다. 이 문제는 불가피한 것으로, 최선의 해결책은 그 개념의 다른 측면을 끌어내기 위해 여러 가지 측도를 사용하는 것이다.
- 측도의 신뢰도와 타당도를 평가하는 연구는 다른 유형의 연구와 마찬가지로 심각한 결함을 가질 수 있다. 궁극적으로 측도가 신뢰도 또는 타당도가 있다고 말하는 정도는 측도의 신뢰도 계수 또는 타당도 계수의 크기에만 달려 있는 것이 아니라 그 계수를 평가한 방

법의 방법론적 신뢰성에도 달려 있다. 예를 들어, 적절한 표본이 선택되었는가? 개념구성체의 기준은 평가대상인 측도와 확실히 독립되어 있고, 그 측도와 같은 오류 출처에 취약하지 않았는가?

◆ 신뢰도와 타당도는 양적 연구와 비교해 질적 연구에서 다르게 정의되고 다루어진다. 질적 연구자들은 신뢰도와 타당도에 대한 정의와 기준에 동의하지 않으며, 일부 연구자는 신뢰도와 타당도가 질적 연구에 전혀 적용될 수 없다고 주장한다. 이러한 이견은 실재와 개관성의 본질에 대해 다른 인식론적 가정과 연결되는 경향이 있다.

연습문제

1. 신문이나 잡지에서 타당도 또는 신뢰도가 낮은 측정의 예를 찾아보고, 자신의 선택을 정당화하라.
2. 노인사회복지사가 생활사 회상 개입이 병약한 요양시설 거주자의 우울증 수준을 개선하는지 여부를 개입 전과 후에 우울증 측도를 실시함으로써 평가한다고 가정해보자. 그 측도가 병약한 요양시설 거주자의 우울증에 대한 점수와 독립적으로 살고 있는 건강한 노인의 점수를 비교해 타당도가 있다고 가정해보자.
   a. 어떤 유형(하위 유형)의 타당도를 평가했는가?
   b. 사회복지사가 왜 측도의 민감성에 대해 걱정해야 하는가?
   c. 측도의 개념구성체 타당도를 입증하기 위해 무엇을 해야 하는가?
   d. 만일 측도가 타당도가 있다면, 그 측도는 또한 신뢰도가 있다고 가정할 수 있는가? 그 이유는 무엇인가?

인터넷 연습문제

1. 변수를 측정하기 위해 기존의 척도를 이용한 「Health and Social Work」 학술지의 여러 조사연구 논문을 찾아보라. 논문들이 사용한 척도의 신뢰도와 타당도를 얼마나 적절하게 보고하는가? 어떤 유형의 신뢰도와 타당도를 논문들이 보고하는가? 어떤 유형의 신뢰도와 타당도가 다른 유형보다 더 또는 덜 보고되고 있는가?
2. 검색엔진을 사용해 검색용어 'cultural bias in IQ tests'를 입력하라. 그리고 가장 흥미를 끄는 웹사이트를 방문하라(일부 사이트는 재미있다). 당신이 찾은 내용과 그것이 측정의 문화적 편견을 어떻게 예시하는지 요약하라.
3. 5장에서 언급한 웹사이트인 www.columbia.edu/cu/ssw/projects/pmap의 'Psychosocial Measures for Asian-American Populations'를 찾아보라. 그 사이트에서 여러 가지 양식의 신뢰도와 타당도를 평가한 두 편의 초록을 찾아서, 각 초록이 신뢰도와 타당도를 평가한 방법과 그 결과를 간단하게 기술하고 대조하라.

추천도서

Denzin, N. K., & Lincoln, Y. S. (1994). *Handbook of Qualitative Research*. Thousand Oaks, CA: Sage. 많은 정보를 제공하고 도발적인 논문들을 편집한 이 책은 질적 탐구에 영향을 미치는 다양한 비실증주의의 인식론과 질적 연구를 개념화하고, 수행하고, 해석하고, 보고하는 방법에 대한 인식론의 함의를 논의한다. 여러 장은 질적 연구에서 신뢰도와 타당도를 바라보고 다루는 대안 방법을 논의한다.

Hudson, W. (1982). *The Clinical Measurement Package*. Chicago: Dorsey Press. 이 현장 지침은 이 장에서 논의되어 임상사회복지사가 사용하는 9가지 척도를 상세히 기술한다.

Silverman, D. (1993). *Interpreting qualitative data: Methods for analyzing talk, text, and interaction*. Thousand Oaks, CA: Sage. 7장은 질적 연구의 신뢰도와 타당도의 쟁점을 구체적으로 다룬다.

활용 노트

EP 2.1.6b

EP 2.1.6b: 실천에 유용한 연구증거 활용하기: 사회복지사가 이 장에 소개된 모든 측정 개념을 이해한다면, 자신의 실천에 정보를 제공하기 위해 조사연구 증거를 사용할 때 문제가 있는 측정을 인식할 수 있다.

EP 2.1.10d

EP 2.1.10d: 클라이언트 자료를 수집하고, 정리하고, 해석하기: 사회복지사는 이 장의 모든 측정 개념을 이해함으로써, 클라이언트의 자료를 신뢰도와 타당도 있게 수집하고 해석할 수 있다.

EP 2.1.10m

EP 2.1.10m: 개입을 비판적으로 분석하고, 모니터링하고, 평가하기: 사회복지사는 이 장의 모든 측정 개념을 이해함으로써 효과적인 평가를 설계하고, 클라이언트의 진전을 모니터링할 때 측정 오류를 최소화할 수 있다.

CHAPTER 10

측정도구의 개발

Constructing Measurement Instruments

이 장의 학습내용

이제 측정오류와 그것의 흔한 출처, 그리고 신뢰도와 타당도의 개념을 이해했으니 사회복지 연구에서 흔히 사용되는 몇 가지 측정도구의 개발과정을 살펴보자.

서론

이 장에서는 사회복지 조사에서 널리 사용되는 측정도구(설문지, 면접목록, 척도)의 고안을 살펴보면서 측정방법을 좀 더 깊게 파고들 것이다. 이 책 뒷부분에서 대안적인 연구설계와 자료수집 방법이 소개될 것이다. 몇 가지 방법에서는 방금 언급한 측정도구를 사용하지 않아도 되기 때문에 질문 또는 서면화된 측정도구를 사용하지 않고 사회복지 변수를 측정하는 방법도 논의할 것이다. 그러나 이런 대안적 방법의 가치에도 불구하고 구두 또는 서면을 통한 의사소통으로 자료를 수집하는 측정도구(설문지, 면접목록, 척도)가 사회복지 연구자가 사용하는 가장 두드러진 자료수집 기법 중 하나다.

이런 유형의 측정도구를 고안할 때 양적 연구인지 질적 연구인지의 여부에 따라 측정도구의 고안에 관한 원칙이 다르다는 사실을 명심하는 것이 중요하다. 양적 측정도구의 설계에서 가장 중요한 목적 중 하나는 측정오류 회피다. 따라서 신뢰할 수 있고 타당한 측정도구를 고안하려는 것이다. 질적 측정도구 설계에서 가장 중요한 목적 중 하나는 의미의 깊이를 응답자의 관점에서 면밀히 조사하는 것이다. 질문할 때의 몇 가지 주요한 지침을 살펴보면서 측정도구 고안에 대한 고찰을 시작하려고 한다.

연구를 위한 측정방법 고안이 반드시 도구 개발을 의미하는 건 아니다. 대신 이미 검증되었고 연구목적에 부합하는 기존 도구들을 찾아본다. 이러한 도구에는 신뢰도와 타당도가 검증된 기존 척도(8장에서 논의했음) 또는 선행 연구들에서 사용되었던 설문지나 면접목록 등이 포함된다. 만약 그러한 도구들을 찾을 수 있다면 도구 개발에 필요한 시간을 절약할 수 있을 뿐만 아니라 여러분이 개발한 도구보다 더 나은 도구를 갖게 될 수도 있다. 물론 기존 도구들이 연구의 목적, 변수, 조사대상자에게 어울리지 않는다면 그 도구들을 사용해서는 안 된다. 그러나 기존 도구들이 적합하지 않을지라도 그 도구들을 검토하면서 도구 개발을 위한 아이디어를 얻을 수 있고, 또한 연구의 목적에 맞게 약간 수정해 그 도구를 사용할 수도 있다.

이전에 개발되고 선행 연구에서 사용되었던 도구를 사용하기 전에 그 도구를 비판적으로 평가해야 하는데, 이 장은 평가를 위한 원칙들을 제공한다. 그런데 이러한 원칙들이 종종 위반된다는 사실을 알고 깜짝 놀랄 것이다. 질문할 때 지켜야 할 주요한 지침을 살펴보면서 측정도구 고안에 대한 고찰을 시작하고자 한다.

질문을 위한 지침

앞에서 암시했듯이 사회복지 연구자가 변수를 조작화하는 가장 흔한 방법 중 하나는 분석과 해석을 위한 자료를 수집하기 위한 방법으로서 사람들에게 질문하는 것이다. 질문하기는 16장에서 논의할 설문조사, 실험설계(12장에서 논의), 질적 조사(18~19장에서 논의)에서도 자주 사용된다. 때로 면접자들이 직접 질문을 하는데, 그때 사용되는 질문목록을 **면접목록**(interview schedule)이라고 한다. 면접목록을 사용하는 대신 **면접지침**(interview guide)이 활용되기도 하는데, 이것은 질문할 주제는 나열하지만 질문의 정확한 순서와 표현은 나열하지 않는다. 때때로 질문들이 서면화되어 응답자에게 제공된다. 그런 경우에 질문모음을 **설문지**(questionnaires) 또는 **자기기입식 설문지**(self-administered questionnaires)라고 한다.

앞으로 보게 되겠지만, 변수의 조작화를 잘하기 위해 도움이 되는 질문을 만들고 질문하는 데 유용한 몇 가지 지침이 있다. 또한 거기에는 쓸모없고 심지어 잘못된 정보로 이끌 수 있는 함정도 존재한다. 이 절은 이 두 가지를 구별할 수 있도록 도와줄 것이다. 설문지를 만들 때 활용 가능한 몇 가지 선택사항부터 시작해보자.

EP 2.1.10d

질문과 진술문

설문지라는 용어는 질문의 모음을 시사하는 데 사용되지만, 일반적인 설문지를 살펴보면 아마 질문만큼이나 많은 진술문이 보일 것이다. 거기에는 이유가 있다. 연구자는 종종 응답자가 가진 특정 태도 또는 관점의 정도를 측정하는 데 관심을 갖는다. 만약 상당히 간결한 진술문 안에 태도를 요약할 수 있다면, 종종 그 진술문을 응답자에게 제공하면서 그것에 찬성하는지 반대하는지를 질문할 것이다. 렌시스 리커트 Rensis Likert는 이런 절차를 리커트 척도 개발을 통해 상당히 형식화했는데, 이 척도 안에서 응답자는 매우 동의, 동의, 반대, 또는 매우 반대, 또는 강하게 승인, 승인 등으로 대답한다. 질문과 진술문 둘 다 유익하게 사용될 수 있다. 설문지 안에서 두 가지를 함께 사용하면 문항설계에 더 많은 융통성을 제공하고 설문지도 더 재미있게 만들 수 있다.

개방형 질문과 폐쇄형 질문

질문하기에서 연구자는 두 가지 선택권을 갖는다. 우리는 **개방형 질문**(open-ended question)을 할 수 있는데, 이 경우 응답자는 질문에 대한 자신의 대답을 적는다. 개방형 질문은 자기기입식 설문지뿐만 아니라 면접목록에서도 사용된다. 예를 들어 응답자에게 "현재 귀하의 지역사회가 직면한 가장 중요한 문제는 무엇이라고 생각하십니까?"라는 질문을 하고 답을 쓸 공간을 제공하거나 면접자에게 구두로 보고하도록 요청할 수 있다.

면접목록에서 면접자는 필요한 더 많은 정보를 탐문하라는 지시를 받을 수 있다. 예를 들어 응답자가 지역사회의 문제가 "도시쇠퇴"라고 대답했다면, 면접자는 "그 문제에 관해 약간 더 말해주실 수 있습니까?"라고 말하면서 더 많은 설명을 끌어내기 위해 탐문할 수 있다(이 과정을 설문조사에 관한 16장에서 더 깊이 있게 논의하겠다). 비록 개방형 질문은 두 가지 형식에서 흔하게 나타나지만, 더 많은 정보를 탐문할 수 있는 기회로 자기기입식 설문지보다 면접목록에서 더 자주 사용된다.

폐쇄형 질문(closed-ended question)에서 응답자는 연구자가 제공하는 질문 문항에서 응답을 고른다. 폐쇄형 질문은 면접목록뿐만 아니라 자기기입식 설문지에서도 사용될 수 있으며, 응답의 획일성을 제공하고 더 쉽게 처리되기 때문에 자주 사용되는 질문 형태다. 개방형 응답은 뒤에 나오는 장들에서 논의하겠지만, 컴퓨터 분석을 위해 코딩해야 한다. 코딩과정은 응답의 의미에 대한 연구자의 해석을 요하는데, 이때 잘못된 해석과 연구자 편견의 가능성도 존재한다. 응답자가 연구자 의도와 본질적으로 관련 없는 응답을 할 위험성도 존재한다. 이와 반대로 폐쇄형 질문은 컴퓨터 형식으로 직접 전환될 수 있다. 폐쇄형 질문의 주된 단점은 연구자가 응답을 구성한다는 데 있다. 질문에 대한 적절한 응답이 비교적 명확할 때는 아무런 문제가 없다. 그러나 응답이 명확하지 않을 경우에는 연구자가 응답을 구성하면서 주요한 응답을 간과할 수도 있다. 예를 들어 '귀하의 지역사회가 직면한 가장 중요한 문제'를 물을 때 응답자가 중요하다고 언급한 것이 연구자의 응답항목에 빠졌을 수도 있다.

폐쇄형 질문을 고안할 때 두 가지 구조적 필요조건을 따라야 한다. 제공된 응답범주는 총망라적이어야 한다. 예상할 수 있는 모든 가능한 응답을 포함해야 한다. 연구자는 종종 "기타(상세히 설명해주십시오. ________)"를 추가함으로써 이를 확실히 한다.

둘째로, 응답범주는 **상호 배타적**이어야 한다. 응답자는 하나 이상의 답을 선택해야 한다고 느껴서는 안 된다(어떤 경우 복수 응답을 요청하려고 할 수 있지만 이는 자료처리와 분석에서 어려움을 불러올 수 있다). 응답범주가 상호 배타적임을 확실히 하기 위해 누군가가 하나 이상의 응답을 고를 가능성이 있는지를 스스로에게 물어보면서, 각 범주의 배합을 주의 깊게 살펴봐야 한다. 이에 더해 최선의 답 한 개를 선택하라는 지시문을 질문 옆에 붙이는 방식이 도움이 되기도 하지만, 이 기법이 신중하게 고안된 응답모음을 대신하지는 못한다.

문항을 명료하게 만든다

설문지 문항은 명료해야 하고 모호해서는 안 된다. 설문조사에서 불명료하고 애매모호한 질문이 늘어나고 있기 때문에 여기서 이 점을 강조하고자 한다. 종종 당신은 조사 중인 주제에 너무 깊이 몰두해 있어서 당신에게는 견해와 관점이 명확하지만 응답자에게는 그렇지 않을 수도 있다(응답자 중 많은 사람이 그 주제에 관해 거의 또는 전혀 관심을 갖지 않았다). 또한 당신이 주제를 단지 피상적으로만 이해하고 있다면, 당신의 질문 의도를 충분히 상세하게 설명할 수 없을지도 모른다. "발달장애인을 위해 제안된 주거시설에 관해 어떻게 생각하십니까?"라는 질문은 응답자로부터 "어느 주거시설 말인가요?"라는 역질문을 끌어낼 수 있다. 설문지 문항은 연구자가 원하는 답이 무엇인지를 응답자가 정확하게 알 수 있도록 정확해야 한다.

복수응답 유발형 질문을 피하라

연구자는 종종 응답자에게 복합적인 질문에 대해 한 가지 응답을 하라고 요청하는데, 연구자가 복잡한 질문에 개인적으로 관여될 때 이런 요청을 자주 하게 된다. 예를 들어 응답자에게 "지방정부는 지역사회 기반 서비스를 포기하고 대신 그 예산을 시설보호의 향상에 써야 한다"라는 진술문에 찬성하는지 반대하는지 답하라고 할 수 있다. 비록 많은 사람이 이 진술에 찬성하거나 반대할 수 있지만, 이 진술에 응답할 수 없는 사람도 있다. 지역사회 기반 서비스를 포기하고 그 돈을 납세자에게 돌려주길 원하거나, 지역사회 기반 서비스를 계속하기를 원하지만 시설에도 더 많은 돈을 쓰기를 원하는 사람도 있을 것이다. 후자의 응답자들은 이 진술에 찬성할 수도 반대할 수도 없다.

일반적으로 질문이나 설문지 진술문에 '그리고'라는 단어가 나오면, **복수응답 유발형 질문**(double-barreled question)을 하고 있는지 점검해야 한다. 이 주제에 관한 '복수응답 유발 그리고 그 다음…'이라는 제목의 글상자를 읽어보라.

응답자는 대답할 만한 역량이 있어야만 한다

응답자에게 정보 제공을 요청할 때, 그들이 신뢰할 만한 응답을 할 수 있는지에 대해 당신 스스로에게 지속적으로 물어봐야 한다. 아동양육에 관한 연구에서, 응답자에게 자신의 부모에게 가장 처음 말대꾸한 나이를 보고해 달라고 요청할 수 있다. '부모에게 말대꾸하기'를 정의하는 문제는 제쳐두더라도 대다수 응답자가 어느 정도나 정확하게 기억할 수 있을지 의심스럽다. 연구자가 음주 문제로 치료를 받으러 온 사람에게 지난 30일 동안 술을 몇 잔 마셨는지를 묻는다면 동일한 문제가 발생할 것이다.

정확하게 기억해낼 수 없는 능력이 질문에 응답할 수 없게 만드는 유일한 원인은 아니다. 또 다른 원인은 응답자가 관련 정보를 충분하게 알지 못한다는 점과 관련이 있다. 예를 들어, 대부분의 응답자가 들어보지 못할 정도로 최신의 치료에 관한 태도를 실천가들에게 묻는다면, 그 질문에 의미 있는 답변을 제공할 수 있는 응답자는 거의 없을 것이다. 일부 응답자는 심리적 혹은 생물학적 문제 때문에 특정 질문에 응답하지 못할 수도 있다. 치매를 앓고 있는 사람에게 얼마나 자주 길을 잃었는지를 묻기보다는 보호자에게 묻는 편이 더 낫다.

응답자는 기꺼이 대답할 수 있어야 한다

우리는 종종 사람들이 우리와 공유하기를 꺼려하는 사항에 대해 알고자 한다. 예를 들면 비안 Bian(1994)은 "권위주의 체제에서 살아남기 위해 공적인 일에 관한 발언을 조심스러워하는 중국 사람들한테서 솔직한 응답을 얻어내기는 매우 어려웠다. 예를 들어 1966~1976년에 일어난 문화혁명시대에 중국 전역에 퍼진 급진적인 정치적 어젠다와 정치적 긴장 때문에 중국인의 생활경험과 특징, 공산정권에 대한 태도와 관련된 타당하고 신뢰할 만한 자료를 수집하기 위해 설문조사 기법을 사용하기란 거의 불가능했다"(pp. 19-20)라고 지적했다.

때때로 미국인 응답자는 자신의 의견이 소수에 해당될 경우 결정하지 못했다고 말한다. 이런 상황에서 그들은 낯선 사람(면접자)에게 자신의 의견을 말하는 것을 꺼릴 수 있다. 이런 문제로 인해 갤럽은 '유권자'에게 완전한 익명성을 보장함으로써 실제 투표상황과 유사한 '비밀투표' 방식을 사용한다. 1944~1988년의 갤럽 선거자료를 분석한 스미스 Smith와 비숍 Bishop(1992)은 이런 기법이

복수응답 유발 그리고 그 다음…

인정받은 전문적 연구자도 복수응답 유발형 질문이나 그보다 더 못한 것을 만들어내기도 한다. 1986년 4월 미국과 리비아의 관계가 특히 악화되었을 때 미국인에게 했던 이 질문을 고찰해보라. 어떤 관찰자들은 미국이 북아프리카 국가와 무력전쟁으로 갈 것이라고 시사했다. 해리스 여론조사는 미국 여론이 어떤지 알아보고자 했다.

> 현재 리비아가 미국에 대한 테러리스트 행동을 증가시키고, 우리가 계속 리비아에 더 많은 손상을 입힌다면 불가피하게 이 모든 것이 미국을 전쟁으로 이끌어 마침내 그 나라를 침략할 수 있는데 이것은 옳지 않을 것이다.

응답자에게는 '동의한다', '반대한다', '모른다'의 응답 기회를 제공했다. 이 복잡한 진술문에 포함된 요소를 주목해보라.

1. 리비아는 미국에 대한 테러리스트 행동을 늘릴 것인가?
2. 미국은 리바아에 대해 더 많은 손상을 입힐 것인가?
3. 미국은 불가피하게 또는 그 반대로 리비아와 전쟁할 것인가?
4. 미국은 리비아를 침략할 것인가?
5. 그것은 옳은가, 아니면 그른가?

이런 몇 가지 요인은(설문조사 응답자에게 제공된 세 가지 대안보다 훨씬 더 많은) 다양한 관점의 가능성을 제공한다. 비록 우리가 리비아가 '테러리스트 행동을 높이고' 미국이 그에 대한 반응으로 '더 많은 손상을 계속 가한다'고 가설적으로 가정한다고 해도, 결과에 대한 최소한 7가지의 전망들 중 어느 하나를 갖게 될 것이다.

	미국은 전쟁하지 않을 것이다	전쟁은 가능하나 불가피한 것은 아니다	전쟁은 불가피하다
미국은 리비아를 침략하지 않을 것이다.	1	2	3
미국은 리비아를 침략할 것이다. 그러나 그것은 옳지 않다.	—	4	5
미국은 리비아를 침략할 것이고, 그것은 옳다.	—	6	7

리비아 상황에 관한 예측조사가 여론조사에 몰래 스며들게 되는 복수응답 유발형 질문의 유일한 예는 아니다. 여기에 소련의 총서기관 고르바초프에 대한 미국인의 여론을 측정하기 위해 해리스 여론조사가 사용한 질문이 있다.

> 그는 소련과 미국이 핵미사일로 서로를 파괴할 수 있기 때문에 양자 간에 군비제한 협정을 맺는 편이 낫다는 것을 인지할 수 있는 소련의 지도자처럼 보인다.
>
> 그는 좀 더 현대적이고, 식견 있고, 매력적으로 보이는데 이것은 세계평화를 위해 좋은 징후다.
>
> 비록 그가 훨씬 더 현대적이고 매력적으로 보인다고 해도, 그가 다른 러시아 지도자와 매우 다를 것으로 생각한다면 큰 실수다.

각 질문에서 얼마나 많은 요소를 밝혀낼 수 있는가? 사람들은 각 경우에서 얼마나 많은 가능한 의견을 갖겠는가? 그와 같은 경우 단순한 '동의' 또는 '반대'가 정말로 의미하는 것은 무엇인가?

출처: *World Opinion Update*, October 1985 and May 1986

마음을 결정하지 못했다고 응답하는 응답자 비율을 상당히 줄였다고 보고했다.

그러나 이런 문제는 비단 설문조사에만 한정된 것이 아니다. 미첼 Mitchell(1991)은 재난생존자들에 관한 자신의 질적 연구에서 유사한 문제에 직면했다.

예를 들어 생존자들은 그들의 신분과 성향을 숨기는 것에 관해 이중적인 태도를 갖는다. 그들은 은밀성이 그들을 다수의 조롱으로부터 보호해준다고 믿었으나 강요된 분리주의는 채용과 정보교환을 위한 기회를 감소시켰다. '은밀한' 생존자들은 전화기 사용을 피하고, 편지교환을 통해 그들의 우편을 세탁하며, 별명과 가명을 사용하며, 주소를 이방인에게 알리지 않는다. 그러나 내가 집단회의에 초대되었을 때 나는 그들이 협력적인 응답자임을 알게 되었다(p. 100).

질문은 관련이 있어야 한다

마찬가지로 설문지에서 묻는 질문은 대다수 응답자에게 관련이 있어야 한다. 응답자가 거의 생각해본 적이 없거나 정말로 관심이 없는 주제에 관해 물어볼 때, 그 결과는 별로 도움이 되지 않을 가능성이 높다. 물론 응답자는 그 이슈에 대해 한 번도 생각을 해본 적이 없다 해도 태도를 밝힐 수는 있지만 당신은 오판의 위험을 감수해야 한다.

가공인물이나 이슈와 관련된 응답을 요청할 때 가끔 이 점이 예시된다. 저자 중 한 사람(바비)이 실시했던 한 정치 관련 여론조사에서 그는 응답자에게 15명의 지역구 정치인을 모두 잘 알고 있는지 질문했다. 방법론적 연습으로, 그는 톰 사쿠모토 Tom Sakumoto라는 이름 하나를 꾸며냈다. 응답자 중 9%가 그를 텔레비전에서 보았고 그에 관한 기사를 신문에서 읽었다고 보고했다.

가공의 이슈에 관한 응답을 얻을 때 그런 응답을 무시할 수 있다. 그러나 이슈가 실제적일 때는 어떤 응답이 진짜로 태도를 반영하고 있는지, 어떤 응답이 부적절한 질문에 대해 의미 없는 대답을 하고 있는지 알아낼 방법이 없을지도 모른다.

짧은 문항이 가장 좋다

명확함과 정밀함, 이슈에 대한 관련성을 지향하기 위해 연구자는 자주 길고 복잡한 문항을 만들곤 한다. 그러나 이런 문항을 피해야 한다. 응답자는 종종 문항을 이해하기 위해 그것을 유심히 보려고 하지 않는다. 응답자가 문항을 빨리 읽고, 그 의도를 이해하고 어려움 없이 응답을 고르거나 제공할 수 있어야 한다. 일반적으로 응답자는 문항을 빨리 읽고 빠른 답을 제공할 것으로 가정해야 한다. 따라서 그런 상황에서 잘못 해석되지 않도록 명료하고 짧은 문항을 제공해야 한다.

'아니다' 또는 '않다' 같은 단어 사용을 피하라

설문지 문항에 '아니다' 또는 '않다' 같은 단어가 들어가면 잘못된 해석을 할 가능성이 높아진다. "지역사회 내에 발달장애인을 위한 생활시설을 짓지 말아야 한다"라는 문항에 찬성 또는 반대하라는 질문에서, 상당수 응답자는 '말아야'라는 단어를 빠뜨린 채 읽고 그것에 근거해 응답할 것이다. 즉, 시설을 선호하기 때문에 이 문항에 찬성하는 응답자가 있을 것이고, 시설 건립에 반대해 이 문항에 찬성하는 응답자가 있을 것이다. 그러나 당신은 어느 것이 어느 것인지 알 수 없다.

시민자유에 대한 연구에서 응답자는 "다음과 같은 성향을 가진 사람은 공립학교에서 가르치는 것이 금지되어야 한다"고 느끼는지 질문을 받았고 공산주의자, KKK(백인우월주의를 내세우는 미국의 극우비밀결사) 같은 문항이 포함된 목록이 제시되었다. 응답범주 '예'와 '아니오'가 각 문항 옆에 주어졌다. 이 문항에 대한 응답을 시민자유를 지지하는 다른 문항들의 응답과 비교해보니, 그런 사람은 가르치지 못하도록 금지되어야 한다는 것을 나타내기보다, 그런 사람의 가르치고자 하는 의지를 나타내기 위해 많은 응답자가 '예'라고 응답한 것으로 나타났다(응답범주로 '허용'과 '금지'를 사용한 후속연구에서 훨씬 더 명백한 결과가 나왔다).

하지만 '아니다' 또는 '않다' 같은 단어 사용을 피하라는 것이 부정적 내용 문항을 피하라는 뜻은 아니다. 예를 들어, 척도를 만들 때 긍정적으로 진술된 문항과 부정적으로 진술된 문항을 갖추지 못하면 응답자들은 모든 문항에 동의 또는 반대할지도 모른다. 9장에서 이러한 편향을 순응적 반응양식이라고 했다. 긍정적으로 진술된 문항과 부정적으로 진술된 문항을 모두 갖추어도 일부 응답자의 순응적 반응양식을 모두 예방할 수는 없겠지만, 응답자의 그러한 반응양식은 측도의 내적 일관성 신뢰도를 낮춘다.

긍정적으로 진술된 문항과 부정적으로 진술된 문항을 모두 만들기 위해 '아니다'라는 단어를 집어넣는 것이 쉬울지라도 그렇게 하려는 유혹을 뿌리쳐야 한다. 예를 들어, 증거기반 실천에 관한 실천가의 태도를 측정하는 측도를 고려해보자. 측도는 상당히 많은 수의 긍정적으로 진술된 문항들을 갖고 있다고 가정하자. "증거기반 실천과정에 관여하는 것은 자신의 실천을 향상시킬 것이다"라는 긍정적으로 진술된 문항에 '아니다'를 집어넣어 "증거기반 실천과정에 관여하는 것은 자신의 실천을 향상시키지 않을 것이다"라는 부정적으로 진술된 문항으로 바꾸기는 쉽다. 후자를 "증거기반 실천과정에 관여하는 것은 실천을 지나치게 기계적으로 만든다" 또는 "증거기반 실천과정에 관여하는 것은 실천가-클라이언트 관계를 방해한다"로 바꾼다면 더 나은 문항이 될 수 있다.

편견적 문항과 용어를 피하라

개념화와 조작화에 대한 앞의 논의에서, 사회과학에서 일반적으로 연구하는 개념들 중 어느 것도 실제 의미는 존재하지 않는다는 것을 상기해보라. **편견**(prejudice)은 궁극적으로 정확한 정의가 존재하지 않으며, 어떤 사람이 편견적인지 여부는 그 용어에 대한 우리의 정의에 달려 있다. 우리가 응답자들로부터 얻는 응답에서도 동일한 원칙이 적용된다.

질문에 대한 응답자의 응답은 대부분 질문의 표현에 달려 있다. 모든 질문과 응답에서 그렇다. 어떤 질문은 다른 질문보다 특정 반응을 더 유도하는 것처럼 보인다. 응답자가 특정 방식으로 대답하도록 유도하는 질문을 **편견 있는**(biased) 질문이라고 한다. 9장의 사회적 바람직성 편견에 대한 논의에서, 사람들에게 정보를 요청할 때는 이런 편견에 특히 주의해야 할 필요가 있다고 지적했다. 이는 설문지 문항이 표현되는 방식에도 적용된다. 예를 들어 지역사회 내에 중간시설을 짓는 것에 대한 주민의 태도를 측정할 때, 우리는 그 시설을 지지하는 저명한 목사의 의견에 주민들이 동의하는지를 묻지 않는다. 마찬가지로 지역사회 내 사회적 약자를 돌보기 위한 '인도적인' 계획안을 승인하는지를 묻지 않는다.

질문은 문화적으로 민감해야 한다.

위에서 예시한 질문하기와 관련된 몇몇 문제는 문화적 편견 및 둔감성과도 연결된다. 특정 문화권에서는 명확한 문항이 다른 문화권에서는 그렇지 않을 수 있다. 전체주의 국가의 응답자들은 자유국가의 응답자들이 기꺼이 응답할 수 있는 질문에 응답하길 꺼려할 수도 있다. 결과적으로 우리의 측정도구가 특정 문화권에서는 타당하고 신뢰도가 높을지라도, 동일한 도구의 신뢰도와 타당도가 다른 문화권에서도 보장되는 것은 아니다. 6장에서 측정과 관련해 문화적 능력을 광범위하게 논의했기 때문에 여기서는 반복하지 않겠다. 그러나 이 장에서 그 주제를 논할 때 문화적 능력의 중요성을 강조하고 있다. 설문지 형식 주제로 넘어가기 전, 방금 논의한 질문하기에서의 문제를 보여주는 '나쁜 예로부터 배우기'라는 제목의 글상자에 관심을 가져주길 바란다.

EP 2.1.3c

설문지 구성

일반적인 설문지 형식

설문지 형식은 질문의 본질과 표현만큼이나 중요하다. 부적절하게 배열된 설문지는 응답자가 질문을 빠뜨리게 할 수 있고, 요구되는 자료의 본질을 혼동하게 할 수도 있으며, 극단적으로는 설문지를 던져버리게 만들 수도 있다. 여기에 일반적 지침과 구체적 지침이 제시되어 있다.

일반적으로 설문지는 펼쳐져 정돈되어 있어야 한다. 미숙한 연구자는 설문지가 너무 길어 보일까 봐 두려워서 몇 개의 질문을 한 줄로 표현하거나 질문을 생략해버

나쁜 예로부터 배우기

찰스 보니 Charles Bonney(이스턴미시간 대학교, 사회학과)

질문 구성의 문제점에 관해 학생들을 훈련시키기 위해 내가 사용했던 설문지가 있다. 이것은 "가족 배경이 좋은 대학생이 정신적·정서적 스트레스를 겪고 있는 사람들에 대해 좀 더 인내심을 갖는다"라는 가설을 검증하기 위해 물어볼 수 있는 질문들이다(지위는 가족 수입, 부모 교육 수준, 아버지의 직업 명성(아버지가 없거나 실직 상태라면 어머니의 직업 명성)을 합한 상대적인 등급으로 조작적 정의가 이루어졌다). 각 질문은 그 안에 한 개 또는 그 이상의 결함을 갖는다. 이런 문제들을 파악할 수 있는지 보라(설문지에 대한 비판은 이 글 마지막에 있다).

설문지

1. 당신은 미친 사람들에 대해 어떻게 반응합니까?

____

____

2. 당신 아버지의 수입은 얼마입니까?

____

3. 당신은 성장할 때 누구와 살았습니까?

____________ 부모님과 함께

____________ 어머니하고만

____________ 아버지하고만

____________ 기타(상세히 설명해주십시오)

4. 아버지의 직업은 무엇입니까?

____

(만약 아버지가 사망했거나, 같이 살고 있지 않거나, 실직했거나, 퇴직했다면 당신의 어머니는 현재 고용된 상태입니까?

____________ 예 ____________ 아니오

5. 당신 부모님은 대학에 다녔습니까?

____________ 예 ____________ 아니오

6. 문제가 있는 사람들은 동정을 받아야 한다는 데 동의하지 않습니까?

____________ 예 ____________ 아니오

7. 이종친화성을 가로막아 버리는 주된 원인은 충족되지 않은 의존적 만족감이다.

____________ 동의한다

____________ 모르겠다

____________ 반대한다

8. 만약 친구들 중 한 명이 이상하고 상식을 벗어나는 행동을 보이기 시작했다면 당신의 반응은 어떨 거라고 생각합니까?

____

9. 당신 직계가족 중 누군가 시설에 수용된 적이 있습니까?

____________ 예 ____________ 아니오

비판

모든 설문지에 대한 가장 근본적인 비판은 단순히 "이 설문지는 가설을 검증하기 위해 필요한 정보를 얻고 있는가?"이다. 질문이 그 자체로서 나쁠 수 있더라도, 오직 조사자의 필요라는 점에서만 보았을 때는 좋을 수도 있다. 좋은 설문지 개발은 아마도 과학이자 예술일 것이고, 심지어 '좋은' 질문도 숨겨진 함정을 가졌거나 전체적인 맥락이 고려될 때 한층 더 잘 만들어질 수 있다. 그러나 다음의 결함은 명백히 존재한다.

1. 경멸적이고 애매한 속어를 사용한다. 첫 번째 질문에서 이런 용어를 사용했기 때문에 한층 더 나쁘다. 응답률에 영향을 미칠 만큼 사람들의 흥미를 잃게 하거나, 후속응답들에 '깔때기 효과(funneling effect)'를 주면서 조사결과를 오염시킬 수 있다.
2. 지위에 대한 조작적 정의에서는 단지 아버지의 수입만이 아니라 가족수입을 요구하고 있다. 또한 사람들은 소득 같은 개인적인 질문에 대해 이런 개방형 형식보다는 표시하라는 범주를 제공하면 대답할 가능성이 좀 더 높아진다.
3. '성장할 때'는 분명치 않은 기간이다. 또한 비록 2번, 4번,

5번 질문을 만들어내기 위해 사용했다고 하더라도, 현재의 형식에서 이 질문은 관련성과 유용성이 떨어진다.

4. 이 형식은(직업을 가진 아버지가 없는 경우에만 어머니의 직업을 물어보는 것) 충분히 성차별적일 수 있다. 비록 이것이 조작적 정의를 따른다고 해도, 조작적 정의 그 자체가 충분히 성차별적일 수 있다. 여기에 또 다른 두 가지 문제가 존재한다. 첫째, 직업에 대해서는 체크리스트가 항상 더 효과적이다(개방형 질문에서는 막연한 응답이 많아서 범주화하기가 힘들 수 있다). 또한 지위를 어머니의 직업에 따라 측정하는 경우, 이 질문은 어머니가 직업을 가졌는지 여부만을 묻고 있다.

5. 교육 수준에 대한 제한적인 측정이다. 또한 이것은 복수응답 유발형이다. 부모 중 한 사람은 대학을 다녔고 다른 사람은 다니지 않았다면 어떻게 할 것인가?

6. "동의하지 않습니까?"는 응답자를 유도한 것이다. 또한 '동정받다'와 '문제'라는 용어는 모호하다.

7. 전문적 특수용어로, 이것이 무엇을 의미하는지 아무도 모를 것이다(사실은 나조차도 그것이 무엇을 의미하는지 잘 모르면서 그것을 썼다! 내가 할 수 있는 한 가장 근접하게 해석을 하자면, 이것은 '데이트를 할 수 없는 주된 이유는 가족이 당신을 무시하기 때문이다'를 뜻한다).

8. 막연하고 가설적인 상황에 관한 추측을 요구한다(이것이 항상 나쁘지는 않지만 일반적으로 더 나은 방법이 존재한다). 그러나 이 질문은 많은 사람들이 말했던 복수응답 유발형은 아니라는 점에 주목하라. 이것은 단지 '이상하고 상식을 벗어난' 행동에 관해 묻고 있다.

9. '시설에 수용되었던'은 모호한 용어다. 많은 유형의 시설 수용은 분명히 관련이 없을 것이다.

리고 가능한 한 설문지를 짧게 만들려고 한다. 이 모든 노력은 경솔하고 심지어 위험하다. 두 개 이상의 질문을 한 줄 안에 담아 버리면 어떤 응답자에게 두 번째 질문 전체를 못 보고 넘어가게 만들 것이다. 어떤 응답자는 생략된 질문을 잘못 해석할 것이다. 그리고 설문지가 짧아 보임에도 불구하고 설문지의 첫 페이지에서 상당한 시간을 보냈다는 사실을 알게 된 응답자는 설문지가 다소 길게 보임에도 불구하고 처음 몇 페이지를 빨리 완성한 응답자에 비해 사기가 저하될 것이다. 또한 후자는 실수를 더 적게 할 것이며, 생략된 질문이 혼란스러워서 다시 읽지 않아도 될 것이다. 그리고 좁은 여백 안에 긴 응답을 적지 않아도 될 것이다.

설문지에서 질문 배열의 중요성은 아무리 강조해도 지나치지 않다. 함께 뒤엉켜 있는 설문지는 응답자 스스로 완성을 하든 훈련받은 면접자가 실시하든 간에 손해가 크다. 21장에서 이에 관해 더 많이 다룰 것이다.

응답자를 위한 형식

가장 흔한 설문지 문항 유형에서, 응답자는 여러 개 응답 중 하나를 표시하도록 되어 있다. 여러 방법이 존재한다. 우리의 경험에 따르면 적절히 공간을 띄운 상자를 제공하는 형식이 가장 좋다. 최신 워드프로세서를 이용해 상자를 쉽고 깔끔하게 만들 수 있다. 상자 대신 각괄호([ ])를 사용할 수도 있다. 그러나 컴퓨터를 사용해 설문지를 만든다면, 설문지가 좀 더 전문적으로 보이도록 시간을 더 들여야 할 것이다. 아래는 몇 가지 쉬운 예다.

□ ❍ ❑

다른 방법도 생각해볼 수 있다. 상자를 제시하기보다 각 응답 옆에 코드번호를 붙여 적절한 번호에 동그라미를 치라고 요청할 수 있다(그림 10-1 참조). 이 방법은 이후의 자료처리 단계에서 입력되어야 할 코드번호를 미리 명기해놓는다는 장점이 있다(21장 참조). 그러나 응답문항 자체에 동그라미가 쳐져 있다면, 응답자에게 명확한 지시문을 제공해야 하는데, 왜냐하면 많은 사람이 적절한 번호에 X 표시를 하기 쉬울 것이고, 이는 자료처리를 한층 더 어렵게 만든다(주: 이 기법은 면접자들이 설

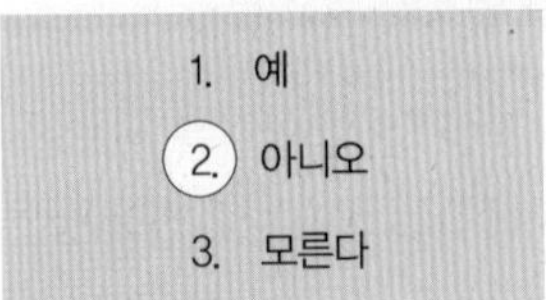

그림 10-1 응답에 동그라미 치기

문지에 응답을 표시할 때 더 안전하게 사용될 수 있는데, 왜냐하면 면접자들은 특별히 지도받고 감독받을 수 있기 때문이다).

수반형 질문

설문지에서 어떤 질문은 일부 응답자에게만 관련되고 다른 응답자에게는 관련이 없는 경우가 자주 있다. 예를 들어 피임법에 관한 연구에서, 남자에게 피임약을 복용하고 있는지 질문하려고 하지는 않을 것이다.

주제가 일부 응답자에게만 해당되는 상황은 어떤 주제와 관련된 일련의 질문을 하고자 할 때 발생한다. 응답자가 특정 조직에 소속되어 있다면 얼마나 자주 모임에 참여하고, 조직 안에서 직책을 맡고 있는지 등을 묻고자 할 것이다. 아니면 응답자들이 지역사회 이슈에 관해 무엇인가를 들은 적이 있었는지를 묻고, 만약 그렇다면 들어본 적이 있는 이슈에 대한 사람들의 태도가 어떤지 알려고 할 것이다.

이처럼 일련의 질문들 중 후속질문을 **수반형 질문**(contingency question)이라고 한다. 질문을 받고 대답하는 것은 일련의 질문들 중 첫 번째 질문에 대한 응답을 조건으로 한다. 수반형 질문의 올바른 사용은 응답자의 설문지 완성을 촉진할 수 있는데, 이는 자신과 관련 없는 질문에 대답하지 않아도 되기 때문이다.

수반형 질문을 위한 몇 가지 형식이 존재한다. 그림 10-2가 가장 명료하고 효과적인 형식을 보여준다. 이 형식에서 두 개의 주요 요소를 주목하라. 첫째, 수반형 질문은 옆으로 떨어져 나와 상자에 둘러싸인 채 다른 질문들과 떨어져 있다. 둘째, 화살표가 수반형 질문과 이 질문을 수반하는 응답을 연결한다. 예시에서 '예'라고 대답

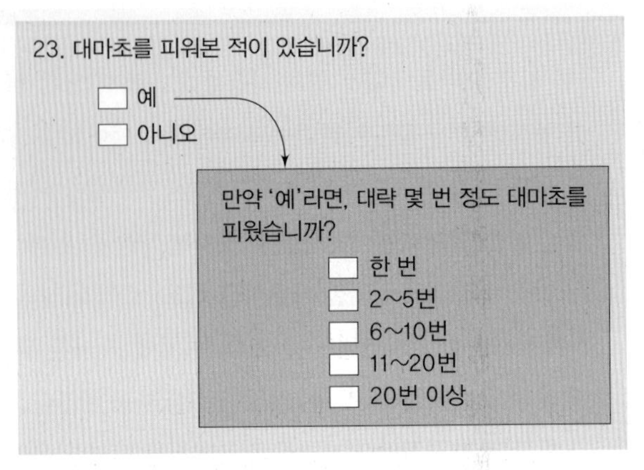

그림 10-2 수반형 질문 형식

한 응답자만 수반형 질문에 대답하게 되어 있다. 나머지 응답자는 그것을 건너뛰어야 한다.

그림 10-2에 제시된 질문은 한 개의 질문으로 다룰 수 있었다는 사실에 주목해야 한다. "만약 그렇다면 몇 번이나 대마초를 피운 적이 있는가?"라는 질문에 대한 응답범주는 '전혀 없다', '한 번', '2~5번' 등이 될 수 있었을 것이다. 그와 같은 단일 질문은 모든 응답자에게 적용되고 각자는 적절한 응답범주를 찾을 것이다. 그러나 그런 질문은 응답자에게 대마초를 피워본 경험을 보고하라는 약간의 압력을 가할지도 모르는데, 왜냐하면 비록 한 번도 대마초를 피워본 적이 없는 경우를 고려했다고 해도, 주요 질문은 몇 번이나 그것을 피웠느냐고 묻고 있기 때문이다(앞의 문장에서 강조된 부분은 응답자가 어떻게 질문을 읽을 수 있는지를 잘 보여준다). 그림 10-2에서 예시된 수반형 질문 형식은 대마초를 피운 경험을 보고하라고 응답자에게 가한 미묘한 압력을 줄일 것이다.

전술한 논의는 타당도와 신뢰도에 대한 이론적 이슈가 한 장의 종이 위에 어떤 방식으로 질문을 배치하느냐와 같은 현실적인 일과 어떻게 관련되는가를 보여준다. 적절히 사용되면, 심지어 다소 복잡한 수반형 질문모음도 응답자를 혼란스럽게 만들지는 않을 것이다. 그림 10-3은 더 복잡한 예를 보여준다.

때로 수반형 질문모음은 몇 페이지에 걸칠 정도로 길

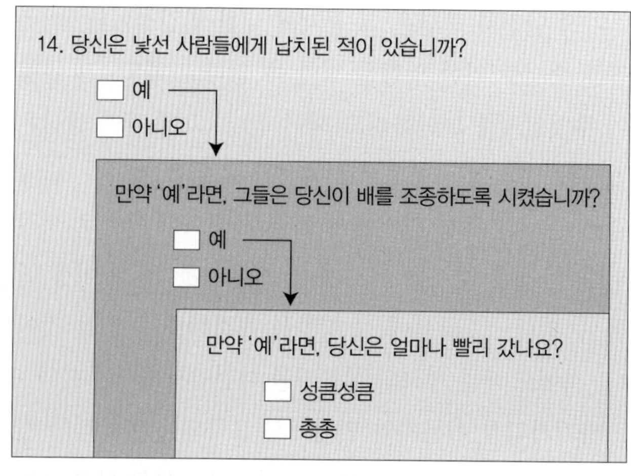

14. 당신은 낯선 사람들에게 납치된 적이 있습니까?

☐ 예
☐ 아니오

만약 '예'라면, 그들은 당신이 배를 조종하도록 시켰습니까?

☐ 예
☐ 아니오

만약 '예'라면, 당신은 얼마나 빨리 갔나요?

☐ 성큼성큼
☐ 총총

그림 10-3 수반형 표

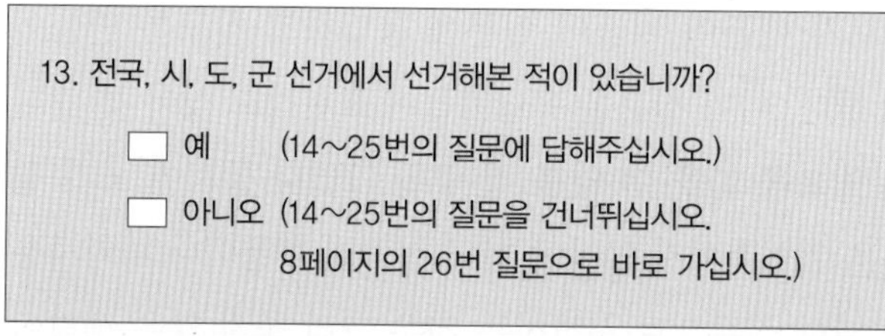

13. 전국, 시, 도, 군 선거에서 선거해본 적이 있습니까?

☐ 예 (14~25번의 질문에 답해주십시오.)

☐ 아니오 (14~25번의 질문을 건너뛰십시오. 8페이지의 26번 질문으로 바로 가십시오.)

그림 10-4 건너뛰라는 지시문

다. 저소득층의 투표행위를 연구한다고 가정하고, 선거에서 투표했던 사람들에게 다수의 질문을 하려 한다고 상상해보라. "선거에서 투표한 적이 있습니까?"와 같은 첫 질문으로 관련된 응답자를 분리할 수 있지만, 상자 안의 수반형 질문을 몇 페이지에 걸쳐 배치하면 혼란스러울 수 있다. 각 응답 뒤에, 괄호 안에 수반형 질문에 응답할지 아니면 건너뛸지를 말해주는 지시문을 기입하는 것이 더 적절하다. 그림 10-4가 이런 방법의 예시를 제공한다.

이와 같은 지시문에 더해 단지 수반형 질문만으로 구성된 각 페이지의 맨 위에 지시문을 넣는 것도 좋다. 예를 들어 "이쪽은 선거에서 투표했던 응답자만을 위한 것입니다."라고 써넣을 수 있다. 이런 명료한 지시문은 질문에 관련 있는 사람의 응답 가능성을 높일 뿐만 아니라 응답자가 자신과 관련이 없는 질문을 읽고 당황스러워하는 일을 겪지 않게 한다.

17. 아래에 제시된 각 문항 옆에 매우 '동의한다, 동의한다, 반대한다, 매우 반대한다, 또는 모른다'를 표시해주십시오.

	매우 동의	동의	반대	매우 반대	모른다
a. 이 나라는 더 많은 법과 질서를 필요로 한다.	☐	☐	☐	☐	☐
b. 경찰은 무장을 해제해야 한다.	☐	☐	☐	☐	☐
c. 폭동 중 약탈범은 발견되는 대로 사살되어야 한다.	☐	☐	☐	☐	☐
등					

그림 10-5 동일유형 질문 형식

동일유형 질문

당신은 종종 동일한 응답범주 모음을 가진 몇 가지 질문을 하려고 할 것이다. 일반적으로 리커트 응답범주가 사용될 때가 그런 경우다. 그 경우 그림 10-5에서 예시되어 있듯이 문항과 응답 행렬을 만들 수가 있다.

이 형식은 몇 가지 장점이 있다. 첫째, 공간을 효율적으로 사용한다. 둘째, 응답자는 이런 방법으로 제시된 질문모음을 완성하는 것이 빠르다고 느낄 것이다. 게다가 이 형식은 연구자뿐만 아니라 응답자도 다른 질문들에 주어진 응답과 비교할 수 있다. 응답자는 앞 문항의 응답을 빨리 검토해볼 수 있기 때문에 자신의 찬성 강도를 앞의 응답과 비교해보면서 주어진 문항에 대한 응답을, 예를 들어 '매우 찬성'과 '찬성' 사이에서 고를 수 있다.

그러나 이 형식을 사용하는 데 따르는 위험이 존재한다. 다른 응답 형식이 더 적절할 때도 동일유형 질문의 장점 때문에 응답이 동일유형 형식에 들어맞도록 문항을 구성하기도 한다. 또한 동일유형 질문 형식은 어떤 응답자에게 특정 반응을 촉진할 수 있다. 예를 들어, 모든 문항에 찬성하는 응답 패턴이 나타날 수 있다. 특정 성향(예를 들어, 자유주의적인 정치적 관점)을 나타내는 문항으로 시작하면서 나중에 반대성향을 나타내는 문항이 몇 개 포함되어 있다면 특히 그러기가 쉽다. 응답자는 모든 문항이 동일한 성향을 나타낸다고 가정하고 빨리 읽어내려 가면서 그것들 중 일부를 잘못 읽고, 그에 따라 잘못된 응답을 할 수 있다. 9장에서 이 문제를 **순응적 반응양식**으로 간단히 언급했다. 이 문제는 다른 성향을 나타내는 긍정적으로 표현된 문항과 부정적으로 표현된 문항을 골고루 섞어놓고 모든 진술문을 짧고 명료하게 만들 때 다소 감소될 수 있다. 예를 들어 9장에서 어머니에 대한 아이의 태도(CAM) 척도는 이 문제를 '엄마는 나를 분개하게 만든다', '엄마를 미워한다' 같은 문항을 '엄마와 같이 있는 것을 좋아한다', '엄마를 자랑스럽게 여긴다' 등의 문항과 섞어놓으면서 처리했던 것을 지적했다.

질문 순서

질문 순서 역시 응답에 영향을 끼칠 수 있다. 먼저 한 질문의 출현은 다음 질문의 응답에 영향을 미칠 수 있다. 예를 들어 테러리즘이 미국에 가하는 위험에 관한 질문을 하고, 그 다음 미국에 위험을 가하는 것으로 여겨지는 것을 자발적으로 제안해보라고(개방형 질문) 요청하면, 그렇지 않았던 경우에 비해 테러리즘이 훨씬 더 많이 인용될 것이다. 이런 상황에서는 개방형 질문을 먼저 하는 편이 더 낫다.

만약 응답자가 자신의 신앙심을 평가하도록 요청받았다면("당신에게 종교가 얼마나 중요한가?"), 응답자는 신앙심의 구체적인 측면을 묻는 후속질문에 대한 응답을 앞 문항에서 보였던 응답과 일치시키려고 할 것이다. 반대의 경우도 그렇다. 만약 응답자가 자신의 신앙심의 다른 측면에 관한 구체적 질문을 먼저 받았다면, 후속질문에 대한 응답은 앞의 응답을 반영할 것이다.

어떤 연구자는 질문 순서를 무작위로 배치하면서 이런 영향력을 극복하려고 한다. 그러나 이것은 보통 쓸모없는 노력이다. 우선 무작위로 배치된 질문은 응답자에게 무질서하고 가치 없다는 인상을 줄 것이다. 게다가 응답하기가 어려운데, 왜냐하면 한 주제에서 다른 주제로 계속 관심을 전환해야 하기 때문이다. 심지어 질문이 무작위로 배열되었을 경우에도 한 질문의 출현은 다음 질문의 응답에 영향을 미칠 수 있다.

가장 안전한 해답은 그 문제에 대한 민감성이다. 비록 질문 순서로 인한 영향을 피할 수 없다고 해도, 그 영향이 무엇일지를 판단하려고 해야 한다. 그에 따라 당신은 결과를 의미 있는 방식으로 해석할 수 있을 것이다. 만약 질문 순서가 특정 연구에서 특별히 중요한 이슈로 생각된다면, 질문 순서를 다르게 한 설문지를 한 개 이상 만들 수 있다. 그 다음에 그 영향을 측정해볼 수 있을 것이다. 적어도 다른 형식의 설문지를 사전검사해봐야 한다.

자기기입식 설문지와 면접에서 요구되는 바람직한 질문 순서는 약간 다르다. 전자의 경우에는 보통 가장 흥미로운 질문으로 설문지를 시작하는 것이 가장 좋다. 잠재적 응답자들은 처음 몇 개의 질문을 별생각 없이 대충 훑어보기 때문에 이들이 질문에 응답하고 싶도록 만들어야 한다. 아마 질문은 응답자들이 표현하고 싶어 못 견디는 태도를 물을 수 있을 것이다. 그러나 동시에 초기 질문은 위협적이지 않아야 한다(성적인 행동이나 마약사용에 관한 질문으로 시작하는 것은 그리 좋지 않은 생각이다). 더 따분한 인구사회학적 자료(연령, 성 등)의 요청은 일반적으로 자기기입식 설문지의 마지막에 배치해야 한다. 많은 미숙한 연구자가 그렇게 하듯이 이런 질문을 시작 부분에 배치하면, 설문지에 대한 판에 박힌 인상을 주게 되어 응답자는 설문지를 완성하고 싶다는 동기를 갖지 않을 수 있다.

면접 설문조사에서는 일반적으로 정반대인 경우가 사실이다. 잠재적인 응답자의 현관문이 처음 열렸을 때, 면접자는 빠르게 신뢰감을 얻어야 한다. 연구에 대해 간단히 소개하고 나서 면접자는 가족 숫자를 세고, 각각에 대한 인구사회학적 자료를 얻으면서 가장 좋게 시작할 수 있다. 그런 질문들은 쉽게 대답할 수 있고 대체로 위협적이지 않다. 일단 신뢰감이 형성되면 면접자는 더 민감한 내용으로 옮겨갈 수 있다. "당신은 신을 믿습니까?"라는 질문으로 시작된 면접은 아마 조금 더 빨리 끝나게 될 것이다.

질문 순서의 영향이 항상 동일한 것은 아니다. 벤턴 Benton과 댈리 Daly(1991)가 지방정부 설문조사를 실시할 때 상대적으로 학력 수준이 낮은 응답자들이 학력 수준이 높은 응답자들보다 질문 순서의 영향을 더 많이 받는 것으로 나타났다. 그린 Greene, 머피 Murphy, 스나이더 Snyder(2000)가 수행한 우편 설문조사의 유형들(인구사회학적 질문을 설문지 마지막에 배치한 유형과 맨 처음에 배치한 유형)에 관한 연구는 우리가 앞에서 언급한, 즉 인구사회학적 질문은 자기기입식 설문지 후반에 배치하는 편이 좋다는 의견에 이의를 제기하고 있다.

지시문

응답자가 완성하든 면접자가 실시하든 간에, 모든 설문지는 적절한 곳에 명료한 지시문과 소개문이 포함되어 있어야 한다. 모든 자기기입식 설문지는 기본적인 지시문으로 시작하는 것이 도움이 된다. 비록 요즘 많은 사람이 설문지에 상당히 익숙해졌다고 해도 그들에게 당신이 정확하게 무엇을 원하는지 알려주면서 시작해야 한다. 어떤 질문에는 적절한 응답 옆의 상자 안에 체크 표시 또는 X를 기입하라고 알려준다. 개방형 질문이 많이 사용된다면, 응답자에게 응답을 간단하게 해야 하는지 길게 해야 하는지를 알려줘야 한다. 만약 폐쇄형 질문의 응답에 대해 더 상세히 설명해주기를 원한다면, 그것도 언급해야 한다.

만약 설문지가 내용별로 세분화된다면(정치적 태도, 종교적 태도, 배경자료) 그 내용과 목적에 관한 짧은 진술문을 각 부분에 넣는다. 예를 들면 다음과 같다. "이 부분에서 우리는 이곳에 살고 있는 사람들이 가장 중요한 지역사회 문제라고 여기는 것이 무엇인지 알고 싶습니다." 자기기입식 설문지 마지막에 있는 인구사회학적 문항은 이렇게 시작할 수 있다. "마지막으로 우리가 조사해 온 문제에 관해 다른 유형의 사람들이 어떻게 느끼는지를 알기 위해, 당신에 관해 약간 알고자 합니다."

이와 같은 짧은 지시문은 응답자가 설문지 내용을 이해할 수 있게 해준다. 지시문은 설문지를 덜 혼란스럽게 보이게 해주는데, 특히 설문지가 다양한 자료를 다룰 경우 그렇다. 또한 지시문은 응답자에게 응답할 기분을 갖게 하는 효과도 있다.

일부 질문들에 적절하게 응답할 수 있도록 특별한 지시문이 필요할 때도 있다. 특정 질문이 설문지의 전반적인 지시문에서 벗어날 때 필요한데, 구체적인 예들이 이런 상황을 설명해줄 것이다.

배타적 응답범주의 바람직성에도 불구하고 종종 한 개 이상의 응답이 응답자에게 적용될 수 있는 것 또한 사실이다. 만약 단 하나의 대답을 원한다면 질문 안에서 이것을 완전하게 이해시켜야 한다. "아래 목록 중에서 대학을 다니기로 결심한 주된 이유에 표시를 해주십시오."가 한 예가 될 것이다. 종종 주된 질문 뒤에 괄호 안의 메모가 첨부될 수 있다. "가장 나은 답 한 개를 골라 표시해주십시오." 반면에 응답자가 해당되는 모든 응답에 표시하기를 원한다면, 그것도 역시 이해시켜야 한다.

응답범주 모음이 응답자에 의해 순서가 매겨져야 할 때, 지시문은 아래의 내용을 담아야 하고 다른 유형의 응답 형식이 사용되어야 한다(예를 들어, 상자 모양 대신에 빈 여백). 이런 지시문은 몇 개의 응답에 순서가 매겨져야 하는지(예를 들어 전부, 처음과 두 번째, 처음과 마지막, 가장 중요한 것과 가장 중요하지 않은 것)와 서열의 순서(예를 들어 "가장 중요한 것 옆에 1을, 그 다음으로 가장 중요한 것 옆에 2를 적으시오.")를 나타내야 한다. 그러나 응답서열 순서 매기기는 응답자에게 종종 어렵게 느껴지는데, 그들은 목록을 몇 차례나 되풀이해 읽어야 될지도 모르기 때문이다. 따라서 이 기법은 원하는 결과를 가져올 다른 방법이 없는 상황에서만 사용된다. 만약 이 기법을 사용한다면, 응답범주 목록은 상대적으로 짧아야 한다. 예를 들어, 많은 응답자에게 10개 이상의 목록에 순서를 매기는 일은 너무 어렵다.

다중부분 동일유형 질문(multiple-part matrix question)에서는 동일한 형식이 설문지 전체에 사용되지 않는다면 특별한 지시문을 제공하는 것이 도움이 된다. 때로 응답자는 행렬의 각 '세로줄'에서 하나의 대답을 표시하도록 요청받을 것이고, 다른 설문지에서는 각 '가로줄' 안에서 하나의 대답을 표시하도록 요청받을 것이다. 하나의 설문지에서 두 가지 유형을 포함할 때는, 각 경우에 어느 것을 기대하는지 지시문에서 명확하게 해야 한다.

사전조사

연구자가 아무리 신중하게 설문지를 설계할 경우라도 항상 실수를 범할 가능성이 있다. 애매모호한 질문이나 사람들이 대답할 수 없는 질문, 또는 방금 논의했던 규칙위반 같은 실수가 발생할 수 있다.

이런 실수를 줄이기 위해 9장에서 언급했듯이 사전조사를 실시한다. 사전조사를 위한 표본은 10명 이하로 적어도 된다. 표본은 당신의 연구에 포함될 사람들과 유사해야 한다. 표본을 무작위로 선정할 필요는 없으며, 실제 연구에 포함될 사람들과 유사한 사람들을 선정하면 된다. 그러나 사전조사에 참여한 사람들이 실제 연구에 참여해서는 안 된다.

사전조사를 할 때 사람들에게 설문지에서 잘못된 부분을 찾아달라고 하기보다는 설문지를 완성하도록 요청하는 편이 더 좋다. 처음 읽었을 때는 의미 있어 보이는 질문이 나중에 보면 대답하기 불가능한 경우가 자주 발생하기 때문이다.

프레서 Presser와 블레어 Blair(1994)는 사전조사를 위한 몇 가지 전략과 그 효과성을 보고했다. 그들은 다양한 방법의 비용에 관한 자료도 제공했다. 설문지 구성을 위한 여러 가지 팁과 지침이 있으나 그 내용을 모두 다루면 책 한 권의 분량이다. 그래서 이런 설명 중에서 어떻게 실체를 찾아가는지를 보여주는 실제 설문지에 대한 예시를 소개하면서 이에 대한 논의를 마치고자 한다.

그러나 예시로 넘어가기 전에 21장에서 논의할 설문지 설계의 중요한 측면을 언급하려고 한다. 바로 사전코딩이다. 설문지로 수집한 정보는 일반적으로 어떤 유형의 컴퓨터 형식으로 바뀌기 때문에, 설문지 자체에 자료처리 지시문을 포함하는 것이 보통 적절하다. 이런 지시문은 기계로 읽을 수 있는 자료 파일 안의 어느 곳에 구체적 정보가 저장될 것인지를 나타낸다. 21장에서는 그런 저장의 본질을 논의하고 적절한 설문지 기호법의 종류를 지적할 것이다. 그러나 사전연습으로, 다음의 예시는 질문과 응답범주 곁에 나타난 이상한 숫자들로 사전코딩된 것임에 주목하라.

복합 예시

그림 10-6은 시카고 대학교의 전국여론조사센터가 일반 사회조사에서 사용했던 설문지의 일부다. 설문지는

10. 여기에 정부가 경제를 위해 할 수 있는 여러 가지 활동이 있습니다. 각 활동에 대해 당신이 동의하는지 반대하는지를 나타내기 위해 해당 번호에 동그라미를 쳐주시기 바랍니다.

1. 매우 찬성
2. 찬성
3. 찬성도 반대도 아님
4. 반대
5. 매우 반대

	해당하는 번호에 동그라미 치세요					
a. 법률에 의한 임금통제 ········	1	2	3	4	5	28/
b. 법률에 의한 가격통제 ········	1	2	3	4	5	29/
c. 정부의 지출 삭감 ········	1	2	3	4	5	30/

그림 10-6 설문지 견본

d. 일자리 창출 프로젝트를 위한 정부의 재정 지원	1	2	3	4	5	31/
e. 정부에 의한 산업규제 완화	1	2	3	4	5	32/
f. 신제품과 기술개발을 위한 산업 지원	1	2	3	4	5	33/
g. 일자리 보호를 위한 사양산업 지원	1	2	3	4	5	34/
h. 일자리 창출을 위해 노동시간 감축	1	2	3	4	5	35/

11. 아래에는 정부가 지출하고 있는 다양한 영역이 나열되어 있습니다. 각 영역에서 정부의 지출을 증액 또는 감축해야 하는지를 표시해주시기 바랍니다. 당신이 '더 많이'라고 말한다는 것은 그것을 지불하기 위해 세금을 올릴 수도 있음을 의미합니다.

1. 더 많이 지출해야 한다
2. 많이 지출해야 한다
3. 현재와 같은 수준으로 유지해야 한다
4. 적게 지출해야 한다
5. 더 적게 지출해야 한다
8. 선택할 수 없다

	해당하는 번호에 동그라미 치세요						
a. 환경	1	2	3	4	5	8	36/
b. 건강	1	2	3	4	5	8	37/
c. 경찰과 법집행	1	2	3	4	5	8	38/
d. 교육	1	2	3	4	5	8	39/
e. 국방	1	2	3	4	5	8	40/
f. 퇴직수당	1	2	3	4	5	8	41/
g. 실업수당	1	2	3	4	5	8	42/
h. 문화와 예술	1	2	3	4	5	8	43/

12. 만약 정부가 인플레이션 억제와 실업률 억제를 선택해야 한다면, 당신은 어느 것에 우선순위를 두시겠습니까?

인플레이션 억제	1	44/
실업률 억제	2	
선택할 수 없다	8	

13. 당신은 노조가 너무 많은 권력을 가졌다고 생각하십니까, 아니면 너무 적은 권력을 가졌다고 생각하십니까?

너무 많다	1	45/
많은 편이다	2	
적당하다	3	
적은 편이다	4	
너무 적다	5	
선택할 수 없다	8	

14. 당신은 산업이 너무 많은 권력을 가졌다고 생각하십니까, 아니면 너무 적은 권력을 가졌다고 생각하십니까?

너무 많다	1	46/
많은 편이다	2	

그림 10-6 (계속)

적당하다	3	
적은 편이다	4	
너무 적다	5	
선택할 수 없다	8	

15. 당신은 연방정부가 너무 많은 권력을 가졌다고 생각하십니까, 아니면 너무 적은 권력을 가졌다고 생각하십니까?

너무 많다	1	47/
많은 편이다	2	
적당하다	3	
적은 편이다	4	
너무 적다	5	
선택할 수 없다	8	

16. 당신은 노조가 전체 사회에 유익하다고 생각하십니까?

매우 유익하다	1	48/
유익하다	2	
유익한 편이다	3	
유익하지 않다	4	
전혀 유익하지 않다	5	
선택할 수 없다	8	

17. 당신은 각 산업 분야에서 정부가 담당해야 할 역할이 무엇이라고 생각하십니까?

1. 소유한다
2. 가격과 이윤을 통제하지만 소유하지 않는다
3. 소유해서도 가격과 이윤을 통제해서도 안 된다
8. 선택할 수 없다

	해당하는 번호에 동그라미 치세요					
a. 전력	1	2	3	4	8	49/
b. 철강산업	1	2	3	4	8	50/
c. 은행과 보험	1	2	3	4	8	51/

18. 대체로 당신은 정부가 책임져야 한다고 생각하십니까, 책임질 필요 없다고 생각하십니까?

1. 당연히 책임져야 한다
2. 책임져야 한다
3. 책임질 필요가 없다
4. 책임져서는 안 된다
8. 선택할 수 없다

	해당하는 번호에 동그라미 치세요					
a. 원하는 모든 국민에게 직장을 제공한다.	1	2	3	4	8	52/
b. 가격을 통제한다.	1	2	3	4	8	53/

그림 10-6 (계속)

c. 환자에게 의료서비스를 제공한다.	1	2	3	4	8	54/
d. 노인들이 적정 생활 수준을 유지하도록 한다.	1	2	3	4	8	55/
e. 산업이 성장하는 데 필요한 지원을 제공한다.	1	2	3	4	8	56/
f. 실업자들이 적정 생활 수준을 유지하도록 한다.	1	2	3	4	8	57/
g. 빈부격차를 줄인다.	1	2	3	4	8	58/
h. 저소득 가정 자녀에게 학자금을 제공한다.	1	2	3	4	8	59/
i. 무주택자에게 주택을 제공한다.	1	2	3	4	8	60/

19. 당신은 정치에 관심이 있습니까?

매우 그렇다	1	61/
그렇다	2	
약간 그렇다	3	
관심 없다	4	
전혀 관심 없다	5	
선택할 수 없다	8	

20. 정부가 지출하고 있는 또 다른 영역이 아래에 나열되어 있습니다. 각 영역에서 정부의 지출이 증액 또는 감축되어야 하는지를 표시해주시기 바랍니다. 당신이 '더 많이'라고 말한다는 것은 그것을 지불하기 위해 세금을 올릴 수도 있음을 의미합니다.

1. 더 많이 지출해야 한다
2. 많이 지출해야 한다
3. 현재와 같은 수준으로 유지해야 한다
4. 적게 지출해야 한다
5. 더 적게 지출해야 한다
8. 선택할 수 없다

	해당하는 번호에 동그라미 치세요					
a. 저소득층 임산부를 위한 산전관리	1	2	3	4	5	8	62/
b. 의료보험이 없는 가족을 위한 의료서비스	1	2	3	4	5	8	63/
c. 빈곤아동을 위한 취학 전 프로그램	1	2	3	4	5	8	64/
d. 빈곤아동을 위한 보호	1	2	3	4	5	8	65/
e. 맞벌이부모를 위한 아동보호	1	2	3	4	5	8	66/
f. 아동이 있는 빈곤가정을 위한 주택 공급	1	2	3	4	5	8	67/
g. 장애아동을 위한 서비스	1	2	3	4	5	8	68/
h. 아동과 청소년을 위한 약물남용 예방과 치료	1	2	3	4	5	8	69/
i. 빈곤아동과 가족을 위한 푸드스탬프나 학교 무료급식 등의 영양 프로그램	1	2	3	4	5	8	70/
j. 청소년을 위한 피임 서비스	1	2	3	4	5	8	71/

설문지를 완성해주셔서 감사합니다.

그림 10-6 (계속)

정부에 대한 국민의 태도를 다루고 있으며 자기기입식이다.

복합 척도의 구성

어떤 변수는 설문지에서 단일 문항으로 측정되기에는 너무 복잡하거나 다면적이다. 이런 변수는 여러 지수의 복합체이므로, 변수의 여러 가지 경험적 지수를 한 개의 측도로 합친 복합적 또는 축적적인 측도를 요한다. 사회복지 연구자가 한 개의 설문지 문항으로 충분히 끌어내기 어렵다고 느낄 수 있는 복잡한 변수의 예는 결혼만족도, 사회적 기능 수준, 서비스에 대한 클라이언트 만족도 수준, 다양한 표적집단과 일하는 것에 관한 사회복지사의 태도, 삶의 질, 여성 혹은 소수집단에 대한 태도다(8장에서 기존의 복합 측도와 측도의 신뢰도와 타당도에 관한 정보를 어떻게 찾는지를 논의했다).

복잡한 변수의 복합적인 혹은 축적적인 측도를 **척도**(scale) 또는 **지표**(index)라고 한다. 척도의 구성이 좀 더 엄격한 절차를 따르기는 하지만, 이 두 가지 용어는 사회조사 문헌에서 동일한 의미를 갖는 용어로 사용되며 이 책에서도 그렇다. 그러나 이 책에서는 주로 척도를 사용하는데, 그 이유는 이 용어가 사회복지 조사에서 좀 더 빈번하게 사용되기 때문이다. 지표와 척도는 단일 문항에 비해 더 큰 분산의 가능성을 제공하는 점수로 복잡한 변수를 나타낼 수 있게 해준다. 복수 문항을 통해 얻은 점수를 분석하는 것이 각 문항을 분리해 분석하는 것보다 더 효율적이다.

외상 후 스트레스 장애의 다양한 증상을 경험하는 정도를 측정하는 25개 문항짜리 자기보고식 척도를 구성한다고 가정해보자. 각 문항에 대한 응답에 1점(전혀 그렇지 않다)부터 5점(매우 자주 그렇다)을 부여한다고 해보자. 25개 문항에 대한 응답을 모두 더하면 가능한 총점의 범위는 25~125점이 된다. 각 문항에 대한 응답에 0점부터 4점을 부여한다면 가능한 총점은 0점에서부터 100점이 된다.

측정 수준

일반적으로 지표와 척도는 변수의 **서열측도**(ordinal measures)를 제공한다. 다시 말해 지표와 척도는 사람(혹은 다른 분석단위)을 어머니에 대한 태도, 사회적 기능 같은 변수들로 바꾸어 서열화한다. 그런 서열화는 척도상의 모든 문항을 합한 전체 점수에 의해 결정된다.

서열측도가 변수를 수량화하는 데 유용하나, 양적 차이의 정도를 정교하게 알려주지는 못한다. 앞서 소개한 외상 후 스트레스 장애 척도를 예로 들면, 각 문항에서 '자주 그렇다'(4점)는 응답이 '거의 그렇지 않다'(2점)는 응답보다 정확하게 2배 잦다는 뜻이 아니기 때문에 이 척도에서 60점이 30점보다 2배 많은 것은 아니다.

이 책 후반부(21장)에서 자료분석에 미치는 영향과 관련해 측정 수준을 깊이 있게 다룰 것이다. 예를 들면, 서열측도와 달리 **비율측도**(ratio measures)는 정교한 수학적 의미를 갖는다. 만약 어떤 부모가 4명의 자녀를, 다른 부모는 2명의 자녀를 두었다면, 전자는 후자보다 정확하게 2배나 많은 자녀를 두었다는 의미를 갖는다. 또한 성, 민족 같은 **명목측도**(nominal measures)를 살펴볼 텐데, 명목측도는 단지 질적인 차이만을 알려주고 그 이상의 의미를 전달하지는 않는다. 21장은 **등간측도**(interval measures)도 다루고 있으며, 이 측도는 앞의 세 가지 수준과 비교할 때 사회복지 연구에서 덜 자주 사용된다.

여기서 기억해야 할 중요한 점은 서열적으로 측정된 지표나 척도상의 점수 차이가 양적 차이를 정교하게 묘사하지 않는다는 것이다. 예를 들어 설명하면, 외상 후 스트레스 장애 척도에서 60을 받은 사람은 30점을 받은 사람보다 외상 후 스트레스 장애를 더 자주 경험한다는 의미이지, 전자가 후자보다 외상 후 스트레스 장애를 두 배 많이 갖고 있다는 의미는 아니다.

문항 선택

척도를 구성하는 첫 번째 단계는 문항 선택이다. 먼저 문항은 액면 타당도를 가져야 한다. 예를 들어 자존감을 측정하려고 한다면, 각 문항은 액면상 자존감의 어떤 측면을 나타내는 것처럼 보여야 한다. 우울증처럼 자존감과 관련된 개념을 생각해볼 수 있지만, 자존감 척도는 자존감을 반영하는 문항만을 포함해야지 우울증을 반영하는 문항을 포함해서는 안 된다. 그러므로 만약 자존감을 측정하고 있다면, 당신 생각에 우울증이 단지 자존감과 관련이 있다는 이유로 그들이 외로운지 혹은 우울한지 물어서는 안 된다. 그런 질문은 우울증을 측정하는 척도에 쓰기 위해 유보하고, 자존감 척도에서는 자신의 이미지에 대한 선호와 관련된 문항으로 한정한다(자신이 영리한지, 매력적인지, 호감이 가는지, 유능한지, 신뢰할 만한지 등을 묻는 문항을 쓸 수 있다). 이는 척도 구성에서 **단일차원성**(unidimensionality)으로 알려져 있다.

또한 문항은 적당한 **분산**(variance)을 가져야 한다. 만약 모든 사람이 특정 문항에 같은 응답을 한다면, 그 문항은 척도 개발에서 아무 쓸모가 없다. 예를 들어, 부모의 아동 양육 태도를 측정하려는 척도에서 자신의 아이를 성적으로 학대하려고 한 것을 인정한 부모가 없었다고 가정해보라. 그러면 그 문항은 학대할 가능성이 더 적은 사람과 학대할 가능성이 더 큰 부모를 구별하는 데 쓸모가 없다. 문항이 적당한 분산을 가졌는지 알아내기 위해 척도를 사전검사한 다음, 각 문항에 대한 응답범위를 조사한다.

궁극적으로 척도를 위해 어떤 문항을 선택하는가는 그런 문항이 척도의 신뢰도와 타당도에 어떻게 영향을 미치는가에 달려 있는데, 신뢰도와 타당도는 앞 장에서 논의한 절차를 통해 결정된다. 같은 척도에서 다른 문항과 아무 관련이 없거나 척도의 타당도에 대한 외부 기준과 관련이 없는 문항은 버리거나 수정되어야 한다.

결측자료 처리하기

지표와 척도를 사용하는 대부분의 연구에서 일부 응답자가 일부 문항에 응답하지 않는 경우도 있다. 그들은 때로 문항을 빈 여백으로 남길 수 있고, 또 다른 경우에는 '모른다'는 응답을 고를 수 있다. 이런 결측자료 문제를 다루는 몇 가지 방법이 있다.

첫째, 소수의 몇 사람을 제외한 모든 응답자가 모든 문항에 응답했다면, 당신은 결측자료가 포함된 지표나 척도를 가진 소수 응답자 자료를 분석에서 제외하기로 결정할 수 있다. 그러나 특정한 특성을 지닌 대다수 사람을 제외함으로써 마치 나머지 표본을 어느 한쪽으로 치우치게 한 것처럼 보인다면 결측자료를 가진 응답자를 제외해선 안 된다.

둘째, 결측자료를 활용할 수 있는 응답 중 하나로 취급할 수 있다. 예를 들어 응답자에게 그들이 참여하는 여러 활동 각각에 '예/아니오'로 표시하라고 요청했다면, 많은 응답자가 몇 가지의 활동에 '예'라고 표시하고 나머지는 공백으로 남겨두었을 수도 있다. 그런 경우 대답하지 않은 것은 '아니오'로 결정하고, 이 경우 결측자료를 마치 응답자가 '아니오'라는 공간에 표시한 것처럼 점수를 준다.

셋째, 결측자료를 주의 깊게 분석해보면 그 의미에 대한 해석을 할 수 있다. 예를 들어 정치적 보수주의에 관한 척도 구성에서, 특정 질문에 대답하지 않은 응답자는 일반적으로 보수적인 응답을 한 사람과 마찬가지로 다른 문항에서 보수적이었음을 발견할 수 있다. 또 다른 예로, 신앙적 믿음을 측정한 최근 연구는 특정 믿음에 관해 '모른다'라고 응답한 사람이 다른 믿음에 관한 응답에서 '믿지 않는 사람들과' 거의 동일했음을 발견했다(주: 당신은 이런 예를 당신 연구의 경험적 지침으로 삼아서는 안 되고, 단지 자료분석의 시사적인 방법으로 삼아야 한다). 결측자료에 대한 분석이 이처럼 해석될 경우, 결측자료를 가진 응답자에게 이에 상응한 점수를 주기로 결정할 수 있다.

이런 문제를 다른 방식으로 해결할 수 있다. 만약 어떤 문항이 몇 가지 가능한 값을 갖는다면, 결측자료를 가진 사례에 중간값을 부여할 수 있다. 예를 들어 값이 0, 1, 2, 3, 4라면 2를 부여할 수 있다. 연령 같은 연속변수의 경우에는 결측자료를 가진 사례에 평균값을 부여할 수 있다. 아니면 결측자료에 무작위로 값을 부여할 수 있다. 이 모든 것은 당신이 발견하기를 기대하고 있는 어떤 관계와 역행해 작용할 수 있다는 점에서 조심스러운 해결책이다.

만약 몇 개의 문항을 갖고 지표를 만들었으면 관찰된 것에 근거한 비율을 사용해 결측자료를 처리할 수 있다. 예를 들어 지표가 기관의 문화적 능력을 측정하는 6개의 지수로 구성되어 있고, 각 지수에 1점을 부여한다고 가정해보자. 특정 기관과 관련해 당신이 4개 지수에 관한 정보만 갖고 있고 나머지 2개 지수에 대해서는 어떤 정보도 갖고 있지 않다고 하자. 만약 그 기관이 4개 지수에서 만점, 즉 4점을 얻었다면 당신은 그 기관에 6점이라는 지표 점수를 부여할 수 있다. 만약 응답자가 2점을 얻었다면(4개의 문항에서 얻을 수 있는 점수의 절반임) 당신은 3점을 부여할 수 있다(6개 관찰에서 얻을 수 있는 점수의 절반임).

사용될 특정 방법의 선택은 연구상황에 달려 있기 때문에 단일한 '최선의' 방법을 제안하거나 우리가 설명한 몇 가지를 순서 매긴다는 것은 불가능하다. 결측자료를 가진 모든 사례를 제외하는 것은 연구결과의 대표성을 치우치게 할 수 있지만, 결측자료에 점수를 부여하면서 그런 사례를 포함시키는 것은 연구결과의 본질에 영향을 줄 수 있다. 가장 안전한 최선의 방법은 대안적인 방법을 사용한 척도나 지표를 만들어 각각으로부터 같은 연구결과가 나오는지를 보는 것이다. 여하튼 자료를 이해하는 것이 분석의 최종 목표다.

몇 가지 중요한 척도 개발 절차

8장의 그림 8-3에 제시된 기존 척도에 관한 긴 목록의 참고도서로부터 추측할 수 있듯이, 척도는 끝없이 다양한 형식으로 구성되어 있는 것처럼 보인다. 어떤 척도 개발 절차는 매우 복잡하며, 개발하는 데 상당한 노동의 대가를 요한다. 막대한 시간과 경비가 소요되는 거트만 척도(Guttman scaling)와 서스톤 척도(Thurstone scaling)처럼 사회과학자들이 역사적으로 높이 평가해온 몇 가지 척도 형식은 예산과 시간의 제한이라는 압박 속에서 활동하는 사회복지 연구자에 의해 거의 사용되지 않는다. 덜 복잡한 척도는 최소한의 표현을 가진 단일 문항 척도만큼 단순해질 수 있고, 대화형식으로 사용될 수 있다. 예를 들어 아직 어린 아동의 기분을 평가하려 한다면(아마도 놀이치료 같은 어떤 형태의 치료를 받기 전과 받은 후에), 한쪽 끝에는 웃는 얼굴을, 연속선상으로 이루어진 다른 쪽 끝에는 찡그린 슬픈 얼굴을 가진 몇 개의 단순한 만화 같은 얼굴을 아이들에게 제시할 수 있다. 그 다음 아이에게 자신이 느끼고 있는 것에 가장 들어맞는 얼굴을 고르라고 말할 수 있다. 혹은 불안에 대한 개입에서 성인 클라이언트가 얼마나 잘 반응하고 있는지를 평가하기 위해 클라이언트에게 1점에서 10점을 갖는 척도에서(1점은 불안이 없음을 나타내고 10점은 상상할 수 있는 최악의 불안을 나타냄) 자신들이 느끼고 있는 불안을 평가해보라고 요청해볼 수 있다.

리커트 척도

높게 평가되는 모든 척도 형식이 다 엄청나게 비싼 것은 아니다. **리커트 척도**(Likert scale)라는 용어는 현대의 설문조사지에서 빈번하게 사용되는 질문 형식과 관련된다. 기본적으로 응답자에게 진술문이 제공되고 '매우 찬성한다', '찬성한다', '반대한다', '매우 반대한다', '모른다'의 여부를 표시하도록 요청한다. 응답범주의 표현은 (예를 들어 '승인한다'로) 물론 변경될 수 있다.

이 형식의 특별한 가치는 응답범주의 명백한 순위성에 있다. 만약 응답자에게 '대충 찬성한다', '아주 많이 찬성한다', '정말로 찬성한다' 등의 응답을 자발적으로 말하거나 선택하도록 허용한다면, 연구자는 여러 다른 응답자가 의미하고 있는 찬성의 상대적 강도를 판단하기가 불가능할 것이다. 리커트 형식이 이런 딜레마를 해소한다.

또한 리커트 척도는 척도나 지표 개발에 적합하다. 변수 측정을 위한 여러 개의 문항에 동일한 응답범주가 사용되기 때문에 각 문항은 일률적인 방식으로 점수화될 수 있다. 5개의 응답범주가 있을 때 문항의 방향을 고려하면서(예를 들어, '매우 찬성'이라는 긍정적 문항이나 '매우 반대'라는 부정적인 문항에 5점을 할당함), 0점에서 4점까지 혹은 1점에서 5점까지 할당할 수 있다. 그러면 각 응답자는 개별 문항에 응답해 얻은 점수를 합산한 전체 점수를 할당받는다.

리커트 방법은 고려 중인 특정 변수를 묻고 있는 많은 문항에 대한 응답에 기초해 합산된 전체 점수가 변수를 제대로 측정하고 있다는 가정에 근거한다. 이런 전체 점수가 지표 혹은 척도 개발의 최종산물은 아니며, 최선의 문항을 고르기 위한 **문항분석**(item analysis)에서 사용된다. 본질적으로 각 문항은 큰 복합 척도와 상관관계를 갖는다. 복합 척도와 가장 높은 상관관계를 가진 문항은 변수에 대한 최선의 지수를 제공하는 것으로 가정되고, 오직 그런 문항만 변수분석에 궁극적으로 사용되는 지표나 척도에 포함될 것이다.

리커트 형식 응답범주의 일률적인 점수 매기기는 각 문항이 나머지와 거의 동일한 **강도**(intensity)를 갖는다고 가정한다는 점에 주목해야 한다. 또한 리커트 형식 문항이 여러 방식으로 사용될 수 있음을 알아야 한다(좀 더 적거나 더 많은 응답범주를 갖거나, '매우 동의'에서부터 '전혀 동의하지 않음'을 사용하는 대신에 '매우 찬성'에서 '매우 반대', '매우 만족'에서 '매우 불만족' 등 연속선을 사용하는 것과 같이). 결코 앞에서 설명한 방법에만 구속되는 것은 아니다. 그런 문항은 단순한 척도의 개발에서 다른 형태의 문항들과 결합될 수 있다. 그러나 복합 척도에 포함시키기 위해 고려 중인 모든 문항이 리커트 형식이라면, 우리가 설명한 방법이 고려되어야 한다.

의미분별

이미 살펴봤듯이, 리커트 형식 문항은 응답자에게 특정 입장에 찬성하거나 반대하도록 요청한다. **의미분별**(semantic differential) 형식은 응답자에게 두 개의 반대적 입장 중에서 선택하도록 요청한다. 이 형식이 어떻게 작용하는지를 살펴보기로 한다.

이 책이 사회복지 조사에 대한 사람들의 이해에 미친 효과성을 평가하는 실험을 실시한다고 가정해보라. 이를테면 11장에서 설명한 실험집단과 통제집단을 만든 것이다. 이제 연구대상자에게 사회복지 조사에 관한 그들의 느낌을 보고하게 한다. 이런 느낌을 끌어내는 좋은 방법이 의미분별 형식의 사용이다.

우선 연구대상자가 판단할 각 선택의 **차원**을 결정해야 한다. 그 다음 각 차원에서 정반대의 양극단을 대표하는 두 개의 **반대 용어**를 찾는다. 당신이 관심을 갖는 한 차원은 단순히 연구대상자가 조사에 흥미가 있는지 여부라고 가정해보자. 이런 경우 두 개의 반대적 용어는 '흥미롭다'와 '지겹다'가 될 수 있다. 마찬가지로 우리는 그들이 조사를 '복잡하다' 혹은 '간단하다', '관심을 갖는다' 혹은 '무관심하다' 등으로 여기는지 알려고 할 수 있다.

일단 적절한 차원을 결정하고 각 차원의 양극단을 대표하는 용어를 찾으면, 각 연구대상자가 완성할 평가 종이를 준비한다. 그림 10-7은 의미분별 척도의 예를 보여준다.

응답자는 평가 종이의 각 행렬에 사회복지 조사에 관해 어떻게 느꼈는가를 표시한다. 예를 들어 흥미로웠는지 혹은 지겨웠는지의 여부, '약간' 그랬는지 아니면 '아주 많이' 그랬는지 등의 여부를 표시한다. 문항에 대한 응답의 편견적 패턴을 피하기 위해 서로 연관되기 쉬운

	아주 많이	약간	둘 다 아님	약간	아주 많이	
흥미롭다	☐	☐	☐	☐	☐	지겹다
단순하다	☐	☐	☐	☐	☐	복잡하다
무관심하다	☐	☐	☐	☐	☐	관심을 갖는다
유용하다	☐	☐	☐	☐	☐	쓸모가 없다
			등			

그림 10-7 의미분별

용어들의 배치를 다르게 하는 것이 좋다. 예를 들어 '무관심하다', '유용하다'가 종이 왼쪽에 놓여 있고 '관심을 갖는다', '쓸모가 없다'가 오른쪽에 놓여 있음을 주목하라. '무관심하다'를 선택한 사람들은 또한 '유용하다'의 반대로서 '쓸모가 없다'를 선택할 가능성이 매우 높다.

질적 척도 개발

지금까지 이 장의 많은 내용은 자기기입식 설문지와 척도처럼 척도의 양적 측정에 관한 것이었지만, 측정도구 개발은 질적 조사에서도 역시 적절한 주제다. 예를 들어, 이 장의 앞부분에서 양적 조사와 마찬가지로 질적 연구 방법에서도 응답자의 정보를 얻는 데 적용할 수 있는 질문지침을 논의했다. 예를 들어 두 형태의 조사 모두에서 편견적이고 복잡하고 응답자에게 적절하지 않은 표현은 피해야 한다.

그러나 지금 우리는 질적 측정에서의 척도 개발이 양적 측정에서와는 다른 몇 가지 점을 살펴보고자 한다. 양적 조사처럼 질적 연구는 종종 질문을 하는 것에 더해 직접적으로 관찰하면서 자료를 수집하는 것이 포함된다는 사실을 주목하면서 시작해보자. 이 장에서는 직접적 관찰을 기록하는 데 사용되는 척도가 아니라 질문하기 위한 척도에 논의를 한정하고 있다. 전자의 척도 유형은 이후의 장에서 논의할 것이다.

질문하기 위해 사용되는 양적 척도와 질적 척도의 주요 차이는 다음과 같다. 양적 척도는 매우 구조화되어 있고 폐쇄형 질문을 주로 사용하는 편이고 면접이나 설문지 형식으로 실시되는 반면, 질적 척도는 보통 비구조화되어 있고 심도 깊은 면밀한 조사를 수반하는 개방형 질문을 주로 포함하는 면접에서 사용된다. 19장에서 질적 면접을 좀 더 상세히 논의하겠다. 여기서는 다만 질적 조사에서 사용하는 척도가 양적 척도와 어떻게 대조를 이루는지를 설명하려고 한다.

질적 면접은 아무런 측정도구를 사용하지 않는 완전히 비구조화된, 격식을 차리지 않는 좌담식 면접에서부터 면접자가 정확한 순서에 따라 미리 적어놓은 정확한 표현으로 질문을 하는 대단히 구조화되고 표준화된 면접에 이르기까지 다양하다. 이런 두 개의 극단 사이에는 면접자가 질문해야 할 주제와 안건을 개요 형식 안에 적어놓은 면접지침을 활용하면서도 융통성 있고 격식을 차리지 않는 반구조화된 면접과, 면접방식 및 질문 순서와 표현을 각 특정 피면접자에게 조절할 수 있도록 허용하는 반구조화된 면접이 존재한다.

그림 10-8에 모범적인, 대단히 구조화되고 표준화된 개방형 면접목록의 발췌문이 제시되어 있다. 이 목록은 루스 맥로이 Ruth McRoy와 해럴드 그로트반트 Harold Grotevant가 수행한 입양의 공개성에 대한 질적 연구에서 사용된 것이다. 전체 목록은 179개 문항으로 구성되어 있다. 우리가 발췌한 46개 문항을 그림 10-8에 제시하고 있는데, 이 문항들은 잘 만들어진 표준화된 면접목록의 실례를 제공하며, 양적 조사와 질적 조사 모두에 적용되는 측정도구 개발에 대해 우리가 언급했던 몇 가지를 설명한다. 예를 들어 질문의 개방형, 중립성, 논리적 배열과 순서에 주목하라. 또한 어디서 어떻게 세부사항과 명확화를 면밀히 조사하도록 목록이 면접자에게 체계적으로 지시하고 있는지, 초기에 대답하는 데 어려움을 겪는 응답자를 위해 면접자가 질문의 요점을 명료화하도록 도움을 주기 위해 괄호 안에서 세부사항을 제공하는 것에 주목하라. 마지막으로, 양적 탐구와 질적 탐구의 질문방식에 따른 차이와 질적 조사에서 심도 깊은 의미와 주관적 관점을 탐구할 훨씬 더 많은 기회가 있음을 보기 위해, 이 목록을 그림 10-6에 있는 설문지와 비교해보기를 바란다.

만약 반구조화된 면접을 위한 면접지침 형식이라면 맥로이-그로트반트의 척도는 어떻게 나타났을까? 아마도 아래와 같이 간단한 질문 개요였을지도 모르는데, 이것은 우리가 그림 10-8에 있는 발췌문 중 일부에 근거해 상상해본 것이다.

I. 입양에 관한 전력(경험)

A. 사전기대는? 상담은?

B. 입양과정은? 어떻게 느꼈는가?

C. 아이와 논의는? 친척과는?

D. 아이의 특성은? 부모와 비슷한 점과 다른 점은?

E. 삶의 변화에 대한 예견과 이에 대한 준비는?

II. 입양의 개방성 정도에 관한 지식

A. 입양 전 의미와 선택사항에 대한 이해

B. 예견되는 각 선택의 장점과 단점

III. 선택한 입양 유형과 안건

A. 가족과 어떻게 논의되었고 다루어졌는가?

B. 문제는? 논의하는 데 따른 불편함은? 조종? 다른 형제들은?

IV. 친부모와 관련된 안건

A. 의사소통이 아이에게 미칠 영향은? 부모에게는? 친부모에게는? 다른 자녀에게는?

B. 직접 만남의 영향은? 각 부모가 상대부모에게 가질 느낌은?

C. 지속적인 만남의 정도는? 이유는?

V. 시간이 지나면서 개방성 정도에서 어떤 변화가?

A. 어떤 유형의 변화들?

B. 영향은?

McRoy/Grotevant Adoption Research
School of Social Work
2609 University Ave.
University of Texas at Austin
Austin, Tx 78712

코드 번호: ____________ - ____ - ____
면접자: ________________
날짜: ________________

입양부모 면접

부모와 함께 입양한 자녀 숫자와 그들의 이름과 나이를 검토하면서 면접을 시작한다.

입양 배경

1. 입양을 결심한 이유에 관해 조금만 이야기해주시겠습니까?
2. 입양에 관해 결심하기 전에 누구와 이야기했습니까?
   그리고 어떤 조언을 받았습니까?
3. 입양과정이 어떨 것이라고 예상하셨습니까?
4. 입양하기 위해 거쳤던 과정을 설명해주십시오.
5. 입양과정을 겪으면서 어떻게 느꼈습니까?

.
.
.

11. 당신 친구 중 누군가 아이를 입양한 사람이 있습니까?
    (심층조사: 당신의 감정에 그들과 그들의 경험이 어떤 영향을 미쳤습니까?)

.
.
.

32. 언제 ________________________(아이)에게 입양되었다는 사실을 말해주었습니까?

그림 10-8 표준화된 개방형 면접목록

33. 입양한 이래로 어떤 문제를 겪은 적이 있습니까?

34. __________________(아이)가 입양되었을 때 당신은 몇 살이었습니까?

35. 당신의 입양 결심에 친척들은 어떻게 반응했습니까?

36. 어떤 점에서 __________________(아이)가 당신과 같습니까(기질, 외모)?

37. 어떤 점에서 __________________(아이)가 당신과 다릅니까(기질, 외모)?

38. __________________(아이)의 도착이 당신의 삶에서의 변화를 의미한다는 것을 예상했습니까?

    만약 그랬다면, 어떤 변화를 예상했습니까?

39. 당신과 배우자는 어떻게 __________________(아이)의 도착을 준비했습니까?

    (예를 들어 책읽기, 서로 혹은 다른 사람들과 이야기해보기, 형제들 준비시키기 등)

40. 당신과 배우자는 두 분의 관계가 어떻게 변할지에 관해 이야기해보았습니까?

    그 변화에 어떻게 대처하려고 계획했습니까?

    아이의 입양 후에 부부관계가 실제로 어떻게 변했습니까?

41. __________________가 당신 가정에 도착했던 때를 설명해주십시오.

    __________________의 초기 행동(심층조사: 상냥한지, 순한지, 까다로운지, 완고한지 등)을 어떻게 묘사하겠습니까?

    처음 3년간 경험했던 만족과 문제들은 어떤 것이었습니까?

    그 기간에 __________________와 당신의 관계는 어떠했습니까? (전체적인 평가보다는 구체적인 사건과 행동들을 자세히 조사한다.)

입양의 개방성 정도에 대한 지식

42. 입양기관은 개방 또는 폐쇄 입양에 관해 당신에게 어떤 선택권을 제공했습니까?

    (밝혀지지 않은 정보, 친부모의 사진, 지속적인 정보 공유, 부모 만나기, 지속적인 접촉 등)

43. __________________(입양기관)에 오기 전 개방적 입양에 관해 들어본 적이 있습니까?

44. 만약 그랬다면, 그 용어가 의미하는 것이 무엇이라고 생각했습니까?

45. '반개방형 입양'이란 용어가 당신에게 의미하는 것은 무엇입니까?

46. '전통적 혹은 폐쇄형 입양'이란 용어가 당신에게 의미하는 것은 무엇입니까?

47. 어떤 형태의 개방성을 선택할 것인가를 결정하기 전에 당신이 겪었던 과정을 설명해주십시오.

48. 당신은 어떤 선택을 했습니까?

49. 왜 이 선택을 하게 되었습니까?

50. 당신이 보기에 다음의 장단점은 무엇입니까?

    a. 전통적인 '폐쇄형' 입양

    b. 반개방형 입양

    c. 개방형 입양

만약 가족이 전통적(폐쇄형) 입양을 골랐으면, 6~7페이지의 분홍색 부분으로 바로 넘어가서 계속한다.

만약 가족이 단지 정보만을 공유하기를 선택했다면, 바로 8~9페이지의 녹색 부분으로 가라.

만약 가족이 친부모를 만나는 것을 선택했다면, 바로 10~11페이지의 노란색 부분으로 가라.

그림 10-8 (계속)

만약 가족 응답자가 지속적인 대면접촉을 선택했다면, 바로 12~14페이지의 파란색 부분으로 가라.

만약 가족이 처음에는 반개방형을 선택했다가 나중에 완전한 개방으로 바뀌었다면, 바로 15~18 페이지의 오렌지색 부분으로 가라.

만약 가족이 폐쇄형 입양을 선택했다면… [이 부분은 분홍색 종이에 적혀 있다]

51. 아이에게 입양에 관해 어떻게 이야기하려고 계획하고 계십니까?

 (아니면 좀 더 나이를 먹은 아이의 경우, 입양에 관해 아이와 이야기해보았습니까?)

 a. 지금?

 b. 학령기 때?

 c. 청소년 때?

52. ____________________(아이)는 '낳은 엄마'가 무엇을 의미하는지 압니까?

53. ____________________(아이)는 자신의 친엄마를 어떻게 부릅니까?

54. ____________________(아이)는 자신의 친아버지를 어떻게 부릅니까?

55. 여기에 대해 당신은 어떻게 느낍니까?

56. ____________________(아이)는 자신의 입양에 관해 이야기하기를 좋아합니까?

 아이가 당신에게 그것에 관한 이야기를 먼저 시작합니까?

57. ____________________(아이)가 입양을 자신이 하고 싶은 대로 하기 위한 수단으로 사용하려고 한 적이 있었습니까?

58. 만약 집에 다른 형제자매들이 있다면, 그들은 ____________________(아이)를 불리하게 만들기 위해 입양을 이용하려고 한 적이 있습니까?

 만약 있다면 설명해주십시오.

.
.
.

만약 가족이 단지 정보만을 공유한다고 선택했다면… [이것은 녹색 종이에 적혀 있다]

.
.
.

72. 친부모로부터 편지, 사진, 선물 등을 받은 후에 당신은 어떻게 느꼈습니까?

.
.
.

75. 당신 생각에는 정보를 공유하는 것이 어떤 영향을 미친다고 봅니까?

 a. 아이에게

 b. 당신과 배우자에게

 c. 친부모에게

 d. 가족 안의 다른 자녀들에게(적용되는 경우만)

.
.
.

만약 가족이 친부모를 만나는 것을 선택했다면… [이 부분은 노란색 종이에 적혀 있다]

82. 첫 번째 만남의 상황을 설명하십시오.

 이 만남은 입양할 때 일어났습니까? 아니면 그 이후에 일어났습니까?

.
.
.

그림 10-8 (계속)

84. 당신은 친부모에 대해 어떻게 느꼈습니까?
    그때 이후로 그 느낌은 변했습니까? 만약 그렇다면 어떻게?

.
.
.

87. 친부모가 당신에 대해 어떻게 느꼈다고 생각합니까?

.
.
.

만약 가족이 지속적인 접촉을 선택했다면… [이 부분은 파란색 종이에 적혀 있다]

.
.
.

106. 지속적인 접촉을 가질 계획입니까? (그 이유는 무엇입니까?)

.
.
.

111. 친부모와 당신과의 관계를 어떻게 묘사하시겠습니까? (심층조사: 친척, 친구 등으로)

.
.
.

117. 방문 후에 귀하는 어떤 느낌을 갖게 됩니까? 시간이 흐르면서 귀하의 느낌에 변화가 있습니까?

.
.
.

만약 가족이 처음엔 덜 개방적인 선택을 했다가 나중에 좀 더 개방적인 선택으로 바뀌었다면… [이 부분은 오렌지색 종이에 적혀 있다]

.
.
.

136. 일어났던 변화를 묘사해주십시오.

137. 결정을 변경한 것에 관해 어떻게 느꼈습니까?

.
.
.

166. 아이 친엄마와 당신과의 관계에서 가장 만족스러운 측면은 무엇입니까?

167. 아이 친엄마와 당신과의 관계에서 가장 힘든 측면은 무엇입니까?

.
.
.

179. 우리는 꽤 많은 것에 대해 이야기했습니다만 당신과 당신 가족을 이해하는 데 중요하다고 당신이 생각하는 어떤 것을 우리가 빠뜨렸을지도 모르겠습니다. 우리가 논의한 것에 당신이 덧붙이고 싶은 어떤 것이 있습니까?

그림 10-8 (계속)

이 장을 마치며, 질문하기에서 양적 척도와 질적 척도의 차이를 지적했음에도 이 두 접근법이 공유하는 몇 가지 공통점을 파악했다는 것을 상기시켜주고 싶다. 또한 우리는 한 조사에서 두 가지 접근법을 사용할 수 있다는 사실을 되풀이해 말하고 싶다. 두 접근법을 상호 배타적이거나 서로 갈등적인 것으로 여길 필요가 없다. 이런 점을 '질문하기에 대한 양적 접근법과 질적 접근법의 비교'라는 제목의 글상자에 요약해놓았다.

질문하기에 대한 양적 접근법과 질적 접근법의 비교

	양적 접근법	질적 접근법
측정 원칙에서의 유사점		
응답자가 이해할 수 있는 언어를 사용하려고 한다	항상	항상
한 번에 한 가지 질문을 한다; 복수유발형 질문을 피한다	항상	항상
응답자에게 대답할 수 있고 적절한 질문만 한다	항상	항상
편견적인 문항과 용어는 피한다	항상	항상
형식의 차이		
설문지 또는 척도	자주	드물다
면접	때때로	흔하다
모든 응답자에게 같은 표현과 순서로 된 질문을 한다	항상	드물다
표현, 순서, 대화체와 관련한 면접자의 융통성	전혀 없다	매우 자주
개방형 질문	드물다	흔하다
캐묻기	드물고 짧다	빈번하고 심도 깊다
폐쇄형 질문	흔하다	때때로
면접의 격식	편안하고 친절한 태도. 그러나 전문가 어조와 너무 허물 없지 않도록	좀 더 자발적이고 격식 없는 친구 사이의 대화를 닮는다
보완적 기능		
객관성과 일관성 대 융통성과 주관적 의미	무작위 그리고 체계적 측정오류를 최소화하는 방식으로 많은 응답자에게 실시될 척도를 개발, 그러나 타당도 조사를 요하는 피상적 수준 정도일 수 있다.	더 깊고 타당한 수준에서 소수 응답자들의 주관적 의미에 대한 이해를 추구하기 위해 면접자의 융통성과 주관성이 허용되는 척도를 만든다.
일반화 대 심도 깊은 이론적 이해	질적 측정으로부터 나타난 지식을 일반화할 수 있을지 정확한 통계적 방식으로 확증한다.	양적 측정으로부터 나타난 통계적 결과의 의미에 대한 좀 더 깊은 이론적 이해를 형성한다.
가설 검증 대 가설과 좀 더 깊은 이해를 끌어내는 것	아마도 질적 조사로부터 도출한 가설을 검증하고 충분히 이해하기 위해 더 많은 질적 조사를 요할지도 모를 새로운 연구결과를 끌어낸다.	의미가 충분히 이해되지 않은 현상을 연구하고 아마도 양적 연구를 위한 가설들을 끌어낸다.

주요 내용

- 설문지는 (1) 사람들에게 질문을 하면서, (2) 다른 관점을 나타내는 진술문에 찬성 또는 반대하는지를 질문하면서 자료를 수집하는 방법을 제공한다.
- 질문은 개방형(응답자가 자신의 답을 제공함) 또는 폐쇄형(응답자는 제공된 응답목록에서 답을 선택함)일 수 있다.
- 보통 짧은 문항이 긴 문항보다 더 좋다.
- 설문지에서 부정적인 문항과 용어는 응답자를 혼동시킬 수 있기 때문에 피해야 한다.
- 설문지 문항에서 편견은 특정 관점을 회피하거나 지지하는 특정 방식으로 응답자가 대답하도록 유도하는 속성이 있다.
- 수반형 질문은 앞의 질문에 특정 응답을 제공한 사람들만 대답해야 하는 질문이다. 수반형 질문은 자신에게 아무 의미가 없는 질문에 대답하라고 사람들에게 강요하는 짐을 덜어준다는 점에서 매우 유용하다. 예를 들어, 임신 횟수에 대한 질문은 오직 여성에게만 해야 한다.
- 동일유형 질문이란 표준화된 폐쇄형 응답범주 모음이 여러 문항의 응답에 사용되는 것이다. 이 형식은 문항의 제시와 완성을 촉진할 수 있다.
- 변수의 개별 지수는 그 사용을 보장할 만큼 충분한 타당도를 갖지 않을 수 있다.
- 척도나 지표 등 복합 측도는 변수의 지수 여러 개를 하나의 요약 측도에 포함시킴으로써 이런 문제를 해결한다.
- 액면 타당도는 복합측도에 포함될 지수를 선별하는 첫 번째 기준이다. 액면 타당도란 용어는 지수가 변수의 측도를 제공한다는 액면가치가 있어 보인다는 것을 의미한다.
- 만약 다른 문항이 정말로 같은 변수의 지수라면 그들 문항이 실증적으로 서로 관련이 있어야 한다. 예를 들어, 교회 참석빈도와 기도빈도가 신앙심의 지수라면 교회에 자주 가는 사람은 교회에 덜 자주 가는 사람에 비해 기도를 더 많이 하는 것으로 나타나야 한다.
- 일단 지표 또는 척도가 만들어지면 확증되는 것이 필수적이다.
- 리커트 척도법은 여러 설문 문항에 표준화된 응답범주를(예를 들어 '매우 찬성', '찬성', '반대', '매우 반대') 사용하는 측정기법이다. 리커트 형식은 매우 널리 사용되고 있고 아주 유용하다.
- 한 문화권에서 검증되었을 때 신뢰를 받고 타당하게 보이는 척도와 지표는 다른 문화권에서 사용될 때 신뢰를 받지 못하고 타당하지 않을 수도 있다.
- 비록 질적 접근과 양적 접근이 어떤 원칙을 공유한다고 해도 양적 척도는 항상 매우 구조화되어 있고 주로 폐쇄형 질문을 사용하는 경향이 있으며 면접이나 설문지 형식에서 사용될 수 있는 반면에, 질적 척도는 보통 비구조화되어 있으며 주로 개방형 질문과 심도 깊은 조사를 수반하는 면접에서 사용된다.

연습문제

1. 잡지나 신문에서 설문지를 찾아보고(예를 들면, 독자를 대상으로 하는 설문조사) 그것을 수업에 가져와서 비평해보라.
2. 아래에 나열된 개방형 질문을 설문지에서 사용될 수 있는 폐쇄형 질문으로 만들어보라.
   a. 작년 당신 가족의 전체 수입은 얼마였습니까?
   b. 사회복지에 대한 공공지출을 늘리는 것에 대해 어떻게 느낍니까?
   c. 당신의 사회복지 실천접근에서 이론을 배우는 것은 얼마나 중요합니까?
   d. 사회복지사가 되기 위해 공부하는 주요 이유는 무엇입니까?
   e. 이 지역사회가 직면한 가장 큰 문제는 무엇이라고 느낍니까?
3. 아래 정보를 요청하기 위해 자기기입식 설문지에서 사용할 수 있는 수반형 문항을 만들어보라.

a. 응답자는 고용되었는가?
b. 만약 실직상태라면 응답자는 직장을 찾고 있는가?
c. 만약 실직한 응답자가 직장을 찾고 있지 않다면 응답자는 은퇴자인가, 학생인가, 아니면 가정주부인가?
d. 만약 응답자가 직장을 찾고 있다면 응답자는 얼마나 오랫동안 찾고 있는가?

4. 리커트 형식을 사용해 서비스 전달에 대한 클라이언트의 만족을 측정하는 간단한 척도를 개발해보라.

인터넷 연습문제

1. 척도 개발에 관해 논하고 있는 논문을 찾기 위해 'scaling(척도화)'이라는 용어를 입력하라. 찾은 논문의 참고문헌에 관한 정보를 기록하고 논문을 요약하라. 논문이 특정 척도의 개발을 보고하고 있다면, 척도와 척도 개발에 관해 평가해보라.
2. 웹에서 설문지를 찾아보라(힌트: '설문지' 검색). 설문지 안에 담겨 있는 문항들을 평가해보라. 웹 주소를 제공하고 당신이 평가한 문항들의 표현방식을 정확하게 제시하라.
3. 2000년 12월에 발간된 「Social Work Research」에 실린 로버트 그린, 카트리나 머피, 셸리타 스나이더의 'Should Demographics Be Placed at the End or at the Beginning of Mailed Questionnaire? An Empirical Answer to a Persistent Methodological Question'을 찾아보라. 이 논문의 요점을 간략히 요약하고 평가하라.

추천도서

Fowler, F. J., Jr. (1995). *Improving Survey Questions: Design and Evaluation*. Thousand Oaks, CA: Sage. 질문의 사전검사와 관련된 제안 등 설문지 구성에 관한 포괄적 논의를 담고 있다.

Miller, D. (1991). *Handbook of Research Design and Social Measurement*. Newbury Park, CA: Sage. 자주 사용되고 반구조화된 척도들을 탁월하게 편집했다. 4부에 보고된 많은 예시는 연구용으로 직접 사용할 수 있으며, 최소한 수정된 측도를 제시한다. 더욱이 예시들을 공부함으로써 복합 측도의 논리를 더 잘 이해할 수 있다.

Moore, D. W. (2002). "Measuring New Types of Question-Order Effects: Additive and Subtractive," *Public Opinion Quarterly*, 66, 80-91. 이 책은 질문 표현이 응답에 영향을 끼치는 방식을 광범위하게 검토하고 있다.

Potocky, M., & Rodgers-Farmer A. Y. (Eds.). (1998). *Social Work Research with Minority and Oppressed Population*. New York: Haworth Press. 4장과 5장에서 논의했듯이, 논문들을 모아놓은 이 책은 소수계 집단과 억압받는 사람들에 관한 조사에서 문화적 편견과 둔감성을 피할 수 있는 개혁적인 아이디어를 포함하고 있다. 이 장과 가장 관련 있는 것은 유색 여성의 우울증과 비백인 노인의 노인복지 관련 관심사를 측정하기 위한 도구 개발을 기술하고 있는 두 편의 논문이다.

Smith, E. R. A. N., & Squire. P. (1990). "The Effects of Prestige Names in Question Wording." *Public Opinion Quarterly*, 5, 97-116. 유명한 이름들은 설문지에 대한 전반적인 응답뿐만 아니라 학력과 '모르겠다' 응답의 개수 간의 관계 등에 영향을 끼친다.

활용 노트

EP 2.1.3c

EP 2.1.3c: 개인, 가족, 집단, 조직, 지역사회, 동료들과 일할 때 효과적인 구두 의사소통과 서면을 통한 의사소통 제시하기: 이 장에 소개된 질문하기 지침을 따른다면 사회복지사는 좀 더 효과적으로 의사소통할 것이다.

EP 2.1.10d

EP 2.1.10d: 클라이언트 자료를 수집하고, 조직하고, 해석하기: 질문에 대한 답이 적절하게 해석될 수 있도록 사회복지사는 클라이언트 자료를 수집할 때 질문하는 방법을 이해한다.

프로그램과 실천 평가를 위한 설계

Designs for Evaluating Programs and Practice

앞의 두 장에서는 측정의 타당도를 다루었다. 이제 다른 유형의 타당도로 이동해 개입, 정책, 그리고 프로그램의 효과와 관련해서 도출된 추론의 타당도를 검토하려고 한다. 1장에서 사회복지 실천과 프로그램의 효과에 대한 평가의 필요성을 논했다. 이런 필요성은 우리의 효과에 대한 대중의 회의 어린 시각, 증가하는 책임성 요구, 클라이언트 복지에 대한 전문적이고 인도주의적인 관심 등의 요인으로 인해 제기되었다. 효과라는 용어에는 인과관계의 개념이 내재되어 있다. 2장에서 증거기반 실천을 논의하면서 실천효과 연구들에서 보고된 증거의 질을 평가할 때 중요한 질문 중 하나는 개입 또는 개입 외의 것이 변화의 원인이라고 결론지을 수 있을 만큼 강력한 조사설계를 사용했는지와 관련된 것이었다.

다음에 나오는 4개 장들에서는 인과적 추론의 논리를 살펴보고 설계배열이 원인과 결과를 추론하는 우리의 능력에 어떻게 영향을 미치는지를 보여줄 것이다. 일차적으로 이런 주제들은 사회복지 서비스의 효과성을 평가하는 관점에서 다루어질 것이다.

11장은 인과적 추론을 위해 필요한 기준과 인과적 추론을 할 때 흔히 범하게 되는 오류의 출처를 논하면서 시작된다. 그 다음으로는 설명적 목적을 갖는 상관관계 조사설계, 인과적 추론과 관련해 이 설계의 한계, 이 설계가 가정하고 있는 설명의 개연성을 향상시키기 위해 통계적 통제를 사용하는 방법을 다룬다.

12장은 개입, 프로그램, 정책의 효과를 평가하기 위한 집단실험, 유사실험, 원시실험 연구들에 초점을 맞추고 있다. 그리고 각 설계를 사용하는 이유, 각 설계의 장점과 단점, 각 설계가 인과적 추론을 향상시키는지 아닌지를 살펴보겠다.

13장은 단일사례 평가설계를 논하고 있다. 이 장에서는 특정 개입이 특정 사례에 미치는 영향과 관련해 어떻게 인과적 추론이 가능한지를 보여준다. 비록 이 방법이 일반화의 문제를 갖고 있기는 하지만, 실천가들이 증거기반 실천과정의 마지막 단계로서 단일사례 평가설계를 활용할 수 있는 가능성이 서술되어 있다.

14장은 사회복지기관에서 실험과 유사실험을 실행하는 과정에서 나타나는 실천적 함정과 이를 다루는 방법을 다루겠다. 또한 이 장에서는 프로그램과 실천 평가를 위한 노력에 영향을 끼치는 정치적 분위기, 기득권층이 평가가 수행되고 활용되는 방식에 영향을 끼치는 방법, 평가자가 정치적 세력을 다루는 방법을 논하겠다.

이 장들을 살펴봄으로써 증거기반 실천과 관련된 조사설계의 선택과 당신이 발견한 증거의 사정에 관여되는 역설적 복잡성을 이해하는 데 도움이 될 것이다. 한편으로 당신은 이미 만들어진 일반화 또는 인과적 추론의 제거를 허용하지 않는 논리배열을 예리하게 비판하고 분별할 수 있도록 준비해야 한다. 다른 한편으로는 이상적인 논리배열을 실행 불가능하게 만드는 실천적 장애물을 인식해야 하고, 신중하게 해석되어야 하는 결과물의 활용도를 평가할 수 있어야 한다.

CHAPTER 11

인과적 추론과 상관관계 설계

Causal Inference and Experimental Designs

이 장의 학습내용

이 장에서는 인과적 추론의 기준과 인과적 추론을 하면서 흔히 범하는 오류의 출처를 다룬다. 일부 설계가 이런 오류의 출처에 취약한 이유와 설계의 가치를 높이기 위해 통계적 통제를 사용하는 방법을 살펴볼 것이다.

서론

이 장에서는 인과적 추론에 관한 이슈를 다양한 연구설계와 관련해 서술하고 있다. 우선 추론, 인과적 추론, 연구설계에 대한 정의를 내려보기로 하겠다.

사회복지 조사연구에서 **추론**(inference)이란 연구설계와 결과에 비춰 논리적으로 도출해낸 결론이다. **인과적 추론**(causal inference)이란 독립변인이 종속변인에 대해 원인적 영향을 가졌음을 논리적으로 암시하는 조사설계와 결과물로부터 도출해낸 결론이다. **연구설계**(research design)는 측정, 표본추출, 자료수집 방법, 특정 종류의 추론을 허용하기 위해 설계된 논리배열 등 연구를 계획하고 수행하면서 내려야 하는 모든 결정을 일컫는 용어다. 이 장에서는 연구설계와 추론 간의 관계에 초점을 두고 있어서 연구설계라는 용어를 주로 논리배열과 연결해 사용할 것이다.

우리가 추구하고, 또한 이치에 맞는 추론의 종류는 연구목적에 따라 다양하다. 마찬가지로 연구설계의 종류도 연구목적과 우리가 추구하는 추론의 유형에 달려 있다. 예를 들면 만성적이고 중증인 정신질환 문제를 갖고 있는 노숙인의 비율을 기술하는 것처럼 연구목적이 기술이라면, 어떤 것의 원인을 설명하려는 설계는 필요하지 않을 것이다. 목적이 어떤 종류의 개입 또는 아동 문제가 어떤 종류의 서비스 성과와 관련 있어 보이는지를 사전 연구에서 탐색하거나 기술할 경우에도 그런 설계는 필요하지 않다. 즉, 어떤 종류의 실천 또는 개입이 결과의 차이를 설명하거나 또는 발생시키는지를 추론하고자 하는 것이 아니기 때문이다. 그러나 만약 목적이 특정 개입의 효과를 밝히는 것처럼 인과적이라면, 클라이언트 결과에서 우리가 관찰한 변화의 원인이 무엇인지를 결정할 수 있게 해주는 연구설계가 필요하다.

설계 종류, 인과적 추론과 관련한 각 설계의 장단점, 각 설계가 가정하는 설명의 개연성을 향상시키기 위해 통계적 통제를 사용하는 방법들이 다뤄질 것이다. 그러나 그에 앞서 인과관계를 추론하는 데 필요한 기준을 살펴보고자 한다.

인과적 추론의 기준

EP 2.1.6b

EP 2.1.10m

인과적 추론을 위해서는 세 가지 기준이 필요하다. 두 변수 간의 인과관계에서 첫 번째 기준은 원인이 결과를 시간적으로 선행한다는 것이다. 과학에서 나중에 발생한 것이 어떤 것의 원인이 된다고 상상한다는 것은 어처구니없는 일처럼 생각된다. 총구를 떠난 총알이 화약폭발의 원인이 되지는 않는다. 오히려 그 반대다.

이 기준은 간단하고 명백한 것처럼 보이지만, 사회복지 관련 연구결과물을 분석해보면 이와 관련된 많은 문제를 발견할 수 있다. 많은 경우 두 변수를 연결하는 시간 순서가 명확하지 않다. 예를 들어, 어떤 연구에서 조현병으로 고통받고 있는 가족이 있는 핵가족이 그렇지 않은 가족보다 사회경제적 수준이 훨씬 낮다는 것을 발견했다고 가정해보자. 조현병과 낮은 경제적 지위 중에서 무엇이 먼저 일어났는가? 사회경제적 스트레스가 조현병의 발병에 기여했는가? 또는 조현병을 앓고 있는 가족 때문에 그 가족이 사회경제적으로 나아질 수 있는 기회가 줄어들었는가? 시간 순서가 본질적으로 명백할 때도 예외적인 경우가 많다. 예를 들어 우리는 부모의 교육 수준이 자녀 교육 수준의 원인이라고 일반적으로 가정한다. 그러나 어떤 부모는 자녀가 고등교육을 받은 결과, 그 영향으로 다시 학교 교육을 받기도 한다.

매 맞는 여성을 위한 지지집단 개입의 효과성을 평가한 루빈 Rubin(1991)의 연구에서 또 다른 애매모호한 예를 발견할 수 있다. 개입목표 중의 하나는 아직도 때리는 남성과 같이 살고 있는 여성이 그 남자를 떠나도록 돕는 것이었다. 이 연구에 참여했던 6명 중에서 한 명은 첫 번째 지지집단 모임 하루 전에 학대하는 남편을 떠났다. 의도했던 효과(때리는 사람을 떠나는 것)가 가설의 원인(지지집단 모임 참여)보다 선행했기 때문에 언뜻 보면 개입이 의도했던 효과를 야기하지 않은 것처럼 보인다. 실지로 집단모임 참여가 별거의 원인이라기보다는 단순히 그 여성이 별거하겠다는 결정(다른 요인에서 나온 결정)을 실행하는 다양한 방법 중 하나라고 가정하는 것이 더욱 논리적으로 보인다.

그러나 다른 한편으로 이 여성이 지지집단을 인식하게 되고 그 집단의 일부가 된다는 기대를 갖게 되면서 담대하게 가해자를 떠날 수 있도록 도왔다고 주장할 수 있다. 또한 그 여성이 지지집단의 모임에서 때리는 남편과 계속 살았다는 사실을 인정하는 일이 창피하다고 생각해 그 집단에 좋은 인상을 주고 싶은 마음에 그녀가 남편을 떠난다는 결정을 하도록 어떤 식으로든 기여했다고 생각할 수도 있다. 이 설명 중에서 어느 것이든 그럴듯하다면, 그 여성이 지지집단에 참여하기 전에 남편을 떠났다 하더라도 개입이 없이(즉, 지지집단이 없이)는 남편을 떠날 수 없었을 것이다.

사람들은 때때로 사건을 예상해 자신의 행위나 인지를 변화시킨다. 예를 들어, 즐거운 일을 떠올린 순간 기분이 좋아지거나, 보너스나 조세환급을 예상하고 지출을 증가시킨다. 따라서 시간 순서와 인과관계에 대해 생각할 때 잠재적인 예상효과를 고려할 필요가 있다.

인과관계에서 두 번째 기준은 두 변수가 경험적으로 상관관계에 있어야 한다는 것이다. 상관관계를 갖는다는 것은 한 변수의 변화가 다른 변수의 변화와 관련이 있음을 의미한다(8장에서 논의한 변수들 간의 관계 유형 참조). 지지집단에 속한 여성보다 아무런 지지를 받지 못하고 있는 여성이 오히려 학대남편을 더 많이 떠난다면, 지지집단이 여성들에게 학대남편을 떠나도록 도왔다고 말할 수 없다.

인과관계에 대한 세 번째 기준은 두 변수 간의 관찰된 경험적 상관관계가 두 변수 모두의 원인이 되는 어떤 세 번째 변수의 영향에 기인한다고 설명되어선 안 된다는 것이다. 예를 들어, 일반적으로 비가 오기 직전에 왼쪽 무릎이 아픈 것을 관찰할 수 있다. 그러나 이 사실은 무릎이 날씨에 영향을 미친다는 것을 의미하지 않는다. 세 번째 변수인 상대적 습도가 아픈 무릎과 비 모두의 원인이다. 마찬가지로, 이미 변화를 위한 준비가 되어 있음이라는 제3의 변수가 학대남편을 떠난 여성들이 지지집단에 합류하고 학대남편과 헤어질 가능성이 더 높은 이유를 설명할 수도 있다. 아마도 지지집단 자체가 여성들이 학대남편을 떠날 가능성을 더 높게 만들지는 않은 것 같다. '상관관계와 인과관계'라는 제목의 글상자는 상관관계가 반드시 특정 인과관계를 지칭하지는 않음을 예시해준다.

다시 정리하면, 대부분의 사회조사 연구자는 다음의 두 변수가 인과적으로 관련되어 있다고, 즉 하나가 다른 것의 원인이 된다고 생각한다. (1) 원인이 결과에 시간상 선행한다. (2) 원인과 결과 간에 경험적 상관관계가 있다. (3) 두 변수 간의 관계는 어떤 제3의 변수가 갖는 영향력의 결과로 나타나는 것이 아니다. 이 모든 기준을 만족시키는 관계는 어떤 관계라도 인과적이며, 이것이 유일한 기준이다.

내적 타당도

변수들의 관계를 인과적으로 추론하게 하는 조사연구를 고려할 때, **타당도**라는 용어를 다시 접하게 된다. 9장에서 측정의 타당도를 논의하면서 타당도란 척도가 측정하고자 하는 것을 실제로 측정하는 정도라고 말했음을 기억할 것이다. 그러나 인과적 추론을 논의할 때 타당도라는 용어는 다르게 사용된다. 인과관계를 고려할 때 중요한 두 가지 형태의 타당도는 **내적 타당도**와 **외적 타당도**다.

내적 타당도(internal validity)는 연구결과에서 한 변수가 다른 변수의 원인인지 아닌지를 정확하게 기술하고 있음을 확신한다는 의미다. 인과관계를 추론하기 위한 앞의 세 가지 기준을 만족하는 정도에 따라 연구가 내적 타당도를 갖는다. 반대로 이 기준을 만족시키지 않는 정도에 따라 독립변수가 종속변수를 설명하는 인과적 역할을 수행 또는 수행하지 않는다는 결론을 내릴 수 있는 근거들이 제한을 받게 된다. **외적 타당도**(external validity)는 어떤 연구에서 서술된 인과관계가 그 연구의 세팅이나 표본이라는 조건을 넘어서서 일반화될 수 있는 정도를

상관관계와 인과관계

찰스 보니(이스턴미시간 대학교, 사회학과)

가설적 '원인'과 추정된 '결과' 간의 통계적 관계가 증명되면, 대부분의 사람은(때때로 그보다 더 잘 알고 있어야 하는 연구자들을 포함해) 원인성을 '증명'하는 데만 너무 열광한다. '왜 그것이 반드시 그런 것은 아닌지' 이유를 알아보기 위해 예를 하나 들어보겠다.

대학생에 대한 연구를 수행하면서 대마초 흡연(변수 M)과 평균 학점(변수 G) 사이에 역의 상관관계가 있음을 발견했다고 가정해보자. 즉, 대마초를 흡연하는 학생들이 흡연하지 않는 학생보다 평균 학점이 낮은 경향이 있으며, 흡연을 많이 할수록 평균 학점이 더 낮다. 따라서 대마초가 기억에 악영향을 미치고, 이에 따라 자연히 학점에 해로운 결과를 나타낸다는 것과 같은 설명을 하면서 대마초 흡연이 학점을 낮춘다고(이를 기호의 형태로 나타내면 $M \rightarrow G$) 주장할 것이다.

그러나 역상관관계가 제시될 수 있는 증거의 전부라면, 두 번째 가능성이 존재한다. 낮은 학점을 받으면 좌절감을 느낀다. 좌절감은 많은 경우 도피적인 행동을 이끌어낸다. 대마초에 취하는 것이 도피수단으로 인기가 있다. 따라서 낮은 학점이 대마초 흡연을 야기한다($G \rightarrow M$)! 대마초 흡연과 낮은 학점 중 어느 것이 먼저 일어났는지 입증할 수 없으면, 상관관계는 이 설명을 첫 번째 설명만큼 그럴듯하게 만든다.

또 다른 변수인 정서적 문제의 실재/정도(변수 E)를 이 설명에 더해보자. 정서적 문제는 대마초 흡연 같은 도피적 행동을 이끌어낸다고 그럴듯하게 주장할 수 있다. 이처럼 정서적 문제가 학점에 악영향을 끼쳤을 가능성이 높다고 주장하는 것도 합리적으로 보인다. 콧물과 목의 아픈 통증이 함께 나타나는 경향이 있는 것과 같은 이유로 대마초 흡연과 낮은 학점 간에 상관관계가 있을지도 모른다. 어느 것도 다른 것의 원인이 아니며, 그보다는 두 가지 모두 어떤 제3의 변수의 결과($E \rightrightarrows {}^{M}_{G}$)다. 그런 제3의 변수를 배제할 수 없는 한 이 설명도 자료에 의해 첫 번째(또는 두 번째) 설명만큼 그럴듯하게 보인다.

그래서 학생들은 대마초를 피우는 친구들이 있어서 다시 대마초를 피우게 되고, 단지 학우들만큼 똑똑하지 않거나 잘 준비하지 않기 때문에 낮은 학점을 받으며, 표본의 각 사례에서 동일한 학생이 그렇게 되는 사실은 우연일 수도 있다. 상관관계가 아주 강하고 일관적이어서 단순한 우연일 가능성이 아주 낮지 않으면, 자료는 이 마지막 설명의 가능성을 지지하지 않지만 배제하지도 않는다.

덧붙여 말하자면 이 특정한 예는 두 가지 이유로 선정되었다. 무엇보다도, 역상관관계에 대한 위의 모든 설명이 전국적인 잡지에 실렸다. 둘째, 대학생들에 관한 대부분의 연구에서 양(+)의 상관관계, 즉 대마초 흡연자가 될 가능성이 높은 학생이 평균 학점이 높은 학생으로 나타났기 때문에 앞의 모든 설명은 실패할 운명이었다. 따라서 미소를 지으면서 이 특정한 결과를 재분석할 수 있을 것이다.

1. 대마초는 긴장이 풀리게 하고, 다른 스트레스를 해소시켜 더 효과적으로 공부하게 한다. 따라서 $M \rightarrow G$이다.

   또는

2. 대마초는 정말로 열심히 공부하거나 공부를 잘하는 데 대한 보상으로 사용된다("야 신난다! 'A'다! 기분 좀 내보자!"). 따라서 $G \rightarrow M$이다.

   또는

3. 높은 수준의 호기심(E)이 있으면 분명히 학습과 높은 학점을 얻는 데 유리하며, '금기물(대마초)'을 탐색하도록 이끌 수도 있다. 따라서 $E \rightrightarrows {}^{M}_{G}$이다.

   또는

4. 다시 우연이지만, 이번에는 표본이 우연하게도 대마초를 피우는 친구들이 더 똑똑하고 더 열심히 공부하는 학생들이었을 따름이다.

명백한 결론은 다음과 같다. 이 모두가 두 변수의 관계에 대해 가능한 설명이라면, 이 중 어느 것도 쉽게 배제해선 안

된다는 것이다. 두 변수가 함께 발생하는 경향이 있음을 입증하는 것이 인과관계를 증명하기 위한 필요조건이다. 그러나 그것 자체가 충분조건은 아니다. 예를 들어, 인간의 출생률이 황새가 많은 유럽 지역에서 더 높다는 것은 사실이다. 그러나 그 관계의 의미에 대해서는 뭐라고 말하기 힘들다!

말한다. 여기서는 내적 타당도를 깊이 있게 다루고, 후에 외적 타당도의 개념을 다루겠다. 우선 다양한 내적 타당도 저해요인을 논의해보자.

독립변수 외의 요인이 종속변수에 영향을 끼칠 때마다 내적 타당도 저해요인이 존재한다. 예를 들어 프로그램 또는 실천의 효과를 평가할 때, **내적 타당도**의 문제는 실제로는 개입이 아닌 다른 요인이 결과의 차이를 발생시켰음에도 불구하고 연구자가 개입에 의해 그 차이가 발생했다고 그릇된 결론을 내릴 가능성을 말한다. 캠벨 Campbell과 스탠리 Stanley(1963, pp. 5-6) 그리고 쿡 Cook과 캠벨(1979, pp. 51-55)은 다양한 내적 타당도 저해요인을 밝혀냈다. 다음은 내적 타당도의 7가지 저해요인이다.

1. 우연한 사건: 조사연구과정 중 결과를 혼란하게 만드는 외부사건이 일어날 수 있다. 우연한 사건(history)이란 용어는 미묘하다. 외부사건은 역사책에서 볼 수 있는 주요한 사건일 필요는 없다. '우연한 사건'이란 외부사건이 독립변수의 조작과 시간상으로 일치한다는 사실만을 나타내기 위해 사용한다. 예를 들어, 어떤 연구에서 사회복지 서비스를 받기 전과 후에 입주자의 의욕만을 단순히 측정함으로써 노인요양원에서 사회복지 서비스가 입주자의 사기를 증진하는지에 대한 효과성을 평가한다고 가정해보자. 측정 전과 후 사이에 사회복지 서비스와 관계없는 노인요양원의 외부환경 개선이 이루어졌을 가능성도 있다. 독립변수(사회복지 서비스)보다는 외부환경의 개선이 종속변수(사기) 향상의 원인이라고 가정할 수 있으므로, 그 가능성이 조사연구의 내적 타당도를 위협하는 것이다.

2. 성숙 또는 시간의 경과: 사람은 연구대상이든 아니든 계속 성장하고 변화하며, 그 변화는 연구결과에 영향을 미친다. 예를 들어 앞선 노인요양원의 예시에서, 입주자들이 사회복지 서비스를 받고 나서 몇 년 후에 육체적으로 더 약해졌기 때문에 사회복지 서비스를 받은 결과 육체적으로 더 허약해졌다고 추론하는 것은 어리석은 일이다. 노령화과정을 통한 성숙은 이와 같은 결론의 내적 타당도에 심각한 위협이 될 것이다. 그러나 이런 내적 타당도에 대한 위협은 기본적인 발달상의 변화가 일어나는 것만을 의미하진 않는다. 이 위협은 단순히 시간이 경과하면서 나타나는 효과를 말하는 것일 수도 있다. 예를 들어 강간피해자를 위한 위기상담 프로그램의 효과성을 평가하려는 연구에서 간단하게 치료 전과 후의 피해자 기분상태나 사회적 기능만을 평가했다고 가정해보자. 강간피해자의 정서적 기분 또는 사회적 기능 수준은 그 충격적 사건이 있은 직후에 가장 나쁠 것으로 예상할 수 있다. 그 점에서 위기상담이 있든지 없든지 간에 사건의 장기적 효과는 여전히 파괴적이라고 가정하더라도, 단순한 시간의 경과만으로 그 충격으로 인한 심각한 영향의 일부분을 완화할 것으로 기대할 수는 있다. 이와 유사하게 사별에 관한 상담을 고려해보자. 사랑하는 사람을 잃은 클라이언트의 기능 수준이나 기분이 상담 직전보다 상담 직후에 약간 나아졌기 때문에 사별에 관한 상담이 효과를 가져왔다고 결론을 내리는 것은 어리석은 일이다.

3. 검사: 검사가 측정하려는 실제적 구성물에 어떤 개선이 일어나지 않아도 검사과정 자체로 인해 검사 점수가 높아지는 경우가 종종 있다. 사회복지사가 워크숍에 참석함으로써 국가 자격증 시험에서 더 좋은 점수를 얻

는 데 도움이 되는지 알아보려 한다고 하자. 자격증 시험에서 측정하는 것과 비슷한 것을 측정할 것으로 생각하는 시험을 치르도록 할 수 있다. 사회복지가의 시험성적이 나아진다면 그것을 워크숍의 효과 때문으로 돌릴 수 있지만, 워크숍이 시작하기 전에 시험문제에 대한 답을 찾아보고 동일한 시험을 치르면서 그 답을 기억했다고 가정해보자. 그러면 그들은 워크숍에 참여하지 않고도 사후검사에서 더 높은 점수를 얻었을 것이다. 그러므로 워크숍 참여가 성적 향상에 도움이 된다고 주장할 수 없다.

4. 실험도구 효과: 종속변수를 측정할 때 사전검사에서 사용했던 것과는 다른 척도를 사후검사에서 사용한다면(예를 들어, 자격증과 관련된 다른 시험), 그 두 시험이 동등함을 어떻게 확신할 수 있는가? 사회복지사들이 자격증 시험에서 좋은 점수를 얻을 수 있도록 준비시켜주는 워크숍을 평가할 때 우리는 워크숍 참여자들이 동일한 시험을 두 번 치르길 원치 않는다고 가정해보자(검사효과를 피하기 위해). 따라서 우리가 동등하다고 생각하는 두 가지 종류의 시험(사전조사를 위한 시험과 사후조사를 위한 시험)을 만들 수 있다. 비록 워크숍이 점수 상승의 원인이라고 결론짓길 원하지만, 실제 이유는 사후조사용 시험이 사전조사용 시험보다 쉬웠기 때문이라고 생각할 수도 있다. 만약 점수가 낮아졌다면, 워크숍이 참여자들의 시험준비에 적절하지 못했다기보다는, 아마 사후조사용 시험이 더 어려웠을 것이다.

참여자들과의 면접 또는 그들의 행동관찰에 기초해 연구자나 실천가들이 내린 평가가 측정도구에 포함될 때 비슷한 가능성이 발생할 수 있다. 사후조사 평가를 했던 연구자나 실천가가, 사전조사 평가를 한 연구자나 실천가와 동일인이 아닐 수 있다. 평가자마다 다른 기준과 능력을 가졌을지도 모른다. 심지어 사전조사와 사후조사 때 동일인이 평가했을지라도, 그들의 기준이나 능력이 연구과정 동안 변할 수도 있다. 행동을 관찰하고 기록하는 그들의 기술이 연구과정 동안 경험이 쌓이면서 향상되어, 사전조사 때보다 사후조사 때 더 많은 행동을 관찰하고 기록할 수도 있다.

도구에서 좀 더 미묘한 변화가 아동을 대상으로 하는 실험연구에서 발생할 수 있다. 만약 사전조사에서부터 사후조사까지 많은 시간이 소요되었다면, 아동이 성장해 사전조사 문항들 중 일부가 부적절할 수도 있다. 예를 들어 6~12세 아동의 자존감을 측정하는 척도가 사전조사 때 12세였고 3년 후에 15세가 된 아동을 상대로 실시되었다면, 참여자가 12세였을 때와 이들이 사춘기가 되었을 때 척도 문항의 의미는 동일하지 않다.

5. 통계적 회귀: 때로 종속변수의 점수가 극단적인 클라이언트에게 제공되는 서비스의 효과성을 평가할 필요가 있다. 예를 들어 우울증 척도 점수가 매우 높은 노인요양원 입주자를 대상으로 노인의 우울증 완화를 목표로 하는 사회복지 개입의 효과를 평가한다고 가정해보자. 임상적 관점에서 보면 서비스에 대한 욕구가 가장 커 보이는 입주자에게 서비스를 제공하는 것이 가장 좋다. 그러나 잠시 방법론적 관점에서 어떤 개입 없이도 요양원 입주자의 우울증 점수에 어떤 일이 생기는지를 고려해보자. 어떤 평가척도라도 반복적으로 사용되면 한 사람의 척도점수는 그 사람이 실제로 변했기 때문이 아니라 도구의 신뢰도가 완벽하지 않은 무작위 검사요인 때문에 이번 검사 점수와 다음번 검사 점수 사이에 약간의 변동이 있을 수 있다는 사실을 생각해야만 한다. 예를 들어, 가장 낮은 점수를 받아서 서비스를 받게 된 입주자들은 사전검사를 받은 날이 유난히 안 좋은 날일 수 있으며, 평상시에는 일반적으로 그 척도에서 더 나은 점수를 받을 수 있다. 그 노인들은 사전검사 전날 잠을 제대로 못 잤거나, 그날 만성질환이 악화되었거나, 그 주에 친한 친구나 친척이 사망했을 수도 있다.

가장 극단적으로 문제시되는 사전검사 점수를 받은 노인들에게만 서비스를 제공할 때, 유난히 나쁜 사전검사 점수를 받은 서비스 수혜자의 비율이 유난히 나쁜 사전검사 점수를 받고서도 서비스를 받지 못한 비수혜자의 비율보다 높을 가능성이 있다. 그와 반대로 사전검사 점수가 좋기 때문에 서비스를 받지 못한 사람들에 사전검사 점수가 유난히 높은 노인들(즉, 사전검사 날이 이상하게 좋은 날이었던 노인들)이 포함될 수도 있다. 결과적으로 어떤 개입이 없이도 시간이 흐르면서 서비스 수혜자 집단이 비수혜자 집단보다 우울증 척도의 평균 점수가 높아질 가능성이 더 많을 것이다. 따라서 대상자가 극단적인 위치에서 시작했기 때문에 일어나는 변화를 독립변수의 효과로 잘못 인식할 위험이 있다.

통계적 회귀(statistical regression)는 이해하기 어려운 개념이다. 포사바크 Posavac와 캐리 Carey(1985)의 책에서 다음과 같은 재미있는 실험을 인용했는데, 이 실험을 상상하거나 또는 실제로 수행해보면 이 용어를 이해하는 데 도움이 된다. 한 움큼의 동전을 잡는다. 15~20개 정도면 충분할 것이다. 각 동전을 6번씩 던져서 각 동전의 앞면과 뒷면이 나오는 횟수를 기록하자. 그 횟수가 각 동전의 사전검사 점수가 된다. 이제 사전검사에서 앞면이 2회 이하로 나온 각 동전에게 과업중심과 행동주의 방법을 결합한 사회복지 개입을 받도록 하자. 개입을 받게 된 동전에게 뒷면은 받아들일 수 없는 행동이며, 따라서 동전의 과업은 앞면이 더 많이 나오도록 노력하는 것이라고 말하라(그렇다! 동전에게 얘기하라. 그러나 먼저 주위에 확실히 아무도 없는지 확인하라). 각 동전에게 과업을 주고 나서, 앞면이 나올 때마다 동전을 칭찬하면서 동전을 6번씩 던지도록 하라. 뒷면이 나오면 바람직하지 않은 행위를 보상하지 않고자 하기 때문에 아무 말도 하지 마라.

사후검사에서 각 동전이 얻은 앞면과 뒷면의 수를 기록하라. 개입을 받은 동전을 대상으로 사후검사 때 앞면이 나온 횟수를 사전검사 때의 횟수와 비교하라. 아마도 사후검사에서 앞면이 나온 횟수가 더 많을 것이다. 이제 개입하지 않은 동전을 6번씩 던져 사후검사 점수를 기록하라. 그러나 동전 모두에게 아무 말도 하지 않는다. 이 동전에는 개입을 하지 않아야 한다. 그렇게 하여 개입하지 않았던 동전은 치료를 받았던 동전처럼 앞면의 수가 그렇게 증가하지 않았을 가능성이 높다.

이 실험은 거의 언제나 성공한다. 만약 여기서 기술한 것과 다른 결과를 얻었다면 실험을 되풀이할 경우 다음에는 그와 같은 결과를 얻을 가능성이 높다. 이 결과가 무엇을 의미하는가? 과업중심적이고 행동주의적 실천이 동전에게 효과적인 개입인가? 과학적 방법에 따라 우리의 마음은 이런 가능성에 열려 있어야 한다. 그러나 의심할 수밖에 없다. 오히려 우리는 이런 결과가 다음을 묘사한다고 믿고 있다. 즉, 만약 극단적인 점수 때문에 서비스 개입을 받게 된 사람들에게만 독립변수를 적용한다면 이 집단에서 점수의 향상을 예상할 수 있는데, 이는 그 점수가 실질적인 점수로 통계적인 회귀를 하기 때문에(이는 점수가 실질적인 점수를 향해 움직일 것임을 의미함) 그렇다는 것이다. 이런 경우 동전은 앞면 3회(50%), 뒷면 3회(50%)라는 실제값으로 회귀하는 경향이 있다. 이 평가를 사람에게 행할 때, 실제값은 여러 날에 걸쳐 여러 차례 시험을 치르면 얻게 될 평균 점수로 생각할 수 있다.

물론 인간의 행동은 동전의 행동보다 더 복잡하다. 그러나 이 예시는 인간서비스를 평가할 때 나타나는 일반적인 문제점을 보여준다. 즉, 본질적으로 계속 변화하고 있는 인간 문제에 대해 그 문제가 가장 심각한 수준에 있을 때 개입을 시작하려는 경향이 있기 때문에, 개입 때문이라기보다는 그 문제 자체가 본질적으로 굴곡이 있어서 문제가 어느 정도 개선될 수 있다고 예상할 수 있다.

6. 선정편향: 비교되는 두 집단이 실제로 비교가 가능하지 않으면 비교는 아무런 의미도 없다. 개입 프로그램에 자발적으로 참여하기로 한 부모의 양육기술이 개선된 정도와 참여하기를 거부한 부모의 양육기술이 개선된 정도를 비교해 바람직한 양육기술을 장려하기 위한 개입의 효과성을 측정한다고 가정해보자. 이 경우 프로그램 참여자들의 양육기술이 크게 개선된 것을 개입의 효과로 돌릴 수는 없다(적어도 이런 결론에 대한 내적 타당도에 대해 자신감을 크게 가질 수 없다). 이는 두 집단이 갖고 있던 다른 차이로 인해 개선의 정도가 다르게 나타

났을 수도 있기 때문이다. 예를 들어, 프로그램 참여자는 프로그램 참여를 거부한 사람들보다 개선하고자 하는 동기가 더 컸을 수도 있다. 따라서 참여자는 더 열심히 노력하고, 더 많이 읽고, 개입과 관련이 없는 다른 일을 했을 수 있다. 참여자의 그런 행동들이야말로 참여자가 크게 개선될 수 있었던 실질적인 이유를 설명해주는 것일지 모른다. 서비스 수혜자 집단과 비수혜자 집단은 많은 경우 두 집단이 진정으로 처음부터 동등하게 비교될 수 있는지 확인하는 사전노력을 취하지 않고 결과변수를 비교하기 때문에, 선정편향(selection bias)은 사회복지 서비스 평가의 내적 타당도에 대한 일반적인 위협이 된다. 이는 서비스를 이용하기로 선택한 사람들과 서비스를 받도록 의뢰되지 않거나 또는 서비스를 이용하지 않기로 선택한 사람들을 비교할 때 가장 일반적으로 발생한다.

7. 인과관계 영향력의 방향성에 대한 모호함: 앞서 논의한 것처럼, 독립변수와 종속변수의 시간상 순서와 관련해 모호함(불명확함)의 가능성이 존재한다. 이런 일이 발생할 때마다 독립변수가 종속변수 변화의 원인이라는 연구 결론은 '종속'변수가 독립변수 변화의 실질적인 원인이라는 설명에 의해 이의가 제기될 수 있다.

예를 들어 한 연구에서 약물남용 치료 프로그램을 이수한 클라이언트가 프로그램을 중도 탈락한 사람들에 비해 약물을 덜 남용하게 된다는 점을 발견했다고 가정해보자. 그 프로그램이 참여자에게 약물남용을 하지 않도록 영향을 미쳤는지, 참여자가 프로그램을 끝까지 이수하도록 약물남용을 하지 않는 사람들이 도왔는지에 애매모호함이 있다.

원시실험 시험연구

사회복지 개입에 대한 모든 평가가 결론적이고, 인과적인 추론을 생산해내는 것은 아니다. 어떤 평가는 탐색적 또는 기술적 목적을 가지며, 따라서 비록 내적 타당도 수준이 낮을지라도 상당한 가치를 갖는다. 따라서 우리가 특정 설계의 내적 타당도가 낮다고 말할 때, 그 설계를 사용해서는 안 된다거나 그 설계를 사용한 연구가 가치 없다고 말하는 것은 아니다.

예를 들어, 당신의 기관이 소규모 집단을 대상으로 알려진 것이 거의 없는 혁신적인 서비스를 시작했다고 가정해보자. 클라이언트의 사후검사 점수가 사전검사 점수보다 더 나아졌는지(또는 악화되었는지)를 밝혀내는 것이 유용할 수 있다. 만약 사후검사 점수가 사전검사 점수보다 훨씬 좋아졌다면, 비록 개입이 원하는 결과를 확실하게 발생시켰다고 주장할 수는 없지만, 개입이 효과적이라는 가설의 개연성이 높다고 판단할 수 있다. 비록 이 연구가 우연한 사건, 시간의 경과, 그 밖의 내적 타당도 저해요인을 통제할 수는 없지만, 그런 결과는 상관관계와 시간 순서를 입증한다. 따라서 시험연구는 개입에 대한 지속적인 검증이 필요하다는 근거를 제공한다. 더욱이 좀 더 야심 찬 실험 또는 유사실험을 위한 자금을 확보하려고 할 때 연구계획서에서 시험연구를 성공적으로 수행할 수 있었고, 결과도 긍정적이라는 것을 포함시킬 수 있다면 잠재적 연구비 제공자에 대한 당신의 신뢰성은 높아질 것이다.

그러나 때때로 연구자들은 마치 그들이 개입효과성을 타당한 방식으로 검증을 한 것처럼 원시실험 연구를 보고한다. 그들은 원시실험설계의 한계를 알면서도 평가된 개입이 효과적이고 증거에 기반하고 있다는 결론을 내린다. 시험연구로서의 가치에도 불구하고 **원시실험설계**(preexperimental design)는 내적 타당도가 매우 낮기 때문에 증거기반 실천연구의 위계적 질서에서 낮은 위치를 차지한다. 이제 흔히 사용되는 원시실험설계와 이 설계의 내적 타당도가 낮은 이유를 알아보자.

일회검사 사례연구

특히 약한 원시실험설계인 **일회검사 사례연구**(one-shot case study)는 심지어 상관관계도 입증하지 못한다. 예를 들어 일회검사 사례연구를 검토해보자. 이 설계를 나타내는 간단한 표기는 다음과 같다.

$$X \quad O$$

위의 표기에서 *X*는 개입과 같은 자극의 도입을 나타낸다. *O*는 관찰이며, 종속변수를 측정하는 것이다. 이 설계에서는 단일집단에 자극(예를 들어, 개입)을 도입한 후에 얻은 결과를 다른 것과 비교하지 않는다.

예를 들어 어떤 서비스가 전달되고 나서, 서비스 수혜자의 사회적 기능을 측정할 수 있을 것이다. 이 설계에서는 사회적 기능의 수준이 처음보다 높아졌는지(또는 낮아졌는지), 또는 서비스를 받지 않은 사람들보다 기능이 높아졌는지(또는 낮아졌는지) 확인할 방법이 전혀 없다. 따라서 이 설계는 상관관계도 평가하지 못하며, 어떤 내적 타당도에 대한 위협도 통제하지 못한다.

단일집단 사전사후검사 설계

상관관계와 시간 순서를 입증할 수 있어 시험연구로서의 가치가 있는 원시실험설계가 **단일집단 사전사후검사 설계**(one-group pretest-posttest design)다. 이 설계에서는 자극(개입)이 도입되기 전과 후에 종속변수를 측정한다. 따라서 사회서비스의 효과성에 대한 평가에서 이 설계는 서비스가 전달되기 전과 후에 결과변수를 측정한다. 이 설계의 간단한 표기는 아래와 같다.

$$O_1 \quad X \quad O_2$$

위의 표기에서 아래첨자 1과 2는 관찰의 순서를 나타낸다. 따라서 O_1은 개입 전의 사전검사이고, O_2는 개입 후의 사후검사다. 이 설계는 자극(개입)이 도입되기 전과 후에 종속변수를 평가한다.

이 설계가 상관관계를 평가하고 인과적인 시간 순서를 통제하지만, 사전검사와 사후검사 간의 변화를 야기했을 가능성이 있는 독립변수 외의 요인들, 즉 내적 타당도 저해요인 중에서 우연한 사건, 성숙, 검사 및 통계적 회귀와 관련 있는 요인을 고려하지 않는다.

예를 들어, 사회복지 교육을 실시하기 전과 후에 지역사회조직의 사회행동 전략(대립과 갈등의 전술(시위, 구매 거부 등)을 강조하는 전략)에 대한 사회복지학과 학생들의 태도를 평가한다고 가정해보자. 이 기간에 학생들이 대립을 중요시하는 사회행동 전략에 대한 선호도가 줄어들고, 합의를 중시하는 지역사회 개발접근에 대한 선호도가 증가했음을 발견했다고 가정하자.

이 결과에 의해 사회복지 교육이 학생들의 태도 변화를 발생시켰다고 추론할 수 있는가? 그렇지 않다. 다른 요인들이 변화를 야기했을 수도 있다. 예를 들어 학생들이 성숙해져서 속도가 늦고 점진적인 변화전략을 더 받아들이게 되었을 수도 있다(성숙 또는 시간경과에 의한 내적 타당도에 대한 위협). 또는 그 기간에 사회복지 교육 외의 외부사건으로 학생들의 변화를 설명할 수도 있다(우연한 사건의 위협). 예를 들어 일련의 항의시위가 부작용을 일으켜서 학생들이 싫어했던 대통령 후보가 당선되는 데 도움을 주었고, 이에 학생들이 시위의 부정적인 효과를 인식하게 되어 사회행동 전략에 대해 더욱 의문을 갖도록 만들었을 수도 있다.

단일집단 사전사후검사 설계의 또 다른 예로, 학대부모에게 인지행동 개입을 하여 그들의 양육기술과 아동기의 행동에 대한 지식에 대해 필기시험을 치르고, 시험 점수가 높아졌는지를 평가한다고 가정해보자. 우연한 사건과 성숙이 점수가 높아진 것을 설명할 수도 있으며, 검사와 통계적 회귀가 가능한 설명요인이 될 수도 있다. 아마도 부모의 양육기능과 자녀에 대한 태도가 최악의 상태에 있을 때 개입을 받았을 수 있다. 만약 이 부모들의 상태가 최상일 때조차 그들의 양육기술과 지식이 상당히 낮은 수준이라 하더라도, 사전검사보다 사후검사에서 점수가 높아진 것은 부모들이 가장 나쁜 상태에 있을 때 의뢰를 받아서 그들의 점수가 개입 전의 진정한 평균값을 향해 어느 정도 회귀하기 때문에 증가할 수밖에 없다는 사실을 반영할 수도 있다.

비동일집단 사후검사 설계(정태적 집단 비교설계)

세 번째 원시실험설계는 **비동일집단 사후검사 설계**(posttest-only design with nonequivalent group)다. **정태**

적 집단 비교설계(static-group comparison design)라고도 하는 이 설계의 간단한 표기는 아래와 같다.

$$\begin{matrix} X & O \\ & O \end{matrix}$$

이 설계는 한 집단에 자극(개입)을 도입한 후 종속변수를 평가하고, 동시에 첫 번째 집단과 동등하지 않으면서 독립변수를 실행하지 않은 두 번째 집단에 대해 종속변수를 평가한다. 이 설계는 사회복지 서비스의 효과성을 평가하면서 서비스를 받고 난 후에만(받기 전에는 하지 않고) 결과변수에 대해 클라이언트를 평가하고, 이를 개입받은 클라이언트와 주요 측면에서 같지 않을 가능성이 높으며 서비스를 받지 않은 클라이언트 집단과 비교한다.

예를 들어 학대하는 부모에 대해 인지행동적 개입을 하는 효과성을 평가했던 앞의 가설적인 예시로 다시 돌아가 보자. 개입을 받은 부모의 사전검사 점수와 사후검사 점수를 비교하는 대신 비동일집단 사후검사 설계를 사용해 그들의 점수를 학대하는 부모 중에서 의뢰받지 않았거나 개입을 거부한 부모의 점수와 비교할 수 있다. 이 경우 개입을 받은 부모가 개입을 받지 않은 부모보다 더 높은 점수를 받을 것으로 예상할 수 있을 것이다. 이는 독립변수(개입 상태)와 종속변수(검사 점수) 간에 정의 상관관계를 나타낼 것으로 예상하기 때문이다. 그러나 정적 상관관계가 나타났다고 하더라도 개입이 두 집단의 차이를 야기했다는 추론을 내리지 못한다. 이때 가장 중요한 이유는 이 설계가 선정편향 위협을 통제하지 못했다는 것이다. 사전검사 없이는 개입받은 부모들이 개입을 시작하기 전에 처음부터 두 집단에 차이가 있었는지 알 길이 없다. 더욱이 두 집단이 주요 측면에서 실제로 동일하지 않았을 가능성이 큰 것으로 보인다. 의뢰를 받았거나 참여하기로 결정한 부모는, 의뢰를 받지 않았거나 개입을 거부한 부모보다 개선하려는 동기가 더 강하거나 지지자원을 더 많이 갖고 있다고 할 수 있다.

프로그램을 실시한 후에 프로그램의 효과성에 대한 평가자료를 약간 얻으면 유용하다는 사실을 뒤늦게 인식하고, 비동일집단 사후검사 설계에 관심을 갖는 프로그램 제공자를 쉽게 볼 수 있다. 이 설계가 편리할 뿐만 아니라 긍정적인 결과에서 파생하는 실질적인 행정적 이익을 기대하기 때문에, 프로그램 제공자는 편향적 선정과 내적 타당도 문제에 관심을 기울이지 않으려고 할 수 있다. 그러나 사람들은 이 문제의 중요성을 기억하고, 그런 상황에 처할 때 다른 사람들과 이 문제에 대해 적절하게 토론하기를 바란다.

그림 11-1은 방금 논의했던 세 가지 원시실험설계를 예시한다. 각 설계에서 혼란과 오해를 일으킬 수도 있는 요인이 끼어들 수 있음을 보라.

1. 일회검사 사례연구

단일한 집단에 실험자극을 도입한 후에 종속변수에 대해 측정한다. 사후검사 결과가 '높은지' 또는 '낮은지'에 대해 직관적인 판단을 한다.

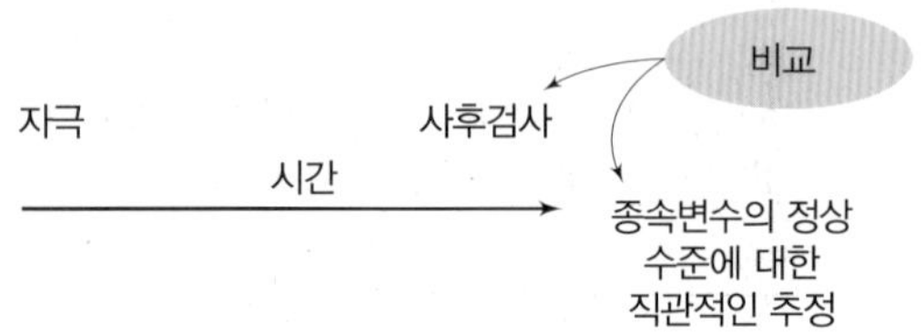

2. 단일집단 사전사후검사 설계

단일한 집단에서 종속변수에 대해 측정하고, 실험자극을 도입한 후에 종속변수에 대해 다시 측정한다. 사전검사와 사후검사의 결과를 비교한다.

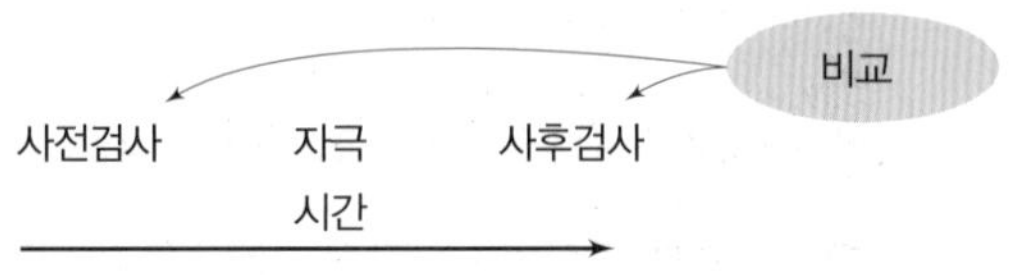

3. 정태적 집단비교 설계

실험자극을 한 집단(실험집단)에 도입한 후 실험집단과 통제집단에서 종속변수에 대해 측정한다.

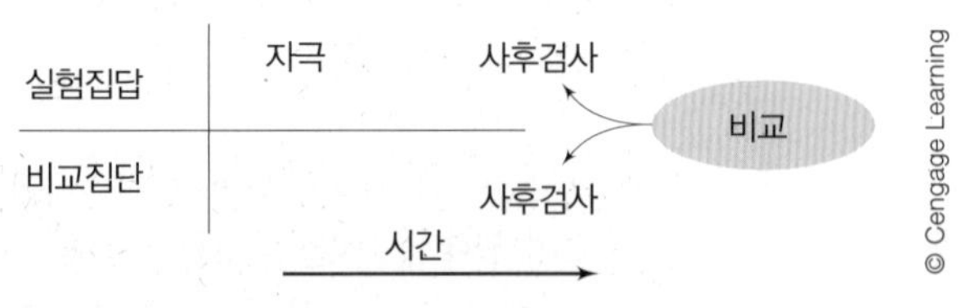

그림 11-1 세 가지 원시실험 연구설계

원시실험설계를 사용한 일부 연구는 극히 낮은 내적 타당도에도 불구하고 가치 있는 연구가 될 수 있다. 만약 이들 연구가 (a) 알려진 바가 많지 않은 새로운 개입에 관한 탐색적이고 기술적인 정보를 만들어내고, (b) 새로운 개입을 의도한 대로 제공하는 것이 가능한지를 파악하거나, (c) 추후에 더 나은 설계를 사용하는 데 장애가 되는 요소를 밝히고, (d) 예비연구결과에 기초해 좀 더 탄탄한 연구를 위한 가설의 타당성을 확인하려는 목적을 갖는다면 가치 있는 연구가 될 수 있다. '과학적 연구와 원시실험설계를 사용한 비과학적 연구'라는 제목의 글상자는 원시실험설계를 사용해 발표된 2편의 연구논문을 소개한다. 첫 번째 연구는 앞의 네 가지 기준을 모두 충족한 예비연구이고, 두 번째 연구는 어떤 기준도 충족시키지 못했다. 지금까지 원시실험설계의 활용과 한계를 논의했다. 이제부터는 높은 내적 타당도를 갖는 설계를 검토해보자.

실험설계

실험설계(experimental design)는 우선 연구참여자를 실험집단과 통제집단으로 무작위 할당함으로써, 내적 타당도에 대한 위협을 최대한 통제하려고 한다. 그 다음 실험설계는 독립변수(새로운 프로그램이나 개입방법)를 **실험집단**(experimental group)에 제공하고 **통제집단**(control group)에는 제공하지 않는다. 그러고 나서 실험설계는 종속변수와 관련해 실험집단과 통제집단이 나타내는 차이의 정도를 비교한다. 후자의 비교는 비록 마지막에 하지만, 일반적으로 독립변수를 도입하기 전과 후에 실험집단과 통제집단에 대한 사정을 실시한다.

예를 들어, 노인요양시설에서 사회복지사가 우울증을 완화하고 사기를 돋우기 위해 클라이언트가 자신의 생활사를 회고하도록 하는 개입의 효과성을 평가하고자 한다고 가정해보자. 개입을 요청했던 입주자와 개입을 요청하지 않았던 입주자를 단순히 비교하는 대신에(두 집단이 처음부터 동일하다고 가정할 수 없기 때문에 이 방법은 선정편향에 취약할 수 있음) 실험설계에서는 동전 던지기 등 무작위 할당절차를 사용한다. 따라서 실험에 참여하고자 동의하고 개입이 적절하다고 생각하는 각 입주자는 실험집단(개입을 제공받는)이나 통제집단(개입을 제공받지 않는)으로 무작위로 할당된다. 우울증과 사기(종속변수)를 나타내는 한 가지 이상의 지수를 개입하기 전과 후에 관측한다. 실험집단의 분위기가 통제집단의 분위기보다 개선되었다면, 이 결과는 개입이 분위기 개선의 원인이라는 가설을 지지한다.

앞의 예는 **통제집단 사전사후검사 설계**(pretest-posttest control group design)라는 고전적인 실험설계를 예시한다. 이 설계의 도표가 그림 11-2에 제시되어 있다. 이 설계의 간단한 표기는 아래와 같다.

$$
\begin{array}{cccc}
R & O_1 & X & O_2 \\
R & O_1 & & O_2
\end{array}
$$

이 설계에서 R은 연구대상자를 실험집단 또는 통제집단으로 무작위 할당하는 것을 표시한다. O_1은 사전검사, O_2는 사후검사, X는 개입을 나타낸다.

이 설계에서 내적 타당도에 대한 위협이 많이 통제된다는 사실에 주목하라. 우연한 사건 또는 성숙이 분위기 개선의 원인이라면, 실험집단이 통제집단보다 더 개선될 만한 아무런 이유도 없다. 게다가 노인 입주자들은 무작위로 할당되었기 때문에, 실험집단이 통제집단보다 극

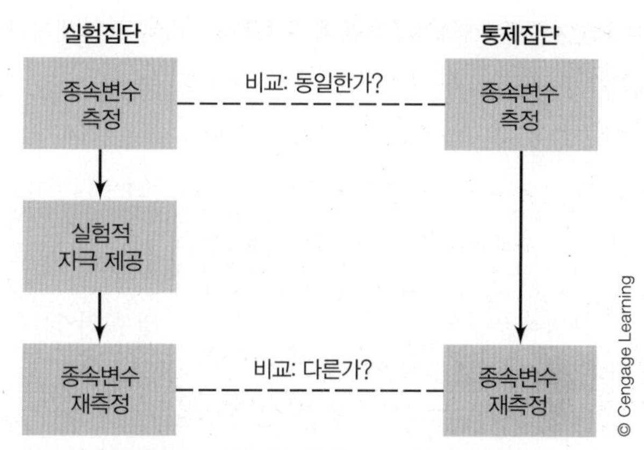

그림 11-2 기본적인 실험설계의 도표

과학적 연구와 원시실험설계를 사용한 비과학적 연구

과학적 예비연구

낸시 그로테 Nancy Grote와 사회복지교수 동료들은(Grote, Bledsoe, Swartz, & Frank, 2004) 우울증을 앓고 있는 저소득 산부인과 환자들(이들 대부분은 아프리카계 미국인)에게 치료기간이 짧고 문화적으로 적합한 대인관계 정신치료(interpersonal psychotherapy, IPT) 제공이 가능한지를 밝히고자 했다. 이들은 대인관계 정신치료 프로토콜을 수정함으로써 비용, 교통수단, 육아, 문화적 비만감성 등 저소득 소수인종 환자들의 서비스 이용에 장애가 되는 요소들을 제거할 수 있다고 가정했다. 12명의 임산부를 모집했고 이들 중 9명은 8회기 치료에 모두 참여했다. 치료를 마치고 6개월 후 이들의 우울, 불안, 사회적 기능은 상당히 호전되었다. 연구자들은 (a) 수정된 대인관계 정신치료는 우울증을 앓고 있는 저소득 임산부들에게 적용 가능하고, (b) 수정된 대인관계 정신치료가 이들의 우울증을 치료하는 데 효과적이라는 가설은 내적 타당도를 갖춘 후속실험에서 검증된다면 충분히 지지될 수 있다는 결론을 내렸다.

저자들이 표본이 작고 전형적이지 않다는 점과 내적 타당도 저해요인을 적절히 통제할 수 있는 실험설계 요소를 확보하지 못했다는 점을 연구의 한계로 논의한 것은 이들 연구가 갖는 장점이었다. 또 다른 장점은 분석결과를 해석할 때 탐색적 예비연구가 갖는 목적을 넘어서지 않았다는 점이다. 원시실험설계를 사용해 연구결과를 보고한 다른 저자들과는 달리, 이들은 개입의 효과성과 관련해 인과적 추론을 내리지 않았다.

비과학적 연구

예비연구를 수행한 모든 저자가 자신의 결과를 조심성 있게 해석하지는 않는다. 또한 원시실험설계를 사용한 모든 연구가 예비적 연구의 성격을 취하지도 않는다. 일부 저자들은 자신의 연구결과를 부적절하게 해석해, 그들이 사용한 설계가 갖는 약한 내적 타당도에 비춰볼 때 보장받을 수 없는 인과적 추론을 내려버린다. 존슨 Johnson과 동료들(2001)이 수행한 사고장요법(Thought Field Therapy, TFT)의 효과성을 평가한 연구가 이러한 경우에 해당된다. 1장에서 다루었던 비과학에 관한 설명을 떠올려보자. 일회검사 사례연구를 통해 나타난 치료성과를 과도하게 주장했고 그 성과는 비과학적이라는 비난을 받았다.

사고장요법은 논란이 많은 치료법이다. 사고장요법은 심리적 외상 증상을 경감하기 위해 '신체의 에너지 경락(energy meridian)을 따라 존재하는 신체 부위에 기계적 자극과 양측 광학적 피질자극(bilateral optical cortical stimulation)'을 사용한다(Johnson et al., 2001, p. 1239). 1999년 세르비아 군에 의한 대학살과 고문의 후유증 치료를 위해 코소보 내 105명의 알바니아계 생존자들이 사고장요법을 받았다. 사전조사는 없었고, 평가는 사고장요법 후 증상의 유무에 대한 생존자들의 보고에 기초했다. 생존자들이 증상의 유무를 사고장요법 치료사인지 아니면 다른 이에게 보고했는지가 보고서에 기술되지 않았다. 그러나 어떤 경우든 내적 타당도 저해요인을 통제하려는 시도가 없었기 때문에 외부인에게 자가보고할 때 나타나는 사회적 바람직성 편향의 영향은 피할 수 없다. 저자들은 치료 또는 설계 프로토콜의 적용 가능성 평가 또는 후속연구를 위한 가설 설정과 관련해 결과를 조심스럽게 논의하는 대신, 사고장요법은 105명 중 2명을 제외한 모두에게 그리고 그들이 경험한 249개 증상들 중 2개를 제외하고 모든 증상에 '확실히 효과적'이었다고 주장했다. 우리는 최상의 경험적 근거를 갖추었고 가장 효과적으로 알려진 개입들을 포함해서 그 정도로 뛰어난 결과를 낳은 개입에 대해 높은 내적 타당도를 확보한 어떤 평가도 본 적이 없다.

이 연구를 게재한 학술지는 이 논문의 첫 페이지에 해당 논문은 전문가 심사를 받지 않았다는 각주를 달았다. 대신 학술지 편집위원장은 학술지 심사과정이 사고장요법에 반대하는 분위기가 있다는 사고장요법 개발자의 불만을 수용하고 이 논문을 게재했다. 그러나 편집위원장은 사고장요법 연구를 비판적으로 평가한 논문을 이 논문 바로 다음에 게재한다는 조건을 달았으며 그 비판은 매우 통렬했다.

출처: Grote, N. K., Bledsoe, S. E., Swartz, H. A. and Frank, E. 2004. "Feasibility of Providing Culturally-Relevant, Brief Interpersonal Psychotherapy for Antenatal Depression in an Obstetrics Clinic: A Pilot Study," *Research on Social Work Practice*, 14, 6, 397-407

단적이지 않은 점수를 향해 통계적으로 회귀할 가능성이 더 높다고 가정할 아무런 이유도 없다. 또한 무작위 할당을 활용하면 두 집단이 종속변수나 동기부여, 심리사회적 기능 같은 관련된 변수의 면에서 처음부터 달랐다고 가정할 만한 어떤 이유도 없다. '문제행동을 보이는 아동의 치료 프로그램 효과를 평가한 사회복지 실험'이라는 제목의 글상자는 사전사후 통제집단 설계를 사용한 사회복지 실험연구를 요약했다.

그러나 통제집단 사전사후검사 설계가 검사·재검사가 미칠 수 있는 효과를 통제하는 것은 아니다. 사전검사의 시행이 개입효과에 영향을 미친다거나, 사후검사 반응을 왜곡할 수 있다고 생각되면 **통제집단 사후검사 설계**(posttest-only control group design)라는 실험설계를 선택할 수 있다. 이 설계를 선택하는 또 다른, 아마도 좀 더 일반적인 이유는 아동학대의 발생을 예방하기 위한 프로그램의 효과성을 평가하는 경우처럼 사전조사가 가능하거나 실용적이지 않기 때문이다. 이 설계를 간단히 표기하면 다음과 같다.

$$\begin{array}{lll} R & X & O \\ R & & O \end{array}$$

이 설계에서는 실험집단과 통제집단 사이에 어떤 중요한 차이가 처음부터 존재한다면, 그 차이가 무작위 할당과정에서 제거된다고 가정한다. 두 집단이 처음부터 동일하다는 가정을 하기 때문에, 사후검사에서 두 집단 사이에 어떤 차이라도 있으면, 그 차이는 독립변수의 인과적 영향을 반영하는 것이라고 추론할 수 있게 된다. '동기강화 면접을 평가한 사회복지 실험'이라는 제목의 글상자는 통제집단 사후검사 설계를 사용한 연구를 요약했다.

사전검사-사후검사의 변화 정도를 알고 싶지만 검사효과가 걱정된다면, **솔로몬 4집단 설계**(Solomon four-group design)라는 화려한 설계를 활용할 수 있다. 이 설계의 간단한 도식은 다음과 같다.

$$\begin{array}{llll} R & O_1 & X & O_2 \\ R & O_1 & & O_2 \\ R & & X & O_2 \\ R & & & O_2 \end{array}$$

문제행동을 보이는 아동의 치료 프로그램 효과를 평가한 사회복지 실험

프레이저 Fraser와 동료들(2004)은 반사회적 행동과 또래의 거부로 인해 의뢰된 아동들을 위한 개입의 효과를 평가했다. 아동들은 실험집단과 통제집단으로 무작위로 할당되었다. 실험집단 아동들은 방과 후 사회기술훈련 프로그램에 참여했고, 부모 또는 보호자들은 양육기술 향상을 목적으로 하는 가족개입 프로그램에 참여했다. 통제집단 아동들은 '제공받아왔던 일상적 서비스를 계속해서 받았다'. 연구가 종결된 후 통제집단 아동과 부모는 실험집단 참여자들에게 제공된 동일한 개입을 제공받았다. 성과는 프로그램 전과 후에 아동의 행동을 교실과 놀이 환경에서 교사들에 의해 측정되었다. 실험집단 아동들은 통제집단 아동들과 비교할 때 친사회적 행동, 감정조절 능력, 또래관계 면에서 유의미한 향상을 보였다.

출처: Fraser, M., Day, S. H., Galinsky, M. J., Hodges, V. G., and Smokowski, P. R. 2004. "Conduct Problems and Peer Rejection in Childhood: A Randomized Trial of the Making Choices and Stroong Families Programs," *Research on Social Work Practice*, 14, 5, 313-324

동기강화 면접을 평가한 사회복지 실험

실링 Schilling과 동료들(2002)은 알코올 해독치료 후 음주자의 자조집단 참여를 독려하기 위해 제공된 동기강화 면접을 평가했다. 96명의 클라이언트는 3회기로 구성된 동기강화 면접조건과 일반적 보호조건으로 무작위로 할당되었다. 클라이언트가 자신의 문제행동과 목표 사이의 불일치를 알아차리도록 원조해 문제에 대한 인식을 높이고 변화 의지를 강화하기 위해 동기강화 면접에서는 정보와 피드백을 제공할 때 직접적이지만 클라이언트 중심의 관계 기술(공감, 온화, 진실)을 사용한다. 성과는 퇴원 2달 후 자조집단 출석과 음주행동에 대한 자기보고 결과로 평가되었다. 오늘날 동기강화 면접이 증거기반 개입으로 널리 인정받고 있으나 이 연구의 결과는 다소 실망스러웠다. 실험집단과 통제집단의 음주행동에는 차이가 없었다. 다만 동기강화 면접 수혜자는 12단계 자조집단에 평균적으로 2배 많이 출석했다.

출처: Schilling, R. F., El-bassel, N., Finch, J. B., Roman, R. J., and Hanson, M. 2002. "Motivational Interviewing to Encourage Self-Help Participation Following Alcohol Detoxification, " *Research on Social Work Practice*, 12, 6, 711–730

이 설계는 고전적인 실험설계를 통제집단 사후검사 설계와 결합한 것으로, 연구방법론 학자들은 이 설계를 높게 평가하고 있지만, 실제로 사회복지 연구에서는 거의 사용되지 않는다. 이 설계는 연구대상을 두 집단이 아닌 네 집단으로 무작위 할당한다. 이 중 두 집단은 통제집단, 두 집단은 실험집단이다. 통제집단과 실험집단 중의 각 한 집단에는 사전검사와 사후검사를 실시한다. 나머지 통제집단과 실험집단에는 사후검사만을 실시한다. 만약 사전검사가 특별한 효과를 발생시킨다면, 그 효과는 두 실험집단의 결과를 서로 비교하고 두 통제집단의 결과를 서로 비교해 발견할 수 있다.

때때로 두 가지 대안적인 개입방법의 효과성을 비교하기 위해 실험이 사용되기도 한다. 이런 실험에서는 사전조사가 요구되는데, 그 이유는 각 개입방법에 따라 이루어진 양을 비교할 수 있기 때문이다. 이 설계를 **사전조사 대안개입 설계**(alternative treatment design with pretest)(Shadish, Cook, & Campbell, 2001)라고 한다. 이 설계의 표기는 아래와 같다.

$$
\begin{array}{llll}
R & O_1 & X_A & O_2 \\
R & O_1 & X_B & O_2 \\
R & O_1 & & O_2
\end{array}
$$

위 표기에서 첫 번째 행은 참여자들이 개입 A에 무작위로 할당되었음을, 두 번째 행은 참여자들이 개입 B에 무작위로 할당되었음을 나타낸다. 세 번째 행은 참여자들이 통제집단에 무작위 할당되었음을 나타낸다. 개입 A가 개입 B보다 효과적임을 보여주기 위해 O_1에서 O_2로의 개선 정도가 다른 행들에서보다 첫 번째 행에서 더욱 커야 한다. 만약 첫 두 행이 거의 비슷한 정도의 개선을 보였고, 두 행에서의 개선 정도가 세 번째 행에서의 개선 정도보다 컸다면 이는 두 종류의 개입이 거의 동등하게 효과적임을 의미한다. 그러나 세 번째 행에서의 개선 정도가 처음 두 행에서 나타난 개선 정도와 동등했다면, 두 개입은 모두 효과적이지 못한 것이다. 세 행에서 나타난 개선은 우연한 사건이나 시간경과 등 대안적 설명에 기인한다고 할 수 있다.

이 설계의 처음 두 행만을 사용하고 세 번째 행은 사용하지 않는 실험이 있다. 즉, 이 실험은 두 가지 개입만 서로 비교하고, 통제집단과는 비교하지 않는다. 만약 한 집단이 다른 집단보다 유의미하게 개선되었다면, 이런 실험은 결정적이고 타당한 결과를 가질 수 있다. 그러나 두 집단이 비슷한 정도의 개선을 보였다고 가정해보자. 그러면 두 개입 모두 효과적이라고 주장하고픈 유혹을 느낄 수 있다. 그러나 통제집단이 없기 때문에 두 집단에서 이루어진 개선에 대한 대안적 설명에서 우연한 사건이나 시간경과 등 내적 타당도 저해요인을 제거할 수 없다. 예시적 연구가 '가정폭력 부부 대상 수강명령 프로그램의 효과를 비교한 사회복지 실험'이라는 제목의 글상자에 요약되어 있다.

유사한 유형의 설계를 사용해 개입의 효과뿐 아니라 효과적인 결과를 얻기 위해 개입의 어떤 구성요소가 필요한지를 밝혀낼 수 있다. 이 설계를 사용하는 실험을 **분해연구**(dismantling study)라고 한다. 이 설계의 표기는 다음과 같다.

$$
\begin{array}{llll}
R & O_1 & X_{AB} & O_2 \\
R & O_1 & X_A & O_2 \\
R & O_1 & X_B & O_2 \\
R & O_1 & & O_2
\end{array}
$$

위 표기에서 첫 번째 행은 참여자가 구성요소 A와 B를 포함하는 개입에 무작위로 할당되었고, 두 번째 행은 참여자가 구성요소 A만을 제공받도록 무작위로 할당되었으며, 세 번째 행은 구성요소 B만을 제공받도록 무작위로 할당되었음을 나타낸다. 네 번째 행은 참여자들이 통제집단으로 무작위 할당되었음을 나타낸다. 만약 O_1에서 O_2로 개선된 정도가 다른 행들에서보다 첫 번째 행에서 크게 나타난다면, 이는 개입이 효과적이며 구성요소 A와 B 모두 필요하다는 뜻이다. 만약 두 번째 또는 세 번째 행이 첫 번째 행보다 더 큰 개선을 보였다면, 이는 첫 번째 행에서 나타난 결과를 얻기 위해 필요한 것은 구성요소 A 혹은 B이며, 두 구성요소 중 하나는 필요하지 않다는 뜻이다.

분해연구는 **외상 후 스트레스 장애**(PTSD)를 위해 상대적으로 최근에 개발된 개입의 효과성에 관한 최근 논의에서 상당한 관심을 받고 있다. 당신은 아마도 (논쟁의 여지는 있지만) **안구운동둔감화재처리**(eye movement desensitization and reprocessing, EMDR)라는 개입을 들어봤을 것이다. 간략히 말해 이 기법은 다양한 인지행동 개입기법과 빠른 안구운동을 포함하는 기법을 결합하고 있다. 사전사후검사 통제집단 설계를 사용한 많은 실험은 이 기법이 효과적이라고 했다. 그러나 전부는 아니지만 대부분의 분해연구에서 안구운동 없이 인지행동적 구성요소만을 사용해도 동일한 결과를 얻는다는 사실을 발견했다. 일부 연구자에 따르면 이 기법(EMDR)은 전통적 인지행동 기법에 불필요한 안구운동 속임수를 결합한 것일 뿐이다. EMDR 분야의 선도자들은 분해연구를 신랄하게 비판하면서 자신들의 개입은 실제로 외상 후 스트레스 장애 개입의 새로운 돌파구를 마련했다고 주장한다. 아마도 기득권과 자존심이 이 논쟁에 영향을 끼치는 것 같다(Rubin, 2002). '사회복지 실험 예: 아동학대의 위

가정폭력 부부 대상 수강명령 프로그램의 효과를 비교한 사회복지 실험

브래넌 Brannen과 루빈 Rubin(1996)은 법원에 의해 가정폭력으로 의뢰되었으나 현재의 관계를 유지하려는 부부들을 대상으로 실험연구를 수행했다. 부부들은 두 집단으로 할당되었는데, 두 집단에게 인지행동치료가 제공되었으나 접근방법이 달랐다. 첫 번째 방법은 부부를 집단에 함께 참여시켰고, 두 번째 방법은 부부를 분리해서 각각 동성 집단에 참여시켰다. 성과는 부부의 갈등해결 능력, 폭력 수준, 의사소통과 결혼만족 수준, 상습성을 측정하는 표준화된 도구로 평가되었다. 자료는 피해자와 가해자 모두로부터 수집되었다. 두 집단 모두에서 사전조사와 사후조사 간에 유의미한 차이가 나타났으나 집단 간 차이는 유의미하지 않았다. 이러한 결과는 두 방법의 효과가 비슷하다는 점은 제시했으나, 비교집단을 두지 않았기 때문에 저자들은 개선의 가능한 원인으로 우연한 사건이나 성숙 같은 내적 타당도 저해요인을 통제하지는 못했다.

출처: Brannen, S. J. and Rubin, A. 1996. "Comparing the Effectiveness of Gender-Specific and Couples Groups in a Court-Mandated Spouse Abuse Treatment Program, " *Research on Social Work Practice*, 6, 4, 405–424

사회복지 실험 예: 아동학대의 위험이 있는 부모에 대한 인지행동 개입

화이트맨 Whiteman, 팬셸 Fanshel, 그룬디 Grundy(1987)는 아동학대를 범했거나 아동학대를 범할 위험이 있는 가족을 대상으로 자녀가 부모를 성가시게 할 경우 부모의 분노를 줄이고자 하는 인지행동적 개입의 효과성을 검증했다. 55명의 클라이언트를 무작위로 4개의 개입집단과 실험적 개입을 받지 않는 대신 계속해서 의뢰기관으로부터 서비스를 받는 통제집단으로 할당했다. 첫 번째 개입집단은 부모의 인지, 기대, 평가, 스트레스를 다루는 인지 재구조화 개입을 받았다. 두 번째 개입집단은 긴장완화 훈련을 받았다. 세 번째 개입집단은 문제해결 기술을 배웠다. 네 번째 개입집단은 앞의 세 개입집단이 각각 제공받은 개입을 모두 포함한 통합적 개입 프로그램을 받았다.

연구결과를 보면 실험집단과 통제집단은 사전검사에서 의미 있는 차이를 보이지 않았다. 그러나 사후검사에서 개입을 받은 참여자들(실험집단)은 개입을 받지 않은 참여자들(통제집단)보다 분노가 의미 있게 크게 줄었다. 분노가 가장 크게 줄어든 개입집단은 다른 세 개입집단이 따로 받았던 개입을 모두 포함하는 프로그램을 받았던 집단이었다.

화이트맨과 동료들은 자신의 결과에 비춰 학대부모나 학대 가능성이 있는 부모들의 분노를 줄이고 긍정적 아동양육 태도를 촉진하기 위해, 사회복지사에게 통합적 개입 프로그램을 사용하라고 제안한다. 또한 연구결과는 분노를 줄이는 데 있어 문제해결 요소가 중요하며, 양육태도 향상에서 인지적 재구조화 요소가 중요하고, 통합적 프로그램에서 긴장완화요소는 상대적으로 중요하지 않음을 보여주었다.

출처: Whiteman, Martin, David Fanshel and John F. Grundy, 1987. "Cognitive-Behavioral Interventions Aimed at Anger of Parents at Risk of Child Abuse", *Social Work*, 32(6), 469-474

험이 있는 부모에 대한 인지행동 개입'이라는 제목의 글상자는 사회복지 분야에서 분해연구의 활용을 예시했다.

무작위화

지금쯤이면 실험집단과 통제집단이 비교 가능해야만 한다는 실험설계의 주요 원칙이 분명해졌을 것이다. 이상적으로 통제집단은 실험집단이 자극이나 개입에 노출되지 않았다면 가지고 있었을 상태를 나타낸다. 실험집단과 통제집단이 관련된 모든 측면에서 동등하다고 보증할 방법은 없다. 두 집단이 완전히 같은 우연한 사건과 성숙과정을 겪거나, 개입이 시작되기 전에 두 집단이 어떤 차이도 나타내지 않는다고 보증할 방법은 없다. 그러나 개입 전 두 집단 간의 차이가 무의미할 수 있는 수학적 확률이 높다는 사실을 보증할 방법이 있다. 그 방법이 실험집단과 통제집단으로 무작위 할당하는 것이며, 이 과정을 무작위화라고 한다.

무작위화(randomization) 또는 무작위 할당은 무작위 표본추출과 다르다. 무작위 할당된 연구대상이 모집단에서 무작위로 선정되는 경우는 거의 없다. 그보다는 연구대상은 자발적으로 실험에 참여하기로 한 사람이며, 이로 인해 실험의 외적 타당도가 제한을 받는다. 무작위 표본추출이 일반화 가능성과 관련되는 것과는 달리, 무작위화는 내적 타당도를 증가시키기 위한 전략이다. 무작위화는 연구대상이 모집단을 대표하도록 보증하기보다는 실험집단의 연구대상이 통제집단의 연구대상을 대표하지 않을 위험을 줄이려고 한다.

무작위화의 주요 기법은 연구대상을 실험집단과 통제집단으로 할당하기 위해 확률표본 추출과정을 사용하는 것이다. 어떤 수단을 사용해서든 모든 연구대상 집단을 뽑아서, 각 연구대상을 어느 집단에 할당할 것인지 결정하기 위해 동전을 던질 수 있다. 또는 모든 대상에게 일련번호를 부여하고, 난수표에서 번호를 부여해 난수표에서 번호를 선택해 할당할 수도 있다. 또는 홀수 번호인 연구대상과 짝수 번호인 연구대상을 각기 다른 집단에 넣을 수도 있다.

무작위화에서 연구대상자가 연구모집단이며, 이 모집단은 무작위로 두 표본으로 분류되고 각 집단은 연구모집단의 반으로 구성된다. 표본추출을 다루는 15장에서 다루고 있듯이, 연구대상자 수가 충분히 크면 대상자들의 다양한 특징이 두 집단에 고르게 분포되어 두 집단이 비교 가능해진다고 기대할 수 있다.

짝짓기

비록 무작위화가 연구대상자들을 집단으로 할당하고 두 집단을 비교 가능하게 만드는 가장 좋은 방법일지라도 완전한 비교를 보장하는 것은 아니다. 집단을 비교 가능하게 만드는 기회를 향상하는 방법 중 하나는 무작위화와 짝짓기(matching)를 결합하는 것이다. 짝짓기에서는 하나 또는 그 이상의 변수에서 비슷한 대상자들을 짝지은 다음, 쌍 중 한 명은 실험집단으로 나머지 한 명은 통제집단으로 무작위 할당한다. 또한 짝짓기는 무작위화 없이 사용될 수도 있으며, 유사실험설계를 논할 때 이에 관해 설명하겠다. 그러나 무작위화와 함께 사용될 때만 진정한 실험이 된다. 무작위화를 하지 않은 짝짓기는 누가 어느 집단에 할당되는지는 결정하지만, 가능한 모든 편향을 통제하지는 못한다.

무작위화를 시행한 짝짓기의 예를 위해, 연구대상이 12명의 젊은 백인남자라고 가정해보자. 그중 6명을 무작위로 실험집단에, 나머지 6명을 통제집단에 할당하고자 한다. 연구대상이 중년의 흑인여성 14명이라면, 각 집단에 7명씩 무작위로 할당할 것이다. 전체 짝짓기과정은 가장 관련 있는 모든 특성으로 구성된 **할당행렬**(quota matrix)을 통해 가장 효과적으로 시행할 수 있다(그림 11-3은 이 행렬의 간단한 예시다). 이상적으로 할당행렬은 행렬의 각 항에 동일한 수의 연구대상이 해당되도록 구성한다. 그러고 나서 각 항에서 연구대상의 반은 실험집단으로, 나머지 반은 통제집단으로 할당한다.

또는 실험설계에서 필요한 것보다 많은 연구대상을 선발할 수도 있다. 그러고 나서 처음 연구대상의 많은 특성

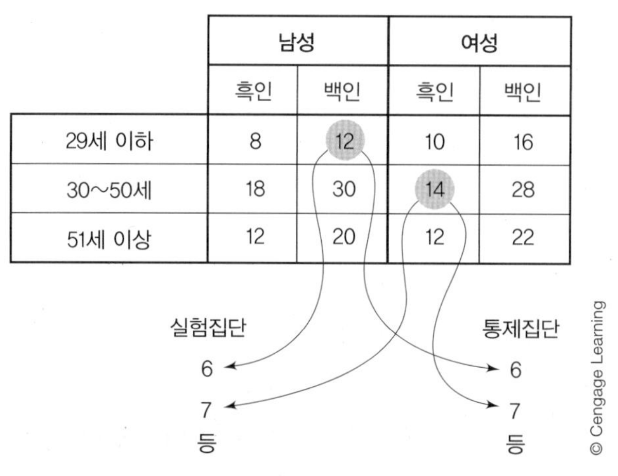

그림 11-3 할당행렬 예시

을 검토한다. 매우 유사한 한 쌍의 연구대상을 발견할 때마다 한 연구대상은 실험집단에 다른 연구대상은 통제집단에 무작위로 할당한다. 처음의 집단에서 다른 어떤 연구대상과도 같지 않을 가능성이 높은 연구대상은 실험에서 완전히 제외한다.

어떤 방법을 쓰든 원하는 결과는 같다. 실험집단에 대한 전체적인 평균 수치는 통제집단과 같아야 한다. 예를 들어 실험집단과 통제집단의 평균 연령, 성비, 인종분포는 같아야 한다. 일반적인 원칙으로, 두 집단은 연구의 종속변수와 관련되어 있다고 생각되는 변수들과 유사해야 한다. 예를 들어 노인사회복지의 연구에서 두 집단은 연령, 성별, 인종적 구성, 육체건강 · 정신건강 면에서 비슷해야 한다. 더욱이 종속변수를 처음 측정하기 전까지 실험집단과 통제집단으로 연구대상을 할당하는 것을 연기하는 경우도 있다. 따라서 예를 들어 연구대상의 사회심리적 기능을 측정하는 설문조사를 시행하고, 그 후에 개입 전 두 집단이 전체적으로 동일한 기능 수준을 보이도록 확인하기 위해 실험집단과 통제집단을 짝짓기 할 수 있다.

통제집단에 대한 서비스 제공

5장에서, 필요로 하는 사람들에게 서비스를 보류하는 것은 윤리적 문제를 야기한다고 했음을 기억할 것이다. 이는 평판이 나빠질 것을 두려워하거나, 서비스 전달시간

을 기초로 산정된 수입이 줄어들 것을 두려워하는 기관의 관리자들에게는 수용할 수 없는 것이 될 수도 있다. 따라서 조사대상인 개입(즉, 독립변수)을 통제집단에게는 보류하는 것을 논의할 때, 이것이 통제집단의 사람들에게 서비스를 주지 않아야 한다는 뜻이 아님을 지적하는 것이 중요하다. 단지 조사기간 동안에만 조사대상이 실험개입을 받지 않아야 함을 의미한다.

사회복지 세팅에서 실험을 수행할 수 있을 때, 통제집단의 구성원은 기관이 제공하는 일상적이고 평범한 서비스를 받게 될 가능성이 높다. 실험집단의 구성원은 조사대상인 새로운 실험개입을 받을 것이며, 어떤 경우에는 일상적인 평범한 서비스를 받기도 한다. 따라서 실험을 통해 새로운 개입이 서비스를 전혀 받지 않는 것보다 더 나은지를 확실히 하고자 하는 것보다는 새로운 개입을 하는 서비스가 기존 서비스보다 더 효과적인지를 결정할 수 있다. 더욱이 통제집단의 구성원은 일단 실험이 끝나면 새로운 개입을 받기 위한 대기자 명단에서 가장 우선순위에 놓일 수 있다. 만약 실험결과가 조사대상인 개입이 효과적이거나, 적어도 해가 되지 않음을 보여준다면 통제집단 구성원에게 개입을 제공할 수 있다. 연구조사자는 통제집단 구성원이 개입을 받은 후에 바람직한 방향으로 바뀌었는지 측정하고자 할 수도 있다. 이 측정결과는 실험의 주요한 결과를 지지할 수 있을 것이다.

실험결과물의 타당도 저해요인

지금까지 실험설계와 유사실험설계의 논리가 대부분의 내적 타당도 저해요인을 통제할 수 있는지를 살펴봤다. 이런 설계를 통해 내려진 결론의 타당도를 위협하는 추가적 요인은 설계논리를 넘어선 방법론적 수고를 필요로 한다. 추가적 요인과 이 요인을 줄이는 데 필요한 단계를 살펴보자.

측정편향

실험 또는 유사실험이 내적 타당도를 위협하는 다른 요인을 잘 통제할지라도 측정절차가 편향되었다면 결론에 대한 신뢰성이 심하게 손상될 수 있다. 예를 들어 어떤 임상가가 자신에게 돈과 명예를 가져다줄 수도 있는 새로운 우울증 치료방법을 개발하고, 참여자들이 어떤 집단에 소속되었는지 알고 있는 상태에서 실험집단 참여자와 통제집단 참여자의 개선을 알아보기 위해 자신의 임상적 판단을 사용하는 실험에서 개입방법을 평가한다고 가정해보자. 실험집단 참여자들이 좀 더 개선되어 보이기를 원하는 관심과 자아관여는 임상자의 연구를 **측정편향**(measurement bias)에 취약하도록 만들어, 임상가의 '결과'는 사실상 어떤 신뢰성도 얻지 못할 것이다. 비록 이 사례가 극단적일지라도 측정편향이 실험평가에서 생각만큼 드문 현상은 아니다. 연구가설을 알고 있으며, 그 가설이 지지되길 바라는 것을 인식하고 있으며, 각 참여자가 어떤 집단에 소속되었는지를 알고 있는 연구조교가 결과측도를 관리하고 완성했다는 점만 제외하면 잘 설계된 실험보고서를 접하는 일은 그리 어렵지 않다.

종속변인의 측정을 위해 연구보조원을 활용할 때(직접 관찰 또는 면접), 평가하는 사람은 평가대상의 신분을 알아서는 안 된다. 평가하는 사람이 연구보조원은 아니지만, 특정 결과에 편향될 수 있는 실천가일 경우에도 동일한 원칙이 적용된다. 다시 말해 평가하는 사람들은 평가가 실험적 자극(또는 서비스)을 받는 사람에 대한 것인지, 또는 자극을 받지 않은 사람에 대한 것인지에 대해 '눈을 가려야' 한다.

눈가림 평가(blind rating) 또는 **눈가림 평가자**(blind rater)라는 용어는 평가자의 잠재적인(아마도 무의식적인) 편향을 연구가 통제했음을 의미한다. 마찬가지로 평가가 눈가림 평가였음을 연구자가 공지하지 못한다면, 연구의 타당성은 의심받게 된다. 연구설계의 다른 부분이 아무리 훌륭하더라도, 실험집단을 좋게 보이도록 하는 결과가 편향된 평가자에 의해 생산되었다면 연구의 결론은 의심받을 수밖에 없다.

불행하게도 사회복지 연구에서 눈가림 평가자를 사용할 수 없는 경우가 많다. 눈가림 평가자를 사용할 수 없을 때 평가자의 편견을 피하기 위한 다른 방법을 찾아봐야 한다. 예를 들어, 종속변수를 측정하기 위해 편향된 평가에 의존하기보다는 타당도가 입증된 자기보고 척도를 사용할 수도 있다. 그러나 심지어 그런 척도를 사용할 때도 척도를 관리하는 사람이 결과를 편향되게 할 수 있다. 예를 들어 참여자가 헷갈리는 문항에 관해 질문할 경우 편향된 관리자는 얻으려는 결과와 일치하는 방식으로 참여자가 그 문항에 응답하게 만드는 방식으로 무의식적 혹은 의식적으로 반응한다. 심지어 편향된 관리자는 사후검사에 대한 '지시문'에서 실험집단 참여자들이 사전검사를 실시한 이래로 얼마나 많이 개선되었는지를 보여주는 방식으로 '타당한' 척도에 응답하도록 권유한다. **연구반응성**(research reactivity)이란 용어는 독립변수가 아니라 연구자 또는 연구 절차에 의해 결과자료가 변화하는 것을 말한다. 이제 연구반응성이 실험결과의 타당도를 위협하는 여러 가지 방법을 살펴보자.

연구반응성

자료를 수집하는 동안 연구자가 편향된 언급을 하는 것은 여러 형태의 연구반응성 중 하나다. 이런 형태의 반응성을 일컫기 위해 사용되는 두 가지 용어로 **실험적 요구 특성**(experimental demand characteristics)과 **실험자 기대**(experimenter expectancies)가 있다. 연구참여자는 자신의 언행과 관련해 실험자가 원하는 것을 알게 되면 그런 '요구'나 기대에 부응하려고 한다.

요구 특성과 실험자 기대는 좀 더 미묘한 방식으로 나타날 수 있다. 예를 들어, 외상을 입은 클라이언트를 개입하는 일부 치료사는 개입회기 중 클라이언트가 충격적인 사건을 떠올릴 때 얼마나 스트레스를 받는지 0점에서 10점까지 표시된 척도에 표시하도록 클라이언트에게 반복적으로 요청한다. 개입과정이 경과하면서 평가 점수가 감소되기를 치료사가 바라고 있음을 클라이언트는 치료사의 언어적 의사소통뿐만 아니라 비언어적 의사소통(예를 들어 미소, 걱정하는 표정)을 통해 알게 된다. 외상치료를 평가하는 일부 연구는 치료사가 개입하는 동안 사용했던 것과 동일한 척도를 사전검사와 사후검사에서 사용한다. 클라이언트의 실험집단 신분을 인식하지 못하는 연구조교가 사전검사와 사후검사를 관리할지라도, 클라이언트는 사전검사 때보다 사후검사 때 자신의 스트레스 점수를 더 낮게 보고하도록 기대된다는 사실을 치료사로부터 배우게 된다. 심지어 일부 연구에서는 치료사 본인이 개입의 일부가 되어 반복해서 사용한 동일한 척도를 사후검사에서도 사용하기도 한다.

실험자 기대와 요구 특성의 영향을 줄이는 한 가지 방법은 측정절차와 개입절차를 분리하는 것이다. 또 다른 방법은 실천가 또는 연구자가 영향을 끼치기 어려운 측정절차를 사용하는 것이다. 예를 들어 사전검사와 사후검사에서 0~10점 척도를 사용하는 대신, 클라이언트가 외상사건에 관해 생각하는 동안 연구조교가 디스트레스의 생리적 측도(예를 들어, 맥박 수)를 사용할 수 있다. 기대되는 결과에 관한 단서를 제공하는 것을 피하기 위해, 사전검사와 사후검사를 관리하는 조교가 연구가설 또는 참여자의 실험상 신분을 알지 못하게 하는 것도 도움이 된다(Shadish et al., 2001).

때때로 눈가림 평가자는 아니지만, 편향적인 것처럼 보이지 않는 평가자 또는 척도 관리자를 사용할 수도 있다. 예를 들어 두 가지 형태의 사회복지 개입을 제공받은 아동들의 교실 내 행동을 평가하도록 교사에게 요청할 수도 있다. 교사는 각 학생이 어떤 개입을 제공받았는지 알지만, 개입에 대한 전문적 이해도가 높지 않고 두 가지 개입 중 한 가지를 선호할 뚜렷한 이유도 없다.

자기보고 척도에서 참여자의 응답이나 다른 사람의 평가에 의존하기보다, 자연스러운 환경에서 참여자의 실제 행동을 직접 관찰하고 계량화하는 방법도 고려해볼 수 있다. 그러나 관여적 또는 비관여적 관찰을 했는지가 매우 중요하다. 참여자가 관찰당하고 있음을 인식하고, 실험자 기대를 충족시키는 방식으로 행동하는 경향이 있을 때 **관여적 관찰**(obtrusive observation)이 발생한다. 이와 대조적으로 **비관여적 관찰**(unobtrusive observation)은 참여자가 관찰을 알아차리지 못한다는 것을 의미한다.

거주형 치료센터에서 생활하는 아동들의 반사회적 행동 빈도를 감소시키려는 새로운 개입의 효과성을 평가하는 실험을 가정해보자. 만약 아동의 치료사나 연구자가 아동의 교실이나 센터에서의 행동을 관찰하기 위해 펜과 노트를 가지고 나타난다면, 치료사 또는 연구자는 아픈 엄지손가락처럼 튀어나와 아동들에게 그들이 관찰당하고 있음을 인식하게 만든다. 이런 형태의 관찰은 관여적이며, 아동은 관찰당하는 동안 평소보다 좋은 행동을 자주 보일 것이다.

좀 더 비관여적인 방법은 교사나 보육사가 아동의 반사회적 행동 빈도를 기록하도록 하는 것이다. 그들은 자연환경의 일부분이며, 교사나 보육사의 관찰은 일상적인 일의 일부분이고 조사연구의 기대와 명확하게 연결되어 있지 않기에 그들의 관찰은 아동에게 덜 눈에 띄게 된다.

실험연구를 하면서 눈가림 평가자, 눈가림 척도 관리자, 비관여적 관찰 또는 편향 없는 측정방법을 사용할 수 없을 때 한 가지 이상의 측정방법을 사용하는 다원화 원칙을 사용해야 하며, 이에 관해서는 9장에서 이미 논의했다. 만약 각기 다른 편향에 취약한 두 가지 이상의 측정 전략을 사용해 동일한 결과가 나타났다면, 이런 결과의 타당성에 대한 확신은 높아진다.

연구참여자들이 척도에 응답할 때 연구자가 듣고 싶어 한다고 생각되는 것을 말하도록 영향을 끼치는 측정절차는 아니지만, 척도 자체가 변화를 만들어낼 때 또 다른 형태의 연구반응성이 발생한다. 예를 들어 결과를 측정하기 위한 자료수집 절차의 일부분으로, 부모교육 개입에 참가한 부모들이 자녀와 놀아주고 정겨운 대화를 나누는 데 보내는 시간을 자가측정한다고 가정해보자. 부모들이 자녀와 함께 놀거나 정겨운 대화를 가진 경우의 지속시간을 기록함으로써 일부 부모들은 자녀와 양질의 시간을 덜 보내고 있음을 인식할 수도 있다. 이런 인식은 그들이 자녀와 함께 더 많은 양질의 시간을 보내도록 영향을 끼칠 수 있으며, 사실 부모교육 개입보다도 더 많은 영향을 끼칠 수 있다.

실험집단 참여자들이 특별한 관심이나 개입을 받고 있다고 느끼기 때문에, 실험집단 참여자들 사이에서 변화가 발생한다고 생각할 수도 있다. 이런 형태의 반응성을 예시하기 위해 거주형 치료센터에서 새로운 여가 프로그램이 아동의 반사회적 행동 빈도를 감소시키는지 보기 위해 거주형 치료센터가 실험을 한다고 가정해보자. 실험집단에 할당된다는 사실이 일부 아동에게 자신과 센터에 관해 기분 좋게 느끼게 만들 수도 있다. 만약 여가 프로그램이 아니라 이런 감정이 아동의 행동 변화를 일으켰다면 연구반응성이 발생한 것이다. 이전에 혁신이 거의 일어나지 않았던 세팅에 혁신을 도입하는 것이 개입을 제공받는 사람들의 흥미, 에너지, 열정을 자극할 수 있기 때문에 이런 형태의 반응성에 **신기성과 파괴효과**(novelty and disruption effect)라는 용어를 붙인다(Shadish et al., 2001).

유사한 형태의 반응성을 위약효과라고 부른다. **위약효과**(placebo effect)는 실험자 기대에 따라 일어날 수 있다. 만약 실험집단 참여자들이 연구자나 실천가가 매우 효과적일 거라고 기대하는 특별한 개입을 받기로 되어 있다고 느낀다면, 개입이 아니라 단순히 개입을 제안받는 것만으로도 원하는 개선을 낳을 수 있다.

위약효과나 신기성과 파괴효과의 가능성을 걱정해 이를 통제하기를 원한다면, **위약통제집단 설계**(placebo control group design)를 이용할 수 있다. 이 설계의 표기는 다음과 같다.

$$\begin{array}{llll} R & O_1 & X & O_2 \\ R & O_1 & & O_2 \\ R & O_1 & P & O_2 \end{array}$$

이 설계는 클라이언트를 하나의 실험집단과 두 개의 통제집단, 이렇게 세 집단으로 무작위 할당한다. 한 통제집단은 전혀 실험자극을 받지 않고, 다른 통제집단은 위약(앞의 표기에서 *P*로 표시된)을 받는다. 위약집단의 연구대상은 자극/개입이 아닌 다른 유형의 특별한 관심을 받게 된다. 아마도 실천가가 위약집단의 연구대상에게 특별한 관심을 보이고 얘기를 듣기 위해 그들을 규칙적으로 만나지만, 검사하는 개입과정은 전혀 적용하지 않을 것이다.

위약통제집단 설계는 기획과 해석 면에서 복잡해진다. 특히 실험집단에 위약효과와 유사한 요소가 포함되어 있을 때 복잡해진다. 예를 들어 '감정이입'과 '무조건적인 긍정적 관심' 등의 내용을 강조하는 어떤 개입에서, 개입효과와 위약효과를 분리하기는 어렵다. 그러나 사용할 수 있으면 위약통제집단 설계는 하나의 통제집단만을 사용하는 설계보다 외적 타당도에 대한 위협을 더 통제할 수 있게 한다.

연구참여자를 속인다는 것에 대한 윤리적 염려 때문에 사회복지 연구에서 위약을 사용하는 경우는 흔치 않다. 하지만 새로운 개입을 제공받는 집단의 성과를 덜 혁신적인 개입을 제공하는 실천가의 특별 관심을 받는 집단의 성과와 비교하기 위해 두 번째 통제집단이 평상시처럼 치료를 받을 수 있다. 이런 방법을 사용해 사회복지 학술지에 게재된 연구가 '안구운동둔감화재처리의 효과를 평가한 사회복지 박사학위논문'이라는 제목의 글상자에 요약되어 있다.

실험이 연구반응성 또는 측정편향의 부재를 보장할 수 없을지라도, 실험결과의 신뢰성이 부족하다는 인상을 전달하길 원하지 않을 것이다. 사회복지 또는 인접 분야에서 이루어지는 실험이 비현실적인 기준을 충족시키기란 사실상 불가능하다. 그 대신 이런 문제를 피하거나 최소화하기 위한 노력을 기울였는지의 여부, 잠재적인 편향 또는 반응성 정도가 터무니없는 수준인지의 여부가 주요 쟁점이어야만 한다. 이제 실험결과의 타당도를 위협하는 다른 종류의 요인으로 넘어가 보자.

개입의 확산 또는 모방

때로 서비스 공급자 또는 서비스 수혜자는 검증된 개입이 비교되고 있는 집단에서 실행되는 방식 때문에 예견된 차이가 줄어드는 예상치 못한 결과를 얻을 수도 있다. 이런 현상을 **개입의 확산** 또는 **모방**이라고 한다. 예를 들어 호스피스 서비스의 효과를 전통적인 의료보호 제공자의 효과와 비교한다고 가정해보자. 호스피스 서비스는 죽음을 앞둔 환자의 육체적 고통을 줄이고 기분을 좋게 하는 것을 목적으로 완화치료와 심리사회적 지지를 강조한다. 반면에 전통적인 의료보호 제공자는 삶을 연장하는 데 초점을 맞춰왔으며, 따라서 어떤 개입에서는 육체적·정서적으로 불쾌한 측면이 수반되는 것에 대해 관심이 적었다. 시간이 흐르면서 전통적인 의료보호 제공자들이 호스피스 보호의 개념에 대해 많이 배우고 받아들이게 되었으며, 전통적인 의료보호시설에서도 호스피스 보호의 개념을 실천하고자 시도해왔다. 호스피스 보호가 전통적인 의료보호 제공자에게 확산되고 전통적인 의료보호자가 호스피스 보호를 모방하게 되어, 호스피스와 전통적인 의료보호 사이에 차이를 발견할 수 없게 되는 것을 호스피스 개념이 효과가 없다고 결론을 내리기보다는, 호스피스 제공자와 전통적인 의료보호 제공자 사이에 예상하지 못한 유사성이 많기 때문이라고 할 수 있다.

이와 유사한 문제로 인해 사례관리 서비스의 효과성을 평가하려는 연구조사를 어렵게 만든다. 많은 사회복지사는 사례관리자라는 명칭을 사용하지 않으면서도 자신들이 배웠던 포괄적이며 뛰어난 임상사회복지 실천의 통합된 부분으로서 사례관리 기능(아웃리치, 중재, 연계, 옹호)을 개념화하고 일상적으로 제공한다. 결과적으로 사례관리자에게 맡겨진 클라이언트와 전통적인 사회복지 서비스를 받는 클라이언트를 비교할 때, 사례관리자가 아닌 사회복지사에게 사례관리 접근법이 확산되어 사례관리라는 접근법의 진정한 효과가 불분명해질 수 있다. 다시 말해, 두 개입집단이 명칭은 다르지만 예상했던 것과 달리 독립변수의 차이가 크지 않다고 할 수 있다.

개입의 확산 또는 모방을 예방하는 것은 어려울 수 있다. 셰디시 Shadish 등(2001)은 지리적으로 또는 각기 다른 실천가를 사용함으로써 두 가지 개입조건을 가능한 한 멀리 떼어놓아야 한다고 제안한다. 또 다른 가능성은 통제집단 클라이언트를 만날 때 실험집단 개입을 모방할 필요가 없음을 실천가에게 전달하는 것이다. 개입의 모방이 발생하는 또는 발생한 정도를 모니터링하기 위해 연구자는 질적 방법(18, 19장 참조)을 사용해 직원회의를 관찰하고, 실천가와 클라이언트를 대상으로 비공식 대화

안구운동둔감화재처리(EMDR)의 효과를 평가한 사회복지 박사학위논문

앞에서 기술했듯이 EMDR은 다양한 인지행동 개입기법과 빠른 안구운동을 포함하는 기법을 결합한다. EMDR에 관한 초기 연구에 따르면, 외상 사건을 경험한 클라이언트의 외상 후 스트레스 증상을 치료하는 데 상당히 효과적이다. 하지만 비평가들은 EMDR 수혜자의 성과는 EMDR 개입의 위약적 측면에 기인했다는 의문을 제기했다. 특히 클라이언트는 EMDR 치료를 받는 동안 느끼는 스트레스 정도를 10점 척도를 사용해 평가하도록 치료사에 의해 반복적으로 요청받았다는 사실에 비평가들은 주목했다. 더욱이 치료 성과를 측정하기 위해 동일한 척도를 개입 전과 후에 사용했다. 결과적으로 클라이언트의 평가는 개선되어야 한다는 치료사의 기대가 은연중에 반복적으로 전달된 위약 효과 때문에 척도 점수가 향상됐을 수도 있었다.

후자의 가능성을 통제하기 위해 에드먼드(Edmond, Rubin, & Wambach, 1999)는 아동학대 생존 여성들을 세 개 집단으로 무작위로 할당했고 성과 측정을 위해 클라이언트의 자가평가에 의존하지 않고 표준화된 도구를 사용해 연구를 수행했다. 한 집단이 EMDR을 제공받았다. 통제집단의 클라이언트들은 연구종료 후 EMDR을 제공받기 위해 대기 중이었다. 세 번째 집단은 아동학대 생존자를 치료한 경험이 있고 EMDR을 포함하지 않는 일반적인 치료방법을 사용하는 치료사가 제공한 치료를 제공받았다. 특히 눈에 띄는 점은, 치료가 제공되는 동안 치료사는 EMDR 치료에서와 같이 스트레스 정도를 평가하도록 클라이언트에게 반복적으로 요청했다는 점이다. 따라서 이전 연구에서처럼 클라이언트 자가평가의 위약 효과가 EMDR 성과의 진정한 원인이라면, 세 번째 집단은 EMDR 집단만큼 개선되어야 한다. 그러나 치료 종료 3개월 후 EMDR 집단은 세 번째 집단보다 더 개선되었고, 두 집단은 통제집단보다 더 개선되었다.

출처: Tonya Edmond, Allen Rubin, and Kathryn Wambach. 1999. "The Effectiveness of EMDR with Adult Female Survivors of Childhood Sexual Abuse." *Social Work Research*, June 1999, 103-116.

면접을 하고, 그들에게 각 회기에서 일어난 것들을 요약하라고 요청할 수 있다. 실험이 진행되는 동안 모방이 탐지된다면, 실천가와 더 많은 대화를 나눠 문제가 실험의 타당도를 심각하게 해치는 수준으로 커지는 것을 방지해야 한다.

보상적 평등, 보상적 경쟁, 거북한 도덕화

약물남용자의 개입에 가족을 참여시키는 것이 개입효과를 높이는지 알아보기 위해 실험을 한다고 가정해보자. 가족치료에 관한 특별 훈련과 클라이언트 가족의 개입 참여를 증가시키는 교육을 받은 사회복지사 집단이 있고, 그런 훈련이나 교육을 받지 않은 사회복지사 집단이 있다고 가정하자. 후자 집단의 직원 그리고 클라이언트와 그 가족까지 개입 차이를 알아차리고, 서비스 공급에 대한 불평등을 상쇄하려고 노력할 수도 있다. 따라서 후자 집단의 직원은 클라이언트에게 일상적인 개입을 넘어서는 향상된 서비스를 제공함으로써 불평등을 보상하기로 결정할 수도 있다. 이를 **보상적 평등**(compensatory equalization)이라고 한다. 만약 보상적 평등이 일어난다면, 개입의 확산과 모방에서 기술했듯이 가족참여의 진정한 효과가 떨어질 수 있다.

위의 예에서 가족치료에 관한 훈련을 받지 않은 사회복지사들이 훈련을 받은 사회복지사들과 경쟁하기로 했다면 어떻게 되는가? 아마도 그들은 특별 훈련을 받지 못해 그들의 직업안정 또는 명성이 위협받는다고 느끼면서 특별 훈련 없이도 효과적일 수 있다고 보여주려고 할지도 모른다. 그들은 책을 더 많이 읽고, 더 많은 보수교육에 참여하고, 클라이언트와의 치료적 접촉을 증가시키기 시작할 수도 있다. 이를 **보상적 경쟁**(compensatory rivalry)이라고 한다. 가족참여의 증가가 실험집단 치료사의 효과성을 증가시킨 것만큼, 통제집단 치료사의 특별 노력은 그들의 효과성을 증가시킬 것이다. 만약 그렇다면 두 집단 간의 개입결과가 많은 차이를 보이지 않는 것은 가족참여의 증가가 개입효과를 개선하지 않고 있음을 의미한다는 잘못된 생각으로 이끈다. 만약 한 집단의 클라이언트들이 다른 집단과 같은 개입 혜택을 받지 못하고 있다는 인식으로 발생한 경쟁의식 때문에 개선하고자 하는 동기가 강해진다면 동일한 문제가 발생할 수 있다.

보상적 경쟁과 반대되는 개념이 거북한 도덕화다. **거북한 도덕화**(resentful demoralization)는 직원 또는 클라이언트가 특별 훈련이나 개입을 받지 못했기 때문에 그들이 분개하거나 사기가 저하될 때 발생한다. 결과적으로 그들의 확신이나 동기가 저하되고, 이는 결과측정에서 그들이 낮은 점수를 받게 되는 것을 설명해준다. 보상적 평등, 보상적 경쟁, 거북한 도덕화가 발생하는지를 탐지하고 문제를 최소화하기 위해, 직원회의를 관찰하는 방법, 클라이언트 또는 실천가를 대상으로 비공식 대화 면접을 하는 방법 등의 질적 방법을 사용할 수 있다.

상실 또는 실험대상의 소멸

실험과 유사실험결과의 타당도를 저해하는 또 다른 요인인 **상실**(attrition)을 살펴보자. 상실은 **실험대상의 소멸**(experimental mortality)이라고도 한다. 참여자들이 종종 실험이 끝나기 전에 탈락해서, 그로 인해 통계적 비교와 결론이 영향받을 수 있다. 예를 들어 정서적 문제를 경감하는 개입의 효과를 평가하는 사전사후 통제집단 설계에서, 개입을 받았지만 클라이언트가 해결하고 싶은 문제가 전혀 개선되지 않았다고 인식해, 개입을 중지하고 사후검사를 받기를 거부했다고 가정하자. 개입집단 중에서 자신들이 개선되고 있다고 느끼는 클라이언트만이 사후검사에 남아 있게 될 것이다. 개입을 받지 않은 사람들(통제집단)이 인식하는 개선의 정도가 개입을 받고 있는 사람들(실험집단, 탈락자를 포함)이 인식하는 정도와 정확하게 같지만, 개입을 받지 않은 모든 사람이 실망하지 않았기 때문에 사후검사를 받기로 동의했다고 가정하자. 개입이 효과적이지 못했을지라도 아무런 개선이 없다고 인식한 실험집단 참여자들이 탈락했기 때문에 실험집단의 사후검사 평균 점수가 통제집단의 점수보다 높을 것이다.

치료 중에 탈락하는 실험집단 참여자의 비율이 당황스러울 정도로 높을 경우 **치료 의도 분석**(intent-to treat analysis)이라는 기법을 사용할 수 있다. 이 기법을 사용하면 도중에 탈락한 참여자를 포함해서 연구에 참여했던 모든 참여자의 성과가 사정되고 분석에 포함된다. 탈락자를 분석에 포함시키는 것은 클라이언트를 치료에 유지시키지 못한 개입은 탈락한 클라이언트에게는 효과적이지 못하다는 인식에 어느 정도 기초한다. 또한 치료에 대한 동기가 낮고 역기능적인 참여자는 치료 중 탈락할 가능성이 높은 클라이언트라는 인식으로부터 초래되는 편향을 피하기 위함이다. 예를 들어, 통제집단 참여자들에게 요구사항이 거의 없고 실험집단 참여자들에게는 요구사항이 많다면, 동기 수준이 가장 낮고 가장 역기능적인 참여자는 실험집단에서 탈락할 가능성이 더 높을 것이다. 만약 탈락한 참여자가 분석에 포함되지 않는다면, 무작위 할당을 했음에도 불구하고 두 집단은 더 이상 동등하지 않게 된다. 대신 통제집단은 동기 수준이 가장 낮고 가장 역기능적인 참여자의 비율이 높기 때문에 실험집단에게 유리해진다.

통제집단에 참여하는 것이 실험집단에 참여하는 것보다 더 지루하고 힘들면 정반대의 상실 문제가 발생한다. 만약 그렇다면, 동기 수준이 가장 낮고 가장 역기능적인 클라이언트는 통제집단에서 탈락할 가능성이 더 높아질 수 있다. 예를 들어, 약물중독 치료에서 가족치료와 토론집단의 효과를 비교하는 평가를 고려해보자. 셰디시 등(2001)은 예후가 가장 나쁜 중독자들은 가족치료에서 탈락하기보다 토론집단에서 탈락할 가능성이 더 높다고 지적한다. 결과적으로 가족치료 개입은 사후검사에서 더 좋지 않은 결과를 보이는데, 그 이유는 가족치료가 토론집단보다 효과적이지 못하기 때문이 아니라 사후검사 때 더 어려운 사례가 가족치료 집단에 남아 있었기 때문이다.

실천이나 프로그램 효과성에 대한 실험 또는 유사실험 평가를 수행하는 연구자는 상실을 최소화해야 한다. 그 방법은 다음과 같다.

1. **보상**(reimbursement). 연구참여에 대한 대가로 클라이언트에게 보상을 하면, 상실을 줄일 뿐만 아니라 연구에 참여할 클라이언트를 모집하는 능력도 향상시킨다. 보상 수준은 사전검사와 사후검사에서 참여자들이 투자한 노력 및 시간과 관련이 있어야 한다. 보상이 너무 커서 강제성을 띠면 안 되지만, 인센티브로 작용할 만큼 충분해야 한다. 보상액은 클라이언트의 수입 수준과 정서 상태뿐만 아니라 클라이언트가 연구에 참여하면서 겪게 되는 어려움에 맞는 정도여야 한다. 예를 들어 저소득 참여자들의 경우 사전검사와 사후검사(아마도 추후검사)에 참여함으로써 보육과 교통상의 문제를 겪을 수도 있다. 가능하다면 교통비와 보육을 위한 추가 지불을 위한 대안, 즉 보육서비스뿐만 아니라 검사장까지 교통편의를 제공할 수 있다. 참여자의 집에서 검사를 실시하는 방법도 고려해볼 수 있다(그렇게 하는 것이 심각한 측정편향을 발생시키지 않는다면).

사전검사를 하고 나서 후속측정을 할 때마다 보상액을 올리거나, 연구과정 내내 남아 있고 모든 측정을 완성한 참여자에게 보너스를 주길 원할 수도 있다. 보상액은 교통비나 기타 비용을 넘는 수준이어야 하며, 그들의 시간이 소중하다는 점과 측정이 부담이 될 수 있다는 점을 참여자에게 표시할 수 있을 정도로 충분해야 한다. 또한 보상액은 연구예산을 고려해 결정되어야 한다. 만약 제공할 여유가 있다면, 사전검사를 완성하는 데 15달러, 사후검사를 완성하는 데 20달러, 이탈하지 않고 계속 남아 있는 데 보너스 15달러가 적당한 보상액이라고 할 수 있다. 그러나 보육 비용과 물가 등의 요소에 따라 상향 조정되어야 한다(위에서 언급한 금액을 현금으로 지급하는 대신 상품권으로 지급해도 좋다).

2. **참여자를 실망시키거나 좌절시키는 개입 또는 연구절차를 피하라**. 참여자들이 연구의 일부로 제공받는 개입에 대해 실망하거나 좌절한다면, 그들은 실험 또는 유사실험을 그만두려고 할 것이다. 물론 단순히 개입이 효과적이지 않다는 사실에 대한 실망을 예방하기 위해 할 수 있는 일이 많진 않다. 그러나 가장 경험 있고 유능한 전문가에 의해 개입이 전달되도록 노력해야 한다. 물론 클라이언트와의 지지적인 전문적 관계 형성과 관련된 그들의 경험과 능력이 중요하다. 이와 대조적으로, 클라이언트와 치료적 동맹을 형성하고 유지하는 데 아직은 편안함을 느끼지 못하거나 자신감이 없는 경험이 부족한 실천가가 개입을 전달한다면, 그 개입을 제공받는 참여자들은 흥미를 잃고 그만두려고 할 가능성이 높다.

개입에 대한 실망과 좌절을 예방하는 다른 방법은 참여자를 모집하거나 오리엔테이션을 하는 동안 그들이 개입에 대한 정확한 기대를 갖고 있는지, 개입이 그들의 개입 목표와 기대에 잘 부합하는지를 확실히 하는 것이다. 또한 외상을 다시 경험하는 것과 같은 방식으로 억압된 기억을 회상하게 하고, 회상된 기억이 자극한 강렬한 디스트레스를 해결하지 않은 채 회기를 종결하는 것과 같은 유해한 절차를 개입이 포함하지 않는 것도 유용하다. 마지막으로, 참여자 모집과 개입 시작 사이의 시간을 최소화하는 것이 상실을 피할 수 있는 이유는 참여자들이 기대했던 것보다 더 오래 기다린다면 특정 개입집단에 할당된 참여자들은 실망하고 좌절할 수도 있기 때문이다.

성가시게 하는 연구절차도 참여자를 탈락하게 만들 수 있다. 흔한 예로 참여자의 기대, 에너지, 자원을 넘어서는 측정절차로 그들을 압도하는 경우를 들 수 있다. 연구자는 참여자가 겪게 될 측정절차의 범위를 과소평가함으로써 예비참여자를 오도해서는 안 된다. 또한 연구자는 보육 요건 또는 자원, 어려움 기록, 측정 점수에 관한 피드백 제공, 또는 비밀보장 보호 등의 이슈와 관련해 참여자를 오도해서는 안 된다. 셰디시 등(2001)은 실제 실험이 시작되면 예상할 수 있고 경감할 수 있는 상실의 원인들을 밝혀내기 위해 시험연구를 하도록 연구자들에게 권하고 있다. 예를 들어 시험연구의 다른 부분에 관여하지 않은 연구조교가 탈락자들이 연구를 어떻게 경험했고, 왜 탈락했는지를 알아내기 위해 그들을 면접할 수 있다.

3. **추적방법을 사용하라.** 많은 사회복지 개입 수혜자들의 거주지는 일시적이거나 숨겨진다. 많은 사람이 실업자인데, 그중 일부는 전화기도 없다. 빈곤자, 노숙인, 약물남용자, 가정폭력 피해여성이 두드러진 예다. 셰디시 등(2001)은 그런 참여자들을 찾고 그들을 개입과 측정절차에 계속 유지시키기 위해 사용했던 추적전략을 검토했다. 그들이 추천하는 방법 중 하나는 그들이 참여할 때부터 참여자뿐만 아니라 그들의 친구, 친척, 그들이 관여했던 기관들에게 참여자에 관한 위치정보를 가능한 한 많이 확보하는 것이다(이런 자원들과 접촉하기 위해 참여자가 서명한 동의서가 필요하다). 또 다른 추천사항은 나중에 참여자를 찾도록 도와줄 수 있는 기관의 직원들과 관계를 형성하는 것이다. 또한 개입과 측정을 위한 약속시간이 적혀 있는 명함이나 참여자들이 약속시간 변경, 그들의 위치를 찾는 방법의 변경에 관한 메시지를 남길 수 있도록 수신자 부담 전화번호를 그들에게 제공할 수 있다. 만약 참여자에게 전화가 있다면, 연구조교가 전화를 걸어 약속시간을 알려줄 수 있고, 우편주소가 있다면 앞으로 다가올 약속을 우편으로 알려 전화추적을 강화할 수 있다(문화적 능력을 갖춘 연구에 관한 6장에서 추적방법을 더 깊이 있게 다뤘음을 기억할 것이다).

외적 타당도

어떤 연구의 내적 타당도가 높을 때 그 연구는 연구대상인 표본과 세팅에 대한 인과적 추론을 할 수 있게 한다. 그러나 다른 상황과 더 큰 규모의 모집단에서는 어떤가? 그 경우에도 동일한 인과적 추론을 일반화할 수 있는가?

외적 타당도는 연구결과를 연구조건을 넘어선 상황과 모집단에 일반화할 수 있는 정도를 말한다. 내적 타당도는 외적 타당도를 위한 필요조건이지 충분조건은 아니다. 특정한 연구의 조건을 넘어서 인과적 추론을 일반화하기 전에 우선 특정한 연구조건하에서 인과적 추론을 하기 위한 적절한 기반을 갖춰야만 한다. 그러나 특정 연구에서 내적 타당도가 매우 높을 때조차도 여러 문제가 외적 타당도를 제한할 수 있다.

외적 타당도에 영향을 미치는 주요 요인은 연구표본, 상황, 과정의 대표성이다. 한 도시지역에서 탈시설화 프로그램을 실행한다고 가정해보자. 지역주민들이 그 프로그램을 강하게 지지하며, 재정지원이 충분하고, 지역에 거주하는 정신장애인이 접근할 수 있는 수용시설이 아닌 지역사회의 지지자원이 포괄적으로 있다고 가정해보자. 이에 따라 프로그램이 재정지원을 충분히 받아서 능력이 뛰어난 직원을 고용할 수 있고, 맡아야 하는 사례 수도 적고, 일을 잘하면 충분히 보상이 주어진다고 가정해보자. 마지막으로, 내적 타당도가 높은 평가에서 프로그램이 정신장애인의 삶의 질을 개선한다는 사실을 발견한다고 가정해보자.

이 결과를 가지고 다른 지역의 입법 담당자나 정신보건 기획 담당자가 자신들의 지역상황에서 유사한 탈시설화 프로그램을 실시하면 정신장애인의 삶에 대한 질이 개선될 거라는 논리적 결론을 내릴 수 있음을 의미하는가? 꼭 그렇지는 않다. 그것은 해당 지역의 환경, 인구 및 과정과 연구된 프로그램의 환경, 인구 및 과정이 어느 정도 유사한가에 달려 있다.

지역사회가 농촌이며, 정신장애인을 위한 지역사회의 자원이 거의 없거나 지리적으로 멀리 퍼져 있으며, 지역사회에 주거시설을 설치하는 데 인근 주민의 반대가 더 많다고 가정해보자. 입법 담당자들이 탈시설화를 비용을 절감하는 도구로 여겨, 프로그램을 운영하는 능력이 뛰어난 직원을 채용하거나, 또는 적절한 관리를 위해 적은 사례 수만 직원들이 담당하도록 할 수 있는 재정을 충분히 배정하지 않는다고 가정해보자. 또한 대상이 되는 정신장애인 모집단의 특성 차이는 어떤가? 검증된 프로그램에서 클라이언트의 특성에 대해서는 아무런 언급이 없다는 사실에 주목하라. 아마도 클라이언트의 연령, 진단명, 인종, 평균 시설수용기간, 사회적 손상 정도의 면에서 연구결과를 일반화하려는 지역사회에서 의도했던 대상인구와 차이가 날 수 있다. 이 차이의 정도에 따라, 다른 상황에서 실시한 유사한 프로그램의 효과와 검증된 상황에서의 프로그램 효과가 다를 수 있다.

차이가 있다는 것이 연구의 내적 타당도가 낮음을 의미하는가? 반드시 그렇지만은 않다. 한편으로 어떤 연구의 조건이 '실재'의 세계에서 반드시 재현되리라고 합리적으로 기대할 수 있는 조건과 거리가 멀다면 외적 타당도가 낮다고 말할 수 있을 것이다. 다른 한편으로 일반화할 수 없는 다른 상황이 많다고 하더라도 연구의 외적 타당도는 적절한 수준일 수 있다. 중요한 것은 연구를 어떤 '실재' 세계의 상황에 일반화할 수 있어야 하고, 그 연구가 대표하고자 의도했던 대상을 대표해야만 한다는 것이다. 생각해볼 수 있는 모든 모집단이나 상황을 대표해야만 하는 것은 아니다.

예를 들어, 농촌에서 심각한 만성 장애인들을 돌보는 프로그램을 평가하는 연구가 외적 타당도를 갖기 위해 심하지 않은 장애인이나 급성 장애인 또는 도시에서 거주하는 장애인에게 일반화되어야 할 필요는 없다. 연구는 속성을 얼마나 좁게 정의하는지에 상관없이 대표하고자 의도하는 속성을 대표하면 된다.

외적 타당도의 문제는 사회복지 실천과 프로그램을 평가하는 문헌에서 많이 볼 수 있다. 일반적으로 외적 타당도를 제한하는 문제 중 하나는 내용이 모호하거나 짧다는 것이다. 연구 중에는 평가하는 서비스에 참여한 클라이언트의 구체적인 속성을 자세히 설명하지 않는 연구가 많다. 실천가의 속성이 모호한 연구도 많다. 어떤 연구는 **학생**인 실천가의 효과성에 관한 연구결과에 근거해 **전문가**인 실천가의 효과성에 대해 일반화하고 있다. 어떤 연구는 평가하는 임상상황에서 담당사례 수와 같은 자세한 내용을 빠뜨린다. 결과적으로 평가된 개입이 연구대상 클라이언트에게 바람직한 변화를 야기했는지는 분명히 할 수 있지만(즉, 이 연구의 내적 타당도가 높음) 그 결과를 일반화할 수 있는 대상이 분명하지 않은 경우가 많다. 따라서 어떤 연구는 서비스가 효과적임을 확인하지만, 서비스가 연구조건을 벗어나서도 효과적일 거라고 일반화할 수는 없다. 마찬가지로 어떤 다른 연구는 서비스의 효과성을 전혀 확인하지 못하지만 서비스가 다른 조건하에서 실행될 때도 효과가 없을 거라고 일반화할 수는 없다.

이 장을 마치기 전에, 사회복지현장에서 잘 통제된 실험연구를 성공적으로 수행하는 것이 얼마나 어려운 일인지를 이해하기 바란다. 많은 장애물, 그중 일부는 예측하기도 불가능한 장애물들이 최상의 계획을 방해한다. 이 장에서 일부 장애물을 소개했고, 다음 장에서 다른 장애물, 예를 들면 평가대상인 개입의 부적절한 실행, 참여자 모집의 어려움, 사례를 실험집단과 통제집단으로 할당하는 연구절차에 대한 실천가의 거부감 등을 추가적으로 다룰 것이다. 특별히 다음 장은 무작위 할당이 불가능할 때 유사실험설계를 사용해 적정 수준의 내적 타당도를 확보하는 데 초점을 둘 것이다.

주요 내용

- 추론은 연구설계와 결과에 비춰 논리적으로 도출될 수 있는 결론이다.
- 인과적 추론이란 독립변인이 종속변인에 대해 원인적 영향을 가졌음을 논리적으로 암시하는 연구설계와 결과물로부터 도출해낸 결론이다.
- **연구설계**는 측정, 표본추출, 자료수집 방법, 특정 종류의 추론을 허용하기 위해 설계된 논리배열 등 연구를 계획하고 수행하면서 내려야 하는 모든 결정을 일컫는 용어다.
- 과학적 조사연구에서 인과관계를 결정하는 세 가지 기준이 있다. (1) 독립(원인)변수와 종속(효과)변수는 경험적으로 서로 상관관계를 가져야 한다. (2) 독립변수는 시간상으로 종속변수보다 선행해 발생해야 한다. (3) 두 변수 간의 관측된 관계는 두 변수를 발생시키는 제3의 변수의 영향으로 설명될 수 없어야 한다.
- 내적 타당도는 연구결과로 한 변수가 다른 변수의 원인인지 아닌지를 정확하게 기술하는 정도를 의미한다.
- 흔한 내적 타당도 저해요인으로는 우연한 사건, 성숙, 검사, 실험도구 효과, 통계적 회귀, 선정편향, 인과적

시간 순서가 있다.

- 세 가지 원시실험의 유형은 일회검사 사례연구, 단일집단 사전사후검사 설계, 사후검사 비동일 집단설계다.
- 실험은 인과적 과정을 통제해 검증하는 뛰어난 도구다.
- 고전적 실험은 실험집단과 통제집단에 사전검사, 사후검사를 실시해 종속변수에서 실험자극의 효과를 검증한다.
- 솔로몬 4집단 설계와 사후검사 통제집단 설계는 검사효과와 관련된 문제를 방어하기 위한 전통적 실험의 변형이다.
- 무작위화는 실험집단과 통제집단을 비교 가능하게 하기 위해 일반적으로 선호하는 방법이다.
- 실험집단과 통제집단이 서로 비슷해야 한다는 것보다 실험집단 참여자들이 모집단을 대표해야 한다는 것은 덜 중요하다.
- 사회복지 세팅에서의 실험에서 통제집단 참여자들이 서비스를 제공받지 못하는 것이 아니다. 그들은 대안적 일상적 서비스를 받거나, 실험적 개입을 제공받기 위해 대기할 수도 있다.
- 대상자들을 무작위 할당하는 전통적 실험이 내적 타당도를 저해하는 대부분의 요인을 방어한다고 하더라도 다음과 같은 문제를 예방하거나 경감하기 위한 방법론적 노력들이 추가로 필요하다. (1) 측정편향 (2) 연구반응성, (3) 개입의 확산 또는 모방, (4) 보상적 평등, (5) 보상적 경쟁, (6) 거북한 도덕화, (7) 상실
- 상실을 최소화하기 위한 기법으로는 연구참여에 대한 대가로 참여자에게 보상하는 것, 참여자들을 실망시키거나 좌절시키는 개입 또는 연구절차를 피하는 것, 참여자를 추적하는 것 등이 있다.
- 많은 실험연구는 가설을 지지하는 결과를 인식하는 연구자 또는 실천가의 편향을 통제하기 위해 눈가림 평가자 같은 측정절차를 포함시키지 못하고 있다.
- 실험적 요구 특성과 실험자 기대가 연구참여자에게 영향을 미쳐 실험자가 그들의 언행과 관련해 실험자가 원하는 것을 알게 되어 그런 요구나 기대에 부응한다면, 그런 특성과 요구는 실험결과의 타당도를 방해할 수 있다.
- 참여자가 관찰당하고 있다는 사실을 인식하고 실험자 기대를 충족시키는 방식으로 행동하는 경향이 있을 때 관여적 관찰이 발생한다. 이와는 대조적으로 비관여적 관찰은 참여자가 관찰을 알아차리지 못한다는 것을 의미한다.
- 외적 타당도는 연구결과를 연구의 조건을 넘어선 상황과 모집단에 일반화할 수 있는 정도를 말한다.

연습문제

1. 이 장에서 논의한 내적 타당도 저해요인 중 3개를 선택하고 각각을 보여주는 예(이 장에서 논의한 것을 제외하고)를 만들어보라.
2. 교도소 내 성경공부 프로그램의 관리자는 프로그램이 재범을 예방한다고 주장한다. 그의 주장은 프로그램에 참여하지 않은 재소자들의 41%가 재범을 저지른 반면, 참여한 재소자의 14%만이 재범을 저지른다는 자료에 기초하고 있다. 이 장에서 배운 내용에 기초해 그의 주장이 정당화될 수 없는 이유를 설명하라.
3. 다음의 가설적 설계에서 탐지할 수 있는 내적 타당도 저해요인은 무엇인가? 4개의 숙소가 있는 거주형 치료센터에서 근무하는 사회복지사가 센터에 거주하는 아동의 행동 문제를 경감하기 위한 새로운 개입방안을 개발했다. 센터에 소속된 4명의 치료사가 각 숙소에 할당되었다. 사회복지사는 2개의 숙소에 새로운 개입을 제공했고, 나머지 두 숙소에는 기존의 개입을 제공했다. 사회복지사는 성과 측정을 위해 실습 중인 사회복지학 전공학생에게 각 숙소에 동일한 양의 시간 동안 머물면서 각 아동의 반사회적 행동과 발언을 관찰하고 기록하도록 주문했다.
4. 당신이 소속된 기관에서 새로운 개입을 검증하기 위한 실험설계를 간략히 묘사하라. 그 다음 그 기관에서 직접적 실천과 행정을 담당하는 직원 한두 명을 대상

으로 질적 면접을 수행하면서 기관에서 여러분이 기획한 연구의 수행이 가능한지를 물어보라.

5. 신문기사(Perlman, 1982)는 다음과 같은 근거를 언급하면서 불소화와 AIDS를 연결한 주장을 논의했다. "이 나라 지역사회의 절반은 불소화된 수돗물을 공급받고 있으며 나머지 반은 그렇지 않다. AIDS 사례의 90%는 불소화된 지역 출신이고 단지 10%만이 비불소화 지역 출신이다." 다른 변수들이 관여될 수도 있음을 지적하면서 인과성의 기준에 관해 배운 내용에 기초해 이를 논의해보라.
6. 최근 성적으로 학대받은 알래스카 원주민 여자 청소년을 대상으로 수행된 상당히 높은 타당도를 가진 연구는 개입이 참여자들의 약물남용을 예방하는 데 효과적이라고 결론지었다. 이 연구를 증거기반 실천을 위한 지침으로 사용하려는 실천가들의 표적집단에 따라서 이 연구가 어떤 관점에서는 외적 타당도가 거의 없고, 또 다른 관점에서는 상당히 괜찮은 외적 타당도를 가질 수 있는지를 설명하라.

인터넷 연습문제

1. 사회복지 개입의 효과를 평가한 실험연구를 찾아보자. 그 연구가 이 장에서 소개된 내적 타당도 저해요인을 얼마나 잘 통제했는가? 상실의 위험을 경감하기 위해 어떤 노력을 기울였는가? 측정절차는 관여적이었는가, 비관여적이었는가? 심각한 편향으로부터 자유로운가? 그 연구의 외적 타당도를 비판해보라.
2. 사회복지 개입의 성과를 평가한 원시실험 연구를 찾아보라. 연구의 내적 타당도를 평가해보고, 원시실험 연구임에도 불구하고 가치가 있는지를 논하라.
3. 이 장에서 위약효과의 문제를 잠시 언급했다. 위약효과를 중요하게 다룬 연구를 찾아서 간략히 요약하라(힌트: 검색창에 '위약'을 입력하면 쉽게 찾을 수 있다).

추천도서

Campbell, D., & Stanley, J. (1963). *Experimental and Quasi-Experimental Designs for Research*. Chicago: Rand McNally. 사회조사 연구에서의 실험설계에 관한 탁월한 논리와 방법을 제시한 이 책은 다양한 사회조사 연구방법에 실험설계의 논리를 적용하는 데 매우 유용하다.

Cook, T. D., & Campbell, T. D. (1979). *Quasi-Experimentation: Design and Analysis Issues for Field Setting*. Chicago: Rand McNally. 이 책은 캠벨과 스탠리가 저술한 책을 증보하고 개정한 것이다.

Shadish, W. R., Cook, T. D., & Campbell, T. D. (2001). *Experimental and Quasi-Experimental Designs for Generalized Causal Inference*. New York: Houghton Mifflin. 이 책은 위에서 언급했던 캠벨과 스탠리, 쿡과 캠벨이 저술한 책의 후속판이다. 이전 책들과 다른 점은 외적 타당도, 인식론(객관성의 가능성에 대한 철학적 공격을 반박), 무작위 할당이 없는 설계에 많은 초점을 두고 있다는 것이다.

활용 노트

EP 2.1.6b

EP 2.1.6b: 실천에 유용한 연구증거를 활용하기: 사회복지사가 이 장에 소개된 모든 개념을 이해한다면, 성과를 비판적으로 평가하고 자신의 실천을 위해 가장 유용한 성과를 판단할 수 있다.

EP 2.1.10m

EP 2.1.10m: 개입을 비판적으로 분석하고, 모니터링하고, 평가하기: 사회복지사는 타당하고 유능한 방식으로 개입을 평가하기 위해 이 장에 소개된 모든 개념을 이해해야 한다.

CHAPTER 12

유사실험설계

Quasi-Experimental Designs

이 장의 학습내용

사회복지기관에서 실천과 프로그램의 효과를 평가하기 위해 이상적으로 설계된 실험연구를 수행할 때 여러 가지 장애물을 접하게 된다. 이러한 장애물을 접할 때 성과 평가 결과물의 타당도를 높이기 위한 방법을 검토한다. 실험설계와 유사하지만 무작위 할당이 없는 유사실험에 초점을 둔다. 추가적으로, 설계가 실행된 정도와 결과의 의미를 평가하는 데 있어 질적 연구방법의 중요한 역할을 살펴본다.

서론

앞 장에서 실천과 프로그램의 효과를 평가할 때 두 집단의 비교 가능성을 높이기 위해 참여자들을 실험집단과 통제집단으로 무작위로 할당하는 것의 중요성을 살펴봤다. 많은 사회복지기관에서 통제집단을 가진 경우는 흔치 않다. 연구대상을 실험집단과 통제집단으로 무작위 할당하는 일이 불가능한 경우가 많다.

기관을 운영하는 행정가와 실천가는 클라이언트 또는 잠재적 클라이언트에게 개입을 보류할 수 없는 많은 이유를 제시할 것이다. 예를 들어 서비스를 보류하는 것은 비윤리적으로 보일 수도 있고, 예기치 못한 재정적인 문제를 야기할 수도 있으며, 또는 서비스를 제대로 받지 못했다고 느끼는 사람들로부터 항의를 받을 수도 있다. 앞에서 논의했듯이, 이런 윤리적인 고려가 언제나 보장되는 것은 아니다. 그러나 평가받게 되는 서비스의 가치를 매우 중요하게 생각하는 기관 행정가와 실천가는 서비스 보류에 대해 확신하지 않을 수도 있다. 그들은 검증되지 않은 서비스를 지속적으로 제공하는 것이 비효과적인 또는 해로울 수도 있는 서비스를 보류하는 것보다 윤리적으로 더 의문시될 수 있다는 데 동의하지 않을 수도 있다. 아무리 실험집단과 통제집단으로 무작위 할당을 할 수 있을 가능성이 크다 하더라도, 무작위 할당을 실제로 하게 될 가능성은 일반적으로 상당히 낮다. 기관장에게 실험설계 사용에 따른 장점을 들어 설득할 수 있다고 하더라도, 별도로 운영위원회를 설득해야 할 가능성이 많다. 또한 이 과정에서 기관의 행정가들이 실무자를 소외시키고 싶어하지 않으며, 실무자 또한 연구대상자를 실험에 의뢰하기 때문에 이들을 설득할 필요가 있다.

이런 상황에서 평가를 완전히 포기하는 대신 진정한 실험보다는 내적 타당도가 떨어지기는 하지만 그래도 상당한 정도의 인과적 추론을 이끌어낼 수 있는 다른 유형의 연구조사 설계를 시행할 수 있는 경우가 있다. 앞에서도 언급했던 것처럼 이런 설계를 **유사실험설계**(quasi-experimental design)라고 하며, 사례를 실험집단과 통제집단으로 무작위로 할당하지 않는다는 면에서 주로 '진정한' 실험과 차이를 보인다.

비록 무작위 할당을 하지 않지만, 잘 설계된 유사실험은 높은 내적 타당도를 가질 수 있다. 유사실험은 증거기반 실천연구의 계층에서 높은 위치를 차지하는데, 잘 설계된 실험 바로 아래에 위치한다. 이제 흔히 사용되는 세 가지 유사실험설계를 살펴보자. 이 설계는 올바르게 설계되고 사용된다면 적절한 수준의 내적 타당도를 가질 수 있다.

EP 2.1.6b

EP 2.1.10m

비동일 비교집단 설계

대상자들을 무작위로 집단에 할당할 수는 없지만, 실험집단과 유사한 점을 가져서 비교될 수 있는 기존의 집단을 찾을 수 있다면, **비동일 비교집단 설계**(nonequivalent comparison groups design)를 사용할 수 있다. 예를 들어 노인요양원 입주자에게 애완동물을 주는 개입이 우울증에 미치는 효과를 평가하고자 한다고 가정해보자. 한 요양원에서 애완동물을 받을 입주자와 애완동물을 받지 못할 입주자를 무작위로 선정하지 못할 가능성이 많다. 애완동물을 받지 못한 입주자나 그 친지가 혜택을 받지 못했다고 느낄 수 있기 때문에 일어날 수 있는 행정적인 문제를 예상할 수 있을 것이다. 그래서 정밀한 실험설계에 대한 대안으로, 연구조사에 참여하고자 동의하고 내적 타당도와 관련된 모든 측면에서 매우 유사하게 보이는 두 노인요양원을 찾을 수 있었다. 예를 들어 두 노인요양원의 입주자와 직원 수와 유형이 거의 같고, 두 요양원이 동일한 수준의 보호를 제공하는 등 특히 두 요양원의 입주자가 연령, 사회경제적 지위, 심리적·신체적 장애, 심리사회적 기능성, 인종 등에서 매우 비슷하다는 점을 확인할 필요가 있을 것이다. 그렇게 되면 한 요양원에는 개입을 도입하고, 다른 요양원은 비교집단으로 사용할 수 있다(대상을 무작위로 할당하지 않았을 때 통제집단 대신 비교집단이라는 용어를 사용한다).

독립변수를 도입하기 전에 두 요양원이 종속변수의 측면에서 실제로 동등한지 확인하기 위해 사전검사를 통해 비교할 수 있다. 평균 우울증 점수가 거의 같으면 사후검사에서 나타나는 차이는 개입효과 때문이라고 합리적으로 가정할 수 있다. 물론 연구대상이 무작위로 할당되었다면 이런 인과적 추론은 더 믿을 수 있다. 그러나 영향을 미칠 가능성이 있는 외생변수에 대해 두 요양원이 동등하다고 확신할 만한 자료를 제공할 수 있는 정도에 따라, 그리고 두 집단의 사전검사 평균 점수의 차이가 별로 나지 않으면, 연구의 인과적 추론은 믿을 만하며 연구는 가치를 갖게 될 것이다. 이 설계의 표기는 다음과 같다.

$$\begin{matrix} O_1 & X & O_2 \\ O_1 & & O_2 \end{matrix}$$

위의 표기에는 무작위 할당을 의미하는 *R*이 없다는 점을 제외하고는 통제집단 사전사후검사 설계와 같다는 것을 알 수 있다.

이 설계의 다른 예를 담배, 술, 약물의 사용을 줄이려고 하는 프로그램을 평가하기 위해 두 중학교를 선정한 실제 연구에서 발췌했다. 두 학교를 한 쌍으로 한 것이나, '실험' 상황과 '통제' 상황으로 할당한 것은 무작위로 하지 않았다. 그 지역의 폐협회(Lung Association)는 흡연, 술, 약물남용의 문제에 대한 해결책을 구하는 학교를 찾아주었으며, 그 학교에 프로그램을 제공했다. 설문조사와 호흡검사과정을 학생들에게 하도록 허용한 인근에 위치해 편리한 인구학적으로 유사한 학교를 통제집단 학교로 선정했다. 그 학교의 교장은 기존의 건강교육 프로그램이 효과적이라고 생각했으며, 흡연의 시작이 그 학교 학생들에게는 상대적으로 일반적이지 않은 편이라고 믿었다.

> 두 학교가 위치해 있는 지역사회는 매우 유사했다. 학생들이 보고한 부모의 흡연율도 두 학교 모두 40%를 약간 넘었다(McAlister, Perry, Killen, Slinkard, & Maccoby, 1980, p. 720).

연구대상을 실험집단과 통제집단으로 무작위 할당을 하지 못했기 때문에 두 학교가 동등한지 의문을 가질 수 있다. 그러나 처음 관측을 통해 실험집단과 비교(통제) 집단의 흡연 빈도가 거의 동일하다(낮다)는 점을 발견했다는 사실을 아는 것이 도움이 될 수 있다. 21개월에 걸친 연구기간 중 두 집단 모두 흡연이 증가했으나, 통제집단보다 실험집단에서 증가 정도가 적어서 그 프로그램이 학생들의 행위에 영향을 미쳤다고 볼 수 있다.

비동일 비교집단 설계를 사용한 연구의 보고서를 접할 경우, 그 연구에서 선정편향의 개연성이 높아 보인다면 두 집단이 동등하다는 견해는 상당한 손상을 받게 된다. 만약 연구자가 관련된 외생변수와 사전점수에서 두 집단의 동일성에 대한 근거를 제시할 수 없다면, 두 집단 간의 결과 차이는 상당한 의심을 받게 된다. 다시 말해, 연구자가 집단의 동일성을 제공하는 정도에 따라서 이 설계를 사용하는 연구가 실천을 선도해낼 수 있을 정도로 충분히 강력할 수 있거나, 아니면 매우 약할 수도 있다.

심지어 집단이 동등하다는 의견을 지지하는 많은 근거가 제공될 때도 의문이 남을 때가 종종 있다. 연구자가 집단 간의 결과차이를 설명해줄 수 있는 가능한 외생변수 모두에 관한 근거를 얻는 일은 드물다. 예를 들어 두 집단이 사전점수와 여러 가지 배경적 특성에서 동등하다는 사실은, 두 집단이 변화에 대한 동기가 동등하다는 것을 확보하지는 않는다. 교도소 내 성경공부 프로그램이 재소자의 재구속률을 감소시키는지를 알아보기 위해 평가를 한다고 가정해보자. 성경공부 프로그램에 참여한 재소자들이 자발적으로 참여했고, 이들을 유사한 배경적 특성을 갖고 있지만 성경공부 프로그램에는 참여하지 않는 대응 재소자 집단과 비교한다고 가정해보자. 두 집단이 가진 배경의 유사성을 제공하는 자료가 많다고 할지라도 재소자들의 도덕관념, 죄책감, 착실한 생활을 하려는 동기(두 집단의 동등함을 보여주는 많은 배경변수보다 재구속률에 더 많은 영향을 끼치는 외생변수)와 관련된 두 집단의 동등성은 매우 회의적일 수 있다. '성적 공격 및 데이트 폭력 예방 프로그램의 평가'라는 제목의 글

성적 공격 및 데이트 폭력 예방 프로그램의 평가

웨이즈 Weisz와 블랙 Black(2001)은 중학생들(주로 아프리카계 미국인)을 대상으로 성적 공격 및 데이트 폭력 예방 프로그램의 효과를 평가했다. 방과 후 프로그램에 참여한 학생들에게 12회기가 제공되었고, 각 회기는 90분씩 진행되었다. 프로그램에는 모델링, 역할놀이, 연습, 토의뿐만 아니라 교훈적 정보 제공도 포함되었다. 성과는 첫 번째 회기, 마지막 회기, 그리고 6개월 후에 설문지를 사용해 측정되었다. 설문지는 성적 공격과 데이트 폭력에 관한 지식과 태도를 평가했다. 프로그램에 자발적으로 참여한 학생들은 참여를 거부한 학생들과 비교되었다. 예견대로 실험집단의 점수는 비교집단의 점수보다 유의미할 정도로 높았다. 연구자들은 이 연구에서 선정편향의 문제를 인식했으나 그 문제는 두 집단의 사전검사 점수가 유의미하게 다르지 않다는 사실로 상쇄된다고 보았다. 그럼에도 불구하고 연구자들은 선정편향 문제 때문에 그들의 유사실험을 '탐색적'이라고 기술했다.

출처 : Source: Weisz, A. N. and Black, B. M. 2001. "Evaluating a Sexual Assault and Dating –Violence Prevention Program for Urban Youths," *Social Work Research*, 25, 2, 89–99.

상자는 두 명의 사회복지 연구자가 어떻게 선정편향 문제를 극복하는지를 보여준다.

비동일 비교집단 설계의 내적 타당도를 강화하는 방법

비동일 비교집단 설계에서 비동일 비교집단의 동등성에 관한 의심을 상쇄할 수 있는 두 가지 특징이 있다(Shadish, Cook, & Campbell, 2001). 하나는 복수 사전검사의 사용이고, 다른 하나는 반복변경의 사용이다. 각 특징을 검토해보자.

복수 사전검사

선정편향과 관련된 주요 관심사는 실험집단이 통제집단보다 변화에 대한 동기가 강해서 개입을 시작하기 전에 이미 변화과정에 있을 수 있다는 점이다. 개입을 시작하기 전에 동일한 사전검사를 각기 다른 시점에 실시함으로써 한 집단은 이미 변화과정에 있고, 다른 집단은 그렇지 않은지를 탐지할 수 있다. 또한 이 방법은 통계적 회귀가 한 집단에서는 발생하고 다른 집단에서는 발생하는 않는다는 것을 탐지하는 데도 도움이 된다. 비동일 비교집단 설계에 이런 설계상 특징을 추가한 표기는 다음과 같다.

$$\begin{array}{cccc} O_1 & O_2 & X & O_3 \\ O_1 & O_2 & & O_3 \end{array}$$

위의 도표에서 위의 행에 있는 실험집단은 개입(*X*)을 받는다. 아래 행은 비교집단을 나타낸다. 각 행에서 O_1과 O_2는 각각 첫 번째와 두 번째 사전검사를 의미한다. O_3는 사후검사를 의미한다.

약물남용자로 구성된 두 집단이 O_1에서 평균이 10으로 같았으며, 이 점수는 지난 한 달간 불법약물을 사용한 날 수를 가리킨다고 가정해보자(그림 12-1의 파트 A 참조). O_2에서 실험집단의 평균은 6으로 떨어졌으나 비교집단의 평균은 그대로 10이라고 가정하자. O_3에서 실험집단의 평균은 4로 떨어졌고 비교집단의 평균은 10이라고 가정하자. 두 번째 사전검사가 없었다면, 사후검사에서 보인 10과 4의 차이는 개입(*X*)이 약물남용 감소의 원인이며 효과적이라는 사실을 나타낼 수도 있었다. 그러나 두 번째 사전검사 때문에 개입이 감소의 원인이 아니라는 점, 즉 실험집단이 개입 전부터 이미 변화과정에 있었고(아마도 변화에 대한 강한 동기 때문에), 비교집단은 그렇지 않았기 때문에 두 집단이 동등하지 않았다는 점을 알 수 있다.

파트 A: 사전검사 평균 점수(지난 한 달간 불법물질을 사용한 날수)는 그 집단들이 정말로 비교할 수 없다는 것을 나타낸다. 치료집단은 개입 이전에 이미 변화과정에 있다. 사전검사에서 사후검사 사이 물질사용에서 개선이 있었다 하더라도, 개입이 치료집단에서 개선의 원인이라 가정할 수 없다.

평균 불법물질을 사용한 날수

	O_1	O_2		O_3
	사전검사			사후검사
치료집단	10	6	개입	4
비교집단	10	10		10

파트 B: 사전검사 평균 점수는 집단들이 비교 가능하다는 것을 나타낸다. 치료집단은 개입이 시작되기 전에 변화하지 않고 있다. 그러므로 사후검사에서 집단들 사이 차이는 개입이 효과적이라는 가설을 지지한다.

평균 불법물질을 사용한 날수

	O_1	O_2		O_3
	사전검사			사후검사
치료집단	10	10	개입	4
비교집단	10	10		10

그림 12-1 허구의 물질사용치료결과 평가에서 복수 사전검사 결과 대조 예시

역으로 말해 만약 두 집단의 O_2 점수가 10이었다면(그림 12-1의 파트 B 참조), 사후검사에서 4점으로 감소했다는 것은 개입이 효과적이고 약물남용 감소의 원인임을 나타낸다. 다시 말해, 약물남용의 빈도는 개입 전에 두 집단에서 동일했기 때문에 두 집단은 동등하게 보이고 사후검사에서 나타난 차이가 선정편향에 기인한다는 해석은 제거될 수 있다.

반복변경

기대했던 결과가 선정편향 때문인지의 여부를 탐지하는 또 다른 방법은 첫 번째 사후검사 후 비교집단에 개입을 제공하는 방법이다. 만약 첫 번째 사후검사 때 실험집단에 나타난 개선이 두 번째 사후검사 때 비교집단에서 재현된다면, 첫 번째 사후검사에서 나타난 개선이 단순히 선정편향의 기능이라는 의구심이 줄어들게 된다. 만약 두 번째 사후검사 결과가 첫 번째 사후검사 때 실험집단에 나타난 개선을 재현하지 못한다면, 첫 번째 사후검사 때 나타난 집단 간의 차이는 두 집단 간의 동등성 부족에 기인할 수 있다. 이 설계상의 특징을 추가한 설계의 표기가 아래에 제시되어 있다.

$$\begin{array}{lllll} O_1 & X & O_2 & & O_3 \\ O_1 & & O_2 & X & O_3 \end{array}$$

위의 도표에서 위에 있는 행은 실험집단을 나타내고, 아래 행은 비교집단을 나타낸다. 각 행에서 O_1은 사전검사를 의미한다. O_2와 O_3는 사후검사를 의미하며, X는 개입이다.

그림 12-2는 약물남용치료 사례로 돌아가지만 이번에는 반복변경의 사용을 예시한다. 파트 A의 경우, 약물남용자로 구성된 두 집단의 O_1에서 평균 점수가 10으로 같았으며, 이 점수는 지난 한 달간 불법약물을 사용한 날수를 가리킨다고 가정해보자. 파트 B의 경우, O_2에서 실험집단(위에 있는 행)의 평균은 4로 떨어졌으나, 비교집단의 평균은 그대로 10이라고 가정하자. O_3에서 실험집단의 평균은 그대로 4이고, 비교집단의 평균은 4로 떨어졌다고 가정하자. 이는 개입이 효과적이었고, O_2 점수인 10과 4의 차이는 단순히 선정편향에 기인하지 않는다는 것을 제시한다. 이와는 대조적으로 O_3에서 비교집단의 평균이 개선되지 않았다고 가정하자. 즉, 개입을 제공받았지만 평균이 그대로 10이라고 가정해보자. 이는 개입이

그림 12-2 허구의 물질사용치료 결과 평가에서 반복변경 결과 대조 예시

파트 A: 개입이 효과적인 것으로 보인다.

	평균 불법물질을 사용한 날수				
	O_1		O_2		O_3
치료집단	10	개입	4		4
비교집단	10		10	개입	4

파트 B: 사전검사에서 집단들 사이 차이는 선정편향에 기인한 것으로 보인다.

	평균 불법물질을 사용한 날수				
	O_1		O_2		O_3
치료집단	10	개입	4		4
비교집단	10		10	개입	10

효과적이지 않았으며, 두 집단 간의 개선 차이는 선정편향에 기인한다는 것을 제시한다.

단순시계열 설계

일반적으로 사용되는 또 다른 유사실험설계는 **시계열 설계**(time-series design)다. 이 설계는 복수 사전검사에 복수 사후검사를 추가하는 설계다. 특히 실행 가능한 시계열 설계(비교집단을 요구하지 않기 때문에 실행 가능한)는 단순 불연속시계열 설계(simple interrupted time-series design)라고 한다. 이 설계의 간단한 표기는 아래와 같다.

$$O_1 \quad O_2 \quad O_3 \quad O_4 \quad O_5 \quad X \quad O_6 \quad O_7 \quad O_8 \quad O_9 \quad O_{10}$$

위의 표기에서 각 O는 오랜 기간에 걸쳐 종속변수를 측정하는 여러 다른 관측점을 나타낸다. 측정 수는 많을수록 좋지만 정해져 있진 않다. 위의 표기는 종속변수를 개입(X) 전에 5회, 개입 후에 5회에 걸쳐 측정했음을 나타낸다.

시계열 설계를 예시하기 위해 가설적 자료의 의미부터 평가해보자. 아동보호센터에서 아동 치료사로 근무하는 당신의 동료가 집단놀이치료를 진행하는 동안 행동장애 아동의 반사회적 행동을 감소시키는 효과적인 기법을 알고 있다고 당신에게 말한다. 그 동료는 자신의 확신을 증명하기 위해 4회기를 제공받은 놀이치료 집단에 대해 당신에게 말한다. 두 번의 회기 동안 그 동료는 반사회적 행위를 할 경우 적용되는 타임아웃의 횟수가 지나치게 높은 것에 주목했다. 그러나 타임아웃의 횟수를 세지는 않았다. 두 번째 회기 후에 그 동료는 새로운 기법을 개발하고 그 기법을 검증해보기로 결정했다. 이를 검증하기 위해 그 동료는 다음 두 회기에서 타임아웃의 횟수를 세었는데, 3번째 회기에서는 새로운 기법을 사용하지 않았고, 4번째 회기에서 그 기법을 적용했다.

그 동료는 새로운 기법을 사용하지 않았던 3번째 회기에서는 10번의 타임아웃이 있었으나, 4번째 회기에서는 4번으로 감소했다고 말했다. 다시 말해, 그 동료는 자신의 새로운 기법이 타임아웃 횟수를 반으로 줄였다고 강력히 주장했다. 이에 관한 자료가 그림 12-3에 제시되어 있다.

4번째 회기 때 사용한 새로운 기법이 타임아웃을 감소시킨 원인이라는 데 동의하는가? 당신은 아마도 자료가 그런 주장을 증명하지 못한다고 이의를 제기할 것이다. 어떤 것을 증명하기에 두 번의 관찰은 충분하지 않다. 타임아웃의 감소는 우연한 사건, 성숙, 통계적 회귀로 인해 나타난 결과일 수도 있으며 실험도구 효과의 가능성, 즉 타임아웃을 집행하는 그 동료의 성향 변화는 언급할 필요도 없다. 이상적으로 말하자면 그 동료는 각 집단에 아동들을 무작위로 할당한 2개의 집단을 가져야 하며, 한

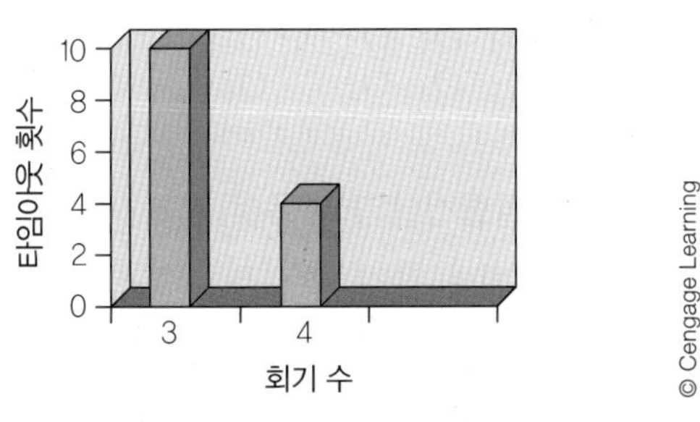

그림 12-3 타임아웃의 관찰: 새로운 기법 사용의 전과 후

번 또는 그 이상의 사전검사를 실시한 후 한 집단에서만 개입을 적용한 다음, 후속 회기에서 두 집단을 비교했어야 한다. 그러나 그 동료는 무작위로 할당된 집단을 갖지 못했고, 비동일 비교집단도 갖지 못했다. 그 동료가 가졌던 것은 집단 하나뿐이었다.

그러나 3번째와 4번째 회기에서만 타임아웃을 세는 대신, 그 동료는 10회기로 구성된 개입기간 동안 회기마다 타임아웃을 세고 이를 기록했다고 가정해보자. 또한 4번째 회기에서 새로운 기법을 도입하는 대신, 6번째 회기에서 새로운 기법을 도입해 10번째 회기까지 사용했다고 가정하자. 그렇다면 이는 시계열 평가를 가능하게 한다.

그림 12-4는 시간이 경과하면서 나타날 수 있는 세 가지 타임아웃 유형을 보여준다. 각 유형에서 새로운 기 법은 5번째 회기 후에 도입되었다(즉, 6번째 회기 동안). 각 유형에서 5번째 회기와 6번째 회기 사이에 그어진 수직선은 새로운 기법이 사용되기 전 5회기와 그 기법이 사용된 이후 5회기를 구분한다. 새로운 기법이 영향력이 있다는 동료의 주장이 믿을 만하다고 확신시키는 유형은 어떤 것인가?

만약 결과가 그림 12-4의 유형 1과 같다면 매 회기 타임아웃의 횟수가 감소하는 추세는 새로운 기법이 도입되기 전에 시작되었고, 새 기법이 도입된 후에도 영향을 받지 않고 지속되었다. 여기서 자료는 그 추세가 심지어 새로운 기법 없이도 발생할 수 있었다는 점을 시사한다. 따라서 유형 1은 새로운 기법이 타임아웃의 횟수를 감소시켰다는 확신을 반박한다.

유형 2도 그 동료의 확신을 반박한다. 유형 2는 타임아웃의 횟수가 10회기 내내 들쑥날쑥함을 보여준다. 때로는 타임아웃의 횟수가 이전 회기 때보다 증가하고 있고 때로는 감소하고 있다. 타임아웃이 저절로 감소하는 시점에 새로운 기법이 도입되었을 수도 있다. 이에 더해 새로운 기법이 사용되었던 5회기 동안 타임아웃의 횟수는 그 기법이 도입되기 전인 첫 5회기 동안처럼 오르내리고 있다.

그림 12-4에서 유형 3만이 새로운 기법이 중요하다는 동료의 주장을 지지한다. 새로운 기법이 도입되기 전에는 타임아웃의 횟수가 회기마다 꾸준하게 10회를 기록하고 있다. 새로운 기법이 도입된 6번째 회기 때부터 타임

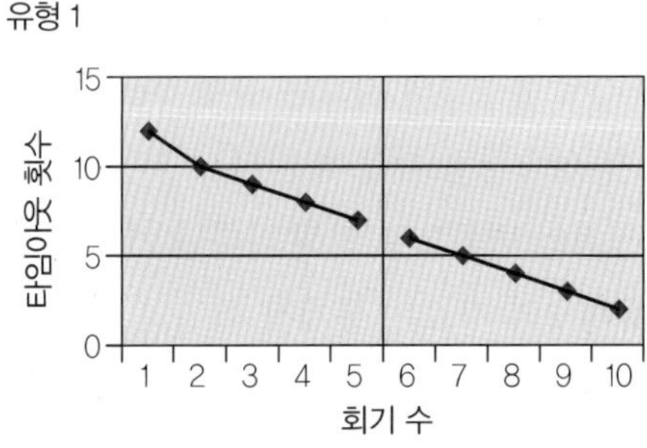

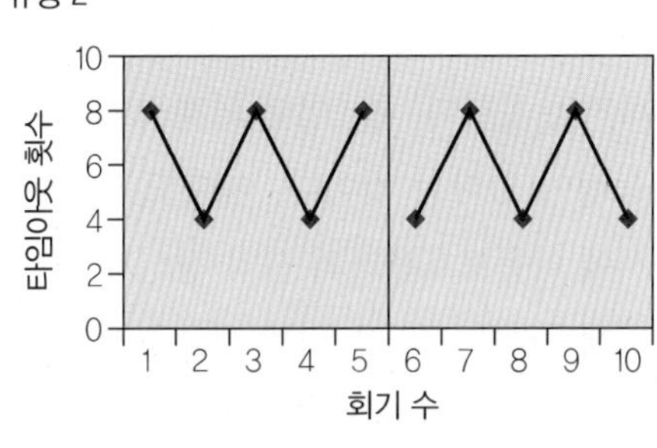

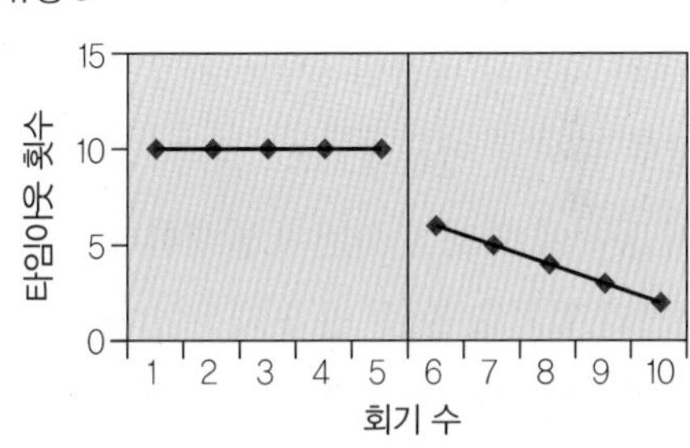

출처: Rajesh Tandon and L. Dave Brown, "Organization–Building for Rural Devel–opment: An Experiment in India," *Journal of Applied Behavioral Science*(April – June 1981): 182

그림 12-4 시계열 관점: 타임아웃의 세 가지 유형

아웃의 횟수가 6회로 줄어들었고, 후속 회기에서 계속 감소했다. 따라서 유형 3의 자료는 유형 1에서처럼 타임아웃의 감소가 성숙과정 때문에 나타날 가능성, 유형 2에서처럼 규칙적인 변동으로 인해 나타난 가능성을 제거한다. 또한 유형 3의 자료는 통계적 회귀의 가능성도 제거하는데, 그 이유는 개선이 극단적이고 비전형적인 사전 점수에 기인하지 않기 때문이다.

그러나 유형 3의 자료는 가능한 설명으로, 우연한 사건을 제거하지는 못한다. 즉, 어떤 외재적 사건이 변화의 원인일 가능성이 있다는 것이다. 아마도 새로운 기법의 도입과 동시에 아동보호센터의 신임 정신과 의사가 주의력결핍 과잉행동장애 개입을 위해 새로운 약을 처방하기 시작했을 수도 있다. 또는 그 시기에 아동을 위한 가족치료 서비스가 시작되었을 수도 있다. 그럼에도 유형 3의 자료는 우연한 사건이 변화의 원인이라는 설명의 개연성을 어느 정도 줄이고 있는데, 그 이유는 새로운 기법이 도입되면서 동시에 외재적 사건이 발생한다는 것은 흔하지 않은 우연의 일치로 볼 수 있기 때문이다.

유형 3의 자료와 같은 시계열 자료에 대한 설명으로 우연한 사건의 개연성을 좀 더 줄이는 방법은 비동일 비교집단이 될 수 있는 놀이치료 집단을 찾고, 새로운 기법을 제공을 제공받는 놀이치료 집단과 비교하는 것이다. 만약 그 동료가 그렇게 했다면 유사실험설계의 세 번째 유형인 다중시계열 설계를 사용하는 것이다. 이제 이 유형의 설계를 살펴보자.

다중시계열 설계

다중시계열 설계(multiple time-series design)는 단순시계열 설계보다 더 강력한 시계열 분석 형태인데(즉, 이 설계는 더 높은 내적 타당도를 가짐), 그 이유는 비동일 비교집단 설계에 시계열 분석을 추가했기 때문이다. 사회복지사에게 가장 잘 들어맞는 다중시계열 설계는 **비동일 비교집단 시계열 설계를 가진 불연속시계열 설계**일 것이다. 이 설계의 간단한 표기는 다음과 같다.

$$O_1\ O_2\ O_3\ O_4\ O_5\ X\ O_6\ O_7\ O_8\ O_9\ O_{10}$$
$$O_1\ O_2\ O_3\ O_4\ O_5\ \ \ \ O_6\ O_7\ O_8\ O_9\ O_{10}$$

이 설계에서 실험집단과 비동일 비교집단(어느 집단도 무작위로 할당되지 않았음) 모두 실험집단에 개입을 도입하기 전과 후 여러 시점에 걸쳐 측정된다.

바이스 Weiss(1972)가 이 설계에 대한 유용한 예를 제시했다. 이 예는 '실험'대상인 주에서 얻은 시계열 자료와 4개의 '통제'대상인 주에서 얻은 시계열 자료를 비교했다.

> 흥미로운 다중시계열의 예는 코네티컷 주의 고속도로 속도위반 단속에 대한 평가였다. 연구자들은 새로운 단속이 실행되기 전과 후에 오랜 기간 교통사망사고 기록을 수집했다. 연구자들은 단속 후에 사망사고가 줄어들었으나, 수년간의 기록이 상승과 하강을 반복하는 불안정한 유형을 보여왔기 때문에 사망사고의 감소가 단속 때문이라고 확신할 수 없었다. 따라서 연구자들은 시계열 통계자료를 교통법규에 변화가 없었던 4개 인접 주의 시계열 자료와 비교했다. 4개 주에서는 사망사고가 비슷하게 감소하지 않았다. 이런 비교로 단속이 어느 정도 효과가 있었다는 결론에 신뢰를 주었다(p. 69).

이 연구설계는 연구대상을 무작위로 할당하는 설계만큼 좋지는 않지만, 그래도 통제집단과의 비교 없이 실험집단의 시계열 자료를 평가하는 것보다는 개선된 것이다. 또한 시계열 자료에서 얻을 수 있는 이점을 추가하지 않고 실험집단과 비동일 비교집단을 비교하는 것보다는 나아진 것이다. 이렇게 해서 이 설계는 단순한 장난 대신에 유사실험이 된다. 평가연구의 이런 측면을 평가할 때 주요 요소는 다음의 예가 예시하는 것처럼 비교 가능성이다.

세계의 저소득국가는 농촌개발에 점차 관심을 보이고 있으며, 많은 고소득국가도 관심과 지지를 보여왔다. 미국의 해외원조 프로그램과 세계은행(World Bank) 같은 국제기구를 통해 선진국은 자신들의 과학기술과 지식을 개발도상국과 공유하고 있다. 그러나 그런 프로그램은 일관되지 않은 결과를 보여왔다. 현대의 기술을 전통사회에 적용할 때 의도했던 결과를 만들어내지 못하는 경우가 많다.

탠던 Tandon과 브라운 Brown(1981)은 마을을 조직하는 교육과 기술훈련을 함께 시키는 실험을 수행했다. 그들은 가난한 농민들이 마을 내에서 조직하고 집단적 영향력을 행사할 수 있는 방법(예를 들어, 정부 공무원에게 필요한 행동을 얻어내는 것)을 배우는 일이 중요하다고 느꼈다. 그럴 때에만 그들의 새로운 과학기술은 열매를 맺을 것이다.

25개 마을을 선정해 진행 중인 기술훈련 프로그램에 개입과 평가를 추가했다. 각 마을에서 두 명의 가난한 농민에게 새로운 농업기술을 훈련시켰다. 그러고 나서 그들을 집으로 보내 같은 마을사람들과 새로운 기술을 나누고, 다른 농민들과 그 지식을 공유하도록 돕는 '동료집단'을 조직하도록 했다. 2년 후에 두 연구자는 특별훈련을 위해 25개 마을에서 두 마을(각각 집단 A와 B라고 부름)을 무작위로 선정했고, 비교집단으로 11개 마을을 선정했다. 인구학적 특성을 주의 깊게 비교해본 결과, 실험집단과 비교집단은 놀랄 만큼 서로 비슷했으며, 연구를 위해 충분히 비교 가능하다고 여겨졌다.

조직구축에 대한 특별훈련을 하기 위해 두 실험마을의 동료집단을 소집했다. 참여자에게는 조직화와 정부에 요청하는 방법에 대한 정보를 제공했고, 또한 자신의 마을에서 겪고 있는 상황과 비슷한 상황에서 실연해볼 수 있는 기회를 주었다. 그 훈련은 3일이 걸렸다.

평가에 사용되었던 결과변수는 모두 동료집단 구성원이 자신의 상황을 개선하기 위해 계획한 집단활동을 주도하는 정도와 관련이 있었다. 여섯 가지 유형이 연구되었다. 예를 들어 '적극적 주도권'은 "집단 구성원에게 영향력이 있는 사람이나 사건에 영향을 주려는 적극적인 노력 대 수동적 반응 또는 철회"로 정의했다(Tandon and Brown, 1981, p. 180). 평가를 위한 자료는 동료집단의 지도자들이 자신들이 최초의 기술훈련을 받은 이래 기록해왔던 일지를 사용해 얻었다. 연구조사자들은 일지를 읽고 동료집단의 구성원들이 행한 주도권의 횟수를 세었다. 두 연구조사자는 일지를 각각 독립적으로 코드화하고, 코딩 과정의 신뢰도를 검토하기 위해 자신들의 작업을 비교했다. 그림 12-5는 두 실험집단에 속한 구성원의 적극적 주도권의 횟수를 통제집단의 횟수와 비교한 것이다. 다른 결과변수의 측정에서도 비슷한 결과가 나타났다.

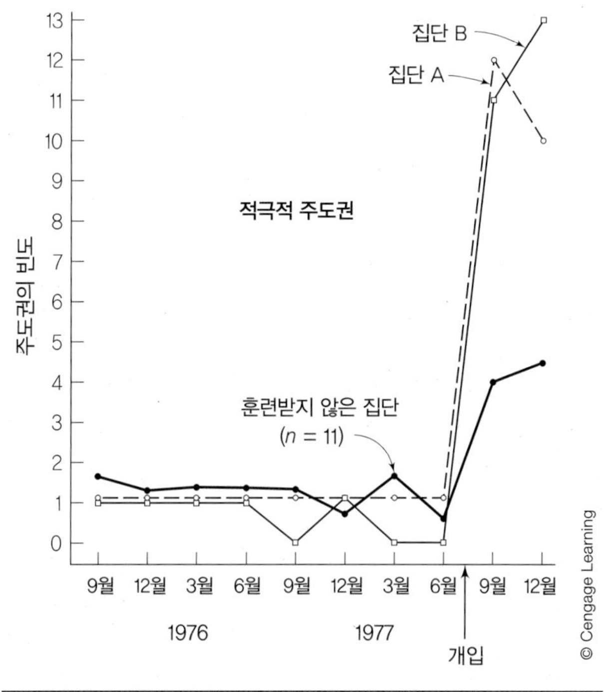

그림 12-5 오랜 기간의 적극적 주도권

그래프에서 두 가지 사실에 주목하라. 첫째, 두 실험집단의 주도권 횟수가 11개 비교집단과 비교해 급격한 차이를 보인다. 이는 특별훈련의 효과성을 확실하게 보여주는 것 같다. 두 번째, 특별훈련의 주도권 횟수가 통제집단 사이에서도 증가했다는 사실에 주목하라. 연구조사자들은 두 번째의 유형을 전염의 결과로 설명한다. 모든 마을이 서로 가까이 있었기 때문에 실험집단에서 동료집단의 구성원이 배운 훈련은 비교 마을의 구성원들에게도 일부 전달되었다.

이 예는 프로그램을 평가하는 데 진정한 실험을 할 수 없는 경우에 적용될 수 있는, 다중시계열 설계의 장점을

사회복지에서 유사실험의 예시

이 책의 저자 중 한 명(루빈)은 카운티 아동보호 서비스기관과, 그 기관이 아동학대나 방임으로 의뢰된 약물남용 부모의 아동들이 위탁보호되는 것을 예방하기 위한(그래서 가족을 유지하기 위한) 목적으로 연방정부에서 3년간 자금을 지원받은 시범 프로그램의 효과성을 평가하도록 계약을 맺었다. 그 프로그램은 직원이 역할모델, 행동주의 기법 및 사회복사와 부모 간의 관계 이용 등을 강조하는 집중사례 관리개입과 아동복지 서비스의 직접 공급 모두를 제공함으로써 가족을 유지하려는 목적을 성취하려고 했다.

그 기관의 다른 부서가 제공하는 일상적인 아동보호 서비스가 시범 프로그램의 서비스와 비슷했지만, 시범 프로그램의 서비스가 두 가지 면에서 일상적인 서비스와 달랐다. (1) 연방정부의 재정지원으로 시범 프로그램의 사회복지사의 담당사례 수가 훨씬 낮았고, 따라서 다른 부서의 사회복지사보다 클라이언트를 훨씬 더 자주 볼 수 있었으며, (2) 시범 프로그램의 가족들이 여러 가지 욕구를 충족시키기 위한 총체적인 서비스를 받을 수 있도록 다른 기관과 계약을 맺었다. 그 기관에서는 실험집단과 통제집단으로 무작위 할당을 수용할 수 없었기 때문에 루빈은 유사실험설계를 계획했다. 전체적인 평가설계의 요소 중 하나인 범람설계(overflow design)는 무작위 할당을 사용하지 않고, 시범 프로그램에 의해 개입을 받은 클라이언트 집단과 개입을 받지 않은 클라이언트 집단의 비교 가능성을 획득하려고 한다는 면에서 비동일 비교집단 설계였다. 각 가족이 받게 되는 개입의 조건을 결정하는 근거는 무작위 할당 대신에 사례를 할당할 때 시범 프로그램의 담당건수 정원이 채워졌는가의 여부였다.

시범 프로그램은 기관의 나머지 부서보다 사회복지사가 훨씬 적었으며, 어느 특정한 시간에 42개의 사례 정도만을 다룰 수 있었다. 결과적으로 시범 프로그램의 담당건수가 채워졌을 때, 약물을 남용하는 많은 부모가 시범 프로그램이 시작하기 전에 모든 클라이언트가 받았던 것과 같은 일상적인 서비스를 받게 될 것이라고 예상했다.

무작위 할당을 하지 못했지만, 이 설계는 적절한 내적 타당도를 갖게 될 것으로 보인다. 왜냐하면 담당건수가 채워졌을 때 우연히 의뢰가 된 가족들이 담당건수가 채워지지 않았을 때 우연히 의뢰된 가족들과 비교할 수 없게 될 것 같지는 않았다. 만약 시범 프로그램의 가족들이 일상적인 서비스를 받고 있는 비교집단 가족들(범람집단에서)보다 가정 외부로 아동을 맡기는 경우가 적다면, 그 차이는 두 집단 간의 외부적인 차이에 기인하기보다는 프로그램의 효과에 기인할 수 있다고 가정하는 것이 타당하리라고 보였다.

그럼에도 두 집단이 비교 가능하지 않게 될 가능성이 낮을 것처럼 보였지만, 루빈은 무작위 할당으로 얻을 수 정도로 가능성이 낮은 것은 아니라는 사실을 알았다. 예를 들어 루빈은 가족들을 의뢰한 사회복지사들이 궁극적으로 시범 프로그램을 더 필요로 하는 사례만을 의뢰하는 경향이 있는 것은 아닌지 의문을 가졌다. 이는 꼭 지나친 생각만은 아니었던 것처럼 보인다. 왜냐하면 의뢰하는 사회복지사들은 가장 욕구가 큰 사례가 가장 집중적이고 가장 포괄적인 서비스를 얻게 되는 것을 보고자 할 수도 있었기 때문이다. 또한 사회복지사들은 시범 프로그램으로 의뢰했던 사례가 범람기간에 다시 자신들에게 의뢰가 되어 오는 것에 짜증이 나서, 결과적으로 사례들이 특별히 욕구가 크지 않으면 시범 프로그램에 사례를 의뢰하지 않는 경향을 갖게 되었을 수도 있다.

또 다른 문제는 개입효과의 확산 또는 모방(내적 타당도에 대한 위협으로 앞에서 논의했음)의 가능성이었다. 일상 부서에서 일하는 사회복지사들이 시범 프로그램의 가족 유지의 목적과 방법에 대해 알고 있었으며, 그들이 시범 프로그램 사회복지사들이 가졌던 추가지원과 적은 담당사례 수에 대해 분개해 자신들도 가족을 유지하는 데 그만큼 효과적일 수 있음을 입증하려는 노력으로 시범 프로그램의 방법 일부를 모방했다고 추정할 이유가 있었다.

이런 문제에 비춰 루빈은 그 설계에 단순시계열 설계를 추가했다. 의뢰된 약물남용 부모의 자녀들을 가정 밖으로 배치한 건수를 시범 프로그램을 시작하기 직전의 6개월과 시작한 후 6개월 간격으로 4번 조사했다. 루빈은 개입효과의 확산이나 모방이 일어나고 있었다면, 프로그램이 시작된 후 가정 외부로의 위탁이 카운티 전체적으로(시범 프로그램의 사례와 일상적인 서비스 부서의 사례를 합쳐) 감소되었을 것이며, 범람설계에서 아무런 차이가 나타나지 않았을 것이라고 추정했다. 또한 그는 시범 프로그램이 효과적이었다면 동일한 정도로 감소되었을 테지만, 시범 프로그램의 사례가 다른 부서의 사례보다 더 욕구가 컸을 거라고 추정했다. 그 비동일 비교집단 요소(범람설계)의 결과는 시범 프로그램의 효과성에 대해 상대적으로 별로 지지하지 않고 있다. 그러나 단순시계열 설계요소의 결과는 부분적으로 프로그램의 효과성을 지지했다(Rubin, 1997).

예시한다. '사회복지에서 유사실험의 예시'라는 제목의 글상자는 비동일 비교집단 설계와 단순시계열 설계를 결합한 실제 유사실험을 기술한다.

횡단연구

횡단연구(cross-sectional study)는 어느 한 시점에서 특정 현상의 단면을 분석하는 연구다. 횡단연구는 탐색, 기술, 또는 설명적 목적을 갖는다. 우리가 일반적으로 잘 알고 있는 인구조사는 기술을 목적으로 하는 횡단연구의 대표적인 예라고 하겠다. 어떤 기관에서 일정한 기간에 걸쳐 중도 탈락한 모든 클라이언트를 대상으로 매우 개방적이고 구조화되지 않은 면접조사를 실시했다고 한다면 그런 연구는 탐색적 목적을 가진 횡단연구라고 볼 수 있다. 만약 동일한 연구에서 중도 탈락한 클라이언트뿐만 아니라 미리 세워진 계획에 따라 모든 서비스를 다 받은 클라이언트에 대해서도 면접조사를 실시해 클라이언트와 사회복지사 사이에 개입목표를 정하는 데 의견의 불일치가 있었는지 여부와 개입을 계획에 따라 완료했는지 여부가 관련성을 가졌는지를 알아보고자 한다면, 그 연구는 설명적 목적을 가진 횡단연구가 될 것이다.

내적 타당도와 관련해 설명적 횡단연구는 태생적인 문제점이 있다. 이런 연구는 시간이 경과하면서 발생하는 인과과정을 이해하는 데 목적이 있지만, 결론은 특정 시점이 이루어진 관찰에 기초한다. 예를 들어 최근 정신병원에서 퇴원한 환자들에 대한 횡단연구에서 가족과 함께 생활하는 환자들이 그렇지 않은 환자보다 더 잘 기능하고 증상을 덜 가진 것으로 나타났다고 해도, 두 집단의 차이가 환자들이 현재의 생활공간에 들어가기 전부터 나타나기 시작했는지 아니면 그 후에 시작했는지 알 수 없다. 다시 말해 다른 생활공간이 기능과 증상의 차이를 발생시켰는지, 아니면 기능과 증상의 차이가 특정 생활공간의 배치를 설명하는지 알 수 없다는 것이다.

비록 횡단연구가 무엇이 무엇을 실제로 발생시켰다는 명확하고 결론적인 추론을 허용하지는 않지만, 전문가의 과학적 지식의 토대를 형성하는 가치를 지닌다. 예를 들어 횡단연구는 두 변수가 관련이 있다는 것을 보여줌으로써 한 변수가 다른 변수의 원인일 수 있다는 개념의 개연성을 지지할 수 있다. 마찬가지로 횡단연구가 두 변수 사이에 아무런 관계가 없음을 보여준다면, 인과관계의 개념은 설득력을 잃게 된다. 아동 행동장애의 원인 중 하나로 부모-자녀 갈등을 검토하는 횡단연구를 고려해보자. 이 연구에서 두 가지 척도를 동시에 아동들에게 제공했는데 한 척도는 부모-자녀 갈등을 측정하고, 다른 하나는 아동의 행동장애를 측정하는 척도다. 두 척도가 매우 높은 정적 상관관계를 보인다면, 다시 말해 부모-자녀 갈등이 많을수록 행동장애의 가능성이 높아진다면, 이 결과는 갈등이 행동장애 발생의 원인이라는 가정의 개연성(plausibility)을 지지하게 된다.

비록 앞의 결과가 갈등이 장애의 원인이라는 견해와 일치한다고 할지라도 관계의 본질이 실제로 장애의 원인이 된다는 것을 증명하지는 못한다. 예를 들면, 시간 순서가 고려되지 않았다. 관계의 인과적 순서가 반대로 될 수 있다. 즉, 부모-자녀 갈등이 행동장애를 야기하기보다는 자녀의 행동장애로 인해 부모-자녀 갈등이 증가될 수 있다. 또한 앞의 상관관계 그 자체로는 갈등과 행동장애 모두의 원인이 되는 대립변수를 제거하지 못한다. 예를 들면, 스트레스 생활사건이 두 가지 문제를 동시에 발생시킬 수도 있다.

특정 시점에서의 단순 상관관계는 인과적 추론을 허용하지 않는다는 점을 인식한다면, 횡단연구를 수행하는 연구자는 다변량 통계절차를 사용해 대립변수를 통제함으로써 경쟁가설을 제거하도록 해야 한다. 잠재적 대립변수를 가능한 한 많이 수집하고 모든 변수를 동시에 분석함으로써 경쟁가설을 제거할 수 있다.

아동보호센터의 행정가가 치료의 어떤 측면이 좀 더 나은 성과와 관련 있는지를 찾고자 한다고 가정해보자. 사회복지사의 학력과 관련이 있는가? 놀이치료에 더해 개별치료와 가족치료를 제공받은 아동이 두 가지 중 한 가지 치료만을 제공받은 아동보다 더 나은 성과를 보이는가? 아무런 통제 없이 단순히 성과를 비교하는 것은 가치가 없는 일이다. 왜냐하면 예후와 관련된 요인들에 있어서 중요한 차이가 아동들이 특정 종류의 실천가 또는 특정 치료방식에 의뢰된 이유를 설명할 수 있기 때문이다. 그러나 연구가 각 아동의 사례기록에 나타난 가능한 모든 잠재적 관련 변수를 통제했고 사회경제적 변수와 기타 배경변수, 진단 등과 무관하게 박사학위를 소지한 심리학자의 치료를 받은 아동들과 사회복지학 석사학위를 소지했거나 석사과정 실습 중에 있는 사회복지사의 치료를 받은 아동들 사이에 어떠한 성과 차이가 없었다고 가정해보자. 이러한 결과가 잘 통제된 실험 또는 위에서 언급했던 유사실험의 결과만큼 인과적 추론을 위한 충분한 근거를 제공하지는 못하지만, 박사학위를 소지한 심리학자보다는 비용이 덜 드는 사회복지사를 더 많이 활용함으로써 기관의 제한된 예산 내에서 서비스 제공을 늘릴 수 있다는 근거자료를 행정가에게 제공할 수 있다(이것이 가능한 결과라고 제안하는 것은 아니다. 당신이 상상하듯이, 이 교재가 심리학 연구방법 교재였다면 우리는 가설적 예에서 그 결과를 수정했을 것이다).

이들 설계가 이 장에서 다루었던 설계들의 내적 타당도 수준에는 미치지 못할지라도, 외적 타당도 면에서는 더 강력하다. 실험 또는 유사실험에서 가능한 표본보다도 훨씬 크고 모집단을 대표하는 표본을 대상으로 연구한다면, 이들 설계의 외적 타당도는 증가된다.

사례통제연구

내적 타당도는 약하고 외적 타당도는 강한 횡단연구의 특징을 공유하고 추론의 개연성을 높이기 위해 다변량 통계절차를 사용하는 설계유형을 사례통제 설계라고 한다. 사례통제 설계는 이 설계의 실행 가능성 때문에 인기가 있다. 횡단설계에서처럼 자료는 특정 시점에서만 수집된다. **사례통제 설계**(case control design)는 대조적인 결과를 가진 사례들을 비교한 다음, 결과의 차이를 설명해줄 수 있는 이전 차이에 관한 **후향적 자료**(retrospective data)를 수집한다.

아동학대 피해자인 아동이 성인이 된 후 가해자가 되는 것을 예방하는 데 효과적인 개입이 무엇인지를 알고자 한다고 가정해보자. 다음 장에서 논의하겠지만, 한두 가지 개입을 검증하는 실험을 할 수 있다. 그러나 일반적으로 실험이 불가능할 때가 종종 있고, 이 경우에는 실험의 실행 가능성을 방해하는 추가적인 장애물이 있다. 즉, 참여 아동들을 수년 동안 심지어 이들이 부모가 될 때까지 추적해서 측정해야만 하는 문제가 있다. 대안적 방법으로 사례통제 설계를 사용한다면, 아동학대 피해자였던 두 집단의 부모 표본을 찾을 수 있을 것이다. 한 집단은 적어도 한 번은 아동복지기관에 아동학대 가해자로 의뢰된 적이 있는 성인들로 구성된 집단이며, 다른 집단은 그렇게 의뢰된 적이 전혀 없는 성인들로 구성된 집단이 될 수 있다.

그 다음 가해자에 비해 비가해자가 더 먼저 제공받았던 개입을 찾기 위해 각 집단에게 과거의 경험을 질문함으로써 후향적 자료를 수집할 수 있다(또는 가해자가 더 많이 경험했을 유해한 것을 찾을 수도 있다). 여러 가지 개인적 속성과 경험을 통계적으로 통제한 후, 두 집단을 구분해주는 주요한 과거의 경험은 아동기에 학대받은 직후부터 시작된 빅브라더(Big Brother)나 빅시스터(Big Sister) 기관 또는 그와 유사한 프로그램의 자원봉사자와 긍정적이고 보호적인 관계를 오랫동안 유지했는지의 여부였다. 이런 결과는 학대받은 아동을 위해 개입하는 실천가는 아동을 위해 그런 관계를 보장할 수 있는 모든 것을 해야 한다고 제안하고 있다.

사례통제 설계는 인기가 있음에도 불구하고 이 설계의 결과물로부터 추론 또는 일반화할 수 있는 것을 제한하는 문제들을 갖는다. 사례들과 유사한 결과나 과거 경험을 가진 모집단을 대표하는 정도를 약화하는 표본추출과정을 사용해 사례가 추출된다. 예를 들어, 어렸을 때 학대받은 경험이 있고 가해자가 된 성인들과 비가해자인 성인들을 찾기 위한 광고가 필요할 것이다. 이런 방법으로 모집된 사람들은 찾아내기 어렵거나 연구에 참여하길 거부한 사람들과는 상당히 다를 수 있다(14장에서 표본추출과정을 다루겠다).

또한 아동이 자원봉사자와 좋은 관계를 가졌던 것은 그 관계가 아동의 적응유연성에 영향을 주었기보다는 이미 존재했던 아동의 적응유연성 때문일 수도 있다. 다시 말해 적응유연성이 높은 아동이 좀 더 의욕적으로 성인 자원봉사자를 더 잘 활용하고 그들과 더 잘 연결되었을 것 같다.

이에 더해 아동기 경험에 대한 현재의 기억에 결함이 있을 수도 있다. 망각은 그들의 기억에 결함이 있게 하는 유일한 방법이다. 이를 다른 용어로 표현하면 **회상편향**(recall bias)이라고 한다. 가해자도 비가해자처럼 자원봉사자와 좋은 관계를 가졌지만, 이후 삶에서 일이 잘 풀리지 않았다는 인식 때문에 그 관계의 질과 중요성에 대한 그들의 현재 회상이 오염될 수도 있다. 마찬가지로 행복하고 성공적인 삶을 살아가고 있는 성인들은 부정적인 기억은 차단하면서 그들의 안녕을 행복한 아동기 기억의 덕분으로 생각하는 경향이 있다.

이상에서 서술한 내용은 사례통제 설계의 몇 가지 문제에 불과하다. 셰디시 Shadish 등(2001)은 이 설계의 많은 문제점을 열거하고 있다. 이런 문제에도 불구하고 사례통제 설계는 횡단설계처럼 개입효과에 관한 가설을 생성하기 위해 탐색적인 방법으로 사용될 수 있다. 만약 다변량 통계절차가 사용된다면, 사례통제 설계가 가정하는 설명의 개연성이 좀 더 지지될 수 있을 것이다. 결과적으로 사례통제 설계는 개입의 효과성을 검증하기 위해 좀 더 타당한 설계를 사용하는 연구를 위해 귀중한 기반을 제공할 수 있다. 주목할 만한 사례통제연구의 예가 '노숙의 위험요인으로서 불우한 아동기 경험에 관한 사례통제연구'라는 제목의 글상자에 요약되어 있다.

노숙의 위험요인으로서 불우한 아동기 경험에 관한 사례통제연구

컬럼비아 대학교의 다니엘 허먼 Daniel Herman 교수는 3명의 동료들과 함께 성인 노숙이 불우한 아동기 경험에 의해 부분적으로 설명될 수 있는지를 규명하기 위해 사례통제연구를 수행했다(Herman, Susser, Struening, & Link, 1997). 그들은 1,507명의 성인을 대상으로 1990년에 수행된 설문조사 자료를 분석했다. 그 다음 그들은 설문조사에 참여했던 응답자들 중 성인기에 노숙을 경험했다고 보고한 169명과 노숙 경험은 없지만 노숙의 위험요인(빈곤, 정신장애 등)을 가진 비교집단을 대상으로 면접을 실시했다.

사후면접에서 그들은 아동기에 제공받았던 부모양육의 질에 대한 응답자들의 회상을 측정하기 위해 고안된 척도를 사용했다. 연구자는 이 척도의 문항들에 대한 응답을 통해 응답자가 불우한 아동기 경험(양육결핍, 신체적 학대, 성적 학대, 양육결핍과 학대, 그 외 아동기 역경)을 회상할 수 있는지의 여부를 결정할 수 있었다.

그들의 초기 결과에 따르면 양육결핍과 신체적 학대는 노숙의 높은 가능성과 강한 상관관계를 보였다. 양육결핍과 신체적 학대 또는 성적 학대의 결합은 노숙의 높은 가능성과 더 강한 상관관계를 보였다.

그러나 이 연구를 특히 가치 있게 만들었던 것은 위의 결과를 소멸시킬 수도 있는 외생변수를 통제하기 위해 다변량 통계절차를 사용했다는 점이다. 연구자들은 이 절차를 사용해 응답자의 성, 연령, 인종, 현 거주지(도시 대 지방), 부모의 사회경제적 지위, 아동기 가족의 수급 여부, 현재 우울증 정도를 통제할 수 있었다. 이런 변수들을 통제하는 것은 중요했다. 예를 들면 빈곤가정에서의 성장은 성인이 된 후 노숙 가능성의 증가도 설명할 수 있으며, 불우한 아동기 경험을 설명할 수도 있다. 빈곤한 부모는 자녀를 잘 보호할 가능성이 낮다. 따라서 두 가지 속성, 불우한 양육과 성인 노숙은 빈곤으로 설명할 수 있기 때문에 두 변수 간의 관계는 허위관계가 될 수도 있다.

이 연구의 두드러진 장점은 응답자의 현재 정서적 안녕을 통제한 것이었다. 허먼과 그의 동료들은 일부 응답자들 사이에서 현재의 우울한 기분 때문에 그들이 아동기 경험의 불우한 측면을 더 많이 회상했다고 판단했다. 비슷한 이유로 현재 정서적으로 나은 상태에 있는 응답자들은 불우한 아동기 경험을 덜 회상할 수도 있다.

다변량 분석에서 이런 변수들을 모두 통제한 후 허먼과 그의 동료들은 초기 결과가 약간 변화했음을 발견했다. 양육결핍과 신체적 학대는 계속해서 노숙과 강한 상관관계를 보였고, 양육결핍과 신체적 학대의 결합도 그랬다. 그러나 양육결핍과 성적 학대의 결합은 더 이상 성인 노숙과 유의미한 상관관계를 보이지 않았다.

이 연구의 또 다른 특징은 저자들이 사례통제연구의 장점과 한계를 논의한 방식이다. 저자들이 연구의 장점을 드러내는 것은 매우 쉽고 실제로 많은 연구가 그렇게 한다. 그러나 저자들이 연구의 한계를 지적하는 일은 쉽지 않으며, 그렇게 한 것이 매우 인상적이었다. 허먼과 그의 동료들은 특히 노숙 경험이 길었던 사람들이 그들의 표본에서 과소 대표되었다는 점, 현재의 우울증 수준을 통제했음에도 노숙 경험이 있는 응답자들이 불우한 아동기 경험을 더 많이 회상하려는 성향 때문에 회상편향이 여전히 연구결과물의 타당성을 위협하는 요인이라는 점을 지적했다. 그러나 회상편향은 심지어 가장 잘 수행된 사례통제연구에서도 나타나는 문제다. 이 연구는 가장 우수한 사회복지 연구들 중 하나로 인정받을 만하다.

사회복지기관에서 실험과 유사실험을 수행할 때 접하게 되는 함정

앞의 예에서 볼 수 있듯이, 사회복지에서 타당하고 유용한 실험연구나 유사실험연구는 엄격한 연구설계를 개발하는 것 이상의 노력을 필요로 한다. 연구자의 통제가 가능한 실험실에서 수행되는 다른 분야의 실험과는 달리 사회복지 실험은 연구자가 아니라, 실험설계와 유사실험설계의 필요 요건을 이해하지 못하고, 심지어 연구설계의 요구사항을 훼손하려는 사람들이 통제하고 있는 기관 환경에서 수행되는 경향이 있다. 결과적으로 이런 종류의 연구를 하려면, 이 분야에서는 가장 잘 마련된 계획일수록 실패한다는 내용의 격언과 두 단어로 된 자동차 스티커 경고문구가 특히 적용 가능하다는 사실을 알게 되는 데 그리 오랜 시간이 걸리지 않는다. 이제 서비스 지향 기관들에서 실험과 유사실험을 수행하면서 흔히 접하게 되는 네 가지 실천적 함정을 살펴보자.

개입 성실성

개입 성실성(intervention fidelity)이라는 용어는 클라이언트에게 실제로 전달된 개입이 처음에 전달하고자 의도했던 방법으로 전달된 정도를 의미한다. 우리는 단계별 지침서에 써놓을 수 없는 사회복지 개입을 종종 평가한다. 대신에 각 클라이언트에 대해 능숙하고 창조적이고 독특한 방법으로 일반적인 지침을 실행하는 사회복지 실천가에게 의존한다. 그러나 어떤 실천가는 더 나은 판단을 할 수도 있다. 또 어떤 실천가들은 개입의 의도를 잘못 이해하거나 잘못 해석할 수도 있다. 이는 연구자가 평가하려고 생각하는 개입이 실험집단의 대상에게 의도했던 대로 실행되지 않거나, 실험집단 대상과 통제집단 대상이 받은 서비스가 의도했던 것보다 더 유사한 서비스가 될 수 있음을 의미한다. 개입(실험연구와 유사실험연구의 독립변수)이 의도했던 대로 실행되지 않을 수도 있는 이유로는 새로운 프로그램의 실행이 늦어지거나 시작하는 데 있어서의 문제, 새로운 개입에 경험이 없거나 훈련을 받지 않은 직원의 참여, 새로운 프로그램에서 초기의 높은 직원 이직률, 프로그램에 영향을 미치는 조직의 변화, 시간이 흐르면서 직원의 열의 상실과 연구조사 규정을 따르지 않는 기관의 슈퍼바이저가 제공하는 슈퍼비전 등이 있다.

개입 성실성을 평가하는 좋은 방법은 실천가들이 진행하는 회기들을 무작위로 선정해 녹화하는 것이다. 특정 개입의 전문가 2명에게 각각 녹화된 회기를 보고 그 개입이 수행된 정도를 평가하도록 요청한다. 전문가 2명의 평가결과 간의 상관관계를 계산한다. 만약 상관관계가 .80 정도로 높다면 평가자 간 신뢰도는 양호하다. 바라건대 평가자의 척도 점수도 개입 성실성이 적절했다고 제시할 것이다. 예를 들어 척도의 응답범주가 **수용불가**(1), **최소 수용**(2), **거의 수용**(3), **수용**(4), **매우 우수**(5)였다고 가정해 보자. 개입 성실성 평가 점수가 일관성 있게 4점(수용) 이상이었으나 주요 연구결과는 개입이 효과적이지 않았다고 한다면, 비평가가 주요 연구결과를 개입 성실성 부족의 탓으로 돌리기는 어려울 것이다.

그러나 녹화테이프를 평가하고 평가결과를 활용하기 위해 연구가 종결될 때까지 기다릴 필요는 없다. 만약 녹화테이프가 낮은 평가를 받았음을 연구 초기에 알게 된다면, 실천가들이 개입을 수행하는 방식을 개선하기 위한 단계를 취할 수 있다. 더 좋은 방법은 연구를 시작하기 전에 시험적으로 평가를 해보는 것이다. 만약 개입 성실성 문제가 있다면 문제를 수정하고 수용할 만한 평가를 얻을 때까지 연구개시를 늦추도록 한다. 그러나 이것은 시험평가를 했다고 해서 연구를 수행하는 동안 성실성을 평가하지 않아도 된다는 뜻은 아니다.

통제상황의 오염

실험집단이 의도했던 대로 개입을 받는다고 하더라도, 통제집단과 실험집단 구성원들의 상호작용으로 인해 통제상황이 오염될 수 있다. 예를 들어, 학교사회복지 개입에서 같은 학교의 일부 학생들을 조사대상인 새로운 개입을 받는 실험집단이나 일상적인 서비스를 받는 통제집단으로 할당한다고 가정해보자. 각 집단의 학생들은 학교에서 상호작용할 것이며, 따라서 실험집단 학생들이 개선되면 통제집단 학생들의 행위에 유익한 파급효과를 가질 수 있다. 만약 이런 일이 발생하면 두 집단은 결과의 측정(종속변수)에서 예측했던 것만큼 차이가 나지 않을 것이며, 따라서 새로운 개입이 차이를 나타내지 않았다는 잘못된 결론을 내릴 수 있다. 솔로몬Solomon과 폴슨Paulson(1995)은 통제집단의 오염은 실험집단과 통제집단의 클라이언트들이 기관에서 같은 대기실을 사용하는 경우에도 일어날 수 있다고 했다.

사례할당 규정에 대한 저항

실천가는 각 클라이언트에게 가장 잘 맞는 서비스가 무엇인지에 대한 자신의 전문적인 판단에 기초하기보다 연구의 요건에 기초해 사례를 개입조건에 할당해야만 한다는 데 분개할 수 있다. 실천가는 자신이 제공하고 있는 서비스가 효과적이라고 믿는 경향이 있으며, 결과적으로 그들은 이미 연구문제에 대한 답을 '알고' 있기 때문에 사례할당에 대한 연구규정을 열심히 지키지 않으려고 할 수 있다. 실천가들은 어떤 클라이언트에게 어떤 서비스가 가장 좋은지 이미 알고 있다고 믿기 때문에 클라이언트들이 생각하기에 마땅히 제공받아야만 하는 서비스를 그들이 제공받는다는 것을 확인하는 연구규정을 위반하려고 할 것이다(아마도 숨겨진 방식으로). 실천가들이 어떤 서비스가 어떤 클라이언트에게 가장 좋다는 것에 대해 확신하지 못하더라도, 실험집단이 새롭고 혁신적인 특성을 갖고 있기 때문에, 또는 실험집단이 통제집단보다 더 많은 서비스를 제공하기 때문에 가장 큰 욕구를 가진 클라이언트를 실험집단으로 할당하려는 압력을 느끼게 된다.

셰디시 등(2001)은 성공적이지 못한 사례할당 규정의 이행에 관해 다음과 같은 결과를 담고 있는 연구들을 검토했다. (1) 외부 연구자가 사례할당 결정을 통제할 때보다 기관의 직원들이 이를 이행할 때 덜 성공적이다. (2) 실천가는 사례할당 규정으로부터 일부 클라이언트를 면제하기 위한 길을 찾고, 그런 면제가 허용될 때 규정이 성공적으로 이행될 가능성이 줄어든다. (3) 한 사람보다 여러 명이 사례할당 규정을 통제할 때 성공적으로 이행될 가능성이 줄어든다. (4) 검토한 30개의 형사사법 실험에서 무작위 할당의 원칙이 암암리에 조직되었다.

셰디시와 그의 동료들은 위에서 언급한 사례할당 문제를 줄이기 위한 몇 가지 방법을 추천했다. 다음 내용은 그들의 추천에 기초하고 있으며, 사회복지평가와 관련이 깊다. (1) 사례할당 규정의 목적과 본질을 기관의 직원들에게 신중하게 설명한다. (2) 규정을 적절히 이행한 사람들에게 인센티브를 제공한다. (3) 기관에서 무작위 절차를 시험한다. (4) 사례할당 규정의 이행, 통제, 모니터링을 위한 절차를 조작적 용어로 명문화한다. (5) 한 사람이 사례할당 규정을 통제하게 하는데 그는 연구팀의 일원이어야 하고, 기관의 직원이어서는 안 된다. (6) 사례할당 목록 원본을 안전한 장소에 보관하고, 사본을 또 다른 안전한 장소에 보관한다. (7) 사례할당 목록 원본을 기관의 직원에 공개하지 않는다. (8) 사례할당과정을 논의하기 위해 기관의 직원과 회의를 한다. (9) 연구인력이 사례할당 규정의 이행을 지속적으로 모니터링하도록 한다. (10) 사례할당의 연구를 수행하는 동안 일지와 사례할당 규정의 위반사항을 보관한다.

클라이언트 모집과 유지

연구가 외부기관으로부터 클라이언트를 의뢰받아야만 할 때 연구에 참여할 충분한 수의 클라이언트를 모집하는 데 어려움을 겪을 수 있다. 이는 특히 문제시될 수 있는데, 의뢰하는 기관이 제공하는 서비스를 의뢰된 클라이언트들이 제공받는 것을 연구설계가 중단시킬 때 그렇다. 이는 기관이 다루지 않으려는 사례들을 기관이 '버리는' 결과를 초래할 수 있는데, 그 이유는 버려진 클라이언트들은 서비스를 거부하거나 서비스로부터 혜택을 받을 가능성이 낮을 것으로 보기 때문이다. 더욱이 의뢰하는 기관이 직접 제공하는 서비스의 양에 기초해 상환이 이루어지는 경우, 클라이언트를 의뢰하는 것이 의뢰하는 기관의 상환에 나쁜 영향을 끼칠 수 있기 때문에 기관들은 어떤 클라이언트도 의뢰하기를 꺼려할 수도 있다. 또한 의뢰하는 기관들은 자신들이 의뢰한 클라이언트들이 통제집단에 할당된다는 것을 이해하지 못하며, 심지어 이에 대해 분개할 수도 있고, 특히 할당의 의미가 통제집단 클라이언트들을 의뢰기관으로 다시 되돌린다는 것이라면 더욱 그렇다.

더욱이 클라이언트를 모집하고 유지하는 어려움은 클라이언트 자신이 사례할당과정과 측정요건에 대해 반응을 보이면서 생겨날 수 있다. 클라이언트는 자신들이 받게 되는 서비스가 무작위로 결정된다는 것에 분개할 수 있고, 따라서 참여하지 않기로 결정할 수 있다. 어떤 클라이언트는 참여하기로 동의하지만 자신이 새롭고 혁신적인 실험집단에 할당되지 않았다는 사실을 알고 난 후에 마음을 바꿀 수도 있다. 또 다른 클라이언트는 통제집단이나 비교집단에서 탈락하는 데 더 오래 걸릴 수 있다. 예를 들어, 사전검사를 작성하는 불편함을 겪은 후 사후검사에 참여하기를 거부할 수 있을 것이다(유지와 관련된 문제는 11장에서 논의했던 상실의 문제와 동일하다).

충분한 수의 클라이언트를 모집하지 못하는 것은 연구를 진행할 기관의 직원들이 지나치게 낙관적으로 추정하거나 약속한 탓일 수도 있다. 이전에 실험 또는 유사실험을 실행해본 적이 없는 기관일 경우, 그런 추정과 약속에 의존하는 것은 특히 위험하다. 예를 들어, 아동보호센터의 직원이 센터의 치료사들이 제공하는 1년 기간의 새로운 개입의 효과성 평가실험에 100명 이상의 클라이언트를 제공할 수 있다고 추정했다고 가정해보자. 연구를 개시한 지 일 년 동안 20명도 안 되는 클라이언트만을 제공해 연구기간을 3년으로 늘렸음에도 불구하고 단지 39명만을 확보했다(Rubin et al., 2001).

이전에 연구의 대상기관이 되어본 적이 없는 기관에서 실험 또는 유사실험을 수행할 계획이라면, 특정 기간에 기관이 제공할 수 있는 참여자 수에 대한 직원의 추정을 믿어서는 안 된다. 최소한 연구의 자격요건을 충족시키고 연구에 참여하기로 동의한 참여자들을 기관이 정말로 제공할 수 있다는 증거를 반드시 확인해야 한다. 만약 기관이 이전 경험이나 기존 자료에 기초한 증거를 확보할 수 없다면, 짧은 기간에 제공된 참여자 수가 연구를 위해 계획된 참여율과 일치하는지를 보기 위해 그 기관에서 연구를 시작하기 전에 간단한 시험조사를 실시해야 한다. 예를 들어 기관이 1년 동안 100명의 참여자를 제공할 수 있다고 추정했으나 한 달간의 시험조사 기간에 단지 3명만 제공했다면, 연구를 수행하기 전에 충분한 수의 참여자를 확보하기 위한 계획을 수정해야 한다.

위에서 얘기한 것들은 실험조사나 유사실험조사를 실행하려고 할 때 만나게 될 가능성이 있는 함정들 중 일부일 뿐이다. 모든 혼란의 가능성을 열거한다면 끝이 없는 것처럼 보인다. 여기서 요점은 두 가지다. (1) 이런 함정을 만날 준비를 하라. (2) 이런 함정이 연구를 망치기 전에 이를 예방하고, 발견하고, 처리하기 위한 메커니즘을 설계에 만들어라.

실천상의 함정을 피하거나 완화하기 위한 메커니즘

솔로몬 Solomon과 폴슨 Paulson(1995)은 앞에서 논의했던 함정들을 피하거나 완화하도록 도울 수 있는 몇 가지 메커니즘을 추천한다. 중요한 제안 중의 하나는 기관의 직원들이 연구를 설계하는 데 참여하게 하고 처음부터 그들의 지원을 얻는 것이다. 그러나 연구에 대한 직원들의 저항 가능성과 정도를 줄이는 데 도움이 될 수는 있겠지만, 그들의 저항을 완전히 없앤다고 보장하지는 않을 것이다. 기관 직원들이 일상의 실천 문제에 부딪히면서까지 연구규정을 지지할 것이라고 가정하지 말아야 한다. 대신에 연구자는 몇 명의 연구조사 직원들이 현장에 있으면서 전체 프로젝트 기간 동안 프로그램 직원들과 상호작용하고, 프로그램 직원들이 연구조사의 규정을 준수하고 있는지, 의도했던 대로 실험상황과 통제상황을 실행하고 있는지를 감독하는 메커니즘을 만들어야 한다.

또 다른 제안은 실험조건과 통제조건을 별도의 건물이나 기관에 배치함으로써 통제조건의 오염을 피하도록 노력하는 것이다. 또는 실험개입과 통제개입의 요소와 단계를 매우 분명하게, 매우 구체적으로 정의하고 있는 개입지침서를 개발해서 개입 성실성을 향상시킨다. 초기 코호트(cohort)가 충분히 크고 손상되지 않은 채 남아 있을 것이라고 추정하기보다 연구기간 내내 지속적인 클라이언트 모집계획을 세워서 클라이언트 모집과 유지의 문제를 예상하고 완화할 수도 있다. 상실에 관한 절에서 논의했듯이, 클라이언트의 모집과 유지는 클라이언트들에게 참여에 대해, 특히 사전검사와 사후검사에서 클라이언트들이 투자한 시간과 노력에 대해 보상을 함으로써 강화될 수 있다.

연구를 수행하기 전에 시험연구를 하는 것도 좋은 생각이다. 앞에서 연구참여자의 수에 관한 기관의 추정이 정확한지 보기 위해 간단한 시험조사를 수행할 것을 언급했다. 또한 시험연구는 추가적인 문제를 찾아내는 데 유용하다. 개입 성실성을 가졌는가? 개입의 모방이 통제조건에서 발생하는가? 조사도구가 사용되고 완성되는 방식에 예기치 못한 문제들이 있는가? 처음엔 사례들을 실험집단과 통제집단으로 할당하는 규정에 동의했던 직원들이(아마도 그들이 규정과 규정이 갖는 의미를 이해하지 못했기 때문이거나, 그들이 많은 관심을 기울이지 않고 동의하는 듯이 보이길 원했기 때문에) 통제집단에 할당된 클라이언트들도 새로운 개입을 마땅히 제공받아야 한다고 생각하면서, 규정에 반대하고 규정을 훼손하기 시작하는가?

시험연구를 수행하는 또 다른 좋은 이유는 실험 또는

유사실험을 위한 연구비를 따내기 위한 신청서를 제출할 때 시험연구를 성공적으로 완성했음을 보여줌으로써 연구를 훼손할 가능성이 있는 함정을 찾아내고 해결했다는 것을 자금제공자에게 확신시켜줄 수 있기 때문이다. 앞에서 서술한 모든 이유에 비춰볼 때, 시험연구를 실행하는 것은 단지 좋은 생각일 뿐만이 아니라 필수적이다!

실천상의 함정을 피하거나 완화하기 위한 질적 기법

실천상의 함정을 찾아내고 완화하기 위해서는 질적 연구에서 흔히 사용되는 기법이 사용될 수 있는데, 이는 양적 조사연구의 중요한 부분으로 다룰 수 있는 부분이다. 이 책 전반에 걸쳐 질적 방법을 언급해왔고, 17~19장에 서 더 자세히 다룰 것이다. 질적 방법은 현장의 연구원들이 연구 수행상의 함정을 관찰하려고 할 때 사용할 수 있는 다양한 기법을 제공한다.

예를 들어 연구원들은 연구에서의 준수 문제를 밝히기 위해 또는 개입을 실행하는 방법을 알아내기 위해 기관의 직원들과 공식적·비공식적 상호작용을 할 수 있다. 연구원들은 개입 성실성을 평가하기 위해 비디오테이프나 실천가의 활동일지를 사용할 수 있다. 또한 그들은 실천가들을 따라다니며 이행 문제를 찾을 수 있다. 그들은 의도한 개입과 기관의 상사들이 규정한 것 사이의 불일치를 밝혀내기 위해 연수나 집단지도에 참여할 수도 있다. '실험연구 또는 유사실험연구를 위한 질적 방법'이라는 제목의 글상자는 양적 조사연구를 수행하면서 접하게 되는 많은 실천상의 함정을 피하거나 완화하는 데 유용하게 쓸 수 있는 질적 연구에서의 방법을 요약하고 있다.

이 장을 마치기 전에 사회복지 세팅에서 잘 통제된 실험 또는 유사실험을 성공적으로 수행해내는 일이 얼마나 어려운지 느끼길 바란다. 실험 또는 유사실험을 신중하게 계획하고 잘 수행하기 위해서는 실질적인 자원을 확보해야 한다. 그렇지 않으면 앞에서 논의한 실천상의 함정이 서류상으론 내적 타당도에 결점이 없어 보이는 신중하게 구성된 설계를 망칠 가능성이 있다. 그러나 잘 짜인 계획조차도 예측하기 불가능한 실천상의 장애물을 만난다. 이런 장애물로 인해 사회복지기관에서의 실험 또는 유사실험은 항상 결점이 있다. 증거기반 실천연구 계층의 정상에 위치한 가장 좋은 연구도 완벽하지 않다. 증거기반 실천가로서 결점 없는 연구만을 찾거나, 그런 연구에 의해 지배되어야 한다고 느낄 필요는 없다. 그런 연구는 존재하지 않는다. 만약 당신이 연구가 실천을 인도하기 전에 연구는 결점이 없어야 한다고 요구한다면, 당신을 인도할 어떤 근거도 찾지 못한 채 끝나버릴 것이다. 중요한 도전은 가장 좋은 근거를 제공하는 불완전한 연구들을 알아내고, 그런 연구들에 의해 인도될 수 있으며 결점이 심각하지만 치명적이지 않은 연구들을 알아내고, 아마도 그런 연구들에 의해 인도되고 완벽하지 않은 연구와 터무니없고 치명적인 결함으로 인해 내적 타당도와 인과적 추론의 관점에서 결과물을 사실상 가치 없게 만든 연구를 구별해내는 것이다.

실험연구 또는 유사실험연구를 위한 질적 방법

주로 실험 또는 유사실험이라는 양적 결과로 알려진 연구조사자들이 수행한 대부분의 양적 연구에는 질적 방법에 의존하는 요소가 존재한다고 얘기하는 것을 심심찮게 듣는다. 여기서는 몇 가지 중요한 질적 방법을 열거하고, 그것이 실험연구와 유사실험연구에서 할 수 있는 중요한 기능을 열거할 것이다. 독자들은 17장과 18장에서 질적 방법에 관한 더 많은 것을 읽게 될 것이다. 이 글은 필리스 솔로몬(펜실베이니아 대학교의 사회복지학과)과 로버트 폴슨(포틀랜드 주립대학교 사회복지대학)이 1995년 4월 11일 워싱턴 D.C.에서 열린 첫 번째 전국 사회복지와 연구조사회 연례학회에서 발표한 원고에 기반하고 있다. 그들의 발표는 '무작위 인간 서비스 실험의 설계와 시행에서 문제점'이라는 제목이었다.

질적 기법	실험과 유사실험연구에서의 기능
민족지학적 미행(실천가들의 일상활동에서 실천가들을 따라다니고 관찰)	• 실천가들이 그 개입을 실제로 어떻게 실행하는지 배운다. • 개입과 연구규정의 다른 측면이 의도했던 대로 실행되고 있는지 배운다.
훈련 또는 집단 슈퍼비전 동안 참여관찰	• 의도했던 개입과 기관의 훈련자나 슈퍼바이저가 실제로 시행하는 것 간의 차이를 확인한다.
기관의 직원회의 동안 참여관찰	• 기관 직원이 연구규정을 준수하는지를 결정하고 준수하는 데 따르는 어려움을 확인한다.
기관의 직원과 비공식적 대화면접	• 연구조사 규정에 대한 순응 문제를 확인한다. • 직원들이 실제로 어떻게 개입을 실행하는지 배운다.
실천가와 클라이언트의 만남을 비디오테이프 또는 오디오테이프로 녹음	• 개입의 성실성을 사정한다. (개입을 의도했던 것처럼 능숙한 방법으로 실행하고 있는가?)
실천가의 활동일지	• 개입의 성실성을 사정한다. • 적절한 양과 유형의 서비스가 의도했던 클라이언트들에게 전달되고 있는가?
사건일지	• 연구조사의 규정에 계속적으로 순응하는 것을 막을 주요 조직과 체계의 변화를 확인한다.
초점집단	• 연구조사 설계와 개입을 실행하는 과정을 서술하고, 실행상의 문제를 확인한다. • 기대하지 않았던 혼란스러운 결과에 대해 가능성 있는 설명을 발전시킨다.
눈덩이 표본추출	• 취약하거나 찾기 어려운 대상모집단으로부터 연구대상을 모집한다.
서비스를 거부하는 클라이언트나 너무 일찍 서비스를 종결하는 클라이언트와의 반구조화된 개방형 면접(면접지침을 이용하는)	• 클라이언트들이 왜 참여하지 않으려고 하는지, 왜 중도 탈락했는지 밝혀서 클라이언트의 모집과 유지를 개선하기 위한 방법을 찾아낸다.
기관의 서류와 서비스 전달지침서의 내용분석	• 연구설계를 발전시키는 데 있어 계획할 필요가 있는 가능성을 가진 실천상의 함정을 확인한다. • 평가되고 있는 서비스에 대해 특성을 발전시킨다. • 적절한 양과 유형의 서비스를 의도했던 클라이언트들에게 전달했는가?
자료분석 후 실천가 또는 실천가의 클라이언트와 반구조화된 개방형 면접	• 예상하지 못한 혼란스러운 결과에 대해 가능성 있는 설명을 발전시킨다.

주요 내용

- 실험집단과 통제집단으로 무작위 할당하는 것이 불가능할 때 비동일 비교집단 설계가 사용될 수 있으며, 이 설계에서는 실험집단이 그와 유사한 기존 집단과 비교된다.
- 비동일 비교집단 설계의 내적 타당도를 강화하기 위한 방법에는 실험집단과 유사한 비교집단의 선택, 복수 사전검사 실시, 재현 변경이 포함된다.
- 시계열 설계는 비동일 비교집단 설계의 대안으로 사용될 수 있다.
- 시계열 설계는 개입의 도입 전과 후에 반복적 측정을 함으로써 내적 타당도를 확보한다.
- 횡단연구는 특정 시점에서 이루어지는 관찰에 기초하는 연구다.
- 사례통제 설계는 대조적인 결과를 가진 사례들을 비교한 다음, 결과의 차이를 설명해줄 수 있는 이전 차이에 관한 후향적 자료를 수집한다.
- 사례통제 설계의 흔한 제한점은 회상편향이다. 이는 과거 경험의 질과 가치에 대한 한 개인의 현재 회상이 이후 삶에서 일이 잘 풀리지 않았다는 인식으로 인해 오염될 때 발생한다.
- 비록 횡단연구와 사례통제연구가 모든 내적 타당도 저해요인을 통제하지는 못할지라도 다변량 통계로 통제함으로써 발견된 관계가 본질적으로 설명적이라는 생각의 개연성을 강화할 수 있다.
- 서비스 지향의 기관에서 실험이나 유사실험을 실행하려고 할 때 많은 실천적인 함정을 만나게 될 가능성이 높다. 이런 함정은 평가받는 개입의 성실성을 손상시키며, 통제조건이나 사례할당 규정을 오염시키고, 클라이언트의 모집과 유지를 방해할 수도 있다.
- 실천적 함정을 탐지하고 경감하는 또 다른 방법은 실험하기 전에 시험연구를 하는 것이다.
- 개입 성실성을 평가하는 좋은 방법은 실천가들이 진행하는 회기들을 무작위로 선정해 녹화하는 것이다. 특정 개입의 전문가 2명이 각각 녹화된 회기를 보고 그 개입이 수행된 정도를 평가하도록 요청한다. 전문가 2명의 평가결과 간 상관관계를 계산한다.
- 실험의 일부분으로 다양한 질적 연구방법을 포함시키면, 위에서 언급한 문제들을 탐지하고 완화하는 데 도움이 된다.

연습문제

1. 아동을 학대할 위험성이 높은 부모를 위한 교육 프로그램의 효과성을 평가하기 위한 비동일 비교집단 설계의 개요를 서술하라. 선정편향의 위협이 적다는 것을 당신 연구에 관심을 가진 사람들에게 확신시키기 위해 할 수 있는 것은 무엇인가? 종속변수와 그 측정방법을 개요에 포함시켜라.
2. 위의 연구를 실행하면서 실천적 함정을 피하거나 줄이기 위해 할 수 있는 여섯 가지를 밝혀보라.
3. 복지수혜자를 위한 직업훈련 프로그램의 효과성을 평가하기 위한 다중시계열 설계의 개요를 서술하라. 설계가 우연한 사건, 시간의 경과, 통계적 회귀, 선정편향을 적절히 통제하는 방법을 제시하라.
4. 십대 청소년의 가출을 예방하는 데 가장 효과적인 개입에 관한 가설을 세우기 위한 사례통제 설계의 개요를 서술하라. 통제해야 할 가장 중요한 배경변수는 무엇인가? 연구결과가 탐색적이라는 이유를 설명해주는 통제되지 않은 타당도 위협요인 세 가지를 밝히고 설명하라.

인터넷 연습문제

1. 사회복지 개입의 효과성을 평가하기 위해 비동일 비교집단 설계를 사용한 연구를 찾아보라. 연구는 선정편향을 얼마나 잘 통제했는가?
2. 사회복지 개입의 효과성을 평가하기 위해 단순 또는 다중시계열 설계를 사용한 연구를 찾아보라. 연구는

우연한 사건, 성숙 또는 시간의 경과, 통계적 회귀, 선정편향을 얼마나 잘 통제했는가?

3. 어떤 문제에 효과적인 사회복지 개입에 관한 가설을 검증하거나 만들기 위해 사례통제 설계를 사용한 연구를 찾아라. 이 장에서 배운 내용에 기초해서 연구결론의 적절성을 비판적으로 평가해보라. 당신의 평가에 그 연구의 장단점을 포함하라. 연구의 한계에도 불구하고 그 연구는 가치 있는지를 설명하라.
4. 횡단설계를 사용한 연구를 찾고 이 장에서 배운 내용에 기초해서 연구결론의 적절성을 비판적으로 평가해보라. 당신의 평가에 그 연구의 장단점을 포함하라. 연구의 한계에도 불구하고 그 연구는 가치 있는지를 설명하라.

추천도서

Alexander, L. B., & Solomon P. (Eds.). (2006). *The Research Process in the Human Services: Behind the Scene*. Belmont, CA: Thompson Brooks/Cole. 앞의 장들에서 이 책을 추천했다. 이 책의 첫 5개 장은 잘 설계된 실험과 유사실험을 기관에서 실행하려는 연구자들이 직면하게 되는 실제 장애물을 서술하고 있어 이 장과 관련이 있다. 각 장은 연구자들이 연구를 수행하면서 접했던 장애물과 연구계획을 수정한 방법에 관한 연구자 논평을 담고 있다.

활용 노트

EP 2.1.6b

EP 2.1.6b: 실천에 유용한 연구증거 활용하기: 사회복지사가 이 장에 소개된 모든 개념을 이해한다면, 성과를 비판적으로 평가하고 자신의 실천을 위해 가장 유용한 성과를 판단할 수 있다.

EP 2.1.10m

EP 2.1.10m: 개입을 비판적으로 분석하고, 모니터링하고, 평가하기: 사회복지사는 타당하고 유능한 방식으로 개입을 평가하기 위해, 이 장에 소개된 모든 개념을 이해해야 한다.

CHAPTER 13

단일사례 평가설계

Single-Case Evaluation Designs

- 서론
- 단일사례 평가설계 논리의 개관
- 사회복지에서 단일사례 평가설계
- 증거기반 실천의 일부로서 단일사례 평가설계의 활용
- 측정의 쟁점
  - 표적 문제와 목표의 조작적 정의
  - 측정대상
  - 다원측정
- 자료수집
  - 누가 측정을 해야 하는가?
  - 자료의 원천
  - 신뢰도와 타당도
  - 직접 행동관찰
  - 비관여적 관찰 대 관여적 관찰
  - 자료의 수량화과정
  - 기초선 단계
- 단일사례 설계의 유형
  - AB: 기본 단일사례 설계
  - ABAB: 중지/반전 설계
  - 다중기초선 설계
  - 다중요소 설계
- 자료분석
  - 모호한 결과의 해석
  - 단일사례 조사연구 결과의 종합
- B와 B+ 설계
- 단일사례 평가에서 질적 연구방법의 역할
- 주요 내용
- 연습문제
- 인터넷 연습문제
- 추천도서

이 장의 학습내용

이 장에서는 사회복지사가 자신의 효과성과 특정 개입의 효과성을 평가하기 위해 개별 클라이언트나 클라이언트 체계를 대상으로 시계열 설계의 논리를 사용하는 방법을 살펴본다. 이 설계는 특히 근거기반 실천의 마지막 단계에서 적용할 수 있다.

서론

11장에서 연구대상을 통제집단으로 배정할 수 없을 때 집단에 대한 프로그램이나 개입의 영향을 평가하기 위해 시계열 설계를 사용할 수 있음을 살펴봤다. 종속변수(변화시키고자 하는 서비스, 정책목표, 표적 문제)를 반복해서 측정함으로써 치료받는 집단이 스스로 통제집단의 기능을 할 수 있다. 반복측정으로 표적 문제에서 나타나는 일관된 경향을 발견하고자 한다. 일관된 경향에서 크게 이탈하는 현상을 통해 서비스나 개입을 도입하거나 중지하는 때와 일치하면, 서비스 또는 개입(독립변수)의 변화가 종속변수의 변화를 야기했다는 가설의 가능성을 지지할 수 있다.

여기서 주요 개념은 다중 측정점과 의외의 일치다. 측정 횟수가 많고 측정에서 확인된 경향이 안정될수록 표적 문제의 어떤 변화가 독립변수의 변화에 기인한 것인지, 또는 성숙, 우연한 사건, 통계적 회귀 등 다른 대립적인 원인에 기인한 것인지의 여부를 추론하기가 더 쉽다. 즉, 여러 번 반복적으로 측정해 안정된 경향을 발견하면 종속변수가 정확하게 어디에서 변하는지, 그 시점이 독립변수의 변화와 일치하는지 여부를 연구자가 지적할 수 있도록 만들어서 통제집단을 이용할 수 없는 평가의 내적 타당도를 높인다. 종속변수가 독립변수가 도입되거나 중지된 후에만 종속변수가 일관성 있게 변화하는 정도에 따라(다른 시기에는 변화하지 않고), 성숙 또는 우연한 사건과 같은 대립되는 설명의 가능성을 낮게 만드는 우연의 일치 유형이 만들어진다.

단일사례 평가설계 논리의 개관

단일사례 평가설계(single-case evaluation design)는 시계열 설계의 논리를 개별 사례나 체계에 대한 개입 또는 정책 변화의 영향을 평가하는 데 적용하고 있다. 이 설계는 표적 문제의 결과를 나타내는 특정한 지수로 클라이언트의 체계를 반복해 측정한다. 특정한 개입을 도입하기 전에 표적 문제의 경향을 반복 측정하고, 표적 문제가 개선되는 지속적인 유형이 개입이 시작된 후에 곧 시작되는지 보기 위해 개입이 도입된 후 반복적 측정을 계속한다.

개입이 도입되기 전에 반복적으로 측정하는 단계를 기초선이라고 한다. **기초선**(baseline)은 통제 단계다. 즉, 집단실험에서 통제집단과 같은 기능을 수행한다. 기초선(통제) 단계에서 수집된 자료 유형은 개입(실험) 단계 동안에 수집된 자료 유형과 비교한다. 개입이 효과적이라고 추론하기 위해, 즉 종속변수가 개입에 기인해 개선되었다고 할 수 있으며 우연한 사건이나 성숙 같은 대립설명에 기인하지 않았다고 추론하기 위해 기초선과 개입 단계 사이의 변화와 일치하는 자료의 경향이나 유형의 변화를 찾는다.

예를 들어 그림 13-1의 도표를 보자. 기초선에서 표적 문제에 어떤 지속적인 변화도 없는 일관된 유형에서 개입 단계가 시작한 후 개입 단계 내내 표적 문제가 지속적으로 개선되는 경향으로의 변화를 보여준다. 개입이 아닌 다른 것이 변화를 야기했을 수도 있다. 그러나 여러 번 반복적으로 측정을 시행했고, 개입을 시작하고 난 후를 제외한 다른 시점에서는 자료 유형에 어떤 눈에 띄는 변화가 없다면 상당한 우연의 일치가 될 것이다.

이제 비교를 위해 그림 13-2의 도표를 보자. 여기서 그

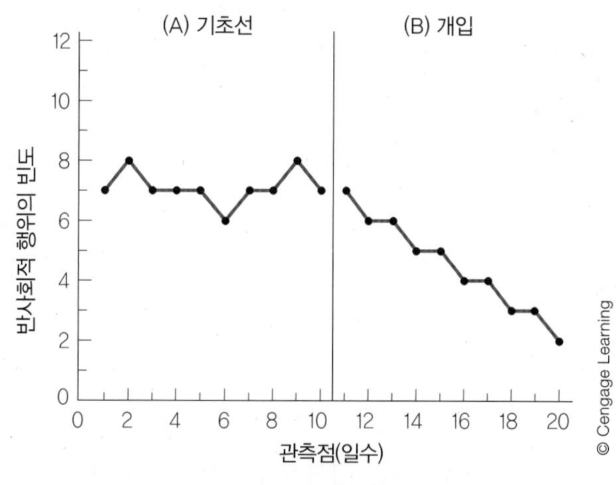

그림 13-1 개입의 효과성을 지지하는 가설적인 단일사례 설계의 결과를 나타낸 도표(기본적인 AB 설계)

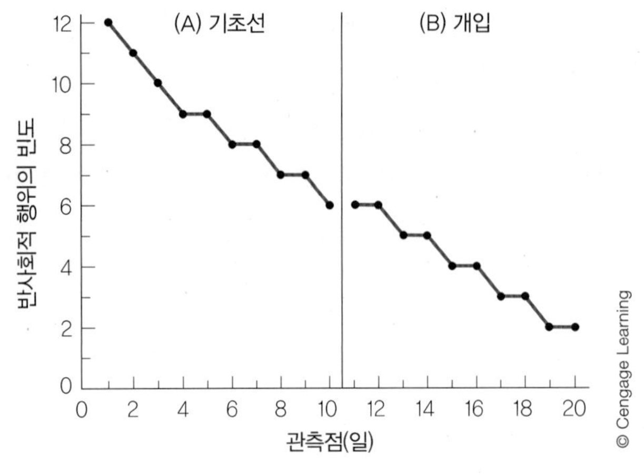

그림 13-2 개입의 효과성을 지지하지 않는 가설적인 단일사례 설계의 결과를 나타내는 도표(기본적인 AB 설계)

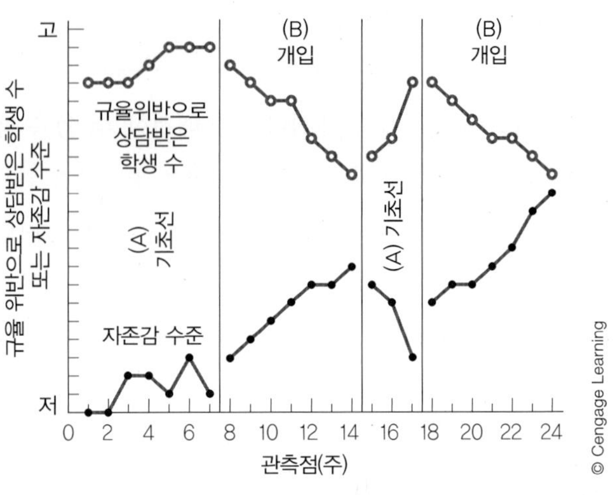

그림 13-3 개입의 효과성을 지지하는 가설적인 단일사례 설계의 결과를 나타낸 도표(기본적인 ABAB 설계)

림 13-1과 거의 동일한 개입자료를 볼 수 있다. 그러나 이 자료에서는 표적 문제가 개입기간에 계속 개선되었던 것과 동일한 비율로 기초선에서 이미 개선되고 있었다는 경향을 보여준다. 여기서는 성숙이나 단순한 시간 경과 같은 개입을 제외한 다른 요인이 개선을 야기했을 것으로 결론을 내리게 될 것이다. 이 예는 기초선과 개입 단계 기간에 반복적으로 측정하면 치료가 시작하기 전에 벌어지고 있던 과정이라고 할 수 있는 내적 타당도에 대한 위협을 통제할 수 있게 해준다는 것을 예시한다. 각 단계에서 반복적으로 측정하지 않는다면, 즉 개입 전과 후에 각 한 번씩만 측정한다면 계속 진행되는 과정(예를 들면 성숙, 반응성, 평균을 향한 회귀)을 발견할 방법이 없기 때문에 실험집단과 통제집단을 필요로 하게 될 것이다.

그러나 우연한 사건에 대해서는 어떤가? 그림 13-1의 예시에서 실제로 상당한 우연의 일치가 발생했을 수 있다. 개입을 시작했을 시점에서 정확히 클라이언트의 사회환경에 극적이면서 도움이 되는 변화가 일어났을 수도 있다. 그림 13-1과 같은 결과에서 우연한 사건을 배제할 수는 없다. 그러나 두 관측점(개입 전과 후에 하나씩)만이 있고, 두 자료의 관측점이 일반적으로 장기간 떨어져 있는 단순 사전사후검사 집단설계에서보다, 이 결과에서 우연한 사건의 가능성이 얼마나 낮은지에 주목하라. 단일사례 설계에서는 안정된 패턴의 개선이 시작한 날이나 주를 정확하게 나타낼 수 있으며, 우연한 사건이 가능한 설명으로 보이는지에 대한 판단을 하기 위해, 그 시점에서 (개입의 시작 외에) 어떤 중요한 사건이나 변화가 발생했는지를 클라이언트와 상의할 수 있다.

단일사례 설계는 기초선 단계와 개입 단계를 둘 이상 설정해 우연한 사건에 대한 통제를 증대시킬 수 있다. 앞으로 그 방법을 세밀하게 검토할 것이다. 현재로는 다음의 예시를 살펴보자. 학교 사회복지사가 학업중단의 위험이 높은 문제 청소년의 자존감과 사회적 기능을 향상시키기 위해 그 학생이 규율위반을 감독하는 한편, 표준화된 자존감 척도 조사를 매주 시행한다고 가정해보자. 더 나아가 그 학생이 장기간의 치료에 의존하지 않고 계속 개선할 수 있는지 여부를 보기 위해 2~3주 동안 개입 단계를 중단하기로 결정했다고 가정하자. 그 학생을 반복적으로 측정해 그림 13-3의 자료 유형과 유사한 결과가 나왔다면, 우연한 사건이 아니라 개입에 의해 그 학생의 기능이 향상된 것이라고 사회복지사가 추론을 할 수 있는 정당한 근거가 될 것이다. 자료 유형의 변화 또는 경향이 개입을 도입 또는 중단한 시기와 세 번 연속 일치해 발생했으며, 다른 시기에서는 전혀 일치하지 않았기 때문에 위의 추론은 정당하다. 이 같은 많은 연속적인 경향의 변화가 있는 경우, 다른 사건이 표적 문제를 바람직하게 변화시키거나, 우연히도 그 사건이 독립변수의 변화와 일치하게 되는 확률은 극히 낮아진다. 따라서 우연한 사건의 가설은 무리한 가설이 된다.

사회복지에서 단일사례 평가설계

앞에서 제시한 시계열 분석의 논리를 개별 사례의 결과평가에 적용할 경우, 이때의 연구설계는 **단일사례 설계**(single-subject design), **단일케이스 설계**(single-case design), 또는 **단일체계 설계**(single-system design)라고 할 수 있다. 뒤의 두 용어는 클라이언트 체계가 반드시 개인적 사례일 필요가 없으며, 가족이나 지역사회 등일 수도 있음을 강조하고자 하는 사람들이 선호한다. 사회복지에서는 **단일케이스 설계**라는 용어를 좀 더 많이 사용한다. 이 설계를 무엇이라고 부르든, 표본의 크기가 1이라는 특징을 지닌다. 분석단위가 개인, 가족, 지역사회, 또는 조직이든 표본추출 요소의 수는 1이다. 결과적으로 이 설계의 주요한 한계는 외적 타당도가 의심스럽다는 것이다. 15장에서 크기가 적절하지 않거나 선정과정이 적절하지 않은 표본의 결과를 일반화하는 것은 믿을 수 없다고 논의될 것이다. 그러면 단 하나의 요소만을 포함하는 표본추출을 생각하는 것은 무엇인가? 일부 연구자는 이 설계를 일반화될 수 없는 독특한 사례연구 이상으로 여기지 않고 있긴 하지만, 사회복지에서는 하나의 사례가 갖는 유용도가 중요할 수 있다.

표본의 크기가 작다고 단일사례 설계를 무시하는 사람들은 이 설계가 금세기 초 동물의 행동에 대한 실험실 연구와 더불어 시작되어 행동연구의 역사에 기여해온 중요한 역할을 간과하는 것이 된다. 예를 들어, 학습이론의 발달에서 단일사례로서 파블로프 Pavlov의 개에 대한 실험의 중요성을 누가 무시하겠는가? 인간의 행동에 대한 연구에서도 단일사례 설계는 행동수정 연구가 싹트던 시기인 1960년대에 번창하기 시작했다.

궁극적으로 행동수정 연구뿐만 아니라 사회복지 서비스 개입을 평가하는 데도 단일사례 설계를 사용할 수 있다는 인식이 증가했다. 이 개입을 위해 표적 문제를 여러 번 반복적으로 측정하는 데 도움이 되도록 조작적으로 정의할 수 있었다. 1970년대 말에 이르러 사회복지 연구자와 교육자 중에서 점점 더 많은 사람이 조사와 실천을 통합하고, 실천지향의 연구를 증가시키며, 궁극적으로 사회복지 실천의 경험적 기반을 발전시키기 위한 한 방안으로 단일사례 설계를 더욱 강조해야 한다고 주장했다. 오늘날 단일사례 설계평가는 실천가가 증거기반 실천과정(2장에서 논의했듯이)의 마지막 단계(실천가가 클라이언트에게 제공한 개입이 클라이언트의 치료목표 달성을 원조하는 데 효과적이었는지를 사정하는 단계)를 가장 엄격하게 수행하는 방법으로 인식되고 있다.

앞에서 논의했듯이 중요한 과학적 진보의 성취를 위해 가설입증을 위한 대규모 연구가 반드시 요구되는 것은 아니다. 새로운 통찰력을 발견하고 후에 대규모의 확률표본을 이용한 좀 더 철저하게 통제된 연구에서 일반화 가능성을 검증할 수 있는 가설과 이론을 만들어내려는 노력으로서, 소규모의 표본으로 비교적 유연한 방법을 사용하는 탐색적 연구 또한 중요한 기여를 할 수 있다.

단일사례 실험은 하나의 독특한 맥락에서 효과가 있을 것으로 보이며, 후속연구에서 일반화 가능성에 대해 검증할 수 있는 개입을 상당히 높은 내적 타당도를 가지고 파악할 수 있게 한다. 후속연구는 통제집단을 활용하는 대규모 실험이 될 수도 있고, 다른 맥락에서 원래의 단일사례 실험을 유사하게 재현하고자 시도하는 또 다른 단일사례 실험이 될 수도 있다. 예를 들어, 노인복지 사회복지사가 자신이 수행한 단일사례 설계의 결과에 기초해 장기보호시설에 있는 특정한 클라이언트의 생활사 회고가 눈에 띄게 클라이언트의 사기를 진작시키고 우울증을 감소시킨다는 사실을 발견했다고 가정해보자. 유사한 시설에서 유사한 클라이언트를 다루는 노인복지 사회복지사가 그 개입을 재현해 연구하고자 시도할 수 있을 것이다. 사회복지사들이 결과를 재현할 수 있는 정도에 따라 결과를 일반화할 가능성을 지지하는 증거가 축적된다.

이는 궁극적으로 통제집단을 사용하는 대규모 실험을 할 수 있는데, 필요한 폭넓은 지지를 확보하기에 충분한 증거가 되게 할 수 있다. 그러나 대규모 통제집단 실험을 전혀 수행하지 않더라도 단일사례의 증거를 축적하게 되면 검증된 개입을 계속 전달하기 위한 과학적 기반을 확대하게 된다.

단일사례 실험의 결과를 축적하면 특정한 개입의 과학적 기반 또는 특정한 실천가의 효과성의 과학적 기반을 확대할 뿐만 아니라 전체 기관이나 프로그램을 평가하는 데도 가치가 있다. 예를 들어 어떤 가족복지 서비스기관이 효과적인 서비스를 제공하고 있는지, 따라서 계속 지원하거나 또는 지원을 늘려 받을 자격이 있는지 결정하기 위해 재정을 지원하는 기관이 프로그램 평가를 요구한다고 가정해보자. 더 나아가 평가 시 행정과 윤리의 문제로 인해 통제집단을 사용할 수 없다고 가정해보자. 이 경우 시계열 설계를 시행하는 것이 한 방법이 될 수 있다. 그러나 각 사례별로 표적 문제와 서비스 제공의 목적이 상당히 다르다고 가정해보자. 한 사례에서의 목적은 아동의 반사회적 행위를 감소시키는 것이고, 다른 사례에서는 결혼의 갈등을 감소시키는 것이며, 또 다른 사례에서는 부모의 학대행위를 방지하는 것이 될 수 있다.

이 경우 각 사례에 대해 또는 대표적인 사례들에 대해 각각의 단일사례 실험을 시행해 독특한 사례의 목적이나 독특한 표적 문제를 각 실험의 종속변수로서 이용하는 것이 한 방법이 될 것이다. 그러면 그 기관은 성공적인 사례의 비율뿐만 아니라 더욱 중요하게는 시계열 분석의 논리에 따라 기관의 서비스를 받음으로써 구체적으로 야기되었던 결과의 비율을 보고할 수 있게 된다.

또한 반대의 과정도 단일사례 설계의 가치를 정당화하기 위해 인용할 수 있다. 즉, 개별 실천가 또는 기관은 원래 다른 상황에서 집단실험으로 효과를 인정받았던 개입이 자신들의 특정한, 독특한 맥락에서도 역시 효과가 있을 것인지 의문을 가질 수 있다. 예를 들어, 몇 명의 노인복지 사회복지사들이 노인복지 학술지에 실린 실험을 보고 생활사를 회고하는 개입을 처음으로 알게 되었다고 가정해보자. 사회복지사는 그 개입을 그만큼 효과적으로 실행할 수 있을지, 그리고 자신의 특정한 클라이언트가 학술지에 보고된 연구에서의 클라이언트만큼 혜택을 받을 수 있을지 의문을 갖게 된다고 가정해보자. 더욱이 연구에서 클라이언트의 특성이 제대로 구체적으로 설명되어 있지 않거나 사회복지사의 클라이언트와 약간 다르다고 가정해보자. 개별 실천가 또는 기관은 이런 질문에 스스로 대답하기 위해 한 명 이상의 클라이언트에게 단일사례 실험을 시행할 수 있다. 이런 실험은 특정 개입의 특정 클라이언트에 대한 개입의 효과성에 대한 사회복지사의 의구심뿐만 아니라 임상실천가로서 자신의 효과성에 대한 사회복지사의 의구심도 줄일 것이다.

EP 2.1.6b
EP 2.1.10m

증거기반 실천의 일부로서 단일사례 평가설계의 활용

2장에서 서술했듯이, 사회복지 실천가는 개인을 대상으로 하는 임상실천의 일부로 증거기반 실천과정의 마지막 단계에서 단일사례 설계를 실행할 수 있다. 이 설계는 하나의 사례만을 필요로 하므로 실천가는 대규모 표본수집이나 클라이언트를 통제집단에 배정하는 것에 대해 걱정할 필요가 없다. 각 실험은 개별 사례에 적용될 수 있는 독특한 목적(실험이 아니라 하더라도 실천가가 실천의 일상적인 부분으로서 클라이언트가 얻도록 돕고자 하는 목적)을 갖는다. 이와 유사하게 실천가는 일상적으로 이 목적을 달성하는 과정에서 클라이언트의 진전을 지켜보길 원하게 될 것이다. 실천가는 표적 문제의 변화를 측정함으로써 클라이언트의 진전(또는 진전의 부족)을 검토할 수 있게 되며, 표적 문제를 악화시키거나 개선할 수 있는 사건 또는 상황을 더욱 체계적으로 이해하기 위한 도구를 얻게 된다.

예를 들어, 아버지와 어머니의 공동친권하에 있는 아동이 충동적이며 반사회적인 행동 때문에 치료를 받고 있다고 가정해보자. 더 나아가 문제행동은 아동이 둘 중에 한쪽 부모의 친권 아래에 놓이기 직전에 일어나는 경향이 있다고 가정해보자. 표적행위를 반복해 측정하면 서비스를 전달하는 초기 단계에 이 두 사건이 시간상으로 일치하는 것을 실천가가 발견하도록 도울 수 있다. 그렇게 함으로써 실천가는 표적 문제의 원인을 더 잘 이해하고, 그 원인을 처리하는 적절한 전략을 개발할 수 있다. 자신의 실천을 비체계적으로 기록하고 평가하는 데 상당한 시간을 소비하는 실천가는 기록과 평가를 더욱 체계적이며 유효하게 만드는 하나의 방법으로 단일사례 평가설계를 채택할 수 있다.

그러나 단일사례 설계를 직접 실천의 한 부분으로 통합하는 데는 실제적인 어려움이 따른다. 이런 한계로 인해 많은 실천가가 이 설계를 활용하는 것은 비현실적이다. 특히 실천가가 특정 기관에서 일하거나 특정 유형의 표적 문제를 해결하기 위해 일하고 있을 때 더욱 그렇다. 대개 클라이언트의 위기상황으로 인해 실천가가 개입실행 전에 기초선의 경향을 확인하기 위해 반복해 측정할 수 있는 충분한 시간을 가질 수 없다. 어떤 기관에서는 너무 과중한 담당건수로 인해 실천가가 어떤 단계에서도 반복측정을 계획하거나 시행할 만한 시간이 부족하다. 또 어떤 기관에서는 실천가의 동료와 슈퍼바이저들이 실천가의 실천효과성을 조사하는 데 가치를 두지 않아서 이를 지지하지 않을 수 있다. 또한 단일사례 설계에서 필요한 광범위한 자기 모니터링 과정에 대해 클라이언트는 화를 낼 수도 있다.

이런 어려움에도 불구하고 사회복지 실천가는 가능할 때마다 단일사례 설계를 실행하고자 노력해야 한다. 일부 개입이나 서비스는 클라이언트에게 유익한 효과를 미치는지 또는 유해한 효과를 미치는지에 대해 적절한 과학적인 검증을 거치지 않았다. 또한 검증되고 상대적으로 효과가 있다고 판명된 개입이나 서비스가 그 개입이나 서비스를 제공받은 모든 클라이언트에게 효과적인 것은 아니다. 이런 측면에 비춰볼 때 문제는 사회복지사 각자가 실천의 부분으로서 단일사례 방법을 사용하기에 필요한 시간적 여유가 있느냐 하는 것이 아니다. 오히려 (전문직으로서) 사회복지사가 시간을 할애하지 않아도 되느냐 하는 것이다. 사회복지 전문직이 클라이언트의 복지에 헌신하고 있으며, 자신의 일을 진실로 전문적이라고 부르고자 하는 열망을 갖고 있다는 측면에서 비춰볼 때 실천가는 검증받지 않은 개입이 클라이언트에게 도움을 주는지, 해를 끼치는지, 또는 부족한 자원을 더 잘 사용할 수 있는데도 오히려 낭비만 하는지를 보기 위해 개입을 실행하면서 단일사례 평가실험을 시도해볼 수 있다. 마찬가지로 가능하다면 선행연구에 의해 효과성이 뒷받침되고 있는 개입이 특정 클라이언트에게도 효과적인지 보기 위해, 특정한 클라이언트를 대상으로 단일사례 평가를 실시할 수 있다.

사회복지 영역에서 부족한 자원을 낭비하는 것은 효율성이나 공공의 책임성에 따른 문제만은 아니다. 또한 이는 클라이언트에 대한 동정과 전문적 관심의 문제다. 사회복지 전문직이 자신과 클라이언트의 시간을 효과가 없는 서비스에 낭비하면 고통을 덜어주지 못할 뿐만 아니라, 클라이언트를 진정으로 도울 수 있는 다른 서비스를 시행하는 데 그 시간을 활용할 수 없다. 사회복지 실천가는 자신의 실천에 대한 일부로서 단일사례 설계를 시행함으로써 자신들이 특정 클라이언트를 더 잘 돕기 위해 (또는 그만 방해하기 위해) 서비스 프로그램을 변경해야 하는지 여부에 대한 즉각적인 피드백을 얻을 수 있다.

여기서 강조하고자 하는 점은 실천가는 반드시 자신이 발견한 것을 글로 발표하려는 의지가 있는 연구자가 되어야 한다는 것이 아니다. 그보다는 과학적 측정과정과 단일사례 설계의 논리를 사용하는 것이 증거기반 실천의 중요한 부분(단순히 좀 더 동정적이고 신중한, 전문적인 실천가가 되는 데 있어서)이 될 수 있다는 것이며, 연구자가 되거나 과학적 발견을 발표하려는 열망을 요구하지 않는다는 것이다. 예를 들어, 강간 피해자의 외상을 치료하는 새로운 기법이 개발되었다고 가정해보자. 이 기법에서는 강간당했던 상황을 떠올리고 되풀이해야 하는, 정서적으로 상당히 고통스러운 회기에 클라이언트가 참여해야 한다. 더 나아가 이 기법의 효과성이 잘 통제된 실험 또는 유사실험에서 적절하게 검증되지 않았음에도 불구하고 전 세계의 임상실천가들이 이 기법에 열광하면서 이를 사용하고 있다고 가정해보자. 실천가들이 이 기법을 사용하고 있으며 단일사례 방법을 사용하기에 충분한 시간을 가졌다고 가정할 때, 이 개입이 클라이언트에게 도움이 되는지 아니면 유해한지를 모니터링하기 위해 단일사례 설계논리와 과학적 측정절차를 사용하는 실천가와 이 기법의 효과를 모니터링하는 데 덜 체계적인 실천가 중 누가 더 동정적이고 전문적이라고 할 수 있는가?

비슷한 맥락에서 당신이 희귀한 질병을 앓고 있어서 아직 제대로 검증되지 않은 의학적 치료를 받을 필요가 있다고 가정해보자. 단일사례 평가원칙을 사용해 각 치료방법이 환자에게 어떤 긍정적인 효과와 부정적인 효과를 나타내는지 지켜보는 의사와, 의사인 자신이 가장 편하게 여기고 있으며 환자에게 많은 과학적 검사로 부담을 주지 않는 의사 중에서 어느 의사가 더 인간적이고 환자를 치료하고 싶어한다고 보는가?

그러나 당신은 단일사례 설계를 자신의 실천에 대한 일부분으로 시행하는 실행 가능성에 대해, 지나치게 낙관적인 설명에 의해 오도되어선 안 된다. 또한 단일사례 설계가 사회복지 실천의 효과성에 대한 오랜 의구심을 해결하기 위한 만병통치약을 제공한다고 생각해서도 안 된다. 잠시 후 보게 되겠지만, 표적 문제를 신뢰도와 타당도의 관점에서 믿을 만한 자료를 제공하는 방법으로 반복해 측정하는 것은 어렵고 복잡한 과업이 될 수 있다. 그리고 안정적인 기초선의 경향을 측정할 때까지(측정하는 것이 가능할 때도) 치료를 연기하는 것은 고통을 받고 있는 개인을 교재나 교실 강의에서보다 현실에서 접했을 때 훨씬 더 어렵다. 또한 클라이언트가 가진 많은 문제는 절대 반복적으로 측정할 수 없다. 예를 들어, 화재로 집이 전소돼버린 가족이 긴급보호소를 찾을 수 있도록 위기개입이 도움을 주었는지 보기 위해 반복적으로 측정한다는 것도 어리석은 일이 될 것이다. 그 개입은 성공했거나 성공하지 못했을 것이다. 목표달성의 정도를 알아내기 위해 변화를 지켜볼 필요는 없다.

그런 한계에도 불구하고 단일사례 설계는 사회복지 연구자, 행정가, 계획가, 실천가를 위한 유용한 도구가 될 수 있다. 이 책을 읽는 대부분의 사람이 사회복지 실천가가 되기 위한 준비를 하고 있기 때문에, 이 장의 나머지에서는 주로 실천의 일부분으로서 단일사례 설계를 시행하는 관점에서 단일사례 설계를 다룰 것이다. 그러나 단일사례 설계를 시행하고자 하는 연구자나 기관의 평가, 기획 및 책임을 위해 단일사례 설계를 활용하려고 하는 행정가를 위한 정보도 제공할 것이다.

측정의 쟁점

단일사례 실험의 기획에 필요한 초기 결정은 표적 문제와 목표를 규명하고, 이를 조작적 용어로 정의하는 것이다. 이 결정은 척도를 개발하고 자료수집 계획을 수립하는 연구계획의 단계에 영향을 미친다.

EP 2.1.10d

표적 문제와 목표의 조작적 정의

표적 문제를 규명하는 것은 주로 실천의 관심이며, 실천과 평가에 관한 다양한 교재에서 심도 있게 다루고 있다. 이는 클라이언트 체계와 관련된 다양한 개인들로부터 정보를 수집하고, 제공되는 정보의 신뢰도와 타당도에 주의를 기울이는 것이다. 또한 자기기입 척도처럼 표준화된 평가도구를 사용하기도 한다. 또한 부분화과정을 이용하기도 하는데, 이 과정에서는 문제의 우선순위를 정한다. 즉, 가장 시급하지만 쉽게 해결되는 문제를 처음에 제기하고, 더 까다롭고 장기간을 필요로 하는 문제를 뒤에 다룬다. 또한 클라이언트와 실천가가 다룰 문제에 대해 동의하고, 어떻게 표적 문제를 지켜볼 것인지 계약을 체결하는 과정이다. 사람들은 실천의 관점에서 이 주제를 철저히 다루기 위해 실천 교재(Compton & Galaway, 1994; Hepworth, Rooney, & Larsen, 2002; Reid & Epstein, 1972)를 읽어보는 것이 좋다.

조사연구의 관점에서 중요한 쟁점은 조작적 용어로(즉, 정확하고 관측할 수 있는 용어로) 표적 문제를 정의하는 것이다. 조작적 정의는 8장에서 자세하게 논의했으며, 그곳에서 논의했던 같은 쟁점이 단일사례 설계에서도 적용된다. 그러나 여러 가지 이유로 실천가는 조사연구에 대해 생각할 때보다 개별 사례에 대해 생각할 때 조작적 정의의 적용 가능성에 대해 의문을 더 많이 제기하는 것으로 보인다. 일부 실천가는 사회적 기능화의 수준 같은 어떤 임상적 개념구성을 구체적이고 관측할 수 있는 용어로 정의하는 것은 불가능하다고 주장한다. 그러나 궁극적으로 대부분의 실천가는 임상사회복지사나 클라이언트가 적어도 간접적으로나마 표적 문제를 나타내는 지수를 관측할 방법이 없었다면 처음부터 표적 문제를 선정하지도 않았을 거라는 사실을 인식하고 있다. 즉, 이미 기능 수준이 지나치게 낮다는 것을 보여주는 어떤 지수를 관측해내는 기반이 없었다면, 사회복지사와 클라이언트는 어떤 영역에서 클라이언트의 기능을 개선하는 방향으로 일해나가기로 결정하지 않았을 것이다.

따라서 개입해나가야 할 이유가 있는 어떤 문제도 그 문제에 관심을 기울일 필요가 있다고 결정하도록 만드는 구체적인 지수만을 고려한다면 조작적으로 정의할 수 있다. 다른 측면을 생각해보자. 조작적 용어로 정의할 수 없는 문제를 발견하게 되면 실천가나 클라이언트는 어떤 근거에서 그 문제에 개입해야 한다고 결정을 내리며, 도대체 어떻게 그 문제가 적절하게 해결되었다거나 또는 해결되지 않았다고 결정을 내릴 수 있는가? 여기서는 조사연구의 쟁점만을 다루고 있는 것이 아니라 실천의 쟁점도 다루고 있는 것이다. 예를 들어 실습 담당교수가 자신의 사례를 갖고 가르치기는 하지만, 한 사례에서는 이 표적 문제를, 다른 사례에서는 저 표적 문제를 다루도록 만드는 것이 무엇인지, 또는 각 사례에서 개입을 종결하도록 만든 것이 무엇인지 등에 관해 각 사례에서 자신이 얻어낸 결과물을 제시할 수 없는 교수에게 학생들이 임상평가 방법 또는 개입을 종결하는 시기를 배우려 한다고 가정해보라.

조작적 정의와 관련해서 어떤 학생들은 실천가들이 특정한 문제에 관심을 기울여달라는 클라이언트의 불만을 수용해야 한다고 지적한다. 그러나 이 경우에도 실천가는 조작적 정의를 사용하고 있다. 즉, 실천가는 클라이언트가 표시하는 어려움이나 불만의 정도를 자신이 관측한 것에 근거해 그 문제를 다루려고 하게 된다. 따라서 실천가는 클라이언트가 그날그날 그 문제로 경험했다고 느끼는 어려움의 정도를 간단한 척도에 매일 표시만 하도록 함으로써 반복적으로 측정할 수 있을 것이다.

그러나 확인된 모든 표적 문제를 조작적으로 정의할 수 있다는 것이 관측할 수 있는 지수를 언제나 일상적으로 또는 쉽게 선정할 수 있다는 것을 의미하지는 않는다. 많은 표적 문제는 직접적으로 관측할 수 없으며(예를 들면 불안, 우울증, 자아존중감 등), 간접 지수를 선정해서 관측해야 하는 곤란한 문제다. 사용될 가능성이 있는 지수는 상당히 많지만, 잘못된 지수를 선택하면 나중에 잘못된 결론을 얻게 된다. 예를 들어 자아존중감을 보자. 자아존중감을 측정하는 어떤 자기보고 척도는 자아존중감의 수준을 상당히 영구적인 개성으로 취급한다. 결과적으로 이런 척도는 작은 단기간의 변화에 민감하게 반응하지 않는다. 표적 문제를 이런 척도의 점수로 조작적 정의를 내린다면, 임상적 관점에서 의미 있는 향상을 나타내는 자아존중감의 변화를 알아내기란 상당히 어려울 수 있다.

표적 문제를 관측할 수 있는 여러 지수 중, 문제가 없다는 것을 나타내는 긍정적인 지수와 문제가 있다는 것을 의미하는 부정적인 지수가 있을 수 있다. 예를 들어 표적 문제가 클라이언트의 우울증에 관한 것이라면, 조작적 정의에는 하염없이 우는 기간의 빈도 또는 자기경멸적인 말의 사용빈도 등 부정적인 지수가 포함될 수 있다. 그러면 목표는 관측된 지수를 감소시키는 것이 될 것이다. 또는 친구들과 사회적인 상호작용을 하는 데 쓰이는 시간의 양 등 긍정적인 지수로 조작적 정의를 할 수 있다. 그렇다면 그때의 목표는 이 지수를 증가시키는 것이 된다. 실천가는 임상적인 이유로 긍정적인 지수만으로 정의하기를 원할 수 있다. 그렇게 함으로써 실천가와 클라이언트는 항상 그 문제에 대해 부정적인 용어로 생각하지 않게 된다. 또한 실천가는 문제 또는 목표를 나타내는 부정적인 지수뿐만 아니라 긍정적인 지수를 포함해 여러 지수를 사용하기로 결정할 수도 있다.

측정대상

단일사례 실험에서는 여러 번 반복적으로 관측해야 하기 때문에 조작적 지수는 정기적으로 측정하기에 충분할 정도로 자주 일어나야 한다. 예를 들어 자살방지 프로그램에서 일하는 직접 서비스 실천가는 클라이언트가 매일 잠자는 시간, 매일 클라이언트가 스스로에 대해 긍정적으로 인식하는 횟수, 또는 자기보고 우울증 척도의 주간 점수를 검토하려고 할 수 있다. 실천가들은 자살시도 횟수 등 드물게 일어나는 사건을 매일 또는 매주 기록하지는 않을 것이다. 이는 자료 유형에서 충분한 변화를 확인하는 데 너무 오랜 시간이 걸리기 때문이다. 반면에 전체 자살방지 프로그램의 효과성을 평가하기 위해 단일사례 방법을 사용하는 계획가나 행정가는 프로그램 대상지역에서 보고된 자살의 수 또는 자살시도 횟수를 점검할 수 있다. 이와 비슷하게 학대 성향을 가진 부모를 위해 일하는 실천가는 부모가 행하는 심각한 학대를 매일 또는 매주 기록하기보다는 부모가 매일 아이와 노는 시간 또는 일주일 동안 부모가 아이에게 한 긍정적인 말(칭찬, 격려 등)의 횟수를 점검하고자 할 수 있다. 그러나 아동학대를 방지하는 전국적인 프로그램의 행정가는 전국적으로 나타나는 심각한 아동학대의 발생을 매주 감시하는 것이 적절하다.

조작적 지수를 몇 번 측정해야 하는지에 대한 정해진 규칙은 없다. 그러나 적게 측정할수록 측정되는 지수 외에 다른 지수에서 일어나고 있는 클라이언트의 개선을 발견하지 못할 위험성이 더 커진다. 예를 들어 사례관리자는 만성 정신질환이 있는 클라이언트가 처방대로 약을 복용하도록 하고, 지역사회의 지원서비스를 더 많이 확보하도록 하는 데 효과적일 수 있다. 그러나 사례관리자가 클라이언트의 정신병리 정도나 클라이언트의 구직행위만을 측정한다면, 측정된 부정적인 결과를 가지고 개입효과가 없다는 잘못된 결론을 내릴 수 있다. 반면에 자료수집과정이 지나치게 방대해져 클라이언트와 실천가를 압도할 정도로 너무 많은 지수를 측정하고자 하는 것도 현명하지 못하다. 더욱이 점검하는 지수의 수가 많아질수록, 개입 후에 우연한 변화로 인해 그중 한 지수의 유형이 개선될 위험이 더 커진다.

다원측정

일반적으로 2개 또는 3개의 지수가 적절하다는 것이 대강의 원칙이다. 이것이 보통 실행 가능한 접근이면서 다원측정의 기준을 충족시킨다. 9장에서 논의했듯이, 다원측정은 단일사례 실험뿐만 아니라 모든 형태의 조사설계에 적용되는 원칙이다. 다원측정은 각기 장단점이 있는 많은 불완전한 척도 중에서 연구자가 선택해야 하는 상황을 말한다. 종속변수에서 가설로 설정한 변화를 발견할 가능성을 극대화하기 위해 연구자는 다원으로 측정한다. 둘 이상의 척도를 사용하는 것이다. 다원측정은 삼각이라는 의미를 갖고 있지만, 세 가지의 방법이 아니라 둘 이상의 방법을 사용하는 것을 말한다.

단일사례 설계에서 다원측정은 둘 이상의 표적 문제를 측정하는 것을 의미하는 것이 아니라, 동일한 표적 문제를 나타내는 둘 이상의 지수를 측정하는 것을 의미한다. 예를 들어, 학교 사회복지사는 성적이 낮은 클라이언트가 매일 밤 숙제하는 데 사용하는 시간과 클라이언트의 수업 집중도와 참여도에 대한 교사의 평가를 점검하려고 할 수 있다. 다원측정은 사회복지사가 반사회적 행위(싸움, 징계 회부 등)처럼 다른 문제를 나타내는 지수도 점검하도록 요구하지는 않는다. 실천가는 둘 이상의 문제를 점검하도록 선택할 수 있지만, 다원측정의 원칙이 그것을 요구하는 것은 아니다. 다원측정의 원칙은 측정대상뿐만 아니라 측정과 관련된 모든 선택에 적용된다. 자료수집을 논의하면서 이 원칙을 다시 접하게 될 것이다.

자료수집

단일사례 실험에서 측정과 자료수집을 계획하면서 내려야 하는 선택과 결정이 다른 유형의 연구를 설계하면서 부딪치는 문제들과 다른 것은 아니다. 즉, 연구자는 이용 가능한 기록, 면접, 자기보고 척도 또는 직접 관찰을 자료원으로 사용할 것인지를 결정해야 한다. 이 자료원들의 장점과 단점은 다른 유형의 조사연구처럼 대부분의 경우 단일사례 실험에서도 같다.

누가 측정을 해야 하는가?

쟁점 중 하나는 누가 측정을 해야 하는가 하는 것이다. 실천가가 자신의 실천을 평가하기 위해 측정할 때, 관찰자 편향의 위험이 높아질 수 있다. 이는 인간이 자신의 실천효과성을 지지해줄 수 있고, 클라이언트의 고통이 완화되고 있음을 나타내줄 수 있는 결과를 얻고자 원하기 때문이다. 클라이언트 스스로 측정하도록 전적으로 의존하는 것은 더욱 위험하다. 클라이언트는 스스로 만족하거나 실천가에게 사회적으로 바람직한 자신의 상을 투사하기 위해서만이 아니라 실천가를 실망시키지 않기 위해서도 긍정적인 결과를 인식하고자 하는 편견을 가질 수 있다. 클라이언트의 주요 주변인물(교사, 대리부모 등)은 클라이언트나 실천가보다는 긍정적인 결과에 덜 집착할 것이라고 기대하면서 그들에게 어떤 행위를 점검하도록 할 수 있다. 그러나 그들의 객관성이나 연구에 대한 헌신은 보장되지 않는다. 이 방법은 특히 클라이언트의 행위를 계속 주의 깊게, 체계적으로 지켜보기 위해서는 많은 시간과 헌신이 요구된다는 점을 고려할 때 특히 중요하다. 단일사례 실험이 반복적인 측정을 필요로 하고, 편견을 갖게 될 가능성이 상당하다는 면에서, 누가 측정을 해야 하는가에 대해 손쉬운 대답은 없다. 따라서 다원측정의 원칙으로 돌아가서 자료를 수집하는 세 가지 방법을 모두 사용할 수 있다. 이런 맥락 속에서 다원측정의 또 다른 장점으로, 다원측정을 시행하게 되는 경우 측정의 신뢰도를 평가할 기회를 갖게 된다는 것을 알 수 있다. 여러 명의 자료수집자에 의한 측정이 일치하는 만큼 자료가 정확하다고 확신할 수 있다.

자료의 원천

자료의 여러 원천(이용 가능한 기록, 면접, 자기보고 척도, 직접 행동관찰)을 생각해볼 때 단일사례 설계에서 여러 쟁점이 특히 대두된다. 예를 들어, 이용 가능한 기록은 연구자 또는 실천가가 치료 전의 경향에 대한 과거의 기초선을 얻을 수 있기 때문에 기초선 자료를 수집하는 동안 치료를 지연시키지 않아도 된다. 물론 이는 단일사례 실험에서 표적 문제를 조작적으로 정의한 방법과 우연하게 일치하는 조작적 정의를 갖고 있고, 주의를 기울여 수집된 신뢰성이 있는 자료가 담겨 있는 기존의 기록에 접근할 수 있을 만큼 운이 좋을 때만 일어날 수 있다.

자기보고 척도도 단일사례 설계에서 특별히 고려할 만한 이유가 있다. 한편으로 이 척도는 대단히 편리할 수 있다. 클라이언트에게 자기보고 척도를 자신의 거주지에서 매일 또는 실천가를 만날 때마다 간단하게 작성하도록 하여 신속하게 반복적으로 측정할 수 있다. 또한 자기보고 척도는 일정한 유형으로 반복적 측정을 실시하고 기록되고 있음을 확인시켜준다.

그러나 다른 한편으로 단일사례 실험에서 자기보고 척도를 사용할 때는 특별한 위험이 따른다. 클라이언트가 자기보고 척도를 반복해 작성하는 것에 관심을 잃을 수 있다는 점이 한 가지 위험이다. 그러나 더 심각한 위험은 클라이언트가 사회적으로 바람직한 인상을 전달하는 반응으로 척도를 작성하려는 편견을 갖게 될 가능성에서 나온다. 이런 종류의 위험은 실천가가 자신의 실천을 평가하기 위해 단일사례 실험을 시행할 때 가장 크다. 왜냐하면 클라이언트는 임상사업가가 도움이 되는 정도에 대해 임상사업가를 기분 좋게 해주기 위해, 또는 임상사업가에게 좋은 인상을 주기 위해 부정확한 반응을 보이는 경향이 다수 있기 때문이다.

신뢰도와 타당도

여기서 당신은 높은 수준의 신뢰도와 타당도를 인정받은 표준화된 자기보고 척도를 사용해 위에서 언급한 위험을 피할 수 있을 것인지 의문을 가질 수 있다. 물론 다른 모든 조건(문제 또는 클라이언트와의 관련성, 변화에 대한 민감성, 도구의 길이와 복잡성 등)이 같다면 측정하고자 하는 특정한 변수에 대해 신뢰도와 타당도가 경험적으로 입증된 척도를 사용하는 편이 더 낫다. 그러나 표준화된 도구의 타당도를 검증하는 조건은 단일사례 실험의 조건과 비교했을 때 상반되는 경향이 있다. 표준화된 도구는 (1) 응답자가 연구자와 특별하고 지속적인 관계가 없고, 대체로 익명인 대규모 집단의 일부분이며, (2) 각 응답자는 그 도구를 1~2회 이상 작성하지 않으며, (3) 도구에 대한 응답자의 점수가 자신이 어떤 서비스 혜택을 받는지 여부와 관계가 없다는 점에서, 대규모의 평가연구에서 유효한 것으로 인정받는 경향이 있다.

그에 비해 클라이언트가 단일사례 실험의 부분으로서 이런 도구를 작성할 때 그들은 더 이상 익명성을 갖지 않게 되며, 서비스를 제공하는 사람과 특별한 관계를 갖는다. 그러므로 그들은 자신이 전달하는 인상에 대해 매우 예민할 수 있으며, 익명성이 더 보장된 상황에서보다 좋은 인상을 전달하려는 의도가 더 커질 수 있다. 도구를 매번 반복해 작성할 때 클라이언트의 응답은 부주의로 인해, 또는 이전의 답을 기억하기 때문에 유효성이 떨어질 수 있다. 마지막으로, 아마도 가장 중요하게 클라이언트는 치료 전(기초선) 단계와 치료 단계 사이의 차이를 예리하게 인식할 수도 있다. 클라이언트는 서비스가 효과적이라면 자신의 점수가 치료 단계 동안 개선되어야 한다는 것을 알 수도 있다. 이런 인식은 치료 단계 동안 클라이언트가 더욱 긍정적인 인상을 전달하려는 경향을 띠게 만든다. 이런 차이에 비춰볼 때 특정 자기보고 도구가 경험적으로 다른 맥락에서는 사회적 바람직성 편견에 기인한 타당도 문제가 심각하지 않다는 것을 보여주었기 때문에 단일사례 실험에서도 편향성을 피할 것으로 추정할 수는 없다.

직접 행동관찰

단일사례 실험에서 반복적 측정을 많이 해야 된다는 것은 직접 행동관찰을 자료원으로 사용하려는 결정을 복잡하게 만든다. 이는 특히 실험이 실천의 부분으로 시행되고 있을 때 문제가 된다. 왜냐하면 실천가가 바빠서 관찰을 스스로 수행하기에 필요한 시간이 부족하거나 다른 사람이 클라이언트를 관찰하도록 만들기에 필요한 자원이 부족할 수 있기 때문이다. 표적 문제를 사무실 또는 가정방문으로 제한해 관찰할 수 있게 되면 그 정도에 따라 실천가 관찰의 어려움은 줄어든다. 그러나 많은 표적 문제는 좀 더 지속적인 기반 위에서 관찰할 필요가 있다.

기꺼이 규칙적으로 관찰해주려는 주요 주변사람(교사, 친척, 대리부모 등)을 이용할 수 없기 때문에 일반적으로 클라이언트들이 스스로를 관찰해야만 한다. 클라이언트의 자기관찰을 **자기 모니터링**(self-monitoring)이라고 한다. 종속변수가 특정한 시기에 클라이언트가 갖게 되는 특정 유형의 생각이나 감정의 횟수(클라이언트만이 관찰할 수 있는 현상)라면 자기 모니터링은 유일한 직접 관찰의 방법이 될 것이다. 자기 모니터링과 관련된 문제는 측정편향(앞에서 논의했던 것 같은)에 취약한 것 외에도 조사연구 반응성이라는 문제에 대단히 취약하다는 것이다. 우리가 12장에서 논의했듯이 **반응성**(reactivity)은 자료를 관찰하거나 기록하는 과정, 즉 자기측정과정 자체가 표적 문제의 변화를 일으키게 될 때 일어난다. 예를 들어 실천가가 아들과 갈등관계에 있는 어머니에게 아들을 칭찬할 때마다, 그리고 아들을 꾸짖을 때마다 기록하게 만든다고 가정해보자. 실천가가 그 외에 다른 어떤 것을 하든지 상관없이 기록하는 행동만으로도 그 어머니가 아들을 너무 자주 꾸짖고 칭찬은 너무 드물게 하는 경향에 민감하도록 만들 수 있다. 이로 인해 그 어머니가 아들을 더 칭찬하고 덜 꾸짖도록 만들 수 있다.

물론 임상적인 관점에서 반응성은 그렇게 나쁜 생각은 아닐 수 있다. 다시 말해, 자기 모니터링은 원하는 변화를 일으키도록 돕기 위한 임상적 도구로서 사용될 수 있다. 그러나 조사연구에서 자기 모니터링을 유일한 측정 과정으로 사용한다면, 개입만으로 변화가 일어났는지 여부를 추론하는 과정에 먹구름을 드리우게 된다. 이 문제는 자기 모니터링 과정 자체가 원하는 변화를 일으키고 있다면, 기초선 자료의 그림에서 개선의 경향을 확인해 그 변화를 찾아낼 수 있음을 인식하는 것으로 어느 정도 보완될 수 있다.

그러면 직접 관찰을 사용하면서 위의 문제를 피하는 최선의 방법이 무엇인지 묻게 될 것이다. 대답은 간단하다. 문제는 최선의 방법으로 일을 수행하도록 만드는 데 필요한 자원을 얻는 것이다. 첫째, 다원측정의 원칙을 다시 사용할 것이다. 즉, 한 사람 이상이 관찰을 수행하게 한다. 둘째, 연구의 결과나 자료가 전달하는 의미에 이해관계가 없으며, 따라서 상대적으로 편견이 적은 관찰자를 적어도 한 명 이상 포함하도록 할 것이다. 셋째, 관찰자들의 평가자 간 신뢰도(관찰자들의 관찰이 얼마나 일치하는가)를 평가할 것이다. 넷째, 적어도 한 명 이상의 관찰자가 상대적으로 비관여적인 방법으로 관찰을 수행하도록 만들 것이다.

비관여적 관찰 대 관여적 관찰

11장에서 논했듯이 비관여적 관찰행위는 관찰자가 관찰하고 기록하는 행동을 관찰대상자들이 대체로 인식하지 못하도록 관찰상황에 뒤섞이는 것을 의미한다. 예를 들어 수용시설에서 소년들의 반사회적 행위를 줄이려는 집단사회복지사는 소년들의 오락활동을 감독하는 동료에게 소년들을 감독하면서 언제나 소지하고 있는 공책에 대상이 된 소년이 벌이는 싸움, 논쟁 등의 횟수를 기록해 주도록 부탁할 수 있다.

비관여적 관찰에 반대되는 것은 관여적 관찰이다. 연구대상이 관찰을 인식해 조사연구 반응성을 보이거나 사회적으로 바람직한 인상을 보여주고자 비전형적인 태도의 행동에 빠지기 쉬울수록 측정은 관여적이 된다. 자기 모니터링은 연구대상이 관찰대상자일 뿐만 아니라 관찰자이기도 하기 때문에 아마도 가장 관여적인 형태의 관찰이 될 것이다. 그러나 너무 관여적이어서 전체 연구의 신빙성이 위태로울 정도인 또 다른 형태의 관찰이 많다. 어떤 예에서는 연구자 또는 실천가가 처음에는 어느 정도 비관여적인 것처럼 보이는 단계를 취하기 때문에 기만적으로 보일 수 있다.

예를 들어, 연구자 또는 실천가는 클라이언트에게 자신이 보이지 않기 때문에 그가 관찰을 덜 인식할 것으로 생각하면서 일방향 유리를 통해 클라이언트를 관찰할 수 있다. 이는 어느 정도는 사실이다. 그러나 예상치 못한 다음의 경우를 생각해보자. 실천가나 갈등관계에 있는 어머니와 아들의 상호작용을 일방향 유리를 통해 기초선에 측정한 후에, 실천가와 어머니가 아들이 적절한 행동을 할 때 그를 더욱 칭찬하도록 하는 것이라고 동의하는 과업중심의 개입을 실천가가 도입한다. 실천가는 기초선과 비교해 개입이 칭찬의 횟수를 증가시키는 데 효과적이었는지를 알아보기 위해 일방향 유리를 통해 상호작용을 계속 지켜본다.

실천가가 자신을 클라이언트에게 드러내지 않은 채 관찰했다는 점은 칭찬할 만하지만 관찰이 진정으로 비관여적이었다거나, 관여성의 정도에서 기초선과 개입 단계가 실제로 유사하다고 가정하는 것은 잘못된 것이다. 두 단계 모두 그 어머니는 거울의 반대편에서 실천가가 지켜보고 있다는 사실을 어느 정도 인식했다. 그리고 개입 단계에서 어떤 행위(즉, 칭찬)를 실천가가 지켜보고 있는지 정확하게 알고 있었지만, 앞의 기초선 단계에서는 이를 알지 못했다.

따라서 개입 단계 동안 사회적 바람직성 편견에 빠질 가능성이 커지면서 두 단계의 관여 정도는 차이가 나게 된다. 그리고 개입 단계 동안 클라이언트가 사회적으로 바람직하다고 여겨지는 반응을 할 경향이 더 커졌기 때문에 관여의 문제는 결과의 신빙성에 큰 위협이 된다. 다시 말해 칭찬의 증가는 확실히 개입의 효과성과 관계가 없을 수 있고, 대신 개입을 도입한 후 클라이언트가 사회적으로 바람직한 실행(실제 상황이나 실천가가 지켜보지 않을 때 어머니가 아이와 상호작용하는 방법과는 어떤 상관관계도 없을 가능성이 있는 실행)을 하는 것처럼 보이는 경향이 더 커진다는 사실을 반영할 뿐이다. 이런 예는 억지로 만들어진 것이며, 누구도 그런 분명한 측정편향을 갖고 단일사례 조사연구를 수행하지 않을 것이라고 생각할 수 있다. 그러나 이런 연구가 수행될 뿐만 아니라 전문 문헌에서 출판하기도 한다.

자료의 수량화과정

단일사례 실험에서 직접 관찰을 통해 수집한 자료는 빈도, 지속기간, 크기로 수량화될 수 있다. 예를 들어 울화통이라는 표적 문제를 특정 시기에 관찰한 울화통의 수(빈도), 각 울화통이 얼마나 오래 지속되었는지(기간), 그리고 울화통이 얼마나 시끄러웠는지 또는 폭력적이었는지(크기)로 기록할 수 있다. 다원화 원칙을 사용해 세 수량화과정 모두를 동시에 사용할 수 있다.

빈도나 지속기간 어느 하나만을 기록하는 것이 비현실적일 때 빈도와 지속기간을 결합한 다른 과정을 사용할 수 있다. 이를 **간격 기록**(interval recording)이라고 한다. 이 방법은 관찰기간을 동일한 짧은 시간 간격으로 나누어서, 각 간격 동안에 표적행위가 발생했는지를 기록한다. 예를 들어, 갈등상태에 있는 부부가 대화할 때 서로 말을 막는 정도를 표적 문제로 조작적 정의를 했다고 가정해보자. 더 나아가 부부가 30분 동안 일상적인 대화를 하도록 지시를 받고, 그동안 부부가 서로 말을 막는 것을 관찰자가 기록한다고 가정하자(여기서는 일단 관여의 문제를 생각하지 말자). 말을 막는 행위가 너무 자주 발생해서 관찰자가 빈도를 세면서 각각을 기록하려고 시도하면 압도될 수도 있고, 말을 막는 행위가 너무 길게 지속되어 기간을 기록하면 너무 피곤해질 수도 있다. 관찰자는 30분이라는 시간을 1분과 같은 각각의 동일한 간격으로 나누어 간격 기록을 할 수 있다. 그렇게 하면 적어도 한 번 말을 막는 행위가 있었던 각 간격에 v 표시를 하는 것으로 충분하다.

그러나 행동의 직접 관찰은 장기간 항상 지속적으로 관찰을 하도록 요구하는 것은 아니다. **순간체크 기록**(spot-check recording)은 매우 자주 발생하는 대상행위, 오랜 시간 지속되는 대상행위, 또는 일정한 기간 발생하리라고 예상되는 대상행위를 관찰하는 데 사용될 수 있다. 예를 들어, 심리적으로 고통받는 청소년들을 수용하는 치료시설에서 사회복지사가 특정한 연구기간에 매일 저녁 시설 입주자의 학교숙제 양을 증가시키는 행동수정 개입을 도입한다고 가정해보자. 사회복지사나 대리부모는 관찰의 정확한 시간을 매일 다르게 하면서, 매일 저녁 공부방을 잠깐 동안 지켜보고, 특정한 개인이 공부하고 있었는지('예/아니오'), 또는 그 특정한 순간에 몇 명이 공부하고 있었는지를 재빨리 기록할 수 있다. 따라서 순간체크는 시간이 덜 소요된다는 장점이 있을 뿐만 아니라, 관찰자가 예상하지 않은 시간에 간헐적으로 잠시만 나타나기 때문에 계속 관찰보다 덜 관여적일 수 있다.

기초선 단계

단일사례 설계의 논리는 개입을 시작할 때 외부요인(클라이언트의 환경 변화 같은)이 표적 문제의 개선을 설명하지 않는다는 것을 보이기 위해, 충분한 반복적 측정을 필요로 한다. 또한 그 논리는 성숙 또는 통계적 회귀 같은 요인들을 통제하기 위해, 반복적 측정을 통해 규명된 경향을 비교해야 한다. 이 논리에 기초해 기초선 기간에서 표적 문제의 안정적인 경향을 보여주기에 충분할 정도로 측정을 많이 하고, 표적 문제에 영향을 미치는 외부사건이 개입을 시작할 때만 우연히 일치할 가능성이 없다는 것을 보여주기에 충분할 정도로 측정할 때 단일사례 설계의 내적 타당도는 증가한다. 이에 필요한 이상적인 기초선 측정의 횟수는 안정적인 경향이 얼마나 빨리 나타나는지에 따라 변하기는 하겠지만, 5~10번 정도의 기초선 측정 계획을 세우는 것이 합리적이다. 기초선이 상당히 안정되어 있으면 3~5번의 적은 수의 자료점으로도 그 경향을 보기 시작할 수 있다. 그러나 자료점이 더욱 많을수록 관측된 경향의 안정성에 대해, 그리고 외부사건이 개입을 시작할 때만 우연히 일치할 가능성이 없다는 것에 대해 더욱 큰 확신을 가질 수 있다.

그러나 현실의 실천에서 언제나 이상적인 횟수의 기초선 측정을 할 수 있는 것은 아니다. 예를 들면 기초선의 경향이 안정되지 않았거나 명확하지 않다고 하더라도, 클라이언트의 문제가 너무 시급해서 더 이상 개입을 지연시키지 못할 수 있다. 이상적으로 기초선을 측정할 수 없을 때, 임상적 현실과 행정적 현실이 허용하는 한도 내에서 이상적 수준에 가까이 다가가야 한다.

안정된 경향이란 표적 문제가 예상 가능하고 질서 있는 형태로 발생하고 있음을 보여주는 것이다. 도표에 시간 순서대로 자료점을 찍고, 각 자료점을 줄로 연결한 후에 전체적인 유형이 명백히 증가하고 있는지(그림 13-4(A)), 감소하고 있는지(그림 13-4(B)), 상대적으로 변화가 없는지(그림 13-4(C)), 같은 형태가 반복되는지(그림 13-4(D)) 여부를 관찰해 경향을 확인한다. 이와 달리 그림 13-4(E)는 명확한 경향을 보이지 않는, 안정되지 않은 기초선을 예시한다.

기초선이 증가 또는 감소한다는 의미는 표적 문제의 조작적 정의에 달려 있다. 만약 표적 문제가 울화통처럼 바람직하지 않은 현상이라면 기초선이 증가하는 경향이란 문제가 악화되고 있음을 의미하며, 기초선이 감소하면 개선을 나타낼 것이다. 조작적 정의가 숙제하는 것과 같은 바람직한 지수라면 기초선이 증가하면 개선을, 기초선이 감소하면 악화를 표시하는 것이다.

기초선이 안정된 경향을 보인다고 하더라도 그 경향이 개선을 의미할 때는 개선의 경향이 없어질 때까지 그림 13-5처럼 기초선 측정을 계속하는 것이 좋다. 기초선이 개선되는 경향을 보이는 절정(경향이 없어지기 전)에 개입을 도입하면 그 추세에서 극적인 개선을 얻기는 어려울 것이다. 즉, 기초선은 어떤 개입이 없이도 클라이언트가 그렇게 꾸준하게 개선되는 경향을 보이고 있어 (1) 효과적인 개입이라도 개선 정도에 영향을 미치지 않을 수 있고, (2) 그 특정 지수에 대해 어떤 개입도 처음부터 필요하지 않았음을 의미할 수도 있다. 다시 말해, 기초선이 개선되는 상황에서 개입을 도입하면 계속적인 개선과정이 이미 상당히 꾸준했기 때문에 개입이 어떤 차이도 가져오지 않았다는 잘못된 결론만 내릴 위험성이 있다.

처음에 개입을 도입하고자 계획했던 시점에서 그때까지 기초선 자료가 안정되지 않았다면(즉, 예상 가능한 경향을 만들어내지 못했다면), 기초선 측정을 더 연장하려

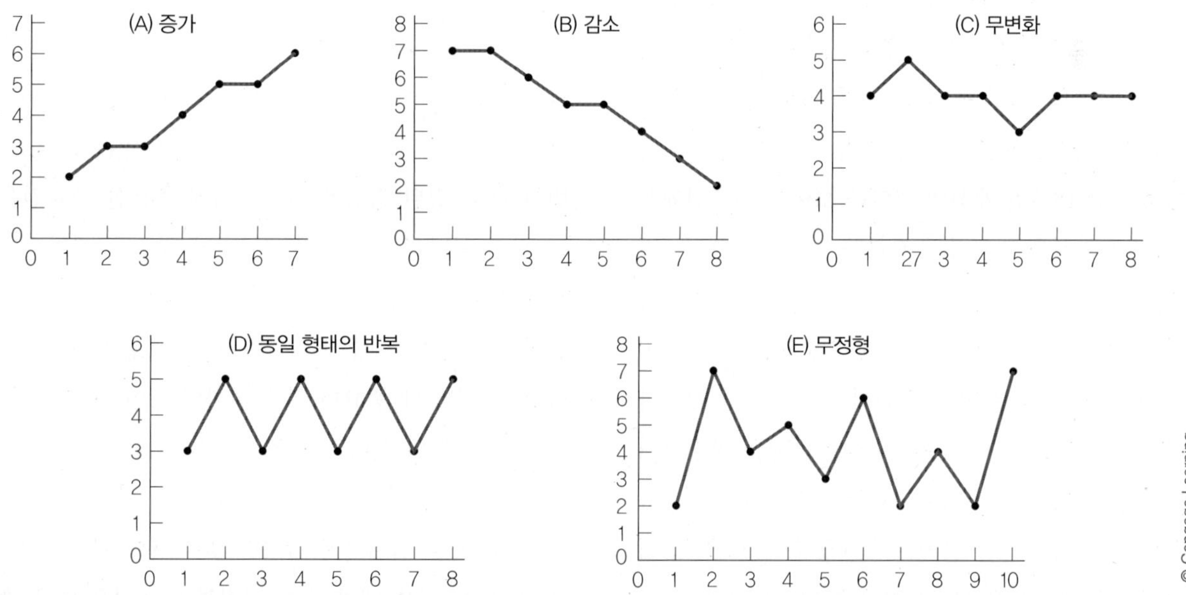

그림 13-4 여러 가지 기초선 경향

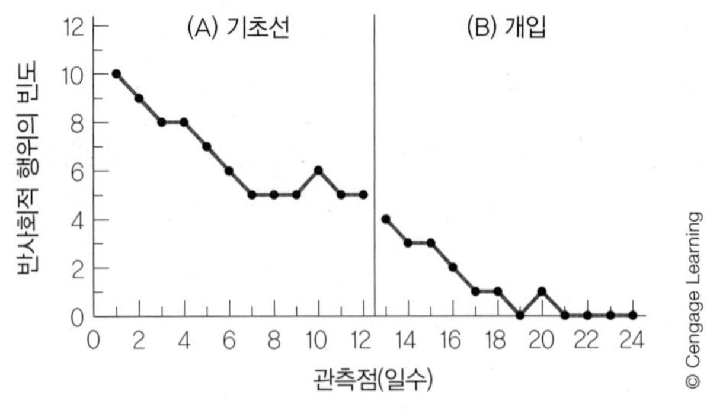

그림 13-5 개선의 경향을 보이는 기초선을 연장한 후 가설적 결과에 대한 도표(AB 설계)

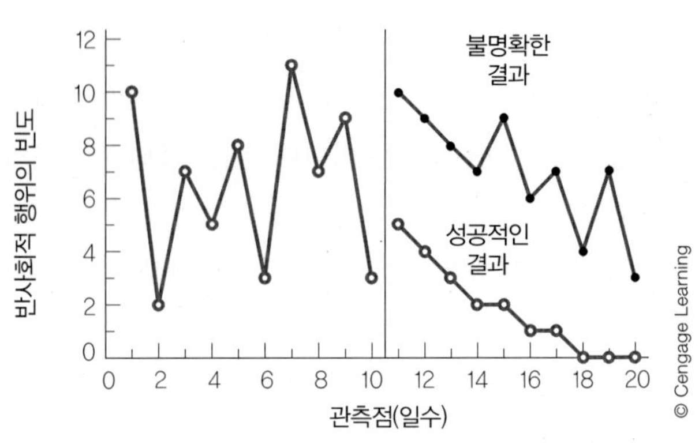

그림 13-6 안정되지 않은 기초선을 가진 두 가지 가설적 결과에 대한 도표(AB 설계)

고 할 것이다. 앞에서 얘기했던 것처럼 안정되지 않은 기초선이 관측되면 이상적으로는 안정된 유형이 나타날 때까지 기초선 측정을 연장한다. 그러나 실천한계로 언제나 바람직한 경향을 얻을 때까지 기초선을 연장할 수 없다는 것도 얘기했다. 클라이언트의 고통이나 위험 등 더 중요한 다른 이유들을 연구설계의 내적 타당도보다 먼저 고려할 수 있다. 그런 상황이라면, 갖고 있는 자료만으로 할 수 있는 최선을 다한다. 개입이 너무 효과적인 결과, 안정되지 않았거나 개선되고 있는 중인 기초선의 유형 정도만으로도 개입의 자료 유형보다 명백히 더 안 좋은 것으로 입증할 수도 있다. 그림 13-6은 두 가지 개입자료 유형을 안정되지 않은 기초선과 함께 나열한 것을 보여준다. 첫 번째 유형은 안정되지 않은 기초선으로, 결과를 해석하기 어렵다는 것을 보여준다. 두 번째 유형은 해석이 반드시 불가능하지는 않다는 것을 보여준다. 비슷한 맥락에서 그림 13-7은 개선의 경향을 보이는 기초선에서도 개입의 효과성을 지지하는 결과를 얻을 수 있다는 것을 보여준다.

또한 설계를 실행한 후 표적 문제에 중요한 영향을 미칠 가능성이 있는 외부 환경의 변화가 개입시작 시점과 일치하리라는 것을 알게 되면, 기초선 단계를 완수하기로 계획한 시점에서 벗어나기를 원할 수도 있다. 예를 들어 클라이언트가 심각한 알레르기를 앓고 있으며, 표적 행위가 대인관계에서의 성급함이나 학교에서의 성적 같은 것이라면 알레르기 발생기가 시작하거나 끝나는 시기에 개입을 도입하고자 하지 않을 것이다. 기초선 단계를 시작한 후에 그런 상황에 대해 알게 되면 처음에 계획했던 것보다 기초선을 연장해 관련되어 있는 환경조건이 변한 후 안정된 경향을 확인하기에 충분한 자료점을 얻는 것도 하나의 방법이다. 또 다른 방법은 개입을 잠시 뒤로 보류했다가 다시 재도입하는 것이다. 여기서는 치료를 중단한 후 나중에 재관측된 두 번째 기초선이 시작할 때나 끝날 때 중요한 환경 변화와 같이 일어나지 않을 것을 바라게 된다(이 방법을 ABAB 설계라고 하며, 이는 뒤에서 더 자세히 다루겠다).

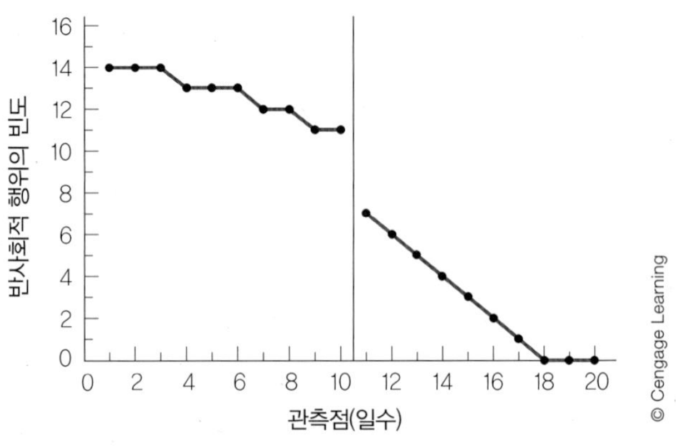

그림 13-7 개선된 기초선을 가진 개입의 효과성을 지지하는 가설적인 결과에 대한 도표(AB 설계)

일부에서는 실천가가 둘이나 셋 이상의 기초선 자료점을 얻을 수 없을 때와 같이 적절한 기초선을 얻을 수 없을 때도, 단일사례 실천평가과정을 활용해야 한다고 믿는다. 심지어 기초선 자료를 전혀 얻을 수 없을 때도 이 과정을 이용해야 한다고 믿는다. 그와 같이 믿는 사람들의 논리는 적절한 기초선이 부족해 인과적 추론을 끌어낼 수 없다고 하더라도, 수집한 나머지 자료는 그래도 클라이언트의 진전을 감독하기 위한 더욱 과학적인 과정을 제공함으로써 실천이 향상된다는 것이다. 그러나 모든 사람이 이 관점에 동의하는 것은 아니다. 앞에서 언급한 것처럼 반복적 측정과정의 실천적 어려움에 비춰서, 특히 다양한 측정오류에 크게 취약하지 않은 측정을 할 수 있는 실천가의 능력과 관련해 적절한 기초선을 얻을 수 없는 경우에도 이 과정을 통해 얻을 것으로 예상되는 혜택이 그 비용을 정당화하는지 의문을 던질 수 있다. 그런 경우 비용을 정당화할 수 없다고 생각한다면, 여기서는 기초선을 얻을 수 없는 경우만을 말하고 있음을 기억하라. 적절한 기초선을 얻을 수 있을 때는 이 과정을 활용하지 말자는 주장이 훨씬 더 힘을 잃게 된다.

3회 이상의 기초선 자료점을 얻을 수 없을 때도 이런 과정을 사용하면, 자료가 효과성에 대한 추론을 할 수 있는 적절한 기초가 되지 않는다는 점을 기억해두기 바란다. 클라이언트의 진전을 감독하는 것을 향상시키는 데 이런 과정이 상당한 가치가 있음을 알 수 있다. 그러나 자료가 개입의 효과성을 입증한다고 주장하고 싶은 유혹은 뿌리쳐야 한다.

또한 기초선 측정에서 개입을 더 이상 연기할 수 없을 때 유용한 **후향적 기초선**(retrospective baseline)을 얻을 수 있는지 고려해야 한다는 것도 상기시키고 싶다. **재구성 기초선**(reconstructed baseline)이라고도 하는 후향적 기초선은 기초선을 과거로부터 재구성한 기초선이다. 회고 기초선의 두 가지 주요 자료원은 이용 가능한 기록 또는 클라이언트(또는 주요 주변사람)의 기억이다. 이용 가능한 기록을 사용하는 예는 학교에서 행동 문제가 있는 아동의 출석, 성적, 학교에서의 처벌 등에 대한 학교기록을 얻는 것이 될 것이다. 기억을 사용하는 예는 누겐트 Nugent(1991)의 최근 연구가 있다. 그 예에서는 분노를 통제하는 데 문제가 있는 클라이언트에게 지난주 또는 지난 2주간 몇 번이나 분노를 폭발시켰는지 기억하도록 하고, 클라이언트의 자료를 그 배우자나 부모의 회상을 통해 다원으로 측정했다. 블룸 Bloom, 피셔 Fischer, 오르메 Orme(2006)는 기초선을 재구성하기 위해 기억에 의존할 때 다음의 두 가지 지침을 제안한다. (1) 기억하기 어려운 사건(예를 들면 부적절하다는 느낌, 걱정 등)보다 쉽게 기억할 수 있어 왜곡될 위험성이 낮은 구체적이고 확인할 수 있는 사건(예를 들면 분노의 폭발, 처벌 의뢰 등)을 활용한다. (2) 같은 이유로 지난주 또는 2주 전과 같은 가까운 과거만을 사용한다. 한 달 이상 된 과거는 사용하지 않는다.

단일사례 설계의 유형

AB: 기본 단일사례 설계

가장 간단한 단일사례 설계는 그림 13-1, 그림 13-2, 그림 13-5, 그림 13-6, 그림 13-7에서 예시되었던 것처럼 하나의 기초선 단계(A)와 하나의 개입 단계(B)로 이루어진다(**AB 설계**). 이 설계에는 단 하나의 기초선 단계가 있어서 서비스를 전달하는 우선순위와 갈등이 가장 적어 실천가 또는 연구자에게 인기 있는 설계다. 그러나 이 설계는 여러 개의 기초선이 있는 단일사례 설계보다 약하다. 기초선이 하나밖에 없어서 독립변수가 기초선에서 개입으로 변화하는 점이 하나뿐이다. 결과적으로 가능성이 낮은 우연의 일치가 한 번만 일어날 수 있다. 반복적 측정을 많이 하면, 개입을 시작한 후에 나타나는 종속변수의 변화를 개입이 아니라 어떤 외부사건으로 설명될 수 있는 개연성을 줄인다고 하더라도, 기초선과 개입 단계 사이에 여러 번의 변화가 있을 때 외부사건을 훨씬 더 잘 통제할 수 있다.

이 설계의 상대적인 약점에도 불구하고 AB 설계는 여전히 유용하다. 많은 실천상황에서는 더 엄격한 설계를 사용할 수 없기 때문에 반복적 측정을 충분히 함으로써 AB 설계는 클라이언트에 미치는 영향을 아직 충분히 과학적으로 검증받지 않은 개입의 효과성에 관해 약간의 논리적이고 경험적인 증거를 제공할 수 있다. 또한 AB 설계는 재현할 수 있으며, 동일한 개입에 대한 다양한 AB 연구들의 결과가 일정하다면 그 개입의 효과성에 대한 증거를 강화하는 것이 된다. 예를 들면, 다양한 시기에 각기 다른 클라이언트에 대한 여러 AB 연구에서 모두 동일한 유형의 표적 문제에 동일한 개입을 도입한 후 표적 문제가 곧 개선되기 시작했음을 발견한다고 가정해보자. 모든 클라이언트에 대해 외부사건이 개입을 시작한 시기와 우연히 일치했으며, 개선을 야기했다는 주장을 얼마나 믿을 수 있겠는가? 또한 AB 설계는 실천가들이 표적 문제의 변화를 감시하고, 클라이언트와 변화에 대한 다른 설명을 탐구하고, 그에 따라 변화의 필요성이 있으면 서비스 전달을 변경할 수 있도록 실천가에게 즉각적인 피드백을 제공한다는 면에서 유용하다.

ABAB: 중지/반전 설계

외부사건을 더 잘 통제하기 위해 **ABAB 설계**는 두 번째 기초선 단계(A)와 두 번째 개입 단계(B)를 추가한다. 두 번째 기초선 단계는 잠시 동안 개입을 중지함으로써 설정한다. 두 번째 기초선에서 안정적 경향을 확인한 후 개입을 재도입한다. 이 설계는 개입이 첫 번째 개입기간에 표적 문제의 개선을 야기했다면 두 번째 기초선 기간(개입이 중지된 후) 표적 문제는 원래의 기초선 수준을 향해 반전될 것이라고 가정한다. 개입이 재도입되면 표적 문제는 다시 개선되기 시작해야 한다. 여기서 기본적인 추론원칙은 표적 문제의 경향 또는 수준이 개입이 도입되거나 중지될 때마다 연속적으로 변화하면 개입이 아닌 어떤 외부사건이 변화를 야기하고 있다는 주장에 개연성이 없어진다는 것이다. 독립변수가 세 번 변하기 때문에 AB 설계에서보다 인과적 증거를 더 갖추게 된다. 다시 말해, 가능성이 낮은 연속적인 우연의 일치가 AB 설계에서는 한 번이지만 ABAB 설계에서는 세 번이 된다.

ABAB 설계에는 두 가지 주요 문제가 있지만 많은 경우 해결될 수 있다. 첫째는 실천적 또는 윤리적 문제다. 실천가는 효과가 있는 것으로 보이는 개입을 중지하는 것이 기초선의 상황으로 되돌아가면서 클라이언트가 겪어야 하는 고통 또는 다른 비용에 비춰볼 때 옹호의 여지가 없다고 느낄 수 있다. 이런 우려는 위험한 문제를 안고 있는 클라이언트, 퇴보에 대해 특히 예민한 클라이언트에게 심각한 문제일 수 있다. 실천가는 개입을 중지하면 개입을 재도입했을 때 클라이언트를 혼란에 빠뜨리거나 소외시키며, 실천가와 클라이언트의 관계에 해를 끼치거나 다른 방식으로 앞으로의 노력을 방해할 것이라고 두려워할 수 있다. 이는 중요하고 타당성이 있는 우려이며, 연구자는 이런 우려 때문에 ABAB 설계를 시행하지 않으려는 실천가들을 비난하지 말아야 한다.

그러나 실천가들은 개입의 우선순위를 양보하지 않고 ABAB 설계를 시행할 수 있는 기회를 과소평가하지 않아야 한다. 때로 실천가가 회의에 참석하거나 휴가를 가면서 개입 단계에 자연스러운 중단이 있으면, 이런 시기를 두 번째 기초선을 설정하기 위해 이용할 수 있다(실천가가 표적 문제의 정도를 관찰하고 기록할 수 있는 유일한 사람이 아니라면). 또한 표적 문제를 극복한 것처럼 보이는 시점에서 일시적으로 개입을 중지하고 치료를 중단한 기간에 클라이언트가 개선을 유지할 수 있는지 감독하는 것도 많은 경우 훌륭한 실천과 일치된다.

ABAB 설계에서 다른 주요한 문제는, 많은 실천상황에서 표적 문제가 기초선의 상태로 되돌아갈 수 있다는 가정이 타당하지 않을 수 있다는 점이지만, 이 문제 역시 해결될 가능성이 있다. 첫 번째 개입기간에 개입이 되돌릴 수 없는 영향을 미쳤을 수 있다. 예를 들어, 개입이 경증의 발달장애를 가진 사람들이 사회적 모임이나 직장에서 상호작용할 수 있도록 훈련시키는 사회적 기술훈련을 포함한다고 가정해보자. 일단 이런 기술을 배워 실제 환경에서 그 기술을 사용했을 때 보상을 받는다면, 그들에게는 이미 얻은 것을 유지하기 위해 훈련을 다시 도입할 필요가 없을 것이다. 그리고 개입이 여성 노인들이 덜 소외되고, 덜 외롭고, 덜 의기소침해지도록 도우려고 한다고 가정해보자. 더욱이 그 개입이 환경지향적으로 노인을 위한 더 나은 주거, 노인이 쉽게 상호작용해 친구가 될 수 있는 동료들이 있는 주거를 보장하는 데 초점을 맞추었다고 가정하자. 이 개입이 첫 번째 B 기간에 성공했다면, 실천가가 개입을 중지하기 때문에(즉, 새로운 주거가 아닌 환경을 변화시키려는 노력), 새로운 친구를 잃거나 다시 우울해질 거라고 가정하는 것이 합리적인가?

효과를 되돌릴 수 없게 만들 가능성을 줄이기 위해 어떤 상황에서는 첫 번째 개입기간을 상대적으로 짧게 유지하려고 할 수 있다. 그러면 두 번째 기초선이 반전의 경향을 보이자마자 개입을 재도입해 두 번째 기초선 동안 잠시 중단되었던 개선의 경향을 재설정하려고 할 수 있다. 또한 두 번째 기초선 동안 반전시키지 못한다고 하더라도 두 번째 개입기간 새로운 개선의 경향을 관찰한다면 덜 문제가 될 수 있다. 예를 들어 우울증에 걸린 외로운 노인 여성들의 경우 애완동물을 주어 환경지향적 개입을 재도입하고, 더 나아가 이것이 노인의 우울증을 감소시킨다고 가정해보자. 그림 13-8은 이 가능성을 예시한다. 이 그림에서는 개입을 도입할 때마다 종속변수가 변하며, 첫 번째 개입에서 획득한 개선이 두 번째 기초선 동안 유지되고 있다. 두 번째 기초선 동안 반전이 없다고 하더라도 전체적인 자료 유형은 개선을 설명하는 것이 어떤 외부사건이 아니라 개입이며, 개입을 중단했을 때 개입의 효과가 단순히 반전되는 경향을 보이지 않는다는 결론을 지지하게 된다.

그러나 ABAB 설계의 결과가 그림 13-9와 비슷하면 어떻게 결론을 내릴 것인가? 개입을 첫 번째로 도입한 후에만 개선이 일어났으며, 이는 개입을 도입한 시기와 우연히 일치했던 어떤 외부사건이 원인이라고 말할 수 있는가? 다시 말해 개입을 도입했거나 중단했던 다음 두 시기에서 표적 문제가 어떤 다른 변화를 보이지 않았기 때문에, 처음의 개선을 개입의 효과로 돌릴 수 없는가? 또한 개입이 너무 효과적이거나, 표적 문제의 특성으로 되돌릴 수 없어서 표적 문제의 경향이나 수준이 단 한 번만 변화(즉, 첫 번째 개입 단계의 시작에서 변화)할 수 있다고 추정할 수 있는가? 표적 문제의 특성에 따라, 그리고 설계 단계에서 변화와 우연히 일치하는 외부사건에 대해 클라이언트로부터 알게 된 것에 따라, 어떤 경우 이 상반되는 설명들 중에서 어느 것이 가장 그럴듯한지 결정할 수 있다. 그러나 이 문제를 해결하는 더 나은 방법은 **재현**(replication)을 하는 것이다. 그림 13-9에서 묘사된 것처럼 결과가 동일한 개입을 사용한 후속 ABAB 실험에서 일관성 있게 나타난다면, 표적 문제의 변화를 야기하는 외부사건이 개입을 처음 도입하는 시점에서만 모든 클라이언트에게 발생한다는 합리적인 이유가 없기 때문에 강력한 효과나 되돌릴 수 없는 효과에 대한 주장이 강화될 것이다.

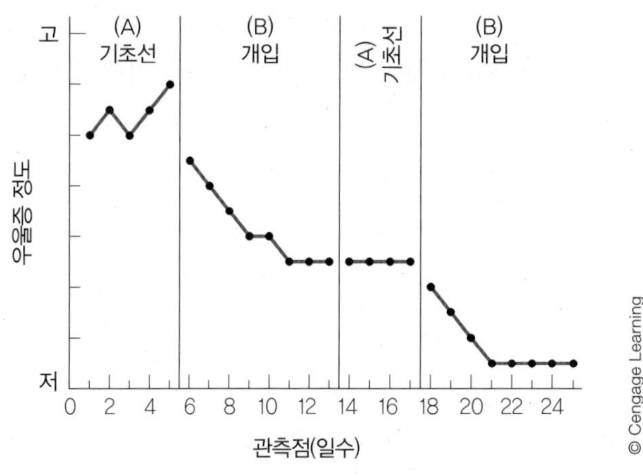

그림 13-8 2차 기초선 단계에 발전을 얻는 데 실패했지만 개입의 효과성을 지지하는 ABAB 설계의 가설적인 결과에 대한 도표

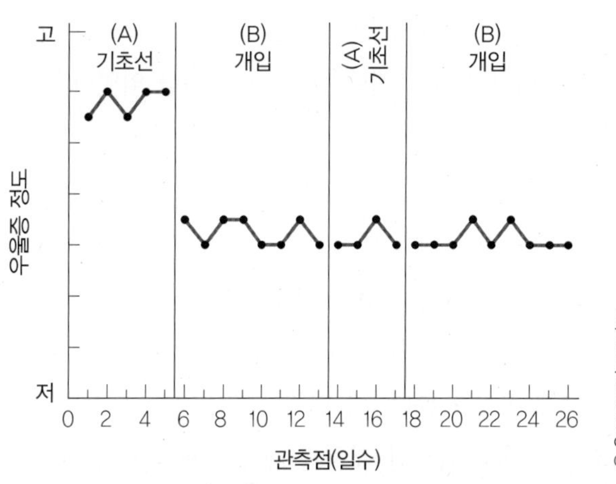

그림 13-9 결과가 명확하지 않은 ABAB 설계의 가설적인 결과에 대한 도표

다중기초선 설계

다중기초선 설계(multiple-baseline design)도 둘 이상의 기초선과 개입 단계로 외부사건에 대한 통제를 시도한다. 그러나 둘 이상의 기초선을 설정하기 위해 개입을 중단하는 대신에 다중기초선 설계에서는 둘 이상의 기초선을 동시에 시작한다. 이는 각 기초선에서 서로 다른 표적행위를 측정하거나, 서로 다른 두 상황에서 또는 두 명의 개인한테서 동일한 표적행위를 측정하는 것이다. 각 기초선이 동시에 출발하더라도 개입은 각 기초선의 서로 다른 점에서 도입된다. 따라서 첫 번째 행위, 상황, 개인에 대해 개입을 도입할 때 다른 행위, 상황, 개인에 대해서는 기초선 단계를 유지한다. 이와 비슷하게 두 번째 행위, 상황, 개인에 대해 개입을 도입할 때 세 번째(만약 셋 이상이 있다면)는 기초선 단계를 유지한다.

여기서 주된 논리적 원칙은 환경의 중요한 개선 등 어떤 외부사건이 개입을 시작한 시기와 일치해 클라이언트의 기능이 개선된다면 어떤 행위, 상황, 개인은 기초선 단계에 있다고 하더라도 각 행위, 상황, 개인의 도표가 동시에 개선을 나타낼 것이라는 점이다. 반면에 개입이 개선을 가져온다면 개입의 도입하는 다른 시점에서 각 도표가 개선을 나타낼 것이다.

그림 13-10은 희망이 없다고 느끼고 있는 양로원 입주자 3명에게 시행한 가설적인 다중기초선 설계를 예시한다. 이 가설적인 예시에서 실천가는 머서 Mercer와 케인 Kane(1979)이 실행한 집단실험의 보고서를 읽었다. 보고서는 이런 입주자에게 가꿀 만한 식물을 주는 것이 이들의 절망을 줄이는 데 효과적이라는 결과를 보여주었다. 실천가는 각 입주자를 대상으로 동시에 자기보고 척도를 사용해 절망감의 기초선을 측정했다. 실천가는 식물을 돌보는 방법을 가르쳐주면서 세 번의 다른 시기에 각 입주자에게 식물을 준다. 각 입주자의 절망감 수준은 자기보고 점수에서 나타난 것처럼 개입을 도입한 후에만 안정되게 감소하기 시작한다. 따라서 양로원의 전체적인 환경을 개선하는 것 같은 어떤 외부사건이 실제로 변화를 야기했다고 가정하는 것은 정당하지 않다.

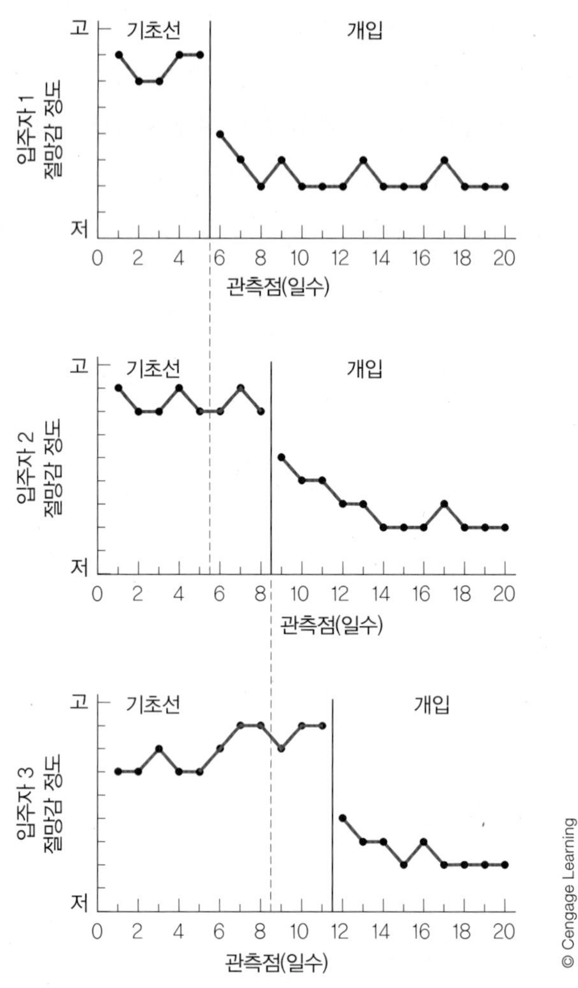

그림 13-10 여러 연구대상에서 개입의 효과성을 지지하는 다중기초선 설계의 가설적 결과에 대한 도표

그러나 그 결과가 그림 13-11과 같았다고 가정해보자. 그림 13-11에서는 첫 번째 개입(식물)을 도입했을 때 각 입주자의 절망감이 동시에 안정적으로 개선되기 시작했음을 볼 수 있다. 입주자 중 두 명은 아직 자신의 식물을 받지 않았기 때문에 식물이 개선을 야기한다고 추론하는 것은 설득력이 없다. 그보다는 양로원의 환경에서 어떤 외부적인 개선이 첫 번째 입주자에 대한 개입의 시작과 우연히 일치했으며, 3명 모두에게 개선을 야기했다고 추정하는 편이 더욱 그럴듯하다. 이 예는 AB 설계(첫 번째 입주자에 대한)가 다중기초선 설계에서보다 우연한 사건을 통제하지 못하기 때문에 어떻게 잘못된 결론을 이끌

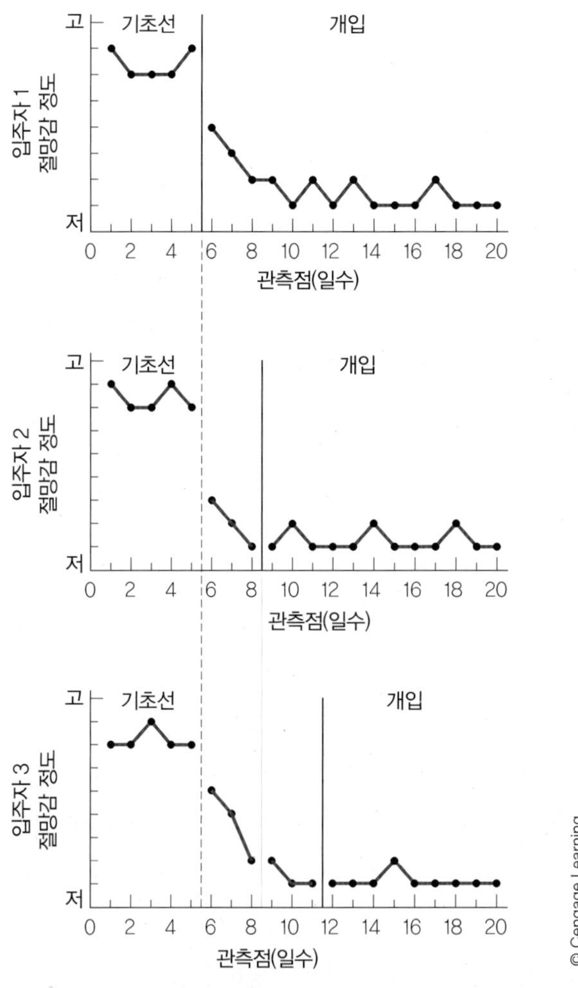

그림 13-11 여러 연구대상에서 개선의 원인으로 외부적 변수의 가능성을 보여주는 다중기초선 설계의 가설적인 결과에 대한 도표

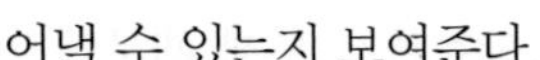

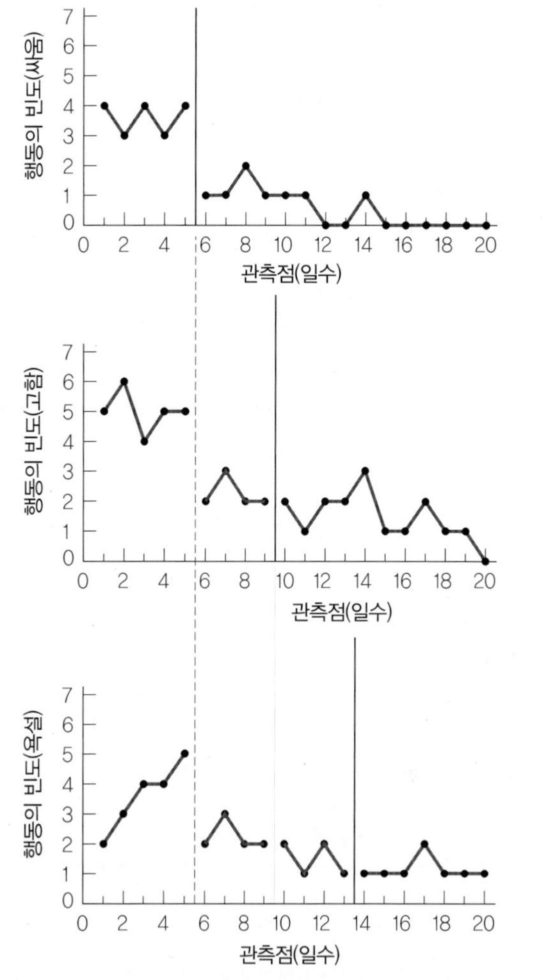

그림 13-12 여러 표적행동에서 명확하지 않은 결과를 보이는 다중기초선 설계의 가설적인 결과에 대한 도표

어낼 수 있는지 보여준다.

그림 13-12와 그림 13-13은 여러 표적행위 또는 상황에 적용된 다중기초선 설계의 동일한 논리적 원칙을 예시한다. 두 그림 모두 반사회적 행동 때문에 거주형 치료센터로 이관된 소년에 관한 가설적인 경우를 말한다. 거기에서 소년은 테이버 Taber(1981)가 보고한 것과 같은 인지행동 수정개입에 참여한다. 자제력을 가장 상실하기 쉬운 상황에서 소년이 폭발적이고 반사회적인 행위를 범하지 않도록 하기 위해 자신에게 얘기하는 방법을 가르치는 것이다. 그림 13-12에서 클라이언트가 싸움과 관련되어 있는 언어적 자기지시를 연습하기 시작하면서, 첫 번째 기초선을 끝내고 개입을 시작한다. 1주 후에 소년은 충동적이고 부적절한 고함 지르기와 관련되어 있는 암송을 시작한다. 다음 주에는 욕을 하는 것과 관련해서 암송을 시작한다.

그림 13-12의 도표를 보면 일단 클라이언트가 싸움을 위한 연습을 시작하면서 세 가지 모든 표적행위에서 자료 유형이 동시에 극적으로 변화하고 있음을 볼 수 있다. 이런 현상의 원인은 무엇인가? 첫 번째 기초선이 끝나는 시기와 우연히 일치하고 있는 거주형 시설에서의 외부사건인가? 그럴지도 모른다. 그러나 다중기초선을 서로 다른 행위에 적용할 때 이 같은 자료 유형은 또한 대립되는 설명을 야기할 수 있다. 이런 대립되는 설명을 효과의 일반화라고 한다. **효과의 일반화**(generalization of effect)는 한

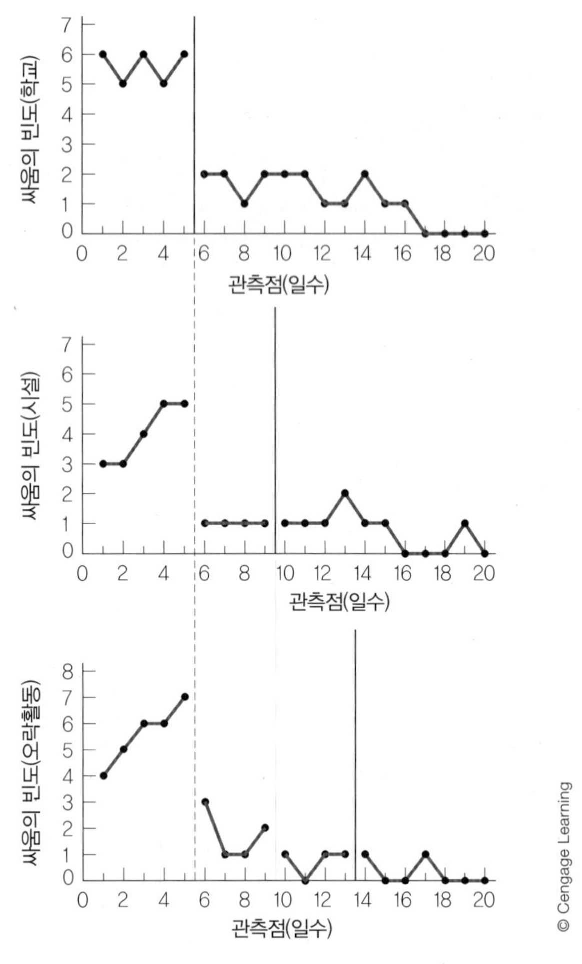

그림 13-13 여러 상황에서 명확하지 않은 결과를 보이는 다중기초선 설계의 가설적인 결과에 대한 도표

번에 한 행위 또는 한 상황에만 개입을 도입하고자 의도했지만, 개입이 첫 번째 행위 또는 상황에 도입되자마자 아직 기초선 단계에 있는 다른 표적행위나 상황에 영향을 미치는 것을 말한다. 예를 들어, 현재의 예시에서 싸움과 관련한 암송을 하면서 소년이 언어적 자기지시를 문제가 있는 다른 행위에도 동시에 적용하도록 도울 수 있다.

또 다른 형태를 띤 효과의 일반화는 개입이 한 가지 표적행위에만 영향을 미치지만, 그 행위의 변화가 차례로 다른 행위들을 변화시킬 때 일어난다. 예를 들어, 앞의 예시에서 싸움이 감소하면 소년이 소리치고 욕하는 것을 줄였다고 생각할 수 있다. 또한 싸움이 감소하면 동료와 어른들로부터 더욱 긍정적인 피드백을 이끌어낼 수 있었을 것이며, 이렇게 소년의 대인관계가 개선되면서(또는 피드백의 보상적인 특성) 욕하고 소리칠 필요가 줄어들거나, 적절하게 행동하려는 소년의 욕구를 증가시켰을 것이다.

그림 13-13의 자료 유형은 같은 유형의 모호함을 나타낸다. 여기서 소년이 세 가지 상황에서 자기지시를 연습하면서 3개의 기초선은 끝난다. 첫 번째 기초선이 끝나면서 소년은 학교와 관련된 연습을 한다. 두 번째 기초선이 끝나면서 시설과 관련된 연습을 한다. 세 번째가 끝나면서 오락활동과 관련된 연습을 한다. 그림 13-12에서처럼 첫 번째 기초선이 끝나면서 세 가지 상황이 모두 동시에 개선된 것은 외부사건에 의한 것인지, 효과의 일반화에 의한 것인지 알 수가 없다.

우연한 사건 또는 효과의 일반화라는 대립되는 설명 중에서 어느 것이 더 그럴듯한지 어떻게 결정하는가? 결정하지 못할 수도 있다. 그러나 실행할 수 있다면 다른 클라이언트를 대상으로 실험을 반복할 수 있다. 만약 그림 13-12와 그림 13-13 같은 결과를 계속 얻는다면 효과의 일반화 가설이 더욱 그럴듯해진다. 왜냐하면 클라이언트가 서로 다른 시기에 치료를 받는데도 어떤 외부사건이 첫 번째 기초선이 끝나는 시점에서만 표적 문제를 개선하고 있다고 가정하는 것은 정당하지 않기 때문이다.

그러나 어떤 개입의 경우 다른 행위나 상황에서 다른 시기에 어떻게 적용되는지 생각하기 어려울 수 있다. 예를 들어 이론적으로 볼 때 아동이 다양한 영역에서 저조한 기능을 보이는 것은 부모의 상호관계 문제 때문이라고 생각되는 사례에서, 가족체계 치료에 기반을 둔 개입을 한다고 가정해보자. 실천가가 부모관계에 대한 개입에 초점을 두어 아동의 표적 문제를 해결하려고 하면, 아동의 다른 행동이나 상황에 개입을 적용하고자 하는 것은 현실적이지 않다고 할 수 있다. 더욱이 적용하려고 하면 아동에 대한 개입에 계속 초점을 맞추게 되기 때문에 임상적으로 적절하지 못하다고 생각될 수도 있다.

다중요소 설계

개입의 변화가 미치는 영향을 분석하기 위해 여러 설계를 사용할 수 있다. 클라이언트에게 도움이 되는 것처럼 보이지 않는 개입을 변형하고자 결정할 때, 또는 개입의 어느 요소가 표적 문제의 변화를 설명하는지 결정하고자 할 때 이런 설계를 사용한다. 그중 하나가 **강도 변화 설계**(changing intensity design)다. 이 설계는 여러 단계에서 동일한 개입을 수행한다. 그러나 각 단계마다 개입의 양이나 클라이언트로부터 기대하는 실행 수준을 증가시킨다. 이 설계의 부호는 $AB_1B_2B_3$이다. 이 설계의 가설적인 예시로서 직장생활을 유지하기 어려운 만성 정신장애인을 가정하자. 개입은 클라이언트에게 취업을 위한 면접과 직장에서의 적절한 행동을 준비시키는 사회기술 훈련이다. 만약 B_1(첫 번째 개입 단계) 동안 개선의 정도가 부적절하다는 것을 관찰했다면, 클라이언트의 사회기술 훈련에 사용되는 시간을 늘리거나 보상체계를 강화할 수 있다. 이런 변화를 시행했을 때 두 번째 개입 단계인 B_2가 시작하게 된다. B_2로 개선이 되었지만, 아직 수용할 수 없는 수준이라고 가정하자. 세 번째 개입 단계인 B_3가 시작되어 직장면접 횟수를 늘리거나 보상을 얻기 위해 클라이언트가 유지해야 하는 고용기간을 늘린다.

이 사례를 위해 다른 접근방법을 고려해보자. 첫 번째 단계에서 사회기술 훈련이 어떤 긍정적인 효과를 보이지 않아서 다른 개입으로 대체되었다. 클라이언트에게 더 많은 사회기술 훈련을 제공하는 대신에 클라이언트가 실제 취업면접을 수행할 때마다 또는 직장을 일주일 동안 유지할 때마다 보상을 제공하는 행동강화 개입을 제공했다. 이때 B가 사회기술 훈련 단계이고, C가 강화 단계인 ABC 설계다. 아직까지 개선되지 않았기 때문에 사례옹호 단계를 시작해 정신질환으로 구직기술이나 직장에서의 행동을 방해받는 사람들을 고용하거나, 이들을 더 인내할 수 있도록 고용주를 납득시킬 필요가 있는지를 조사했다고 가정해보자. 그러면 사례옹호 단계는 기존 설계에 4번째 요소를 더해 ABCD 설계가 될 것이다.

앞의 두 설계는 융통성이 있다. 이들 설계에서 실천가는 연속적인 단계에서 관찰된 자료 유형에 근거해 개입계획을 변화시킨다. 그러나 이 두 설계는 **이월효과**(carryover effect), **순서효과**(order effect) 및 **우연한 사건**과 연관되었다

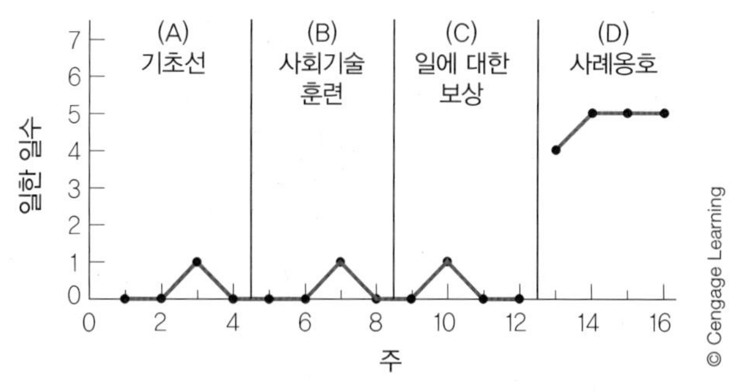

그림 13-14 명확하지 않은 결과를 보이는 다중요소(ABCD) 설계의 가설적인 결과에 대한 도표

는 한계 때문에 주의를 기울여 사용해야 한다.

ABCD 예시에서, 그림 13-14에서 예시된 것처럼 D(사례옹호)단계에서만 개선이 나타났다고 가정해보자. 여기에서 이 장애인과 같은 미래의 클라이언트들에 대해 사례옹호만을 제공할 필요가 있으며, 다른 두 개입은 필요하지 않다고 결론을 내리는 것은 매우 위험할 결정이다. 이 클라이언트에 대해 D단계를 B단계로 바꾸었다면, 이 같은 긍정적인 결과를 얻지 못했을 것이라는 주장도 상당히 그럴듯하다. 클라이언트의 사회기술은 원래 B단계에서 개선되었으나, 고용주가 정신질환 경험이 있는 사람을 고용하는 위험부담을 지려고 하지 않거나, 고용주가 고용인이 일으키는 어떤 일탈에 대해서도 인내하려고 하지 않았기 때문에 장애인이 직장을 계속 유지하는 데 사회기술이 충분하지 않았을 수도 있다. D단계에서 사례옹호를 사용해야만 사회기술의 개선이 이루어진다고 생각할 수 있다. 고용주가 인내하도록 확신시킬 수 있는 사회적 기능의 수준에 도달하도록 클라이언트를 돕는 것이 선행되지 않았다면, 사례옹호는 아마 아무런 영향을 미치지 않았을 것이다. 다시 말해 사례옹호는 순서효과(즉, 사회기술 훈련 전이 아니라 그 후에 와야 한다는)와 사례옹호에 미치는 사회기술 훈련의 이월효과가 없었다면 성공하지 못했을 것이다.

또한 우연한 사건이라는 문제를 가질 수도 있다. 자료 유형이 기초선과 많이 다르지 않은 사람들에게 새로운 개입을 계속 도입하면, 그중 하나가 클라이언트 환경의

외부적인 개선과 일치할 가능성이 증가한다는 점을 인식해야만 한다.

위의 가능성을 배제하는 한 가지 방법은 다른 클라이언트에게 같은 방법으로 결과를 측정하면서 다른 순서로 개입을 도입하며 개입을 재현하는 것이다. 궁극적으로 원래 D단계였던 개입을 원래의 B 또는 C단계의 개입 후에 도입할 때만 바람직한 결과를 만들어낸다는 사실을 발견하게 될지도 모른다.

또 다른 방법은 앞서 얘기한 문제를 통제하고자 하는 더욱 복잡한 **다중요소 설계**(multiple-component design)로 시작하는 것이다. 그런 설계는 다양하다. 다중요소 설계는 복잡해 현실의 사회복지 실천상황에 적용될 가능성이 적기 때문에 여기서는 간단하게 언급한다. 첫 번째는 '구성 설계'인 A-B-A-C-A-BC-( )이며, 여기서 A단계는 기초선을 나타내고, BC단계는 B와 C라는 개입을 결합하는 것이다. 괄호로 표시된 단계는 가장 효과적으로 나타나 궁극적으로 선택하게 되는 개입 또는 혼합개입을 말한다. 또 다른 설계는 '띠 설계'로, A-BC-A-B-A-C-( )이다. 이는 구성 설계와 비슷하지만 혼합개입(BC)을 처음에 도입한다. 이 외에도 A-(B와 C의 무작위 교환)-(B 또는 C)의 '순환개입 설계', A-B-A-B-BC-B-BC의 '상호작용 설계' 등이 있다. 이런 복잡한 설계를 깊이 있게 탐구하려는 사람들은 단일사례 설계만을 다루는 Barlow and Hersen(1984), Bloom et al. (2006), Jayaratne and Levy (1979)를 참조하라.

자료분석

단일사례 실험의 결과를 분석하면서 다음의 세 가지 질문을 한다.

1. 개입을 도입한 후 또는 중단한 후에만 표적 문제의 빈도, 수준이나 경향이 변하는 **시각적 유형**이 도표에 나타나는가?
2. 개입 단계에서 관찰된 자료가 표적 문제의 정상적이고 우연한 변동, 즉 기초선을 연장하고 개입을 도입하지 않았다면 일어났을 것으로 예상할 수 있는 변동의 부분이 될 **통계적 확률**은 어떻게 되는가?
3. 표적 문제의 변화가 검증된 개입과 연관되어 있다면, 변화의 정도가 **실질적인** 관점에서나 **임상적인** 관점에서 중요한가?

이 세 가지 질문은 결과의 시각적·통계적·실질적 유의성을 말한다.

그림 13-1부터 그림 13-14까지 예시된 각 도표는 **시각적인 유의성**을 다룬다. 시각적 유의성은 통계를 사용하는 것이 아니라 '시각적'이라는 용어가 의미하듯 자료 유형을 대략 살펴보는 것만으로 확인이 가능하다. 개입을 도입했을 때 표적 문제가 변화하지 않거나 다른 경우에도 거의 비슷하게 변화하는 것을 볼 수 있으면, 시각적인 유의성은 적다. 즉, 그런 경우에는 개입이 표적 문제에 영향을 미친다는 가정을 지지하는 시각적 증거가 적다는 것이다. 표적 문제의 빈도, 수준이나 경향이 독립변수가 변화(즉, 한 단계에서 다른 단계로의 이동)하는 것과 일치해 변화하는 경향이 있으면 개입이 표적 문제에 영향을 미친다는 가정은 시각적으로 유의성을 갖고 있으며, 따라서 논리적으로 지지를 받는다.

때로 통계적 분석 없이 시각적 분석만으로 충분한 경우가 있다. 특히 시각적 유의성의 정도(또는 시각적 유의성이 없는 정도)가 극적일 때 필요가 없다. 실제로 일부 단일사례 방법론자들은 경험 많은 연구자의 결과가 시각적으로 유의한지 여부를 판단할 때 일반적으로 후속 통계분석이 결론을 지지한다고 제안하는 증거를 인용한다(Jayaratne, Tripodi, & Talsma, 1988). 따라서 통계에 대한 걱정으로 제대로 활용하지 못하는 경향을 보이는 실천가는, 자료의 시각적 분석만으로 충분할 것이라고 여기면서 단일사례 설계를 실행할 수 있다.

그러나 한 단계에서 다음 단계로 표적 문제의 수준이나 경향의 변화가 미묘하거나 긍정적인 결과를 끌어내고자 하는 욕구가 자료의 시각적 분석에 영향을 미치는 것은 아닌지 확신할 수 없을 때가 있다. 이때는 시각적 분석 외에 통계적 분석을 하는 것이 도움이 된다.

단일사례 설계에서도 통계적 유의성과 실질적 유의성은 다른 종류의 조사연구에서와 같은 의미를 가지며, 이는 22장과 23장에서 집단설계와 관련해 심도 있게 논의하겠다. 만약 단일사례 설계에서 통계적 유의성을 추정하는 방법을 배우기 원한다면 이 책의 저자 루빈이 저술한 『Statistics for Evidence-Based Practice and Evaluation』(2013)에서 관련 부분을 읽어보길 권한다.

모호한 결과의 해석

이 장의 대부분은 시각적으로 유의한 결과와 유의하지 않은 결과를 구분하는 것과 관련해 단일사례 조사연구의 논리를 단순하게 전달하기 위해 명확한 가설적 자료 유형을 보이는 예시를 사용했다. 그러나 불행히도 현실세계에서 단일사례 연구는 해석하기 어려운 모호한 결과를 얻는 경우가 많다. 예를 들어, 루빈(1991)의 연구결과인 그림 13-15를 생각해보자.

그림 13-15의 자료는 매 맞는 여성이 배우자로부터 독립적으로 생활하도록 돕고자 하는 개입에 참여하고 있는 여성들로부터 수집한 것이다. 이 자료는 스스로에 대해 더 많은 자신감을 갖고 더 독립적이 되기 위해 여러 가지 일을 하는 것과 관련되어 있는 생각, 감정, 행동을 보여준다. 따라서 개입 단계 동안 점수가 증가한다는 것은 바람직한 결과를 보여주는 것이라고 하겠다.

도표의 자료에서 볼 수 있듯이 약간 불안정한 기초선이 있고, 그 뒤에 점수가 개선되지 않은 상태에서 11일간의 개입이 있고, 연구의 마지막 이틀 동안에 극적으로 개선되었다(이 사례는 다른 클라이언트들도 참여한 연구의 일부분이었으며, 실행 가능성의 제한으로 이 여성에 대한 자료수집은 32번째 자료점을 마지막으로 끝낼 수밖에 없었다).

이 도표를 어떻게 해석할 것인가? 이 도표가 시각적 유의성을 반영한다고 생각하는가? 이 도표에서 시각적 유의성을 끌어내고자 하는 유혹을 받을 수 있다. 기관과 연

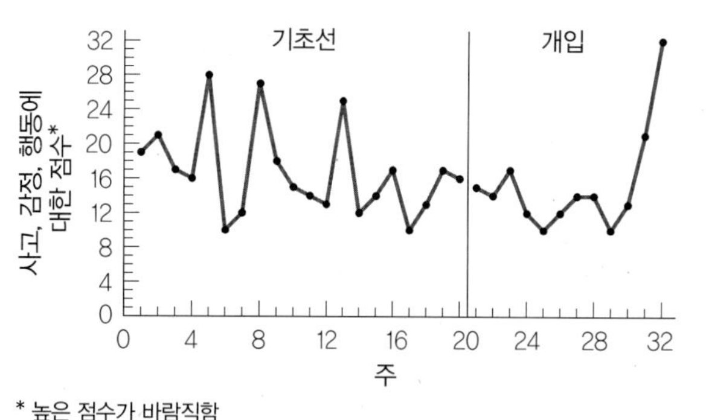

출처: Allen Rubin, "The Effectiveness of Outreach Counseling and Support Groups for Battered Women: A Preliminary Evaluation," *Research on Social Work Practice*, 1(4), October 1991, p. 349. Reprinted by permission of Sage Publications, Inc.

그림 13-15 매 맞는 여성을 위한 집단치료의 결과에 대한 도표

관되어 있어 그 개입이 성공하기를 원한다면 특히 그럴 것이다. 개입 단계의 마지막에 나타난 극적인 개선에 초점을 맞추고, 개입이 효과를 미치기 시작하는 데 어느 정도 시간이 걸렸지만 개입이 궁극적으로 성공했다고 주장할 수도 있다. 더 나아가 이 여성은 자신의 상태를 부인해왔으며, 따라서 치료를 시작할 때 개입효과가 즉각적으로 나타나지 않으리라는 점이 정당화된다고 주장할 수 있다. 이 주장이 비합리적인 것은 아니다. 실제로 실천에 대해 심리사회적 접근을 이용하는 사람들은 저항, 부인 등의 요인으로 개입이 상당히 오랫동안 지속되기 전까지 대부분 클라이언트의 결과지수가 개선되지 않을 것이라고 예상한다.

그러나 두 가지 주요 측면에 기초해 이 도표에서 시각적 유의성을 인지하는 것과 반대되는 주장이 더욱 설득력을 가질 수 있다고 생각한다. 첫째, 개입시기가 끝나면서 점수가 증가한 것은 불안정한 기초선 동안에 몇몇 변동이 있었던 것처럼 무작위 변동 또는 순환적인 일시적 변동 외에 아무것도 아닐 수 있다. 개선이 얼마나 지속되었는지 알 수 없다. 둘째, 영구적인 개선이라고 하더라도 개입기간에 좀 더 일찍 발생하지 않았기 때문에, 그것이 우연한 사건에 기인했을 개연성을 증가시킨다.

이 도표가 시각적으로 유의하지 않다고 주장할 때, 개

입이 개선을 이루어내지 않는다는 것을 도표에서 보여준다는 것을 의미하지는 않는다. 단지 이 도표는 개입이 개선을 실제로 야기했다는 결론에 비해, 대립되는 설명(우연한 사건 등)이 훨씬 타당성이 떨어진다는 증거를 충분히 제공하지 않는다는 것을 의미한다. 우리는 개입의 효과가 결과를 나타내는 점수에 반영되기 전에 어느 정도 시간이 걸릴 수 있다고 믿는다. 그러나 그럴 가능성이 있다는 것은 이것이 실제로 가장 그럴듯한 설명임을 시각적으로 유의하게 도표가 반영한다는 것과는 큰 차이가 있다. 다시 말해, 도표가 시각적으로 유의하지 않다는 것은 해석이 확실히 부정적이라는 것을 의미하지는 않는다. 이 사례에서는 해석이 모호하며, 그 모호성에 비춰 도표는 시각적 유의성이 부족하다고 믿는다.

앞의 예는 표적 문제에 어떤 눈에 띄는 개선이 일어나기 전에 개입이 한동안 진행될 때 일어날 수 있는 모호성을 예시한다. 그러나 표적 문제의 개선이 개입의 시작과 멋지게 일치하지만, 마지막 1~2개 자료점에서 갑자기 바뀌는 경우가 많다. 개입과 감시를 계속할 수 없으면 그 개입이 효과적이었는지 결정하기 어려울 수 있다.

개입시기가 끝날 때의 바람직하지 않은 자료점들은 일시적인 개선이 단순히 초기 밀월 기간 또는 개입의 시작과 일치했던 외부적 요인 때문이라는 사실을 보여주는 것일지도 모른다. 다른 한편으로 개입시기가 끝날 때의 바람직하지 않은 자료점들은 의미 있고 지속될 수 있는 개입효과가 있는 상황에서 단순히 일시적인 변화를 야기하는 외부적 요인의 결과일지도 모른다. 또한 모호한 결과는 다른 많은 방법으로 일어날 수 있으며, 특히 기초선 또는 개입 단계 동안 자료가 불안정할 때 그렇다.

단일사례 조사연구 결과의 종합

이 장에서 여러 번에 걸쳐 단일사례 조사연구의 자료 유형이 모호하게 해석되면, 그 해석은 재현과정을 통해 향상될 수 있다고 언급했다. 예를 들어 한 연구의 개입 단계 후반부에 개선이 발생한다면, 이에 대한 개연성 있는 설명으로 우연한 사건을 배제할 수 없다. 그러나 여러 연구에서 일관성 있게 거의 비슷한 후반부 시점에서 개선이 발생한다면, 서로 다른 시기에 개입을 시작하는 여러 클라이언트에 있어서 외부사건이 개선을 야기하고 있다는 주장보다는, 개입으로 바람직한 효과가 나타나는 데 어느 정도 시간이 걸린다는 주장이 더 개연성 있어 보인다. 자료 유형이 ABAB 연구에서의 되돌릴 수 없는 개입효과를 반영하는지, 또는 다중기초선 연구에서 효과의 일반화를 반영하는지 알 수 없을 때 동일한 논리가 적용된다.

재현은 모호한 자료해석을 촉진할 뿐만 아니라 단일사례 조사연구에서 두 가지 중요한 목적을 달성할 수 있다. 그중 하나는 결과의 외적 타당도에 대한 의구심을 줄인다는 것이다. 다양한 클라이언트, 상황, 실천가에게 특정한 유형의 결과를 더욱 많이 재현할 수 있으면, 그 결과를 일반화할 수 있다는 자신감이 (귀납적으로) 더 커지게 된다. 또 다른 목적은 전체 서비스 프로그램을 평가하는 것이다. 예를 들어 어떤 기관이 상당히 대표적인 클라이언트의 표본(특정 기간에 치료를 받는 매 50번째 클라이언트를 선택하는 것처럼)에 대해 단일사례 평가를 수행하면, 기관은 각 개별 평가의 결과를 총합해 전체 기관의 효과성을 평가할 수 있다.

모호한 결과를 다루는 목적으로, 개입과 기관의 효과성을 일반화할 목적으로 다양한 개별 연구의 결과를 총합하고자 할 때는 다양한 연구결과에서 의미를 찾아내는 체계를 필요로 한다. 그중 하나는 흥미로운 결과의 유형을 보이는 연구의 비율을 보고하는 것이다. 예를 들면, 시각적으로 유의한 결과와 유의하지 않은 결과의 비율을 알고자 원할 것이다. 그리고 모호한 자료 유형과 동일한 결과를 가진 연구의 비율을 원할 수도 있다. 따라서 60%의 기관사례에서 효과적인 개입이 전달되었다고 할 수 있을 것이다. 또는 70%의 재현에서 개입효과가 지연되었음을 암시하는 자료 유형을 보였다고 할 수 있을 것이다.

여기서 문제는 다른 해석을 요하는 경계에서의 구체적인 비율이 무엇인지에 대한 체계적 지침이 없다는 점이다. 예를 들어, 효과의 비율이 50%라면 기관은 이 비율에

만족해야 하는가? 비율이 더 낮다면 어떤가? 또는 전체적이고 종합적인 의미에서 하나의 프로그램이 효과적이라고 주장할 수 있기 위해 더 높은 효과의 비율이 필요한가? 실천가가 10명의 클라이언트에게 AB 연구를 재현해 시각적으로 유의한 결과를 세 번 얻었다면, 그 개입이 세 가지 사례에서 효과가 있었다고 결론을 내려야 하는가, 아니면 나머지 일곱 가지 사례에서 시각적 유의성이 재현되지 않았기 때문에 어떤 다른 요인(우연한 사건 같은)이 세 가지 사례의 자료 유형을 설명하고 있는 것은 아닌지 의문을 가져야 하는가? 단일사례 조사연구의 영역이 성숙해지면서 그런 지침이 개발될 것이다. 그러나 현재로는 특정 개입, 실천가 또는 기관과 관련해서 얻어지는 다양한 결과의 비율을 기술하는 것만으로도 어떤 가치가 있을 수 있다. 이런 결과가 축적되면서 특정 실천가, 개입, 또는 기관이 성공하는 조건에 대한 가설을 제안하는 유형을 귀납적으로 찾을 수 있다. 또한 결과가 축적되면 앞으로의 종합평가에 대한 결과를 비교할 수 있는 효과성 비율의 기준도 설정할 수 있다.

단일사례 연구결과의 종합과정은 이런 유형의 조사가 '단일사례'의 개입에 대한 평가를 훨씬 넘어서는 잠재력을 가졌음을 예시한다. 단일사례 조사연구를 수행하면서 실행 가능성의 문제를 확인했으며, 다른 설계를 실행할 수 없을 때 단일사례 연구를 모든 사람이 사용할 수 있는 만병통치약으로 보는 것은 물론 아니지만, 당신이 전문적인 사회복지사로서의 경력을 통해 이 장에서 배웠던 것을 적용하는 문제를 고려해보길 바란다.

B와 B+ 설계

이 장은 개입의 효과성에 대한 인과관계 추론에서 단일사례 설계의 논리에 초점을 두었다. 따라서 기초선에서 충분한 자료점의 필요성 그리고 시각적 유의성에 대한 개념이 다른 무엇보다 중요했다. 그러나 근거기반 실천과정의 최종 단계에 있는 실천가들은 (치료목표의 성취에서 클라이언트 변화과정을 측정하는 데) 인과관계를 추론하려는 목적 없이, 따라서 기초선에서 충분한 자료점에 대한 필요성 없이, 단일사례 설계를 사용할 수 있다. 예를 들면 당신이 외상 후 스트레스 장애로 고통을 겪는 클라이언트에게 근거기반 실천과정의 모든 선행 단계들을 거쳤고, 최선의 경험적 지지가 있는 외상 후 스트레스 장애에 대해 2개의 근거기반 개입(지속노출치료 혹은 안구운동둔감화재처리 요법) 중 하나를 제공했다고 가정하자(Rubin & Springer, 2010). 선택된 개입이 엄격한 많은 실험에서 반복된 충분한 인과적 근거가 있었기 때문에 당신은 개입의 효과성에 대해 근거를 제시할 부담을 가질 필요가 없다. 대신에 당신의 관심은 단순히 선택된 개입을 클라이언트에게 제공했을 때 클라이언트의 외상 후 스트레스 장애 증상들이 적절하게 줄어드는지를 알려고 하는 것이다. 여기에 이유가 있다.

2장에서 논의한 바와 같이, 근거기반 실천과정의 최종 단계가 중요한 타당성을 갖는 것은 최선의 경험적 지지를 가진 가장 효과적인 사회복지 개입이라도 모든 클라이언트 혹은 모든 상황에 효과를 보장하지 않는다는 것이다. 당신의 클라이언트는 선택된 개입이 효과적이지 않은 사례의 하나일 수 있다. 혹은 당신이 이상적인 방식으로 개입을 전달하지 않는 것일 수 있다. 결과적으로 이 단계에서 당신의 우선순위는 단순히 당신의 클라이언트의 변화과정을 모니터링하는 것이다. 치료의 목표가 그래프의 B단계에서 나타난 것처럼 이루어진다면, 성공이다. 성공의 원인이 무엇인지와 관계없이, 이동할 시간이다. 다시 말해, 만일 목표가 성취되지 않는다면 당신은 무엇인가를 시도할 필요가 있다. 만일 당신이 원인이 무엇인지 혹은 무엇을 발생시키지 않는지 모른다 할지라도, B단계 그래프는 당신의 실천 결정을 안내할 수 있다.

물론 만일 당신이 충분한 자료점을 포함한 기초선과 B단계 자료를 비교할 수 있다면, 더 많은 정보를 갖게 될 것이다. 그러나 실천가들은 사회복지 실천의 현실적 제한으로 하나 이상의 자료점이 있는 기초선을 얻는 것이 불가능하다. 그리고 때로 위기개입에서는 기초선 자료점을 얻는 것이 불가능하다. 그러한 경우 단일사례 설계기법을 사용하는 것을 피하기보다 당신이 인과관계 추론을 하지 않는다고 가정한다면, B단계에서 시작하거나 기초선에 하나의 자료점으로만 시작할 수 있다.

당신의 그래프가 B단계로만 구성된다면, B설계를 사용하게 된다. **B설계**는 AB 설계보다 더 단순하다. 왜냐하면 기초선(A) 단계가 없기 때문이다. 그러나 종종 실천가들은 클라이언트 사정 정보를 토대로 개입 이전 하나의 자료점을 가질 것이다. 하나의 자료점이 기초선으로 충분하지 않은 반면, 당신의 그래프를 순수 B설계 이상으로 만들어줄 것이다. 결과적으로 우리는 그것을 B플러스 설계로 부를 수 있다. **B플러스 설계**의 또 다른 유형은 B설계로 시작하지만 그 단계 동안 변화과정이 없음을 관찰하고, 당신의 개입을 변경하기로 결정하는 경우가 된다. 만일 그렇다면 원래의 B단계는 새로운 개입 단계에 대한 기초선 단계로 변환될 수 있으며, 이것을 C단계라 부른다.

당신이 외상 후 스트레스 장애 트라우마 증상을 줄이기 위해 지속노출치료를 제공하기 전 자료점을 하나도 얻을 수 없고, 그림 13-16의 그래프 1에서 제시된 것처럼 B설계 자료가 있다고 가정하자. 트라우마 증상의 해결 원인이 무엇이었는지와 상관없이, 당신은 지속노출치료가 당신의 클라이언트에게 잘못된 선택이었다거나 당신이 어떤 대안적 개입을 시도할 필요가 있다고 가정할 이유가 없다. 그렇지 않으면 만일 자료가 그래프 2에서 B설계의 자료와 유사하고, 당신의 클라이언트에게 수용할 수 있는 기간을 넘어서는 방식으로 지속되었다면, 당신은 무엇인가 다른 것(아마 안구운동둔감화재처리 요법)을 시도하는 편이 더 좋을 것이라 생각하는 타당성을 갖게 될 것이다. 더욱이 그래프 2 결과는 다음 단계의 개입결과를 비교할 수 있는 기초선을 형성한다. 따라서 만일 당신이 지속노출치료 후에 안구운동둔감화재처리 요법(혹은 또 다른 개입)을 하고, 그래프 3의 B플러스 설계에서 제시된 결과를 얻는다면, 당신의 실천결정을 안내하는 것에 더해서, 당신의 클라이언트에게 C단계 개입의 효과성에 대한 인과관계 추론을 지지하는, 시각적으로 유의한 자료 유형을 가질 것이다.

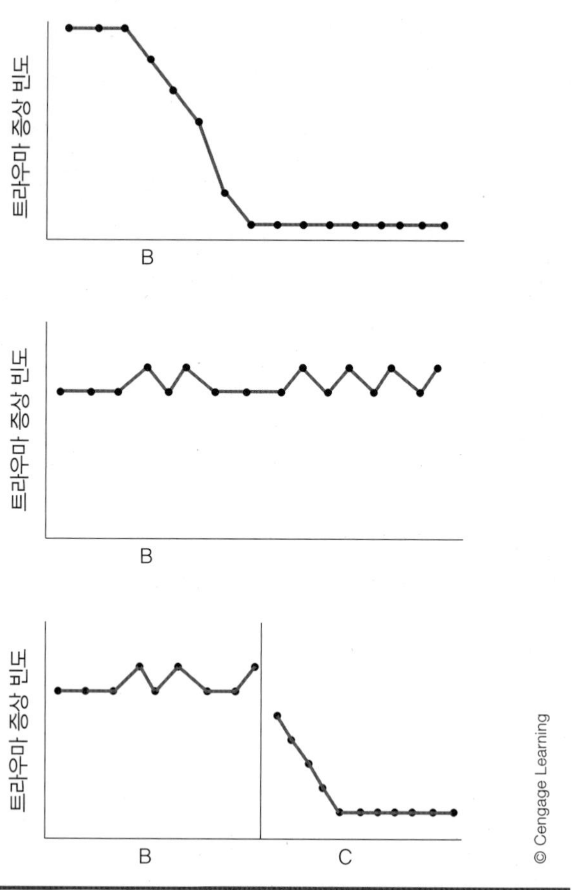

그림 13-16 B설계 결과 대조 예시

단일사례 평가에서 질적 연구방법의 역할

실험설계와 유사실험설계에서 질적 연구방법을 양적 방법과 결합할 때 질적 연구방법은 귀중한 기여를 할 수 있음을 12장에서 보았다. 이는 일반적으로 양적이라고 생각되는 단일사례 설계에서도 마찬가지다. 질적 방법을 유용하게 쓸 수 있는 경우 중 하나는 모호한 양적 결과를 해석할 때다. 예를 들어, 자료 유형의 특정한 점에서 불안정성이 발생할 때 클라이언트의 사회환경에서 중요한 외부적 사건이 그 불안정성과 일치하는지를 알기 위해 클라이언트 및 중요한 타인들과 질적 면접을 활용할 수 있다. 만약 일치한다면 도표에 표시된 자료에서 어떤 변화가 그 개입의 효과성 또는 비효과성을 반영하는 것이라고 생각하기보다는, 외부적 요인의 탓으로 돌리고 싶을 것이다. 만약 질적 면접에서도 도표에서 관찰된 변화를 설명할 수 있는

단일사례 평가를 위한 질적 방법

앞 장의 집단설계에서 했던 것처럼, 이 글에서는 중요한 질적 방법 몇 가지와 단일사례 설계평가 연구에서 그 방법이 할 수 있는 중요한 기능을 열거한다. 여기서 언급한 질적 방법에 대해서는 18장과 19장에서 더 자세히 알 수 있다.

질적 기법	단일사례 평가의 기능
클라이언트 또는 주요 타인과의 비공식적 대화면접	• 도표로 그린 자료에서의 변화와 연관된 외부적 사건 또는 요인을 확인한다. • 표적 문제를 평가하고 측정과 개입계획을 사정한다. • 개입의 어떤 부분을 클라이언트가 가장 유용하다고 생각하는지, 왜 그렇게 생각하는지를 사정한다. • 클라이언트 또는 주요 타인이 보고하거나 감독한 개선(또는 개선의 부족)을 확실하게 한다.
실천가와 클라이언트의 만남을 비디오테이프이나 오디오테이프로 녹음	• 개입의 성실성을 평가한다. (의도했던 대로 능숙하게 개입이 실행되고 있는가?)
클라이언트 또는 중요한 타인이 작성한 사건일지	• 표적 문제가 일어난 장소, 때, 표적 문제를 매개한 상황을 사정한다. • 기초선 또는 개입 단계 동안 일어나는, 양적 자료에서 일어나는 변화가 그 개입에 기인한 것인지 해석하는 데 도움이 되는 외부사건을 확인한다.

어떤 외부적 요인을 확인하지 못한다면, 그 변화가 개입 효과를 대표한다는 주장이 더 그럴듯하게 들린다.

단일사례 평가에서 질적 면접이 갖고 있는 또 다른 중요한 역할은 평가에서다. 클라이언트 및 중요한 타인과의 질적 면접은 표적 문제, 표적 문제를 측정하는 방법과 개입하는 최선의 방법을 더 잘 이해할 수 있게 해준다. 중요한 타인과의 질적 면접은 클라이언트 자신이 보고하거나 감독한 개선(또는 개선의 부족)을 확실하게 하기 위해 사용될 수 있다. 또한 질적 면접은 클라이언트들이 개입의 어떤 부분을 가장 도움이 된다고 생각하는지, 왜 그렇게 생각하는지도 평가할 수 있다. 18장에서 살펴보겠지만, 면접만이 단일사례 평가에서 유일하게 유용한 질적 방법은 아니다. 클라이언트나 그들의 주요 타인이 작성하는 사건일지도 표적 문제가 일어나는 장소, 때, 표적 문제를 매개한 상황을 평가하는 데 상당히 유용할 수 있다. 또한 사건일지는 기초선 또는 개입 단계에 일어나는, 양적 자료에서 일어나는 변화가 그 개입에 기인한 것인지를 해석하는 데 도움이 되는, 외부사건을 확인하는 데 도움을 줄 수도 있다. 단일사례 설계의 일부분으로 질적 방법의 유용성은 '단일사례 평가를 위한 질적 방법'이라는 제목의 글상자에 요약되어 있다.

주요 내용

◆ 실천가가 초점을 두기로 선택한 어떤 대상 문제도 조작적 용어로 정의할 수 없으며, 따라서 측정할 수도 없다. 그럴 수 없다면 실천가는 처음부터 그것이 중요한 문제라고 관찰할 근거가 없을 것이다.

◆ 반복적 측정을 여러 차례 실시하고 자료에서 안정된 경향을 밝혀내면 표적 문제에 영향을 미치는 외생요인에 대한 통제를 촉진해 단일사례 설계의 내적 타당도를 높인다.

- 기초선은 개입을 도입하기 전에 실시하는 반복적 측정의 통제 단계다. 이상적으로 기초선은 자료에서 안정된 경향이 분명해질 때까지 연장되어야 한다.
- 단일사례 설계는 클라이언트의 개선이나 실천가 자신의 효과성을 더 과학적으로 체계적으로 모니터링하기 위해 실천가들이 사용할 수 있다.
- 단일사례 설계는 특별한 측정 문제가 있다. 따라서 다원측정을 추천한다. 이는 불완전한 측정방법을 둘 이상 동시에 사용한다는 것을 의미한다.
- 단일사례 설계에서는 반응성, 관여, 사회적 바람직성 편견의 측정 문제에 주의를 기울일 필요가 있다.
- 단일사례 실험에서 둘 이상의 기초선 단계와 개입 단계가 있으면 가능성이 희박한 연속적인 우연의 일치라는 원칙을 통해 우연한 사건의 통제를 강화하게 된다. 이는 ABAB 설계와 다중기초선 설계를 통해 가능하다.
- AB 설계는 우연한 사건을 통제하는 능력이 가장 떨어지지만, 가장 실행 가능한 설계이고 유용한 정보를 제공할 수 있으며 근거기반 실천과정의 마지막 단계를 수행하는 뛰어난 방법이다.
- AB 설계보다 더 많은 단계를 가진 설계를 사용할 때 이월효과, 순서효과, 효과의 일반화, 효과의 불소급성이 가능하다는 점에 주의를 기울여야 한다.
- 단일사례 설계의 최대 약점은 외적 타당도가 제한되어 있다는 것이다. 사례가 하나여서 다른 클라이언트, 실천가, 상황에 일반화할 수 없는 독특한 조건을 다룬다. 그러나 이 문제는 재현을 통해 완화될 수 있다.
- 단일사례 설계자료는 언제나 시각적 유의성과 실질적 유의성으로 분석되어야 한다.
- 단일사례 연구의 통계적 결과뿐만 아니라 시각적 결과도 모호할 수 있다. 재현의 과정은 이를 해결하도록 도울 수 있다.
- 다양한 단일사례 연구결과는 특정한 유형의 결과를 보이는 연구의 비율을 계산해 총합할 수 있다.
- 실천가는 증거기반 실천의 마지막 단계에서 목표달성을 향한 클라이언트의 진전을 측정하게 되는데, 인과적 추론을 지향하지 않는다면 기초선 단계에서 많은 양의 자료수집 없이 단일사례 설계를 사용할 수 있다.
- 일부 질적 기법들은 단일사례 평가연구에서 중요한 기능을 발휘할 수 있다.

연습문제

1. 당신이 개선하고자 하는 자신의 행동(예를 들어 담배를 적게 피거나, 적게 먹거나, 운동을 더하거나, 공부를 더하는 등)의 어떤 면을 선정해 그 면을 개선하기 위한 계획을 세워라. 단일사례 실험을 시행하고 계획이 효과적인지 보기 위해 자료를 분석하라. 당신이 반응성과 편향적인 측정 문제를 어느 정도 인식하도록 노력하라.
2. 당신이 실천효과성에 관심을 갖는 특정 사례나 개입을 생각해보라. 그 사례나 개입에 관련 있는 단일사례 실험을 설계하라. 실행 가능한 방법으로 그 실험을 설계하도록 노력하라.

인터넷 연습문제

1. AB 설계를 사용한 연구를 찾아보라. 연구설계를 평가하고 자료가 해석된 방식에 동의하는지를 논의하라.
2. ABAB 설계 또는 다중기초선 설계를 사용한 연구를 찾아보라. 연구설계를 평가하고 자료가 해석된 방식에 동의하는지를 논의하라.

추천도서

Bloom, M., Fischer, J., & Orme, J. G. (2008). *Evaluating Practice: Guidelines for the Accountable Professional* (6th ed.). Boston: Allyn & Bacon. 이 책은 단일사례 설계를 연구방법으로 상용해야 하는 사회복지사에게 매우 포괄적이고 값진 길잡이가 될 것이다. 단일사례 설계의

중요한 다양한 측면과 실천가와 연구자로서의 역할을 겸행할 수 있는 방법에 대해 심도 있게 다루고 있다. 그리고 이 책을 사용한 학생들은 이를 통해 실무 그 자체에 대해 매우 많은 것을 배우고 있다고 보고한다.

Rubin, A. (2013). *Statistics for Evidence-Based Practice and Evaluation* (3rd ed.). Belmont, CA: Brooks/Cole. 실천가 친화적인 이 책의 19장은 단일사례 설계결과의 통계적 유의성과 효과의 크기를 계산하기 위한 다양한 절차를 언제 어떻게 사용하는지를 서술하고 있다. 당신이 현재 읽고 있는 교재를 저술한 저자들 중 한 명은 이 책을 강력히 추천한다. 그 사람이 누구인지 추측할 수 있는가?

활용 노트

EP 2.1.6b

EP 2.1.6b: 실천에 유용한 연구증거 활용하기: 사회복지사가 이 장에 소개된 모든 개념을 이해한다면, 실천에 유용할 수도 있는 단일사례 설계를 사용한 연구를 비판적으로 평가할 수 있다.

EP 2.1.10d

EP 2.1.10d: 클라이언트 자료를 수집하고, 정리하고, 해석하기: 사회복지사는 개입을 모니터링하고 평가하기 위해 단일사례 설계를 사용한다면 그 일부로 클라이언트 자료를 수집하고 정리하고 해석하는 방법을 이해해야 한다.

EP 2.1.10m

EP 2.1.10m: 개입을 비판적으로 분석하고, 모니터링하고, 평가하기: 사회복지사는 개입을 모니터링하고 평가하는 데 단일사례 설계를 사용하기 위해 이 장에 소개된 모든 측정 개념을 이해해야 한다.

CHAPTER 14

프로그램 평가

Program Evaluation

이 장의 학습내용

앞의 세 장이 개입에 대한 효과성 평가의 연구설계 논리를 강조했다면, 이 장은 전체 프로그램을 평가하는 광범위한 내용에 초점을 두고 있다. 여기서는 프로그램 성과 측정뿐만 아니라 프로그램 계획과 프로그램 실행과정 감독을 포함하는 프로그램 평가에 대해 알아보겠다. 이와 함께 프로그램 평가자가 당면하는 정치적 장애물과 어떻게 이에 대응하는지에 대해서도 이해하게 될 것이다.

서론

앞의 세 장은 실천의 여러 단계에서 행하는 개입에 대한 효과성을 평가하는 방법 중 실험설계와 유사실험설계에 초점을 맞추어 설명했다. 그러나 전체 프로그램을 평가할 때는 효과성뿐만 아니라 다른 연구문제도 제기된다. 따라서 프로그램 평가에 활용되는 방법이 실험연구와 유사실험연구로만 제한되지는 않는다. **프로그램 평가**(program evaluation)는 어떤 특정 연구방법보다는 연구목적을 의미하는 개념이다. 프로그램 평가는 사회적 개입과 인간대상 서비스 프로그램의 개념화, 설계, 기획, 관리행정, 실행, 효과, 효율 및 활용에 대한 이해와 증진을 목적으로 하는 연구다(Rossi & Freedman, 1993).

이 책의 첫 부분에서 사회복지 연구와 사회과학 연구를 연구목적을 기준으로 구분한 적이 있다. 전자의 경우 사회복지 실천에서 사회복지 전문가들이 당면하는 문제를 해결하거나 사회복지기관에 있는 사람들의 고통을 경감하고 복지를 증진하는 데 필요한 실제적 지식을 형성하는 것에 주안점을 두었다는 사실을 언급했다. 이런 관점에서 볼 때 프로그램 평가란 그것이 사회복지와 관련된 분야와 문제에 적용되는 경우에 사회복지 연구와 매우 유사하며, 동시에 사회복지사들이 하는 많은 연구 중 상당 부분이 프로그램 평가의 목적을 갖는다고 볼 수 있다. 앞서 언급한 것처럼 프로그램 평가란 특정 연구방법보다는 연구목적에 관한 것이며, 따라서 이 장에서 논의의 초점은 어떤 특정 연구방법이나 연구설계보다는 프로그램 평가의 목적이 가진 함의에 두기로 한다.

EP 2.1.6b
EP 2.1.10m

프로그램 평가의 목적

프로그램 평가는 다음 세 가지의 광범위한 목적을 두루 포함한다. 크게 (1) 프로그램의 궁극적인 성공 여부에 대한 평가, (2) 프로그램의 진행에 대한 문제점 평가, (3) 프로그램 기획과 개발에 필요한 정보 확보다. 프로그램 평가는 총괄적 평가와 형성적 평가로 분류된다. **총괄적 평가**(summative evaluation)는 위의 세 가지 목적 중 첫 번째 목적에 해당하는 것으로 프로그램의 궁극적인 성공 여부, 프로그램의 존속 여부와 대안 프로그램들 중 이 프로그램을 선택할 것인가의 여부 등에 관련된 평가연구를 말한다. 총괄적 평가의 결과는 '결정' 또는 '종결'의 의미를 갖는다. 평가결과가 성공적인가의 여부에 따라 프로그램은 종결될 수도 있고 계속될 수도 있다. 반면 **형성적 평가**(formative evaluation)는 프로그램의 성공 여부와는 관련이 없다. 형성적 평가는 프로그램을 기획하거나 프로그램을 발전시키고 기능을 높이기 위해 필요한 정보를 얻는 것을 주된 목적으로 한다.

총괄적 평가는 일반적으로 양적인 접근을 활용한다. 형성적 평가는 양적이나 질적 방법, 혹은 두 가지를 혼합한 방법을 활용한다. 앞으로 설명하겠지만, 프로그램 평가의 유형과 목적은 상호 배타적이지 않다. 이 둘은 오히려 상호 보완적인 관계에 있으며, 포괄적인 평가는 다른 연구방법을 활용하는 총괄적 요소와 과정적 요소를 함께 포함한다. 프로그램 평가의 다양한 유형을 살펴보기 전에 역사적 발달과정을 먼저 알아보자.

역사적 발달과정 고찰

프로그램 평가는 비교적 최근에 들어와 발전하기 시작한 연구방법론인 데 반해, 계획된 사회평가(planned social evaluation)는 이미 오래전부터 사용되어온 연구방법론이다. 어떤 학자들은 중국에서는 이미 기원전 2200년경에 인재를 선발하기 위해 기획사회평가를 사용했던 유래를 찾아볼 수 있다고 주장하기도 한다(Shadish, Cook, & Leviton, 1991). 특정 목적을 위해 사회개혁을 시도하는 경우에 사람들은 항상 그런 개혁이 가져올 실제적인 결과에 관심을 갖는데, 비록 결과를 예측하는 방식이 의식적·의도적·체계적인 방식이거나, 아니면 지금 우리가 설명할 프로그램 평가와 같은 방식을 통해서는 아닐지라도 변화의 결과에 대해 관심이 있다는 것은 확실하다.

예를 들어 19세기 중반 도로시아 딕스 Dorothea Dix가 이끈, 정신장애인을 좀 더 인간적으로 돌볼 것을 주창하는 운동이 미국의 모든 주에서 주립정신병원을 짓게 하는 결과를 가져온 사례를 생각해보자. 어떤 주립정신병원의 책임자들은 주립정신병원이 정신질환을 치료하는 데 상당한 효과가 있음을 의도적으로 보여주는 자료를 제시함으로써 그런 종류의 병원의 성장을 촉진했다(Grob, 1973). 정신병원 책임자들은 입원자의 90% 혹은 그 이상을 퇴원시키고는 정신병원의 치료율이 약 90~100%에 달한다고 주장했다! 그 당시에는 재입원, 재발, 만성질환 등의 개념이 매우 모호한 상태였으며, 따라서 병원 책임자들이 퇴원율을 정신질환의 완치에 대한 조작적 정의로 사용하고도 아무런 문제가 없었다. 물론 그들이 **조작적 정의**라는 용어를 사용한 것은 아니었다(이런 예를 통해 이 장에서 논의할 프로그램 평가의 정치적 측면의 중요성을 엿볼 수 있다).

프로그램 평가를 좀 더 체계적으로 접근하기 시작한 것은 20세기에 들어와서이다. 그 당시의 프로그램 평가는 주로 학교 간 상이한 수업방법에 따른 교육 효과를 표준화된 시험 성적을 통해 비교하는 것이었다. 수십 년이 지난 뒤에서야 직원의 사기가 생산성에 미치는 영향, 공중보건교육이 위생에 미치는 영향 등을 분석하기 위한 실험적 프로그램 평가연구가 시작되었다. 1940년대에 들어와서는 뉴딜사회복지정책의 실행 이후 실업에 대한 근로구제와 직접구제의 효과, 공공주택정책의 효과, 비행청소년에 대한 치료 프로그램의 효과 등에 대한 연구가 진행되기 시작했다. 2차 세계대전의 시작과 함께 프로그램 평가는 새로운 발전의 계기를 마련하게 되었는데, 군인들의 사기에 대한 연구와 인사 및 정치선전 정책이 군인들의 사기에 미치는 영향에 대한 연구가 대표적인 예라고 할 수 있다.

전쟁 이후 주택, 공중보건, 소수인종 등의 분야와 건강, 가족계획, 지역사회개발과 관련된 국제적 문제를 해결하기 위한 대규모 공적 지원이 이루어지기 시작했다. 공적 지원의 규모가 확대되면서 이런 프로그램의 결과와 관련된 자료에 대한 관심 또한 높아지기 시작했다.

1950년대 후반에 들어와서는 청소년비행 같은 많은 사회 문제를 해결하기 위해, 그리고 심리치료 분야에서의 혁신과 약물심리치료 분야에서의 새로운 발견을 검증하기 위해 프로그램 평가가 널리 쓰이게 되었다. 1960년대에 이르러서는 평가연구와 관련된 교재, 전문 학술지, 전국 규모 학술회의, 학회 및 전문가 모임이 생겨나기 시작했다. 프로그램 평가에 대한 이런 폭발적인 관심은 1970년대에 들어와서도 지속되었는데, 이는 빈곤, 아동학대, 약물남용, 범죄와 비행, 정신질환 등의 문제를 해결하기 위한 많은 프로그램의 결과를 보여줄 수 있는 구체적 증거에 대한 사회적 요구가 높아졌기 때문이다. 그러나 1970년대 후반에 많은 사회 프로그램에 대한 공적 재정지원이 약화되면서 프로그램 평가연구에 대한 연구비 지원도 줄어들었다. 이런 추세는 1980년대에 더욱 심화되었으며, 레이건 정부에 의해 연방평가조사국의 예산이 삭감되기도 했다(Shadish et al., 1991).

프로그램 평가연구에 대한 정부의 재정지원이 1980년대 이후 줄어든 것은 사실이지만 현재 우리가 '책임성의 시대'에 살고 있다는 것은 확실하며, 진보나 보수 모두 사회 프로그램이 그 효과성에서 사회적으로 좀 더 책임성을 가질 필요가 있다는 점에 동의한다. 사실 프로그램 평가의 필요성은 자원이 풍부할 때보다 자원이 희소할 때 더 높은데, 자원이 희소해질수록 효과적이지 못한 프로그램에 자원이 낭비되는 것은 아닌가 하는 우려의 목소리가 높아지기 때문이다. 이와 관련해서 강조하고 싶은 것은 "과연 투여된 자원에 상응하는 만큼의 결과를 얻고 있는가?"라는 우려의 목소리가 단지 정부의 재정지출에 대해 보수적인 성향을 가진 사람들, 즉 사회 프로그램에 대한 재정지원을 달가워하지 않는 사람들에 의해서만 제기되는 것은 아니라는 점이다. 이런 우려는 정치적 소견을 가진 사람이라면 누구나 할 수 있으며, 더 나아가 사회복지 재정 확대를 강력하게 주장하는 조력전문가 중 좀 더 나은 원조방식을 끊임없이 모색하는 사람들이나 실제로 표적집단에게 도움이 되지 못하는 프로그램 때문에 부족한 자원이 낭비되는 것을 막고자 하는 사람들도 이런 우려를 하게 된다. 실제로 역사적으로 볼 때 책임성을 높여야 한다고 강력히 주장해왔던 주된 세력은 클라이언트, 즉 사회 프로그램의 수혜자들이 실제로 적절한 도움을 받고 있는지 여부에 지대한 관심을 보여왔던 소비자권익 옹호단체들이었다.

이런 힘들에 의해, 최근의 예산삭감에도 불구하고 1990년대 프로그램 평가는 사회복지정책 및 프로그램의 기획과 행정 분야에서 널리 활용되고 있다. 사실 기관에서는 프로그램 평가자라는 자리를 별도로 마련하기보다는 **기획** 혹은 **프로그램 분석**을 담당하는 직원들에게 프로그램 평가의 책임을 맡기기도 한다(Posavac & Carey, 1985). 실제로 대다수 재원의 경우 프로그램 평가를 재원제공의 전제조건으로 요구하며, 평가자료 제시를 재원제공의 지속 여부를 결정하는 하나의 기준으로 삼는다. 그러나 이런 요구사항은 양면적인 결과를 가져온다. 프로그램에 대한 평가요구는 기관에 종사하는 사람들에게 정책 및 프로그램을 개선하고 동시에 클라이언트에게 도움을 제공하는 데 좀 더 나은 방법을 찾도록 노력하게 만든다. 그러나 다른 한편으로 이런 요구사항은 기관 종사자나 그 밖의 사람들이 평가연구의 결과에 대해 기득권적 이해를 갖는다는 것을 의미한다.

관리의료의 영향

의료와 대인서비스기관의 프로그램 평가에 대한 강조는 관리의료의 영향으로 더욱 증가하고 있다. **관리의료**(managed care)라는 용어는 다양하게 정의되는데, 의료와 대인서비스 비용을 통제하려는 여러 방식을 일컫는다. 이런 방식은 그 요소와 내세우는 이익에서 광범위하지만, 관리의료의 기본 개념은 거대한 조직이 할인된 비용으로 서비스를 제공하는 것에 동의하는 돌봄 제공자와 계약을 맺는 것이다. 서비스 비용을 지불하는 인원 수가 많기 때문에 돌봄 제공자는 기꺼이 낮은 비용으로 서비스를 제공한다. 돌봄에 대한 비용을 지불하는 거대조직은 일반적으로 서비스를 받는 사람의 고용주이거나 의료보험회사다. 제공자는 거대조직이 요구하는 비용할인에 응함으로써 제공하는 서비스에 대한 수당을 받을 수 있고, 관리의료 체제하에 있는 다른 고객들도 의뢰받을 수 있다. 가장 큰 관리의료조직으로는 건강관리협회(health maintenance organization), 지정제공자협회(preferred provider organization), 고용인지원 프로그램(employee assistance program, EAP) 등을 들 수 있다. 공공 사회서비스기관도 비용을 줄이고 서비스 제공의 효율성을 증가시키기 위해 관리의료 기술을 도입할 수 있다.

간단히 설명하자면 관리의료는 다음과 같이 진행된다. 제인 도 Jane Doe[1]는 정신건강 및 약물남용 문제를 가진 직원을 위한 고용인지원 프로그램(EAP)을 제공하는 큰 회사 또는 주정부기관의 직원이다. 제인에게는 알코올 문제가 있는데, 최근 업무에까지 영향을 미치게 되어 직장을 유지하려면 치료를 받으라는 권고를 받았다. 회사는 자기 회사 EAP와 계약을 맺고 있는 약물남용 서비스 제공자 목록을 제인에게 제시한다. 제인이 그 목록에서 서비스를 선택하면 대부분의 치료비용은 회사 EAP에서 지불한다. 그러나 제인이 EAP가 승인하지 않는(즉, 계약을 맺지 않은) 치료기관을 선택하면, EAP는 치료의 아주 적은 일부만 지불하거나 아예 지불하지 않을 수도 있다. 따라서 제인은 그 목록에서 치료기관을 선택할 가능성이 크다. 점점 더 많은 사람이 관리의료체계 안으로 들어감에 따라, 거대조직의 비용할인 요구에 응하지 않는 제공자는 기관 유지에 필요한 고객이나 환자를 잃을 위험에 처하게 된다.

관리의료 회사들은 비용을 낮추려는 노력의 일환으로 꼭 필요하고 효과적이라고 판단되는 서비스에 대해서만 지불하는 것을 목적으로 삼으며, 이를 위해 서비스 제공자의 의뢰를 심사한다. 이 심사에는 서비스 형태뿐만 아니라 서비스의 정도도 포함된다. 따라서 서비스 제공자

---

1 '아무개'라는 의미로 사용하는 명칭으로 한국의 '홍길동'과 유사함 – 옮긴이

는 단기 치료계획을 수립하고, 효과를 보여주기 위해 필요한 치료회기 수에 대한 정확한 근거를 제공해야 한다는 압박감을 갖는다. 예를 들어, 두 개의 알코올남용 치료 프로그램이 각각 확연히 다른 개입방법을 적용한다고 가정해보자. 한 프로그램은 치료결과 평가에 별 관심이 없는 반면, 다른 프로그램은 각 환자에 대한 개입결과를 평가해 10회기 프로그램 종료 후 환자의 90%가 직장에서 술과 관련된 문제를 일으키지 않는다는 결과를 제시한다. 제인 도의 EAP는 후자를 승인할 가능성이 훨씬 높다는 것이다.

관리의료는 논쟁의 대상이다. 영리를 목적으로 하는 관리의료 조직들은 환자가 정말로 필요한 치료를 받는가보다는 회원기관의 이익을 더 생각한다는 비판을 받아왔다. 개인에게 필요한 치료의 정도를 보험회사가 판단한다는 것은 꼭 필요한 치료를 관리의료 회사가 불필요하다고 판단해 서비스를 승인하지 않은 결과 환자가 자살을 하거나 다른 고통을 받는 등의 무서운 결과를 가져올 수 있음을 의미한다. 서비스 제공자는 필요한 만큼 서비스를 제공하지 못하는 현실적 압력과 문서작업의 증가로 환자를 돌보는 시간이 줄어들었다고 불평한다. 이 논쟁은 조사방법론 교재의 범위를 벗어나는 것이지만, 여기서 중요한 점은 관리의료로 인해 서비스 제공자가 서비스의 효과성 평가를 위해 연구방법을 활용하게 되었다는 것이다. 이런 영향은 이 책의 독자들에게도 적용되는데, 사회복지 실천현장에서 연구방법을 활용해 서비스 결과를 평가해야 하는 압력을 경험할 가능성이 크기 때문이다.

앞서 설명했듯이 관리의료의 주요 영향 중 하나는 프로그램 평가의 중요성이 증가하고 있다는 것이다. 이는 구체적으로 어느 정도의 서비스와 어떤 형태의 서비스가 어떤 결과를 가져오는가를 측정하는 것을 강조한다. 그러나 앞 장에서 설명한 대로 사회복지 서비스의 결과를 측정하는 방법은 다양하다. 타당한 정도가 다르고 객관성과 편향의 정도가 각기 다른 측정방법 중 어떤 것을 선택할 것인지를 결정해야 한다. 손에 넣을 수 있는 척도를 사용해 빠른 시일 안에 결과를 측정해야 하는 압력은, 가장 적합한 척도를 사용해야 하며 여러 기관의 여러 의료인이 동일한 척도를 사용해야 한다는 당위성과 상충될 수 있다(Abramovitz, Ivanoff, Mosseri, & O'Sullivan, 1997). 또한 내적 타당도가 떨어지는 유사실험설계에서부터 내적 타당도가 높은 무작위 실험설계에 이르는 방법 중 어떤 방법을 선택할 것인가도 결정해야 한다.

관리의료의 압력하에서 서비스 제공자가 선호하거나 피하려는 특정 연구방법이 존재하는가? 아직까지 여기에 답할 수 있는 연구는 이루어지지 않았다. 그러나 증가하는 관리의료에 관한 문헌과 서비스 제공자와의 대화를 정리해보면 다음 사항을 알 수 있다. 서비스 제공자는 각 환자에 대한 치료목표를 측정 가능한 개념으로 조작화해야 하며, 목표달성 여부를 측정해야 한다는 압력이 점점 증가하고 있다. 그러나 결과로 나타난 개선이나 향상이 우연한 사건이나 성숙 같은 내적 타당도를 위협하는 요인에 의한 것이 아니라 실제로 치료에 의해 나타난 결과임을 과학적으로 추론할 수 있는 내적 타당도를 보장하는 설계를 중요시하는 관리의료 회사의 노력은 거의 없다(Mullen & Magnabosco, 1997).

또한 관리의료 압력의 일환으로 형성된 데이터베이스에 문제가 있다는 우려의 목소리가 있다. 허드슨Hudson (1997)은 데이터베이스의 상당 부분이 허위라고 주장하며 의료인들이 환자의 문제를 제대로 나타내는 진단보다 관리의료 회사에서 지불해주는 진단명을 데이터베이스에 입력한다고 말한다. 그는 이런 방식으로 만들어진 데이터베이스의 자료를 통계적으로 분석하면 결국 진단별 특성이나 유병률 등 관련 요인에 대해 잘못된 연구결과를 발표하게 된다고 주장한다.

관리의료 조직이 요구하는 문서는 각기 다르다. 우선 공통적으로 고객(환자)이 제공받은 서비스에 대한 만족도 평가서를 작성한다. 여기에는 예약이 얼마나 어려웠는지, 찾아오는 길이 어려웠는지, 의료기관 직원들이 친절했는지, 치료가 얼마나 도움이 되었는지 등이 포함된다(Todd, 1998). 소비자 만족도를 평가하는 것은 모든 기관에게 바람직하다. 실제로 소비자의 응답은 서비스 질

향상에 매우 유용한 정보를 제공한다. 그러나 소비자 만족도 조사는 12장에서 설명한 내적 타당도가 보장되는 실험과 유사실험과는 거리가 멀다. 만족도 조사는 사회적 바람직성 편견에 취약한 편이며, 소비자가 서비스에 만족한다고 해서 표적 문제가 향상되었다는 것을 의미하지는 않는다. 문제해결과 관계없이 서비스 제공자가 아주 친절하게 대했다는 이유로 만족감을 느낄 수도 있기 때문이다.

관리의료의 요구에 부응하는 또 한 가지 방법은 서비스 제공자가 환자와 함께 조작적인 치료목표를 구체화한 뒤, 환자에게 목표를 달성했는지 물어보는 것이다. 제인도의 경우 치료목표를 근무시간과 점심시간에 술을 마시지 않는 것으로 정하고, 이 목표를 달성했다면 치료가 효과적이었다고 간주할 수 있다. 여기서 제인의 응답 타당성(여기에도 사회적 바람직성 편견의 가능성이 있음)을 검증하거나, 행동 변화에 대한 다른 설명의 가능성을 배제하기 위해 단일사례 설계를 활용하는 실험연구를 요구하지는 않는다. 또한 추적검사 기간에 대한 통일된 기준이 있는 것도 아니다. 예컨대 제인의 금주가 얼마나 지속되어야 치료가 효과적이었다고 말할 수 있는가?

관리의료 회사는 신뢰도와 타당도가 검증된 표준화된 측정도구를 사용할 것을 더 강하게 요구한다. 게다가 비교를 위한 목적으로 다른 세팅에서 동일한 측정도구를 사용하라고 요구할 수도 있다(Mullen & Magnabosco, 1997). 그 결과 광범위한 결과 측정도구가 보급되고 있으며 점점 증가 추세에 있다. 프랭클린 Franklin과 누리우스 Nurius의 저서(1998)는 결과 측정방법 선정을 도와주는 회사목록을 제시하고 결과 측정도구 선택에 참고가 되는 문헌을 소개한다. 사회복지 영역에서 관리의료의 요구에 응할 수 있는 결과 측정방법 선정에 유용한 또 하나의 문헌은 멀런 Mullen과 마그나보스코 Magnabosco(1997)의 저서이다.

그러나 표준화된 도구를 사용한다고 해도 많은 결과 측정은 통제집단 없이 이루어지는 단순 사전사후검사 설계의 맥락에서 이루어지고 있다. 한 가지 대안은 단일사례 평가설계를 활용하는 것이다. 13장에서 설명했듯이 단순 B 설계는 이미 효과가 충분하게 입증된 증거기반 개입을 제공할 때 사용할 수 있다. 이 경우에는 더 엄격한 단일사례 평가설계가 필요하지 않은데, 여기에서 중요한 것은 개입의 일반적 효과성이 아닌 특정 클라이언트에 대한 적용 가능성이기 때문이다.

관리의료 회사에 효과성을 제시하기 위해 어떤 연구설계를 활용하든 서비스 제공자는 자신의 서비스가 효과적으로 보이게 하는 결과를 제시해야 하는 기득권적 이해를 가지고 있는 경우가 많다. 서비스 제공자의 서비스에 대한 자금조달이 불안정하기 때문에 효과성을 과학적으로 타당한 방법으로 수행할 수 있는 의지와 능력이 제한적일 수 있다. 이를 염두에 두고 프로그램 평가의 정치적 측면에 대해 알아보자.

프로그램 평가의 정치적 측면

프로그램 평가를 통해 얻은 결과는 프로그램을 옹호하는 사람에게나 반대하는 사람 모두에게 자신의 입장을 뒷받침할 수 있는 근거로 사용될수 있기 때문에 프로그램을 평가하는 과정에서 상당 수준의 정치적 압력이 개입될 수 있다. 따라서 프로그램 평가와 관련된 기득권적 이해로 인해 자유로운 과학적 탐구가 침해당하기도 한다. 그 결과 프로그램에 대한 평가가 복지를 증진하려는 목적으로 최대한 과학적 방법으로 진실을 밝히기보다는 프로그램 유지라는 필요성에 부합하는 방식으로 이루어진다. 이는 곧 프로그램을 돋보이게 하는 방향으로 연구를 설계하거나 그런 방향으로 연구결과를 해석할 것을 종용하는 압력이 존재함을 의미한다. 또한 재원을 제공하는 주체가 프로그램의 질적 수준보다는 자신들이 지원하는 프로그램에 대한 평가가 이루어졌다는 사실에만 관심이 있을 거라는 판단하에 다분히 보여주기식의 불성실한 평가가 이루어질 수 있음을 의미하기도 한다. 따라서 기관의 행정책임자가 프로그램 평가를 위해 고용한 평가자가 과학적 연구방법의 기준에서 볼 때 가장 적임자라고 볼 수는 없다.

프로그램 평가의 정치적 측면, 즉 기득권적 이해에 부합하도록 평가가 이루어질 수 있다는 것에 대해 예상보다 훨씬 더 많은 중요성이 부여될 수도 있다. 실제로 기관 행정책임자의 입장에서 본다면, 가능한 한 과학적으로 평가한다는 것이 커다란 문제이자 위협이라고 해도 지나친 표현은 아닐 것이다. 물론 기관책임자는 그런 사실을 인정하려고 하지 않으며 도리어 방법론적 엄격성을 주장하는 사람들을 '지나치게 학문적이며 현실감각이 결여되어 있다'고 비판하기도 한다(이런 주장이 타당한 경우도 있다. 즉, 지나치게 방법론적 엄격성을 주장하는 연구자들은 방법론적인 절충을 불가피하게 만드는 현실적인 제약조건조차도 인정하지 않는 경우가 있다).

따라서 비록 연구설계에 대한 열성이나 전문성은 없지만 컴퓨터를 잘 다루고 평가자료를 적절하게 다듬어 프로그램을 그럴듯하게 보이게 만들면서 동시에 연구의 내적, 외적 타당도 등의 학문적 문제를 제기하지 않을 만한 사람에게 기관이 프로그램 평가업무를 맡기는 모습을 종종 볼 수 있다.

만약 앞으로 프로그램 평가에 참여하거나, 이를 활용 또는 수행하는 입장이 된다면 기득권을 가진 사람들이 평가의 질이나 엄밀성에 영향을 미칠 수 있다는 점을 충분히 이해하고 있어야 한다. 바로 이런 점이 프로그램 평가를 다른 종류의 사회조사와 구분짓는 특성이며, 이에 대해서는 이 장 전반에 걸쳐 논의할 것이다. 그렇다고 모든 프로그램 평가에 부정(不正)이 있다는 의미는 결코 아니다. 아마도 대부분의 기관 운영자나 그 밖의 기득권자들은 자신의 이해관계보다는 클라이언트를 돕는 가장 바람직한 방법을 모색하기 위해 모든 노력을 아끼지 않는 전문가의 자세를 가졌으며, 가능한 한 객관적이고 과학적인 평가가 이루어지기를 바라고 있을 것이다. 물론 모든(혹은 대부분의) 평가자가 기득권자들의 정치적 압력으로부터 자유롭다고 볼 수는 없지만, 그렇다고 해서 모든 평가자가 정치적으로 중립적이지 못하다고 단정짓는 것도 무리가 있다.

바라건대 이 장을 통해 프로그램 평가의 정치적인 측면에 대한 실제적이고 직감적인 시각을 갖게 되길 바란다. 다시 말해, 기득권자들이 평가에 바람직하지 않은 영향을 미칠 가능성이 존재한다는 점에 주의를 기울여야 하며, 그럼에도 이제까지 매우 객관적이고 유익한 프로그램 평가연구가 많이 이루어져 왔으며 앞으로도 끊임없이 이루어질 것이라는 점을 인식해야 한다.

내부평가자 대 외부평가자

프로그램 평가자가 평가대상이 되는 프로그램을 운영하는 기관에서 일하는 사람인 경우, 그 평가자를 **내부평가자**(in-house evaluator)라고 한다. 프로그램 평가자는 평가대상이 되는 기관이 아닌, 정부 또는 기타 감독기관이나 혹은 민간연구소에서 일하는 사람이 될 수도 있는데(민간연구소의 경우, 공개경쟁을 통해 정부로부터 정부지원 프로그램에 대한 평가를 의뢰받는다) 그런 평가자를 **외부평가자**(external evaluator)라고 한다. 대학에 있는 연구자도 연구비를 지원받아 프로그램 평가를 하기도 하고, 학문적 업적을 위해 실제적 연구수행을 원하기도 한다.

내부평가자는 외부평가자에 비해 여러 가지 장점이 있다고 간주된다. 내부평가자는 프로그램 관련 정보 및 관계자와 좀 더 자주 접촉할 수 있으며, 평가연구를 설계할 때나 평가결과를 해석할 때 염두에 두어야 하는 여러 가지 사항에 대해 보통 더 많이 알고 있다. 또한 프로그램을 평가해야 하는 필요성이나 평가 시 나타날 수 있는 현실적인 제약요인에 민감하기 때문에 특정 연구설계와 연구방법론의 이용 가능성을 잘 파악할 수 있다. 이들은 프로그램 운영자들로부터 신뢰감을 얻기 쉽기 때문에 많은 협조와 도움이 될 만한 정보를 제공받을 수 있다는 장점이 있다. 반면에 내부평가자는 자신이 일하는 기관의 프로그램에 대한 애착이나 상급자와의 관계, 자신의 승진 등을 고려함에 따라 외부평가자에 비해 객관적이지 못하거나 독립적이지 않을 수 있다.

그러나 외부평가자라고 해서 앞서 언급한 정치적인 측

면에 대해 완전히 자유로울 것이라고 생각하는 것은 오산이다. 외부평가자도 평가대상인 프로그램에 관계된 직원들과 원만한 관계를 유지해야 할 강한 동기를 가지고 있다. 만약 평가에서 프로그램에 관계된 직원들이 소외된다면 평가자는 그들로부터 협조를 얻기 어려우며, 그럴 경우에는 양질의 평가를 하기가 매우 어려워진다. 실제로 누구에게 프로그램 평가기금을 줄 것인지를 선정하는 중요한 기준 중 하나는 평가자와 프로그램 간 관계가 어떠하며, 그런 관계를 바탕으로 평가자가 프로그램 운영자와 원만한 관계를 형성해 협조를 얻어낼 수 있는가이다.

또한 외부평가자가 내부평가자에 비해 항상 더 객관적이라고 생각해서는 안 된다. 예를 들어, 프로그램의 재정지원 주체가 프로그램을 중단하고 싶어 한다면 재정지원 중단의 근거로 사용하기 위한 부정적 평가결과를 필요로 할 것이다. 반면, 부정적인 평가결과는 재정지원 주체의 입장을 곤란하게 만들 수 있으며, 그로 인해 재정지원 주체의 기금모금이 위협을 받을 수도 있다.

이 책의 저자 중 한 사람인 루빈이 수행한 많은 평가연구에서 이런 점을 잘 보여줄 수 있는 예를 찾아볼 수 있다. 의회가 정부의 여러 시범 프로그램에 대한 평가를 위해 예산을 지원하면서 반드시 외부평가자에 의한 평가가 이루어져야 한다는 조건을 내세운 적이 있었다. 그러나 실제로 의회에서 설정한 조건은 평가연구 설계의 성격과 외부평가자를 선택하는 방식뿐이었다. 워싱턴에서 열린 회의에서 정부관료들은 자신들이 재정을 지원한 기관들에게 프로그램의 효과를 평가할 때 가능한 한 긍정적인 평가결과가 나오도록 단순한 원시실험설계와 프로그램 효과 측정치 중 가장 단순한 측정치를 사용해줄 것을 강조했다. 예를 들어 정부관료들이 원했던 바는 단순히 프로그램이 시작되고 나서 일 년이 지난 후에 자기 집이 아닌 다른 거주시설에서 보호를 받는 아동 수가 프로그램을 시작하기 일 년 전에 비해 10% 감소했는지의 여부였을 뿐, 평가에서 내적 타당도 저해요인을 통제하기 위한 연구설계를 갖추어야 한다거나 연구결과가 우연에서 비롯될 수 있는 가능성을 통계적으로 통제해야 한다는 필요성에 대해서는 별로 신경 쓰지 않았다(이 통계적 쟁점에 대해서는 22장에서 더 자세하게 다루겠다).

한 비공식적인 회의에서 외부평가를 주 업무로 하는 프로그램 평가자 한 명이 엄격한 연구설계를 사용하면 프로그램 책임자들이 질겁할 결과가 나올 테니 그런 연구설계를 사용하는 것을 권장하지 않는다고 얘기하는 것을 들었다. 대신 통제집단 없는 사전사후검증 같은 원시실험설계를 사용하고, 서비스를 제공하는 실무자들의 편견이 개입될 소지가 많음에도 불구하고 손쉽게 작성할 수 있는 효과 측정치를 사용할 것을 제안했다. 그 결과 그 평가자는 그 회의에서만도 네 건의 프로그램 평가를 의뢰받는 큰 수확을 얻었던 것으로 기억한다.

프로그램 재정에 대한 관심은 평가연구의 설계뿐만 아니라 평가결과를 해석하는 방식에까지 영향을 미칠 수 있는데, 행정가들은 평가결과가 얼마나 긍정적이냐에 따라 지원금의 규모가 좌우된다고 생각하기 때문이다. 이렇게 영향을 미치는 방법은 여러 가지가 있는데, 어떤 방법은 좀 더 우회적이다. 예를 들면 평가자들에게 프로그램의 효과가 성공적이면 후속 프로그램 재정지원도 이루어질 것이고, 그렇게 되면 그 프로그램과 관련한 외부평가 지원금도 있을 거라고 알려준다. 외부평가자의 입장에서 앞으로 많은 프로그램이 개발될 것으로 생각한다면, 가급적 평가를 의뢰한 사람들에게 그들이 바라는 평가결과를 제공하면서 원만한 관계를 유지하는 것이 평가자 자신에게 직업안정과 금전적 차원에서 상당한 장기적 혜택이 있을 것이라고 생각할 수 있다.

영향을 미치는 또 다른 방법은 평가자의 평가 보고서가 마음에 들지 않을 때 평가자를 아주 골치 아프게 만드는 것이다. 평가자는 자신이 제시한 평가의 내용이 긍정적이면 프로그램 관계자들이 평가자의 능력이나 자격 혹은 신뢰성을 의심하거나 비판적인 태도를 취하지 않는다는 사실을 빨리 깨닫게 된다.

반면 보고서의 내용이 프로그램 관계자들이 바라는 만큼 긍정적이지 않은 경우, 특히 평가결과가 프로그램에 대한 재정지원의 지속 여부를 결정하는 데 미칠 영향에 대해 우려한다면, 프로그램 관계자들은 평가자에 대해 매우 비판적인 태도를 취하며, 평가자와 기관 간의 관계가 악화될 수 있다. 비록 평가연구가 그다지 잘된 연구가 아니라고 할지라도 프로그램에 대한 평가가 긍정적이라면 프로그램 관계자들로부터는 대개 불만이 없다. 반대로 아주 훌륭한 평가연구라고 할지라도 그 연구가 프로그램에 대해 별로 중요하지 않은 몇 가지 문제점을 지적하는 경우, 그런 지적이 혹시라도 프로그램에 대한 재정지원에 악영향을 주지 않을지 우려하는 프로그램 관계자들은 심한 반발을 보이기도 한다.

이런 현상들은 단순히 저의가 있어서 발생하는 것이 아니다. 종종 기관의 여러 이해관계자는 평가나 결과에 영향을 미치고자 하는 선한 의도를 갖고 있으며, 그렇게 하는 것이 기관을 위하는 일이라고 믿는다. 한 예로, 프로그램 관계자들은 사람들에게 도움이 된다고 생각하는 프로그램을 위해 부족한 재원을 끌어모으려 애쓴다. 비록 이런 프로그램의 효과성에 대한 확신이 없다고 해도 좀 더 많은 재정적 지원을 통해 프로그램들을 개선하고 발전시켜 나아가야 한다고 믿는다. 또한 부정적인 평가결과는 프로그램을 개선할 수 있는 기회보다는 곧바로 프로그램에 대한 재정지원의 중단을 의미한다고 믿기 때문이기도 하다. 이와 달리 좀 더 비판적인 시각에서 바라보는 사람들은, 프로그램 관계자들은 자신이 일하는 기관의 재정상태를 증진하고 자신의 일자리를 유지하는 데 관심이 있다고 본다. 사람마다 차이가 있다는 사실을 염두에 둘 때, 이 두 가지 관점은 모두 어느 정도 사실이라고 할 수 있다. 하지만 좋은 의도를 가지고 있다고 해도 평가의 결과에 영향을 주려는 노력이나 타당한 결과를 받아들이지 않는 것은 결과적으로 프로그램 평가방식과 결과의 신뢰를 저해하게 된다.

이를 잘 보여주는 예는 1970년대 중반, 미국 사회복지교육협의회(Council on Social Work Education, CSWE)가 전미정신건강연구소(National Institute of Mental Health, NIMH)의 사회복지훈련 담당부서로부터 의뢰받은 사회복지대학원의 지역사회 정신건강 관련 교과과정에 대한 평가연구다. 이 평가연구의 기본 목적은 사회복지대학원들이 NIMH로부터 받은 지원금에 관련된 요구사항을 이행하는 방식의 차이를 알아보는 것이었다. 당시 대부분의 사회복지대학원은 NIMH로부터 상당 수준의 기금을 받아 석사과정 학생들이 졸업 후 지역사회 정신건강 분야에서 일하도록 교육하고 있었다. 평가연구는 이런 기금지원이 지역사회 정신건강 교과과정에 어떤 변화를 가져왔는지 알아보고자 하는 것이었다.

평가연구 결과, 일부 대학에서는 교과과정에 변화가 있었음을 발견할 수 있었다. 그러나 2년의 연구기간 동안 여러 대학을 방문해 수집한 자료에 근거해볼 때, 대부분의 대학에서 특별히 지역사회 정신건강과 관련된 교과과정상의 변화는 나타나지 않았다. 실제로 대학들은 NIMH의 훈련기금을 기존 교과과정을 확대하는 데 사용했으며, 이런 행동을 이제까지 사회복지대학원에서 가르친 모든 교과과정이 지역사회 정신건강과 관련된 것이라는 입장으로 정당화했다.

아마도 사회복지학과 교수와 사회복지대학원 행정가가 앞서 언급한 내용이 담긴 평가보고서(Rubin, 1979)를 본다면 매우 기분 나빠할 수도 있을 것이다. 왜냐하면 특별한 정신보건 교과과정을 개발하지 않고 정규 프로그램을 확장하기 위해 기금을 사용한 학교에게 NIMH가 더 이상 기금을 주지 않을 것을 염려하기 때문이다. 반면 NIMH의 사회복지훈련 담당자들은 솔직한 평가를 고마워할 텐데, 이를 바탕으로 NIMH 기금을 적합하게 사용한 대학과 그렇지 못한 대학을 구분하고, 그렇지 못한 대학에게는 좀 더 책임감을 갖고 기금을 사용하도록 권고하게 해주기 때문이다. 그러나 CSWE 행정가에 따르면 연구결과에 가장 놀란 것은 NIMH 관계자였다고 한다.

이는 NIMH 내의 다른 부서들이(사회복지훈련 부서와 연방정부가 제공하는 재원에 대해 경쟁관계에 있는 다른 부서들) 이런 평가보고서를 근거로 연방정부 재원지원 중 사회복지훈련에 대한 지원을 줄이고 자신들의 부서에 더 많은 기금을 배당하려고 할지도 모른다는 걱정에서 비롯된 것이었다. 만약 실제로 그런 일이 발생한다면 사회복지대학원들에 대한 지원액이 삭감될 수밖에 없을 것이며, NIMH 내 사회복지훈련 부서의 직원들의 위상이 손상되고, 줄어든 예산을 보면서 안타까워해야 했을 것이다.

이런 예에서 볼 수 있듯이 프로그램 평가의 정치적 측면은 매우 복잡하고 광범위하며, 평가연구를 지원하는 외부기관이 우리가 생각하는 것처럼 독립적이고 객관적이지만은 않다는 사실을 알 수 있다. 위의 예에서 NIMH의 사회복지훈련 부서에 속한 직원들은 사회복지대학원들이 NIMH의 기금을 바탕으로 교과과정을 대대적으로 혁신했음을 보여주는 평가보고서를 기대했으며, 그런 보고서를 바탕으로 자신들의 기금배당과 기금 사용에 대한 관리감독 업무능력을 보여줌으로써 좀 더 많은 재원을 확보하고자 했던 것이다. 또한 CSWE가 전국 사회복지대학원의 대표자들에 의해 운영되며 사회복지 교육을 위해 좀 더 많은 기금을 확보하기 위한 로비활동을 주된 목적으로 하는 단체이기 때문에 CSWE에게 평가연구를 의뢰함으로써 매우 긍정적인 결과보고서를 기대할 수 있으리라고 생각했다. 실제로 CSWE의 행정관리자들은 평가보고서에 실린 내용에 대해 불만을 표시했으며, NIMH의 기금이 전국 사회복지대학원에게 많은 도움이 된다는 점을 좀 더 잘 나타내는 방향으로 평가결과를 재해석하도록 CSWE 관계자이자 연구담당자에게 권유하기도 했다.

프로그램 평가결과의 활용

앞의 예에서 나타난 것처럼 프로그램 평가결과는 직업, 프로그램, 재정적 지원뿐만 아니라 신념이나 가치에도 영향을 미칠 수 있다. 따라서 정치적 혹은 이념적인 힘에 의해 프로그램 평가결과의 이용 여부와 이용방식이 좌우될 수 있다.

과거 닉슨 대통령은 전국적으로 능력이 탁월하다고 인정받는 한 위원회에게 음란물의 사회적 영향을 연구하도록 지시한 적이 있다. 그 연구 결과, 위원회는 음란매체가 사회에 부정적인 영향을 주지 않는다는 연구보고서를 발표했다. 위원회는 음란매체로 인해 성범죄가 증가하지는 않는다고 결론을 내렸다. 아마도 이런 연구결과가 발표된 이후 상당히 허용적인 법률이 제정됐을 거라고 예상하겠지만 그와는 반대로 닉슨 대통령은 위원회의 결론을 받아들이기보다는 위원회의 연구가 잘못됐다는 결론을 내렸다.

평가연구의 결과가 받아들여지지 않은 비교적 덜 극단적인 예를 꼽아보면 끝이 없을 것이다. 아마도 평가연구를 해본 사람이라면 대부분 자신이 행한 평가연구 중 결과가 명확하며 그 결과가 의미하는 정책적 함의가 분명함에도 불구하고 평가결과가 받아들여지지 않는 경험을 해본 적이 있을 것이다.

일반적으로 볼 때 평가연구의 결과가 실무에 적용되지 못하는 것은 다음의 세 가지 이유에서 비롯된다. 첫째, 연구결과를 제시하는 방식이 연구자가 아닌 사람들의 입장에서 볼 때 너무 이해하기 힘든 방식으로 제시되는 경우다. 둘째, 연구결과가 사람들이 가진 통념과는 너무도 다른 경우다. 위에서 설명한 음란물의 예가 바로 여기에 해당한다. 만약 모든 사람이 음란물은 나쁜 것이며, 음란물로 인해 많은 성 문제가 발생한다고 믿고 있다면 그런 믿음과 상반되는 연구결과는 아무런 영향을 미치지 못한다. 같은 이유에서 지구가 태양의 주위를 돈다고 말한 코페르니쿠스는 미친 사람으로 취급받았다. 누구나 지구가 고정되어 있다는 고정관념을 갖고 있었기 때문이다.

평가연구의 결과가 받아들여지지 않는 세 번째 이유는 기득권적 이해이다. 예를 들어 한 가족치료기관에서 일하는 임상사회복지사들이 새로운 가족치료 기법에 대한 강도 높은 훈련과정을 마친 후, 그 기법에 근거해 서비스를 전달하는 새로운 치료팀을 만들어야 한다고 동료와 상급자를 설득하기에 이르렀다고 하자. 그들은 자신의 새로운 치료기법이 매우 효과적이라고 확신했으며 새로운 치료팀을 만듦으로써 기관 내에서 자신의 위상과 자율성을 높일 수 있으리라고 기대했다. 이런 상황에서 만약 누군가에 의해 그 새로운 치료기법이 아무런 효과가 없다는 평가연구 결과가 제시된다면 어떻게 될까? 아마도 새로운 치료기법을 주장했던 사람들이 자신들이 잔뜩 펼쳐놓았던 자리를 접어 들고 잘못된 주장을 해서 미안하다며 조용히 전에 하던 일로 돌아가지는 않을 것이다. 그보다는 평가연구에 대해 부정할 수 없는 어떤 제한점을 지적하며 잘못된 결론을 불러일으킬 수 있는 가치 없는 연구라는 주장과 함께, 자신의 프로그램이 계속될 수 있도록 동료와 상급자에게 강도 높은 로비활동을 벌이기 시작할 가능성이 더 높다.

연구수행 절차와 행정적 문제

프로그램 평가의 사회적 측면들은 평가연구의 결과에 대한 이용뿐 아니라 연구수행 절차에도 영향을 미친다. 연구수행 절차(logistics)란 연구참여자로 하여금 자신에게 맡겨진 일과 조사도구를 배포하고 회수하는 일, 그리고 그 밖의 여러 가지 세세한 일을 하게 하는 것을 말한다. 12장에서는 실험과 유사실험 프로그램 평가를 위협하는 연구수행 절차상의 일반적 문제에 대해 설명했다. 서비스를 제공하는 사람이나 그들의 상사는 종종 프로그램 평가에서 요구하는 연구 관련 원칙을 달가워하지 않는다. 따라서 원칙을 잘 지키며 평가를 수행하는 것에 저항감을 가질 수 있다. 경우에 따라서는 연구수행 절차상의 문제는 통제할 수 없는 일상생활의 맥락에서 뜻하지 않게 발생할 수도 있다. 예를 들어, 프로그램 평가를 중요하게 생각하지만 서비스 전달이 주 업무인 바쁜 치료자가 주 업무에 우선을 두다가 연구원칙에 따르는 것을 깜빡 잊어버릴 수도 있다. 실제로 평가과정에 있는 치료자들이 실험조건이나 통제조건을 잊는 경우를 종종 목격했다. 환자를 잘 도와야 한다는 마음 때문에 실험집단에게만 제공해야 하는 개입을 통제집단에 속한 환자에게도 제공한 것이다.

종종 예상하지 못했던 상황으로 인해 프로그램 운영자가 프로그램을 변경하는 상황이 발생하는데, 이런 경우 평가가 엉망이 될 수 있다. 운이 좋다면 평가자는 프로그램 운영자로부터 그들이 생각하고 있는 프로그램상의 변화가 어떤 것인지 사전에 통보받을 수 있으며, 그런 경우 평가자는 변화의 내용을 미리 파악하고 그 변화로 인해 평가연구의 실행 가능성이나 유용성이 손상되지 않도록 미연에 방지할 수 있다. 이는 평가자가 매일 프로그램 현장에 있을 수 있는 충분한 자원이 있을 때 가능하다. 만약 자원이 충분하지 못해 프로그램 현장에 함께하는 것이 힘들거나 프로그램을 운영하는 사람들과의 지속적인 상호작용이 어렵다면 프로그램상의 변화를 제때 발견하지 못하게 되면서 평가계획을 실행에 옮기지 못할 수도 있다. 프로그램 운영자가 한 달쯤 전에 들었던 평가계획을 항상 염두에 두고 있으리라고 기대해서는 안 된다. 그들이 평가계획을 기억하고 있다고 하더라도 프로그램상의 변화가 평가계획에 영향을 줄 것이라는 점을 인식하지 못하는 경우가 많다.

예를 들면 루빈이 평가했던 가족보호 프로그램의 경우, 프로그램 운영자는 상태가 생각만큼 빨리 호전되지 않은 것을 보고 치료기간을 3개월에서 1년으로 늘렸는데, 그것이 표본 크기를 75%나 감소시키는 결과를 초래한다는 사실을 전혀 인식하지 못했다(3개월 동안 치료를 받는 네 개의 집단에서 12개월간 치료를 받는 한 집단으로 감소한 것이다). 평가연구가 시작된 지 몇 달이 지나도록 누구도 평가자에게 그런 프로그램상의 변화를 언급하지 않았으며, 그로 인해 사후검사 시기에 중요한 영향을 미치게 되었다.

평가 중간에 동일한 운영자는 비교집단에 속한 클라이언트 중 양육방법이 눈에 띄게 향상된 구성원을 유사한 가족보호개입 프로그램에 보내기 시작했으며, 이런 결정이 평가연구의 내적 타당도에 영향을 줄 수 있다는 점을 전혀 생각하지 못했다(혹은 큰 관심을 갖지 않았을 수도 있다). 더 큰 문제가 되었던 점은 사전에 가족보호 프로그램에 참여하는 클라이언트와 비교집단에 클라이언트들이 여러 면에서 유사해야 한다는 것을 설명했음에도 불구하고 프로그램 책임자가 가장 문제의 심각도가 높은 클라이언트를 실험집단에 배정하고 문제가 심각하지 않은 클라이언트만 비교집단으로 배정한 것이다. 프로그램 책임자는 그런 방식으로 3년간 클라이언트를 배정하다가 평가결과가 부정적으로 나온 다음에서야 비로소 그 사실을 평가자에게 알려주었다.

평가연구 기획과 평가결과 이용의 활성화

포사벡 Posavac과 캐리 Carey(1985)는 평가나 평가결과의 활용에 대한 저항감이나 연구집행상의 문제점을 미리 예상하고 이에 대처하는 데 도움이 될 만할 여러 가지 행동지침을 제시했다. 그중 첫 번째가 이해당사자, 즉 평가결과에 따라 신념, 소득, 지위 혹은 직업, 업무량 등 자기자신의 기득권적 이해가 영향받게 되는 사람들에 대해 가능한 한 많은 것을 알아야 한다는 것이다. 이들에게 평가연구와 일체감을 갖게 하고 자료수집에 협조하게 하려면, 평가를 기획하는 과정에 반드시 그들을 참여시켜야 한다. 서비스 수혜자들도 이해당사자이며, 따라서 이들 또한 기획과정에 반드시 참여시켜야 한다.

연구 초반부터 연구자는 누가 평가를 원하며, 어떤 이유에서 평가를 원하며, 평가를 원하지 않는 사람들은 누구인가에 대해 명확하게 이해하고 있어야 한다. 예를 들어 프로그램을 재정적으로 지원하는 사람들은 평가를 원하는 반면, 프로그램을 운영하는 직원들은 평가에 대해 모르고 있거나 평가에 대해 달가워하지 않는다고 가정해 보자. 이런 상황에서 평가자는 직원들이 평가를 좀 더 편안하게 생각할 수 있도록 노력해야 하며, 그렇게 함으로써 자료수집과 해석에 있어 그들로부터 더 많은 협조를 기대할 수 있다. 한 가지 방법은 그들을 이해당사자로서 평가에 참여하게 하여 상호 도움이 될 만한 정보를 교환하는 것이다. 물론 참여는 연구설계가 끝나고 연구를 실행하기 바로 전에 이루어지는 것보다는 평가를 기획하는 단계에서부터 이루어지는 것이 바람직하다. 평가에 협조해줄 것을 적극 권장함과 동시에 프로그램을 운영하는 직원들을 평가에 참여시키는 것은 기관 내에서 이루어지는 매일의 현실을 발견할 수 있는 가능성을 높이는 방법이다. 종종 이런 기관 내의 일상적 현실은 연구설계 및 자료수집 방법론과 관련된 문제들을 야기해 연구진행에 장애가 되기도 한다.

평가연구에서 기획의 과정은 쌍방적이다. 이해당사자에 의해 일어나는 문제뿐만 아니라 연구를 설계하는 과정에서도 실수가 있을 수 있다는 가능성도 염두에 두어야 한다. 예컨대 평가연구의 결과를 토대로 의사결정을 하게 될 사람을 연구에 참여시키는 경우 연구자는 의사결정자가 알고자 하는 사항에만 초점을 맞추고 연구를 진행할 수 있으며, 그 밖의 별로 중요하지 않은 사항들에 대해서는 신경 쓰지 않아도 된다. 또한 프로그램 관계자로부터 충분한 의견을 제시받지 못하면 적합하지 않은 조사도구를 선택하거나 개발하게 될 수 있다. 예를 들어, 클라이언트가 이해하지 못하거나 끝까지 답하고 싶지 않은 자기보고형 조사도구를 사용하는 경우다. 프로그램의 목적달성 정도를 평가하기 위해서는 각 클라이언트에 대한 개별적 측정이 이루어지는 것이 바람직하다. 이는 각 클라이언트가 제각기 독특한 욕구와 문제를 가지고 있기 때문이다. 이런 경우 프로그램 관계자는 연구자에게 모든 클라이언트를 한 집단으로 보고 동일한 성과측정치로 평가하기보다는 각 클라이언트에 대한 단일사례 연구결과를 종합해 평가하는 편이 더 바람직하다고 설득할 수 있다. 평가자는 자신의 자료수집 활동이 프로그램 운영자에게는 비현실적인 부담이 될 수 있다는 점을 인식하지 못할 수도 있다. 대부분의 프로그램 운영자는 클라이언트를 위한 서비스의 질을 떨어뜨리지 않으면서 동시에 엄청난 양의 서류업무를 감당해야 하기 때문에 항상 시간에 쫓기는 것이 현실이다.

때로는 프로그램 운영자에게 평가결과를 담은 최종 평가보고서를 다른 이해당사자에게 배포하기에 앞서 그들에게 먼저 보여주고 의견을 구하겠다고 약속함으로써 더 많은 협조를 얻을 수 있다. 물론 프로그램 운영자들이 평가보고서의 내용에 어떤 영향을 미칠 수 있으리라 생각하게 해서는 안 되며, 단지 평가보고서에 대한 그들의 의견을 비중 있게 고려할 것이라는 점을 확신시켜야 한다. 프로그램 운영자에게 평가보고서의 내용을 설명할 때 연구자는 프로그램 운영자가 프로그램 발전에 도움이 되리라고 생각할 것 같은 연구내용은 무엇이며, 또한 그 내용이 의미하는 바가 무엇인지를 명확하게 설명해주어야 한다. 평가보고서에 대한 설명은 시기적절하게 이루어져야 하는데, 시기적으로 너무 늦어져 이미 중요한 결정이 내려진 후가 되지 않도록 해야 한다.

평가자는 평가보고서를 이용할 사람들이 보기에 이해하기 쉽고 그들의 필요에 맞도록 평가보고서의 형식과 모양을 다듬어야 한다. 보고서의 내용은 간단명료해야 하며, 일목요연해서 한눈에 볼 수 있게 정리해야 하며, 맞춤법과 전반적인 구성도 신경을 써야 한다. 특히 평가보고서가 간결하고 짜임새 있게 준비될수록 시간적 여유가 없는 행정가나 실무자들까지 보고서를 자세히 검토해 볼 수 있다는 점을 기억하라. 보고서의 내용을 프로그램 운영자에게 설명할 때는 보고서의 모든 내용을 다루고자 하면 안 된다. 또한 부정적인 내용을 아무런 준비 없이 갑자기 이야기해버리지 않도록 주의해야 한다. 프로그램의 목표가 달성되지 않았다는 내용을 말해야 하는 경우, 가급적이면 프로그램을 운영하는 사람들의 노력과 기술을 인정해주는 방식으로 설명하도록 노력하며, 목표달성이 이루어지지 않은 것이 프로그램 운영자의 부적합성을 의미하는 것으로 인식되지 않도록 배려해야 한다. 프로그램이 성공했다거나 실패했다는 식으로 평가결과를 전달하지 않아야 하며, 새로운 프로그램 개발이 필요하다든지 혹은 기존 프로그램을 개선할 것을 제안하는 방식으로 의미를 전달해야 한다. 평가연구를 기획할 때부터 프로그램 운영자에게 평가결과는 긍정적일 수도 있고 부정적일 수도 있다는 점과, 평가의 초점은 프로그램의 가치를 판단하기보다는 프로그램을 발전시킬 수 있는 방법을 모색하는 데 있다는 사실을 주지시켜야 한다. 또한 평가결과에 함축되어 있는 많은 의미 중 현실적이고 실제적인 의미에 충분한 관심이 모아질 수 있게 해야 한다.

포사벡과 캐리(1985)에 따르면 프로그램 관계자를 평가기획과정에 참여하도록 하는 마지막 단계는 그들의 의견을 반영하는 내용을 포함한 평가계획안을 보여주고 그 계획안에 대한 그들의 의견을 묻는 것이다. 프로그램 관계자에게 평가계획안을 보여주는 목적은 평가의 내용과 성격에 그들도 동의함을 확인하기 위한 것이다. 또한 연구를 실행하기에 앞서 모든 것을 최종 문서로 확인함으로써 처음에 발견하지 못했던 연구집행상의 문제점을 발견할 수 있다는 장점이 있다.

평가계획서는 프로그램의 주요 내용, 프로그램의 내용과 단기목적과의 연계성, 단기목표 달성 여부를 측정할 수 있는 지표, 단기목표들과 장기적 프로그램 성과 간의 연계성, 장기목표 달성의 성공 여부를 측정할 수 있는 지표 등을 보여주는 도표를 포함하는 것이 좋다. 이렇게 도표로 묘사한 것을 **논리모델**(logic model)이라고 한다. 논리모델에 포함되는 프로그램 평가의 계획, 과정, 성과의 다양한 유형을 살펴본 뒤 논리모델에 대해 좀 더 자세하게 설명하기로 한다.

넘어가기 전에 한 가지 주의해야 할 것은 앞서 언급한 평가의 행동지침과 단계를 모두 따른다고 해서 프로그램 운영자가 프로그램에 대한 평가나 평가결과에 대해 아무런 문제를 제기하지 않는다는 뜻은 아니라는 점이다. 위에서 언급한 지침이나 단계는 문제가 발생할 수 있는 가능성을 낮추거나 문제의 심각성을 완화하기 위한 방편에 불과하며, 이런 행동지침과 단계를 모두 따른다고 해도 상황에 따라서는 프로그램을 운영하는 직원들과의 관계에서 문제가 발생할 수 있다. 예컨대 평가결과에 따라 재정적 지원에 큰 타격을 받을 수 있는 상황이라면 아무리 잘된 평가연구라고 할지라도 평가를 불신하게 될 것이다. 앞서 설명한 내용은 '평가에 대한 호응과 활용을 향상시키는 방법'이라는 제목의 글상자에 요약되어 있다.

프로그램 평가의 유형

지금까지 공식적인 목표달성과 관련한 프로그램 효과성 측정에 초점을 두고 프로그램 평가의 정치적 측면에 대해 설명했다. 프로그램 평가를 생각할 때 일반적으로 바로 떠오르는 중요한 질문은 프로그램이 성공적이었는가 하는 것이다. 이는 매우 정치적 측면을 가진 질문이기도

평가에 대한 호응과 활용을 향상시키는 방법

- 이해관계자들을 파악한다.
- 평가를 계획하는 시작부터 모든 과정에 이해관계자들을 포함시킨다.
- 누가 평가를 원하고 왜 원하는지 알아낸다.
- 평가계획서에 대해 이해관계자의 피드백을 구하고 의견을 포함시킨다.
- 평가계획서에 논리모델을 포함시킨다.
- 프로그램 관계자 및 이해관계자들에게 평가보고서를 완성하기에 앞서 이에 대한 응변을 할 수 있음을 확인시킨다.
- 보고서의 양식과 형식을 이해관계자의 요구에 맞춘다.
- 만약 부정적인 평가결과가 있다면 프로그램 관계자의 노력과 공로를 인정하면서 기술적으로 제시한다.
- 프로그램 실패를 암시하기보다는 새로운 프로그램에 대한 제안이나 현 프로그램을 향상시키는 방법을 제안한다.
- 현실적이고 실용적인 함의를 제공한다.

한데, 예산을 지원하는 조직 등의 기득권적 이익과 직접적으로 연관되기 때문이다. 그러나 앞서 설명한 대로 프로그램 평가는 개입과 프로그램의 개념화, 계획, 설계, 행정, 수행 등에 초점을 두는 다양한 목적과 연구문제를 가질 수 있다.

따라서 여기서는 프로그램 평가의 여러 유형을 검토하려고 한다. 특별히 방법적인 문제에 초점을 두고 설명하려고 하는데, 정치적으로 고려해야 할 점이 계속 영향을 미친다는 사실을 보게 될 것이다. 우선 프로그램 성과와 효과성 평가에 대해 살펴보는데, 이 한 가지 유형 안에서도 진행방법에 따른 여러 관점이 존재한다.

성과와 효율성 평가

프로그램의 성과와 효율성에 대한 평가를 통해 프로그램이 효과적으로 목표를 달성했는지, 의도하지 않았던 부정적인 효과는 없었는지, 프로그램의 목표달성이 합리적인 수준의 비용에서 이루어졌는지, 혹은 프로그램의 비용과 편익의 비율이 다른 유사한 프로그램의 그것과 비교할 때 어떤지 등을 평가할 수 있다.

흔히 **목표달성 평가**(goal attainment model)라고 하는 이 접근방식은 주로 프로그램의 공식적 목표나 비전에 중점을 둔 접근방법으로, 평가하고자 하는 프로그램이 프로그램의 기획자 혹은 일반 대중이 생각하고 있는 목표를 얼마나 달성했는가를 알아보는 데 주안점을 둔다. 목표달성형 평가를 기획할 때 일반적으로 프로그램의 공식적 목표를 종속변수로 보게 되는데, 프로그램의 공식적 목표는 프로그램의 성공을 나타낼 수 있는 측정 가능한 지표로 조작화한다.

목표달성형 평가의 기획에서 핵심은 편견이나 관찰된 결과에 대한 대안적 설명이 될 수 있는 요인을 배제함으로써 나타난 결과가 프로그램으로 인한 것이라는 결론을 내릴 수 있도록 연구의 내적 타당도를 높이는 것이다. 따라서 목표달성을 평가하는 연구는 가능한 한 내적 타당도를 높일 수 있는 실험설계 또는 유사실험설계 방법을 사용하고 매우 엄격하고 객관적인 수량적 측정치를 활용한다. 다시 말해, 프로그램 평가에서 이 접근은 프로그램 노력과 프로그램 성과의 지표 간에 인과적 연관을 평가하는 데 초점을 둔다.

프로그램의 성과에 대한 평가가 아무리 엄격하게 이루어졌다고 하더라도 그런 성과를 얻는 데 드는 비용을 고려하지 못한다면 이는 완전하다고 볼 수 없다. 다시 말해, 얻고자 하는 성과를 얻는 데 있어 프로그램이 얼마나 효율적인가를 말하는 것이다. 예를 들어 만성 정신질환자들이 재입원하지 않도록 예방하는 것을 목적으로 하는 사례관리 프로그램을 평가한 결과, 그 프로그램으로 인해 만성질환자들의 입원일수가 상당 수준 감소되었다는 결론을 내렸다고 하자. 더 나아가서는 사례관리 프로그램을 받은 50명 환자의 경우, 평가기간의 총 입원일수는 400일인 데 비해 50명의 환자로 이루어진 통제집단의 경우에는 500일이라고 가정해보자. 즉, 사례관리 프로그램이 자그만치 100일이라는 차이를 만들어냈다는 것이다.

여기까지만 들어서는 아주 훌륭한 프로그램이라고 생각할 수 있을 것이다. 그런데 여기서 평가기간에 사례관리 프로그램을 제공하는 데 소요된 비용이 50,000달러라고 가정해보자. 이 액수를 프로그램을 제공해 줄일 수 있었던 입원일수로 나눈다면 입원일수를 1일 줄이는 데 500달러가 들었음을 알 수 있다(50,000달러 나누기 100일). 만일 1일 입원비가 500달러 이하라면 어떤 결론을 내릴 수 있을까? 아마도 사례관리 프로그램 자체는 매우 효과적일지 모르지만, 그 프로그램이 정신장애인을 돌보는 데 가장 효율적인 프로그램이라고 할 수는 없을 것이다.

이런 효율성의 문제는 전적으로 경제적인 문제이므로 서비스 수혜자가 받게 되는 인간적인 혜택의 가치를 고려하지 못하는 경우가 많다. 일반인의 입장에서 볼 때, 위의 예와 같은 사례관리 프로그램에 드는 비용을 매우 높은 비용이라고 생각할 수 있다. 그러나 어떤 사람들은 정신장애인들을 지역사회에서 일반인처럼 살 수 있도록 도와줌으로써 정신장애인의 삶에 대한 질이 얼마나 많이 향상될 것인가를 생각해본다면 그런 비용은 얼마든지 정당화될 수 있다고 생각할지도 모른다.

이런 예를 통해 프로그램 평가의 사회적·정치적 측면을 다시 한 번 엿볼 수 있다. 어떤 특정한 혜택을 만들어 내기 위해 든 비용이 과연 그만한 가치가 있는가 하는 질문에 각 이해당사자는 아마도 누가 비용을 부담할 것이며, 누가 혜택을 받게 되는가에 따라 입장을 달리할 것이다. 또한 개인의 자존감 향상이라든지 건강 등의 편익은 돈으로 그 가치를 측정한다는 것이 불가능하다.

그럼에도 프로그램의 효율성 평가는 매우 유용하다. 어떤 프로그램이 줄 수 있는 인간적인 편익에 주안점을 두고, 비록 효율성은 좀 떨어진다고 해도 더 적합한 프로그램이라고 판단하는 경우가 있다. 이런 경우에도 적어도 이런 결정을 내리기 위해 프로그램의 편익과 비용 비교를 활용할 수 있다는 것이다. 때로는 프로그램의 효율성을 평가하는 것으로 어떤 프로그램이 더 인간적인 편익을 줄 수 있는 프로그램인지를 가려낼 수도 있다. 예를 들어 위의 예와 유사한 어떤 사례관리 프로그램을 50명의 정신장애인에게 제공한 결과, 입원일수를 425일이나 감소시켰으며 이를 위해 25,000달러의 비용이 들었다고 가정해보자. 후자의 경우에는 비록 효과 면에서 전자에 비해 약간 낮지만 비용 면에서는 절반밖에 되지 않는다. 따라서 50,000달러를 투자한다면 비용이 높은 프로그램보다 두 배나 많은 정신장애인에게 프로그램을 제공할 수 있다. 만약 제한된 재정 때문에 도움을 필요로 하는 모든 사람에게 더 좋은 프로그램을 제공할 수 없다면, 약간 덜 효과적이기는 하지만 효율성이 더 높은 프로그램을 제공하는 것이 좀 더 많은 인간적인 편익을 주는 방법이 될 수 있다.

비용효과 분석과 비용편익 분석

프로그램의 효율성을 평가하는 두 가지 주된 접근방법으로는 비용효과 분석과 비용편익 분석이 있다. **비용효과 분석**(cost-effectiveness analysis)에서 고려하는 금전적 비용은 프로그램에 드는 비용만을 말하는 것이며, 프로그램의 결과가 갖는 금전적 가치는 고려되지 않는다. 이와 달리 **비용편익 분석**(cost-benefit analysis)에서는 프로그램에 드는 비용뿐만 아니라 프로그램의 성과도 금전적 가치로 환산한다.

앞서 살펴봤던 사례관리 프로그램의 예에서, 만약 연구자의 관심이 입원일수를 하루 줄이는 데 드는 비용에 있다고 한다면 이는 비용효과 분석이 된다. 따라서 어떤 프로그램에서는 입원일수를 하루 감소시키는 데 드는 비용이 500달러인 데 비해 다른 프로그램에서는 300달러가 든다는 식의 연구결과는 비용효과 분석을 통해 얻어진 결과임을 알 수 있다. 이와 달리 연구자의 관심이 프로그램이 갖는 사회적 편익, 즉 사례관리 서비스를 받은 사람들의 경제적 생산이 높아진다는 식으로 사회적 편익을 측정함으로써 프로그램 성과의 금전적 가치를 환산하고자 하는 것이라면 이는 비용편익 분석이다. 화이트 White (1988)가 제시한 예를 이용해 비용효과 분석과 비용 편익 분석의 차이를 이해해보자.

두 개의 학교사회사업 프로그램을 평가하고자 하는데, 두 프로그램 모두 도시 중심에 있는 고등학교 학생들의 학교중퇴율을 낮추기 위한 프로그램이라는 공통된 목표를 갖는다고 하자. 이미 알려진 바에 따르면 표적집단의 졸업률은 약 50%에 불과하다. 50,000달러의 비용이 드는 개입 프로그램 A를 100명의 학생을 대상으로 실시한 결과, 100명 중 75명이 졸업했다. 40,000달러의 비용이 드는 개입 프로그램 B를 100명의 학생들을 대상으로 실시한 결과, 60명이 졸업할 수 있었다고 가정해보자. 기존의 졸업률이 50%이므로 100명의 학생들 중 대략 50명 정도는 졸업할 것이라고 예상할 수 있다. 그러나 프로그램 A의 경우에는 100명 중 75명을 졸업시킴으로써 75%의 졸업률을 나타냈다. 따라서 비용효과 분석을 해보면 50,000달러의 비용으로 25명의 학생을 더 졸업하게 하는 효과가 있다는 결론을 얻는다. 총 비용 50,000달러를 25명으로 나눠보면 학생 한 명을 더 졸업시키는 데 2,000달러의 비용이 든다는 사실을 알 수 있다. 프로그램 B의 경우 비용에서 프로그램 A보다 10명의 학생을 더 졸업하게 함으로써 학생 한 명을 더 졸업하게 하는 데 4,000달러의 비용이 든다. 학생 한 명당 2,000달러의 비용이 4,000달러보다 비용효과 면에서 높기 때문에 개입 프로그램 A가 좀 더 비용효과적라고 결론을 내릴 수 있다.

이제까지 우리는 고등학교를 졸업한다는 것이 갖는 금전적 가치에 대해서는 전혀 고려하지 않았지만, 비용편익 분석을 하려면 이제 이 점을 고려해야만 한다. 만약 어떤 사람이 고등학교를 졸업하면 그 사람의 예상되는 월소득은 평균 50,000달러 정도 증가하며, 고등학교 졸업자 한 사람을 위해 정부가 부담해야 하는 사회서비스와 사회복지 혜택의 비용이 고등학교를 졸업하지 못한 사람 한 명을 위해 드는 비용에 비해 약 10,000달러가 낮다는 연구가 있다고 가정해보자. 이 두 가지 점만 고려한다고 하더라도 학생 한 명을 더 졸업할 수 있게 하는 것이 갖는 금전적 가치는 60,000달러에 달하게 된다. 개입 프로그램 B의 경우, 프로그램을 통해 10명의 학생을 추가로 졸업시킬 수 있으므로 이 프로그램의 효과가 갖는 금전적 가치는 60,000달러의 열 배인 600,000달러다. 이는 프로그램 B를 실시하는 데 필요한 비용인 40,000달러를 훨씬 상회하는 액수이며, 따라서 이 프로그램에 대한 재정적 지원은 할 만한 가치가 있다는 결론을 내릴 수 있다. 다시 말해, 프로그램 B의 결과가 갖는 화폐가치는 이 프로그램을 제공하기 위해 투여된 자원의 화폐가치보다 높으며, 따라서 더 비용편익적이라고 하겠다.

여기서 주의를 기울일 필요가 있는 부분은 위와 같은 결론을 도출하는 데 프로그램 A에 대해 전혀 언급이 필요하지 않았다는 사실이다. 물론 개입 비용편익 분석을 통해 프로그램 A의 성과를 금전적 가치로 환산해본다면 프로그램 A는 프로그램 B에 비해 훨씬 더 비용편익적인 것으로 나타난다(60,000달러의 25배인 1,500,000달러). 비용편익 분석에서는 어떤 한 프로그램의 비용 대 편익의 비율을 다른 프로그램의 그것과 비교해야 할 필요가 없으며, 단지 하나의 프로그램에서 그 프로그램의 성과가 갖는 화폐가치와 비용을 비교하기만 하면 된다.

프로그램의 비용을 계산하는 것은 매우 복잡하고 어려운 과정으로, 회계에 대한 지식이 요구된다. 종종 프로그램 평가자에게 이런 지식이 없어서, 평가연구를 하면서 비용효과 분석이나 비용편익 분석을 하지 않는 경우를 많이 볼 수 있다.

비용효과 분석은 프로그램 비용만을 고려하고 프로그램의 성과와 관련된 비용은 고려하지 않음에 따라 비용편익 분석에 비해 필요한 회계지식의 양이나 어떤 개념을 화폐가치로 전환하기 위해 알아야 하는 가정의 양이 적다. 보건의료 프로그램이나 사회복지 프로그램의 성과를 화폐가치로 환산하는 경우에는 항상 해결하기 힘든 가치의 문제, 예를 들면 인간의 생명을 돈으로 계산해야 하는 문제에 직면하게 된다. 화이트(1988)가 소개한 신생아 중환자실의 예는 이런 점을 잘 보여주는 사례라고 하겠다.

대부분 체중미달 상태로 태어난 신생아들에 대한 중환자 수준의 치료는 비용편익적이지 못함에도 불구하고 미국 내의 주요 병원 대부분은 많은 비용을 들여가면서 이들에 대한 치료를 제공한다. 노인의 경우에도 마찬가지라고 할 수 있는데, 노인요양원이나 그 밖의 건강이 좋지 않은 노인들을 위한 프로그램의 성과는(예컨대 자신의 소득을 높일 수 있는 역량 증진) 그 프로그램의 비용이 얼마인가에 상관없이 항상 비용에 비해 낮을 수밖에 없다. 그러나 일반적으로 노인들의 삶의 질을 높이기 위한 프로그램에 대해 화폐가치를 논하지는 않는다.

이와 마찬가지로 말기환자들의 고통과 어려움을 덜어주려는 호스피스 프로그램의 효과를 화폐가치로 환산한다는 것은 불가능하다. 프로그램의 성과를 화폐가치로 환산하려고 할 때 부딪히게 되는 가치 문제나, 프로그램의 성과로부터 비롯되는 모든 편익과 비용을 미리 예측하고 이를 화폐가치로 전환하는 과정에서 나타나는 어려움 등으로 인해 비용편익 분석보다는 비용효과 분석이 논란의 여지가 적으며 더 선호된다. 그럼에도 아주 훌륭한 비용편익 분석연구의 예는 많다. 정신장애인을 위한 지역사회 지원 프로그램에 대한 상세하고 복합적인 평가연구는 프로그램의 비용과 성과를 화폐가치로 나타내는 과정이 복잡함을 잘 보여준다(Weisbrod, Test, & Stein, 1980).

목표달성 평가의 문제점과 쟁점

전달된 내용이 좋지 않은 내용일 때, 사람들은 이를 전달하는 사람을 비난하곤 한다. 마찬가지로 평가연구의 결과가 좋지 않은 경우에 평가대상자는 평가에서 사용한 방법론이 잘못되었다고 비난하곤 한다. 일반적으로 지금까지의 평가연구들의 경우 프로그램에 대한 긍정적인 결론보다는 부정적인 결론, 즉 프로그램의 실패를 의미하는 결론을 내리는 경우가 많다고 인식되어 왔다. 또한 일반적으로 부정적 결과가 나온 연구는 기득권적 이해관계로 인해 잘 이용되지 않는다는 인식이 있다. 또한 방법론적으로 매우 엄격한 연구나 실험연구를 하는 경우 부정적인 결론이 나오기 쉽다는 인식 때문에 관리행정가들은 보통 이런 종류의 연구를 꺼리는 경향이 있다. 목표달성 평가에 대한 공통적인 불만은 우선, 평가연구가 항상 잘못한 것을 보여줄 뿐 어떻게 하면 프로그램을 더 나은 방향으로 개선할 수 있는가를 보여주지 못한다는 것이다.

목표달성 평가연구의 전통적 접근방법에 대한 중요한 비판은 프로그램의 목표와 목표달성 정도를 보여주는 지표를 선정하는 데 있어서의 위험성을 정확하게 지적해준다. 일반적으로 프로그램의 목표는 아무도 중요하게 생각하지 않는 거창한 미사여구로 표현되는 경우가 많은데, 이는 정치적인 이유로 혹은 입법가나 그 밖의 다른 사람들에게 프로그램이 반드시 재정적 지원을 받아야 한다고 믿게 하기 위한 필요성에서 비롯된다. 따라서 프로그램의 공식적 목표에 너무 많은 비중을 두고 그것을 실제 목표로서 받아들인다면 평가연구의 결과는 부정적일 수밖에 없으며, 그로 인해 목표달성 평가연구에서 부정적 결과가 나타난다는 것은 어느 정도 기정사실이라고 봐야 한다는 주장이 있다.

목표의 거창함과 함께 공식적인 목표는 너무 모호하게 서술되어 프로그램의 성공을 나타내는 지표가 도대체 무엇을 의미하는지에 연구자들 간에 의견일치를 보기가 어려운 경우도 있다. 이런 점을 잘 보여주는 예가 바로 빈곤과의 전쟁 프로그램이었던 헤드 스타트(Head Start)다. 헤드 스타트 프로그램의 공식적 목표는 빈곤의 악영향을 상쇄하기 위해 아이들이 가질 수 있는 기회를 증대시키는 것이었다. 이는 참으로 고상하고 바람직한 목표라고 할 수 있지만, 도대체 이 목표에 대한 조작적 지표는 무엇인가? 평가연구자들 사이에서도 결과 측정치의 초점을 준비성 높이기, 학업성적, 정서적 발달과 자존감, 학교에서의 생활태도, 발달기 이후의 비행, 신체적 건강과 영양상태, 자원의 재분배 등 어디에 두어야 하는지에 대해 의견이 분분하다. 목표에 포함될 수 있는 내용은 끝이 없으며, 심지어 프로그램을 운영하는 사람들조차도 프로그램의 공식적 목표 속에 어떤 구체적 지표가 함축되어 있는지에 대해 의견일치를 보지 못하는 경우가 있다.

따라서 평가자들이 어떤 프로그램의 성공 여부 또는 정도를 나타내는 몇 가지 지표를 찾았다고 하더라도 그 프로그램이 정말 성공적이라고 평가할 수 있는 부분을 나타내는 지표를 놓쳤을 가능성도 있다. 그렇다면 평가연구 결과로 나타난 프로그램에 대한 부정적인 결론은 잘못된 것일 수 있으며, 평가자가 미처 고려하지 못한 다른 방면에서는 실제로 매우 성공적인 프로그램을 자칫 중단하게 하는 결과를 가져올 수도 있다. 이런 문제점을 고려할 때 일부에서는 프로그램의 성과를 평가해서는 안 되며, 프로그램의 과정을 평가해야 한다는 주장이 제기되기도 한다. 그러나 일부는 이런 문제점에도 불구하고 성과에 대한 분석은 최소한 무엇이 성취되었고 무엇이 성취되지 않았는가에 관한 정보를 제공할 수 있기에, 프로그램의 성과에 대해 아무것도 모르는 것보다는 훨씬 낫다고 할 수 있으며, 특히 연구결과를 바탕으로 어떤 행동을 취하는 데 있어 신중을 기할 수 있다면 문제될 것이 없다고 주장하기도 한다.

또 다른 의견으로는 결과평가를 하되 약간의 수정이 필요하다는 주장이 있다. 한 가지 제안은 프로그램의 공식적 목표를 모두 무시하고 평가자가 생각하기에 프로그램의 성과로 인해 영향받을 수 있다고 생각하는 모든 지표를 측정하자는 것이다. 그러나 뚜렷한 원칙이 없는 상태에서 무수히 많을지 모르는 지표를 계속해서 찾는다는 것은 매우 불확실한 접근방법이다. 또한 23장에서 설명하겠지만, 많은 독립변수가 있을 때 각 변수를 각각 독립적으로 평가한다는 것은 통계적 문제를 초래한다. 또 다른 대안으로는 프로그램의 공식적 목표에 대한 평가와 함께 그 프로그램이 근거하고 있는 사회과학이론에 근거해 프로그램의 목표와 가장 근접하다고 판단되는 몇 개의 목표를 정해 이를 함께 평가하는 방법이다. 그러나 이런 방법 역시 통계적 문제를 유발하는 결과를 초래할 수 있으며, 프로그램의 가장 중요한 효과를 평가과정이 제대로 간파할 것이라는 보장이 없다.

프로그램 실행 모니터링

앞서 언급한 것처럼 어떤 프로그램은 프로그램을 제대로 실행하지 못했기 때문에 평가결과가 성공적이지 않다. 한 예로 AIDS 예방 프로그램의 일환으로 일반인 대상 AIDS 교육을 목적으로 하는 교육용 소책자를 만들어 한 고등학교에 이 책자를 배포한 후 그 효과를 평가하려 한다고 하자. 프로그램 운영자가 우선 학교와 연락을 취해 교감으로부터는 책자를 배포해도 좋다는 허락을 받았다. 그러나 교장이나 학부모 운영위원회로부터의 반발 등 어떤 예기치 못한 이유로 책자가 학생들에게 배포되지 않았을 수도 있다. 어쩌면 책자가 배포되기는 했지만 적절하지 않은 방법으로 배포되었을 수도 있다. 예를 들면, 전체 학생회의 시간을 통해 모든 학생에게 책자를 한 권씩 나누어준 것이 아니라 교사의 우편함에 책자를 넣어두고는 학생들에게 나누어주라는 짤막한 메모만 남겼을 수도 있다. 이런 경우 어떤 교사는 책자를 나누어주고, 어떤 교사는 그렇게 하지 않았을 수 있다.

어떤 이유에서든지 책자가 잘 배포되지 못했음에도 불구하고 프로그램 운영자는 그런 사실을 모르고 있었다고 해보자. 이는 매우 심각한 결과를 낳게 되는데, 일단 평가하고자 하는 교육용 책자를 극소수의 학생만 받았을 뿐 대부분은 책자를 접할 기회가 없었기 때문에 프로그램 자체가 처음의 계획대로 적절히 실행되지 않았고, 따라서 프로그램의 성공을 기대한다는 것 자체가 무리다. 이런 상황에서는 어떤 지표를 선정하더라도 교육용 책자는 실패한 것으로 나타나게 된다. 그러나 이런 결과는 개발된 책자에 문제가 있어서가 아니라 학생들이 책자를 받아보지 못했다는 데 있다. 만약 평가자가 이런 사실, 즉 프로그램이 실행되었는가의 여부와 실행되었다면 어떤 방식으로 실행되었는지를 고려하지 못한 상태에서 단순히 프로그램의 결과만을 평가한다면, 실제로는 교육책자 개발 프로그램이 AIDS의 확산을 예방하는 데 매우 효과적임에도 불구하고 이를 중단하게 하는 결과를 가져올 수 있다.

방금 살펴본 예를 통해 알 수 있는 것은, 프로그램의 성과에 대한 평가가 아무리 잘 설계되고 계획되었다고 할지라도 프로그램의 실행에 대한 평가가 함께 이루어지지 않는다면 그 프로그램에 대한 부정적인 평가결과가 나왔을 때 그런 결과가 의미하는 바를 잘못 해석하거나 아예 파악조차 하지 못하기 쉽다는 것이다. 이를 달리 표현하면 아무리 성과에 대한 평가가 중요하더라고 실행에 대한 평가도 반드시 이루어져야 한다는 것이다. 참고로 조직의 목표에 관련된 이론을 살펴보면 프로그램 실행에 대한 평가의 중요성을 쉽게 인식할 수 있다.

프로그램의 공식적 목표를 정확하게 이해하고 있으며 목표에 대한 적절한 지표까지 확보하고 있더라도 파악된 목표가 과연 프로그램을 운영하는 사람들이 최우선적으로 실현하고자 노력하는 실제 목표인지에 대해 확신할 수 없는 경우도 있다. 일반적으로 프로그램 운영자들은 프로그램의 목표를 달성하는 것 외에도 일상적 업무를 처리하거나 나름대로의 중요한 일을 처리하기 위해 노력한다. 예컨대 기관의 유지와 관리, 개인의 지위 또는 승진, 관료적 규율과 절차 등이 여기에 포함된다. 프로그램의 공식적 목표가 이런 비공식적 목표들로 인해 전치(displace)되는 경우 프로그램 운영자들의 활동이 프로그램의 목표를 달성하는 것과는 아무런 관계가 없거나, 심지어는 목표달성을 저해하는 방향으로 흐르기도 한다.

예를 들어 가족서비스를 제공하는 기관의 행정가가 연방정부로부터 빈곤지원기금을 따내려는 경우, 빈곤 문제해결에 헌신하기 위해서라기보다는 연방정부의 기금을 통해 기관의 재정상태를 건실하게 유지함으로써 기관 운영이사회로부터 행정가 자신의 능력을 인정받으려는 의도가 있을 수 있다. 기관행정가가 빈곤으로 어려움을 겪는 사람들에게 기관에서 제공하는 서비스를 받을 수 있도록 하기 위해 기금을 신청한다고 하자. 하지만 지원금을 받게 되면 처음 신청서를 쓸 때처럼 적극적으로 빈곤한 사람들이 서비스를 이용할 수 있게 하려고 노력할지는 장담할 수 없다. 설사 기관행정가가 그렇게 하기 위해 노력한다고 하더라도 기관 임상실천가들의 예기치 못한 반발에 부딪힐 수도 있다. 예를 들어, 임상실천가가 빈곤 문제를 가진 사람들에게 전문치료 서비스를 제공하는 것보다는 자신들이 친숙하고 편안하다고 느껴지는 클라이언트를 상대하는 것을 선호할 수 있다.

이런 예가 프로그램 평가에 주는 함의를 생각해보자. 전국적인 성과 평가연구를 실시해 연방정부가 제공한 기금이 빈곤한 사람들에게 임상사회복지 서비스를 제공해 빈곤 감소와 여러 심리적·정신적 어려움을 감소시켰는지를 알아본다고 하자. 위의 예에서 언급했던 기관의 경우, 기관 내부의 목표를 위해 빈곤한 사람들 돕는 일에는 별다른 노력하지 않았다면 평가결과는 아마도 부정적일 것이다. 그러나 애초부터 빈곤층에게 충분한 임상서비스가 제공되지도 않았으며, 그렇기 때문에 빈곤층을 위해 임상사회복지 서비스를 제공하는 프로그램 자체가 효과적이지 않다고 결론내리는 것은 잘못된 것이다.

이 같은 이유를 볼 때, 반드시 프로그램의 성과에 대한 평가가 아니더라도 프로그램 실행에 대한 평가란 매우 중요하다는 사실을 인식할 수 있다. 예컨대 앞서 언급한 기관이 수행하는 업무 속성을 평가한 결과, 그 기관이 프로그램을 처음 계획대로 실행한 적이 없었다는, 즉 빈곤층에게 서비스를 제공하지 않았다는 사실을 발견한다면 결과평가가 무슨 소용이겠는가? 이러한 연구결과는 매우 유용하다. 단순히 프로그램이 성공인가 실패인가에 초점을 두기보다는 실행과정을 평가함으로써 무엇이 잘못되었는지를 밝히고 이를 통해 정책입안자들이 프로그램을 개선할 수 있는 방안을 모색하도록 실제적인 도움을 준다. 이와 함께 프로그램의 실행 추이를 관찰하고 감독하는 것은 그 기관을 위해 재정을 지원하는 재정지원 주체에 대한 책임성을 높이는 중요한 역할이다. 물론 재정지원 주체들은 궁극적으로 프로그램의 성과에 대해 알고 싶어 한다. 그러나 한편으로는 단순히 프로그램이 어떻게 진행되고 있는지를 아는 일도 매우 중요하고 볼 수 있다.

프로그램의 실행에 대한 평가라고 해서 반드시 프로그램이 계획대로 실행되고 있는지 여부만이 유일한 관심사는 아니며, 실제로는 어떻게 하면 프로그램을 가장 잘 실행하고 유지할 수 있는지에 관련된 다른 많은 문제에 대한 답을 추구한다. 다음의 구체적 질문들은 굳이 프로그램의 성과에 대해 언급하지 않더라도 프로그램 실행에 대한 평가를 통해 해답을 찾을 수 있는 것들이다.

- 어떤 기금모금 전략이 가장 많은 기금을 모을 수 있는가?
- 표적집단 중 어느 정도가 서비스를 받고 있는가?
- 접근이 어려운 사람들은 어떤 유형의 사람들인가?
- 클라이언트들이 서비스 제공을 거부하는 이유는 무엇인가?
- 출장소 중 어떤 지점이 가장 많은 클라이언트에게 서비스를 제공하는가?
- 표적집단 중 특정 취약대상을 위해 일하는 것에 대해 긍정적인 태도를 갖는 임상실천가는 어떤 유형인가?
- 전문 부서의 임상실천가들이 여러 기능을 수행하는 임상실천가들에 비해 더 나은 태도를 갖고 있는가?
- 여러 종류의 임상실천가들이 가진 임상적 개입기술의 수준은 어느 정도인가?
- 임상실천가들이 가장 자신 없어 하거나, 보수교육을 필요로 하는 분야는 무엇인가?
- 직원들은 기관의 새로운 절차에 대해 직원들이 어떻게 반응하는가? 그로 인해 어떤 어려움을 겪는가?
- 클라이언트들은 서비스에 만족하고 있는가? 만족하고 있다면 그 이유는 무엇이며, 만족하지 못한다면 그 이유는 무엇인가?
- 많은 클라이언트가 프로그램을 중도에 그만두는 이유는 무엇인가?

과정평가

과정평가(process evaluation)는 프로그램 실행관찰과 매우 유사하다. 과정평가(앞서 설명했던 총괄평가의 한 예)는 바로 위에 제시된 프로그램 실행관찰에서 던지는 질문과 거의 비슷한 질문을 하지만, 평가의 주된 목적은 프로그램 과정에서 장점과 단점이 무엇인지를 파악하고 이를 바탕으로 개선방안을 제시하는 것이다.

기관의 행정가들이 종종 성과평가를 의뢰하는 프로그램들은 아직 시작 단계에 있는 것이 많으며, 아직 프로그램 초기 단계에서의 문제점을 파악하고 이를 해결하기 위해 노력해야 하는 단계에 있는 경우다. 이는 아마도 기관행정가들이 재정지원처로부터 성공적으로 목표를 달성한다는 것을 입증할 수 있는 성과 관련 자료를 제시하라는 엄청난 압력을 받기 때문일 것이다. 그러나 경험 있는 평가자는 먼저 과정평가를 통해 프로그램 과정상의 문제를 모두 해결한 후에 성과평가를 하는 것이 바람직하다는 사실을 강조한다. 어떤 기관에서는 단순히 시간과 자원의 부족으로 과정평가를 한 후 성과평가를 할 수 없는 경우도 있다. 이와는 반대로 어떤 행정가는 (외부로부터의 압력이 좀 덜해서 그런지는 모르지만) 프로그램이 효과적인지를 묻기보다는 프로그램을 어떻게 개선할 수 있는지 묻는 경우도 있다.

이제까지 다루었던 모든 연구방법과 기법은 프로그램 실행에 대한 평가에 활용할 수 있다. 물론 어떤 연구방법이 가장 적절한가에 대한 문제는 하려는 연구의 내용과 성격에 따라 달라진다. 실험설계 혹은 유사실험설계를 사용해 다양한 기금모금 전략들의 효과를 평가하거나, 상이한 기관의 조직구조가 직원들의 태도에 미치는 영향을 측정할 수 있으며, 접촉이 어려운 잠재적 클라이언트에게 접근하기 위해서는 어떤 전략이 가장 성공적인가를 파악해볼 수도 있다. 설문지나 척도를 사용하는 설문조사를 통해 프로그램의 실행에 영향을 주는 직원, 클라이언트 혹은 지역사회의 태도를 조사할 수 있다. 자료분석을 통해 실제로 서비스를 받고 있는 클라이언트의 속성이 프로그램이 표적집단으로 의도했던 사람들의 속성과 일치하는지를 알아볼 수도 있다(이 두 가지 방법에 대해서는 16장과 17장에서 다룰 것이다).

그러나 과정평가는 상당 부분 질적 연구방법에 의존한다. 질적 방법에 대해서는 앞에서도 설명했고 6부에서 3개 장에 걸쳐 자세하게 설명할 것이다. 예를 들면 개방적 질적 면접방법이 직원들이 기관의 새로운 과정과 절차에 어떻게 반응하고 있으며, 그런 과정과 절차로 인해 겪게 되는 어려운 점은 무엇인지 알아내는 데 가장 적합한 방법이라고 볼 수 있다. 또한 질적 면접은 클라이언트들이 기관의 서비스에 대해 만족하지 못하는 이유나 서비스를 너무 빨리 종료하려고 하거나 아예 거부하는 이유 등을 파악하는 데 있어서도 가장 바람직한 방법이다. 연구자는 참여관찰을 통해 직원들이 클라이언트를 대하는 방식이나 직원들 간에 서로를 대하는 방식을 파악하는 데 필요한 유용한 정보를 얻을 수 있다. 어떤 연구에서는 평가자 스스로가 클라이언트가 되어 직원들이 어떻게 행동하는지를 관찰하고, 그들의 행동이 클라이언트들에게 어떤 영향을 미치는지를 관찰하는 경우도 있다.

프로그램 기획에 대한 평가: 욕구조사

지금까지는 이미 실행된 프로그램에 대한 평가에 대해서만 살펴봤다. 그러나 **프로그램 평가**라는 말에는 진단적 평가(diagnostic evaluation)라는 의미가 함축되어 있기도 하다. 임상실천가가 본격적인 치료개입을 하기에 앞서 클라이언트가 가진 문제와 욕구를 알아봄으로써 가장 적합한 치료개입 계획을 세우는 것과 마찬가지로 프로그램을 평가하는 사람도 더 바람직한 프로그램 기획을 위해 표적집단에 대한 좀 더 많은 지식을 얻을 필요가 있다. 프로그램 평가자는 프로그램을 통해 해결하려는 문제가 누구, 또는 어디에 있으며, 문제의 심각성은 어느 정도인가를 비롯해 표적집단의 속성과 그들이 가진 문제, 표출된 욕구와 바라는 바가 무엇인지를 파악할 수 있다. 이렇게 얻은 정보들은 어떤 종류의 서비스를 제공해야 하며, 표적집단의 제공된 서비스에 대한 이용을 극대화하려면 어떤 방안이 필요하며, 어디에서 서비스를 제공해야 하는지 등을 계획하는 데 활용된다.

예를 들어 노숙인을 위한 주(state) 단위 프로그램을 기획한다고 하자. 과연 이런 프로그램을 기획하기 위해서는 무엇을 알아야 할까? 우선 노숙인의 규모, 즉 그 주에 노숙인이 얼마나 되는지를 알아야 한다. 특정 지역에 있는 노숙인의 규모는 얼마나 되는가? 그들이 노숙을 하게 된 이유는 무엇이며, 파악된 각 이유에 해당하는 사람은 얼마나 되는가? 자발적 결정으로 노숙을 하게 된 사람은 얼마나 되는가? 정신장애나 약물중독으로 인해 노숙을 하게 된 사람은 얼마나 되는가? 실직했거나 직업을 구하지 못해 노숙하게 된 사람은 얼마나 되는가? 인종적 구성비는 어떠하며, 최근 이민을 왔거나 영어를 못 하는 사람은 얼마나 되는가? 전체 노숙인 중 어느 정도가 아동이며, 또 가족으로 구성된 노숙인은 얼마나 되는가? 노숙 아동들은 교육, 건강, 영양, 자존감 등에 어떤 특별한 문제를 겪고 있는가? 정서장애와 그 밖의 문제를 가진 성인들의 경우 특별한 문제나 욕구를 어떠한가? 이런 질문들은 평가자가 생각해볼 수 있는 진단적 질문의 일부이며, 이런 질문에 대한 답은 과연 어떤 종류의 개입 서비스를 어디에서, 그리고 어떤 제공자를 통해 어떻게 제공할 것인가에 관한 계획을 수립하는 데 유용한 지침이 된다.

위에서 나열한 것과 같은 연구질문에 대한 답을 구해나가는 체계적인 과정을 **욕구조사**라고 한다. **욕구조사**(needs assessment)라는 용어는 프로그램 기획에 필요한 정보를 수집하는 모든 종류의 기술적 방법을 총칭하는데, 기본적으로 프로그램 기획에 대한 평가와 동일한 의미로 인식되고 사용된다.

구체적인 욕구조사 기법을 살펴보기에 앞서, 먼저 욕구에 대한 정의를 어렵게 만드는 관념적인 문제에 대해 논의할 필요가 있다. 좀 더 구체적으로 말해, 욕구의 정의와 관련된 문제란 욕구를 규범적으로 정의할 것인가 아니면 요구(demand)의 개념으로 정의할 것인가에 관련된 문제다. 만약 욕구를 규범적으로 정의한다면 욕구조사의 초점은 표적집단이 현재 처한 객관적 생활조건이 사회, 혹은 적어도 표적집단에 대해 도움을 주고자 하는 일부가 인도주의적 관점에서 받아들일 수 있거나 바람직하다고 생각하는 생활조건과 어떻게 다른지를 비교하는 것이다. 예를 들어, 노숙인의 욕구를 규범적으로 정의한다면 실제로 노숙인이 자신의 삶에 만족하는지의 여부와는 무관하게 그들의 비참한 삶을 그대로 방치할 수 없기 때문에 적절한 주택 프로그램이나 임시 쉼터를 제공하는 프로그램을 마련해야 한다는 결론을 내리게 된다.

반면에 욕구를 요구의 개념으로 정의한다면 욕구가 있음을 인지하고 욕구가 있음을 표출하는 사람들만이 특정 프로그램 혹은 개입에 대한 욕구를 가졌다고 본다. 따라서 노숙인의 예에서 현재 노숙인으로서의 생활에 만족감을 표현한 사람들은 프로그램에 대한 욕구를 갖고 있지 않다고 분류한다. 그러나 욕구를 요구의 개념으로 정의를 내리는 데 있어서는 주의가 필요하다. 사람들이 어떤 프로그램에 대한 욕구를 표출하지 않는 데는 여러 가지 이유가 있으며, 그중에는 그 프로그램이 자신에게 어떤 도움을 줄 수 있는지를 이해하지 못하기 때문일 수도 있으며, 혹은 매번 새로운 사회 프로그램이 실행될 때마다 그것으로 인해 낙인찍히거나 받아들일 수 없는 프로그램이 반복되었기 때문에 모두 마찬가지일 거라고 생각하기 때문일 수도 있다. 따라서 노숙인을 대상으로 쉼터를 제공하는 새로운 프로그램에 대한 욕구 수준을 파악해본다면 대다수가 욕구가 없다고 답하거나 더 나아가서는 그런 프로그램에 대해 회의적인 반응을 보일 수 있다. 왜냐하면 그들의 입장에서 볼 때 새로운 프로그램이 자신들이 이용하기를 꺼려하는 더럽고 붐비고 위험하기까지 한 기존의 쉼터보다 더 나을 것이 없다고 생각할 수 있기 때문이다.

욕구를 어떻게 정의하는가는 욕구조사 방법의 선택에도 영향을 미친다. 예를 들어, 욕구를 규범적으로 정의한다면 현재의 상황을 보여줄 수 있는 자료를 분석해 특정 프로그램에 대한 필요성을 제시할 수 있다. 예컨대 인구조사 자료가 특정 지역에 청소년 미혼모가 많다는 것을 보여주면 그 지역은 당연히 가족계획이나 아동교육 서비스에 대한 욕구가 많을 것이라고 예상할 수 있다. 그러나 요구를 고려하는 연구자라면 인구조사 자료를 보완하고 현재 계획 중에 있는 프로그램을 미혼모들이 실제로 어떤 조건하에서 이용하게 될 것인가를 결정하기 위해 청소년 미혼모들을 대상으로 설문조사를 실시할 수도 있다.

일반적으로 욕구조사 기법은 다음 다섯 가지 범주로 분류된다. (1) 전문가와 주요 정보제공자 조사, (2) 지역 공청회 개최, (3) 이용률 조사, (4) 사회지표 분석, (5) 지역사회 설문조사 등이다. 이 다섯 가지 범주를 하나씩 살펴보자.

전문가와 주요 정보제공자 전문가와 주요 정보제공자 접근법(이하 전문가 접근법)은 표적집단의 문제, 욕구 및 그들을 위한 기존 서비스 전달에서의 문제점 등에 대해 특별한 지식을 가진 사람들을 대상으로 설문 혹은 면접을 통해 전문가적 의견을 얻는 욕구조사 기법이다. 표적집단에 대한 정보를 제공해줄 수 있는 **전문가**로는 표적집단을 주로 자주 접하며, 그들의 문제에 대해 많은 지식을 갖고 있는 기관 또는 조직의 운영자나 표적집단과 함께 일하는 실무자 등을 고려할 수 있다.

노숙인의 욕구를 파악하고자 하는 경우 전문가라고 간주할 수 있는 사람으로는 공공보호소나 급식소에서 일하는 전문인, 지역개발 관련 기관을 위해 일하는 연구자나 그 밖의 직원들로서 노숙인 문제를 업무의 일부로 다루는 사람, 노숙인이 주로 모이는 지역의 지역사회운동 지도자, 지역사회 정신보건 프로그램을 운영하는 기관행정가와 사례관리자, 노숙인 문제를 다루는 법 제정을 옹호하는 공무원, 빈곤층이나 노숙인 혹은 정신장애인의 권익을 위해 일하는 시민운동단체의 지도자, 오랫동안 이런 문제를 다뤄온 경찰관계자 등을 들 수 있다.

전문가 접근방법의 주된 장점은 표본을 구하고 조사하기가 매우 용이하며 비용이 적게 든다는 점이다. 이 밖에도 지역사회의 자원과 친밀한 관계를 형성할 수 있으며, 계획하고 있는 프로그램을 가시화할 수 있다는 긍정적인 부수적 효과도 전문가 접근방법을 통해 얻을 수 있는 장점이다. 반면에 전문가 접근방법의 가장 큰 단점이라면 표적집단으로부터 직접 정보를 얻지 못한다는 점이다. 따라서 얻은 정보의 질은 전문가들이 내놓은 의견의 객관성과 그들이 가진 지식의 양에 달려 있다.

이런 단점을 노숙인의 예를 이용해 좀 더 구체적으로 설명해보자. 예컨대 공공 임시보호소에서 근무하는 사람은 그 보호소를 찾지 않는 노숙인과는 접촉할 수 있는 기회가 없기 때문에 그들이 보호소를 이용하지 않는 이유나 그들이 가진 특별한 문제 등에 대한 정보를 얻을 수 없다. 빈곤 문제 관련법 제정 옹호자는 노숙인 중 정신장애가 있는 사람들의 욕구를 경시하는 입장을 보일 수 있는데, 노숙인이 생기는 원인을 경제적인 문제로 보고자 하는 사람들로서는 정신적 결함이나 삶의 방식에 대한 개인적인 결정으로 인해 노숙인이 생긴다는 인식이 높아지는 것을 원하지 않기 때문이다. 정신건강을 담당하는 정부관리들은 정신질환이 노숙의 주된 원인 중 하나로 부각되는 것이 이제까지 자신들이 실행해온 탈시설화 정책의 부정적인 측면을 보여주는 것이라고 생각하기 때문에 편향을 가질 수 있고, 이는 정신장애인 중 노숙하는 이들의 문제를 경시하는 경향으로 이어질 수 있다. 노숙인이 주로 모이는 지역의 지역사회 지도자들은 그 지역에서 노숙인을 감소시킬 수 있는 서비스에 대한 편향을 가지고 욕구를 파악할 수 있다. 이런 단점을 고려한다면 가능한 한 가장 과학적인 표본추출 방법으로 전문가 표본을 추출함으로써 표본의 대표성을 극대화하는 것이 매우 중요하다(이 과정에 대해서는 다음 장에서 설명하겠다). 그러나 비록 표본추출에 주의를 기울인다고 해도 위에서 언급한 단점을 충분히 보완된다는 보장은 없다.

지역 공청회 **지역 공청회** 접근방식은 관심 있는 지역사회 사람들이 함께 모여 자신들의 욕구에 대해 자유롭게 의견을 교환하고 상호작용을 할 수 있는 모임을 통해 욕구를 조사하는 방법이다. 이 접근방식에는 많은 비과학적인 장점이 있다. 예를 들면 현실적 실행 가능성이 높다는 점, 재정지원을 하는 기관을 위한 협력관계 형성과 방향성 제시를 할 수 있다는 점, 그리고 각 개인이 어떤 문제에 대해 깊이 생각해볼 수 있으며 다른 사람의 의견을 들음으로써 자신이 생각하지 못했던 점에 대해 고려할 수 있는 분위기를 만든다는 점 등이다. 그러나 이런 많은 장점에도 불구하고 과학적 입장에서 판단해볼 때, 공청회 방식은 여러 가지 위험성을 내포한다.

우선 지역 공청회에 참여하는 사람들이 반드시 표적집단의 욕구를 잘 아는 사람들을 대표하는 이들은 아닐 수 있으며, 이들의 견해가 편파적이지 않을 것이라고 기대할 수 없다. 오히려 어떤 기득권적 이해나 개인적인 관심사를 가진 사람들의 경우, 자신의 의견을 지나치게 부각시키려는 경향이 있다. 지역 공청회는 의견이 발표되고 교환되는 공적인 회의이며, 따라서 강한 사회적 압력으로 인해 어떤 특정한 개인이 자신의 의견을 전혀 발표하지 못하거나 소수의 의견이 좀처럼 발표될 수 없는 경우가 발생하기도 한다. 이런 문제점을 고려할 때, 누구나 참여할 수 있는 공개적 공청회보다는 여러 차례의 비공개 토론회를 가지면서 각 토론회마다 사안을 달리하고 동질성을 가진 사람들 위주로 참여자를 미리 선정하는 방식도 있다.

이용률 **이용률** 접근방식은 이제까지 서비스를 이용한 클라이언트 수와 그들이 가진 특성을 바탕으로 서비스에 대한 욕구 수준과 잠재적 서비스 이용자들의 특성을 추정하는 방법이다. 물론 특정한 서비스가 아직까지 제공된 적이 없는 대상 지역에서의 서비스 이용률은 관찰할 수 없으므로 이런 경우 서비스가 이미 제공되고 있는 다른 지역의 서비스 이용률을 관찰한다. 만약 두 지역이 서로 비교할 만하다면, 대상 지역 내에 존재하는 표적집단의 크기나 그 특성은 비교 지역 내 표적집단의 크기 및 특성과 유사할 것이라고 가정할 수 있다.

이 접근방법에서 자료수집은 주로 비교 가능한 지역의 사례기록에 대한 2차 자료분석을 통해 이루어진다. 이용률 접근방식의 가장 큰 장점은 조사연구가 신속하고 용이하게 이루어질 수 있으며 비용이 많이 들지 않는다는 점과 비강요적이라는 점을 꼽을 수 있다. 이 접근방식의 단점은 표적집단 중에서 이미 서비스를 이용한 경험이 있는 일부 사람들만을 평가하기 때문에 요구에만 초점을 두게 되며, 따라서 규범적 욕구를 과소평가할 수 있다는 점이다. 한편 요구도 과소평가될 수 있는 가능성이 있는데, 예를 들어 비교 지역 내에 서비스를 제공할 수 있는 용량을 초과하는 서비스 요구가 존재할 수도 있다. 또한 서비스 이용을 원하기는 하지만 현재의 서비스 제공방식이 마음에 들지 않아 서비스를 이용하지 않을 수도 있다.

또 다른 단점으로는 비교 지역의 자료나 기록이 신뢰할 만하지 않거나 편향되었을 수 있다는 것이다. 대부분의 기관이 정확한 자료나 기록을 보관하고 유지하는 일을 그다지 중요하게 여기지 않는데, 특히 서비스를 제공하느라 시간적으로 여유가 없을 때는 더욱 그러하다. 또한 기관들은 재정지원 주체나 관련 기관들에게 잘 보이기 위해 서비스를 이용한 클라이언트 수나 그들의 서비스에 대한 욕구 수준을 늘려 보고하기도 한다. 예컨대 동일한 사람이 여러 기관에서 서비스를 제공받았을 경우, 각 서비스가 각기 다른 사람에게 제공된 것처럼 계산하는 것이다. 또 다른 경우는 한 가지 서비스를 4인 가족에게 제공한 뒤, 마치 네 가지 서비스를 4명에게 제공한 것처럼 기록하는 것이다. 그러나 이런 부정확성은 대부분 의도하지 않은 경우가 많다.

사회지표 또 다른 욕구조사 방법으로는 기존의 통계자료를 이용하는 **사회지표**(social indicator) 접근법이 있다. 여기서 통계자료란 단지 치료 서비스와 관련된 자료만을 말하는 것이 아니라 전체 인구에 관한 통합된 자료를 말한다. 예를 들면 유아사망률(유아 1,000명당 1세 이전에 사망하는 유아의 수)은 특정 지역사회에서 출산 전 건강관리 서비스에 대한 욕구 수준의 지표로서 사용할 수 있다. 또한 유아사망률을 비교함으로써 어느 지역사회가 그런 서비스에 대한 욕구 수준이 가장 높은지를 파악할 수 있다. 마찬가지로 특정 지역의 아동학대사건 발생률은 그 지역의 아동학대 방지 프로그램에 대한 욕구의 정도를 나타내주는 지표가 될 수 있다. 학생들의 학교 중퇴율은 지방교육청에서 학교 사회복지사를 고용할 필요성을 인식하게 하는 지표로서 사용할 수 있다. 이처럼 사회지표를 이용하는 경우 빠른 시간 안에 매우 손쉬우면서도 낮은 비용으로 욕구조사를 할 수 있다. 그러나 장점과 더불어 기존의 자료에 신뢰성의 문제가 있는 경우 발생할 단점을 동시에 고려해볼 필요가 있다. 또한 이 접근방식의 사용 가능성 여부는 기존 지표들이 앞으로의 서비스 이용 유형을 얼마나 정확하게 반영할 수 있는지에 달려 있다.

이미 언급한 것처럼 사회지표를 이용한 욕구조사는 기존 통계자료에 의존한다. 17장에서 통계자료 이용과 관련된 쟁점과 주요 통계자료 출처를 설명하고 있으므로 사회지표를 이용한 욕구조사를 하고자 한다면 그 부분을 참조하길 바란다.

지역사회와 표적집단에 대한 설문조사 표적집단의 특성이나 그들이 가진 문제 혹은 욕구를 파악하는 가장 직접적인 방법은 설문조사를 실시하는 것이다. 이런 욕구조사 접근방법은 대개 모집단으로부터 추출한 표본을 대상으로 설문조사를 행한다. 물론 가능하다면 표적집단 전체에 대한 설문조사를 할 수도 있다.

표적집단의 일부를 표본으로 추출해 설문조사를 하는 경우, 이어지는 두 장에서 논의할 설문조사 연구의 내용을 적용한다. 가장 이상적으로는 표본의 대표성을 극대화하기 위해 확률 표본추출 기법을 사용해야 한다. 그러나 예외가 있을 수 있다. 예를 들면, 노숙인처럼 표본틀을 얻는 것이 불가능한 경우도 있다. 그런 경우 18장에서 다룰 질적 표본추출법이 양적 표본추출법보다 더 적절한 방법이라고 볼 수 있다.

자료수집을 위해서는 표적집단의 성격과 그들의 욕구에 대해 지금까지 알려진 것과 알려지지 않은 것이 무엇인가에 따라 구조화된 설문지를 이용하거나 반구조화된 면접방법을 사용한다. 예를 들어 저소득층 부모들의 아동보육시설에 대한 욕구 수준을 파악한다고 하면 조사에서는 응답자와 현재 함께 살고 있는 학령기 이전의 아동 수, 현재 아동보육은 어떻게 하고 있는지, 새로운 아동보육시설에 대한 이용 여부와 이용시기, 새로운 아동보육시설에 대해 기대하는 바가 무엇인지, 새로운 아동보육시설이 마련된다면 응답자는 자신의 경력이나 교육을 위해 현재와 달리 무엇을 할 계획인지, 응답자의 인구학적 특성은 어떤지 등을 물어봐야 한다.

표적집단에게 직접 설문조사를 실시할 때의 장단점은 일반적인 설문조사의 장단점과 다를 바가 없다. 평가자는 특히 낮은 응답률이나 사회적 선호, 혹은 순응적 반응 등으로 인해 연구가 왜곡되지 않도록 주의해야 한다. 예를 들어, 우편으로 설문조사를 했다고 하자. 이때 우편설문에 응해준 사람들이 설문에 응하지 않은 사람들의 의견을 대표할 수는 없다. 응답자는 비응답자보다 프로그램에 대한 욕구 수준이 높기 때문에 귀찮음을 무릅쓰고 우편설문에 응했다고 볼 수 있다. 이렇게 볼 때 응답자는 비응답자와 그 밖의 여러 면에서도 다를 수 있다. 다음의 예를 생각해보자. 아주 평이한 용어를 사용한 설문지로 어떤 특정 서비스가 제공되어야 한다고 생각하는지 물었다고 하자. 대개 응답자들은 동의한다고 대답할 것이다. 그런데 여기서 한 가지 고려해야 할 것은 과연 서비스 이용에 따르는 비용이나 응답자가 정말로 그 서비스를 이용할 것인가의 여부를 전혀 묻지 않는 상황에서 응답자가 굳이 서비스를 제공할 필요가 없다고 대답할 이유가 있을까 하는 것이다. 만약 설문에서 응답자에게 새로이 제공될 서비스가 비용에 비해 가치가 있다고 생각하는지, 실제로 그 서비스를 이용할 것인지를 묻는다면 응답자는 부정적으로 답할 수도 있다.

이처럼 표적집단에 대한 설문조사 접근방식은 미래의 서비스에 대한 욕구 수준과 프로그램 이용의향을 직접적으로 정확하게 파악할 수 있다는 장점이 있다. 그러나 이런 장점과 함께 측정상의 오류나 저조한 응답률로 인해 나타날 수 있는 여러 문제점도 함께 고려해야 한다. 물론 이제까지 이 책에서 살펴봤던 표본추출, 측정, 설문조사 등을 고려해 욕구조사를 설계한다면 이런 문제점을 충분히 최소화할 수 있을 것이다. 그러나 그렇게 하기 위해서는 많은 시간과 비용이 필요하며, 또한 여러 가지 현실적 제약이 따르기 때문에 주로 먼저 소개한 네 가지 접근방법 중 한두 가지를 선택해 욕구조사를 하게 된다.

일반적인 연구조사 방법론과 마찬가지로 지금까지 살펴본 다섯 가지 접근방법에는 각각 나름대로의 장단점이 있다. 따라서 가장 이상적으로는 한 가지 이상의 접근방법을 병행함으로써 규범적 욕구, 실제로 느끼는 욕구, 그리고 앞으로의 서비스에 대한 요구를 좀 더 정확하게 파악하려고 노력해야 한다.

초점집단

욕구조사나 기타 형태의 프로그램 평가자료를 수집하는 비교적 빠르고 경제적인 질적 연구방법은 **초점집단**(focus group)의 활용이다. 초점집단에 대해서는 19장에서 더욱 자세하게 다룰 것이다. 몇 명의 주요 정보제공자, 의뢰인, 서비스 소비자와 잠재적 소비자, 지역주민을 한곳에 모아 지역의 요구라든가 지목하는 표적집단에 대한 특정 프로그램 제공의 필요성 등에 대해 조리 있게 논의하는 것의 장단점을 볼 수 있을 것이다. 또한 집단의 역동에 따라 일반 지역조사로는 알아낼 수 없는 욕구조사 정보가 어떻게 드러나는지에 대해서도 알게 될 것이다.

논리모델

프로그램 평가 중에서 프로그램 계획, 프로그램 과정, 프로그램 성과까지 아우르는 포괄적인 내용을 포함하는 것이 있다. 논리모델을 개발하고 활용하면 이런 평가는 더욱 발전될 수 있다. 앞에서 언급한 대로 **논리모델**은 프로그램의 주요 내용을 설명, 내용의 단기과정 목표와의 연계성, 단기목표 달성을 측정하는 구체적 지표, 단기목표와 장기목표와의 연계, 장기목표 달성의 성공 여부를 파악할 수 있는 지표를 도표로 나타내는 것이다.

논리모델은 평가과정을 안내하고 기관관계자와 실천가에게 프로그램 평가진행을 알려주는 유용한 도구일 뿐만 아니라 프로그램 기획자와 행정가가 프로그램을 개념화하고 개발하고 유지하는 데도 도움을 준다. 콘래드 Conrad와 동료들(1999)은 다음과 같이 설명한다.

> 프로그램 관리자의 관점에서 볼 때, 논리모델은 프로그램이 이상적 실행으로부터 이탈하는 것을 방지하고 이를 유지할 수 있도록 도와준다. 평가

> 자에게 논리모델은 프로그램이 얼마만큼 의도하는 방향으로 실행되고 있는가의 정도를 이해하는 틀을 제공한다(p. 21).

최근 들어 몇몇 연방정부와 사립 자금지원기관은 예산지원 신청서에 논리모델을 포함시킬 것을 요구한다. 이런 모델을 포함시키면 평가설계와 제안한 프로그램의 적합성을 평가하는 데 도움이 된다는 것이다. 좋은 논리모델은 프로그램이 잘 관리될 것이고, 제대로 실행되는지 지속적으로 모니터링할 것이며, 단기, 장기목표를 계획대로 평가할 것이라는 전망을 증진시킨다.

논리모델을 구성하는 방법에는 여러 가지가 있다. 예를 들어 W. K. 켈로그 재단(2004)은 세 가지 접근방식을 제안한다. 그중 하나는 프로그램 내용을 결정하는 데 근거가 되는 이론과 그런 결정을 하게 된 이유에 대한 설명을 강조한다. **이론근거 논리모델**(theory-based logic model)은 프로그램의 자세한 세부내용에 초점을 두기보다는 프로그램의 기초가 되는 기본가정을 설명하는 상자를 도표로 만드는 것으로 시작한다. 그 다음 상자는 이런 가정이 프로그램 자원(투입)과 어떻게 연결되는지를 설명하고, 그 다음 상자는 프로그램과정과 활동을 설명하고, 그 다음은 활동과 단기목표 과제달성과의 연계, 그 다음은 단기목표 달성과 장기목표 간의 관계, 마지막 상자는 장기목표가 어떻게 프로그램의 궁극적 효과와 연계되는지를 설명한다. 논리모델과 관련된 다른 접근법과 달리 이론접근에서 단기와 장기 프로그램 성과는 측정 가능한 지표보다는 광범위한 개념으로 설명된다. 따라서 상자는 순서대로 나열되는데, 가정에 대한 설명을 담은 상자는 자원을 나열한 상자로 연결되고, 이는 또다시 과정과 활동을 나타내는 상자로 연결되는 형태로 도표를 작성한다.

논리모델의 두 번째 접근은 성과를 강조한다. 이 접근에서 상자는 이론적 접근보다 더 구체적인 내용을 포함한다. 또한 **성과접근 논리모델**(outcomes approach logic model)은 프로그램의 기본가정으로 시작하기보다는 프로그램 투입(자원)에서부터 시작되는 경우가 많다.

세 번째 논리모델 접근은 실행과정의 세부적 내용을 강조한다. 이는 기본가정이나 투입 등을 포함하지 않으며, 성과에 대한 설명도 자세하게 다루지 않는다. 대신 **활동접근 논리모델**(activities approach logic model)은 프로그램 유지를 위해 실행하는 각 활동에 대한 상세한 설명을 다루는 상자로 구성된다.

어떤 논리모델을 선택할 것인가는 프로그램의 요구와 프로그램 관계자 및 평가자 간의 판단에 따라 다르다. 어떤 접근을 선택하든 모델이 지나치게 빈약해 다양한 요소의 논리적 연결이 충분히 설명되지 못하는 것과, 너무 구체적이어서 핵심내용을 이해하기가 어려운 것 사이에 균형이 이루어져야 한다. 그림 14-1은 성과접근 논리모델의 기본적 골격의 한 형태를 보여준다. 여기서 설명하는 프로그램은 피해자와 가해자가 한 집단에서 상호작용하는 교도소 내 시범 회복사법 프로그램이다. 그림 14-2

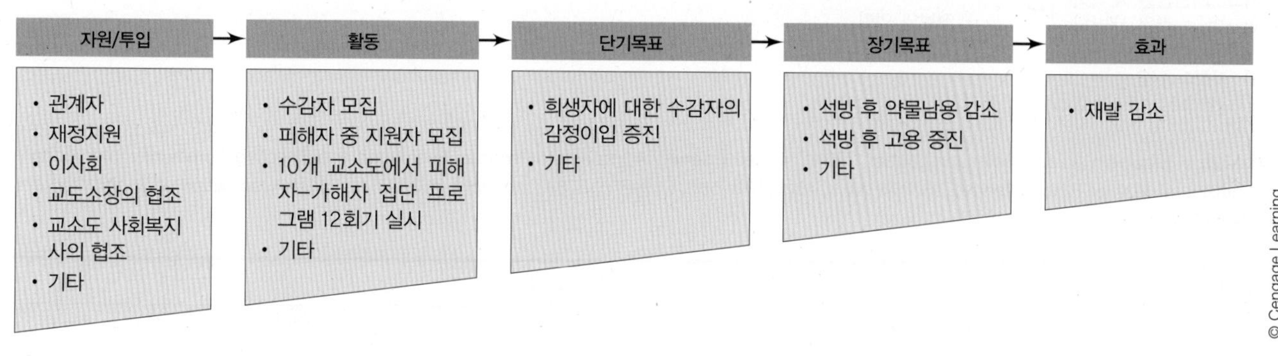

그림 14-1 피해자와 가해자가 한 집단에서 상호작용하는 교도소 내 시범 회복사법 프로그램을 위한 성과접근 논리모델 구성을 위한 지침

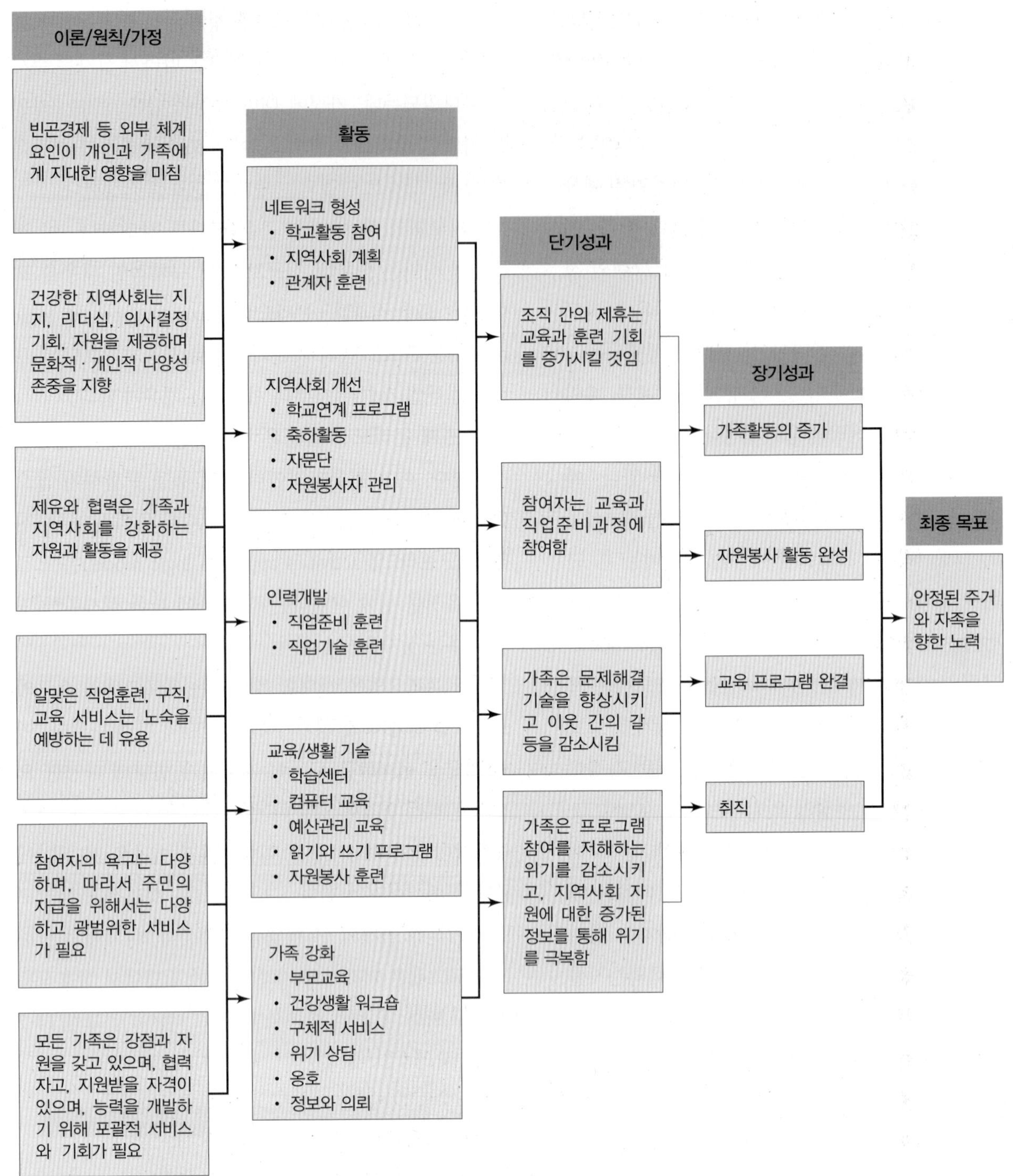

출처: Mulroy, Elizabeth A., and Helenann Lauber. 2004. "A User-Friendly Approach to Program Evaluation and Effective Community interventions for Families at Risk of Homelessness," Social Work, 49(4), 573–586. (그림은 p. 578.) Copyright © 2004, National Association of Social Workers, Inc. Social Work

그림 14-2 연방정부 지원을 받은 노숙인 예방 프로그램에서 사용된 이론근거 논리모델

는 연방정부 지원 노숙인 예방 프로그램 평가에 활용된 이론근거 논리모델을 설명한다.

프로그램 평가에서 질적 접근방법 활용의 예

이 책 전반에 걸쳐 실증연구에서 양적 접근방법과 질적 접근방법이 똑같이 중요하다는 점을 여러 차례 강조했다. 이 장에서도 프로그램 평가연구에서 이 두 가지 접근방법 모두 사용할 수 있음을 언급했다. '프로그램 평가에서 질적 연구방법과 양적 연구방법의 혼용'이라는 제목의 글상자에서 이를 다시 한 번 강조한다.

앞의 두 장은 개입의 효과성을 평가하는 데 있어 양적 방법의 활용에 초점을 두었기 때문에 이 장의 마지막 부분에서는 질적 방법에 초점을 둔 프로그램 평가를 설명하고자 한다. 여기서 살펴볼 예는 보그단 Bogdan과 테일러 Taylor(1990)가 소개한 것으로, 이들은 질적 접근방법에 초점을 두고 1970년대부터 발달장애를 가진 이를 대상으로 하는 시설화와 탈시설화 정책과 관련한 평가연구를 주로 진행해왔다. 이들은 연구과정에서 점차 시설수용정책에 대해 의문점을 갖기 시작하다가 탈시설화와 발달장애인들의 지역사회로의 통합을 강력하게 주장하게 되었다. 이들은 비인간적인 시설로부터 역시 비인간적인 지역사회 환경 속으로 옮겨가게 된 정신장애인의 어려운 삶을 다룬 연구들을 고찰한 결과, 어떻게 하면 지역사회로의 통합에 도움을 줄 수 있을지를 연구하기 시작했다.

보그단과 테일러는 탈시설화의 성과를 양적 접근으로 평가하는 많은 연구가 '과연 효과가 있는가?'라는 식의 잘못된 연구질문에 대한 답을 구하는 연구를 해왔다고 생각했다. 보그단과 테일러는 이해관계자 위주의 프로그램 평가모델을 채택했는데, 그들에 따르면 지역사회 활동 전문가들도 대인서비스 전문가들과 마찬가지로 자신들이 하는 일의 중요성에 대해 강한 신념을 갖는다. 따라서 자신의 일에 대해 전혀 회의적이지 않은 사람들로서는 단순히 어떤 프로그램이 효과가 있는지의 여부만을 밝히기 위한 평가연구의 결과에 대해서는 아무런 가치를 부여하지 않는다는 것이다. 그러므로 소위 '효과가 있는가?'라는 식의 평가연구에서 좋지 않은 결과가 나온다고 하더라도 그런 결과가 나타나게 된 근본적 원인은 재정지원이 미약하고 질적 수준이 낮은 지역사회 프로그램이 산재해 있기 때문이라고 본다.

또한 보그단과 테일러는 정신장애인의 지역사회로의 통합을 노예제도 문제와 같은 도덕적인 문제라고 보았다. 그들은 정신장애인을 위한 탈시설화 정책 또는 프로그램의 효과성을 묻는 것과 남북전쟁 당시 노예를 해방하는 정책 혹은 프로그램이 효과적인가를 묻는 것을 비교하면서 해방된 노예들이 지역사회로 통합되는 과정에서 많은 어려움을 겪는다는 평가결과가 있었다고 하더라도 노예제도는 정당화될 수 없었을 것이라는 점을 강조한다. 물론 이런 보그단과 테일러의 주장에는 논란의 여지가 없지 않지만, 여기서는 단순히 그들의 입장을 소개함으로써 그들이 가진 가치가 그들의 연구에 얼마나 영향을 미쳤는가를 설명하는 데만 초점을 맞추고자 한다. 비록 보그단과 테일러가 제시한 생각에 동의하기 어렵다고 생각하는 사람도 그들이 자신들의 가치에 대해 매우 솔직하다는 점과 그런 가치가 연구자가 갖게 되는 질문에 얼마나 큰 영향을 주게 되는가를 느낄 수 있으리라고 본다(3장에서 '조사연구가 과연 가치중립적일 수 있는가?'에 대해 설명한 것을 상기해보자).

보그단과 테일러는 "지역사회로의 통합을 위한 정책이나 프로그램이 효과가 있는가?"를 묻기보다는 "지역사회로의 통합이 의미하는 바가 무엇인가?"(의미에 질적 접근을 시도한다는 것을 알 수 있음)와 "어떻게 하면 통합을 이룰 수 있는가?"를 물었다. 보그단과 테일러는 이런 질문이 프로그램의 효과에 관한 질문보다 훨씬 낙관적인 질문이며, 동시에 이해관계자나 실무자의 욕구에 민감하고 즉각적으로 대응할 수 있는 연구질문이라고 보았다. 이는 실무자가 자신이 하는 일에 대해 낙관적일 뿐만 아니라 결정적 평가보다는 형성적 평가를 통해 어떻게 하면 목표를 더 잘 달성할 수 있는지에 대해 더 큰 관심을 갖고 있기 때문이다.

프로그램 평가에서 질적 연구방법과 양적 연구방법의 혼용

평가의 목적	양적 연구방법	질적 연구방법
평가계획		관련자들과의 개방적 면접조사, 프로그램 관련 서류에 대한 내용분석, 프로그램 활동에 대한 참여관찰
욕구조사	전문가, 표적집단 또는 지역사회를 대상으로 하는 설문조사	지역 공청회
	이용률	초점집단
	사회지표	
과정평가 (프로그램 실행에 대한 관찰과 개선점 파악)	스태프 및 클라이언트 설문조사	모델 프로그램의 사례연구
	누구에게 어떤 종류의 서비스가 얼마나 제공되었는지를 보여주는 기관의 기록에 대한 분석	프로그램 운영자와 서비스 이용자로 구성된 초점집단; 직원들을 대상으로 비공식적 목표와 실행에서의 문제점에 관한 개방 면접조사; 서비스 제공, 직원훈련, 직원회의에 대한 참여관찰; 서비스 이용자에 대한 개방형 면접조사; 직원회의 기록이나 클라이언트에 대한 실천가 기록에 대한 내용분석; 실천 전문가의 기술 수준에 대한 평가와 권장 절차 준수 여부 파악을 목적으로 하는 서비스 전달과정 녹화 또는 녹음
목표달성 평가	프로그램의 목표달성 여부를 결정하기 위해 실험설계와 유사실험설계와 과정평가를 함께 실시	프로그램의 성공 여부 확인과 성공적이지 않은 프로그램의 경우 계획대로 실행되었는지의 여부를 알아보기 위해, 앞서 언급한 과정평가 방법을 중심으로 하는 보완적 성과평가 실시
효율성 평가	비용효과 분석	
	비용편익 분석	

보그단과 테일러는 지역사회로의 통합이 갖는 의미와 통합을 좀 더 잘 이룰 수 있는 방안에 대한 통찰에 관심을 가졌기 때문에 무작위 표본추출 방법 대신 질적 표본추출 전략을 사용했다(이에 대해서는 6부에서 설명하겠다). 보그단과 테일러의 관심은 전형적인 일반 프로그램이 아니었다. 따라서 대표성에 중요성을 부여하지 않았다. 그들의 주된 관심사는 지역사회 통합이라는 목표를 훌륭하게 달성하고 있는 프로그램을 찾아서 연구하는 것이었다. 그들은 본보기가 될 만한 훌륭한 프로그램을 찾기 위해 "전문가 회보에 실린 공고문, 전국적 우편조사, 그리고 전문학술지에 대한 고찰"(Bogdan & Taylor, 1990, p. 187) 등의 다양한 표본추출 방법을 사용했다. 또한 수차례에 걸쳐 전문가 혹은 주요 정보제공자를 통해 본보기가 될 만한 기관이나 그런 기관에 대해 알고 있는 사람들에 대한 정보를 얻었다. 전문가 혹은 주요 정보제공자로는 장애인권익 옹호단체, 대학의 연구자들, 부

모 또는 전문가 단체의 지도자 등이 포함되었다.

보그단과 테일러는 눈덩이 표본추출을 통해 표본으로 추출된 각 프로그램에 대해 관계자들과 심층적인 개방형 전화면접조사를 실시했다. 면접조사의 주된 목적은 얻어진 표본을 지역사회 통합의 의미와 지역사회 통합을 이루는 가장 좋은 방법에 대한 가장 포괄적인 이해를 얻을 수 있는 8개 기관으로 좁히는 데 도움이 될 만한 정보를 얻는 것이었다. 면접조사에서는 프로그램의 내용, 현재 프로그램은 얼마나 잘 운영되고 있는가, 그리고 그런 노력이 얼마나 성실하게 이루어지고 있는가를 물었다. 이런 질문들과 함께 프로그램의 특성을 묻는 일반적인 질문을 통해 얻어진 정보를 바탕으로 연구자는 귀감이 될 만한 기관의 표본을 뽑았는데, 이렇게 뽑힌 기관들은 지리적 위치, 제공되는 서비스, 행정조직 등에서 매우 다양했다.

표본의 크기를 작게 한 이유는 표본으로 추출된 각 기관을 대상으로 약 3년에 걸친 기관 방문을 통해 심도 있는 연구를 실시할 것이기 때문이었다. 기관들에게 성의를 가지고 연구에 응해줄 것을 당부하기 위해 연구자는 각 기관의 책임자와 직원에게 그 기관이 모범적 혹은 혁신적인 기관으로 선정되었음을 솔직하게 밝혔다. 그런 사실에 대해 기관행정가들은 매우 자랑스러워함과 동시에 연구에 참여함으로써 모범적인 기관이라는 전국적인 명성을 얻을 수 있는 기회를 갖게 된다는 점을 인식하게 되었다. 보그단과 테일러에 따르면 이렇게 되자 아이러니하게도 기관의 모든 직원이 그들의 문제를 숨김없이 드러내 이야기하게 되었다고 한다.

각 기관 방문은 수일이 소요되었는데 방문기간 동안 연구자는 직접 관찰, 심층면접, 문서분석 등 다원적인 질적 자료수집 방법을 포함한 현실에 근거한 접근방법을 활용해 평가를 진행했다. 면접은 직원, 클라이언트와 그들의 가족, 근접한 지역에 존재하는 다른 기관의 대표자들을 대상으로 이루어졌다. 이런 기관 방문조사 결과, 수천 장에 달하는 현장기록과 면접내용기록을 얻게 되었다(아마도 뒤에서 설명할 화려한 추론통계 기법을 이용한 분석은 전혀 없었을 것이다).

조사를 통해 얻은 자료는 **사례연구** 방식으로 제시되었는데 각 기관에 대한 기관 방문조사가 끝날 때마다 사례연구 발표가 있었다. 사례연구 발표에서는 기관 전반에 관한 고찰, 지역사회 통합을 높이는 기관의 혁신적인 정책 소개, 그리고 기관의 혁신적인 정책이 사람들의 삶에 어떤 영향을 주는가를 보여줄 수 있는 사례 등이 제시되었다. 이와 함께 해당 사항이 있는 경우 기관이 가진 문제점과 갈등도 지적되었다. 이런 사례연구 '이야기'는 짧은 논문 형식으로 정리해 관련 회보 등을 통해 사회복지 분야 전반에 알렸다. 그렇게 함으로써 사람들로 하여금 앞서나가는 기관에 대한 최신 정보를 간접적으로 접할 수 있게 했으며, 지역사회 통합을 높이기 위해 노력하는 기관들에게 이렇게 얻은 지식을 활용할 수 있도록 하고자 했다.

보그단과 테일러는 이처럼 긍정적이고 낙관적이며 과정을 중시하는 질적 접근방식을 이용함으로써 양적 접근방법을 이용해 프로그램의 성과를 평가하는 것보다 실제적 이용가치가 월등히 뛰어날 뿐만 아니라 궁극적으로는 장애인의 복지를 증진하는 데 크게 기여할 수 있는 연구를 할 수 있다고 확신한다. 물론 보그단과 테일러의 조사연구와 평가를 위한 접근방식이 다른 방식에 비해 더 가치 있는지에 대해서는 의견 차이가 있을 수 있다. 그러나 보그단과 테일러의 접근법이 사회복지 실무의 발전에 기여하고 고통받는 사람들의 고통을 경감하며, 더 나아가서는 사회복지를 증진하기 위해 사용하는 가치 있는 조사연구 방법 중 하나라는 것에 대해서는 이견이 없을 것이다.

주요 내용

◆ 프로그램 평가는 사회적 개입과 대인서비스 프로그램의 개념화, 설계, 기획, 관리행정, 실행, 효과성, 효율성, 이용 등을 평가하고 발전시키려는 목적에서 다양한 연구조사 설계와 방법을 활용한다.

- 이제까지 항상 사람들은 새로운 개혁이 이루어지고 나면 이를 어떤 방식으로든 평가해왔다. 그러나 프로그램 평가에서 체계적이고 과학적인 접근방법이 나타나게 된 것은 20세기에 들어선 후의 일이며, 특히 지난 수십 년 사이 사회복지에 대한 지출규모가 커지면서 '책임성의 시대'로 접어들며 나타나기 시작한 현상이다.
- 관리의료의 도입은 서비스의 성과를 평가해야 하는 서비스 제공자의 부담을 증폭시켰다. 그러나 동시에 기득권적 이해를 가진 사람들에게 서비스 효과성을 그럴듯하게 포장하는 결과를 만들어내고자 하는 가능성도 증가시켰다.
- 재정지원 지속 여부 결정에 프로그램의 평가결과가 미치는 영향이 커지면서 프로그램과 관련된 기득권적 이해를 갖는 이해관계자들이 자유로운 과학적 탐구활동을 방해할 가능성이 증가했다.
- 프로그램 평가의 정치적 측면은 내부평가자뿐만 아니라 상대적으로 객관적이라고 할 수 있는 외부평가자까지도 편견을 갖게 만들 수 있다. 평가에 관련된 재정지원 기관이나 외부 지원기관도 성과에 대한 이해관계를 갖고 있기 때문에 영향력을 행사할 가능성이 있다.
- 정치적·이념적 압력은 연구방법론이나 평가결과에 대한 해석뿐 아니라 평가결과의 이용 여부와 이용방식에도 영향을 미친다. 평가연구의 결과와 그 결과가 함의하는 바가 반드시 실무에 적용된다고 기대할 수는 없는데, 특히 그것이 공식적인 이해관계 혹은 견해와 상충된다면 더욱 그렇다.
- 프로그램 평가의 사회적 맥락도 연구진행과 실행에 영향을 미친다.
- 연구자가 연구진행에 필요한 지원과 협조를 구하는 데 나타날 수 있는 여러 어려움을 줄여나갈 수 있도록 하기 위해 다양한 단계적 전략이 제시되어 왔다. 이해관계자와 그들이 가진 프로그램에 대한 기득권적 이해에 대해 충분히 이해할 것, 평가를 기획하고 진행하는 전 과정에 걸쳐 이해관계자들을 의미 있는 방향으로 참여시킬 것, 그들과 평가자 간의 원활한 의견교환 관계를 유지할 것, 과학적 객관성을 저해하지 않는 한도 내에서 평가와 평가결과보고서를 그들의 필요와 바람을 수용할 수 있게 조정할 것 등을 생각할 수 있다.
- 프로그램 평가를 생각할 때 일반적으로 가장 먼저 생각하는 것은 프로그램 성과에 대한 평가다. 그러나 그 밖에도 프로그램 기획이나 프로그램 실행과 관련된 여러 가지 중요한 질문에 초점을 둔 프로그램 평가가 실행된다.
- 프로그램의 성과를 평가할 때 가능한 한 내적 타당도가 가장 높은 실험설계 혹은 유사실험설계를 사용해 인과관계에 대한 추론이 가능하도록 해야 한다.
- 효율성 평가란 프로그램의 성과가 적절한 수준의 비용에서 얻어진 것인지를 평가하는 것이며, 회계 지식을 이용해 비용을 산정하고 이를 토대로 프로그램의 편익 대 비용의 비율을 계산한다. 그러나 어떤 프로그램이 가져오는 편익이 그 프로그램에 드는 비용을 정당화할 수 있는지에 대한 결정은 경제적 차원을 넘어서는 것으로, 인도주의적 편익에 대한 가치판단이 개입되는 문제다.
- 조직의 공식적 목표가 지향하는 구체적 성과지표의 모호함, 지나치게 거창하게 설정된 조직의 사명, 그리고 공식적 목표가 비공식적 목표로 대체되는 환경 등은 프로그램의 성과와 목표달성 평가를 복잡하고 어렵게 만든다.
- 때때로 프로그램의 평가가 성공적이지 못한 이유는 이론적인 잘못보다는 프로그램이 제대로 실행되지 못한 것에서 비롯된다.
- 성과평가는 프로그램 실행에 대한 평가와 병행되는 것이 바람직하다. 실행을 모니터함으로써 문제를 조기에 발견할 수 있고, 기관의 책임성을 유지시키며, 프로그램을 실행하고 유지하는 최적의 방법을 확인할 수 있다.
- 프로그램 기획을 위한 평가연구는 일반적으로 연구의 초점을 욕구조사에 둔다. 욕구는 규범적으로 정의되

기도 하며 수요의 개념으로 정의되기도 한다.

- 욕구조사를 위한 다섯 가지 방법으로는 (1) 전문가 혹은 주요 정보제공자 조사, (2) 지역 공청회 개최, (3) 이용률 조사, (4) 사회지표 분석, (5) 지역사회와 표적집단에 대한 설문조사 등이 있다. 이 접근방법 중 어느 것도 완전하다고 할 수는 없으며, 각기 장단점이 있다. 따라서 필요에 따라 몇 가지 접근방법을 함께 병행해 욕구조사를 하는 것이 이상적이다.
- 평가계획서는 논리모델을 포함하는 것이 바람직한데, 이는 프로그램의 주요 요소, 프로그램의 주요 내용, 프로그램 내용과 단기목적과의 연계성, 단기목표 달성 여부를 측정할 수 있는 지표, 단기목표와 장기적 프로그램 성과 간의 연계성, 장기목표 달성의 성공 여부를 측정하는 지표를 보여주는 도표다.
- 논리모델은 프로그램의 이론, 프로그램 활동, 프로그램 성과 중 각기 다른 부분에 초점을 맞추는 다양한 형태가 있다. 어떤 논리모델을 선택할 것인가는 프로그램의 요구와 프로그램 관계자 및 평가자의 판단에 따라 다르다.
- 다양한 질적 연구방법이 프로그램 평가에서 유용하게 활용된다. 그중 욕구조사에 유용한 접근으로는 구체적 목적에 따라 진행되는 초점집단을 들 수 있다.

연습문제

1. 사회복지기관 하나를 정하고 그 기관의 관장 및 실무 전문가들과 면담하는 기회를 갖는다. 현재 자신이 실습을 하고 있는 기관을 택해도 좋을 것이다. 면담을 통해 이제까지 그 기관에서 어떤 종류의 평가를 했으며, 그 결과가 어떠했으며, 평가결과가 활용되었는지를 물어본다. 또한 평가결과가 활용되었다면 그 이유는 무엇이며, 활용되지 않았다면 그 이유가 또 무엇인지를 물어본다. 이해관계자는 누구였으며, 그들이 가졌던 프로그램과 관련된 기득권적 이해는 무엇이었는지를 파악해본다. 만약 이제까지 평가가 한 번도 실시된 적이 없었다면, 그 이유는 무엇인가? 어떤 정치적 혹은 이념적인 저항이 있었는가?
2. 동일한 기관 혹은 다른 기관에 대해, 그 기관의 프로그램을 하나 택해 그 프로그램의 실행과 성과에 대한 평가를 대략적으로 계획해본다. 예상되는 저항이나 연구진행상의 문제는 무엇인가? 기관의 의사결정자들에게 자신이 계획한 평가가 어떤 도움을 줄 수 있다고 생각하는가? 기관의 공식적 목표와 사명을 성과에 대한 관찰 가능한 지표로 표현하는 데 있어 어떤 어려움이 있는가?
3. 자신이 살고 있는 지역사회에서 최근 많은 관심이 집중되고 있는 사회 문제 중 하나를 택하고, 그 문제와 관련된 혹은 그 문제를 줄이는 데 필요하다고 생각하는 프로그램에 대한 욕구조사를 계획해본다. 6개월 기한 내에 조사를 끝내야 하며, 자료수집을 위한 예산규모는 5,000달러라고 가정한다.
4. 사회복지 분야의 학술논문 중 프로그램 평가를 목적으로 실시된 연구에 대한 논문 한 편을 찾는다. 이 논문에서 이해관계자가 누구인지를 생각해보고, 기득권적 이해로 인해 나타날 수 있는 편견이 있는지, 그렇다면 이를 어떻게 통제했는지에 중점을 두고 논문을 비판해본다. 오래전에 출판되기는 했지만 분 Boone과 그의 동료들의 연구는 비판적 목적을 잘 보여주는 예이다(1981).

인터넷 연습문제

1. 논문검색 프로그램에서 주제어 'program evaluation(프로그램 평가)'을 입력하고 두 개의 논문을 찾는다. 하나는 프로그램 평가연구에 대한 것, 또 하나는 프로그램 평가의 정치적 측면에 관한 것을 선택한다. 각 논문의 제목, 저자, 출판학술지 등에 관련된 정보를 적는다. 프로그램 평가연구에 대한 논문에서는 연구의 강점과 약점을 간단하게 정리해본다. 또 다른 논문에서는 프로그램 평가의 정치적 측면의 주요 내용을

요약해본다.

2. 구글이나 야후 같은 검색엔진에서 '프로그램 평가보고서'를 검색한다. 관심이 있는 주제와 관련된 보고서를 선택한다. 보고서의 기본정보를 적고, 평가형식을 알아보고, 방법적 측면의 강점과 약점을 정리한다.
3. 구글이나 야후 같은 검색엔진에서 '논리모델'을 검색한다. 검색된 몇 개의 사이트를 살펴본다. 그중 가장 유용하다고 생각되는 사이트 몇 개를 적고, 각 사이트를 통해 논리모델에 대해 알게 된 점을 간단하게 요약해본다. 또한 각 사이트에서 제시하는 논리모델의 예시 중 서로 다른 점을 간단하게 설명한다.

추천도서

Alexander, L. B., & Solomon, P. (Eds.). (2006). *The Research Process in the Human Services: Behind the Scenes*. Belmont, CA: Thomson Brooks/Cole. 이 유용한 저서를 다시 추천한다. 이것은 사회복지기관에서 프로그램 평가연구를 하게 될 학생들에게는 필독서이다. 각 장은 저명한 연구자들이 각기 다른 연구방법을 실행하는 과정과 그 과정에서 실제 기관에서 부딪혔던 어려움에 대해서도 설명한다. 연구자는 기관관계자와 어떻게 협상했으며, 난관에 봉착했을 때 어떻게 연구설계를 수정했는지를 설명한다. 이렇게 최종적으로 선택한 연구방법의 강점과 제한점에 대해서도 다루고 있다.

Evaluation Studies Review Annual. 세이지(Sage) 출판사에서는 매년 새로운 리뷰를 출간한다. 매년 다른 편집자들로 구성되며, 프로그램 평가에 대해 자신들이 출간한 최고의 논문들을 수록한다. 이 책은 최고의 프로그램 평가연구 사례와 방법적 쟁점에 대한 토론, 그리고 프로그램 평가의 정치적 맥락에 대한 분석을 보여주는 좋은 자료다. 내용은 난이도에 따라 다양한데, 일부는 숙련된 프로그램 평가자에게 더 적합하지만, 대부분은 이 주제에 관심을 가진 학생에게 적합한 정도다.

Mullen, E. J., & Magnabosco, J. L. (Eds.). (1997). *Outcomes Measurement in the Human Services: Cross-Cutting Issues and Methods*. Washington, CD: NASW Press. 이 책은 각기 다른 저자가 쓴 30개의 장으로 구성되어 있다. 이는 여러 형태의 대인 서비스 세팅에서 성과를 측정하는 다양한 방법에 대한 쟁점과 최근 경향에 대한 유용한 관점을 제공한다. 여기에는 성과평가에 미치는 관리의료의 영향에 대한 비판적 분석도 포함되어 있다. 또한 관심 있는 성과 측정도구에 대한 출처와 정보를 얻을 수 있다.

Roberts, M. C., & Hurley, L. K. (1997). *Managing Managed Care*. New York: Plenum Press. 이 관리의료에 대한 개론서는 아동과 가족을 대상으로 하는 심리상담 서비스에 초점을 두고 있다. 관리의료의 기본내용, 이로 인한 서비스에 대한 문제점, 법적, 윤리적 함의, 관리의료하에서 일하는 실천가들에 대한 함의에 대한 설명과 함께 평가쟁점과 기술에 대한 유용한 설명을 담고 있다.

활용 노트

EP 2.1.6b

EP 2.1.6b: 실천에 유용한 연구증거 활용하기: 사회복지사가 이 장에 소개된 모든 개념을 이해한다면, 비판적으로 결과를 평가하고 실천을 가장 잘 안내하는 방법을 판단하는 데 도움이 될 것이다.

EP 2.1.10m

EP 2.1.10m: 개입을 비판적으로 분석하고, 모니터링하고, 평가하기: 사회복지사는 타당하고 유능한 방식으로 개입을 평가하기 위해, 이 장에 소개된 모든 개념을 이해해야 한다.

대규모 자료의 자료수집 방법

Data Collection Methods with Large Sources of Data

이전 장들에서는 탐구에 대한 양적 접근과 질적 접근을 설명했고, 사회복지 조사연구가 다양한 연구목적을 가질 수 있음을 살펴봤다. 어떤 절차를 통해 어떻게 연구를 진행할지는 연구목적에 달려 있다.

예를 들어 모집단 특성에 대한 정확한 설명을 목적으로 하는 보편적 양적 연구를 하고자 한다면 연구결과를 일반화하고자 하는 대상을 최대한으로 대표할 수 있는 참여자를 선정하는 논리적 절차를 활용해야 한다. 또한 선정한 참여자로부터 객관성을 최대화할 수 있는 표준화된 방법으로 자료를 수집해야 한다. 이와 반대로 잘 알려지지 않은 새로운 영역을 탐색하거나 한 현상에 대한 심도 깊은 이해를 목적으로 하는 질적 연구를 하려면 연구참여자 선정과 자료수집 방법에서 약간의 융통성을 기할 수 있다. 이런 탐색적 연구에서 결론적인 논리적 추론을 위해 연구과정을 구조화하거나 그 결과를 일반화하려는 시도는 불필요할 뿐만 아니라 바람직하지 않다. 탐색적 연구나 질적 연구에서 경직된 연구방법의 사용은 연구자에게 예상치 못했던 관찰이나 정보가 부족한 분야에 대해 심층적으로 규명할 수 있는 자율성을 제공하지 못한다.

다음 세 장 모두 양적 연구와 질적 연구에서 활용되는 절차를 설명하고 있기는 하지만 대규모 자료를 통해 결과를 도출하는 양적 연구절차에 초점을 두고 있다. 예컨대, 모집단에게 정확하게 일반화할 수 있는 연구참여자를 선정하고 자료수집과정을 살펴볼 것이다. 또한 이미 존재하는 자료를 활용해 분석하는 방법을 설명할 것이다.

15장은 표본추출과 일반화를 다룬다. 뒤에 자세하게 설명하겠지만 몇몇 사람 또는 사물을 관찰해 그것을 훨씬 큰 인구집단이나 현상에 적용할 수 있다. 좀 더 유연한 방법으로 연구참여자를 선정할 수 있는 방법에 대해서도 언급하긴 하지만, 이에 대한 자세한 내용은 18장 질적 연구방법에서 다룰 것이다.

16장은 질문을 통해 자료를 수집하는 설문조사에 대해 설명한다. 15장과 마찬가지로 16장도 자료수집 시의 유연한 방법에 대해 설명하는데, 여기서는 자기기입식 설문지나 면담을 통해 수집한 정보의 객관성, 정확성, 일반화를 증가시키는 방법을 강조한다.

17장에서는 이미 존재하는 자료를 수집하고 분석하는 방법을 살펴볼 것이다. 이를 위한 양적 방법과 질적 방법을 설명하는데, 어떤 방법을 활용하는가는 자료의 성격과 조사연구의 목적에 달려 있다.

CHAPTER 15

표본추출

Sampling

이 장의 학습내용

이 장에서는 사회과학자가 수백 또는 수천 명을 선정해 얻은 연구결과를 어떻게 다른 수억 명의 사람에게 적용하는지를 알게 될 것이다.

서론

다른 사회과학 연구조사와 마찬가지로 사회복지 연구조사는 일반적으로 더 큰 규모의 사람들이나 사건 전반에 대해 새로운 현상을 이해하거나 설명하거나 가설을 검증하기 위한 목적으로 작은 규모의 사람들이나 사건을 관찰한다. 연구조사가 관찰하는 이 작은 집단을 **표본**(sample)이라고 하며, 이 집단을 선발하는 과정을 **표본추출**(sampling)이라고 한다.

양적 기술적 연구나 설명적 연구에서 주된 관심은 활용한 표본추출과정이 연구결과를 일반화하고자 하는 큰 모집단을 대표하는 표본을 제시하는가에 있다. 이 가능성을 평가하는 두 개의 중요한 기준은 표본의 크기와 표본이 편향되지 않은 방법으로 선발되었는가이다. 이상적으로 표본은 편향되지 않으며 적절한 크기여야 한다. 편향된 표본추출과정은 표본 크기가 크다고 해도 모집단을 대표할 수 없는 결과를 가져올 수 있으며, 반면 편향되지 않은 표본추출과정은 작은 표본 크기를 통해서도 큰 모집단의 특성을 꽤 정확하게 설명할 수 있다.

정치 여론조사의 역사는 비편향된 표본추출과정이 작은 표본을 통해서도 얼마나 정확하게 모집단에 적용할 수 있는 결과를 가져올 수 있는지 보여준다. 2008년 미국 대통령 선거에서는, 접전이었던 2000년이나 2004년과는 달리 누가 당선될 것인가에 대한 의견이 대부분 일치했다. 표 15-1은 선거 며칠 전에 실시한 여론조사 결과를 보여준다. 약간의 차이는 있지만 전체적인 추세는 놀랄 만큼 일관적이며 실제 선거결과와 매우 유사하다.

그렇다면 1억 3천 명에 가까운 유권자의 행동을 오차범위 2% 이내로 추정하기 위해 얼마나 많은 유권자를 대상으로 면접을 했을까? 불과 2,000명도 되지 않는다! 이 장에서는 사회연구자들이 어떻게 이렇게 놀라운 일을 성취하는지를 살펴볼 것이다.

앞서 설명한 여론조사가 정확할 수 있었던 이유는 무작위 표본추출을 포함하는 **확률 표본추출**(probability sampling)을 활용했기 때문이다. 이 장은 무작위 선정이 정확하고 과학적인 과정임을 보여줄 것이다. 여기에 우연이란 존재하지 않는다. 특정한 개인이 선정될 가능성

표 15-1 2008년 미국 대통령 선거 전 여론조사 결과

여론조사	종료일	오바마	매케인
폭스	11월 2일	54	46
NBC/월 스트리스 저널	11월 2일	54	46
마리스트 대학	11월 2일	55	45
해리스 인터랙티브	11월 3일	54	46
로이터/C-SPAN/Zogby	11월 3일	56	44
ARG	11월 3일	54	46
Rasmussen	11월 3일	53	47
IBD/TIPP	11월 3일	54	46
DailyKos.com/ Research 2000	11월 3일	53	47
조지워싱턴 대학교	11월 3일	53	47
마리스트 대학	11월 3일	55	45
실제 투표	11월 4일	54	46

출처: 2009년 1월 29일 Pollster.com(http://www.pollster.com/polls/us/08-72-pres-ge-mvo.php)에서 가져온 자료. 공식적 선거결과는 연방선거위원회(http://www.fec/gov/pubrec/fe2008/2008presgeresults.pdf) 자료임. 공식자료는 미결정이나 1% 미만의 표를 얻은 제3정당 후보에 대한 수치를 포함하지 않는다. 편의를 위해 여기서는 그 수치를 오바마와 매케인에게 투표하겠다는 사람의 비율대로 계산해 포함시켰다.

을 결정하거나 통제할 수 있는 구체적 표본추출 기법이 존재한다. 가장 단순한 예로 두 명 가운데 한 명을 선정하기 위해 동전을 던지면 각 사람이 선정될 확률이 50%로 정확하게 같다. 좀 더 복잡한 기법을 활용하면 큰 모집단에서 표본이 선정될 때 선정될 확률을 동일하게 만들 수 있다.

확률 표본추출은 정확하지만 언제나 이 기법을 사용할 조건이 되지는 않는다. 결과적으로 많은 사회복지 연구조사는 **비확률** 표본추출을 사용한다. 따라서 다양한 비확률 표본추출 방법에 대해서도 설명할 것이다. 이는 무작위 선정은 아니지만 나름대로의 논리를 갖고 있으며, 사회탐구를 위해 유용한 표본을 뽑아낼 수 있다. 이 장에서는 표본추출 방법의 장점과 단점을 검토하고, 이것이 사회과학의 어떤 영역에 부합하는지 살펴볼 것이다. 비확률 표본추출의 위험을 설명하기 위해 우선 정치 여론조사 사례 몇 개를 살펴보자.

EP 2.1.6b
EP 2.1.10d, m

알프 랜던 대통령

알프 랜던 대통령이 누구지? 미국사 시간에 졸았나? 아니다. 알프 랜던은 「리터러리 다이제스트(Literary Digest)」가 실행한 유명한 여론조사가 정확했더라면 대통령이 되었을 사람이다. 「리터러리 다이제스트」는 1890~1938년에 미국에서 발행되던 인기 있는 뉴스 잡지였다. 1916년 이 잡지는 6개 주의 사람들에게 우드로 윌슨 Woodrow Wilson과 샤를 에번스 휴스 Charles Evans Hughes 중 누구에게 투표할 것인지를 묻는 우편엽서를 발송했다. 여론조사 응답자는 전화번호부와 자동차등록부를 이용해 선정되었다. 회수된 우편엽서에 기초해 이 잡지는 윌슨의 선출을 정확하게 예측했다. 이후 선거에서 이 잡지는 여론조사의 규모를 확대했고 1920년, 1924년, 1928년, 1932년에 그 결과를 정확하게 예측했다.

1936년 「다이제스트」는 가장 야심 찬 여론조사를 시행했다. 전화번호부와 자동차등록부에 포함된 1천만 명에게 무기명 투표용지를 발송했다. 그중에서 200만 명 이상이 응답한 결과 예상치 않았던 공화당의 알프 랜던 Alf Landon이 프랭클린 루스벨트 Franklin Roosevelt 대통령을 57% 대 43%라는 압도적인 차이로 이기는 것으로 나타났다. 이 잡지의 편집자들은 다음과 같이 조심스럽게 설명했다.

> 본 지는 오류의 가능성이 전혀 없다고 주장하지는 않는다. 또한 우리가 실시한 여론조사를 설명하는 '엄청난 정확도'라는 문구를 만든 것도 우리가 아니다. 본 지는 아무리 막대한 표본을 모았다 하더라도, 그리고 아무리 그 방법이 과학적이라고 하더라도 모든 가상투표의 한계를 너무나 잘 알고 있다. 48개 모든 주에서 여론조사가 예측한 대로 정확하게 결과가 나타난다면 그것은 아마도 기적일 것이다(「리터러리 다이제스트」, 1936a, p. 6).

2주 후 「다이제스트」의 편집자들은 가상투표의 한계를 더 확실히 알게 되었다. 유권자들은 61%의 득표율로 루스벨트에게 역사상 가장 압도적인 승리를 안겨주었고 그를 3선 대통령으로 당선시켰다. 루스벨트가 523개의 선거구에서 이긴 데 비해 랜던은 8개에서만 이겼다.

편집자들은 지금까지 잘 맞던 예측이 갑자기 틀린 것에 혼란을 느낄 수밖에 없었다. 여기서 문제의 원인 중 하나는 여론조사 응답률이 22%였다는 사실이다. 편집자들은 다음과 같은 의문을 표시했다.

> 「다이제스트」로부터 무기명 투표용지를 받은 시카고 유권자 5명 중 왜 1명만 응답했는가? 그리고 응답한 5분의 1 유권자 중에서는 왜 공화당이 우세했는가? … 공공서비스로 간주되는 분야에서 우리는 언제나 민주당 지지자보다는 공화당 지지자들의 협조를 더 많이 얻어왔다. 공화당 지지자들이 우체통에 더 가까이 사는가? 민주당원들은 일반적으로 가상투표에 반대하는가?(「리터러리 다이제스트」, 1936b, p. 7)

대학 도서관에 「리터러리 다이제스트」가 비치되어 있는 경우도 있고, 인터넷을 검색하면 부분적으로 볼 수 있다. http://www.eBay.com에서 구매 가능한 호가 있는지 찾아보는 방법도 있다.

사실 이 의문들에 대한 답은 「다이제스트」가 사용한 **표본틀**(sampling frame)에 있었다. 이 조사에서 표본틀은 전화 가입자와 자동차 소유자였다. 미국 역사상 최악의 경제불황 말기였던 1936년의 상황에서 이 조사설계는 불균형하게 부유한 표본을 선정한 것이다. 이 비확률 표본은 저소득층을 효과적으로 제외시켰고, 저소득층은 압도적으로 루스벨트의 뉴딜 경기회복 프로그램에 한 표를 던졌다. 「다이제스트」 여론조사가 전화가입자와 자동차 소유자의 투표의사를 얼마나 정확하게 대표했을지는 모른다. 하지만 불행히도 전체 유권자의 투표의사를 대표하지는 못했던 것이다.

토머스 듀이 대통령

1936년 선거는 여론과 동의어가 되다시피 한 젊은 여론조사자를 등장시켰다. 「리터러리 다이제스트」와는 달리 조지 갤럽 George Gallup은 루스벨트가 랜던을 이기리라는 것을 정확하게 예측했다. 갤럽이 1936년 성공을 거둔 비결은 앞으로 설명할 할당 표본추출의 사용에 있었다. 우선은 **할당 표본추출**(quota sampling)이란 남자의 비율, 여자의 비율, 여러 소득층의 비율, 연령층의 비율 등 표본을 추출하는 모집단의 특성에 대한 지식에 기초한 것이라는 사실만 이해하면 된다. 표본은 모집단의 특성에 따라 선정된다. 농촌에 사는 가난한 백인남자의 정확한 수, 도시에 사는 부유한 흑인여자의 정확한 수 등에 따라 선정된다. 할당은 연구와 가장 관련이 깊은 변수에 기초해 이루어진다. 갤럽은 전국의 다양한 소득계층의 수를 파악함으로써 각 소득계층의 정확한 비율대로 표본을 선정했다.

갤럽과 그가 운영하던 미국 여론조사연구소(American Institute of Public Opinion)는 할당 표본추출을 사용해 1936년, 1940년, 1944년에 대통령 당선자를 정확하게 예측했다. 그러나 1948년 갤럽과 대부분의 정치 여론조사들은 해리 트루먼 Harry Truman 대통령 대신 토마스 듀이 Thomas Dewey가 뉴욕의 주지사로 당선될 것이라고 예측함으로써 창피를 당했다. 여론조사들의 창피는 선거일 밤까지 이어졌다. 기쁨에 찬 트루먼 당선자가 '듀이가 트루먼을 패배시키다'라는 헤드라인을 내건 신문을 보여주는 유명한 사진이 있다. 트루먼 지지자들은 옆에서 "본때를 보여줘요"라고 외치고 있다.

1948년의 실패는 몇 가지 요인으로 설명할 수 있다. 첫째, 선거운동 기간 동안 트루먼에 대한 지지가 꾸준히 상승하는 경향을 보였음에도 불구하고 대부분의 여론조사들은 10월 초에 여론조사를 중단했다. 게다가 많은 유권자가 선거운동 기간 동안에 후보를 결정하지 않았다가 투표장에 들어섰을 때 트루먼을 압도적으로 지지했다. 그러나 여기서 더 중요한 사실은 갤럽의 표본에 대표성이 없었다는 점이다.

과거에 효과적이었던 할당 표본추출은 1948년 갤럽이 파멸한 원인이 되었다. 이 기법은 연구조사자가 전체 모집단(이 경우에는 유권자)에 대해 알고 있다는 것을 전제로 한다. 전국적인 여론조사에서 모집단에 대한 정보는 주로 인구조사 자료에서 가져온다. 그러나 1948년에 이르러서는 세계대전으로 인해 농촌에서 도시로의 대이동이 이루어졌으며 1940년에 수집한 특성과 급격하게 달라졌던 것이다. 더욱이 도시 거주자들은 민주당에 투표할 가능성이 높았는데, 농촌유권자를 실제보다 많이 표본에 포함시킨 여론조사는 민주당 지지율을 과소평가하게 된 것이다.

존 케리 대통령

정치 여론조사가 발달함에 따라 선거 전날 시행하는 여

사전 여론조사는 듀이가 앞선다고 예측했고, 이를 재빠르게 미리 헤드라인으로 실은 『시카코 트리뷴(Chicago Tribune)』은 낭패를 보았다.

론조사를 통해 대통령 선거결과를 정확하게 예측할 수 있게 되었다. 오늘날 크고 대표적인 표본을 추출하기 위해 사회과학 연구조사에서 사용하는 가장 주된 방법은 확률 표본추출이다. 기본적으로 이 방법은 연구 관심대상인 모집단 구성원의 이름이 모두 나열되어 있는 목록에서 무작위로 표본을 추출하는 것이다. 아직까지는 확률 표본추출 방법이 현존하는 표본추출 방법 중 가장 정확한 방법이라고 할 수 있다.

2004년 대통령 선거에서 확률 표본추출법의 가치는 다시 한 번 확인되었다. 선거 전날 이루어진 확률 표본추출을 활용한 대부분의 여론조사 결과는 조지 부시 George Bush가 존 케리 John Kerry를 적은 차로 누르고 당선될 것이라고 정확하게 예측했다. 선거 당일에도 많은 정치단체와 뉴스매체는 투표소를 나서는 투표자를 대상으로 하는 출구조사를 통해 선거결과를 미리 예측하고자 했다. 그러나 출구조사는 엄격한 표본추출을 활용한 것이 아니었다. 이는 결과를 묻는 조사자와 가까이 있었으며 기꺼이 자신의 선택을 밝힐 의사를 가진 투표자를 대상으로 이루어진 것이다. 결과적으로 부시를 선택한 사람보다 케리에게 투표한 사람들이 출구조사에 더 적극적으로 참여했던 것이다. 출구조사의 결과를 접한 일부 보수학자들은 실제 결과가 나오기 전까지 우울한 표정으로 텔레비전을 통해 미래의 케리 정권을 예측하며 부시 캠페인의 패인에 대해 논했다. 한쪽에서 케리 지지자들은 화색이 만연했다. 그러나 출구조사에서 케리의 승리를 예측했던 몇몇 핵심 주에서 부시가 이겼다는 실제 투표결과가 나오자 이들의 희비가 뒤바뀌었다.

비확률 표본추출

여러 장점에도 불구하고 사회복지사가 직면한 연구환경에서는 확률 표본추출이 불가능하거나 적합하지 않은 경우가 많다. 결과적으로 많은 사회복지 조사연구는 비확률 표본추출에 의존한다. 노숙인을 연구한다고 가정해보

자. 전체 노숙인 목록은 없으며, 만들 수도 없다. 더욱이 앞으로 보게 될 것처럼 확률 표본추출이 가능하지만 적절하지 않은 경우도 있다. 따라서 우선 사회복지에서 사용되는 몇 가지 **비확률 표본추출**(nonprobability sampling)에 대해 알아본 다음, 확률 표본추출의 원리와 방법으로 넘어가기로 하자. 이 절에서는 (1) 이용 가능한 대상 의존, (2) 의도적 또는 판단 표본추출, (3) 할당 표본추출, (4) 눈덩이 표본추출의 네 가지 형태를 검토한다. 그 다음 정보제공자를 선발하는 기술에 대해 살펴보겠다.

이용 가능한 대상에 의존

이용 가능 표본추출(availability sampling), **우연 표본추출**(accidental sampling), **편의 표본추출**(convenience sampling)이라고도 하는 이용 가능한 대상에 의존하는 방법은 사회복지 영역에서 빈번하게 사용되는 방법으로, 다른 방법에 비해 비용이 적게 들고 특정 대상이나 연구주제에 다른 방법이 가능하지 않은 경우에 특히 많이 사용된다. 1994~1999년에 「Social Work Research」 학회지에 실린 논문의 대부분이 일종의 이용 가능 표본추출에 의존하고 있는 것을 보면 사회복지에서 이 표본추출 방법이 많이 활용된다는 사실을 잘 알 수 있다(Monette, Sullivan, & DeJong, 2002).

이용 가능한 대상에 의존하는 것은 극히 위험한 표본추출 방법이다. 예를 들어, 거리 모퉁이나 특정 장소에서 지나가는 사람들을 세워 질문함으로써 사회적 쟁점에 대한 일반적 여론을 평가하는 것에는 위험부담이 따른다. 가령 노인대상 사회보장이나 의료정책 개정을 위한 제안서에 대한 일반인의 의견을 조사하기 위해 선택한 장소가 중상층 밀집지역의 쇼핑센터 주변이라고 하자. 이 조사결과는 특정한 시간에 그 장소를 지나가는 사람들의 의견만을 대변할 것이다. 많은 경우 이 표본은 노인과 저소득층 인구를 원래보다 적게 포함할 가능성이 높다. 상대적으로 젊고 경제적으로 어렵지 않은 사람이 많을 것이고, 이들은 노인이나 저소득층을 옹호하는 정책에 반대할 가능성이 높다. 현실성의 이유로 이용 가능 표본추출 사용이 정당화될 때도 연구자는 결과를 일반화하는 데 상당한 주의를 기울여야 한다. 또한 독자에게 이 방법이 지닌 위험에 대해 주의시켜야 한다.

사회복지조사론 수업을 수강하는 몇몇 학생이 보고서를 위해 한 팀이 되어 그 과목 수강생을 대상으로 상담전문 사회복지 실천에 대한 태도를 알아보기로 했다고 하자. 이 표본의 대표성은 극히 의심스럽다. 조사론 수업이 심리치료 과목과 시간이 겹치지 않는 유일한 과목이어서 유난히 그 수업에 상담전문 사회복지 실천에 관심있는 학생이 많을 수도 있다. 특정 우연 표본을 비전형적으로 만드는 모든 편향을 예측하는 것은 불가능하다.

대학에서는 대규모 강의를 수강하는 학생들을 대상으로 설문조사를 시행하는 경우가 많다. 이 방법은 쉽고 비용이 적게 들어 많이 사용하지만, 일반적으로 가치 있는 자료를 확보하는 경우는 거의 없다. 설문조사는 설문지 사전검사에는 유용할 수 있지만 학생들 전체의 특성을 설명하려는 목적의 연구에는 사용하지 않아야 한다.

의대생과 가정전문의에게 실시한 영양공급과 암의 관계에 대한 지식과 의견조사에서 표본추출 설계에 대한 아래의 설명을 보자.

> 미니애폴리스에 있는 미네소타 대학교의 4년차 의대생들이 이 연구의 모집단이었다. 내과의사 모집단은 미네소타 대학교 평생의학교육과가 개설한 '가정의의 과거와 현재' 과목에 출석한 모든 내과의사였다(Cooper-Stephenson & Theologides, 1981, p. 472).

이 연구결과는 무엇을 대표하는가? 이 표본으로는 미국은 고사하고 미네소타 주의 의대생과 가정의도 제대로 비교할 수 없다. 그 강의에 출석한 내과의사는 누구인가? 그들은 다른 내과의사보다 평생교육에 관심이 많은 의사였을 것이다. 그러나 그것도 확실하지는 않다. 이러한 연구는 의미 있는 사실을 제공할 수도 있지만, 결과를 일반화하는 데는 주의가 필요하다.

위험부담이 있음에도 불구하고 이용 가능한 대상에 의존하는 연구들은 큰 의미를 가질 수 있다. 특히 이 표본추출 방법에 두드러지는 편향이 존재하지 않으며 연구결과를 과대하게 일반화하지 않도록 주의한다면 더욱 그렇다. 예를 들어, 어떤 지역재단이 최근 미국 내 몇몇 청소년의 죽음을 초래한 위험한 신종 약물에 대해 염려하고 있다고 하자. 이 재단은 중서부 도시의 고등학생들 사이에 그 약물이 얼마만큼 퍼져 있는지 알고자 한다. 재단은 연구자에게 한 도시의 고등학생을 대상으로 이 약물사용 경험에 대한 조사를 부탁하고 연구비를 지급한다. 그런데 이 도시에 있는 총 10개의 고등학교 중 2개 학교만 조사연구에 동의했다. 그중 한 학교는 빈곤지역에 위치하고 있으며 흑인 학생의 비율이 높다. 다른 한 학교는 중산층 지역에 있으며 소수인종이 적은 편이다.

설문조사는 두 학교의 모든 학급을 대상으로 선생님이 약물에 대한 설문지를 배포하는 방식으로 진행된다. 설문지 앞 장에는 자발적으로 설문에 참여해 각 문항에 답하고 익명으로 처리된 봉투에 담아 봉한 뒤 학교에 있는 큰 상자에 담아달라는 설명문을 넣었다. 각 학교에서 학생의 50%가 설문에 참여하고 나머지 반은 참여하지 않았다. 연구결과 각 학교에서 응답자의 30%가 그 약물을 사용한 경험이 있다고 답하고, 경험자의 20%가 앞으로도 종종 사용할 거라고 답했다고 하자.

이 연구결과는 어떤 가치를 갖고 있는가? 이 물음에 답하기 전에 우선 이 연구는 이용 가능한 표본에 의존한 연구라는 점을 인식해야 한다. 왜냐하면 50%의 학생은 신종 약물 사용에 대한 답을 하고 싶지 않았거나 설문 자체에 참여할 의지를 보이지 않았기 때문이다. 실제로 약물경험이 있는 학생들은 이 약물사용 조사에 더 관심이 있고, 그래서 다른 학생들보다 설문에 참여할 동기가 높았을지도 모른다. 혹은 그 반대로 약물을 사용한 경험이 있는 학생은 이 조사에 위협을 느끼고 오히려 참여하지 않았을 수도 있다. 더 나아가 이 조사는 두 학교의 응답하지 않은 학생뿐만 아니라, 참여를 거부한 나머지 8개의 고등학교도 포함하지 않는다. 이 8개 학교의 약물 사용은 참여한 두 학교에 비해 높을 수도 있고 낮을 수도 있다.

그렇다면 이용 가능한 표본을 대상으로 한 조사라는 것 때문에 이 연구결과를 무시해야 하는가? 이에 대해서는 다음과 같이 답할 수 있다. 두 학교에서 이 약물사용 경험이 있는 모든 학생을 포함했다고 해도, 연구결과는 두 학교 전교생의 15%는 약물사용 경험이 있음을 보여준다(전체 학생 절반의 30%는 전체의 15%이다). 마찬가지로 두 학교 학생 전체의 10%(20%의 절반)는 앞으로도 종종 이 약물을 사용할 것이라는 응답을 했다는 결과를 보고할 수 있다. 더욱이 이 연구결과는 이 약물경험에 대한 최소 집계라고 할 수 있다. 왜냐하면 실제로 약물을 사용하는 학생은 그렇지 않은 학생에 비해 설문에 참여할 가능성이 낮다고 가정할 수 있기 때문이다.

학생들이 이 위험 약물에 대한 경험을 거짓말로 답한 게 아니라는 가정하에 이 연구결과는 중요한 의미를 갖는다. 이 결과는 지역사회가 신종 약물의 위험성을 교육하는 프로그램을 시작하고 약물사용을 예방하는 다른 방법을 모색하게 하는 정도의 중요성을 갖는다. 더 나아가 설문에 참여한 두 개 학교 학생뿐만 아니라 참여하지 않은 학교 학생들의 사용에 대해서도 경각심을 갖게 하는 결과라고 할 수 있다. 또한 나머지 8개의 학교에서도 유사한 조사를 시행할 필요성을 제기하는 결과이다. 연구결과를 모든 학교로 일반화할 수는 없지만, 이 문제에 대한 관심을 해당 지역뿐만 아니라 다른 지역에까지 확산시켜 불러일으킬 수 있는 기반을 제공하는 시험적이면서도 의미 있는 결과이다.

사회복지 분야뿐 아니라 사회 전체에 의미를 주면서 이용 가능한 표본에 의존하는 또 다른 형태의 연구는 11장과 12장에서 설명한 실험 혹은 유사실험설계를 활용한 사회복지 실천과 프로그램 효과성 평가다. 어떤 서비스가 특정한 클라이언트나 집단에 어떤 도움이 얼마만큼 되는가를 평가하고자 한다면, 이는 대통령 투표결과를 예측하기 위해 무작위로 응답자를 선발해 질문하는 것과는 분명히 다르다. 일반적으로 서비스를 필요로 하고 이를 위해 기관에 찾아오는 이용 가능한 표본에 의존해야 한다. 실험설계가 상대적으로 낮은 외적 타당도를 갖는 것은 이런 이유 때문이다.

의도적 또는 판단 표본추출

때로는 연구자가 모집단과 그 요소에 대한 자신의 지식과 연구목적의 특성에 기초해, 즉 연구자의 판단과 연구의 목적에 기초해 표본을 선정하는 것이 좋은 경우가 있다. 특히 설문지를 처음 설계할 때 질문의 폭넓은 적용가능성을 검증하기 위해 가능한 한 다양한 응답자 선정이 필요할 수 있다. 연구결과가 어떤 모집단을 대표하지는 않지만 그 검증으로 설문지가 갖고 있는 특정한 문제점을 효과적으로 밝혀낼 수는 있다. 그러나 이런 상황은 최종연구라기보다는 사전검사이다.

하위집단의 구성원을 파악하는 일은 어렵지 않지만 모집단 전체를 열거하는 것이 거의 불가능한 대규모 모집단의 작은 하위집단을 연구해야 하는 경우가 있다. 예컨대, 노숙인을 연구하고 싶다고 하자. 노숙인은 보호소, 구세군 시설 또는 기타 사회복지시설 근처 등 특정 지역에서 많이 볼 수 있다. 그러나 그들 모두를 대상으로 표본을 추출하는 것은 불가능하다. 가장 쉽게 만날 수 있는 노숙인들 전체나 표본을 통해 연구목적을 위한 충분한 자료를 모을 수 있는데, 연구의 성격이 탐색적이라면 더욱 그렇다. 따라서 관련시설의 직원들에게 노숙인 모집단의 부분을 대표한다고 생각하는 사례를 선정해달라고 요청할 수 있다.

노숙인을 대상으로 하는 새로운 사회복지 서비스를 위한 기금을 확보하기 위해 지원금 신청서를 작성하고 있는데, 지원금 제공처에서 지역사회 노숙인이 가진 사회복지 서비스에 대한 욕구평가를 보고서에 포함하도록 요구한다고 하자. 당신의 기관은 자원이 부족하고 신청서 제출기한이 촉박해 확률 표본추출을 통해 지역사회 노숙인 대상 설문조사를 수행할 시간도 돈도 없다고 한다. 이를 위한 방안 중 하나는 지역 내에서 노숙인 문제와 관련된 일을 하고 있으며 전문지식을 가진 지역사회 지도자나 전문직 종사자를 활용해 **의도적 표본**(purposive sample)을 선정하는 것이다. 연구자는 지역사회에 대한 자신의 지식을 활용하고, 이 판단에 따라 지역사회에서 노숙인의 욕구를 가장 잘 알고 있는 사람들을 대표하는 주요 인물을 선발하고, 노숙인의 욕구를 추정하기 위해 이들을 대상으로 설문조사를 실시한다.

의도적 표본추출은 때때로 전형적인 사례가 아닌 비전형적인 사례를 선정하는 데 이용된다. 이는 일반적으로 연구자가 어떤 현상에 대한 가설을 만들기 위해 현상의 양극단을 비교하려고 할 때 사용된다. 예를 들어 정신질환의 병인에 대한 가설을 만들고자 할 때, 정신질환을 가진 부모의 자녀들을 선발하여 그중 정신질환 진단을 받는 아이들과 특별히 건강한 아이들의 생활경험과 다른 특성을 비교할 수 있다. 또는 효과적인 실천에 영향을 미치는 요인을 알아내기 위해 전문가들이 매우 성공적이라고 느끼는 사례들과 가장 효과가 없다고 느끼는 사례들을 선발해 집중연구를 할 수 있다.

질적 연구를 하는 연구자는 규칙적인 형태를 더 잘 이해하기 위해 표준에서 벗어난 사례, 즉 행동이나 태도의 일반적인 규칙적 형태에 맞지 않는 사례에 특별한 관심을 갖는 경우가 많다. 이를 **예외사례 표본추출**(deviant case sampling)이라고 하는데, 의도적 표본추출의 또 다른 유형이다. 예를 들어 가정폭력 피해여성을 위한 지지집단과정에 대한 좀 더 중요한 가설을 얻기 위해 집단 프로그램에서 말을 잘 하지 않는 구성원을 면접한다거나, 집단에 잘 참여하지 않는 구성원을 면접하는 경우를 들 수 있다. 예외사례 표본추출에 대해서는 18장 질적 연구방법에서 더욱 자세하게 설명하기로 한다.

할당 표본추출

할당 표본추출은 조지 갤럽이 1936년 대통령 선거를 성공적으로 예측할 수 있도록 도왔으며, 1948년 대통령 선거 예측을 실패하게 했던 방법이라고 앞에서 언급했다. 확률 표본추출처럼 할당 표본추출도 대표성의 문제를 중요하게 다루지만, 두 방법이 그 문제에 접근하는 방식은 상당히 다르다.

할당 표본추출은 대상모집단의 특성을 기술하는 행렬표를 만드는 것으로 시작한다. 예를 들어 모집단의 남성·여성의 비율은 어떠한가? 그리고 성별에 따른 연령, 교육 수준, 민족/인종 등의 비율은 어떠한지를 파악한다. 또한 전국적인 할당 표본을 만들려면 전체 인구 중 몇 퍼센트가 도시에 거주하는지, 동부에 거주하는 비율은 어느 정도인지, 25세 미만, 남성, 백인, 노동자계층 등의 비율은 어느 정도인지를 파악해야 한다.

일단 특성에 대한 행렬표를 만들고 행렬표의 각 항의 상대적 비율을 결정하면, 각 항의 특성을 모두 갖고 있는 사람들로부터 자료를 수집한다. 그러고 나서 각 항의 모든 사람에게 전체 모집단에서 차지하는 비율에 맞추어 가중치를 배정한다. 이처럼 모든 표본요소에 가중치를 줄 때, 전체 자료는 전체 모집단을 타당하게 대표한다.

할당 표본추출은 몇 가지 본질적인 문제를 안고 있다. 첫째, 할당틀(각 항이 대표하는 비율)이 정확해야 하는데, 이를 위한 최신 정보를 얻기 어려운 경우가 많다. 갤럽이 1948년에 대통령 당선자로 트루먼을 예측하지 못한 원인 중 일부는 이 문제에서 기인했다. 둘째, 모집단에서 각 항의 비율이 정확하게 예측되었다고 하더라도 특정 항의 표본요소를 선정하는 과정에서 편향이 존재할 수 있다. 특정한 특성을 갖고 있는 5명을 면접해야 하는 면접자가 있다고 하자. 면접자는 승강기가 없는 7층의 맨 위층에 살거나, 특별히 낡은 집에 살거나, 사나운 개가 있는 집에 사는 사람과의 면접은 일부러 피할 수 있다. 할당 표본추출을 활용하는 연구자는 이 같은 잠재적 문제를 잘 인식하고 이를 예방하기 위해 노력해야 한다. 예를 들어, 각 항에 포함되는 사람의 수와 특성을 최대한 정확하게 파악하려고 노력해야 한다. 또한 면접자 교육과 감독을 철저하게 실시해 피하고 싶은 대상을 회피하기 위해 표본추출 면접지침을 위반하는 것을 예방해야 한다. 그러나 이런 잠재적 문제점을 미리 예측하고 예방할 수 있다는 보장은 없다. 따라서 통계적 설명이 목적이라면 할당 표본추출 방법을 조심스럽게 활용해야 한다.

눈덩이 표본추출

또 다른 비확률 표본추출 기법은 **눈덩이 표본추출**(snowball sampling)로, 일부에서는 우연 표본추출의 한 형태라고 말한다. 이는 질적 현장조사 연구에서 가장 일반적으로 사용한다. 이 책에서는 방법론의 유형을 다루면서 이에 대해 더 논의할 것이다. 눈덩이 표본추출은 특정 모집단의 구성원을 찾기 어려울 때 적당하다. 예컨대 노숙인, 철새 노동자, 불법 이민자 등의 표본을 찾는 데 적절하게 사용될 수 있다. 이 과정은 대상모집단 중에서 찾을 수 있는 소수의 구성원에 대한 자료를 수집하고, 이들에게 그들이 알고 있는 모집단의 다른 구성원을 찾는 데 필요한 정보를 제공해줄 것을 요청하는 방식으로 시행한다. '눈덩이'라는 용어는 위치가 파악된 대상이 다른 대상을 추천하는 것과 같은 축적의 과정을 의미한다. 이 표본추출과정 역시 표본의 대표성이 문제가 되며, 표본은 주로 탐색적인 목적으로 사용된다. 그럼에도 눈덩이 표본추출은 질적 연구에서 매우 중요하고 일반적으로 사용되는 방법이며(18장에서 자세하게 설명한다), 소외집단이나 소수집단을 대상으로 하는 연구에서는 필요한 방법이기도 하다(6장 참조).

질적 연구에서 정보제공자의 선발

질적 연구를 통해 특정한 사회현상, 예를 들어 청소년 폭력서클이나 특정 지역사회 같은 주제를 이해하기 위해서는 연구대상 집단 구성원의 협조를 구하는 것이 가장 많은 정보를 얻을 수 있는 방법이다. 사회조사 연구에서 '응답자'가 스스로에 대한 정보를 제공해 연구자로 하여금 응답자가 속해 있는 집단을 이해할 수 있게 해주는 사람이라면, **정보제공자**(informants)란 연구자가 관심을 가진 특정 집단에 대한 정보를 제공해줄 수 있는 구성원 혹은 집단에 대해 잘 알고 있는 사람이다.

정보제공자 후보는 몇 가지 기준으로 평가해야 한다.

예를 들면 관심을 가진 집단이나 환경의 구성원들과 정기적인 상호작용을 하는가, 아니면 고립되어 있는가? 이들이 제공하는 정보는 자신의 역할에 제한된 것인가, 아니면 연구집단이나 환경의 여러 면을 포괄하는가? 등의 기준으로 정보제공자의 유용성을 평가할 수 있다.

일반적으로 연구대상으로 설정한 집단의 전형적인 구성원의 특성을 가진 사람을 선택하는 것이 바람직하다. 그렇지 않으면 이들의 관찰이나 의견이 정확하지 않을 수 있기 때문이다. 예를 들어, 행정관료를 면접하는 것만으로는 사회복지 프로그램의 효과성을 제대로 이해할 수 없다. 같은 맥락에서, 쉼터를 사용하는 영어를 하는 노숙인만 면접하고 쉼터 사용을 거부하며 영어를 못 하는 노숙인을 제외한다면 노숙에 대한 편향적인 시각을 가질 가능성이 높다.

외부연구자와 협력할 의사를 갖는다는 것만으로도 정보제공자가 집단의 일반구성원들과는 어느 정도 다르거나 주변인일 가능성을 배제할 수 없다. 그러나 때로는 연구하는 과정에서 이런 특성을 발견하기도 한다. 이들이 주변인이라면 연구자에게 편파적인 시각을 갖게 할 뿐만 아니라 연구하려는 지역의 다른 영역에 대한 접근을 어렵게 만들 수도 있다.

이런 논의는 질적 연구 프로젝트에서 대상자를 관찰하고 면접할 때 고려해야 할 점들을 설명한다. 이제 시선을 돌려 큰 모집단에 대한 정확한 통계적 설명을 목적으로 하는 대규모 조사연구에서 사용되는 표본추출 방법에 대해 알아보자.

확률 표본추출의 논리

모집단의 모든 구성원이 인구학적 특성, 태도, 경험, 행동 등 모든 면에서 동일하다면 조심스러운 표본추출과정이 필요하지 않다. 그런 경우 어떤 표본이라도 괜찮다. 실제로 이렇게 극단적으로 동일한 경우에는 전체 모집단의 특성을 연구하는 데 하나의 표본으로도 충분하다.

물론 실제는 모집단을 구성하고 있는 사람들이 각기 여러 면에서 상당히 다르다. 그림 15-1은 이질적인 모집단을 단순화한 예다. 100명으로 구성된 이 작은 모집단은 성별과 인종이 다르다. 이 장에서는 표본추출의 다양한 면을 보여주기 위해 이 가상의 소규모 모집단을 사용할 것이다.

그림 15-1 편의 표본추출의 예: 간편하지만 대표성을 갖추지 못함

모집단에서 추출한 표본이 전체 모집단을 유용하게 기술하기 위해서는 기본적으로 모집단 내의 차이와 동일한 차이를 갖고 있어야 한다. 하지만 이는 생각처럼 단순하지 않다.

그럼 연구조사자들이 잘못된 방향으로 나아가는 몇 가지 경우를 살펴보자. 이는 어떻게 확률 표본추출이 모집단의 차이를 적절하게 반영하는 표본을 효율적으로 선정하게 해주는지 이해하는 데 도움이 될 것이다.

의식적 표본추출 편향과 무의식적 표본추출 편향

언뜻 보기에 표본추출은 상당히 간단한 문제 같다. 대학생 100명의 표본을 선정하기 위해 대학 캠퍼스에 가서 그곳을 지나가는 학생 중 처음 만나는 100명과 면접한다. 이런 표본추출법은 훈련을 제대로 받지 않은 연구조사자들이 자주 사용하고 있지만 심각한 문제를 안고 있다.

그림 15-1은 연구를 위해 단순히 편리한 사람들을 선정할 때 어떤 문제가 일어날 수 있는지를 보여준다. 여성은 이 가상의 작은 모집단에서 50%를 차지하고 있지만 연구조사자에게 가장 가까운 사람들(오른쪽 상단 구석)은 우연히도 70%가 여성이다. 또한 모집단에서 흑인은 12%이지만 표본에는 한 명도 포함되지 않았다.

단순히 선정하기 편리한 사람을 연구하는 경우, 내재되어 있는 위험 외에 다른 문제의 가능성도 있다. 우선 연구조사자의 개인적 성향 또는 편견이 선정된 표본에 영향을 미칠 수 있다. 그러므로 표본은 실질적으로 학생 모집단을 대표하지 않을 것이다. 예컨대, 연구조사자가 특별히 차갑게 보이는 학생들은 연구조사를 우습게 생각할지도 모른다고 생각하며 약간의 위협을 느낀다고 해보자. 연구조사자는 이런 학생과는 의식적으로 또는 무의식적으로 면접을 피하려고 할 것이다. 또는 지나치게 모범생으로 보이는 학생의 태도는 연구조사의 목적에 도움이 되지 않을 거라고 생각하며 면접을 피하게 될 수도 있다.

연구조사자가 균형을 맞춰 학생들과 면접을 하고자 해도 실제로 균형을 맞추려면 학생들의 다양한 유형에 대한 정확한 비율을 알아야 하는데, 그 비율을 모르는 경우가 일반적이다. 또한 지나가는 학생들을 눈으로 보는 것만으로는 다양한 유형의 학생을 분간해낼 수 없다. 도서관에 들어오는 학생들 중 10번째 학생들마다 면접하려고 시도했다고 해도 여러 유형의 학생이 도서관에 오는 빈도가 다르기 때문에 대표적인 표본이라고 확신할 수 없다. 이 표본은 도서관에 더 자주 오는 학생들을 더 많이 대표하게 된다.

표본추출과 관련해서 '편향'은 표본으로 선정된 사람들이 모집단의 '전형' 또는 모집단을 '대표'하지 않는다는 것을 의미한다. 육감으로 사람들을 뽑을 때 이런 편향은 거의 불가피하다.

이와 비슷하게 라디오 방송국이나 신문사에서 특정 사안에 대해 전화나 인터넷을 통해 의견을 달라고 요청하는 조사는 모집단의 의견을 대표한다고 신뢰할 수 없다. 우선 모든 사람이 그 여론조사의 존재를 아는 것이 아니며, 인터넷에 접근할 수 있는 것도 아니다. 또한 잡지나 신문사에서 의견을 적어 보내달라고 요청하는 종류의 조사 역시 같은 문제를 내포한다. 그런 여론조사가 있다는 사실을 알고 있는 사람들 중에서도 모든 사람이 의견을 표현하지는 않을 것이다. 특히 의견을 표시할 때 우표, 편지봉투 또는 전화요금을 지불해야 한다면 더욱 그렇다. 우연한 표본추출 편향의 가능성은 끝이 없으며, 언제나 명백한 것도 아니다. 다행히도 편향을 피할 수 있는 기술이 있다.

대표성과 선정의 확률

대표성(representativeness)이라는 용어가 정확하고 과학적인 의미를 갖고 있지는 않지만, 이 용어의 일상적 의미는 표본추출 논의에서는 매우 유용한 개념이다. 표본의 총체적인 특성이 모집단의 총체적인 특성에 거의 근접하면 표본이 선정된 모집단을 대표하게 된다(표본이 모든 면에서 대표적일 필요는 없다. 어떤 특성이 관련되어 있는지는 모를 수 있지만 대표성은 연구의 주된 관심사와 관련이 있는 특성으로 제한되어 있다). 예를 들어, 모집단의 50%가 여성이라면 대표성이 있는 표본은 50%에 근접한 여성을 포함한다.

확률 표본추출의 기본원칙에 따르면 모집단의 모든 구성원이 표본으로 선정될 수 있는 기회가 동일하다면 그 표본은 모집단을 대표한다(선정되는 표본의 크기도 대표성의 정도에 영향을 미친다는 사실을 곧 보게 될 것이다). 이런 특질을 갖는 표본을 **동일확률선정법**(equal probability of selection method, EPSEM) 표본이라고 한다. 앞으로 이 원칙의 변형에 대해서도 논의하겠지만, 이 원칙은 기본원칙이며 확률 표본추출의 기초가 된다.

표본은, 심지어 세심히 선정한 동일확률선정 표본조차도 모집단을 완전하게 대표하는 경우가 거의 없다는 점을 인식해야만 한다. 그럼에도 확률 표본추출은 두 가지 특별한 장점을 제공한다.

첫째, 확률 표본이 결코 완벽하게 대표적이지는 않지만 앞에서 논의했던 편향을 피할 수 있기 때문에 다른 유형의 표본보다는 일반적으로 더 대표성을 갖는다. 연구에서 확률 표본은 비확률 표본보다 모집단을 대표할 가능성이 더 높다.

둘째는 더욱 중요한 점인데, 확률이론으로 표본의 정확성 또는 대표성을 예측할 수 있다는 것이다. 정보가 없는 연구조사자가 완전히 우연한 방법으로 거의 완벽하게 모집단을 대표하는 표본을 선정할 수는 있다. 그러나 그렇게 될 확률은 그다지 높지 않으며, 대표성을 획득할 가능성을 예측할 수 없다. 한편, 확률 표본을 사용하는 연구자는 성공이나 실패를 정확하게 예측할 수 있다.

앞서 확률 표본추출은 연구대상 모집단의 대표성을 보장한다고 했다. 이후에 자세하게 설명하겠지만, 확률 표본추출은 무작위 선정과정을 중요시한다. 이를 이해하기 위해서는 요소와 모집단이라는 두 가지 중요한 개념을 설명해야 한다.

요소(element)는 정보를 수집하는 단위이며 분석의 기초이다. 일반적으로 설문조사에서 요소는 사람 또는 일정한 유형의 사람이다. 그러나 다른 종류의 단위도 사회복지 조사의 요소가 될 수 있다. 가족, 사회모임 또는 기업도 연구의 요소가 될 수 있다(주: 요소는 표본선정, 분석의 단위는 자료분석을 말하지만 한 연구에서 두 가지는 동일한 경우가 많다).

지금까지는 모집단을 연구결과를 일반화하고자 하는 집단의 의미로 사용했다. 좀 더 공식적으로 정의하자면, **모집단**(population)은 이론상에서 특정한 연구요소의 총합체다. '미국인'이라는 모호한 용어가 연구를 위한 대상이 될 수 있는 반면, 모집단을 설명하기 위해서는 '미국인'이라는 요소의 정의(예를 들어, 시민권과 주거)와 연구가 지정하는 시간(미국인이 된 시기)을 포함하게 된다. '성인인 뉴욕시민'이라는 추상적인 대상을 유용한 모집단으로 해석하기 위해 '성인'을 규정하는 연령과 뉴욕의 경계를 구체화해야 한다. 또한 '대학생'이라는 용어를 구체화하기 위해 정규 학생과 시간제 학생, 학위취득과정과 비학위취득과정, 학부생과 대학원생 등을 고려할 것이다.

연구모집단(study population)은 표본이 실제로 선정되는 요소들의 총합체다. 현실적으로 이론적 정의에 맞는 모든 요소가 실제로 표본으로 선정될 기회를 갖는 것은 어렵다. 표본추출을 위한 요소목록이 있다고 해도 목록 자체가 어느 정도 불완전한 경우가 일반적이다. 예컨대, 의도하지 않게 학생명부에 이름이 올라 있지 않은 학생이 언제나 있게 마련이다. 어떤 사람들은 전화번호부에 자신의 이름과 전화번호를 표기하지 말라고 요청하기도 한다. 따라서 연구모집단이란 관심대상인 모집단의 일부인 경우가 많다.

연구조사자가 앞에서 제시한 예보다 연구모집단을 훨씬 더 제한하는 경우도 많다. 미국에서 여론조사를 하는 기업들은 현실적인 이유로 전국적인 표본을 알래스카와 하와이를 제외한 48개 주로 한정하는 경우가 많다. 사회복지사 표본추출을 위해 연구모집단을 미국 사회복지사협회(NASW)의 사회복지사 명단으로 정할 수도 있고, 한 주(state)의 사회복지사 자격증 소유자 명단으로 한정할 수도 있다(이런 경우 어떤 면에서는 전체와 모집단을 다시 규정했다고 할 수 있고, 독자에게 반드시 이를 명확히 전달해야 한다).

무작위 선정

이러한 정의를 염두에 두고, 표본추출의 궁극적인 목적을 '모집단으로부터 선정한 요소를 설명하는 수치(통계치)가 전체 모집단의 모수를 정확하게 설명하도록 요소들을 선정하는 것'이라고 정의할 수 있다. 확률 표본추출은 이런 목적을 달성할 가능성을 높이며, 성공할 가능성을 예측하게 해준다.

무작위 선정은 이 과정의 열쇠다. **무작위 선정**(random selection)에서 각 요소는 선정과정에서 다른 사건과 독립되어 동등하게 선정될 기회를 갖는다. 가장 많이 인용되는 예는 동전 던지기다. 동전의 앞면 또는 뒷면이 선정되는 사건은 이전 시행에서 앞면 또는 뒷면이 선정되는 사건과는 독립되어 있다. 앞면이 연달아 몇 번 나오는가에 관계없이 던질 때마다 앞면이 나올 확률은 정확하게 50 대 50이다. 주사위를 던지는 것은 또 다른 예다.

그러나 이 같은 형태의 무작위 선정이 사회연구 조사의 표본추출법에 직접적으로 적용되는 경우는 거의 없다. 그보다는 표본추출 단위를 무작위 선정하는 컴퓨터 프로그램이나 난수표를 사용하는 것이 더 일반적이다. **표본추출 단위**(sampling unit)는 몇몇 표본추출과정 단계에서 선정하고자 하는 요소나 요소의 집합을 말한다. 설문조사를 다룬 16장에서 살펴보겠지만, 컴퓨터로 면접대상이 될 전화번호를 무작위로 선정(**무작위 전화번호 선택**이라고도 함)하기도 한다.

난수표나 컴퓨터 프로그램 같은 무작위 선정방법을 사용하는 이유는 두 가지다. 첫째, 이 과정은 연구조사자의 의식적 또는 무의식적 편향을 억제하는 기능을 한다. 직관으로 대상을 선정하는 연구조사자는 연구조사로 예상되는 결과 또는 가설을 지지하는 대상을 선택하게 되기가 쉽다. 무작위 선정은 이런 위험을 제거한다. 더욱 중요한 이유는 무작위 선정으로 확률이론을 사용할 수 있으며, 이에 따라 모집단 모수의 예측치와 오차의 예측치를 구할 수 있다는 데 있다.

무작위로 선정한 표본도 편향될 수 있는가?

확률 표본추출을 이해하는 데 있어 학생들이 자주 하는 실수가 두 가지 있다. 하나는 모집단을 표본을 선정하는 데 사용한 요소의 목록과 동일시한다는 것이다. 또 하나는 무작위로 선정된 많은 요소(사람)가 연구에 참여하는 것을 거부하는 비확률적 이유에도 불구하고 표본이 무작위로 선정되었다는 이유만으로 이를 확률 표본으로 간주한다는 것이다. 이 두 가지 실수 모두 **표본틀**의 개념에서 비롯된다. 이 실수를 구체적으로 검토하기 전에 우선 모집단과 구별되는 **표본틀**의 개념을 정의해보자.

표본틀과 모집단

간단하게 말해 **표본틀**은 표본을 선정하는 데 사용하는 요소의 목록 혹은 유사목록이다. 만약 학생표본이 학생명단에서 선정된 표본이라면 학생명단이 표본틀이다. 만약 복잡한 인구조사 표본의 일차적 표본추출 단위가 인구조사구역(census block)이라면 구역목록이 표본틀이 되는데, 이는 인쇄된 책자, 컴퓨터 파일, 혹은 다른 종류의 전산화된 기록 등의 형태이다. 다음은 연구조사 학술지에 실린 표본틀에 대한 내용이다.

> 이 연구조사를 위한 자료는 '워싱턴 주 야카마 카운티의 공립학교와 종교계학교에 3학년에 재학 중인 학생들의 부모'를 무작위 표본추출해 얻었다 (Petersen & Maynard, 1981, p. 92).
>
> 시간대 1의 표본은 '텍사스 주 러벅의 전화번호부'에서 무작위로 선정한 160개의 이름이다(Tan, 1980, p. 242).
>
> 이 논문에 보고된 자료는 … '미국 본토 48개 주에 거주하는 18세 이상 성인'을 확률 표본추출해 얻었다. 1975년 가을 미시간 대학교의 설문연구조사 센터는 1,914명의 응답자와 개별 면접을 실시했다 (Jackman & Senter, 1980, p. 345).

각 예에서 실제 표본틀은 작은따옴표로 표기했다.

적절한 과정을 통해 뽑은 표본은 표본틀을 구성하는 요소의 모집단을 기술하기에 적합한 정보를 제공하며 그 이상은 아니다. 연구조사자들이 특정 표본틀에서 표본을 선정한 뒤 연구모집단과 비슷하지만 동일하지 않은 모집단에 대해 단정하는 경향이 대단히 흔하기 때문에 이 점을 명확히 해둘 필요가 있다.

표본틀을 과도하게 일반화한 예로 미국 내과의사들이 가장 빈번하게 처방하는 약에 대해 논의하는 다음 보고서를 살펴보자.

> 처방전이 필요한 약 판매에 대한 정보를 얻는 것은 쉽지 않다. 그러나 뉴욕 알바니에 위치한 유니온 대학교의 알바니 약학대학 교수 리날도 드누조 Rinaldo V. DeNuzzo는 25년간 인근 약국을 조사해 처방약의 판매를 추적해왔다. 그는 연구결과를 산업교역지인 「MM&M」에 발표했다. 1980년에 실시한 드누조의 최근 설문조사는 뉴욕과 뉴저지 주의 48개 지역에 있는 66개 약국의 판매실적에 근거한 것이다. 그 지역이 기타 지역과는 다른 독특한 특징을 가진 게 아니라면 그 연구결과는 전국적인 현상을 대표하는 것으로 볼 수 있다 (Moskowitz, 1981, p. 33).

여기서 주목해야 할 주요한 내용은 뉴욕과 뉴저지 주에 다른 주와 구별되는 독특한 특징이 없을 것이라고 자연스럽게 가정했다는 점이다. 이 주에는 당연히 독특한 특징이 있다. 이 두 주의 생활양식이 다른 48개 주의 전형이라고 볼 수는 없다. 이 두 개의 주는 넓고 도시화되어 있으며 동부 해안에 위치해 있어 여기에 사는 주민들이 미시시피, 유타, 뉴멕시코, 버몬트 주에 사는 주민들과 약을 이용하는 유형이 동일하리라고 가정할 수는 없다.

그러면 이 설문조사가 뉴욕과 뉴저지의 처방전 유형은 대표하는가? 그것을 결정하기 위해서는 48개 지역과 66개 약국이 선정된 방법을 알아야 한다. 이런 면에서 '인근 약국을 조사'했다는 언급에 주의를 기울여야 한다. 앞으로 살펴보겠지만 대표성을 보장하는 표본을 선정하는 몇 가지 방법이 존재한다. 이런 방법이 사용되지 않는다면 그 연구결과를 일반화하지 않아야 한다.

표본틀은 연구하고자 하는 모집단과 일치해야 한다. 가장 단순한 표본설계에서 표본틀은 연구모집단을 구성하는 요소들의 목록이다. 그러나 현실에서는 현존하는 표본틀이 연구모집단을 정의하는 경우가 많다. 다시 말해 우선 연구를 위한 모집단을 어느 정도 생각한 뒤, 가능한 표본틀을 찾는다. 연구를 위해 사용 가능한 표본틀을 대략 검토하고 평가한 뒤, 연구의 필요에 가장 적합한 연구모집단을 잘 나타낼 수 있는 틀을 결정한다.

조직에 대한 연구는 조직이 일반적으로 회원명부를 갖고 있기 때문에 많은 경우 표본추출의 관점에서 가장 단순하다. 그런 경우 회원명부는 훌륭한 표본틀의 역할을 한다. 무작위 표본을 회원명부에서 선정하면 그 표본에서 모은 자료는 모든 회원이 그 명부에 소속되어 있는 한 모든 회원의 대표로 여겨질 수 있다.

표본 선정에 유용한 조직명단을 가지고 있는 모집단은 초등학교, 중·고등학교, 대학교 학생과 교직원, 교회신도, 공장 노동자, 남녀 대학생 동아리원, 사회단체, 서비스 단체 및 정치단체의 회원, 전문직 단체의 회원 등이다.

이런 것은 주로 지역조직에 적용된다. 주 단위의 조직이나 전국적인 조직에서는 쉽게 이용할 수 있는 단일한 회원명단이 없는 경우가 많다. 예를 들어, 성공회 교회신도를 모두 포함하는 명단은 없다. 그러나 약간 복잡한 표본설계를 사용해 먼저 교회를 표본추출하고 선정된 교회의 신도명단에서 하위 표본추출을 하는 방법으로 지역교회의 신도명단을 활용할 수 있다(이에 대해서는 후에 더 자세하게 언급하겠다).

특정 연구조사의 필요에 특별히 관련이 있는 개인명단도 있을 수 있다. 예를 들어, 연구자가 선거 전 여론조사나 투표의 행태에 대한 심층분석을 수행하고자 한다면 이에 필요한 등록 유권자 명단은 정부기관이 갖고 있을 것이다. 그러나 그 명단이 최근 것인지는 확인해야 한다.

이와 비슷하게 자동차 소유주, 복지수혜자, 납세자, 사업자등록증 소지자, 전문직 면허소지자 등의 명단이 있다. 이런 명단 중에서 일부는 구하기 어렵지만 특정 분야의 연구조사 목적을 위해서는 훌륭한 표본틀이 된다.

연구를 할 때 표본추출 요소가 개인에게 한정될 필요는 없으며 다른 유형의 요소명단도 있다. 즉, 대학, 다양한 형태의 사업체, 학술지, 신문, 노동조합, 정치단체, 전문직 단체 등이 요소의 명단이 된다.

전화번호부도 '간이(quick-and-dirty)' 여론조사를 위해 많이 사용된다. 전화번호부는 사용하기 쉬우며 비용이 적게 든다는 사실을 부인할 수 없으며, 따라서 인기가 많다. 그리고 전화가입자에 대한 어떤 주장을 하고자 한다면 전화번호부는 상당히 좋은 표본틀이다(물론 전화번호부에는 새 가입자나 전화번호부에 등록하지 않은 가입자는 기재되어 있지 않다는 사실을 기억해야 한다. 표본추출은 비주거용 전화번호까지 포함되어 있어 더욱 복잡하다). 불행하게도 전화번호부를 시민이나 유권자 명단으로 채택하는 경우가 너무 많다. 이렇게 추론하는 경우에는 여러 문제가 있지만, 특히 중요한 문제는 사회계급의 편향이다. 가난한 사람들은 전화가 없을 가능성이 높으며, 부자는 1회선 이상의 전화를 가질 가능성이 높다. 따라서 전화번호부를 이용한 표본은 중산층이나 상류층으로 편향될 가능성이 높다.

전화번호부를 이용한 표본에 잠재되어 있는 계급적 편향은 감추어져 있는 경우가 많다. 이 방법으로 시행하는 선거 전 여론조사는 때로 상당히 정확하다. 아마도 투표 자체에 계급적 편향이 명확해 가난한 사람들이 투표할 가능성이 적어서 그럴 것이다. 따라서 이 두 편향이 거의 일치하는 경우가 많아 전화 여론조사 결과가 최종 선거결과와 상당히 유사하게 나온다. 불행하게도 여론조사자는 선거가 끝날 때까지는 확실히 알 수 없다. 그리고 1936년의 「리터러리 다이제스트」의 여론조사처럼 때로 유권자들이 예상했던 계급적 편향에 따라 행동하지 않는다는 것을 발견하기도 한다. 그래서 이 방법의 궁극적인 단점은 연구조사자가 표본의 결과에서 예상되는 오차의 정도를 추정할 수 없다는 것이다.

도로 안내도와 과세 지도는 표본을 편리하게 선정하는 지침으로 많이 사용된다. 그러나 이런 표본은 불완전하며 편향이 발생할 가능성이 있다. 예컨대, 도시계획이 엄격한 지역에서 불법주택은 공식기록에 나타나지 않을 가능성이 높다. 그 결과 불법주택은 선정되지 않을 것이며, 표본결과는 많은 경우 평균보다 가난하고 과밀한 불법주택을 대표할 수 없다.

위에서 설명한 예는 대부분 미국에 적용되는 것으로, 국가마다 상황이 다를 것이다. 예를 들어, 일본 정부는 매우 정확한 인구기록을 유지하고 있다. 더 나아가 일본 국민은 이사, 출생, 사망 등으로 인한 변화를 지속적으로 업데이트해야 하는 법적 의무가 있다. 따라서 일본인 모집단을 대상으로 단순무작위 표본을 선정하는 것이 가능하다. 이에 대해서는 뒤에서 더욱 자세하게 설명하겠다. 미국에서 이런 기록의 유지는 개인 사생활을 중시하는 미국인의 규범과 충돌한다.

무응답으로 인한 편향

앞서 표본틀이 결과를 일반화하고자 하는 모집단과 일치하지 않을 때 발생하는 과일반화의 오류에 대해 언급했다. 일반적으로 범하기 쉬운 또 하나의 오류는 무작위로 선정한 표본 중 많은 사람이 연구참여를 거부하는 경우다.

예를 들어 한 주에 있는 사회복지사를 중심으로 증거기반 실천에 대한 인식과 현장에서의 적용 정도에 대해 설문조사를 실시한다고 가정해보자. 우체국을 이용해 우편으로 설문을 발송하고, 설문지를 완성한 뒤 동봉한 수신자부담 봉투에 넣어 다시 발송하는 방법으로 진행한다. 첫 단계는 해당 주의 사회복지사 명단과 주소를 얻는 것이다. 현재 사용 가능한 목록은 미국 사회복지사연합의 해당 주 사무국이 가진 회원명부라고 하자. 이 명부에는 10,000명의 사회복지사가 포함되어 있는데, 연구예산 중 우편으로 사용할 수 있는 경비는 1,000달러다. 당연히 10,000명 모두에게 설문을 할 수는 없다. 이 예산으로 조사할 수 있는 수는 10,000명의 명단에서 무작위로 선정하는 500명이다.

이 연구의 표본틀은 10,000명의 이름을 포함하는 명단이고, 표본은 운이 좋으면 이 명단에서 무작위로 선정한 500명의 사회복지사다. 여기서 '운이 좋으면'이라고 말한 이유는 무작위로 선정한 500명 중 다수가 설문에 응답하지 않을 수 있기 때문이다. 그중 200명만 응답했다고 하자. 이는 확률 표본이 될 수 없다. 왜냐하면 최종적으로 포함된 인원은 무작위로 선정된 것이 아니기 때문이다. 응답한 200명의 대다수는 증거기반 실천에 익숙하고 이를 자주 활용하는 사람일 수 있다. 응답하지 않은 300명은 증거기반 실천을 들어본 적도 없거나, 관심이 없거나, 이에 동의하지 않는 사람일 수 있다. 아니면 알고는 있지만 실천에 적용하지 않기 때문에 이에 대한 불편함으로 응답하지 않았을 수도 있다. 결국 500명을 무작위로 선정했음에도 불구하고 응답한 200명은 명백히 비확률 표본일 뿐만 아니라 큰 편향을 가진 비대표적 표본이라고까지 할 수 있다.

무작위 과정을 거쳐 표본을 추출했음에도 불구하고 결국 남은 것은 200명(어떤 이유로 수고를 감내하면서 응답했는지 모르는)의 비확률 표본이다. 또한 처음에 의도했던 500명의 사회복지사 모두가 응답했다고 해도, 이 표본은 편향적일 수 있다. 왜냐하면 그 주에서 활동하는 사회복지사 상당수가 현재 사회복지사협회에 등록되지 않은 회원일 수 있기 때문이다. 이는 앞서 언급한 표본틀과 모집단에 대한 논의를 다시 상기시킨다(이 예에서는 **연구모집단**이 아닌 **표본틀**이라는 용어를 사용했는데, 이는 연구의 목적이 사회복지사협회 회원뿐만 아니라 모든 사회복지사에게 결과를 일반화하는 것이었기 때문이다).

무작위로 선정한 사람 중 일부의 불참을 고려한다면 무작위 표본의 상당수는 실제로 엄격한 의미의 무작위 표본이라고 볼 수 없다. 즉, 무작위로 선정한 사람 중 일부가 설문에 참여하지 않는다면 이 표본은 모집단의 요소 중 참여하는 데 동의한 요소만을 대표하게 된다. 참여하는 이들과 그렇지 않은 이들 간에 연구변수와 관련한 중요한 차이점이 존재할 수 있다. 그러나 참여를 거부하는 이들이 선정된 요소 전체의 극히 작은 일부라면 현실적인 의미에서는 이를 확률 표본이라고 부를 수 있다. 예를 들어, 사회복지사 500명 중 490명(98%)이 설문에 답했는데, 그중 343명(70%)이 증거기반 실천에 찬성했다고 하자. 설문에 참여하지 않은 10명이 모두 증거기반 실천에 반대한다고 해도, 증거기반 실천에 찬성하는 비율을 측정하는 데 있어 2% 미만의 오차만 존재할 뿐이다. 다시 말해 증거기반 실천을 찬성하는 실제적 비율은 500명 중 343명, 즉 68.6%이며 이는 앞서 보고한 70%에서 1.4% 정도밖에 차이가 나지 않는다. 그러나 확률 표본에 근거한 연구결과라고 주장할 수 있는 안전범위의 불참비율은 과연 어느 정도인지에 대한 문제가 제기된다. 이에 대한 과학적 또는 수학적인 답은 없다. 이는 결국 연구자가 판단할 문제로 참여를 거부한 사람들이 실제로 참여했다고 가정하고, 참여한 다른 사람과 다른 응답을 한다고 가정했을 때 연구결과가 달라질 만큼의 영향을 미치는가를 검토해야 한다.

모집단과 표본틀 정리

사회조사의 문헌에서 모집단과 표본틀 문제에 대한 관심은 놀랄 만큼 적다. 이를 염두에 두고 여기서는 그 문제에 특히 주의를 기울였다. 이 점을 더욱 강조하기 위해 기억해야 할 주요 지침을 요약하면 다음과 같다.

1. 표본에 기초한 결과는 표본틀을 구성하는 요소의 총합만을 대표한다.
2. 많은 경우 표본틀은 포함될 것으로 예상하는 모든 요소를 실제로 포함하지 않는다. 일부 요소가 포함되지 않는 것은 거의 불가피하다. 따라서 연구조사자는 우선 요소가 얼마나 포함되지 않을지 평가하고 가능하다면 이를 바로 잡아야 한다(물론 연구자가 어차피 쉽게 바로 잡을 수 없다고 생각되는 몇 안 되는 요소는 무시해도 괜찮다고 생각할지 모른다).
3. 표본틀을 구성하는 모집단에 대해 일반화할 때도 모

든 요소는 표본틀에서 동등한 대표성을 가져야 한다. 일반적으로 모든 요소는 한 번만 나타나야 한다. 두 번 이상 나타나는 요소는 선정될 확률이 더 높고, 표본은 그 요소를 전체적으로 과대하게 대표할 수 있다.

표본 크기와 표본추출 오차

확률이론은 모집단의 모수를 추정하는 근거를 제공하는 통계학의 한 분야이다. **모수**(parameter)는 모집단의 변수를 요약 기술한 수치이다. 한 도시에 거주하는 전체 가족의 평균 소득이나 시 인구의 연령분포는 모수다. 연구자는 표본관찰에 기초해 모집단의 모수를 예측한다. 확률이론은 이런 예측을 가능하게 할 뿐만 아니라, 이 예측이 실제로 모집단의 모수를 얼마만큼 정확하게 나타내는지에 대한 정확성 평가도 가능하게 한다. 예를 들어 확률이론에 근거해 투표자 2,000명의 표본을 통해 1억 명 모집단의 투표성향을 추론할 수 있고, 이 예측의 오차 정도까지 정확하게 기술할 수 있다.

표본추출 오차 정도에 대한 예측

확률 표본추출에서 정확한 오차 정도를 계산하기 위해서는 복잡한 통계개념과 공식이 필요하지만, 이런 복잡한 과정을 설명하지 않고도 원리를 파악하는 것은 가능하다. 동전을 던져 앞면과 뒷면 중 어떤 면이 더 많이 나올지 추정한다고 하자. 두 번을 던져 두 번 다 앞면이 나왔다. 이를 토대로 동전을 던지면 항상 앞면이 나온다거나 앞면이 나올 가능성이 높다는 결론을 내지는 않을 것이다. 동전을 던지면 반은 앞면이 반은 뒷면이 나오며, 두 번 다 앞면 또는 뒷면이 나올 수도 있다는 걸 이해하는 데는 복잡한 수식이 필요하지 않다. 만약 두 번의 동전 던지기를 통해 동전을 던지면 100% 앞면이 나온다는 결론을 낸다면, 동전 던지기라는 모집단에 대한 이 추정은 실제보다 50백분율점(percentage point) 차이로 어긋난다. 실제 모집단의 모수(50%)와 이 추정치(100%) 간의 차이를 **표본추출 오차**(sampling error)라고 한다. 따라서 여기서 표본추출 오차는 50백분율점이다.

이번에는 동전을 두 번이 아니라 20번을 던진다고 가정하자. 이때 앞면(혹은 뒷면)이 100% 나올 확률은 희박하다. 즉, 표본 크기를 증가시킴으로써 50백분율점의 표본추출 오차 가능성을 감소시켰다. 이는 동전 던지기 횟수가 증가하면서 점점 더 감소한다. 정리해보면 표본 크기가 증가할수록 표본추출의 임의오차 가능성이 감소한다. 반대로 표본 크기가 커질수록 추정치가 실제 모집단의 모수에 근접할 확률은 높아진다.

이 논리를 좀 더 자세하게 설명하면, 미국인 전체의 이름을 각각 작은 종이에 적어 이름이 안 보이도록 뒤집은 다음 거대한 상자에 담았다고 하자. 이 상자를 여러 번 흔들어 이름이 섞이게 한 다음 눈을 감고 무작위로 뽑는다. 처음 나온 두 명이 여자였기 때문에 미국인의 100%가 여성이라는 결론을 내린다. 동전 던지기와 마찬가지로 여기서도 표본추출 오차는 50백분율점에 가까울 것이다. 미국 통계청의 「Statistical Abstract of the United States」(U.S. Bureau of the Census, 2006)에 따르면 여성은 50.8%이다. 이번에는 이름 1,000개를 무작위로 뽑는다면 508(50.8%)명의 여성과 492(49.2%)명의 남성을 선발할 가능성이 매우 높아진다. 만약 518(51.8%)명의 여성과 482(48.2%)명의 남성을 뽑았다면 표본추출 오차는 1백분율점일 것이다.

대통령 선거결과에 대한 정치 여론조사의 예측은 이와 동일한 논리를 가지며, 많은 경우 예측결과가 정확한 것은 이런 이유 때문이다. 신문이나 텔레비전에서 여론조사 결과를 발표할 때 표본추출 오차 정도를 함께 보고하는 것을 보았을 것이다. 예를 들어 X라는 후보가 51%, Y라는 후보가 49%이며 표본추출 오차는 ±3이라고 보고했다. 이는 실제 모집단의 모수는 X 후보 지지율이 48%에서 54% 사이, 그리고 Y 후보는 46%와 52% 사이일 가능성이 매우 높다는 것을 의미한다(다시 말해, 각 후보 지지율 예측치에서 3%를 더하거나 뺀 범위가 모집단의 지지율이 될 가능성이 높다). 그러므로 이런 결과를 종종 '통계적으로 동점'이라고 보고한다. 즉, 표본추출 오차의 정도가 3%라면 이 여론조사 결과는 두 후보 지지율의 차이가 2% 정도뿐이며, 49%의 지지율을 받은 후보가 실제로는 50% 이상 득표할 수도, 51%의 지지율을 받은 후보 역시 실제로 50% 이하의 득표결과를 보일 수 있음을 의미한다.

표본을 통해 모집단의 연령, 소득, 교육 정도 등의 특성을 이해하려고 할 때도 같은 논리가 적용된다. 만약 충분히 많은 수가 무작위로 선정된다면 작은 표본추출 오차 정도로 모수를 추정할 수 있다. 여기서 '충분히 많은'이라는 의미는 절대적으로 많은 수를 의미하는 것은 아니다. 여론조사는 총 투표자의 1%에도 미치지 않는 2,000명을 대상으로 정확한 득표율을 예견한다.

확률이론은 표본의 통계가 실제 모집단의 수치에 얼마만큼 근접한가를 측정하는 공식을 제공한다. 다시 말해, 확률이론은 주어진 표본설계가 갖는 표본추출 오차의 정도를 계산할 수 있게 해준다. 이 공식을 통해 모집단에서 추출한 한 개의 표본에 근거해 모집단 모수가 특정 범위 내에 있음을 (어느 정도까지는) 확신할 수 있으며, 오차의 정도도 측정할 수 있다. 예컨대 대통령 선거 여론조사 결과, 후보자 X는 48~54%의 득표율을 얻을 것임을 95% 신뢰한다는 보도를 할 수 있다.

또한 이 공식은 연구조사를 위해 필요한 표본의 적절한 크기를 결정하는 근거를 제공한다. 허용할 수 있는 표본추출 오차 정도를 정하면 표본 크기를 계산할 수 있다. 한 예로 박빙의 상황에서 여론조사기관이 실제 투표결과와 5백분율점 내외로 95% 신뢰 수준에서 예측하고자 한다면 적어도 400명 정도의 표본이 필요하다. 실제 개인 연구에서 이 공식을 사용하는 경우는 많지 않겠지만, 표 15-2는 연구자가 정한 표본추출 오차 정도에 필요한 표본 크기를 보여준다(95% 신뢰도 수준에서). 이 표는 표본 크기가 특정한 시점에 이르면 그 이후부터 표본추출 오차 감소 정도가 점점 작아지기 때문에 더 많은 자료수집을 위해 예산을 소요할 가치가 크게 없다는 것을 보여준다.

표 15-2를 활용하기 위해 우선 표본 크기와 모집단의 대략적인 비율분포를 정하라. 예를 들어, 대략 모집단의 50%가 후보자 X를 지지할 것이고 나머지 50%가 후보자 Y를 지지할 것이라고 가정해보자. 표 15-2에 따르면, 표본 크기를 100에서 1100으로 늘릴 경우 표본 오차를 7백분율점 정도 감소시킬 수 있다. 그러나 1100에서 2000으로 늘리면 오차가 0.8점 정도만 감소한다.

표 15-2 추정 표본추출 오차

표본 크기	예상되는 비율분포				
	50/50	60/40	70/30	80/20	90/10
100	10	9.8	9.2	8	6
200	7.1	6.9	6.5	5.7	4.2
300	5.8	5.7	5.3	4.6	3.5
400	5	4.9	4.6	4	3
500	4.5	4.4	4.1	3.6	2.7
600	4.1	4	3.7	3.3	2.4
700	3.8	3.7	3.5	3	2.3
800	3.5	3.5	3.2	2.8	2.1
900	3.3	3.3	3.1	2.7	2
1,000	3.2	3.1	2.9	2.5	1.9
1,100	3	3	2.8	2.4	1.8
1,200	2.9	2.8	2.6	2.3	1.7
1,300	2.8	2.7	2.5	2.2	1.7
1,400	2.7	2.6	2.4	2.1	1.6
1,500	2.6	2.5	2.4	2.1	1.5
1,600	2.5	2.4	2.3	2	1.5
1,700	2.4	2.4	2.2	1.9	1.5
1,800	2.4	2.3	2.2	1.9	1.4
1,900	2.3	2.2	2.1	1.8	1.4
2,000	2.2	2.2	2	1.8	1.3

이것이 확률 표본추출의 기본원리다. 무작위 선정은 연구자가 표본으로부터 얻은 조사결과를 확률이론으로 연결해, 결국 조사결과의 정확성을 측정할 수 있도록 도와준다. 즉, 모집단 모수가 특정 범위 안에 존재한다는 것을 *x*% 신뢰한다고 보고할 수 있다.

신뢰 수준과 오차범위 간의 차이를 좀 더 설명하기 위해 다음 대통령 선거결과 예측에서 터무니없이 큰 50%의 오차범위를 받아들인다고 가정해보자. 만일 당신이 그 정도로 틀리는 것을 받아들인다면, 최종 선거 결과가 당신의 오차범위 안에 들어올 것을 거의 100% 확신할 수 있다. 만일 민주당 후보가 54%로 당선이 될 것으로 예측했다면, 50% 오차범위 밖으로 벗어나기 위해 그 후보는 4% 이하의 득표를 해야 한다.

반대로 당신이 3% 이하의 오차범위만 허용하겠다고 가정해보자. 민주당 후보가 51%에서 57% 사이의 득표율을 얻을 것이라고 얼마나 확신할 수 있을까? 엄격한 확률 표본추출과정과 2,000명의 표본 크기를 갖는다면, 표 15-2에 따라 실제 득표율이 당신이 예측한 범위 안에 들 것을 95% 확신할 수 있다(표에 따르면 표본 수 2,000의 예측되는 표본 오차는 2.2%이다). 하지만 100% 확신할 수 없다. 그러므로 오차범위를 크게 설정할수록 실제 결과가 예측범위 안에 들어올 가능성이 커지며, 오차범위를 작게 설정할수록 결과 예측에 대한 확신이 줄어든다. 하지만 표 15-2에서 제시하듯이 엄격한 표본추출과정과 표본 크기가 확보된다면 아주 작은 오차범위 내에서도 정확한 예측을 할 수 있다.

표본 크기를 결정할 때 고려할 점

앞서 설명한 내용의 중요성에도 불구하고 사회복지 연구조사에서 표본 크기를 결정할 때 표본추출 오차를 추정하는 경우는 거의 없다. 많은 경우 이는 현실적인 제약 때문이다. 노숙인이나 최근의 불법 이민자 등 사회복지사가 관심을 갖는 모집단의 적당한 표본틀을 구하지 못할 수도 있다. 연구조사를 실시하기 위한 예산 부족이나 시간제약으로 모집단 모수를 추정하기 위한 예비 설문조사를 실시하지 못할 수도 있다. 연구조사자는 자원 부족으로 추정 표준추출 오차를 원하는 범위 내에 있도록 하기 위해 필요한 표본 수에 비해 최대로 선정할 수 있는 표본 규모가 부족하다는 사실을 미리 알면서도 예산이 허용하는 최대의 표본을 선정하도록 강요받기도 한다.

빈약한 자원으로 복잡한 분석을 하는 연구에서 표본 규모는 분석에 포함되는 변수의 수에 통계분석 방법에서 변수당 요구하는 최소 사례의 수를 곱해 결정하는 경우가 많다. 이는 통계검증력 분석과 연관이 있으며, 이에 대해서는 23장에서 설명할 것이다. 간단하게 설명하자면, 통계검증력 분석이란 연구자가 통계적으로 유의한 결과를 얻을 수 있는 확률을 어느 정도 보유하기 위해 필요한 표본 크기를 결정하는 과정이다.

필요한 표본 크기를 결정하는 과정은 복잡하고 다양한 요인들이 요구되기에 이를 도와줄 수 있는 통계 프로그램 활용을 권장한다. 많이 사용되는 프로그램 중 하나는 SPSS(Statistical Package for the Social Sciences)이다. SPSS는 SamplePower를 포함하고 있는데, 이는 연구설계와 분석계획에 따른 적절한 표본 크기를 제시해준다.

표본추출 설계의 유형

지금까지는 단순무작위 표본추출을 중심으로 설명해왔다. 그리고 실제로 사회연구 조사자가 일반적으로 사용하는 통계학에서는 단순무작위 표본을 가정한다. 그러나 표본추출 방법에는 몇 가지가 있으며, 단순무작위 표본추출은 거의 사용하지 않는다. 이유는 두 가지다. 첫째, 가장 단순한 표본틀을 제외한 모든 표본틀에서 단순무작위 표본추출은 실행 가능하지 않다. 둘째, 단순무작위 표본추출이 활용 가능한 가장 정확한 방법이 아닐 수도 있다. 이제 단순무작위 표본추출과 활용할 수 있는 그 밖의 방법을 알아보자.

단순무작위 표본추출

앞에서 설명한 과정에 맞도록 표본틀을 결정하고 나면, **단순무작위 표본추출**(simple random sampling)을 위해 표본틀에 있는 모든 요소에 번호를 배정하는데, 이 과정에서 제외되는 요소가 없도록 주의해야 한다. 그리고 난수표를 사용해 표본에 포함시킬 요소를 선정한다.

만일 표본틀이 컴퓨터 파일에 있다면 단순무작위 표본을 컴퓨터가 자동적으로 선정하도록 할 수 있다(실제로 컴퓨터 프로그램이 표본틀의 요소에 번호를 부여하고 나름대로의 난수를 만들어 선정된 요소의 목록을 출력한다).

그림 15-2는 단순무작위 표본추출을 보여준다. 가상 소규모 모집단의 구성원에게 1부터 100까지의 번호를 붙

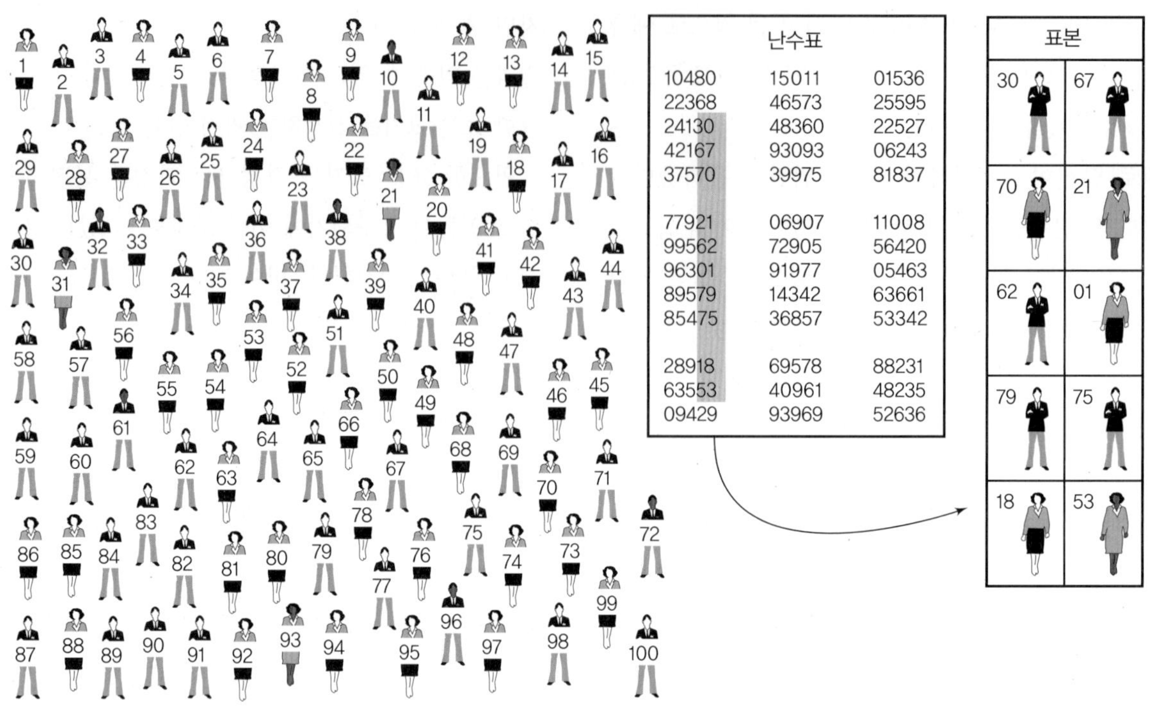

그림 15-2 단순무작위 표본추출

였다. 그림 안에 제시한 난수표에 따라 첫 번째 행의 마지막 두 자리 수를 사용하고, 위에서 세 번째 숫자부터 출발하기로 결정한다. 이렇게 되면 30번이 처음으로 표본으로 선정되고, 다음은 67번이며 이런 방식으로 계속된다(100번은 '00'이 목록에 있을 때 선정된다).

체계적 표본추출

단순무작위 표본추출은 실제로는 거의 사용되지 않는다. 앞으로 살펴보겠지만 단순무작위 표본추출은 일반적으로 가장 효율적인 표본추출 방법이 아니며, 수작업으로 하면 상당히 힘들 수 있다. 단순무작위 표본추출은 일반적으로 요소의 목록을 필요로 한다. 이런 목록이 있을 때 연구조사자는 일반적으로 단순무작위 표본추출보다는 체계적 표본추출을 활용한다.

체계적 표본추출에서는 전체 목록에서 매 k번째 요소를 표본으로 (체계적으로) 선정한다. 만약 목록에 요소가 1만 개가 있고, 표본으로 1천 개를 선정하려고 한다면, 매 10번째 요소를 표본으로 선정한다. 이 방법을 사용하면서 영향을 미칠 가능성이 있는 편향을 막기 위해 무작위로 첫 번째 요소를 선정해야 한다. 그래서 앞의 예에서 1에서 10 사이의 무작위 번호 하나를 선정하는 것으로 시작한다. 선정된 번호의 요소를 표본에 포함하고, 그 다음부터 매 10번째 요소를 포함한다. 이 방법을 기술적으로는 무작위로 시작하는 **체계적 표본**(systematic sample)이라고 한다. 체계적 표본추출에서 두 용어가 자주 사용된다. **표본추출 간격**(sampling interval)은 표본으로 선정된 요소들 간의 기준거리다. 뒤의 예에서 표본추출 간격은 10이다. **표본추출 비율**(sampling ratio)은 모집단에 대한 요소의 비율이다. 이 예에서는 10분의 1이다.

$$\text{표본추출 간격} = \frac{\text{모집단 크기}}{\text{표본 크기}}$$

$$\text{표본추출 비율} = \frac{\text{표본 크기}}{\text{모집단 크기}}$$

실제에서 체계적 표본추출은 거의 단순무작위 표본추출과 같다. 요소의 목록을 표본추출 전에 무작위로 만들면 목록에서 뽑은 체계적 표본은 실제로 단순무작위 표본이라고 할 수 있다. 지금까지 단순무작위 표본추출과 체계적 표본추출을 비교할 때, 주로 단순한 방법인 체계적 표본추출을 선호해왔다. 경험적으로 두 방법에 의한 결과는 실제로 같다. 그리고 때로는 체계적 표본추출이 단순무작위 표본추출보다 더 정확할 때도 있다.

체계적 표본추출에는 한 가지 위험이 따른다. 요소를 배열하는 원칙이 체계적 표본추출을 적당하지 않게 만들 수 있다. 이런 배열을 일반적으로 **주기성**(periodicity)이라고 한다. 요소의 목록이 표본추출 간격과 일치하는 식의 주기적인 형태로 배열되어 있다면 상당히 편향된 표본을 뽑을 수 있다. 이를 보여주는 다음 두 가지 예를 살펴보자.

2차 세계대전 중 군인들을 대상으로 한 연구에서 연구조사자는 군 명부에서 체계적 표본을 선정했다. 연구를 위해 명부의 매 10번째 군인을 선정했다. 그러나 군 명부는 조직표에 따라 배열되어 있었다. 다시 말해 처음에 상사, 그리고 상등병, 일등병, 이등병을 분대별로 배열했다. 각 분대는 10명이었다. 그 결과 명부의 매 10번째 사람은 분대 상사였다. 선정된 체계적 표본에는 상사만 있었다. 물론 동일한 이유로 1명의 상사도 선정되지 않았을 수도 있었다.

또 다른 예로 아파트 건물에서 아파트 세대의 표본을 선정한다고 가정해보자. 만약 표본을 숫자 순서로 배열된 아파트의 목록에서 뽑는다면(예를 들어 101, 102, 103, 104, 201, 202 등으로) 표본추출 간격이 한 층 또는 일부 여러 층의 아파트 수와 일치할 위험이 있다. 따라서 표본에 서북쪽의 아파트만 있거나 엘리베이터 근처의 아파트만 포함될 수 있다. 이런 아파트들이 공통적인 어떤 다른 특성을 갖는다면(예컨대, 임대료가 더 높다든가) 편향된 특성을 가질 것이다. 이런 위험은 한 구역에 같은 수의 집이 있는 하위 단위에서 체계적인 표본을 추출할 때도 나타날 것이다.

따라서 목록에서 체계적 표본을 사용하고자 할 때는 그 목록의 특성을 주의 깊게 살펴봐야 한다. 만약 요소가 특별한 순서로 배열되어 있다면 그 순서가 표본을 선정하는 데 편향을 야기할 것인지 알아보고 예상 가능한 모든 편향에 대해 조치를 취해야 한다(예를 들어, 주기성이 있는 목록에서는 단순무작위 표본을 취한다).

그러나 결론적으로 적어도 편리함에 있어서는 체계적 표본추출이 일반적으로 단순무작위 표본추출보다 더 낫다. 표본틀에서 요소 순서의 문제는 일반적으로 상당히 쉽게 해결될 수 있다.

층화 표본추출

앞의 두 절에서는 목록에서 표본을 선정하는 방법인 무작위 표본추출과 체계적 표본추출에 대해 설명했다. 층화(stratification)란 이 두 방법의 대안이라기보다는 두 방법을 사용하는 과정에서의 변형이라고 할 수 있다.

단순무작위 표본추출과 체계적 표본추출은 모두 대표성의 정도를 보장하고 오차의 추정치를 계산할 수 있다. **층화 표본추출**(stratified sampling)은 대표성의 정도를 높이기 위한, 즉 표본추출 오차를 줄이기 위한 방법이다. 왜 이렇게 되는지 이해하기 위해 표본분포의 기초이론으로 잠시 돌아가자.

표본설계에서 표본추출 오차는 두 요인에 의해 줄어든다는 것을 기억할 것이다. 첫째, 소규모 표본보다 대규모 표본의 표본추출 오차가 더 작다. 둘째, 모집단이 이질적인 경우보다 동질적인 경우 표본추출 오차가 더 작다. 만약 모집단의 99%가 어떤 주장에 동의한다면 그 모집단에서 뽑은 어떤 확률 표본에서 그 주장에 대해 동의하는 정도가 모집단과 크게 다르게 나타날 가능성은 극히 낮다. 만약 모집단이 그 주장에 대해 50 대 50으로 나뉘어 있다면 표본추출 오차는 훨씬 더 커질 것이다.

층화 표본추출은 이 두 번째 요인에 기초한 방법이다. 표본을 전체 모집단에서 선정하기보다는 모집단의 동질성을 띤 여러 하위집단에서 공평하게 요소를 뽑도록 한다.

클라이언트가 받은 서비스의 만족도를 평가하기 위해 대규모 사회복지 서비스기관에서 클라이언트의 층화 표본을 얻고자 한다고 가정해보자. 소수민족 클라이언트가 상대적으로 서비스에 만족하지 않을 가능성이 높기 때문에 특히 소수민족 클라이언트가 표본에서 적절하게 대표되는 것을 명확하게 하고자 한다. 따라서 사례목록을 클라이언트의 민족에 따라 재분류한다. 그리고 각 민족집단에서 적당한 수의 표본을 뽑는다. 층화하지 않은 표본에서는 '민족' 변수의 대표성은 다른 변수와 동일한 표본추출 오차의 위험을 갖는다. 그러나 '민족'으로 층화한 표본에서는 이 변수에 따른 표본추출 오차가 0이 된다.

더욱 복잡한 층화방법도 가능하다. 민족에 따라 층화하는 것 외에 연령, 문제 유형 등에 따라 층화할 수도 있다. 이런 방법으로 행동장애가 있는 히스패닉 아동, 결혼문제를 가진 흑인 가족, 동양계 미국 노인 클라이언트 등이 표본에 적당한 수로 분명히 선정되도록 할 수 있다.

따라서 **층화**의 궁극적인 기능은 모집단을 동질적인 하위집단(하위집단들 간에 이질성을 갖고 있는)으로 분류하며, 각 하위집단에서 적당한 수의 요소를 선정하는 것이다. 층화를 하는 변수에서 하위집단이 어느 정도 동질적인가에 따라 하위집단이 다른 변수에서도 동질적일 수 있다. 만약 연령이 문제 유형과 연관되어 있다면 연령으로 층화된 표본은 문제 유형에서도 더 대표성을 띠게 될 것이다. 만약 사회경제적 지위가 민족과 연관되어 있다면 민족으로 층화된 표본은 사회경제적 지위에서도 더 대표성을 띨 것이다.

층화변수는 일반적으로 어떤 변수를 이용할 수 있느냐에 따라 선택한다. 많은 경우 성별은 이름목록을 보면 알 수 있다. 일반적으로 대학의 학생명단은 강의별로 배열한다. 교수명단은 소속학과에 따라 나열된다. 정부기관 문서는 지역별로 배열될 수 있다. 유권자등록명부는 인구조사구역에 따라 배열되어 있다.

그러나 층화변수를 선정할 때 연구자는 정확하게 대표한다고 판단되는 변수에 관심을 가져야 한다. 성별은 많은 변수와 연관되어 있고, 많은 경우 층화를 위해 이용할 수 있기 때문에 자주 사용된다. 교육 수준은 많은 변수와 관련되어 있지만 층화에 이용할 수 없는 경우가 많다. 어떤 도시, 주 또는 국가 내에서 지리적 위치는 많은 것과 관련되어 있다. 도시 내에서 지리적 위치에 따른 층화를 하면 대개 사회계층, 민족 등의 면에서 대표성이 증대된다. 국가 내에서 지리적 위치에 따라 층화를 하면 사회계층과 민족뿐만 아니라 여러 태도의 면에서 대표성이 증가한다.

표본추출에서 층화하는 방법은 다양하다. 모집단의 전체 요소가 기재되어 있는 목록이 있다면 두 가지 방법이 주로 사용된다. 첫 번째 방법은 모집단 요소를 어떤 층화변수든 그에 따라 분류하는 것이다. 특정 집단이 모집단에서 차지하는 상대적인 비율에 따라 표본에서도 같은 비율에 따라 요소를 (무작위 또는 체계적으로) 선정한다. 예를 들어 남미계 미국 노인이 클라이언트 모집단의 1%를 구성하고, 1,000명의 표본을 원한다면 10명의 남미계 미국 노인 클라이언트를 표본에 포함시킨다.

두 번째 방법은 바로 위에서 설명한 것처럼 사례를 집단으로 분류하고, 전체를 하나의 연속적인 명단으로 만드는 것이다. 그런 다음 전체 명단에서 무작위로 시작점을 찾아 체계적 표본을 선정한다. 명단이 연속적으로 배열되어 있으므로 각 하위집단으로부터 적절한 수(1 또는 2의 오차범위 내에서)의 체계적 표본이 선정된다(주: 이렇게 복잡하게 만든 명단에서 단순무작위 표본을 추출하면 층화가 없어진다).

그림 15-3은 체계적 층화 표본추출의 예이다. 우선 성별과 인종에 따라 모집단을 나열했다. 그 다음 무작위로 '3'을 시작번호로 선정하고 그 다음부터 매 10번째 사람, 즉 3, 13, 23, …, 93을 선정했다.

층화 표본추출은 층화변수와 관련되어 있는 다른 변수들의 대표성을 증가시키기 위해 층화변수를 적절히 대표하도록 만든다. 따라서 전체적으로 층화 표본은 단순무작위 표본보다 여러 변수에서 대표성을 띨 가능성이 높다. 단순무작위 표본은 여전히 신성시되지만 이제 이보다 더 나은 표본도 있다는 것을 알 수 있다.

앞에서 설명한 비확률 할당 표본추출을 떠올리며 층화 표본추출과의 차이점을 궁금해하는 독자들이 있을 것이다. 두 방법 모두 모집단 내에서 층을 선정하고 각 층에

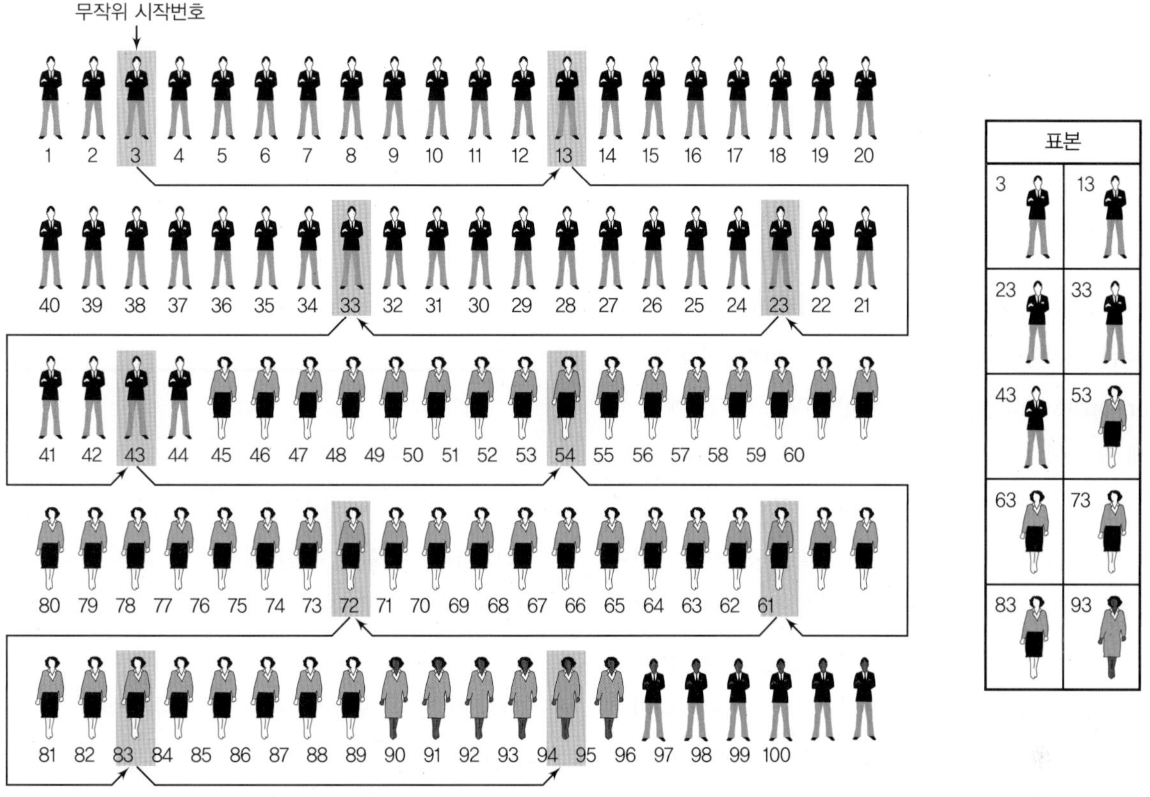

그림 15-3 무작위 시작번호를 활용한 체계적 층화 표본추출

서 일정한 비율을 선정한다는 점에서 유사하다. 이 두 방법의 차이는 각 층에서 선정하는 과정이 무작위냐 아니냐에 있다. 예컨대 200명의 표본을 성별로 할당 표본추출한다고 했을 때, 오후 12시 대학 캠퍼스의 가장 번화한 곳에 서서 지나가는 남녀 100명씩 선정할 수 있다. 이 위험한 비확률 표본추출과정은 무작위 선정이 아니며, 대학에 등록되어 있는 5,000명 남학생과 5,000명 여학생에게 일반화하기에는 문제가 있다. 이에 반해, 층화 무작위 표본추출 방법을 적용한다면 우선 등록한 남학생 5,000명과 여학생 5,000명의 명단을 확보한다. 그리고 난수표를 활용해 각 명단에서 100명을 선정한다. 이처럼 할당 표본추출과정은 훨씬 높은 위험을 내포하고 있다. 특정 시간, 캠퍼스의 특정 장소에 지나다니며 연구자의 눈에 띈 학생들은 그 시간 그 장소에 다니지 않는 다른 학생들과 다른 특성을 가질 수 있으며, 이는 여러 가지 편향의 위험을 갖고 있다.

체계적 표본추출에서의 내재적 층화

앞서 우리는 일정한 조건하에서는 체계적 표본추출이 단순무작위 표본추출보다 더 정확할 수 있다고 설명했다. 명단 배열이 내재적으로 층화가 되어 있을 때 그러하다. 이미 언급했던 것처럼 기관의 사례명부가 민족에 따라 배열되어 있으면 단순무작위 표본과는 달리 체계적 표본은 민족에 따라 층화되어 있다.

하와이 대학교 학생들에 대한 한 연구에서는 학생들을 강좌에 따라 층화한 후 학번에 따라 배열했다. 그러나 학번은 학생들의 사회보장번호였다. 사회보장번호의 첫 세자리 수는 그 번호를 발급받은 주를 의미한다. 즉, 한 강좌 내에서 학생들은 사회보장번호를 받은 주에 따라 배열되어 대략 지역 출신에 따라 층화되었다. 따라서 요소들을 순서 있게 배열한 명단이 순서 없이 무작위로 배열한 명단보다 유용할 수 있음을 알아야 한다. 이 점을 강조하는 이유는 체계적 표본추출을 하기 전에 명단이 무작위로 배열되어 있어야 한다고 생각하는 잘못된 믿음이 존재하기 때문이다. 그 배열이 앞에서 논의한 문제를 내포할 경우에만 명단을 다시 배열한다.

비례층화 표본과 비비례층화 표본

지금까지 동질적인 집단에서 뽑은 사례비율이 같은 층화 무작위 표본추출을 예시했다. 이를 비례층화 표본추출(proportionate stratified sampling)이라고 한다. 예를 들어 전체 표본이 모집단의 10%가 되도록 하려면, 각각의 동질 집단에서 10%씩 선정하게 된다. 그러나 때로는 다른 집단보다 특정 집단에서 높은 비율로 선정하는 것이 바람직한 경우가 있다. 예컨대 앞에서 제시한 클라이언트 만족도 설문조사를 전체 클라이언트 1,000명 중 백인 클라이언트 600명, 흑인 클라이언트 300명, 남미계 미국인 클라이언트 40명, 동양계 미국인 클라이언트 30명, 미국 원주민 클라이언트 20명, 기타 클라이언트가 10명으로 구성된 기관에서 시행한다고 가정해보자. 여기서 백인과 흑인 클라이언트의 10%로 각각 60명, 30명의 사례를 선정한다. 그러나 나머지 집단에서도 10%씩 선정한다면 남미계 미국인 4명, 동양계 미국인 3명, 미국 원주민 2명, 기타는 1명만 선발된다. 연구의 목적이 기관에 대한 전체적인 만족도를 알고자 하는 것이라면 큰 문제가 되지는 않는다.

그러나 각 민족에 대한 세부적인 분석을 하거나 어떤 민족이 다른 민족보다 더 만족하는지 또는 만족하지 않는지를 일반화하고자 한다면? 사례 수가 적은 집단에서는 이 같은 분석을 할 수 없다. 따라서 수가 아주 적은 집단에서는 수가 많은 집단에서보다 더 높은 비율로 표본을 선정해야 한다. 이를 **비비례층화 표본추출**(disproportionate stratified sampling)이라고 한다. 이 표본추출과정은 특정한 작은 하위집단의 사례를 선정할 확률을 큰 하위집단의 사례를 선정할 확률보다 비비례적으로 크게 만든다.

위의 예에서 백인과 흑인 클라이언트는 10%씩, 나머지 집단에서는 50%를 선정한다. 그렇게 하면 남미계 미국인 20명, 동양계 미국인 15명, 미국 원주민 10명, 기타 5명이 될 것이다. 이렇게 하면 세부적인 분석을 수행할 수 있다. 하지만 전체 클라이언트의 만족도를 제시하고자 할 때는 모집단에서 각 집단이 차지하는 전체적인 비율과 일치하도록 각 민족의 평균 만족 수준에 가중치를 주어야 한다.

표 15-3 비비례층화 표본추출의 예

민족집단	사례 수	평균 수치
백인	60	4.0
흑인	30	2.0
남미계 미국인	20	1.0
동양계 미국인	15	3.0
미국 원주민	10	1.0
기타	5	2.0

각 집단의 평균 수치를 표 15-3과 같이 1(매우 불만족)에서 5(매우 만족)까지의 척도로 나타낸다고 하자. 50%를 차지하는 집단에서 사례의 전체 평균에 미치는 영향을 모집단에서 그 사례가 차지하는 비율에 맞게 조정하지 않는다면, 전체 기관의 평균 만족도 수치는 그림 15-4의 식 (1)과 같이 계산된다.

그러나 2.75의 평균 수치는 사례의 50%를 대표하는 민족이 비비례적인 영향을 미치기 때문에 전체적인 클라이언트의 실제 만족 수준을 과소평가하게 된다. 이를 바로잡기 위해 10%로 표시된 두 집단에 5(50% 대표성과 같은 영향을 미치도록 하기 위해)를 곱해 가중치를 주는데, 이는 그림 15-4의 식 (2)에 나타나 있다.

이렇게 계산하면 클라이언트 만족도의 실제 전체 평균 수치는 3.17로, 1에서 5까지의 평가척도에서 중간점인 3.0 이상이 된다. 반면에 잘못 계산한 2.75는 중간 이하를 의미한다. 이런 계산이 소수민족 클라이언트가 전체적인 평가에 나타난 것보다 서비스에 대해 만족하지 못하는 경향이 뚜렷함을 보여주는 계산의 정확성이나 중요성을 부인하는 것은 아니다.

$$\frac{(60 \times 4) + (30 \times 2) + (20 \times 1) + (15 \times 3) + (10 \times 1) + (5 \times 2)}{60 + 30 + 20 + 15 + 10 + 5} = \frac{240 + 60 + 20 + 45 + 10 + 10}{140} = \frac{385}{140} = 2.75 \quad (1)$$

$$\frac{(60 \times 4 \times 5) + (30 \times 2 \times 5) + (20 \times 1) + (15 \times 3) + (10 \times 1) + (5 \times 2)}{(60 \times 5) + (30 \times 5) + 20 + 15 + 10 + 5} = \frac{1200 + 300 + 20 + 45 + 10 + 10}{300 + 150 + 20 + 15 + 10 + 5} = \frac{1585}{500} = 3.17 \quad (2)$$

그림 15-4 표 15-3의 식

다단계 군집 표본추출

앞에서는 요소의 명부에서 표본추출을 하는 상대적으로 단순한 과정을 다루었다. 그런 상황은 이상적이다. 그러나 안타깝게도 여러 사회연구 조사는 표본추출을 위해 쉽게 명단을 만들 수 없는 모집단으로부터 표본을 선정해야 한다. 예컨대 도시, 주, 또는 국가의 전 인구, 미국 내의 전체 대학생 등이다. 이 경우 표본설계는 훨씬 더 복잡하며 일반적으로 먼저 군집(cluster)이라는 요소집단을 표본추출하고, 그 다음 선정된 군집에서 요소를 선정하는데, 이 다단계 설계를 **군집 표본추출**(cluster sampling)이라고 한다.

군집 표본추출은 대상모집단의 요소에 대해 전체 명부를 작성할 수 없거나 비현실적일 때 사용한다. 예컨대, 미국에 있는 교회신도가 그런 예다. 그러나 모집단의 요소가 이미 하위모집단으로 집단화되어 있어서, 하위모집단의 명단이 이미 있거나 만드는 것이 가능할 수 있다. 미국에서 교회신도들은 각 교회에 소속되어 있으며, 교회의 명부는 찾을 수 있고 없다면 만들 수 있다. 그래서 군집 표본의 양식을 따르면 교회의 명부에서 앞에서 논의했던 몇 가지 방법(예를 들면, 체계적 층화 표본)으로 표본을 추출할 수 있다. 그 다음 선정된 각 교회에서 신도들의 명단를 얻은 다음 연구대상이 될 교회신도들의 표본을 확보하기 위해 각 명단에서 표본추출을 한다. 글록 Glock 외(1967)는 이러한 예를 보여준다.

군집 표본추출을 사용하는 또 다른 전형적인 경우는 도시 같은 모집단 지역에서 표본을 추출할 때다. 그 도시 전체 시민의 명단은 없지만 시민들은 시 구역 또는 인구조사구역에 거주한다. 따라서 처음에 구역을 표본으로 선정하고 선정된 구역에 살고 있는 사람들의 명단을 만들어 각 구역에서 표본추출을 한다.

더 복잡한 설계를 사용하면 구역을 표본추출하고 선정된 구역에서 가구의 명단을 만들어 가구를 표본추출하고, 각 가구에 살고 있는 사람들의 명단을 만들어 마지막으로 선정된 가구에서 사람을 추출한다. 이 다단계 표본설계는 궁극적으로 개인 표본을 선정하지만 도시 전체 시민들에 대한 명단을 필요로 하지는 않는다.

그래서 다단계 군집 표본추출은 두 가지 기본단계인 명단의 작성과 표본추출을 반복하는 것으로 이루어진다. 주요 표본추출 단위(교회, 구획)의 명단을 만들고, 표본추출을 위한 층화를 한다. 그리고 그 단위에서 표본을 선정한다. 선정된 주요 표본추출 단위에 대한 명단을 작성하고 층화를 한다. 그리고 2차 표본추출 단위의 명단에서도 표본을 추출하며, 이를 반복한다.

다단계 설계와 표본추출 오차

군집 표본추출은 매우 효율적이지만 효율성의 대가로 표본의 정확성이 떨어진다. 모집단의 명부에서 선출한 단순무작위 표본에서는 표본추출 오차가 1회 발생하지만, 2단계 군집 표본에서는 표본추출 오차가 2회 발생한다.

첫째, 군집에 대한 처음 표본은 표본추출 오차의 범위 내에서만 군집의 모집단을 대표한다. 둘째, 한 군집 내에서 선정한 요소의 표본은 표본추출 오차범위 내에서만 그 군집의 모든 요소를 대표한다. 따라서 예컨대 비비례적으로 부유한 시의 구역을 선정하고, 더 나아가 그 구역 내에서 비비례적으로 부유한 가구의 표본을 선정할 위험이 있다. 이 문제를 해결할 수 있는 최선의 방법은 처음에 선정한 군집 수와 각 군집 내에서 선정하는 요소의 수에 있다.

일반적으로 연구자는 전체 표본 크기에 대한 제한을 받는다. 예를 들면, 한 도시에서 면접할 수 있는 인원은 2,000명으로 제한되어 있다. 그러나 이 범위 안에서 군집 표본을 설계할 때 몇 가지 선택을 할 수 있다. 극단적으로, 한 군집을 선택하고 그 군집에서 2,000개 요소를 선택할 수도 있다. 또는 2,000개의 군집을 선택해 각 군집에서 1개의 요소를 선택할 수도 있다. 물론 두 가지 모두 권장하지 않지만, 그 사이에서 많은 선택이 가능하다. 다행히도 표본분포의 논리가 이런 경우에 일반적인 지침이 될 수 있다.

표본추출 오차는 표본 크기, 그리고 표본으로 추출되는 요소의 동질성 증가라는 두 가지 요인에 의해 감소된다는 것을 기억하자. 이 두 요인은 다단계 표본설계의 각 단계에서 작용한다. 선정되는 표본 수가 많고 전체 군집이 매우 비슷하다면 군집의 표본은 전체 군집을 가장 잘 대표할 것이다. 특정 군집에서 선정되는 표본 수가 많고 그 군집의 전체 요소가 매우 비슷하다면 요소의 표본은 그 군집에서 전체 요소를 가장 잘 대표하게 된다.

그러나 전체 표본 크기가 일정한 상태에서 군집 수가 증가하면 한 군집 내 요소의 수는 감소한다. 이런 면에서 군집의 대표성은 각 군집의 요소를 제대로 대표하지 못하는 대가로 증가하거나, 각 군집의 요소를 제대로 대표하는 대가로 감소한다. 다행히도 동질성의 요인은 이런 딜레마를 완화할 수 있다.

일반적으로 모집단 내에서 자연스럽게 구성된 한 군집 안의 요소들은 전체 모집단을 구성하는 모든 요소보다 더 동질적이다. 한 교회의 신자들은 전체 교회신자보다 더 비슷하다. 또한 한 도시 구역의 주민들은 전체 도시 주민보다 더 비슷하다. 그 결과 군집 간의 다양성을 제대로 대표하기 위해 많은 수의 군집이 필요한 반면, 자연적 군집을 제대로 대표하기 위해 상대적으로 적은 수의 요소가 필요하다. 이는 각 군집은 동일한 요소로 구성되어 있으나 군집끼리는 매우 다른 극단적인 사례에서 가장 잘 볼 수 있다. 그런 상황에서는 많은 수의 군집이 전체 구성원을 대표할 것이다. 이런 극단적 상황이 실제로는 거의 존재하지 않지만 그 반대의 경우(아주 다양한 요소로 구성되어 있지만 각각 동일한 군집)보다는 훨씬 현실적이다.

그렇다면 군집설계의 일반 지침은 각 군집 내의 요소 수를 줄이면서 선정되는 군집의 수를 극대화하는 것이다. 그러나 이 과학적 지침은 행정적인 한계를 잘 고려해야 한다. 군집 표본추출의 효율성은 모집단 요소의 목록을 최소화할 수 있는 정도에 따라 결정된다. 처음에 군집을 표본추출함으로써 전체 모집단에서 모든 요소가 아니라 선정된 군집을 구성하는 요소만의 목록을 만든다. 그러나 군집 수를 증가시키면 군집 표본추출의 효율성을 직접적으로 위협한다. 군집 수가 적으면 군집 수가 많은 경우보다 빨리, 싸게 목록을 만들 수 있다(일부만 표본으로 선정한다고 해도 선정된 군집에서 요소의 목록은 모든 요소를 포함해야 한다는 것을 기억하라).

최종 표본설계는 이 두 가지 제한을 반영하게 된다. 실제로 연구자는 비용을 부담할 수 있는 한 많은 군집을 선정하려고 할 것이다. 이 시점에서 이 문제가 모호하게 느껴질 것 같아서 대략적인 원칙을 제시하면 다음과 같다. 인구연구 관련 연구자는 일반적으로 인구조사구역당 5가구 선정을 목표로 한다. 전체 2,000가구를 면접해야 한다면 400개 구역을 겨냥해 구역당 5가구를 면접한다. 그림 15-5는 이 과정을 보여준다.

군집 표본추출에 대한 좀 더 상세한 과정을 살펴보기에 앞서, 이 방법을 사용하면 정확성이 감소되는 것이 불가피하다는 사실을 다시 한 번 강조한다. 그 과정은 다소

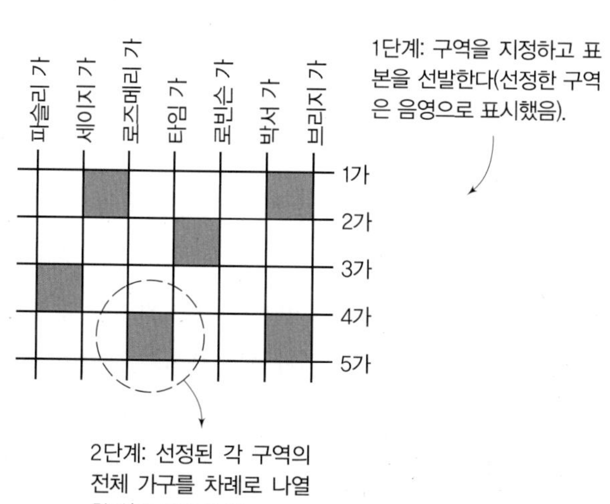

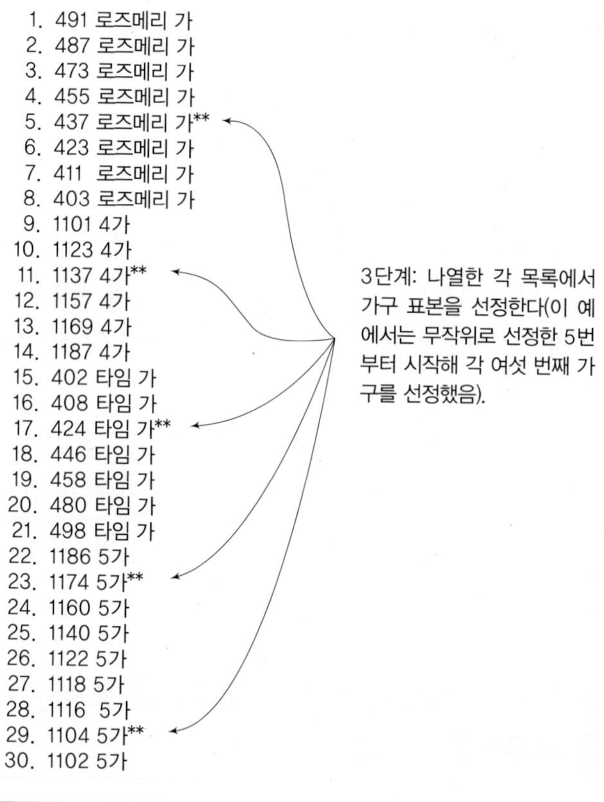

그림 15-5 다단계 군집 표본추출

복잡하다. 첫째, 앞에서도 언급했듯이, 다단계 표본설계는 각 단계에서 표본추출 오차가 발생할 위험을 안고 있다. 각 단계에서 표본 크기는 전체 표본 크기보다 작을 수밖에 없기 때문에 각 단계에서의 표본추출 오차는 요소를 단일단계에서 무작위로 표본추출하는 경우보다 더 커질 것이다. 둘째, 표본추출 오차는 표본요소에서 관측된 변량으로 추정한다. 요소를 상대적으로 동질적인 군집에서 선정할 때 추정된 표본추출 오차는 지나치게 과소평가될 것이며, 군집 표본설계에 비추어 표본추출 오차를 조정해야만 한다.

다단계 군집 표본추출에서의 층화

지금까지 군집 표본추출 설계의 각 단계가 단순무작위 표본을 선정하는 것처럼 설명했다. 실제로 층화기법은 선정되는 표본을 다듬고 개선하기 위해 사용할 수 있다.

기본적인 방법은 목록으로부터 단일단계 표본추출을 할 때 사용하는 방법과 같다. 예를 들어, 전국의 교회 표본을 선정한다고 하자. 우선 교회목록을 교파, 지리적 위치, 크기, 농촌 또는 도시, 그리고 사회계층 측정방법에 따라 층화한다.

일단 제1표본추출 단위(교회, 구역)가 이용할 수 있는 관련 있는 층화변수에 따라 분류되어 있다면 표본을 선정하기 위해 단순무작위 표본추출이나 체계적 표본추출 기법을 사용할 수 있다. 연구자는 각 집단 또는 계층에서 일정한 수의 단위를 선정하거나, 층화군집을 연속적인 목록으로 배열하고 그 목록에서 체계적으로 표본을 추출한다. 군집을 동일한 계층으로 분류할수록 이 단계에서의 표본추출 오차가 감소할 것이다. 앞에서와 같이 층화의 주요 목표는 동질성이다.

각 표본추출 수준에서 층화가 일어나지 못할 이유는 없다. 선정된 군집에서 명단에 있는 요소는 다음 단계의 표본추출을 하기 전에 층화할 수도 있다. 그러나 일반적으로 그렇게 하지 않는다(군집 내에서 상대적 동질성의 가정을 기억하라).

규모비례확률 표본추출

이 절에서는 여러 대규모 설문조사 표본추출 프로젝트에서 사용했던 더 정교한 군집 표본추출의 형태를 소개하려고 한다. 앞에서 무작위나 체계적으로 군집의 표본을 선정하고, 선정된 각 군집에서 요소를 무작위나 체계적으로 표본 선정하는 것에 대해 설명했다. 이 과정으로 전체 모집단의 모든 요소가 선정될 확률이 같아지는 전체적인 표본추출 도구가 만들어진다는 점에 주목하라.

한 도시에서 가구를 선정한다고 가정해보자. 1,000개의 시 구역이 있고 처음에 100개의 구역 표본을 선정한다면 각 구역이 선정될 확률은 1,000분의 100, 즉 0.1이 된다. 다음으로 선정된 구역에서 거주하는 10가구 중에서 1가구를 선정한다면, 각 가구가 그 구역 내에서 선정될 확률은 0.1이 된다. 전체적으로 한 가구가 선정될 확률을 계산하기 위해서는 표본추출 각 단계에서의 확률을 단순히 곱하면 된다. 즉, 각 가구는 소속된 구역이 선정될 확률의 10분의 1, 소속 구역이 선정되었으면 특정한 가구가 선정될 확률이 10분의 1이다. 이 경우 각 가구는 선정될 확률이$1/10 \times 1/10 = 1/100$이다. 각 가구가 선정될 확률은 동일하기 때문에 이렇게 선정된 표본은 도시의 전체 가구를 대표하게 된다.

그러나 이 과정에 위험이 도사리고 있다. 특히 구역의 크기(가구 수로 측정한)가 다르면 문제가 된다. 시 인구의 절반이 고층아파트로 꽉 찬 10개의 밀집된 구역에 거주하고 있으며, 인구의 절반은 나머지 900개 구역에 펴져 있는 1가구 주택에 살고 있다고 가정해보자. 구역의 10분의 1을 표본으로 처음 선정할 때, 10개의 밀집된 고층구역이 하나도 선정되지 않을 수 있다. 두 번째 표본추출 단계에서 어떻게 되든 최종 가구 표본은 1가구 주택만으로 구성되어 그 도시를 전혀 대표하지 못하게 될 것이다.

표본추출한 군집들의 규모가 서로 크게 다를 때는 항상 변형된 표본추출 설계인 **규모비례확률**(probability proportionate to size, PPS)을 사용하는 것이 좋다. 이 설계는 바로 앞에서 언급한 문제를 막을 수 있으며, 각 요소의 선정기회가 동일한 최종 표본을 얻도록 도와준다.

그 이름에서 볼 수 있듯이, 각 군집은 그 규모에 비례하는 선정기회를 갖게 된다. 따라서 200가구가 있는 구역은 100가구만 있는 구역보다 선정될 기회가 두 배가 된다. 그러나 각 군집 내에서 정해진 수의 요소, 예컨대 구역당 5가구를 선정한다고 하자. 이 과정에 따라 전체적으로 각 가구가 선정될 확률이 동일해진다.

두 개의 구역에 있는 가구의 예를 들어보자. A구역에는 100개의 가구가 있고, B구역에는 10개뿐이다. PPS 표본추출에서 A구역은 B구역에 비해 선정될 확률이 10 배 높다. 따라서 전반적인 표본설계에서 A구역은 선정될 확률이 20분의 1이며, B구역은 200분의 1의 확률을 갖게 된다. 결국 A구역에 있는 모든 가구는 자신의 구역이 선택될 확률이 20분의 1이고, B구역의 가구는 200분의 1의 확률을 갖게 된다.

선정된 구역에서 5개 가구를 선정한다고 하고, A구역 이 선정된다면 A구역의 가구는 이 표본에 선정될 확률이 100분의 5이다. 이런 경우에는 확률을 곱할 수 있기 때문에 A구역에 위치한 각 가구가 선정될 확률은 $1/20 \times 5/100 = 5/2,000 = 1/400$이다.

한편 B구역이 선정된다면 이곳에 위치한 가구가 5개에 선정될 확률은 10분의 5로 매우 높다. 그러나 이 높은 확률이 구역 자체가 갖는 상대적으로 낮은 선정 확률과 합쳐지면 실제로 A구역의 가구와 같은 확률을 갖게 된다. $1/200 \times 5/10 = 5/2,000 = 1/400$이다.

이 설계를 좀 더 정교하게 사용하면 큰 군집 표본을 선정하는 데 매우 효율적이고 효과적인 방법이 될 수 있다. 그러나 여기서는 기본적인 논리만 이해하는 것으로 충분하다.

예시: 사회복지 전공학생을 대상으로 하는 표본추출

이제 군집 표본추출이 실제로 어떻게 이루어지는지 보기 위해 가상적인 예를 사용해보자. 다음의 예시는 시, 주, 국가 등 지리적 영역의 연구에서 이용되는 지역확률 표본보다는 덜 복잡하다. 최근 사회복지 조사문헌에는 군집 표본추출을 사용한 연구가 없기 때문에 가상의 예를 사용했다. 그럼에도 이 예는 군집 표본추출을 사회복지 조사연구에 적용할 수 있는 가능성과 표본추출 접근방법의 다양한 원칙을 제시한다.

교육과정을 통한 사회복지학과 학생들의 문화적 다양성 태도의 변화 정도를 측정하는 종단연구 연구비를 받았다고 하자. 미국에는 약 100개의 사회복지대학원과 약 300개의 학부과정이 있다고 한다면, 그 학생들로부터 종단자료를 수집하기 위해서는 연구대상으로 선정된 학교를 여러 차례 방문해야 한다. 전국적으로 대표성이 있는 학생 표본을 원하지만 여행경비 예산의 제약으로 40개 대학만 방문할 수 있다.

전국 사회복지 전공학생 명단은 없기 때문에 다단계 표본추출 설계를 해야 한다. 표본추출의 첫 단계에서는 규모비례확률로 학교를 선정한다. 그러고 난 다음 각 학교에서 학생들을 선정한다.

학교 선정

사회복지교육협의회는 사회복지학과 및 학과 등록학생 수를 담은 연간보고서를 발행한다. 표본추출의 첫 단계에서 이 목록은 표본틀이 된다. 이 목록에는 대학원생 25,000명, 학부생 25,000명 등 전국적으로 약 50,000명의 학생이 포함되어 있다. 연구대상으로 대학원과 학부에서 각각 20개 학교를 선정하기로 결정한다.

자료분석을 위해 1,000명의 표본이 필요하며, 40개 대학에서 각 25명의 학생을 선정하기로 한다. 이를 위해 대학원 목록 1개와 학부 목록 1개, 두 개의 목록을 작성한다. 각 목록은 표 15-4처럼 각 학교의 등록학생 수와 등록학생의 누적분포를 보여준다.

이 시점에서는 두 개의 목록으로부터 20개씩의 대학을 선정하되 각 학교가 등록학생 수에 비례해 선정기회를 갖도록 하는 것이 목표다. 이를 위해 누적 총계를 사용해 등록학생 수에 따라 각 학교의 범위를 만든다. 표 15-4의 A학교에는 1에서 200, B학교에는 201에서 600, C학교에는 601에서 700까지 등으로 계속 배정한다.

각 목록의 1부터 25,000에서 20개의 수를 선정해 연구대상 40개 학교를 선정한다. 다음과 같이 체계적 표본으로 20개 수를 선정한다. 표본추출 간격은 1,250(25,000/20)으로 정한다. 1에서 1,250 사이에서 무작위로 시작번호를 선정한다. 무작위로 선정된 시작번호가 563이라고 하자. 이 번호는 B학교에 배정된 수의 범위에 속하기 때문에 B학교가 선정된다.

다음에는 표본추출 간격 1,250을 무작위 시작번호에 더해나간다. 그리고 그 번호에 해당되는 모든 학교를 연구대상으로 선정한다. 이 방식을 통해 각 학교가 등록학생 수에 직접적으로 비례하는 선정확률을 갖게 된다. 400명의 학생이 있는 학교는 200명이 있는 학교보다 2배, 40명만 있는 학교보다 10배로 선정될 확률이 높다.

학생 선정

학교 표본을 선정하고 나면 선정된 각 학교에서 등록학생 명단을 얻는다. 다음에는 각 학교의 등록학생 수와 각 학교에서 선정하려는 학생 수(25)에 기초해 각 학교의 표본추출 간격을 계산한다. 따라서 한 학교에 250명의 학생이 등록되어 있으면 표본간격은 10이 될 것이다. 각 학교에서 학생들의 표본을 선정하기 위해 무작위 시작번호를 선정하고, 거기에 표본추출 간격을 더해나간다. 이 과정을 각 학교에서 반복한다.

표 15-4 사회복지학과 목록 작성에 활용한 형식

학교	등록학생 수	등록학생 수 누적분포
A학교	200	200
B학교	400	600
C학교	100	700

확률 표본추출 복습

지금까지 통제된 설문조사에서 주로 사용되는 표본추출 방법인 확률 표본추출을 다루었다. 각각의 변형된 방법은 무작위 선정에 기초해 모집단으로부터 요소들을 선정한다는 것을 알았다. 현장의 상황에 따라 확률 표본추출은 매우 간단할 수도 있고, 매우 복잡해 시간과 비용이

많이 들 수도 있다. 그러나 어떤 상황에서든 확률 표본추출은 연구요소를 선정하는 가장 효과적인 방법이다. 여기에는 두 가지 이유가 있다.

첫째, 확률 표본추출은 연구자가 요소선정에서 가질 수 있는 의식적·무의식적 편향을 피하게 해준다. 모집단에서 모든 요소가 동일한(또는 동일하지 않아서 그에 따라 가중치를 준) 선정확률을 갖는다면 그렇게 선정된 표본은 전체 요소의 모집단을 근사하게 대표할 가능성이 매우 높아진다.

둘째, 확률 표본추출은 표본추출 오차를 추정할 수 있게 해준다. 어떤 확률 표본도 모든 면에서 완전히 모집단을 대표하지는 않지만 통제된 선정방법을 사용하면 연구자가 예측된 오차의 정도를 추정할 수 있게 해준다.

젠더 편향과 표본추출

이 장을 마치기 전에 표본추출에서 주의해야 할 여러 편향 중 **젠더 편향**(gender bias)에 대해 살펴보자. 6장에서 설명한 문화적 편향과 마찬가지로 연구과정의 모든 측면은 젠더 편향으로 인한 영향을 받을 수 있고, 그중에서도 특별히 문제가 될 수 있는 부분은 표본추출 단계다. 젠더 편향은 확률 표본추출에도 영향을 미칠 수 있다. 예를 들어, 표본틀에서 특정 성을 배제하는 부적절한 결정을 내리면 확률 표본추출도 젠더 편향의 영향을 받는다. 표본추출에서 가장 흔하게 나타나는 젠더 편향 문제는 한 성이 제대로 대표되지 않은 표본에서 나온 연구조사의 결과를 모집단 전체로 부당하게 일반화하는 것이다. 캠벨 Campbell(1983)은 성역할 연구조사 문헌에서 젠더 편향을 개관하고 이런 많은 예를 검토했다. 예를 들어 그는 성취동기와 관리 및 경력에 대한 연구를 인용하면서, 이 연구들이 백인 중산층 남성만 포함하는 표본을 활용했음에도 결론에서는 구체적으로 이를 언급해 일반화의 한계를 설명하지 않았음을 보여주었다. 그는 특히 생애주기 연구조사를 다음과 같이 비판했다.

> 생애주기 또는 생애단계는 많은 관심을 받고 발전하고 있는 분야인데, 이 분야만큼 표본추출에서 편향이 명백한 분야도 없다. 에릭슨 Erikson의 '인간의 8단계(Eight Stages of Man)'에서부터 시작해, 레빈슨 Levinson의 『인간 생애의 계절(Seasons of a Man's Life)』에까지 생애주기에 대한 연구는 남성에 초점을 두고 있다. 여성에 대해 말할 때는 여성이 남성 모델에 얼마나 잘 맞는지 또는 맞지 않는지에 대해서이다. 경험적인 증거 없이 여성은 남성과 같은 주기를 갖는다고 말하거나, 남성의 주기와 대조되는 주기를 갖는다고 말한다. 생애주기 관련 문헌을 대상으로 한 조사에서 상기리아노 Sangiuliano는 "우리(연구자)는 여성을 남성에 의해 비추어진 모습으로 본다"는 결론을 내렸다(p. 206).

표본에서 특정 성을 제대로 대표하지 않는 것은 한 성을 완전히 배제하거나 충분한 비율로 포함시키지 않는 것보다 훨씬 더 미묘할 수 있다. 특정 성의 수가 문제되지 않을 때도 편향이 있는 자료수집과정으로 인해 문제가 발생할 수 있다. 예를 들어, 캠벨은 갤럽 여론조사 면접이 오후 6시부터 남성을 면접하는 반면 대부분의 여성 면접은 오후 4~6시에 시행하는 것에 주목한다. 캠벨은 대부분의 전문직 여성이 오후 6시 전에 집에 있지 않기 때문에 이들은 표본에서 제대로 대표되지 않을 수 있음을 주장한다. 만약 그녀의 주장이 옳다면 갤럽 여론조사에서 여성의 비율이 충분하더라도 그 표본에서 여성이 표출한 견해는 여성 모집단의 견해를 제대로 대표하지 않는 것이 된다.

또 다른 예로 성과 관련한 직업만족의 차이에 대해 일반화하고자 한다면 전문직 또는 관리직 지위가 주로 남성에게 돌아가거나, 비서직 등이 주로 여성에게 가는 직장만을 표본으로 선정하지 않아야 한다. 그러나 연구 표본에서 특정 성을 제외할 근거가 있거나 제외할 수밖에 없는 경우가 있다. 즉, 한 성만 관련되어 있고 일반화를 한 성으로 제한하는 경우다. 따라서 대상자가 모두 남성이거나 여성인 프로그램에 대한 클라이언트 만족도를 조사하는 설문조사는 한 성만 포함할 것이다. 예를 들면, 가정폭력 피해여성이나 강간 피해자를 위한 집단 지지 프로그램 등이 그러하다.

그럼에도 성역할에 대한 편견에 휩쓸려 특정 성을 연구에서 배제하는 오류를 범하지 않도록 주의해야 한다. 예를 들어 공격성, 행정, 실업, 범죄행위 등을 연구할 때 남성으로 제한한다거나 양육, 보육, 가사 등을 연구할 때는 여성으로만 표본을 제한하지 않아야 한다.

이 장은 개별적으로 알게 되는 구체적인 특징에서 더 나아가 좀 더 일반화할 수 있는 특성을 제공하는 관찰을 선정하는 방법에 대해 다루었으며, 이는 대부분의 사회복지 연구에서 기초적 쟁점이라고 할 수 있다. 이 책의 나머지를 통해 표본추출이 자료수집과 연구자료 분석의 다양한 설계와 어떻게 맞물리는지 보게 될 것이다. 다음 장에서는 여러 가지 설문방법이 표본추출 편향에 얼마나 취약한가를 살펴보고, 이를 예방하고 피할 수 있는 방법을 알아볼 것이다.

주요 내용

- 표본은 모집단 자체의 특성에 대해 추론을 할 목적으로 관찰하는 모집단의 특별한 부분집합이다.
- 의도적 표본추출은 연구자가 자신의 판단에 따라 표본의 구성원을 선정하는 비확률 표본추출법의 한 유형이다. 이를 판단 표본이라고도 한다.
- 정보제공자를 활용하는 경우, 연구대상인 집단에 관해 광범위하고 다양한 시각을 제공할 수 있는 사람을 선발해야 한다.
- 일반적으로 비확률 표본추출법은 확률 표본추출법보다 신뢰 수준이 낮은 것으로 간주된다. 반면 비확률 표본추출법은 일반적으로 사용하기 쉬우며, 비용이 적게 든다.
- 표본의 질을 판단하는 주요 기준은 표본의 대표성, 즉 표본의 특성이 모집단의 특성과 얼마만큼 동일한가에 있다.
- 확률 표본추출법은 대표성이 있는 표본을 선정하는 최상의 방법이다.
- 확률 표본추출의 주요 원칙은 전체 모집단의 모든 구성원이 표본으로 선정될 확률을 알고 있으며 그 확률이 0이 아니어야 한다는 것이다.
- 아무리 주의를 기울여 선정한 표본도 모집단을 완벽하게 대표하는 경우는 거의 없다. 항상 어느 정도의 표본추출 오차가 존재한다.
- 확률 표본추출법은 특정 표본에서 예상되는 표본추출 오차 정도의 추정을 가능하게 해준다.
- 표본틀은 모집단 구성원의 목록이나 유사목록이다. 표본틀은 표본선정에 사용하는 자원이다. 표본의 대표성은 표본이 대표하고자 하는 전체 모집단의 구성원을 표본틀이 포함하는 정도와 직접적인 연관이 있다.
- 단순무작위 표본추출은 확률 표본추출에서 논리적으로 가장 기본적인 기법이다.
- 체계적 표본추출은 표본틀에서 매 *k*번째 구성원을 선정하는 것이다. 이 방법은 약간의 예외를 제외하고는 기능적으로 단순무작위 표본추출과 같다.
- 층화는 모집단의 구성원을 표본추출 전에 상대적으로 동질적인 계층으로 집단화하는 과정이다. 이 방법은 표본추출 오차를 줄여 표본의 대표성을 개선한다.
- 다단계 군집 표본추출은 모집단의 구성원에 대한 목록이 없을 때 자주 사용하는 복잡한 표본추출 기법이다. 우선 구성원의 최초 집단(군집)을 표본으로 선정한다. 그 다음 선정된 군집의 구성원 목록을 만든다. 이는 현장에서 직접 관찰을 통해 만드는 경우가 많다. 마지막으로 선정된 군집에서 구성원을 표본추출해 최종 표본을 정한다.
- 규모비례확률(PPS)은 다단계 군집 표본추출을 위한 특별하고 효율적인 방법이다.
- 모집단의 구성원이 표본으로 선정될 확률이 다르다면, 전체 모집단을 대표해 설명하기 위해 여러 관측값

에 가중치를 부여할 필요가 있다. 기본적으로 표본에 부여된 가중치는 선정확률의 역함수가 되어야 한다.

◆ 표본추출과정에서 젠더 편향이 배제되도록 노력해야 한다.

연습문제

1. 토마스 듀이가 헨리 트루먼을 대통령 선거에서 이기리라고 예측했던 1948년 갤럽 여론조사의 논의를 복습하라. 갤럽이 범했던 오류를 피하기 위해 할당 표본 설계를 변형하는 방법에 대해 논하라.
2. 1부터 9,876까지의 번호 중 10개를 선정해 단순무작위 표본을 만들고, 선정과정의 각 단계를 설명하라.
3. 전국 노인요양원 입주자의 다단계 군집 표본을 선정하는 과정을 한두 문단으로 기술하라.

인터넷 연습문제

1. 「Health and Social Work」에 실린 논문 중 한 편은 확률 표본추출을, 또 한 편은 비확률 표본추출을 사용한 것을 골라 각 논문의 표본추출과정을 긍정적 또는 부정적으로 비평하라.
2. 「Health and Social Work」에 실린 4개의 논문을 추가로 검색하라. 이 중 몇 개가 확률 표본추출 방법을 활용했는가? 몇 개가 비확률 표본추출에 의존했는가?
3. 인터넷에서 좋아하는 사이트를 다니며 방문자를 대상으로 설문조사를 하는 곳을 찾아보라. 어떤 뉴스 사이트는 정치적 쟁점에 대한 여론조사를 매일 하기도 한다. 당신이 찾은 설문에서 표본의 문제점, 즉 표본틀이나 표본의 대표성 등에 대해 논하라.
4. http://www.ojp.usdoj.gov/bjs/abstract/cvusst.htm의 법무부 통계인 범죄피해 설문조사(Crime Victimization Survey)로 가서, 가장 최근 자료를 내려받아 '방법론(Methodology)' 파일을 열어라. 이 설문조사에서 사용한 다단계 표본추출과정을 요약하고 비판하라.
5. www.icpsr.umich.edu/GSS/의 GSS(General Social Survey, 일반사회조사)로 가라. 'sampling(표본추출)'이라는 단어를 검색하라. 그 다음에 'Appendix A Sampling Design and Weighting(부록 A: 표본추출 설계와 가중치 두기)'를 클릭하라. GSS의 표본추출과정을 요약하고 시간이 지나면서 왜 그리고 어떻게 변했는지를 설명하라. 흑인을 표본추출하는 과정에 대한 설명을 요약에 포함시켜라.
6. 「Social Work」 2002년 7월호에 실린 M. A. 비거스태프 Biggerstaff, P. M. 모리스 Morris, A. 니컬스-케이스볼트 Nichols-Casebolt의 논문 'Living on the Edge: Examination of People Attending Food Pantries and Soup Kitchens'를 검색하라. 이 연구에서 사용한 다단계 군집 표본추출과정을 비판적으로 평가하라.

추천도서

Frankfort-Nachmias, C., & Leon-Guerrero, A. (1997). *Social Statistics for a Diverse Society*. Thousand Oaks, CA: Pine Forge Press. 특히 11장을 보라. 이 통계 교재는 이 장에서 우리가 다룬 많은 주제를 통계적인 측면에 초점을 두고 다루고 있다. 확률 표본추출과 통계분석의 연계성을 설명해준다.

Kish, L. (1965). *Survey Sampling*. New York: Wiley. 이 책은 사회연구에서의 표본추출에 대한 대표적인 저서이다. 표본추출에 대해 이 장에서 다룬 것보다 좀 더 많은 내용을 알고 싶다면 이 책이 정답이다. 키시 Kish는 단순한 설명에서부터 가장 복잡하고 수학적인 설명까지 포괄적으로 다룬다. 매우 이론적이면서 동시에 실용적인 저서이다. 표본추출에 대한 모든 것을 빈틈없이 설명하면서 난이도가 낮은 설명부터 높은 설명까지를 아우른다.

활용 노트

EP 2.1.6b

EP 2.1.6b: 실천에 유용한 연구증거 활용하기: 사회복지사가 이 장에 소개된 모든 개념을 이해한다면, 실천에 참고할 만한 연구들의 표본추출 방법을 비판적으로 평가할 수 있다.

EP 2.1.10d

EP 2.1.10d: 클라이언트 자료를 수집하고, 정리하고, 해석하기: 사회복지사는 이 장에 소개된 모든 개념을 이해함으로써, 클라이언트의 자료를 수집하고 해석하기 위해 적절한 표본추출 방법을 사용할 수 있다.

EP 2.1.10m

EP 2.1.10m: 개입을 비판적으로 분석하고, 모니터링하고, 평가하기: 사회복지사는 이 장에 소개된 모든 개념을 이해함으로써, 개입을 모니터링하고 평가할 때 적절한 표본추출 방법을 사용할 수 있다.

CHAPTER 16

설문조사

Survey Research

이 장의 학습내용

설문을 통해 자료를 수집하는 방법은 우편조사, 개인면접, 인터넷을 통한 온라인 조사 등 다양하다. 다른 연구자가 수집해놓은 설문조사 자료를 분석에 사용하는 방법도 있다. 사회복지 조사연구자는 적절한 방법을 선정하고 이를 효과적으로 수행할 수 있어야 한다.

서론

설문조사(survey research)는 매우 오래된 연구조사 기법이다. 예컨대 구약성경에는 다음과 같은 구절이 있다.

> 끔찍한 병이 있은 후, 여호와께서 모세와 제사장 아론의 아들 엘르아살에게 말씀하셨습니다. "이스라엘 모든 백성을 집안별로 세어라. 스무 살 이상 된 남자로서 군대에서 일할 사람의 수를 다 세어라."(민수기 26:1-2)

고대 이집트의 지배자들은 자신들의 영역을 통치하는 목적으로 인구조사를 시행했다. 예수는 요셉과 마리아가 로마의 인구조사를 위해 요셉 조상의 고향을 향해 여행하고 있었기 때문에 집에서 떨어진 곳에서 태어났다.

1880년 프랑스 노동자들을 대상으로 잘 알려지지 않은 설문조사가 실시되었다. 독일의 한 정치사회학자가 고용주의 착취 정도를 밝히기 위해 노동자들에게 약 25,000개의 설문지를 발송했다. 설문지는 상당히 길었는데 다음과 같은 항목을 포함하고 있었다.

> 당신의 고용주 또는 그 고용주를 대표하는 사람은 당신 소득의 일부를 가로채기 위해 책략을 꾀합니까?
>
> 물량에 따라 급여를 받는 경우, 당신의 임금을 기만적으로 삭감하기 위해 상품의 품질을 구실로 사용합니까?

설문조사자는 바로 칼 마르크스 Karl Marx(1880, p. 208)였다. 25,000개의 설문지를 발송했지만 회수된 것에 대한 기록은 없다.

사회복지 분야에서 설문조사의 선조는 19세기 중반 유럽에서 시행된 것이었다. 이들은 근로빈곤층의 소득과 지출에 초점을 두었다. 일부는 구제자금의 정도를 결정하려는 목적으로 시행되었고, 일부는 사회개혁의 증거를 제공하기 위해 시행되었다. 사회복지 분야에서 설문조사의 도입에 지대한 영향을 미친 사람은 찰스 부스 Charles Booth였다. 그는 보수적 정치성향을 가진 돈 많은 런던 선주였는데, 1886년 노동자 중 4분의 1이 극심한 빈곤에 시달린다는 마르크스의 주장에 반하는 증거를 찾겠다고 결심했다. 자신의 재산으로 조사연구를 기획한 부스와 부하직원들은 런던 동부지역 거주자를 대상으로 그들 생활에 미치는 사회경제적 영향에 대한 조사를 시작했다. 이 연구는 『런던시민의 생과 노동(The Life and Labour of the People of London)』(Booth, 1970)이라는 제목하에 장장 17권에 걸쳐 보고되었다. 아이러니하게도 부스는 마르크스의 주장에 반대하는 대신 오히려 빈곤에 처한 이들의 비율이 과소추정되었다는 결론을 내렸다. 심지어 부스는 **제한적 사회주의**(limited socialism)라는 이름의 사회복지대책을 제안했다.

부스의 연구는 사회복지 분야의 초기 사회개혁 노력의 출현과 일치했다. 20세기가 시작되면서 사회의 어두운 부분에 관심을 가진 기자들과 소설가들은 산업화의 폐해와 착취를 설명하는 부스의 연구와 유사한 조사에 대한 사회적 관심을 부추겼다. 그 후 이루어진 가장 유명한 사회조사는 사회복지사와 시민지도자들이 도시의 사회적 환경을 평가하기 위해 1909~1914년에 진행한 피츠버그 설문조사(Pittsburgh Survey)였다. 몇 권에 걸쳐 출판된 피츠버그 조사는 도시의 비참한 사회적 환경을 폭로했고 대대적인 사회개혁을 촉진했다.

피츠버그 조사의 성공은 설문조사 방법이 사회개혁의 목적으로 사용될 수 있다는 좋은 본보기를 보여주었고, 미국 전 도시에 걸친 사회복지사의 '사회조사운동'을 불러일으켰다. 이 운동의 일부로 진행된 설문조사는 매우 광범위했으며, 각 도시의 산업·경제·정치·사회 요인에 대한 방대한 자료를 보고했다. 이 자료들은 사회개혁 필요에 대한 지역사회의 의식을 깨우려는 목적으로 축적되었다. 따라서 편파적인 방향으로 보고되는 경우가 많았고, 곧 정치적 목적을 가진 선전으로 비치기 시작했다. 1920년대에 들어서는 조사연구의 신뢰도가 떨어지기 시작했고 사회개혁시대가 막을 내리면서 이들의 인기도 시들해졌다. 그러나 이 운동은 사회복지 분야의 설문조사 사용에 지속적인 영향을 미쳤다. 초기 설문조사의 성공은 이후 사회기관에서 정기적으로 이루어진 기관 고유의 관심영역에 대한 소규모 조사연구의 기반을 마련했다. 점차적으로 좀 더 넓은 범위의 연구목적을 위한 설문조사 방법의 활용도 인정을 받게 되었다.

오늘날 설문조사 연구는 아마도 사회과학에서 가장 빈번하게 사용되는 관찰방법일 것이다. 당신도 설문조사의 **응답자**(respondent)가 되었던 경험이 적어도 한 번은 있을 것이고, 직접 설문조사를 실시한 사람도 있을 것이다. 전형적인 설문조사에서 연구조사자는 응답자 표본을 선정하고 표준화된 **설문지**(questionnaire)를 돌려 조사를 실시한다. 이 설문지는 특정한 개념을 평가하기 위해 합산점수를 사용하는 **척도**(10장에서 설명한 대로)를 포함하기도 한다. 척도가 포함되는 경우 설문지는 척도부터 시작해(작성 요령에 대한 설명도 포함) 뒷부분에 배경적 질문을 배열하기도 한다. 예컨대, 사회복지 실천가를 대상으로 증거기반 실천에 대한 태도를 측정하는 최근 설문조사에서 척도로 된 질문을 먼저 하고 그 뒤에 응답자의 특성이나 증거기반 실천과 관련한 교육 경험 등을 묻는 질문을 배치했다.

개인적 배경

> 이 설문지의 나머지 질문들은 실천가의 특성이나 경험의 차이가 증거기반 실천에 대한 관점이나 관여 정도와 관계가 있는지를 분석할 수 있는 자료를 제공할 것이다(Rubin & Parrish, 2009).

설문조사의 여러 기본요소는 이미 이 책 여기저기에서 구체적으로 다루었기 때문에 당신은 이미 부분적으로 설문조사 훈련을 받은 것이나 다름없다. 10장에서 설문지와 척도 구성의 논리와 기법을 설명했기 때문에 여기서 반복하지는 않을 것이다. 또한 15장에서는 설문조사의 예를 자세하게 제시하며 표본추출의 주제를 다루었다.

이미 설문지를 어떤 방법으로 준비하고 응답할 사람의 표본을 선정방법을 알고 있다는 전제하에 이 장에서는 설문지를 활용하는 데 이용할 수 있는 방법에 초점을 둘 것이다. 어떻게 설문에 응답하게 할 것인가?

앞으로 살펴보겠지만 응답자가 직접 설문지를 작성하는 것이 적절한 경우도 있고, 면접자가 질문을 통해 답을 기록하는 것이 적절한 경우도 있다. 두 번째 기법은 대면면접이나 전화를 사용한다. 여기서는 이 모든 방법을 검토하고, 상대적인 장점과 단점을 비교할 것이다.

설문조사 결과의 활용은 최근 설문조사 연구의 중요한 측면이 되었고, 특히 연구예산이 넉넉하지 않은 사람들에게 더욱 그렇다. 우선 설문조사를 사용해 연구할 수 있는 주제의 종류를 살펴보자.

EP 2.1.6b
EP 2.1.10d, m

설문조사에 적절한 주제

설문조사 연구는 탐색이나 설명의 목적 모두를 위해 사용될 수 있지만, 규모가 너무 커서 직접 관찰할 수 없는 모집단에 대해 기술하기 위해 이용할 수 있는 최선의 방법이다. 확률 표본추출을 엄격하게 하면 모집단의 특성을 반영하는 응답자를 얻을 수 있다. 또한 세심하게 구성한 표준화된 설문지를 사용하면 모든 응답자로부터 동일한 형태의 자료를 얻게 된다.

예컨대, 설문조사는 대규모 모집단의 태도와 성향을 측정하는 최상의 방법이다. 대중 여론조사는 좋은 예다. 실제로 여론조사가 너무 널리 행해져 종종 여론조사 결과를 어떻게 받아들여야 할지 혼란스러워하는 사람들도 있다. 실제로 여론조사가 정확하지 않다고 생각하는(혹은 여론조사를 믿고 싶어 하지 않는) 사람들로부터 비난을 받기도 한다(여론조사에서 진 후보는 투표자들에게 여론조사 결과를 신뢰하지 말라고 당부한다).

과학적으로는 부실하면서도 대중의 관심을 끌 만한 주제나 소위 '조사결과'로 대중을 사로잡는 여론조사들은 대중 여론조사에 대한 일반인의 생각을 더욱 혼란스럽게 만든다. 예를 들어, 케이블 뉴스 프로그램은 종종 온라인을 통해 논란이 되는 정치적 쟁점에 대한 시청자의 의견을 묻는다. 여기서 응답자는 누구를 대표하는가? 그 프로그램을 시청할 시간과 의향이 있는 사람이면서, 온라인 응답이 가능하고, 기꺼이 컴퓨터를 켜고 투표할 정도로 그 쟁점에 관심이 있는 사람들일 것이다. 더 나아가 그 방송사가 특정한 정치적 성향을 가진 것으로 알려져 있다면, 이 프로그램의 시청자는 아마도 다른 성향을 가진 사람들을 많이 포함하지 못할 것이다. 또한 방송관계자에게 편견이 있다면 이들의 편견 역시 여론조사의 질문방식에 반영될 것이다. "원하지 않는다고 해서 아직 태어나지도 않은 태아의 생명을 파괴해도 된다고 주장하는 낙태론에 찬성하십니까?"

사람들은 종종 설문조사 연구라는 핑계를 대고 전혀 과학적이지 않은 목적을 위해 조사를 한다. 예를 들어, 설문조사 응답자로 채택되었다고 하면서 다음과 같은 질문을 하는 전화를 받은 경험이 있을 것이다. "집에서 일주일에 1,000달러씩 벌고 싶으세요?" 아니면 1센트 동전에 있는 대통령을 맞추면 경품을 주겠다는 얘기를 들은 적도 있을 것이다(그때는 엘비스 프레슬리라고 응답하라). 이처럼 설문조사 연구자에게 제공했던 대중의 협조를 악용하는 파렴치한 전화판매자들이 있다.

같은 맥락에서 가짜 설문조사를 하는 정당이나 자선단체도 있다. 어떤 쟁점에 대한 여론을 조사한다는 명목 아래 결국 자기 조직에 대한 기부금을 요청하는 경우다. 한 정치 캠페인은 '밀어내기 여론조사(push poll)'라는 또 하나의 허위 설문조사를 만들었다. 미국 여론조사연합(American Association for Public Opinion Polling)은 밀어내기 여론조사를 다음과 같이 비난했다.

> '밀어내기 여론조사'란 전화를 이용해 잠재적 투표자의 지지를 호소하는 방법으로서, 잘못된 정보가 투표자의 선호도에 어떤 영향을 미치는지를 알아본다는 명목하에 한 후보에 대한 잘못된 정보를 제공한다. 실제 의도는 일반여론을 알아보려는 것이 아니라 유권자를 조종해 유권자를 한 후보로부터 반대후보 쪽으로 밀어내려는 것이다. 이런 여론조사는 잘못되고 부정적인 정보를 퍼뜨려 특정 후보를 비방한다. 정당한 여론조사라는 명목하에 특정 정당 선전을 유포하려는 것이다(Bednarz, 1996).

간단히 말해 **설문조사**나 **여론조사**라는 말은 때때로 오용된다. 그러나 정당하게 이루어지는 설문조사는 사회탐구의 유용한 도구가 될 수 있다. 옥석을 구분하는 일은 당신의 몫이다. 이 장은 그 일을 도우려는 데 목적이 있다. 이제 설문에 대한 응답을 얻는 세 가지 주요 방법을 알아보자.

자기기입식 설문지

응답자 표본에게 설문지에 답하도록 하는 주요 방법에는 세 가지가 있다. 우선 응답자가 설문지를 스스로 작성하도록 요청하는 방법(**자기기입식 설문지**)을 다루고, 다음에는 면접자가 대면접촉이나 전화로 진행하는 설문조사를 다룰 것이다.

자기기입식 연구의 전형적인 방법은 우편 설문조사이지만 여러 가지 다른 방법도 있다. 때로는 같은 장소에 모여 있는 응답자 집단에게 설문지를 돌리는 것이 적절한 경우도 있다. 사회복지개론 강의를 듣는 학생들을 대상으로 하는 설문조사는 강의시간에 이런 형식으로 수행할 수 있다. 고등학교 학생들의 특별활동 시간에 설문조사를 할 수도 있다.

설문지를 집으로 전달하는 방법에 대한 실험이 진행되어 왔다. 연구조사자는 표본응답자의 집으로 설문지를 전달하고 그 연구를 설명한다. 그리고 설문지를 응답자가 작성하도록 두고 이후에 연구자가 회수한다.

배달과 우편을 함께 사용할 수도 있다. 설문지를 집으로 발송하고 나서, 연구조사자가 방문해 설문지를 회수하고 완전하게 작성되었는지 확인한다. 정반대의 방법으로 설문지를 연구조사자가 전달하고 응답자에게 작성한 설문지를 연구조사처로 발송하도록 요청할 수도 있다.

전체적으로 연구조사자가 설문지를 전달하거나, 받아오거나 또는 전달하고 받아올 경우 단순한 우편 설문조사보다 작성률이 더 높은 편이다. 이에 대한 추가적 연구를 통해 비용은 줄이면서 작성률을 증가시키는 다른 기법을 발견할 수 있을 것이다.

우편 분배와 회수

우편을 통한 자료수집의 기본적인 방법은 설문을 설명하는 편지와 설문지 반송을 위한 우표를 붙인 봉투를 함께 전달하는 것이다. 응답자는 설문지를 작성해 봉투에 넣어 반송해야 한다. 만약 우편 설문을 받고 설문지를 반송하지 않았던 경험이 있다면 반송하지 않은 이유를 떠올려보라. 다른 사람들에게 설문지를 보내려는 계획을 세울 때 이를 기억한다면 매우 유용할 것이다.

설문지를 반송하지 않는 가장 큰 이유는 번거롭기 때문이다. 이 문제를 극복하기 위해 연구자들은 반송을 수월하게 하는 여러 방법을 개발했다. 예를 들어, **봉투겸용 우편설문지**(self-mailing questionnaire)를 활용하면 반송봉투가 따로 필요 없다. 설문지를 지시에 따라 접으면 반송주소가 앞으로 나오게 된다. 따라서 응답자는 반송봉투를 잃어버릴 염려를 하지 않아도 된다.

좀 더 정교한 형태도 있다. 뒤에 설명할 대학생 대상 설문지는 책자형태로 되어 있었는데, 뒷장이 특별하게 제작된 두꺼운 종이 두 겹으로 접혀 있다. 설문지 작성이 끝나면 응답자는 접혀 있는 뒷장의 두 겹을 펴서 전체 책자를 감싼 다음 가장자리에 붙어 있는 테이프를 이용해 설문지를 봉한다. 이렇게 하면 앞쪽에 반송주소와 우표가 나타난다. 동일한 설문조사를 2년 뒤에 다시 진행할 때는 설문지 설계가 더욱 개선되었다. 앞면과 뒷면 모두 두 겹으로 접히도록 제작되어, 한쪽을 펼쳐 감싸면 발송 시 사용할 수 있고 다른 한쪽을 펼쳐 감싸면 반송할 수 있도록 하여 처음부터 봉투가 필요하지 않았다.

여기서 핵심은 설문지를 작성하고 반송하는 과정을 수월하게 할수록 조사연구가 향상된다는 점이다. 설문지를 받았는데 설문지를 반송할 수 있는 연구자의 사전준비가 전혀 없다고 생각해보라. 우선 봉투를 구하고, 주소를 적고, 우표가 몇 개 필요한지 확인하고, 봉투에 우표를 붙여야 한다면 응답자가 과연 그 설문지를 반송할 가능성이 얼마나 되겠는가?

여기서 이용할 수 있는 우편설문의 방법을 간단히 언급하고자 한다. 설문지를 발송하고 회수하는 데는 몇 가지 방법이 있다. 설문지를 발송할 때 선택할 수 있는 방법은 기본적으로 우표를 사용하는 것과 요금별납을 사용하는 것이다. 우표 사용은 더 확실한 방법이지만 요금별납이 훨씬 더 싸다(비용과 과정에 대해서는 우체국에 문의하라). 설문지를 회수할 때 선택할 수 있는 방법은 우표를 사용하는 것과 수취인 후부담이 있다. 여기서 비용의 차이를 계산하는 것은 쉽지 않다. 우표를 사용하면 사람들이 설문지를 반송하든 하지 않든 간에 비용을 지불하게 된다. 수취인 후부담으로 하면 사용한 것에 대해서만 비용을 지불하지만 일정액의 추가 수수료를 지불해야 한다. 즉, 많은 설문지가 회수되면 우표 사용 방식이 더 경제적이고, 적게 회수되면 수취인 후부담이 더 경제적이다(얼마나 많은 설문지가 돌아올지는 예상할 수 없다).

우편과 관련된 여러 방법을 결정할 때 생각해야 할 다른 사항도 많다. 예를 들어, 어떤 연구조사자는 우표를 사용하는 것이 요금별납이나 수취인 후부담을 사용하는 것보다 더욱 인간적이고 진실한 면을 전달한다고 생각한다. 반면 어떤 연구조사자는 응답자가 우표를 증기에 쬐어 떼어내어 다른 용도로 사용할 것을 걱정한다. 요금별납과 수취인 후부담은 우체국을 통하는 과정을 거쳐야 하기 때문에 소규모 설문조사에서는 우표를 사용하는 것이 훨씬 더 쉽다.

이 즈음에서 아마 회수하기 쉽게 만드는 것이 왜 그렇게 중요한지를 궁금해하는 사람이 있을 것이다. 소수의 정보를 통해서도 큰 집단의 특성을 충분히 예측할 수 있다고 하지 않았던가? 맞다. 그렇게 설명했었다. 하지만 그 정확성은 작은 표본이 실제로 얼마나 큰 집단을 대표할 수 있는지에 달려 있다는 설명도 했었다. 중요한 연구 질문에 관련해 응답하지 않는 사람들이 응답하는 사람들과 얼마나 차이가 있느냐는 비응답 편향과 관련한 설문조사의 대표성을 좌우한다.

사회복지 서비스를 받는 저소득층을 대상으로 서비스 만족도에 대한 설문조사를 한다고 하자. 그들에게 반송봉투도 없이 혹은 우표도 안 붙어 있는 반송봉투를 넣어서 보냈다고 생각해보자. 여기에 응답하는 이들은 아주 소수인 일부일 가능성이 높으며, 특히 서비스에 대한 감정이 매우 특별하여(아주 긍정적 혹은 아주 부정적) 일부러 비용을 지불하고 응답을 완성해 우편으로 보내는 수고를 감내하면서까지 응답하는 사람들일 것이다. 아니면 우표값 지불을 꺼려하는 사람보다 경제 상황이 더 나은 사람들일 수도 있다. 결과적으로 서비스에 대한 감정이 덜 강력하거나 경제적으로 더 어려운 사람들은 응답할 가능성이 낮기 때문에 조사결과는 아마도 잘못된 생각을 대표하게 될 것이다. 그러므로 잘못된 결과를 가져올 수 있는 설문조사와 차별화하기 위한 중요한 기준은 응답율을 최대화하기 위해 충분한 과정을 거쳤는지의 여부다.

설문표지

우편 설문조사의 응답률에 영향을 미치는 중요한 요인은 설문지와 동봉하는 설문표지의 내용이다. 일반적으로 응답자가 가장 먼저 읽는 것이 설문표지이기 때문에 응답하도록 동기를 부여하고 설문조사에 대해 가질 수 있는 어떤 거부감이라도 감소시킬 수 있도록 구성해야 한다.

응답에 대한 동기부여를 하기 위해서는 응답자가 이해하기 쉬운 용어로 설문조사의 목적과 중요성을 설명한다. 연구조사자는 응답자가 신뢰하는 조직이나 인사의 추천이나 후원을 얻어 설문표지에 그 이름을 명기한다. 응답자가 설문지에 응답하는 것이 성공적인 연구를 위해 필수적이며, 응답자가 관심을 갖고 있는 문제를 해결하는 데 왜 중요한지를 설명해야 한다. 설문지 참여에 대한 거부감을 줄이기 위해 연구조사자는 응답의 익명성을 확실히 밝히고 어떻게 응답대상자를 추출했는지 설명하며 설문지를 작성하는 데 걸리는 시간도 제시한다(짧을수록 좋다).

그림 16-1은 2008년에 사회복지사를 대상으로 하는 설문조사에 사용했던 설문표지다. 이 표지는 참여 동기를 부여하고 저항을 줄이기 위해 논의한 여러 요소의 예를 보여준다.

설문지 회수 모니터링

설문지 발송은 연구에 의미 있는 새로운 연구문제를 제시할 수 있다. 설문지가 돌아오는 동안 한가하게 있지 않고 돌아오는 회수율 변화를 주의 깊게 기록해야 한다.

여기서 중요한 도구는 응답률 도표다. 설문지를 발송한 날을 도표에 '1일째'로 표시하고, 그 다음부터 매일 회수된 설문지 수를 도표에 기록해야 한다. 이는 많은 일은 아니기 때문에 일상적으로 두 개의 도표를 겹쳐 그리는 것이 좋다. 한 도표는 매일 설문지가 돌아오는 숫자(증가한 후에 감소하는)를 보여준다. 또 다른 도표는 누적빈도수나 누적비율을 기록한다. 이 작업은 연구조사자가 자료수집을 성공적으로 하고 있다는 것을 확인할 수 있기에 한편으로는 연구조사자에게 만족감을 준다. 그러나 더욱 중요한 것은 이 과정이 자료수집이 어떻게 진행되는지에 대한 지침이 된다는 점이다. 추가 설문지를 보낼 계획이라면 이 도표가 적절한 발송시점에 대한 실마리를 제공한다(추가로 설문지를 발송한 날짜도 도표에 기록한다).

설문지가 회수되면 각 설문지를 자세히 검토하고 일련번호를 부여한다. 다른 일련번호가 이미 배정되어 있어도 설문지가 회수되는 순서에 따른 일련번호를 배정해야 한다. 이 과정의 중요성을 보여주는 두 예가 있다.

첫째, 미취학 아동을 대상으로 하는 어린이집에 대한 태도를 연구한다고 가정해보자. 자료를 수집하는 중 어린이집에서 발생한 성학대 범죄를 신문 · 방송에서 다루기 시작한다. 그 범죄가 알려진 날짜와 설문지가 회수

SCHOOL OF SOCIAL WORK
THE UNIVERSITY OF TEXAS AT AUSTIN

1925 San Jacinto Blvd. • Austin, Texas 78712-1203 • MC D3500 • Fax (512) 471-9600 • email utssw@utxvms.cc.utexas.edu

친애하는 동료 여러분께

최근 중요한 쟁점이 되고 있는 주제는 증거기반 실천모델이 어떻게 우리의 실천 결정을 계도할 것인가입니다. 하지만 실제로 실천가들이 증거기반 실천을 어떻게 생각하는지 그리고 그 생각에 영향을 미치는 요인은 무엇인지에 대한 정보가 많이 부족한 현실입니다. 바쁘시겠지만 15분에서 20분만 시간을 내주셔서 동봉하는 설문지를 작성하신 후에 수신자부담 봉투에 담아 보내주신다면 실천가들의 생각을 이해하는 데 중요한 기여를 하실 것입니다.

본 연구는 컬럼비아 대학교 사회복지대학 현장교육 부서가 함께 협력하는 연구로서, 선생님은 네 지역(뉴욕, 세인트루이스, 텍사스, 토론토)의 임상사회복지 전문가 800명 중에서 무작위로 선정되어 설문참여를 요청하게 되었습니다. 참여는 자발적이며 응답은 익명으로 처리됩니다. 누가 응답했는지 확인할 방법은 없습니다. 하지만 함께 동봉한 수신자부담 엽서를 보내주시면 향후 어떤 분에게 재요청을 해야 하는지 확인하는 데 도움이 될 것입니다. 엽서는 설문지와 개별적으로 보내는 것으로, 설문응답의 익명성은 담보될 것입니다.

작성하신 설문지와 엽서는 가능한 한 빨리 보내주시기를 부탁드립니다. 설문에 대한 질문이나 정보에 대해 좀 더 자세히 알고 싶으시면 언제든지 저, 앨런 루빈, Ph.D.(전화: 512-471-9218)에게 연락주시기 바랍니다. 연구참여자의 권리 및 연구에 대한 염려, 질문, 혹은 불만사항이 있으면 컬럼비아 대학교 연구윤리위원회(475 Riverside Drive, New York, NY 10115; 전화 212-870-3481; 이메일 askirb@columbia.edu)로 연락주시기 바랍니다.

선생님의 응답은 이 연구에 매우 소중합니다. 연구결과의 가치는 얼마나 많은 분들이 참여하는가에 달려 있습니다.

시간과 관심에 감사드립니다.

Allen Rubin, Ph.D.

Admissions and Academic Programs (512) 471-5457 • Dean's Office (512) 471-1937 • General Information (512) 471-5456

그림 16-1 설문표지 견본

된 날짜를 알면 그 사건이 태도에 미치는 영향을 알 수 있다.

둘째, 앞의 예보다는 덜 극적이지만, 일련번호는 설문조사에서 비응답자 편향을 예측하는 데 도움이 될 수 있다. 편향을 직접적으로 검사할 수 없지만, 설문에 응답하지 않은 사람들은 바로 응답한 사람들보다는 늦게 응답한 사람들과 더 비슷할 것이라고 추측할 수 있다. 회수된 설문지를 회수시점별로 분석해 표본추출의 편향을 추정해볼 수도 있다. 예를 들어, 기관 서비스에 대한 클라이언트의 만족도 설문조사 시 즉시 응답하는 사람들의 만족도가 더 높고 늦게 응답하는 사람일수록 만족도가 점차적으로 감소한다면 끝까지 응답하지 않는 사람들의 만족도는 더 낮을 것이라는 잠정적 결론을 내릴 수 있다. 이런 방법으로 통계적 추정을 하는 것은 바람직하지 않지만 대략적인 추정은 가능하다.

확인설문지를 발송할 응답자가 결정되면 추가 발송을 준비해야 한다. 뒤의 사례연구에서 이 과정을 더 구체적으로 논의하겠다.

확인설문지 발송

확인설문지 발송(follow-up mailing)은 여러 방법으로 시행할 수 있다. 가장 간단한 방법은 비응답자에게 설문조사 참여를 격려하는 편지만 다시 보내는 것이다. 그러나 더 나은 방법은 확인편지(follow-up letter)와 함께 새 설문지를 보내는 것이다. 만약 응답자가 2~3주 후에 설문지를 보내오지 않으면 설문지를 잃어버렸거나 어디 두었는지 모른다고 봐야 한다. 확인편지를 받으면 응답자가 설문지를 찾아보게 하는 계기가 될 수 있지만 설문지를 쉽게 찾을 수 없다면 그 편지는 헛수고가 되어버린다.

확인설문지 발송을 다루는 방법론 문헌에서는 확인설문지 발송이 우편 설문조사의 응답률을 높이는 효과적인 방법이라고 강력하게 권하고 있다. 일반적으로 응답자가 응답을 뒤로 미룰수록 응답하지 않을 가능성이 높아진다. 따라서 적절하게 시간을 맞추어서 확인설문지를 보내면 응답을 더 독려하게 된다.

확인설문지 발송 효과는 자료수집 동안 기록한 응답률 곡선에 나타날 것이다. 처음에 설문지를 발송하면 응답이 상승한 뒤 점차 줄어든다. 확인설문지를 보내면 응답이 다시 늘어날 것이다. 그리고 확인설문지를 더 발송하면 같은 효과를 얻게 될 것이다. 현실적으로는 설문지를 세 번 발송(첫 설문지과 확인설문지 두 번)하는 것이 일반적으로 가장 효율적이다.

확인설문지 발송비용을 줄이기 위해 수신자부담 확인엽서를 매번 함께 보내는 방법이 있다. 엽서는 누가 설문에 참여했는지, 그리고 누가 참여를 원하지 않는지를 알 수 있게 해준다. 응답자는 엽서에 자신의 이름을 적어서 설문지와는 개별적으로 발송한다. 이렇게 하면 설문지의 익명성이 보호되는 동시에 확인설문지를 발송하지 않아도 되는 사람 명단을 확보할 수 있다. 아래 '엽서 내용' 글상자는 엽서를 어떤 방식으로 작성해야 확인설문지를 재발송하지 않을 수 있는지 보여준다.

확인설문지를 발송하는 시기도 중요하다. 이에 대해 문헌은 정확한 지침을 제시하지는 않는다. 그러나 우리의 경험에 비추어볼 때 설문지 재발송에 적절한 간격은 2~3주다(우편물을 보내고 받는 기간이 2~3일 더 걸리면 며칠 더 늘어날 수 있다).

연구조사자가 동일한 모집단을 대상으로 장기간에 걸쳐 여러 번 설문조사를 시행하면 더욱 구체적인 지침을 개발할 수 있다. 하와이 대학교 설문조사연구소는 자주 학생 설문조사를 시행하면서 설문지 발송과 재발송 과정을 상당히 정교하게 만들었다. 실제로 일관된 유형의 응답을 발견했으며, 이는 설문조사 내용, 도구의 질 등과

엽서 내용

이 엽서를 작성한 뒤 설문지와 별도로 보내주십시오. 엽서를 보내주시면 응답 여부나 참여의사 여부를 알 수 있게 되어 추후 확인설문지를 재발송하는 결례를 범하지 않을 수 있습니다. 엽서를 따로 발송함으로써 설문응답에 대한 익명성이 보장됩니다.

나 ________________(은)는 설문에 응답했습니다(참여하지 않겠습니다).

관계없이 나타났다. 첫 번째 설문지 발송 후 2주 내에 약 40%의 설문지가 회수되었다. 첫 번째 확인설문지를 발송하고 다시 2주 내에 추가로 20%가 회수되었다. 그리고 마지막 확인설문지를 보내고 2주 내에 추가 10%가 회수되었다(이 응답률은 모두 확인설문지를 편지와 함께 보내 얻은 것이다). 다른 모집단을 대상으로 하는 설문조사에서도 이와 비슷한 유형이 나타날 것으로 추정할 근거는 없지만, 이 예는 모든 설문조사과정에서 응답률에 주의를 기울여 도표화하는 것이 중요함을 보여준다.

만약 설문지를 통해 설문조사 응답자를 확인하지 못하면 비응답자에게만 다시 설문지를 보낼 수가 없다. 이 경우에는 표본으로 선정된 모든 사람에게 확인설문지를 다시 보내는데 이미 참여한 사람들에게는 감사인사를, 그렇지 않은 사람에게는 참여를 격려하는 내용을 포함한다(뒤에 나오는 사례연구는 익명의 우편 설문조사에서 사용할 수 있는 또 다른 방법을 설명한다).

응답률

초보 설문조사 연구자들이 자주 하는 질문은 우편 설문조사에서 어느 정도의 응답률을 얻어야 하는가이다. 응답률은 설문에 참여한 사람을 전체 설문참여 대상으로 나눈 비율이다. 전체 **응답률**(response rate)은 표본응답자의 대표성에 대한 하나의 지침이 된다. 응답률이 높으면 응답률이 낮을 때보다 응답 편향의 위험이 적다. 과거에는 적어도 50%의 응답률이 적절하다고 간주되었고, 60%이나 70%는 아주 좋은 응답률로 간주되었다.

하지만 최근에는 무엇이 적정 응답률인가에 대해 의견이 분분하다. 응답률이 낮은 설문조사도 의미 있는 경우가 있다. 예컨대, 한 기관에서 클라이언트 전체에게 설문지를 발송해 기관 서비스에 대한 만족도를 조사했다고 하자. 응답률은 40%밖에 안 되었지만, 이들 중 대다수가 서비스에 대한 심한 불만족을 나타냈다고 하자. 비록 얼마나 많은 클라이언트가 불만족하는지에 대한 정확한 수치를 알 수는 없지만 대략 20% 이상(40%의 절반)이 그러하다는 것은 알 수 있다. 그러므로 설사 응답을 안 한 클라이언트들이 만족해한다고 해도(실제로 그런지는 알 수 없다) 불만족을 느끼는 이 클라이언트의 비율은 심각한 문제이다.

하지만 이러한 사례가 비응답 편향의 가능성을 가볍게 생각해도 좋다는 의미는 아니다. 이는 응답률이 상대적으로 높을 때도 항상 중요하게 고려해야 할 사항이다. 따라서 위의 예에서 만약 응답률이 50% 이상이고, 대부분이 높은 만족도를 보고했다고 해도 클라이언트 대부분이 만족한다고 결론을 내리는 것은 매우 위험하다. 응답하지 않은 클라이언트의 대부분은 서비스에 만족하지 않기 때문에 설문에 대한 응답조차 거부했을 수 있기 때문이다.

설문조사 응답률의 의미를 평가할 때는 높은 응답률보다 응답률 편향을 줄이는 일이 훨씬 더 중요하다는 점을 기억해야 한다. 위의 40% 응답률 예에서 연구자들이 특별히 확인 설문노력을 통해 무응답자 중 10%의 응답을 추가로 받았는데 그들 역시 서비스에 대해 매우 불만족했다고 가정해보자. 또한 무응답자들의 특성(나이, 인종, 호소 문제 등)이 응답한 클라이언트와 크게 다르지 않았다고 하자. 이런 경우 확인 노력의 결과는 초기 응답률이 높지 않았음에도 불구하고 그 결과는 심각하게 편향된 것이 아니었음을 보여준다.

응답률 높이기

예상할 수 있듯이 설문조사 연구자들에게 계속 중요한 논의주제가 되는 것은 응답률을 증가시키는 방법과 비응답 편향을 감소시키는 것이다. 설문조사 연구자들은 이 문제를 다루는 다양한 독창적 기법을 개발해왔다. 몇 가지는 앞에서 이미 설명했다. 예를 들어 설문표지를 만들어 참여동기를 부여하고, 많은 시간이 소요되지 않는다는 것을 알려(최대 10분에서 15분 정도가 적당하다) 응답을 독려하고 확인 우편을 활용하는 것 등이다. 설문결과를 참여자와 공유하겠다고 알리는 것도 도움이 된다. 일부는 사례비를 제공하기도 한다. 물론 돈을 지불하는 방법의 문제는 비용이 많이 든다는 점이다. 이에 대한 독창적인 대안도 개발되었다. 어떤 연구조사자는 "우리는 이 문제에 대해 2센트어치의 정보를 부탁하며, 기꺼이 지불하고자 합니다."라고 하며 2센트를 봉투에 넣었다. 또 한 연구자는 아이의 과자값이라며 25센트를 봉투에 넣어 보냈다. 지폐를 넣어 보내는 경우도 있다. 더 많이 활용되는 방법은 응답을 유도하기 위해 경품 추첨권을 사용하는 것인데, 운 좋은 응답자는 경품을 받는 행운을 얻는다.

윤리적 측면에서 볼 때, 이러한 보상이 염려되는 점은 참여를 강요할 수 있으며 자발적인 참여라는 본질을 저해한다는 것이다. 만일 이를 이유로 참여하는 이들이 있다면 응답자 편향이 발생할 수도 있다. 전반적으로 사회연구 조사에서 아직까지 이 문제는 결론이 내려지지 않은 사안이며 다양한 인센티브가 실험되었다. 이 주제에 대한 연구를 정리한 싱어 Singer, 그로브스 Groves, 코닝 Corning(1999)은 많은 우편 설문, 면대면 면접, 전화면접에서 인센티브의 활용은 큰 예외 없이 유용했다고 보고한다. 또한 응답의 질에 부정적인 영향을 미치지 않았다고 덧붙였다. 그로부터 10년 후 페트롤리아 Petrolia와 바타차지 Bhattacharjee(2009)는 과거 인센티브 활용에 관련한 연구를 검토한 뒤 유사 연구를 진행했다. 연구 결과 인센티브가 응답율을 높이며, 차후에 제공하는 것보다는 설문 초기에 제공하는 것이 더 효과적이라고 보고했다.

사례연구

우편 설문조사를 시행할 때 거쳐야 하는 단계가 많은데, 실제 연구사례를 살펴보면 그 과정을 쉽게 이해할 수 있다. 이해를 돕기 위해 저자(바비)가 하와이 대학교 대학원과정인 설문조사 연구방법 세미나를 강의할 때 학생이 진행한 설문조사를 설명하고자 한다. 이 연구가 이론적인 면에서 이상적인 설문조사 연구를 대표하는 표본은 아니지만, 그런 면에서 오히려 설문조사 연구의 설명이라는 현재 목적에 더 부합한다.

간략하게 설명하자면 체계적 층화 표본추출과정을 활용해 전산화되어 있는 대학 등록자료에서 약 1,100명의 학생을 선정했다. 선정된 각 학생에 대해 6개의 주소 라벨을 컴퓨터로 출력했다.

설문지를 돌릴 준비가 되었을 때 연구자는 1,100명의 전체 표본에 여러 번 설문지를 발송하기에는 연구조사비가 부족하다는 사실을 깨달았다(설문지 인쇄비용이 예상보다 많이 들었다). 그래서 주소 라벨 표본의 3분의 2를 체계적으로 선정해 770명의 하위표본을 만들었다.

일부 민감한 질문에 대한 좀 더 솔직한 응답을 위해 설문조사를 익명으로 하기로 결정했다(그 뒤에 동일한 모집단에 동일한 쟁점으로 설문조사를 한 결과, 익명성이 필요 없었던 것으로 나타났다). 따라서 설문지에 학생을 확인할 수 있는 번호가 없었다. 하지만 설문지 추가 발송 비용을 줄이기 위해 설문지를 비응답자에게만 보내고 싶었다.

이 두 가지 목적을 모두 달성하기 위해 특별한 우편엽서 방법을 고안했다. 각 학생에게 확인표시가 없는 설문지와 연구조사 사무실이 수신자로 되어 있는 우편엽서를 발송했다. 그 엽서의 뒷면에는 그 학생의 주소 라벨을 붙였다. 소개편지에는 학생들에게 설문지를 작성해 보내달라고 요청하면서(익명성 보장을 다시 강조한 뒤) 동시에 우편엽서도 반송해달라고 요청했다. 우편엽서를 받으면 어떤 설문지가 그 학생의 설문지인지 알 수 없으면서 동시에 특정 학생이 설문지를 반송했다는 사실을 알 수 있다. 이런 과정으로 추가설문지 발송을 결정할 수 있다.

이 32페이지 분량의 설문지를 책의 형태(오프셋 인쇄를 하고 안쪽으로 제본)로 인쇄했다. 세 부분으로 겉표지를 만들어 별도의 봉투 없이 설문지를 반송하도록 했다.

연구목적을 소개하는 편지를 설문책자의 앞면에 인쇄했다. 편지는 그 연구를 왜 시행하는지(학생들이 다양한 쟁점에 대해 어떻게 느끼고 있는지 알기 위해), 그 연구를 위해 학생들이 어떻게 선정되었는지, 각 학생의 응답에 대한 중요성, 그리고 설문지를 반송하는 방법을 설명했다.

학생들에게 설문조사에 대한 응답은 익명으로 처리된

다는 점을 분명하게 설명했다. 그리고 우편엽서 방법을 설명했다. 그 다음에는 그 연구의 후원자를 쓰고, 연구에 대한 추가정보를 원하는 사람들을 위해 전화번호를 적었다(약 5명의 학생이 전화를 해왔다).

설문지에 소개편지를 인쇄하는 방법은 별도의 편지가 필요하지 않아 발송 설문지 봉투를 만드는 업무를 단순화했다.

첫 발송 내용물은 다음 단계를 거쳐 준비되었다. (1) 각 학생별로 주소 라벨을 우편엽서에 붙였다. (2) 또 다른 주소 라벨은 발송용 봉투에 붙였다. (3) 각 봉투에 우편엽서 한 장과 설문지 한 부를 넣었다. 우편엽서의 이름과 봉투의 이름이 동일한지 확인했다.

이 단계는 조사팀의 여러 연구원이 역할을 분담해 진행했다. 이 과정이 사전에 어느 정도 계획되기는 했지만, 최적의 인원배치와 수행방식은 실제 작업이 시작되고 나서야 결정되었다. 또한 처음 서류봉투를 더 큰 봉투로 바꾸면서 전체 과정이 며칠 지체되었는데, 이런 문제는 미리 조립과정을 시행해봤다면 피할 수도 있었다. 설문지 배포는 요금별납 우편으로 하기로 했다. 일단 설문지를 봉투에 넣은 다음, 우편번호에 따라 분류하고 한데 묶어 우체국으로 가져갔다.

설문지 발송 후 얼마 안 있어 설문지와 우편엽서가 연구조사 사무실에 도착하기 시작했다. 설문지를 열어 자세히 확인한 뒤 일련번호를 배정했다. 우편엽서를 반송한 학생의 경우, 나머지 주소 라벨을 찾아 파기했다.

2~3주 후, 나머지 우편 라벨은 확인설문지를 발송하기 위해 사용했다. 앞에서 설명했던 과정에 별도의 호소편지를 우편물에 추가해 발송했다. 그 편지에는 이미 많은 학생이 설문지를 보내왔으며, 나머지도 보내줄 것을 부탁했다.

확인설문지를 발송한 후 기대했던 대로 설문지 회수가 다시 증가했으며, 동일한 기입과정을 계속했다. 반송된 우편엽서를 통해 추가로 파기할 주소 라벨을 구분할 수 있었다. 안타깝게도 시간제한과 재정적 압박으로 계획했던 세 번째 설문지는 발송할 수 없었다. 그러나 두 번의 설문지 발송으로 전체적으로 62%의 응답률을 얻었다.

이 사례가 학생들에게 매우 인기 있는 우편 자기기입식 설문지 시행과 관련된 내용을 잘 보여주었으리라 믿는다. 이제 설문조사를 시행하는 또 다른 방법을 살펴보자.

면접 설문조사

면접(interview)은 설문조사 자료를 수집하는 또 다른 방법이다. 응답자로 하여금 설문지를 읽고 자신의 대답을 기입하도록 하는 대신 연구조사자는 면접원을 보내 직접 질문하고 응답자의 대답을 기록하게 한다. 면접은 대면접촉으로 이루어지는 것이 전형적이지만, 앞으로 설명할 전화면접도 대부분 같은 지침을 따른다. 소규모의 면접 설문조사는 연구자 자신이 직접 수행할 수도 있지만 대부분의 면접 설문조사는 한 명 이상의 면접자를 필요로 한다. 이 절에서는 설문조사에서 연구자에게 도움을 주는 면접원을 훈련시키고 감독하는 방법을 논의할 것이다.

여기서는 구체적으로 설문조사 관련 면접에 대해 다룰 것이다. 질적 연구에서 사용하는 좀 덜 구조화된 심층면접에 대해서는 18장에서 설명하겠다.

면접원의 역할

응답자 대신 면접원이 직접 설문지를 기입하는 방법에는 몇 가지 장점이 있다. 우선, 면접 설문조사는 우편 설문조사보다 더 높은 응답률을 얻게 되는 것이 전형적이다. 면접 설문조사를 적절하게 설계하고 시행하면 적어도 80~85%의 응답률을 얻어야 한다(연방정부가 지원하는 설문조사에서는 이 정도의 응답률을 요구하는 경우가 많다). 응답자는 우편설문지를 내버리기보다 문 앞에 서 있는 면접원의 요청을 거절하는 것이 좀 더 어렵다.

설문지의 내용에서도 면접원이 있으면 일반적으로 '모르겠다'와 '무응답'이 줄어든다. 그런 응답을 최소로 만드는 것이 연구에서 중요하다면 면접원에게 대답을 얻도록 심층규명하라고 지시할 수 있다("만약 하나의 답을 선택해야 한다면 어느 것이 당신의 감정에 가장 가깝다고 생각하십니까?"). 또한 면접자는 혼동을 일으키는 설문항목에 대해 안전장치를 제공할 수도 있다. 만약 응답자가 명백하게 질문의도를 잘못 이해하거나 이해하지 못하겠다고 하면 면접자는 내용을 명확히 설명함으로써 적절한 응답을 얻을 수 있다(그러나 그렇게 명확하게 하는 것은 공식적인 세부 규정을 통해 엄격히 통제되어야 한다. '조정과 통제'에 대한 설명을 참조하라).

마지막으로, 면접자는 질문뿐 아니라 관찰도 할 수 있다. 예를 들어, 인종을 묻는 것이 민감한 상황이라면 면접자는 응답자의 인종을 보고 적을 수 있다. 또한 주거수준, 다양한 소유물 유무, 응답자의 영어구사능력, 연구에 대한 응답자의 일반적인 반응 등도 관찰할 수 있다. 학생들을 대상으로 한 설문조사에서는 응답자들에게 면접과정 동안 (성에 대한 태도와 행위에 관해서) 자기기입식 설문지를 작성하도록 하고, 학생들이 설문지를 작성하는 동안 면접자는 응답자의 옷과 머리상태를 구체적으로 기록했다.

이 사례에서 제기되는 윤리적 쟁점이 있다. 일부 연구조사자는 그런 방법이 응답자가 면접을 허용한 계약에 위배되는 것이라고 반대한다. 사회조사에서 윤리적 쟁점은 명백한 경우가 거의 없지만, 연구자는 민감할 필요가 있다. 5장에서 윤리적인 문제를 자세히 검토했다.

설문조사는 어쩔 수 없이 비현실적인 인지와 행위에 대한 **자극-반응 이론**에 기초하고 있다. 설문지의 항목은 모든 응답자에게 동일한 것을 의미한다고 가정해야 하며, 그에 대한 모든 응답은 응답자와 관계없이 동일한 것을 의미한다고 가정한다. 이는 물론 불가능한 목표이지만, 설문조사 질문은 최대한 이 이상에 가깝게 작성된다.

면접원도 이 이상적인 상황에 맞춰야 한다. 면접원이 응답자의 질문에 대한 인식이나 대답에 영향을 미치지 않아야 한다. 따라서 면접원은 질문과 대답을 전달하는 중립적인 매개체가 되어야 한다.

이 목표를 성공적으로 달성하면 여러 면접원이 한 응답자로부터 정확하게 동일한 반응을 얻을 것이다(앞에서 다루었던 신뢰도에 대한 논의를 기억하라). 이런 중립성은 지역 표본에서 특히 중요하다. 시간과 돈을 절약하기 위해 한 면접원이 일정한 지역(시의 한 구역 또는 인접한 몇 개 구역)에서 모든 면접을 하도록 배정되는 것이 일반적이다. 만약 면접원이 대답에 영향을 미칠 수 있는 어떤 행동이라도 하면 그렇게 만들어진 편향은 그 지역의 특성으로 해석된다.

정부가 후원하는 저소득층 주택개발을 위한 장소 선정을 위해 저소득층 주택과 관련한 태도에 대한 설문조사를 한다고 가정해보자. 한 지역에 배정된 면접원이 자신이 저소득층 주택개발을 탐탁지 않아 한다는 것을 (말이나 몸짓으로) 전달할 수 있다. 응답자들은 일반적으로 그 면접원의 견해와 일치하는 대답을 하는 경향을 나타낼 수 있다. 그 지역에서 표면적으로 보이는 거부감은 그 면접원의 태도를 반영할 뿐이지만 설문조사의 결과는 그 지역이 강하게 지역 내 단지 건축을 반대하는 것으로 나타날 것이다.

일반적인 면접지침

면접을 하는 방법은 설문조사 모집단에 따라 약간 다르며, 설문조사 내용의 특성에 따라서도 영향을 받는다. 모든 면접에 적용되지는 않지만 대부분의 면접에 적용되는 몇 가지 일반적인 지침을 제공할 수 있다.

외관과 태도 일반적인 원칙으로 면접원은 면접할 대상자와 비슷하게 입어야 한다. 면접원이 비싼 옷을 입으면 빈곤층 응답자의 협조를 얻고 응답을 얻어내는 데 어려움을 겪을 가능성이 높다. 반대로 추레하게 입으면 부유층 응답자로부터 이와 비슷한 어려움을 겪을 것이다.

면접원의 옷차림과 머리 상태가 응답자와 달라야 한다면 수수한 옷차림에 깨끗하고 깔끔한 방향이어야 한다. 깨끗하다는 것은 중립적인 것에 가깝다. 모든 미국인이 중산층의 깔끔함과 깨끗함 기준을 수용하지는 않을 수 있겠지만, 그것이 보편적인 규범이며 가장 많은 응답자가 수용할 가능성이 높다.

옷차림과 머리 상태는 일반적으로 그 사람의 태도와 성향을 나타내는 신호로 간주된다. 이 글을 쓰는 지금 찢어진 청바지를 입고 머리를 녹색으로 염색하고 면도날 귀걸이를 하고 있으면, (정확하든 정확하지 않든) 정치적으로 급진적이며 성적으로 자유롭고 마약사용을 선호한다는 등의 의미를 전달할 수 있다. 이런 인상은 편견을 가진 답을 유발할 가능성이 있을 뿐만 아니라 면접에 응하려는 의지에도 영향을 미칠 수 있다.

태도에서 면접원은 기본적으로 좋은 인상을 주어야 한다. 면접원은 응답자의 사생활과 개인적 태도를 엿보게 되므로 염탐하는 것처럼 보이지 않으면서도 진정으로 응답자에게 관심을 갖고 있음을 전달해야 한다. 응답자에게 지나치게 무심하거나 지나치게 매달리지 않으면서 긴장한 모습 없이 차분하며 친절해야 한다. 훌륭한 면접원은 응답자가 가장 편하게 느끼는 유형의 사람이 어떤 사람인지, 그리고 응답자가 가장 얘기를 잘하게 될 유형이 어떤 사람인지를 재빠르게 파악할 수 있다. 여기에는 두 가지 측면이 있다. 면접원이 응답자가 편하게 느끼는 사람이라면 더 성공적인 면접이 되리라는 것은 명백하다. 둘째, 응답자는 시간을 자발적으로 할애하고 자신에 대한 개인적 정보를 제공하는 사람이기 때문에 연구자와 면접원이 제공할 수 있는 범위 내에서 긍정적인 경험이 될 수 있도록 노력해야 한다.

설문지에 대한 숙달 면접원이 설문내용을 잘 알지 못하면 연구에 문제가 생길 수 있고 응답자에게 불공평한 부담을 안겨주게 된다. 면접에 더 많은 시간이 소요되고 일반적으로 긍정적 경험이 되지 않을 것이다. 설문지를 2~3회 대략 읽어서는 잘 알 수가 없다. 설문지는 주의 깊게 한 질문씩 연구해야 하며, 면접원은 설문지를 크게 읽는 연습을 해야 한다.

궁극적으로 면접원은 설문지 항목을 응답자에게 실수 없이, 단어와 문구를 더듬거리지 않고 읽을 수 있어야 한다. 면접원이 참고할 만한 좋은 모델은 연극이나 영화에서 대사를 읽는 연기자다. 연기자는 실제로 일어난 대화인 것처럼 자연스럽게 대사를 읽지만, 설문지에 쓰인 대로 정확하게 따라야 한다.

또한 면접원은 설문지와 함께 준비된 구체적인 지시사항을 잘 인지하고 있어야 한다. 일부 질문이 응답자의 상황에 정확하게 맞지 않는 경우가 불가피하게 발생하며, 그런 상황에서 질문을 어떻게 해석할지 결정해야 한다. 면접원에게 주어진 구체적 안내가 그런 경우에 적절한 지침을 제공해야 하지만, 면접원 역시 구체적 지시를 효율적으로 적용할 수 있도록 구성과 내용을 인지하고 있어야 한다. 면접원이 구체적인 지시사항을 찾아 헤매거나 관련된 지시사항을 해석하려고 5분을 낭비하는 것보다는 그 질문에 대한 대답을 안 받고 넘어가는 편이 더 나을 것이다.

질문지에 있는 그대로 질문하기 앞에서 대답을 얻어 내는 데 있어 질문 표현의 중요성에 대해 설명했다. 질문의 표현을 약간만 변화시켜도 응답자가 '아니오' 대신에 '예'라고 대답하게 할 수 있다. 필요한 정보를 연구자가 의도한 대로 응답자가 정확하게 이해할 수 있도록 설문지 문구를 아무리 주의 깊게 만들었다 하더라도 면접원이 자신의 용어로 다시 질문 문구를 만들면 이 모든 노력은 물거품이 된다.

응답을 정확하게 기록하기 설문지에 개방형 질문(응답자 대답을 이끌어내는 질문)이 있으면 면접원은 대답을 있는 그대로 정확하게 기록해야 한다. 요약하고 의역하거나 문법을 고치려는 어떤 시도도 하지 않아야 한다.

자료처리 전에는 응답이 어떻게 코드화될지 면접원은 모르기 때문에 정확한 기록이 더욱 중요하다. 실제로 연구조사자도 1백여 개 정도의 응답을 읽기 전까지는 코딩을 알지 못할 수도 있다. 예를 들어, 설문지에서 응답자에게 지역의 교통상황에 대해 어떻게 느끼는지 질문했다고 하자. 어떤 응답자는 도로에 차가 너무 많으며, 그 수를 제한하기 위해 무엇인가 해야 한다고 대답할 수 있다.

또 다른 응답자는 도로가 더 많이 필요하다고 말할 수 있다. 만약 면접원이 이 두 가지 응답을 똑같이 '복잡한 교통'이라고 요약한다면 연구조사자는 원래 응답이 갖는 차이를 알 수 없게 된다.

때로 응답자의 말이 정확하지 않아 해석이 어려운 경우도 있다. 그러나 면접원은 응답자의 몸짓이나 어조로 응답의 의도를 이해할 수 있다. 그런 상황에서도 여전히 말로 한 내용은 정확하게 기록해야 한다. 동시에 그에 대한 해석과 그렇게 해석한 이유를 여백에 설명해야 한다.

또한 일반적으로 연구조사자는 언어적인 기록으로 전달되지 않는 반응들, 예를 들어 응답자의 대답에서 보이는 명백한 불확실함, 분노, 당혹감 등을 설명하기 위해 여백을 사용할 수 있다. 그러나 이 경우에도 역시 언어적 응답은 정확하게 기록해야 한다.

응답에 대한 심층규명 때때로 응답자가 질문에 대해 부적절한 대답을 하는 경우가 있다. 예를 들어 태도에 대한 문장을 제시하고 응답자가 이에 대해 '매우 동의', '약간 동의', '약간 동의하지 않음', '전혀 동의하지 않음'을 선택하는 질문이라고 하자. 그런데 응답자가 이 질문에 "그런 것 같아요"라고 응답했다. 이 경우 면접원은 대답에 대한 **심층규명**(probe)을 해야 하는데, 심층규명이란 비지시적인 문장이나 질문을 통해 더 완전한 답을 유추해나가는 과정이다. 위의 예에서 효과적인 심층규명은 "매우 동의한다고 하시겠습니까, 아니면 약간 동의한다고 하시겠습니까?"라고 묻는 것이다. 필요하다면 설문지에 제시된 범주 중 한 범주를 선택해야 한다고 설명한다. 만약 응답자가 끝까지 선택하기를 거부하면 면접원은 응답자의 반응을 정확하게 기록해야 한다.

심층규명은 개방형 질문에 대한 답을 끌어내는 데 더 많이 필요하다. 예를 들어, 교통상황에 관한 질문에 대해 응답자가 단순히 "아주 나쁘다"라고 대답할 수 있다. 면접원은 다양한 심층규명을 통해 이 응답을 구체화할 수 있다. 때로 가장 좋은 심층규명의 방법은 침묵이다. 면접원이 연필을 쥐고 조용하게 앉아 있으면 응답자는 침묵 상태에 대처하기 위해 추가로 설명하게 된다(이 기법은 기자들이 효과적으로 사용하는 방법이다). 말로 하는 적절한 심층규명은 "어떻게 그렇지요?" 또는 "어떤 식으로요?" 등이다. 아마도 가장 일반적으로 유용한 심층규명은 "그 외에 다른 것은 없습니까?"일 것이다.

심층규명이 필요한 경우의 대부분은 분석에 유용한 대답을 위해서이다. 그러나 모든 경우에서 심층규명은 완전히 중립적이어야 한다. 심층규명은 어떤 식으로든 이어지는 응답의 성격에 영향을 미치지 않아야 한다. 만약 특정 질문이 적절한 응답을 위해 심층규명이 필요할 것으로 예상되면 설문지 질문 옆에 유용한 심층규명 어구를 몇 개 적어두어도 좋다. 여기에는 두 가지 중요한 장점이 있다. 첫째, 충분한 시간을 가지고 가장 바람직하고 중립적인 어구를 생각할 수 있다. 둘째, 모든 면접원이 필요할 때마다 같은 심층규명 어구를 사용할 것이다. 따라서 심층규명이 완벽하게 중립적이지 않다고 하더라도 모든 응답자에게 동일한 문구를 제시하게 된다. 이는 질문하는 어구에서 논의했던 것과 동일한 논리적 지침이다. 어떤 질문이든 한쪽으로 치우치거나 편견이 없어야 하지만, 설사 편견이 있는 질문이라도 모든 응답자에게 동일한 질문을 하는 것이 중요하다.

조정과 통제

대부분의 면접 설문조사는 여러 명의 면접원을 필요로 한다. 물론 대규모 설문조사에서는 면접원을 고용하고 일에 대한 보수를 지불한다. 연구자가 학생이면 면접을 도와줄 친구를 모으기도 한다. 한 설문조사에서 면접원을 두 명 이상 고용하면 세심하게 통제하는 일이 무엇보다 중요하다. 여기에는 면접원을 훈련시키고 일을 시작한 후 면접원을 감독하는 두 가지 측면이 있다.

면접원 훈련은 그 연구가 무엇에 대한 것인지 설명하는 것으로 시작한다. 비록 면접원이 연구과제의 자료수집 단계에만 참여하더라도, 자신이 수행하는 면접에서 어떤 것이 이루어지는지, 어떤 목적을 달성해야 하는지를 이해하는 일은 중요하다. 일반적으로 진행되고 있는 일에 대해 모르고 있을 때 면접원의 사기와 동기부여가 낮다.

어떻게 면접할 것인가에 대한 훈련은 앞에서 논의했던 것처럼 일반적인 지침과 과정을 논의하는 것으로 시작한다. 그런 다음 설문지 자체를 다룬다. 전체 면접원들이 설문지를 함께, 질문을 하나씩 검토해나간다. 단순히 설문지 첫 페이지에 질문이 있는지 없는지를 확인하는 것이 아니다. 첫 번째 질문을 크게 읽고, 그 질문의 목적을 설명한 다음 면접원의 의문점이나 제안사항을 묻는다. 해당 질문에 대한 의문점이나 제안사항을 완전히 다루고 나서 설문지의 다음 질문으로 넘어간다.

설문지와 함께 **지시사항**(specifications)을 준비하는 것은 언제나 좋은 생각이다. 지시사항은 설문지의 구체적 질문과 관련해 일어날 수 있는 복잡하거나 혼란스러운 상황을 다루는 방법에 대한 자세한 설명이다. 설문지 초안을 만들 때는 일어날 수 있는 모든 문제, 즉 질문에 대답하기 어려운 상황을 생각해야 한다. 설문조사의 지시사항은 그런 상황을 처리하는 방법에 대해 구체적인 지침을 제공해야 한다. 예를 들어 연령 같은 단순한 내용도 문제가 될 수 있다. 응답자가 다음 주에 25세가 된다고 생각해보자. 면접원의 입장에서 응답자의 현재 연령을 적을 것인지, 곧 다가올 연령을 적을 것인지 분명하지 않을 수도 있다. 그런 질문에 대한 지시사항에서는 어떻게 해야 할지 설명한다(대부분의 경우에 현재 만 나이를 기록하라고 지시할 것이다).

지시사항을 준비했다면 설문지의 개별 질문을 검토할 때 면접원과 지시사항을 검토해야 한다. 면접원들이 질문과 질문의 이유뿐만 아니라 지시사항도 완전히 이해할 수 있도록 해야 한다.

면접원 훈련 과정에서 면접원들은 이 시점에서 질문을 가장 많이 제기한다. "만약 …이면 어떻게 해야 하는가?"라는 질문을 할 것이다. 이때 연구조사자는 절대로 바로 대답하지 말아야 한다. 지시사항이 있으면 그것으로 그 문제를 어떻게 해결할 수 있는가를 확실히 보여준다. 준비한 지시사항이 없다면 그 상황을 바람직하게 처리하는 방법이 어떻게 그 질문의 일반적인 논리 및 연구목적과 합치하는가를 보여주어야 한다. 질문에 대해 사전준비를 하지 않고 설명 없이 대답하면 면접원을 혼란스럽게 할 뿐이며, 그들은 자신의 업무를 심각하게 받아들이지 않을 수도 있다. 면접원이 제기한 질문에 대한 답을 모르면 모르겠다고 말하고, 가장 좋은 대답을 생각할 시간을 달라고 한다. 그리고 그 상황을 세심하게 생각해 이유를 설명하면서 모든 면접원에게 답을 하도록 한다.

전체 설문지를 한 번 검토했으면, 모든 면접원이 있는 앞에서 1~2회 시범면접을 시행해야 한다. 연구조사자가 한 사람을 면접하는 것이 좋다. 연구조사자가 하는 보이는 면접시범이 훈련대상자를 위한 모델이 된다는 점을 기억하고 좋은 시범을 보여줘야 한다. 더욱이 시범면접은 가능한 한 실제처럼 하는 것이 가장 좋다. 시범을 보이는 동안 어떻게 복잡한 상황을 처리했는지를 설명하려고 멈추지 않아야 한다. 먼저 그 상황을 처리하고 나중에 설명한다. 연구조사자의 면접 대상자가 솔직하게 대답하든 가상으로 응답하든 상관없다. 그 대답이 일관성이 있기만 하면 된다.

시범면접을 한 후에는 면접원들이 짝을 지어 서로를 대상으로 연습하도록 한다. 면접원들이 설문지를 한 번 끝내면 역할을 바꾸어 다시 면접을 하도록 한다. 연습은 면접을 위한 최선의 훈련이다. 면접원들이 서로를 대상으로 연습할 때 연구조사자는 면접하는 모습을 살핀다. 면접원들이 제대로 하는지를 확인하는 과정은 중요하다. 연습이 끝나면 전체 면접원이 자신의 경험에 대해 얘기하고 다른 질문이 있는지 확인한다.

면접원 훈련의 최종 단계는 몇 번의 실제 면접을 하는 것이다. 최종 설문조사와 흡사한 현실 상황에서 몇 번의 면접을 시행한다. 연구조사자가 면접원에게 면접할 사람을 배정하거나 면접원이 면접대상을 선정할 수도 있다. 하지만 연구의 표본으로 선정한 사람들을 대상으로 연습하는 것은 안 된다. 각 면접원은 3~5회 면접을 마친 후 연구조사자와 다시 확인한다. 어떤 오해가 있는지 보기 위해 완성된 설문지를 검토하고, 각 면접원에게 질문이 있는지 다시 물어보고 이에 답한다. 면접원이 해야 할 일이 무엇인지 알고 있다고 확신하면 연구를 위해 선정한 표본을 사용해 몇 번의 실제 면접을 배정한다.

연구조사자는 연구과정 동안 면접원의 면접을 지속적으로 모니터링한다. 면접원이 연구조사자를 만나지 않고 20~30회 이상의 면접을 수행하는 것은 현명하지 않다. 연구조사자는 20회의 면접을 배정하고 면접을 마친 후 설문지를 함께 검토하고 추가로 20회의 면접을 배정하는 식으로 진행한다. 지나치게 번거로운 듯하지만 연구 초기에 명확하지 않을 수 있는 오해에 대비해 연구조사자가 자신을 계속 보호해야 한다.

연구조사자가 유일한 면접원인 경우 이런 설명은 필요하지 않다고 생각할 수 있다. 그러나 꼭 그런 것은 아니다. 예를 들어, 설문지 중 문제가 제기될 가능성이 있는 질문에 대한 지시사항을 미리 준비하는 것이 좋다. 그렇지 않으면 연구조사자가 연구과정 중 나중에 후회하거나 잊어버리게 될 일관성 없는 결정을 할 위험성이 있다. 한 사람이 하는 연구계획에서도 연습은 많은 면접원이 수행하는 복잡하고 재정지원을 받는 설문조사와 마찬가지로 중요하다.

전화 설문조사

전문 연구조사자 사이에서 전화 설문조사는 오랫동안 악평을 받아왔다. 전화 설문조사는 말 그대로 전화가 있는 사람으로 한정된다. 그래서 수십 년 전 이 방법을 사용하는 것은 설문조사에서 가난한 사람을 배제하게 되어 사회계층에 대한 상당한 편향을 발생시켰다. 이 문제는 1936년의 「리터러리 다이제스트」가 저질렀던 엄청난 실패를 통해 분명하게 나타났다. 유권자에게 우편으로 설문지를 보냈지만, 표본은 부분적으로 전화가입자 중에서 선정했고, 당시 대공황에서 회복하는 시점에서 전화가입자는 전혀 일반적이라고 볼 수 없었다.

그러나 시간이 지나면서 전화는 미국 가정의 필수품이 되었다. 2003년 미국 센세스국(2006, p. 737, 표 1117)은 전체 가구의 95.5%에 전화가 있다고 추정했고, 따라서 과거와 같은 형태의 계층편향은 상당히 줄어들었다.

표본추출과 관련된 문제는 전화번호부에 수록되지 않은 번호다. 만약 설문조사 표본을 전화번호부에서 선정한다면 이 표본은 휴대전화만 사용하는 사람이나 자신의 번호를 수록하지 말라고 요청하는 부유한 사람들을 모두 배제하게 된다. 이런 편향은 전화로 표본을 추출하는 기법을 상당히 발전시킨 **무작위 전화걸기**(random-digit dialing)를 통해 해소되었다.

무작위로 7자리 전화번호를 선정한다고 하자. 이 경우 전화번호부에 실리지 않은 사람도 실린 사람과 선정될 가능성이 같다. 하지만 막상 전화를 걸기 시작하면 상당수의 번호가 없는 번호거나, 정부 관련 기관이나 사업체 등일 것이다. 다행히도 (대부분) 주거지인 번호의 범위를 알아내는 것이 가능하다. 그런 번호 목록에서 무작위로 선정하면 거주 가구를 대표하는 표본을 선정할 수 있다.

전화 설문조사는 많은 장점으로 인해 꾸준한 인기를 얻고 있다. 아마 가장 큰 장점은 첫째는 시간, 둘째는 돈일 것이다. 직접 가정을 방문해 실시하는 면접에서는 응답자의 집까지 상당한 거리를 운전하고 가서, 집에 아무도 없음을 확인하고, 사무실로 돌아왔다가, 다음날 다시 운전하고 가서 아무도 없음을 재확인하게 되는 경우가 있다. 이렇게 여러 번 왕복해야 할 것을 손가락으로 대신함으로써 많은 비용과 시간을 아낄 수 있다.

전화면접을 하면 면접원이 옷을 편하게 입어도 응답자의 대답에 영향을 미치지 않는다. 또한 응답자의 입장에서는 면접자의 눈을 바라보지 않아도 되므로 사회적으로 용인되지 않는 대답을 더 솔직하게 하는 경우도 있다. 또한 민감한 문제에 대해 심층규명을 할 수도 있다. 물론 반드시 그런 것만은 아니다(사람들은 질문하고 있는 사람을 직접 볼 수 없을 때 더 의심할 수 있다. 아마도 잡지 구독이나 콘도를 팔 목적으로 진행되는 설문조사들 때문일 것이다).

하지만 눈으로 볼 수는 없어도 전화를 통해 사람들은 자신에 대해 많은 것을 알릴 수 있다. 예를 들어 연구자들은 면접원의 이름(특히 민족과 관련된 연구라면 더욱)이 미칠 수 있는 영향에 대해 우려하고, 면접원이 스미스나 존스 같은 일반적 예명을 사용하는 윤리적 문제에 대해 논쟁한다(여성 면접원은 자신이 면접하는 남성들로부터 추행당할 가능성을 우려해 예명 사용을 요청하기도 한다).

프로젝트 면접원이 여러 명일 경우 전화 설문조사는 자료수집과정을 더 잘 통제할 수 있다. 모든 면접원이 연구조사 사무실에서 전화를 하면 문제가 발생할 때마다 연구책임자로부터 명확한 설명을 들을 수 있다. 벽지에서 혼자 일하는 면접원이라면 책임자와 매주 만날 때까지는 그 문제를 대강 처리해야 한다.

전화 설문조사를 더 많이 활용하게 된 또 다른 중요 요인은 개인의 안전과 관련되어 있다. 딜먼 Dillman(1978)은 그 상황을 이렇게 설명한다.

> 면접원은 응답자가 모르는 사람인 자신에게 불신을 갖고 대하는 상황에서 편안하게 면접을 수행할 수 있어야만 하며, 면접에 대해 응답자가 가진 거부감에 성공적으로 대처해야 한다. 많은 가구원을 만나기 위해서는 결국 밤에도 일할 의사가 있어야 한다. 따라서 종종 안전을 위협할 가능성이 높은 지역에서 일하는 면접원들을 보호할 필요성이 제기된다(p. 4).

안전에 대한 우려는 두 가지 면에서 면대면 면접을 제한한다. 첫째, 응답자가 이방인인 면접원을 두려워하여 면접을 거부할 수 있다. 둘째, 면접원 자신이 위험에 처할 수 있다. 어느 쪽이든 잘못되면 연구조사자가 엄청난 액수의 보상금을 물어줘야 하는 고소를 당할 수 있기 때문에 이런 문제는 더욱 심각하다.

전화면접에도 문제점이 있다. 이미 언급했듯이 전화면접은 연구조사로 가장해 실제로는 물건을 파는 가짜 설문조사가 많아지면서 어려움을 겪고 있다. 아무튼 여러분이 그런 전화를 받고 의문이 생기면 면접원에게 설문조사만 하는 것인지, 아니면 판매도 하는 것인지 바로 물어봐라. 조금이라도 의심스럽다면 면접원의 이름, 전화번호, 회사를 알아두는 것도 좋다. 면접원이 밝히기를 거부하면 바로 전화를 끊어라. 물론 쉽게 끊을 수 있다는 것은 전화 설문조사의 또 다른 단점이다. 면접을 하려고 응답자의 집 안에 들어가면 면접 중간에 나가라는 얘기를 들을 가능성은 거의 없다. 전화면접은 "어, 누가 왔네요. 그만 끊어야겠어요" 또는 "어머! 돼지들이 내 자동차를 먹고 있어요" 하며 중간에 갑자기 끝내기가 훨씬 수월하다(당신이 응답자의 거실에 앉아 있다며 이런 거짓말이 훨씬 어렵다).

전화면접이 갖는 또 하나의 잠정적 문제는 많은 사람이 자동응답기나 음성메시지를 사용한다는 데 있다. 워커 리서치(Walker Research, 1988)사가 진행한 연구에 따르면 자동응답기 소유자의 50% 이상은 때때로 전화하는 사람을 확인하기 위해 이를 사용한다. 그러나 터클 Tuckel과 파인버그 Feinberg(1991)의 연구는 전화면접을 하려는 연구자가 선정 가능성이 있는 응답자를 접촉하는 데 있어 자동응답기가 아직까지는 크게 영향을 미치지 않음을 보여주었다. 그럼에도 연구자들은 자동응답기 사용이 증가하면서 자동응답기 보유자의 사회인구적 특성 또한 변화할 것이라고 주장한다. 이런 사실은 자동응답기 사용과 관련된 상이한 행동양식이 나타날 수 있다는 가능성을 보여준다(p. 216). 최근의 연구는 자동응답기를 포함한 몇 가지 요인이 전화 설문의 응답율을 감소시켰음을 보여준다(Tuckel and O'Neill, 2002).

최근 증가하는 휴대전화의 사용도 조사연구자의 새로운 걱정거리인데, 휴대전화번호는 일반적으로 전화 설문조사에 포함되지 않기 때문이다. 특히 휴대전화만 사용하는 사람은 젊은 층인 경향이 있고, 2004년에 젊은 층은 다른 성인에 비해 존 케리의 지지율이 높았다. 2008년에 이들은 버락 오바마를 더 많이 지지했다. 관련 연구에서 키터 Keeter와 동료들(2008)은 나이 및 나이 관련 변수(혼인상태 같은)에 분명한 편향이 있음을 발견했는데, 휴대전화만 사용하는 사람들과 집전화를 사용하는 사람들은 다른 특성을 가지고 있었다.

휴대전화만 사용하는 집단과 집전화 사용자 간의 가장 두드러지는 차이는 그들의 연령대다. 휴대전화만 사용하는 응답자의 거의 절반(46%)이 30세 이하인 반면, 집전화 응답자 중 30세 이하는 12%뿐이다. 휴대전화 응답자의 26%가 결혼한 반면, 집전화 응답자 중 결혼한 사람은 57%이다. 이와 유사하게 휴대전화만 사용하는 응답자의 절반(51%)이 결혼경험이 없는 반면, 집전화 표본의 16%가 결혼경험이 없다(Keeter et al., 2008).

2008년에 개최된 미국 여론연구학회에서는 휴대전화 사용의 의미에 대해 여러 개의 연구가 발달되었다. 전반적으로 대부분의 연구자는 휴대전화만 사용하는 이들이 전체 전화사용자 중 상대적으로 작은 비율을 차지하기 때문에 설문결과에 큰 편향을 유발하지는 않을 것이라고 주장했다. 하지만 동시에 이러한 경향이 앞으로는 달라질 것이라고 결론지었다. 휴대전화의 역할은 분명 사회조사 연구자들이 앞으로 계속 다루어야 할 현상이다.

컴퓨터 보조 전화면접

컴퓨터는 전화면접의 성격도 바꾸고 있다. 그중 하나는 **컴퓨터 보조 전화면접**(computer-assisted telephone interviewing, CATI)이다. 10년이 넘은 이 방법은 주로 학계, 정부 및 상업계 조사연구자에 의해 사용된다. 여러 유형이 있지만 일반적으로 CATI는 다음과 같은 방법으로 진행된다.

전화교환원이 사용하는 송수신기를 쓰고 컴퓨터 단말기 앞에 앉아 있는 면접원을 상상해보라. 중앙컴퓨터가 무작위로 전화번호를 선정하고 전화를 건다(이렇게 하면 전화번호부에 수록되지 않은 전화번호의 문제를 피할 수 있다). 화면에는 소개("안녕하세요, 제 이름은…")와 첫 번째 질문("몇 분이나 이 주소에 사시는지 말씀해주시겠습니까?")이 뜬다.

응답자가 전화를 받으면, 면접원은 인사와 함께 연구를 소개하고 화면에 나타난 첫 번째 질문을 한다. 응답자가 그 질문에 대답하면 면접원은 그 대답을(개방형 질문에 대해서는 응답자가 말한 응답을, 폐쇄형 질문에는 답에 대한 코드를) 컴퓨터 단말기에 입력한다. 응답은 즉시 중앙컴퓨터에 저장된다. 두 번째 질문이 화면에 나타나면 그 질문을 하고 그에 대한 대답을 컴퓨터에 입력한다. 이렇게 면접은 계속된다.

자료수집의 장점 외에도 CATI는 수집된 자료를 자동으로 바로 분석에 사용할 수 있도록 대기시킨다. 실제로 면접이 끝나기 전에 분석이 가능하기 때문에 연구자는 어떤 결과가 예상되는지 이미 알 수 있다. 컴퓨터 기술을 활용한 또 하나의 새로운 기술은 '보이스캡처(음성기록, voice capture™)'라는 제목의 글상자에 설명되어 있다.

또한 면접원이 개인 디지털 지원장치에 있는 설문을 할 수도 있고, 응답자가 직접 입력할 수도 있다. 이러한 시스템 역시 앞서 설명한 음성기록의 가능성을 열어두고 있다.

면접 설문조사의 응답률

앞서 우편 설문조사에서 응답률과 관련한 문제를 살펴봤는데, 이는 면접 설문조사에서도 똑같이 중요한 주제다. 8장에서 설문 예측의 정확성을 결정하기 위한 표본추출오차 계산식을 설명하면서, 선정된 모든 사람이 참여할 것이라고 가정했었다(하지만 이런 일은 현실에서는 거의 발생하지 않는다). 연구자로서는 선정된 이들의 참여를 최대화해야 한다. 면접 설문조사가 우편조사에 비해 높은 응답률을 보이는 편이지만 면접 성공률이 최근에 감소하기 시작했다.

미시간 대학교 소비자 태도조사의 응답률 성향을 분석하면서 커틴 Curtin과 동료들(2005a, 2005b)은 최근 몇 년 동안 응답률이 점점 감소하는 경향을 발견했다. 1979년에서 1996년 사이에 전화 설문 응답률은 72%에서 60%로 떨어졌는데, 이는 연간 약 4분의 3퍼센트 정도의 감소율이다. 1996년부터 이 감소율은 두 배로 증가했다. 증가한 비응답은 대부분 응답거부와 연락이 안 되는 경우이다.

반면, 면접조사를 활용하는 일반사회조사는 1975~1998년까지 73.5%에서 82.4% 사이의 응답률을 기록했

보이스캡처(음성기록, voice capture™)

제임스 다네밀러 James E. Dannemiller(호놀룰루, SMS 리서치)

다양한 컴퓨터 보조 전화면접(CATI) 기술의 발달은 설문조사와 마케팅 연구에 큰 공헌을 했지만, 그 기여는 대부분 일반적 자료수집, 코딩 및 분석에 관한 것이다. 그러나 서베이 시스템(Survey Systems)에서 개발한 보이스캡처 기술은 이제 막 시작한 단계임에도 불구하고 특별한 가능성을 제공한다.

컴퓨터 보조 전화면접과정에서 면접자는 컴퓨터를 사용해 응답자와의 대화를 녹음한다. 예를 들어 응답자가 최근 가장 좋아하는 텔레비전 뉴스 프로그램을 바꿨다고 말하면 면접자는 "왜 바꾸셨지요?"라고 묻고 바로 응답자의 답을 녹음하기 시작한다(면접 전에 면접의 일부를 녹음하는 데 동의를 구한다).

이후에 코딩하는 이들은 면접자의 노트를 보면서 코딩하듯 녹음된 응답을 들으며 코딩한다. 전통적인 과제를 좀 더 쉽고 정확하게 하는 방법이다. 그러나 이는 새로운 가능성의 시작에 불과하다.

이런 구술자료를 교차표로 만들어 분석할 수 있다. 예를 들어 다른 텔레비전 뉴스방송을 보게 된 이유, 성별, 연령을 함께 교차시키는 표를 만들 수 있다. 그렇게 하면 젊은 남성, 젊은 여성, 중년 남성별로 응답을 들을 수 있다. 이와 유사한 한 연구는 젊은 남성과 노년기 남성은 특정 텔레비전 뉴스방송을, 중년 남성은 다른 뉴스 프로그램을 본다는 사실을 알아냈다. 중년 남성 한 사람 한 사람의 응답을 들으면서 이들이 공통적으로 "이제 나이가 드니까…"라는 말을 하는 것을 포착했다. 면접관이 빠르게 받아적는 면접에서 이런 혼잣말은 그냥 넘어가는 경우가 대부분이겠지만 구술자료에서는 두드러졌다. 이는 남자들이 중년이 되면 나이에 맞는 특정한 뉴스 프로그램을 봐야 할 것 같은 압력을 느끼다가 좀 더 세월이 흐르면 자신이 원래 선호하던 프로그램으로 다시 돌아가게 된다는 것을 내포하고 있었다.

특히 소비자만족도 조사에서 이런 자료는 조사 의뢰인에게 매우 호소력이 있다. 소비자가 무엇을 좋아하고 좋아하지 않는지를 조사한 뒤 조사자의 방식으로 요약한 결과를 제시하는 것보다 응답자가 직접 이야기하는 것을 들려줄 수 있기 때문이다. 이는 일종의 즉석 초점집단 조사와 같다. 한 단계 더 나아가 고객을 직접 상대하는 직원(은행 창구직원 등)한테 자신이 무엇을 잘하고 잘하지 못하는지에 대한 고객의 반응을 직접 듣게 하는 것이 상사가 지적하는 것보다 훨씬 효과적임을 발견했다.

이런 기술은 매우 혁신적인데, 이제 막 시작한 단계로서 미래 비전통적 자료의 가능성은 무한할 것이라는 예감이 든다.

다. 하지만 2000년과 2002년 조사에서 설문 완성률은 70%였다. 감소는 대부분 참여거부로부터 비롯되었는데, 전화 설문조사에 비해 접촉이 많은 가구조사이기 때문이다.

최근 가구 면접과 전화조사는 모두 응답률 감소현상을 경험하고 있다. 공공 여론 계간지 「Public Opinion Quarterly」(70권 5호, 2006)는 2006년 한 호 전체를 할애해 가구조사에서의 응답률 감소에 대한 주제를 다루었다. 여러 분석결과들은 낮은 응답률이 항상 부정확한 예측으로 이어지는 것은 아님을 제시했지만, 너무나 다양한 논의가 있었기에 간략하게 설명하기가 쉽지 않다.

많은 연구자는 텔레마케팅의 광범위한 증가가 전화 설문조사를 방해하는 요소라고 믿으며 주정부나 연방정부가 가진 '허탕치는 번호' 목록이 어느 정도 도움이 될 것이라고 설명한다. 또한 자동응답기나 음성메시지 역시 문제에 영향을 주는 요인이다(Tuckel and O'Neill, 2002). 설문조사 연구에서 응답률은 앞으로도 계속 문제영역으로 남을 듯하다.

앞서 사회조사의 소비자로서, 기금을 모으려는 목적이 분명한 설문조사를 조심하라고 언급했다. 이런 조사는 이미 팩스활용 설문조사 영역을 침범했는데, 한 예로 최근 어떤 조사기관은 '권총 소지를 불법화해야 하는가?'라는 제목의 팩스를 보냈다. 이에 대한 찬성과 반대의 의견을 보내는 두 개의 전화번호가 적혀 있다. 팩스의 밑부분에는 작은 글씨로 "전화통화는 1분당 2.95달러입니다. 민주주의를 염원하는 작은 성의라고 생각해주십시오. 통화는 약 1분에서 2분 정도가 소요됩니다."라고 적혀 있다. 그 2.95달러가 과연 어디로 갈 것인지는 각자의 상상에 맡기겠다.

온라인 설문조사

점점 더 인기를 얻고 있는 설문조사 연구방법은 인터넷을 활용하는 조사이다. 어떤 온라인 설문조사는 이메일을 통해 진행되고, 어떤 조사는 웹사이트를 통해 진행된다. 공통적으로 응답대상자는 설문조사로 연결되는 이메일을 받는다. 웹디자인 소프트웨어를 사용해 웹사이트에 설문지를 만들고, 응답자가 직접 사이트로 들어가 온라인으로 작성하게 된다.

온라인 설문조사의 장점과 단점

온라인 설문의 가장 주된 장점은 세계 어디든 다수의 응답자에게 빠르고 경제적인 방법으로 조사할 수 있다는 것이다. 예컨대, 업데이트된 이메일 주소를 활용해 설문참여 요청을 메일로 보내고, 응답자는 설문조사가 준비되어 있는 웹사이트 링크를 클릭한다(링크는 메일 내용 안에 포함되어 있다). 설문 응답자료는 자동으로 입력되어 바로 분석되어 손으로 직접 입력하는 수고를 덜어주며 결과는 바로바로 볼 수 있다. 서베이몽키(SurveyMonkey™) 같은 온라인 설문조사 도구는 실시간으로 응답자가 질문을 건너뛰는지를 확인할 수 있고, 다음 질문으로 넘어가기 전 응답을 완료할 것을 요구한다.

이 방법의 가장 큰 단점은 응답자의 대표성에 관련된 것이다. 이 단점은 빈곤층이나 노인을 대상으로 하는 사회복지 설문조사와 더 관련이 있다. 인터넷을 사용하고 온라인 설문에 응답하는 사람은 일반인보다 젊고 경제적으로 풍부하며 교육 수준이 높은 경향이 있다. 하지만 이러한 문제는 인터넷에 대한 접근성이 점점 증가함에 따라 점차로 감소된다. 실제로 어떤 이들은 온라인 설문조사가 전통적인 설문조사 방법을 대체할 것이라고 주장한다. 어떤 대상자를 표적으로 하는가에 따라 온라인 조사가 우편 조사와 거의 유사하다는 증거들이 나타나고 있다(Kaplowitz, Hadlock, & Levine, 2004). 특히 온라인 설문이 참여를 독려하는 엽서를 병행하면 더욱 그렇다. 온라인 설문과 엽서 설문을 병합하는 '혼합 방법'은 딜만 Dillman(2000)이 개발했다. 하지만 여전히 빈곤층과 노년층은 온라인 사회복지 조사에는 제대로 대표되지 못할 가능성이 존재한다.

서베이몽키™의 활용

온라인 조사에 관심이 있다면 서베이몽키가 이 새롭게 대두하는 기술을 직접 경험해볼 수 있는 기회를 제공한다. 이 글을 쓰는 현재 제한적이기는 하지만 무료로 온라인 설문 프로그램을 실험해볼 수 있다. 우선 http://www.surveymonkey.com으로 가서 '설문 작성(Create Survey)'을 클릭한다. 이 프로그램은 친절하게 설문지를 만드는 과정을 안내해준다. 원하는 응답자의 이메일 주소를 입력하면 그들은 참여를 요청하는 메일을 받게 된다. 무료 초보 패키지는 조사결과의 기초 분석까지 제공해준다.

온라인 설문조사를 위한 팁

만일 빈곤층이나 노령자의 저조한 응답률을 염려하지 않아도 되는 온라인 설문조사라면(사회복지 전공학생이나 사회복지 실천가 대상 등) 다음을 제안한다.

- 설문참여 초대메일은 쉽고 간단한 내용으로 작성한다.

- 메일 서두에 받는이의 이름을 넣는다. 여러 사람에게 보내는 메일이라고 생각하면 응답률이 떨어질 수 있다. 받는이 주소나 참조에 한 개 이상의 주소를 넣지 말 것.
- 이메일 내용은 간략하고 명확하게 작성한다. 받는이가 설문참여 링크를 클릭하도록 동기부여를 하고, 설문 사이트로 가면 자세한 내용은 그곳에서 설명하면 된다. 이메일의 내용은 설문조사의 목적, 어떻게 응답자가 선발되었으며 작성하는 데 걸리는 시간, 응답 기한, 서베이 참여 사이트 링크, 각 응답자 고유 비밀번호를 포함한다.
- 이메일에 포함된 응답자 고유 비밀번호는 설문참여를 위한 것으로 여러 번 응답함으로써(무더기 투표(ballot stuffing)) 결과를 왜곡하는 것을 방지하는 장치다. 비밀번호라는 표현은 일관되게 사용한다. 예컨대 메일에서는 '고유번호'라고 설명하고 설문조사 사이트에서는 '비밀번호'라고 하면 혼란을 가져올 수 있다.
- 이메일 링크와 비밀번호는 이메일 내용의 초반에 제시한다(전체 내용의 3분 1 이전). 마지막까지 내려가야 링크를 찾을 수 있게 하지 말 것.
- 참여에 대한 인센티브 제공을 고려한다(경품 추첨 등). 더 나아가 설문결과 몇 가지를 참여자와 공유한다는 인센티브도 제공한다.
- 응답자는 특별히 선발되었음을 알린다.
- 설문 응답시간은 15분 이내로 한다.
- 응답 기한을 설정한다.
- 받는 사람이 메일을 읽고 답할 만한 적절한 시간대에 메일을 보낸다. 최적의 시간은 설문조사 대상의 특성에 따라 다르다. 예컨대, 교수나 학생을 대상으로 한다면 휴가 가능성이 있는 방학 때를 피한다. 만일 보낼 메일을 밤에 완성했다면 아침까지 기다렸다가 발송한다(올빼미족이나 수면장애가 있는 사람을 대상으로 하는 조사가 아닌 이상). 만약 부모-자녀 설문이라면 자녀가 학교에 있어 작성하기 어려운 오전보다는 귀가해 집에 있을 늦은 오후에 발송하는 편이 좋다.
- 참여를 독려하는 확인 이메일을 계속 보낸다.
- 설문조사 화면은 응답자가 필요하다면 중간에 멈췄다가 다시 응답할 수 있어야 한다.
- 한 화면에 들어가는 질문은 몇 개로 제한해 너무 오래 스크롤하는 부담을 줄여준다.
- 웹사이트 설문지는 참여를 독려하는 방식으로 제시되어야 한다. 예컨대, 응답하는 방법을 쉽게 설명하고 응답하기 쉽도록 디자인되어야 한다.

온라인 설문조사에 불응하는 문제를 어렵게 하는 요인은 스팸을 막는 이메일 시스템이다. 이메일 용어로 '스팸'은 여러 명을 대상으로 발송되는 그리고 대부분 원하지 않는 메일을 말한다. 만일 설문조사 안내와 관련한 메일을 스팸으로 처리될 가능성이 높은 방식으로 발송하면 의도하는 사람들이 메일을 못 받게 될 가능성이 높으며, 누가 받고 안 받았는지를 알 수 없다. 많은 수가 못 받으면 응답률은 낮을 수밖에 없고 실제보다 더 편향되게 보일 수 있다. 즉, 메일을 못 받아서 참여하지 않은 무응답자들이 마치 응답한 사람들과 다른 특성이나 견해를 가진 듯한 집단으로 간주될 수 있다.

설문참여 이메일이 스팸으로 처리될 가능성을 줄이기 위해서는 메일 제목이 대량발송 메일이라는 인상을 주지 않아야 한다. 또한 받는이를 여러 명으로 설정하면 이메일 시스템이 자동으로 이를 스팸으로 처리할 가능성이 있다. 따라서 개인발송으로 처리되는 옵션을 선택할 것을 권장한다. 받는이나 참조인 혹은 비밀참조에 많은 주소를 입력하면 대량메일이나 스팸으로 처리될 가능성이 더 높다. 메일이 스팸으로 처리되는지를 확인하기 위해 스팸필터를 사용하는 친구나 동료에게 메일을 보내고 확인해달라고 요청하는 것도 좋은 방법이다.

'온라인 조사를 통해 본 증거기반 실천에 대한 견해'라는 제목의 글상자는 사회복지 영역의 온라인 설문의 예를 보여준다. 이는 온라인 설문의 장점을 보며주며, 동시에 이 방법을 사용하는 연구자가 경험하는 몇 가지 함정을 피하는 데 도움이 될 것이다.

온라인 조사를 통해 본 증거기반 실천에 대한 견해

2005년에 학술지 「Journal of Social Work Education」은 특집 주제로 사회복지 교육에서 증거기반 실천(evidence-based practice, EBP)에 관한 논문투고를 권장하는 공고를 했다. 이를 보고 앨런 루빈Allen Rubin은 연구조교인 박사과정생 대니엘 패리시Danielle Parrish에게 이 특집에 기고할 이론적 논문작업을 함께하자고 제안했다. 그 학생은 이에 동의했고, 둘은 논제를 발달시키기 위한 문헌고찰을 시작했다. 작업이 진행되면서 이들은 사회복지 분야의 교수들이 EBP를 어떻게 생각하는지에 대한 전국조사를 하여 그 연구결과를 포함시킨다면 연구가치를 더욱 높일 수 있을 것이라는 생각을 하게 되었다.

처음에는 이 설문조사가 다음의 이유에서 불가능할 것이라고 생각했다. 첫째, 논문투고 마감까지 6개월이라는 시간밖에 남지 않았고, 둘째, 설문조사를 위한 연구비를 확보하지 못했다. 그러나 고민 끝에 루빈은 온라인으로 조사가 가능할지도 모르겠다고 생각했고, 패리시도 이에 동의했다. 둘은 석사과정생 보조연구원 몇 명이 사회복지대학원이 있는 웹사이트를 찾아 각 학교 교수들의 이메일 주소를 다운로드하는 데 30~40시간 정도가 소요될 것으로 추정했다. 여기에 들어가는 비용은 500달러 정도가 될 것으로 예상됐다. 루빈은 매년 지급되는 교수연구비 중 남아 있는 예산으로 이를 진행할 수 있겠다고 생각했는데, 결국 대학에서 주는 특별 연구비를 받을 수 있게 되었다. 이들은 6명의 석사과정생을 고용했고, 미국 사회복지교육협의회 웹사이트에 나열되어 있는 181개의 인증받은 사회복지대학원 중 170개 대학에서 총 3,061명의 교수 이메일 주소를 다운로드 받았다.

보조연구원들이 이메일 주소를 다운받는 동안 루빈과 패리시는 응답하는 데 5분 정도 걸릴 것으로 예상되는 10개의 문항으로 구성된 온라인 설문조사 도구를 개발했다. 이 설문조사 문항을 대학 웹사이트에 올렸고, 잠재적 응답자에게 보내는 이메일에 웹사이트로 바로 연결되는 링크를 포함시켰다. 설문참여를 요청하는 이메일에 회신하면 자신의 이메일 주소가 공개되는 반면, 웹사이트에 와서 하는 응답은 익명으로 처리될 수 있어 비밀이 보장되며, 링크는 그런 면에서 편리하게 사용된다. 더 나아가 교수들에게 발송한 이메일에는 연구의 구체적인 목적, 각 응답자 참여의 중요성, 익명성 보장과 자발적 참여의 성격, 루빈의 연락처가 포함되었다(실제로 3,061개의 이메일을 발송하는 데 많은 시간이 걸리지 않았는데, 전체 메일 주소를 10개의 그룹으로 나누어 그룹명을 만들어놓은 뒤 발송하면 총 10개의 메일만 발송하면 된다. 각 메일은 약 300명에게 발송된다).

이메일을 발송한 직후 기술적인 문제에 봉착했다. 첫째, 루빈의 이메일로 발송 불가능한 135개의 반송메일이 되돌아왔는데, 대부분 더 이상 존재하지 않는 주소였다. 어떤 사람들은 루빈이 발송한 메일이 학교 메일 시스템에서 스팸메일로 처리되어 받지 못했다는 메일을 루빈에게 보내주었다. 또 어떤 이들은 대학의 이메일 시스템이 루빈이 발송한 메일 중 설문 관련 링크를 삭제했다는 정보도 알려주었다. 설문 웹사이트에 접속할 수 없다는 메일도 보내왔다.

이런 기술적 문제를 해결하기 위해 연구자들은 문제를 알려준 사람들에게 답신을 보내 설문접근도를 향상시켰다. 또한 연구자들은 대학 기술지원팀의 자문을 받아 대학 차원의 새로운 웹사이트 주소를 만들었고, 이에 관한 내용을 메일로 발송했다. 그러나 이런 기술적 문제는 웹사이트에 접근하기 위한 지원을 요청하지 않거나 이후의 메일에 답하지 않은 많은 응답자의 참여를 저해했을 것이다.

총 세 번의 확인 이메일을 응답자 후보에게 발송했다. 마지막 메일은 웹사이트 링크에 접속해 설문에 참여해줄 것과 설문에 참여하지 않는 이유(예를 들어 웹사이트에 접속할 수 없었다 등)를 직접 루빈에게 이메일로 알려줄 것을 부탁했다. 이것은 응답자 표본이 얼마만큼의 대표성 혹은 편향을 가졌는가를 평가하기 위해서였다.

이 모든 노력에 의해 최종적으로 973명이 응답을 했고, 이는 이메일 주소 명단 3,061명 중 32%에 해당된다. 여러 가지 기술적 문제로 인해 실제로 이메일을 받고 설문조사 사이트에 접속할 수 있었던 사람들 중 정확하게 몇 퍼센트가 응답했는지 알 수 있는 방법은 없었다. 기술적 문제에 대한 해결 노력을 통해 루빈과 패리시는 이메일을 받고 설문조사에 접속할 수 있었던 이들 중 응답률은 47% 정도라고 추정했다. 더 나아가 확인 메일을 통해 수집한 정보에 따르면 일반적으로 증거기반 실천에 대한 견해가 설문참여에 영향을 미친 것은 아니라는 결론을 내릴 수 있었다.

기술적 문제로 인한 무응답에도 불구하고 이 설문조사의 결과는 매우 가치 있는 것이었다. 생각보다 많은 교수가 몇 개의 특정 개입방법을 증거에 기반한 실천이라고 가르친다고 응답했는데, 실제로 이 개입방법을 지지하는 증거가 증거기반 실천(EBP) 관련 연구영역에서는 근거가 미약하다고 간주되는 방법임에도 불구하고 이를 과학적으로 증명된 방법이라고 가르친다는 것을 보여주었다. 이렇게 응답한 비율은 너무 높아서 실제로 무응답자들 모두가 증거기반 실천을 이렇게 가르치지 않는다고 간주해도, 이렇게 많은 교수가 증거기반 실천을 정확하지 않게 강의한다는 사실은 문제가 될 만한 결과였다. 다시 말해 (이 표본의) 50%가 (모집단의) 20%로 떨어진다고 해도, 다섯 중 한 명이 이런 방식으로 증거기반 실천을 교육한다는 것은 여전히 불안한 결과이다.

설문조사 결과를 모든 설문대상자와 공유한 결과, 많은 교수 사이에서 논란의 대상이 되었으며, 몇 개 대학은 교수회의를 열어 증거기반 실천에 대한 인식과 교수법에 대한 토론을 하기에 이르렀다. 연구결과에 대한 이런 반응은 증거기반 실천교육 증진에 관련한 전국 심포지엄을 개최하는 결과를 낳았다.

루빈과 패리시의 연구는 제한된 시간과 자금을 가지고 온라인 설문조사를 할 수 있으며, 무응답이라는 문제점에도 불구하고 가치 있는 연구를 할 수 있다는 예를 보여준다. 동시에 온라인 조사를 계획할 때 직면할 수 있는 잠재적인 기술적 문제도 제시하고 있는데, 이런 문제는 생각보다 온라인 조사를 훨씬 복잡하게 만들 수 있다. 마지막으로, 이런 기술적 어려움에도 불구하고 잘 진행된다면 온라인 설문조사는 제한된 자원과 시간 내에서 다른 방법으로는 도출할 수 없는 의미 있는 결과를 가져올 수 있음을 의미한다.

다양한 설문조사 방법의 비교

지금까지 설문조사 자료를 수집하는 몇 가지 방법을 알아봤다. 여기서 잠깐 이 방법들을 비교해보자. 자기기입식 설문지는 일반적으로 면접 설문조사보다 비용이 적게 들고 시간이 덜 걸린다. 이런 측면은 학기 중의 과제나 학위논문으로 설문조사를 하기 위해 자신이 직접 비용을 부담해야 하는 학생들에게 중요할 수 있다. 그리고 자기기입식 우편양식을 사용하면, 전국단위의 설문조사를 시행해도 같은 표본 크기의 한 지역 설문조사에 드는 비용과 거의 같다. 반면에 지역의 면접 설문조사와 전국의 면접 설문조사(직접 면접이나 전화면접)의 비용 차이는 훨씬 더 크다. 또한 우편 설문조사에 필요한 연구원 수는 일반적으로 적다. 일의 양을 과소평가해서는 안 되겠지만 한 사람만으로도 합리적인 규모의 우편 설문조사를 시행할 수 있다. 더 나아가 면접 설문조사에서는 논쟁의 여지가 있거나 일탈적 태도 혹은 행동에 대해서는 답변을 꺼려하는 사람도 익명성이 보장되는 자기기입식 설문에는 큰 거부감 없이 답하는 경향이 있다.

면접 설문조사도 많은 장점이 있다. 예를 들어, 면접 설문조사에서는 설문지를 다 끝내는 것이 일반적이다. 자기기입식 설문지에서는 응답자가 질문을 건너뛸 수 있지만 면접원은 그러지 않도록 훈련을 받는다. 컴퓨터는 CATI 설문조사에서 이에 대해 더 확실하게 해준다. 그리고 일반적으로 면접 설문조사가 자기기입식 설문조사보다 완성률이 더 높다.

자기기입식 설문지는 민감한 쟁점을 다루는 데 더 효과적인 반면에 면접 설문조사는 복잡한 쟁점을 다루는 데 확실히 더 효과적이다. 그 예로 가구 구성원을 세는 것과 한 가구의 주소에 주택이 둘 이상 있는지를 결정하는 것이 있다. 주택이라는 개념은 인구조사국에서 정교하게 만들고 표준화했으며, 면접원은 그 개념을 다루는 방법을 훈련받을 수 있지만 자기기입식 설문지에서는 그 개념을 전달하기가 극히 어렵다. 이런 면접 설문조사의 장점은 일반적으로 모든 복잡한 수반형 질문에 해당된다.

면접원이 있다면 이름보다는 주소나 전화번호에 의한 표본에 대한 설문조사를 수행할 수 있다. 면접원은 자신에게 배정된 주소에 가거나 배정된 번호에 전화를 걸어 설문조사를 소개하고, 심지어 지시에 따라 그 주소지에 거주하는 사람 중 응답자로 가장 적절한 사람까지 선정할 수 있다. 이에 반해 '현거주자'라고 주소를 적은 자기기입식 설문지의 응답률은 악명 높게 낮다.

마지막으로 면접원이 직접 대면해 질문하는 면접에서는 면접원이 질문에 대한 대답 외에도 중요한 관찰을 할

표 16–1 여러 설문조사 방법의 장점과 단점

설문조사 유형	장점	단점
우편 설문조사	• 면접보다 경제적이고 빠름 • 큰 표본 크기 • 민감한 영역에 대한 익명의 응답 가능	• 온라인 설문조사에 비해 비용이 들고 시간이 많이 걸림 • 면대면 면접에 비해 낮은 응답률
온라인 설문조사	• 상대적으로 경제적 • 시간이 적게 듬 • 가장 큰 표본 크기 • 자동 데이터 입력 • 잘못된 응답을 수정하는 기능 • 증가하는 인터넷 사용인구 • 민감한 영역에 대한 익명의 응답 가능	• 대표성(특히 빈곤층과 노년층) • 면대면 면접에 비해 낮은 응답률
면대면 면접	• 높은 응답률 • 상대적으로 '모른다'는 응답이 적음 • 빈칸으로 두는 응답이 적음 • 혼란스러운 문항 확인 가능 • 관찰 가능 • 심층규명 가능	• 비용과 시간이 많이 듬 • 민감한 영역에 대한 응답의 익명성 저하 • 면접자의 안전성
전화 설문조사	• 면대면 면접에 비해 상대적으로 적은 비용 및 시간 • 면접원의 외모가 응답자 편향에 영향을 미치지 않음 • 상대적으로 '모른다'는 응답이 적음 • 빈칸으로 두는 응답이 적음 • 혼란스러운 문항 확인 가능 • 심층규명 가능 • 면접원의 안전성 확보 • 면담 중 슈퍼비전 가능 • 컴퓨터 활용 가능	• 기록되어 있지 않은 전화번호* • 휴대전화* • 전화를 끊기 쉬움 • 발신자 표시

* 무작위 전화걸기로 해결할 수 있음

수 있다. 가구를 면접하면서 면접원은 동네, 주택 등의 특성에 주의를 기울일 수도 있다. 면접원은 응답자의 특성이나 응답자와 면접원과의 상호작용의 정도(응답자가 의사를 전달하는 데 어려움이 있는지, 응답자가 적대적인지 또는 거짓말을 하는 것처럼 보이는지 등)에 주의를 기울일 수 있다.

면접 설문조사와 구분되는 전화 설문조사의 주된 장점은 시간과 비용의 효율성이다. 전화면접은 비용이 훨씬 적게 들며 빠른 시간 내에 실시된다. 또한 우범지역에 사는 거주자를 면접할 때 면접원이 안전하다는 장점도 있다. 게다가 직접 대면하지 않으면 면접원이 미치는 영향을 다소 감소시킬 수 있다. 블레어Blair와 동료들(1995)이 전화면접을 위한 표본설계에 대한 문헌을 고찰한 결과 200개가 넘는 문헌을 찾을 수 있었다는 것은 전화면접이 누리는 인기를 잘 보여준다.

온라인 설문조사는 우편 설문조사의 장점과 단점을 많이 공유한다. 이용 가능한 프로그램이 더 개발된다면 지금보다 훨씬 저렴해질 것이다. 그러나 큰 단점은 온라인 설문 응답자가 일반모집단을 어느 정도 대표하는가에 대한 확신을 가질 수 없다는 데 있다.

위의 내용으로 알 수 있듯이 각 설문조사 방법은 사회조사 연구에서 각각의 위치를 갖는다. 결국 연구자의 필요와 자원에 따라 다양한 방법의 장점과 단점의 균형을 잘 맞추어 활용해야 할 것이다.

설문조사 연구의 장점과 단점

사회과학 연구조사의 다른 관측방법과 마찬가지로 설문조사에는 독특한 장점과 단점이 있다. 설문조사 유형이 연구조사의 목표에 적당한가를 결정할 때 이런 장단점을 알고 있는 것이 중요하다.

설문조사는 특히 대규모 모집단의 특성을 기술하는 데 유용하다. 설문지를 표준화하는 것과 함께 확률 표본을 주의 깊게 선정해서 학생이나 도시, 국가 또는 다른 대규모 모집단에 대한 정교하고 기술적인 주장을 할 수 있게 한다. 설문조사는 실업률, 투표의사 등을 무서울 정도로 정확하게 결정한다. 일부 주제에 대해서는 공식적인 문서(결혼, 출산, 사망기록 등)를 검토해 이와 비슷한 정도의 정확성을 얻을 수 있지만, 일반적으로 이렇게 할 수 있는 다른 관측방법은 없다.

설문조사(특히 자기기입식 설문조사)는 매우 큰 규모의 표본을 사용할 수 있게 해준다. 2,000명을 대상으로 하는 설문조사도 드물지 않다. 대규모 사례 수는 기술적인 분석과 설명적인 분석 모두에서 매우 중요하다. 여러 변수를 동시에 분석할 때 대규모 사례 수는 특히 중요하다.

설문조사는 대규모 표본을 사용할 수 있기 때문에 설문조사의 결과는 실험연구 결과보다 더 일반화할 수 있다(앞에서 언급했듯이 사회복지 실험연구에서는 확률 표본을 활용하는 것이 거의 불가능하다). 그러나 이런 일반화의 장점은 인과관계를 보여줄 수 있는 제한된 능력에 의해 상쇄된다. 예를 들어 수천 명의 노인을 대상으로 한 설문조사는 일반적으로 애완동물을 기르는 노인이 애완동물을 기르지 않는 노인보다 기분상태가 더 좋은지 보여줄 수 있다. 그러나 애완동물을 기르는 것이 기분이 향상되는 이유인지, 아니면 처음부터 덜 우울한 노인이 애완동물을 키우게 되는지를 보여주지는 못한다.

설문조사는 여러 변수를 동시에 분석할 수 있게 해주기도 한다. 즉, 기분과 애완동물 간의 관계가 인종, 소득수준, 주거 유형, 의존 수준 등이 각기 다른 노인에게 적용되는지를 볼 수 있다. 그러나 인과관계에 대해서는 여전히 불확실하다. 종단 설문조사(예를 들어, 동일한 노인들의 기분과 애완동물의 상황을 일정 기간에 걸쳐 사정하면서)를 시행함으로써 인과관계를 더 잘 추측할 수 있다. 즉, 애완동물을 얻기 전과 후에 기분이 바뀌는지를 확실히 알 수 있다. 그러나 여전히 실험에서보다는 내적 타당도가 낮다. 인과관계가 불확실하지만 자연스러운 상황에서 그 결과를 전체로서 모집단과 그 모집단의 여러 하위집단에 일반화할 가능성이 높다는 것은 실험에서는 얻을 수 없는 설문조사의 장점이다.

어떤 의미에서 설문조사는 유연성이 있다. 한 주제에 대해 많은 질문을 할 수 있어 분석하는 데 상당한 유연성이 있다. 실험설계는 연구자가 미리 어떤 개념에 대한 특정한 조작적 정의를 하도록 요구하지만 설문조사는 실제 관측을 하면서 조작적 정의를 발전시킬 수 있게 해준다.

마지막으로, 설문지를 표준화할 경우 일반적으로 측정에서 중요한 장점을 하나 갖게 된다. 앞 장에서 대부분의 개념이 모호한 성격을 갖고 있다는 것에 대해 논의했다. 대부분 개념은 본질적으로 어떤 실제적인 의미를 갖고 있지 않다. 어떤 사람의 종교성은 다른 사람의 종교성과 아주 다르다. 연구자가 자신의 연구조사 목표에 가장 연관된 방법으로 개념을 정의할 수 있어야만 하지만, 동일한 정의를 모든 대상에 일관되게 적용하기가 쉽지는 않다는 사실을 발견하게 된다. 설문조사 연구자는 모든 대상에게 동일한 질문을 정확하게 묻고 특정한 응답을 하는 모든 응답자가 동일한 의도를 가진 것으로 받아들여야 하는 것으로 이 요건을 충족시킨다.

설문조사 연구는 여러 가지 단점도 있다. 첫째, 지금 언급한 표준화를 위한 요건은 사각형의 구멍에 둥근 막대기를 끼워 맞추는 결과를 초래하는 듯한 경우가 종종 있다. 표준화된 설문지 항목은 사람들의 태도, 성향, 상황과 경험을 평가하는 데 있어 최소한의 공통분모를 나타내는 경우가 많다. 모든 응답자에게 최소한으로 적절한 질문을 설계함으로써 연구자는 많은 응답자에게 가장 적절한 질문을 빠뜨릴 수 있다. 이런 의미에서 설문조사는 많은 경우 복잡한 주제를 다루는 데 있어 피상적일 수 있다. 이 문제는 세련된 분석을 통해 부분적으로 완화할 수 있지만, 여전히 설문조사 연구에 내재되어 있다.

이와 비슷하게 설문조사 연구는 사회생활의 맥락을 거의 다룰 수 없다. 설문지로 그런 정보를 얻을 수 있긴 하지만 설문조사 연구자는 참여관찰자가 볼 수 있는(19장 참조) 응답자가 생각하고 행동하는 전체 생활상황에 대한 느낌을 거의 발전시킬 수 없다.

설문조사는 앞에서 언급했던 점에서 유연하지만 다른 점에서는 유연하지 않다. 직접 관찰을 하는 연구는 현장의 여건에 따라 변형될 수 있다. 그러나 설문조사는 처음의 연구설계를 끝까지 바꾸지 않도록 요구되는 경우가 일반적이다. 예를 들면, 질적 연구자는 연구하는 현상에서 중요한 새로운 변수를 발견하면 그 변수를 주의 깊게 관찰할 수 있다. 설문조사 연구자는 새로운 변수의 중요성을 인식하지 못할 가능성이 많고, 어떤 경우에도 그 변수에 대해 할 수 있는 일이 아무것도 없다.

마지막으로, 설문조사는 인위성에 빠질 위험이 있다. 어떤 사람이 설문지에 진보적인 대답을 한다는 것이 반드시 그 사람이 진보적임을 의미하지는 않는다. 이 문제는 특히 행동의 영역에서 현저하게 나타난다. 설문조사는 사회행동을 측정할 수 없다. 설문조사는 기억하고 있는 과거의 행동이나 예상 행동이나 가정된 행동에 대한 응답자의 보고만 수집할 수 있다. 이 문제에는 두 가지 측면이 있다. 첫째, 연구주제가 설문지를 통한 측정에 적절하지 않을 수 있다. 둘째, 그 주제(예를 들어, 태도)를 연구하는 행위가 태도에 영향을 미칠 수 있다. 설문조사의 응답자는 면접원이 자신의 의견을 물을 때까지 주지사가 탄핵되어야 하는지에 대해 아무 생각이 없었을 수 있다. 그 시점에서 응답자는 그 문제에 대해 의견을 형성할 수도 있다.

설문조사 연구자는 일반적으로 타당도에 약하고, 신뢰도에는 강하다. 예를 들어, 질적 연구와 비교할 때 설문지 형식은 인위적이어서 타당도에 문제가 있다. 예컨대 쟁점에 대한 사람들의 견해가 실제로 어떤 문장에 대한 매우 동의, 동의, 반대 또는 매우 반대라는 형태를 띠는 경우는 거의 없다. 그런 경우 그 응답은 질문을 고안할 때 생각했던 대략적 지표로 간주할 수밖에 없다. 그러나 이 말은 앞에서 했던 타당도 자체의 모호성 맥락에서 고려할 필요가 있다. 어떤 것이 타당한 측정 또는 타당하지 않은 측정이라고 말하는 것은 측정대상의 '실재' 정의가 있다는 것을 가정하며, 많은 연구자는 이미 그 가정을 거부하고 있다.

신뢰도는 더 명확한 문제이다. 설문조사 연구자는 모든 응답자에게 표준화된 질문을 제시해 연구조사자의 관측에서 비신뢰성을 제거한다. 더 나아가 질문을 주의 깊게 작성하는 것도 대상자 자신의 비신뢰성을 상당히 줄일 수 있다.

모든 관찰방법과 같이 때로는 설문조사 연구의 내재적인 약점이나 발생 가능한 약점을 완전히 이해함으로써 부분적으로 약점을 해결할 수 있다. 하지만 결국 연구에서 여러 연구조사 방법을 사용할 수 있다면 그것이 가장 안전하다. '혼합 연구방법 활용연구에서 설문조사와 질적 연구조사 방법의 결합'이라는 제목의 글상자는 이 점을 설명한다. 그렇게 함으로써 이 책 전반에서 반복해온 양적 방법과 질적 방법의 보완성과 혼합방법의 가치를 설명한다.

혼합 연구방법 활용연구에서 설문조사와 질적 연구조사 방법의 결합

혼합 연구방법을 사용하는 연구는 질적 연구조사 방법을 설문조사 방법과 결합해 설문조사의 장점을 취하면서 동시에 피상성, 사회적 상황의 실종, 경직성, 인위성 및 의심스러운 타당도와 관련된 설문조사의 약점을 상쇄한다. 『가족 연구에서의 질적 연구방법(Qualitative Methods in Family Research)』(Gilgun, Daly, & Handel, 1992) 중 마크 랭크Mark Rank가 집필한 장은 질적 방법과 양적 방법을 혼합하는 것을 옹호하고, 복지수혜자의 자녀양육에 대한 연구에서 혼합 연구방법의 혜택을 잘 보여준다.

랭크는 부양아동가족부조(Aid to Families with Dependent Children, AFDC) 같은 복지 프로그램이 아이가 태어날 때마다 수급액을 증가시킴으로써 실제로 더 많은 출산으로 이끌었는지에 대한 논쟁에 관심이 있었다. 그는 복지수혜자에게 서비스를 제공하는 다양한 기관과 많은 수혜자가 사는 동네에서 면접과 현장관찰(18장과 19장에서 설명한 것과 같은)의 질적 방법으로 연구를 시작했다. 그가 관찰하고 이야기를 나눈 사람들은 여성들이 공적부조수급액을 받으려고 아이를 더 낳는다는 편견에 동의하지 않았다. 오히려 이들은 부조를 받는 대부분의 여성이 부조에서 벗어나기를 원하며, 아이를 더 이상 원하지 않는다고 믿었다.

이들의 믿음은 정확한 것인가? 이를 확인하기 위해 랭크(1992)는 위스콘신(랭크 출신주) 보건사회부와 미국 인구조사국의 설문조사 자료를 활용해 2차 분석을 시행했다. 그의 양적 분석은 부조를 받는 여성이 '일반 여성보다 출산율이 훨씬 더 낮다'는 예비 질적 결과를 지지했다(p. 289). 다양한 사회인구학적 변수를 통제하고도 공적 부조를 받는 여성은 낮은 출산율을 보였다.

랭크는 무엇이 이러한 극적인 발견을 설명하는 것인지 고민했다. 이를 밝히기 위해 랭크와 보조연구원들은 부조를 받는 50가구와 질적 면접을 심도 있게 시행했다. 응답자의 집에서 직접 만나 개방형의 반구조화된 면접을 시행했는데, 모든 면접을 녹음했으며, 이는 최대 3시간까지 지속되었다. 그들이 면접했던 임신하지 않은 여성들 중 어느 누구도 가까운 시일에 또 다른 아이를 갖고 싶어 하지 않았다. 그들은 더 이상 아이를 가질 수 없는 재정적 요인과 사회적 요인을 계속 언급했다. 대부분의 여성은 부조에서 벗어나고자 했으며, 아이를 더 낳아 수급액이 약간 증가하는 것보다, 더 많은 아이를 키울 때 받게 되는 경제적·사회적·심리적 비용 증가가 훨씬 더 크다는 사실을 인식하는 듯했다. 랭크는 자신의 양적 자료와 질적 자료가 서로를 강화했으며, 그의 연구는 부조수급액이 여성들로 하여금 더 많은 아이를 출산하게 한다는 보수적 정책분석가와 신자유주의 정책분석가의 가정에 도전하는 결과의 타당성을 높였다.

랭크의 작업이 질적 관찰로 시작된 것에 반해, 이 책의 저자 중 한 사람(루빈)이 참여한 두 연구는 설문조사 방법이 불가사의한 결과를 나타내어 이를 보충하기 위해 질적 방법을 활용한 예를 보여준다. 1982년 루빈의 박사과정 조사 세미나 수강생들은 사회복지대학원(MSW) 지원이 전국적으로 줄어드는 시기에 왜 어떤 사회복지대학은 다른 대학보다 석사학위 프로그램 지원자가 훨씬 더 많이 감소했는지를 밝히기 위해 사회복지교육협의회로부터 얻은 설문조사 자료를 활용해 2차 분석을 수행했다. 학생들이 발견한 결과는 전혀 예상하지 못했던 것이었다. 지원자가 가장 많이 줄어든 학교들은 대부분 박사과정이 있거나 명망이 있는 대학이었다.

이런 놀라운 결과를 설명하는 것이 무엇인지 밝히기 위해 학생들은 가장 지원자가 많이 감소한 학교와 가장 덜 감소한 학교의 행정 담당자들과 반구조화된 개방형 질적 전화면접을 수행했다. 그 결과, 가장 덜 감소한 학교는 실질적인 제한(지리적 거리, 일자리 등) 때문에 지원을 꺼려할 잠재지원자를 공격적으로 모집하는 노력을 주도했으며, 표준 교과목까지도 바꾸는 비전통적 대학소개 프로그램을 개발한 경우가 많았음을 알 수 있었다. 가장 심각하게 지원자가 감소한 명문학교들의 행정 담당자들은 대학의 교과과정 기준을 바꾸면서까지 등록자 수를 유지하려는 노력을 하지 않았다. 즉, 질적 자료는 명문학교들이 지원자들로부터 매력을 잃고 있는 것처럼 보일 수 있는 피상적이고 혼란스러운 설문조사 자료에 다른 의미를 부여해주었다.

주요 내용

- 많이 사용되는 사회연구 조사방법인 설문조사 연구는 특정 모집단에서 선정된 응답자 표본에게 설문지를 작성하도록 하는 것이다.
- 설문조사 연구는 대규모 모집단에 대한 기술적 연구를 수행하는 데 특히 적당하다. 설문조사 자료는 설명의 목적으로도 사용될 수 있다.
- 설문지는 기본적으로 세 가지 방법으로 작성된다. (1) 자기기입식 설문지는 응답자 자신이 작성한다. (2) 면접원이 직접 대면해 응답자에게 문항을 읽어주고 답을 기록하며 설문을 한다. (3) 면접원이 전화 설문조사를 시행한다.
- 자기기입식 설문지의 경우 확인설문지 발송은 처음 요청에 응답하지 않은 응답자에게 발송한다.
- 설문지가 회수되는 것을 잘 주시하면 적당한 확인설문지 발송시기에 대한 지침을 얻을 수 있다.
- 면접원이 가져야 할 중요한 특성은 중립적이어야 한다는 것이다. 자료수집과정에서 면접원은 설문지 문항에 대한 응답에 어떤 영향도 미치지 않아야 한다.
- 면접원은 설문지에 익숙해지고, 질문의 표현과 질문의 순서를 정확하게 따르며, 응답을 있는 그대로 기록하도록 세심하게 훈련받아야 한다.
- 심층규명은 면접을 하면서 부딪치는 개방형 질문에 대한 완전하지 않거나 모호한 응답을 분명히 하고자 고안된 중립적이고 비지시적인 질문이다. 그 예로 "그 외에 다른 것은 없습니까?", "어떻게 그렇지요?", "어떤 면에서요?" 등이 있다.
- 자기기입식 설문지는 면접 설문조사에 비해 경제성, 속도, 면접원의 낮은 편견, 그리고 민감한 사안에 대해 솔직한 응답을 이끌어내기 위한 익명성과 비밀보장의 가능성 등의 장점이 있다.
- 전화로 시행하는 설문조사는 최근 더욱 일반화되었고 효과적으로 발전하고 있으며, 특히 컴퓨터 보조 전화면접(CATI)은 유망한 방법으로 자리 잡아가고 있다.
- 자기기입식 설문지에 비해 면접 설문조사가 가진 장점으로는 완성되지 못한 설문지가 적고, 잘못 이해하는 문항이 적으며, 응답률이 일반적으로 높고, 표본추출과 특정한 관찰 측면에서 유연성이 더 크다는 점을 들 수 있다.
- 설문조사 연구의 약점은 다소 인위적이며 피상적이 될 수 있다는 점이다. 설문조사를 통해 사회적 과정을 자연스런 상황에서 완전히 이해하기는 어렵다.
- 새로운 기술발전은 사회조사 연구자에게 더 많은 기회를 제공한다. 다양한 컴퓨터 보조 자료수집과 분석뿐만 아니라 팩스나 인터넷을 통해 설문조사를 할 수

있는 가능성이 이에 포함된다. 그러나 팩스와 인터넷 설문조사는 원하는 모집단을 대표하지 못할 가능성이 있기 때문에 사용에 주의를 요한다.

- 온라인 설문조사는 우편 설문조사에 비해 많은 강점과 약점이 있다. 경제적으로 저렴하게 수행할 수 있지만 응답자의 대표성을 담보하기 어렵다.

연습문제

1. 다음 내용에 맞는 구조화된 설문지를 활용하는 연구조사를 위해 당신은 어떤 설문조사 방법(우편, 면접, 전화, 이메일)을 사용하겠는가? 선택의 이유와, 네 가지 중 그 방법의 선택이 가장 적합하다고 판단되는 근거를 설명하라.
   a. 정신장애 치료를 받는 아동의 부모를 대상으로 하는 전국 설문조사. 부모는 미국 정신장애인협회의 회원이다. 조사의 목적은 아동에게 제공하는 서비스에 대한 부모의 만족도와 정신건강 전문가와 부모와의 연계성을 평가하는 것이다.
   b. 정신장애를 가진 아동을 치료하는 정신보건 전문가(자격증을 가진)를 대상으로 하는 전국 설문조사. 조사목적은 정신보건 전문가가 아동기 정신이상의 원인을 어떻게 보는가와 부모와 어떻게 협력하는가를 평가하는 것이다.
   c. 당신이 소속된 사회복지학과의 학생을 대상으로 아동기 정신이상의 원인을 어떻게 보는가와 정신장애 치료에서 부모와 협력하는 것에 대한 견해를 평가하는 설문조사를 실시하고자 한다.
2. 위의 각 내용에 대해 우편 설문조사를 실시한다고 했을 때, 응답률을 최대화하기 위한 방법은 무엇인가?
3. 인터넷상에서 진행되고 있는 설문조사를 찾은 다음, 그 설문에 대해 간단하게 설명하고 장점과 단점을 논하라.
4. 지금 당신의 모습(외모)을 살펴보라. 당신의 모습 중 일반대중을 대상으로 면접한다고 가정할 때 문제가 될 수 있다고 생각되는 부분에 대해 논하라.

인터넷 연습문제

1. 사회복지 관련 학술지(「Social Work」, 「Health and Social Work」 등)에서 설문조사 설계를 활용한 논문을 찾아라. 그 연구에서 사용한 설문조사 방법의 장점과 단점을 논하라.
2. 온라인 설문조사 방법에 대해 다루는 사이트(http://www.websm.org/)로 가라. 사회복지 연구에서 온라인 설문조사를 할 때 대표성을 갖는 응답자를 확보하는 부분에 대해 낙관적인 생각이 들게 하는 내용이나 그 반대의 내용을 찾아 설명하라.
3. 갤럽 조사 홈페이지 http://www.gallup.com에 접속하라. 갤럽 여론조사가 어떻게 진행되는가에 대한 정보를 찾아라(이 글을 쓰는 현재, 이 정보는 FAQ(가장 많이 묻는 질문) 밑의 '갤럽 조사는 어떻게 진행되는가?'라는 항목에서 찾을 수 있고, 이 질문은 '조사는 어떻게 진행되는가'라는 제목의 6페이지 분량의 문서로 연결된다). 여기서 얻은 내용을 간략하게 요약하고, 갤럽 설문조사 방법이 정확하고 대표성을 갖는 결과를 가져올지 여부에 대한 당신의 견해를 논하라.
4. 미국 인구조사국 홈페이지 http://www.census.gov로 가서, QuickFacts를 클릭하라. 여기서 당신이 살고 있는 주를 선택하라. 화면에 나타나는 지도에서 당신의 주를 선택하면 각 군의 이름이 보일 것이다. 당신이 살고 있는 군을 선택해 빈곤층과 아동의 비율을 찾아보라.

추천도서

Christian, L. M., Dillman, D. A., & Jolene D. Smyth, J. D. (2007). Helping respondents get it right the first time: The influence of words, symbols, and graphics in Web surveys. *Public Opinion Quarterly*, 71(1), 113-

125. 이 논문은 웹 설문을 고안하는 데 필요한 풍부한 정보를 제공한다. 제목이 제시하는 바와 같이 이 논문의 목표는 응답자가 한 번에 제대로 응답하게 도와주는 것이다.

Dillman, D. A(2000). *Mail and Internet Surveys: The Tailored Design Method* (2nd ed.). New York: Wiley. 이 책은 전반적인 설문조사 방법을 훌륭하게 정리해준다. 인터넷 설문조사를 포함해 설문조사를 진행하는 다양한 방법을 설명하며, 응답률을 높이는 다양한 제안을 제시한다.

European Survey Research Association. *Survey Research Methods*. 다른 사회조사 연구방법과 마찬가지로 설문조사 연구는 미국뿐만 아니라 국제적인 추세다. 이 사이트는 이 방법에 대한 안목을 넓혀준다. http://w4.ub.uni-konstanz.de/srm

Schaeffer, N. C., & Presser, S. (2003). The science of asking questions. *Annual Revew of Sociology*, 29, 65. 이 구체적이고 훌륭한 안내서는 설문조사와 유사한 자료수집 형식을 위한 효과적인 질문 만들기에 대한 내용을 담고 있다.

Survey Research Laboratory, University of Illinois at Chicago. 'Internet Sites Related to Survey Research' 웹사이트는 설문조사 연구의 다양한 부분에 관심 있는 이들을 위한 중요한 여러 정보를 제시한다. http://www.srl.uic.edu/Srllink/srllink.htm

활용 노트

EP 2.1.6b

EP 2.1.6b: 실천에 유용한 연구증거 활용하기: 사회복지사가 이 장에 소개된 모든 개념을 이해한다면, 실천에 유용한 연구증거를 제공해주는 설문조사와 실천에 활용하기에 결함이 있는 설문조사를 구분할 수 있다.

EP 2.1.10d

EP 2.1.10d: 클라이언트 자료를 수집하고, 정리하고, 해석하기: 사회복지사가 이 장에 소개된 모든 개념을 이해한다면, 활용도를 최대화하는 클라이언트 자료(예컨대 클라이언트 욕구 조사나 만족도 조사)를 수집하는 데 도움이 될 것이다.

EP 2.1.10m

EP 2.1.10m: 개입을 비판적으로 분석하고, 모니터링하고, 평가하기: 사회복지사는 프로그램이나 개입을 모니터링하고 평가하는 데 설문조사를 효율적으로 활용하기 위해, 이 장에 소개된 개념을 모두 이해해야 한다.

CHAPTER 17

2차 자료분석

Analyzing Existing Data: Quantitative and Qualitative Methods

이 장의 학습내용

이 장에서는 기존 자료를 분석하는 세 가지 방법인 2차 자료분석, 내용분석, 역사 · 비교분석 방법을 살펴보겠다. 각 분석방법은 연구대상에 영향을 미치지 않으면서 연구하고자 하는 것을 연구할 수 있게 해준다.

서론

각기 다른 측정방법의 장단점을 고찰하는 과정에서 우리는 연구자가 연구과정에서 관찰대상의 삶에 관여(intrusion)하는 것과 관련해 여러 가지 문제가 발생할 수 있음을 알게 되었다. 예를 들어 사회적 바람직성이라는 편견, 즉 연구자가 자신을 관찰하고 있음을 안다는 사실이 연구대상의 말과 행동에 영향을 미칠 수 있다는 것에 대해 논의한 바 있다. 연구자가 자신을 관찰하고 있다는 사실을 관찰대상이 알 때 연구자의 관찰은 **관여적 관찰**이 되는 반면, 관찰대상이 그러한 사실을 모를 때 연구자의 관찰은 **비관여적 관찰**이 된다.

연구자의 관여를 방지할 수 있는 가장 좋은 관찰방법 중 하나는 이용 가능한 **기존 자료**(existing data)를 이용하는 것이다. 여기서 말하는 이용 가능한 기존 자료란 통계자료가 가장 대표적인 예이기는 하지만, 단순히 통계자료만을 의미하는 것이 아니다. 이용 가능한 기존 자료의 범위는 예를 들면 기관의 사례기록, 실천가의 과정기록, TV를 통해 방영된 내용, 신문기사 또는 사설, 이사회 회의록, 기관 내 회람물, 연보, 책 또는 전문학술지 논문, 사회복지와 관련된 법적 견해나 법률, 행정 판결 등 끝이 없다고 해도 과언이 아닐 정도로 광범위하다.

기존 자료를 이용하는 방법은 비관여성, 편의성(이 방법은 일반적으로 다른 자료수집 방법보다 비용과 시간이 덜 들기도 함) 그리고 과거에 발생했던 현상을 연구할 수 있는 가능성이라는 세 가지 주된 장점이 있다. 이러한 장점에 비춰볼 때 이번 장에서는 이용 가능한 기존 자료를 분석하는 방법인 2차 자료분석, 내용분석, 역사·비교분석이라는 세 가지 방법을 살펴보겠다.

이 세 가지 연구방법을 살펴보기에 앞서 일종의 준비단계로서 비관여적 측정의 가능성 전반에 대한 지식을 넓혀줄 수 있는 더없이 좋은 책을 한 권 소개하려고 한다. 우리가 이 책에서 사용하는 **비관여적 측정**이라는 용어 또한 바로 그 책에서 빌려온 것이다.

비관여적 측정

1966년 유진 웹 Eugene J. Webb과 세 명의 동료들은 이제는 이미 고전이 되어버린 독창적인 사회조사 연구에 관한 책을 펴냈는데, 그 책은 **비관여적**(unobtrusive) 또는 **비반응적**(nonreactive) **조사연구**에 초점을 맞추었다(이 책은 1981년에 개정판이 출간되었다). 웹과 동료들은 이 책에서 사람들이 무심코 남긴 흔적을 관찰해 인간 행위에 대해 알 수 있는 여러 가지 방법을 자유롭게 펼쳐 보였다. 예를 들어 박물관의 전시물 중 어떤 것이 가장 인기가 있는지 알아보려 한다고 하자. 한 가지 방법은 여론조사를 실시하는 것이다. 그러나 사람들은 연구자의 눈에 자신이 더 지적이고 진지한 사람으로 비춰질 만한 전시물을 답으로 제시할 수도 있다. 여러 전시물 옆에 서서 지나가는 관람객 수를 세는 것이 또 다른 방법이 될 수 있다. 그러나 그렇게 할 경우 자칫 사람들은 연구자가 무엇을 하고 있는지를 보기 위해 그 전시물 앞으로 올 수도 있다. 웹과 그의 동료들은 여러 전시물 앞의 바닥이 닳고 뚫어진 정도를 조사해보라고 제안한다. 타일이 가장 많은 곳이 아마도 가장 인기가 있는 장소일 것이다. 어떤 전시물이 어린이들에게 가장 인기 있는 전시물인지를 알고 싶은가? 그렇다면 유리상자에 묻은 손자국을 찾아보라. 가장 인기 있는 라디오 방송이 무엇인지를 알아보려면 수리를 위해 정비소를 찾는 자동차들의 라디오가 어느 채널에 맞춰져 있는지 확인해달라고 정비공들에게 부탁할 수도 있다.

가능성은 실로 무한하다. 사회를 연구하는 사람은 탐정처럼 실마리를 찾아내며, 실마리는 우리 주변 어디에나 존재한다. 어떤 의미에서 우리가 보는 모든 것은 어떤 중요한 사회과학적 질문에 대한 답을 제시해준다. 따라서 우리가 해야 할 일은 질문을 생각하는 것뿐이다. 비관여적 측정에는 타당도와 신뢰도의 문제가 있지만 약간의 독창성을 발휘한다면 그 문제를 처리하거나 전체적 시야에 놓을 수 있다. 우리는 사람들에게 웹의 책을 읽어볼 것을 당부하려고 한다. 그 책은 매우 재미있으며, 기존의 자료를 이용해 사회탐구를 하는 데 있어 자극과 통찰력의 원천이 될 것이다. 이제 사회과학자들이 많이 사용하는 세 가지 비관여적 방법을 살펴보자.

EP 2.1.6b
EP 2.1.10m

2차 자료분석

16장에서 살펴봤듯이, 조사연구는 결코 쉬운 일이 아니다. 대규모 조사연구를 수행하는 데는 수개월이 걸리기도 하고 경우에 따라서는 개념화에서 시작해 자료를 손에 쥐게 되기까지 일 년 넘는 기간이 소요되기도 한다(물론 소규모 조사연구는 좀 더 빨리 진행된다). 그러나 동시에 그런 조사연구를 수행하는 데 드는 시간과 재정을 들이지 않고도 자신이 하고자 하는 조사연구를 진행할 수도 있다. 예를 들면, 전국적으로 수집된 표본 응답자 2,000명의 설문 자료를 분석할 수 있다. 2차 자료분석이 바로 그러한 연구를 가능하게 하는 방법 중 하나다.

2차 자료분석(secondary analysis)은 특정 연구를 위해 수집되어 정리된 자료를 그 연구 이후에 진행되는 후속 연구에서 분석하는 연구방법이다. 종종 후속연구는 다른 목적으로, 그리고 다른 연구자에 의해 진행된다. 어떤 경우 다른 연구자가 처음 연구에서 제시한 분석결과에 의문을 갖고 동일한 자료를 다른 목적에서 분석하기도 한다. 2차 자료분석은 원래의 연구자에 의해 진행되기도 한다. 예를 들면 처음 연구와는 다른 연구질문에 대한 답을 찾기 위해 변수들 간의 다른 관계를 분석하는 경우라든지 원래 연구질문을 수정한 연구질문에 대한 답을, 다른 변수들을 분석에서 추가로 통제함으로써 찾으려는 경우가 있다. 또한 자료가 매우 방대할 경우 한 번의 연구에서 모든 변수를(또는 그러한 변수들과 관련된 다수의 연구질문을) 분석할 수 없는 경우도 있다.

오늘날 정부와 많은 기관이 연구에 필요한 자료를 점점 더 많이 수집하고 그러한 자료에 대한 연구자들의 접근이 가능해지면서 2차 자료분석 방법이 점점 더 많이 활용되는 추세다. 또한 기술의 발전으로 수집된 자료에 대한 접근과 분석이 점점 더 용이해지고 있으며, 더 나아가 연구자들 간의 자료 공유 역시 점점 더 용이해지고 있다.

예를 들어, 어떤 연구자가 사회복지 교육의 문제에 관심을 가지고 연구를 진행하려 한다고 가정해보자. 아마도 당신은 자신이 속한 대학에서 여성 교수들이 더 낮은 직급에 있다거나 여성 교수들이 행정직을 맡는 경우가 드물다는 현상을 발견했을 수도 있다. 이런 상황에서 연구자는 전국 차원에서 동일한 배경을 가진 여성 교수들과 남성 교수들을 직급, 교육에 있어서의 책임, 급여와 연구성 등의 변수에서 비교해보고 싶은 욕구를 갖게 될 것이다.

사회복지학과 교수들을 대상으로 전국 규모의 조사연구를 실시한다는 것은 많은 시간과 비용을 필요로 한다. 더 나아가 설사 그러한 조사를 실시할 수 있는 자원을 얻었다고 하더라도 과연 그러한 조사에 응해줄지를 생각해봐야 한다. 이 경우, 직접 조사를 실시하는 것에 대한 대안으로 연구자는 (훨씬 더 적은 비용을 들여서) 사회복지교육협의회가 매년 수집하는 사회복지학과 교수들에 대한 자료 중 특정 연도에 해당하는 모든 교수에 대한 자료를 구입해 이를 분석할 수 있다.

2차 자료분석의 성장

1960년대에 들어와서 조사연구자들은 자료를 수집해 보관하고 조사설계나 자료수집에는 전혀 관여하지 않았지만 많은 연구자에게 수집한 자료를 분석하게 하는 것의 중요성을 깨닫기 시작했다. 어떤 연구자가 조사연구를 통해 자료를 수집하고 분석했다고 하더라도 동일한 자료는 그 연구자가 아닌, 약간 다른 관심을 가진 다른 연구자들에 의해 얼마든지 분석될 수 있다. 따라서 예컨대 어떤 연구자가 정치적 관점과 성평등 간의 관계를 알고자 한다면, 어떤 자료든 그 두 가지 변수를 포함하고 있는 자료라면 그런 자료를 분석함으로써 연구질문에 대한 답을 찾을 수 있다.

초기의 자료보관소는 두 가지 점을 제외하고는 책을

모아놓은 도서관과 별다른 차이점이 없었다. 첫 번째 차이점은, 자료보관소의 경우 책이 아닌 자료를 보관한다는 것이었다. 그 당시에는 천공카드나 자료가 기록된 자기테입(magnetic tape)을 보관했으나 오늘날에는 주로 컴퓨터 디스크, CD-ROM, 온라인 서버 등을 보관한다. 두 번째 차이점은, 책은 반드시 도서관에 반납해야 하는 것과 달리 자료보관소에서 얻은 자료는 개인이 가질 수 있다는 점이다.

세일즈 Sales, 리첸월터 Lichtenwalter, 페볼라 Fevola (2006)는 2차 자료분석의 발달에 대해 다음과 같이 기술하고 있다.

> 조사자료는 향후 다시 분석할 수 있는 가능성을 항상 갖고 있다. 조사연구가 야심적인 연구일수록 그리고 데이터베이스의 질이 좋을수록 후속탐구의 가능성 또한 높다. 대부분의 연구자는 종종 연방정부로부터 지원을 받는 대규모 조사연구를 진행하면서 자신이 수집된 자료가 지닌 가능성 가운데 그저 일부만을 사용하는 데 그쳤다는 사실을 연구가 종료되기 이전에 깨닫게 된다. 연구비를 지원한 주체들 또한 대규모 조사연구를 위해 들인 비용에 비해 연구를 통해 얻게 되는 정보의 양이 극히 제한된 수준에 그치는 것이 아닌가 하는 우려감을 갖게 되었다. 최근 들어 많은 연방기관이 이러한 단점을 극복하기 위해 새로운 정책을 개발했다. 국립과학재단, 국립알코올문제연구소, 국립아동건강 및 인적자원개발 연구소 등을 포함한 많은 연방기관이 기존 자료를 이용한 2차 자료분석 연구를 공모하기 시작했다. 특히 미국 국립보건원의 경우, 연구소가 이미 오래전부터 유지해왔던 자료공유정책의 범위를 훨씬 더 넘어서서 … 연구소가 지원한 연구에 대해서는, 수집된 모든 자료를 반드시 제출해 다른 연구자들이 자료에 접근할 수 있게 할 것을 의무화하기 시작했다. 또한 대규모 연구의 연구계획서에 자료에 대한 접근, 보관 및 공유에 관한 계획을 반드시 포함하게 했다. 또한 여러 학술지 … 학술단체들이 연구자들에게 논문에 사용된 자료를 보관할 것을 권장 또는 요구하고 있다. … 이 기관들은 연구자에게 자료의 활용성을 높이고 자료를 재생할 수 있는 방법을 확대해나가도록 압력을 가해왔다(pp. 545-546).

자료보관소

사회복지 연구자들을 위해 자료를 수집하고 보관하는 주체들은 매우 다양하다. 예를 들면 대학의 연구기관, 정부, 대인서비스 조직, 유엔, 학술단체 등을 꼽을 수 있는데 그러한 주체들을 일일이 열거한다면 아마도 책 한 권이 될 정도로 수없이 많은 주체가 존재한다. 여기서는 일단 그러한 주체들 중 몇 개 정도를 소개하면서, 자신이 하고자 하는 연구와 관련이 있는 자료를 수집하고 보관하는 주체를 찾을 수 있는 방법을 제시하기로 하겠다.

어떤 자료보관소는 동일 모집단으로부터 주기적으로 표본을 뽑아 만든 시계열 자료를 제공하는데, 대표적인 예로는 GSS(General Social Survey)를 꼽을 수 있다. 매년 혹은 2년마다 한 번씩 연방정부는 시카고 대학교에 있는 NORC(National Opinion Research Center)에서 전국 규모의 조사를 실시해 다양한 사회과학 관련 변수에 관한 자료를 수집하도록 하고 있다. 이 조사의 가장 기본적인 목적은 연구자들에게 무료 또는 아주 적은 비용으로 자료를 이용할 수 있게 하는 것이다. GSS에 관한 좀 더 자세한 정보는 http://www.icpsr.umich.edu/gss/를 통해 얻을 수 있다. 이와 달리 어떤 자료보관소는 전 국민을 대상으로 실시한 인구조사(national census data) 자료를 보관하기도 하며, 이 밖에도 횡단조사를 통해 수집된 자료를 보관하는 곳과 종단조사를 통해 수집된 자료를 보관하는 곳도 있다. 어떤 자료보관소에서는 이상에서 언급한 자료의 종류 중 한 가지 종류 이상의 자료를 수집하고 보관하기도 한다.

2차 자료분석을 위해 필요한 자료를 얻을 수 있는

자료원(data source)에는 여러 가지가 있다. 예를 들어, National Data Archive on Child Abuse and Neglect (http://www.ndacan.cornell.edu)는 아동학대 및 방임에 관한 자료를 제공한다. 아동 관련 자료를 제공하는 또 다른 자료원으로는 Annie E. Casey Foundation(http://www.aecf.org)을 꼽을 수 있는데, 이 재단에서 제공하는 자료인 Kids Count는 아동복지와 관련된 많은 변수가 포함되어 있다. National Archive of Criminal Justice Data(http://www.icpsr.umich.edu/NACJD)에서는 가정폭력 연구를 통해 얻은 자료를 제공받을 수 있다.

세일즈와 동료들(2006)은 이 외의 여러 정보원을 소개하고 있는데, 이들에 따르면 가장 규모가 큰 자료보관소는 미시간 대학교에 있는 ICPSR(Inter-University Consortium of Political and Social Research)이라고 한다. ICPSR의 자료는 전 세계 회원기관의 연구자들에게 제공된다. ICPSR의 자료는 http://www.icpsr.umic.edu를 통해 제공받을 수 있으며 사회복지와 관련된 노인, 약물남용, 정신건강, 교정, 보건의료 및 교육 등에 관한 자료가 포함되어 있다. 세일즈와 동료들이 추천하는 또 다른 유용한 자료원은 Sociometrics Social Science Electronic Data Library(http://www.socio.com/edl.htm)이다. 이 자료보관소는 사회복지와 관련된 200개가 넘는 연구들을 보관하고 있다. 사회과학 분야의 자료를 제공하는 좀 더 많은 자료원의 목록을 원할 경우 세일즈와 동료들이 소개하는 University of California-San Diego Social Science Data의 인터넷 웹사이트(http://odwin.ucsd.edu/idata)를 참조하기 바란다. '아동복지 분야의 네 개의 유용한 기존 자료 출처'라는 제목의 글상자를 보면, 위의 여러 자료와 더불어 아동복지 분야에 특별히 관심을 가지고 연구하려는 독자들이 더 많은 정보를 얻을 수 있을 것이다.

기존 통계자료

또 다른 자료원은 행정 관련 기록 및 공공기록을 바탕으로 만들어지는 **기존의 통계자료**(existing statistics)다. 일반적으로 이러한 자료는 기관의 기록을 모아놓은 형태를 띤다. 예를 들어, 아동학대 예방을 위한 주정부 차원의 새로운 프로그램이 어떤 효과를 갖는지를 알아보고자 한다고 가정해보자. 이를 위해 연구자는 새로운 프로그램이 실시된 이후 매년 학대로 인해 가정이 아닌 다른 곳으로 보내지는 아동의 비율에 변화가 있는지를 주정부 소속 대인서비스 기관의 기록을 바탕으로 보고되는 기존의 통계자료를 살펴볼 수 있다. 이용 가능한 통계자료가 대단위 차원의 통합자료일 때 개인단위에서 자료를 재분석한다는 것은 불가능하다. 따라서 그러한 경우 통계자료는 대단위 차원(예를 들면, 지역 간 아동학대 발생률이나 기관들이 제공하는 서비스의 종류별 비율 등)에서 분석해야 한다.

미국 상무부가 인구조사국을 통해 매년 발간하는 『Statistical Abstract of the United States』는 한 권쯤 사둘 만한 좋은 자료원이라고 할 수 있다. 이 책에는 개별 주, 도시(모든 도시가 포함되는 것은 아님), 미국 전체에 관한 통계자료가 수록되어 있다. 예를 들면 매년 전국에서 일을 그만두는 사람의 수, 주요 도시의 주택재산세, 공해용수 방출 보고 횟수, 사업장 소유자의 수 등 매우 다양한 자료가 수록되어 있다. 이 통계자료집은 CD 형태로도 발간되기 때문에 자료를 찾고 필요한 곳으로 보내기가 매우 편리하다.

다양한 연방기관(예를 들면 노동부, 농업부, 교통부 등)도 여러 종류의 통계자료집을 발간한다. 어떤 통계자료집이 있는지를 알아보는 가장 좋은 방법 중 하나는 직접 도서관에 가서 정부간행물 서고를 훑어보거나 미국 정부자료인쇄소의 웹사이트 http://www.access.gpo.gov를 방문해보는 것이다.

기존 통계자료에 접근할 수 있는 방법 중 가장 최근에 개발된 방법은 다름 아닌 인터넷 웹이다. 표 17-1은 인터넷상의 웹이 얼마나 다양하고 풍부한 자료를 제공해줄 수 있는 자료원인지를 잘 보여준다.

국제통계자료는 UN을 통해 얻을 수 있다. UN이 매년 발간하는 『Demographic Yearbook』에는 출생자와 사망자 수를 비롯한 다양한 인구학적 통계자료가 국가별

아동복지 분야의 네 개의 유용한 기존 자료 출처

애니 케이시의 키즈 카운트(Kids Count)
(http://datacenter.kidscount.org)

이 온라인 데이터베이스에는 애니 케이시 재단(Annie E. Casey Foundation)이 제공하는 미국 각 주의 아동복지를 비교할 수 있는 자료가 축적되어 있다. 복지지표(well-being indicator)는 낮은 출산율, 영아 사망률, 아동 사망, 십대의 사망, 학교에 가지 않고 일도 하지 않는 십대 청소년, 실직 부모를 둔 아동, 빈곤아동, 한부모 가정 아동, 이민 가정 아동, 건강보험이 없는 아동에 관한 내용을 보여준다. 이 자료를 통해 우리는 여러 주와 도시의 아동복지를 비교해보는 것과 더불어 개별 주, 아직 주의 지위를 갖지 못한 지역, 또는 지역공동체의 범위 내에서 이 자료를 분석할 수 있다. 또 이 자료로 각 주에 대한 개요, 지도, 순위, 그래프를 만들어낼 수도 있다. 이 책을 집필하는 현재, 해당 웹사이트의 맨 위쪽에 게시된 막대그래프는 2008년 50개의 각 주들의 빈곤아동 비율을 나타내고 있다. 미시시피 주가 30%로 가장 높은 비율을 차지했고, 비교적 높은 수치인 20%를 상회하는 대부분의 주들은 남쪽 지방에 분포했다.

아동학대와 방임에 관한 국가기록저장소
(http://www.ndacan.cornell.edu/NDACAN/Useful_Links.html)

이 사이트에서는 아동학대와 방임에 관해 조사한 연구자들의 자료를 2차 분석 자료로 사용할 수 있도록 제공한다. 또한 이 사이트는 데이터 세트에 대한 2차 분석을 하고자 하는 사람들에게 기술 지원을 제공한다. 이 사이트에서 사용할 수 있는 데이터 세트는 다음과 같다. 국가가정폭력조사(National Family Violence Survey), 가족구조 및 방임 가족의 기능(Family Structure and Functioning in Neglectful Families), 아동학대와 방임 사건에 대한 국가적 연구(National Study of the Incidence of Child Abuse and Neglect), 가출 및 노숙 청소년 관리정보(Runaway and Homeless Youth Management Information), 아동기에 성적 학대를 당한 여성의 양육(Parenting Among Women Sexually Abused in Childhood), 현재와 과거의 양부모에 대한 국가조사(National Survey of Current and Former Foster Parents), 아동학대의 이웃과 가정의 원인론적 요소들(Neighborhood and Household Factors in the Etiology of Child Maltreatment), 학대 아동의 회복력을 위한 종적인(장기적인) 치료방법(Longitudinal Pathways to Resilience in Maltreated Children) 등

미국 아동국 통계와 연구
(http://www.acf.hhs.gov/programs/cb/stats_research/index.htm)

이 정부기관 사이트는 국가적 수준의 입양과 위탁양육에 관한 기존 통계(데이터베이스가 아닌)를 제공한다. 입양 및 위탁양육 보고와 분석 시스템은 '주(州) 아동복지기관들로부터 배정, 관리, 감독을 받거나 각 기관들의 보호 아래에서 입양된 아이들'에 대한 사례 수준의 기존 통계를 보고한다.

이 사이트에서는 입양 및 위탁양육의 연간 경향, 아동 사망자 수, 아동학대의 위험요소, 가해자의 특성, 아동복지의 성과 등 여러 가지 유용한 기존 자료를 확인할 수 있다.

아동복지변동보고시스템
(http://cssr.berkeley.edu/ucb%5Fchildwelfare)

이 사이트는 캘리포니아 주 사회복지부와 캘리포니아 대학교 버클리 캠퍼스가 함께 운영하는 곳이다. 여기서는 캘리포니아아동복지시스템 안에 있는 아동들에 대한 아동복지의 행정적 자료를 확인할 수 있다. 또한 아동학대 의뢰건수 및 비율, 아동학대의 재발생 등에 관한 도표를 확인할 수 있다.

표 17-1 기존 통계자료 관련 웹사이트

미국 정부 웹사이트	
인구조사국	http://www.census.gov
노동통계국	http://www.bls.gov
중앙정보국(CIA)	http://www.cia.gov
교육부	http://www.cdc.gov/nchs
보건복지부	http://www.os.dhhs.gov
주택 및 도시개발부	http://www.hud.gov
연방기관통계목록(링크)	http://www.fedstats.gov
연방조사국	http://www.fbi.gov
아동 및 가족통계를 위한 연방기관포럼	http://www.childstats.gov
정부자료인쇄소	http://www.access.gpo.gov
미하원	http://www.house.gov
미상원	http://www.senate.gov
백악관	http://www.whitehouse.gov
그 밖의 통계자료 관련 웹사이트	
미국 아동복지연합	http://ndas.cwla.org
범죄통계	http://www.crime.org
노인전산자료보관소	http://www.icpsr.umich.edu/NACDA/index.html
복지연구 및 복지통계협회	http://www.nawrs.org
아동학대 및 방임 자료보관소	http://www.ndacan.cornell.edu
UN 데이터베이스	http://www.un.org/databases/index.html
세계은행	http://www.worldbank.org

로 수록되어 있다. UN의 웹사이트는 표 17-1에 제시된 바와 같다. 인구자료국(Population Reference Bureau) 같은 단체들은 미국을 비롯한 여러 나라의 인구학적 통계자료를 수집하고 발간하고 있으며, 이러한 자료를 2차 자료분석을 위한 자료로 사용할 수 있다. 이들이 발간하는 『World Population Data Sheet』와 『Population Bulletin』은 사회과학 분야의 연구자들이 많이 사용하는 자료원 중 하나다. 사회지표에 관한 자료의 경우 학술지 「SINET: A Quarterly Review of Social Reports and Research on Social Indicators, Social Trends, and the Quality of Life」를 통해 얻을 수 있다. 이 밖에도 많은 정부기관이 대단히 많은 종류의 자료를 발행하고 있다. 다시 반복하건대, 어떤 자료가 있는지를 알아보는 가장 좋은 방법은 웹사이트와 도서관을 모두 활용하는 것이다.

민간기관도 정부기관 못지않게 엄청난 양의 통계자료를 수집하고 발간한다. 예를 들면, 상공회의소와 많은 민간소비자단체가 종종 기업에 관한 통계자료집을 발간한다. 또한 랠프 네이더 Ralph Nader의 소비자운동단체는 자동차의 안전성에 대한 정보를 발표하고 시민단체인 코먼 코즈(Common Cause)는 정치와 정부에 관한 자료를 제공한다. 또한 앞서 언급한 것처럼, 조지 갤럽은 1935년부터 일반대중의 의견을 조사한 갤럽 조사결과를 판매하고 있다.

이상에서 소개한 자료원 외에도 수없이 많은 자료원이

있지만 이 정도에서 자료원에 대한 소개는 마치겠다. 다음번에 대학도서관에 가거든 꼭 정부간행물 서고에 들러 보기 바란다. 아마도 엄청난 양의 자료가 당신의 분석을 기다리고 있다는 사실을 알고 놀라게 될 것이다. 한마디로 말해서, 자료수집에 필요한 연구비가 없다는 것은 훌륭한 연구를 할 수 없는 이유가 될 수 없다고 하겠다.

2차 자료분석의 장점

2차 자료분석의 장점은 매우 분명하다. 직접 조사연구를 하는 것보다(아마도 조사연구뿐만 아니라 거의 모든 종류의 연구보다) 훨씬 시간과 비용이 적게 든다는 점이다. 아울러 2차 자료를 분석하기 때문에 절약할 수 있게 된 비용을 가지고 연구자는 일반적인 규모의 연구비로는 마련하기 어려울 정도로 큰 표본을 확보할 수 있다.

또 다른 장점은 (물론 원자료를 수집한 연구자가 누구인가에 따라 다를 수 있지만) 실력 있는 전문 연구자가 이루어놓은 연구성과를 활용할 수 있다는 점이다. 예를 들어, 자료보관소에 보관되어 있는 자료들 가운데 적지 않은 수가 연방정부의 지원을 받아 수행된 연구의 결과물일 수 있으며 그러한 연구들은 충분한 연구비를 바탕으로 엄격한 표본추출과 높은 응답률을 확보할 수 있었던 연구들일 가능성이 높다. 이와 관련해서 세일즈와 동료들(2006)은 다음과 같이 언급하고 있다.

> 따라서 그러한 연구들의 경우, 표본이 모집단에 대해 갖는 대표성이 매우 높다. 그렇기 때문에 그러한 연구들로부터 추론되는 내용은 높은 외적 타당성을 가지며 … 사회적 욕구와 사회정책에 대한 논의에 탄탄하고 설득력 있는 근거를 제공해줄 수 있다. 사회복지 연구자들의 경우, 연방정부로부터 대규모 연구비 지원을 받기가 그리 쉽지 않으므로 중요한 사회 문제에 관한 정보를 제공해줄 수 있는 양질의 자료에 접근 가능하다는 점은 우리 분야에 있어서는 특별한 중요성을 갖는다고 하겠다 (p. 549).

충분한 재정지원을 받은 대규모 조사연구의 경우, 일반적인 사회복지 연구에서 조사할 수 있는 변수의 수보다 훨씬 많은 수의 변수를 조사할 수 있다. 따라서 2차 자료분석은 연구자로 하여금 훨씬 많은 수의 변수를 분석할 수 있는 기회를 제공해준다. 또한 분석할 수 있는 변수의 수가 많고 표본의 크기가 크기 때문에 다변량 자료분석 기법을 사용해 여러 변수들 간의 관계를 동시에 분석할 수 있을 뿐만 아니라 여러 변수들의 영향력을 통제한 상태에서 분석이 가능하기 때문에 각 변수가 갖는 설명력을 좀 더 정확하게 파악할 수 있다(이에 관해서는 23장 다변량 분석 부분에서 다시 논의하겠다).

2차 자료분석의 또 다른 장점은 충분한 재정적 지원을 받아 진행된 원래 연구는 표본의 크기와 대표성에서만 우수한 것이 아니라 방법론적 엄격성 또한 매우 뛰어나다는 점이다. 예를 들어, 대규모 조사연구에 필요한 연구비를 실제로 따내기 위해서는 연구계획서상에 제시된 연구설계와 측정계획이 매우 뛰어나야만 한다. 이 책에서 다루는 연구설계와 측정에 관한 모든 내용을 하나도 빠짐없이 이해할 만큼 뛰어난 연구자라고 할지라도 자신이 원하는 수준의 엄격성을 가진 연구를 실제로 할 수 있을 만큼의 연구비를 따낸다는 것은 지극히 어려운 일이다.

이러한 장점과 더불어서 세일즈와 동료들(2006)은 2차 자료분석이 갖는 그 밖의 장점을 다음과 같이 정리하고 있다.

- **인간을 연구대상으로 할 때의 문제**: 이미 수집되어 있는 자료를 사용하고자 하는 연구계획은 IRB 승인을 받기가 한결 수월하다(5장에서 논의했던 IRB에 관한 내용을 기억하기 바란다). 2차 자료를 분석하는 연구자는 자료를 직접 수집하지 않아도 되기 때문에 자료수집과 관련된 윤리적 문제(연구대상의 신분이 알려지지 않도록 각별한 주의를 기울여야 한다고 가정한다면)로부터 자유로울 수 있다.
- **찾아내기 힘든 연구대상에 대한 접근**: 다른 사람들에

게 알려지는 것을 꺼리거나 찾아내기 힘든 대상집단(예를 들면 6장에서 소개했던)을 연구하려면 많은 시간과 비용을 필요로 할 뿐만 아니라 대부분의 사회복지 연구자들이 가진 능력을 넘어서는 일이다. 그러한 대상에 대한 연구는 낙인이라는 문제뿐만 아니라 연구대상의 수 자체가 매우 적다는 문제가 있다(예를 들면 동성부부에게 입양된 아이). 자신이 연구하고자 하는 대상집단을 충분히 포함하고 있을 만큼 큰 표본을 가진 선행연구의 자료에 대한 접근성을 확보하는 것이 자신이 원하는 대상집단의 표본을 직접 뽑는 것보다 더 합리적인 방법일 수 있다.

- **변화추이 연구**: 앞서 언급한 바와 같이, 어떤 자료보관소는 시계열 혹은 종단연구를 통해 수집된 자료를 보관하고 있다. 그러한 자료를 수집하는 일은 연구자가 실제로 들이고, 또한 들이고자 하는 시간이나 비용보다 훨씬 많은 시간과 비용을 필요로 한다.
- **비교연구**: 특정 사회 문제를 가지고 각기 다른 국가를 비교하는 연구를 하고자 할 경우, 직접 자료를 수집하기보다는 2차 자료를 분석하는 편이 비용 면에서 훨씬 수월하다.
- **기술적 지원**: 연방정부는 자료보관소의 자료에 대한 연구자들의 2차 자료분석을 권장하고자 연구자들이 자료에 접근할 수 있는 방법과 자료를 분석할 수 있는 방법을 상세하게 기술한 안내서를 제공하고 있다. 아울러 어떤 자료보관소는 그러한 내용을 워크숍을 통해 연구자들에게 알리기도 한다. 심지어 어떤 정부기관은 자신이 제공하는 워크숍에 좀 더 많은 연구자가 참여할 수 있도록 워크숍 참여경비를 지원하기도 한다.

2차 자료분석의 단점

2차 자료분석은 이상에서 언급한 장점이 있는 반면 단점 또한 있다. 자신의 연구(혹은 사회복지 실천)에 2차 자료분석이 포함되어 있을 때 연구자는 자신이 사용하려는 2차 자료가 '공식적인' 자료이기 때문에 혹은 권위 있는 기관이 제공하는 자료이기 때문에 아무런 문제가 없을 거라고 단순하게 생각해서는 안 된다. 어떤 자료는 자료가 공개될 때 이미 너무 오래된 자료가 되어버린 경우도 있다. 아울러 2차 자료는 타당도에 문제가 있을 수 있는데, 예를 들면 어떤 연구자가 특정 목적을 위해 수집해놓은 자료가 그 자료를 사용하고자 하는 연구자의 연구질문에 대한 답을 찾기에 적합한 자료가 아닐 수도 있다. 대부분의 경우, 2차 자료를 분석하는 연구자는 한편으로는 원래 연구자의 연구질문과 자신의 연구질문이 '매우 유사'하다는 사실을 발견하게 되기도 하지만, 다른 한편으로는 원래 연구자가 질문을 그저 약간만 다른 식으로(혹은 관련된 몇 가지 중요한 질문을 함께) 물었더라면 하는 아쉬움을 일반적으로 갖게 된다. 실제로 연구자가 그러한 상황에 처하게 되면 연구자는 원래 연구자가 물었던 질문들이 과연 자신이 분석하고자 하는 변수에 대한 타당한 측도인지에 대해 생각해보지 않을 수 없게 된다. 이제 연구방법으로서 2차 자료분석을 사용할 때 연구자가 직면할 수 있는 몇 가지 특별한 문제를 함께 살펴보자.

결측자료 2차 자료를 이용해 연구를 할 때 연구자는 필연적으로 '있는 자료'라는 한계 내에서 연구를 하게 된다. 따라서 2차 자료를 사용하고자 할 때 연구자는 많은 시간을 들여서 연구계획을 세우기에 앞서 자신이 필요로 하는 자료가 실제로 존재하기는 하는지의 여부를 반드시 먼저 검토해봐야 한다. 또한 자료가 있더라도 연구자는 자신이 원하는 변수가 혹시 많은 결측값을 갖고 있지는 않은지의 여부를 반드시 확인해봐야만 한다. 예를 들어 어떤 연구자가 미국에서 인종과 퇴직자의 빈곤 간의 관계를 전국 차원의 기존 자료를 이용해 연구하고자 할 때, 비교적 많은 수의 상대적으로 부유한 백인 은퇴자가 있는 주들이 연구자가 사용하고 싶어 하는 2차 자료에 빠져 있거나 혹은 데이터베이스에는 포함되어 있으나 인종이라는 변수가 자료 속에 포함되어 있지 않을 수 있다. 이러한 경우, 그 연구결과는 정확성에 있어 심각한 문제를 가질 수 있다.

때로는 어떤 변수가 변수값이 있기는 하지만 변수값의 변량(variation)이 거의 없어 변수로서의 의미를 갖지 못하기 때문에 결측값과 다름없어지는 경우가 발생하기도 한다. 앞서 3장과 8장에서 논의한 바와 같이, 어떤 개념이 변수가 되려면 그 개념은 반드시 변하는 것이어야 한다. 예를 들어, 정신적으로 상처를 받은 경험이 있는 6세 아동들을 대상으로 하는 놀이치료 개입이 1학년 아동의 성적에 어떤 영향을 미치는지를 학교 성적표를 통해 알아보고자 한다고 가정해보자. 이 경우, 연구자는 그 학년에 해당하는 아동들의 학교성적에 과연 충분한 변량이 존재하는지를 무엇보다 먼저 확인해봐야 할 것이다. 만일 1학년을 담당하는 선생님들이 학생들이 낮은 성적 때문에 실망해서 학습의욕을 상실하는 상황이 벌어지지 않도록 또는 학생들의 자존감을 떨어뜨리지 않도록 거의 모든 학생에게 A를 준다고 가정해보자. 이 경우, 성적 변수의 변수값은 충분한 변량을 갖지 못할 것이므로 성적은 변수로서의 의미를 전혀 갖지 못한다.

타당도 문제 타당도 문제는 자료를 수집하고 보관하는 기관이 변수를 정의하는 방식이 2차 자료분석을 하려는 연구자의 변수 정의방식과 다를 때 발생할 수 있다. 예를 들어, 공공부조를 담당하는 주정부 기관에서 직업훈련 참여를 취업으로 본다고 가정해보자(아마도 이러한 기관은 최근 개정된 공공부조 제도가 수급자들을 근로하게 만드는 데 효과적임을 보여주고자 하는 기관이기 쉬울 것이다). 이러한 기관의 입장과 달리 연구자는 직업훈련에 대해 과연 직업훈련이 공공부조 수급자들에게 임금을 받는 일자리를 얻게 하는 데 효과적인가에 대해 매우 회의적인 입장이며 따라서 직업훈련을 취업으로 보지 않을 수 있다. 또한 정부의 자료에는 정규직 일자리와 임시직 일자리가 구분되어 있지 않을 수 있는 반면, 연구자는 공공부조 수급자의 성공적인 근로를 수급자가 정규직 일자리를 얻어 공공부조를 통해 지급받던 급여와 같거나 더 많은 소득을 얻게 된 상태라고 정의할 수 있다. 이렇게 볼 때, 만일 연구자가 연구를 하는 데 있어 정부의 통계자료에 전적으로 의존할 수밖에 없다면 연구의 타당도에 심각한 문제가 있을 수도 있음을 알아두어야 한다.

또 다른 종류의 타당도 문제는 기존 통계자료가 만들어질 때 보고되지 않은 경우는 모두 누락되고 보고된 경우만을 바탕으로 만들어진 통계자료인 경우에 발생할 수 있다. 즉, 배우자로부터 학대를 받는 사람의 숫자나 데이트 상대로부터 성적 학대를 경험한 대학생의 숫자 등은 보고된 경우만을 바탕으로 집계되기 때문에 실제보다 과소평가될 가능성이 높다. 더 나아가서 이러한 사건의 실제 횟수는, 보고되지 않은 경우뿐만 아니라 보고된 경우라고 할지라도 형사고발로 이어지지 않은 경우는 누락되기 때문에 실제보다 더욱 과소평가될 가능성이 높다.

부적절한 자료수집 방법은 타당도 문제를 유발하는 또 다른 원인이 된다. 예를 들어, 자료수집 당시 조사자가 위험한 지역에 들어가기를 꺼려해 가짜 응답을 만들어낼 수도 있는가 하면, 직접 서비스를 전달하는 사회복지 실천가가 문서작업에 반감을 갖고 있어서 자신이 담당하는 사례에 관한 기록을 불성실하게 할 수도 있다.

신뢰도 문제 기존 자료에 대한 분석은 자료 자체의 질에 크게 좌우된다. 각 통계자료는 과연 그 통계자료가 보여주고 있다고 주장하는 바를 정확하게 보여준다고 볼 수 있는가? 이러한 질문은, 이따금씩 정부가 보고하는 통계표들은 매우 심각할 정도로 부정확한 경우가 있으며 그러한 맥락에서 보자면 매우 심각한 문제라고 하지 않을 수 없다.

범죄에 대한 대부분의 연구는 범죄에 관한 공식적인 통계자료에 의존해 이루어지기 때문에 공식적인 범죄 통계자료에 대해 상당히 많은 비판의 목소리가 일어왔다. 그럼에도 불구하고 그 결과는 그다지 고무적이지 않다고 할 수 있는데, 예를 들어 미국 내의 대마초 소비 추세를 장기간에 걸쳐 연구한다고 가정해보자. 이 경우, 대마초를 팔거나 소지해 체포된 사람들의 수에 관한 공식적인 통계자료가 대마초 사용 정도를 가늠할 수 있게 해주는 적절한 척도다. 과연 그런가? 반드시 그렇지는 않다.

먼저, 이 통계자료에는 타당도와 관련된 여러 가지 문제가 있다. 미국에서 대마초는 1937년 대마초세법(Marijuana Tax Act)이 제정되기 이전까지는 합법적이었고, 따라서 체포 기록은 타당한 척도가 될 수 없다. 또한 이 문제를 해결하기 위해 연구의 범위를 1937년 이후로 제한한다고 하더라도 범죄예방 및 단속을 위한 노력과 범죄기록에 대한 관리의 특성으로 인해 신뢰도에 관한 여러 가지 문제는 여전히 남는다.

예를 들어 범죄예방 및 단속은 여러 가지 요인에 의해 영향을 받는데, 보고되는 범죄건수는 경찰을 고용하는 데 필요한 예산이 증가하거나 감소함에 따라 높아지기도 하고 낮아지기도 한다. 큰 목소리를 낼 수 있는 시민단체들이 대마초와 관련된 사회 문제에 대해 항의의 목소리를 높이면 경찰은 '마약거래 근절'을 위해 더 많은 노력을 기울인다. 특히 선거 때나 예산심의 기간에 그런 항의는 매우 효과적인 결과를 가져온다. 언론의 자극적인 기사도 비슷한 영향을 미칠 수 있다. 또한 경찰의 업무량도 대마초사범 검거에 적지 않은 영향을 미친다.

드플러 DeFleur(1975)는 1942년에서 1970년까지 시카고의 마약 관련 검거의 유형을 연구해, 공식기록이 마약의 역사보다는 경찰 업무와 경찰에 대한 정치적 압력의 역사를 훨씬 더 정확하게 엿볼 수 있게 해준다는 사실을 보여주었다. 다른 차원의 분석을 통해 블랙 Black(1970)과 다른 연구자들은 어떤 범법자가 실제로 경찰에 의해 체포되었는지 아니면 경고를 받고 풀려났는지에 영향을 미치는 요인을 분석했다. 놀랍게도 공식적인 범죄통계는 법을 어긴 사람이 좋은 옷을 입었는지 아니면 허름한 옷을 입었는지, 경찰에게 공손한 태도를 보였는지 아니면 거친 태도를 보였는지 등에 의해 영향을 받는 것으로 나타났다. 보고되지 않은 범죄건수가 때로는 경찰이 알고 있는 범죄건수보다 무려 10배 이상 많다고 추정된다는 것을 고려해본다면, 범죄통계의 신뢰도를 다시 한 번 생각해보지 않을 수 없다.

이상에서 언급한 내용은 지역 수준의 범죄통계에 관한 것이다. 대부분의 경우, FBI가 매년 발간하는 『범죄보고서(Uniform Crime Reports)』에 제시되는 통계자료 같은 전국 수준의 범죄통계 자료를 분석하는 것이 바람직하다. 그러나 전국 수준의 통계자료 역시 나름대로의 문제점이 있다. 대표적인 문제를 꼽자면 관할지역마다 범죄를 다르게 정의한다는 점이다. 또한 FBI 프로그램에 대한 참여는 의무가 아니기 때문에 FBI의 통계자료는 완전한 자료가 아니다.

마지막으로, 기록을 관리하는 과정이 자료에 영향을 미친다. 경찰이 범죄기록을 관리하는 체계를 개선할 때마다(예를 들면 전산화한다거나) 범죄율은 언제나 상당한 수준으로 증가한다. 이러한 현상은 실제로 행해지고, 보고되고, 조사된 범죄의 수가 증가하지 않더라도 발생한다.

기존 자료를 사용함에 있어서 이와 유사한 신뢰도 문제는 사회복지 연구자들이 어떤 개념을 정의하는 방식이나 자료를 보관하는 방법이 변하기 때문에도 발생할 수 있다. 예를 들어, 아동학대의 경우를 생각해보자. 불과 몇십 년 전에는 전혀 문제가 되지 않았던 아동에 대한 신체적 체벌이 오늘날에는 아동학대로 간주된다. 또한 오늘날 강간은 자신의 데이트 상대가 성행위를 요구할 때 그러한 요구를 받아들이고 싶지 않음에도 불구하고 너무 취한 나머지 거부하지 못한 경우까지 포함되는 반면, 과거에 강간 발생건수를 기록할 때 사용된 강간의 개념은 오늘날보다는 훨씬 좁은 의미였다.

기존 자료를 분석하는 연구자가 이상에서 언급한 것과 같은 타당도나 신뢰도 문제로부터 자유로울 수 있기 위해서는 그런 문제가 발생할 수 있음을 인식하는 일이 무엇보다 중요하다. 자료가 어떻게 수집되고 정리되는지를 이해할 때 연구자는 그런 문제들의 속성과 정도를 가늠할 수 있으며, 그렇게 함으로써 그런 문제들이 자신의 연구에 어떤 영향을 미칠지를 예측할 수 있다. 또한 선행연구를 재현해보는 것은 그런 문제들을 줄일 수 있는 또 다른 방법이 될 수 있다.

부적절한 기록 기존 자료를 사용하고자 하는 연구자들은 자신이 연구에서 분석하고자 하는 2차 자료를 제공해준 선행연구들의 자료수집 및 처리과정이 어떠했는지를 확신할 수 없는 경우가 종종 있다. 예를 들면, 면접자들이 얼마나 훈련을 받은 사람들이었는지, 자료수집과정에서 혹시라도 어떤 편향됨이 개입되지는 않았는지 혹은 자료 코딩은 잘 되었는지 등에 관한 정보를 얻을 수 없다(Sales et al., 2006).

실행 가능성 관련 문제 2차 자료를 이용하면 직접 자료를 수집할 때보다 비용이 적게 드는 것은 사실이지만, 자칫 2차 자료를 분석하는 연구방법이 연구자의 생각보다 훨씬 더 많은 시간을 요할 수 있다는 점을 간과해서는 안 된다. 예를 들어, 경험이 많지 않은 연구자는 수많은 변수를 여러 차례에 걸쳐 조사해 만들어진 엄청난 규모의 자료를 접할 때 자칫 자료를 어떻게 다루어야 할지를 몰라 당황스러워할 수도 있다. 그러한 자료를 실제로 접하게 되는 경우, 전체 자료에서 일부 변수 또는 특정 시점에서 조사된 자료만을 뽑아 자료를 좀 더 다루기 용이한 크기로 만들어볼 수 있다. 이 방법은, 비록 오늘날의 컴퓨터들이 과거와는 비교가 안 될 만큼 용량이 증가하기는 했지만, 아직도 가장 널리 쓰이는 방법 가운데 하나로 꼽히고 있다.

이러한 문제들과 더불어 연구자는 2차 자료를 분석하는 연구방법과 관련된 또 다른 현실적인 문제들로서 시간이 지나면서 기존 자료가 변하는 문제, 자료에 대한 접근성을 얻는 문제, 그러한 접근성을 유지하는 문제 등에 대해서도 생각해봐야 한다. 알렉산더 Alexander와 솔로몬 Solomon(2006)은 다음과 같은 경우를 언급하고 있다.

> [정부]자료를 사용하고자 하는 경우, 종종 연구자는 자료 사용 허가를 얻어내기 위해 정부기관을 설득하는 데 상당한 노력을 기울여야 하며, 그러한 설득과정에서 연구자는 정부기관과 일정 수준에서 타협을 하거나 계약서를 작성해야 할 때도 있다. 일반적으로 이미 존재하는 정보가 의미하는 바를 올바르게 이해하기 위해서는 원자료를 만들어낸 주체와 상대하는 것이 필요하다(p. 418).

이러한 문제들을 좀 더 잘 설명하기 위해 알렉산더와 솔로몬은 그들의 책에 다이앤 드판필리스 Diane Depanfilis가 쓴 자신의 경험에 관한 이야기를 소개하고 있다. 드판필리스와 주라빈 Zuravin(2002)은 아동학대 재발생에 미치는 서비스의 영향을 알아보기 위해 2차 자료를 분석하는 연구를 진행한 바 있는데, 이들은 연구를 위해 아동보호 서비스를 제공하는 볼티모어 공공기관의 자료 가운데 사례기록 자료와 주정부 차원의 행정정보 시스템이라는 두 종류의 자료를 사용하는 과정에서 여러 가지 문제에 직면하게 되었다.

한 가지 문제는 시간이 지남에 따라 정책에 변화가 생겼고 그럴 때마다 자료를 기록하는 형식 또한 변한다는 점이었다. 이 문제는 그들의 연구가 종단연구였기 때문에 매우 심각한 문제가 아닐 수 없었다. 또 다른 문제는 자료에 대한 접근성을 얻어내는 것과 애써 얻은 접근성을 행정적인 변화나 정책적인 변화가 있을 때마다 잃지 않고 유지하기 위해 겪는 어려움이었다. 드판필리스는 알렉산더와 솔로몬의 책(2006)에서 기존 자료에 대한 접근성을 얻어내고 유지하기 위해 다음과 같은 단계에 따라 행동할 것을 권하고 있다.

1. **자신이 하려는 연구에 관한 간략한 안내문을 준비할 것**

2. **기관의 행정책임자와 직접 만나기 위해 사전 약속을 할 것** 기존 자료를 사용하기 위해서는 반드시 주정부 혹은 지방정부의 [행정가]로부터 허가를 받아야 한다. 자료사용에 대한 허가는 반드시 연구비 지원을 신청하기 이전에 받아야 하는데, 연구비 지원 주체들로 하여금 연구자가 제안한 연구가 특정 관할범위 내에서 현실적으로 실행 가능한 연구임을 확신하게 하려면 문서화된 자료사용허가서를 제출하는 것이 바

람직하다. 연구자는 연구안내서를 작성하거나 행정 책임자와 만나기에 앞서 주법(state law)에서 연구를 목적으로 기존의 아동복지 자료에 접근할 수 있는 주체를 누구로 정해놓고 있는지를 분명하게 이해해야 한다.

3. **기존 자료의 사용과 관련해 연구윤리위원회의 승인을 받아둘 것**

4. **전자파일에 대한 접근 절차를 마련할 것**

5. **사례기록 자료에 대한 접근 절차를 마련할 것** 연구자가 사례기록에 접근할 수 있는 방법은 관할지역에 따라 다를 수 있다. 일반적으로 연구대상의 신분보호를 위해 사례기록을 기관 밖으로 가지고 나가는 것은 허락되지 않는다. 따라서 연구자는 기관 내에서 사례기록을 검토하고 코딩해야 한다. 연구자는 필요하다면 이러한 작업을 하기 위해 공간을 요청할 수 있다.

6. **기존 자료에 대한 접근을 어렵게 할 수 있는 예상하지 못한 장애요소들을 극복할 것** 연구계획서 작성 당시 자료에 대한 접근을 허락했던 행정책임자가 연구를 실제로 진행할 때에 가서 다른 기관으로 옮겨가 버리는 경우가 종종 발생한다. 우리의 연구가 약 1/3 정도 진행되었을 무렵 주정부 차원의 신임 행정책임자가 아동복지정책과 관련된 많은 연구가 진행되고 있다는 사실에 우려감을 갖게 되었다. … 그 행정책임자는 법무부장관에게 연구를 목적으로 아동복지 자료를 제공하는 것이 합법한지에 대한 입장 표명을 요청했다. 그 결과, 우리는 그때까지 진행해왔던 사례 차원의 자료수집을 9개월 동안이나 멈추고 기다려야 했다(pp. 435-437).

드판필리스는 또한 기관자료의 사용 가능성을 높이기 위해서는 기관의 실무담당자들과 좋은 관계를 쌓아둘 필요가 있음을 강조하고 있다. 예를 들어 드판필리스와 주라빈은 "실무담당자들에게 직접 과일바구니를 가져다주기도 했고, 기관이 주최하는 지역행사에 참여했으며, 정기적으로 기관장과 접촉했다."(Alexander & Solomon, 2006, p. 437).

이와 더불어 드판필리스는 자신들이 분석했던 데이터베이스에 문제가 있어서 그것을 해결하는 데 많은 시간을 허비한 적이 있다고 말했다. 예를 들어, 자료수집과정을 기획하는 데 약 1년이 소요되었다. 한 가지 문제는 그들이 아동과 아동의 가족을 분석단위로 삼고자 했기 때문에 사례기록 자료를 그에 맞게 변형해야만 했다는 점이다. 본 연구에 앞서 사전연구를 실시한 결과, 그들은 클라이언트가 제공한 자기보고식 자료와 주차원의 행정정보 시스템 자료 그리고 사례기록 자료들 간에 약 50% 정도의 자료가 불일치한다는 사실을 발견했다.

이와 같은 현실적인 문제들이 존재함에도 불구하고 기존 자료를 분석하는 것은 직접 자료를 수집하는 것보다 시간과 비용 면에서 훨씬 유리하다. 또한 기존 자료가 갖고 있을 수 있는 여러 가지 문제점에도 불구하고 연구자는 기존 통계자료를 분석함으로써 정책과 실천 모두에 도움이 되는 새로운 정보를 얻을 수 있다.

사회복지정책 연구에서 2차 자료분석의 예

이제 두 편의 사회복지정책 연구를 통해 사회복지 분야의 연구에서 기존 자료분석 방법이 어떻게 활용될 수 있는지를 살펴보자.

오자와Ozawa(1989)는 한 연구에서 이제는 더 이상 존재하지 않는 공공부조 프로그램인 AFDC(Aid to Families with Dependent Children)가 과연 10대 미혼모의 출산율이 급격하게 증가한 원인인지의 여부를 연구했다. 오자와는 AFDC의 급여 수준이 높고 AFDC 수혜율이 높으면 10대의 미혼출산율을 증가시킨다고 가설을 세웠는데, 관대한 급여 수준과 높은 수혜율이 임신 중인 10대 미혼모들로 하여금 원하지 않는 결혼을 하기보다 자신이 가정을 꾸리겠다는 결정을 좀 더 쉽게 내리게 할 수 있다고 보았기 때문이다. 오자와는 10대 미혼모들이 결혼보다 혼자 아이를 키우겠다는 선택을 하는 것이 어떤 긍정적인 측면을 갖는지를 생각했다. 오자와는 자신의 연구가 AFDC가 아이를 갖겠다는 결정에 미치는 영향에 관한 연구가 아님을 분명하게 강조했다(그녀는 10대들이 AFDC를 받기 위해 혼전 임신을 하지는 않는다는 사실을 보여주는 기존의 조사연구를 인용했다). 오자와가 연구했던 것은 AFDC가 10대 미혼모들이 결혼을 할지 아니면 혼자 아이를 키울지를 결정하는 데 미치는 영향이었다.

오자와의 분석단위는 개별 주였다. 종속변수는 각 주의 19세 이하 여성의 미혼출산율이었다. 독립변수에는 각 주의 AFDC 급여 수준과 AFDC 수혜율이 포함되어 있었다(물론 이 두 변수 외의 독립변수들도 있었으나 예를 단순화하기 위해 이 두 가지 변수에만 초점을 맞추기로 하겠다).

오자와는 미국 보건통계센터(National Center for Health Statistics)의 자료를 분석하면서 전국의 10대 미혼출산율이 1970년에서 1982년 사이에 70%로 증가했음을 보여주었다. 오자와는 AFDC가 이러한 비율 증가에 미친 영향을 평가하기 위해 인구조사국, 하원세입위원회(House Committee on Ways and Means), 사회보장청(Social Security Administration)이 발간한 정부 자료를 이용했다. 분석 결과 오자와는 자신의 가설을 뒷받침할 수 있는 결과를 얻었는데, AFDC 급여 수준과 수혜율이 높은 주의 10대 미혼모들은 AFDC 급여 수준이 낮고 수혜율이 낮은 주의 10대 미혼모들에 비해 결혼할 가능성이 낮다는 사실을 발견했다.

오자와(1989)는 자신의 연구결과로부터 정책적 함의를 이끌어내면서 정책입안자들이 10대 미혼모들이 내린 결혼하지 않겠다는 결정의 긍정적인 측면을 이해하고 'AFDC 급여를 부모의 경제적인 배경과 상관없이 저소득층 10대 미혼모들에게 지급'하도록 요구했다(p. 11).

또 다른 연구에서, 콜톤 Coulton과 동료들(1990)은 1980년대에 미국의 경제가 가난한 사람들을 상황이 악화되고 있는 도심지역에 집중시키고 있었으며, 그곳에서 가난한 사람들은 경제적 기회를 더욱 박탈당하고 있으며, 그들을 점점 더 극단적인 빈곤으로 이끄는 열악한 사회적·물리적 조건에 노출되고 있다고 주장했다. 콜톤과 동료들은 이미 이 경향을 보여주었던 조사연구보고서가 1980년 인구조사에서의 소득 추정이 1979년에 소득이며, 1979년 말에 시작해서 1980년대 초까지 계속되었던 경기침체의 영향을 반영하지 않았기 때문에 문제를 과소평가한 전국 인구조사 자료에 주로 기초했다고 가정했다.

여기서는 언급하지 않을 여러 통계적 현상뿐만 아니라 위의 현상을 깊이 있게 연구하기 위해 콜톤과 동료들은 연구를 오하이오 주 클리블랜드라는 도시로 제한하기로 결정했다. 그들은 이 결정으로 결과의 일반화 가능성을 제한할 것이라고 생각했지만, 다른 사람들이 같은 유형의 결과를 관찰할 수 있는지를 알기 위해 다른 도시에서 자신들의 연구를 재현할 수 있을 것으로 믿었다.

콜톤과 동료들은 빈곤율이 1980년대에 급격하게 증가했으며, 빈곤이 지리적으로 집중되면 될수록 가난한 사람들이 교외에 위치한 일자리에 접근하기 더 어렵다는 점을 주목하면서 자신들의 연구를 시작했다. 교외의 일자리에 더 가까이 이동할 수 있었던 노동자들은 그렇게 하도록 이끌렸고, 이는 그들이 집(그들이 출퇴근할 수 있는 곳)에서 가까운 일자리를 찾아 두고 떠난 도심의 빈곤을 더욱 집중시켰다. 동네가 쇠퇴하면서 사회환경이 열악해지자 남은 사람들(특히 청소년들)이 10대 임신, 비행, 학교 중퇴 같은 문제에 점차적으로 노출되면서 그들에게 해로운 영향을 미쳤을 수 있다.

연구조사팀은 케이스웨스턴리저브 대학교(Case Western Reserve University)에 위치한 지역경제연구센터(Center for Regional Economic Issues)의 자료, 오하이오 주 보건복지부의 출생 및 사망자료(저체중 신생아, 유아 사망률, 10대 출산율, 미혼출산율에 대한 정보를 제공하는), FBI의 범죄율 자료, 쿠야호가 군 소년법원(Cuyahoga County Juvenile Court)의 청소년비행 자료, 클리블랜드 경찰청의 마약사범 검거율, 클리블랜드 주립대학교의 주택정책 연구 프로그램의 주택가격 자료 등을 포함한 다양한 기존 통계자료를 사용했다.

콜톤과 동료들이 분석한 기존 통계는 1970년의 21%

에 비교해 1988년까지 클리블랜드 빈곤층의 약 50%가 빈곤집중 지역에 살고 있음을 보여주었다(연구조사자들은 인구의 40% 이상이 빈곤선 이하의 가정인 인구조사구역을 빈곤이 심한 지역으로 정의했다). 따라서 가난한 사람들은 사회로부터 공간적으로 더욱 소외되었고, 그 지역에서 가난하지 않은 사람들을 만날 가능성은 더욱더 낮아졌다. 콜톤과 동료들이 분석했던 빈곤과 관련된 물리적·사회적 문제에 대한 통계는 가난한 사람들이 빈곤이 심한 지역에 빈곤이 더 집중되면서 그들이 속한 지역의 사회적·육체적 문제도 급속하게 악화되고 있음을 나타낸다. 특히 1980년대 초에 많은 육체노동자가 일자리를 잃은 지역, 결과적으로 1980년 이래 빈곤지역이 된 '떠오르는 빈곤지역'에 살고 있는 사람들에게는 특히 사회적·육체적 문제가 악화되고 있음을 나타낸다. 콜톤과 동료들(1990)은 사회복지 실천의 환경 속 인간이라는 개념틀이 중요하다는 점과 빈곤이 심한 지역에 살고 있는 가난한 아동들이 특히 취약하다는 점에 주목하면서, 사회복지사가 환경적 수준에서 개입을 생각할 필요가 있다고 제안했다.

> 사회복지사는 서비스 전달에 대한 전통적인 접근방법과 도시의 궁핍한 부분의 경제 재개발을 결합하는 실천모델과 도심 거주자와 도심으로부터 멀리 떨어져 위치한 교외지역의 직장을 다시 연결할 수 있는 장치를 필요로 한다. 이런 연결을 어렵게 하는 장애요인은 지리적인 것이지만 동시에 사회적 연결망, 정보경로, 심리적 거리 또한 포함된다. 빈곤지역들이 점차 경제적·사회적 퇴락으로 인해 불리한 환경에 처하게 되면서 주류사회로부터 점점 더 소외되는 것을 막기 위한 프로그램과 개입노력이 필요하다(p. 15).

콜톤과 동료들이 진행한 연구는 다양한 기존 통계자료를 독창적으로 분석한 훌륭한 예이면서 동시에 연구와 사회복지 실천(그리고 정책)이 서로 분리된 별개의 것이 아님을 보여주는 더없이 좋은 예라고 할 수 있다. 그러나 앞선 두 가지 예시가 2차 자료분석이 사회정책 연구에만 적용될 수 있는 방법임을 의미하는 것은 아니다. 2차 자료분석은 사회복지 실천의 어떤 수준에서도 적용될 수 있다. 예를 들어, 루빈Rubin과 패리시Parrish(2009)는 최근에 네 지역의 사회복지 실천가와 학생들을 대상으로 대규모 표본을 구성해 설문조사를 실시했다. 결과에 따르면 응답자들은 증거기반 실천(EBP)에 대해 다양한 입장을 보였고, 그것에 관여하는 정도가 각자 달랐다. 그리고 이 설문조사 자료 안에는 각 응답자의 개인적 배경에 대한 정보가 포함되어 있었다. 여기서 함께 생각해볼 점은, 응답자들의 다양한 배경과 실천가로서 갖고 있는 증거기반 실천에 대한 성향 사이의 상호 연관성에 대한 가설을 검정하기 위해 이 설문조사를 2차적으로 분석해볼 수 있다는 것이다.

다른 예시로, 정신적 외상을 동반한 자연재해 이후에 2년 동안 전국적 조사 및 자료수집이 그 재해의 생존자들로부터 이루어졌다고 가정해보자. 또한 이 자료가 현재 정신적 외상 증상, 그리고 그들이 어떤 종류의 정신적 외상 후 치료를 받았는지(만약 받았다면) 등을 포함하는 다양하고 광범위한 변수로 구성된다고 해보자. 다른 연구자는 이 연구의 데이터베이스를 가지고 다양한 조절변수를 적절히 통제한 뒤 치료의 종류가 정신적 외상 증상을 견디는 정도와 연관이 있는지에 대해 2차 자료분석을 수행할 수 있을 것이다.

비슷한 예로, 어떤 큰 사회복지기관이 만족도를 비롯한 여러 변수를 포함한 클라이언트 만족도 설문조사를 수행했다고 가정해보자. 이 자료를 기반으로 다양한 중재변수를 통제한 뒤 어떤 종류의 클라이언트가 다른 클라이언트보다 더 만족했는지, 클라이언트-사회복지사 관계의 형태가 만족도에 관련이 있었는지, 그리고 어떤 종류의 서비스나 개입이 높거나 낮은 수준의 만족도에 관련이 있었는지에 대한 2차 자료분석이 수행될 수 있다.

분석 가능한 다른 형태의 기록과 2차 자료분석의 차이

8장과 이 장의 도입부에서 기존 자료와 이용 가능한 기록이 단지 문자 그대로의 통계적 의미보다 넓다는 것을 언급했다. 앞서 말했듯이, 비통계적 자료는 실로 무궁무진하다. 간단한 예로서, 기관 사례기록, 사회복지사의 과정기록, 기관 회의록, 전문적인 학술지의 논문 등이 있다. 또한 우리는 2차 자료분석이, 한 연구에서 수집되고 분석된 자료가 후속연구에서 다시 분석되는 형태의 연구라고 정의했다. 이 정의에 따르면 모든 이용 가능한 기록의 연구가 2차 분석인 것은 아닌데, 이는 모든 가능한 기록의 연구가 1차 연구에서 얻은 자료로 구성되어 있지는 않기 때문이다. '발표된 연구내용 중 부적절한 문구들에 대한 내용분석: 증거기반 실천에 미치는 영향'이라는 제목의 글상자에 2차 자료분석이 아닌 이용 가능한 기록의 연구에 대한 설명이 나와 있다. 이 연구에서는 곧이어 다룰 내용분석이라는 이용 가능한 기록을 분석하기 위한 또 다른 방법을 사용했다.

발표된 연구내용 중 부적절한 문구들에 대한 내용분석: 증거기반 실천에 미치는 영향

루빈과 패리시(2007a)는 사회복지 학술지에 발표된 논문들의 최근 추세를 연구하는 과정에서, 엄격하게 통제되지 않은 연구결과물을 발표하는 연구자들 중 점점 더 많은 수가 그들의 프로그램, 정책, 개입에 대한 평가가 실증적임을 보여주려는 의도로 부적절한 서술을 연구 결론부에 포함시키고 있다고 생각하게 되었다.

그 생각을 확인해보기 위해 저명한 사회복지 학술지 『Research on Social Work Practice』와 『Social Work Research』에서 2000년부터 2005년까지 6년에 걸쳐 발행된 모든 정기간행물을 의도적 표본추출을 사용해 연구했다. 물론 이 두 학술지에서 찾은 논문들이 최고의 사회복지 연구들을 상당부분 대표하겠지만, 표본을 단 두 가지 학술지로 제한하는 것으로는 사회복지사들이 증거기반 실천과정을 위해 인터넷 검색을 할 때 찾을 수 있는 모든 결과연구를 대표하기는 힘들 것이다. 따라서 그들은 사회복지사들이 증거기반 실천과정 중에 찾을 법한 논문들이 많을 것이라 여겨지는 전자 데이터베이스 PsycINFO 또한 사용해 더 많은 논문을 검색했다. 그들은 '아동학대(child abuse)'와 '가정폭력(domestic violence)'을 검색어로 선택했는데, 그 이유는 이 두 검색어가 사회복지 실천에 있어 높은 역사적 연관성과 인기를 가져왔고, 그로 인해 사회복지 실천가들이 이 두 가지 주제와 관련된 논문을 찾기 위해 검색을 시도했을 가능성이 높기 때문이다. 2000년에서 2005년 사이에 발표된 개입, 프로그램, 정책에 대한 평가를 보여주는 모든 논문도 각 검색에 포함되었다. 그들은 두 개의 사회복지 학술지에서 97개의 연관 연구와 PsycINFO 검색에서 45개의 연관 연구를 찾아냈다. 이 중 네 개의 연구가 양쪽 표본에서 중복되어 있었으므로, 이를 뺀 총 138개의 연관 연구를 찾아낸 것이다.

각 논문은 사용된 연구설계의 유형, 보고된 결론과 결과의 유형에 따라 평가되었다. 특히, 그들은 엄격하게 통제되지 않은 연구들의 결론 안에 실제보다 더 많은 실증적 근거가 뒷받침되어 있다고 잘못 생각하게 만드는 문장들이 있는지를 검사했다. 루빈과 패리시 두 사람이 각자 분석한 논문내용에 대해 평가자 간 신뢰도를 측정한 결과 두 사람 간의 신뢰도는 높은 수준이었다. 두 사람이 얻은 연구결과는 꽤나 충격적이었다. 연구표본의 70% 이상이 명확한 인과적 추론의 도출이(11장과 12장에서 논의된 것과 같이) 보증되지 않은 설계를 사용했음에도 불구하고 표본의 3분의 2에 해당하는 63%의 논문들이 개입, 프로그램, 정책을 평가하는 데 있어 적어도 일부 내용에 대해서는 증거에 기반한 상태임을 암시하는 문장을 사용해 독자들로 하여금 잘못 이해하게 만들고 있었다.

루빈과 패리시는 연구자들이 표본 안에 있는 대부분의 논문들이 연구의 방법론적 한계와 그 한계로 인해 연구결과들이 가질 수 있는 불확실성에 대해 서술하고 있었다고 말했다. 그러나 그렇다 하더라도 평가된 개입에 있어서 특정 이해관계를 가진 독자들이 초록 또는 논의 안에서 문제가 될 만한 서술만을 선택적으로 읽거나 기억할 수도 있고, 그 서술을 저자가 의도했던 바와는 다르게 논문에 제시된 개입이 실증적이라고 잘못 이해 또는 이용할 수도 있다고 루빈과 패리시는 주장한다.

위와 같은 연구결과에 근거해, 루빈과 패리시는 학술지 편집자들이 인과적 추론에 있어서 상당한 한계를 갖는 원시실험설계 또는 다른 종류의 설계에 기반한 논문들로 하여금 평가된 개입, 프로그램, 정책들이 효과적이었다거나 또는 실증적 지위를 갖는다고 잘못 이해 또는 이용할 수 있는 문장을 사용하지 않도록 요구해야 한다고 권고했다. 더 나아가 그들은 엄격하게 통제되지 못한 연구들의 긍정적 결과물의 함의 혹은 그것이 이끄는 결론에 대해 어떻게 서술해야 하는지 알려주는, 일명 저자들을 위한 지침을 마련할 것을 제안했다. 예를 들어, 연구저자들이 자신들의 논문에서 평가된 개입에 대해 잠정적인 의미에서라도 '효과적인' 또는 '증거에 기반한'이라는 표현으로 기술하지 못하도록 교육받을 수 있다. 따라서 저자가 "프로그램이 긍정적인 효과를 가졌다는 것을 초기의 결과들이 뒷받침한다."라고 서술하기보다 "우리 연구가 가진 방법론적 한계가 프로그램의 효과에 대한 인과적 추론을 이끌어내지 못했을지라도 우리의 결과물은 차후에 더욱 엄격한 설계를 사용한 프로그램에 대한 평가를 위한 기반을 제공한다."라고 서술할지도 모른다.

내용분석

내용분석(content analysis)은 질적인 내용을 양적 자료로 전환하는 방법이다. 내용분석은 단지 이용 가능한 기록뿐만 아니라 사실상 모든 형태의 커뮤니케이션에 적용할 수 있다. 내용분석은 각기 다른 주체들 간에 주고받는 특정 형태의 내용 및 그러한 내용이 만들어지는 것을 코딩하고 요약하는 것이다.

'발표된 연구내용 중 부적절한 문구들에 대한 내용분석: 증거기반 실천에 미치는 영향'이라는 제목의 글상자에서 발표된 연구의 내용분석에 대한 예시가 제시되었다. 또 다른 예시로, 우리는 특정 교수나 대학원이 다른 교수나 대학원에 비해 소수민족에 대한 내용을 많이 가르치는지를 알아보기 위해 사회복지학과의 강의계획서들을 분석해볼 수 있다. 또한 사회복지 전문직이 가진 사고의 틀이나 지향하는 바가 시간에 따라 변화했는지를 보기 위해 사회복지 전문직의 발달과정 가운데 다양한 시기를 골라 해당 시기에 사회복지학회에서 발표된 논문들에서 심리분석적 개념, 생태학적 개념 또는 사회개혁 개념이 언급된 횟수를 세볼 수도 있다. 또한 지역사회 조직을 위한 회의의 회의록을 분석함으로써 어떤 종류의 쟁점들이 얼마나 자주 언급되는지를 정리해볼 수도 있다. 회의록에 반영된 시민참여의 정도와 특정 종류의 쟁점이 회의록에 나타나는 빈도 간에 어떤 관계를 찾아볼 수 있을까?

내용분석 연구는 사회복지 실천에 실제로 적용될 가능성이 매우 높다. 피셔 Fisher(1978)는 『Effective Casework Practice』라는 책에서 실천가와 클라이언트의 관계를 개인대상 사회복지 실천의 기본원리로 보면서 효과적인 원조관계가 가져야 할 세 가지 조건으로서 실천가의 감정이입, 온정, 진실성을 꼽았다. 이러한 조건들이 중요하다는 사실은 마스덴 Marsden(1971)이 고찰한 많은 내용분석 연구를 통해 사회복지 전문직에 처음으로 알려졌다. 이 연구들은 기록 및 녹음을 통해 얻은 치료세션에 대한 발췌문을 위에서 말한 효과적인 관계를 위한 세 가지 조건이 관찰된 정도에 따라 평가했는데, 평가결과에 따르면 이 조건들이 더 많이 발견될수록 더 나은 임상적 치료과정과 결과를 발견할 수 있었다.

어떤 주제는 내용분석 방법을 써서 연구하는 것이 다른 어떤 연구방법을 써서 연구하는 것보다 적합할 수 있다. 예를 들어, TV에서 정신질환자들을 어떻게 묘사하는지를 알아보고자 한다고 가정해보자. 정신질환자들을 위한 연합(National Alliance for the Mentally Ill)에서 정신질환에 대해 일반인들을 교육시키고, 정신질환자에 대한 두려움을 경감함과 동시에 정신질환자들에 대해 일반인들이 갖는 정형화된 부정적 인식(stereotype)을 없애기 위해 캠페인을 벌이고자 한다고 가정해보자. 또한 이 캠페인의 일부로서 TV 미디어에 초점을 맞추고 TV 프로그램에서 정신질환자를 폭력적이거나 위험한 존재로 묘사하는 정도를 줄이고자 한다고 가정해보자. 더 나아가서 그러한 캠페인이 TV 프로그램 편성에 미치는 영향을 평가하고자 하며, 이를 위해 캠페인이 TV에서 정신질환자들을 폭력적이거나 위험하다고 묘사하는 정도를 줄이는지의 여부를 평가하기 위해 시계열 연구설계를 이용한다고 가정해보자. 이 경우, 내용분석이야말로 시계열 연구를 위한 가장 적합한 관찰방법이라고 할 수 있다.

간단히 말해 우리는 다음과 같은 일을 하게 될 것이다. 첫째, 종속변수를 '정신질환자를 폭력적 혹은 위험한 존재로 묘사하는 정도'라고 조작화한다. 이번 장의 뒷부분에 소개되는 코딩에 관한 내용이 종속변수를 조작화하는 데 도움이 될 것이다. 그 다음으로는 무엇을 시청할 것인지를 결정해야 한다. 아마도 (1) 어떤 방송국을 (2) 어느 날 혹은 어느 기간에 (3) 어느 시간대에 시청할 것인지 결정해야 할 것이다. 그 다음에는 군것질거리를 쌓아놓고 TV를 보면서, 분류하고 기록하기 시작한다. 일단 관찰을 끝내고 나면 수집한 자료를 분석할 수 있으며, 캠페인 이후에 정신질환자를 전보다 덜 폭력적으로 묘사하는지를 판단할 수 있을 것이다.

이러한 의미에서 내용분석은 커뮤니케이션을 연구하는 데 특히 적합한 연구방법이며, 커뮤니케이션 연구의 고전적 질문인 "누가 무엇을 누구에게, 왜, 어떻게, 어떤 영향을 미치면서 말하는가?"라는 질문에 대한 답을 찾기에 적합한 연구방법이다. 하나의 관찰양식으로서의 내용분석은 '무엇'을 중요하게 생각해야 하며, 수집한 자료 또한 그에 맞게 분석할 때 '왜' 그리고 '어떤 영향을'이라는 문제에 대해서도 적절한 답을 찾을 수 있다.

내용분석에서의 표본추출

사람에 관한 연구에서와 마찬가지로 커뮤니케이션 연구에서도 관심이 있는 모든 것을 직접적으로 관찰하는 것이 불가능한 경우가 종종 있다. 정신질환자를 TV에서 어떻게 묘사하는지를 연구하면서 모든 방송을 시청하려고 시도하는 것은 현실적이지 못하다. 한마디로 말해 그렇게 하는 것은 불가능하며, 자신도 모르는 사이에 정신이 이상해질 것이다. 따라서 일반적으로는 표본을 추출해 연구를 진행한다.

가장 먼저 결정해야 할 사항은 각각의 TV 프로그램에 대해 하나의 동일한 체계를 적용해 점수를 부여할 것인가, 프로그램에 나오는 각기 다른 정신질환자에 대해 각각 점수를 매길 것인가, 혹은 다른 어떤 방법이 있는가 등이다. 그 다음으로는 표본을 뽑기 위한 모집단을 설정해야 한다. 이 경우 어떤 TV 방송국을 관찰할 것인가, 연구기간은 어떻게 설정할 것인가, 즉 어느 날, 어느 시간에 관찰할 것인가, 얼마나 많은 프로그램을 관찰하고 코딩할 것인가 등을 결정해야 한다.

이러한 것들을 모두 결정했다면 이제 표본을 어떻게 뽑을지를 결정할 준비가 되었다. 만일 연구를 도와줄 사람이 있다면 여러 방송국 가운데 구태여 몇 개 방송국을 표본으로 뽑을 필요가 없다. 왜냐하면 여러 사람이 각자 동일한 시간대에 다른 채널을 시청하면 되기 때문이다. 그러나 일단 혼자서 연구를 한다고 가정하자. 표본을 뽑는 데 사용할 최종적인 표본틀은 다음과 같을 수 있다.

- 1월 7일, 채널 2, 오후 7~9시
- 1월 7일, 채널 4, 오후 7~9시
- 1월 7일, 채널 9, 오후 7~9시
- 1월 7일, 채널 2, 오후 9~11시
- 1월 7일, 채널 4, 오후 9~11시

- 1월 7일, 채널 9, 오후 9~11시
- 1월 8일, 채널 2, 오후 7~9시
- 1월 8일, 채널 4, 오후 7~9시
- 1월 8일, 채널 9, 오후 7~9시
- 1월 8일, 채널 2, 오후 9~11시
- 1월 8일, 채널 4, 오후 9~11시
- 1월 8일, 채널 9, 오후 9~11시
- 1월 9일, 채널 2, 오후 7~9시
- 1월 9일, 채널 4, 오후 7~9시

이 예에서 우리는 연구자를 대신해서 많은 결정을 내렸다. 첫째, 채널 2, 4, 9가 연구에 적절한 채널이라고 가정했다. 오후 7시에서 11시의 주요 시간대가 가장 적절한 시간대이며, 두 시간 간격이 적당하다고 가정했다. 또한 1월 7일을 연구 시작일로 무작위 선정했다. 물론 이러한 모든 결정은 무엇이 자신이 하고자 하는 연구에 가장 적합한지를 고려해 내려야 한다.

일단 연구자가 분석단위를 무엇으로 할 것이며, 분석단위에 비추어볼 때 가장 적합한 관찰방법이 무엇인지에 대해 명확해지고, 위에서 예시한 것과 같은 표본틀을 만들었다면, 표본을 추출하는 작업은 매우 간단해진다. 연구자는 15장에서 논의했던 무작위 표본추출, 체계적 표본추출, 층화 표본추출 등과 동일한 방법을 통해 표본을 뽑을 수 있다.

표본추출 기법

글로 표현된 커뮤니케이션을 내용분석할 때, 표본은 단어, 문구, 문장, 문단, 절, 장, 책, 작가 혹은 작품과 관련된 맥락 가운데 어느 수준에서나 추출할 수 있다. 글이 아닌 다른 형식의 커뮤니케이션은 각각의 형식에 적합한 어떤 개념적 수준에서든 표본을 추출할 수 있다.

앞서 15장에서 논의했던 일반적인 표본추출 방법은 내용분석에서도 모두 사용할 수 있다. 예를 들면 연구자는 기관의 회람, 정신장애인의 권리에 관한 법률, 지역사회 조직회의의 회의록 등에서 **무작위로** 표본을 뽑거나 **체계적인** 방법을 이용해 표본을 뽑을 수 있으며 어떤 사회복지대학원의 모든 강의계획서에 번호를 붙여서 크기 25의 무작위 표본을 뽑을 수도 있다.

층화 표본추출 방법 또한 내용분석 연구를 위한 적절한 표본추출 방법이 될 수 있다. 예를 들어 미국 신문의 편집정책을 분석하기 위해 모든 신문을 지역, 발행되는 지역사회의 규모, 발행 빈도 또는 평균 구독자 수에 따라 일차 분류한다. 그 다음으로는 분석을 위해 층화 무작위 또는 체계적 표본을 뽑는다. 그 다음 단계로는 표본으로 뽑힌 신문에서, 예를 들면 시간순으로 층화해 사설 표본을 뽑는다.

군집 표본추출 방법 또한 내용분석 연구에 사용될 수 있다. 개개의 사설이 내용분석의 단위라면 표본추출의 첫 단계에서 신문을 선정하는 것은 군집표본이 될 것이다. 정치적 연설을 분석할 때는 정치인의 표본을 뽑는 것에서부터 표본추출을 시작할 수 있다. 각 정치인은 정치적 연설의 군집을 나타낸다. 앞서 소개했던, 정신질환자를 묘사하는 TV 프로그램에 관한 연구는 군집 표본추출의 또 다른 예라고 할 수 있다.

다시 반복해 강조하건대, 분석단위에 다다랐을 때 표본추출을 멈춰야 하는 것은 아니다. 어떤 연구에서 소설을 분석단위로 설정했다고 가정해보자. 그렇다고 할지라도 연구자는 소설가들로부터 표본을 뽑고, 표본으로 뽑힌 작가가 쓴 소설의 하위표본을 뽑고, 다시 각 소설 내에서 문단을 표본으로 뽑을 수 있으며, 그렇게 뽑은 문단의 내용을 분석함으로써 소설 자체를 기술할 수 있다.

이제 앞에서 여러 차례 언급했던 분석에 대해 직접적인 고찰을 시도해보자. 여기서는 **내용분석**을 관찰대상을 코딩하거나 분류하는 것으로 개념화하기로 하자. 기술적 및 설명적 결론을 끌어내기 위해 그렇게 분류한 것들을 어떻게 다루는지에 대해서는 7부에서 논의하겠다.

내용분석에서의 코딩

내용분석은 본질적으로 코딩 작업이라고 말할 수 있다. 어떤 개념적 틀에 따라 커뮤니케이션(말, 글 또는 다른 방법에 의한)을 코딩하거나 분류한다. 예를 들어 신문사설을 진보적 또는 보수적으로 코딩할 수 있고, 라디오 방송을 선동적인 성격을 띠는지 아닌지를 코딩할 수 있다. 소설은 사회복지적인지 아닌지를 코딩할 수 있다. 또한 정치연설은 공공부조 수급자나 노숙인을 비난하는지의 여부에 따라 코딩할 수 있다. 이러한 용어들은 그 의미에 대한 서로 다른 해석이 가능하므로 연구자는 반드시 용어의 의미를 가능한 한 구체적으로 정의해야 한다.

내용분석의 코딩에도 앞서 8장에서 논의했던 개념화와 조작화의 논리가 동일하게 적용된다. 연구자는 다른 연구방법에서와 마찬가지로 내용분석에서도 개념적인 틀을 정교하게 해야 하며, 그 틀과의 관계 속에서 관찰방법을 발전시켜야 한다.

드러난 내용과 숨은 내용

내용분석에서는 다른 연구방법들과 마찬가지로 이해의 **깊이**(depth)와 **구체성**(specificity) 가운데 어느 하나를 선택해야 하는 경우가 종종 있다. 대부분의 경우 이해의 깊이는 타당도로, 이해의 구체성은 신뢰도의 형태로 나타난다. 이러한 선택에 있어 질적 연구자는 일반적으로 이해의 깊이를 선택하는데, 이는 비록 동일한 상황에 대해 다른 관찰자가 연구자와 전혀 다른 판단을 내리게 되는 위험이 존재하더라도 질적 연구자는 어떤 것에 대한 판단을 내릴 때 가능한 한 폭넓은 관찰과 정보를 바탕으로 판단을 내리는 것을 선호하기 때문이다. 내용분석의 경우, 깊이와 구체성 간의 선택은 **드러난 내용**을 코딩하는 것과 **숨은 내용**(latent content)을 코딩하는 것을 말한다.

커뮤니케이션의 **드러난 내용**(눈에 보이는, 표면적인 내용)을 코딩하는 것은 표준화된 설문지를 이용하는 것과 매우 유사하다. 예를 들면, 어떤 책이 얼마나 성차별적인지를 결정하기 위해 일반적으로 볼 때 높은 지위라고 생각되는 역할을 남성 대명사를 사용해 칭하는 횟수(예컨대 성별을 밝히지 않은 의사를 '그'라고 부르는 것과 같은) 또는 페이지당 그러한 대명사가 사용된 횟수의 평균을 세볼 수도 있다. 이와 같은 지극히 수량적인 방법은 코딩하기 편리하고 신뢰도가 높으며 연구보고서를 읽는 독자들로 하여금 연구자가 성차별적 언어를 어떻게 측정했는지 정확하게 알 수 있게 해준다는 장점이 있는 반면, 타당도 면에서 보자면 분명한 단점이 있다. '성차별적 책(sexist book)'이라는 말에는 단순히 남성 대명사가 사용된 횟수라는 의미보다 훨씬 깊고 풍부한 의미가 분명히 담겨 있기 때문이다.

물론 연구자는 커뮤니케이션 가운데 **숨은 내용**, 즉 저변에 깔려 있는 의미를 코딩할 수 있다. 위의 예에서 연구자는 책 전체나 문단 또는 페이지의 표본을 읽고 그 책이 얼마나 성차별적인지를 전체적으로 평가할 수 있다. 이 경우, 비록 연구자의 전체적인 평가가 적절하지 않은 남성 대명사의 사용에 의해 영향을 받을 수는 있겠지만 연구자의 평가가 그것에 의해 완전히 좌지우지되지는 않는다.

두 번째 방법이 커뮤니케이션의 저변에 깔려 있는 의미를 끌어내기에 더 적합한 방법이라는 데는 의심의 여지가 없다. 그러나 이 방법이 가진 장점은 신뢰도와 구체성을 희생할 때만 얻을 수 있다. 특히, 한 사람 이상의 연구자가 동일한 소설을 코딩한다면 약간 다른 정의나 기준이 사용될 수 있다. 예를 들어 항상 소년을 영웅으로 묘사하고 소녀는 영웅에 의해 구출되는 존재로 묘사되는 책의 구성이 어떤 사람에게는 성차별적이라고 인식될 수 있으나, 다른 사람에게는 그렇지 않을 수도 있다. 모든 코딩을 한 사람의 연구자가 하더라도 코딩을 하는 전 과정 가운데 연구자가 정의와 기준을 언제나 동일하게 유지하리라는 보장은 없다. 그뿐 아니라 연구보고서를 읽는 독자들은 일반적으로 연구자가 사용한 정의에 대해 의문을 제기하곤 한다.

이러한 딜레마에 대한 최선의 해결책은, 가능하다면 두 가지 방법을 모두 사용하는 것이다. 드러난 내용과 숨은 내용에 대한 연구자의 코딩이 타당하고 동시에 신뢰할 만하다면 특정 관찰단위는 두 방법 모두에 의해 동일한 속성을 부여받아야 한다. 두 방법 간의 일치도가 완전하지는 않지만 상당히 높다면 최종점수는 각 방법을 독립적으로 사용할 때 부여된 점수를 반영한다고 볼 수 있다. 이와 달리, 드러난 내용에 대한 코딩과 숨은 내용에 대한 코딩이 큰 차이를 보인다면 연구자는 자신이 가진 이론적 개념화에 대해 다시 한 번 생각해볼 필요가 있다.

개념화와 코드범주 만들기

모든 연구방법에서 개념화와 조작화는 이론적 관심과 경험적 관찰 간의 상호작용과 관련이 있다. 예를 들어, 어떤 신문사설은 진보적이고 또 다른 신문사설은 보수적이라고 생각한다면 왜 그렇게 생각하는지 자신에게 한번 물어보라. 신문사설을 몇 개 정도 읽은 다음 어느 것이 진보적이고 어느 것이 보수적인지 판단해보라. 특정 사설의 정치적 성향이 사설의 내용을 통해 가장 분명하게 드러났는가, 아니면 사설의 논조를 통해 드러났는가? 자신의 판단이 특정 용어(예를 들어 좌파, 파시스트 등)가 사용되었다는 사실에 근거한 것인가, 아니면 특정 쟁점이나 정치인에 대한 지지 또는 반대에 기초한 것인가?

이러한 판단을 내리기 위해서는 귀납법과 연역법 모두를 사용해야 한다. 만약 연구자가 이론적인 명제를 검증한다면 연구자의 이론은 개념에 대한 경험적 지표가 무엇인지를 제시해줄 수 있어야 한다. 만일 연구자가 어떤 구체적인 경험적 관찰로부터 시작했다면, 연구자는 자신의 관찰과 관련된 일반적인 원칙을 도출해내고 그 원칙을 다른 경험적 관찰에도 적용해봐야 한다.

이러한 과정을 통해 연구자는 어떤 변수에 대한 조작적 정의는 그 변수에 포함된 모든 속성으로 이루어져야 한다는 사실을 기억해야 한다. 또한 그러한 속성들은 상호 배타적이고 포괄적이어야 한다. 예를 들어 어떤 신문사설을 중도적이라고 평가할 수는 있지만, 진보적인 동시에 보수적이라는 평가는 할 수 없다는 것이다. 연구목적에 비추어볼 때 소설을 선정적인(erotic) 소설과 비선정적인(nonerotic) 소설로 구분하는 것만으로도 충분하지만, 분류과정에서 어떤 소설은 반선정적(antierotic)이라고 코딩하고 싶을 수도 있다. 그림을 분류할 때도 연구목적에 부합한다면 그림을 단순히 표현적인 그림과 비표현적인 그림으로 구분할 수도 있고 필요에 따라서 인상적, 추상적, 풍유적 등으로 더 자세하게 구분할 수도 있다.

내용분석에서 여러 수준의 척도를 사용할 수도 있다는 것 또한 알아둘 필요가 있다. 예를 들면 신문사설의 성격을 규정하면서 진보와 보수라는 명목범주를 사용할 수 있지만, 극좌에서 극우에 이르는 좀 더 세분화된 순위를 사용할 수도 있다. 그러나 코딩방법에 내재되어 있는 측정의 수준(명목, 서열, 등간, 비율)이 반드시 변수의 속성을 반영하는 것은 아니라는 점을 기억해야 한다. A라는 소설에서 사랑이라는 단어가 100번 나오고 B라는 소설에서 50번 나온다면 사랑이라는 단어가 A 소설에서 두 배 더 나온다고 말할 수는 있지만, A 소설이 B 소설보다 두 배 선정적이라고는 말할 수 없다. 단순히 A라는 사람이 B라는 사람보다 반유대주의적 설문 문항에 두 배 동의한다고 해서 그러한 사실이 A라는 사람을 두 배 더 반유대적인 사람으로 만드는 것은 아니다.

사전조사(pretest)를 거치지 않은 코딩체계를 내용분석을 위해 사용하는 것은 금물이다. 연구자는 커뮤니케이션의 어떤 드러난 내용과 숨은 내용을 자신이 연구하려는 변수를 구성하고 있는 각기 다른 속성에 대한 지표로 사용할 것인지를 먼저 결정하고 그러한 조작적 정의들을 글로 표현한 다음 실제 코딩에서 사용해야 한다. 만일 최종 연구에서 두 명 이상이 코딩하게 할 계획이라면, 각 코딩자로 하여금 동일한 관찰사례에 대해 독립적으로 코딩하게 하여 코딩자들 간의 일치 정도를 가늠해볼 수 있어야 한다. 연구자는 항상 어려운 사례들, 즉 조작적 정의로도 쉽게 구분되지 않는 관찰값에 특별한 관심을 기울여야 한다. 마지막으로, 연구자는 사전조사의 결과가 연구자의 분석적 관심에 적합한지의 여부를 확인하기 위해 사전조사의 전반적인 결과를 면밀히 검토해야 한다. 예를 들어, 사전조사에서 모든 신문사설을 진보적이라고 코딩했다면 연구자는 진보적이라는 속성에 대한 자신의 조작적 정의를 다시 한 번 검토해봐야 할지도 모른다.

내용분석에서 연구자는 (다른 종류의 연구들에서와 마찬가지로) 모든 개념을 처음부터 완벽하게 정의하는 데 몰두할 필요는 없다. 많은 경우, 분석을 해나가면서 개념에 대한 가장 적절한 정의를 찾아가는 것이 더 효과적이다. 예를 들어 선정적인 소설의 경우, 여러 가지 선정적 단어의 빈도를 따로따로 기록해둘 수 있다. 그렇게 함으로써 연구자는 나중의 분석과정에서 어떤 단어 혹은 어떤 단어들의 결합이 변수에 대한 가장 유용한 지표가 되는지를 결정할 수 있게 된다.

빈도와 기록 관리

연구자가 내용분석 자료를 양적으로 평가하고자 할 경우, 코딩은 반드시 자료를 처리할 수 있는 방식으로 이루어져야 한다.

첫째, 코딩의 최종산물은 숫자여야 한다. 연구자가 단어, 문구 또는 그 밖의 형태로 드러난 내용의 빈도를 기록한다면 그 결과는 당연히 숫자가 될 것이다. 연구자가 주관적인 판단에 근거해 커뮤니케이션의 숨은 내용을 코딩하는 경우에도 판단결과는 1 = 매우 진보적, 2 = 어느 정도 진보적, 3 = 어느 정도 보수적 등과 같은 숫자로 나타내야 한다.

둘째, 연구자는 분석단위와 관찰단위를 분명하게 구분해 기록해야 한다. 특히 두 단위가 일치하지 않는 경우에는 반드시 그렇게 해야 한다. 물론 최초의 코딩은 관찰단위에 대해 이루어져야 한다. 예를 들어, 분석단위는 소설가이고 소설을 내용분석해 소설가의 특징을 파악하고자 한다면 연구자의 일차적인 기록은 소설에 관한 것이 될 것이다. 그런 다음 연구자는 각 소설에 대한 점수를 이용해 각 소설가의 특징을 나타낼 수 있다.

셋째, 계산기준을 기록해두어야 한다. 어떤 책에 몇 개의 단어가 있는지를 모른다면 그 책에 부적절한 남성 대명사가 87번 사용되었다는 사실로부터 우리가 알 수 있는 것은 거의 없다. 관찰기준의 문제는 모든 관찰을 하나의 변수를 구성하고 있는 속성 가운데 하나로 코딩한다면 쉽게 해결된다. 예를 들어 표본사설에 대해 진보적 사설이 몇 편인지를 세기보다는 각 사설을 정치적 성향을 기준으로 코딩하는 것이 필요하며, 설령 '분명한 성향이 없다'라고 코딩을 하는 한이 있어도 그렇게 하는 것이 바람직하다.

예를 들어, 학교 사회복지사에 대해 연구하고자 한다고 가정해보자. 좀 더 구체적으로 말해서, 오늘날의 학교 사회복지사가 과거의 학교 사회복지사에 비해 가족과 교직원에게 더 많은 개입을 하고 있는지 그리고 학교 사회복지사들이 개입의 범위를 문제학생에 대한 상담으로 국한하는 경향이 과거에 더 강했는지를 알아보고자 한다고 가정해보자.

한 가지 가능한 접근방법은 학교 사회복지사를 분석단위로 설정하고 사회복지사의 표본을 뽑은 다음 각각의 학교 사회복지사에게서 사례기록 표본을 뽑아 사례기록 표본에 나타난 사정 및 과정기록을 바탕으로 각 사회복지사의 실천성향을 순위 매기는 것이다. 표 17-2는 4점 척도를 이용해 각 학교 사회복지사의 성향을 코딩한 결과의

표 17-2 표본 관련 사항 기록표

사회복지사 ID	평가한 사례기록의 수	주관적 평가*	환경적 표적 문제가 포함된 사례기록의 수	환경적 개입이 포함된 사례기록의 수	학생의 정신병리학에 초점을 둔 사정이 포함된 사례기록의 수
001	37	2	10	6	25
002	26	4	25	24	2
003	44	3	30	23	14
004	30	1	0	0	30

* 1 = 상담만, 2 = 약간 환경적, 3 = 중간 정도로 환경적, 4 = 매우 환경적

일부다. 첫 번째 열에 제시된 숫자는 자료처리를 용이하게 하기 위해 각 사회복지사에게 부여한 일련번호다. 두 번째 열은 각 사회복지사에 대해 코딩한 사례기록의 수를 나타낸다. 이 값은 특정 속성을 가진 사례기록의 비율을 계산하는 데 반드시 필요한 매우 중요한 정보다.

표 17-2의 그 다음 열에는 사회복지사의 전반적인 성향을 주관적으로 평가한 결과가 제시되어 있다(나중에 이 평가결과를 몇 가지 객관적인 척도와 비교할 것이다). 나머지 열들에는 특정 개입을 포함하고 있는 사례기록의 수, 개입의 대상이었던 문제, 평가 등이 기록되어 있다. 실제 내용분석에는 이러한 정보와 함께 사례기록을 통해 얻을 수 있는 그 밖의 정보, 예를 들면 클라이언트의 특성, 서비스 날짜, 사회사업가의 특성 같은 정보 또한 기록될 것이다.

사회적 연구의 다른 형태로서, 내용분석에 도움이 되는 컴퓨터 프로그램이 있다. 여기 찾아보면 좋을 만한 몇 가지 주소가 있다.

Yoshikoder: http://www.yoshikoder.org
T-LAB: http://www.tlab.it/en

이 외에도 독일 심리학자 마티아스 롬펠(Matthias Romppel)이 여러 컴퓨터 프로그램과 더불어 다양한 내용분석 관련 자료 출처에 대해 도움이 될 만한 논평을 해둔 다음과 같은 웹사이트도 알아두면 도움이 될 것이다. http://www.content-analysis.de/category/software/quantitative-analysis

질적 자료분석

모든 내용분석이 숫자를 최종산물로 갖는 것은 아니다. 경우에 따라서는 연구하고자 하는 내용을 질적으로 분석하는 것이 더 적절할 수도 있다. 버그 Berg(1989)는 '부정적 사례 검사(negative case testing)'를 질적 가설검정 방법의 하나로 소개한 바 있다(pp. 123-125). 첫째, 근거이론에서는 맨 처음 단계로서 자료를 검토하는데 이를 통해 어떤 일반적인 가설을 얻을 수 있다. 예를 들어, 지역사회 내에 새로 결성된 어떤 조직체의 리더십을 연구하기 위해 그 조직체의 회의록을 분석해 누가 가장 먼저 움직임을 주도했는지를 알아본다고 하자. 일차적으로 자료를 분석해본 결과, 부유한 사람들이 리더로서의 역할을 담당할 가능성이 높다는 생각을 갖게 되었다고 가정해보자.

분석의 두 번째 단계는 첫 번째 자료분석을 통해 얻어진 가설과 대립되는 모든 사례를 찾는 것이다. 이 경우, 가난하지만 여러 가지 것들을 성공적으로 주도하는 구성원과 부유하지만 전혀 그러한 역할을 하지 못하는 구성원을 찾는 일이 될 것이다. 그 다음 단계는 가설에 맞지 않는 사례들을 검토해 (1) 초기 가설을 버릴 것인지 아니면 (2) 좀 더 정교하게 다듬을 것인지를 결정하는 것이다.

가설과 대립되는 사례들을 분석하는 과정에서 가난하지만 주도적인 역할을 하는 구성원들은 모두 석사학위를 갖고 있으며 부유하지만 주도적인 역할을 하지 못하는 구성원들은 공식적인 교육을 별로 받지 못했다는 사실을 발견했다고 가정해보자. 이러한 결과를 바탕으로 연구자는 초기 가설을 변경해 부와 교육 모두를 중요한 요인으로 고려할 수 있을 것이다. 아마도 연구자는 계속해서 연구를 진행해나가는 과정에서 부유한 사람, 교육을 많이 받은 사람 또는 그 두 가지 조건을 모두 만족하는 사람들이 리더(사무직, 임금 수준, 학사학위를 가진)가 되기 위해 추가로 갖추어야 할 더 많은 조건을 발견하게 될 것이다.

이러한 과정은 글레이서 Glaser와 스트라우스 Strauss(1967)가 말하는 **분석적 귀납법**(analytic induction)의 좋은 예라고 할 수 있다. 이 과정은, 사례에 대한 관찰로부터 출발한다는 점에서 귀납적이며, 동시에 단순히 현상을 서술하는 것을 넘어서서 유형과 변수들 간의 관계를 찾는다는 점에서 분석적이라고 할 수 있다.

물론 이러한 분석방법은 다른 모든 분석방법과 마찬가지로 여러 가지 위험을 내포하고 있다. 그중 가장 주의해야 할 점은 초기 가설을 뒷받침하기 위해 사례들을 올바르지 않게 분류해서는 안 된다는 것이다. 예를 들면, 위의 경우에서 연구자는 '리더가 아닌 어떤 사람이 대학을 졸업하지 않았다'라거나 '공장근로자이지만 팀장인 사람은 화이트칼라에 매우 가까운 사람이다'라는 잘못된 결론을 내릴 수 있다는 것이다.

버그(1989)는 이러한 오류를 범하지 않기 위한 몇 가지 방법을 제시하고 있다(p. 124).

1. 만일 사례의 수가 충분하다면 가설을 가장 잘 뒷받침하는 사례들만을 뽑는 경우가 발생하지 않도록 각 범주에 해당하는 사례들 가운데 몇 개씩을 무작위로 뽑는다.
2. 자료에 대해 자신이 주장하는 바를 뒷받침하는 사례를 각 주장에 대해 최소한 세 개 이상씩 제시한다.
3. 자신의 연구와 무관한 다른 사람들에게 자신의 분석적 해석 내용을 검토하게 하고 그들이 자신의 해석에 동의하는지를 물어본다.
4. 자신이 발견한, 일관되지 않는다고 생각되는 모든 것, 즉 가설과 부합하지 않는 모든 사례를 있는 그대로 보고한다. 어떤 사회적 유형도 100% 일관될 수는 없다. 따라서 연구자가 발견한 내용은 비록 그것이 모든 사회적 삶에 절대적으로 적용되지 않는다고 하더라도 얼마든지 중요할 수 있다. 다만, 연구자는 그러한 사항에 대해서만큼은 자신의 연구결과를 읽는 독자들에게 반드시 정직해야 한다.

질적 내용분석에 사용할 수 있는 컴퓨터 프로그램으로는 MAXQDA(http://www.maxqda.com)를 이용해 볼 수 있고, 또한 앞서 언급한 T-LAB에서는 정치연설에서의 단어 연상 매핑 같은 흥미로운 질적 분석을 제공해줄 것이다. 마티아스 롬펠 Matthias Romppel은 http://www.content-analysis.de/category/software/qualitative-analysis에 질적 내용분석 프로그램에 대한 아주 훌륭한 논평을 실어두었다.

질적 내용분석과 양적 내용분석의 예

사회복지 분야에서 일어나고 있는 움직임에 관한 두 가지 내용분석 연구의 예를 함께 살펴보자. 두 가지 예 모두 질적인 내용을 포함하고 있다. 첫 번째 예는 질적 내용을 양적 자료로 전환하는 것을 보여주며, 두 번째 예는 처음부터 끝까지 연구의 초점을 질적인 것에 맞추고 있다.

양적 내용분석의 예: 사회복지 자아상의 변화 사회복지사인 빌럽스 Billups와 줄리아 Julia(1987)는 1955년에 미국사회복지사협회(National Association of Social Workers, NASW)가 결성된 이후 현대 사회복지의 자아상이 변해왔는지 그리고 어떻게 변해왔는지를 알아보고자 했다. 그들은 1960년, 1970년, 1980년에 나온 사회복지사 모집공고를 내용분석해 자신들의 연구질문에 대한 답을 찾고자 시도했다.

연구의 초기 단계에서 빌럽스와 줄리아가 직면한 문제 중 하나는 그들이 분석할 사회복지사 모집공고의 출처를 정하는 것이었다. 그들은 사회복지 분야에서 가장 직원모집공고가 많이 나는 NASW의 출판물을 이용하는 것이 가장 좋겠다고 생각했다. 1960년과 1970년에는 「Social Casework」라는 잡지가 바로 그러한 출판물이었으며, 그 후에는 「NASW News」가 직원모집공고의 주된 출처로 자리 잡아갔다. 이에 빌럽스와 줄리아는 1960년과 1970년에는 「Social Casework」를, 1980년에는 「NASW News」를 주된 출처로 이용했다.

이 출판물들은 각각 매년 10회씩 발행되었고, 각 호에는 매우 많은 수의 직원모집공고가 실렸다. 제한된 연구자원을 고려해볼 때 빌럽스와 줄리아는 대상 연도인 3개 연도에 실린 수천 개에 달하는 모든 모집공고를 분석하는 것은 불가능하다고 판단했다. 앞서 14장에서 설명했던 바와 같이, 모집단이 그렇게 클 경우 전체 모집단을 정확하게 기술하기 위해 모든 모집공고를 연구할 필요는 없다. 연구자는 확률 표본추출 방법을 이용해 모집단의 일부를 표본으로 뽑아 이에 기초해 모집단의 특성을 정확하게 기술할 수 있다. 빌럽스와 줄리아는 506개의 사회복지사 모집공고를 체계적 무작위 표본으로 뽑았으며, 이 표본은 1960, 1970, 1980년에 실린 공고 전체의 10%에 해당하는 크기였다.

그 다음으로 빌럽스와 줄리아는 결국 그들이 직원모집공고를 내용분석할 때 찾게 될 사회복지 실천의 차원(dimensions of practice)에 대한 표준적 정의를 내려야만 했다. 일단, 그들은 숨은 내용이 아닌 드러난 내용만을 검토하기로 결정했고, 다음과 같은 네 가지 주요 구성요소에 따라 실천의 차원을 정의했다. (1) 직함(행정가, 개인대상 사회복지사), 임상사회복지사, 치료사 등), (2) 실천 분야(가족 및 아동복지, 정신보건 등), (3) 주된 실천대상(개인, 집단, 직접 혹은 간접실천 등), (4) 실천에 필요한 혹은 선호되는 교육 수준 및 경험 등이다. 이 네 가지 구성요소는 상호 배타적이고 포괄적인 하위범주들로 이루어져 있었다. 표준화된 코딩 안내서를 만들어 두 명의 코딩자가 사용할 수 있게 했다. 코딩자들 간의 신뢰도를 평가했고, 평가결과는 양호한 것으로 나타났다.

빌럽스와 줄리아는 시간이 지나면서 직원모집공고가 두드러지게 변화했음을 발견했다. 예를 들면, 모집공고의 내용 가운데 특정 실천방법 위주의 직함과 실천대상을 명시하는 경우가 눈에 띄게 줄어들었다. 1960년에는 거의 절반의 모집공공에서 **개인대상 사회복지사**(caseworker)라는 용어를 사용했으나 1980년에는 그런 문구를 거의 찾아볼 수 없었고, 구체적인 실천방법을 나타내는 용어 대신 **사회복지사**, **직접 실천**(direct practice), **임상사회복지사**, **치료사** 같은 용어가 사용되었다.

모집공고에 나타난 실천 분야 또한 상당히 변했다. 1960년의 모집공고 중 약 60%가 가족과 아동복지 분야에서 일할 사회복지사를 모집하는 공고였으나, 1980년에는 모집공고 중 21% 정도에서만 이들 분야가 언급되었다. 가장 큰 성장을 보인 실천 분야는 정신보건, 노인, 교정, 재활, 산업사회복지, 약물남용인 것으로 나타났다.

빌럽스와 줄리아(1987)는 이런 변화를 해석하면서 두 가지의 대조적인 경향에 주목했다. 한편으로는 구체적인 실천방법을 뜻하는 **대인사회복지**나 **대집단사회복지** 같은 직함의 사용이 줄었다는 것은 "좀 더 많은 사회복지사가 문제에 대한 총체적 시각과 폭넓은 실천적 접근방법을 가져야 한다는 기대감이 과거에 비해 증가했다는 것"을 의미한다(p. 21). 그러나 다른 한편에서 보자면, 공공부문의 복지는 감소하고 **치료사** 같은 용어의 사용이 증가했다는 것은 빈곤계층을 저버렸다는 것과 사회복지 실천에 있어 다른 임상전문직의 역할을 모방하려는 경향이 일고 있음을 의미할 수 있다.

질적 내용분석의 예: 입양 공개와 커뮤니케이션 앞서 소개한 빌럽스와 줄리아의 연구는 드러난 질적 내용을 양적 범주로 전환했다는 의미에서 내용분석 중 양적 접근에 해당한다. 그러나 어떤 내용분석 접근방법은 시종일관 철저하게 질적인 측면에만 초점을 맞춘 상태에서 연구하고자 하는 내용을 양적 자료로 전환하지 않고 질적인 용어로만 서술한다. 사회복지 분야에서 이러한 접근방법을 사용한 대표적인 예로는 맥로이 McRoy와 동료들(1990)이 했던 입양 사실 공개에 관한 연구를 꼽을 수 있다.

맥로이와 동료들은 입양아동들이 정신병 치료를 받는 빈도가 비입양아동들에 비해 상대적으로 높은 것은 입양 사실을 아동들에게 밝히는 과정에 문제가 있을 수 있음을 의미한다고 생각했다. 그들은 입양 사실을 밝히는 과정에서 문제가 없었던 사례들과 문제가 있었던 사례들로부터 어떤 유형을 찾고자 시도했다. 그들이 연구한 표본은 50개 입양아동가정으로 이루어진 비확률표본(이용 가능 표본)이었으며, 이들 가정의 입양아동들은 모두 거주시설에 머물면서 치료를 받고 있었고 모두가 2세 이전에 입양된 아동들이었다.

연구자들은 모든 표본가구에 대해 부모, 입양아동, 담당 사회복지사와의 심층면접을 실시했다. 면접내용은 모두 녹취했으며 녹음된 내용에 대해 내용분석을 실시했다(따라서 이 연구에서는 자료수집 방법으로서 비관여적 내용분석이 아니라 심층면접이 사용되었으며 내용분석은 자료수집 이후에 이루어졌다).

대부분의 질적 연구보고서와 마찬가지로 이 연구에서도 방법론적 절차(독자들이 연구결론의 타당성을 평가할 수 있게 해주는 구체적인 내용)는 구체적으로 논의되지 않았다. 이 장에 이어서 두 개의 장에 걸쳐 좀 더 자세하게 논의하겠지만, 질적 접근은 어떤 정형화된 방법론적 틀보다는 주관적 의미에 대한 심층적 탐구(가설검정보다는 새로운 통찰력을 만들어내는 데 주안점을 두는)를 가능하게 해주는 유연한 접근방법을 선호한다.

맥로이와 동료들은 면접자료를 내용분석한 결과를, 그들이 각 사례를 다양한 방법으로 예시하면서 사용했던 긴 인용문의 형태로 제시했다. 예를 들어, 한 사례에서 어떤 소녀는 10살이 될 때까지 자신이 입양되었다는 얘기를 부모에게 듣지 못했다. 연구자들이 제시한 인용문은 그 소녀가 부모들의 말을 믿지 않았고 입양 사실을 알게 되었을 때 큰 상처를 입었음을 보여준다. 다른 두 사례에서는 자신이 입양되었다는 사실을 알게 된 두 명의 5살짜리 남자아이들이 그러한 사실에 대해 분노와 불신으로 반응했음을 보여주었다.

모든 사례에 공통적으로 나타나는 주제(theme)는 아동들이 입양 사실을 어떻게, 언제, 누구로부터 듣게 되는가와 관련된 쟁점에 직면할 때 사회복지사의 도움이 필요하다는 사실이다. 사회복지사는 입양아동들에게 처음으로 입양 사실을 알려주는 역할은 입양부모가 하는 것이 가장 바람직하다는 점을 강조할 필요가 있다.

공통적으로 나타나는 또 하나의 주제는 부모와 아동이 입양에 대해 지속적으로 대화할 필요가 있으며, 아동들이 자신의 배경과 자신이 입양된 이유에 대해 갖게 되는 끊임없는 의문에 공감과 이해를 보여줘야 한다는 점이다. 이러한 결론을 뒷받침해주는 증거는, 입양 사실을 알게 되는 것이 어떻게 어떤 가정에서는 문제를 일으키고 다른 가정에서는 문제를 일으키지 않는지를 잘 보여주는 여러 인용문에서 찾을 수 있다. 예를 들어, 한 인용문에서는 10살이 되었을 때 입양의 의미가 무엇인지를 알게 된 한 소녀가 자신이 어떻게 부모에게 반항적이 되었는지를 잘 서술해주고 있다. 그 소녀에 따르면 부모가 입양에 대해 자신과 말하기를 어려워하거나 부모가 자신에게 입양에 관해 늘 솔직한 태도를 취하지 못할 때 문제가 악화되었다고 한다. 다른 인용문들은 입양아동들이 입양 사실과 관련해서 불편함을 덜 느끼고 부모와 아동 간에 커뮤니케이션이 잘 이루어진 사례들에서 뽑았다.

이러한 예들을 통해 우리는 내용분석이 무엇이고 내용분석이 가진 잠재적 가능성은 무엇인지를 좀 더 명확하게 이해할 수 있다. 이제 내용분석의 장점과 단점을 살펴봄으로써 내용분석에 대한 논의를 마치기로 하자.

내용분석의 장점과 단점

아마도 내용분석의 가장 큰 장점은 시간과 비용을 줄일 수 있다는 점일 것이다. 예를 들어, 대학생 혼자서 내용분석을 할 수는 있어도 설문조사를 할 수는 없다. 내용분석은 많은 수의 조사원이나 특별한 장비를 필요로 하지 않는다. 연구자가 코딩할 내용에 접근성만 확보할 수 있다면 내용분석을 할 수 있다.

내용분석의 또 다른 장점은 실수를 하더라도 쉽게 바로 잡을 수 있다는 점이다. 만일 자신의 설문조사가 잘못되었다는 사실을 알게 되면 연구자는 추가로 시간과 비용을 들여서 전체 조사를 다시 해야만 한다. 만일 질적 연구의 경우라면 연구가 잘못되었음을 알게 되더라도 연구를 다시 한다는 것은 아마도 현실적으로 불가능할 것이다. 왜냐하면 연구의 대상이었던 어떤 사건은 더 이상 존재하지 않을 수 있기 때문이다. 다른 연구방법에 비해 내용분석에서는 연구의 일부를 다시 하기가 매우 용이한데, 모든 작업을 다시 하는 것이 아니라 자료의 일부만을 다시 코딩하면 된다.

내용분석이 갖는 또 한 가지 중요한 장점은 장기간에 걸쳐 일어나는 어떤 과정을 연구할 수 있다는 점이다. 예를 들어 연구자는 1850년에서 1860년까지 미국 소설에 나타난 아프리카계 미국인들의 이미지를 연구할 수도 있고, 1850년부터 오늘날까지 그들의 이미지가 어떻게 변화해왔는지를 연구할 수도 있다.

마지막으로, 내용분석은 이번 장의 첫 부분에서 언급했던 것처럼 비관여적이라는 장점이 있다. 즉, 내용분석자는 연구대상에게 거의 영향을 미치지 않는다. 예를 들면 책은 이미 쓰여 있는 것이고, 사례는 이미 기록되어 있으며, 연설은 이미 행해진 것이기 때문에 내용분석은 여기에 아무런 영향을 미치지 않는다. 이는 다른 연구방법에서는 쉽게 찾아보기 힘든 장점이다.

물론 내용분석은 단점도 있다. 그중 하나는 내용분석의 대상이 기록된 커뮤니케이션으로 범위가 한정되어 있다는 점이다. 즉, 커뮤니케이션은 말일 수도 있고 글일 수도 있으며 그림일 수 있지만 내용분석이 가능하려면 어떤 양식으로든 기록되어 있어야만 한다.

지금까지 살펴본 바와 같이 내용분석은 타당도와 신뢰도 면에서 장점과 단점 모두를 갖고 있다. 타당도 문제는, 연구자가 커뮤니케이션 과정 그 자체를 연구하는 것이 아니라면 발생할 가능성이 있다. 예를 들어 빌럽스와 줄리아의 연구에서 '대인사회복지' 같은 용어의 사용이 줄어든 것이 반드시 사회복지사들이 더 총체적인 실천을 하고 있으며 더 폭넓은 개입방법을 사용하게 되었음을 의미한다고 볼 수 있을까? 혹시 정작 변한 것은 동일한 형식의 실천을 표현하는 명칭이 아닐까? 다시 말해, 과거와 전혀 달라진 바 없는 실천방식을 단지 좀 더 멋진 용어로 표현할 뿐일 수도 있다는 것이다.

내용분석은 일반적으로 타당도 문제를 갖고 있지만 내용분석이 양적 방법으로 진행될 때는 매우 구체적인 대상을 연구하게 되기 때문에 내용분석의 신뢰도는 높아질 가능성이 커진다. 연구자는 원하면 언제든지 코딩한 것을 몇 번이든 재코딩해 코딩의 일관성을 확인해볼 수 있다. 이와 달리 질적 연구에서는 관찰이나 범주화과정의 신뢰도를 높이기 위해 연구자가 사후에 할 수 있는 일은 거의 없다고 봐야 한다.

역사 · 비교분석

이 절에서는 **역사 · 비교연구**(historical and comparative research)를 살펴보겠다. 역사·비교연구는 앞서 살펴봤던 질적 연구, 내용분석, 기존 통계분석과 다소 겹치는 면이 있기는 하지만, 이러한 방법들과는 매우 다른 연구방법이다.

이제까지 우리가 살펴본 연구방법들은 특정 시점 또는 특정 범위(그것이 소규모 집단이든 아니면 국가이든)에 초점을 맞춘 방법들이었다. 연구자의 초점을 이와 같이 고정하면 물론 오늘날의 사회복지 연구가 어디에 주안점을 두는지를 정확하게 이해하는 데는 도움이 되지만, 자칫 사회과학의 주된 관심사가 시간의 변화에 따라 사회의 형태가 발달해온 과정을 추적하고 그러한 발전과정이 각기 다른 문화권에서 어떻게 진행되어 왔는지를 비교하는 것까지 포함한다는 사실을 간과하게 만들 수도 있다.

일반적으로 우리는 역사·비교분석이라고 할 때 연구자가 아주 부분적이고 세세한 것까지 다 잡아낼 수 있어야 하는 질적 연구방법을 생각한다. 역사·비교분석에서 관찰과 분석의 주된 대상은 역사적 기록이다. 역사·비교분석이 내용분석을 포함할 수는 있으나 역사·비교분석의 분석대상을 커뮤니케이션으로 한정하는 것은 결코 아니다. 역사·비교분석이라는 명칭에서 '비교'라는 말은 사회과학자들이 (단순히 특정 사건들을 기술하는 역사학자들과는 대조적으로) 각기 다른 시간과 공간에서 반복되는 공통적인 패턴을 발견하고자 한다는 것을 뜻한다.

사회복지 문헌에서 많은 역사적 기록을 찾을 수 있는데, 초기 사회복지 분야의 선구자들에 관한 전기(biography)들이 그러한 역사적 기록의 상당 부분을 차지한다. 사회복지정책과 프로그램의 발전과정에 관한 사례연구 또한 많이 발견할 수 있다. 이러한 기록보다는 수적으로 많지 않지만 오늘날의 사회복지 실천을 위해 유용한 정보를 제공해주는 데 매우 효과적인 기록은 역사 속에서 나타나는 반복적인 유형을 찾고자 했던 비교연구들이다. 이 비교연구들은 과거를 설명하고 현재와 미래를 위한 교훈을 제공해준다. 후자의 유형에 해당하는 연구 가운데 사회복지 연구에 특별한 관련성을 갖는 연구로는 짐발리스트 Zimbalist(1977)의 책『Historic Themes and Landmarks in Social Welfare Research』를 꼽을 수 있다.

짐발리스트는 19세기 말에서부터 1960년대 중반까지 출판된 사회복지 연구에 대한 자신의 분석에 기초해 사회복지 연구자들이 연구방법의 최신 유행을 지나칠 정도로 열심히 받아들이려고 했던 경향이 주기적으로 나타났음을 확인했다. 사회복지 연구자들은 이용 가능한 다양한 연구방법을 비판적이고 균형 잡힌 시각에서 바라보면서 각 연구방법의 장단점을 모두 고려해 어떤 연구방법이 어떤 조건하에서 가장 적절한 연구방법인지를 고민하기보다는 유망하다고 생각되는 새로운 접근방법을 마치 사회복지 연구를 위한 만병통치약인 것처럼 받아들이곤 했다는 것이다.

짐발리스트는 빈곤의 원인과 정도에 관한 초기 연구들, 20세기 초부터 시작된 사회조사에 대한 관심, 그리고 1960년대 중반의 복합적인 문제를 가진 가족에 관한 연구들에서 바로 이러한 경향이 주기적으로 반복되었음을 발견했다. 짐발리스트는 과거가 어떠했는지를 서술함으로써 우리에게 현재 그리고 미래에 나타날 사회복지 연구의 유행을 이해할 수 있는 틀을 제공해준다.

현재의 우리에게 중요한 교훈을 제시해주는 또 다른 훌륭한 역사·비교연구로는 모리세이 Morrissey와 골드먼 Goldman(1984)의 만성 정신질환자 보호와 관련된 개혁의 주기적 반복에 관한 연구를 꼽을 수 있다. 모리세이와 골드먼은 최근의 탈시설화 운동과 19세기에 도로테아 딕스 Dorothea Dix가 펼쳤던, 병세가 깊어 그렇지 않아도 자신들을 꺼려하는 지역사회 내에서 자활조차 할 수 없는 정신질환자를 위해 정신병동과 보호를 제공하는 주립병원을 건립해줘야 한다는 개혁운동을 구체적으로 비교했다. 딕스 시기의 개혁은 정신질환자들에 대한 보호를 지역사회로부터 병원으로 옮김으로써 그들에게 좀 더 인간적인 보호를 제공하는 데 주안점을 두었다. 오늘날의 탈시설화 시기에 개혁은 정신질환자들에게 좀 더 인간적인 보호를 제공하기 위해 병원으로부터 지역사회로의 변화를 추구하고 있다. 그럼에도 불구하고 오늘날 우리는 수많은 정신질환자들이 거처할 곳이 없거나 감옥에 들어가 있거나 열악한 환경 속에서 살아가고 있다는 말을 듣고 있다. 이러한 현실 가운데 대부분은 불과 1세기 전에 딕스의 개혁운동이 일어날 수밖에 없었던 바로 그 당시의 현실과 전혀 다르지 않다.

모리세이와 골드먼은 어떻게 두 개혁운동 모두가 동일한 이유에서 실패했는지를 잘 설명해주고 있다. 결국, 두 개혁 모두 정신질환자들을 위한 보호를 좀 더 인간적으로 만드는 데 필요한 공적 재정을 충분히 확보하지 못한 상태에서 단순히 보호의 장소만 바꾸었기 때문이다. 충분한 재정이 뒷받침되지 않는 상태에서 딕스가 정신질환자를 위해 의도했던 인간적인 보호시설은 오히려 비인간적이고 수많은 환자들로 붐벼대는 아수라장이 되는 경우가 너무도 많았고, 그곳에서 고가의 사적보호를 받을 여유가 없는 수많은 환자들은 마치 창고에 갇히는 것처럼 수용되고 잊혀버리곤 했다. 탈시설화 운동이 가진 고귀한 의도 또한 충분한 재정지원이 없는 상태에서는 많은 정신질환자를 주립병원의 뒤쪽에 위치한 구석진 병동만큼이나 열악하기 짝이 없는 지역사회로 내모는 결과를 가져왔다.

이 연구가 우리에게 주는 교훈은 만일 우리가 진정으로 만성 정신질환자에게 좀 더 인간적인 보호를 제공하고자 한다면 우리의 노력은 단순히 이상적인 프로그램이 무엇인지를 개념화하거나 어디에서 보호를 제공할 것인지에 대해 생각하는 차원을 넘어서야 한다는 것이다. 진짜 고민해야 할 사안은 그러한 보호를 위해 필요한 재정을 지원하도록 정부를 설득하는 것이다. 이러한 노력이 없는 개혁은 이전의 개혁들과 마찬가지로 의도하지 않은 결과를 맞게 되는 실수를 또 다시 반복하는 운명에 처할 것이다.

역사·비교연구의 자료

앞서 기존 통계자료에서 보았던 것과 마찬가지로 역사연구의 경우에도 분석할 수 있는 자료는 실로 무궁무진하다. 우선 우리가 연구하고자 하는 것이 무엇이든 그 주제는 이미 역사학자들이 어느 정도 다루었을 것이며, 그들의 연구는 해당 주제에 관한 기초지식을 제공해줄 수 있다. 따라서 역사학자들의 연구결과는 좀 더 깊이 있는 연구를 위한 좋은 출발점이 된다. 우리가 궁극적으로 하고자 하는 것은 '원자료(raw data)'를 연구해 다른 사람들이 내린 결론을 넘어서서 자신의 결론을 끌어내는 것이다.

물론 원자료는 연구하는 주제에 따라 다양할 수 있다. 예를 들어 오래된 편지, 일기, 설교, 강의 등이 원자료가 될 수 있다.

로스먼 Rothman(1981)은 가족사를 연구하는 과정을 설명하면서 다음과 같은 자료원에 대해 언급하고 있다.

> 개인 차원의 자료원뿐만 아니라 공공기록 또한 가족사를 드러내 보여줄 수 있다. 신문은 특정 지역사회의 관점에서 바라본, 과거 가족생활의 교육적, 법적, 오락적 측면에 관한 매우 풍부한 증거를 제공해준다. 잡지는 가족생활의 좀 더 일반적인 패턴을 반영한다. 학생들은 가족 가치관에 대해 주류 사회가 가진 인식 및 기대에 관한 자료를 분석하는 과정에서 잡지가 매우 흥미로운 자료라는 사실을 종종 깨닫는다. 잡지는 시각적 자료(그림과 광고), 논평(사설과 충고란), 소설 같은 다양한 종류의 자료를 동시에 제공한다. 인기 있는 정기간행물에서는 특히 논평과 소설을 많이 찾을 수 있다. 19세기 초에서부터 오늘날까지 잡지에는 가족이 살아가면서 갖게 되는 여러 가지 질문(아이들을 교육하는 적절한 방법에서부터 어떤 벽지를 고르는 것이 좋은지에 이르기까지)에 대한 다양한 의견과 충고로 잡지내용을 가득 채우고 있다. 잡지에는 공통적인 경험이나 가족의 삶에 대한 인식을 엿볼 수 있게 해주는 이야기들이 끊임없이 나타난다(p. 53).

일반적으로 모든 조직은 조직에 관한 사항들을 기록으로 남긴다. 따라서 어떤 조직의 발전과정을 연구하고자 한다면 그 기관의 정관, 정책문서, 리더의 연설문 같은 공식문서를 검토해야 한다.

많은 경우, 정부의 공식문서는 분석에 필요한 자료를 제공한다. 미국의 인종관계 역사를 올바르게 이해하기 위해 히긴보담 Higginbotham(1978)은 약 200년에 걸친 인종 관련 법률과 판례를 검토했다. 최초의 아프리카계 미국인 연방판사였던 히긴보담은 법이 아프리카계 미국인을 보호하기보다는 편협성과 압제의 구현이었음을 발견했다. 초기 판례들을 보면 아프리카계 미국인이 계약노동자였는지 아니면 사실상 노예였는지가 매우 모호했으나, 이후의 판례와 법률에는 아프리카계 미국인을 인간 이하의 존재로 비하는 입장이 분명하게 나타나기 시작했다.

학술 도서관은 역사연구를 위한 자료를 찾을 수 있는 좋은 자료원이다. 일반적으로 학술 도서관에는 전문 사서가 있어, 필요한 문서를 찾고자 할 때 도움을 받을 수 있다. 역사연구를 하려는 연구자에게 도서관 이용 기술은 필수적으로 갖추어야 할 조건이다.

자료원은 크게 **1차 자료원**과 **2차 자료원**으로 나뉜다. 1차 자료원은 어떤 사건이 발생할 때 그 자리에 있었던 사람이 직접 제공하는 설명이다. 예를 들면 일기, 편지, 조직의 내규, 회의록, 목격자의 진술 등이 이에 해당한다. 2차 자료원은 과거의 현상을 1차 자료원에 기초해 기술한다. 어떤 연구자가 린든 존슨 시기(Lyndon Johnson Era) 사회복지 프로그램의 역사에 관한 책의 일부를 인용한다면 연구자는 2차 자료원을 이용하고 있는 것이다. 그러나 텍사스 주 오스틴 시에 있는 대통령 도서관에 가서 그 시기에 해당하는 편지, 법률, 공식문서를 찾아 그 내용을 인용하면 연구자는 1차 자료원을 이용하는 것이다.

2차 자료원만을 이용해 연구를 할 경우, 연구자는 자칫 해당 자료원이 가진 오류를 그대로 되풀이할 뿐 새롭고 독창적인 시각에서 과거를 바라볼 기회를 갖지 못하게 될 수 있다. 물론 1차 자료원 역시 단점이 있다. 예를 들어 목격자가 편견을 가졌거나, 잘못 기억하고 있을 수도 있다.

스튜어트 Stuart(1981)는 1차 자료원을 제공하거나 자신이 목격한 사건을 바탕으로 1차 자료원을 기록하는 사람이 그 사건과 관련된 이해당사자일 수 있다고 주장한다. 스튜어트는 19세기 말에 미국 원주민 감독관들이 보호구역에 거주하는 미국 원주민의 인구를 보고한 통계에 나타나 있는 편견을 예로 제시한다. 어떤 감독관은 연방정부의 인디언 관리국(Office of Indian Affairs)으로부터 더 많은 물자를 공급받기 위해 자신이 감독하는 보호구역의 미국 원주민의 숫자를 허위로 과장했다.

최근에 공영방송(Public Broadcasting System)이 방송한 린든 존슨의 TV 전기는 존슨 대통령 당시 백악관 직원 같은 1차 자료원에 상당히 의존해 만들어졌다. 그 TV 프로그램에서 1968년에 재선을 위해 출마하지 않기로 한 존슨의 결정은 베트남전쟁의 비극에 대한 그의 고뇌와 종전을 위한 협상방법을 찾으려는 그의 의지에서 비롯된 것으로 묘사되었다. 그 역사 다큐멘터리는 그가 윈스콘신 예비선거 하루 전날 밤에 불출마 결정을 발표했다는 사실은 언급하지 않았다. 그 당시 정치 여론조사는 유진 매카시 Eugene McCarthy 상원의원이 예비선거에서 큰 표 차이로 존슨을 이길 것으로 예상했으며, 신문기사에서는 소속당의 유권자들까지도 거부하는 현직 대통령인 존슨이 곧 굴욕을 당할 것이라고 했다. 그런 사실을 TV 프로그램에서 누락시킨 이유는 그 TV 프로그램이 린든 존슨과 가까웠고 그를 좋아했던 1차 자료원에 지나치게 의존했기 때문이었을까? 우리는 그저 짐작해볼 수 있을 뿐이다.

역사연구를 진행할 때 연구자는 몇 가지 사항을 주의해야 한다. 기존 통계의 경우와 마찬가지로 연구자는 기록(공식 또는 비공식, 1차 또는 2차)의 정확성을 무턱대고 신뢰해서는 안 된다. 연구자는 항상 자신의 자료원에 편견이 있을 수 있다는 가능성을 염두에 두어야 한다. 어떤 선구적 사회복지사에 관한 모든 자료가 그를 위해 일했던 사람들로부터 얻은 것이라면 그 사람에 대한 균형 있는 의견을 얻을 가능성은 낮을 것이며, 어떤 사회운동의 발달과정에 관한 모든 자료를 그 운동에 참여했던 사람들에게서 얻는다면 그 운동에 관한 올바른 정보를 얻을 가능성 또한 낮을 것이다. 지금으로부터 1세기 전 자선조직협회(Charity Organization Societies)에서 일했던 부유한 우애방문원의 일기는 그들이 그 시기에 방문했던 가난한 이민자들의 생활을 정확하게 보여주지 못할 수도 있다.

이와 관련된 마지막 예로, 정신보건 분야에서 일어났던 탈시설화 운동의 일부로서 엄청난 수의 환자들을 정신병원으로부터 지역사회로 옮겨가게 한 변화의 주역들을 이해하려는 연구를 한다고 가정해보자. 만일 연구자가 주정부의 정신보건 담당관료들의 보고서에만 의존해 연구를 진행한다면 탈시설화가 주로 정신약리학의 발전과 정신질환자의 시민적 자유에 대한 관심에서 비롯된 인도주의적 반응이었다고 믿을 수 있을 것이다. 어쩌면 연구자는 대대적인 퇴원이 시작된 시기가 1950년대 중반에 향정신제(psychotropic drug)가 발견된 시기보다 훨씬 뒤라는 사실을 알지 못할 수 있다. 실제로 탈시설화 운동은 1970년대 중반에 시작되었으며 그 당시 주정부 공무원들은 주정부가 직면한 재정 위기 속에서 환자들을 주립병원에서 지역사회시설로 퇴원시킴으로써 정신질환자를 보호하는 데 드는 비용을 주정부에서 연방정부로 전가하려는 생각을 하게 되었다(Morrissey & Goldman, 1984).

역사연구가 가진 이와 같은 위험들로부터 연구자가 자신의 연구를 보호할 수 있는 방법은 보강자료를 통한 확증(corroboration)이다. 만일 다양한 자료원이 동일한 '사실'을 말해준다면 그러한 자료원에 대한 신뢰도는 당연히 높아질 것이다. 따라서 역사연구를 수행할 때는 단 하나의 자료원 또는 단 한 종류의 자료원에만 의존하지 않도록 해야 한다. 찾을 수 있는 모든 관련 자료원으로부터 자료를 얻도록 노력하고, 상이한 이해관계와 상이한 관점에 해당하는 다양한 자료원을 찾도록 노력해야 한다. '문서를 읽고 평가하기'라는 제목의 글상자는 역사 문서의 활용 및 문서로부터 무엇을 얻을 수 있는지에 관해 많은 것을 제시해준다.

역사 문서를 접할 때 생각해봐야 할 사항들에 대한 아민자데 Aminzade와 라슬렛 Laslett의 비판적인 고찰은 비단 역사·비교연구뿐만 아니라 좀 더 일반적으로는 우리의 삶에도 큰 도움이 된다. 글상자에 나열된 질문들 가운데 일부를 대통령의 기자회견, 광고 또는 대학교재에 적용한다고 생각해보자. 그중 어떤 것도 실재(reality)를 그대로 보여주지는 못한다. 왜냐하면 그것들 모두는 결국 인간이 썼고 인간에 관한 것들이기 때문이다.

분석기법

질적 연구방법으로서의 **역사·비교연구**는 무엇인가를 설

문서를 읽고 평가하기

론 아민자데 Ron Aminzade와 바바라 라슬렛 Barbara Laslett, 미네소타 대학교

이 글은 독자들로 하여금 역사가들이 하는 해석작업과 그들이 자료원에 대해 취하는 비판적 접근이 어떤 것인지를 대략적으로 이해할 수 있게 하려는 목적에서 쓴 글이다. 역사가들은 역사의 부스러기들로부터 과거를 재구성하고, 여러 종류의 문서들이 갖는 증거로서의 가치를 평가하고, 인정될 수 있는 추론과 해석의 범위를 설정하기 위해 노력하는 과정에서 몇 가지 기술을 발전시켰다. 이 글은 그러한 기술을 평가하는 데 도움이 될 것이다.

다음은 역사가들이 문서에 대해 던지는 몇 가지 질문이다.

1. 누가 이 문서를 작성했는가? 왜 작성되었는가? 왜 이 문서는 오랜 세월 동안 살아남았는가? 문서에 담겨 있는 정보를 얻기 위해 어떤 방법이 사용되었는가?

2. 이 문서는 어떤 편견을 갖고 있는가? 편견을 어떻게 발견하고 바로잡을 것인가? 문서에 실린 개인, 사건 등의 표본은 어느 정도의 포괄성 또는 대표성을 갖고 있는가? 문서를 준비할 때 제도적인 제한은 무엇이었으며, 따라야 했던 일반적인 조직의 관례는 무엇이었는가? 문서가 연구하고자 하는 현상에 관한 지표보다 제도적 활동에 관한 지표를 얼마나 더 제공하고 있는가? 문서에 기록된 사건의 실제 관찰 시점과 목격자가 자신이 목격한 바를 문서로 작성한 시점 간에 어느 정도의 시간 차이가 존재하는가? 문서를 어느 정도나 비밀스럽게 혹은 널리 알리려고 했는가? 문서에 담겨 있는 내용을 표현하는 데 예절, 관습, 풍습이 어떤 역할을 했는가? 만일 이 문서에 담겨 있는 증거에만 의존한다면 과거에 대한 시각이 어떻게 왜곡될 수 있는가? 동일한 이슈에 대해 어떤 다른 종류의 문서를 증거로 찾을 수 있는가?

3. 이 문서를 작성한 사람이 문서에 제시된 정보를 정리하는 데 사용한 주된 범주와 개념은 무엇인가? 그와 같은 사고의 범주를 사용함으로써 어떤 것들이 선별되었거나 언급되지 않게 되었는가?

4. 이 문서는 어떤 종류의 이론적 이슈와 논쟁을 야기하는가? 이 문서는 어떤 역사적 혹은 사회학적 질문에 대한 답을 찾는 데 도움이 되는가? 문서에 담긴 정보로부터 어떤 종류의 타당한 추론을 할 수 있는가? 문서에 담겨 있는 정보에 기초할 때 어떤 종류의 일반화를 할 수 있는가?

명하는 과정에서 가설을 양적 방법과는 다르게 취급한다. 역사연구자는 연구의 전 과정에서(물론 연구 그 자체도 가설검증을 위해 미리 엄격하게 설계되며) 단 하나의 가설을 고집하기보다는 역사 문서들을 검토하고, 분석하고, 종합하는 과정을 통해 가설을 지속적으로 수정하고 재구성할 수 있다.

역사·비교연구는 유연한 질적 방법이기 때문에 역사 자료를 분석할 때 어떤 일반적인 단계를 따른다는 것은 생각하기 힘들다. 막스 베버 Max Weber는 사회조사의 본질적인 특성에 대해 언급하면서 'verstehen(이해)'이라는 독일어를 사용했다. 이 용어를 통해 베버는 연구자가 연구대상자의 행동을 적절하게 해석하기 위해 연구대상의 상황, 관점, 감정을 정신적으로 받아들여야 한다는 것을 의미했다. 최근 들어 사회과학자들은 사회조사 연구의 바로 이러한 측면을 나타내기 위해 **해석학**(hermeneutics)이라는 용어를 사용해왔다. 이 용어는 원래 성경에 담겨 있는 영적 진리에 대한 해석을 말하는 기독교 신학적 용어였으나 시간이 지나면서 세속화되어 예술, 과학 또는 해석기술을 의미하는 용어로 쓰이게 되었다.

양적 연구방법을 통해 얻어진 결론이 부분적으로는 수량적 계산에 근거하는 반면(예를 들면, x는 y보다 더 크다 또는 작다라는 식의) 해석학적 결론은 구체적이기 어렵고 따라서 논쟁의 여지를 갖는다. 그렇다고 해서 해석학이 단순히 의견을 뜻하는 것은 아니며, 분명

히 그 이상의 것을 포함한다. 알베르트 아인슈타인 Albert Einstein(1940)은 과학의 기초를 다음과 같이 서술했다.

> 과학은 우리의 감각-경험이 갖는 혼란스런 다양성을 논리적으로 단일한 사고체계에 대응시키려는 시도다. 이러한 체계 속에서 어떤 하나의 경험은 이론적 구조와 관련되어야 하는데, 그 결과로서 나타나는 관계는 독특해야 할 뿐만 아니라 납득할 만해야 한다(p. 487).

역사·비교연구자는 연구대상을 서술하는 많은 양의 구체적인 내용 가운데에서 패턴을 발견해야 한다. 많은 경우, 아인슈타인이 말했던 '이론적 구조'는 베버가 말하는 이상형(ideal type)의 형태를 띠는데, 이상형이란 사회현상의 본질적인 특성들로 구성된 개념적 모델을 말한다. 따라서 예를 들어 베버는 관료제에 관한 상당한 연구를 진행했다. 베버(1925)는 수많은 관료제를 관찰한 후, 일반적인 관료제의 본질적인 특성(관할영역, 위계적으로 구조화된 권위, 문서화 등)을 밝혔다. 베버는 자신이 관찰한 실제 관료제의 공통적인 특징을 단순히 서술하는 데서 그치지 않았다. 그는 '완전한(이상적)' 관료제의 이론적 모델을 만들어내기 위해 관료제의 본질을 완전하게 이해하고자 했다.

종종, 역사·비교연구는 특정 이론적 패러다임으로부터 정보를 제공받는다. 따라서 마르크스주의 학자들은 마르크스주의의 갈등이론으로 특정 상황을 이해할 수 있는지를 알아보기 위해 특정 상황(예를 들면, 미국 내의 남미계 미국인의 역사)에 대한 역사분석을 시도해볼 수 있다.

역사·비교연구가 질적 방법이기는 하지만 역사가들도 종종 양적 연구방법을 사용한다. 예를 들어 역사분석가는 종종 일정 기간에 걸쳐 조건이 변하는 것을 지켜보기 위해 인구, 범죄율, 실업, 유아사망율 등의 시계열 자료(12장 참조)를 사용한다. 역사연구자들이 양적 자료를 사용한다면 그들의 연구보고서에는 자신들의 결론을 뒷받침하기 위한 숫자, 그래프, 통계적 경향 등의 내용이 포함될 것이다. 반면에 역사연구자들이 질적 연구방법에 의존한다면 연구보고서에 양적 자료를 제시하기보다는 자신들이 사용한 자료원으로부터 많은 이야기적 내용(narrative material)을 인용해 자신들이 발견했다고 생각하는 반복적인 패턴이 무엇인지를 예시하고자 할 것이다.

주요 내용

- 비관여적 척도는 사회행동에 영향을 주지 않으면서 사회행동을 연구할 수 있는 방법이다.
- 2차 자료분석은 한 연구를 통해 수집되고 처리된 자료를 다른 연구에서 분석하는 연구방법이다. 2차 자료를 분석하는 연구자는 자료를 수집한 연구자와 다른 경우가 많으며, 연구목적 또한 원래 연구와 다를 수 있다. 때로는 원래 연구와 2차 자료분석 연구가 동일한 연구목적을 갖기도 하는데, 아마도 원래 연구의 결과에 의문을 가지고 2차 자료분석을 시도하고자 하는 경우가 그런 경우에 해당할 것이다.
- 어떤 자료는 행정기록이나 공공기록에 제시된 기존 통계를 대단위 차원으로 통합해놓은 형태를 띠기도 한다. 대단위 차원으로 통합된 자료는 다시 개인단위에서 분석하는 것이 불가능하며, 대단위 차원에서의 분석(예를 들면 지역별 아동학대 발생률, 지역별 서비스별 서비스 제공 비율 등)만이 가능하다.
- 2차 자료분석의 장점은 비용을 절감할 수 있다는 것, 수준 높은 전문연구자들의 연구성과를 활용할 수 있다는 것, 엄격한 표본추출과정을 거쳐 얻은 대규모 표본을 분석할 수 있다는 것, 많은 변수를 바탕으로 다변량 자료분석을 시도할 수 있다는 것, 기존 자료가 방법론적으로 매우 훌륭한 자료라는 것, 연구대상보호위원회의 승인을 받기가 쉽다는 것, 접근이 용이하지 않은 연구대상에 대한 자료를 얻을 수 있다는 것, 추세나 경향을 연구할 수 있다는 것, 국가 간 비교연

구가 가능하다는 것, 기술적 지원을 얻을 수 있다는 것을 꼽을 수 있다.

- 2차 자료분석의 단점은 신뢰도와 타당도에 문제가 있을 수 있다는 것, 결측자료, 부적절한 기록, 예상하지 못한 현실적인 문제 등이다.
- 다양한 정부기관 및 비정부기관은 사회복지 연구를 위한 좋은 자료원이 될 수 있다.
- 많은 시간을 들여 2차 자료분석을 위한 계획을 세우기에 앞서, 자신이 원하는 자료가 있는지를 먼저 확인해봐야 한다. 만일 필요로 하는 자료가 있다면 그 다음으로는 중요한 변수들이 많은 결측값이 갖고 있지는 않은지, 그리고 변수값에 충분한 변량이 존재하는지를 확인해봐야 한다.
- 내용분석은 사람들 간의 커뮤니케이션을 연구하기에 적합한 연구방법이며, 커뮤니케이션 과정뿐만 아니라 사회행동의 여러 다른 측면을 연구하는 데도 매우 유용한 방법이다.
- 내용분석에서도 일반적인 확률 표본추출 방법을 그대로 사용할 수 있다.
- **드러난 내용**이란 커뮤니케이션의 특성 가운데 직접적이고 가시적인, 그리고 객관적으로 밝힐 수 있는 특성을 말한다. 예를 들면 책에 쓰여 있는 특정 단어, 그림에 사용된 특정 색 등을 생각할 수 있다. 드러난 내용은 내용분석 연구의 연구대상 중 하나다.
- **숨은 내용**은 커뮤니케이션 안에 포함되어 있는 의미를 가리키는 말이다. 숨은 내용을 밝히기 위해 연구자는 연구의 일부로서 판단(judgement)을 내려야 한다.
- 코딩은 드러난 내용 또는 숨은 내용의 형태로 존재하는 원자료를 표준화된 숫자의 형태로 전환하는 것이다.
- 내용분석 자료를 해석하기 위한 방법으로는 양적 방법과 질적 방법 모두를 사용할 수 있다.
- 내용분석은 경제적이고, 실수를 쉽게 바로 잡을 수 있으며, 장기간에 걸친 과정에 대한 연구가 가능하다는 장점이 있다. 반면에 내용분석은 기록된 커뮤니케이션으로만 연구대상이 국한되며, 신뢰도나 타당도에 문제가 있을 수 있다는 단점이 있다.
- 사회복지 연구자는 역사·비교연구 방법을 이용해 각기 다른 시간과 장소에서 나타나는 공통적인 패턴을 발견하고자 접근할 수 있다.
- 역사연구를 위한 자료원은 크게 1차 자료원과 2차 자료원으로 나뉜다.
- 1차 자료원은 사건을 실제로 목격한 사람이 제공해주는 사건에 대한 설명을 말하는 것으로서 일기, 편지, 기관의 정관, 회의록, 목격자의 진술 등을 예로 들 수 있다. 2차 자료원은 1차 자료원에 기초해 과거를 서술한 것을 말한다.
- 자신의 연구를 2차 자료원에만 의존할 때 연구자는 자칫 2차 자료원이 가진 오류를 그대로 반복할 뿐 새롭고 독창적인 시각에서 과거를 바라볼 수 있는 기회를 갖지 못하게 될 수 있다. 물론 1차 자료원 역시 단점이 있다. 예를 들어 목격자가 편견을 가졌거나, 잘못 기억하고 있을 수도 있다.
- 역사연구를 할 때 연구자는 단 하나의 자료원이나 단 한 종류의 자료원에만 의존해서는 안 된다. 1차 자료원이나 2차 자료원을 사용하는 데 따르는 위험으로부터 자신의 연구를 보호할 수 있는 방법은 보강자료를 통한 확증이다. 만일 다양한 자료원이 동일한 '사실'을 제시한다면 그러한 자료원에 대한 신뢰도는 높아질 것이다.
- **해석학**은 연구대상이 처한 상황, 관점, 감정을 정신적으로 받아들임으로써 사회적 관계를 해석하는 것을 말한다.
- **이상형**이란 사회현상의 본질적 특성으로 이루어진 개념적 모델을 말한다.

연습문제

1. 두 문장 또는 세 문장 정도로 공화당과 민주당 중에서 어느 쪽이 사회복지 지출에 더 지지적인지를 알아보기

위한 내용분석 연구를 계획해보라. 연구계획에 표본 추출 방법과 척도에 관한 내용을 반드시 포함시켜라.

2. 캠퍼스 내 자살예방 교육 프로그램의 필요성 및 활용성에 대한 2차 자료분석을 실시하기 위해 자살에 대한 고려 여부를 묻는 질문을 포함하고 그 외의 광범위한 문제들에 대해 물어본 최근 설문조사를 통해 얻은 기존 자료를 사용한다고 가정해보자. 이 2차 자료분석에만 근거해 욕구를 사정하는 접근방법의 장점과 단점을 생각해보라.

3. 관리의료(managed care)의 압박으로 인해 5년 전부터 당신이 근무하고 있는 아동 · 가족복지 서비스기관은 각 사례에 대해 진단명을 비롯해 각 사례가 관리의료기관으로부터 의료비를 지불받을 수 있는지 그리고 얼마동안이나 의료비를 지불받을 수 있는지 등에 관한 정보를 관리의료기관에 제공하기 위해 엄청난 시간을 서류작업에 쏟아야 하게 되었다고 가정해보라. 이러한 변화가, 클라이언트의 진단명, 기관이 제공하는 서비스의 성격과 양, 클라이언트의 배경 특성의 변화 추세에 관한 기관의 기존 자료를 분석하는 데 어떤 문제를 어떻게 야기할 수 있을지 논의해보라.

인터넷 연습문제

1. 2002년 10월 「Social Work」에 게재된, 내용분석 방법을 사용한 다음의 연구논문을 찾아보라.
   "Among the Missing: Content on Lesbian and Gay People in Social Work Journals," by R. V. Voorhis and M. Wagner
   "Client's View of a Successful Helping Relationship," by D. S. Ribner and C. Knei-Paz
   두 연구 각각에 대해 방법론적 장점과 단점은 무엇인지, 드러난 내용과 숨은 내용 중 어떤 것에 초점을 맞추고 있는지, 질적 연구방법과 양적 연구방법 중 어느 것을 사용했는지를 밝혀보라. 또한 어떤 이유에서 각 연구가 사회복지정책 또는 실천에 중요한 함의를 갖는다고 혹은 갖지 못한다고 생각하는지를 각자의 관점에서 설명해보라.

2. '내용분석 자료원' 웹사이트 http://www.gsu.edu/~wwwcom에 들어가서, 다음 내용을 찾아보라. (1) 질적 내용분석 연구를 위한 소프트웨어 목록, (2) 내용분석 연구에 도움이 될 만한 다른 웹사이트 및 자료원, (3) 내용분석과 관련된 논문, 책, 참고문헌.

3. 구글이나 야후 같은 검색엔진에서 'existing statistics'를 검색해보라. 아마도 결과창에는 기존 자료와 관련된 수많은 자료원이 나열될 것이다. 그중 하나를 선택해보자. 각자가 찾은 자료가 어떤 종류의 자료인지를 알아보고, 찾은 자료를 이용해 답할 수 있는 일반적인 연구질문 한 가지를 만들어보라.

4. 미국 인구조사국 웹사이트 http://www.census.gov/compendia/statab로 들어가서, 2006년판 온라인 미국 통계연감에서 통계자료안내서(부록 I)를 찾아 다운로드하라. 그 안내서에 수록된 자료원 중 사회복지와 관련된 기존 자료를 갖고 있을 것 같은 자료원은 몇 개인가? 최소한 5개를 찾아 적어보라.

5. 인터넷을 이용해 미국보다 '평균 기대수명'이 높은 국가가 몇 개나 되는지 찾아보라(아마도 인구통계국 웹사이트 http://www.prb.org가 도움이 될 것이다).

추천도서

Berg, B. L.(2009). *Qualitative research methods for the social sciences*. 7th ed. Boston: Allyn & Bacon. 이 책은 내용분석에 대한 장과 함께 비관여적 측정에 대한 훌륭한 자료를 담고 있다. 저자는 질적 연구에 초점을 맞추면서도 질적 접근과 양적 접근 간의 논리적인 연관성을 보여준다.

Elder, G. H., Jr., Pavalko, E. K., & Clipp, E. C. (1993). *Working with Archival Data: Studying Lives*. Newbury Park, CA: Sage. 이 책은 미국 내 기존 자료보관소, 특히 종단자료를 제공하는 자료보관소를 이용할 수 있는

가능성과 방법을 서술하고 있다.

Evans, W. (1996). "Computer-Supported Content Analysis: Trends, Tools, and Techiques," *Social Science Computer Review*, 14(3): 269-279. 이 논문은 내용분석을 위한 다음과 같은 컴퓨터 소프트웨어들을 비교·검토한 논문이다. CETA, DICTION, INTEXT, MCCA, MECA, TEXTPACK, VBPro, WORDLINK

Øyen, E. (Ed.). (1990). *Comparative Methodology: Theory and Practice in International Social Research*. Newbury Park, CA: Sage. 비교연구의 여러 측면에 대한 다양한 관점을 소개하는 책으로서, 여러 나라의 저자들이 저술에 참여했다.

U.S. Bureau of the Census, (2006). *Statistical Abstract of the United States, 2006. National Data Book and Guide to Sources*. Washington, DC: U.S. Government Printing Office. 이 책은 적은 비용을 들이고도 구할 수 있는 정말 훌륭한 자료원이다. 물론 이 책에 수록된 수많은 표를 들여다보는 일이 흥미롭다고 할 수는 없겠지만, 그럼에도 불구하고 이 책은 모든 사회과학자에게 없어서는 안 될 중요한 자료원이다. 이 책은 온라인상에서도 볼 수 있다.

Webb, E. J., Campbell, D. T., Schwartz, R., & Sechrest, L. (2000). *Unobtrusive measures*. Thousand Oaks, CA: Sage. 비관여적 척도에 대한 개론서인 이 책은 물리적 흔적, 다양한 자료원, 관찰, 비관여적 척도의 윤리적 측면에 대한 논의 및 비관여적 척도가 가진 한계 등을 자세하게 다루고 있다.

Weber, R. P. (1990). *Basic Content Analysis*. Newbury Park, CA: Sage. 내용분석의 설계와 실행에 관한 책으로서, 내용분석을 처음 접하는 사람들이 보기에 아주 좋다. 개괄적인 이슈와 구체적인 기법을 모두 다루고 있다.

활용 노트

EP 2.1.6b

EP 2.1.6b: 실천에 유용한 연구증거 활용하기: 사회복지사가 이 장에 소개된 모든 개념을 이해한다면, 이용 가능한 기록을 분석한 연구가 제공하는 증거를 이해하고 이를 실천에 대한 정보를 제공해주기 위한 증거로 사용하는 데 도움이 될 것이다.

EP 2.1.10m

EP 2.1.10m: 개입을 비판적으로 분석하고, 모니터링하고, 평가하기: 사회복지사가 이 장에 소개된 모든 개념을 이해한다면, 개입을 평가하기에 적절할 때 이용 가능한 기록을 사용하는 데 도움이 될 것이다.

질적 연구방법

Qualitative Research Methods

이 책을 통해 우리는 질적이며 비관여적 자료수집 방법으로 조사자료의 질을 향상시키는 것에 관해 논의해왔다. 그러나 대부분의 내용에서 이런 방법은 주로 양적 연구를 보완하거나 강화하는 방법으로 모색되었거나, 조사과정의 다른 주제들, 예를 들면 측정, 표본추출, 평가 등의 맥락에서 다루어졌다. 6부에 속한 장들에서는 질적 연구방법 그 자체를 다루려고 하는데, 다른 장들에서보다 훨씬 심도 있게 논의할 것이다.

18장은 질적 연구의 일반원칙에 초점을 맞추고 있는데, 여기서는 질적 연구를 위한 적절한 주제, 질적 연구의 패러다임, 표본추출 방법, 장점과 단점, 질적 연구에서의 윤리성을 논의할 것이다. 이 장은 질적 연구들이 어떻게 심도 있는 이해와 새로운 통찰력을 제공해 양적 연구의 한계를 벗어나게 하는지 보여줄 것이다. 또한 질적 연구의 엄격성을 보강하는 방법에 대해서도 언급하려고 한다.

19장은 질적 연구방법의 구체적인 유형에 대해 논의하면서, 참여관찰, 질적 면접, 기록관찰, 생애사 기법, 표적집단 등에 관한 지식을 제공할 것이다. 18장과 19장을 읽고 나면 질적 연구의 일반원칙 및 패러다임과 구체적인 방법, 이 둘 사이의 구분이 왜 종종 모호해지는지 알게 될 것이다.

20장에서는 질적 연구를 통해 수집된 개방자료를 분석하는 방법을 탐구하려고 한다. 여기서 질적 자료의 의미를 모색하는 데 활용되는 개념적 과정을 소개하고, 질적 자료를 분석할 목적으로 고안된 컴퓨터 소프트웨어의 사용방법도 알아볼 것이다.

CHAPTER

18

질적 연구: 일반원칙

Analyzing Existing Data: Quantitative and Qualitative Methods

이 장의 학습내용

이 장에서는 자연스러운 환경(즉, 행동이 있는 장소)에서 사회복지 연구를 시행하기 위해 질적인 기법들을 활용하는 일반원칙을 알아본다. 이런 유형의 연구는 다른 관찰방법을 통해 성취할 수 있는 것보다, 그리고 섬세하고 계획적이며 적극적인 방법으로 관찰하는 연구자가 제공하는 것보다 사회현상에 대해 더욱 풍부한 이해를 제공할 것이다.

서론

지금까지 이 책에서 논의한 많은 조사방법은 양적(통계) 분석을 위해 적절하게 사용될 자료를 산출하도록 만들어진 것이다. 예를 들어, 설문조사는 한 모집단의 실업률, 평균 소득 등을 계산하기 위한 자료를 제공한다. 반면에 질적 연구방법은 인간의 특정 경험에 대한 깊은 의미를 파악하거나 질적인 자료(좀처럼 숫자로 축약될 수 없는 이론적으로 더 풍부한 관찰에서 비롯되는 자료)를 개발하려는 목적으로 행해진다. 예를 들어, 노숙에 대한 질적 조사결과는 노숙인들에게도 누추한 쉼터의 이용을 거부할 수 있는 '도전적인 존엄(defiant dignity)'이 있다는 사실을 밝혀줄 것이다. 비슷한 사례로 질적 연구는 함께 어울려 돌아다니다 친해진 만성 실업자들의 '운명론'에 대해 묘사할 수 있다. 이 두 가지 질적 조사에서 존엄과 운명론을 수량과 정도(degree) 등으로 표현할 수는 없었을 것이다.

질적 연구는 단지 자료수집 활동일 뿐만이 아니라 종종 혹은 일반적으로 이론을 개발하는 활동이기도 하다. 질적 연구자가 정확하게 정의되어 있는 가설을 갖고 검증작업을 하려는 경우는 거의 없다. 질적 연구에서는 미리 예상되지 않고 진행하는 과정, 즉 최초의 관찰을 하고, 특별한 추가관찰이 요구되는 잠정적인 결론을 이끌어내며, 추가적 관찰을 하고 그에 따라 결론을 수정하는 등의 과정이 납득되도록 하는 작업이 더 일반적이다. 이 책의 3장에서 논의한 귀납법과 연역법을 번갈아 사용하는 방법은 훌륭한 질적 연구를 위해 가장 확실하고 중요한 것이다.

EP 2.1.6b

질적 연구를 위한 적절한 주제

질적 연구의 장점은 연구조사자에게 포괄적인 관점을 갖게 해준다는 것이다. 연구자는 연구하는 사회현상에 직접 뛰어들어 가능한 한 완전하게 관찰해야 그 현상을 더 깊게 이해할 수 있다. 그래서 질적 관찰양식은 특히 단순히 수량화할 수 없는 연구주제에 적합하지만, 반드시 그런 연구주제에 국한된 것은 아니다. 질적 연구자는 다른 방법을 사용하는 연구자들이 파악하지 못하는 여러 가지 태도와 행위에서 미묘한 차이를 인식할 수도 있다.

조금 다르게 이야기해 질적 연구는 자연스런 상황에서 태도와 행위를 가장 잘 이해할 수 있는 주제를 연구하는 데 특히 적합하다. 실험설계와 설문조사는 어느 정도 인위적인 상황에서 행위와 태도를 측정할 수 있지만, 인간의 모든 행위가 이 방법으로 가장 잘 측정된다고 말할 수는 없다. 예를 들어, 질적 연구는 노숙인의 경험을 연구하는 데 탁월한 방법이 될 수 있다.

마지막으로, 질적 연구는 일정 기간에 걸친 사회과정을 연구하는 데 특히 적합하므로 질적 연구자는 실제로 사건이 일어나는 과정 속에서 불만과 그 불만의 귀결적인 사건으로서 폭동을 탐구하는 걸 선호하지, 폭동사건이 다 끝난 후 그것을 재구성하는 것을 선호하지는 않는다.

질적 연구방법을 사용하는 다른 좋은 예는 상대적으로 제한된 지역과 시간 내에서 발생하는 항의 시위, 기관의 이사회, 노사협상, 공청회 및 이와 유사한 사건들이다. 그런 다양한 모임에 대한 관찰은 시간과 공간에 걸쳐 더욱 포괄적인 검사에 통합되어야 한다.

존 로플란트 John Lofland와 린 로플란트 Lyn Lofland는 『사회환경을 분석하며(Analyzing Social Settings)』(1995, pp. 101-113)에서 질적 연구에 적합한 사회생활의 몇 가지 요소에 대해 논의하고 있다. 그들은 이들 요소를 생각의 주제(thinking topic)라고 부른다.

1. 실천(practice): 이는 다양한 유형의 행위를 의미한다.
2. 이야기(episode): 여기서 로플란트 부부는 이혼, 범죄, 질병 등 다양한 형태의 사건을 포함시킨다.
3. 접촉(encounter): 이는 서로 가까이에서 만나고 상호작용하는 둘 이상의 사람들을 포함한다.
4. 역할(role): 질적 연구는 직업, 가족 역할, 민족집단 등 사람들이 차지하는 지위와 그 지위와 관련된 행위분석에도 적합하다.

5. 관계(relationship): 많은 사회생활은 둘 또는 여러 사람 사이의 역할(모자관계, 우정 등)에 적당한 종류의 행위라는 면에서 조사할 수 있다.
6. 집단(group): 질적 연구는 관계를 넘어서서 친구집단, 운동팀, 업무집단 등 소규모 집단을 연구하고자 사용될 수도 있다.
7. 조직(organization): 질적 연구자는 소규모 집단을 넘어서서 병원이나 학교 같은 공식 조직도 연구한다.
8. 부락(settlement): 국가 같은 큰 사회를 연구하기는 어렵지만 질적 연구자가 마을, 빈민가, 동네 등 소규모의 '사회'를 연구하는 경우가 많다.
9. 사회적 세계(social world): 경계와 모집단이 분명하지 않은 확실하지 않은 사회적 개체(social entity)도 있다. 그러나 '스포츠세계', '월가 주식시장' 등의 사회적 개체도 사회과학적 연구에 적합한 주제가 된다.
10. 생활양식(lifestyles) 또는 하위문화(subculture): 마지막으로 사회과학자들은 '지배계급', '도시 하위계층' 등의 집단인 많은 수의 사람이 생활에 적응하는 방법에 초점을 맞추는 경우가 있다. 이 모든 사회환경에서 질적 연구는 질적 연구가 아니면 나타나지 않는 것을 드러낼 수 있다. 이는 자연스런 환경에서 사회생활을 심층규명함으로써 가능하다. 어떤 대상은 설문지로, 또는 실험실에서 연구할 수 있지만, 그럴 수 없는 대상도 있다. 그리고 현장에서의 직접 관찰로 연구자는 미묘한 의사소통을 관찰하고, 직접 관찰 없이는 예상할 수 없거나 측정할 수 없는 다른 사건을 관찰한다.

주요한 질적 연구 패러다임

질적 연구에는 여러 가지 접근법이 존재한다. 여기서는 사회복지 영역에 특별히 적용 가능한 네 가지 질적 현장연구 패러다임을 살펴보겠다. 바로 자연주의, 근거이론, 참여적 액션리서치, 사례연구다. 이 네 가지 외에도 다른 패러다임이 있을 수 있지만, 이렇게 분류하는 데 큰 이의는 없으리라 생각한다. 특정한 질적 조사방법이 앞서 말한 네 가지 패러다임 중 어느 한 가지 패러다임에 배타적으로 기반하는 게 아니라는 사실을 인지하는 것이 중요하다. 이 절에서의 중요한 방향은 인식론적인 것으로, 자료가 어떻게 수집되었든 간에 그 자료가 무엇을 의미하는가 하는 것이다.

자연주의

자연주의는 질적 연구의 오래된 전통이다. 자연주의는 일상생활 환경에서 사람들을 관찰하고 그들이 들려주는 삶의 이야기를 전달하는 것을 강조한다. 초기의 현장연구자들은 사회적 실재(social reality)가 '저쪽 밖에' 있고 '진짜 있는' 그대로 관찰되고 보고되기를 기다리고 있다는 실증주의적 가정하에 연구를 수행했다(Gubrium & Holstein, 1997). 이런 전통은 1930년대와 1940년대 시카고 대학교의 사회학과에서 시작되었는데, 당시 그 학과의 교수들과 학생들은 시카고 지역의 근린과 공동체를 관찰하고 이해하기 위해 시내 곳곳에 투입되어 있었다. 당시의 연구자들과 그들의 연구경향을 '시카고 학파'라고 부른다.

자연주의 전통을 보여주는 가장 잘 알려진 초기 연구 중 하나는 와이트 Whyte의 『길거리 모퉁이 사회(Street Corner Society)』(1943) 속에 포함된 이탈리아계 미국인의 근린 지역인 코너빌(Cornerville)에 관한 문화기술지 연구였다. **문화기술지**(ethnography) 연구는 설명보다는 자세하고 정교한 묘사에 연구의 초점을 두고 있다. 다른 자연주의자들처럼 와이트도 길거리에서의 사회생활을 완전히 이해하기 위해 더욱 내부자(insider)가 되어야 함을 믿었다. 그는 주요 정보제공자이자 갱단의 두목들 중 한 명으로 생각되는 '덕 Doc'과 접촉을 시도했다. 덕은 연구자인 와이트를 그들의 세계 속으로 들어올 수 있게 해주었고, 코너빌 사람들의 활동 속에 참여할 수 있게 해주었다. 그의 연구는 설문조사가 해낼 수 없는 것을 제공하고 있는데, 바로 코너빌 지역에 살고 있는 이탈리아 이민자들 가운데서 펼쳐지는 삶의 모습을 매우 정교하게 그려낸 것이었다.

와이트 연구의 중요한 측면은 코너빌 사람들의 현실을

그들의 용어를 통해 보고하고 있다는 점이다. 자연주의 접근은 '그들의' 이야기를 '정말로 있는' 그대로 들려주는 것이지 문화기술지학자들이 '그 이야기'를 이해한 대로 들려주는 것이 아니다. 와이트가 수집한 이야기들은 코너빌 거주자들의 하나의 사회적 '진실'로서 액면 그대로 받아들였다. '노숙에 관한 자연주의적 · 문화기술지 연구의 두 가지 사례'라는 제목의 글상자는 자연주의 패러다임을 사회복지사가 깊은 관심을 가진 문제영역에 적용한 사례를 잘 보여준다.

문화기술지학자들은 연구참여자들의 삶의 패턴을 발견하고 이해하려고 노력하지만, 더네이어 Duneier(1999)는 '문화기술지 오류'를 주의하라고 경고한다. 이것은 관찰된 패턴에 대한 과도한 일반화 혹은 과도한 축약을 의미한다. 연구참여자들에게 어떤 패턴이 존재함에도 불구하고, 다양성 또한 존재한다. 그러므로 '빈곤자', '프랑스인', '치어리더' 등이 집단 평균적으로 그러하듯이 특정한 패턴으로 행동하고 생각할 것이라고 믿는 과도한 확신을 경계할 필요가 있다.

노숙에 관한 자연주의적 · 문화기술지 연구의 두 가지 사례

뉴욕 시 지역사회서비스협회(Community Service Society)의 연구조사원인 백스터 Baxter와 호퍼 Hopper(1982)는 1979년 뉴욕 시 노숙인의 주거에 대한 조사를 시작했다. 그들은 원래 만성 정신장애인의 생활상태에 대한 연구의 일환으로 그 조사를 계획했다. 그러나 그들은 초기의 관찰에서 노숙인 모집단이 너무 이질적이고, 노숙의 출발점이 너무 다양해 연구를 정신장애인으로 한정할 수 없었다. 현장 연구조사가 가진 유연성으로, 그들은 초점을 정신장애인뿐만 아니라 다른 사람들도 포함하는 것으로 바꿨다. 그들의 주된 관심은 "많은 경우 어떻게 노숙인이 적대적인 환경에서 매일의 생존 문제에 대처하고 해결하는지를 상세히 기록"하려는 것이었다(p. 395). 그들은 노숙인들이 잠을 자고, 자신의 영역을 주장하고, 식사하거나 서비스를 받는 다음과 같은 장소 어디에서나 관찰을 시행했다.

> … 공원의 의자, 거리의 모퉁이, 건물 출입구, 지하철, 기차역, 버스와 정기여객선 터미널, 교회와 싸구려 여인숙, 공공 및 민간 노숙인 보호시설, 무료급식소 및 병원 응급실이다. 처음에는 노숙인에게 도움을 주거나 연구조사하거나 노숙인을 옹호하는 개인 혹은 집단과의 면접을 통해 그 영역을 찾았다. 우리가 현장조사를 하는 과정에서 건물의 복도와 계단, 폐허가 된 건물, 동부 해안과 허드슨 강의 부두, 골목, 난방 통풍구 등 새로운 장소를 정기적으로 발견해 조사했다. 많은 경우 노숙인들이 안내자가 되어 도와주었다(p. 395).

또한 그들은 파크 에비뉴 아래로 흐르는 증기터널, 밤에는 사용하지 않는 상업지역의 하역장 같은 은신처에서도 일부 노숙인을 발견했다. 그들이 질적 접근법을 사용하지 않았다면 그런 장소를 생각해낼 수 없었을 것이고, 결과적으로 다양한 표본을 발견할 수 없었을 것이다.

그들은 일반적으로 음식, 커피, 담배, 잔돈을 매개로 대화하면서 관찰을 시작했으며, 자신을 노숙을 연구하는 조사자라고 소개했다. 이 말에 노숙인들은 거부감을 보이면서 인사를 나누었지만, 오래지 않아 유연성을 보였다. 연구자들은 자신을 조사자라기보다는 노숙에 대한 이야기를 쓰는 작가처럼 더 단순한 용어로 설명하기 시작했다.

백스터와 호퍼는 직접 관찰과 노숙인과의 면접 외에 그들을 돕고 있거나 연결되어 있는 다른 사람들과도 면접했다. 그리고 하룻밤을 지내기 위해 공공 노숙인 보호시설에 들어갈 때는 자신을 노숙인으로 가장하기도 했다. 이런 행동으로 그들은 외부에서는 얻기 어려웠던 통찰력을 얻을 수 있었다. 예를 들어, 노숙인들이 사회서비스를 거부하는 데는 전문가나 일반인이 생각하는 것보다 더 합리적인 이유가 있다는 사실을 발견할 수 있었다. 전문가나 일반인은 노숙인들이 서비스를 거부하는 이유는 인격장애나 판단장애, 도움을 받는 것에 대한 무관심, 또는 거리생활을 선호하기 때문이라고 본다. 그러나 백스터와 호퍼는 관찰을 통해 서비스를 이용하려는 노숙인 수에 비해 서비스가 부족하다는 사실을 알게 되었다. 노숙인들이 관찰한 공공보호시설의 여건은 실로 비참해서 때때로 거리나 공원에서 생활하는 편이 오히려 나아 서비스를 거부하는 것이 합리적으로 보이기까지 했다.

백스터와 호퍼는 공공보호시설이 지나치게 혼잡하고, 위생이 불량하고, 안전이 미비하다는("연방정부의 감옥에 대한 규정도 충족시키지 못할 정도로") 것을 관찰했다(p. 398). 또 많은 경우 화장실과 샤워시설이 너무 부족하고, 더럽거나 고장이 나 있었으며, 침대와 이불에는 이가 득실거리고, 의복을 도둑맞거나 폭력을 당할 위협이 있었으며, 무서운 질병에 걸릴까 봐 두려워한다는 사실 등을 발견했다.

백스터와 호퍼는 서비스를 거부하는 일이 어떻게 합리적일 수 있는가를 관찰하는 동시에 거리생활의 가혹함과 거리생활로 치르는 희생도 관찰했다. 거리에서 노숙인들은 굶주리고 춥고 사회적으로 고립된 채 잠도 제대로 자지 못했다. 연구자들은 노숙인들이 이런 고통으로 말미암아 노숙인이 되기 전에는 없었던 정신질병이 어떻게 해서 나타나게 되는지를 관찰했다. 또한 그들은 일반적으로 노숙인들이 절망감으로 정신건강을 해친 후에야 임상사회복지사들이 노숙인들을 접하게 되기 때문에 일반적으로 이것을 이해하지 못한다는 점을 발견했다. 그들은 노숙인들을 집중적으로 관찰함으로써 노숙의 다른 측면이 갖고 있는 더 깊은 의미도 이해하게 되었다. 예를 들어 노숙여성은 괴상하고 더럽게 보이며 지독한 냄새를 풍겨서 주위를 배회하는 남자들을 쫓아내 스스로를 보호하고 있었다(그러나 백스터와 호퍼는 화장실과 목욕시설, 세탁시설이 부족하기 때문에 외모가 대부분 불결할 수밖에 없다고 덧붙였다).

백스터와 호퍼는 이런 점(다른 사람들이 발견하지 못했던)을 이해하면서 노숙인들은 드물지만 그래도 인간적이고 괜찮은 서비스를 받을 수 있는 경우에는 진정으로 서비스를 받고자 하기 때문에 노숙인들에게 판단능력이 없다고 추정하는 것은 자기만족적인 판단이라고 결론을 내렸다. 거리생활이 대단히 힘겹지만, 사용할 수 있는 보호시설이 비참한 상태에 있다는 사실에 비춰 거리에 살기로 한 결정은 노숙인들이 반항적인 존엄성과 자기결정의 감각을 유지한다는 더 깊은 의미를 가질 수 있다. 백스터와 호퍼는 노숙인들이 이용할 수 있는 더 나은 서비스를 많이 만들고, 노숙인들이 그 서비스를 이용하는 것이 합리적이라는 생각을 갖게 만들고, 그들을 돕기 위한 사회복지사들의 노력을 증진시킬 수 있는 몇 가지 제안을 하면서 보고서를 끝냈다.

몇 년 후에 스노 Snow와 앤더슨 Anderson(1987)은 텍사스주 오스틴 시에 사는 노숙인들의 삶에 대한 탐색적 현장연구를 수행했는데, 연구의 주요 목적은 사회가 노숙인 자신들에게 낙인을 부여한다는 사실을 알고 있으면서도 어떻게 스스로 노숙인으로서의 정체성을 형성하고 이와 타협하는가를 이해하려는 것이었다. 스노와 앤더슨은 이런 연구목적을 달성하기 위해 자료는 자연스러운 과정을 통해 수집되어야 한다고 믿었다. 『Street Corner Society』의 와이트처럼 그들은 연구기간에 따라다닐 수 있었던 주요 정보제공자를 일당노동자들의 인력시장이나 다리 밑에서 만났다. 두 연구자는 노숙인들과 나누었던 대화와 노숙인들끼리 서로 주고받았던 '이야기'를 기억에 저장하기로 했다. 그리고 그날 마지막 시간에 만나 두 연구자는 자신이 들었던 그 '이야기'에 대해 확인해보고 자세한 현장 노트로 기록했다. 주요 정보제공자들과의 심층 면접내용은 녹음하기도 했다.

스노와 앤더슨은 스물네 군데의 다른 환경에서 12개월 동안 이루어진 총 405시간의 노숙인들과 '친하게 지내기'에 관해 보고했다. 풍부한 자료에서 연구자들은 노숙인들의 대화유형에 관한 세 가지 사항을 확인할 수 있었다. 첫째, 노숙인들은 자신과 다른 노숙인들 사이에 '거리'를 두려고 했다. 그리고 자신이 현재 가진 낮은 지위의 직업, 혹은 현재 의지하고 있는 구세군과도 자신을 떼어놓으려는 경향을 보였다. 둘째, 노숙인들은 그들의 거리인생이라는 정체성과 집단 멤버십, 그리고 왜 노숙인인가에 대한 확실한 믿음을 '받아들이고' 있었다. 셋째, 그들은 항상 자신의 일상생활과는 대조되는 '꾸며낸 이야기'를 들려주었다. 예를 들어 과거에 실제보다 돈을 많이 벌었다거나, 부자가 될 거라는 이야기를 자주 했다.

근거이론

글레이저 Glaser와 스트라우스 Strauss(1967)가 이름 붙인 **근거이론**(grounded theory)은 사물의 이해를 위한 귀납적인 접근과 연관이 있다. 근거이론은 관찰로 시작해 유형, 주제, 공통의 범주 등을 모색한다. 그러나 연구자들이 사전에 아무런 생각이나 기대를 갖지 않는다는 것은 아니다. 사실, 과거에 배운 것은 일반법칙에 대한 새로운 모색을 하는 데 영향을 미친다. 그러나 근거이론 연구에서의 분석은 특정한 가설을 확정하거나 거부하기 위한 것이 아니다. 더욱이 근거이론 접근이 가진 개방성은 예상치 못한 발견의 가능성을 높이고, 특정 이론이나 가설을 이루는 개념에 의해 전혀 기대하지 않았던 어떤 규칙성이나 차별성 등을 발견하게 해준다.

근거이론이 귀납적인 과정을 강조하지만 한편으로 연역적인 과정도 포함한다. 근거이론은 지속적 비교를 사용해 두 과정을 포함한다. 연구자가 귀납적 관찰에서 유형을 발견해내면서 그 유형에 기초한 개념과 임시가설을 발전시킨다. 그러고 나서 연구자는 더 많은 사례를 찾고, 더 많은 관찰을 하며, 그 관찰을 이전의 관찰에서 발전시킨 개념 및 가설과 비교한다.

새로운 사례선정은 이론적 표본추출 개념에 따라 이루어진다. 이론적 표본추출은 이전에 발견된 개념과 가설을 만들어낸 사례들과 비슷하게 보이는 새로운 사례를 뽑아내는 것으로 시작한다. 일단 연구조사자가 유사한 사례를 관찰해 더 이상 새로운 통찰력을 얻지 못한다고 생각되면 다른 유형의 사례를 선정하고, 이 같은 과정을 반복한다. 다시 말해, 더 이상 새로운 통찰력을 얻지 못할 때까지 새로운 유형의 사례와 유사한 사례가 선정될 것이다. 이렇게 유사한 사례를 다 찾아내고 그 다음에 다른 범주의 사례를 찾는 과정을 반복하는 데 있어, 연구자가 새로운 유형의 사례를 더 찾아도 조사결과가 바뀌지 않는다고 믿을 때까지 반복할 수 있다.

근거이론가들은 기본적으로 다른 질적 연구조사자가 사용하는 것과 같은 방법을 사용한다. 이 방법은 19장에서 심도 있게 논의할 예정인데, 참여관찰과 개방형 면접 등을 말한다.

근거이론과정에서 지속적 비교의 예를 보여주기 위해 과거에 정신분열증을 앓았던 청년들의 재발을 막는 데 효과적인 지역사회 중심 사회복지 개입의 주요 구성요소를 발견하려 한다고 가정해보자. 당신은 이 분야에서 뛰어난 임상 효과성을 보이는 것으로 알려진 몇 명의 실천가와 개방형 면접을 갖는 것으로 시작할 수 있다. 그리고 실천가들에게 가장 성공적인 사례의 기억을 되살려 그 사례에 사용했던 개입방법을 알려달라고 요청할 수도 있다.

당신이 모든 면접에서 공통적인 유형을 발견한다고 가정해보자. 즉, 각 사회복지사가 그 청년들의 재활을 위한 사회적 기술훈련과 부모들의 의사소통 훈련(부모가 정신장애가 있는 자녀를 다루는 방법을 돕기 위한 의사소통 훈련)을 사용했다고 공통적으로 말했다고 하자. 그러면 당신은 이 같은 행동주의적 개입방법이 정신분열증에 대한 사회복지 실천의 효과성과 비효과성을 결정짓는 데 중요하다는 임시가설을 발전시킬 수 있다.

당신의 가설이 경험세계에 더 굳건한 기반을 다질 수 있도록, 임상 분야에서 명성을 떨치고 있는 몇 명의 실천가를 더 면접해 똑같은 유형화가 이루어지는지 알아볼 수 있다. 만약 추가로 한 면접에서 새로운 통찰력을 발견하지 못하면 다른 실천가들을 다시 면접해야 하는데, 이때 다른 방식으로 사례를 표본추출해야 한다. 이번에는 실천가들에게 가장 실패한 사례에서 사용했던 개입방법을 얘기하도록 요청한다고 가정해보자. 실천가들 중 적지 않은 수의 사람이 가장 성공한 사례에서 사용했다고 언급한 행동주의 개입방법, 즉 당신의 가설에서 언급한 그 행동주의 개입방법을 얘기한다고 가정해보자. 이런 경우 연구자가 세운 가설을 수정해야만 할 것이다. 연구자는 사회복지 실천가들이 가장 성공하지 못한 사례에서 실천의 다른 측면(다른 사례에서 잘 맞는 것처럼 보이던 개입방법이 이 사례에서는 왜 잘 맞지 않았는지를 설명하는 측면)을 발견하기 위해 심층규명을 할 수 있다.

심층규명으로 또 다른 공통된 유형(가장 성공하지 못한 클라이언트 모두가 처방약을 복용하지 않았거나 복용하기를 거부했다는 사실)을 발견했다고 가정해보자. 이 관찰을 기초로 효과적인 실천개입을 위해서는 투약감시 개입과 행동주의 개입을 결합해야 한다고 임시가설을 수정할 수 있다.

근거이론 연구과정을 진행하면서 연구자는 추가적으로 더 많은 실천가와 면접을 하고 다른 유형의 사례에 대해 질문해야 한다. 예를 들어, 연구자는 의사소통 기술훈련을 도입하기 전에 실천가가 클라이언트 부모들과의 치료적 협력관계를 적절하게 발전시키지 못했기 때문에 그 훈련의 효과를 보지 못한 부모들이 있다는 사실을 알게 될지도 모른다. 그래서 연구자는 실천가와의 지지적인 관계(즉, 자녀의 질병으로 인해 부모들이 비난받지 않는다는 것을 부모가 이해하는 관계) 내에서 가족 개입방법을 사용해야 한다는 필요조건을 염두에 두고 자신의 임시가설을 한 번 더 수정할 수 있다.

이 시점에서 연구자는 다루었던 모든 사례가 부모와 함께 살고 있는 클라이언트의 사례라는 사실을 알아냈다고 하자. 그러므로 연구자는 부모와 함께 살지 않으면서 성공한 클라이언트의 사례와 그렇지 못한 사례에 대해 면접을 진행할 수 있다. 연구자는 부모와 함께 살고 있지 않은 클라이언트에게 효과적인 서비스를 행하기 위해서는 그들을 위한 적당한 주거공간을 확보하는 데 많은 노력을 기울일 필요가 있으며, 대신 가족 의사소통 훈련은 포함하지 않는다는 점을 알게 되었을 것이다. 추가로 이루어진 표본추출을 통해 연구자는 많은 클라이언트가 정신분열증과 약물남용이라는 두 가지 진단을 동시에 받았음을 확인할 수도 있다. 연구자는 이 서비스 대상인구의 문제해결을 위해 약물남용 개입방법을 동시에 포함시키려고 초기의 가설을 수정해야만 할지도 모른다.

연구자가 근거이론 연구과정을 완수했을 시점에는 다른 많은 실천가(임상적 명성이 좋지 않은 실천가도 아마 포함되어 있을 것임)를 면접해 다양한 유형의 사례에 대해 물어봤을 것이다. 이렇게 추가로 이루어진 경험적 기반은 연구자가 가설을 여러 번 수정하게 만들었을지도 모른다. 수정된 내용은 사회복지 실무자의 속성, 즉 감정이입, 온정, 진단기술 등에 관한 것일 수도 있고 클라이언트의 손상 정도, 사회적 지지자원의 정도에 따른 다양한 개입방법에 대한 욕구 등 클라이언트의 속성에 관한 것일 수도 있다. 또는 사례관리 기능의 전 범위를 수정할 수도 있다.

길건 Gilgun(1991)은 근거이론 방법과 사회복지사가 행하는 직접적 실천의 일들, 특히 임상적 사정(clinical assessment)과 같은 일이 여러 가지로 서로 유사하다고 보았다. 두 가지 모두 사례로 시작하고 정보제공자의 생각에 초점을 둔다. 두 가지 모두 사례를 좀 더 광범위한 환경적 맥락에서 이해하려고 노력한다. 두 가지 모두 관찰에 기반을 둔 임시 가설을 만들고 추가 관찰에 비춰 가설을 수정하면서 귀납법과 연역법, 지속적 비교를 결합한다. 두 가지 모두 미리 생각한 견해나 이론을 사례에 억지로 끼워 맞추지 않으려고 한다. 두 방법 모두 개방형 면접에 많이 의존하고, 대체로 같은 면접기법을 사용한다(이 장의 후반부에서 질적 면접을 얘기하면서 더 분명해질 것이다). 근거이론에서 기록과 메모를 사용하는 과정은 사회복지사가 과정기록과 문제지향 사례기록 보존을 사용하는 것과 유사하다. 두 가지 모두 "클라이언트와 조화를 이루는 것과 분석적 자세를 유지하는 것 사이에서 균형을 지키려고" 한다(Gilgun, 1991, p. 17). 두 가지 모두 가정이나 지역사회 등 자연스런 상황에서 관찰하는 것을 좋아한다. '노숙에 대한 근거이론 연구사례'라는 제목의 글상자에서는 근거이론 패러다임에 기반을 둔 사회복지 조사의 예를 보여준다.

참여적 액션리서치

참여적 액션리서치(participatory action research) 패러다임에서 연구자의 기능은 연구대상자들(소외계층이 전형적인 예가 됨)에게 하나의 자원으로서 봉사하는 것이다. 즉, 연구대상자가 자신의 이익을 위해 효과적으로 일할 수 있는 기회를 제공하는 것이다. 소외계층 참여자들은

노숙에 대한 근거이론 연구사례

노숙에 관한 질적 연구의 또 다른 사례 하나는 벨처 Belcher (1991)가 보고한 것이다. 벨처는 노숙인들이 노숙의 한 단계에서 다음 단계로 나아가는 경로에 관심을 갖고 있었다. 근거이론 방법을 이용해 벨처와 두 명의 동료는 볼티모어 지역 노숙인 쉼터에서 눈덩이 표본추출로 선정된 40명의 남녀 노숙인에게 3개월간 세 차례에 걸쳐 비공식 대화면접을 시행했다. 응답자들의 신뢰성을 높임과 동시에 면접에 대한 두려움을 줄이기 위해 연구자는 필기도구나 면접지침서를 지참하지 않았고, 면접시간을 특별히 따로 잡거나 하는 것도 피했다. 대신 자신이 노숙인인 것처럼 가장하지 않았는데, 응답자에게 자신이 누구인지를 밝혔다.

면접과정은 처음에 방향을 제시하는 면접으로 시작했고, 그 뒤 연구조사자는 응답을 그 응답자의 케이스파일에 기록했다. 그러고 나서 공통 주제를 발견해내기 위해 모든 문서를 검토했다. 그 다음에는 동일한 응답자(그들을 찾아낸 후)와 두 번째 면접을 시행했다. 연구자가 첫 번째 면접에서 발견한 주제에 기초해 생각하고 기억해두었던 질문을 하면서 두 번째 면접을 진행했다. 면접 후에 다시 케이스파일에 그들의 응답을 기록했다. 두 번의 면접에 대한 반응에서 발견한 유형으로 연구자는 임시가설을 만들 수 있었으며, 연구자는 세 번째 면접에서 응답자와 함께 이 가설을 검토했다. 그리고 세 번째 면접에 대한 반응에 비춰 이 가설을 수정했다.

연구자는 면접에 대한 중요한 응답을 다른 자료원과 확인하는 다원측정을 사용했다. 예를 들어, 응답자가 특정 보호시설에서 쫓겨났다고 얘기하면 이를 보호시설 운영자에게 확인했다.

지금까지 설명한 과정으로 노숙인이 노숙의 세 단계를 거쳐 아래로 표류하는 경향이 있다는 가정을 이끌어냈다. 첫 단계에서 노숙인들은 빈곤선 이하로 생활을 하며 심각한 빈곤에 빠졌다가 나오곤 한다. 그들의 주거는 경제적 어려움의 정도가 변하면서 일시적으로 바뀐다. 그들은 어느 때에는 싼 집에 살다가 또 어느 때에는 친구나 가족과 함께 살기도 한다. 그들은 걱정과 두려움을 갖고 있으며, 약물을 약간 남용할 수도 있고, 비공식 지지망을 갖고 있기도 하며, 서비스 제공자들과 연결되어 있기도 한다.

두 번째 단계에서 노숙인들은 상당 기간 주거를 갖지 못했지만 1년 미만이다. 노숙인들의 약물남용은 더 일반적이 되고, 사회적 관계가 약화되고, 희망을 잃기 시작하지만, 아직까지 다른 노숙인들과 자신을 동일시하지는 않는다.

세 번째 단계에서는 노숙인들은 1년 이상 주거를 갖지 못했고, 자신을 노숙인이라고 보며, 희망을 잃고, 약물을 남용하며, 보호시설에 머무르고, 사회적 관계가 전혀 없고, 극단적으로 의심하고 일반인을 회피한다. 그들이 가진 제한된 모든 에너지는 거리에서 생존하는 데 사용된다. 나머지 세계는 그들에게 의미가 없다.

이 가설이 사실이라면 노숙인은 소득, 사회관계, 희망을 상실하면서 단계를 따라 아래로 표류한다. 벨처는 노숙인들이 아래의 두 단계로 표류하면, 그들이 노숙상태에서 벗어나도록 돕고자 효과적으로 개입하기가 더 힘들게 된다고 말한다. 따라서 벨처는 노숙에 대처하기 위한 방법으로 장기적인 예방을 위해 사회를 변화시키는 노력과, 일시적으로 노숙을 예방하기 위해 복지혜택을 확대하는 예방적인 전략을 권한다.

EP 2.1.5c

그들의 문제를 정의하고 필요한 해결책을 규정하며, 그들의 목적을 실현하는 데 도움이 될 만한 연구가 어떻게 설계되어야 하는지를 이끌어간다.

참여적 액션리서치는 제3세계에서의 연구 발달과정에서 출발했고, 유럽과 북미로 빠른 시간에 전파되었다(Gaventa, 1991). 이 연구의 경향은 고전적 사회과학 연구에 대한 심각한 비평으로부터 출현했다. **참여적 액션리서치** 패러다임에 따르면 전통적 연구는 '연구대상자

(subjects)'를 연구의 '대상(objects)'으로 축소하는 '엘리트 모델'(Whyte, Greenwood, & Lazes, 1991)로 인식했다. 이런 인식에 대한 동조자들은 연구자와 연구대상자의 구분이 사라져야 한다고 주장한다. 연구 자체에 의해 영향을 받게 되는 연구대상자들은 연구설계에 대해 함께 책임 있는 존재가 되어야 한다고 주장한다.

이런 연구경향의 내면에는 조사연구는 단순히 지식생산의 수단만이 아니라 "교육과 의식의 개발, 그리고 그런 의식을 행동으로 옮기는 수단"(Gaventa, 1991, pp. 121-122)으로 기능해야 한다는 신념이 자리 잡고 있다. 참여적 액션리서치 옹호자들은 정보에 대한 접근을 하나의 권력으로 보고 이런 권력은 주도적인 계급, 성별, 민족, 국가의 손에 의해 장악되어 왔다고 주장한다. 일단 사람들이 자신을 연구자로 인식하면 그들은 자동적으로 지식을 매개로 한 권력을 되찾게 된다.

이런 연구 접근의 예는 지역사회 권력구조 연구, 기업연구, '알 권리(right-to-know)' 운동 등이다(Whyte et al., 1991). 사회복지와 매우 밀접한 참여적 액션리서치는 종종 빈곤계층과 연결되는데, 이는 빈곤자들은 일반적으로 자신의 삶과 관련되는 정책과 조치에 영향을 미칠 힘이 거의 없기 때문이다. 쿼스 Quoss, 쿠니 Cooney, 롱허스트 Longhurst(2000)는 와이오밍 주의 복지정책에 관한 연구 프로젝트를 보고했다. 많은 경우 복지정책의 수급자인 대학생들이 그 연구를 수행하면서 와이오밍 주가 새로운 복지제도 규정을 만들면서 중등교육 이후의 교육과정(즉, 대학과 대학원 과정)을 '노동'으로 인정해줄 것을 목표로 로비활동을 벌였다.

이 프로젝트는 과거 1988년의 가족지원법에서 가능했던 교육면제(education waivers)를 축소하려는 1996년의 개인책임과 노동기회조정법(Personal Responsibility and Work Opportunity Reconciliation Act)의 배경에 반대하면서 시작되었다. 이런 면제 프로그램은 과거 AFDC(Aid to Families with Dependent Children) 프로그램의 현금급여 수급자들이 직업훈련 프로그램에 의무적으로 참가하는 것 대신에 대학에 다니게 하는 것을 허락했다. 이런 혜택을 받았던 복지수급자들에 대한 경험적 연구들은 일반적으로 교육이 가장 확실한 탈빈곤과 자립의 수단이 된다는 증거를 제공했다(Quoss et al., 2000, p. 47).

그 학생들은 'Empower(권한부여)'라는 조직을 만들고 학생들과 교수들의 광범위한 협력을 구하기 위해 캠퍼스에서 발표했다. 이 문제와 관련된 기존의 조사연구들을 수집하고 주정부 입법자들과 관계를 형성했다. 1997년 입법회기가 열릴 때까지 그들은 연방정책의 변화를 참작해 와이오밍 주정부 복지법이 수정되도록 하는 과정에 적극적으로 참여했다.

그 학생들은 입법자들의 심의에 영향을 미칠 만한 현황자료와 연구보고서를 마련해 배부했다. 또한 각종 위원회 회의에 참석했고 입법자들과 일대일로 만나 로비활동을 벌였다. 논의과정에서 오류가 있거나 오해의 소지가 있는 자료가 소개될 때는 학생 신분의 연구자들이 그 오류를 지적하고 수정내용을 제공하기 위해 언제든지 출석을 마다하지 않았다.

최종적으로 그들의 노력은 성공적이었다. 와이오밍 주의 복지수급자들은 빈곤을 탈출할 수 있는 효과적인 길로 중등교육 이상의 교육을 추구하도록 허락되었던 것이다.

EP 2.1.5c

사례연구

사례연구(case study)는 하나의 개인, 가족, 집단, 조직, 지역사회 혹은 전체 사회에 대한 개별사례적(idiographic) 조사다. 사례연구의 주요 목적은 묘사이기는 하지만, 때때로 사물에 대한 설명을 시도하기도 한다. 사례연구의 예에는 클라이언트 체계와 그 체계에 대한 사회복지 개입에 관해 수행된 심층적인 묘사, 길거리 폭력배의 일상생활과 관습에 대한 연구, 사회복지조직의 조직적 역동과 그런 역동성이 어떻게 서비스 전달방법에 영향을 미치는가를 분석하는 연구, 풀뿌리 지역사회조직의 발생과 경험에 대한 묘사연구 등이 될 수 있다.

사례연구가 연구에 대한 질적인 접근방법으로 인식되지만, 사용되는 관찰의 유형이 사례연구를 다른 연구들과 구분 짓는 요소는 아니다. 그 대신에 특정한 하나의 사례(혹은 다중사례연구의 경우에는 다중의 사례들)에만 초점을 맞춰 그 사례에 관한 충분할 만큼의 증거들(아마 양적 연구로서 수집될 수 있는 증거들까지 포함해)을 활용한다는 점이 중요한 구분요소가 될 수 있을 것이다. 증거자료는 기존 문서, 관찰, 면접 등을 통해 수집될 수 있다. 한 가지 사례에 대해 사람들에게 설문조사를 하거나 어떤 변수들을 조작해(예를 들어, 13장에서 언급한 단일사례 평가설계를 활용할 때와 같이) 증거자료를 찾을 수도 있다.

예를 들어 왜 주정부가 정신장애 또는 발달장애인을 위한 여러 주립시설의 문을 닫기로 결정했는지, 그 결정을 어떻게 실행했는지, 문을 닫은 후에 예상하지 못했던 어떤 문제가 발생했는지 등을 이해하기 위해 사례연구를 시행할 수 있다. 또한 사례연구는 특정 클라이언트에 대한 개입의 단일사례 평가를 활용하는, 그 클라이언트에 대한 연구일 수 있다.

사례연구자가 일반적으로 특정 사례의 개별화된 이해를 도모하기 위한 것이기는 하지만, 사례연구를 통해 좀 더 일반적이고 보편법칙적인 이론을 형성할 수 있다. 사례연구의 논리적 초점은 다른 사례에 대한 통계적인 일반화(또는 외적 타당도)가 아니라, 사례연구의 결과를 특정한 이론에 연결하는 데 있다. 이것은 하나의 사례에서 수집된 다양한 증거의 비중이 이론과 얼마나 일관적인지를 보여줌으로써 가능하다. 이것은 이론에 대한 적절한 검증과정으로 볼 수 없다. 왜냐하면 이 연구는 하나의 사례를 다루기 때문이다. 그러나 재현과정에서 일관성 있는 결과가 축적되면 단일사례 또는 집단실험의 재현을 이용하는 것처럼 이론을 검증하는 유용한 방법이 될 수 있다.

사례연구법을 활용하는 당위성은 일반적으로 집중적인 탐색을 받을 만한 가치가 있는 것처럼 보이는 특별한 사례가 존재하고, 이를 연구할 수 있는 가능성이 있다는 현실이다. 예를 들어, 어떤 주에서 처음으로 대규모로 탈시설화 프로그램을 실행한다고 가정해보자. 연구자는 그 프로그램과 그것의 영향을 다른 주에서 비슷한 정책적 고려사항으로 참고할 수 있도록 사례연구를 시행할 수 있다. 또 다른 예는 농촌지역에서 사례관리 서비스를 제공하려는 첫 시도를 연구하는 것이 될 수 있다. 하나의 사례연구는 수행과정상의 문제점과 그 문제들이 해결되는 과정을 확인하도록 할 수 있는데, 이런 정보는 다른 농촌지역의 프로그램 계획가들에게 큰 가치가 있다.

또 다른 예를 살펴보자. 사회서비스기관에서 일하는 자원봉사자들이 박애주의 때문에 이런 일을 한다고 말해도 생활상 다른 역할에서 충족되지 않는 이기주의적 욕구를 충족시키기 위해 그렇게 한다는 이론을 세운다고 가정해보자. 연구자는 자신의 이론이 가장 엄밀하게 검증받을 수 있는 사회서비스기관을 선정하기로 결정할 수 있다. 왜냐하면 연구자의 이론이 그 기관에서 유지된다면 다른 곳에서도 유지될 수 있으리라고 보기 때문이다. 예를 들어, 연구자는 호스피스 기관이야말로 자원봉사자들이 주장하듯 진짜 이타주의적 동기로 봉사하는 사람들을 발견할 가능성이 가장 높은 기관이라고 믿기 때문에, 다른 곳이 아닌 이 기관에서 말기환자들을 돌보는 자원봉사자들을 연구할 것이다.

사회복지사가 가장 관심을 가질 사례연구는 사회복지 개입하에 있는 개인, 집단, 가족 등이 되는 경우다. 과거에 사회복지사의 '실무지식' 대부분은 클라이언트에 관한 임상적 사례연구에서 생성되었다. 그러나 그런 방법론은 임상실천가 자신의 클라이언트에 대한 질적 사례연구가 얼마나 객관적이고 타당할 수 있는가 하는 회의가 커지면서 1960년대와 70년대에 걸쳐 누렸던 인기를 잃어버리게 되었다. 이런 쇠퇴에는 내적 타당성을 높이기 위한 실험적 통제로 무장된 연구들이 창출하는 증거에 대한 욕구가 아울러 작용했다.

그러나 오늘날 질적 연구방법에 대한 흥미가 새로운 경향으로 나타나고 있고, 아울러 질적 연구방법을 실험적 연구에 통합하려는 관심도 커지고 있다. 그러므로 프로그램이나 실천개입의 효과성을 평가하는 실험적 연구는 그 프로그램이나 개입의 수행과정을 사정하기 위해 질적 방법을 사용할 수 있다. 즉, 미래의 프로그램 성과를 향상시키는 데 필요한 정보나, 비성공적인 성과를 도출한 프로그램과 개입은 처음부터 적절하게 수행되지 못했음을 보여주는 정보를 제공하기 위해 질적 방법을 사용할 수 있다.

사회복지 실천의 효과성을 평가하는 단일사례 설계에서 질적 방법과 양적 방법을 혼용하는 사례연구의 방법에 연구자들의 관심이 모아지고 있다. 예를 들어 13장의 단일사례 평가설계에서 논의했듯이, 표적행동에서의 변화 혹은 개선이 치료적 개입으로 일어난 것인지, 아니면 다른 우연한 외부적인 사건에 의해 발생했는지를 그래프 같은 수량적 결과자료만으로 분석하기 어렵다는 것을 자주 경험한다. 그러므로 클라이언트와 클라이언트 관련자에 대한 집중적이고 질적인(임상적인) 면접은 클라이언트의 사회적 환경에서 어떤 중요한 변화가 발생했는지, 이런 변화가 표적행동의 수량적 변화와 동시에 발생했는지 아닌지를 확인하는 데 도움이 될 것이다. 이런 측면에서 **클라이언트 일지**를 사용하는 것이 도움이 된다. 만약 질적인 정보에 의해 중요한 외부사건이 양적 변화와 동시에 발생한 것으로 밝혀졌다면, 이런 변화를 도모하기 위한 개입은 설득력을 상실하게 된다. 반대로 집중적인 면접이나 클라이언트 일지가 그런 외부적 사건을 밝히지 못했다면 표적행동의 변화는 실제로 개입의 효과로 보일 가능성이 커진다.

다음 장에서는 면접과 관련된 질적 연구방법을 좀 더 자세히 살펴볼 것이다. 이제 사례연구에서 클라이언트 일지가 어떻게 사용되는지 좀 더 자세히 살펴보자.

클라이언트 일지 **클라이언트 일지**(client logs)는 클라이언트가 자신의 문제와 관련된 사건들을 기록한 일기다. 그 일지는 주요 사건에 대한 질적인 정보뿐만 아니라 표적행동에 관한 양적 자료를 기록하기에 유용하다. 블룸 Bloom, 피셔 Fischer, 오르메 Orme(2006)는 다양한 목적을 가진 다양한 일지의 활용을 소개했는데, 예를 들어 탐색적 일지는 하나의 문제에 대해 사정하기 위해 초기 정보를 획득하는 데 사용될 수 있다. 따라서 언제 어디서 중요 사건이 일어났고 무엇이 일어났으며 누가 있었고 어떤 상황적 맥락이었으며(예를 들어 직원회의, 회식자리 등) 클라이언트가 원하는 것이 무엇이었고, 그 사건에 대해 클라이언트의 태도와 행동은 어떠했는지 등을 기록하게 된다. 약간 다른 유형의 일지는 나중에 사정을 위해 활용될 수 있는데, 여기에는 구체적인 표적 문제가 발생하는 것만을 기록하는 일지와 그 문제를 완화 혹은 악화시키는 조건이 무엇인지를 확인하기 위해 기록하는 일지가 있다.

클라이언트 일지는 양적 결과자료를 수집할 때 기초선과 개입 단계에서 발생할 수 있는 관련성 없는 사건을 기록하는 데도 유용하다. 일지의 정보로 인해 실천가는 비록 중요한 외부사건으로 인한 변화가 개입 단계 동안 대상 문제의 개선과 우연히 일치했는지를 판단하도록 도울 수 있으며, 이 판단을 갖고 실제로 개입이 변화를 야기했는지 아니면 다른 것이었는지 추론을 명확히 할 수 있다. 질적 면접도 이런 정보를 제공할 수 있다고 앞에서 지적했다. 그러나 클라이언트 일지는 면접한 후에 잘못 기억해 발생하는 문제를 피하도록 도울 수 있다. 이는 특히 중요한 사건이 발생한 정확한 날짜와 관련해서 의미가 있다. 예를 들어 클라이언트는 어떤 사건이 기초선 단계에 발생했는지, 아니면 초기 개입 단계에 발생했는지 정확하게 기억하지 못할 수 있다. 이처럼 평가의 목적으로, 중요한 사건이 발생하기 하루 정도 전에 개선되기 시작했는지가 그 사건과 대상 문제의 관계를 추론하는 데 중요한 역할을 하기도 한다.

다양한 유형의 일지에 대해 구체적인 예를 보고 싶다면 블룸과 그의 동료들(2006)의 교재가 있다. 그러나 이런 모든 일지는 구성하기가 비교적 쉽다. 첫 번째 열에는 날짜로 제목을 붙이고, 다음 열에는 시간으로, 그리고 계속되는 열들은 장소, 활동, 누가 있었는지, 무엇이 일어났는지, 그 문제를 이끌었거나 그 문제에 뒤따랐던 사건, 클라이언트의 인지적·행동적 반응 등의 제목을 붙일 수 있다. 또는 그보다 적은 수의 열이 있는 간단한 양식을 사용할 수 있다. 무엇이 클라이언트, 문제, 일지의 목적에 가장 잘 맞는지를 판단하는 일은 당신에게 달려 있다.

그러나 어떤 접근법을 사용하든 각 열에는 클라이언트가 질적 관찰을 기록하기에 충분한 공간이 있는 줄 친 행이 있어야 한다. 또한 일지를 클라이언트에게 완전히 설명하라. 클라이언트에게 일지의 목적과 가치, 어떻게 사용할 것인지, 중요한 사건만 짧게 요약해서 입력할 필요성, 사건이 발생한 후 가능한 한 곧(기억의 왜곡을 줄이기 위해) 사건을 기록하는 일이 중요함을 설명한다. 또한 블룸과 그의 동료들은 가설적인 상황을 활용해 클라이언트와 입력을 하는 연습을 하도록 제안한다.

질적 연구에서의 표본추출

15장에서 조사연구의 확률 표본추출 방법과 비확률 표본추출 방법 두 가지에 관한 논리와 세부기법을 논의했다. 여기서는 질적 연구에서 전형적으로 사용되는 표본추출 방법에 대해 논의하기로 하겠다. 부분적으로는 어떻게 비확률 표본추출 방법이 질적 연구에 적용될 수 있는가를 논의하겠다. 그러나 질적 연구에서 확률 표본추출 방법이 사용된 적이 없다는 것은 아니다. 예를 들어 지페이 Zippay(2002)는 종단연구로서 질적 면접조사를 수행하면서 해고된 제철노동자들을 무작위로 선정해 연구했는데, 그는 문을 닫은 두 개의 철제품 조립공장에서 일하던 모든 기능직 근로자의 명단이 들어 있는 자료를 표본틀로 활용했다.

확률 표본추출이 가끔 질적 연구에서 사용되기도 하지만, 비확률 방법이 좀 더 흔하게 사용되는 것은 사실이다. 그 이유는 여러 가지다. 먼저, 질적 연구에서의 모집단과 분석의 단위는 종종 모호한 면이 있다. 예를 들어, 사회운동에 참여하고 있는 지역의 한 모임을 연구할 때 정확히 연구자가 무엇에 관심을 두고 있는지가 모호할 수 있다. 그 집단 하나만인가? 그 집단의 구성원인가? 일반적인 사회운동 그 자체인가? 또 다른 예로 특정 도시의 청소년 폭력집단 세 개를 연구한다고 가정하면, 분석의 단위가 그 폭력집단 자체인가? 아니면 거기에 속한 청소년 개인인가? 아니면 도시인가? 연구자가 폭력집단을 묘사하는 데만 관심이 있는가? 아니면 그 속에서 청소년들의 또래관계에까지 관심이 확대되는가? 당신이 그 연구자라면 연구를 마무리했을 때, 종합적으로 결론짓기를 원하는 모집단이 분명하게 누구인지를 자신에게 질문해야 한다. 이에 대한 대답을 연구자가 언제나 명확히 알고 있는 것은 아니다. 그리고 연구가 진행되면서 그 해답이 수시로 바뀔 수도 있다. 관찰대상이었던 어떤 현상이 특정 연구대상의 범위를 넘어서도 잘 적용될 수 있다는 결론을 내리게 되면 처음 가졌던 연구관심이 확장될 수도 있다. 이런 일반적 문제가 실제 상황에서 잘 해결되지 않을 수 있지만, 이런 문제를 민감하게 생각하는 것은 연구목적과 방법을 명확히 하는 데 도움이 된다.

질적 연구와 관련해 표본추출의 개념은 이전의 장들에서 다루었던 조사 유형에서 훨씬 더 복잡하다. 많은 질적 연구자는 그들의 조사현장에서 모든 것을 다 관찰하려는 경향이 있다. 따라서 어떤 측면에서는 실제로 표본추출을 전혀 하지 않는다고 말할 수 있다. 물론 현실적으로 모든 대상을 다 관찰한다는 것은 불가능하다. 질적 연구자들이 발생하는 일의 부분만 관찰한다는 점에서 그들이 관찰하는 것은 가능한 전체 관찰을 대표하는 사실상의 표본이다. 몇몇 사람이 지역사회 내의 모임에서 한 연설자를 지지하는 고함을 질렀다면 연구자가 듣고 이해하는 그 고함은 그런 유형의 고함 중 하나의 표본이 된다. 또한 연구자가 폭동 중에 폭력행동을 관찰하면 관찰된 행동은 모든 폭력행동의 표본인 것이다. 연구자가 그런 관찰 중에서 잘 조절해 표본을 선정할 수 있는 경우는 거의 없다. 그러나 연구자들은 대표성의 일반원칙을 염두에 두고 자신의 관찰결과를 해석해야만 할 것이다.

그러나 연구자는 가끔 가능한 관찰대상들 중에서 표본추출을 해야 할 위치에 놓일 수 있다. 예를 들어 연구자가 풀뿌리 지역단체의 발달과정을 시간적 추이에 따라 연구하고 있다면, 단체의 모든 구성원 명단을 만들고 확률표본을 선정해 그 단체의 여러 구성원을 면접하려고 할지도 모른다. 그러나 이 방법이 연구자의 목적에는 최선의 표본추출 방법이 아닐 수도 있다. 질적 연구에 적합한 비확률 표본추출 방법은 세 가지로 할당 표본추출, 눈덩이 표본추출, 예외사례 표본추출 방법이 있다.

우선 연구대상인 집단 또는 사회과정(social process)이 상당히 명확하게 정의된 구성원의 범주를 갖고 있으면 **할당 표본**(quota sample)을 사용할 수 있다. 이때는 구성원의 모든 범주를 대표하는 사람들이 조사되어야 한다(일반적 과정으로 할당 표본추출을 더 자세히 알기 위해서는 15장을 참조하라). 예를 들어 연구자는 공식적 집단을 연구하면서 지도자와 비지도자 모두를 면접하려고 할 수 있다. 지역사회조직을 연구하면서도 집단의 급진적인 구성원과 온건한 구성원 모두를 면접하는 것이 유용할 수 있다. 일반적으로 대표성을 필요로 하면 연구자는 할당 표본추출을 사용해 남성과 여성, 청년과 노인 등 모두를 면접해야 한다.

둘째, **눈덩이 표본**(snowball sample)은 연구자가 확인한 몇 명의 적합한 연구대상자에서 시작해 소개를 받아 표본을 확대해가는 기법을 말한다. 연구자가 오랜 기간에 걸쳐 지역사회조직의 신입회원 모집 유형을 알고자 하면 상당히 최근의 신입회원들을 면접하고 그들을 그 집단에 소개했던 사람이 누구였는지 물어보는 것으로 시작할 수 있다. 그러고 나서 연구자는 이름을 알게 된 사람을 면접하고 그들을 그 집단에 소개했던 사람이 누구였는지 묻는다. 연구자는 구조가 탄탄하지 않은 집단을 연구하면서 구성원들 중 한 사람에게 집단에서 가장 영향력 있는 구성원이라고 믿는 사람이 누구인지 물어볼 수도 있다. 연구자는 그 사람들을 면접하고, 면접을 하면서 그들이 가장 영향력이 있다고 믿는 사람이 누구인지 묻는다. 이런 예에서 연구자의 표본은 면접대상자가 다른 사람을 추천했기 때문에 '눈덩이'처럼 불어날 것이다.

셋째, **예외사례 표본추출**(deviant case sampling)은 규칙적인 유형에 맞지 않는 사례를 검토하는 것을 의미한다. 종종 우리는 규칙적인 유형에 맞지 않는 사례를 검토하는 것으로 규칙적인 태도와 행위의 유형을 더 잘 이해할 수 있다. 연구자는 어떤 모임에서 군중의 감정에 빠지지 않은 것으로 보이는 사람들이나 모임에 전혀 참석하지 않은 사람들을 면접함으로써 모임에서 표출된 집단 사기(士氣)의 특성에 대해 중요한 통찰력을 얻게 된다.

예외사례는 어떤 면에서 일상적이지 않다. 예를 들어, 연구자가 사례관리의 다양성을 서술하고 사례관리의 과정에 영향을 미치는 요인에 대한 가설을 만들기 위해 여러 가지 사례관리 프로그램의 사례연구를 시행하는 데 관심이 있다고 가정해보자. 연구자가 사례관리의 특성이 상당히 다양할 수 있다고 생각한다면 연구자는 담당건수가 극단적으로 많다고 알려진 두 개 정도의 프로그램과 담당건수가 극단적으로 적다고 알려진 두 개 정도의 프로그램을 선정하려고 할 수 있다.

또 다른 예로, 노인요양원의 케어(care)에 가족의 참여 정도에 관한 가설을 만들고자 한다고 가정해보자. 연구자는 가족이나 친척의 케어에 가장 많이 참여하는 것으로 알려진 가족들과 가장 적게 참여하는 것으로 알려진 가족들을 집중적으로 연구할 수 있다.

그러나 연구자는 극단적인 사례나 예외사례가 너무 특이해서 연구하는 현상을 왜곡해 묘사한다고 의심할 수도 있다. 만약 그렇다면 패튼 Patton(1990)은 연구자가 **준예외사례 표본추출**(intensity sampling)을 사용하라고 추천한다. 준예외사례 표본추출에서 연구자는 일상적인 것보다는 약간 예외적이지만 예외적이라고 할 수 있을 정도로 그렇게 특이하지 않은 사례를 선정하게 된다. 따라서 노인요양원의 보호에 가장 많이 참여한 가족과 가장 적게 참여한 가족을 선정하기보다는 대부분의 가족보다 약간 참여를 더하거나 덜 한다고 알려진 가족을 선정할 수 있다. 이들은 너무 참여하지도 그렇다고 너무 참여하지 않은 것도 아닌 가족들로서, 그럼으로써 이들은 자신들이 제공하는 정보가 논지를 잘못된 방향으로 이끌거나 혹은 특별히 유용하지 않은, 궤도에서 이탈된 사례를 대표한다.

예를 들어, 사례관리자의 평균 담당건수가 200건인 정신건강 프로그램을 운영하는 지방자치단체의 경우와 평균 담당건수가 2건인 지역에서 연방정부가 지원하는 정신보건 시범 프로그램으로 사례관리과정을 수행하고 있는 경우를 연구한다고 가정해보자. 전자의 프로그램은 사례관리에 대해 실질적으로 전혀 관심을 기울이지 않는 주정부가 운영을 하고 있어서 예산이 대단히 적기 때문에 '사례관리자'라는 용어는 실제로 예산을 더 지출하지 않으면서도 현재의 추세를 따라가는 것처럼 보이기 위한 의미 없는 명칭일 수 있다. 여기에서 '사례관리'는 잘못된 명칭이며, '사례관리자'는 어느 사례에도 쓸 수 있는 시간이 너무 적어 그들이 하는 일을 연구해도 사례관리과정에 대해 특별히 풍부한 정보를 얻기 어려울 것이다. 이와 마찬가지로 두 번째 프로그램의 경우도 풍부한 정보를 제공할 수 없다. 이 프로그램은 시범 프로그램으로 재정지원을 너무 풍부하게 받아서 담당건수가 20~40건 정도인 다른 사례관리 프로그램과 전혀 유사하지 않을 수 있다. 시범 프로그램의 사례관리자는 각 사례에 대해 쓸 수 있는 시간이 너무 많아서 훌륭한 사례관리 프로그램의 사례관리자가 정상적으로 하는 일을 훨씬 뛰어넘는 기능을 수행할 수 있다. 결과적으로 연구를 위해 이런 극단적인 프로그램을 선정하기보다는 평균 담당건수가 약 20건인 프로그램과 약 40건인 프로그램들로 준예외사례 표본을 선정할 수 있다.

또 다른 극단적 사례 표본추출의 형태로 볼 수 있는 것은 **결정적 사건 표본추출**(critical incidents sampling)이다. 결정적 사건기법은 사회사업 실천의 효과성에 대한 가설을 만드는 데 특히 유용하다. 결정적 사건은 실천을 개선할 수 있는 방법에 대해 가치 있는 새로운 통찰력을 제공하는 특별히 중요한 일(긍정적이거나 부정적이거나)이 일어난 것으로 보이는 사건이다.

이 기법을 적용할 수 있는 방법 중 하나는 직접 서비스 실천가들에게 각자의 판단에 따라 가장 크게 성공하거나 실패한 사례들을 선정해달라고 요청하는 것이다. 그러면 연구자는 그 사례들에 대해 집중적으로 실천가들과 면접할 수 있다. 연구자는 면접을 하면서 여러 실천가가 가장 성공한 사례에서 했던 일의 공통점과 가장 실패한 사례에서 했던 일의 공통점을 발견하려고 한다. 이런 유형으로부터 연구자는 성공한 실천과 실패한 실천을 구분하는 특성에 대해 앞으로 연구를 하기 위한 가설을 제안할 수 있다.

패튼이 지적한 또 다른 방법은 **최대변화량 표본추출**(maximum variation sampling)이다. 이 방법의 목적은 소규모 표본을 집중적으로 연구하면서 다양한 현상을 찾아내려는 것이다. 이질적인 조건하에서 하나의 현상을 관찰함으로써 그에 대해 유용한 통찰력을 얻을 가능성이 있다. 따라서 연구자가 사례관리과정을 연구하려고 한다면 담당건수가 많은 프로그램, 중간인 프로그램, 적은 프로그램을 선정하거나, 도시지역, 교외지역, 농촌지역에서의 프로그램을 선정하거나, 오래된 프로그램과 새로운 프로그램 등을 선정할 수 있다.

다른 한편으로 연구자는 **동질적 표본**(homogeneous sample)을 선택할 수도 있다. 사례관리자가 과도한 역할부담을 처리하는 방법을 연구한다고 가정해보자. 연구자는 사례관리자의 담당건수가 특히 많은 프로그램으로 표본을 한정하려고 할 것이다.

앞에서 근거이론을 얘기하면서 **이론적 표본추출**(theoretical sampling)에 대해 얘기했다. 이론적 표본추출은 이미 발견된 개념과 가설을 만들어냈던 사례들과 유사하게 보이는 새로운 사례들을 선정하는 것으로 시작하는데, 일단 연구조사자가 유사한 사례를 관찰해 어떤 새로운 통찰력도 얻지 못한다고 생각하면 다른 유형의 사례를 선정하고, 다른 유형의 사례를 관찰해 더 이상 어떤 새로운 통찰력도 얻지 못할 때까지 같은 과정을 반복한다고 말했다. 따라서 이론적 표본추출은 동질적 표본추출과 예외사례 표본추출의 요소를 결합한다(앞에서 제시한 근거이론과정의 예에서 실제로 이론적 표본추출을 결정적 사건기법과 결합했다).

지금까지 논의한 비확률 표본추출과 표본의 유형을 모두 의도적 표본추출(purposive sampling), **의도적 표본**(purposive sample)이라고 부를 수 있다. 확률 표본추출과 달리 의도적 표본추출에서 연구자는 광범위한 관찰과 심사숙고를 통해 대상에 대한 직관적인 느낌에 기반을 두고 연구대상을 가장 폭넓게 이해할 수 있을 것으로 생각되는 관찰 표본을 선정한다. 연구자는 예외사례 또는 결정적 사례를 선정하기 위해 의도적 표본추출을 이용할 수 있다. 그러나 연구자는 연구하는 현상을 대표적으로 묘사하기 위해서도 이를 이용할 수 있다.

노숙에 대한 연구에서 연구자는 한 도시의 여러 지역에서 관찰하려고 할 수 있다. 연구자는 표준확률 방법을 통해 지역표본을 선정할 수 있다. 또한 연구자가 혼잡한 지역과 인적이 드문 지역을 관찰하거나, 하루 중 여러 시간대의 표본을 선정해 대략적인 할당체계를 사용하는 것이 더 가능성이 있다고 생각할 수도 있다. 노인요양원의 직원과 입주자들이 상호작용하는 방법을 연구하면서 연구자는 여러 유형의 요양원과 각 요양원의 여러 영역을 관찰할 것이다. 연구자는 결정적 사건기법을 기관들의 대표적 표본에 적용하는 것처럼 단위가 큰 집단의 대표적인 표본 내에서 예외사례를 연구하고자 할 수도 있다. 통제된 확률 표본추출을 질적 연구에서 거의 사용하지 않더라도 그 원칙과 논리(15장에서 논의했던)를 이해하면 질적 연구에서의 직관적인 표본추출이 더 효과적일 가능성이 높다.

질적 연구에서 표본추출의 두 단계를 기억하라. 첫째, 관찰할 수 있는 전체적 상황이 연구자가 서술하고 설명하려는 현상의 일반적 범주를 어느 정도 대표할 수 있는가? 연구자가 관찰하고 있는 세 청소년 폭력집단이 모든 폭력집단을 대표할 수 있는가? 둘째, 전체 상황 내의 '실제' 관찰이 모든 '가능한' 관찰을 대표할 수 있는가? 연구자가 세 폭력집단 구성원의 대표적인 표본을 관찰했는가? 일어났던 상호작용의 대표적인 표본을 관찰했는가? 통제된 확률 표본추출법이 가능하지 않거나 적절하지 않을 때도 대표성과 일반화 가능성은 여전히 논리적으로 연결된다.

질적 연구의 표본추출에서 사용되는 구체적인 방법을 논의하면서 존 로플란트와 린 로플란트(1995)의 이야기로 결론을 내리고자 한다.

> 연구자의 전체적인 목표는 가능한 한 가장 풍부한 자료를 수집하는 것이다. 이상적으로는 풍부한 자료란 상대적으로 긴 시간에 수집된 폭넓고 다양한 범위의 정보를 의미한다. 다시 말해 이상적으로는 어떤 사회적 위치나 상황과 직접적이며 대면적인 접촉을 통해, 그리고 사회적 위치와 상황에 장기간 열중해 이를 얻는다(p. 16).

질적 연구의 장점과 단점

다른 조사방법과 마찬가지로 질적 연구도 독특한 장점과 단점이 있다. 몇 가지를 살펴보면 다음과 같다.

이해의 깊이

질적 연구는 특히 태도와 행위에서 미묘한 차이를 연구하고 일정 시간에 걸친 사회적 과정을 조사하는 데 효과적이다. 이런 이유로 이 방법의 주요 장점은 이해의 깊이에 있다. 다른 조사연구 방법은 '피상적'이라는 비판을 받을 수 있지만, 질적 연구는 좀처럼 그런 비판을 받지 않는다. 그 이유를 알아보기 위해 질적 연구의 두 가지 예를 검토해보자.

'그 자리에 있다는 것'은 인간에게 일어나는 일의 특성을 이해하기 위한 강력한 기법이다. 예를 들어, 암환자가 암세포에 대항할 때 방해가 되는 것에 대해 간호사가 보고한 내용을 들어보자.

> 암환자를 위한 대처과정에 방해가 되는 일반적인 두려움은 다음과 같다(Garant, 1980, p. 2167).
>
> — 죽음에 대한 두려움: 환자에게 그리고 환자의 죽음이 중요한 다른 사람들에게 미칠 함의
> — 무능력에 대한 두려움: 암이 주기적으로 스트레스가 심한 좋지 않은 시기를 가져오는 만성 질병이 될 수 있기 때문에 대처하고 끊임없이 조정할 수 있는 능력이 쇠퇴하고, 결국 일상생활을 위한 일들을 다른 사람에게 의존해야 해

서 결과적으로 부담이 될 수 있음
— 소외의 두려움: 중요한 다른 사람들과 의료보호 제공자로부터 소외, 그 결과 무력감과 절망이 생김
— 전염의 두려움: 암이 전염되거나 유전될 수 있다는 두려움
— 인간의 존엄성을 잃는다는 두려움: 모든 신체적 기능을 통제하지 못하고 완전히 취약해질지 모른다는 두려움

이런 관찰과 개념화는 그 자체로 가치가 있다. 그 외에 앞으로의 질적·양적 연구조사를 위한 기초를 제공할 수 있다.

이제 조셉 하월 Joseph Howell(1973)이 워싱턴 D.C의 백인 노동계층 동네인 클레이 가(Clay Street)의 생활에서 근본적인 구성요소로 '거칠다는 것'에 대해 얘기하는 것을 들어보자.

> 클레이 가에 사는 대부분의 사람은 자신을 비유적인 의미에서, 그리고 글자 그대로의 의미에서 투사라고 보았다. 그들은 남들이 자신을 괴롭히도록 놔두지 않는 굳세고 독립심이 강한 사람들이라고 생각했다. 바비 Bobbi에게 투사가 되는 것은 복지행정기관과 싸우고 때때로 사회복지사와 의사에게 저주를 퍼붓는 것을 의미했다. 또한 투사가 된다는 것은 배리 Barry의 맥주에 수면제를 타고 그의 머리를 빗자루로 치는 것을 의미했다. 배리에게는 자신의 상사에게 욕을 해서 해고당하게 만드는 행동을 의미했다. 알 Al에게는 결투의식을 치르는 것을 의미했다. 투사가 되는 것은 부바 Bubba를 괴롭히고, 때로 그에게 난폭하게 대하는 것을 의미했다. 준 June과 샘 Sam은 싸울 만한 일은 적었지만 그들도 공격을 받으면 대항해 싸우겠다고 암시를 주었다. 투사가 된다는 것으로 테드 Ted는 페그 Peg의 남동생들과 거의 갈등상태까지 갔고 레스 Les는 로니 Lonnie, 알린 Arlene은 필리스 Phyllis와 볼링장에서 갈등을 겪었다(p. 292).

당신은 이 구절에서 하월이 한 이야기를 듣지 못했더라도 확실히 클레이 가는 살기 어려운 곳이라는 인상을 받게 될 것이다. 그 '거칠다는 것'은 일정 시기에 발생한 평균 주먹다툼 수와 같은 통계치보다 훨씬 강하게 다가온다.

이런 예는 자유주의나 보수주의 같은 개념을 묘사할 때 질적 연구방법으로 얻을 수 있는 깊은 의미를 보여주는데, 이런 의미는 설문조사나 실험연구로서는 나타나기 어려운 것이다. 질적 연구자는 개념을 정의하는 대신에 일반적으로 어떤 구체적인 예시를 제공한다.

유연성

유연성은 질적 연구의 또 다른 장점이다. 연구자는 앞서 논의한 것처럼 언제든지 연구설계를 수정할 수 있다. 더욱이 언제든 상황이 일어날 때마다 질적 연구에 참여할 준비가 되어 있다. 반면 설문조사나 실험연구는 그렇게 쉽게 시작할 수 없다.

비용

질적 연구는 상대적으로 비용이 적게 들 수 있다. 다른 사회과학적 연구방법은 비싼 장비와 연구인력을 필요로 한다. 그러나 질적 연구는 일반적으로 노트와 연필을 지닌 한 사람의 연구자에 의해 수행될 수 있다. 그러나 이것은 질적 조사가 비용이 많이 들지 않는다는 말은 결코 아니다. 예를 들어, 연구 프로젝트의 성격상 어떤 경우는 많은 전문조사자나 값비싼 녹음장비가 필요할 수도 있다. 혹은 연구자가 프랑스 파리의 값비싼 나이트클럽에서 사람들의 상호작용을 참여관찰법으로 조사하려고 할 수도 있다.

주관성과 일반화 가능성

질적 연구는 다음과 같은 약점을 지닌다. 첫째, 양적이

기보다 질적이어서 대규모 모집단에 대해 정확한 통계적 서술을 하지 못한다. 예를 들어, 세탁방에서 일상적으로 주고받는 정치 이야기를 관찰한다고 해서 전체 유권자가 누구에게 투표할 것인지에 대해 믿을 만한 예측을 할 수는 없다. 그럼에도 그 연구는 정치적 태도를 형성하는 과정에 관한 중요한 통찰력을 제공할 수 있다. 이와 같이 질적 연구의 많은 장점과 단점은 주관성과 일반화 가능성이란 측면에서 이해될 수 있을 것이다.

주관성 당신이 가장 친한 친구에 대해 자신이 알고 있는 것에 기초해 그의 정치적 성향을 특징지으려 한다고 가정해보자. 만약 당신이 친구의 정치적 견해를 평가한다면 그 평가는 피상적이지 않으리라는 것은 분명하다. 당신이 한 측정은 상당히 타당도가 있을 것이다. 그러나 다른 어떤 사람이 그 친구의 정치적 견해를 당신이 한 것과 같은 방법으로 특징지을 수 있는지는 확신할 수 없다.

질적 연구척도가 비록 깊이는 있지만 많은 경우 개인적인 부분이다. 당신이 그 친구의 정치적 성향을 어떻게 판단하느냐 하는 것이 당신의 정치적 성향에 의존하듯이, 다른 사람들의 판단은 그 사람들의 성향에 크게 의존한다. 따라서 당신은 그 친구를 중도라고 설명하는 반면, 다른 사람들은 그 친구를 불같은 급진주의자로 판단할 수 있다.

그러므로 질적 연구에서는 순수한 서술적 척도에도 주의해야 한다. 연구조사자가 모임의 구성원들이 보수적이라고 쓰면, 그런 판단은 불가피하게 연구조사자 자신의 정치적 견해와 연결되어 있다는 것을 알아야 한다. 그러나 당신은 비교적인 평가(예를 들면, 누가 누구보다 더 보수적인가를 파악하는)를 더 믿을 수 있을 것이다. 우리가 서로 다른 정치적 성향을 가졌더라도 어떤 집단에 속한 구성원들의 상대적인 보수주의 성향을 서열화하는 데 크게 동의할 수 있을 것이다.

앞에서 제시했듯이 질적 기법을 사용하는 질적 연구자들은 이 같은 이슈를 의식하고 있으며, 그 이슈를 제기하는 고통을 감수한다. 개인 연구조사자들은 종종 자신의 편견과 관점을 가려낼 수 있고, 과학의 공유성(communal nature)을 통해 동료 연구자들도 이 점에 관해 도울 수 있다.

어떤 의미에서 우리는 일반화 가능성의 쟁점에 대해 얘기해왔다. 이제 그 쟁점을 더 직접적으로 다뤄보자.

일반화 가능성 과학의 주요 목표 중 하나는 일반화(generalization)다. 사회과학자는 사회생활 일반에 대해 알기 위해 특정한 상황과 사건을 연구한다. 일반적으로 연구조사자가 관찰한 특정한 사례에 대해서는 아무도 관심이 없을 것이다. 그렇다면 조지 갤럽이 조사한 유권자 1,500명이 어떻게 투표할 것인지에 누가 관심이 있는가? 그들이 투표에 대해 갖고 있는 의사가 전체 유권자로 일반화된다면 관심을 갖게 될 것이다(이는 표본추출을 다루는 15장의 주요 쟁점이다).

일반화 가능성은 질적 연구에서 문제시된다. 이는 세 가지 형태로 제기된다. 첫째, 이미 제안했던 것처럼 연구자가 하는 관찰과 측정이 개인적 성격을 갖고 있어 다른 연구조사자에 의해 반드시 재현되지는 않는 결과가 나올 수 있다. 관찰이 부분적으로 특정한 관찰자에 의존한다면, 관찰은 증명이나 진실보다는 통찰력의 원천으로 더 큰 가치를 갖게 된다.

둘째, 질적 연구자는 연구대상의 문제에 대해 완전하고 깊이 있게 이해하기 때문에 대단히 포괄적일 수 있다. 그러나 바로 이 포괄성 때문에 질적 연구에 의한 이해는 정밀한 표본추출과 표준화된 측정에 기초한 결과보다 일반화 가능성이 적어진다. 시의회가 어떻게 운영되는지 완전히 이해하기 위해 준비한다고 가정해보자. 당신은 각 시의원의 이념적 성향이 어떠하고, 그들이 공직생활을 어떻게 하게 되었고, 어떻게 당선되었고, 친구는 누구이고 적은 누구인가에 대해 알아보면서 그들을 깊이 있게 연구한다. 어떻게 시의원들의 공적인 행동에 개인적인 감정이 개입되는지 지켜보면서 그들의 가족생활에 대해서도 알 수 있다. 그런 심층연구를 한다면 아마도 의회의 행동을 잘 이해하게 될 것이다. 그러나 시의회 일반에 대해서도 많은 것을 말할 수 있는가? 하나의 연구가 일반적인 통찰력을 제공했으리라는 것은 확실하다. 그러나 구체적인 것에서 배운 모든 사항을 일반적인 것으로 연결할 수는 없다. 데이턴 시의회 운영에 대해 완전히 알았다 하더라도 클리블랜드 시의회에 대해서는 많은 것을 얘기할 수 없다. 그러나 클리블랜드 시의회에 대한 훌륭한 연구를 정리할 수 있는 위치에 서게 된다.

질적 연구 프로젝트의 보고서를 검토하면서, 어디에서 어느 정도로 연구조사자가 구체적인 관찰을 넘어서서 다른 상황으로 일반화하는지 결정해야 한다. 일반화가 제대로 되어 있을 수 있지만, 사람들은 그것을 판단할 필요가 있다. 이 연구조사 방법에서는 아무것도 일반화를 보장하지 않는다.

마지막으로, 많은 경우 관찰대상인 구체적인 대상 안에서조차 일반화 가능성의 문제가 있다. 예를 들어, 새로운 신흥종교에 대해 배우는 데 관심이 있다고 가정해보자. 특히 그들의 새로운 신도 확보방법에 관심이 있다고 하자. 그 집단은 어떻게 새로운 신도를 유인하는가? 어떤 종류의 사람들이 유인되는가? 그런 질문에 대한 답을 찾는 방법 중 하나는 자신이 그 교회에 관심을 표현하는 것이다. 신도들과 이야기를 나누고, 회의와 수련회에 참석하라. 이런 방법으로 연구하기를 원했던 것을 직접 경험할 수 있다. 관심을 표시한 후에 그들이 당신을 대하는 방식을 관찰할 수 있는데, 이를 통해 다른 새로운 신도를 대하는 것을 관찰할 수 있다. 교회에 다니려고 생각하고 있는 다른 사람들을 알게 됨으로써 새로운 신도가 어떤 사람들인지에 대해서도 알게 된다.

여기 일반화 가능성의 문제가 있다. 여러 교회 신도와 이야기를 나누어도 그 신도들이 얼마나 '전형적'인지 확신할 수는 없다. 신도가 될 가능성이 있는 사람들을 상대하는 업무를 맡은 사람들하고만 얘기하는 것으로 끝날 수 있다. 또는 영어강의를 통한 접촉으로 인문과학을 전공하는 사람들을 만나고, 과학을 전공하는 사람들은 전혀 만나지 못할 수도 있다. 편견이 있는 표본을 추출할 가능성은 끝이 없다. 이는 당신이 알고자 하는 새로운 신도에게도 비슷하게 적용될 수 있다. 그들이 일반적인 새로운 신도의 전형이 아닐 수 있다.

질적 연구의 장점과 단점에 대한 논의를 마치면서, 이전 장들에서 양적 연구 자체의 장점과 단점 논의를 위한 단락을 따로 마련하지는 않았지만 여러 장에 걸쳐 상당히 심도 있게 논의했다는 사실을 지적하고자 한다. 예를 들어, 단점으로 이전 장들에서는 양적 측정도구의 문장 편집과정에서 발생하는 오류와 편견과 신뢰성과 타당성이 떨어지는 양적 척도, 충분치 않은 응답률 혹은 잘못된 표본추출과정으로 인해 대표성이 떨어지는 설문조사, 내적 타당도가 부족하거나 오류가 있는 측정을 한 실천평가 등에 관해 논의했다. 또한 이 장에서는 양적 연구의 장단점에 비교되는 차원에서 질적 연구의 장단점에 관해서도 논의했다. 그러므로 질적 연구가 양적 연구에 비해 더 낫다거나 더 못하다는 등의 편견을 갖지 않길 바란다. 어느 쪽의 탐구방법이 더 적절한지는 우리가 지향하는 연구목적과 연구질문의 성격에 따라 다르게 평가될 것이기 때문이다.

질적 연구의 평가 기준

이 장과 다음 장에서 언급하는 질적 탐구는 매우 다양한 연구방법과 패러다임을 포함한다. 방법과 패러다임의 다양성은 질적 연구의 엄격성을 어떻게 엄정하게 평가할 것인가에 대한 시각의 다양성을 제기한다. 그러나 질적 연구에 대한 시각에 상관없이 질적 연구의 엄격성을 평가하는 중요한 하나의 요소가 신뢰성(trustworthiness)이라는 데는 이견이 없다. 하지만 인식론적 패러다임이 신뢰성 평가 기준에 영향을 미칠 것이고, 다른 엄격성 평가 요소가 신뢰성만큼 중요한가를 따지는 데도 영향을 미칠 것이다.

인식론적 패러다임이 현대 실증주의적 관점(3장 참조)에 입각해 있는 연구자에게 신뢰성은 질적 연구의 엄격성 평가에서 가장 중요한 초점이 될 것이다. 그들의 주요 관심은 연구의 객관성을 최대화하고 편견을 최소화하는

표 18-1 질적 자료의 신뢰성 평가를 위한 세 개의 패러다임별 기준

패러다임	기준
현대 실증주의	객관성을 최대화하고 반응성, 연구자의 편견, 응답자 편견으로 인한 부정적 영향을 최소화하라. 이를 위해 아래 여섯 가지 전략을 활용하라. 1. 장기적인 관여 2. 다원측정 3. 동료들에 의한 점검과 지원 4. 부정적 사례 분석 5. 멤버 확인 6. 감사
사회구성주의	아래의 평가 기준에 따라 여러 개의 주관적 실재가 적절하게 묘사되는지를 평가하라. 1. 멤버 확인 2. 적합성과 전이성(연구맥락, 환경, 연구참여자에 관해 충분히 자세하게 설명된 배경정보를 제공하는가?) 3. 다원측정은 신뢰성을 점검하기 위한 것이 아니라, 주관적 실재의 충분한 반경을 발견해낼 가능성을 높이기 위해 사용함
임파워먼트	조사연구가 연구참여자의 역량을 강화시켰는지 평가하라. 1. 바람직한 변화와 권력의 재분배에 영향을 끼치기 위한 연구참여자의 행동이 촉발되었는가? 2. 변화의 필요성에 관해 연구참여자들의 견해를 변화시키기 위해 그들의 증언을 확보했는가, 그리고 조사연구가 변화 가능성에 관한 연구참여자들의 낙관주의를 증대시켰는가?

작업에서 얼마나 더 전진할 수 있는가 하는 점이다. 그러나 비판사회과학의 렌즈를 끼거나 참여적 액션리서치 패러다임에 입각해 연구를 검토하는 사람은 일반인이 어떤 연구에 의해 임파워되는가 하는 추가적인 질문을 하게 될 것이다. 포스트모더니즘이나 사회구성주의적 패러다임을 가진 연구자는 신뢰성을 하나의 주요 평가 기준으로 사용하지만, 한편으로는 유일의 객관적 실재라는 개념을 거부하고 그 대신 다수의 주관적 실재를 강조하는 현대 실증주의자들과는 조금 다른 기준을 갖는다. 이러한 패러다임들이 신뢰성을 평가하기 위해 활용하는 다양한 기준이 표 18-1에 제시되어 있다. 질적 연구의 신뢰성 평가에 대한 현대 실증주의자들의 견해를 살펴보는 것으로 이런 논의를 시작해보자. 그런 다음 이런 실증주의적 접근과 대안적 패러다임의 유사점과 차이점을 고찰해보겠다.

현대 실증주의적 기준

위에서 언급했듯이 현대 실증주의자들에게 있어 질적 연구의 엄격성 평가의 주요 기준은 신뢰성이다. 『사회복지 조사연구의 질적 방법(Qualitative Methods in Social Work Research)』에서 패짓 Padgett(1998b)은 신뢰성을 위협하는 세 가지 요소로 반응성, 연구자의 편견, 응답자의 편견을 지적했다. **반응성**은 현장에서 연구자의 존재가 현장의 자연성을 왜곡할 때 발생하고, 이는 결과적으로 현장의 연구대상물을 왜곡하게 된다. 앞서 논의했듯이, 조**사연구자의 편견**은 자신이 인식한 것을 왜곡할 수 있고, 관찰대상의 선정방법을 정할 때 발생할 수 있다. **응답자 편견**은 사람들이 이전 단락에서 기억할 수 있는 개념과는 다른 것이다. 그것은 사회적으로 바람직하게 보이려는

욕구와 전형적으로 관련된다.

이런 왜곡의 영향을 최소화하기 위해 패짓은 질적 연구의 엄격성을 높이기 위해 자주 사용되는 여섯 가지 전략을 추천했다. 각 전략이 모든 질적 조사에 적용 가능하고 유용한 것은 아니다. 사람들은 자신이 읽은 질적 연구의 평가방법을 평가할 수 있다. 즉, 스스로에게 주어진 연구과제에 적용할 수 있는 전략은 무엇이며, 적용 가능하다면 선행연구물은 어떤 것이 있는지 질문함으로써 질적 연구의 엄격성을 평가할 수 있다.

패짓은 첫 번째 전략을 **장기적인 관여**(prolonged engagement)라고 명했다. 이것은 반응성과 응답자 편견을 줄이는 데 사용된다. 장기적인 관여는 다음을 가정한다. 즉, 연구자와의 장기적이고 신뢰적인 관계는 응답자가 속이는 경우를 줄여주고, 정보를 꺼내놓지 않으려는 경향이나 거짓말하려는 것을 감소시킨다. 덧붙여 패짓은 장기적인 면접이나 동일한 면접자를 대상으로 한 추가면접은 연구조사자가 왜곡된 것을 쉽게 파악할 수 있도록 하고 응답자가 사회적으로 바람직하지 않은 사실을 결국 드러내게 한다고 했다.

장기적인 관여도 단점이 있다. 장기적인 관여는 연구조사자가 응답자들과 지나치게 일체화되거나, 목표를 잃어버린 채 분석가적 태도와 연구자로서의 정체성을 망각하게 함으로써 편향되게 만들 수 있다. 이런 현상을 **원주민화**(going native)라고 한다. 이런 위험에도 불구하고 장기적인 관여가 부족한 질적 연구는 반드시 신중하게 검토되어야 한다. 예를 들어, 어떤 학자들은 질적 탐구는 유연함을 강조하기 때문에 '질적'이라는 용어가 '무엇이라도 괜찮다'라는 식으로 해석한다. 이런 경향이 전문학술지의 논문 게재를 위한 심사과정에서 발견되곤 한다. 이런 문제점의 가장 빈번한 예는 연구자가 각 면접자와 단 한 차례 개방형 면접을 마치고 그것으로 충분하다고 생각할 때다(그런 단 한 번의 면접이 몇몇 예외적인 질적 연구에서는 충분할 수 있다. 그러나 그렇다고 하더라도 연구자는 그 이슈를 무시하지 말고 반드시 이에 대한 정당화를 이루어야만 한다).

두 번째 전략은 **다원측정**(triangulation)인데, 이 용어는 이 책 전반에 걸쳐 반복적으로 사용되었다. 다원측정은 연구자들이 몇 가지 자료원과 이에 근거하는 해석 사이의 확신을 얻기 위해 필요한 것이다. 패짓은 질적 탐구의 다섯 가지 다원측정 유형을 정의했다. 첫 번째는 이론적 지향성이 대조적인 동료 연구자가 자료를 분석하는 것이다. 두 번째는 자료를 수집·분석하기 위해 한 가지 이상의 방법(몇 가지 양적 방법을 포함한)을 사용하는 것이다. 세 번째는 수집된 관찰자료를 분류하기 위해 다수의 코딩자와 관찰자를 활용하는 것이다. 네 번째는 한 가지 이상의 자료원(직접 관찰자, 인터뷰, 기존 기록 등)을 활용하는 것이다. 다섯 번째 유형은 학제 간 다원측정(interdisciplinary triangulation)이라고 명명되는데, 다른 학문영역에 있는 연구자들로 팀을 만들어 공동으로 연구하는 것이다. 그러나 패짓은 다원측정의 결과에서 불일치에 너무 과민반응하지 말라고 주의시킨다. 다른 자료원 간의 불일치는 때때로 가족 문제에 대해 다른 개선안을 표현하는 상충하는 두 명의 가족처럼, 단순히 현상에 대한 다른 시각을 드러낼 뿐이다.

세 번째 전략은 **동료들에 의한 점검과 지원**(peer debriefing and support)인데, 이는 다원측정과 다소 중복된다. 이것은 연구자들의 팀이 피드백, 정서적 지원, 아이디어를 제공하기 위해 정기적으로 만날 때 발생한다. 그들은 자료수집과정, 문제점, 수집된 자료의 의미에 대해 대안적 시각과 새로운 아이디어를 교환한다. 여기서 동료점검과정은 자료수집과 해석에서 편향된 것이나 문제점을 지적하고 수정할 가능성을 높인다.

다음의 두 가지 전략은 부정적 사례 분석과 멤버 확인인데, 9장에서 신뢰도와 타당도가 질적 연구에서 때때로 어떻게 쓰이는지를 검증할 때 논의되었다. 예를 들면, **부정적 사례 분석**(negative case analysis)은 연구조사자가 반대적인 증거(연구조사자의 해석에 적합하지 않은 예외사례 찾기)를 충분히 찾아보는 것을 말한다. **멤버 확인**(member checking)은 연구자가 연구대상에게 관찰결과와 해석의 정확성에 대해 수긍하는지 아닌지를 확인할 때 발생한다. 즉, 보고된 관찰결과와 해석이 연구참여자들에게 사실로 보이거나 의미 있게 느껴지는지를 확인하는 것이다.

마지막 전략은 **감사**(監査, auditing)로, 연구자가 현장 노트에 적힌 기록의 단서, 면접의 사본, 저널, 연구과정에서의 의사결정을 문서화한 메모 등에 대한 검토다. 이것은 연구팀의 일원이 아니면서 공정하고 질적 연구에 유능한 연구자가 편견과 반응성을 통제하기 위한 노력의 철저함, 사용된 절차의 정당성, 그리고 수집된 자료해석의 적합성을 판정하기 위해 연구자가 했던 활동을 세밀히 조사할 수 있도록 한다. 그러므로 감사는 앞서 말한 다섯 가지 전략을 포괄한다. 왜냐하면 감사의 목적에는 그런 전략들이 적절하게 수행되었는지를 확인하는 것도 포함되기 때문이다.

사회구성주의적 기준

사회구성주의자들도 질적 연구를 평가할 때 신뢰성을 강조한다. 또한 질적 연구의 엄격성을 향상시키기 위해 앞서 논의한 전략들을 권장한다. 그러나 그들은 현대 실증주의자의 목표인 객관적 사회 실재를 묘사하기보다는 다중의 객관적 실재를 파악하기 위해 신뢰성이나 엄격성 제고 전략을 고려한다. 그러므로 사회구성주의자들에게는 응답자의 편견을 최소화하는 것보다 연구참여자들이 제시하는 다중의 주관적 실재가 가능한 한 적절하게 표출되도록 하는 것이 더 중요하다(Krefting, 1991). 연구동료에 의한 점검의 핵심은 연구자의 해석이 얼마나 객관적이고 정확한가를 따지는 데 있기보다 연구대상의 주관적 실재가 그들이 경험하는 대로 제대로 묘사되었는지를 인정하는가에 달려 있다.

연구 엄격성 평가의 또 하나의 기준은 질적 연구보고서가 연구맥락과 참여자들에 대해 충분하게 세밀함을 제공했는가 하는 점이다. 그리하여 연구의 결과가 다른 상황에 있는 사람들에게 그들이 관심 있는 사회적 맥락과 모집단에게 적용 가능한지를 판단할 수 있도록 하느냐를 점검하는 것이다. 구바 Guba(1981)는 이런 기준을 두고 **적합성**(fittingness) 혹은 **전이성**(transferability)이라고 불렀다. 링컨 Lincoln과 구바(1985)는 이 두 번째 기준은 질적 연구에서 논의한 외적 타당성이나 일반화 가능성과는 다르다고 했다. 질적 연구자의 부담은 자신의 연구가 외적 타당성을 갖거나 연구결과가 일반화될 수 있다고 증명하는 것이 아니라 그 연구결과를 보는 사람들이 자신의 상황이나 그들이 관심을 가진 집단에도 적용되는가를 판단하려는 데 있다. 그러나 사람들이 판단할 수 있도록 하기 위해 연구자가 연구맥락, 환경, 연구참여자들에 대한 매우 '자세한' 배경정보를 제공해야 한다는 데 진짜 부담이 있다.

구성주의적 접근은 다원측정을 현대 실증주의적 접근과는 조금 다르게 사용한다. 현대 실증주의적 접근에서는 다원측정을 통해 비일관성이 발견된다면, 응답자료에 대한 비신뢰성이 반영된 것으로 생각한다. 또한 두 조사자가 자료해석에서 상반된 해석을 보이는 것은 연구자의 편견 때문이라고 생각한다. 그러나 구성주의적 접근은 그런 비일관적 결과는 다중의 실재들을 반영한 것이므로 충분히 가능하다고 믿는다. 그리고 이런 비일관성의 이유를 알고 싶어 하는데, 아마도 다원측정으로 수집된 조사자료의 비일관성을 설명하면 다양한 주관적 실재의 범위를 좀 더 잘 이해할 수 있을 것이다. 특히 일반적이지 않은 주관성이 나타나는 경우 그 주관적 범위가 더 잘 이해될 수 있다고 본다.

임파워먼트 기준

앞서 언급한 것처럼 질적 연구를 위해 비판사회과학 접근이나 참여적 액션리서치를 수행하는 학자들은 연구에 대한 엄격성 기준에 임파워먼트 기준을 추가한다. 로드웰 Rodwell(1998)은 이 임파워먼트 기준을 그가 언급한 **촉매적 고유성**(catalytic authenticity)과 **전략적 고유성**(tactical authenticity) 측면에서 논의한다. 로드웰의 패러다임(구성주의 관점과 임파워먼트 관점을 통합한 것)에 따르면 새로운 지식의 창출은 구성주의적 연구의 충분조건이 아니다. 이 말은 연구자가 바람직한 변화와 권력의 재분배를 이루어내기 위해 연구참여자들의 행동을 불러일으켜야만 한다는 것이다. 로드웰은 비록 연구자들이 사회적 변화를 야기한다는 것을 입증하기는 불가능하지만, 변화의 필요성에 대한 대상자들의 견해에서 변화가 있었다든지 혹은 연구로 인해 변화 가능성에 대한 대상자들의 낙관적 포부를 증가시켰다든지 하는 증언을 확보하고 보고하는 추가작업이 필요하다고 주장한다.

EP 2.1.5b

EP 2.1.5c

질적 연구의 연구윤리성

이 책의 5장에서 조사연구의 윤리라는 주제를 다루었는데, 모든 형태의 사회조사 연구와 관련해 부딪히는 윤리적 문제가 상당히 많다는 점을 지적했다. 질적 연구는 연구자가 연구참여자에게 직접적이고 친밀한 접촉을 하기 때문에 이런 윤리적 문제의 소지가 매우 높다. 이런 윤리적 이슈에 대해 존 로플란트와 린 로플란트(1995)는 다음과 같이 언급한다.

- 사람들이 자신이 하는 말을 기록한다는 사실을 모를 때 그들과 얘기하는 것은 윤리적인가?
- 당신이 싫어하는 사람들에게서 당신의 목적을 위해 정보를 얻는 것은 윤리적인가?
- 도움을 필요로 하는 모습을 보고도 직접적으로 대응하지 않는 것은 윤리적인가?
- 어떤 문제적 상황에 있으면서 그 상황에 전적으로 헌신하지 않는 것은 윤리적인가?
- 다른 사람에 대해 계산된 위치를 발전시키는 것, 즉 인간관계를 전략적으로 사용하는 것은 윤리적인가?
- 파벌로 나뉜 상황에서 한쪽 편이 되거나, 한쪽 편이 되지 않으려고 하는 것은 윤리적인가?
- 사람들에게 그들의 생활과 마음에 접근하는 대가로 뭔가를 '지불'하는 것은 윤리적인가?
- 다른 사람들에게 접근하거나 알기 어려운 상황을 이해하기 위해 사람들을 협력자나 정보제공자로서 '이용'하는 것은 윤리적인가?

이런 문제점을 고려하면서 질적 연구도 양적 연구처럼 기관윤리위원회(IRB, 5장 참조)에 의해 검토되고 승인되어야 한다는 점을 강조한다.

이 책 전반에 걸쳐 질적 탐구를 부분적으로 논의했는데, 18장은 하나의 중요한 연구 유형으로서 질적 연구에만 초점을 맞춰 독립적인 장으로 할애되었다. 다음 장에서는 질적 연구방법의 세부적인 유형을 배우게 되는데, 사람들은 여기서 질적 연구의 일반원칙 및 패러다임과 세부방법 사이에 상당한 중복이 있거나, 나아가 애매한 구분이 있다는 사실을 알게 될지도 모른다. 이어지는 20장에서는 질적 연구의 자료분석법을 집중적으로 다룰 것이다.

주요 내용

◆ 질적 연구는 사회현상을 자연스러운 상황에서 직접 관찰하는 것을 포함한다.
◆ 질적 연구의 적절한 주제는 실천, 이야기, 역할, 관계, 집단, 조직, 부락, 사회적 세계, 생활양식, 하위문화다.
◆ 사회복지에서의 질적 연구는 자연주의 혹은 문화기술지, 근거이론, 사례연구, 참여적 액션리서치 등의 패러다임에 기반해 이루어질 수 있다.
◆ 문화기술지는 문화나 하위문화에 대한 자연주의적 관찰과 총체적 이해를 하는 것이다.
◆ 근거이론은 관찰자료를 통해 발견된 유형, 주제, 보편적 범주의 분석으로부터 이론을 이끌어낸다.
◆ 사례연구는 하나의 개인, 가족, 집단, 조직, 지역사회 또는 사회에 대한 개별사례적인 조사다.
◆ 어떤 사례연구는 실천 효과성을 평가하기 위해 단일사례 실험설계와 질적 조사방법을 혼합한다.
◆ 일반적으로 사용되는 질적 연구방법은 집중적인 면접과 클라이언트 일지를 포함한다.

◆ 통제된 확률 표본추출 기법은 일반적으로 질적 연구에서 사용할 수 없기 때문에 관찰에서 더 나은 대표성을 얻기 위해 덜 정교한 할당 표본추출 형태가 사용된다.

◆ 눈덩이 표본추출은 조사연구자가 관찰 표본을 계속 증가시키는 방법이다. 연구조사자는 연구 중인 사건의 한 참여자에게 면접할 수 있는 다른 사람을 추천해 달라고 요청한다. 면접을 받은 각 참여자에게 계속해서 추천을 요청하는 것이다.

◆ 때로는 질적 연구에서 예외사례를 주의 깊게 조사하면, 사회적 행위의 '정상적인' 형태에 대한 중요한 통찰을 얻을 수 있다.

◆ 사회조사와 실험을 비교해볼 때 질적 연구의 측정도구는 일반적으로 더 깊은 의미를 이끌어내지만 신뢰성이 낮다. 그리고 현장연구 조사의 결과는 정확한 표본추출과 표준화된 설문지에 기초한 연구결과만큼 안전하게 일반화될 수 없다.

◆ 질적 연구의 엄정성 평가를 위한 여섯 가지 전략은 다음과 같다. (1) 장기적인 관여, (2) 다원측정, (3) 동료들에 의한 점검과 지원, (4) 부정적 사례 분석, (5) 멤버 확인, (6) 감사

◆ 질적 연구의 엄정성을 어떻게 비판적으로 평가하는가에 대한 각기 다른 시각은 인식론적 패러다임의 다양성을 수반한다.

◆ 현대 실증주의 패러다임은 질적 연구의 신뢰성을 위협하는 세 가지 중요 사항을 강조하는데, 바로 반응성, 연구자 편견, 응답자 편견이다.

◆ 사회구성주의적 패러다임은 신뢰성과 엄밀성을 향상시키기 위한 전략을 현대 실증주의자들의 목표인 객관적·사회적 실재의 묘사에서보다 다수의 주관적 실재들을 파악하려는 관점에서 바라본다. 그러므로 연구참여자(대상자)의 다중의 주관적 실재들이 가능한 한 적합하게 표출되도록 하는 것이 응답자 편견을 최소화하는 것보다 더 중요하다.

◆ 질적 연구를 위해 비판사회과학이나 참여적 액션리서치 접근법을 택하는 사람들은 질적 연구를 비판적으로 평가하는 임파워먼트 기준을 사용한다.

◆ 질적 연구를 책임감 있게 수행하는 것은 연구자가 직접적으로 연구참여자를 접촉하는 데서 비롯되는 여러 가지 윤리적 문제에 부딪히게 한다.

연습문제

1. 이 장에서 논의한 두 개의 패러다임을 선택하라. 그리고 당신이 세운 가상의 질적 연구가 그 패러다임에 기반해 수행된다면 어떻게 달라질 것인가를 설명해보라. 당신의 연구맥락에서 그 패러다임들이 작용하는 방법을 비교하고 대조해보라.
2. 실험설계, 설문조사, 질적 연구의 장점과 단점을 탐색하기 위해 각 방법에 특별히 적합하다고 생각되는 두 개의 연구를 간단히 서술해보라. 각 연구는 당신이 선택한 해당 연구방법으로 가장 적절하게 연구되어야 한다.
3. 아래 제시된 가상의 시나리오에서 발견된 사항들을 잠재적으로 위협하는 것에 대해 서술해보라. 당신의 답과 함께 수업을 듣는 동료들의 답을 비교해보고 차이점을 논의해보라.
   a. 한 연구자가 가장 최근에 치료를 그만둔 20명의 클라이언트와 각각 15분씩 면접해 왜 그들이 치료를 조기 종결하게 되었는지에 대한 결론을 내렸다(클라이언트당 한 번의 면접 시행).
   b. 폭력범죄의 희생자였던 한 연구자가 폭력의 희생자가 받는 정서적 영향에 대한 이론을 생성하기 위해 그런 희생자와 면접을 한다.
   c. 왜 젊은이들이 약물을 남용하는지 알아내려는 목적을 갖고 젊은 연구자가 연구대상으로 삼은 젊은이들의 눈을 통해 세상을 알아보려고 한다. 그리고 오로지 견해에 기반해 결론을 내린다.
4. 연습문제 3에서 당신이 발견한 위협을 감소시키려면 어떤 전략을 활용할 수 있을까? 그리고 그 전략의 타당성에 대해 논의해보라. 학급 동료들과 그 내용을 비

교하고 어떤 차이가 있는지 토론하라.

인터넷 연습문제

1. 「Social Work」에서 임상사회사업 실천과 질적 방법 간의 적합성에 대한 장점을 논의한 학술논문 5개를 찾아보라. 데버러 패짓Deborah K. Padgett의 논문 '임상사회사업 실천과 질적 방법은 정말로 잘 어울리는 것인가'는 논쟁을 불러일으켰고, 이 논문은 1998년 7월호에 게재되었다. 패짓의 논문에 대한 세 편의 대응 논문과 그 세 편의 논문에 대한 패짓의 대응 논문이 1999년 3월호에 게재되었다. 각 논문의 주요 논점을 간략하게 정의하고, 이 논쟁에 대한 당신의 입장을 밝히고 토론하라.
2. 질적 연구에서의 방법론적 문제들을 논의한 두 개의 학술논문을 찾아보라. 두 논문의 색인자료를 만들고, 논문에서 다룬 방법론상의 쟁점을 확인하라.
3. 문화기술지, 근거이론, 참여적 액션리서치를 예시한 1~3개의 논문을 찾아보라(어떤 논문은 이런 패러다임을 1개 이상 서술할 수도 있다). 각 논문의 색인자료를 만들고, 각 방법론상의 장점과 단점을 확인하라.

추천도서

Denzin, N. K., & Lincoln, Y. S. (1994). *Handbook of Qualitative Research*. Thousand Oaks, CA: Sage. 이 책은 다양한 글 모음집으로, 주로 포스트모더니즘과 자연주의적 패러다임에 입각한 질적 연구 관련 문헌을 제공한다. 이 책은 다양한 질적 연구방법, 질적 연구자료의 해석, 실증주의적 관점과 그 대안적 관점에 대한 많은 정보를 제공한다. 이 책은 세 편으로 나뉘어 있다. *Vol 1, The Landscape of Qualitative Research: Theories and Issues; Vol. 2, Strategies of Qualitative Inquiry; Vol. 3, Interpreting Qualitative Materials*

Glaser, B. G., & Strauss, A. L. (1967). *Discovery of Grounded Theory: Strategies for Qualitative Research*. Chicago: Aldine. 근거이론에 관한 이 고전서적은 아마도 질적 탐구의 귀납적 철학, 질적 연구수행의 전략, 질적 자료의 분석 방면에서 가장 많이 인용되고 추천되는 책 중 하나일 것이다.

Gobo, G., & Diotti, A. (2008). Useful resources: Ethnography through the Internet. *International Journal of Social Research Methods*, 11(4), pp. 357-382. 웹(Web)이 지속적으로 진화한다 하더라도, 밀란대학교(University of Milan)의 이 두 분 교수님의 문화기술지 관련 자료는 이 분야 연구의 좋은 단초를 제공할 것이다.

Gubrium, J. F. & Holstein, J. A. (1997). *The New Language of Qualitative Method*. New York: Oxford University Press. 이 책은 질적 연구의 주요 접근법 혹은 전통에 대한 이해를 도모하기 위해 꼭 필요한 기초를 제공한다.

Johnson, J. C. (1990). *Selecting Ethnographic Informants*. Newbury Park, CA: Sage. 이 책에서 저자는 질적 연구의 표본추출에 적용할 수 있는 다양한 전략을 논의하고 있다.

Padgett, D. K. (1998). *Qualitative Methods in Social Work Research*. Thousand Oaks, CA: Sage. 개론적 내용의 책으로, 사회복지사들이 어떻게 질적 조사를 수행하는가에 초점을 두고 있다. 이 책의 두 가지 장점은 대안적인 인식론적 시각을 제공한다는 점과, 질적 연구에서의 엄밀성 측정에 대한 부분을 포함하고 있다는 점이다.

Patton, M. Q. (1990). *Qualitative Evaluation and Research Methods* (2nd ed.). Newbury Park, CA: Sage. 이 책은 특별히 프로그램 평가에 초점을 맞추면서 질적 탐구의 포괄적 설명을 제공하고 있다. 질적 탐구의 개념적 문제, 질적 연구의 설계방법, 자료분석법, 해석, 보고방법 등이 논의된다.

Reissman, C. (Ed.). (1994). *Qualitative Studies in Social*

Work Research. Thousand Oaks, CA: Sage. 이 책은 사회복지정책과 실무에 적합한 질적 연구방법에 관한 모음집이다. 사회복지와 보건에 관해 연구할 때 근거이론을 적용하는 방법, 외상을 경험한 클라이언트 집단을 연구할 때 이야기식으로 접근하는 방법, 질적 연구가 가진 주관성의 장점 등에 대한 사례들을 보여준다.

Strauss, A., & Corbin, J. (1990). *Basics of Qualitative Research: Grounded Theory Procedures and Techniques*. Newbury Park, CA: Sage. 당신이 근거이론 접근법을 선택했다면 자료수집 전과 자료분석 기간에 읽어야 할 매우 중요한 책이다.

활용 노트

EP 2.1.5b

EP 2.1.5b: 인권과 사회 및 경제적 정의 옹호하기: 참여적 액션리서치 또는 임파워먼트 기준에 의거한 연구를 수행하는 사회복지사들은 연구참여자들에게 사회·경제적 정의에 대한 의식화를 시키고 그들을 임파워시키려고 노력한다.

EP 2.1.5c

EP 2.1.5c: 사회 및 경제적 정의를 증진시키는 실천에 참여하기: 참여적 액션리서치 또는 임파워먼트 기준에 의거한 연구를 수행하는 사회복지사들은 그들의 궁극적 연구목적을 사회·경제적 정의의 향상에 둔다.

EP 2.1.6b

EP 2.1.6b: 실천에 유용한 연구증거 활용하기: 이 장에서 제시된 모든 개념은 사회복지사들이 자신의 실천에 유용한 연구증거들을 활용하는 능력을 향상시킨다.

CHAPTER 19

질적 연구: 세부방법

Qualitative Research: Specific Methods

이 장의 학습내용

이 장에서는 질적 연구에 대한 논의를 계속하면서 그 세부방법의 유형을 좀 더 강조할 것이다. 예를 들면 참여관찰법, 질적 면접법, 생애사 연구, 페미니즘적 연구, 초점집단 등이다. 이런 방법들은 앞 장에서 논의한 질적 연구의 원칙들과 연결된다.

서론

이전 18장에서는 질적 연구에 관련된 주제들, 즉 질적 연구의 패러다임, 표본추출 방법, 연구의 장점과 단점, 윤리적 이슈 등을 살펴봤다. 또한 이와 관련된 실제 사례들도 살펴봤다. 이제 질적 연구의 그림을 완성하기 위해 좀 더 세부적인 개념과 기법으로 들어가 보겠다. 질적 연구에서 일반원칙, 패러다임, 세부적인 자료수집 방법 사이의 구분은 종종 분명하지 않다. 예를 들어, 근거이론과 문화기술지는 때때로 하나의 질적 연구방법으로 논의된다. 그러므로 이런 어의적(語義的) 구분이 당신의 연구를 방해하지 않기를 바란다. 이 장의 주요 목적은 이런 방법들의 가치를 발견하고 연구자의 연구목적에 맞도록 활용하며 이런 방법을 사용한 연구를 제대로 비평하는 것이다. 그러면 이제 어떻게 질적 연구자들이 연구참여자들과 접촉할 준비를 하는지를 살펴봄으로써 논의를 시작해보자.

EP 2.1.6b

현장을 위한 준비

연구자가 풀뿌리 지역사회조직에 대한 질적 연구를 수행하기로 마음먹었다고 잠시 가정해보자. 더 나아가 연구자는 그 집단의 구성원이 아니며, 그 집단에 대해 아는 것이 많지 않으며, 자신을 연구자로서 참여자들에게 신분을 밝히려고 한다고 가정하자. 이 절에서는 연구자가 그 집단에 대해 직접 관찰을 수행하기 전에 준비하는 몇 가지 방법을 논의할 것이다.

문헌 탐색 모든 연구방법에서 그렇듯이 연구자는 연구대상에 대한 지식을 쌓고 다른 사람들이 그 대상에 대해 언급한 것을 알아가기 위해 관련 문헌을 탐색하는 것이 좋다.

주요 정보제공자 활용 조사연구의 다음 단계에서는 주요 정보제공자를 이용할 수 있다. 연구자는 지역사회 집단을 연구해온 다른 사람들이나 그 집단과 친밀할 가능성이 높은 사람과 그 지역사회 집단에 대해 논의하려고 할 수 있다. 특히 연구자는 집단의 구성원 중 한 명과 논의하는 게 유익하다는 사실을 알게 될 수도 있다. 연구자가 이미 구성원을 알고 있거나 구성원인 어떤 사람을 만날 수도 있다. 연구자가 정보제공자와의 관계를 조사역할 이상으로 확대하면 이런 측면에서 준비는 더욱 효과적일 가능성이 높다. 정보제공자로서 집단의 구성원들과 접촉할 때, 연구자는 처음에 했던 이야기 때문에 나중에 연구내용을 타협하거나 제한하지 않도록 조심해야 한다. 연구자가 집단구성원이자 정보제공자에게 주는 인상과 연구자가 스스로 만들어가는 역할은 연구자의 후반 작업에 영향을 미칠 수 있다는 점을 기억하라. 예를 들어, 연구자가 반대집단의 첩자일지 모른다는 인상을 주면 나중에는 집단을 제대로 관찰할 가능성이 낮아진다.

연구자는 정보제공자에게 얻는 정보에 대해서도 신중해야 한다. 정보제공자가 연구대상에 대해 직접적이고 개인적인 지식을 많이 갖고 있더라도 그들이 '알고' 있는 것은 아마도 사실과 견해가 섞인 것일 수 있다. 앞에서 언급한 예처럼, 지역사회 집단의 구성원이 완전하게 편견 없는 정보를 제공할 가능성은 그리 높지 않다(반대집단의 구성원도 마찬가지다). 따라서 연구자가 집단과 첫 접촉을 하기 전에 미리 그 집단에 대해 많은 부분을 알고 있어야 하며, 집단이 존재하는 일반적 맥락과 이론적인 맥락을 이해해야 한다.

초기 접촉방법 연구자가 연구대상으로 생각하는 사람들과 처음 접촉하는 방법에는 여러 가지가 있다. 그것은 부분적으로 연구자가 수행하려는 역할에 달려 있다. 특히 연구자가 외부 연구자로서 사람들의 눈에 띄는 존재가 아닌, 조직 속에서 **완전참여자**의 역할을 가질 수 있다. (우리는 완전 참여관찰과 대안적 관찰 역할에 대해 곧 논의할 것이다). 연구자가 완전참여자의 역할을 수행하려면 연구참여자들과 일체감을 이룰 수 있는 방법을 찾아야만 한다. 식당 주방에서 접시를 닦는 사람들을 연구하려면 가장 직접적인 방법은 접시닦이로 일자리를 얻는 것이다. 지역사회조직의 사례에서는 연구자가 어렵지 않게 그 집단의 구성원이 될 수 있다. 질적 연구에 적합한 많은 사회적 과정은 충분히 개방적이어서 연구참여자들과 연구자가 상당히 단순하고 간단하게 접촉할 수 있다. 연구자가 대중시위를 관찰하려고 한다면 그저 시위하는 곳에 함께 있으면 된다. 무단횡단의 유형을 관찰하고자 하면 복잡한 거리를 돌아다니면 된다.

라포르의 형성 연구자가 사람들과 공식적으로 접촉하면서 자신의 신분을 밝히고 싶다면 그들과 일정한 라포르(rapport)를 형성할 수 있어야만 한다. 연구자는 편하게 느껴지는 구성원과 접촉해 그의 도움을 받을 수 있다. 연구자가 공식집단을 연구할 경우 집단의 지도자에게 다가갈 수 있다. 또는 그 집단을 연구해온 정보제공자 중 한 사람이 연구자를 집단에 소개해줄 수도 있다.

연구자가 집단과 처음 접촉을 하는 방법은 다양하다. 그러나 연구자의 선택이 추후 관찰에 영향을 미칠 수 있다는 것을 깨달아야 한다. 예를 들어 연구자가 지역의 진료소를 연구하고 있는데, 고위간부부터 접촉한다고 가정해보자. 첫째, 연구자가 진료소에 대해 갖는 첫인상은 간부의 견해에 따라 형성될 것이며, 그 견해는 환자나 하위 직원의 견해와는 상당히 다를 것이다. 첫인상은 연구자가 추후에 관찰하고 해석하는 방법에 영향을 미칠 수 있지만, 연구자는 그 영향을 인식하지 못할 수도 있다.

둘째, 고위간부가 조사계획을 승인하고 환자와 직원들이 연구자에게 협조하도록 한다면 환자와 직원들은 연구자가 어느 정도 경영진과 같은 생각을 갖고 있다고 생각할 것이며, 이런 상황은 그들이 연구자에게 말하는 것에 영향을 미칠 수 있다. 예를 들어, 간호사들은 미국 트럭 운전사노동조합(Teamsters Union)을 통해 조직화하려는 계획을 연구자에게 말하길 꺼려할 수도 있다.

연구목적의 설명 연구자가 연구참여자들과 직접적이며 공식적인 접촉을 하면서 연구목적을 어느 정도 설명할 필요가 있다. 연구자는 여기서 다시 한 번 윤리적인 딜레마에 빠진다. 연구조사의 목적을 다 말해주면 연구참여자들이 전혀 협력해주지 않거나 그들의 행위에 중요한 영향을 미칠 수 있다. 다른 한편으로, 수용할 수 있을 만한 설명이 될 거라고 여기면서 연구자가 믿는 것만을 말해주면 철저한 기만이 될 수도 있다. 이 모든 면에서 연구자의 결정(실천에서)은 주로 연구목적, 연구대상의 특성, 사용하려는 관찰방식, 그 외 요인들에 따라 좌우될 수 있음을 깨닫도록 하라.

이런 측면에서 과거 질적 연구들은 연구자들이 참조할 만한 어떤 고정된 규칙(방법론적 차원에서든 윤리적 차원에서든)도 제공하지 못하고 있다. 연구자가 연구조사자로 보이면 공식적인 목적과 관계없이 사람들은 과학자가 자신들을 연구할 만큼 중요하다는 것을 알고 우쭐해져 따듯하게 환영할 수 있다. 또는 연구자를 완전히 배척하거나 더 심하게 대할 수도 있다(예를 들어 연구자가 조직범죄 집단의 회의에 불쑥 들어가서 조직범죄에 대해 학기말 과제물을 쓰고 있다는 말은 하지 말아야 한다).

관찰자의 다양한 역할

앞서 잠깐 언급했듯이 질적 연구에서는 관찰자가 다양한

라포르 형성: 어떻게 할 것인가?

질적인 현장연구에서 연구참여자들과 라포르를 형성할 수 있는가는 언제나 매우 중요한 사안이다. 특히 연구자가 연구참여자와 심층면접이나 상호작용을 해야 하는 경우는 더욱 그렇다. **라포르**는 개방적이고 신뢰적인 관계성으로 정의될 수 있다. 그런데 이것을 어떻게 형성할 것인가?

당신이 이제 연구자라고 가정하자. 연구의 목적을 위협적이지 않으면서 잘 설명할 수 있어야 한다. 연구참여자들에 대해 알고 싶고 그들을 이해하고 싶으며, 그들을 판단하거나 문제시하기 위해 연구현장에 있는 게 아니라고 전해야 할 것이다. 만약 당신에게 연구참여자들을 진심으로 이해하고 싶은 마음이 존재하고 또 그러한 마음을 그들에 전달할 수 있다면, 이러한 라포르는 잘 이루어질 것이다. 이러한 진정한 연구관심은 그들에게 자긍심을 전달할 것이고, 이런 자긍심은 그들이 연구자인 당신에게 마음의 문을 열 가능성을 높일 것이다. 관심이 있는 척하는 것은 진짜로 관심 있는 것과는 매우 다르다. 사실 당신이 연구참여자들의 세계와 관점에 별로 관심이 없다면, 괜히 당신과 그들의 시간을 낭비하지 말고 다른 일을 찾아보는 편이 나을 것이다.

라포르 형성을 위해서는 연구자가 이야기하는 존재가 아니라 경청하는 존재로 기능하는 것이 최선이다. 그렇다고 과묵하게 말하지 말고 있으라는 뜻은 아니다. (1) 타인으로부터 좀 더 정보를 끌어내거나 (2) 그들이 당신과 당신의 연구에 대해 궁금한 점을 질문할 때 이에 답하기 위해 주로 응답하라는 것이다. 연구참여자들이 표현한 모든 관점에 동의할 필요는 없지만, 그들과 논쟁하거나 그들의 생각을 변화시키려고 노력해서는 절대 안 된다. 당신의 진짜 목적은 그들의 세계를 이해하는 것이고 그러한 이해가 연구참여자들에게 납득되게 하는 것임을 잊지 말아야 한다. 약간의 겸손은 이러한 작업에 도움이 된다. 당신이 연구를 시작할 때 연구참여자들에 대한 우월감을 갖지 않는다면 그들에게서 좀 더 잘 듣고 잘 이해하게 될 것이다.

이렇게 함에 있어서 사회복지실천방법론 시간에 배웠던 적극적 경청의 기법을 활용할 수 있다. 만약 당신이 요양원의 직접 개호 실무자들을 관찰하는 연구를 할 때 그들과 라포르를 형성하고 싶은데, 그들 중 한 명이 입소자를 경멸하는 어떤 말을 했다고 가정하면, 아무리 부적절하고 공격적인 말이라고 하더라도 일단 그들과 맞서고 싶은 충동을 가라 앉혀야 한다. 그 대신 이렇게 말할 수 있을 것이다. "여기서 이루어지는 제 연구를 위해, 여러분이 일하시는 이 요양원 현장이 어떤지 좀 더 듣고 알고 싶습니다." 혹은 간단히 이렇게 언급할 수도 있다. "그 상황에 대해 좀 더 이야기해주실 수 있습니까?"

그런 상황에서 긴장을 가라앉히고 적절한 대응을 할 수 있어야 한다. 어떤 연구참여자는 매우 공식적 태도로 일관하고, 또 어떤 연구참여자는 비공식적 태도로 대하기도 한다. 그들의 일반적인 스타일을 파악해 잘 대응하기 바란다. 그러나 당신은 연구참여자들이 가장 편하게 느끼는 스타일이 어떤 것이든 긴장을 완화하는 방법을 찾아야 한다. 만약 그들이 편안하게 느끼고 상호작용을 즐기게 만들 수 있다면, 연구자는 원하는 라포르를 형성한 것이 된다. 그리고 연구자 자신도 아마 그 상호작용을 즐기게 될 것이다.

역할을 할 수 있는데, 예를 들어 자신이 관찰하려는 그 현상 속에 직접 참여할 수도 있다. 마셜 Marshall과 로스먼 Rossman(1995)은 다음과 같이 지적한다.

> … 조사연구자는 다양한 '참여 정도'(일상생활에 대한 실질적 참여의 정도)를 가져오는 역할을 계획할 것이다. 완전참여자의 역할에서 질적 연구자는 역할 속의 일상생활이나 현장에 마련된 역할을 열심히 하는 사람이다.
>
> 또 다른 극단적 역할은 완전관찰자로, 모든 사회적 상호작용에 참여하지 않으며 연구대상 세계에 관여하는 것조차 피하려고 한다. 물론 연속성에 따라 이 극단적 두 가지 역할 사이에서 혼합된 역할을 조사자가 이용할 수 있다(p. 60).

이 주제에 관한 고전적 연구물에서 골드 Gold(1969, pp. 30-39)는 이 점과 관련해 질적 연구자가 할 수 있는 역할을 네 가지의 상이한 역할로 구분했는데, 바로 **완전참여자, 관찰참여자, 참여관찰자, 완전관찰자**다.

완전참여자

이런 의미에서 **완전참여자**(complete participant)는 연구하는 대상에 진정한 참여자(예를 들어 항의시위의 참여자)일 수도 있고, 진정한 참여자인 것처럼 가장할 수도 있다. 어떤 경우에든 완전참여자의 역할을 맡으면 연구자가 아니라 참여자로 보이도록 한다.

연구자가 연구하려는 대상에 진정한 참여자가 아니라면 참여자인 것처럼 행동하는 법을 배워야만 한다. 교육을 받지 못해 똑똑하지 않은 사람들을 연구한다면 대학교수나 대학생처럼 말하고 행동하는 것은 적합하지 않다.

이제 사회조사 연구자 자신들도 일치시키지 못하고 있는 윤리적인 쟁점 하나를 기억해보자. 연구참여자들이 조사연구자로 확인된 사람들을 믿지 않기 때문에 연구참여자들이 연구자가 믿을 거라는 희망을 갖고 연구참여자들을 속이는 것은 윤리적인가? 과학의 중요성(조사연구의 과학적 가치)이 윤리적인 문제를 상쇄할 수 있는가? 이 문제를 많은 전문가협회에서 제기해왔지만, 구체적인 상황에서 지켜야 할 규범은 아직 모호하다.

이런 윤리적인 문제는 과학적인 고려와 연관되어 있다. 오로지 속일 목적으로 연구대상을 속이는 연구자는 없다. 그보다는 자료가 더 타당성이 있고, 신뢰성이 있으며, 연구참여자가 연구가 진행된다는 사실을 모르면 더 자연스럽고 정직하리라고 믿기 때문에 속인다. 연구참여자가 자신이 연구대상임을 알게 되면 여러 가지로 자신의 행위를 바꿀 수 있다. 첫째, 연구참여자는 조사연구자를 쫓아낼 수 있다. 둘째, 연구참여자는 더 존경받을 만하게 보이도록 자신의 말과 행위를 바꿀 수 있다. 셋째, 사회적 과정이 완전히 바뀔 수 있다. 예를 들어, 학생들이 대학본부에 불을 지르려고 계획을 세웠다가 자신들 중 한 명이 조사연구를 수행하는 사회과학자라는 사실을 알면 계획을 포기해버릴 수 있다.

다른 한편으로 조사연구자가 완전참여자라면 연구대상에 영향을 미칠 수 있다. 참여자의 역할을 하기 위해 조사연구자는 참여해야만 한다. 그러나 조사연구자가 참여하면 연구하는 사회적 과정에 심각한 영향을 미칠 수 있다. 예를 들어, 연구 대상집단이 다음에 무엇을 해야 할지 조사연구자의 생각을 묻는다고 가정해보자. 어떻게 이야기하든 간에 조사연구자는 사회적 과정에 영향을 미치게 될 것이다. 그 집단이 조사연구자의 제안을 따르는 경우, 조사연구자는 확실하게 영향을 미친다. 그 집단이 조사연구자의 제안을 따르지 않기로 한다면 그 제안을 거부한 과정이 다음에 일어날 일에 중대한 영향을 미칠 수 있다. 마지막으로, 조사연구자가 다음에 무엇을 해야 할지 모르겠다면 그 집단에 대한 불확실하며 우유부단하다는 느낌을 강화할 수 있다.

결국 참여하는 관찰자가 어떤 일을 하든 하지 않든 관찰되는 대상에 영향을 미치게 될 것이다. 이는 불가피하다. 해당 사례가 '어떻게 생각하는가?'라는 제목의 글상자에서 제시된다. 그리고 더 심각한 것은 다음에 일어날 일에 중대한 영향을 미칠 수 있다는 사실이다. 이 문제에 민감하면 약간 막을 수는 있지만 이런 영향을 완전히 막을 수는 없다.

관찰참여자

이 같은 여러 가지 윤리적·과학적 문제로 인해 현장 조사연구자는 완전참여자의 역할이 아닌 다른 역할을 선택하는 경우가 많다. 골드가 사용했던 용어인 **관찰참여자**(participant as observer)의 역할을 선택할 수도 있다. 이 역할을 하는 조사연구자는 연구하는 집단에 완전히 참여하지만, 자신이 조사연구를 수행하고 있음을 분명히 한다. 예를 들어, 조사연구자가 배구팀의 일원이라면 스포츠사회학 연구를 시작하기 위해 배구팀 일원이라는 지위를 이용할 수 있으며, 팀 동료들에게 자신이 무엇을 하고 있는지 알린다. 그러나 이 역할에도 위험은 따른다. 연구

어떻게 생각하는가?

관찰자의 영향은 사회조사 연구에서 근본적인 이슈 중 하나다. 우리는 지금까지 실험설계 연구에서 연구자들이 참여자들의 행동에 영향을 미칠 수 있으며, 설문조사 연구자들이 어떻게 응답자들의 설문응답에 영향을 미칠 수 있는지를 목격해왔다. 이러한 문제는 자연주의 연구현장(질적 연구)에서 참여관찰자가 인간 행위를 관찰할 때도 발생한다. 만약 당신이 연구현장에 참여해 대상자들을 아주 가까이에서 밀접하게 직접 관찰한다면, 당신의 존재가 그 현장상황을 변화시키지 않을 것으로 보는가? 마치 당신이 거기에 없는 것처럼 그 현장상황을 관찰할 수 있을까? 다시 말해, 얼마나 가까운 관찰이 해서는 안 될 관찰인가?

연구자가 때때로 반응성을 줄이기 위해 그들의 연구자적 신분을 감추기도 하지만, 연구환경에서 연구자의 어떠한 행위든 결국 조금의 영향을 미치게 되어 있다. 이러한 문제의 궁극적인 해결방안은 그러한 영향요인을 인지하는 것뿐이다. 왜냐하면 연구자가 미칠 영향을 통제하려는 노력을 하게 만들기 때문이다. 이러한 통제노력은 다른 연구자들의 반복관찰과 병행되어 효과를 거둘 수 있다. 다른 연구자들은 다른 연구상황에서 다양한 영향을 미친다. 그럼에도 불구하고 만약 연구자들이 연구참여자의 행동 유형을 발견한다면, 연구자들은 자신의 존재로 인해 발생한 것이 아니라 연구참여자들의 사회적 삶에 관한 어떤 것을 알게 되었다고 확신하게 될 것이다.

참여자들은 자연스러운 사회과정에 초점을 두기보다는 조사연구 프로젝트에 많은 관심을 기울이게 되고, 그러면 관찰과정은 더 이상 일상적이지 않게 되어버린다. 또한 그와 반대로 연구자 자신이 참여자의 이해와 관점을 지나치게 동일시할 수 있다. 연구자는 '원주민화'되기 시작해 과학적으로 상당히 공평하지 않아질 수 있다.

참여관찰자

참여관찰자(observer as participant)는 자신을 연구자로 신분을 밝히고 사회과정에서 참여자들과 상호작용을 하지만 실제로 전혀 참여자인 척하지 않는다. 계절 농장노동자의 노조화 같은 사회운동을 취재하는 신문기자가 좋은 예다. 신문기자는 지도자들과 면접하고, 노동자들이 사는 곳을 방문하고 딸기를 수확하는 모습을 보며, 다친 노동자와 병원에 같이 가는 일 등을 할 수 있다.

완전관찰자

다른 극단에 있는 **완전관찰자**(complete observer)는 어떤 방식으로든 사회과정의 일부가 되지 않으면서 사회과정을 관찰한다. 연구대상은 조사연구자가 비관여적이기 때문에 자신이 연구대상임을 인식하지 못할 수도 있다. 주변 교차로에서 무단횡단하는 모습을 관찰하기 위해 버스 정류장에 앉아 있는 것이 한 예다. 완전관찰자가 완전참여자보다 연구대상에 영향을 미칠 가능성이 적고 '원주민화' 가능성이 적은 반면, 연구대상을 완전히 이해할 가능성도 적다. 관찰은 피상적이고 일시적인 것이 될 수 있다.

데이비스 Davis(1973)는 관찰자가 취하는 극단적인 역할을 '화성인'과 '개종자'로 말한다. 후자는 인류학자들이 '원주민화된다'라고 얘기하는 위험을 무릅쓰고 연구참여자의 현상으로 더 깊이 파고드는 것이다. 다음 절에서 이를 더 설명할 것이다.

다른 한편으로 조사연구자가 화성에 있는 생명체(화성에서 생명체를 발견한다는 가정하에)를 관찰하도록 보내졌다고 상상하면서 '화성인' 접근법을 거의 완벽하게 이해할 수 있다. 연구자는 불가피하게 자신이 화성인들과 떨어져 있다고 느낄 것이다. 어떤 사회과학자들은 자신의 문화나 사회계층과 다른 문화나 사회계층을 관찰할 때 이 정도의 분리를 적용한다.

결국 상황에 따라 연구자는 다른 역할을 해야 한다. 불행하게도 이 선택에 대한 명확한 지침은 없으며, 연구자는 상황에 대한 자신의 이해와 현명한 판단에 의존해야만 한다. 그러나 연구자는 결정을 내리면서 방법론적 · 윤리적 문제를 고려해야만 한다. 이런 문제들은 서로 충돌을 일으키는 경우가 많기 때문에 연구자가 결정을 내리기 어려운 경우가 많고, 때로는 연구자의 역할이 연구를 제한하기도 한다.

연구참여자와의 관계: 외부자적 시각과 내부자적 시각

지금까지 현장연구 관찰을 수행하는 데 있어 연구자가 취할 수 있는 다양한 역할을 소개했는데, 이제는 연구참여자들과 어떻게 관계를 형성하는지 좀 더 구체적으로 알아보겠다. 우리는 앞 절에서 연구자가 연구를 위해 자신의 사회적 지위를 가장할 수 있는 가능성을 열어두었다. 이제 이런 상황에서 연구자가 어떻게 생각하고 느낄지 생각해보자.

연구자가 자신의 동네 또는 자신이 사회복지사업을 담당하고 있는 동네의 많은 사람을 끌어들인 사이비 종교 집단을 연구하기로 결정했다고 가정해보자. 연구자는 그 종교집단에 가입하거나 가입한 것처럼 해서 그 집단을 연구할 수 있다. 잠시 '실제로' 참여하는 것과 참여한 것처럼 '가장'하는 것 사이에 무슨 차이가 있는지 자신에게 질문해보기 바란다. 주요한 차이는 연구자가 '진짜' 신도들이 공유하고 있는 신념, 태도 및 기타 견해를 실제로 믿는가이다. 사이비 집단의 신도들이 예수가 세상을 멸하고 자신들을 구하기 위해 다음 목요일에 올 것이라고 믿는다면 연구자는 그것을 믿는가 아니면 그저 그것을 믿는 척하는 것인가?

외부자적 시각

전통적으로 사회과학자들은 그런 문제에서 '객관성'의 중요성을 강조하는 경향이 있다. 이런 예에서 지상과제는 그 집단의 신념에 휩쓸리지 않는 것이 될 것이다. 질적 연구에서 외부자로서의 연구자의 객관성을 유지하고 연구자가 관찰하는 그 문화에 대해 질문(그 문화의 구성원들에게는 결코 일어나지 않을 질문)을 제기하는 것을 일컫는 용어가 **외부자적 시각**(etic perspective)이다. 그런 객관성의 장점을 부인하지 않으면서 오늘날 사회과학자들은 자신이 연구하는 관점에 자신을 깊이 빠지게 함으로써 존 로플란트와 린 로플란트(1995, p. 61)가 내부자 이해(insider understanding)라고 얘기한 것을 얻게 되는 혜택도 인식하고 있다. 궁극적으로 연구자는 일시적이라고 하더라도 사이비 집단에 속한 신도들의 견해를 진실로 받아들일 수 없으면 그들의 생각과 행동을 이해할 수 없을 것이다. 어떤 의미에서 연구자는 연구하기로 계획한 현상을 완전히 이해하기 위해 목요일 밤에 예수가 온다는 것을 믿을 필요가 있다.

내부자적 시각

이런 외부자적 시각에 대조되어 **내부자적 시각**(emic perspective)은 조사되는 문화에 의해 공유되는 신념, 태도, 관점 등을 적용하려는 노력을 가리킨다. 자기와 다른 견해를 받아들이는 일은 대부분의 사람에게는 편하지 않다. 다른 사람들이 가진 이상한 견해를 배우는 것(어떤 경우에는 그 견해를 인내하는 것조차 힘들 수도 있음)과 자신의 견해로 받아들이는 것은 전혀 다르며, 열 배는 더 힘들다. 벨라 Bellah(1970, 1974)는 이 점에서 상징적 사실주의(symbolic realism)라는 용어를 사용했으며, 이는 사회연구자가 자신이 연구하는 신념을 조롱하는 대상이 아니라 존경할 가치가 있는 것으로 취급할 필요를 표현한 것이다. 이 견해를 진지하게 받아들인다면 샤피르 Shaffir와 스테빈스 Stebbins(1991)가 "현장조사는 인류가 지금까지 만들어낸 아주 불유쾌한 활동과 같은 수준으로 자리매겨져야 한다"(p. 1)라고 결론을 내린 이유를 이해할 수 있을 것이다.

물론 연구참여자들의 견해를 받아들이는 데는 위험이 따른다. 자신의 연구가 기반이 되는 견해를 선호해 연구자가 객관성을 포기하면 연구참여자들에게는 없는 준거틀 내에서 그 현상을 보고 이해할 가능성을 상실하게 된다. 한편으로 세상이 목요일 밤에 끝난다는 신앙을 받아들이면 신도들만 가진 그 믿음의 측면을 이해하게 해준다. 어떤 사람은 실업이나 이혼 등 개인적 상처의 결과로 그 상태에 도달했고, 또 어떤 사람은 특정한 사회적 네트워크에 참여하면서(예를 들어, 볼링팀 전체가 사이비 종교집단에 가입하면서) 그 무리에 가담했다는 사실을 발견할 수도 있다. 사이비 종교집단 신도들은 그런 '객관적' 설명에 동의하지 않을 수 있으며, 연구자가 그 집단의 견해 내에서 합법적으로 활동하고 있는 정도로 연구자가 그런 설명을 찾아내지 못할 수도 있다는 점에 주목하라.

양자적 시각의 견지

여기서 분명한 딜레마는 비록 내부자적 시각과 외부자적 시각이 각각 중요한 장점을 제공하지만 두 가지가 상호 배타적으로 보인다는 것이다. 그러나 어렵긴 해도 실제로 두 입장 모두를 견지할 수도 있다. 때때로 연구자가 연구자 의지대로 관점을 바꿀 수 있다. 그렇게 해야 한다면 사이비 집단의 믿음을 완전히 견지할 수도 있다. 나중에 그 믿음에서 한 걸음 물러날 수 있기 때문이다(더 정확하게는 사회과학과 연관된 관점으로 들어갈 수 있기 때문이다). 이런 종류의 연구에 숙달되면 관점들 사이를 왔다 갔다 하기보다 상반된 관점을 동시에 가질 수 있게 된다.

반영성

사회조사 연구자들은 종종 자신들에게 영향을 미칠 어떤 문제적 관점에서 반영성의 문제를 염려한다. 반영성에 대한 다양한 정의가 존재하지만 질적 연구에서 핵심적인 부분이 이 **반영성**(reflexivity)임에는 틀림없다. 반영성 문제는 질적 관찰뿐만 아니라 이 장에서 논의할 남은 연구방법들에도 적용된다. 길건 Gilgun(2010)에 따르면, 반영성 개념의 핵심은 "인지한다는 것에 관한 아이디어다. 즉, 연구자가 연구과정에 미치게 될 다양한 영향을 인지하고 있을 때 혹은 어떻게 연구과정이 연구자 자신에게 영향을 미칠지를 알고 있을 때 그 연구자들은 반영적이다"(p. 1).

그러므로 반영성은 연구자가 자신의 경험, 가정, 편견이 자기가 연구하는 것, 연구자나 연구참여자가 말하고 행동하는 것, 연구참여자의 언행을 연구자가 어떻게 해석하는가에 어떻게 영향을 미칠 수 있는지를 지속적으로 반영하도록 요구한다. 베르그 Berg(2007)는 반영성 과정을 "연구자가 무엇을 알았고 이것을 어떻게 알게 되었는지에 관해 반복적으로 점검하는 내적 대화를 수행하는 것"이라고 설명한다(p. 179).

그러므로 연구자 자신의 특성은 무엇을 관찰하고 어떻게 해석할 것인가에 영향을 미칠 수 있다. 그러나 반영성 쟁점은 이보다는 좀 넓게 다루어져야 하고 연구자뿐 아니라 연구참여자에게도 적용되는 문제다. (1) 길거리에서,

(2) 노숙인 쉼터에서, (3) 사회복지 사무소에서 노숙인을 면접하는 자신을 상상해보라. 이런 조사의 상황은 대상자의 응답에 영향을 미칠 수 있다. 다시 말해, 연구자가 면접을 어디서 행하는가에 따라 다른 결과를 가져올 수 있다는 뜻이다. 더욱이 연구자는 각기 다른 상황에서 다르게 행동할 수 있다. 만약 이런 문제를 생각한다면 연구자는 '무엇이 그런지를 간단히 관찰'하는 과업을 복잡하게 만드는 연구적 접촉의 다른 측면을 파악할 수 있다.

지금까지 논의해온 문제는 대부분 연구자의 머릿속에서 일어나는 심리학적 수준에서 나타나는 것처럼 보일 수 있다. 그런데 사회적 수준에서 이에 상응하는 문제가 있다. 연구참여자들의 삶에 깊숙이 개입하면 그들의 개인적 문제와 위기에 감동받을 가능성이 높다. 예를 들어, 사이비 종교집단의 한 신도가 병이 나서 병원까지 데려가줄 사람이 필요하다고 가정해보자. 연구자가 교통편을 제공해야 하는가? 물론이다. 어떤 사람이 스테레오를 사기 위해 돈을 빌리고 싶어 한다고 하자. 연구자가 돈을 빌려주어야 하는가? 아마도 그렇지는 않을 것이다. 음식을 위해 돈이 필요하다고 가정하면?

이 같은 상황을 해결하는 이분론적인 명확한 규칙은 없다. 그러나 여기서는 그런 문제가 발생하고 연구자는 자신을 연구자로 밝히든 밝히지 않든 간에 관계없이 그 문제를 다룰 필요가 있으리라는 것을 깨달아야 한다. 그런 문제는 다른 유형의 조사연구(예를 들면, 설문조사 또는 실험)에서는 일어나지 않는 경향이 있다. 그러나 그 문제는 참여관찰의 중요 부분이다.

질적 연구에서 연구자와 연구참여자의 관계에 대한 논의는 전통적 관점에서의 '과학적 객관성'에 정면으로 배치된다. 이 절을 마무리하기 전에 이 문제에 대해 한 걸음만 더 나아가 보자.

전통적 관점의 과학에서는 연구자를 연구대상자로부터 분리시키는 권력과 지위에서의 보이지 않는 차이가 존재한다. 예를 들어, 이 책의 11장에서 실험설계에 관해 살펴봤듯이 누가 주된 역할을 하느냐는 질문을 한다면 그것은 두말할 나위 없이 실험자라고 답할 수 있다. 그 실험자가 조직하고 실험대상자를 집단으로 나누고, 각 집단에게 어떤 특정한 개입을 제공할 것인가를 결정했다. 이와 비슷한 내용이 설문조사에도 수행된다고 할 수 있다. 설문조사를 수행하는 사람이 연구질문을 만들고, 누가 응답자로 선정될 것인지를 결정하고, 또한 수집된 자료로부터 무엇인가 납득할 만한 의미를 찾아낼 책임을 갖는다.

이런 종류의 관계는 권력 혹은 지위관계로 보일 수 있다. 실험설계나 설문조사 설계에서 연구자는 연구대상자보다 확실히 더 많은 권력과 더 높은 지위를 갖는다. 그 연구자는 연구대상자에게는 없는 특별한 지식을 갖고 있다. 연구자가 대상자보다 우월하다는 말을 하는 것은 그렇게 많이 무례한 것은 아니지만, 은연중에 그렇게 가정된다는 느낌이 있다.

질적 연구에서 그런 가정은 문제시된다. 초기 유럽의 인류학자들이 '원시'사회라고 부르는 지역에 관한 연구에 착수했을 때, 인류학자들이 가장 잘 안다는 것에 이견이 없었다. 예를 들어, 원주민들은 마법을 '믿었던' 반면 인류학자들은 그것이 사실이 아님을 '알고 있었다'. 원주민들이 자신들의 어떤 의식은 신을 기쁘게 한다고 말하는 반면, 인류학자들은 그 의식들의 '진짜' 기능은 사회적 정체성의 생성, 집단유대감의 형성 등이라고 설명했다. 그러나 사회조사 연구자들이 그들의 친구인 인간을 대면해 연구하려고 현장 속으로 들어가면 갈수록, 이런 연구자의 우월성에 대한 감추어진 가정에 더욱 의식적이 되고 다른 대안을 더욱 찾게 된다.

질적 면접

한편으로 질적 연구는 사건이 일어나는 곳에 가서 그저 보고 듣는 차원의 일이다. 연구자는 무엇이 일어나고 있는지 주의를 기울이는 것만으로 많은 것을 배우게 된다. 동시에 이미 지적했듯이 현장조사 연구는 좀 더 적극적인 탐구를 할 수 있다. 사람들에게 질문하고 대답을 기록하는 것이 적절한 경우도 있다. 연구자가 사람들이 왜 폭동을 일으켰는지 모른다면 연구자가 절정에 다다른 폭동을 현장에서 관찰한다고 하더라도 무엇인가 부족할 것이다. 누군가에게 물어보라.

16장의 설문조사 연구에서 이미 면접을 공부했다. 그러나 현장관찰과 관련해서 하게 될 면접은 여기서 별도로 다룰 필요가 있을 만큼 충분히 다르다. 설문조사에서 설문지는 언제나 구조화되어 있고, 일반적으로 폐쇄형 질문을 많이 사용한다. 그러나 질적 연구에서 면접은 거의 전적으로 개방형이며, 구조화되어 있지 않을 가능성이 높다.

루빈과 루빈(1995)은 차이점을 다음과 같이 밝혔다. "질적 면접설계는 미리 준비되고 고정된 것이 아니라 유연하고, 반복적이며, 연속적이다."(p. 43)

> 질적 면접의 설계는 반복적이다. 그것은 정보를 수집, 분석, 검토, 검증하는 기본적인 과정을 반복할 때마다, 사람들은 연구하는 현상의 모델에 더욱 밀접해지고, 확신을 갖게 됨을 의미한다.
>
> 질적 면접의 계속성은 연구질문이 프로젝트에서 시종일관 재설계됨을 의미한다(Rubin & Rubin, 1995, pp. 46, 47).

질적 면접(qualitative interview)은 면접자와 응답자 사이의 상호작용이며, 면접자는 조사의 일반적 계획은 갖고 있지만 특정한 단어와 순서로 질문되는 특정한 질문 형식을 갖고 있지는 않다. 질적 면접은 본질적으로 대화이고, 그 속에서 면접자는 대화의 전반적 방향을 설정하며, 응답자가 제기한 특정한 주제를 계속 진행한다. 이상적으로는 응답자가 대화의 대부분을 차지한다. 연구자가 주어진 시간의 5% 이상을 이야기하면 그것은 과도한 것이 된다.

크베일 Kvale(1996)은 면접에서 두 가지 은유를 제공했다. '광부'로서의 면접자와 '여행자'로서의 면접자다. 첫째 광부로서의 면접자 모델은 그 연구주체는 특정한 정보를 가졌으며 면접자의 일은 정보를 파헤치는 것이라고 가정한다. 이와 대조적으로 여행가로서의 면접자 모델에서 면접자는 다음과 같다.

> … 풍경을 돌아다보며, 마주치는 사람들의 대화에 끼어든다. 여행가는 지도를 들고 자유롭게 돌아다니며 알려지지 않은 많은 지역을 탐험한다. 면접자는 지역주민과 함께 거닐며, 질문을 통해 그들이 살고 있는 세계에 대한 그들 자신의 얘기들을 말하게 한다. … (pp. 3-5)

패튼 Patton(1990, p. 280)은 (1) 비공식 대화면접, (2) 일반 면접지침 접근법, (3) 표준화된 개방형 면접이라는 세 가지 형태의 질적이며 개방형인 면접을 제시한다.

비공식 대화면접

비공식 대화면접(informal conversational interview)은 현장관찰의 과정 중에 면접자와 응답자 사이에 자연스럽게 일어나는, 계획되지 않고 예상되지 않은 상호작용이다. 이는 가장 개방적인 형태의 면접이다. 이 형태의 면접을 할 때, 연구자와 얘기를 나누는 사람은 그 상호작용을 면접으로 생각조차 하지 않을 수도 있다.

비공식 대화면접을 수행할 때 연구자는 극단적으로 유연해 어떤 방향으로든 적절한 방향에서 관련 정보를 얻을 수 있어야 한다. 연구자의 질문은 특정 상황의 특정 시점에서 연구자가 우연히 관찰한 것이나 특정 상황에서 사람들이 우연히 연구자에게 얘기하도록 자연스럽게 계획하지 않고 이루어져야 한다. 다시 말해 이 면접은 연구자가 현장관찰을 시행하고 있으면서, 연구자가 관찰하는 대상에 대한 이해와 연구자가 관찰하는 사람들이 현재 일어나는 일에 대해 어떻게 생각하는지에 대한 이해를 극대화하려고 할 때 자연스럽게 일어나는 면접의 유형이다.

연구자는 그 상황을 예상할 수 없기 때문에 미리 결정한 질문 없이 비공식 대화면접을 시행한다. 그럼에도 연구자가 질문을 하고 듣는 기술(아마도 연구자가 사회복지 실천훈련의 일부분으로 배웠을 기술)을 사용하는 것이 중요하다.

존 로플란트와 린 로플란트(1995, pp. 56-57)는 면접할 때 조사자가 '사회적으로 수용할 수 있는 무능력자'의 역할을 채택하도록 제안한다. 연구자는 자신이 처한 상황을 이해하지 못하며, 그 상황에 대해 가장 기본적이고 명백한 측면까지 이해하기 위해 도움을 받아야만 하는 사람처럼 보여야 한다.

> 자연주의 조사자는 대부분 정의 그 자체를 이해하지 못하는 사람이다. 자연주의 조사자는 '무지하며', '배울' 필요가 있다. 이렇게 지켜보고 질문하는 사람의 역할은 '학생의 역할'에서 필수적이다(Lofland & Lofland, 1995, p. 56).

질문하고 대답을 적는 것은 우리 모두에게 자연스런 과정이다. 그리고 질적 연구자로서 이런 일을 연구자의 도구로 추가하는 것은 충분할 정도로 단순해 보인다. 그러나 좀 더 주의를 기울여보자. 질문한 것 외에는 얻을 게 없다는 위험이 있다.

10장에서 이미 논의했듯이, 질문의 표현은 미묘한 문제다. 질문하는 방법에 따라 대답을 미묘하게 한쪽으로 치우치게 만드는 경우가 대단히 많다. 때로 연구자는 응답자에게 잘 보이고 싶다는 압력을 느끼게 하고, 특정한 맥락에서 가장 관련 있는 대답을 완전히 배제하는 질문을 하기도 한다.

연구자가 정서불안 아동을 위한 생활시설에서 왜 청소년들이 날뛰고 있는지 밝혀내려 한다고 가정해보자. 연구자는 청소년들이 시설부모(cottage parents)의 규율 유형에 대해 어떻게 느끼고 있는지를 중점적으로 질문하고 싶어 할 수도 있다. 연구자가 시설부모에 대한 청소년들의 태도에 관해 많은 정보를 얻는다 하더라도 다른 이유로 청소년들이 폭동을 일으킬 수 있다. 또는 대부분의 청소년이 그저 재미로 참여했을 수도 있다. 비공식 대화면접은 적절하게 시행하면 연구자가 그 이유를 찾도록 도와줄 수 있다.

이 형태의 면접이 갖고 있는 특별한 장점은 현장에서의 유연성이다. 이 면접은 연구자가 예상하지 못했던 것을 보거나 들으면 그에 반응하게 해준다. 연구자가 처음 한 질문으로 끌어낸 대답이 다음 질문을 만든다. 이 상황에서 단순히 미리 준비한 질문을 하고 대답을 적는 것은 잘 되지 않는다. 연구자는 질문하고, 대답을 듣고, 연구에서 그 대답이 갖는 의미를 해석하고, 이전의 대답을 더 깊이 파고들거나 응답자의 주의를 연구와 더 관련 있는 영역으로 다시 돌리기 위해 또 다른 질문을 고안할 필요가 있다. 간단히 말해 연구자는 거의 동시에 듣고, 생각하고, 말할 필요가 있다.

16장에서 논의한 **심층규명**은 나중에 하는 대답을 한쪽으로 치우치지 않게 하면서 더 깊이 있는 대답을 얻는 유용한 지침을 제공한다. 훌륭한 경청자가 되는 기술을 배워야 한다. 관심을 끌기보다는 관심을 가져라. "어떻게 그렇지요?", "어떤 방법으로요?", "그게 무슨 뜻이지요?", "그 예로는 어떤 것이 있을까요?"와 같은 말을 배워라. 기대하면서 보고 듣는 것을 배워라. 그리고 면접대상자가 대화 중간에 침묵하지 않도록 깨워라.

이와 동시에 연구자는 상호작용에서 완전히 수동적인 수신자가 될 수는 없다. 연구자는 아마도 관찰에 기초해 생각하고 있는 어떤 일반적인(또는 구체적인) 질문을 갖고 있을 것이며, 대화의 흐름에 미묘하게 방향성을 제공하는 기술을 배워야 할 것이다.

여기에서 동양의 무술로부터 배울 만한 부분이 있다. 합기도 고단자는 상대방의 공격에 결코 대항하지 않으며, 대신에 그것을 받아들여 결합하고, 그러고 나서 공격을 미묘하게 더 적절한 다른 방향으로 이끈다. 연구자는 이와 유사한 면접기술을 익혀야만 한다. 응답자가 얘기하는 내용을 중단시키려고 하지 마라. 응답자가 금방 얘기했던 것을 받아들이고, 그에 대한 반응을 연구자의 목적에 적절한 방향으로 돌리는 방법을 배워라. 대부분의 사람은 진정으로 관심을 보이는 사람에게는 어떤 사람에게든 얘기하는 것을 좋아한다. 그들의 말을 중단시키는 행위는 그들에게 연구자가 관심이 없다고 얘기하는 셈이다. 그들에게 특정한 방향으로 구체적으로 말해 달라고 요청하는 것은 연구자가 관심이 있다고 얘기하는 것이다.

왜 대학생들이 자신의 전공을 선택했는지에 대해 연구자가 관심을 갖는 가상적인 예를 생각해보자.

연구자: 전공이 무엇입니까?

응답자: 공학입니다.

연구자: 아, 그런가요? 어떻게 공학을 선택하게 되었습니까?

응답자: 삼촌이 1981년에 애리조나에서 최고의 공학자로 뽑혔습니다.

연구자: 와, 대단하군요.

응답자: 삼촌은 투손(Tucson)의 새 시민회관 건설책임자였는데, 이 일은 대부분의 공학 잡지에 실렸습니다.

연구자: 그렇군요. 공학자가 되겠다고 삼촌과 얘기했습니까?

응답자: 네, 삼촌은 우연히 공학자가 되었다고 얘기했습니다. 삼촌은 고등학교를 졸업하면서 일자리가 필요했습니다. 그래서 삼촌은 공사장에 인부로 일하러 갔습니다. 삼촌은 밑바닥에서부터 승진하면서 8년을 보냈습니다. 그리고 대학에 가기로 결정했고, 최고가 되어 돌아왔습니다.

연구자: 그래서 주된 관심이 삼촌처럼 토목공학입니까? 아니면 다른 공학 분야에 더 관심이 있습니까?

응답자: 사실 전기공학, 특히 컴퓨터 쪽으로 더 기울고 있습니다. 고등학교 때부터 소형 컴퓨터와 씨름하기 시작했습니다. 그리고 저의 장기 계획은….

처음에는 면접이 어떻게 응답자의 삼촌에 대한 이야기로 헤매기 시작하는지 주목하라. 학생 자신의 전공 선택으로 다시 초점을 맞추려는 첫 번째 시도는 실패했다. 두 번째 시도는 성공했다. 이제 학생은 연구자가 알고 싶어 하는 정보를 제공하고 있다. 연구자는 이 같은 방식으로 대화를 '통제'하는 능력을 개발하는 것이 중요하다. 물론 동시에 연구자의 연구 관심주제의 예상치 못한 중요한 측면을 지적하는 '주의산만해짐'에 대해 경각심을 가질 필요가 있다.

루빈과 루빈(1995)은 '지침화된 대화'를 통제하는 몇 가지 지침을 제공한다. 예를 들면 다음과 같다.

> 연구자가 주요 주제의 수를 조절할 수 있다면, 한 가지 주제에서 다른 주제로 대화의 흐름을 유지하기는 더욱 쉽다. 주제의 전환은 유연하고 논리적이어야 한다. "지금까지 어머니에 대해 얘기했는데, 이제는 아버지에 관해 이야기해봅시다."는 갑작스럽게 대화를 전환한 것이다. 여기서 유연한 전환은 "어머니는 당신의 학교생활이 어떤지에 관심이 없었다고 했는데 아버지는 좀 나았습니까?"가 될 수 있다. 주제 전환이 비약적일수록 면접자는 피면접자의 말을 듣고 싶어 하는 사람이 아니라, 마치 관철시켜야 될 의제를 가진 사람처럼 보이게 할 것이다(p. 123).

비공식 대화면접은 일상적인 대화와 너무 비슷해서 연구자가 일상적인 대화를 하고 있는 것이 아니라고 스스로에게 계속 주지시키는 것이 중요하다. 일상적인 대화에서 사람들은 자신이 흥미롭고 가치 있는 사람처럼 보이려고 한다. 만약 잘 모르는 어떤 사람과 얘기하는 기회가 생겼다면 (좋은 인상을 주는 대화를 하는 데 도움이 될) 어떤 재미있는 말을 할까 생각하는 데 많은 신경을 쓰는 자신을 보게 될 것이다. 많은 경우 우리는 다음 자기 차례에 얘기할 것을 생각하느라 상대방의 얘기를 건성으로 듣게 된다. 면접자로서 자신을 흥미롭게 보이려고 하는 욕구는 연구자로서의 과업에 역효과를 가져온다. 그러므로 연구자는 관심을 가져서 상대방에게 흥미가 있는 것처럼 보이도록 만들 필요가 있다(아무튼 이렇게 하면 실제로 사람들이 당신을 뛰어난 좌담가로 생각할 것이다).

면접은 연구자의 전체 현장조사 연구과정에 통합될 필

요가 있다. 후에 연구자는 매일 밤 자신의 기록을 검토할 필요가 있다는 것을 강조할 것이다. 연구자는 자신의 관찰에서 의미를 끌어내고, 연구하는 상황에 대해 더 명확한 느낌을 얻고, 앞으로 관찰을 하면서 연구자가 더 많은 관심을 기울여야 할 것을 찾는다.

이런 방식으로 연구자는 비공식적 대화면접에 대한 자신의 기록을 검토할 필요가 있다. 연구자는 질문했어야 하는데 묻지 못한 모든 것을 찾아낸다. 다음에 비공식 대화면접을 하게 되면 그것들을 물어보라. 현장조사 연구의 다른 모든 측면처럼 비공식 대화면접은 연습을 통해 개선된다. 다행스럽게도 연구자가 원하면 언제든지 이것을 연습할 수 있다. 친구와 함께 연습해보라.

일반 면접지침 접근법

현장관찰을 수행하는 과정에서 자연스럽게 이루어진 계획되지 않은 면접들 외에, 다른 질적 탐구는 미리 계획해 비공식 대화면접보다 더 구조화된 면접을 실시할 수 있다. 모든 질적 면접은 개방형이며 응답자가 자신의 말로 자신의 견해를 표현하도록 허용하지만, 질적 면접은 개방형 질문의 순서와 표현을 미리 결정하는 정도에 따라 다를 수 있다.

대단히 구조화되어 있는 면접은 응답의 비교 가능성을 극대화하고 각 응답자로부터 모든 관련 질문에 대해 완전한 자료를 수집하기 위해 모든 응답자에게 확실하게 같은 질문을 순서대로 하려고 시도한다. 또한 더 구조화되어 있을수록 여러 면접자가 면접을 시행하는 과정에서 면접자의 편견과 비일관성도 줄일 수 있다. 더 구조화되어 있을수록 연구자가 면접자료를 조직하고 분석하는 일을 쉽게 하고, 조사연구보고서를 읽는 사람이 연구에서 사용한 면접방법과 도구의 질을 판단하도록 돕는다.

그러나 고도로 구조화된 접근법의 단점은 면접이 부자연스러워지고 대화다운 면이 감소하고, 면접자가 예상하지 못했던 중요한 상황이나 응답에 대해 추가로 질문할 수 있는 유연성이 줄어든다는 점이다. 패튼(1990)은 완전히 구조가 없는 비공식 대화면접에서 좀 더 구조를 갖추면서도 상대적으로 높은 유연성을 유지하는 방법은 바로 면접지침을 사용하는 것이라고 제안한다.

면접지침(interview guide)은 면접자가 면접에서 다루어야 하는 주제와 쟁점을 개략적으로 열거하는 것이지만, 면접자가 질문의 순서와 표현을 각 면접에 맞출 수 있게 해준다. 따라서 면접지침은 여러 면접자가 동일한 내용을 다루고 미리 결정된 동일한 주제와 쟁점에 초점을 맞추도록 분명히 해준다. 그리고 여전히 대화방식을 유지하고 예상하지 못한 상황과 반응에 대해 자유롭게 심층규명하도록 한다. 면접지침이 얼마나 구체적인가는 다양하다. 지침이 어느 정도 구체적이어야 하는가는 연구자가 어느 정도 미리 중요한 주제와 쟁점을 예상할 수 있는가, 그리고 면접자들이 동일한 내용을 철저하게 모두 다루도록 하기 위해 어느 정도로 구체적일 필요가 있다고 생각하는가에 달려 있다(Patton, 1990).

예를 들어, 연구자가 임상평가를 할 때 사회복지사의 면접기술을 개선할 목적으로 하는 현장교육 프로그램을 질적으로 평가하고자 사회사업가와 집중적인 면접을 실시하려 한다고 가정해보자. 상대적으로 짧은 면접지침에는 다음과 같은 폭넓은 영역에서 몇 개의 질문을 열거할 수 있다.

1. 훈련생이 프로그램에서 어떤 면접훈련 활동과 과제를 수행했는가?
2. 훈련생이 프로그램의 결과로 다소간 숙련되었다고 느끼는 면접영역이 있는가? 있다면 어떤 영역인가?
3. 훈련생이 훈련의 결과로 더 잘 준비되었다(혹은 더 나빠졌다)고 느끼는 서비스 기능이 있는가? 있다면 어떤 영역인가?
4. 프로그램이 훈련생의 경력에 영향을 미쳤는가? 그렇다면 어떻게 미쳤는가?
5. 훈련생이 그 프로그램에 대해 가장 좋아한 것과 가장 싫어한 것은 무엇인가? 훈련생이 제안하는 프로그램의 장점과 단점, 그리고 변화되어야 할 것이 있는가? 있다면 무엇인가?

같은 평가를 하기 위한 좀 더 구체적인 면접지침은 다음의 예와 같이 만들 수 있다.

I. 프로그램의 전체적인 인상

(1) 좋아하는가, 싫어하는가?
(2) 장점과 단점은?
(3) 제안하는 변화는?
(4) 훈련생에게 프로그램이 미친 영향은?
① 제공할 준비가 된 서비스 기능
② 직업계획
③ 일반적인 면접기술

II. 프로그램에서의 활동

(1) 읽기가 되었는가?
(2) 경험에 대한 쓰기 과제가 있었는가?
(3) 역할 연기가 있었는가?
(4) 동료 또는 강사의 피드백이 있었는가?
(5) 강사가 면접기술에 대한 모델을 보여주었는가?

III. 면접의 구체적인 면에서 진전된 것과 진전되지 않은 것

(1) 면접 시작
① 클라이언트를 만나고 인사
② 소개
③ 클라이언트 편하게 만들기
④ 면접의 목적 설명
⑤ 클라이언트가 온 이유를 알기
(2) 비언어적 주목
① 눈 마주치기
② 자세
③ 간헐적인 긍정적 몸짓
④ 적당히 긴장을 풀고 전문적으로 편안한가?
(3) 언어적 주목
① 비판단적 자극
② 응답하기 전에 짧은 정지 기간
③ 적절히 바꾸어 말하기
④ 클라이언트가 얘기하도록 격려
⑤ 문화/민족 차이에 대한 민감성
⑥ 감정이입과 온정의 전달
⑦ 자연스럽고 자발적이고 진심으로 말하기
(4) 문제 탐구
① 사회사 알아내기
② 여러 관점에서 문제 검토하기
③ 상황적 요인과 체계적 요인 사정하기
(5) 질문하기와 심층규명하기
① 명확하고 간결한 질문하기
② 편견 없는 방법으로 질문하기
③ 개방형으로 탐색적인 질문하기
④ 폐쇄형 질문과 개방형 질문을 섞어 하기
⑤ 중립적인 심층규명으로 중요한 구체적인 내용 추구하기
⑥ 너무 많은 질문을 퍼붓지 않기
⑦ 질문을 논리적 순서에 따라 하기
⑧ 사생활과 관련된 문제에 대한 민감성

예로 제시한 이 지침은 연구자가 구체적인 면접지침을 이용하는 방법을 배우도록 촉진할 뿐만 아니라 질적 면접을 하는 사람으로서, 사회복지 실천의 역할에서 면접자로서 기술을 발전시키는 데 유용하기를 바란다.

연구자가 면접지침을 얼마나 구체적으로 하든지에 관계없이 연구자는 면접자가 어떤 면접이든 시작하기 전에 완전히 그 내용과 목적에 익숙해지도록 분명히 해야 한다. 그렇지 않으면 면접은 부드럽게 진행되지 않으며, 자연스럽고 대화적인 상황에서 모든 내용을 다루고자 하는 연구자의 노력은 위험에 처하게 된다.

또한 면접자는 면접하면서 나오는 예상하지 못했던 주제에 대해, 응답자가 그 주제를 얼마나 중요하게 생각하는지, 그리고 그 주제가 조사연구의 목적에 얼마나 중요한가에 따라 중립적으로 심층규명하는 방법으로 언제 추가로 질문하고 언제 추가로 질문하지 않을 것인지 결정할 수 있는 준비가 되어 있어야 한다. 따라서 면접자는

어떤 면접에 착수하기 전에 주의 깊게 훈련을 받아야 한다(면접자의 훈련에 대해서는 16장의 조정과 통제에 대한 내용을 참조하라).

표준화된 개방형 면접

앞에서 얘기했듯이 때로 연구자는 모든 면접을 면접자의 영향과 편견을 최소화하면서 일관되고 철저하게 시행하도록 해야 한다. 가장 좋은 방법은 표준화된 개방형 면접을 실시하는 것이다. 또한 이 방법은 자원이 부족해 연구자가 많은 수의 응답자와 포괄적으로 구조화되지 않은 면접을 추구할 충분한 시간이 없을 때, 연구자가 개인을 오랜 시간에 걸쳐 추적함에 따라 면접을 시행하는 방법이 변화된 상태에서 관찰하게 될 가능성을 줄이고자 할 때도 필요하다.

이에 따라 **표준화된 개방형 면접**(standardized open-ended interview)에서는 '면접에서 하게 될 질문을 미리 정확하게 써놓은' 질문을 하게 된다(Patton, 1990, p. 285). 질문의 표현과 순서에 많은 주의를 기울여야 한다. 대단히 능숙한 면접자를 이용하는 연구에서는 심층규명이 더 유연할 수도 있지만 심층규명은 면접과정에서 지정된 부분에만 허용된다. 10장에서 측정도구의 구축을 설명하면서 표준화된 개방형 면접표 예시의 일부분을 그림 10-8에 제시했다. 이를 보면서 표준화된 개방형 면접표가 면접지침과 어떻게 다른지를 살펴보는 것이 좋을 듯하다.

이 주제에 관한 논의를 끝내기 전에 16장(설문조사)에 다루었던 외형과 태도에 관한 사회계급적 이슈가 질적 연구의 면접에서도 공히 적용된다는 점을 기억하기 바란다. 또한 6장에서 다루었던 문화적 이슈도 여기서 적용된다.

생애사

또 하나의 질적 면접방법은 **생애**(life history) 혹은 **인생 이야기**(life story)라는 것이다. 이 방법을 사용하면서 연구자들은 연구참여자가 어떻게 자신의 삶에서 중요한 사건과 의미를 이해하는지를 발견하기 위해 개방형 질문을 한다. 이 방법과 관련해 종종 사용되는 다른 용어는 **구술사 면접**(oral history interviews)이다.

생애사 면접법은 개인의 삶에 대해 개별사례적인 탐구를 하도록 함으로써 사례연구의 패러다임에 속한 것처럼 보일 수 있다. 또한 이 면접방법의 주요 목적이 사람들이 어떻게 자기 인생의 중요한 사건을 기억하고 이해하는가(비록 그 기억과 해석에서 객관적 정확성이 떨어지더라도)를 파악하는 데 있기 때문에 **자연주의적** 전통과 밀접하게 연결되어 있다.

로빈슨 Robinson(1994)의 브랜다이스 대학교 학위논문은 생애사 방법의 사례를 보여준다. 로빈슨은 정보제공자들의 이야기에 진위를 묻지 않고 그들의 의견을 듣고자 했다. 로빈슨의 목표는 구술사 면접에서 자신에게 들려주는 비행소녀들의 생활 이야기에서 주요한 사건을 묘사하려는 것이었다. 특히 그 소녀들이 비행을 저질러 사회서비스기관까지 오게 만든 인생 경험에 관심이 있었다.

로빈슨은 30명의 소녀를 면접했는데, 그들은 임의적으로 추출한 매사추세츠 대표 지역에서 무작위로 선정되었다. 로빈슨은 이 소녀들에게 성학대가 흔할 것이며, 이런 학대가 그들을 비행으로 몰고 가는 주요한 요인일 거라는 생각을 갖고 연구에 착수했다. 그러나 로빈슨은 '성학대'를 조작적으로 정의하기보다는 그들 자신의 주관적 경험과 인식에 기반을 두었다. 로빈슨은 성학대 발생의 가능성을 암시하는 신호(cue)를 찾고 있었는데, 그 신호가 있다고 느꼈을 때 소녀들은 성학대의 본질과 경험에 대해 자세히 설명했다.

로빈슨은 "당신 가족에 대해 이야기 좀 해주세요"라는 개방형 질문으로 면접을 시작했다. 면접하는 동안 그들이 말로 한 응답을 관찰함과 동시에 얼굴 표정, 몸짓, 전체적인 감정 등에 주목했다. 소녀들이 얘기하기 어려운 민감한 사건들을 언급하거나 암시를 줄 때는 천천히 부드럽게 조사했지만, 면접은 구조화되지 않았고 대화적이었다. 소녀들은 부모의 외도, 유산과 낙태, 자살시도 등의 고통스럽고 상처가 깊은 많은 사건을 얘기했으나 로빈슨은 주요 사건으로 성학대에 초점을 맞추었으며, 30

명 중 23명의 소녀들이 성학대를 당했다고 말한 것에 주목했다. 그중 10명의 소녀는 한 사람 이상에게 당했다고 말했다. 로빈슨의 보고서에는 면접기록에서 발췌한 여러 부분을 제시해 사람들에게 소녀들의 목소리로 전달한 학대경험을 생생하게 느끼도록 했다.

로빈슨은 이 정보를 통해, 그리고 이론적 틀과 페미니스트 관점에 기초해 교정제도와 사회서비스기관은 비행소녀들을 단지 범죄자가 아니라 성학대에 적합한 서비스를 받아야 하는 끔찍한 경험의 피해자로 봐야 한다고 결론을 내리고 있다.

페미니스트 연구방법

로빈슨의 연구에서는 우리가 논의하고 있는 두 가지 다른 형태의 질적 연구가 어떻게 서로 배타적이지 않은가를 보여준다. 예를 들어, 그녀의 연구에서는 생애사 면접방법을 페미니스트 관점과 혼합했다. 앞서 3장에서 비판사회과학 패러다임의 한 가지로 페미니스트 연구를 언급했다. 페미니스트 방법을 사용한 많은 연구는 역사적으로 남성지배적인 사회에서 여성의 복지를 향상시키는 데 도움이 되는 연구결과를 낳기 위해 애써왔다. 비록 페미니스트 연구가 양적 방법과 질적 방법을 동시에 사용하고 있지만, 주로 질적 방법을 사용하며 질적 연구와 주로 관련되어 있다. 페미니스트 연구는 일반적으로 여성 자신의 관점으로부터 우러나오는 여성의 목소리를 들을 수 있게 하는 문화기술지 연구방법과 구술사 방법의 형태를 갖추고 있다. 이와 관련해 페미니스트 연구는 전형적으로, 세상을 보고 지식을 쌓아가는 방법에서 여성은 남성과 다르다는 가정에 기반을 두고 있다.

EP 2.1.5b

EP 2.1.5c

초점집단

지금까지 질적 연구에 관한 논의는 연구참여자들의 자연스런 삶의 환경에서 그들을 연구하거나 면접하는 데 주로 초점을 맞추어 이루어졌다. 그러나 종종 연구자들은 관찰과 면접할 대상을 집단 단위로 실험실로 인도해야 할 경우가 있다. 이 **초점집단**(focus group) 방법은 **집단면접법**(group interviewing)이라고도 하는데, 대개 질적 연구방법의 하나로 이해된다(비록 이 방법이 단순히 의사표현 가운데 특정 단어가 몇 번 사용되었는가를 헤아리는 것과 같은 양적 방법으로 사용되기도 하지만). 초점집단 방법은 구조화된 면접, 반구조화된 면접, 혹은 비구조화된 면접을 기반으로 한다. 이 방법을 통해 연구자 혹은 면접자는 여러 사람에게 조직적이면서도 동시적으로 질문할 수 있다.

새로운 사회정책 프로그램이나 사회서비스가 진정으로 지역사회에 필요한가를 사정하는 데 초점집단이 종종 활용된다. 초점집단은 전형적으로 5~15명이 모여 사적이고 편안한 분위기에서 특정 주제와 관련된 안내된 토의를 하게 된다.

표본추출

일반적으로 초점집단의 구성원을 정할 때는 확률 표본추출 방법을 사용하지 않으며, 주로 의도적 표본추출에 의해(토론주제와의 관련성에 기반해) 선정될 가능성이 높다. 예를 들어, 토론주제가 어떤 기관이 계획하고 새로운 서비스에 대한 클라이언트들의 앞으로의 이용에 관한 것이라고 한다면 토론참여자는 아마도 지역사회 지도자, 다른 기관의 서비스 제공자, 클라이언트를 의뢰한 다른 기관, 현재 서비스를 이용하고 있는 사람들, 그 기관에 클라이언트를 의뢰하는 기관이나 단체, 또는 해당 지역의 거주자들 중 표본으로 뽑혀온 사람들이 될 것이다. 만약 주제가 기관이 제공하는 서비스에 대한 클라이언트의 만족도라고 한다면, 참여자는 아마도 현재 서비스를 이용하는 사람들 중에서 선정해야 할 것이다.

또한 하나 이상의 초점집단을 만드는 경우가 일반적인데, 이는 초점집단을 단 하나만 만들었는데 혹시라도 그 집단이 일반적이라고 보기 힘든 성격을 띤 집단이라고 한다면 그 집단의 의견에 모든 것을 의존한다는 것은 상당한 위험성을 내포하기 때문이다.

장점

초점집단으로부터 나온 의견을 일반화하는 데 잠재된 위험성이 있음에도 불구하고 초점집단은 여러 가지 장점이 있다. 초점집단은 일반적으로 비용이 많이 들지 않고, 결과를 신속하게 얻을 수 있으며, 매우 유연성 있는 심층규명이 가능하다. 초점집단 내의 집단 역동성은 평가자에게 평가자 혼자만으로는 발견하기 힘든, 또는 개인들과 개별적으로 면접조사를 실시해서는 발견하기 힘든 문제의 여러 가지 측면을 볼 수 있게 해준다.

예를 들어 사회복지교육 서비스의 소비자인 학생들에게 현재의 서비스에 만족하는지, 그리고 어떻게 하면 서비스를 개선할 수 있겠는지를 물어본다고 가정해보자. 구조화된 설문지나 개방적 면접조사를 통해 학생들의 교과과목, 실습, 시청각 기자재 및 컴퓨터 시설, 강의의 질적 수준, 상담, 교수에 대한 접근도 등에 대한 만족도를 조사한다고 할 때 학생들의 반응은 단순히 '만족한다', '약간 만족한다'와 같은 응답범주 중 하나를 선택하는 수준에서 제한될 것이다. 이때 학생들은 설문지를 만든 사람이 현행 사회복지교육 프로그램의 속성이라고 생각할 수 있고 그렇기 때문에 설문지에 포함된 속성에 대해서만 자신의 의견을 제시할 수밖에 없다.

설문지에 개방형 문항을 넣어서, 학생들에게 특별히 좋다거나 아니면 싫다고 느낀 것이 있거나 제안하고 싶은 것이 있다면 무엇이든 적어보게 할 수 있다. 그러면 학생들은 그 개방형 질문에 대해 많은 분량의 생각을 적을 수도 있고 적지 않을 수도 있다. 그리고 학생들이 많은 생각을 제시했다고 하더라도 그들은 다른 학생들이 생각한 것과 자신이 동의하는 어떤 것에 대해 생각하지 않았을 수도 있다.

이제 이런 모든 내용을 구조화된 설문지를 통해 물어본 것이 아니라 초점집단을 통해 물어봤다고 생각해보자. 이제는 각 설문 문항에 대해 단순히 자신의 만족 정도를 표시하거나 혼자만의 생각을 통해 사회복지 교육과정을 발전시킬 수 있는 아이디어를 모색하는 것이 아니라 초점집단 리더의 안내에 따라 집단구성원 모두가 각각 자신의 만족도와 발전방안에 대한 의견을 나누게 된다. 아마도 자신이 어떤 것에 대해 불만족스럽게 느끼던 중에 집단구성원 중 어떤 사람이 동일한 사항에 대해 불만족스럽게 느끼고 있다는 의견을 먼저 내놓는다면 자신만 그런 생각을 하는 게 아님을 알게 될 것이며, 따라서 좀 더 편하게 자신의 의견을 이야기할 것이다. 또한 구성원 간에 활발한 상호작용을 통해, 혼자서 설문지를 작성했다거나 개별면접에 응했다면 해보지 못했을 것 같은 새로운 생각을 해볼 수 있는 자극을 얻게 될 수도 있다.

예를 들어 어떤 사람이 임종과 죽음에 대한 개입방법을 가르치는 과목이 선택과목으로 있었으면 좋겠다는 의견을 내놓자, 다른 사람이 "맞아요. 나도 놀이치료에 관한 과목을 듣고 싶었는데…"라고 맞장구치도록 만들 것이다. 어쩌면 이런 의견은 초점집단이 아니라 개개인에 대한 면접조사가 이루어졌다면 전혀 생각해보지 못했을 수도 있다. 초점집단에 참여하게 됨으로써 이런 의견들을 접한 구성원들 가운데 어떤 사람이 "이제까지 학생들을 위해 어떤 과목을 개설해야 하는지 가장 잘 아는 사람은 교수일 것이라고 여겼는데 이야기를 듣고 보니 그런 과목들은 다른 선택과목들에 비해 자기 자신을 매우 특수한 분야의 개입기술을 갖춘 임상실천가로 만드는 데 필요한 과목인 것 같다"는 반응을 보였다고 가정해보자. 이런 반응은 예전에 이런 생각을 해보지 못했던 다른 구성원들까지도 그런 과목의 필요성을 깊이 인식하는 계기를 마련해줄 수 있다. 또한 더 많은 토론을 하다 보면 학생들의 입장에서 임상실천과 관련이 있다고 판단되어 선택과목으로 개설할 필요가 있다고 생각되는 과목이 몇 가지 더 거론될 수도 있다. 동시에 이런 과정을 통해 집단구성원들은 현재의 교육 프로그램에 대한 불만족이 주로 임상실천가로서의 자질 향상과 관련된 것이라는 점에 초점을 맞추고 이와 관련해 논의해야 할 사항이 무엇인지를 파악하고, 앞으로 학생들이 필요하다고 생각할 만한 선택과목으로 어떤 것이 있는지를 생각해볼 수 있으며, 그 밖에도 교육 프로그램을 발전시키고 개개인을 대상으로 하는 설문조사를 통해서는 생각할 수 없었을지 모르는 다른 방안을 제시할 수도 있다.

설문조사를 통해 한두 명의 학생이 제시한 새로운 선택과목에 대한 의견을 얻는 것에 비해 초점집단을 활용한다면 필요로 하는 선택과목을 더 많이 파악할 수 있으며, 또한 어떤 과목이 가장 인기가 있고 학생이 많이 등록할 것인지까지 짐작할 수 있다.

단점

이런 장점과 함께 초점집단의 단점을 이해하는 일도 매우 중요하다. 앞서 언급한 것처럼 초점집단 구성원들의 대표성이 문제시될 수 있다. 어쩌면 초점집단에 참여하고자 동의한 사람 또는 가장 말하고 싶어 하는 사람들이 프로그램에 대해 가장 비판적인 사람일 수도 있고, 반대로 가장 프로그램에 대한 만족도가 높은 사람일 수도 있으며, 프로그램 운영자에게 잘 보이려고 하는 사람일 수도 있다. 집단의 역동성이 설문조사만으로는 얻기 힘든 많은 정보를 얻게 해줄 수 있기도 하지만, 그와 반대로 구성원 각 개인에게 일종의 압력으로 작용해 자신의 실제 느낌이나 실제로 하게 될 행동과는 다른 의견을 내놓게 만들 수도 있다. 프로그램에 대해 매우 불만족스럽게 느끼고 있는 사람이 있을 때, 만약 누군가가 먼저 프로그램에 대한 불만족을 털어놓는다면 그 사람의 입장에서는 자신이 가진 불만을 이야기하기가 한결 수월해질 수 있는 반면, 누군가가 먼저 프로그램에 매우 만족한다는 의견을 내놓을 경우 상황은 완전히 달라질 것이다.

몇 명의 사람이 어떤 새로운 프로그램에 큰 열의를 가졌다는 것을 밝히고 나면 다른 구성원들 중 어떤 사람은 실제로는 전혀 이용하지 않을 것임에도 집단 압력에 의해 자신도 그런 프로그램을 좋게 생각한다는 식으로 반응할 수도 있다. 이런 집단 역동성을 고려해볼 때, 초점집단을 효과적으로 운영하기 위해서는 집단의 역동성이나 집단을 다룰 줄 아는 기술이 필수적이라고 하겠다. 다른 유형의 면접에서보다 초점집단 면접에서는 면접자가 조정자로서의 기술을 더욱 발전시켜야만 한다. 집단 안에서의 역동성을 조절하는 것이 주요 과업이 된다. 한 명의 참여자가 초점집단 면접을 압도하게 내버려두면 다른 참여자들이 자신의 의사를 표출할 가능성을 축소시킬 것이다. 이러한 상황은 집단순응 혹은 **집단사고**(groupthink)의 문제를 일으킬 수 있는데, 이것은 집단 내 구성원들이 가장 '목소리 큰' 사람의 의견이나 결정을 따라가는 경향을 말한다. 면접자는 이러한 현상을 잘 인식하고, 모든 참여자가 면접에 의해 제기된 이슈에 충분히 참여할 수 있게 해야 한다. 이러한 과제들에 덧붙여, 연구자는 면접과정이나 피면접자에게 과도하게 지시하는 것을 삼가고 단지 연구자의 생각이 활용되게 해야 할 것이다.

또 다른 단점은 초점집단을 통해 얻게 되는 자료는 구조화된 설문조사를 통해 얻을 수 있는 자료보다 덜 체계적이며 매우 양이 많다는 점이다. 따라서 초점집단을 통해 얻은 자료를 분석하기란 대단히 어렵고 시간이 많이 걸리며 평가자의 편견이 개입될 소지가 많다. 특히 다수의 초점집단이 일관성을 찾기 힘든 개방형 자료를 산출해낼 때 분석은 매우 어려워진다. 이제까지 살펴본 것처럼 초점집단은 다른 질적 혹은 양적 연구방법들과 마찬가지로 장단점이 있으며, 따라서 다른 연구방법들과 병행해 보완적으로 사용하는 것이 가장 바람직하다.

비록 초점집단 연구가 다른 질적 연구의 유형과 차이가 있긴 하지만, 이 방법은 우리가 연구하려는 연구대상과 얼굴을 맞대고 사회조사 연구를 수행할 가능성이 있음을 보여준다. 게다가 모건 Morgan(1993)이 제안하듯 초점집단 방법은 추후 시행될 설문조사를 위해 설문지를 형성하는 데 탁월한 기법이 될 수 있다. '초점집단과 페미니스트 연구방법의 사례: 일본에서 매 맞는 여성의 목소리'라는 제목의 글상자는 17장에서 논의한 참여적 액션리서치 패러다임과 페미니스트 연구방법의 맥락에서 사회복지사가 시행한 한 연구에 어떻게 초점집단법이 활용되는가를 설명해주고 있다.

초점집단과 페미니스트 연구방법의 사례: 일본에서 매 맞는 여성의 목소리

미시간 대학교의 사회복지학 교수인 미에코 요시하마 Mieko Yoshihama는 일본에서 매 맞는 여성의 견해와 경험 그리고 그들이 서비스를 모색하고 이용하는 데 있어서의 장애요소에 대한 조사연구가 부족하다는 현실을 염려했다. 따라서 그녀는 "매 맞는 여성의 지역사회 표본과 얼굴을 맞대고 하는 일본의 최초의 연구"(Yoshihama, 2002, p. 391)를 수행했다. 그녀는 면접을 위한 방법으로 초점집단법을 활용했는데, 이는 다른 매 맞는 여성의 경험과 견해를 듣게 되면 참여자들의 부끄러움과 고립감이 완화되고 자신의 상황에 대한 이해도가 높아지면서, 어떻게 그런 어려움을 인식하고 대항할 수 있을까에 대한 논의를 더 쉽게 할 수 있다고 믿었기 때문이다. 연구자는 전에 매 맞는 여성과의 접촉경험이 있는 도쿄의 기관과 전문가들에게 전단을 보내고 또 전국 및 지방신문에 연구에 대해 알림으로써 다양한 배경의 매 맞는 여성을 연구참여자로 모집할 수 있었다.

다양한 배경과 시간 제약을 가진 여성들이 연구에 참여할 수 있는 능력을 증가시키기 위해 연구자는 주말 동안에 모이는 한 집단을 포함해 4개의 초점집단이 다른 시간에 만날 수 있도록 했다. 그리고 그 장소에서 아동탁아 서비스를 제공했다. 참여자들에게는 부분적인 교통비와 참여사례비로 소정의 금액이 주어졌다. 또한 그들에게 가정폭력 관련 자료와 원조기관의 목록을 나눠주었다. 집단모임은 편안하고 안전한 장소에서 약 2시간씩 진행되었다. 익명성을 보장하기 위해 참여자들은 자신의 성을 밝히지 않았다. 어떤 사람은 가명이나 별명을 사용하기도 했다. 매 모임에서의 대화는 녹음되었다. 그 테이프는 녹취록으로 만들어졌으며 그 내용에서의 의미와 주제는 코드화되었다. 근거이론 방법을 활용하면서 반복적으로 녹취록을 검토해 개념적 코드와 주제 코드가 반복적으로 수정되어 향상되었다. 요시하마가 발견한 내용은 논문의 초록에서 발췌한 문단에 가장 잘 요약되어 있다.

> 연구참여자들이 이야기한 남편의 폭력에 대한 경험은 실로 탈출할 가망성이 거의 없는 덫이었다. 배우자의 육체적 폭력, 여성으로서 사회활동을 할 수 없도록 만든 장벽, 지지적인 네트워크로부터의 고립, 인격적 모욕으로 인한 추락은 이 여성들을 꼼짝할 수 없게 만들었다. 가족과 친구, 전문가들의 희생자를 탓하는 태도는 원조 프로그램의 부족과 경찰보호의 미약함에 편승해 그들이 갇힌 덫을 더욱 옥죄었다. 이런 여성들이 오랫동안 쉬쉬하고 수치스럽게 여기던 것을 드러내놓는 위험을 감수했을 때 고립은 드디어 와해되기 시작했다(Yoshihama, 2002, p. 389).

사회적으로 팽배한 시각과는 대조적으로 요시하마는 일본과 서구국가에서 매 맞는 여성들이 경험하는 것의 유사점을 기술했다. 그러나 이런 유사점에도 불구하고 일본 사회에서의 가정폭력은 희생자 탓을 하는 경향이 크기 때문에 그녀들이 필요한 서비스와 보호를 요청하기가 더 어렵다고 지적했다. 결과적으로 요시하마의 연구는 그녀들을 탓하고 결혼생활을 지속할 것을 강요하는 대신 매 맞는 여성을 위한 프로그램과 서비스 수를 늘리고 그들의 보호욕구와 권리에 사회가 더욱 민감하고 반응적이 되도록 하는 일본 사회정책과 사회복지 실천의 개선과 관련된 다양한 함의를 제공했다. 또한 그녀의 연구는 미국에 이민 온 일본 여성 중 가정폭력을 경험하는 경우의 사회복지 실천에 대한 함의를 제공하는데, 일본 이민자 여성들은 미국에서 자신들의 선택의 폭이 일본에서보다 넓어졌음을 잘 모를 뿐만 아니라 일본과 상황이 다르다는 점을 이해시키기 위해 그녀들에게 몇 번이나 반복적으로 설명해주어야 했다.

요시하마는 그녀의 초점집단 연구에서 몇 가지 제한점을 발견했는데, 특히 한 도시에만 살고 있던 여성들을 소규모로 선정했다는 데 일반화의 제한성을 지적했다. 그러나 연구의 한 가지 장점은 그 연구가 참여적 액션리서치로서의 기능을 견지했다는 점이다. 초점집단에 참여함으로써 그 여성들은 자신의 수치심과 고립감을 씻어낼 수 있었고, 공통적인 문제에 대한 이해를 함께 키우며 법적 권리와 가능한 원조 프로그램에 대한 정보를 얻게 되었다. 결과적으로 참여자들의 모임은 매 맞는 여성을 위한 지지적 집단으로 탈바꿈한 것이다.

EP 2.1.5b

EP 2.1.5c

관찰의 기록

질적 면접은 깊이가 있고 개방적이어서 면접자가 응답을 기록하는 것은 상당히 힘든 일이다. 질적 탐구의 목적과 철학적 근거에 따라 응답자의 대답을 가능한 한 완전하게 기록해야만 한다. 응답자의 대답을 그대로 기록하는 것이 가장 이상적이다. 그러므로 녹음기는 질적 면접 수행자에게는 필수적인 도구다. 녹음기는 확실하게 말 그대로 기록해줄 뿐만 아니라 면접자가 모든 관심의 초점을 응답자에게 맞추도록 해주고, 응답자의 얘기를 경청하고 있다는 뜻을 전달하고, 중요한 내용을 자유롭게 심층규명하도록 해준다.

녹음

패튼(1990)은 녹음이 이런 장점을 갖고 있음을 얘기하면서도 녹음기를 사용하는 면접자는 면접하면서 앞에서 얘기했던 중요한 내용을 다시 언급하기 위해 어느 정도 기록을 하거나, 때로 후에 녹음을 분석하기 쉽도록 만들기 위해 요약이나 주요한 문구를 적어두라고 조언한다. 또한 패튼은 기록을 하면(적당히 하면) 면접속도를 조절할 수 있고, 면접대상자가 하는 이야기를 중요하게 생각한다고 느끼게 할 수 있다고 말한다.

그러나 녹음기는 질적 연구에서 모아놓은 엄청난 양의 자료, 특히 면접 외에 관찰로 모아놓은 자료에는 적용할 수 없다. 면접에서도 녹음기가 사회과정의 모든 면을 잡아낼 수는 없다. 따라서 질적 연구에서는 공책(또는 현장조사 일지)과 연필 등 필기도구가 기본적인 도구다. 질적 연구법의 가장 큰 장점은 관찰하고 생각하는 조사연구자가 행동의 현장에 있다는 점이다. 가능하다면 연구자는 관찰하면서 기록해야 한다. 그것이 가능하지 않다면 가능한 한 곧바로 기록해야 한다.

기록

연구자는 경험적인 관찰과 관찰에 대한 연구자의 해석을 모두 기록한다. 연구자는 일어날 것으로 '알고 있는' 것과 일어난 것으로 '생각하는' 것을 기록해야 한다. 그러나 여러 기록이 어떤 기록인가를 확인하는 것이 중요하다. 예를 들면 연구자는 X라는 사람이 집단의 지도자가 한 제안에 큰 소리로 반대했으며, 이것이 X라는 사람이 집단의 지도권을 탈취하려는 시도를 나타낸다고 적을 수 있고, 그 반대에 대한 반응으로 그 영향에 대해 지도자가 말하는 것을 연구자가 들었다고 적을 수도 있다.

모든 것을 관찰할 수는 없는 것처럼, 관찰하는 모든 것을 기록할 수는 없다. 연구자가 관찰한 것이 관찰할 수 있는 모든 것에 대한 사실상의 표본을 나타내는 것처럼, 연구자가 기록한 것은 연구자가 관찰한 것의 표본을 나타낸다. 물론 무작위로 선정된 것에 대한 관찰을 기록하기보다는 가장 중요한 것을 기록해야 한다. '연구자 메모가 첨가된 면접기록서'라는 제목의 글상자는 여성 영화감독 한 명과 심층면접한 상드린 제비브 Sandrine Zerbib가 제시한 사례다.

사전준비

연구를 시작하기 전에 일부 가장 중요한 관찰대상은 예상할 수 있다. 다른 중요한 관찰대상은 연구자가 관찰을 진전시키면서 드러날 것이다. 때로 연구자가 미리 표준화된 기록양식을 준비한다면 기록이 더 쉬워질 수도 있다. 예를 들어, 노숙인에 대한 연구에서 연구자는 분석에 가장 유용할 것으로 생각되는 노숙인의 개인적 특성(연령, 성별, 사회계급, 민족, 정신병력 등)을 예상해 실제 관찰을 쉽게 기록할 수 있는 양식을 준비할 수 있다. 또한 연구자는 기록을 빠르게 하기 위해 속기를 개발할 수도 있다. 지역사회의 회의에서 시민들의 참여를 연구하기 위해 연구자는 회의장소의 여러 구역을 나타내는 번호를 붙인 표를 만들 수도 있다. 그러면 연구자는 참여자의 위치를 쉽고 빠르게, 정확히 기록할 수 있을 것이다.

이렇게 미리 준비해서 그 상황의 예상하지 못했던 사건과 측면을 기록하는 것을 방해하지 않도록 해야 한다. 그와 반대로, 예상했던 관찰을 빨리 기록해야 예상하지 못했던 것을 관찰할 자유를 더 많이 얻게 된다.

연구자 메모가 첨가된 면접기록서

8월 26일 목요일 오전 12시~오후 1시

연구자: 일상적 경험, 혹은 일상생활 중에서 여성 감독으로서 힘든 점은 무엇인가요?

J(연구참여자): 생존하는 것이에요.

연구자: 그렇군요. 그 어려움에 대해 좀 더 이야기해주실 수 있습니까? [나는 면접계획대로 진행하기를 바라고 있으며, 피면접자는 더 이상 묻지 않고 자세히 응답하고 있다.]

J: 그래요. 내 말은 일자리를 구하기 위해 노력하고, 알다시피 그 일을 아주 잘해내야 다음 일거리를 받게 되는 거지요. 그리고 특히 여성이 감독 일을 하는 데는 너무 많은 어려움이 따릅니다. 엄청나게 일을 잘해야 이 위치를 얻는다는 것은 여성에게는 두 배나 어려운 일이죠. 왜냐하면 … 그냥 평상적 수준으로 일을 할 수 없으니까요. 언제나 일이 진저리가 날 정도로 해야만 [347] 합니다. 때때로 그 일조차 할 기회를 얻지 못할 수도 있어요. 왜냐하면 좋은 프로듀서가 곁에 없거나, 너무 많은 압박감을 받아서 제대로 생각할 수 없다거나, 영화대본이 엉망이어서 돼지털을 뽑아 실크핸드백을 만들어야만 할 정도로 말이 안 되는 이야기를 해야 하기 때문이죠. 비슷한 문제를 가진 평균적인 남성들보다 여성이라는 이유로 훨씬 더 많은 공격을 받기도 합니다. 왜냐하면 여성이기 때문에 사람들이 주시하고… 좀 특별한 위치이기 때문에 남성보다 여성이 더 잘 노출되기 때문이죠.

[Joy(면접대상자의 이름)는 영화산업의 특성에 대해 이야기하는 것 같다. 많은 기회가 오질 않고, 일을 계속하기 위해서는 어떤 평판을 쌓아가야만 한다. 그녀의 평판을 유지하고 좋게 만들어가기 위해서는 감독 일을 계속하는 방법밖에는 없다. 그녀는 이런 일이 여성에게는 한층 더 힘들지만 그에 대한 자세한 설명은 하지 않는다.]

연구자: 음, 세트장에서의 경험은 어떤가요? 당신이 여성이기 때문에 그렇다고 사람들이 분명하게 표시하던가요? 그때 여성이기 때문에 다르게 취급받는다는 걸 느꼈나요? [나는 답을 유도할 생각은 없지만 좀 더 자세하고 개인적인 부분에 대해 이야기하게 만들려고 노력한다.]

J: 예, 예. 말하고 싶은 것은… 많은 여성이 가엾게 여긴다는 것인데요, 알다시피 처음으로 그 세트장에 올라갈 때 있죠. 그 사람들은 기름칠을 잘해놓은 기계처럼 아주 익숙하게 일하면서 이야기하죠. "오, 여자 감독이네. 좀 다른 걸…." 그리고 그들이 가끔씩 무서울 때도 있어요. 내가 감독하는 것을 따르지 않을 때도 있고, 조명을 갖추거나 장치를 옮기거나 그 밖의 다른 일을 하는 데 시간을 질질 끌거나 해서 나를 골탕 먹이곤 하죠. … 그리고 그렇게 시간을 허비하는 동안에 보고가 들어가고요. 그런데 그 보고는 사무실까지 [368] 올라갑니다. 그게 있죠, 그게 또 올라가고 올라가고, 계속되는 거예요. 위쪽에 있는 사람들은 현장에서 무슨 일이 일어나는지 몰라요. 그 사람들은 자기 영화를 위해 계속해서 필요한 촬영기사를 건드리고 싶지 않은 거예요. … 그리고 그 사람들은 그자들이 진짜로 나쁜 사람인지, 자기 인생을 끔찍하게 만들 사람인지 알고 싶지도 않은 거죠. 그딴 걸 알고 싶지 않다는 거죠. 그래서 결국 여성들이 사라지는 거예요. 그냥 여성이기 때문에…. 그리고 다음부터는 다시는 여성 감독을 고용하지 말자고 다짐하며, 여자 때문에 문제가 생긴 거라고 생각해버리는 거예요. 그게 바로 문제에요.

[나는 제도적 차별에 관한 문헌을 찾아봐야 했다. 조이가 부딪히는 어려움들은 특정 개인에게만 해당하는 문제가 아닌 것 같다. 그녀는 자신이 불만을 토로하든 하지 않든 간

에 결코 남성과 동등하게 취급받지 못하는 이중적 잣대 속에 처해 있다. 그녀가 얼마나 자신의 일을 잘해내는지를 보여줄 수 있는 유일한 수량적 잣대는 시간인 것 같다. 그리고 다른 직업에서도 마찬가지인데, 그가 여성이라는 사실은 하나의 장애로 인식된다. 고위직 경영자 지위에 있는 여성들의 사례를 살펴봐야겠다. 나는 내 피면접자들과 그들의 세트장 동료들 사이의 역동성에 대해 계속 질문해야 한다. 그 촬영기사는 감독 바로 밑인 최고의 위치를 차지한다. 그들 사이에 존재하는 갈등의 이유를 살펴본 다른 면접기록을 탐색해보자.]

[방법들(다음 면접을 위해 나 자신에게 적는다): 피면접자들로부터 특별한 요청이 없는 한 전화면접은 가능한 한 피하라. 피면접자가 내 질문에 대해 어떻게 느끼는지 파악하기가 어렵기 때문이다. 면접과정에 내가 더 긴장하기 때문에 보디랭귀지도 필요하다.]

주: 괄호 안의 번호는 면접하면서 들리지 않았던 단어를 의미한다. 그 숫자들은 녹취 기계상에 나타난 번호들로, 각 면접에서 0부터 시작한다. 이 번호들은 연구자가 면접기록을 살펴볼 때 해당 문장으로 빨리 이동할 수 있게 도와준다.

학생들은 모두 필기를 하는 과정에 익숙하다. 그리고 앞에서 얘기했던 것처럼 모든 사람은 일반적으로 질적 연구에 어느 정도 익숙하다. 그러나 좋은 질적 연구처럼 좋은 필기는 좀 더 신중하게 의도적으로 주의를 기울일 필요가 있으며 구체적인 기술을 요구한다. 여기서 몇 가지 지침을 제시하겠다. 앞에서 언급했던 존 로플란트와 린 로플란트의 『Analyzing Social Settings』(1995, pp. 91-96)에서 이에 대해 더 많은 것을 배울 수 있다.

곧바로 기록하라

첫째, 연구자는 어쩔 수 없는 것 이상으로 기억을 믿지 마라. 기억은 믿을 만한 것이 못 된다. 이 말이 너무 무정하게 들린다면 다음과 같은 실험을 해보라. 최근에 본 영화들 중 아주 좋았던 몇 편의 영화를 기억해보자. 이제 5명의 배우 이름을 말해보라. 누구의 머리카락이 가장 길었는가? 누가 대화를 가장 많이 시작했는가? 누가 다른 사람들이 따르는 제안을 가장 많이 했는가?("빨리! 서둘러라!") 그런 질문에 대답하는 데 전혀 문제가 없었다면 그 대답이 얼마나 확실한가? 당신이 기억하는 것에 100달러를 걸겠는가? 자신의 대답을 완전히 확신한다면 조사방법론 강사가 3주 전에 신고 있었던 신발의 색깔은 무엇이었는가? 꼼짝할 수 없을 것이다. 당신이 사진 같은 기억력을 갖고 있다고 자부해도, 관찰하는 동안이나 관찰한 직후 바로 기록하는 것이 좋다. 만약 관찰하면서 기록한다면 그들의 반응성을 줄일 수 있도록 하라. 사람들은 자신의 말이나 행동을 연구자가 쓰고 있다는 사실을 알면 다르게 행동할 가능성이 높기 때문이다.

단계별로 기록하라

둘째, 일반적으로 단계별로 기록하는 것이 좋다. 첫 번째 단계에서 연구자는 일어나고 있는 일에 뒤떨어지지 않기 위해 대충 기록(단어와 문장)할 필요가 있다. 그 다음 혼자서 물러나 더 구체적으로 기록을 다시 정리하라. 사건을 관찰한 후에 곧장 기록한다면 대충의 기록만으로도 구체적인 내용을 대부분 기억할 수 있다. 더 오래 지체할수록 사건을 정확하고 완전히 기억할 가능성은 줄어든다.

이 방법은 논리적인 것처럼 보이고, 사람들은 질적 연구에 참여하게 된다면 그렇게 하리라고 다짐할 것이다. 그러나 이 다짐을 실제로 유지하려면 약간의 자기훈련이 필요하다는 것을 경고해둔다. 주의 깊게 관찰하고 기록하는 것은 피곤한 일이 될 수 있다. 흥분되고 긴장된 일에 관한 것이며, 오랜 기간에 걸친 일이라면 특히 그렇다. 연구자가 홍수 피해가 심한 지역의 사람들이 어떻게 대처하는지를 관찰하고 기록하면서 8시간을 보냈다면, 그 뒤 연구자에게 드는 첫 번째 생각은 잠을 좀 자거나 깨끗한 옷으로 갈아입거나 뭘 좀 마실 생각을 할 가능성이 높다. 연구자는 비슷한 종류의 어려움을 겪으면서 기사를 쓰고 원고 마감시간에 맞추는 신문기자들에게 약간 영감을 얻을 필요가 있다.

세부적 기록이 중요하다

세 번째, 연구자가 얼마나 많이 기록해야 하는지 궁금할 수밖에 없다. 연구자가 관찰한 직후에 기억하고 있는 모든 구체적인 내용을 쓰고자 노력할 만한 가치가 있는가? 여기서 일반적인 지침은 '그렇다'이다. 일반적으로 질적 연구에서 연구자는 상당히 많은 양의 정보를 검토하고 분석할 수 있을 때까지 무엇이 중요하고 무엇이 중요하지 않은지 확신할 수 없다. 그래서 연구자는 처음에 중요하지 않아 보이는 것도 기록해야만 한다. 중요하지 않게 보이는 것도 결국에는 중요한 것으로 판별될 수 있다. 또한 '중요하지 않은' 것의 구체적인 내용을 기록하면서 연구자가 중요한 어떤 것에 대한 기억을 환기시킬 수 있다.

연구자는 현장기록의 대부분이 프로젝트에 대한 최종 보고서에 반영되지 않으리라는 사실을 잘 알고 있어야 한다. 더 솔직히 말하면, 연구자가 적는 대부분의 기록은 '낭비'가 될 가능성이 높다. 그러나 용기를 내라. 가장 순도가 높은 금도 1톤당 약 30그램의 금만 만들 뿐 99.997%의 광석은 버려진다. 그러나 그 30그램의 금은 18평방피트(책으로 약 700페이지에 달하는 넓이)를 덮을 정도로 펼 수 있다. 따라서 많은 기록을 하라. 그리고 금만을 골라내어 사용할 계획을 세워라.

연습

질적 연구의 다른 측면처럼(그리고 이 점에 대해서는 모든 조사연구와 마찬가지로) 연습하면 능숙해진다. 질적 연구의 좋은 점은 당장 연습을 시작할 수 있으며, 거의 어떤 상황에서도 연습을 계속할 수 있다는 것이다. 당신이 관찰하고 기록하는 연습을 하기 위해 체계적인 연구 프로젝트에 참여할 필요는 없다. 예를 들어, 위원회 회의에서 의사록을 적고자 자원봉사를 하는 것으로 시작할 수 있다.

주요 내용

- 연구참여자에게 연구자 자신을 연구자로 인식하도록 할 수도 있고, 그렇지 않을 수도 있다. 연구자로 인식하는 것은 관찰하는 것의 속성에 영향을 미친다. 그러나 당신의 정체성을 숨기는 것은 기만적인 행동으로 비춰질 수도 있다.
- 질적 연구는 연구참여자와 가깝게 접촉하도록 만들기 때문에 그들과의 관계를 협의해야만 하고 여기에는 몇 가지 선택이 있다.
- 연구자는 관찰하는 것에 참여할 수도 있고, 그렇지 않을 수도 있다. 연구상황에 참여하면 연구자로서의 정체성을 숨기기 쉽지만, 참여 그 자체가 관찰되는 것에 영향을 미칠 수 있다.
- 참여관찰은 질적 연구의 한 형태로, 연구자가 조사대상인 상황 속에서 하나의 주체로서 참여한다.
- 참여관찰에서의 네 가지 다른 역할은 완전참여자, 관찰참여자, 참여관찰자, 완전관찰자다.
- 관찰참여의 방법을 사용하는 질적 연구는 두 가지 상반된 관점을 동시에 견지하는 방법을 알아야 한다. (1) 조사되는 문화집단의 구성원이 공유하는 신념, 태도, 그리고 다른 관점을 가지려고 노력하는 것(내부자적 관점), (2) 외부자로서의 객관성을 유지하고 문화집단 내부의 구성원에게는 일어나지 않을 질문을 제기하는 것(외부자적 관점)
- 반영성은 연구자가 자신의 경험, 가정, 편향이 자신이 연구하는 것, 연구자나 연구참여자가 말하고 행동하는 것, 연구참여자들의 언행을 연구자가 어떻게 해석하는가에 어떻게 영향을 미칠 수 있는지를 지속적으로 반영하도록 요구한다.
- 질적 연구자는 종종 연구참여자와 심층면접을 수행하

는데, 그 면접은 설문조사에서 시행되는 면접에 비해 덜 구조화되어 있다.

- 질적 면접은 개방적이고 비구조화된 경향을 띤다. 세 가지 형태의 질적, 개방형 면접은 (1) 비공식 대화면접법, (2) 일반적 면접지침 접근법, (3) 표준화된 개방형 면접법이다.
- 비공식 대화면접은 현장관찰의 과정 중에 면접자와 응답자 사이에 자연스럽게 일어나는 계획되지 않고 예상되지 않은 상호작용이다.
- 질적 면접을 위한 면접지침 접근에서 면접 안내목록은 면접하는 동안 면접자가 반드시 포함해야 하는 주제와 문제를 형성하는 개요에서의 목록을 안내한다. 그러나 이것은 면접자에게 특정 면접을 할 때 질문의 순서와 말다듬기를 하도록 유도한다.
- 표준화된 개방형 면접은 면접에서 질문해야 하는 것으로, 미리 정확하게 쓰인 질문으로 구성되어 있다.
- 생애사는 연구참여자가 어떻게 자신의 삶에서 중요한 사건과 그 의미를 이해하는가를 발견하기 위한 개방형 질문으로 구성된다.
- 초점집단을 구성하기 위해 연구자는 대상자를 불러모으고, 특정한 주제에 대해 논의하면서 보이는 그들 사이의 상호작용을 관찰한다.
- 초점집단의 주요 장점은 다음과 같다. 비용이 적게 들고, 빠르게 결과를 생성하고, 심층규명을 위한 유연성을 제공한다. 초점집단 내에서 발생하는 집단 역동성은 연구자가 예상하지 못하거나, 개별적인 면접에서 나타나지 않을 주제를 발생시킬 수 있다.
- 초점집단의 단점은 참여자의 대표성 문제, 집단 역동성이 참여자에게 영향을 미쳐 자신의 생각이 정확하게 반영되지 않은 이야기를 하게 한다는 것과, 생성된 많은 자료를 분석하는 데 어려움이 있다는 것이다.
- 현장일지는 질적 연구의 기본 뼈대인데, 그것은 연구자가 그의 관찰을 기록한 것이기 때문이다. 일지는 세세하되 간결해야만 한다.
- 질적 연구에서 기록하는 것은 연구자의 경험적 관찰과 그것에 대한 해석을 함께 포함한다. 연구자는 알게 된 것과 이해하게 된 것을 기록해야 한다.
- 관찰은 가능하다면 본 대로 기록해야 한다. 그렇지 않다면 단계별로 기록하고 가능한 한 빨리 기록해야 한다(연구자의 면접과 관찰로부터 빠짐없이). 당신의 기억을 꼭 믿어야만 하는 수준 이상으로는 믿지 마라.

연습문제

1. 당신이 참여하고 있거나 잘 알고 있는 집단이나 활동을 생각해보라. 두세 문단으로 그 집단이나 활동을 외부자가 어떻게 효과적으로 가서 연구할 수 있을지 기술하라. 연구자가 무엇을 읽고, 어떤 계약을 맺어야 하는지 등에 관해 기술하라.
2. 친구 한 명과 함께 다음 방법론 수업시간 10분 전에 들어가라. 두 사람은 각자 교수가 나타나기 전과 후에 다른 수강생이 어떤 이야기를 하는지 관찰하고 그것을 받아적어라. 이것을 수업이 끝나는 시점과 밖으로 나가면서 잡담할 때도 반복하라. 나중에 당신이 기록한 것을 분석하고 해석하면서 교수가 있을 때와 없을 때 그들의 대화가 어떻게 다른지, 혹은 다르지 않은지 살펴보라. 당신과는 독립적으로 친구도 이 과정을 똑같이 하게 하고, 그 결론을 비교해보라. 결론에서 어떤 불일치가 있었다면 기록하고, 왜 그런 차이가 발생했는지 설명해보라.
3. 두 명의 친구와 함께 이 장에서 논의한 세 가지 질적 면접방법을 준비하고 수행해보라. 각기 다른 방법을 활용해야 하고, 또 면접의 초점은 당신이 제시한 주제에 대한 학생의 태도가 되어야 한다. 세 번에 걸쳐 당신과 친구 두 명이 동일한 한 학생에게 따로따로 면접을 실시해야만 한다(혹은 두세 명의 같은 학생에게 할 수도 있다). 연구자 세 명은 자신이 수행한 면접결과를 각각 독립적으로 분석하고 해석해야 한다. 결론에서는 세 사람의 공통점과 차이점을 비교하고 그 이유를 적어보라.

인터넷 연습문제

1. 「Social Work」 2002년 10월호에서 초점집단에 대해 설명한 아래 논문을 찾아보라. 이 논문들의 유사점과 차이점을 간략히 밝히고, 각 연구의 장점과 단점을 비판적으로 평가해보라.
   "Deciding Who to See: Lesbians Discuss Their Preferences in Health and Mental Health Care Providers," by C. F. Saulnier
   "Work-Family Fit: Voices of Parents of Children with Emotional and Behavioral Disorders," by J. M. Rosenzweig, E. M. Brennan, and A. M. Ogilvie
   "Opportunities and Barriers to Empowering People with Severe Mental Health Illness through Participation in Treatment Planning," by D. M. Linhorst, G. Hamilton, E. Young, and A. Eckert
   "The Functions of the Social Worker in Empowering: The Voices of Consumers and Professionals," by A. Boehm and L. Stapes
   "Voices of African American Families: Perspectives on Residential Treatment," by J. M. Kruzich, B. J. Friesen, T. Willians-Murphy, and M. J. Longley
2. 참여관찰법, 질적 면접법, 생애사 연구법, 페미니스트 방법을 사용한 논문 1~3개를 찾아보라(어떤 논문은 이런 방법들을 동시에 하나 이상 사용한 연구에 대해 서술할 수도 있다). 각 논문의 참고문헌을 적고, 각각 방법론적인 장점과 단점을 찾아보라.

추천도서

Adler, P. A., & Adler, P. (2003). The Promise and pitfall of going into the field. *Contexts*, 2(2), 41-47. 양호한 문화기술지 연구와 그렇지 않은 것을 구분하는 요령을 제시하면서 현장조사의 복잡성에 관해 서술한 탁월한 보고서다.

Alexander, L. B., & Solomon, P. (Eds.). (2006). *The Research Process in the Human Services: Behind the Scenes*, Belmont, CA: Thomson Brooks/Cole. 다시 한 번 이 책을 가치 있는 책으로 추천하는데, 이 책은 4개의 장에서 질적 연구방법을 다루고 있다. 각 장의 질적 연구 설명에는 연구의 방법론적이고 실무적인 문제들에 대한 조사자의 코멘트가 붙어 있다. 또한 연구 수행과정에서 내려야 할 결정에 대한 근거를 제시하고 있다.

Gans, H. J. (1999). Participant observation in the era of "ethnography." *Journal of Contemporary Ethnography*, 28(5), 540-548. 참여관찰의 최근 발달과 문제점을 심도 있게 논의한 자료다.

Gilgun, J., Daly, K., & Handel, G. (Eds.). (1992). *Qualitative Methods in Family Research*. Thousand Oaks, CA: Sage. 사회복지 실천으로서 가족에 대한 질적 연구내용을 담고 있는 이 책은 질적 면접, 사례연구, 생애사 면접, 참여관찰, 문헌분석에 대해 설명하고 있다.

Kvale, S. (1996). *InterViews: An Introduction to Qualitative Research Interviewing*. Thousand Oaks, CA: Sage. 이 책은 심층면접에 대한 심층적 논의를 담고 있다. 면접기술에 대한 서술에 덧붙여 저자는 면접을 포스트모더니즘과 그 밖의 철학적 체계의 맥락에서 논의하고 있다.

Lofland, J., Snow D., Anderson, L., & Lofland, L. H. (2006). *Analyzing social settings: A guide to qualitative observation and analysis* (4th ed.). Belmont, CA: Wadsworth. 현장조사 방법에 관한 시작과 끝을 소개한 최상의 자료다. 가독성이 탁월한 이 책은 과학적 탐구의 논리와 관찰, 의사소통, 기록, 파일링, 보고, 그리고 현장조사의 그 밖의 모든 것의 가장 핵심적인 실제들을 연결하는 데 성공한 자료라고 할 수 있다. 추가적으로 이 책은 풍부한 현장조사 예시를 제공하고 있다.

Padgett, D. K. (Ed.). (2004). *The Qualitative Research*

Experience. Belmont, CA: Thomson Brooks/Cole. 이 책은 다양한 기법의 질적 연구에 관한 예를 모아놓은 가치 있는 논문 모음집이다. 이 책에서 제시한 각 연구의 내용 뒤에는 연구자들의 연구수행 경험에 대한 서술인 'behind the scenes' 에세이가 함께 서술되고 있다.

활용 노트

EP 2.1.5b

EP 2.1.5b: 인권과 사회 및 경제적 정의 옹호하기: 참여적 액션리서치 또는 임파워먼트 기준에 의거한 연구를 수행하는 사회복지사들은 연구참여자들에게 사회·경제적 정의에 대한 의식화를 시키고 그들을 임파워시키려고 노력한다.

EP 2.1.5c

EP 2.1.5c: 사회 및 경제적 정의를 증진시키는 실천에 참여하기: 참여적 액션리서치 또는 임파워먼트 기준에 의거한 연구를 수행하는 사회복지사들은 그들의 궁극적 연구목적을 사회·경제적 정의의 향상에 둔다.

EP 2.1.6b

EP 2.1.6b: 실천에 유용한 연구증거 활용하기: 이 장에서 제시된 모든 개념은 사회복지사들이 자신의 실천에 유용한 연구증거들을 활용하는 능력을 향상시킨다.

CHAPTER 20

질적 자료분석

Qualitative Data Analysis

이 장의 학습내용

이 장에서는 질적 연구방법으로 이루어진 비수량적 관찰자료를 분석하는 방법에 대해 이야기할 것이다. 질적 분석이 과학적인 동시에 예술적인 것으로 인식되지만 그 속에는 논리와 기법이 담겨 있고, 또한 특수한 컴퓨터 프로그램의 사용으로 좀 더 나은 분석도 가능하다.

서론

이전의 두 장을 읽으면서 짐작했겠지만 자료분석, 자료수집 그리고 이론은 질적 연구 안에서 밀접히 연결되어 있다. 따라서 질적 자료분석의 과정을 기계적인 방법으로 익히는 것은 쉽지 않다. 이것은 양적 연구방법에 의해 추출된 자료분석과는 다르다. 이에 대해서는 다음 절에서 다루기로 하겠다. 숨겨진 관계의 유형이나 의미를 발견하기 위한 관찰결과의 비수량적인 탐구와 해석이라고 할 수 있는 **질적 분석**(qualitative analysis)은 자료수집과 이론 사이의 지속적인 상호작용이므로 이해가 실천보다 선행되어야 한다. 이 장은 질적 분석에서의 조사와 이론 사이의 연결에 대해 논의하면서 시작하려고 한다. 그 다음 이론적 목적을 추구하는 데 도움이 되는 몇 가지 과정을 알아본다. 간단한 몇 가지 운용기법을 살펴본 다음 컴퓨터 프로그램에 대해 공부하겠다.

EP 2.1.6b
EP 2.1.10m

이론과 분석의 연결

여기에서 질적 자료분석에 대한 논의는 스트라우스 Strauss와 코빈 Corbin(1994)이 제안한 이론의 이미지에 기반하고 있는데, 그것은 "개념과 개념조합 가운데서 제안되는 그럴듯한 관계"(p. 278)로 이루어진다. 그들의 주장에 따르면 '그럴듯한'이란 어떻게 우리 삶이 영위되는가에 대한 최선의 이해를 담아내는 이론을 가르치기 위한 용어다. 그러나 우리의 연구가 특정 개념들 사이에서 일련의 관계를 확신할수록 사회적 실재에 관한 우리의 이해는 더욱 확실해질 것이다.

질적 연구가 때로는 순전히 묘사를 목적으로 수행되기도 하지만(예를 들어, 이전에 알려지지 않은 부족의 살아가는 방식을 세부적으로 기록하려는 인류학자의 민족지학 연구와 같은) 이 장은 주로 설명적 유형을 모색하는 데 초점을 맞추려고 한다. 살펴보겠지만 그 유형들은 시간에 따라 발생하기도 하고, 변수들 사이에서 인과적 관계의 형태를 띠기도 한다. 이제 질적 조사연구자들이 그런 유형을 밝혀내는 몇 가지 방식을 살펴보자.

유형 발견

존 로플란트와 린 로플란트(1995, pp. 127-145)는 어떤 연구의 주제에서 유형을 찾는 여섯 가지 방법을 제안한다. 예를 들어, 특정 지역에서 아동학대를 분석하는 데 관심이 있다고 가정해보자. 여기서 연구자의 자료로부터 무엇인가 의미를 끌어내기 위해 생각해볼 질문을 살펴보자.

1. 빈도: 연구대상인 지역 내 가정에서 아동학대가 얼마나 자주 일어나는가? 빈도와 사람들이 연구자에게 얘기하고자 하는 것 사이에는 차이가 발생할 수 있음을 알아두어야 한다.
2. 크기: 학대의 수준은 어느 정도인가? 얼마나 잔인한가?
3. 구조: 신체적 학대, 정신적 학대, 성적 학대 등 학대의 유형은 무엇인가? 여러 학대의 유형이 특정한 방식과 관련되어 있는가?
4. 과정: 구조의 요소 간에 어떤 순서가 있는가? 학대자가 정서적 학대로 시작해서, 신체적 학대와 성적 학대로 나아가는가? 아니면 다양한 방식으로 일어나는가?
5. 원인: 아동학대의 원인은 무엇인가? 아동학대가 특정한 사회계층, 특정 종교집단 또는 민족에서 더 흔하게 발생하는가? 아동학대는 좋은 시절과 나쁜 시절 중 언제 더 자주 일어나는가?
6. 결과: 아동학대는 단기와 장기로 희생자에게 어떻게 영향을 미치는가? 아동학대가 학대자에게는 어떤 변화를 불러오는가?

대부분의 경우 자료를 검토하는 데 있어, 연구대상의 사례들을 전형적으로 대표하는 몇 가지 관찰을 포괄해 나타나는 유형을 찾으려고 할 것이다. 마일스 Miles와 휴버먼 Huberman(1994, pp. 435-436)은 교차사례 분석을 위한 두 가지 전략을 제공한다. 그 한 가지 전략은 변수중심 분석법이고, 다른 하나는 사례중심 분석법이다. 변수중심 분석법은 이미 몇 차례 다루었던 분석모델과 비슷하다. 만약 대학에 가려는 결정에 대해 예측하려고 한다면, 마일스와 휴버먼이 제안한 것처럼 "성별, 사회경제적 지위, 부모의 기대수준, 학교 성적, 친구의 지지, 대학 입학 결정"(p. 435) 등의 변수를 고려해야 할 것이다. 그러므로 남성과 여성 중 어느 쪽이 더 많이 대학을 가려고 하는지를 결정하게 될 것이다. 이것이 **변수중심 분석법**(variable-oriented analysis)으로, 여기서의 초점은 변수 사의 상호관계이며 연구자들이 관찰하는 것은 주로 그런 변수들의 전달체(carriers)다.

변수중심 분석법은 보편법칙적 설명의 논리를 소개한 4장을 생각나게 할지도 모른다. 그러나 여기서의 목적은 비교적 적은 수의 변수를 사용해 부분적 혹은 전체적 설명을 완성하는 것이다. 두세 개의 주요 변수를 기반으로 투표의도를 설명하려는 정치여론 조사원은 이 방법을 사용한다. 한 연구자가 모든 개인의 행위를 예측할 수 있다거나, 어떤 한 인간의 동기를 완벽하게 설명할 수 있다는 것은 허세가 아니다. 그러나 때로는 전반적인 정향이나 행동에 대해 부분적으로 설명하는 것이 유용할 때가 있다.

사람들은 4장에서 살펴봤듯이 특정한 하나의 사례를 충분히 이해하려고 시도하는 개별사례적 설명을 기억할 수 있을 것이다. 이런 개별사례에 관한 내용은 마일스와 휴버먼이 **사례중심 분석법**(case-oriented analysis)이라고 명명한 것에 기반을 두고 있다. 투표에 관한 사례에서 어떻게 투표할 것인가를 결정하는 개인의 결정에 작용하는 모든 요소에 대해 가능한 한 모든 것을 알려고 할 것이다.

> 사례중심 분석법에서 한 특정 사례에 대해 좀 더 자세히 살펴야 할 것이다. 예를 들어 사례 005번, 여성이며 중산층이고 기대가 매우 높은 부모가 존재하는 것 등이 될 것이다. 그러나 '얇은(thin)' 측정도구가 있다. 진짜로 사례분석을 하기 위해 사례 005의 모든 역사를 살펴볼 필요가 있다. 닌크 밴 더 몰렌 Nynke van der Molen의 사례에서, 그녀의 어머니는 사회복지사로서 훈련을 받았지만 집 밖에서 일해본 적이 없다는 사실에 맺힌 게 있다. 그녀의 아버지는 닌크가 가족이 운영하는 꽃가게에서 일하기를 바란다. 연대순의 정리도 중요하다. 2년 전에 닌크의 가장 친한 친구가 대학에 진학하려고 결정했는데, 그때 닌크는 마구간에서 일을 시작하기 직전이었고, 닌크의 어머니가 사회사업대학의 스크랩북을 보여주기 직전이었다. 그때 닌크는 수의학과에 입학하려고 결심했다(Miles & Huberman, 1994, p. 436)

위에서 제시된 축약된 회고는 사례중심 분석법에 관해 좀 더 자세한 아이디어를 제공해주어야 한다. 물론 전체적인 분석은 보다 넓고 한층 더 깊은 문제들을 추구할 수도 있다. 그러나 이런 하나의 사례를 전체적으로 탐색하는 것은 일반적으로 사람들에 대해 어떤 것도 말해줄 수 없을지도 모른다. 즉, 왜 사람들이 대학에 가려고 하는지에 대해 하나의 이론적 관점에서는 아무것도 제공할 수 없다.

더욱이 심층적으로 한 사람을 이해하는 것과 함께 연구자는 연구대상의 경험에서 중요한 요소를 좀 더 일반화된 사회적 개념 혹은 변수의 발생으로 생각할 것이다. 예를 들어, 닌크의 어머니가 받았던 사회복지사 교육을 그냥 하나의 '어머니 교육'으로 볼 것이다. 닌크의 친구가 대학을 가려고 결정한 것은 '동료 영향'으로 인식될 것이다. 더 구체적으로 말해, 이런 개념은 대학진학이라는 종속변수에 영향을 미치는 독립변수로서 인식될 것이다.

물론 하나의 사례가 하나의 이론을 만들어내지는 않는다. 그래서 마일스와 휴버먼은 **교차사례분석**(cross-case analysis)이라고 명명한 것이다. 이런 분석법은 연구자가 다른 연구참여자에게 옮겨가 그들의 삶을 충분하게 세부적으로 살펴볼 것이지만, 첫 번째 연구참여자한테서 중요하게 드러난 변수들에 특별히 주목하게 되는 것이다. 닌크 외의 연구참여자의 어머니들은 얼마나 그리고 어떤 유형의 교육을 받았는지, 혹은 대학에 다니는 가까운 친구들로 인해 발생한 어떤 다른 영향이 없는지를 특별히 살펴보는 것이다.

추가로 살펴본 몇 개의 사례가, 특정한 변수들이 명백히 영향을 미쳤다는 측면에서 첫 번째 사례와 아주 비슷할 수 있다. 그리고 어떤 사례들은 첫 번째 사례와 닮은 점이 없을 수 있다. 그러므로 후자의 사례들은 다른 중요한 변수가 있는지 확인할 필요가 있다. 새롭게 나타나는 변수들은 연구자에게 왜 어떤 사례는 하나의 유형화에 포함되고, 왜 다른 사례는 또 다른 유형화를 반영하는지 탐색하게 만들 것이다.

근거이론 방법

위에서 서술한 교차사례 방법은 조금 낯익은 것이다. 18장에서 근거이론을 배웠을 때, 질적 연구자가 어떻게 완전히 귀납적 기반에서 이론을 형성하려고 하는지를 살펴봤다. 근거이론은 가설보다는 관찰로 시작되고, 선입견 없이 관찰현장에서 유형과 이론을 발전시키는 것을 추구한다. 간혹 어떤 연구자는 앞서 형성된 근거이론을 더욱 정교하게 하려는 목적을 갖기도 하지만 말이다.

근거이론은 사회학자인 글레이저 Glaser와 스트라우스 Strauss(1967)에 의해 처음 개발되었는데, 의료사회학에서의 임상적 연구자료를 이해하려는 노력에서 시도되었다(웹사이트 http://www.groundedtheory.com/vidseries1.html에서 글레이저의 근거이론에 관한 설명을 참조하기 바란다). 그 뒤로 하나의 연구방법으로 발전했는데, 개발자들은 이 방법을 약간 다른 방향으로 수정했다. 다음의 서술은 **근거이론 방법**(grounded theory method, GTM)의 기본개념과 과정을 보여줄 것이다.

자료로부터 기초적이고 귀납적인 성격의 이론 형성을 하는 것과 함께 근거이론 방법은 **지속적 비교법**(constant comparative method)을 사용한다. 글레이저와 스트라우스가 언급한 것처럼 이 방법은 다음 네 가지 전략을 포함한다(1967, pp. 105-113).

1. "각 범주에 해당되는 사건들을 비교하기": 글레이저와 스트라우스가 임종이 가까운 환자를 돌보는 간호사들의 반응을 연구하면서, 간호사들은 환자의 죽음에 대해 자신들을 '사회적 손실(social loss)'의 수행원으로 평가하고 있음을 발견했다. 하나의 사례에서 한 번 이 개념이 발견되자 연구자들은 다른 사례에서도 같은 현상이 존재하는지 찾아보았다. 다른 몇 명의 간호사에게서도 이 개념이 나타나는 것을 발견했을 때, 상이한 사건들과 비교해봤다. 이런 과정은 8장에서 제시한 개념화(conceptualization)와 비슷한데, 이 개념화는 자료로부터 얻는 많은 개념의 성격과 차원을 자세히 규명하는 것을 말한다.
2. "범주와 그 범주의 특성을 통합하기": 여기서 연구자는 개념들 사이의 관계를 기술하기 시작한다. 예를 들어 사회적 손실의 평가에서 글레이저과 스트라우스는 간호사들이 환자의 연령, 교육, 가족의 책임성에 특별하게 주목한다는 사실을 발견했다. 그러나 이런 관계성을 찾는 데 있어 연구자가 이런 모든 개념을 주목할 필요는 없다.
3. "이론의 한계를 설정하기": 궁극적으로 개념들 사이의 관계성이 명확하게 유형화되면 연구자는 처음 적어두었던 개념들 중에서 탐구와 전혀 무관한 것은 무시할 수 있다. 축소된 범주의 수와 함께 이론 그 자체는 한층 간단해진다. 예를 들어, 사회적 손실의 분석에서 글레이저와 스트라우스는 그 평가과정이 간호사와 임종하는 환자의 범위를 넘어 일반화될 수 있다고 보았다. 즉, 그 평가과정은 임종기든 아니든 모든 환자를 다루는 모든 직원에게 적용될 수 있을 것으로 보았다.
4. "이론 쓰기": 최종적으로 연구자는 자신의 발견점을 글로 옮겨 다른 사람들과 공유할 수 있게 해야 한다.

> 이미 사람들이 스스로 경험했듯이, 어떤 사물을 이해하는 것에 관해 다른 사람과 이야기를 나누게 되면, 실제로 그 이해한 것을 수정하거나 향상시킬 수 있다. GTM에서 서술 단계는 전 연구과정에서 하나의 과정으로 간주된다. 이후에 나오는 '메모하기' 절에서 이 내용을 좀 더 자세하게 설명하겠다.

이상의 간략한 개괄은 어떻게 근거이론 방법이 진행되는가에 대한 이해를 제공한다. GTM에 관련된 많은 기법은 지면 및 웹상의 정보로 많이 소개되었다. 중요한 책들 중 하나는 스트라우스와 코빈의 『Basics of Qualitative Research』(1990)인데, 이 책은 글레이저와 스트라우스가 원래 저술한 책에 있는 많은 개념과 기법을 정교화하거나 확장해 서술하고 있다. 웹상으로는 갤리 모린 Gaelle T. Morin의 '웹상으로 본 근거이론 방법'(http://gtm.vlsm.org/gtm-12.en.html)을 찾아보는 것이 좋겠다.

GTM은 질적 자료분석 방법의 한 가지일 뿐이다. 이 절의 나머지 부분에서 그 밖의 전문화된 기법을 살펴볼 것이다.

기호학

기호학(semiotics)은 공히 기호의 과학으로 정의되는데, 이것은 상징이나 의미와 관련된다. 보통은 내용분석과 관련되는데, 이는 17장에서 논의한 적이 있다. 내용분석은 연구의 다양한 맥락에 적용되기도 한다.

매닝 Manning과 컬럼스원 Cullum-Swan(1994)은 기호학의 적용성에 대한 이해를 돕기 위해 다음과 같이 설명하고 있다. "비록 기호학은 언어에 기반하고 있지만, 언어는 다양한 정도의 통합성, 적용성, 복잡성을 가진 여러 가지 기호체계의 한 가지일 뿐이다. 모스(morse) 부호, 예절, 수학, 음악, 그리고 심지어 고속도로 표지판도 기호체계의 예다."(p. 466) 그러나 어떤 신호도 그 안에 고유한 의미를 갖지 않는다. 의미는 우리 마음 안에 있다. 그러므로 특정한 기호는 특정한 사람에게 어떤 의미가 있는 것이다.

그러나 특정한 기호가 가진 의미에 대해 우리가 동의한 내용 때문에 기호학이 하나의 '사회'과학이 되는 것이다. 매닝과 컬럼스원(1994)은 다음과 같이 지적했다.

> 예를 들어 백합은 전통적으로 죽음, 부활절, 그리고 부활의 의미를 가진 하나의 표현이다. 흡연은 담배 및 암과 연관되어 있고, 마릴린 먼로는 성적 매력과 연관되어 있다. 이런 관련성은 사회적이고 자의적이며, 그렇기 때문에 표현과 내용 사이에 많은 종류의 연결이 존재한다(p. 466).

이런 연결을 탐색하기 위해 그림 20-1에서 기호와 그 의미를 연결할 수 있는지 확인하기 바란다. 대부분의 미국인은 아마도 '정확한' 관련성을 알 것이다. 그러나 잘 모르는 사람들을 위해 연결구조에 대해 말하면 1c, 2a, 3b, 4e, 5d가 정답이다. 여기서 핵심은 제시된 기호들이 어떤 '의미'들과 연관되어 있는가 하는 점이다. 화성의 사회과학자에게 방금 해본 작업의 논리를 설명하는 이메일 메시지를 작성해보라(당신은 아마 :과 같은 '이모티콘'을 사용하게 될지도 모른다). 그리고 그것은 또 다른 기호학의 예가 된다.

비록 그림 20-1의 연결관계 뒤에 나오는 이야기에 대해 의심할 바는 없겠지만, 오늘날 우리가 '알고 있는' 의미는 사회적으로 형성된 것이다. 기호학적 분석은 기호에 의도적 혹은 비의도적으로 붙여진 의미를 찾는 작업이다.

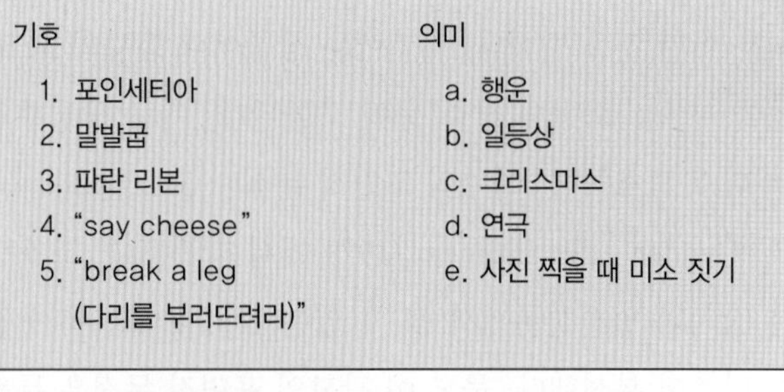

기호	의미
1. 포인세티아	a. 행운
2. 말발굽	b. 일등상
3. 파란 리본	c. 크리스마스
4. "say cheese"	d. 연극
5. "break a leg (다리를 부러뜨려라)"	e. 사진 찍을 때 미소 짓기

그림 20-1 기호와 의미 짝짓기

그림 20-2 혼합된 기호?

그림 20-2에 나온 오리건 주 포틀랜드의 한 호텔 로비에 있는 금연사인("이 건물 전체는 비흡연 구역입니다. 흡연은 허용된 일부 지역에서만 가능합니다.")을 생각해보자. 조금 이중적인 기호가 알려주는 것은 무엇인가? 첫 번째 문장은 이 호텔이 미국 전역에서 담배를 몰아내려는 현재의 운동에 발맞추어 최첨단화되었음을 말해주는 듯하다. 이곳은 머물기에 좋은 장소이므로 흡연으로부터 자유로운 환경을 원하는 손님은 더할 나위 없을 것이다. 동시에 두 번째 문장이 나타내듯이, 흡연자에게 이 호텔은 그리 냉랭한 곳이 아닐 것이다. 한 지붕 아래서 모든 사람이 누릴 공간은 존재하는 것이다. 손님 중 아무도 소외당한다는 느낌이 들지 않을 것이다. 이 사인은 논리적인 관점에서보다는 마케팅의 패러다임에서 더 잘 이해될 수 있다.

기호학에서 탐구되는 이 '기호(sign)'는 물론 위에서 언급한 그런 사인에만 국한되는 것이 아니다. 대부분의 기호는 사실상 매우 다양하다. 기호는 특별한 의미가 부여되는 어떤 것을 말한다. 여기에는 상품이나 회사의 로고, 동물, 사람, 소비재 상품 등이 포함된다. 때로 상징주의는 다소 모호하다. 하나의 고전적 분석이 고프먼 Goffman의 『Gender Advertisement』(1979)에서 발견된다. 고프먼은 잡지나 일간신문에서 볼 수 있는 광고용 사진에 초점을 맞추어 분석했다. 물론 이 광고의 표면적 목적은 특정한 상품을 파는 것이었다. 그러나 고프먼은 그 밖에 또 무엇이 전달될 수 있는지 질문한다. 특별히 그 광고가 남성과 여성에 대해 무엇을 말하고 있는가?

남성과 여성을 동시에 포함하고 있는 광고사진을 분석하면서 고프먼은 남성은 항상 여성보다 몸집과 키가 크게 나왔다는 사실을 발견했다(사실상 많은 경우 사진에서는 여성 모델이 남성 모델에 단순히 딸려 나오는 인상을 명백하게 전달하고 있었다). 평균적으로 남성이 여성보다 몸무게가 많이 나가고 키가 크다는 게 가장 분명한 설명이긴 하지만, 고프먼은 그런 유형화는 다른 의미를 전달한다고 했다. 즉, 크기와 배치는 지위를 의미한다는 것이다. 몸집이나 키가 큰 사람들은 사회적으로 높은 위치, 즉 더 많은 권력과 권위를 갖는다고 가정한다(Goffman, 1979, p. 28). 고프먼은 결국 그 광고는 남성이 여성보다 더 중요하다는 메시지를 전달하는 거라고 주장한다.

"종종 시가(담배)는 시가일 뿐이다"라고 한 프로이드 Freud의 정신에서(프로이드는 흡연자였음) 그 광고가 단순히 남성과 여성 사이의 평균적인 크기 차이를 반영하려고 했는지, 아니면 남녀 사이의 사회적 지위에 대한 어떤 메시지를 전하려고 했는지 어떻게 구분할 수 있는가? 부분적으로 고프먼의 결론은 예외적인 사례들의 분석에 기반을 두고 있다. 즉, 여성의 키가 남성보다 크게 나타난 사례들 말이다. 이런 광고사례에서 남성은 일반적으로 사회적 지위가 낮았다(예를 들어, 나이 지긋한 사모님 모임에 함께 서 있는 주방장 사진 같은 경우). 이것은 고프먼의 핵심사항, 즉 크기와 키가 사회적 신분을 가리킨다는 점을 확인해주었다.

키가 각기 다른 남성들의 사진에서도 똑같은 결론이 도출되었다. 사회적 지위가 높은 남성은 키가 크게 나왔는데, 예를 들어 웨이터에게 말하는 신사나 비서에게 일을 지시하는 사장의 사진 같은 경우다. 실제 키 크기를 가늠하기 힘든 사진의 경우 고프먼은 사진 속에 등장하는 사람 머리의 배치에 주목했다. 위에 언급한 비서들은 몸을 구부리고 굽신거리는 모양이고, 사장은 그들 위에 기대고 있었다. 수행원들의 머리는 절하고 있는 모양새였는데, 머리 위치는 사장의 머리보다 아래쪽에 배치되어 있었다.

이런 광고가 전달하려는 속뜻은 광고 속에서 머리의 위치가 높으면 높을수록 그 사람은 더 중요한 사람이라는 것이었다. 그리고 남성과 여성이 함께 나오는 대부분의 광고에서 남성 모델은 더욱 중요한 사람으로 확실하게 묘사되고 있었다. 이러한 광고의 잠재된 메시지는 그것이 의도적이었든 아니든 간에, 남성이 여성보다 힘 있고 높은 지위를 향유한다는 것이었다.

고프먼은 광고 속의 남성과 여성 간의 실제적인 크기 차이 외의 몇 가지 상이점을 분석해봤다. 남성은 일반적으로 능동적인 역할로 묘사되었고, 여성은 수동적인 역할을 하고 있었다. 남성 의사가 여성 간호사 혹은 아이의 엄마가 옆에서 (종종 감탄하는 눈빛으로) 지켜보고 있는 동안 아이를 진찰하고 있었다. 남성은 여성에게 테니스 선생으로 라켓 잡는 방법을 지도하고 있었다(그의 머리 위치는 여성보다 언제나 높은 곳에 위치해 있다). 남성은 말고삐를 쥔 채 말에 올라타 있고, 여성은 그 남성의 허리를 감싸 안은 채 그 뒤에 타고 있다. 여성이 축구공을 고정시키고 있으면 남성은 그 공을 찬다. 한 남성이 사진을 찍고 여성들은 사진의 모델이 된다.

고프먼은 이런 사진 속에서 나타나는 유형이 성별 분리의 스테레오타입을 은연중에 지속시킨다고 주장했다. 사람들이 공공연하게 성평등을 부르짖는 상황에서 이런 광고성 사진들은 남성과 여성의 '적절한 역할'의 배경을 조용히 형성했던 것이다.

대화분석

대화분석(conversation analysis, CA)은 우리가 상대방과 주고받는 대화를 극도로 밀접하게 조사해 사회생활 속의 가정과 구조를 밝혀내는 것이다. 실버만 Silverman(1993, pp. 435-436)은 대화분석 이론가들과 연구자들의 연구를 살펴보면서 세 가지 근본적인 가정에 대해 언급한다. 첫째, 대화는 사회적으로 구조화된 활동이다. 다른 사회적 구조처럼 행위의 규칙을 설정한다. 예를 들어 한 사람이 이야기하고 나면, 다른 사람이 받아서 교대로 이야기할 것이라고 기대된다. 전화통화에서는 전화를 받는 사람이 먼저 "여보세요"라고 말할 거라는 기대가 있다. 아무 말도 하지 않고 전화를 받으면 이 규칙을 증명할 수 있다.

두 번째로 실버만은 대화는 문맥으로 이해되어야 한다고 지적한다. 똑같은 말이라도 다른 맥락에서는 의미가 완전히 다르다. 예를 들어 "너도 마찬가지야"라는 말이 "난 너의 스타일이 싫어"라는 말과 대꾸일 때, 그리고 "좋은 하루 되세요"의 대꾸일 때 그 의미가 어떻게 달라지는지 살펴보라. 셋째, 대화분석법은 매우 세부적인 녹취록을 통해 대화의 구조와 의미를 이해하는 것을 목표로 한다. 단어들을 그대로 기록할 뿐만 아니라 "음…"과 "에…" 같은 말, 틀린 문법, 쉬는 대목 등도 기록된다. 사실 쉬는 대목은 가장 가까운 1초의 10분의 1까지 기록된다.

이런 유형의 분석을 실제로 사용한 예는 많다. 예를 들어, 킨넬 Kinnell과 메이너드 Maynard(1996)는 HIV 시험 보건소에서 직원과 내담자가 안전한 섹스에 관한 정보를 어떻게 교환하는지 조사하기 위해 그들이 나눈 대화를 분석했다. 우선적으로 연구자는 직원들이 클라이언트의 세부적 상황을 직접적으로 이야기하기보다는 표준적인 정보를 제공하는 경향을 띤다는 사실을 발견했다. 더욱이 그들은 정보를 제공하는 데 만족하면서 안전한 성교에 대한 직접적인 조언을 제공하기를 꺼려하는 것처럼 보였다.

당신은 이런 논의를 통해 연구자에게 유용한 질적 분석방법의 다양성을 이해해야 할 것이다. 이제 질적 연구에서 공통적으로 사용되는 자료처리와 자료분석에 관해 살펴보자.

질적 자료의 처리

한 가지 주의사항을 이야기한 후 이 절을 시작하기로 하자. 우리가 조사하려는 활동은 과학적인 동시에 예술적인 것이다. 아주 최소한으로 준비해 성공을 보장하는 단계란 없다.

그것은 수채화를 그리거나 교향곡을 지휘하는 방법을 배우는 것과 아주 흡사하다. 그런 활동을 배우는 것은 분명 가능한 일이다. 그리고 대학교의 교과과정이 그런 교육을 위해 제공되고 있다. 각 활동은 나름대로의 규칙과 기법이 있고 미술이나 음악 작품을 창조하는 데 유용한 요령이 있다. 그러나 교육이 학생들을 각 분야에서 진전하도록 도울 수는 있지만, 최종 작품은 학생 개인이 완성해야 한다. 질적 자료의 처리과정도 이와 흡사하다.

이 절에서는 질적 자료의 코딩, 메모하기, 개념지도 그리기 등과 관련된 것을 배우게 된다.

코딩

참여관찰, 심층면접, 전기적 이야기, 내용분석, 혹은 그 밖의 어떤 형태의 질적 연구를 하든 간에 늘어가는 자료 속에 있게 될 테고, 그 자료는 일반적으로 문서의 형태를 띨 것이다. 이제 무엇을 해야 하는가?

질적 사회조사 연구의 분석에서 주요한 과정은 **코딩**(coding)인데, 이 코딩은 개별화된 자료들을 분류하고 범주화하는 것으로 어떤 종류의 검색 시스템과 함께 기능한다. 이런 과정이 합쳐져 연구자가 나중에 관심 있는 자료를 다시 불러올 수 있게 한다.

연구자가 사회운동의 성장과정을 연대순으로 정리한다고 가정해보자. 사회운동 태동의 세부사항에 대해 기록한 것을 기억한다고 해보자. 이제 당신은 그 정보가 필요하다. 만약 당신의 기록이 주제별로 정리되어 있다면 필요한 주제들을 다시 불러오는 것은 간단하다. 코딩과 불러오기가 간단한 구조와 다양한 주제로 명명된(예를 들어 '역사'라고 명명된) 일련의 파일집을 만들 수 있을 것이다. 여기서 자료의 불러오기란 '역사'로 명명된 파일집을 끄집어내는 것과 그 파일집에서 연구자가 필요로 하는 것을 찾을 때까지 기록을 샅샅이 훑어보는 것을 말한다.

이 장에서 나중에서 살펴보겠지만, 더 빠르고 더 확실하고 더 정확한 불러오기 과정을 해주는 아주 정교한 컴퓨터 프로그램이 있다. '역사' 파일을 전부 훑어보는 대신에 사회운동의 '초기역사' 혹은 '형성'에 대해 다루고 있는 기록에 곧장 접근할 수 있다.

이 밖에도 코딩은 더욱 중요한 목적이 있다. 앞서 언급했듯이 자료분석의 목적은 자료를 통해 흐르는 유형을 발견하는 것이고, 그 유형은 사람들의 사회생활에 대한 이론적 이해를 갖게 하는 것이다. 코딩하는 것과 개념을 연결하는 것은 이런 과정에서 매우 중요하며, 일련의 파일집(황색 폴더)들을 만드는 것보다 훨씬 세련된 시스템을 요구한다. 이 절에서는 연구자가 손으로 코딩을 한다고 가정해보자. 이 장의 결론에서 질적 자료분석용 컴퓨터 프로그램의 사용법을 설명하겠다.

코딩단위 17장의 내용분석에서 논의했듯이, 통계분석에서는 코딩하기 전에 분석의 표준단위를 확인하는 일이 매우 중요하다. 만약 연구자가 미국 소설과 프랑스 소설을 비교하고 있다면 각 문장, 문단, 장, 혹은 전체 책을 부호화하고 평가해야 할 것이다. 질적 분석에서는 이런 통일성이 요구된다. 이런 통일성은 마치 '은유를 내포하고 있는 문단의 23퍼센트'와 같은 표현으로 보고할 수 있도록 한다. 이것은 우리가 각 소설의 같은 단위(예를 들어 문단)를 코드화할 때만 가능하다.

그러나 질적 분석을 위한 자료코딩은 서로 다르다. 개념이란 것은 질적 코딩을 위한 원칙을 조직화한 것이다. 여기서 코딩하기 적합한 글의 단위는 주어진 문헌 안에서 다양하다. 그러므로 조직에 관한 연구에서 '크기'는 코딩단위의 설명에 단지 몇 개의 단어가 소요되지만, '사명'이라는 것은 몇 페이지에 해당하는 설명이 필요하다. 혹은 열띤 주주회의에 대한 장황한 묘사는 '내부적 이견의 존재'라고 코드화될지도 모른다.

이미 만들어진 하나의 코드범주가 꽤 다른 길이의 문헌자료에 적용될 수 있음을 깨달아야 한다. 예를 들어, 조직의 사명을 어떤 조직은 간단하게 표현하고 어떤 조직은 길게 표현할 수 있다. 표준화가 양적 분석의 주요 원칙이 되는 반면, 이것은 질적 자료에는 해당되지 않는다.

물리적 행위로서의 코딩 코딩의 논리에 대해 계속 설명하기 전에, 그것이 실제로 어떤 모양인지에 대해 잠깐 살펴보자. 존 로플란트와 린 로플란트(1995)는 수작업으로 파일 만들기에 대해 다음과 같이 서술한다.

> 1980년대 말 개인컴퓨터가 보편화되기 전에 코딩은 종종 특정한 물리적 형태를 갖는 '파일 만들기'였다. 연구자는 색인표에 코드 이름이 달린 일련의 확장된 파일집을 만들었는데, 적절한 파일집 속에 자료항목이나 그 속에 있는 기록(note)을 물리적으로 배치했다. … 복사하기가 쉽고 저렴해지기 전까지, 현장연구자들은 카본 종이에다 자신의 현장기록을 타이핑하고 기록 복사본의 여백에다 코드를 써놓았다. 그리고 내용을 가위로 잘라서 그 종잇조각을 해당 파일집에 넣어 놓았다(p. 188).

로플란트가 지적하듯이 개인컴퓨터는 이런 작업을 엄청나게 간단하게 만들어버렸지만, 문장을 담은 종잇조각을 코드범주별 파일집에 넣어 분류하던 작업의 이미지는 현재도 코딩과정을 이해하는 데 도움이 되고 있다. 다음 절에서는 특정한 코드로 하나의 문장을 코딩할 때 연구자가 종잇조각에 타이핑된 문장을 가졌고 또 그것을 코드 이름이 붙여진 파일집에 배치한다는 상상을 하라고 제안한다. 한 문장에 대해 두 개의 코드를 붙일 경우에는 연구자는 두 개의 코드를 위한 두 개의 파일집에 그 문장을 복사해 각각 배치해야 한다고 생각해야 한다.

코드의 개발 그러면 연구자의 코드범주는 어떤 것이 되어야 하는가? 글레이저와 스트라우스(1967, pp. 101-102)는 선행된 이론에 근거해 도출된 가설을 검증할 목적으로 자료를 코딩할 가능성에 대해 언급하고 있다. 이런 경우 코드는 그 이론에 기반을 두고 만들어지는데, 결국 변수들의 형태가 된다.

그러나 이 절에서는 **개방 코딩**(open coding)의 일반적인 과정에 초점을 맞출 것이다. 스트라우스와 코빈(1990)은 다음과 같이 개방 코딩을 정의한다.

> 개방 코딩은 자료의 세밀한 검토를 통해 현상을 명명하고 분류하는 것을 의미하는 분석의 일부분이다. 이런 기본적인 분석 단계가 먼저 이루어지지 않고는 나머지 분석과정과 뒤따르는 논의가 이루어질 수 없다. 개방 코딩과정 동안 자료는 분리된 조각으로 갈라져 자세히 검토되고 유사점과 차이점이 비교되며 자료가 담고 있는 현상에 대해 질문이 제기되기도 한다. 이런 과정을 통해 그 현상에 관해 연구자 자신 혹은 다른 사람들이 제기한 가정들이 질문되고 탐색되어 새로운 발견으로 전진해가는 것이다(p. 62).

개방 코딩과정을 어떻게 진행시키는가에 관한 구체적인 사례를 살펴보자. 당신이 동성애혐오 문제에 관심이 있고 그것을 완화할 어떤 일을 하고자 한다고 가정해보자. 먼저, 동성애를 반대하는 몇몇 사람들을 면접하고 그 사람들은 자신의 느낌에 대한 종교적 배경을 이야기했다고 하자. 세부적으로 그들이 연구자에게 레위기의 구절을 언급한다(Revised Standard Version).

18:22 너는 여자와 동침함 같이 남자와 동침하지 말라. 이는 가증한 일이니라.
20:13 누구든지 여인과 동침하듯 남자와 동침하면 둘 다 가증한 일을 행함인즉 반드시 죽일지니 자기의 피가 자기에게로 돌아가리라.

성경에서 표현된 관점은 불분명하지 않지만 연구자는 좀 더 심층적으로 검토하기로 결정할 것이다. 아마도 레위기에 대해 질적 분석을 한다면 동성애를 금지하는 이런 계율이 좀 더 확대된 맥락에서 유대교의 도덕성에서 나왔다는 사실을 충분히 이해할 수 있을 것이다. 이런 이해를 얻게 됨으로써, 연구자는 동성애혐오증에 대항하기 위한 사회적 변화전략 개발을 더욱 잘할 수 있게 되기를 바랄 것이다.

위에서 인용한 성경 두 구절을 검토함으로써 분석과정을 시작해보자. 연구자는 성경 각 구절에 '동성애'라고 코딩하면서 시작한다. 이것은 분명 지금의 분석에서 핵심적인 개념이다. 레위기를 분석하는 데 있어 동성애 문제에 초점을 맞출 때마다 우리는 이 두 성경구절을 염두에 둘 것이다.

동성애는 그만큼 중요한 개념이기 때문에 연구대상 자료들을 통해 그것이 어떤 의미를 지니는지를 좀 더 정밀하게 살펴봐야 한다. 먼저 동성애가 인식되는 과정에 주목해보자. '여자와 동침함과 같이' 남자와 동침하는 자다. 천국에 들어가기를 원하는 모세의 율법학자가 "그러나 여기에 나의 요점이 있다. 만약 우리가 실제로 드러눕지 않았다면…"이라고 말했다고 상상한다면 어떤 특정한 행위가 포함되었는지 안 되었는지는 명확하지 않지만 그 문장이 성교를 의미한다고 가정해도 무리는 아닐 것이다.

그러나 성경의 계명들이 남성의 동성애만을 두고 말한 것처럼 보이는 점에 주목해보라. 여성의 동성애(즉, 레즈비어니즘)에 관해서는 언급이 없었다. 그러면 연구자의 분석에서 이런 문장은 '남성의 동성애'라고 코딩되어야 할지도 모른다. 이런 예는 코딩의 두 가지 측면을 보여준다. (1) 각 단위는 한 개 이상의 코드를 가질 수 있다는 점, (2) 위계적 코드(하나의 코드는 다른 코드에 속할 수 있음)가 사용될 수 있다는 점이다. 이제 하나의 문장은 이에 해당되는 두 개의 코드를 가질 수 있다.

한층 더 일반적인 코드는 이 지점에서 나타날 수 있는데, 그것은 '금지된 행위'다. 이것은 두 가지 점에서 중요하다. 첫째, 분석적 관점에서 볼 때 동성애는 원래부터 잘못된 행위가 아니라는 것이다. 연구목적은 의문시되는 종교적 구절에 의해 동성애가 잘못된 것으로 만들어지는 과정을 조사하는 것이다. 둘째, 레위기에 대한 연구를 통해 인간에게 금지된 다른 행위를 찾아보려고 할 것이다.

앞에서 본 성경구절에는 최소한 두 가지 중요한 개념이 있다. 그것은 '가증한 일'과 '죽일지니'다. 비록 이 두 가지 개념은 '금지된 행위'와 밀접히 관련되어 있지만, 이 두 가지는 서로 다르다. 미터주차기에 동전을 넣지 않고 주차하는 것은 금지된 행위이지만, 그것을 혐오스러운 일이라고 하는 사람은 많지 않을 것이다. 또한 그 주차위반 행위를 사형으로 다스리자고 하는 사람은 더더욱 없을 것이다. 이 두 가지 새로운 코드를 처음 제시했던 두 구절에 붙여보자.

여기서 연구자들은 그 두 구절로부터 생각을 키워 레위기의 나머지 부분도 살펴보기를 원할 것이다. 그러므로 레위기의 나머지 각 장과 절을 살펴보고 각각에 해당하는 코드를 붙이게 될 것이다. 이렇게 추가되는 분석과정에서 우리는 이미 가지고 있던 코드를 사용하거나 적절한 새로운 코드를 만들 것이다. 새로운 코드를 만들 때는 이미 코드가 붙여진 구절을 살펴보고 그 구절에 새로운 코드가 적합한지 않은지를 따져보는 것이 중요하다.

여기서 '가증한 일'로 코드를 붙인 한 구절을 소개한다(가증한 일에 해당하는 부분을 굵은 글씨체로 표시했다).

7:18 만약 그 **화목제물**의 고기를 **셋째 날에 조금이라도 먹으면** 그 제사는 기쁘게 받아들여지지 않을 것이라 드린 자에게도 예물답게 되지 못하고 도리어 가증한 것이 될 것이며 그것을 먹는 자는 그 죄를 짊어지리다

7:21 만약 누구든지 **부정한 것** 곧 사람의 부정이나 부정한 짐승이나 부정하고 가증한 무슨 물건을 **만지고** 여호와께 속한 **화목제물의 고기를 먹으면** 그 사람도 자기 백성 중에서 끊어지리라

11:10 물에서 움직이는 모든 것과 물에서 사는 모든 것 곧 **강과 바다에 있는 것으로서 지느러미와 비늘 없는 모든 것**은 너희에게 가증한 것이라

11:11 이들은 너희에게 가증한 것이니 너희는 그 고기를 먹지 말고 그 주검을 가증히 여기라

11:12 **수중 생물에 지느러미와 비늘 없는 것**은 너희가 혐오할 것이니라

11:13 새 중에 너희가 가증히 여길 것은 이것이라 이것들이 가증한즉 **먹지 말지니** 곧 **독수리**와 **솔개**와 **물수리**와

11:14 **말똥가리**와 **말똥가리 종류**와
11:15 **까마귀** 종류와
11:16 **타조**와 **타흐마스**와 **갈매기**와 **새매** 종류와
11:17 **올빼미**와 **가마우지**와 **부엉이**와
11:18 **흰 올빼미**와 **사다새**와 **너새**와
11:19 **황새**와 **백로 종류**와 **오디새**와 **박쥐**니라
11:20 **날개가 있고 네 발로 기어다니는 곤충**은 너희가 혐오할 것이로되
11:41 땅에 기어 다니는 **모든 길짐승**은 가증한즉 먹지 못할지니
11:42 곧 땅에 기어다니는 모든 **기는 것** 중에 배로 밀어 다니는 것이나 네 발로 걷는 것이나 여러 발을 가진 것이라 너희가 먹지 말지니 이것들은 가증함이니라
11:43 너희는 **기는 바 기어다니는 것** 때문에 자기를 가증하게 되게 하지 말며 또한 그것 때문에 스스로 더럽혀 부정하게 되게 하지 말라
18:22 너는 **여자와 동침함과 같이 남자와 동침**하지 말라 이는 가증한 일이니라
19:6 그 제물은 드리는 날과 이튿날에 먹고 셋째 날까지 남았거든 불사르라
19:7 **셋째 날에 조금이라도 먹으면** 가증한 것이 되어 기쁘게 받으심이 되지 못하고
19:8 그것을 먹는 자는 여호와의 성물을 더럽힘으로 말미암아 죄를 담당하리니 그가 그의 백성 중에서 끊어지리라
20:13 누구든지 **여인과 동침하듯 남자와 동침하면** 둘 다 가증한 일을 행함인즉 반드시 죽일지니 자기의 피가 자기에게로 돌아가리라
20:25 너희는 짐승이 정하고 부정함과 새가 정함과 부정함을 구별하고 내가 너희를 위해 부정한 것으로 구별한 **짐승이나 새나 땅에 기는 것들로 너희의 몸을 더럽히지 말라**

그러므로 남성의 동성애는 레위기에서 말하는 가증한 일의 전부가 아니다. 위에서 살펴본 구절을 비교해 유사점과 차이점을 살펴봄으로써 대부분의 가증한 일은 음식을 먹는 규정(특히 '부정'하다고 여겨지는 잠재적인 음식)과 관계되어 있다는 사실이 명백해졌다. 다른 유형의 가증한 일은 제사에 쓰이는 제물을 잘못 다루는 데서도 비롯된다. '식음규정'과 '제물'은 추가적인 개념으로 분석에 사용될 코드가 되었다.

앞에서 우리는 분석에서 탐색될 다른 개념으로 사형에 관해 언급했다. 이쪽 방면으로 우리가 찾아봤을 때, 남성의 동성애 말고도 사형에 처해질 많은 행위를 발견할 수 있었다. 그런 것들 중에는 다음과 같은 구절이 있다.

20:2 그의 자식을 몰렉에게 주는 것(인간제물)
20:9 아버지나 어머니를 저주하는 것
20:10 남의 아내와 간음하는 것
20:11 아버지의 아내와 동침하는 것
20:12 며느리와 동침하는 것
20:14 아내와 장모를 함께 데리고 사는 것
20:15 남자가 짐승과 교합하는 것(그 짐승을 또한 반드시 죽일 것)
20:16 여자가 짐승과 교합하는 것
20:27 남자나 여자가 접신하거나 박수무당이 되는 것
24:16 여호와의 이름을 모독하는 것
24:17 사람을 죽인 것

위에서 살펴본 것처럼 사형은 레위기에서 광범위하게 적용된다. 저주스러운 욕설을 하는 것부터 살인에 이르기까지, 그 사이 어디쯤엔가 해당하는 위치에 있을 남자의 동성애를 포함한 모든 행위가 사형 대상이 되었다.

가증스러움과 사형까지는 안 가는 행위라고 하더라도 여전히 금지된 행위에 관한 분석을 확대해보면 관련 문장의 목록은 더 길어진다. 그중에는 중상모략, 복수하기, 시기질투, 귀머거리를 저주하는 것, 소경 앞에 걸려 넘어질 장애물을 놓아두는 것 등이 있다. 레위기 19장 19절을 보면 하나님의 명령이 나오는데 "너희는 밭에 두 종자를

섞어 뿌리지 말며 두 재료로 직조한 옷을 입지 말라"고 한다. 곧 뒤이어 "너희는 무엇이든지 피째 먹지 말며, 복술을 하지 말며 술수를 행치 말며, 머리 가를 둥글게 깎지 말며, 수염 끝을 손상치 말라"고 한다. 레위기에서 몸에 피어싱하는 것에 대해서는 아무런 언급도 없지만 담배는 금지되었다. 이런 모든 행위에 '금지된 행동'이라고 코드화할 수 있고, 아마도 추가적인 코드화가 이루어질 수 있을 것이다('식음규정'을 기억해보라).

앞에서 제시된 가능한 분석에 대해 간단히 살펴보는 것으로 코드가 생성되고 적용되는 과정을 알았으리라 기대한다. 이제 이런 코딩 작업이 어떻게 하나의 문장에 담겨 있는 메시지를 더 잘 이해하고 필요할 때마다 그 자료를 적절하게 불러올 수 있게 하는지를 깨닫게 되었을 것이다.

메모하기

근거이론 방법에서 코딩과정은 한 덩어리의 문장을 간단하게 범주화하는 것 이상을 의미한다. 자료를 코딩하면서 연구자는 메모하는 기법을 사용할 수 있어야 하는데, **메모하기**(memoing)는 연구 프로젝트에 관련된 연구자 자신이나 다른 동료들에게 메모나 기록을 사용하는 것을 말한다. 분석과정 중에서 연구자가 쓰는 것의 일부는 최종보고서로 종료된다. 그러나 그것의 대부분은 최소한 연구자가 쓰는 것에 영향을 미치게 된다.

근거이론 방법에서 이런 메모들은 특별한 중요성을 지닌다. 스트라우스와 코빈(1990, pp. 197-198)은 세 가지 종류의 메모를 구분하고 있는데, 바로 **코드 노트**, **이론적 노트**, **조작적 노트**다.

코드 노트(code notes)는 코드의 색인표와 그 의미를 확인하기 위한 것이다. 이것은 특히 모든 사회과학 연구처럼 기술적 의미로 사용하는 대부분의 용어는 일상적 언어로도 의미를 갖기 때문에 특히 중요하다. 그러므로 분석에 사용되는 코드로 연구자가 의미하는 것이 무엇인지를 분명히 기록하는 것은 핵심적인 사항이다. 예를 들어 레위기의 분석에서 연구자는 '혐오스러움'의 의미에 관한 코드 노트가 필요할 것이고, 문장의 분석을 위해 연구자가 그 코드를 어떻게 사용할 것인지를 설명하는 코드 노트가 필요할 것이다.

이론적 노트(theoretical notes)는 다양한 주제를 다룬다. 즉, 개념의 차원과 깊은 의미에 대한 생각, 개념들 사이의 관계, 이론적 명제 등이 포함된다. 우리 모두는 사물의 본성에 대해 반추하고 그것을 도출하려고 노력하며, 또한 그것을 사리에 맞도록 납득시키는 노력을 한다. 질적 자료분석에서는 나중에 쓸모없다고 생각되어 버리더라도 이런 생각을 기록하는 것이 매우 중요하다. 비록 연구자가 하나의 주요 생각으로 간략화해서 그것들을 나중에 분류하고 조직할 수 있도록 만들어야 하겠지만, 이론적 노트의 길이는 매우 다양할 것이다. 레위기 분석의 예에서 어떤 이론적 노트는 대부분의 레위기에서 제시한 계율이 암묵적으로 남성의 행위에 대해 언급하고 있음을 알 수 있다. 여성의 존재는 대부분 부수적인 것으로 나타난다.

조작적 노트(operational notes)는 방법론적 문제를 주로 다룬다. 어떤 것은 나중에 자료를 이해하는 데 도움이 되는 자료수집 시 상황에 초점을 맞추고 있으며, 다른 것은 미래의 자료수집에 대해 지시하는 노트로 구성되기도 한다.

이런 유형의 메모를 쓰는 것은 자료수집과 자료분석의 전 과정을 통해 이루어진다. 메모를 해야겠다는 생각은 연구자가 기록한 노트나 녹취록, 문장에 대해 표시한 한 무더기의 코드를 다시 읽어내는 과정에서나, 다른 사람들과 연구 프로젝트에 대해 논의할 때 들 것이다. 어떤 생각이 솟아날 때마다 가능한 한 빨리 메모하고 기록하는 습관을 들이는 것이 좋다.

존 로플란트와 린 로플란트(1995)는 메모하기에 대해 조금 다르게 언급하는데, 최종 글쓰기 단계에 가깝게 이르렀을 때 하는 메모에 대해 서술하고 있다. 즉, **요소적 메모**(elemental memo)는 다음과 같다.

> 비교적 특정한 어떤 사안에 대해 자세한 분석적 표현 혹은 묘사라고 말할 수 있다. 연구 프로젝트

> 의 규모에 따라 연구자는 이런 유형의 메모를 한 개에서 수십 개까지 쓸 수 있다. 선별적인 코드와 코딩작업으로부터 형성된 이런 요소적 메모는 과거에도 그랬듯이 연구 프로젝트의 가장 기본적인 산문체의 소재다(p. 194).

분류 메모(sorting memo)는 몇 개의 요소적 메모에 기반을 두고 있는데, 분석을 위한 주요 주제를 보여준다. 요소적 메모는 특별한 이유나 까닭 없이 연구자의 마음속에 떠오를 때 기록되는 반면, 분류 메모는 그 이유를 찾거나 만들어내기 위한 시도로 기록된다. 분류 메모는 일련의 관계되는 요소적 메모를 함께 모아준다. 특정 프로젝트에서 그 프로젝트의 여러 가지 측면을 다루면서 몇 개의 분류 메모를 만들어내게 될 것이다.

마지막으로 **통합 메모**(integrating memo)는 전체 프로젝트에 내용을 정돈하기 위해 몇 개의 분류 메모를 밀접하게 연결한다. 통합 메모는 일관적이고 포괄적인 이야기를 들려주고 그 이야기를 이론적 맥락에서 풀어낸다. 그러나 실제 연구 프로젝트에서는 이런 형태의 종결을 가져오는 다양한 방법이 존재한다. 그러므로 자료분석은 다양한 통합 메모로 귀결될 수 있다.

우리가 종종 글쓰는 작업을 선형적인 것으로 생각해 글을 초반부에서 시작해 결론에 이르기까지 쭉 진행되는 과정으로 보지만, 메모하기는 이와 아주 다르다. 메모하기란 혼돈을 만들어내는 과정, 그 혼돈 속에서 질서를 찾아내는 과정으로 특징지을 수 있다.

이런 과정을 더욱 고찰하기 위해 이 장의 마지막 부분에 인용한 연구내용을 참조하기 바란다. 또한 웹상에서 많은 정보를 찾아볼 수 있다. 한 예로 메모하기에서 글레이저의 규칙을 찾아보려면, http://gtm.vlsm.org/gnm-gtm3.en.html로 가면 된다. 궁극적으로 메모하기에 관한 가장 좋은 교육은 실습이다. 당신이 실제로 행하는 연구 프로젝트가 없다고 하더라도 수업시간에 한 기록을 가지고 실습해볼 수 있다. 그렇지 않으면 일지를 쓰고 그것에 코드를 붙여보기 바란다.

개념지도 그리기

이제 질적 자료의 분석가들은 서류(혹은 컴퓨터 파일)에 생각을 몰입시키는 데 많은 시간을 할애한다는 것이 분명해졌지만, 이런 과정은 문서작업에만 국한된 것이 아니다. 종종 연구자들은 도식적인 구도하에서 개념을 배치함으로써 그 개념들 간의 관계를 생각해볼 수 있다. 이 과정을 **개념지도 그리기**(concept mapping)라고 한다. 어떤 연구자는 한 개의 종이 위에 모든 주요 개념을 배치하는 것이 유용하다고 보면 반면, 여러 개의 종이나 흑판, 마그네틱 보드, 컴퓨터 용지, 혹은 다른 매체를 사용해 그 위에 자신의 생각을 펼쳐놓는 연구자도 있다. 그림 20-3은 성별과 광고에 대한 고프먼의 연구개념을 어떻게 생각해내는지를 보여준다(이 그림은 개념지도 그리기 프로그램인 '인스피레이션(Inspiration)'을 사용해 만들어진다).

우연하게도, 이 절에서 논의한 많은 주제가 질적 분석뿐만 아니라 양적 분석에서도 유용하게 적용된다. 개념지도 그리기는 분명 두 가지 분석 유형에 공히 적절하다. 여러 가지 유형의 메모도 두 가지 유형 모두에게 유용하다. 그리고 코딩에 관한 논의도 수량화나 통계분석을 목적으로 개방형 설문에 대한 응답을 코딩하는 데도 쉽게 적용된다(자료의 수량화를 다루는 다음 장에서 코딩에 대해 다시 살펴보겠다).

질적 기법과 양적 기법이 중복되는 것을 살펴봤다면 이제 주로 양적 연구와 연관되어 있지만 질적 분석가에게도 매우 유용하다고 입증된 도구를 설명할 필요가 있는데, 그것은 바로 개인 컴퓨터의 사용이다.

질적 자료분석용 컴퓨터 프로그램

질적 연구자료의 기록과 분석이 종이문서에 기반해 이루어지던 것은 그리 오래전의 일이 아니다. 이삼십 년 전까지만 해도 인터뷰 녹취록, 관찰 노트, 공적인 서류 등이 수작업으로 작성되고 평가되었다. 서류를 수기로 작성

그림 20-3 개념지도 그리기의 사례

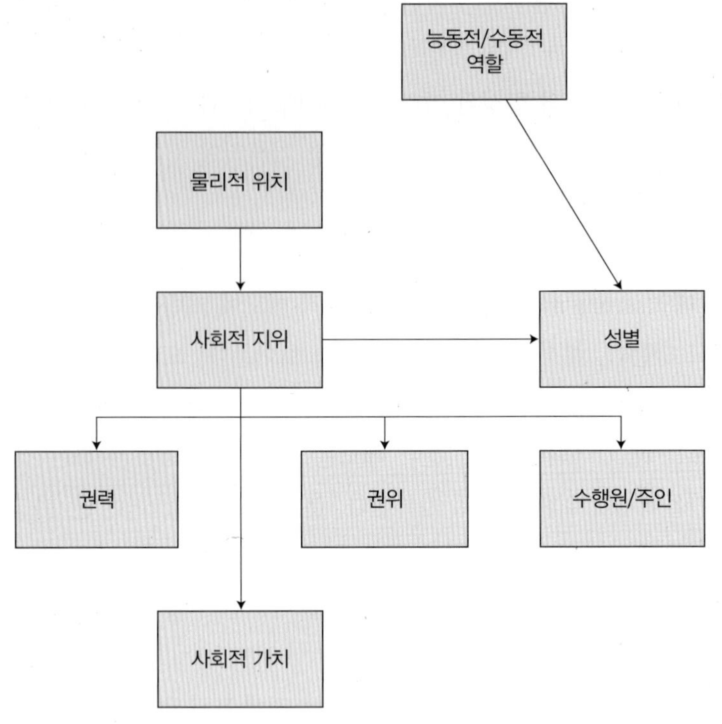

하던 일은 타자기의 등장으로 마침내 간소화되었다. 복사기술(초기에는 카본종이기술이었고 나중에 현재의 사진복사기술로 발전함) 덕분에 연구정보를 손쉽게 복사할 수 있게 되었다. 이러한 기술로 인해 인쇄된 자료는 많은 종이전표로 오려낼 수 있었으며, 그 종잇조각들은 여러 가지 코딩된 주제들을 표시할 수 있었다. 이러한 과정은 연구자가 수집된 자료를 여러 다양한 주제 혹은 개념에 따라 범주화할 수 있게 만들었다. 앞서 언급한 성경의 레위기를 다시 되새겨보면, 예를 들어 한 무더기의 종이전표는 동성애를 의미하는 문장들의 꾸러미이고 또 다른 한 더미의 종이전표는 혐오를 표시하는 문장들의 꾸러미다. 그리고 앞서도 말했듯이 하나의 주어진 문장은 여러 개의 무더기에 포함될 수 있다. 일단 코딩과 분류작업이 이루어지면, 연구자들은 특정 범주 안에 있는 모든 자료를 수작업으로 검토하고 공통적인 유형이나 중요한 특징이 있는지를 탐색하고 확인한다.

예상했듯이 컴퓨터는 이 모든 작업을 바꾸어놓았다. 어떤 정보가 한번 컴퓨터에 입력되면, 자료의 부분이든 전체든 그것을 복사하는 것은 아무것도 아닌 일이 되었다. 이전의 종이문서 방법에서처럼 연구자들은, 예를 들어 여성에 대한 차별에 해당하는 면접기록을 복사해 그 주제를 담고 있는 다른 문헌에다 갖다 붙이면 된다. 가장 간편한 워드 프로세서나 문장편집 기능으로 연구자들은 기존의 코딩과정을 매우 간소화할 수 있게 되었다. 예를 들어, 지금 이 문단이 '기술의 발전'라는 주제를 연구하기 위해 여러분이 분석하는 질적 자료의 한 부분이라고 가정해보라. 아마 당신은 〈컴퓨터〉, 〈질적〉, 〈코딩〉 등의 코딩표기를 삽입함으로써 문헌길이를 늘릴 수 있을 것이다.

이러한 코딩표기들을 적절하게 함으로써 이 장 전체를 분석할 수 있다. 그리고 일단 이 작업이 끝나면 간단한 '찾기(Search)' 기능을 동원해, 예를 들어 〈코딩〉으로 표시된 모든 자료를 찾아보는 일을 할 수 있다. 이렇게 '코드'. '코딩', '범주', '분류하다' 혹은 다른 해당 용어들을 가지고 이 장 전체를 찾아보는 일을 할 수도 있다.

이 책의 저자들은, 종이와 연필만으로 질적 연구를 수행하면서 사회적 삶의 의미를 밝혀내는 연구자들의 주목을 끌고 또한 그들로부터 찬사를 받을 수 있도록 이러한 짧은 문단들을 필요로 한다. 그리고 과거 우리가 행했던 것을 돌아보면, 가장 간단하고 빈약한 컴퓨터가 질적 자료분석에서 매우 강력한 수단임을 깨닫게 될 것이다.

이제 이러한 간단한 컴퓨터 운용으로부터 이야기를 180도 돌려보자. 곧 보게 될 테지만, 그러한 방법은 사회조사 연구의 암흑기에서 온 조잡한 도구와 비슷하게 보인다. 이제 질적 자료의 분석을 위해 정교하게 고안된 컴퓨터 프로그램 몇 가지를 살펴보겠다.

질적 자료분석 프로그램

오늘날 질적 자료분석(qualitative data analysis, QDA) 프로그램은 많이 있다. 과거에는 분석가들이 질적 분석 프로그램을 찾는 데 어려움이 있었다면, 지금은 어떤 질적 분석 프로그램을 선택할 것인가가 문제가 되는 상황이 되었다. 여기서는 일상적으로 많이 활용되는 몇몇 프로그램을 소개할 텐데, 관련 온라인 사이트에 자세히 소개되어 있으며 대부분 시범용 프로그램을 다운받을 수 있다.

1. AnSWR: http://www.cdc.gov/hiv/software/answr.htm
2. Atlas.ti: http://www.atlasti.com/index.php
3. Ethno: http://www.indiana.edu/%7Esocpsy/ESA
4. Ethnograph: http://www.qualisresearch.com
5. HyperResearch: http://www.reserchware.com
6. Hyper Transcribe: http://www.reserchware.com
7. MAXqda: http://www.maxqda.com
8. NVivo: http://www.qsrinternational.com/products_nvivo.aspx
9. QDA Miner: http://www.provalisresearch.com/QDAMiner/QDAMinerDesc.html
10. Qualrus: http://www.qualrus.com
11. TAMS: http://sourceforge.net/projects/tamsys
12. T-LAB: http://www.tlab.it/en/presentazione.asp
13. Weft: http://www.pressure.to/qda

또 다른 좋은 출처는 르윈스Lewins와 실버Silver(2006)가 저술한 『Choosing a CAQDAS Package』(http://cue.berkeley.edu/qdaarticle.pdf)로, 질적 자료분석용 컴퓨터 프로그램들의 중요한 특징을 소개하고 연구목적에 따라 어떤 프로그램이 최선인지를 알려준다.

이제 여기서 실제 질적 자료분석 프로그램 몇 가지를 소개하고자 한다. 이 프로그램들은 약간씩 다르긴 하지만, 대체로 컴퓨터로 질적 자료를 분석할 때 필요한 중요한 감각을 비슷하게 제공한다. 이전에 살펴봤던 성경의 레위기 자료(성행위 관련 및 기타 금기사항을 서술한 부분)를 가지고 컴퓨터 분석기법이 어떻게 유형을 탐색하는 데 도움을 주는지 알아보자.

Qualrus를 통해 분석된 레위기

먼저 Qualrus 프로그램에 대해 살펴보자. 코딩될 문장들은 Qualrus에 직접 타이핑해서 입력할 수도 있겠지만, 대개 이미 존재하는 자료, 예를 들어 현장 노트 혹은 지금 여기서 자료로 삼은 레위기의 문장들을 Qualrus 프로그램에 그냥 옮겨 담으면 된다. 여기서는 웹사이트에서 레위기 20장을 그냥 복사해 프로그램의 문헌을 담는 공간에 붙여넣었다.

그림 20-4는 Qualrus 내에 그 문장들이 어떻게 나타나는지를 보여준다. 그림에서 보듯이, 입력한 모든 문장이 보기창에 한꺼번에 나타나진 않지만 스크롤바를 위아래로 움직여 전체 문장을 쉽게 볼 수 있다.

앞서 논의한 주제 중 하나가 죽음의 처벌에 이르게 하는 인간의 다양한 행위에 관한 것이다. 그러므로 Qualrus 프로그램에서 그 주제를 하나의 코드로 삼아 만들어보자. 예를 들어, 2절에서 코드화하려는 문장 하나를 선택해 하이라이팅하면 간단히 해결된다. 그런 다음 현재의 화면 위쪽에 있는 'Code' 버튼을 클릭하면, 그림 20-5에서 볼 수 있듯이 코드를 만들기 위한 다른 창이 뜰 것이다.

창의 왼쪽 뒷부분에 있는 아이콘을 클릭하면 창의 왼쪽 아랫부분에 새 코드를 입력하라는 요청이 있을 것이다. 거기서 '죽음'이란 단어를 입력한다. 이것이 일련의

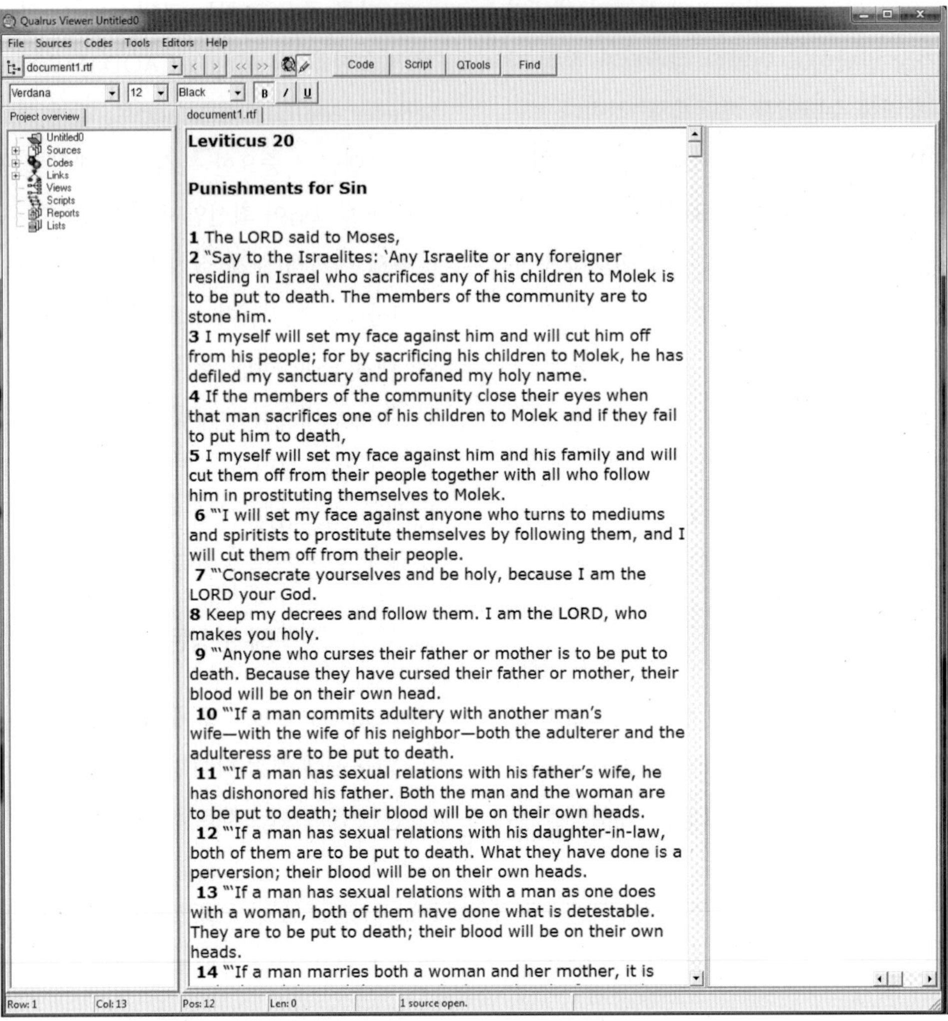

그림 20-4 Qualrus에서 제시된 레위기 문장들

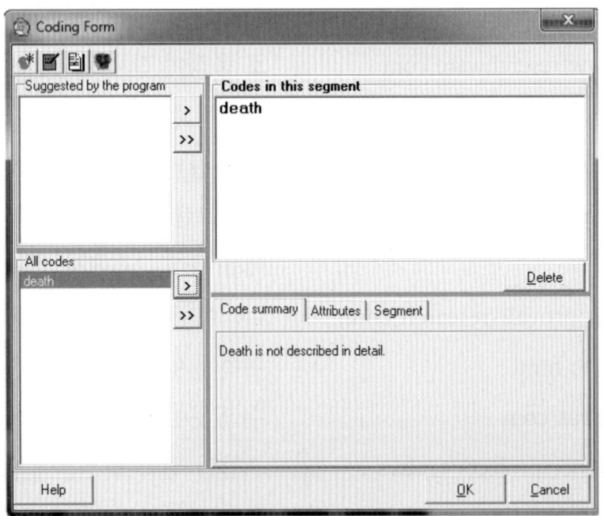

그림 20-5 '죽음' 코드의 작성

코드목록을 만드는 첫 번째 작업이다. 이 프로그램은 자동으로 창의 오른쪽 뒷부분에 '죽음'이라는 단어를 입력하고, 이것은 이 특정한 문장에 대해 정해진 코드가 죽음이라는 것을 의미한다. 이 프로그램에 다시 추가적인 코드들을 입력하면 코드목록으로부터 선택할 수 있고 또한 코딩될 그 문장에 코드들을 부여하기 위해 화살표를 클릭하면 된다. 적절한 코드를 부여한 다음 원래 문헌으로 돌아오려면 'OK'를 클릭하면 된다.

레위기 해당 장의 내용에서 인간의 어떤 행위로 말미암아 죽음이란 처벌을 받게 된다는 내용을 담고 있는 문장들을 확인하면서 해당 텍스트(레위기 20장) 전체로 전진해가면 된다. 그림 20-6은 이러한 코딩작업이 이루어지는 모양새를 보여준다.

코딩구조를 형성하기 시작하면서 Qualrus는 당신이 선택한 문장들에 적합한 코드를 예상하고 제시하기 시작한다. 그림 20-7은 이런 작업의 한 사례를 보여준다. Qualrus는 우리가 선택한 문장을 검토하고 그 문장에 '죽음'이라는 코드를 부여할 수 있는지 따져본다.

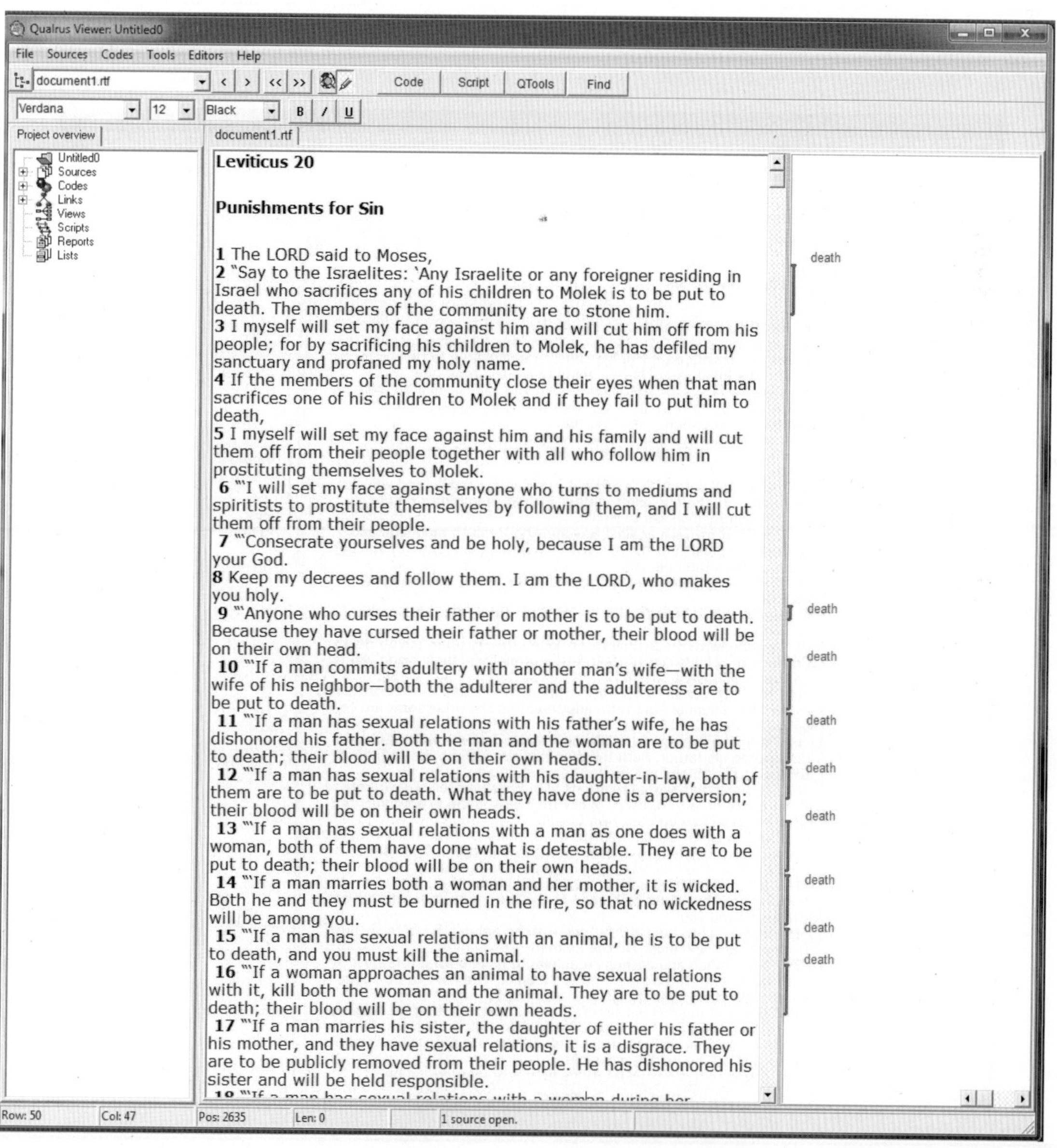

그림 20-6 '죽음' 관련 문장들에 대한 코딩 예시

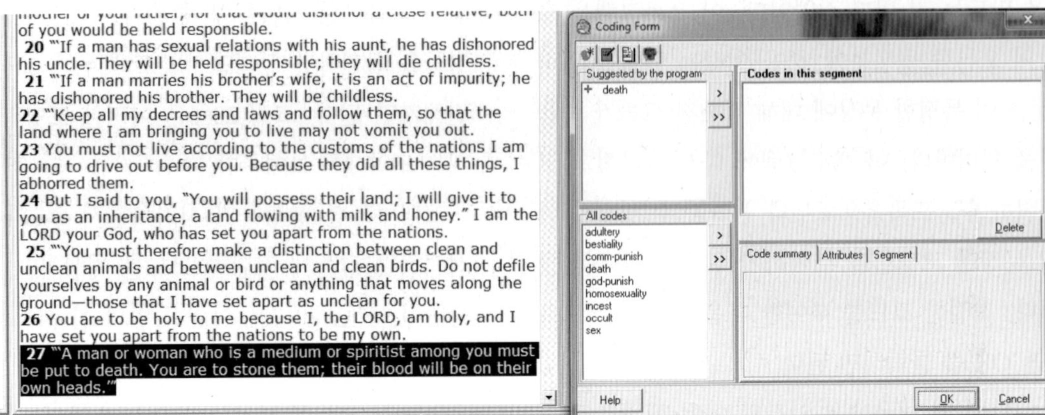

그림 20-7 코드의 제안

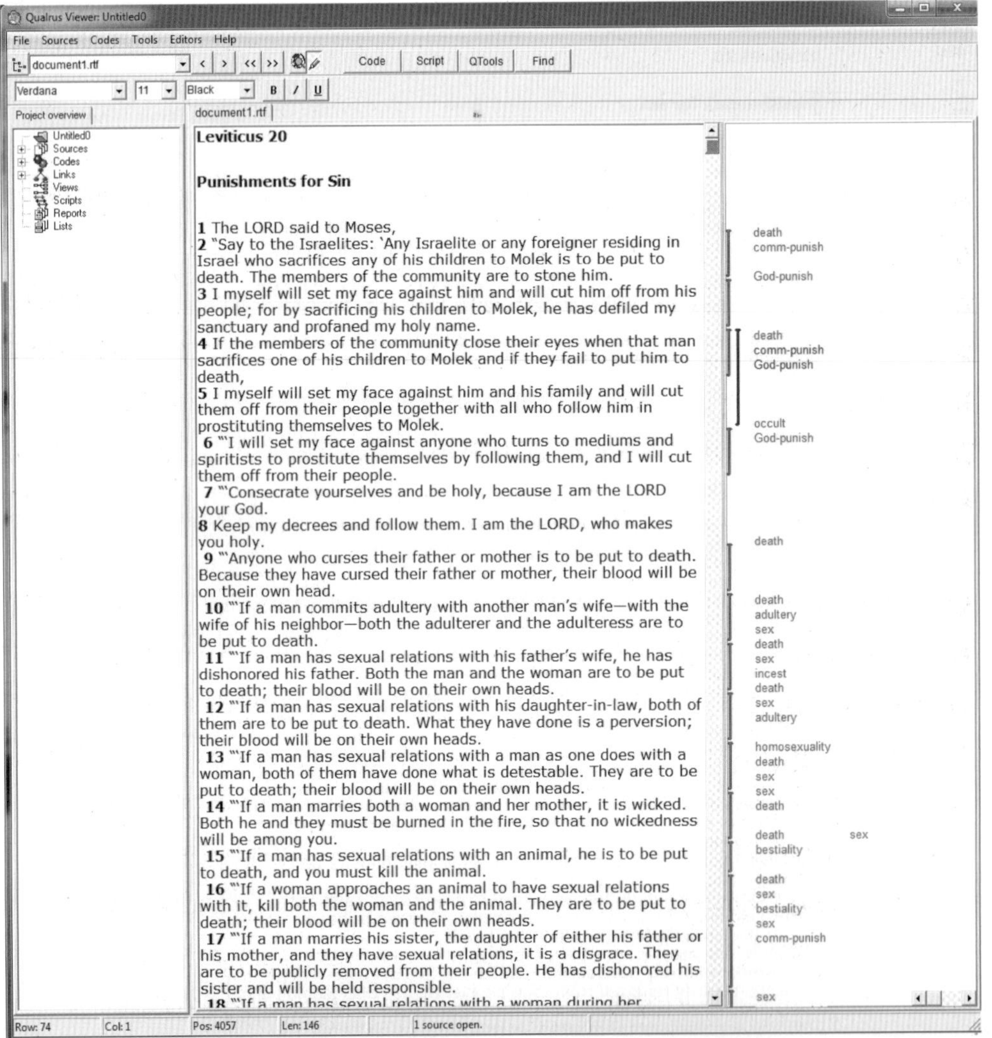

그림 20-8 많은 수의 코드 예시

제안된 코드는 창의 왼쪽 위편 패널에 표시된다. 만약 당신이 그 제안을 수용한다면 그 코드를 선택해 오른쪽 위편 패널로 이동시켜야 한다.

그림 20-7은 추가된 코드 몇 개를 입력한 것을 보여주는데, 이러한 코드들은 레위기 분석에 유용하게 쓰일 것이다. 우리는 간음, 수간(獸姦), 동성애, 근친상간, 밀교, 성교 등을 말하고 있는 문장들을 제공해봤다. 또한 레위기 문헌을 검토해보니 어떤 문장은 신이 그 죄인들을 처벌할 것이라고 명시하고 있었고, 또 어떤 문장에서는 공동체가 그에 대한 벌을 주어야 한다고 명시하고 있었다. 그림 20-8은 모든 코드가 추출되었을 때 창의 모양새가 어떤지를 보여준다.

분석을 위해 코드를 더 추가하면 할수록 그림의 오른편에 보이는 것은 점점 복잡해질 것이다. 그러나 Qualrus 프로그램은 그 코드들이 타당하게 납득되도록 당신을 도와줄 것이다. 더욱이 코딩체계(coding scheme)에 구조화를 추가해가더라도 Qualrus는 그 과정을 쉽게 처리할 수 있게 할 것이다. 예를 들어 '간음', '수간', '근친상간', '동성애' 등은 '성교' 코드의 하위범주라고 프로그램에 명령할 수 있다. 한번 프로그램에 인지시켜놓으면, 예를 들어 특정 문장을 '간음' 코드로 부여할 때마다 프로그램은 자동으로 그 문장을 '성교'라는 코드로 또한 코딩한다.

이런 모든 코딩작업의 목적은 연구자로 하여금 특정 주제와 관련되는 사례들을 모두 모아볼 수 있게 하는 것이다. 예를 들어, 죽음에 이르게 하는 인간의 모든 행위를 살펴본다고 하자. 'QTools' 버튼을 클릭하고 새로운 창이 열리는 모습을 그림 20-9에서 보여준다. 저자들은 Qualrus 프로그램에 '죽음'으로 코드가 부여된 모든 문장을 열거하라고 명령해봤다.

검토하는 문장들을 담고 있는 화면의 메인 패널(main panel)을 오르내리며 모든 관련 문장을 살펴보면서 유형을 탐색할 수 있다. 여기서 어떤 연구자가 죽음으로 처벌되어야 하는 성적 행위에 특별히 관심이 있다고 하자. 그림 20-10은 그 사례를 보여준다. 이제 연구대상이 되는 좀 더 짧고 적확한 문장들을 갖게 되었다.

지금까지 언급한 이러한 작업은 성경 레위기에서 세부적으로 금지된 내용을 Qualrus 프로그램이 분석할 수 있게 하는 몇 가지 방법을 간략히 살펴본 것이다. 분석작업상의 이론적 틀을 보여주려고 한 게 아니라, 각자의 특정 연구주제 분석에 활용될 가장 기초적인 기법을 보여주려 한 것이다. 더욱이 마지막 두 개의 그림 윗부분에서 볼 수 있었듯이 QTools는 한두 개의 코드를 리뷰하는 것 이상으로 잘 활용될 수 있다. 추가적인 분석도구에 대해 좀 더 알고 싶다면 Qualrus 웹사이트(http://www.qualrus.com)를 방문해보자.

이제 또 다른 질적 자료분석 프로그램으로 먼어가 보자. NUD*IST 프로그램이 질적 자료분석을 위해 사회조사 연구자들이 많이 활용하던 초기의 프로그램이지만, 시간이 흐르면서 다양한 형태로 진화해오고 있다. 이 책에서는 QSR International 회사의 가장 최근 프로그램인 NVivo 9을 소개하겠다.

NVivo

이 프로그램을 소개하기에 앞서, 그림 20-11은 Qualrus로 레위기를 분석할 때 그림 20-8에서 살펴봤던 자료를 NVivo 9이 분석하는 사례를 보여준다. NVivo에서는 형성된 코드를 노드(node, 중심점 혹은 집합점)라고 일컫는다.

물론 상이한 질적 자료분석 프로그램들의 구성조직은 다양하지만, 코딩과 분석을 위한 근본과정은 모든 질적 자료분석 프로그램의 기반이다. 그러나 저자들은 여기서 약간 방법을 바꾸어보겠다.

지금까지는 논의의 대상을 서술된 문헌의 코딩에 한정해왔는데, 이러한 사례가 코딩과정을 잘 그려주기 때문이었다. 그러나 서술된 문헌들은 그러한 분석에는 결코 적합한 자료라고 할 수 없다. 이러한 질적 분석 프로그램들이 심층면접 자료분석에 특히 유용하리라 예상했을 텐데, 사실 그렇다. 이런 측면에서, NVivo 프로그램의 웹사이트에서 소개용으로 사용한 연구사례를 제시하고자 한다.

'다운이스트 지역의 환경 변화(Environmental Change Down East)'는 미국 노스캐롤라이나 주의 해안가에서 환

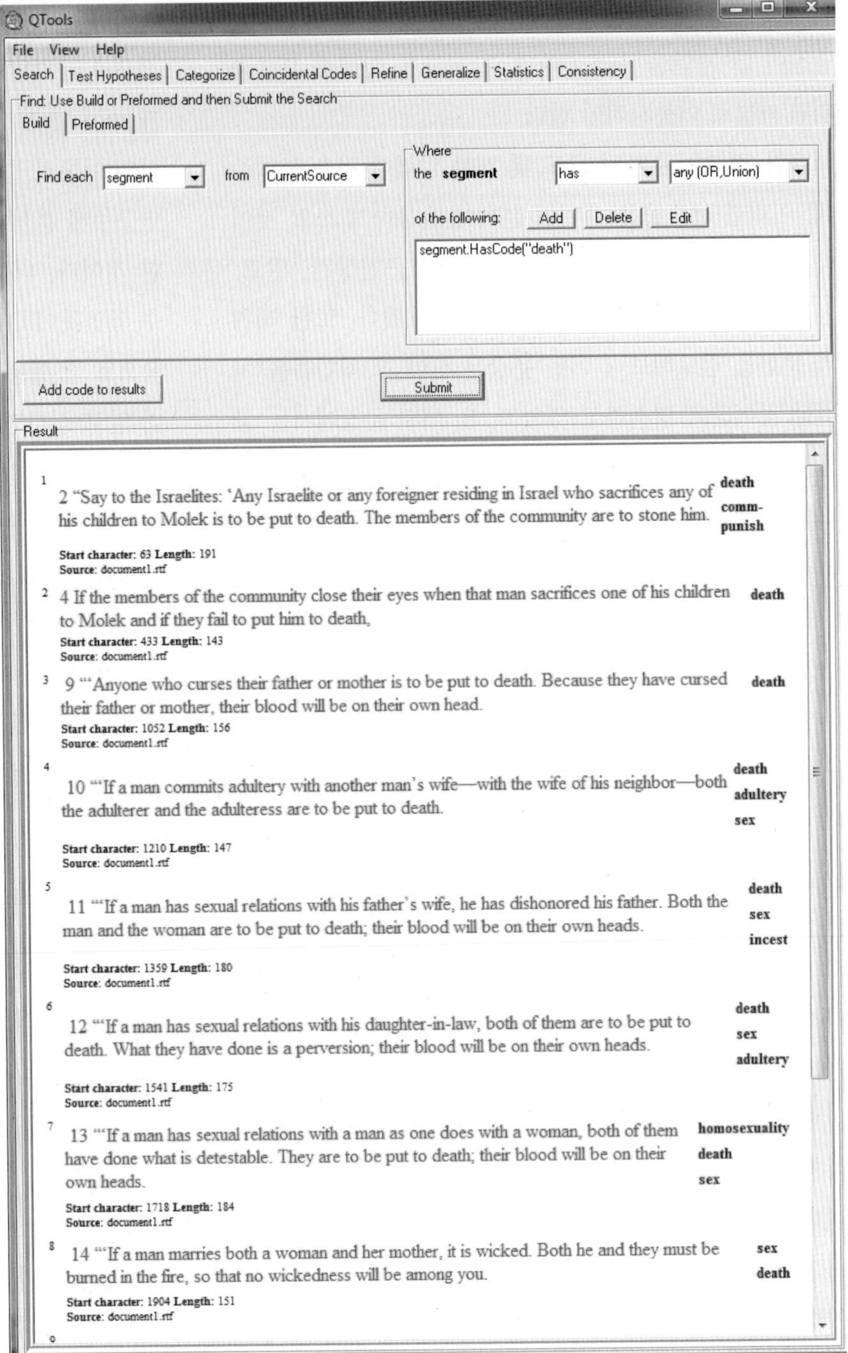

그림 20-9 '죽음'으로 코딩된 모든 문장의 검토

경 변화를 탐구한 프로젝트로서, NVivo 9에서 제공한 사례다. 이 프로젝트는 이 지역의 주민들을 질적으로 면접한 내용을 일부 포함하고 있다. 그림 20-12는 이 질적 면접내용 중 하나를 코딩한 부분을 보여준다.

면접 녹취록의 오른쪽 부분에 있는 음영으로 채색된 줄을 주목하기 바란다. 예를 들어, 붉은색 줄은 '일자리와 생계비'라는 노드를 의미한다. 독자들이 이 빨간 줄로 표시된 문장들을 읽는다면 이 프로젝트의 연구자들이 왜 그렇게 코딩했는지를 이해할 수 있을 것이다. 탐색된 주제가 하나 이상인 경우 해당 문장들을 살펴보라. 이 경우 하나 이상의 노드가 부여되었음을 볼 수 있을 것이다.

지금까지 질적 자료분석 프로그램들이 특정 문헌과 면

그림 20-10 '죽음'과 '성(sex)'으로 코딩된 문장들의 검토

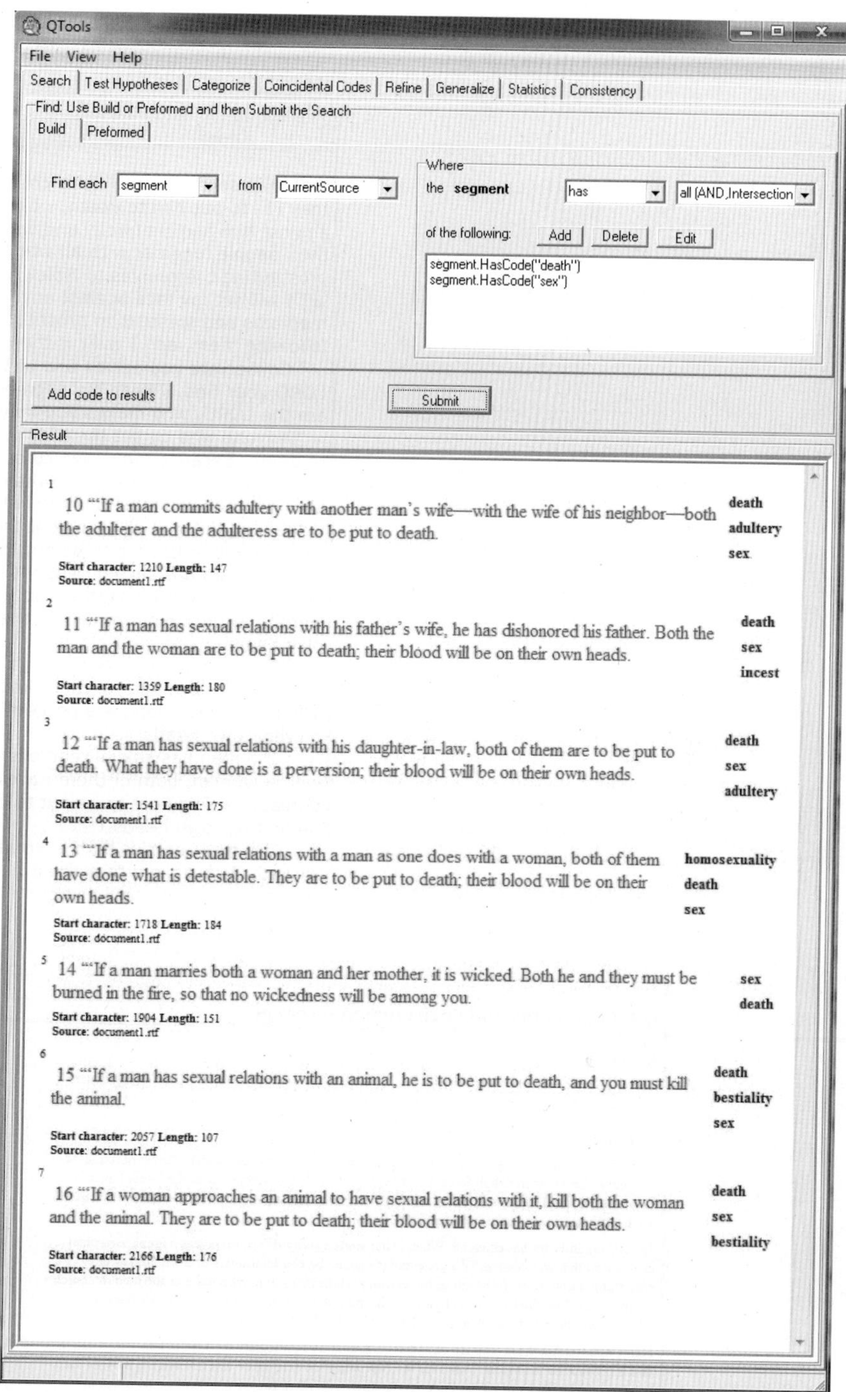

접 녹취록 같은 자료를 분석하기 위해 어떻게 조직하는지를 살펴봤다. 그러나 이것들은 겨우 맛보기에 불과하다. 지금 살펴보고 있는 '다운이스트 지역의 환경 변화' 프로젝트는 많은 수의 지역주민과 면접한 내용을 담고 있으면서도, 이 프로젝트 연구자들은 그 연구지역의 물리적 위치에 관한 자료를 함께 수집했다. 그림 20-13은 그러한 자료를 보여준다.

물리적 위치 관련 자료가 기록되는 내용에는 문장자료(textual material)와 사진자료(혹은 사진의 일부)들이 노드가 부여되는 방식으로 코딩되고 있다. 그 후에 특정 주제와 관련지어지는 자료를 검토하는 작업은 면접기록, 문헌, 사진, 그리고 노드가 부여될지 의문시되는 그 밖의

그림 20-11 NVivo 9 프로그램에서 본 레위기

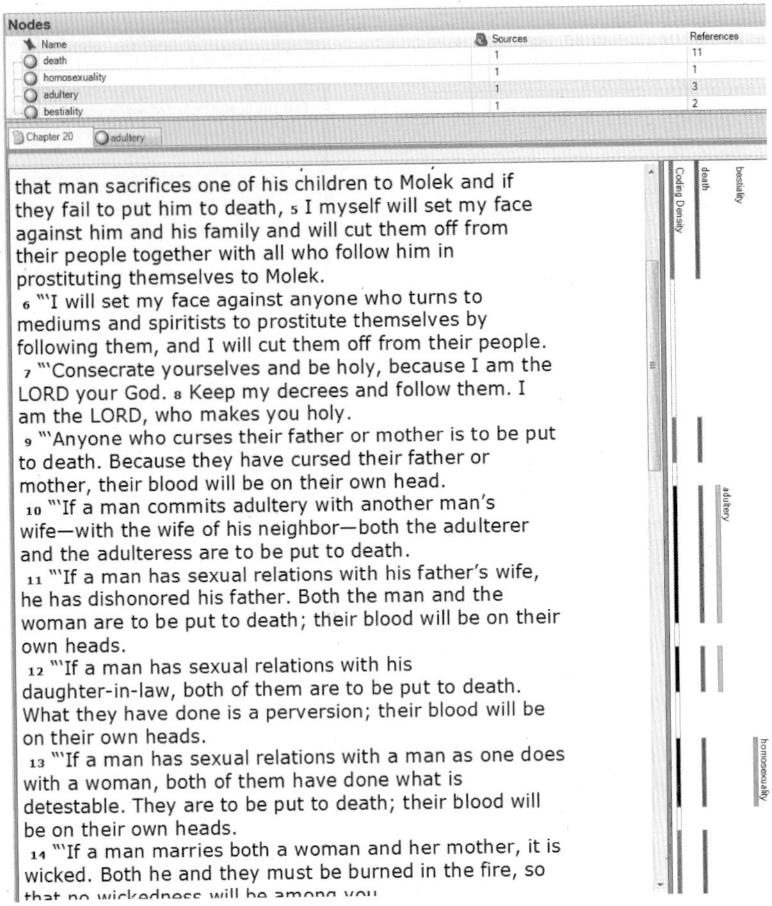

Nodes	Sources	References
Name		
death	1	11
homosexuality	1	1
adultery	1	3
bestiality	1	2

Chapter 20 | adultery

Coding Density | death | bestiality | adultery | homosexuality

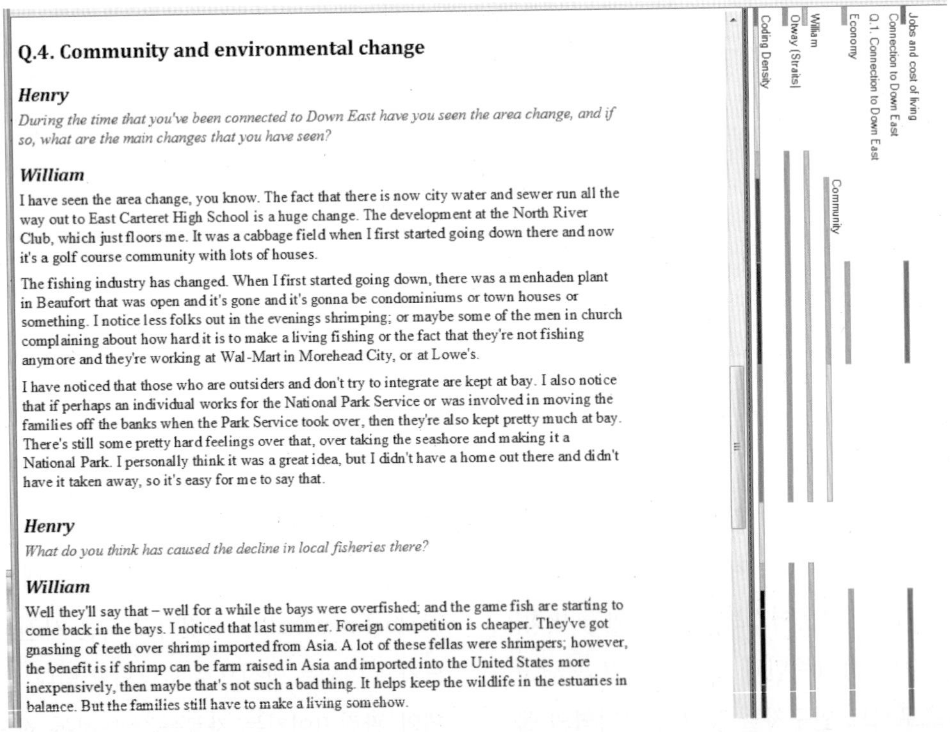

that man sacrifices one of his children to Molek and if
they fail to put him to death, 5 I myself will set my face
against him and his family and will cut them off from
their people together with all who follow him in
prostituting themselves to Molek.
6 "'I will set my face against anyone who turns to
mediums and spiritists to prostitute themselves by
following them, and I will cut them off from their people.
7 "'Consecrate yourselves and be holy, because I am the
LORD your God. 8 Keep my decrees and follow them. I
am the LORD, who makes you holy.
9 "'Anyone who curses their father or mother is to be put
to death. Because they have cursed their father or
mother, their blood will be on their own head.
10 "'If a man commits adultery with another man's
wife—with the wife of his neighbor—both the adulterer
and the adulteress are to be put to death.
11 "'If a man has sexual relations with his father's wife,
he has dishonored his father. Both the man and the
woman are to be put to death; their blood will be on their
own heads.
12 "'If a man has sexual relations with his
daughter-in-law, both of them are to be put to death.
What they have done is a perversion; their blood will be
on their own heads.
13 "'If a man has sexual relations with a man as one does
with a woman, both of them have done what is
detestable. They are to be put to death; their blood will
be on their own heads.
14 "'If a man marries both a woman and her mother, it is
wicked. Both he and they must be burned in the fire, so
that no wickedness will be among you

Coding Density | Olway (Straits) | William | Economy | Q.1. Connection to Down East | Connection to Down East | Jobs and cost of living | Community

Q.4. Community and environmental change

Henry

During the time that you've been connected to Down East have you seen the area change, and if so, what are the main changes that you have seen?

William

I have seen the area change, you know. The fact that there is now city water and sewer run all the way out to East Carteret High School is a huge change. The development at the North River Club, which just floors me. It was a cabbage field when I first started going down there and now it's a golf course community with lots of houses.

The fishing industry has changed. When I first started going down, there was a menhaden plant in Beaufort that was open and it's gone and it's gonna be condominiums or town houses or something. I notice less folks out in the evenings shrimping; or maybe some of the men in church complaining about how hard it is to make a living fishing or the fact that they're not fishing anymore and they're working at Wal-Mart in Morehead City, or at Lowe's.

I have noticed that those who are outsiders and don't try to integrate are kept at bay. I also notice that if perhaps an individual works for the National Park Service or was involved in moving the families off the banks when the Park Service took over, then they're also kept pretty much at bay. There's still some pretty hard feelings over that, over taking the seashore and making it a National Park. I personally think it was a great idea, but I didn't have a home out there and didn't have it taken away, so it's easy for me to say that.

Henry

What do you think has caused the decline in local fisheries there?

William

Well they'll say that – well for a while the bays were overfished; and the game fish are starting to come back in the bays. I noticed that last summer. Foreign competition is cheaper. They've got gnashing of teeth over shrimp imported from Asia. A lot of these fellas were shrimpers; however, the benefit is if shrimp can be farm raised in Asia and imported into the United States more inexpensively, then maybe that's not such a bad thing. It helps keep the wildlife in the estuaries in balance. But the families still have to make a living somehow.

그림 20-12 NVivo 9 프로그램에서 본 코딩된 면접자료

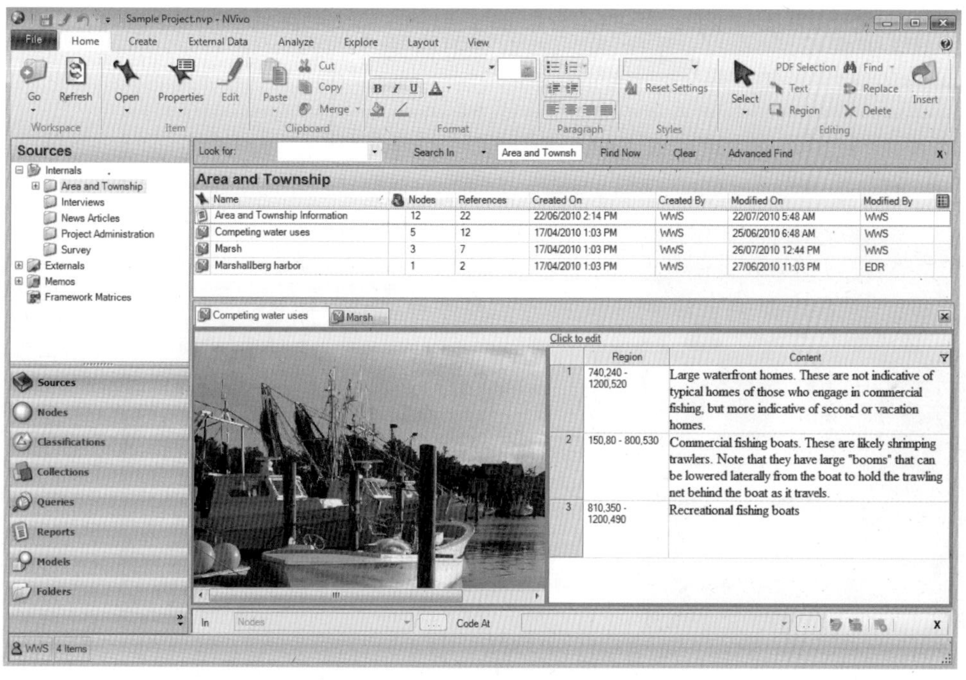

그림 20-13 물리적 위치에 관한 자료 예시

모든 자료를 한자리에 모으게 할 것이다.

분석용 시각자료는 단지 사진자료만을 의미하는 것은 아니다. 아마 독자 여러분의 어떤 프로젝트에서는 비디오 형식으로 수집된 자료도 포함할 수 있을 것이다. 그림 20-14는 그런 사례에 대한 설명이다.

비디오 파일이 NVivo 프로그램에 입력되면 이 역시 코딩되고, 불러오거나 재생하기 등을 할 수 있다. 오디오 녹음자료 역시 당연히 비슷하게 처리될 수 있다.

앞서 살펴본 몇 가지 설명을 통해 저자들은 다양한 유형의 자료가 NVivo 프로그램 내에서 어떻게 집적되고 조직되는지를 보여주고자 했다. 만약 EndNote 같은 참고문헌 정리 프로그램을 사용해본 적이 있다면 그런 참고문헌 자료를 이 NVivo 프로그램에 넣어서 활용할 수 있다. 추가적인 활용 가능성을 여러분 상상 이상으로 확대해도 좋을 것이다.

이제 우리가 앞서 논의했던 질적 연구, 즉 **메모**에 대해 언급하면서 질적 자료분석 프로그램에 관한 결론을 지으려 한다. 모든 상황에서 NVivo는 여러분의 간결한 생각들을 다른 맥락에서 기록할 수 있게 하는데, 즉 적절한 노드에 메모를 부여할 수 있게 한다. 예를 들어 두 주제의 교차지점에서 특정 유형이 한 가지 떠오르는 것을 발견하게 된다면, 연구자들은 자신이 관찰한 것을 간단히 기록할 수 있어야 하고 그래야만 세부적인 생각들을 잊지 않을 수 있다.

Qualrus에 관해 논의할 때, 예비적 분석의 사례들을 몇 가지 살펴봤다. 죽음의 처벌을 다루고 있는 레위기로부터 모든 문장을 불러와서 분석해봤는데, 그때 우리는 성적 행위로 말미암은 죽음의 처벌을 언급하는 문장들을 찾아봤다. NVivo는 'Queries(조회)'라는 이름의 기능 아래에서 다양한 분석도구를 제공한다. 'Getting Started Guide(시작 가이드)'는 QSR 웹사이트에서 PDF 형식으로 다운받을 수 있다. 이 가이드는 '다운이스트 지역의 환경변화' 프로젝트에서 제시된 조회의 사례들을 다음과 같이 제공하고 있다.

- 노드들이 연결되어 있는 자료를 모아보라. 예를 들어, '수질(water quality)'과 '여가를 위한 낚시'로 코드화된 내용들을 모아보고 관계성을 탐색해보라.

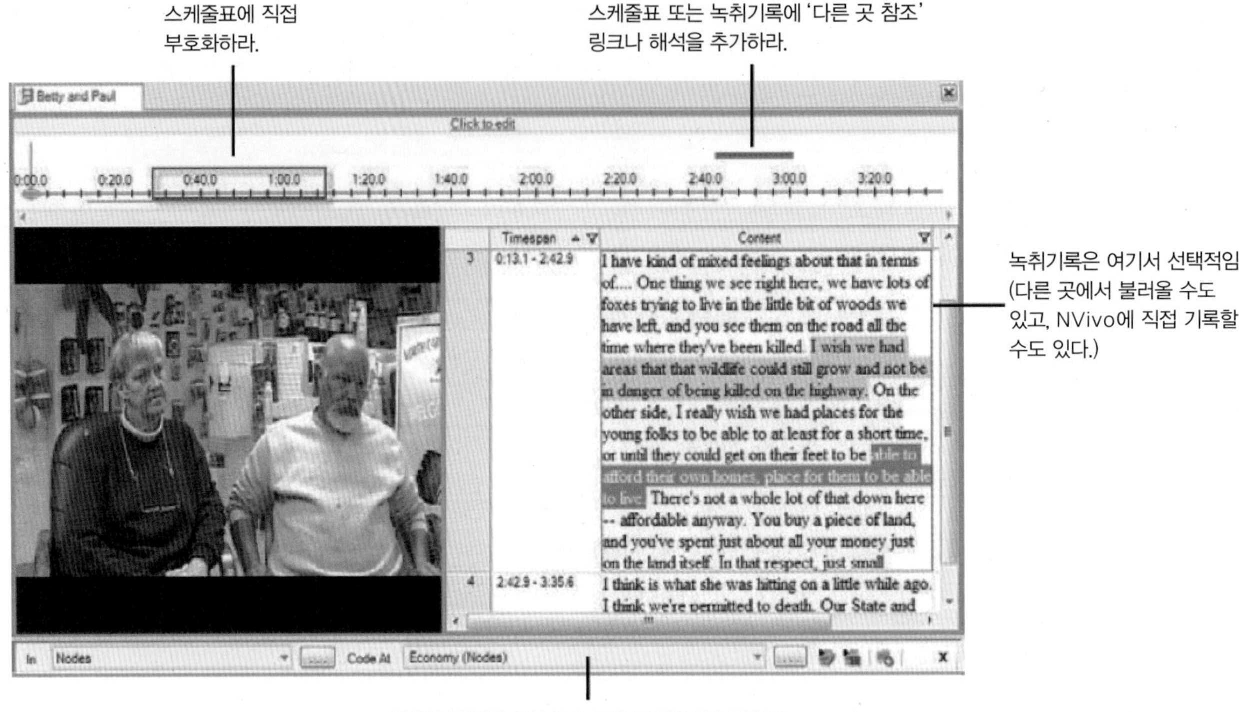

그림 20-14 NVivo 프로그램으로 비디오 자료 분석하기

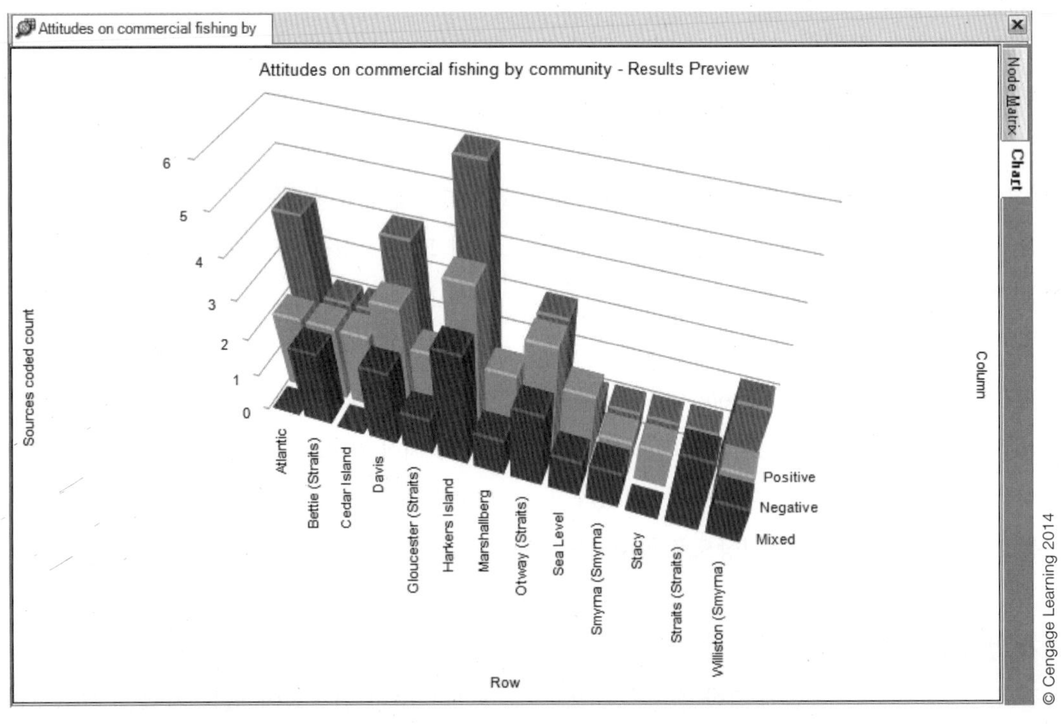

그림 20-15 상업적 낚시에 대한 지역사회별 의견

- 특정한 속성적 가치를 갖는 노드들의 분류로부터 자료를 모아보라. 예를 들어, 어부들은 관광산업의 부상에 대해 어떤 생각을 하는가?
- 복수의 노드들로 코딩된 자료를 찾아보고 조회기능을 더 정교하게 하기 위한 프로그램 기능을 돌려보라. 예를 들어, '부동산 개발'이라고 코딩된 내용과 겹치는 차원에서 '지역사회 변화'로 코딩된 자료를 모아보라.
- 특정 노드로 코딩되지 않은 내용자료를 찾아보라. 예를 들어, '환경적 영향'으로 코딩되어 있으나 '부정적 태도'로 코딩되지는 않은 내용자료를 찾아보라(QSR International, 2011, p. 31).

현재 QDA(질적 자료분석)용 컴퓨터 프로그램은 분석 결과를 제시하는 매우 정교한 기술도 제공하고 있다. 예를 들어, 그림 20-15는 '다운이스트 지역의 환경 변화' 프로젝트의 여러 지역사회에서 수집된 상업적인 낚시에 관한 긍정적, 부정적, 혹은 혼합된 의견들의 요약을 제시한다.

이 그림에서 막대그래프는 하커스 섬(Harkers Island) 주민들이 상업적 낚시에 대해 긍정적인 태도를 보이고 있는지 궁금하게 만들 것이다. QDA 소프트웨어를 활용하면 주민들의 그러한 의견을 모두 완전히 불러오는 것은 전혀 어렵지 않은 문제다.

QDA 프로그램은 연구자가 코딩한 구조를 그림으로 보여주기도 하는데, 연구주제에 대해 일관적이고 이론적인 이해를 발전시킬 수 있도록 도와준다. 그림 20-16에 이와 관련된 사례가 나와 있다.

지금까지 서술한 두 가지 QDA 프로그램, 즉 Qualrus

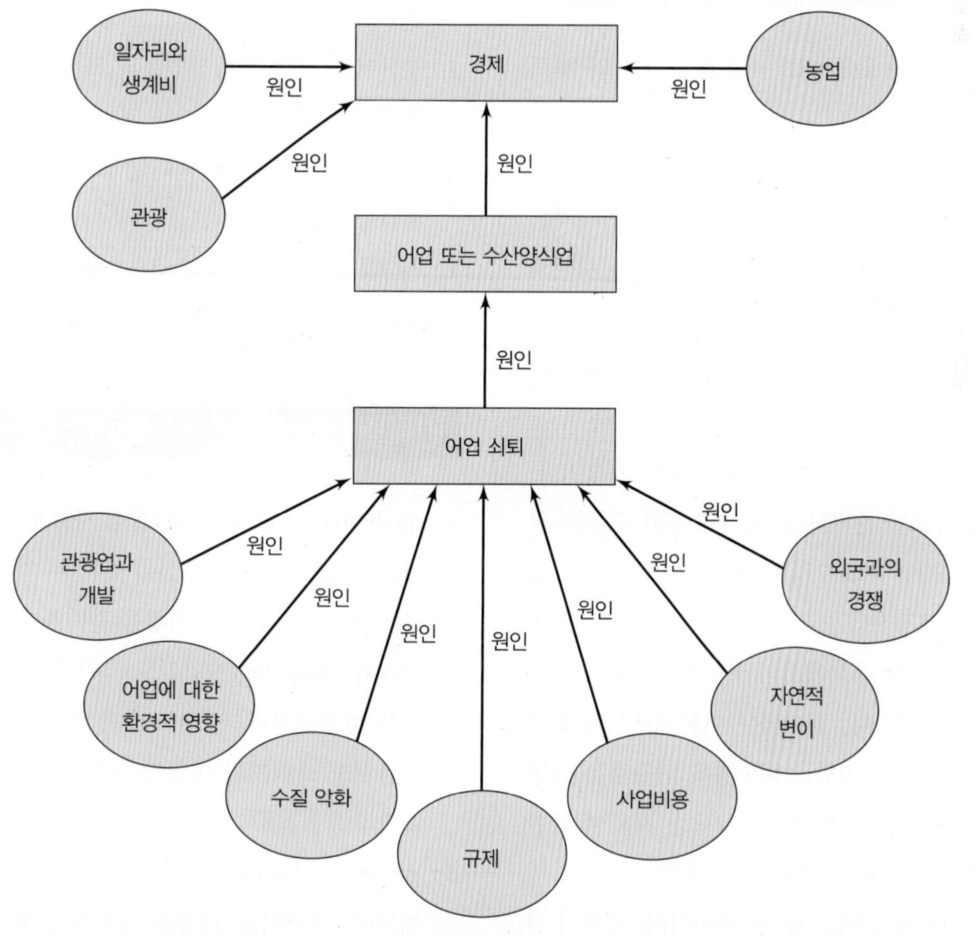

그림 20-16 '다운이스트 지역의 환경 변화' 프로젝트에서의 개념지도

와 NVivo는 질적 자료분석에 필요한 매우 막강한 도구라는 생각이 들 것이다. 여기서 제시한 설명과 사례는 두 프로그램이 지닌 기능의 극히 작은 부분에 불과하다. 그리고 이 장의 앞에서 제시한 그 밖의 질적 자료분석 컴퓨터 프로그램도 이와 비슷한 기능을 수행할 수 있다. 대부분의 질적 자료분석 프로그램은 온라인상으로 포괄적인 교육자료를 제공하고 있으므로, 각자의 욕구에 적합한 프로그램을 탐색, 비교, 선택해보라.

마지막으로, 이러한 프로그램의 가격이 학생들 입장에서 쉽게 지출할 수 있는 예산의 범위를 훨씬 벗어날 수 있음을 유념하기 바란다. 그러나 학교에서 찾아보면 학생들을 위한 라이선스가 있을 것이다. 마치 SPSS 같은 양적 자료분석 소프트웨어의 똑같은 사례일 것이다.

주요 내용

- 질적 분석은 관찰내용에 대한 비수량적 조사와 해석이다.
- 질적 분석은 이론과 분석 사이의 지속적인 상호작용에 관련된 것이다. 질적 자료를 분석할 때 연구자는 시간의 흐름에 따라 변화하는 것 혹은 변수들 사이의 인과적 연계와 같은 유형(패턴)을 찾으려고 한다.
- 그런 유형을 발견하고 설명하기 위한 접근의 예는 근거이론 방법(GTM), 기호학, 대화분석법 등이다.
- 질적 자료처리과정은 과학적인 동시에 예술적이다. 분석을 위해 자료를 준비하는 세 가지 주요 도구는 코딩, 메모하기, 개념지도 그리기다.
- 통계분석에서 코딩작업을 위해 사용하는 표준화된 단위에 대비되는 질적 분석에서의 코딩단위는 문서내용에 따라 매우 다양하다. 탐색되는 이론으로부터 코드를 추출할 수 있긴 하지만, 많은 경우 연구자는 개방코딩을 사용하고 그런 방식에서 코드는 자료에 관한 연구자의 조사와 질문과정을 통해 추출된다.
- 메모하기는 코드의 의미, 이론적 아이디어, 예비적 결론, 그리고 분석과정 동안 유용한 다른 생각을 찾아내고 파악하기 위한 자료처리과정의 다양한 단계에서 적절하게 활용된다.
- 개념지도 그리기는 자료에서 관계성을 찾아내기 위해 도식을 사용한다.
- Qualrus와 NVivo 같은 컴퓨터 프로그램은 질적 자료의 분석에서 연구자들을 돕기 위해 특별히 고안된 것이다.

연습문제

1. 고프먼 Goffman의 성(性)과 광고의 조사를 검토하고, 실제로 성별과 지위 사이의 관계를 탐색할 수 있는 잡지나 신문으로부터 광고사진을 수집하고 분석해보라.
2. 레위기에 있는 동성애 논의에 대해 검토하고, 그 검토가 교차사례 분석으로 구조화될 수 있는 방법을 제시해보라.
3. 당신이 미국의 독립선언문과 프랑스혁명의 인권선언문 등의 혁신적인 문헌을 교차사례 분석하는 연구자라고 가정하고, 그 선언문들에서 코딩될 수 있는 주요 개념을 찾아보라.
4. 연습문제 3에서 하나의 코드 노트와 이론적 노트를 써보라.

인터넷 연습문제

1. 'qualitative data analysis(질적 자료분석)'라는 단어를 사용해 검색해보라. 자신이 찾은 두 가지 질적 연구논문에서 활용된 자료분석법을 간략하게 서술하라.
2. 'concept mapping(개념지도 그리기)'이라는 단어를 사용해 검색해보라. 당신이 찾은 질적 연구논문에서 그 개념지도 그리기가 어떻게 사용되었는지 간략하게 서술하라.
3. 'grounded theory(근거이론)'라는 단어를 사용해 검색해보라. 근거이론 기법을 사용한 질적 연구논문을 간략하게 기술하고 그 논문에서 자료분석한 내용을 요

약하라.

4. 대화분석을 이용한 보고서를 찾아보라. 그리고 그 보고서의 결론을 자신의 말로서 요약해보라.

추천도서

Glaser, B. G., & Strauss, A. L. (1967). *The Discovery of Grounded Theory: Strategies for Qualitative Research*. Chicage: Aldine. 이 책은 근거이론에 관한 고전적 서적으로, 오늘날까지 유용하게 쓰이는 실무적 제안을 담고 있다.

Hutchby, I., & Wooffitt, R. (1998). *Conversation Analysis: Principles, Practices, and Applications*. Cambridge, England: Polity Press. 이 책은 대화분석법에 대한 탁월한 교재로 기법과 함께 배경이 되는 이론을 검토하고 있으며, 그 이론을 어떻게 사용하고 적용할 것인가를 기술하고 있다.

Miles, M. B., & Huberman, M. (1994). *Qualitative Data Analysis* (2nd ed.). Thousand Oaks, CA: Sage. 만약 질적 연구를 수행하면서 당신이 엄청난 양의 비구조화된 자료에 압도당해 이것을 어떻게 분석하고 보고서를 쓸 것인지 망연자실한 경험이 있다면, 이 책은 배우기 쉬운 내용으로 다가올 것이다. 질적 자료를 가지고 축약하고, 열거하고, 타당한 결론을 뽑아내는 다양한 방법을 실질적인 사례를 들어 설명해준다.

Silverman, D. (1993). *Interpreting Qualitative Data: Methods for Analyzing Talk, Text, and Interaction*. Newbury Park, CA: Sage. 이 책은 이론적 측면과 자료 수집 기법, 그리고 자료의 의미를 분석하는 과정을 연결해주고 있다.

Strauss, A., & Corbin, J. (1990). *Basics of Qualitative Research: Grounded Theory Procedures and Techniques*. Newbury Park, CA: Sage. 이 책은 근거이론에 대한 내용을 업데이트한 것으로, 코딩과 메모하기에 대해 자세하게 설명하고 있다.

활용 노트

EP 2.1.6b

EP 2.1.6b: 실천에 유용한 연구증거 활용하기: 사회복지사가 이 장에 소개된 모든 개념을 이해한다면, 절적 연구를 통해 얻을 수 있는 실증 증거를 파악하고 그러한 증거를 실천과정에 활용하는 데 도움이 될 것이다.

EP 2.1.10m

EP 2.1.10m: 개입을 비판적으로 분석하고, 모니터링하고, 평가하기: 사회복지사가 이 장에 소개된 모든 개념을 이해한다면, 실천개입을 모니터링하고 평가하기 위해 질적 연구를 사용함으로써 얻게 된 결과를 분석하는 데 도움이 될 것이다.

양적 자료분석

Analysis of Quantitative Data

7부에서는 양적 조사연구에서 자료를 분석하고 보고하는 방법을 살펴보기로 한다. 먼저 측정 수준과 그것이 자료분석에 어떤 영향을 미치는지 알아본 다음, 자료를 분석하기에 앞서 자료를 어떻게 준비해야 하는지를 살펴보겠다. 뒤이어서 변수 하나하나를 개별적으로 기술하는 방법과 변수들 간의 관계를 기술하는 방법을 살펴본 다음, 마지막으로 변수들 간의 관계를 추론하기 위해 어떤 통계분석을 해야 하는지에 관한 내용을 고찰할 것이다.

21장에서는 측정의 수준, 컴퓨터를 이용해 관찰내용을 자료분석에 적합한 형태로 전환하는 방법, 일변량 변수에 관한 기초적인 기술통계 분석결과를 해석하는 방법 및 자료를 설명하는 방법, 그리고 두 개 혹은 그 이상의 변수들 간의 관계를 나타내는 이변량 및 다변량 분석 결과표를 만들고 해석하는 방법 등을 살펴볼 것이다.

22장과 23장에서는 관찰을 통해 얻어진 변수들 간의 관계와 관찰된 관계 속에 내재되어 있는 인과성, 그리고 그러한 인과관계의 강도 등에 관한 결과들을, 해당 연구에만 국한하지 않고 널리 일반화할 수 있는지를 판단하기 위해 사회복지 연구자들이 주로 많이 사용하는 통계분석 방법들을 살펴볼 것이다. 이 두 장에서 논의의 초점은 통계량을 계산하는 구체적인 방법이나 절차보다는 추론통계 및 그와 관련된 논리를 소개하는 데 둘 것이다. 23장에서는 또한 언제 어떤 종류의 통계분석 방법을 사용해야 하는지를 판단하는 기준과, 그런 기준을 사용하고 의미를 해석하면서 범하기 쉬운 오류, 그리고 그런 기준의 사용과 관련된 문제점도 살펴보겠다.

CHAPTER 21

양적 자료분석

Quantitative Data Analysis

이 장의 학습내용

사회복지 조사연구를 통해 수집된 자료를 통계분석에 적합한 형태로 전환해야 하는 경우가 종종 있다. 이번 장에서는 자료를 수량화하고 분석하는 과정을 살펴볼 것이다. 수량적 자료분석은 기술적 목적으로 실시되기도 하고, 설명적 목적으로 실시되기도 한다. 또한 수량적 자료분석은 단일 변수에 대해 이루어질 수도 있고, 두 개 또는 그 이상의 변수에 대해 이루어질 수도 있다. 이번 장에서는 연구의 결론을 도출하는 데 필요한 몇 가지 단순하면서도 매우 중요한 자료관리 방법에 대한 고찰을 출발점으로 삼아, 여러 가지 수량적 자료분석 방법들을 살펴보겠다.

서론

20장에서 질적 자료의 분석과 관련된 논리와 기법을 살펴본 바 있다. 이번 장에서는 **양적 분석**(quantitative analysis)에 대해 살펴보는데, 좀 더 구체적으로 말하면 수집된 자료를 수량적 형태로 전환하고 통계적 자료분석에 적합한 형태로 전환하는 방법을 알아볼 것이다. 먼저, 각기 다른 네 가지 차원의 척도에 대해 살펴보겠다. 분석하고자 하는 변수를 어떤 수준에서 측정하는가는, 어떤 자료분석 방법을 사용해 자료를 분석할 수 있는가에 큰 영향을 미친다. 그 다음으로 **코딩**, 즉 자료를 수량적 형태로 전환하는 방법과 절차를 알아보고, 마지막으로 기본적인 기술통계량 및 자료분석 결과를 보고하는 표에 대해 살펴볼 것이다.

EP 2.1.6b
EP 2.1.10m

측정 수준

앞서 속성(attribute)을 어떤 것의 특성이나 성질이라고 정의한 바 있다. 여성 또는 연령은 속성의 좋은 예라고 할 수 있다. 이러한 속성과 달리 변수란 속성의 논리적 집합을 말한다. 즉, 성 혹은 성별은 여성과 남성이라는 속성으로 구성되는 변수다. 성 혹은 성별과 달리 연령은 각기 다른 여러 종류의 속성으로 구성될 수 있는 변수다. 예를 들어 영아, 유아, 아동, 청소년, 성인, 노인 등의 속성으로 연령이라는 변수를 구성할 수 있다. 이와 달리 좀 더 정확

몇몇 학생들은 다른 사람들보다 더 쉽게 통계에 다가간다.

하게 어떤 사람의 연령을 그 사람이 몇 살인지로 나타낼 수도 있다. **성별**이라는 변수의 경우는 이산적이고 비수량적인 속성밖에 가질 수 없다. 즉, 어떤 사람은 그저 남성이거나 여성일 뿐 얼마나 남성 혹은 여성인지를 알 수는 없다. 이와 달리 **연령**은 수량적 속성을 가질 수 있는 변수다. 왜냐하면 연령을 구성하는 속성에는 양이라는 개념이 포함되어 있기 때문이다. 또한 **연령**이라는 변수를 구성하는 속성의 정확도를 매우 부정확한 것에서부터(예컨대 아동, 성인, 노인) 매우 정확한 것(6개월, 6년 등)까지 선택할 수 있다는 사실을 이해할 필요가 있다. 속성의 종류에서 이러한 차이를 가리켜 **측정 수준**(level of measurement)이라고 한다.

10장에서 측정 수준에 대해 간략히 논의했던 내용에서는 지표와 척도가 일반적으로 양적 차이를 엄밀하게 구분해 나타내지 않았으므로 순위 측정 수준에 속했었다. 순위 측정 수준을 명목 및 비율 측정 수준과 대조해봤고 등간 측정 수준에 대해서도 언급했었다. 이제 명목, 순위, 등간, 비율이라는 측정의 네 가지 수준에 대해 살펴보자.

명목측도

어떤 변수가 이산적이고 비수량적(범주적)인 속성만을 가질 때 그러한 변수를 명목변수 혹은 **명목측도**(nominal measure)라고 한다. 성별, 인종, 종교, 소속정당, 출생지, 대학에서의 전공학문, 머리 색깔 등이 명목측도의 대표적인 예다. 물론, 이 각각의 변수를 구성하는 속성들(성별의 경우, 남성과 여성)은 서로 구분될 뿐만 아니라 사람이 가질 수 있는 성의 종류를 포괄하고는 있으나, 어떤 것도 바로 아래에서 언급할 추가적인 성질들을 갖고 있지 않다.

위에서 예로 들었던 변수들 중 어떤 한 가지 변수를 가진 한 무리의 사람들을 생각한 다음 그 사람들을, 적용 가능한 속성을 가지고 물리적으로 구분해보자. 모인 사람들에게 태어난 주가 같은 사람들끼리 모여보라고 한다고 상상해보자. 한 집단은 버몬트 주에서 태어난 사람들로만 이루어진 집단이 될 것이고, 또 다른 집단은 캘리포니아 주에서 태어난 사람들만으로 이루어지는 집단이 만들어질 것이다(이 경우 변수는 **출생지**이고, 변수를 구성하는 속성은 **캘리포니아 출생**, **버몬트 출생** 등이 된다). 각 집단에 속하는 사람들은 적어도 한 가지 공통점을 가지며, 어떤 한 집단에 속한 사람은 그 집단이 아닌 다른 어떤 집단에 속한 사람과 바로 그 공통점에서 차이를 보이게 된다. 각 집단이 형성되어 있는 위치, 각 집단 간의 거리, 또는 각 집단이 어떻게 배열되어 있는지는 전혀 중요하지 않다. 중요한 것은 각 집단의 모든 구성원이 출생한 주가 동일하다는 사실과 각 집단이 서로 다른 주를 출생지로 갖는다는 사실이다.

자료의 수집과 처리를 수월하게 하기 위해 연구자는 명목변수가 가진 서로 다른 범주 또는 속성에 대해 서로 다른 코드번호를 부여한다. 즉, 연구자는 '1'을 남성을 나타내는 번호로 지정하고, '2'를 여성을 나타내는 번호로 지정한다. 그러나 다른 측정 수준과 달리, 명목측도에서 코드번호는 아무런 수량적 의미를 갖지 않는다. 명목측도에서의 번호는 단지 질적 차이만을 나타내는 하나의 도구일 뿐이다.

명목이라는 단어는 **정한다**(nominate)라는 단어와 **명명법**(nomenc-lature)이라는 단어(즉, 이름 짓는 것과 관련된 단어)와 동일한 라틴어 어원을 갖는다. 어떤 번호가 할당되는지 또는 할당한 번호가 높은 번호인지 낮은 번호인지에 관계없이 코드는 이름을 나타내는 것일 뿐 양을 나타내는 것이 결코 아니다. 따라서 인종을 코딩하면서 백인에게 1을, 흑인에게 2를, 남미계 미국인에게 3을, 아시아계 미국인에게 4를, 미국 원주민에게 5를, 기타 인종에게 6을 부여하더라도, 높은 번호를 부여받은 인종이 낮은 코드번호를 부여받은 인종에 비해 어떤 속성을 더 많이 갖고 있음을 뜻하진 않는다. 즉, 코드번호 4에 해당하는 아시아계 미국인이 코드번호 2에 해당하는 아프리카계 미국인에 비해 더 많은 인종을 갖고 있다는 것이 아니다. 따라서 명목자료를 통계적으로 분석할 때는 평균값이나 중앙값을 사용할 수 없다. 예를 들어, 어떤 기관의 평균

인종이 2.7이라고 하는 것은 전혀 말이 되지 않는다. 명목측도와 관련해 우리가 할 수 있는 분석은, 사례 중 40%가 백인이고 30%가 흑인이고 20%가 남미계라는 식으로 어떤 범주 안에 얼마나 많은 사람이 속하는지를 계산하는 것 정도에 불과하다.

순위측도

속성이 논리적으로 서열-순위화된 변수를 **순위측도**(ordinal measure)라고 한다. 순위측도에서 속성의 수준은 해당 속성의 많고 적음을 나타내지만, 정확하게 어느 정도의 차이가 존재하는지를 나타내지는 못한다. 순위측도의 예로는 사회계층, 인종차별, 성차별, 만족도 등을 꼽을 수 있다. 따라서 만약 나이를 '젊다'와 '늙었다'라는 속성을 사용해 나타낸다면 나이를 순위측도로 취급하는 것이 된다. 즉, 늙은 사람은 젊은 사람보다 늙었다는 사실은 알지만 얼마나 늙었는지는 알 수 없다.

이와 마찬가지로 클라이언트들에게 그들이 받은 서비스에 얼마나 만족하는지를 묻거나 그러한 서비스의 질을 평가해달라고 할 때는 순위자료를 갖게 된다. 물론, 클라이언트들에게 아주 만족했는지, 만족했는지, 불만족했는지, 아니면 아주 불만족했는지를 물을 수 있다. 그러나 그렇게 할 때 우리는 클라이언트들의 만족 수준의 서열순서(rank order)는 알 수 있으나 어떤 수준의 만족을 느낀 클라이언트가 다른 클라이언트에 비해 정확하게 두 배 더 만족했다거나 세 배 덜 만족했는지를 판단할 수 있는, 속성의 양적 기준을 알 수는 없다. 마찬가지로 어떤 클라이언트는 서비스의 질을 훌륭하다고 평가하고 또 다른 클라이언트는 좋다고 평가할 때, 첫 번째 클라이언트가 두 번째 클라이언트에 비해 서비스의 질을 더 높이 평가하고 있다고는 말할 수 있으나 정확하게 얼마나 더 높이 평가하는지는 말할 수 없다. 예를 들어, 훌륭하다는 것이 좋다는 것에 비해 1/3배 혹은 두 배 더 좋다는 뜻은 아니기 때문이다.

명목측도의 경우와 마찬가지로 순위측도에서도 연구자는 각각의 서열순서를 나타내기 위해 코드번호를 부여한다. 예를 들어 클라이언트가 어떤 서비스의 질을 '훌륭한', '좋은', '괜찮은', '좋지 않은'이라는 네 가지 응답범주를 갖는 순위척도로 평가한다면 '훌륭한'에 4, '좋은'에 3, '괜찮은'에 2, '좋지 않은'에 1이라는 코드를 부여할 수 있다. 명목측도와 달리 이들 코드번호는 수량적 의미를 갖는다. 여기서 말하는 수량적 의미란 코드 4는 3보다 높은 등급을 나타내는 식의 의미를 말한다. 그러나 이러한 수량적 의미는 정확도가 낮다. 왜냐하면 순위측도에서의 수량적 의미는 자녀가 없거나 한 명, 두 명 또는 세 명의 자녀를 갖는 것과 네 명의 자녀를 갖는 것 간의 차이와 같은 수량적 의미가 아니기 때문이다. 자녀가 네 명인 부모가 자녀가 한 명인 부모에 비해 자녀 수가 네 배나 많다고 말할 수 있는 것과 달리, 서비스를 훌륭하다(코드 4)고 평가한 클라이언트가 좋지 않다(코드 1)고 평가한 클라이언트에 비해 서비스를 네 배 더 좋게 평가한다고는 볼 수 없다. 순위라는 말은 순서(order)라는 말과 관련된 것으로, 각 응답범주의 순서를 안다는 것을 의미할 뿐 각 응답범주가 갖는 정확한 양이나 응답범주 간의 정확한 차이를 안다는 것을 의미하지는 않는다.

등간측도

어떤 변수의 경우, 변수를 구성하는 속성들 간의 거리가 실질적인 의미를 갖는데, 그러한 변수를 가리켜 **등간측도**(interval measure)라고 한다. 등간측도의 경우 속성들 간의 논리적 거리를 의미 있는 표준화된 간격으로 표현할 수 있다. 자연과학에서 온도를 나타내는 척도로 사용하는 화씨와 섭씨가 좋은 예가 될 수 있다. 80도와 90도 간의 거리는 40도와 50도 간의 거리와 동일하다. 그러나 화씨 80도가 섭씨 40도에 비해 두 배 더 뜨거운 것은 아닌데, 왜냐하면 화씨와 섭씨에서의 0점은 임의적이기 때문이다. 즉, 0도가 열의 부재를 의미하는 것이 아니며, -30도가 열이 부재한 상태보다 30도 더 낮음을 의미하는 것도 아니다(켈빈 Kelvin 척도는 절대 0에 기초하며, 따라서 켈빈 척도의 0도는 열이 전혀 없음을 의미한다).

사회과학 연구에서 일반적으로 사용되는 거의 유일한

등간측도로는 표준화된 지능검사와 같은, 연구자들이 개발한 측도들을 꼽을 수 있다. 지능지수 100과 110 간의 간격은 지능지수 110과 120 간의 간격과 같다고 여겨지는데, 이는 다년간 수많은 사람들의 지능을 측정해 얻은 관찰 점수의 분포에 근거한 결과다(그러나 엄격하게 말해 표준화된 지능검사에서 어떤 사람이 0점을 받았다고 하더라도, 물론 그 사람이 대학교수나 대학생이 되기에는 적합하지 않다고 생각할 수는 있지만, 그 사람이 지능이 없다고는 말할 수 없다).

비율측도

등간측도가 되기 위해 필요한 최소한의 조건을 충족하는 대부분의 사회과학 변수는 **비율측도**(ratio measure)가 되기 위한 필요조건 또한 충족한다. 비율측도의 경우, 변수를 구성하는 속성들은 이제까지 언급했던 모든 척도의 구성적 특성들을 가짐과 동시에 실질적인 의미의 0점에 기초한다. 앞에서 이미 켈빈 온도 척도에 대해 언급한 바 있다. 사회복지 조사연구와 좀 더 관련 있는 예로는 특정 장소에서 거주한 기간, 자녀의 수, 서비스 전달 횟수, 입원일 수, 소속된 조직의 수, 결혼 횟수, 반사회적 행동을 한 횟수 등을 들 수 있다.

명목측도의 예: 성별

남성 여성

순위측도의 예: 종교

자신에게 종교가 얼마나 중요하다고 생각하십니까?

낮음 → 높음

등간측도의 예: 지능지수

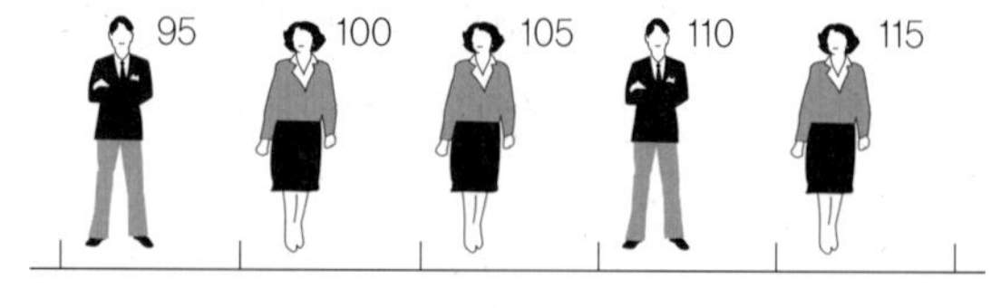

비율측도의 예: 소득

0 $10,000 $20,000 $30,000 $40,000 $50,000

그림 21-1 측정 수준

앞서 예로 들었던 사람의 나이는 시간의 많고 적음을 기준으로 정확하게 정의하면 비율측도가 된다. 그러나 이미 앞에서 언급했던 바와 같이, 나이를 (다른 모든 비율측도와 마찬가지로) 정확하지 않게 정의하면 순위측도가 된다. 어떤 모임에서 사람들에게 가장 어린 사람부터 가장 나이가 많은 사람의 순서로 일렬로 서달라고 부탁한다고 가정해보자. 그렇게 함으로써 순위측도가 되는 데 필요한 조건이 충족되는데, 왜냐하면 어떤 사람이 다른 사람에 비해서 나이가 많은지, 적은지 혹은 같은지를 알 수 있기 때문이다. 이번에는 사람들을 자신보다 한 달 더 먼저 혹은 더 나중에 태어난 사람과 1피트 간격을 갖도록 일렬로 서게 한다면 이는 등간측도가 되는 데 필요한 추가 조건이 충족되는 것이며, 어떤 사람이 다른 사람에 비해 얼마나 나이가 많은지를 알 수 있다. 마지막으로, 나이를 구성하는 속성에 실질적인 0이 포함되므로(출산을 앞둔 여성의 뱃속에 있는 아기) 어떤 사람의 나이를 아는 것이 비율측도가 되는 데 필요한 추가 조건을 충족할 수 있고, 따라서 어떤 한 사람이 다른 사람에 비해 두 배 더 나이를 먹었다고 말할 수 있게 된다. 그림 21-1에 제시된 네 가지 수준의 측정에 해당하는 그림을 통해 이제까지의 논의 내용을 다시 한 번 정리해볼 수 있다.

측정 수준이 갖는 함의

안타깝게도 위의 예처럼 사람들을 분류하는 것은 실제로

는 거의 불가능하므로(한번 해보고 싶다면 그렇게 할 수도 있겠지만, 아마 그 이후부터는 모임에 초대되는 횟수가 확연히 줄어들 것이다) 이상에서 살펴보았던 측도들 간의 차이가 갖는 통계적 함의를 이해하는 데 초점을 맞춰야 한다. 예를 들어 연구자가 표본의 평균 나이를 알고자 한다면 관찰대상의 나이를 비율측도로 측정해야지, 성인과 아동 또는 젊은이와 노인이라는 범주로 측정해서는 안 된다.

네 가지 측도 가운데 비율측도를 가장 높은 수준의 척도라고 하는데, 이는 어떤 속성을 비율측도로 측정할 때가 다른 어떤 척도로 측정할 때보다 선택할 수 있는 통계분석 기법의 폭이 넓기 때문이다. 예를 들어 위에서 이미 살펴봤듯이 나이를 비율, 등간, 순위측도 중 어떤 측도로든 측정할 수 있다. 심지어 나이를 명목측도로도 측정할 수 있는데, 예를 들면 사람들을 1945년부터 1960년의 기간에 태어난 베이비붐 세대인지 여부를 기준으로 구분할 수도 있다. 따라서 사람들의 나이를 비율측도 수준에서 알 수 있다면 사람들의 나이를 더 낮은 차원의 측도로 얼마든지 전환할 수 있다. 예를 들어, 나이가 60세인 사람들이 25세인 사람들보다 나이가 더 들었음을 알 수 있을 뿐만 아니라 그들이 바로 베이비붐 세대라는 사실도 알 수 있다.

어떤 변수를 순위측도로 측정하면 비율측도로 측정할 때보다 사용할 수 있는 통계기법의 선택폭이 제한적이다. 따라서 순위측도는 비율측도에 비해 낮은 수준의 측도이고 명목측도보다는 높은 수준의 측도다. 예를 들어 약물남용 프로그램에 참여할 클라이언트들에게 술을 얼마나 자주 마시는지, 마취성분이 있는 약물을 얼마나 자주 복용하는지 또는 환각성분이 있는 약물을 얼마나 자주 복용하는지를 묻는다. 그러고서 '종종 복용한다', '가끔 복용한다', '전혀 복용하지 않는다'는 응답범주 중 하나를 선택하게 한다고 가정해보자. 순위 수준에서는 어떤 약물에 대해 종종이라고 답한 사람이 전혀 복용하지 않는다고 답한 사람에 비해 해당 약물을 더 자주 복용한다는 것을 알 수 있다. 명목 수준에서는 마취성분 약물과 환각성분 약물은 전혀 복용하지 않는다고 답했지만 알코올은 종종 복용한다고 답한 사람을 알코올 복용자로 분류할 수 있다.

이처럼 비율측도를 순위측도로 전환할 수는 있지만, 반대로 순위측도를 비율측도로 전환할 수는 없다. 일반적으로 하위 수준을 상위 수준의 측도로 전환하는 것은 불가능하며, 그 반대 방향으로의 전환만이 가능하다는 사실을 반드시 기억해둘 필요가 있다.

코딩

오늘날 양적 자료에 대한 분석은 거의 모든 경우 SPSS 같은 컴퓨터 프로그램을 이용해 이루어진다. 이런 컴퓨터 프로그램들로 하여금 마술처럼 연구자가 원하는 모든 것을 해내게 만들려면 조사연구를 통해 얻은 자료를 컴퓨터가 인식할 수 있도록 입력해야 한다. 예를 들어, 조사연구를 진행할 때 어떤 자료는 자료의 성격상 본래부터 수량적 자료일 수밖에 없는 경우가 종종 있다. 대표적인 예로 나이나 소득을 꼽을 수 있다. 물론 응답자가 설문지에 기입해놓은 내용이나 체크 표시는 속성상 질적 자료에 해당하지만, 나이 같은 정보는 쉽게 수량적 자료로 전환된다. 따라서 어떤 응답자가 자신의 나이를 65세라고 답했다면 연구자는 그 값을 컴퓨터에 그대로 입력하기만 하면 된다.

수량적 자료로 쉽게 전환할 수 있는 자료는 나이 외에도 여러 가지가 있다. 예를 들어 남성과 여성을 각각 '1'과 '2'로 바꿀 수 있으며, 응답자의 종교, 인종, 국가 같은 자료 또한 쉽게 수량적 자료로 전환할 수 있다.

반면에 어떤 경우는 양적 자료로의 전환이 결코 쉽지 않을 수도 있다. 예를 들어 어떤 응답자가 오늘날 캘리포니아 주가 직면한, 사회서비스와 관련된 가장 중요한 문제가 '멕시코로부터의 이민'이라고 답했다고 한다면 컴퓨터는 그러한 응답 내용을 전혀 인식하지 못한다. 따라서 연구자는 코딩이라는 통역과정을 통해 그러한 응답 내용을 수량적 자료로 전환해줘야만 한다. 이미 이전 장들에서 코딩에 대해 설명했는데, 17장에서는 내용분석에서의 코딩을 살펴본 적이 있고 20장에서는 질적 자료분석을 설명하면서 질적 자료의 코딩을 살펴본 적이 있다. 이번 장에서는 수량적 자료의 코딩을 구체적으로 살펴보자.

자료에 대한 양적 분석을 실시하기 위해 연구자는 종종 자료수집에 뒤이어 반드시 코딩과정을 거쳐야 한다. 예를 들어, 개방형 문항에 대한 응답 내용은 자료분석에 앞서 반드시 수량적 자료로 코딩되어야 한다. 내용분석에서와 마찬가지로 코딩작업의 핵심은 제각기 매우 특이한 수많은 항목의 정보를, 하나의 변수가 가질 수 있는 좀 더 제한적인 몇 개의 속성으로 전환하는 것이다. 예를 들어 다음과 같은 경우를 생각해보자. 조사연구에서 응답자에게 "귀하의 직업이 무엇입니까?"라고 묻는다면 아마도 응답자들은 제각기 상이한 대답을 하게 될 것이다. 물론 각 응답마다 각기 다른 숫자를 부여함으로써 분류할 수는 있으나, 그런 과정은 결코 자료분석을 원활하게 하지 못한다. 왜냐하면 자료분석이란 기본적으로 다수의 사람들이 동일한 속성을 갖는다는 전제하에서 이루어지는 것이기 때문이다.

'직업'이라는 변수가 가질 수 있는 값을 코딩을 위해 분류하는 방식에는 여러 가지가 있다. 그중 하나는 직업을 전문직, 관리직, 사무직, 비숙련직 등으로 구분하는 것이다. 또 다른 분류방법은 경제 분야별로 구분하는 것으로, 제조업, 보건 및 의료, 교육, 상업 등으로 구분한다. 그 밖의 방식들은 이러한 두 가지 방식을 결합하고 변형하는 것들이다.

연구자가 선택한 직업 코딩방식은 연구자가 자신의 연구에서 검증하고자 하는 이론적 개념과 반드시 부합해야 한다. 예를 들어 어떤 연구에서는 직업을 단순히 사무직과 생산직으로 분류하는 것으로 충분한 반면, 어떤 연구에서는 자영자와 비자영자만으로 분류하는 것만으로 충분할 수도 있다. 더 구체적인 예를 들면, 평화와 관련된 연구를 하는 연구자에게는 응답자의 직업이 국가방위 확립과 관련되어 있는지 여부만이 주된 관심대상일 수도 있다.

코딩방식은 연구자가 하고자 하는 분석에 부합해야 하는 것이 당연하지만, 그럼에도 불구하고 한 가지 일반적으로 따라야 하는 법칙이 있다는 사실을 명심할 필요가 있다. 처음부터 자료를 아주 자세한 수준까지 분류해 코딩할 경우, 나중에 자료를 분석할 때 그다지 자세한 수준까지 분류할 필요가 없다고 판단된다면 단순히 코드범주를 합치기만 하면 된다. 가능한 한 새로운 변수를 만드는 것이 바람직한데('새 변수로') 그렇게 함으로써 기존의 분류범주를 그대로 가진 상태에서 새로운 범주로 재범주화할 수 있기 때문이다. 이러한 작업을 SPSS에서 하려면 연구자는 (1) 리코딩, 즉 재범주화하려는 변수를 선택하고 (2) 새로 만들고자 하는 변수의 이름을 정한 다음, (3) 기존 변수의 응답범주 가운데 어떤 것을 새 변수의 어떤 응답범주로 바꿀 것인지를 정해주면 된다. 이와 달리, 만약 처음부터 자료를 자세하게 분류하지 않았다면 분석을 해나가면서 자료를 세분해야 할 필요가 발생하더라도 자료를 세분할 수 없게 된다. 따라서 일반적으로 코딩은 연구자가 어떤 분석을 할 것인가를 미리 생각하고 그 분석을 위해 필요한 정도보다 약간 더 자세한 수준으로 코딩하는 것이 바람직하다.

코드범주 만들기

자료에 대한 코딩작업은 다음과 같은 두 가지 기본적인 방식에 따라 진행된다. 첫째, 연구조사의 목적을 토대로 비교적 잘 개발된 코딩체계를 가지고 시작할 수 있다. 예를 들면, 앞에서 한 번 언급했던 바와 같이 평화를 연구하는 연구자는 직업을 국가방위 확립과의 관련 여부를 기준으로 해서 분류할 수 있다. 연구자는 또한 기존의 코딩체계를 이용할 수도 있는데, 그렇게 함으로써 자신이 발견한 내용을 선행 연구들의 발견점과 비교해볼 수 있다.

두 번째 접근방법은 20장에서 설명했던 방법을 이용해 자료로부터 코드를 만들어내는 것이다. 예를 들어, 사회복지기관에서 제공하는 어떤 프로그램에서 중도 이탈한 클라이언트들을 대상으로 자기기입식 설문조사를 실시해 중도 이탈 이유를 알아내려 했다고 가정해보자. 아마도 다음과 같은 응답을 기대해볼 수 있을 것이다.

서비스 이용료가 너무 높다.
주차공간이 충분하지 않다.
서비스가 도움이 되지 않는다.
너무 오래 기다려야 한다.
저녁시간대나 주말에는 예약을 할 수 없다.
접수를 담당하는 직원이 불친절하다.
서비스를 이용하는 동안 아동을 맡아주는 서비스가 제공되지 않는다.
교통비를 감당하기 어렵다.
사회복지사가 마음에 들지 않는다.
이중언어를 구사하는 직원이 없다.

이러한 응답의 내용을 살펴보고 이로부터 어떤 범주를 도출해낼 수 있을지를 생각해보자. 물론 정답은 없으며, 여러 가지 코드범주를 만들어낼 수 있다. 먼저 첫 번째 응답, 즉 '서비스 이용료가 너무 높다'에서 시작해보자. 이 응답이 반영하고 있다고 생각되는 일반적인 사항은 무엇인가? 아마도 한 가지 가능성은 '재정적 부담'이라고 할 수 있다. 이제 다른 응답 내용 중 이 범주에 해당하는 내용이 또 있는가? 표 21-1은 이 범주에 해당한다고 생각되는 응답들이 어떤 것인지를 보여준다.

좀 더 일반적으로 말하면, 첫 번째 응답은 직원과는 상관이 없는 비 직원 관련 범주라고 볼 수 있다. 이러한 구분은 연구자의 관심이 클라이언트의 중도 이탈 이유를 직원 관련 이유와 비 직원 관련 이유로 구분하는 데 있다면 매우 적절한 구분이라고 볼 수 있다. 만약 그렇다면 위에서 나열했던 응답 내용은 표 21-2와 같이 코딩될 것이다.

표 21-2를 보면, 응답 중 (1) 서비스가 도움이 되지 않는다, (2) 너무 오래 기다려야 한다, (3) 저녁시간대와 주말에는 예약을 할 수 없다는 세 가지 응답은 코딩되지 않았음을 알 수 있는데, 이는 이 세 가지 응답이 어떤 범주에도 속하지 않기 때문이다. 서비스가 도움이 되지 않는 이유는 효과적인 서비스를 줄 수 있는 직원이 없기 때문일 수도 있고, 기관이 클라이언트가 필요로 하는 서비스를 제공하지 않기 때문일 수도 있다. 마찬가지로 너무 오래 기다려야 하는 이유는 직원들이 시간을 지키지 못하기 때문일 수도 있고, 기관이 정해놓은 절차 때문일 수도 있다. 저녁시간대나 주말에 예약을 할 수 없는 것 역시 직원이 융통성을 발휘하지 못하기 때문일 수도 있고, 기관의 원칙이 그렇기 때문일 수도 있다.

표 21-1 '재정적 부담'으로 코딩될 수 있는 응답들

응답 내용	재정적 부담
서비스 이용료가 너무 높다.	×
주차공간이 충분하지 않다.	
서비스가 도움이 되지 않는다.	
너무 오래 기다려야 한다.	
저녁시간대나 주말에는 예약을 할 수 없다.	×
접수를 담당하는 직원이 불친절하다.	
서비스를 이용하는 동안 아동을 맡아주는 서비스가 제공되지 않는다.	×
교통비를 감당하기 어렵다.	×
사회복지사가 마음에 들지 않는다.	
이중언어를 구사하는 직원이 없다.	

표 21-2 '직원 관련' 및 '비 직원 관련'으로 코딩된 응답

응답 내용	직원 관련	비 직원 관련
서비스 이용료가 너무 높다.		×
주차공간이 충분하지 않다.		×
서비스가 도움이 되지 않는다.		
너무 오래 기다려야 한다.		
저녁시간대나 주말에는 예약을 할 수 없다.		
접수를 담당하는 직원이 불친절하다.	×	
서비스를 이용하는 동안 아동을 맡아주는 서비스가 제공되지 않는다.		×
교통비를 감당하기 어렵다.		×
사회복지사가 마음에 들지 않는다.	×	
이중언어를 구사하는 직원이 없다.	×	

이유가 무엇이든 간에 기존의 범주에 해당하지 않는 응답이 있다는 것은 우리가 만든 코딩체계를 조정해야 할 필요성이 있음을 시사한다. 연구목적이 무엇인가에 따라 달라지겠지만, 만약 연구자의 궁극적인 관심이 어떤 식으로든 직원과 관련된 문제가 있는지를 밝히고자 하는 것이라면 연구자는 위에서 언급한 세 가지 응답을 '직원 관련' 범주로 코딩할 수 있다. 동일한 논리에서 연구자의 관심이 행정과 관련된 문제를 찾고자 하는 데 맞춰져 있다면 위의 세 가지 응답은 그러한 연구자의 관심에 더 부합하게 코딩될 것이다. 물론, 이러한 두 가지 대안 말고도 '직원 및 비 직원 관련'이라는 또 하나의 범주를 만드는 대안을 선택할 수도 있다.

이상의 예를 통해 알 수 있듯이, 하나의 자료를 코딩할 수 있는 방법은 여러 가지가 있다. 어떤 코딩방법을 선택할 것인지는 연구자가 가진 연구목적 및 자료 그 자체가 가진 논리를 고려해 결정해야 하며, 연구목적과 자료가 가진 논리에 부합하는 방법을 선택해야 한다. 만약 코드범주를 바꿔야 하는 경우가 발생한다면 이미 코딩된 자료가 변화된 범주에 맞게 코딩되었는지를 반드시 검토해야 한다.

하나의 변수가 가질 수 있는 속성들의 경우나 폐쇄형 설문 문항에 대한 응답범주들의 경우와 마찬가지로, 응답범주는 항상 포괄적이면서 동시에 상호 배타적이어야 한다. 모든 정보에서 한 가지 정보는 반드시 한 가지 응답범주로만 코딩되어야 한다. 만약 한 가지 정보가 여러 가지 응답범주에 동시에 해당되거나 이와 반대로 어떤 범주에도 전혀 해당되지 않는다면 이는 심각한 문제를 야기하게 된다.

다행이도 코딩작업을 대신 해줄 사람을 구할 수 있다면 연구자는 코드범주를 정의내리고 이를 좀 더 정교하게 다듬는 작업에 전념하면서 코딩을 담당할 사람으로 하여금 응답자의 응답 내용을 정확하게 파악한 뒤 적절한 범주로 코딩할 수 있게끔 훈련시킬 수 있다. 이렇게 하는 경우, 연구자는 자신이 개발한 코드범주 각각의 의미를, 가급적이면 많은 예를 보여주면서 정확하게 설명해주어야 한다. 코딩 담당자가 코드범주를 충분히 이해하고 있는지를 알아보기 위해서는, 연구자 자신이 몇 사례 정도를 코딩하고 나서 코딩 담당자에게(연구자가 이미 코딩했다는 사실을 모르는 상태에서) 동일한 사례를 코딩하도록 한 뒤, 두 결과를 비교하는 방법이 있다. 만약 두 사람의 코딩결과에 차이가 있다면, 이는 코딩 담당자가 연구자가 만든 코드범주를 충분히 이해하지 못하고 있음을 보여주는 것이다. 설사 두 사람의 코딩결과가 정확하게 일치한다고 하더라도, 코딩을 해나가는 과정 전체를 통해 전체 사례 중 적어도 일부분만이라도 코딩 내용을 검토하는 작업을 반드시 해야 한다.

아무런 도움을 얻지 못하고 연구자 스스로가 코딩을 해야 하는 경우에도 연구자는 반드시 자신이 행한 코딩의 신뢰도를 검사해봐야 한다. 누구도 완벽할 수는 없으며, 더구나 새로운 사실을 찾고자 열중하는 연구자의 경우에는 여러 가지 실수를 범하기 쉽다는 사실을 염두에 두어야 한다. 예를 들어, 가출 청소년들이 제시한 가출 이유를 코딩함에 있어서 연구자가 대부분의 청소년이 학대 때문에 가출한다는 생각을 갖고 있다고 가정해보자. 이런 상황에서 자칫 연구자는 자신도 모르는 사이에 가출 이유를 자신의 생각과 맞아 떨어지게 코딩하려는 경향을 보일 수도 있다. 예를 들면 연구자가 단지 '부모의 양육방식이 너무 엄하다'라는 것을 학대라고 범주화하는 오류를 범할 수도 있으며, 어떤 청소년들이 말하는 너무 엄한 양육방식이 외출금지를 뜻하는 것일 줄은 꿈에도 생각하지 못할 수도 있다. 따라서 가능하다면 다른 사람에게 연구자 자신이 코딩한 사례들 중 몇 사례를 코딩하도록 부탁하고, 그 결과를 연구자 자신의 결과와 비교해 볼 수 있어야 한다. 물론 그 사람은 연구자와 동일한 어떤 선입견을 갖고 있지 않아야 하며, 연구자가 어떤 가설을 입증하고 싶어 하는지를 모르는 것이 가장 이상적이라고 하겠다.

코드북 만들기

코딩작업을 통해 연구자가 얻게 되는 궁극적인 결과물은

수집된 자료를 숫자 형태의 코드로 전환한 것이다. 각 코드는 하나의 변수가 가질 수 있는 속성들 중 하나를 나타내며, 동시에 이는 자료파일 내에서의 특정 행과 열의 위치를 나타낸다. **코드북**(codebook)이란 변수의 위치와 각각의 변수가 가질 수 있는 일련의 속성들마다 어떤 코드가 부여되어 있는지를 보여주는 문서다.

코드북은 다음과 같은 두 가지 중요한 기능이 있다. 첫째, 코드북은 코딩작업에서 반드시 필요한 지침서가 된다. 둘째, 자료분석 시 변수의 위치를 파악하고 각각의 의미를 해석하는 데 지침이 된다. 예를 들어 두 변수 간의 상관관계를 알아보고자 할 때, 각 변수가 자료파일에서 차지하는 위치가 어디이며 각 변수에 해당하는 자리에 뚫려 있는 펀치의 의미 등을 코드북을 봄으로써 쉽게 알 수 있다.

그림 21-2는 일반여론조사(General Social Survey, GSS)의 문항 가운데 두 개 문항에 해당하는 코드북의 일부분이다. 코드북의 형식은 매우 다양하며, 어떤 '올바른 형식'이 존재하는 것은 아니다. 그럼에도 불구하고 우리는 이 예에서 코드북의 몇 가지 일반적인 구성요소를 제시하고자 한다.

그림 21-2에 제시된 코드북과 관련해 몇 가지에 주목해볼 필요가 있다. 먼저, 두 변수 모두 축약된 변수명인 POLVIEWS와 ATTEND로 나타나 있다. 예컨대 ATTEND를 바탕으로 응답자가 종교 모임에 참석하는 사람인지 여부를 알 수 있다. 이 예에서는 일반여론조사에서 사용하는 형식을 그대로 사용했으며, 이 형식은 SPSS로 자료를 분석하기 위해 만든 형식이다. 다른 자료나 분석 프로그램을 이용하는 경우 변수를 코딩하는 형식은 물론 달라질 수 있는데, 예를 들면 어떤 프로그램에서는 축약된 변수명 대신 숫자 코드를 사용하기도 한다. 그러나 어떤 프로그램이든 변수의 위치를 나타내고 변수를 사용하기 위해서는 반드시 무엇인가를 이용해 변수를 구분하고 나타내야만 한다.

다음으로는 모든 코드북이 반드시 변수에 대한 완전한 정의를 포함하고 있다는 점에 주목해볼 필요가 있다. 설문지의 경우, 이는 질문 문항과 동일한 문장을 말한다. 앞서 언급한 바와 같이, 질문 문항에 사용된 문구는 응답자의 응답에 상당한 영향을 미친다. POLVIEWS의 경우, 응답자들에게 여러 범주의 정치적 견해가 제시되어 있는 카드를 주고 그중 자신에게 해당된다고 생각하는 범주를 고르게 하는 방식을 택하고 있다.

또한 코드북에는 각 변수를 구성하고 있는 모든 속성이 제시되어야 한다. POLVIEWS의 경우, 응답자는 자신의 정치적 성향을 '극진보', '진보', '약간 진보' 등으로 나

정치적 견해(POLVIEWS)

최근 들어 우리는 진보주의자와 보수주의자에 관한 많은 논의를 접하고 있습니다. 이제 귀하에게 사람들이 가진 정치적 견해를 극진보주의에 해당하는 견해(1에 해당)부터 극보수주의에 해당하는 견해(7에 해당)까지 7점 척도로 나열한 것을 보여드리겠습니다. 이런 7점 척도상에서 귀하는 어디에 해당한다고 생각하십니까?

_______ 1. 극진보
_______ 2. 진보
_______ 3. 약간 진보
_______ 4. 중도
_______ 5. 약간 보수
_______ 6. 보수
_______ 7. 극보수
_______ 8. 잘 모르겠음
_______ 9. 답변 없음

참석(ATTEN)

종교적 모임에 얼마나 자주 참석하십니까?

_______ 0. 참석하지 않는다.
_______ 1. 1년에 1번 미만
_______ 2. 1년에 1~2번
_______ 3. 1년에 여러 번
_______ 4. 1달에 약 1번
_______ 5. 1달에 2~3번
_______ 6. 거의 매주
_______ 7. 매주
_______ 8. 1주에 여러 번
_______ 9. 잘 모르겠음, 답변 없음

그림 21-2 코드북의 일부

타낼 수 있다. 마지막으로, 각 속성이 숫자로 표시되어 있다는 점을 알 수 있다. 예를 들면 POLVIEWS에서 극진보에 해당하는 코드범주는 '1'이다. 이렇게 부여된 숫자 코드는 자료에 여러 가지 조작을 가하고자 할 때 매우 유용하다. 예를 들어 연구자가 세 가지 범주 1, 2, 3을 하나로 병합해야 할 필요성을 느낄 수도 있다(이는 '진보'에 해당하는 모든 범주를 하나로 묶는 것을 말한다). 이런 작업을 하는 데는 긴 변수명보다 숫자 코드를 이용하는 것이 훨씬 편리하다(인터넷 웹사이트 http://www.icpsr.umich.edu/GSS99/codebook.htm에 가면 온라인상에서 GSS 코드북을 볼 수 있다. 만약 POLVIEWS 같은 상징적 변수명을 알고 있다면 연상기호 목차(Mnemonic index)에서 원하는 변수를 쉽게 찾을 수 있다. 만약 상징적 변수명을 모른다면 주제어 목록을 이용해 특정 주제에 해당하는 모든 질문 문항을 훑어볼 수 있다).

자료입력

연구자는 수집한 자료를 수량적 형태로 전환하는 것뿐만 아니라 자료를 기계 판독이 가능한 형태로 전환함으로써 컴퓨터로 자료를 읽고 처리할 수 있게 해야 한다. 이런 자료 전환은 여러 가지 방법을 통해 할 수 있는데, 어떤 방법을 사용할 것인지는 원자료가 어떤 형식의 자료인지 그리고 어떤 컴퓨터 프로그램을 사용해 자료를 분석할 것인지에 따라 달라진다. 여기서는 이러한 작업과정을 간단히 살펴보겠다. 만약 이런 작업을 실제로 해야 하는 상황이라면, 다뤄야 하는 자료와 이용하고자 하는 프로그램에 맞는 방법을 택해야 할 것이다.

입력해야 하는 자료가 설문지를 통해 얻은 자료라면, 설문지 그 자체에 자료를 코딩할 수도 있다. 그렇게 하고 나면 자료입력 전문가(당신 자신을 포함해)가 자료를, 예를 들어 SPSS 자료입력창에 입력하거나 엑셀 스프레드시트에 입력한 다음 나중에 SPSS로 불러들일 수 있다.

때로는 조사연구자가 광학스캔지를 사용해 자료를 수집할 수도 있다. 광학스캔지를 광학스캔기에 통과시키면 스캔기는 스캔용지상에 검게 칠해진 부분을 자료로 인식해 자료분석 프로그램으로 보낸다. 이 방법은 연구자가 광학스캔지를 사용하는 데 불편을 느끼지 않는 경우에만 사용 가능하며, 설문 문항이 폐쇄형 문항인 경우에 한해 가능하다.

경우에 따라서는 자료를 수집하면서 동시에 자료를 입력할 수도 있다. 예를 들면 컴퓨터를 이용한 전화면접의 경우, 분석할 자료를 면접자가 직접 컴퓨터에 입력할 수 있다(16장 참조). 더 편리한 방법도 생각해볼 수 있는데, 응답자가 면접자나 자료입력가를 거치지 않고 직접 자신의 응답 내용을 데이터베이스에 입력하도록 온라인 설문조사를 고안할 수도 있다.

자료정리

어떤 방식으로 자료를 처리했든 간에 그 다음으로 거쳐야 하는 중요한 단계는 자료상의 오류를 제거해나가는 '자료검토 및 정리' 단계다. 아무리 주의를 기울여 자료를 입력한다고 하더라도 오류는 발생하기 마련이다. 선택한 자료입력 방식에 따라, 오류는 코딩상의 실수나 표기된 코드를 잘못 읽거나 광학스캔기가 용지를 잘못 읽는 등의 여러 가지 원인으로 인해 발생할 수 있다.

유효코드(possible-code) 방법은 가장 단순한 자료정리 방법 중 하나다. 어떤 변수에 대해 우리는 그 변수가 가질 수 있는 일련의 속성 혹은 값이 무엇인가를 생각할 수 있으며, 그런 속성 혹은 값을 일련의 유효코드로 전환할 수 있다. 예를 들어 성별의 경우, 다음과 같은 세 가지 코드 중 하나를 가질 수 있다. 1 남성, 2 여성, 0 무응답. 따라서 어떤 응답자의 성별이 7이라고 코딩되어 있다면, 이는 곧 자료입력에 오류가 있음을 의미하는 것이다.

유효코드 자료검토 및 정리는 두 가지 방식으로 이루어질 수 있다. 첫째, 자료입력 시 오류가 발생하는지를 검사하도록 고안된 컴퓨터 프로그램을 이용하는 방법이 있다. 예를 들어 이런 프로그램은 코딩자가 성별이라는 변수에 대해 7이라는 코드를 입력하려 할 때, 컴퓨터에서 경고음이 나오게 하며 7과 같이 유효하지 않은 코드를 받아들이지 못하게 한다. 이 밖에도 어떤 컴퓨터 프로그램은 자료파일에 있어서는 안 될 코드가 있는지를 검사해 자료입력과정에서 발견하지 못한 오류를 발견해낸다.

만약 이런 컴퓨터 프로그램을 사용할 수 없다면 각 문항마다 응답분포를 검사해보는 것이 또 하나의 유효코드 자료검토 및 정리 방법이다. 성별이라는 변수에 대해 응답자 중 350명은 여성을 의미하는 코드인 1을 갖고 400명은 남성을 의미하는 코드 2를 갖는 반면 한 명의 응답자가 7이라는 코드를 갖는다면, 7이란 코드는 오류임을 알 수 있다. 자료정리과정에서 오류가 발견될 경우, 반드시 원자료가 기록되어 있는 문서(예를 들면, 설문지)를 찾아보고 어떤 코드가 입력되었어야 하는지를 결정한 뒤, 잘못 입력된 자료를 정정하는 작업이 뒤따라야 한다.

자료에 대한 검토 및 정리란 없어서는 안 될 매우 중요한 작업이기는 하지만, 이를 생략해도 무방한 경우가 있다. 예를 들어 어떤 특정 문항에 대해 몇 개 되지 않는 사례에 오류가 있다고 할 때, 만약 그 몇 개의 사례를 제외해도 연구결과에 큰 영향을 미치지 않는다면 굳이 자료검토 및 정리 작업을 하지 않아도 무방할 것이다. 또한 상황적으로 부적합한 응답이라도 이를 그냥 무시해버려도 괜찮은 경우가 있다. 예를 들어, 아이를 낳아본 경험이 있는지를 묻는 문항에 대해 남성이 답했다고 하더라도 자료분석 시 이 문항에 대해서는 분석대상을 여성으로 제한함으로써 문제를 해결할 수 있다. 그러나 이러한 자료검토 및 정리 작업의 생략 가능성을 연구에서의 '적당주의'를 정당화하기 위한 논리로 이용해서는 결코 안 될 것이다. 정리 및 검토 작업을 거치지 않은, 그렇기 때문에 신뢰할 수 없는 '불량'자료는 거의 예외 없이 그릇된 연구결과를 낳는다는 점을 반드시 염두에 두어야 한다.

모든 자료를 수량화하고 컴퓨터에 입력하고 나면 연구자는 자료에 대한 양적 분석을 실시할 수 있다. 먼저, 한 개 변수에 대한 측정결과를 제시하고 분석하는데 사용되는 기본적인 기술통계량에는 어떤 것들이 있는지를 살펴보겠다. 이를 가리켜 **단일변량 분석**(univariate analysis)이라고 한다. 뒤이어 여러 변수들 간의 관계를 나타내는 표와 통계량에 대해서도 살펴볼 텐데, 이를 가리켜, 몇 개의 변수를 동시에 다루는가에 따라 **이변량 분석**(bivariate analysis) 또는 **다변량 분석**(multivariate analysis)이라고 한다.

단일변량 분석

단일변량 분석이란 한 번에 단 한 개의 변수에 대해서만 사례들의 분포를 살펴보는 분석방법을 말한다. 예를 들어 관찰대상의 성별을 측정했다고 가정하면, 우리는 얼마나 많은 관찰대상이 남성이고 얼마나 많은 관찰대상이 여성인지를 알고자 한다. 이러한 단일변량 분석의 논리와 형식을 살펴보는 것으로 자료분석에 관한 논의를 시작해보자.

분포

단일변량 자료를 제시하는 가장 기본적인 방법은 모든 사례 각각에 대해 언급하는 것이다. 즉, 알고자 하는 변수들에 대해 각 사례가 갖는 속성들을 모두 나열하는 것을 말한다. 예를 들어 사회복지기관을 이용하는 클라이언트들의 연령에 관심이 있는데 이제까지 수백여 명의 클라이언트가 기관의 서비스를 받았다고 하자(클라이언트에 대한 자료는 기관의 사례기록에서 얻었다고 가정하자). 클라이언트의 연령을 보고하는 가장 단순한 방법은 모든 클라이언트의 나이를 열거하는 것이다(63세, 57세, 49세, 62세, 80세, 72세, 55세 등). 이러한 보고방식은 읽는 사람에게 자료에 담긴 모든 자세한 정보를 그대로 전달할 수 있을지는 모르나 대부분의 경우 너무 성가시게 여겨질 것이다. 따라서 자료가 가진 세세한 내용의 정보를 잃지 않으면서 자료를 좀 더 다루기 용이한 형태로 요약·정리할 수 있는 방법이 필요한데, 한 가지 방법은 5명의 클라이언트는 38세이고, 7명은 39세, 18명은 40세 등과 같은 방식으로 자료를 제시하는 것이다. 이 방식을 이용할 경우, 연령 변수에 대해 자료를 중복해서 보고

하지 않을 수 있다. 이 방식을 통해 표본에서 관찰된, 특정 변수의 속성별 빈도를 나타내는 **빈도분포**(frequency distribution)를 얻게 된다.

이보다 더 편리한 자료 제시방식은(약간의 정보 손실이 있기는 하지만) 집단자료(grouped data)의 빈도분포를 살펴봄으로써 클라이언트의 연령 **한계빈도**(marginals)를 보고하는 것이다. 예를 들면 45세 미만의 클라이언트는 246명이고, 45세와 50세 사이에 해당하는 클라이언트는 517명이라는 식을 말한다. 이런 방식으로 클라이언트의 나이를 보고하는 경우, 읽는 사람의 입장에서는 검토하고 그 의미를 해석해야 하는 자료의 양이 절대적으로 줄어드는 반면, 보고된 내용만으로는 각 클라이언트의 원래 나이를 파악한다는 것이 불가능하다. 따라서 '클라이언트들 가운데 41세인 클라이언트는 몇 명이다'와 같은 정보는 얻을 수 없다는 뜻이다.

위의 예에서는 한계연령 구간에 몇 명의 클라이언트가 속하는지를 숫자로 표시했으나 이를 백분율로 표시할 수도 있다. 예를 들어 45세 미만의 클라이언트는 전체 클라이언트의 *x*%, 45세에서 50세에 해당하는 클라이언트는 *y*%라는 식으로 제시할 수 있다(표 21-3 참조). 백분율을 계산할 때는 반드시 무엇을 기준으로 볼 것인가, 즉 어떤 숫자를 100%로 보고 백분율을 계산할 것인가를 결정해야 한다. 가장 일반적인 방법은 전체 사례의 수를 기준으로 백분율을 계산하는 것이다. 그런데 무응답 혹은 결측자료(missing data)가 있을 때는 문제가 발생할 수 있다. 예를 들어, 설문조사에서 응답자의 나이를 물어봤으나 몇몇 응답자가 자신의 나이를 묻는 문항에 응답하지 않았다고 하자. 이런 경우에는 다음의 두 가지 방법 중 하나를 택해야 한다. 첫 번째는 무응답자들을 포함한 전체 응답자의 수를 기준으로 백분율을 계산하는 것이고, 두 번째는 나이를 묻는 문항에 답한 응답자만의 수를 기준으로 백분율을 구하는 방법으로, 무응답자가 몇 명인지 밝히기는 해야 하지만 무응답자를 백분율 계산에는 포함시키지 않는다는 것이다.

무엇을 기준으로 선택할지는 전적으로 자료를 분석하는 목적에 달려 있다. 연구표본으로부터 얻은 연령분포를, 그 연구표본이 추출된 모집단으로부터 얻어 어떤 자료와 비교해야 하는 경우를 생각해보자. 이 경우 무응답자를 제외한 상태에서 백분율을 계산하는 것이 바람직하다고 하겠는데, 이는 모든 응답자의 연령분포에 대한 최적의 추정값은 자신의 나이를 답한 응답자들로부터 얻어진 연령분포이기 때문이다. 무응답이 연령 변수가 가질 수 있는 유효한 응답범주에 포함되지 않음에도 불구하고 무응답이라는 범주를 백분율 계산의 기준이 되는 범주 중 하나에 포함시킨다면, 이는 모집단과 표본을 비교하는 데 혼란을 가져오게 된다(표 21-3의 예를 참조할 것).

표 21-3 단일변량 분석의 예

클라이언트의 연령 (가상적인 예)	백분율
35세 이하	0.09
36-45	21
46-55	45
56-65	19
66세 이상	6
	100% = (433)
결측자료 =	18

중앙집중경향도

단순히 한계구간을 이용해 자료를 보고하는 방식에서 한 걸음 더 나아가서 이번에는 자료에 대한 요약적 **평균**(average) 혹은 중앙집중경향도(central tendency)를 나타내는 측도를 제시함으로써 자료를 보고하는 것을 생각해보자. 이 경우 선택할 수 있는 평균 측정치는 **최빈값**(mode, 집단자료 혹은 비집단자료에서 가장 자주 나타나는 속성), **평균**(mean, 산술평균), **중앙값**(median, 관찰된 속성들을 순위별로 나열했을 때 가장 중간 위치에 있는 속성)이 있다. 이 세 가지 측도 각각을 어떻게 계산하는지 살펴보자.

청소년주거시설에 거주하는 클라이언트들에 대한 사

례기록을 분석하려 한다고 가정해보자. 클라이언트의 연령은 아래 표에 나타난 바와 같이 최소 13세에서 최고 19세에 이르고 있다.

연령	명수
13	3
14	4
15	6
16	8
17	4
18	3
19	3

"클라이언트의 나이가 이와 같을 때, 과연 이들의 평균 연령은 얼마인가?"라는 질문에 다음과 같은 세 가지 방법으로 답할 수 있다.

가장 구하기 쉬운 측도는, 변량들 중 가장 빈번하게 나타나는 변량을 의미하는 최빈값이다. 그림 21-3에 나타나 있듯이 16세에 해당하는 청소년은 8명으로, 여기에 해당하는 클라이언트의 숫자가 다른 어떤 연령에 해당하는 클라이언트의 숫자보다 많음을 알 수 있다.

그림 21-3은 또한 평균(산술평균)을 계산하는 방법을 보여준다. 우선 각각의 연령범주 수치를 그 범주에 해당하는 클라이언트의 숫자와 곱한 뒤, 곱하여 얻은 값을 모두 합하고 그 값을 청소년의 수로 나누면 된다. 그림 21-3에 제시된 것처럼 클라이언트의 평균 연령이 15.87세임을 알 수 있다.

중앙값이란 가장 중앙에 위치한 변량을 말한다. 즉, 이 값을 기준으로 하여 절반의 관찰대상은 이 값보다 아래에 위치하고 나머지 절반은 위에 위치한다. 만약 클라이언트들의 나이를 좀 더 정확하게 알고 있다면(예를 들어, 태어난 지 17년 124일째 된다는 식으로) 이 31명을 나이 순서대로 나열할 수 있다. 이렇게 했을 때, 일렬로 나열된 클라이언트들 중 정중앙에 위치한 클라이언트의 나이가 이 31명의 중앙값이 된다.

그러나 보다시피 정확한 나이를 알 수는 없다. 이런 의미에서 우리가 가진 자료는 '집단자료'이며, 그렇기 때문에 예를 들면 엄밀하게 말해서 동일한 나이가 아닌 세 명의 클라이언트가 모두 13세라는 연령범주에 속하게 된다.

그림 21-3은 중앙값을 계산하는 방법을 보여준다. 우선 클라이언트의 숫자가 31명이므로 이들을 나이 순서대로 나열할 때 16번째에 오게 될 클라이언트가 '중간'임을 알 수 있다. 즉, 15명은 이 클라이언트에 비해 나이가 어리고 15명은 나이가 많다는 뜻이다. 그림 21-3의 아래쪽을 보면, '중간'이 되는 클라이언트는 8명의 16세 클라이언트들 중 하나라는 것이 나타나 있으며, 16세 연령범주를 확대한 그림을 보면 중간이 되는 클라이언트는 왼쪽으로부터 세 번째 클라이언트임을 알 수 있다.

현재 우리는 클라이언트의 나이를 연 단위밖에 알지 못하는데, 이런 경우 통계적 관례를 따라 16세 연령범주에 해당하는 클라이언트들이 해당 범주의 범위 내에서 고르게 흩어져 분포되어 있다고 가정할 수밖에 없다. 연령범주 16세에 해당하는 클라이언트들의 경우, 실제로 이들 각각의 나이는 정확하게 16세부터 16세와 364일이라는 범위 내의 어딘가에 있는 것이다. 엄밀하게 말하면, 16세 연령범주에 해당하는 클라이언트들의 연령범위는 364/365이며, 이는 실제적인 의미에서 볼 때 1년이라고 생각해도 무방하다고 볼 수 있다.

만약 16세 연령범주에 해당하는 8명의 클라이언트가 이 범위의 한쪽 극단에서 다른 한쪽 극단까지 고르게 흩어져 있다고 한다면, 각 클라이언트들 간에는 1년의 1/8씩에 해당하는 간격, 즉 0.125년이라는 간격이 있다고 볼 수 있다. 그림 21-3을 보면, 만약 첫 번째 클라이언트를 범위의 아래쪽 끝에서부터 0.125 간격의 절반인 0.06만큼 위쪽에 서게 하고 그 다음부터는 클라이언트들 간에 0.125 간격을 두고 나열한다면, 맨 마지막에 오는 클라이언트는 범위의 위쪽 극단으로부터 0.06만큼 아래쪽에 위치하게 됨을 알 수 있다.

따라서 우리는 결국 8명의 클라이언트들이 16세 연령범위 내에서 일정한 간격으로 흩어져 있다는 가정하에서 가상적으로나마 이들의 나이를 좀 더 정확하게 측정할 수 있다. 이렇게 할 경우 중간에 해당하는 클라이언트의

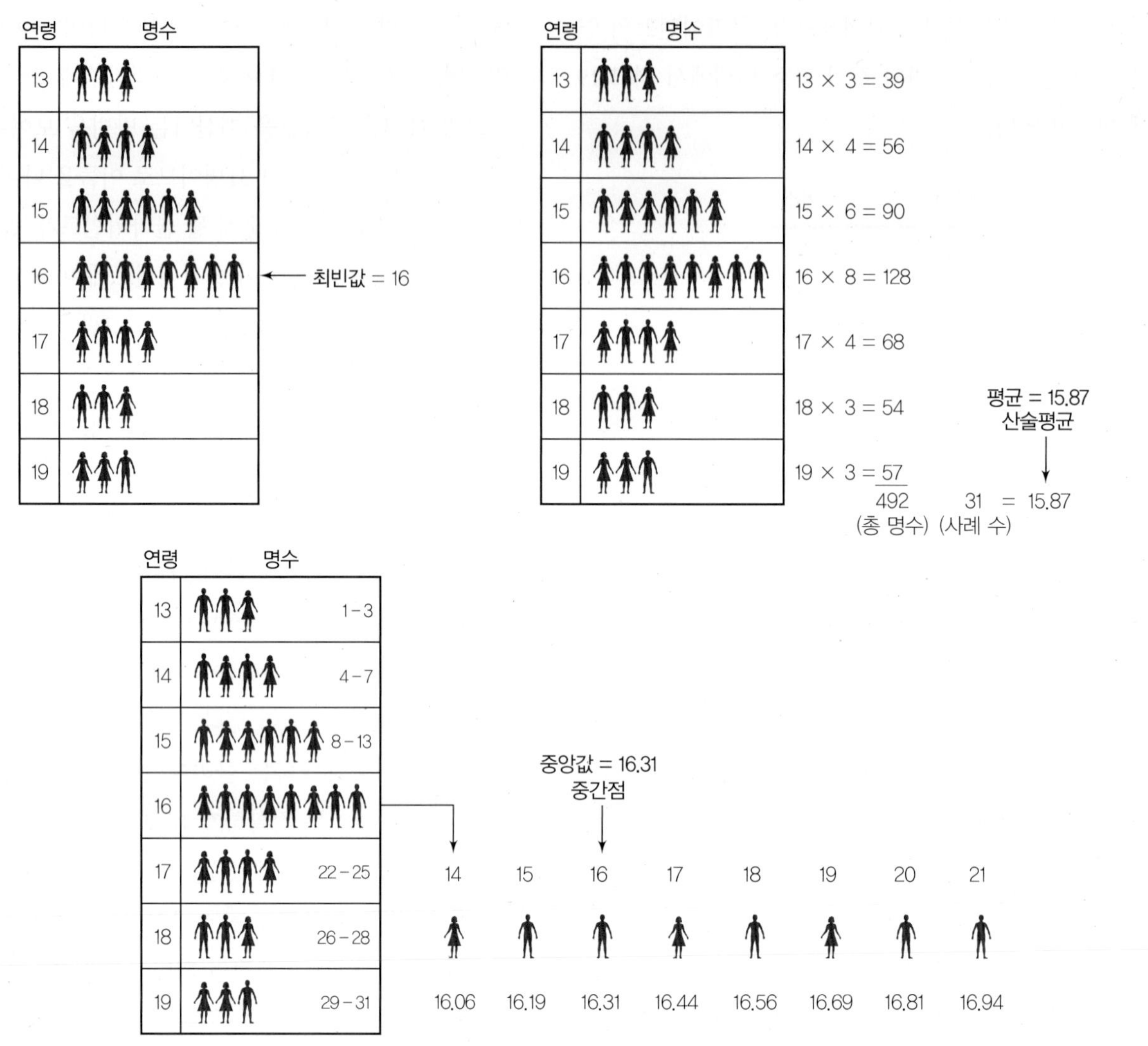

그림 21-3 세 가지 종류의 평균 측도

나이가 16.31세이며, 그것이 바로 이 집단의 중앙값임을 비로소 알 수 있게 된다. 그러나 전체 클라이언트의 수가 짝수라면, 당연히 '중간'에 해당하는 클라이언트는 있을 수가 없다. 이런 경우에는 가장 가운데 위치하는 두 클라이언트의 변량의 평균이 중앙값이 된다. 구체적인 설명을 위해 앞서 언급했던 31명의 청소년 클라이언트 집단이 원래는 19세의 클라이언트가 한 명 더 있는 총 32명의 집단이었다고 가정해보자. 만약 그렇다면 이제 이 집단의 중간은 16번째 클라이언트와 17번째 클라이언트 사이가 될 것이고, 이 경우 중앙값은 (16.31 + 16.44)/2 = 16.38이 된다.

많은 연구논문에서 평균과 중앙값이 모두 제시되는 경우를 종종 볼 수 있다. 평균과 관련해서 한 가지 주의해야 할 점은 평균은 극단적인 사례들, 즉 아주 크거나 아주 작은 변량을 갖는 사례들에 의해 영향을 받는다는 사실이다. 이러한 사실을 잘 보여주는 한 가지 좋은 예를 들어보자. 한때 워싱턴 주 레드몬드 시 거주자의 평균 재산이 백만 달러를 훨씬 넘은 적이 있다. 물론 그 당시 레드몬드 시에 사는 평균적인 사람들의 삶은 백만장자의 삶과는 매우 동떨어져 있었다. 그럼에도 불구하고 평균 재산액이 그처럼 높게 나타난 이유는 평균 재산액에 단 한 명의 극단적 사례의 영향, 즉 순자산의 규모가 수백억 달러를 상회하는 마이크로소프트사의 사장인 빌 게이츠 Bill Gates의 영향이 그대로 반영되었기 때문이다. 이 경우 레드몬드 시 거주자 전체의 실제 재산규모를 엿볼 수 있게 해주는 측도는 중앙값이라는 사실을 쉽게 이해할 수 있다.

극단값이 평균에 얼마나 큰 영향을 미치는지를 보여주는 또 다른 예로 「New Republic」 잡지(2003년 2월 10일자 9쪽)에 실린 논설을 들어보자. 2003년 전국노동조합 연설에서 조지 부시 대통령은 자신이 제안했던 6,740억 달러 규모의 감세정책이 9천2백만 미국인에게 평균 1,100달러 정도의 감세효과를 가져올 것이라고 주장했다. 이 말을 들은 '평균적인' 미국인들은 자신이 약 1,100달러에 달하는 추가 소득을 얻게 될 것이라고 기대했다. 그러나 부르킹스 도시조세정책 연구센터의 연구에 따르면 이는 사실이 아니었다. 부시 대통령이 제안했던 감세정책이 가져온 감세효과 평균 규모는 소득이 백만 달러를 넘는 사람들의 경우 90,200달러였고, 소득이 상위 1%에 해당하는 사람들의 경우 24,100달러였다. 일반 납세자의 경우, 평균 감세액의 규모는 1,100달러에 훨씬 못 미치는 256달러에 불과했다. 그럼에도 불구하고 『Christian Science Monitor』 신문은 부시 대통령의 감세정책이 9천2백만 미국인의 조세부담을 약 1,000달러 정도 낮출 것이라 보도했다. 모든 미국인 사이에서 잘 알려진 한 라디오 대담 프로그램의 진행자 또한 "대통령이 제안한 감세정책으로 인해 힘들게 일하는 9천2백만 근로자들이 이번 해에, 그리고 앞으로 매년 1,083달러의 세금을 덜 내게 될 것으로 보인다."라고 보도했다. 상원 내 다수파의 대표인 빌 프리스트 Bill Frist 역시 폭스 방송의 뉴스에 나와 대통령의 감세정책을 옹호하면서 "올해에 9천2백만 미국인 모두가 천 달러짜리 수표를 손에 쥐게 되는 것을 지금 부유층을 위한 감세정책이라고 말하는 것입니까?"라고 말했다(이상의 내용은 2003년 2월 10일자 「New Republic」 잡지 9쪽에 실린 논설에서 인용했다). 이러한 예들은 비록 우리가 직접 조사연구를 하게 될 경우가 결코 없더라도 기초적인 통계 개념을 이해하는 일이 얼마나 중요한지를 분명히 알게 해준다. 위의 예에서 설명한 기초적인 개념 중 하나는 평균이라는 측도가 극단값에 의해 상당한 영향을 받는다는 사실이다. 이제 위의 예와 관련된 또 하나의 중요한 통계 개념인 산포도를 살펴보자.

산포도

앞에서 살펴봤듯이 평균이라는 측도는 수집된 자료에 담긴 모든 내용을 단 하나의 수치(혹은 속성)로 나타내 보여줄 수 있다는 장점이 있다. 그러나 평균은 이러한 장점과 함께 원래 자료의 모습이 어떠했는지를 알아볼 수 없다는 단점도 있다. 이런 단점은 응답 내용의 **산포도**(dispersion), 즉 흩어짐 정도를 나타내는 측도를 함께 제시함으로써 어느 정도 보완될 수 있다. 가장 단순한 산포도 측도는 **범위**(range)이며, 이는 가장 큰(혹은 높은) 변량과 가장 작은(혹은 낮은) 변량 간의 차이를 말한다. 따라서 이제 단순히 클라이언트 집단의 평균 연령이 15.87세라는 것만을 제시할 게 아니라 이 클라이언트들의 연령은 최저 13세에서 최고 19세의 범위를 갖는다는 것을 함께 제시할 수 있다.

산포도를 나타내는 측도는 범위 외에도 여러 가지가 있다. 예를 들어 지능검사 점수는 주로 **중간사분위 구간**(interquartile range)을 사용해 제시하는데, 중간사분위 구간이란 전체 사례를 사분(四分)했을 때, 중간 50%의 사례가 속하는 구간을 말한다. 만약 가장 위쪽의 사분위 구간 범위가 120부터 150까지이고 가장 아래쪽의 사분위 구간에 해당하는 범위가 60에서부터 90까지라고 한다면, '이 집단의 평균은 102이며(예를 들면), 중간사분위 구간은 90~120 혹은 둘 간의 차이인 30이다'라고 표현한다.

좀 더 정확하면서 가장 일반적으로 사용되는 산포도 측도로는 **표준편차**(standard deviation)를 꼽을 수 있다. 표준편차의 유용성은 그림 21-4에 제시된 정규분포를 통해 잘 나타낼 수 있다. **정규분포**(normal curve)란 종처럼 생긴 좌우대칭적 분포곡선으로서, 이를 가리켜 **종 모양 곡선**(bell-shaped curve) 또는 **종형곡선**(bell curve)이라고도 한다. 수집된 자료가 정규분포를 따른다고 하면, 다시 말해 자료가 분포되어 있는 모양이 정규분포의 형태를 띤

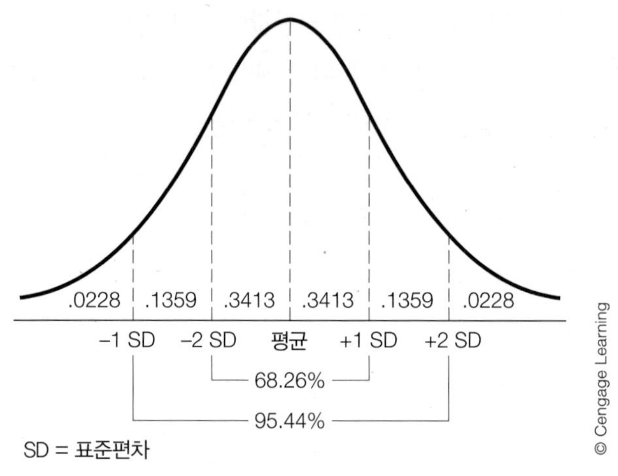

그림 21-4 정규분포에서 표준편차 단위별 면적이 차지하는 비율

다면, 그림 21-4에 나타나 있듯이 전체 표본의 약 34%가 평균과 평균으로부터 위쪽(오른쪽)으로 1 표준편차 내에 있으며, 표본의 또 다른 34%는 평균과 평균으로부터 아래쪽(왼쪽)으로 1 표준편차 안에 분포한다. 따라서 표본의 나머지 1/3은 평균으로부터 양쪽 방향으로 1 표준편차 바깥쪽에 분포한다(16%는 평균으로부터 1 표준편차 위쪽에, 그리고 나머지 16%는 평균으로부터 1 표준편차 아래쪽에 있게 된다). 이러한 정규분포의 성질을 이용함으로써, 수집된 자료의 변량들이 평균으로부터 얼마나 떨어져 분포하고 있는지를 알아볼 수 있다.

다음과 같은 예를 들어보자. 어떤 주의 정신보건부에 소속된 사례관리자들이 평균 28명의 만성 정신질환자를 관리해야 하며, 이때 표준편차가 2인 것으로 알려져 있다고 가정해보자. 만약 담당사례 수가 정규분포를 따른다고 하면, 전체 사례관리자 중 약 68%의 사례관리자가 26~30사례 정도를 관리한다는 사실을 알 수 있다(이 중 34%는 26~28사례 정도를, 나머지 34%는 28~30사례를 관리한다). 또한 약 16% 정도의 사례관리자들은 26보다 적은 수의 사례를 관리하는 업무량을 가지며, 역시 16% 정도의 사례관리자들은 30사례 이상의 업무량을 갖는다는 것을 알 수 있다. 사례관리에 관한 문헌이나 연구는 공통적으로 "적정 사례 수는 30사례를 크게 초과해서는 안 된다"고 제시하고 있는 바(Rubin, 1987), 주정부의 정신보건부 사례관리 업무량은 이러한 기준에 비추어볼 때 적절한 수준을 유지하고 있다고 볼 수 있다.

또 다른 어떤 주의 경우, 관리해야 하는 평균 사례 수는 25인 반면 표준편차는 15라고 가정해보자. 평균 사례 수가 25이므로 첫 번째 예로 들었던 주의 평균인 28사례에 비해 사례관리 업무량은 낮으나, 표준편차를 고려해볼 때 전체 사례관리자 중 약 16% 정도는 무려 40사례 이상의 사례관리 업무량(평균 사례 수 25와 1 표준편차에 해당하는 15명의 합)을 가지며, 34%는 25~40사례 사이의 업무량(첫 번째 예에서의 28~30사례와 대조적으로)을 갖는다. 따라서 평균값 자체만으로는 두 번째 주의 평균값이 더 낮으나 첫 번째 주의 사례관리 업무량이 더 바람직하다고 볼 수 있는데, 이는 첫 번째 주의 경우 두 번째 주에 비해 평균 이상의 사례관리 업무량을 가진 사례관리자가 더 적기 때문이다(혹은 적정 사례관리 업무량을 훨씬 더 초과하기 때문이라고 할 수도 있다).

그림 21-5는 표준편차가 크다는 것이 왜 자료의 흩어짐 정도가 크다는 것을 의미하고, 반대로 표준편차가 작다는 것이 왜 자료의 흩어짐 정도가 작다는 것을 의미하는지를 잘 보여준다. 프로 골프선수는 점수가 낮을 뿐만 아니라 일관됨, 즉 낮은 표준편차를 갖는다. 반면에 아마추어 골퍼는 점수도 높고 일관성도 부족하다. 즉, 어떤 경우에는 보통 때보다 잘 치지지만 어떤 경우는 보통 때보다 못 친다는 뜻이다.

이제 단순히 중앙집중경향도를 나타내는 통계량에만 전적으로 의존하지 않고 표준편차를 구함으로써 얻게 되는 이점이 무엇인지를 알게 되었으니, 어떤 독자들은 표준편차를 실제로 어떻게 계산하는지를 알고 싶어할 것이라 생각된다. 그런 독자들을 위해 『Statistics for Evidence-Based Practice and Evaluation』이라는 책을 참조할 것을 권한다(이 책은 이 장 끝에 있는 '추천도서' 절에 포함되어 있다). 본 저자가 표준편차를 구하는 방법을 설명하지 않는 이유는 두 가지다. 첫째는 아마도 대부분의 독자가 표준편차를 구할 수 있는 컴퓨터 프로그램에 대한 접근이 용이할 것이고, 혹시라도 그런 프로그램에

A. 표준편차가 큰 경우 = 자료가 많이 흩어져 있다.

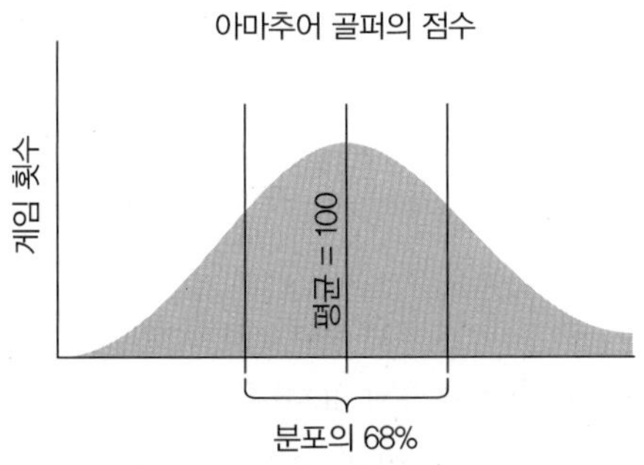

B. 표준편차가 작은 경우 = 자료의 분포가 촘촘하다.

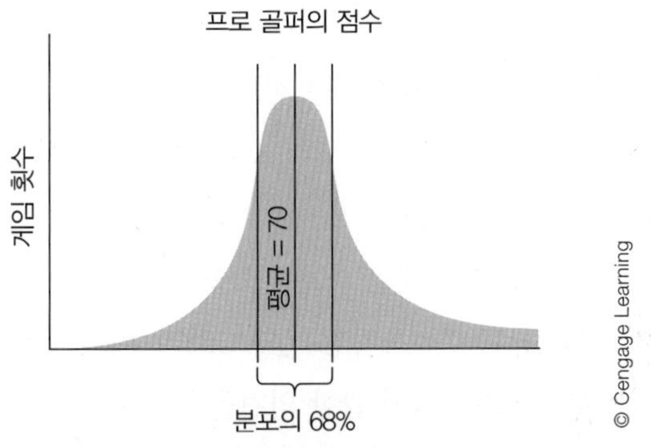

그림 21-5 큰 표준편차와 작은 표준편차

접근할 수 없는 독자가 있다고 하더라도 이 장 맨 뒷부분에 제시된 '인터넷 연습문제'에 수록된 인터넷 사이트에 접속하면 그런 프로그램에 접근할 수 있기 때문이다. 또 한 가지 이유는 일단은 여러 가지 통계량의 개념적 의미를 이해하는 데 주목하는 것이 더 중요하다고 판단되기 때문이다. 통계량을 계산하는 방법은 실제로 통계량을 계산해야 하는 상황에 직면했을 때 배우는 편이 훨씬 효과적이다.

연속변수와 이산변수

앞서 설명했던 중앙집중경향도나 산포도와 관련된 계산이 모든 변수에 대해 가능한 것은 아니다. 이 장의 앞부분에서 살펴봤던 측정 수준과 같은 맥락에서, 이번에는 **연속변수**(continuous variable)와 **이산변수**(discrete variable)라는 두 종류의 변수를 살펴보자. 연속변수의 대표적인 예로는 연령을 꼽을 수 있다. 연령은 연속변수 중에서도 비율변수로, 연령은 아주 조금씩 지속적으로 늘어나거나 줄어드는 식으로 변한다. 이러한 연속변수는 어떤 하나의 범주에서 전혀 다른 또 하나의 범주로 변하는 성별이나 군인의 계급 같은 불연속변수와 대조를 이룬다. 만약 분석대상이 되는 변수가 불연속변수인 경우에는 앞서 소개한 계산방법 중 일부는 사용할 수 없다. 엄밀하게 말해, 평균값이나 중앙값은 등간이나 비율변수의 경우에만 계산할 수 있다. 예를 들어 분석대상이 되는 변수가 응답자의 성별이라고 할 때, 코딩된 숫자 그 자체를 사용하거나 혹은 백분율을 계산하는 것이 적절한 분석이라고 하겠다. 물론 자료에 대해 그다지 많은 정보를 말해주지는 못하지만, 최빈값 또한 의미 있고 적절한 분석이라고 할 수 있다. 그러나 성별이라는 변수에 대해 평균값, 중앙값, 산포도, 혹은 표준편차를 구하는 것은 부적절한 분석이라고 하겠다. 이따금씩 연구자들은 이러한 일반적인 규칙에 부합하지 않는 분석을 하면서까지 변량이 나타내는 바를 알고자 하는 경우가 있기는 하다. 그러나 그런 경우에는 상당한 주의가 요구된다.

평균을 계산하는 데는 많은 '회색지대'가 존재한다. 예를 들어, 서비스를 받은 클라이언트들을 대상으로 '4 = 매우 만족한다, 3 = 만족한다, 2 = 불만족한다, 1 = 매우 불만족한다'와 같은 4점 척도 응답범주를 가진 변수를 통해 서비스에 대한 클라이언트의 만족도를 측정했다고 가정해보자. 여기서 주의해야 할 점은 이 변수는 성격상 분명히 서열변수라는 것이다. 이는 만족도 1과 2와의 차이, 즉 매우 만족과 만족 간의 차이가 결코 만족도 3과 4, 즉 불만족과 매우 불만족 간의 차이와 동일하다는 식의 논리가 성립하지 않기 때문이다. 그렇기 때문에 이러한 서열변수에 대한 클라이언트들의 응답을 바탕으로 평균이나 표준편차를 구하는 것은 결국 각 응답범주에 부여된 변량을 마치 어떤 실제적인 가치인 것처럼 여기게 됨을 의미한다.

그러나 이러한 통계기법상의 위반은 흔히 볼 수 있을 뿐만 아니라 어느 정도 유용한 측면도 있다. 순위변수를 가지고 구한 평균값이 클라이언트가 느끼는 만족의 정도에 대한 정확한 수학적 의미는 갖고 있지 않다. 하지만 클라이언트들을 많은 하위집단으로 나누었을 때 하위집단 간의 만족도 수준을 비교하는 경우에는 매우 유용하게 쓸 수 있다. 예를 들어 특정 소수인족 클라이언트 집단의 평균값이 1.4인 반면, 백인 클라이언트 집단의 평균은 3.2로 나타났다고 하자. 이 경우, 각 평균값이 어떤 정확한 의미를 갖고 있지는 못하더라도 두 평균값을 관찰함으로써 두 인종집단의 만족도가 동일한 수준이 아니라는 사실을 알 수 있다. 따라서 이러한 만족도의 차이를 일으키는 원인이 무엇인가를 진단하고 문제를 해결하기 위한 방안을 모색할 필요가 있음을 인식할 수 있다(사실 우리는 학생들의 성적에 대해 언급하면서 이러한 식의 비교를 일상적으로 하고 있다).

결국 관건이 되는 것은 **유용성**이라고 할 수 있다. 만약 연구자가 판단하기에 어떤 통계분석 기법이 자신이 알고자 하는 사회현상의 속성을 잘 나타내 보여줄 수 있다고 생각한다면, 쓰고자 하는 통계기법이 갖고 있는 자료의 성격에 비추어볼 때 적절한지 여부를 판단하는 데 있어 어느 정도 판단 기준을 완화해 적용할 수는 있다. 그러나 이러한 분석의 다른 한편에는, 분석을 통해 얻은 결과가 제시하는 바가 전혀 무의미할 수도 있다는 위험이 도사리고 있음을 인식해야 한다. 따라서 연구자는 유용성과, 소수점 이하 세 자리까지 구해낸 평균값 혹은 표준편차라는 것이 갖는 적절성에 대해 다시 한 번 생각해봐야 할 것이다.

내용의 상세함 대 관리의 용이성

단일변량 자료(혹은 다른 자료)를 제시하면서 연구자는 서로 상충되는 두 가지 목적을 가지고 고민해야 하는 경우를 종종 접하게 된다. 한편으로는 가능한 한 상세하게 자료를 제시해야 하는 반면, 또 다른 한편으로는 가능한 한 다루기 용이한 방식으로 자료를 제시해야 한다. 이와 같이 상반되기 쉬운 두 가지 목적을 갖게 됨에 따라, 둘 다 만족시킬 수 있는 가장 좋은 절충안을 찾기 위해 부단히 노력해야 한다. 한 가지 유용한 해결방안은, 자료를 한 가지 이상의 방식을 써서 제시하는 것이다. 예를 들어 연령의 경우, 전체 자료의 분포와 더불어서 평균과 표준편차도 함께 제시하는 방법을 생각해볼 수 있다.

응답범주의 통폐합

우리는 흔히 '교재에 나타나 있는 표의 예'는 학술지에 게재된 연구보고서에 수록된 표나 우리들 각자가 개인적인 연구결과를 제시하기 위해 만드는 표보다 훨씬 간단하다는 사실을 발견하게 된다. 예를 들어, 이미 앞에서 언급한 바 있는 무응답 및 무효자료의 경우를 생각할 수 있다. 또 다른 문제점으로는 하나의 표 안에 너무 많은 행과 열이 있어서 어떤 뚜렷하고 의미 있는 유형을 발견할 수 없는 경우도 있다.

이런 문제점들에 대한 예로, 표 21-4를 보자. 표 21-4에 제시된 자료는『뉴욕타임스』와 CBS가 1985년에 5개국 국민을 대상으로 UN에 관한 의견을 물었던 조사의 결과다. 표 21-4에 제시된 질문은 UN의 역할 수행에 대한 사람들의 입장을 묻는 것이다.

표 21-4에 제시된 5개국 국민은 UN의 역할에 대해 어느 정도 지지적인지를 기준으로 비교해보자. 표의 내용을 살펴보면 너무 많은 숫자가 제시되어 있어서 무엇이 의미 있는 내용인지 이해하기가 매우 어렵다는 사실을 쉽게 알 수 있다.

표 21-4의 문제점 중 하나는 두 극단적인 범주, 즉 UN이 '매우 잘해왔다'와 '매우 잘하지 못해왔다'를 선택한 응답자의 비율이 너무 낮다는 것이다. 또한 이 표를 볼 때 사람들은 자칫 두 번째 행만을 보기 쉬운데, 그렇게 할 경우 서독과 미국이 UN을 가장 긍정적으로 평가(46%)하는 국가이고, 그 다음이 프랑스(45%)이며, 영국(39%)은 미국, 서독, 프랑스보다 덜 지지적이고, 일본(11%)이 가장 지지적이지 않은 국가라고 생각하게 된다.

이러한 사고과정은 적절하지 못하다고 할 수 있는데, 왜냐하면 그런 식으로 사고할 경우 가장 긍정적인 응답범주인 '매우 잘해왔다'를 선택한 응답자들의 존재가 무시되기 때문이다. 이와 같은 상황에서는 양 극단의 두 응

표 21-4 UN에 관한 입장: "UN이 이제까지 직면한 문제들을 해결하는 데 어떠했다고 생각하십니까?"

응답범주	서독	영국	프랑스	일본	미국
매우 잘해왔다	2%	7%	2%	1%	5%
잘해왔다	46	39	45	11	46
잘하지 못해왔다	21	28	22	43	27
매우 잘하지 못해왔다	6	9	3	5	13
모르겠다.	26	17	28	41	10

출처: '5개국 조사를 통한 UN에 대한 희망 찾기', 『뉴욕타임스』, 1985년 6월 26일, p. 6

표 21-5 극단적 응답범주를 통합한 결과

응답범주	서독	영국	프랑스	일본	미국
잘해왔다 혹은 그 이상	48%	46%	47%	12%	51%
잘하지 못해왔다 혹은 그 이하	27	37	25	48	40
모르겠다.	26	17	28	41	10

답범주를 통합해야 한다. 위 예의 경우라면 '매우 잘해왔다'와 '잘해왔다'를 하나의 범주로 묶고 '매우 잘하지 못해왔다'와 '잘하지 못해왔다'를 또 하나의 범주로 묶는 것이다. 만약 우리가 자신의 연구에서 이와 같이 응답범주를 통합하는 경우라면 해당 행의 빈도를 모두 더한 다음 백분율을 다시 계산하는 것이 바람직하며, 그렇지 않고 이미 발표된 보고서나 논문에 제시된 표의 내용을 분석하는 경우라면 표 21-5에 제시된 바와 같이 단순히 백분율을 더하면 된다.

표 21-5에 제시된 바와 같이 응답범주를 통합하면 각국이 갖는, UN에 대해 적어도 '잘해왔다' 이상의 긍정적인 입장에 해당하는 백분율이 어느 정도인지를 비교하기가 훨씬 수월해진다. 이제 미국이 가장 긍정적이고, 서독, 영국, 프랑스는 미국보다 약간 낮지만 세 나라가 거의 유사한 수준이며, 일본만이 유독 UN의 성취도를 매우 낮게 평가하고 있음을 알 수 있다. 물론 이러한 결론이 처음에 표 21-4의 두 번째 행만을 보고 내린 결론과 완전히 다른 결론은 아니지만, 그럼에도 불구하고 첫 번째 결론에서보다 영국이 상대적으로 더 지지적인 것으로 나타나는 차이를 볼 수 있다.

이러한 차이를 발견함으로써 다음과 같은 위험으로부터 안전할 수 있다. 예를 들어 어떤 연구자가 충분한 주의를 기울이지 않고 표 21-4의 두 번째 행만을 본 다음 영국 사람들이 미국, 서독, 프랑스 사람들보다 UN의 역할수행을 낮게 평가한다는 결론을 내렸다고 가정해보자. 그리고는 그러한 결과가 나타난 이유를 찾는 과정에서 한때 번영했었으나 지금은 쇠퇴해가는 국가와 관련된 기발한 심리·역사적 이론을 만들어낸다. 만약 그 '이론'이 발표된다면 아마도 많은 연구자가, 자료를 제대로 읽을 줄만 안다면 영국이 UN에 대해 다른 세 국가에 비해 결코 덜 지지적이지 않다는 사실을 쉽게 알 수 있음을 지적하면서 안타까워할 것이다. 이러한 위험은 결코 가상적인 위험이 아니다. 이런 오류는 실제로 많이 발생하며, 응답범주를 적절히 통폐합하는 것만으로도 얼마든지 방지할 수 있는 오류다.

'모르겠다'라는 응답을 처리하는 방법

표 21-4와 표 21-5는 설문조사 자료를 분석할 때 종종 발

생하는 또 한 가지 문제를 보여준다. 어떤 이슈에 관한 사람들의 의견을 물을 때 '모르겠다' 또는 '의견 없다'를 선택 가능한 응답범주 중 하나로 포함시키는 것이 바람직하다. 그러나 자료를 분석하고자 할 때 그러한 응답에 대해서는 무엇을 어떻게 해야 하는가?

위에서 들었던 예에서 '모르겠다'라는 응답에 해당하는 백분율은 국가마다 큰 차이를 보이는데, 미국이 10%로 가장 낮은 반면 일본은 41%로 가장 높았다. '모르겠다'라는 응답에 해당하는 백분율이 높을 때 위와 같은 표의 내용을 이해하는 것이 혼란스러워진다. 예를 들면 일본의 경우, '모르겠다'라는 답을 한 사람들이 상당히 많다는 것을 고려해본다면 과연 일본이 미국에 비해 UN의 역할수행에 대해 덜 긍정적인 입장을 갖는다고 말할 수 있을까?

'모르겠다'라는 응답을 제외한 상태에서 백분율을 구할 수 있는 쉬운 방법은 다음과 같다. 표 21-5의 첫 번째 열, 즉 UN의 역할수행에 대한 서독 국민들의 의견에 해당하는 백분율을 보면 응답자의 26%가 '모르겠다'라고 답했음을 알 수 있다. 이 말은 결국 '잘해왔다' 또는 '잘하지 못해왔다'라고 답한 응답자는 전체 서독 응답자 중 74%(100 - 26)에 불과하다는 것을 의미한다. 만약 우리가 '잘해왔다 또는 그 이상'이라고 답한 48%의 응답자를 .74(전체 서독 응답자 중 의견을 준 사람이 차지하는 비율)로 나누면 '의견을 준 응답자' 중 65%가 UN의 역할수행에 대해 '잘해왔다' 또는 '매우 잘해왔다'라고 답한 것을 알 수 있다.

표 21-6은 '모르겠다'를 모두 제외한 응답결과를 나타내는 표다. 이 표에 제시된 자료는 처음의 표와는 다른 해석을 가능하게 해준다. 좀 더 구체적으로 말하자면, 프랑스와 서독이 UN에 대해 가장 긍정적인 평가를 내리는 국가이고 그 다음이 미국과 영국인 것으로 나타났다. 일본은 여전히 가장 덜 지지적인 국가이기는 하지만, 전체 일본 응답자 중 긍정적인 평가를 내린 사람의 비중은 12%에서 20%로 높아졌다.

이처럼 동일한 자료에 관한 각기 다른 내용을 가진 세 개의 표를 보고 나면 "도대체 어떤 것이 옳은 것인가?"라는 질문을 던지지 않을 수 없다. 이 질문에 대한 답은 자료를 분석하고 해석하는 목적에 따라 달라진다. 예를 들어 '좋다'와 '매우 좋다'를 반드시 구분해야 하는 것이 아니라면, 이 두 가지 응답범주를 하나로 묶는 것이 표의 내용을 쉽게 이해할 수 있으므로 바람직하다.

'모르겠다'를 포함할지 아니면 제외할지를 결정하는 것은 좀 더 어려운 문제다. 예를 들어 연구자가 알고자 하는 것이 사람들이 UN의 역할을 잘 알고 있는지의 여부라면, 일본 응답자들 중 의견이 없는 응답자가 그렇게 많다는 사실은 매우 흥미로운 발견점이 될 것이다. 반면에 연구자가 알고자 하는 것이 사람들이 어떤 이슈에 대해 어떻게 투표하는지라면, 연구자는 '모르겠다'라고 답한 사람들은 어차피 투표하지 않거나 투표하더라도 의견이 양쪽으로 나뉠 것이라고 가정하고 '모르겠다'라고 답한 사람들을 제외하는 것이 더 적절할 수 있다.

어찌 되었든 우리가 가진 자료가 말해주는 '사실'은 어떤 사람들은 '모르겠다'라고 답했으며 나머지 사람들의 의견은 그들 나름대로의 방식대로 나뉘어 있다는 것이다. 때로는 두 가지 방법, 즉 '모르겠다'를 제외하는 방법과 포함하는 방법 모두를 써서 자료를 보고하고 독자들로 하여금 나름대로의 결론을 도출하게 하는 것이 가장 적절한 방법이 되기도 한다.

표 21-6 '모르겠다'를 제외한 경우

응답범주	서독	영국	프랑스	일본	미국
잘해왔다 혹은 그 이상	65%	55%	65%	20%	57%
잘하지 못해왔다 혹은 그 이하	35%	45%	35%	81%	44%

이변량 분석

어떤 독자들은 앞서 살펴본 세 개의 표에서 한 번에 한 개 변수에 관한 서술에서 한 번에 두 개 변수에 관한 서술로 옮겨왔다는 사실을 알아차렸을 수도 있다. 우리가 다룬 두 변수는 국가와 UN에 대한 입장이었다. 따라서 우리는 한 번에 한 개 변수만을 다루는 단일변량 분석에서 두 개 변수 간의 관계에 초점을 두는 **이변량 분석**(bivariate analysis)으로 넘어온 것이다. 이변량 분석은 변수 간의 관계에 초점을 두는 바, 일반적으로 설명적인 목적을 갖는다.

표 21-7은 성 평등에 대한 남성과 여성의 입장 간 관계를 제시하고 있다. 표에 따르면 여성 관찰대상이 남성 관찰대상에 비해 성 평등에 대해 더 지지적임을 알 수 있는데, 여성 중에서는 75%가 성 평등을 지지하는 데 비해 남성 중에서는 63%가 성 평등을 지지하는 것으로 나타났다.

표에서의 백분율 계산

백분율 표와 관련해서 자료를 분석해본 경험이 많지 않은 연구자들이 주의해야 할 것 중 하나는 주어진 표에서 '올바른 방향으로 백분율을 계산하고 있는지' 여부다. 예를 들면 표 21-7의 경우 응답자를 남성과 여성의 두 집단으로 분리하고 나서 각 집단에 대해 설명하고 있는데, 이런 방식으로 표를 만든 것은 올바른 방법이라고 하겠다.

물론 표 21-7을 다른 방식으로 만들 수도 있다. 우선 응답자를 찬성하는 사람과 반대하는 사람으로 나누고, 각 집단에서 남성과 여성이 차지하는 백분율을 밝히는 방식으로 표를 만들 수도 있다. 그러나 설명이 주된 목적일 경우 이러한 방식으로 표를 만드는 것은 적절한 방법이라 볼 수 없다.

표 21-7은 응답자의 성별이 응답자가 성 평등 주장에 대해 어떻게 느끼는가에 영향을 준다는 것을 보여준다. 반면에 방금 위에서 제시한 바와 같은 방식으로 표를 만든다면 그런 표는 응답자가 성 평등에 대해 어떻게 느끼는지가 응답자의 성별에 영향을 준다는 것을 보여주게 된다. 물론, 성 평등에 대한 태도가 성별을 결정한다는 것은 불가능하기 때문에 이런 주장은 전혀 말이 되지 않는다.

처음 자료를 분석하는 연구자를 괴롭히는 또 한 가지 문제는 어떻게 백분율표를 읽어야 하는가이다. 종종 다음과 같이 백분율표를 읽는 경우를 보게 된다. "여성 응답자 중 75%는 찬성하며 나머지 25%만이 반대한다. 따라서 여성이라는 사실이 응답자가 더 찬성하기 쉽게 만든다." 그러나 이것은 표를 잘못 읽는 것이다. 왜냐하면 변수로서의 성별이 태도에 영향을 미친다는 결론은 반드시 남성과 여성을 비교한 결과에 근거해야 하기 때문이다. 구체적으로 말해서 여성의 75% 찬성률과 남성의 63% 찬성률을 비교해볼 때, 여성이 남성보다 더 찬성할 가능성이 높음을 알 수 있다. 예를 들어 모든 남성, 즉 100%의 남성이 찬성했다고 가정해보자. 이 경우, 여성 응답자 중 찬성과 반대의 비율이 3 대 1인지 여부를 떠나서 응답자가 여성이라는 사실이 그 응답자가 찬성할 가능성을 높인다고는 말할 수 없다. 사실 그런 경우에는 그 반대가 오히려 사실이라고 해야 할 것이다. 이 예에서 볼 수 있듯이 설명적 이변량 분석표를 해석하는 데 하위집단 비교는 필수적이라 하겠다.

표 21-7은 일반적인 방식인 백분율 세로표기(percentage down) 방식에 따라 만들어진 표다. 백분율 세로표기란 백분율을 아래로 모두 더하면 100%가 되게 하는 방식이다. 이러한 방식으로 만들어진 표는 행을 기준으로 가로

표 21-7 "남성과 여성을 모든 면에서 동등하게 대해야 한다는 제안에 찬성하십니까 아니면 반대하십니까?"

응답	남성	여성
찬성	63%	75%
반대	37%	25%
	100% (400)	100% (400)
무응답	(12)	(5)

로 읽는다. 이 방식대로 읽을 때, 표 21-7에서 '찬성' 행의 경우 몇 퍼센트의 남성 응답자가 찬성하고 있으며 몇 퍼센트의 여성 응답자가 찬성하고 있는가?

백분율을 표기하는 방식은 필요에 따라 바뀔 수 있다. 어떤 연구자는 백분율을 가로로 표기하는 것을 선호하기도 한다. 이런 방식으로 표 21-7의 내용을 나타내보면, 여성과 남성이 표의 제일 왼쪽에 각각 하나의 행으로 나타나고 찬성과 반대는 표의 위쪽에 각각 하나의 열로 나타난다. 각각의 열과 행에 해당하는 숫자 역시 바뀌는데, 이번에는 하나의 행에 나타난 백분율을 모두 합하면 100%가 된다. 따라서 백분율 가로쓰기 방식을 따를 경우, 각 성별에 해당하는 찬성 백분율과 반대 백분율을 알기 위해서는 표를 세로로 읽어야 한다. 두 방식 모두 논리와 실제 백분율은 전혀 다르지 않으며, 단지 표기하는 방식만이 다를 뿐이다.

따라서 표를 읽기에 앞서, 특히 자신이 만든 표가 아니라면, 읽고자 하는 표에 백분율이 어떤 방식으로 표기되어 있는지를 먼저 살펴봐야 한다. 일반적으로 그런 사항은 표의 제목이나 분석하고자 하는 변수의 논리를 통해 알 수 있는 경우가 많다. 그러나 가장 정확한 방법은 각 행 혹은 열에 나타난 백분율의 합을 구해보는 것이다. 각 열마다 백분율을 더해서 100이 된다면 이는 세로표기 방식이며, 각 행마다 백분율을 더해서 100이 된다면 이는 가로표기 방식이다. 백분율 표를 해석할 때는 다음 사항을 기억해두면 편리하다.

1. 백분율 세로쓰기 방식으로 표기된 표의 경우, 백분율은 가로로 읽을 것
2. 백분율 가로쓰기 방식으로 표기된 표의 경우, 백분율은 세로로 읽을 것

그림 21-6은 두 개의 변수를 가지고 백분율 표를 만드는 방법을 보여준다. 이해를 돕기 위해서 앞서 들었던 성별에 따른 성 평등에 대한 태도의 예를 그대로 사용하되, 설명을 좀 더 쉽게 하고자 표본의 크기를 줄였다.

이변량 분석표 만들기와 해석하기

이제 설명적 이변량 분석표를 만드는 과정을 단계별로 다시 한 번 살펴보자.

1. 모든 응답자를 독립변수별 속성, 즉 독립변수에 대해 각자가 갖는 속성에 따라 하위집단으로 분류한다.
2. 각 하위집단을 종속변수의 속성별로 기술한다.
3. 마지막으로, 독립변수의 속성별로 분류된 하위집단들을 종속변수의 특정 속성을 기준으로 비교한다.

이러한 단계에 맞춰 성별과 성 평등에 대한 태도 분석을 다시 해보자. 이때 성은 독립변수가 되고, 성 평등에 대한 태도는 종속변수가 된다. 이 경우, 표는 다음과 같은 단계를 통해 만들어진다.

1. 응답자들을 각자의 성별에 따라 남성과 여성의 두 집단으로 나눈다.
2. 두 집단 각각에 대해 성 평등에 대한 찬성과 반대율을 알아본다.
3. 남성과 여성을 성 평등에 대한 찬성 혹은 반대하는 백분율을 가지고 비교한다.

이변량 분석표의 양식

표 21-7과 같은 양식을 가진 표를 **조건형 표**(contingency table)라고 하는데, 이는 종속변수의 변수값이 독립변수의 변수값에 따라 달라짐을 의미한다. 사회복지 관련 연구조사에서 조건형 표가 자주 쓰이고 있음에도 불구하고 조건형 표의 형식은 아직 표준화되지 않았다. 그 결과, 현재 여러 가지 형식이 혼재되어 쓰이고 있다. 물론 만들어진 표가 읽기 쉽고 이해하기 쉽기만 하다면 어떤 양식을 따르는가는 그다지 중요한 문제가 아닐 수도 있다. 그럼에도 불구하고 표를 작성하는 데 있어 일반적으로 따라야 하는 여러 가지 지침이 있다.

1. 표에는 표의 내용을 잘 나타내줄 수 있으면서 간결

A. 남성와 여성이 뒤섞여 하나의 집단을 이루고 있으며, 그중에서 어떤 사람은 성 평등에 찬성(=)하고 또 어떤 사람은 반대(≠)한다.

B. 여성과 남성을 분리해 두 집단을 만든다(독립변수).

C. 남성 집단과 여성 집단 각각에서 찬성하는 사람과 반대하는 사람을 분류한다.

D. 각 셀(cell)에 해당하는 사람의 수를 센다.

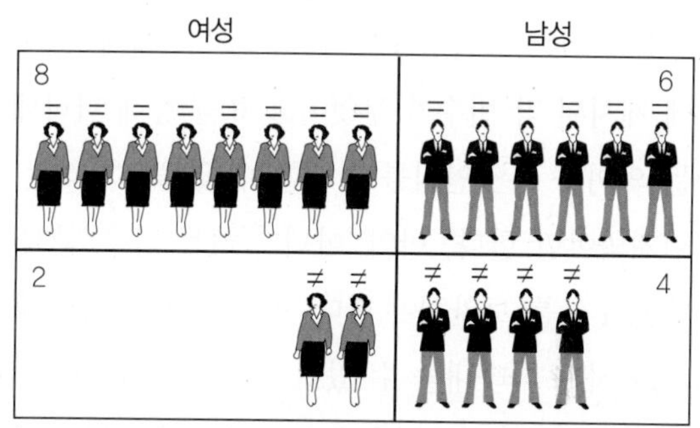

E. 여성 중 성 평등에 찬성하는 사람의 비율(%)은 얼마인가?

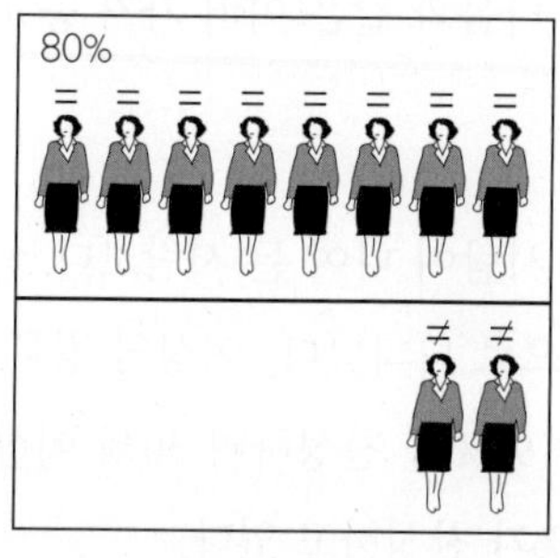

F. 남성 중 성 평등에 찬성하는 사람의 비율(%)은 얼마인가?

G. 결론

남성과 여성 모두 대다수가 성 평등에 찬성하고 있으나 여성이 남성보다 더 찬성하는 것을 알 수 있다.

따라서 성은 성 평등에 대한 태도를 결정짓는 원인들 중 하나로 나타났다.

	여성	남성
찬성	80%	60%
반대	20%	40%
총계	100%	100%

그림 21–6 백분율 표

하게 표현된 제목이 있어야 한다.

2. 표는 물론, 표를 쉽게 풀어 설명하는 문장에서도 변수는 그 변수 본래의 의미를 정확하게 나타낼 수 있게 표현되어야 한다. 이 점은 특히 태도를 묻는 문항에 대한 응답으로부터 변수를 도출하는 경우에 매우 중요한데, 그 이유는 질문에서 사용한 단어나 용어에 따라 응답 내용이 의미하는 바가 상당히 달라질 수 있기 때문이다.

3. 각 변수의 응답범주 또는 속성은 명확하게 나타나 있어야 한다. 복잡한 응답범주명은 간결하게 표현되어야 하지만 그 의미는 표에 명확하게 나타나 있어야 하며, 동시에 충분한 설명이 본문에 나와 있어야 한다.

4. 표에서 백분율이 보고되는 경우, 백분율이 계산된 전

체 사례 수가 제시되어야 한다. 각 응답범주에 해당하는 빈도는 백분율과 전체 사례 수를 알면 언제라도 계산할 수 있기 때문에 별도로 보고할 필요는 없다. 오히려 빈도와 백분율을 함께 제시하면 혼란스러울 수 있으며, 따라서 표를 읽기가 어려워질 수 있다.

5. 무응답 혹은 무효응답 사례를 표에서 제외하는 경우, 무응답 혹은 무효응답 사례의 빈도를 반드시 표에 나타내준다.

이상에서 언급한 지침에 따라 표를 만들고 나면 연구자는 자신이 만든 표를 검토한 다음 스스로에게 "독자들이 표에 제시된 각 변수가 무엇이고 표를 통해 나타내고자 하는 의미가 무엇인지를 이해할 수 있을까?"라는 질문을 던져봐야만 한다. 만약 '아니다'라는 답을 얻게 되거든 당연히 표를 보완해야 한다. 예를 들어 표의 내용을 좀 더 정확하게 나타내줄 수 있게 표의 제목을 바꾸거나 표에 제시된 변수 또는 변수에 해당하는 속성의 이름을 분명히 하면 도움이 될 수 있다.

다변량 분석

다변량 분석표는 많은 변수에 관한 정보를 제시하고자 만들기 때문에 일반적으로 표의 형식이 좀 더 복잡하지만, 기본적으로는 이변량 분석표를 작성할 때와 동일한 논리로 만들어진다. 일반적으로 다변량 분석표는 하나의 독립변수와 하나의 종속변수 간의 관계를 하나 또는 그 이상의 외생(혹은 중재)변수의 영향을 통제한 상태에서 살펴보고자 할 때 사용된다(8장에서 다루었던 외생변수, 중재변수, 통제변수에 관한 논의를 상기해보자). 어떤 표가 세 개 이상의 변수에 관한 내용을 갖고 있을 때 그런 표를 가리켜 **다변량 분석표**라 하고, 그런 표를 해석하는 것을 **다변량 분석**(multivariate analysis)이라 한다.

앞서 언급했던 성별과 성 평등에 대한 태도의 예를 다시 들어보자. 단, 이번에는 응답자의 나이가 성 평등에 대한 태도에 영향을 준다고 가정해본다. 더 나아가서 젊은이들이 나이 많은 사람들보다 성 평등에 찬성하는 경향이 있다고 가정해보자. 다변량 분석표를 작성하는 가장 첫 단계로서 응답자들을 성과 연령이라는 두 가지 독립변수를 동시에 고려해 젊은 남자, 젊은 여자, 나이 많은 남자, 나이 많은 여자의 네 가지 하위집단으로 분류한다. 그 다음 각 하위집단을 종속변수에 대해 살펴보고 비교한다. 좀 더 정확한 이해와 설명을 위해 표 21-8과 같은 가상적인 표를 만들어봤다.

표 21-8 다변량관계: 태도, 성별, 연령: "남성과 여성을 모든 면에서 동등하게 대해야 한다는 제안에 찬성하십니까 아니면 반대하십니까?"

	30세 미만		30세 이상	
응답	여성	남성	여성	남성
찬성	90%	78%	60%	48%
반대	10	22	40	52
	100% (200)	100% (200)	100% (200)	100% (200)
무응답 =	(2)	(10)	(3)	(2)

앞서 언급했던 관례에 따라, 표 21-8의 경우 백분율은 세로쓰기 형식에 따라 계산되었기 때문에 가로로 읽어야 한다. 이 표를 해석함으로써 다음과 같은 여러 가지 중요한 결론을 도출해낼 수 있다.

1. 남성과 여성 모두 젊은 사람이 나이 든 사람보다 성 평등에 더 찬성하는 것으로 나타났다. 여성의 경우, 30세 미만의 응답자 중 90%가 찬성하며 30세 이상의 응답자 중에서는 60%가 찬성하고 있다.
2. 두 연령집단 각각의 경우에서 여성이 남성보다 더 찬성하는 경향을 보이고 있다. 30세 미만의 여성 응답자 중 90%가 찬성하는 반면, 남성의 경우는 78%가 찬성하고 있다. 30세 이상 응답자의 경우, 여성은 60%가 그리고 남성은 48%가 찬성하고 있다.
3. 표에 나타난 바와 같이 성보다는 연령이 성 평등 태도에 미치는 영향이 크다는 것을 알 수 있다. 남성과 여성 모두 연령은 약 30% 정도의 차이를 만들어낸다. 각 연령집단에서 남성과 여성 간의 차이는 12%이다.

4. 연령과 성은 각각 성 평등에 대한 태도에 독립적으로 영향을 미친다. 이 말은 첫 번째 독립변수에 대해 어떠한 속성을 갖는다는 것이 밝혀지면 그 주어진 속성 내에서 두 번째 독립변수가 성 평등 태도에 영향을 미친다는 뜻이다.
5. 마찬가지로 이 두 독립변수는 성 평등에 대한 태도에 동시에 영향을 미치기도 한다. 젊은 여성들이 가장 찬성하며, 나이 든 남성들이 가장 찬성하지 않는다.

표 21-8의 내용을 좀 더 효율적으로 나타낼 수 있는 방법은 표 21-9와 같은 방식으로 제시하는 것이다. 표 21-9가 표 21-8보다 효율적인 이유는 30세 미만의 여성 중 90%가 찬성한다는 것을 알면 반대하는 여성이 10%라는 것은 자연히 알 수 있기 때문이다. 따라서 구태여 반대하는 여성의 백분율을 제시할 필요가 없다. 표 21-9의 각 셀에는 성 평등에 찬성하는 사람들의 백분율이 제시되어 있는데, 각 셀은 두 독립변수의 교집합 부분에 해당한다. 백분율 아래 위치한 괄호 속에 제시된 숫자는 해당 백분율을 계산하는 데 사용된 사례 수를 나타낸다. 예를 들어, 30세 미만의 여성은 총 200명이고 그중 90%가 성 평등에 찬성한다는 것을 알 수 있다. 또한 표 21-9는 200명의 여성 중 180명이 찬성하고 있으며 나머지 20명(또는 전체의 10%)은 찬성하지 않는다는 것을 보여준다. 이처럼 표 21-9는 표 21-8보다 표의 내용을 이해하기기 훨씬 쉬우면서도 표 21-8을 통해 제시하고자 했던 내용 모두를 아무런 손실 없이 그대로 제시할 수 있다.

표 21-9 표 21-8을 단순화한 표: "남성과 여성을 모든 면에서 동등하게 대해야 한다는 제안에 찬성하십니까 아니면 반대하십니까?"

	찬성한 사람의 백분율	
연령	여성	남성
30세 미만	90 (200)	78 (200)
30세 이상	60 (200)	48 (200)

기술통계와 질적 연구

표본자료의 특성이나 표본자료를 이루고 있는 변수들 간의 관계를 기술하는 것을 주된 목적으로 하는 통계를 **기술통계**(descriptive statistics) 또는 기술적 자료분석이라 한다. 그리고 일군의 표본 관찰값을 단순히 기술하는 것에서 한 걸음 더 나아가 인과관계나 모집단에 관한 추론을 목적으로 실시하는 자료분석을 가리켜 **추론통계**(inferential statistics) 또는 추론적 자료분석이라 한다. 이러한 두 종류의 자료분석은 모두 질적 연구보다는 양적 연구와 밀접한 관련이 있다. 추론적 자료분석에 대해서는 뒤이어 소개될 다음 두 장에서 살펴보기로 하고, 일단 여기서는 기술적 자료분석이 질적 연구에서 어떻게 사용되는지를 살펴봄으로써 이 장을 마치기로 하겠다.

이 장에서 이제까지 소개한 내용은 거의가 질적 연구보다는 양적 연구와 관련되어 있긴 하지만, 그렇다고 해서 질적 연구와 전혀 무관한 것은 아니다. 흔히 수량적 계산이나 통계의 사용 여부를 가지고 질적 연구와 양적 연구를 구분하는 경우가 있는데, 이는 분명히 잘못된 생각이다. 기술적 자료분석 결과를 해석해본 경험이 있는 연구자들이라면, 통계분석 결과가 의미하는 바를 좀 더 명확하게 이해하기 위해 질적 연구가 필요하다는 생각을 자주 해봤을 것이다. 질적 연구방법을 사용하는 연구자들이 연구결과를 발표하면서 복잡한 통계분석 결과를 제시하는 경우는 매우 드물다. 그럼에도 불구하고 질적 연구방법을 사용하는 연구자들 역시, 어떤 유형을 발견해 내거나 혹은 자신이 연구하는 어떤 현상을 좀 더 심층적으로 이해하기 위해 어떤 종류의 수량적 계산은 반드시 필요하다는 것을 잘 이해하고 있다.

예를 들어, 어떤 연구자가 질적 연구를 통해 수면장애가 있다는 것이 어떤 것인지를 좀 더 심층적으로 이해하려 한다고 가정해보자. 만약 관찰대상들의 평균 수면시간이나 그들이 하룻밤 동안 잠을 이루지 못하는 시간이 얼마나 되는지를 계산해 알 수 있다면 그러한 사실들이 연구자가 가진, 수면장애가 있다는 것이 어떤 것이라는 느낌에 조금이라도 영향을 미칠까? 물론 이런 연구를 하면서 전적으로 숫자에만 의존하지는 않을 것이기 때문에 수면장애가 있는 사람들 개개인의 주관적이고 독특한 느낌에 좀 더 많은 비중을 두면서 강조하고자 할 것이다. 그러면서도 동시에 연구대상이 전혀 잠을 자지 못하는 사람인지 아니면 평균적으로 다만 몇 시간이라도 수면을 취하는 사람인지(즉, 수면시간이 날마다 다르다는 것(산포도가 크다는 것)을 의미한다) 안다는 것이 그들의 주관적 느낌을 이해하는 데 매우 중요하다는 점 또한 잘 인식하고 있을 것이다. 예를 들어, 연구자가 우리에게 수면장애가 있는 사람들은 수면이 부족하기 때문에 일과에 집중하는 데 어려움을 겪는다는 것을 말하고자 한다고 가정해보자. 그 사람들이 겪는 어려움이 어떤 것인지에 대한 우리의 이해는, 만약 연구자가 우리에게 수면장애가 있는 사람들은 하루에 평균 한 시간 정도의 수면밖에 취하지 못한다고 말해준다면 좀 더 분명해질 것이다.

다음과 같은 예를 통해 양적 연구로부터 출발해 질적 연구를 하게 되는 경우를 살펴보자. 어떤 기관에서 부모로서의 역할 증진 및 가정유지를 목적으로 하는 아동복지 프로그램을 제공하고 있으며, 이 프로그램에 대한 재정적 지원은 아동들이 집이 아닌 다른 보호시설에서 지낸 날 수와 어떤 척도를 통해 측정된 아동학대 위험 정도 수치를 근거로 결정된다고 한다. 측정결과, 두 수치 모두 보통 수준이나 표준편차는 매우 큰 것으로 나타났다고 가정해보자.

더 나아가서 각 변수에 대해 빈도분포를 살펴본 결과, 두 변수 모두 대부분의 사례가 평균 가까이에 분포되어 있지 않으며, 약 1/3 정도는 평균보다 아래쪽에, 그리고 또 다른 1/3은 평균보다 위쪽에 위치하고 있음을 발견했다. 이러한 결과를 바탕으로 판단해본 결과, 현재 얻어진 평균은 잘못된 것이라는 점과 무엇이 잘못됐는지를 밝히는 과정에서 아주 성공적이지 못한 것으로 나타난 사례들을 성공적으로 만들 수 있는 방법을 찾을 수 있을지도 모른다는 생각을 하게 되었다. 따라서 두 변수 각각의 분포가 의미하는 바를 좀 더 잘 이해하고 동시에 성공적인 사례와 아주 성공적이지 못한 사례 간의 차이점을 분석할 필요를 느끼게 되었다.

만약 성공적인 사례와 성공적이지 못한 사례 간의 차이가 어디에서 비롯된 것인지에 대한 어느 정도의 확신이 있다면 새로운 변수들에 대한 양적 연구를 진행해볼 수도 있다. 그러나 현재로서는 전혀 문제의 실마리를 찾을 수 없으므로 질적 연구를 하기로 결정하고는 이를 위해 기관이라는 현장에서 질적 연구를 해본 경험이 있는 사회복지학과 대학원생들을 고용했다고 가정해보자. 우선 기관에 근무하는 사회복지 실무자들을 대상으로 그들이 성공적인 사례와 성공적이지 못한 사례를 대하는 데 있어 어떤 차이가 있었는지를 조사하기 시작했다. 또한 아주 개방적이고 구조화되지 않은 방식으로 사례기록의 내용을 훑으면서 성공적인 사례와 그렇지 못한 사례를 구분할 수 있는 어떤 유형을 찾는 데 주력했다. 그 결과, 성공적인 사례들의 대부분은 어떤 3명의 실무자가 담당했던 사례들인 반면에 아주 성공적이지 못한 사례들의 대부분은 또 다른 어떤 3명의 실무자가 담당했던 사례임을 발견했다.

이 두 종류의 실무자 집단 간의 결과에 왜 차이가 있는지를 전혀 알지 못함에 따라 질적 연구를 통해 이 실문자 6명의 모든 활동을 관찰한 결과, 이 두 집단의 실무자들이 부모들을 대하는 방식에 차이가 있음을 발견했다. 성공적인 실무자의 경우 부모들을 방문해서 그들에게 서비스를 제공하는 데 좀 더 적극적인 태도를 보였고, 부모들을 대할 때 그들과 감정을 공유하고 필요로 하는 자원을 얻을 수 있게 해주고자 노력했으며, 또한 부모들에게 아동의 성장과 발달, 아동양육 및 육아법에 대한 교육을 실시했다. 반면, 효과적인 결과를 거두지 못한 실무자의 경우는 부모들과 함께한 시간이 그다지 많지 않았으며 가정방문 횟수도 적었고 부모들의 욕구에 민감하게 반응하기보다는 그들에 대한 도덕적 교육에 많은 시간을 보낸 것으로 나타났다.

두 집단에 대한 관찰을 마친 대학원생들은 관찰을 통해 발견한 두 집단의 실무자들 간 차이점 및 차이의 정도를 글로 기술해본다면 자신들의 보고서를 좀 더 의미 있게 만들 수 있으리라 생각했다. 예를 들어 질적 연구의 목적이 현상에 대한 깊이 있는 이해를 얻고자 하는 것임을 생각해볼 때, 단순히 한 집단이 다른 집단보다 어떤 면에서 더하다거나 혹은 덜하다고 말하는 것은 의미가 덜할 수 있다. 그보다는 성공적인 실무자들은 일주일에 평균 한 명의 클라이언트에 대해 3회의 가정방문을 하는 데 비해 성공적이지 못한 실무자들은 한 달에 한 번 정도 그것도 기관에서 클라이언트를 만났다고 말하는 편이 더 낫다고 생각할 수 있다.

따라서 질적 연구 기록에 가정방문 또는 기관에서 이루어진 상담의 횟수 및 매번 걸린 시간, 부모들이 필요로 하는 자원을 얻은 횟수, 부모들의 감정을 수용하는 태도를 보인 횟수와 도덕적으로 비판적인 태도를 보인 횟수, 육아법 교육이 이루어진 시간 등의 양적인 정보도 함께 기록하기로 결정했다. 물론 질적 연구에서 이러한 양적인 정보가 연구의 주된 내용이 되는 것은 아니며, 그런 정보보다는 실무자들이 제공한 서비스에 대한 클라이언트들의 경험이나 의견 같은 질적인 정보를 수집하는 것이 연구의 주된 내용임에는 변함이 없다. 그러나 수량적 측정값들은 나중에 질적 연구결과를 심층적으로 분석하는 데 중요한 정보를 제공할 것이며, 그런 양적 연구결과는 다른 연구자들로 하여금 가설검증을 목적으로 하는 양적 연구를 통해 질적 연구에서 얻어진 결과를 단지 6명의 실무자 차원에서가 아니라 좀 더 넓은 차원으로, 그리고 모든 클라이언트에게로 일반화할 수 있는지를 가늠해보게 하는 자극제가 될 수도 있다. 그러한 양적 연구는 다시 양적 연구를 통해 얻어진 결과의 의미를 좀 더 심도 있게 이해하고자 하는 또 다른 질적 연구에 대한 자극제가 될 것이라 기대해볼 수 있다.

이제 순수 질적 연구의 예를 하나 들어보자. 아마도 이 책을 읽는 사람들 중 어떤 사람은 사회복지학으로 박사를 받기 위해 학위논문을 준비하고 있을지도 모르며, 혹시라도 그중에는 라이보 Liebow(1993)가 여성 노숙인들을 대상으로 했던 질적 연구와 같은 논문을 써보고자 노력중인 사람도 있을지 모른다. 만약 그렇다면 그런 논문을 위한 연구방법은 여성 노숙인에 대한 심층적인 관찰 및 그들과의 비공식적인 대화를 통해 이루어지는 면접조사 방법을 사용하게 될 것이다.

연구를 해나가는 과정에서 아마도 연구자는 라이보의 경우와 마찬가지로, 보통 사람들의 입장에서 볼 때는 전혀 의미가 없고 비합리적인 듯 보이는 행동일지라도 여성 노숙인의 입장에서는 합리적인 이유에서 비롯된 행동임을 발견하게 될 것이다. 예를 들어, 여성 노숙인이 개인위생을 게을리하는 실제 이유는 그렇게 해야만 항상 위험한 장소에서 잠을 자는 자신을 가학적인 남성들로부터 그나마 보호할 수 있기 때문이라고 한다. 만약 개인위생을 게을리하는 이유에 대한 설명과 관련된 어떤 하나의 유형을 발견한다면 연구자는 이러한 설명이 자신이 만난 여성 노숙인들 중 과연 몇 명에게나 해당될 수 있는지를 당연히 알아보고 싶어질 것이다. 혹시 그러한 설명이 사실은 바로 그러한 합리적인 이유를 제시한 여성 노숙인 개인에게만 해당되는 것은 아닐까? 실제로 연구자가 관찰한 대상들 중 적어도 어느 정도의 대상이 그러한 '유형'에 해당된다는 사실을 인식하기 전에는, 과연 그러한 유형이 존재하는지를 발견해내기란 결코 쉽지 않은 일이다.

이런 이유에서 대부분의 질적 연구의 경우, 연구결과를 발표하면서 특정한 질적 범주에 해당되는 대상이 전체 관찰대상들 중 어느 정도를 차지하는지 밝혀준다. 물론 연구대상의 수가 그리 많지 않기 때문에 그런 내용을 빈도분포표처럼 형식을 갖춘 표를 통해 설명하기는 어렵다. 따라서 양적인 내용은 주로 '대부분', '약간', '종종'과 같은 부정확한 용어로 표현된다. 그러나 질적 연구를 많이 접하다 보면 질적 연구들 중에도 분명히 수량적 계산을 하는 질적 연구가 적지 않다는 사실을 쉽게 발견할 수 있다. 바로 이 점에 대해, 그리고 질적 연구에서의 좀 더 공식적인 기술통계의 활용에 대해서는 '질적 연구에서의 양적 기술'이라는 제목의 글상자에서 자세히 논의하겠다.

질적 연구에서의 양적 기술

안타깝게도 마치 판에 박힌 듯이 굳어버린 흑백논리적 시각을 가지고 질적 연구와 양적 연구, 그리고 질적 연구를 하는 연구자와 양적 연구를 하는 연구자를 구분하는 사람들을 종종 볼 수 있다. 아주 극단적인 경우, 이런 고정된 시각을 가진 사람들은 양적 연구를 하는 연구자들이 그저 계산밖에 할 줄 모르는 사람들이며 반면에 질적 연구를 하는 연구자들은 계산이라고는 할 줄 모르며 경우에 따라서는 마치 수학 공포증이라도 있는 사람들인 것처럼 인식한다. 만약 질적 연구를 하는 연구자에 대해 그렇게 생각하는 사람이 있다면 최근에 나온 다음 두 권의 책을 읽어보기 바란다. 캐서린 라이스먼 Catherine Reissman 편저 『Qualitative Studies in Social Work Research』(1994), 제인 길건 Jane Gilgun 외 편저 『Qualitative Methods in Family Research』(1992). 후자의 경우를 보면, 수록된 총 16편의 연구논문 중 9편의 논문이 어떤 수량적 분석결과를 포함하고 있으며, 그중 4편의 논문은 다음과 같은 부정확한 용어(고딕체로 표기했음)를 사용해 수량적 정보를 제시하고 있다.

> "참여자들은 **종종** 한 가지 이상의 개인적인 이론을 정하고 … 그들 가운데 일부는 동일한 이론들을 **자주** 공유하는 … "(p. 54).

> "간병인들은 **종종** 낙관적인 … 체중의 감소 또는 증가, 수면장애, 운동량 감소 등이 이 단계에서의 특징이라고 한다."(p. 75)

> "간병인들은 **종종** 에이즈 환자에게 상당한 시간을 쏟는다."(p. 77)

> "… 퇴직이라고 할 때는(물론 **약간의** 예외가 있기는 하지만) 남편의 퇴직을 의미한다."(p. 274)

그리고 나머지 5편의 연구에서는 주로 연구대상을 설명하면서 정확한 기술통계량을 제시하고 있다. 예를 들면 다음과 같다.

> "그들의 연령범위는 48~83세였으며 평균 연령은 65세였다. … 그들 중 1/4은 결혼상태를 확실하게 알지 못했다."(p. 90)

> "표본의 평균 연령은, 남편의 경우 31세였고 아내의 경우는 30세였다. 평균 결혼기간은 6년이었다. 이들은 평균 5년간 불임을 경험했다."(p. 107)

> "딸들의 경우, 연령범위는 33~72세였으며 평균 연령은 55세였다. 이 중 절반 이상(52%)은 기혼이었으나 21%는 혼자된 상태였고 14%는 이혼한 것으로 나타났다."(p. 204)

이 가운데 랭크 Rank(1992)의 연구에서는 여성 공공부조 수급자들의 출산율이 낮음을 나타내는 양적 자료를 설명하기 위해 질적 연구방법을 사용하고 있다. 연구자는 두 개의 표를 이용해 양적 자료를 제시하는데, 그중 하나의 표에는 여섯 가지 시점에서의 출산 횟수와 비율이 나타나 있다. 또 다른 표에는 각기 다른 여러 집단에 대한 출산율과 다섯 가지 인구학적 변수가 제시되어 있다.

라이스먼 Reissman이 편집한 책에는 10편의 질적 연구가 수록되어 있는데, 이 중 4편의 연구가 길건 등이 편집한 책에서와 유사하게 양적 자료를 제시하고 있다. 그중 하나인 버넷 Burnette(1994)의 연구는 연구의 표본으로 추출된 노인들의 특성을 설명하기 위해 다변량 빈도분석표를 이용하고 있으며, 여러 가지 인구학적 변수별 표본의 평균 및 비율을 함께 제시하고 있다. 또한 논문의 후반부에서 연구자는 노인들이 장기질환을 앓아온 기간(중앙값 13년), 평균 TV 시청시간, 표본 가운데 인지능력이 손상되지 않은 노인들의 비율, 일주일에 적어도 4시간 이상을 친구 또는 가족과 대화를 나누는 노인들의 비율, 건강상태를 기준으로 노인들을 4분위로 나눌 때 가운데 가장 낮은 건강상태를 가진 노인들의 비율 등을 자세히 밝히고 있다.

이 두 책의 편집자들은 질적 연구의 다양성, 질적 연구와 양적 연구의 상호 보완적 필요성, 양적 자료를 질적 연구에서 활용하는 방법 등을 보여줌으로써 사회복지학 분야의 연구에 많은 도움을 주었다. 이들은 또한 질적 연구에서 기술적 자료를 활용할 수 있는 여러 가지 방법을 제시해준다.

질적 접근방법과 양적 접근방법을 혼합함으로써 얻게 되는 장점을 잘 보여주는 또 한 가지 예를 들어보자. 실버맨 Silverman(1993)은 민간병원에서 환자들이 받은 암치료와 영국의 국민의료보험(National Health Service, NHS)에 진료기관으로 등록된 병원에서 환자들이 받은 암치료를 비교한 그의 연구에서 실버맨은 의사와 환자 간의 상호작용을 심층적으로 분석하는 데 주안점을 두었다.

> 내가 사용한 분석방법은 주로 질적인 것이었으며 … 나는 의사들과 환자들이 했던 말 가운데서 일부를 발췌한 것과 세팅에 관한 약간의 민속지학적 기록 그리고 그들의 행태에 관한 자료를 사용했다. 그러나 나는 거기에서 그치지 않고 의사와 환자 간의 상호작용에 대한 다양한 척도들을 비교하는 데 필요한 코딩 양식도 만들었다(p. 163).

수량적 자료를 이용해 실버맨은 질적 관찰로부터 얻은 생각을 더 분명하게 정리할 수 있었을 뿐만 아니라 상황에 대한 심층적인 이해를 통해 좀 더 나은 양적 분석을 생각해 낼 수 있었다. 다소 길기는 하지만 아래에 제시된 논의에서 질적 접근방법과 양적 접근방법 간의 상호작용을 엿볼 수 있다.

> 내가 받은 전반적인 느낌은 의사의 상담은 민간병원이 경우가 NHS 병원에 비해 더 길다는 것이었다. 실제로 자료를 비교해본 결과, 민간병원이 NHS 병원에 비해 약 두 배 정도 길었으며(20분 대 11분) 둘 간의 차이 또한 통계적으로 유의한 수준임을 확인할 수 있었다. 그러나 나는 NHS 병원 중 한 병원이 특별한 이유 때문에 의사의 상담시간이 비정상적으로 짧았다는 사실을 기억해냈다. 따라서 나는 그 병원을 제외해야만 두 종류의 병원에서 이루어지는 상담을 올바르게 비교할 수 있고, 두 종류의 병원 모두에서 한 명의 의사에 의해 이루어진 상담만을 비교해야 한다고 생각했다. 이러한 생각을 바탕으로 하위표본을 뽑아 관찰한 결과, NHS 병원과 민간병원 간의 상담시간 차이는 평균 3분 미만으로 줄어들었다.
>
> 비록 차이의 정도는 줄어들었지만 이는 여전히 통계적으로 유의한 수준의 차이였다. 마지막으로, 그러나 내가 동일한 의사로부터 상담을 받은 새로운 환자들만을 비교했을 때는 NHS 병원이 민간병원에 비해 34분 대 30분으로 평균 4분 정도 상담시간이 더 길었다(Silverman, 1993, pp. 163-164).

주요 내용

- 명목측도란 단지 서로 구분하는 것만이 가능한 속성을 갖는 변수를 말한다. 대표적인 예로는 성별을 꼽을 수 있다.
- 순위측도란 속성을, 많은 쪽에서 적은 쪽으로 옮겨가는 식으로 서열화할 수 있는 변수를 말한다. 예를 들어 편견의 경우 '매우 편견적이다', '다소 편견적이다', '전혀 편견적이지 않다'라는 속성들로 구성된다.
- 등간측도란 속성들이 서열화되어 있을 뿐만 아니라 속성들 간의 간격이 동일한 변수를 말한다. 예를 들면 지능지수가 있다.
- 비율측도란 실질적인 의미의 0에 기초한다는 점을 제외하고는 등간측도와 동일하다. 비율측도의 예로는 나이를 꼽을 수 있는데, 왜냐하면 나이라는 변수는 '0세'라는 속성을 갖기 때문이다.
- 동일한 변수가 경우에 따라서는 각기 다른 수준에서 측정되기도 한다. 예를 들어 비율측도로 측정될 수 있는 속성인 나이를 등간, 순위 혹은 명목측도로도 측정할 수 있다.

- 통계적 자료분석을 위해서는 자료를 반드시 수량화해야 한다.
- 하나의 변수가 가진 속성은 숫자 코드로 표기된다.
- 코드북이란 각 변수에 부여된 이름과 서로 다른 각각의 속성에 부여한 코드에 대한 설명이 기재된 문서다.
- 자료를 입력하는 방법에는 여러 가지가 있다. 최근 들어서는 자료를 직접 컴퓨터 디스크 파일에 입력하는 방법이 가장 일반화되고 있다.
- 유효코드 자료검토법이란 각 속성이 어떤 코드에 의해 표현되는지를 정확하게 이해한 뒤, 자료파일상에 나타날 수 없는 코드가 혹시 나타나 있지는 않은가에 초점을 두고 자료를 검토하는 방법을 말한다. 이 방법은 자료처리과정에서 나타날 수 있는 오류 중 한 종류의 오류를 방지할 수 있는 방법이다.
- 기술통계란 자료를 수량적으로 기술하고 그 내용을 잘 정리되고 알아보기 쉬운 형식으로 표현하는 방법이다.
- 단일변량 분석이란 한 개의 변수를 분석대상으로 하는 분석을 말한다.
- 한 개 변수를 관찰해 얻은 자료는, 수집되었을 때의 상태 그대로에서는 자료를 해석한다는 것이 불가능하다. 자료축약이란 원자료가 가진 정보를 가능한 한 그대로 유지하면서 자료를 좀 더 관리하기 쉽고 이해하기 쉽게 요약하는 과정이다.
- 연구자는 여러 가지 방법을 통해 본래 자료가 가진 정보를 가능한 한 그대로 유지하면서 자료를 좀 더 관리하기 쉽고 이해하기 쉽게 요약할 수 있다. 빈도분포, 중앙집중경향도 측도, 집단자료 및 산포도 측도는 모두 한 개의 변수를 요약하는 방법이다.
- 빈도분포는 어떤 하나의 변수가 가질 수 있는 속성별 빈도를 보여준다.
- 하나의 변수가 가질 수 있는 속성들을 조합함으로써 집단자료를 만들 수 있다.
- 중앙집중경향도 측도(평균, 중앙값, 최빈값)는 자료를 알아보기 쉽게 축약해 보여준다. 그러나 평균 측도는 본래 자료가 갖고 있는 상세한 수준의 정보를 나타내 주지는 못한다.
- 평균은 극단값에 의해 영향을 받는다. 소수의 극단적인 사례로 인해 평균이 왜곡될 가능성이 있을 때는 중앙값이 평균보다 더 적절한 측도가 될 수 있다.
- 산포도 측도는 평균을 중심으로 하는 자료의 분포를 나타낸다.
- 가장 일반적으로 사용되는 산포도 측도 중 하나는 표준편차다.
- 하위집단을 비교하려고 표를 만들 때 연구자는 응답범주를 통폐합할 것인가, 어떻게 하면 응답범주를 가장 잘 통폐합할 수 있을 것인가, '모르겠다'라는 응답을 어떻게 처리할 것인가 등을 고려해야 한다.
- 단일변량 분석과 달리 이변량 분석은 두 변수 간의 관계를 분석하기 위해 실시하며, 두 변수 간의 관계에 대한 이해는 주로 설명적 목적을 갖는다.
- 이변량 분석은 (1) 사례를 특정 독립변수가 가질 수 있는 속성별로 분류해 하위집단을 만들고, (2) 각 하위집단을 특정 종속변수에 대해 기술하고, (3) 하위집단 간 종속변수에 대한 기술 내용을 비교하고, (4) 관찰된 하위집단 간의 차이를 종속변수와 독립변수 간의 통계적 관련성으로 해석한다.
- 이변량 분석결과표를 만들 때 기억해야 할 일반적인 원칙은 (1) 제목은 표의 내용을 잘 나타낼 수 있고 간결해야 하며, (2) 변수의 원래 내용을 가능한 한 표 그 자체만으로 또는 표 속의 문장으로 나타내야 하며, (3) 각 변수가 갖는 속성을 분명하게 나타내야 하며, (4) 백분율 계산의 근거가 되는 수치를 반드시 제시해야 하며, (5) 무응답 자료로 인해 표에서 제외한 사례의 수를 제시해야 한다.
- 표를 만들 때 연구자는 독자들이 각 변수가 무엇인지를 이해할 수 있고, 표의 내용을 말로 설명한 부분을 읽지 않더라도 표의 전반적인 의미를 이해할 수 있도록 표를 만들어야 한다.
- 이변량 백분율 표를 읽을 때는 (1) 만약 표가 '백분율

세로쓰기' 방식으로 만들어졌다면 하위집단을 비교할 때 '가로 읽기'를 하고, (2) '백분률 가로쓰기' 방식으로 만들어졌다면 하위집단을 비교할 때 '세로 읽기'를 한다는 원칙을 기억해야 한다.

- 다변량 분석이란 여러 가지 변수들 간의 관계를 동시에 분석하는 기법으로서, 두 변수 간의 관계를 좀 더 정확하게 이해하기 위해 주로 쓰인다.
- 기술적 자료분석은 질적 연구의 가치를 높일 수 있는 좋은 방법이며, 실제로 많은 질적 연구에서 양적 자료를 제시하고 있다.

연습문제

1. 다음 각 변수는 어떤 측정 수준(명목, 순위, 등간, 비율)에 해당하는가?
   a. 기관의 성격(공공 대 민간)
   b. 사회복지지출 증가에 대한 입장(매우 찬성, 찬성, 반대, 매우 반대)
   c. 사회운동단체에서 실습하는 학생의 수
2. 다음의 사례기록 질문에 대해 코드북을 만들어 각각을 어느 열에 나타내고 어떤 코드를 부여할 것인지 설명하라.
   a. 클라이언트가 보호작업장에 다니고 있는가?

예	만약 다니고 있다면 어느 곳인가?	
	작업장 A	작업장 B
아니오		

   b. 클라이언트의 장애 정도:
      경증장애
      중간 정도의 장애
      중증장애
      기타:
   c. 가장 중요한 표적 문제:
      사회기술
      직업
      사회환경적 지지체계
      개인위생
      가사처리능력
      정신병리
      자존감
      주거지 마련
      가정에서의 스트레스
      기타:
3. 다음과 같은 지역사회 설문조사 문항에 대해 코드북을 만들어 각각을 어느 열에 나타내고 어떤 코드를 부여할 것인지 설명하라.
   a. 현재 우리 지역사회가 직면한 가장 중요한 문제가 무엇이라고 생각하는가?
   b. 아래의 문제들 중 중요하다고 생각하는 문제 세 가지를 골라 그중 가장 중요하다고 생각하는 문제는 1, 그 다음으로 중요하다고 생각하는 문제는 2, 세 번째로 중요하다고 생각하는 문제에 대해서는 3을 문제 옆 여백에 표시하라.
      범죄
      교통
      약물남용
      공해
      편견과 차별
      물가상승
      실업
      주택부족
4. 최근에 약물남용 입원치료를 마친 클라이언트들을 대상으로 총 15회 치료모임으로 이루어진 심리교육 프로그램을 제공했다고 가정하라. 또한 프로그램에 참여한 총 10명의 클라이언트 중 2명은 15회의 치료 모임 모두에 참여했고, 2명은 14회, 2명은 13회, 2명은 12회, 그리고 나머지 2명은 1회만 참여했다고 가정하라.
   a. 클라이언트들이 참여한 치료모임의 평균과 중앙값을 구하라.

b. 평균과 중앙값 중 어떤 중앙집중경향도 측도가 위에 제시된 자료의 중심을 나타내기에 더 적합하다고 생각하는가? 그 이유는 무엇인가?

5. 아래 표에 제시된 가상 자료를 이용해 다음과 같은 내용을 나타내는 표를 만들어보라.
   a. 연령과 다른 인종 간 입양에 대한 태도와의 이변량 관계
   b. 민족과 다른 인종 간 입양에 대한 태도와의 이변량 관계
   c. 연령, 민족, 다른 인종 간 입양에 대한 태도를 연결하는 다변량관계

연령	민족	인종 간 입양에 대한 태도	빈도
젊은층	백인	찬성	90
젊은층	백인	반대	10
젊은층	소수민족	찬성	60
젊은층	소수민족	반대	40
노인층	백인	찬성	60
노인층	백인	반대	40
노인층	소수민족	찬성	20
노인층	소수민족	반대	80

6. 각자 자신이 관심 있는 사회복지 관련 분야의 가상 자료를 토대로 다변량 분석표를 만들고, 자신이 만든 표를 가지고 변수 간의 관계 재현, 해석, 설명, 표기법을 자세히 논의해보라.

인터넷 연습문제

1. 아래에 제시된 M. L. 맥휴McHugh의 두 논문을 찾아보라. 첫 번째 논문의 그림 2와 그에 관련된 서술을 살펴보라. 그 그림에 제시된 변수가 왜 등간변수가 아닌 서열변수인지 짧게 설명해보라. 두 번째 논문에서 평균의 장단점, 극단값의 영향, 중앙값과 최빈값의 용도를 어떻게 설명하고 있는지 짧게 요약하라.

   M. L. McHugh. (2003). Descripitive statistics, part I: Level of measurement. (Scientific Inquiry). *Journal for Specialists in Pediatric Nursing*, 8(1), 35-37.

   M. L. McHugh. (2003). Descriptive statistics part II: Most commonly used descriptive statistics. (Scientific Inquiry). *Journal for Specialists in Pediatric Nursing*, 8(3), 111-116.

2. '여론조사'를 인터넷에 검색해보라. 더 나아가서 낙태 혹은 남녀평등 헌법 수정안처럼 현재 논란이 되고 있는 특정 이슈에 대한 여론조사로 검색어를 확장하고 싶어 할 수도 있다. 당신의 관심을 끄는 몇 개의 사이트를 찾아보고, 흥미로운 이변량 표 하나를 수업에 소개하라. 그 표가 옳게 작성되었는지 아닌지 짧게 발표해보라.

추천도서

Rubin, A. (2013). *Statistics for Evidence-Based Practice and Evaluation* (3rd ed.). Belmont, CA: Brooks/Cole Cengage. 실천가를 위한 책으로서, 이 장에서 설명한 양적 자료분석 관련 개념들을 좀 더 자세하고 심층적으로 설명하고 있다. 책 전반에 걸쳐 그러한 개념들을 사실에 근거한 실천에서 빼놓을 수 없는 중요한 부분으로 보고 있으며, 그런 개념들이 실천가에게 어떤 유용성이 있는지를 잘 설명하고 있다.

Ziesel, H. (1957). *Say It with Figures*. New York: Harper & Row. 표 작성법과 기초통계를 가장 잘 설명하고 있는 책이다. 오래된 책이기는 하지만, 아직도 표 작성법과 기초통계에 대해서만큼은 더 좋은 책을 찾아보기 힘들다고 할 정도로 좋은 책이며, 읽기 쉽고 이해하기 쉬울 뿐만 아니라 매우 구체적인 예들이 제시되어 있다.

활용 노트

EP 2.1.6b

EP 2.1.6b: 실천에 유용한 연구증거 활용하기: 사회복지사가 이 장에 소개된 모든 개념을 이해한다면, 양적 연구로부터 얻은 통계적 증거들을 이해하고 이를 실천기술을 설명할 때 사용할 수 있다.

EP 2.1.10m

EP 2.1.10m: 개입을 비판적으로 분석하고, 모니터링하고, 평가하기: 사회복지사가 이 장에 소개된 모든 개념을 이해한다면, 개입방법을 모니터링하고 평가할 때 개입결과를 분석하는 데 도움이 될 것이다.

CHAPTER 22

추론적 자료분석(I)

Inferential Data Analysis: Part 1

이 장의 학습내용

이 장에서는 사회복지 조사연구에서 많이 사용되는 자료분석 기법들을 배울 것이다. 이러한 자료분석 기법은 조사연구를 통해 연구자가 발견한 여러 가지 관계 중 무엇을 일반화할 수 있는지를 결정하는 데 지침이 될 만한 유용한 정보를 제공해준다.

서론

자료를 기술하기 위한 목적에서 자료를 분석하는 경우, 자료분석의 초점은 수집된 자료에만 국한된다. 다시 말해, 기술적 자료분석 결과만으로는 수집된 표본 또는 특정 연구라는 범위 이상으로 연구결과를 일반화할 수 있는 근거를 확보할 수 없다는 뜻이다. 심지어는 각기 다른 변수들 간의 관계에 관한 이변량 혹은 다변량 분석결과조차도 변수들 간의 그런 관계가 일반적이라거나 어떤 이론적인 의미를 갖는다는 결론을 추론해낼 수 있는 근거가 되지 못한다.

그러나 조사연구를 실시하는 목적이 수집한 표본을 단순히 기술하기 위해서인 경우는 거의 없다. 대부분의 경우 조사연구의 목적은 수집한 표본을 가지고 표본이 대표하는 모집단과 관련된 추론을 하거나 혹은 수집된 자료에서 발견한 변수들 간의 관계를 설명할 수 있는 인과관계를 밝히는 것이다. 이 장에서는 바로 이런 목적으로 일반화된 결론을 추론하는 데 필요한 자료분석 기법과 그와 관련된 논리적 근거를 살펴보겠다.

EP 2.1.6b
EP 2.1.10m

경쟁가설로서의 우연

이전 장들에서는 연구를 통해 발견한, 변수들 간의 관계를 추론하는 과정에서 연구자가 오류를 범할 수 있는 여러 가지 원인적 요인을 살펴봤다. 예를 들어 여러 가지 종류의 편향됨, 내적 신뢰도를 떨어뜨릴 수 있는 요인들, 외생변수를 통제해야 할 필요성 등을 고찰했다. 오류의 원인이 될 수 있는 이런 많은 원인은 적절하게 통제되지 않을 경우, 경쟁가설(rival hypothesis) 내지는 연구결과로부터 연구자가 도출하려는 해석에 대한 대안적 설명이 될 수 있다. 따라서 수집한 자료를 토대로 연구자가 독립변수와 종속변수 간의 관계에 대한 어떤 가설을 갖게 되더라도 만약 연구자의 가설이 허위임을 설명할 수 있을 만한 중요한 외생변수에 대한 통제가 이루어지지 않았다면, 그 외생변수를 포함하고 있는 다른 가설이 연구자가 주장하는 가설에 대한 경쟁가설 또는 변수들 간의 관계에 대한 또 다른 대안적 설명이 될 수 있다는 점을 인식해야 한다.

이제까지 논의되지 않았던 또 다른 경쟁가설로서 **우연**(chance)을 꼽을 수 있다. 우연은 15장(표본추출 이론)에서 언급했던 **표본추출 오류**와 관련된 것이다. 우연은 또한 관찰대상을 각기 다른 집단으로 무작위 배정하는 과정에 있어서의 운(luck)과도 관계가 깊다. 아무리 무작위 표본추출이나 표본할당의 엄격성을 높이고자 신경을 쓰더라도 수집된 자료가 요행에 의해 수집된 자료이거나 문제를 가진 자료일 가능성은 늘 존재하기 마련이다. 따라서 수집된 자료가 모집단이나 인과관계에 대한 대표성을 갖지 못할 수 있다.

예를 들어 사회서비스 프로그램의 효과성을 평가하는 연구를 진행한다고 가정하고, 그 연구가 어떤 면에서 보더라도 흠잡을 데가 없는 좋은 연구라고 가정해보자. 이 연구과정에서 대상을 실험집단과 통제집단으로 나누기 위해 무작위 배정을 할 때, 아무리 무작위 배정과정이 잘 되었다고 하더라도 문제에 대한 개입이 있든 없든 관계없이 상태가 호전될 수 있는 대다수의 연구대상이 실험집단으로 할당된다. 반면에 상태의 변화 가능성이 매우 낮은 대상들이 통제집단으로 배정될 가능성은 항상 존재하며, 동시에 그와는 정반대의 현상, 즉 문제의 심각성이 높은 대상들이 치료집단으로 할당되고 나머지 대상들이 통제집단으로 배정되는 경우 또한 있을 수 있다. 물론 무작위 배정을 통해 이러한 불균형이 나타날 확률을 줄일 수는 있으나, 이러한 불균형이 단순히 우연에 의해 나타나지 않을 것이라 볼 수는 없다.

무작위 표본추출이나 표본할당에 있어서 요행(fluke)은 반드시 극단적인 형태로 나타날 때만이 결과에 대한 추론의 신뢰도를 저해하는 요인이 되는 것은 아니다. 예를 들어 아동학대 및 방임으로 인해 기관에 의뢰되었던 경험이 있는 부모들이 또다시 아동학대 및 방임 문제를 일으키지 않게 하기 위한 개입 프로그램의 효과를 평가한다고 생각해보자. 또한 개입 프로그램의 효과가 거의 없기 때문에 프로그램을 지속할 가치조차 없다고 가정해보자. 현재 개입 프로그램의 대상이 되는 26명의 부모들을 무작위로 치료(실험)집단에 배정하고 또 다른 26명의 부모를 통제집단에 배정해 크기가 52명인 표본을 갖게 되었다.

마지막으로, 아무런 효과가 없는 개입 서비스를 받았든 받지 않았든 간에 52명 중 절반은 재범하며 나머지 절반은 재범하지 않는다고 가정한다. 따라서 연구대상 중 절반은 연구기간 동안 아동학대 및 방임 문제를 다시 일으킬 것임을 가정해보자. 이런 상황에서 재범할 26명 중 정확하게 절반씩이 실험집단과 통제집단으로 나뉘어 배정될 가능성이 과연 얼마나 되리라고 생각할 수 있을까? 실제로 그런 일이 일어날 가능성은 50 대 50도 되지 않으며, 그 외의 결과가 초래될 가능성이 더 높을 것이다. 아마도 14명 혹은 15명의 재범자가 하나의 집단에 배정되고 나머지 12 혹은 11명이 다른 집단으로 배정될 수도 있을 것이고, 아니면 16:10 혹은 17:9 등으로 배정될 수도 있을 것이다. 또한 아주 극단적인 경우이기는 하지만 26:0으로 나뉠지도 모른다.

그러나 이는 13:13으로 나뉘는 경우가 다른 경우보다 훨씬 나타나기 어렵다는 뜻은 아니다. 반대로, 다른 어떤 특정한 경우가 13:13으로 나뉘는 것보다 더 쉽다고 할 수도 없다. 단순히 위에서 언급한 내용이 의미하는 바는 26명이 정확하게 절반씩 두 집단에 배정되지 않을 가능성이 그렇게 될 가능성보다는 높다는 것이다. 14:12로 나뉠 가능성과 15:11로 나뉠 가능성, 그리고 그 밖의 모든 가능성을 합한다면 그 결과는 정확하게 13:13으로 나뉠 가능성보다는 높기 때문이다.

이런 주장은 구태여 복잡한 수학을 이용하지 않고서도 그저 한 벌의 카드만 있으면 손쉽게 증명해볼 수 있다. 전체 카드에서 빨간색 카드를 재범자, 검은색 카드를 비재범자라고 정하고 카드를 골고루 섞어 순서가 무작위로 정해지도록 만든다. 그 다음으로는 52장의 카드를 두 자리에 번갈아 놓음으로써 26장의 카드더미를 두 개 만들고 각 카드더미에 정확하게 13개씩의 빨간색 카드와 검은색 카드가 들어 있는지 조사해본다. 동일한 과정을 몇 번 정도 반복해보자. 과연 13:13으로 나뉘는가? 그런 경우가 가능하기는 하지만 매우 일어나기 힘들다는 것을 알 수 있다(물론 실제 상황에서는 누가 재범자가 될지, 재범자가 몇 명이나 될지를 무작위 배정 이전에 알 수 없다. 아마도 그러한 내용은 연구가 끝날 무렵에나 알 수 있을 것이다. 우리의 예에서는 개입 프로그램이 전혀 효과가 없다는 전제하에 개입 프로그램과는 전혀 무관하게 누가 재범자가 될 것이라고 미리 정할 수 있다고 가정한다).

무작위로 연구대상을 집단으로 나누거나 표본을 추출하는 경우, 우리는 카드에 연구대상 혹은 표본의 이름을 적고 나서 카드를 잘 섞은 다음, 카드를 하나 혹은 몇 개의 파일로 나누는 것과 사실상 동일한 과정을 거친다. 이러한 연습을 통해 말하고자 하는 바는, 우리가 사람들(각 '카드더미')로부터 잇달아 표본을 추출한다면 우리가 생각할 수 있는 가능성은, 전혀 일반화할 수 없는 관계를 관찰하게 되거나 아니면 표본추출과정에서 순전히 운에 의해 이론적으로 매우 의미 있는 어떤 관계를 관찰하게 되는 두 가지라는 점이다.

예를 들어, 두 개의 카드더미 중 왼쪽의 파일에 12장의 빨간 카드를 무작위로 배정하고 오른쪽의 파일에는 14장을 배정하게 되었다고 할 때 우리는 이런 결과가 우연 혹은 운에 의해 나타난 것이라고 생각한다. 아마 누구도 상식적으로 파일의 위치(왼쪽과 오른쪽)가 빨간색 카드가 어느 파일에 배정되는지에 영향을 미쳤다고 추론하지는 않을 것이다. 이와 마찬가지로, 실제 상황에서 실험집단에 속한 26명의 부모들 중 46%(26명 중 12명)가 재범자이며 통제집단의 54%(26명 중 14명)가 재범자임을 발견했다면, 두 집단 간의 백분율 차이는 검증하고자 하는 개입 프로그램의 영향이라고 하기보다는 단순히 운에서 비롯된 것일 수 있다는 가능성을 고려해봐야만 할 것이다.

이 예는 어떤 독립변수가 있을 때 그 독립변수가 종속변수에 전혀 아무런 영향을 주지 않는 경우임에도 불구하고 그 독립변수에 대한 연구 결과, 독립변수와 종속변수 간의 관계가 (관계가 매우 미약함에도 불구하고) 중요한 관계임을 제시하는 결과를 얻기 쉽다는 사실을 보여준다. 이 점은 비단 실험적 연구의 경우뿐만이 아니라 모든 종류의 설명적 연구에도 적용된다. 따라서 연구를 통해 발견한 어떤 특정 관계로부터 이론적 함의를 추론하고자 하거나 발견된 관계를 표본이라는 범위를 넘어서 일반화할 수 있는지 판단함에 있어 항상 우연 혹은 표본추출상의 오류가 발견된 관계에 대한 또 다른 설명이 될 수 있다는 가능성을 염두에 두어야만 한다.

우연이 아님을 밝히기

이제까지의 논의대로라면, 연구를 통해 발견한 특정한 관계를 이론의 차원으로 일반화하거나 모집단에 대해 일반화하고자 하는 한, 연구자는 항상 갈등상황에 직면하기 마련이라고 볼 수 있다. 모든 관계가, 그 관계의 정도가 높고 낮음과는 전혀 상관없이 단순히 운에 의해 나타날 수 있다는 가능성을 인식한다면, 과연 우리는 어떤 근거로 특정 관계를 일반화할 수 있는지 여부를 판단할 수 있을까? 이는 다시 말해서, 연구자가 발견한 어떤 특정 관계가 과연 연구자의 가설을 입증할 수 있는 증거라고 할 수 있는 것인지 아니면 단순히 우연에 의해 나타난 것인지를 어떻게 판단할 수 있는가의 문제인 것이다.

예를 들어보자. 앞서의 예에서 실험집단의 재범률이 통제집단의 재범률에 비해 낮다고 가정해보자. 이때 단순히 우연에 의해가 아니라 개입 프로그램으로 인해 두 집단의 재범률이 차이가 있다고 말할 수 있으려면 과연 실험집단의 재범률은 통제집단의 재범률에 비해 얼마나 낮아야 하는가? 1%의 차이라면, 즉 실험집단은 49%의 재범률을 보이고 통제집단은 50%의 재범률을 보인다면 충분하다고 할 수 있을까? 만약 충분하지 않다면 2%의 차이는 어떨까? 예를 들어 48% 대 50%라면? 아직도 충분하지 않다면 과연 어디에서 선을 그을 수 있을까? 이런 질문을 받았을 때, 일반적으로 학생들은 어리둥절해 한다. 5%라고 말하는 학생들이 있는가 하면, 또 어떤 학생들은 10%라고 말하기도 한다. 그러나 대다수의 학생들은 '잘 모르겠다'라는 반응을 보인다.

다행스럽게도 이런 문제에 대한 해결책이 있다. 어떤 관계라 할지라도 연구자로 하여금 그 관계가 연구자의 가설을 입증할 수 있을 만큼 강한 관계인지를 판단할 수 있게 해주며 따라서 그 관계를 일반화할 수 있는지 여부를 판단할 수 있게 해주는 그 해결책이란 바로 연구자가 발견한 관계가 통계적으로 유의한지를 검증하는 것이다.

통계적 유의성

통계적 유의성을 검증한다는 것은 한마디로 말해서 현재 연구자가 관찰한 것과 같은 정도의 관계가 순전히 우연에 의해 나타날 수 있는 확률 또는 가능성을 계산하는 것을 말한다. 그러한 확률은 반드시 0과 1 사이에 있을 것이다. 예를 들어, 확률이 .05라면 연구자가 관찰한 것과 같은 정도의 관계는 100번 중 5번 혹은 20번 중 1번 정도는 우연에 의해 나타나리라 기대할 수 있음을 의미한다. 만약 확률이 .10이라면 연구자가 관찰한 정도의 관계는 100번 중 10번 혹은 10번 중 1번 정도는 우연히 나타나리라 기대할 수 있다는 뜻이다.

통계적 유의성을 계산하는 방법은 여러 가지가 있다. 어떤 특정한 연구에서 어떤 방법을 사용해 통계적 유의성을 계산하는 것이 올바른가를 판단하려면 여러 가지 조건을 고려해봐야 하는데, 이런 조건들에 대해서는 이제부터 하나씩 논의해보기로 하자. 지금 단계에서 이해해야 할 사항은, 모든 통계적 유의성을 계산하는 방법은 어떤 수학적 공식을 사용하는지에 상관없이 궁극적으로는 연구자가 관찰한 관계가 전적으로 우연에 의해 나타날 수 있는 확률을 0과 1 사이의 수치로 나타내 보여준다는 것이다.

이론적 표본분포

통계적 유의성 검증은 이론적 표본분포에 근거해 연구자가 관찰한 관계가 표본추출상의 오류나 우연에서 비롯될 수 있는 확률을 계산하는 것이다. 수집된 자료의 통계적 유의성을 검증할 때 연구자가 직접 이론적 표본분포를 바탕으로 확률을 계산해야 하는 것은 아니며, 컴퓨터 프로그램(예를 들면, SPSS)이 연구자를 대신해 이미 그러한 표본분포를 고려한 상태에서 연구자가 검증하고자 하는 관계가 우연에 의해 나타날 확률을 계산하게 된다. 그럼에도 불구하고 통계적 유의성을 검증하는 방법과 그 의미를 올바르게 이해하려면 연구자 자신이 이론적 표본분포에 관련된 논리를 이해하고 있어야만 한다.

통계적 유의성을 계산하는 방법에 여러 가지가 있는 것과 마찬가지로 표본분포에도 여러 가지 종류가 있으며, 다룰 자료의 유형에 따라 이용해야 하는 표본분포의 종류 또한 다르다. 예를 들어 모집단으로부터 무작위로 자료를 추출할 때의 표본추출 오차는 특정한 형태의 표본분포로 나타나지만, 추출된 표본을 무작위로 여러 개의 하위집단으로 나누는 경우에 나타날 수 있는, 우연에서 비롯된 변량(chance variations)은 또 다른 종류의 표본분포에 의해 나타난다. 그러나 이러한 표본분포들의 밑바탕에 깔려 있는 논리는 동일하다고 하겠다. 논의를 단순하게 하기 위해 우선은 후자, 즉 실험설계에서 표본을 여러 집단으로 무작위 배정하는 경우에 해당하는 표본분포에 초점을 맞추고 논의해보자.

이런 종류의 표본분포는 앞서 다루었던 예, 즉 카드를 가지고 빨간색 카드는 재범자를 나타내고 검은색 카드는 비재범자를 나타냈던 예를 가지고 복잡하지 않게 설명할 수 있다. 실제로 관찰을 해본 결과, 26명의 실험집단 대상 중 12명(46%)이 아동학대 및 방임 문제를 다시 일으킨 반면, 통제집단에 속한 26명의 부모 중 14명(54%)이 재범했음을 발견했다고 가정하자. 이런 상황에서 연구자는 실험집단이 통제집단에 비해 재범률이 낮은 현상이, 무작위로 대상을 두 집단으로 배정하는 과정에서 단순히 우연에 의해 실험집단에 재범할 가능성이 낮은 사람들이 더 많이 배정되었을 가능성이 얼마나 되는지를 파악하고자 한다. 이 예는 실제 상황이지만, 앞서 언급한 가능성은 단순히 한 벌의 카드만으로도 계산할 수 있다. 이를 위해 무엇보다 먼저 실험집단과 통제집단에 있는 재범자 26명의 이름을 각각 한 장의 빨간색 카드에 적고 나머지 비재범자 각각의 이름을 검은색 카드에 역시 적는다.

이제 카드를 골고루 잘 섞은 다음 각각 26장씩으로 이루어진 두 개의 카드더미를 만들고 각 카드더미에서 빨간색 카드 대 검은색 카드의 비율(ratio)을 기록한다. 다시 카드를 모두 모아서 섞은 다음, 같은 과정을 반복해서 비율을 기록한다. 이러한 과정을 수없이 반복하면서 각 비율이 나온 횟수를 누적해 기록한다. 만약 며칠 동안 계속해서 이런 실험을 반복한다면 어느 단계에 이르러서는 더 이상의 실험이 의미가 없음을 알게 되는데, 이는 반복된 실험을 통해 충분히 많은 결과를 누적해 기록함으로써 이제까지의 실험을 통해 얻은 각각의 가능한 모든 결과(비율)가 전체 결과에서 차지하는 비중(proportion)이 더 이상의 실험을 통해 나올 결과에 의해 거의 영향을 받지 않게 되기 때문이다.

다시 말해, 어떤 특정한 비율이 1,000번의 실험 중 100번 나왔다고 한다면 그 특정 비율이 우연에 의해 나타날 가능성은 10번 중 1번, 즉 .10이라고 확신을 가지고 말할 수 있다는 것이다. 만약 1,000번째 실험을 실시한 후, 실험을 두 번 더 반복해서 두 번 모두 그 특정 비율이 나온다고 하더라도 확률 자체는 102를 1002으로 나눈 값, 즉 .102가 되어 변하지 않고 그대로일 것이다(반올림하면 결국 .10과 같다).

따라서 이 단계에 이르면 카드 실험을 중지하고 각각의 비율이 나온 횟수의 비중을 계산해 실제 연구에서 관찰할 수 있었던 정도의 관계가 전적으로 우연에 의해 나타났다는 가설이 얼마나 유의성 있는지를 검증할 수 있게 해주는 값을 구한다. 다시 말해, 12:14라는 비율의 비중을 11:15라는 비율에 해당하는 비중과 합하고 다시 10:16이라는 비율의 비중과 합하는 식으로 계속 합산해 나간다. 각 비율이 차지하는 비중에 대한 일련의 기록은 **이론적 표본분포**(theoretical sampling distribution)가 된다. 표 22-1은 바로 이런 실험을 통해 얻은 이론적 표본분포의 예다.

다행스럽게도 이 표를 만들기 위해 앞서 언급했던 카드 실험을 며칠 동안 반복하지는 않았으며, 컴퓨터를 이

표 22-1 26명의 재범자와 26명의 비재범자를 각 집단의 크기가 26명인 두 집단으로 무작위 배정할 때의 이론적 표본분포

결과 (각 집단의 재범자 수)	확률 (반올림해 천 단위로 표시함) 각 결과가 나타날 확률	누적확률
26:0 또는 0:26	.000	.000
1:25 또는 25:1	.000	.000
2:24 또는 24:2	.000	.000
3:23 또는 23:3	.000	.000
4:22 또는 22:4	.000	.000
5:21 또는 21:5	.000	.000
6:20 또는 20:6	.000	.000
7:19 또는 19:7	.002	.002
8:18 또는 18:8	.011	.013
9:17 또는 17:9	.039	.052
10:16 또는 16:10	.114	.166
11:15 또는 15:11	.239	.405
12:14 또는 14:12	.377	.782
13:13 또는 13:13	.218	1.000

용해 단 몇 분 동안에 카이제곱 유의성 검증을 할 수 있는 SPSS를 통해 얻은 결과다(제시된 카이제곱 유의성 검증결과는 소표본에 대한 조정을 거친 결과임).

표 22-1을 이용하려면 먼저 실제 실험에서 관찰된 비율과 동일한 비율이 표의 어느 행에 있는지 찾아야 한다. 앞서 우리는 실험집단의 재범자가 12명이고 통제집단의 재범자는 14명이라고 가정한 바 있다. 따라서 이 비율과 동일한 비율이 이론적 표본분포상의 어디에 위치하는지를 찾으면 그 비율에 해당하는 비중을 알 수 있다. 표 22-1에서 보면 12:14라는 비율이 우연에 의해 나타날 확률은 .377이며, 두 집단의 재범자 비율이 최소한 12:14 정도가 될 수 있는 누적확률은 .782임을 알 수 있다. 이는 다시 설명하면, 26명의 재범하게 될 부모와 26명의 재범하지 않을 부모를 무작위 배정해 두 개의 크기가 동일한 집단을 만드는 작업을 무한히 반복한다면, 매 1,000번 실험을 행할 때마다 782번 정도는 최소한 두 집단 간의 차이가 12:14, 즉 우리의 가상 실험에서 관찰된 두 집단 간의 재범자 비율 정도의 비율을 보일 것이며, 그중 377번은 정확하게 두 집단의 차이가 12:14가 될 것임을 의미한다. 따라서 우리의 가상 실험에서도 전적으로 우연에 의해 두 집단 간의 차이가 12:14 혹은 그 이상이 될 수 있는 가능성은 78.2%임을 알 수 있다. 다시 말해, 단순히 우연에 의해 한 집단의 재범자가 26명 중 12명이고 나머지 한 집단의 재범자는 26명 중 14명일 가능성은 78.2%나 된다는 것이다.

이러한 검증결과는 연구자가 관찰한 관계가 검증하고자 하는 개입 프로그램의 효과라기보다는 단순히 우연에 의해 나타난 것일 수 있음을 시사한다. 물론 이러한 결과가, 관찰된 관계가 전적으로 우연에서 비롯되었음을 '증명'한 것은 결코 아니며 연구자의 가설은 아직 사실일 수 있음을 이해할 수 있어야 한다. 달리 말하면, 만약 모든 아동학대 및 방임 경험이 있는 부모들이 이 연구에서 검증하고자 하는 개입 프로그램을 거친다고 할 때, 그들 중 46%가 재범할 가능성이 있는 반면, 개입 프로그램에 참가하지 않을 때는 54% 재범률을 보일 가능성이 있다고 말할 수 있다. 현재의 상황에서 단지 연구자가 말할 수 있는 것은, 52명을 대상으로 한 (가상) 실험의 결과, 두 집단 간의 차이가 실험에서 관찰된 정도의 차이가 될 가능성은 우연에 의해서만도 78.2%나 된다는 점을 고려해 볼 때, '우연'이 두 집단 간의 차이를 설명하는 경쟁가설이 될 가능성을 배제할 수 없다는 것이다.

앞서 언급한 바와 같이, 다행스럽게도 연구자는 연구를 통해 관찰된 관계가 우연에서 비롯된 것인지를 밝히고자 할 때마다 이론적 표본분포를 만들어낼 필요는 없으며, 그 대신 **통계적 유의성 검증**(test of statistical significance)이라는 통계기법을 이용하면 된다. 사실 컴퓨터 프로그램을 이용할 경우, 자료를 입력하고 나서 단지 간단한 몇 가지 조작을 통해 관찰된 관계가 우연에 의해 비롯될 수 있는 확률을 불과 수 초 안에 계산해낼 수 있다. 중요한 것은 컴퓨터가 통계적 유의성을 계산할 때도 앞서 우리가 살펴봤던 통계적 유의성 검증에 관한 논리와 동일한 논리를 바탕으로 한다는 사실을 이해하는

것이다. 이러한 사실이 갖는 중요성에 대해서는 통계적 유의성 검증을 좀 더 자세히 논의하면서 살펴보겠다.

유의수준

이제까지 우리는 연구를 통해 관찰한 관계가 연구자의 연구가설이 옳다는 것을 주장하는 증거라기보다는, 관찰된 관계가 우연에서 비롯되었을 가능성을 계산하는 것과 관련된 논리를 살펴봤다. 그러나 아직까지는 과연 어떤 기준에 근거해서 연구결과가 우연에서 비롯된 것인가 아닌가를 판단할 수 있는지에 대해서는 논의하지 않았다. 물론 관찰된 관계가 우연에 의해 설명될 수 있는 확률이 .50에 가깝거나(즉, 50：50의 가능성) 그 이상이라면, 관찰된 관계에 대한 경쟁가설 중 하나가 우연일 가능성을 배제할 수 없다는 것은 너무도 분명하다. 그렇다면 과연 확률이 얼마나 낮다면 이러한 가능성을 배제할 수 있을까? 만약 확률이 .25라고 한다면 4번 중 1번은 사실일 수 있는 경쟁가설을 과연 거짓이라고 할 수 있을까?

연구를 통해 관찰된 바가 우연으로 설명 가능한지 여부를 판단하는 데 중요한 점은 판단 기준을 어떤 수준으로 설정하든 간에 연구자는 자료를 분석하기에 앞서 기준을 미리 설정해야 한다는 것이다. 그렇게 기준을 설정한 다음 관찰된 관계가 우연에서 비롯되었을 확률이 미리 설정한 기준과 같거나 그보다 낮은 경우, 관찰된 바가 통계적으로 유의하다고 간주해야 한다. 따라서 연구자가 자료를 분석하기에 앞서 판단 기준을 .05라고 설정했다면, 관찰된 결과가 우연에 의해 나타날 수 있는 확률이 100번의 무작위 실험 중 5번 이하인 경우(즉, 100번의 카드 실험 중 5번 이하) 관찰된 바는 통계적으로 유의하다고 말할 수가 있다. 기준을 .05로 선정한다는 의미는, 어떤 관계가 우연으로 인해 나타날 수 있는 확률이 예를 들어 .06처럼 .05보다 높은 경우 그 관계는 통계적으로 유의하다고 볼 수 없는 반면, 확률이 .05보다 낮다면 통계적으로 유의하다고 간주할 수 있음을 말한다. 다시 간략하게 말하자면, 어떤 관계가 우연에 의해 나타날 확률이, 미리 설정된 기준과 같거나 그보다 낮은 경우 그 관계는 통계적으로 유의하다고 할 수 있는데, 이때 판단 기준은 우연이 관찰된 관계에 대한 경쟁가설이 될 가능성을 배제하기에 충분할 만큼 낮게 설정되어야만 한다.

어떤 관계가 통계적으로 유의하다고 나타나면 그 관계는 우연 이상의 것을 의미하게 되며, 또한 표본의 차원에만 국한되는 것이 아니라 표본 이상으로 일반화할 수 있게 된다. 통계적 유의성을 검증하는 데 있어 모집단으로부터 무작위로 추출한 표본에 관한 이론적 표본분포를 이용해 통계적 유의성을 검증한다고 할 때, 검증결과로 나타난 유의성은 표본으로부터 모집단으로의 일반화를 의미한다. 반면에 무작위 할당과 이에 관한 표본분포를 이용해 통계적 유의성을 검증한다면, 이때 나타난 유의성은 인과관계에 대한 일반화를 의미한다.

일반적으로 사회복지학을 비롯한 사회과학 분야의 연구에서 주로 많이 쓰이는 판단 기준은 .05로, 이를 기준으로 통계적 유의성 여부를 판단하곤 한다. 이론적 표본분포에서 판단 기준으로부터 시작해 기준보다 낮은 확률을 갖는 모든 경우를 포함하는 구간을 **기각역**(critical region)이라고 하며, 판단 기준이 되는 확률값을 **유의수준**(significance level)이라고 한다. 연구자가 유의수준을 .05로 설정하는 경우, 검증하고자 하는 관계가 통계적으로 유의하다는 것은 $p \leq .05$로 표기하는데, 이는 .05 이하의 확률은 통계적으로 유의하다고 간주한다는 뜻이다. 대부분의 경우 확률이 정확하게 .05가 되는 경우는 드물기 때문에, 연구결과를 표시할 때는 .05 미만($p < .05$)으로 표시하기도 한다. 일단 유의수준을 설정하고 나면 그 수준보다 약간이라도 높은 확률은(예를 들면 .051이라고 할지라도) 기각역을 벗어나는 것으로 간주되며, 따라서 통계적으로 유의하다고 간주할 수 없다.

이제 앞서 제시한 표 22-1의 이론적 표본분포로 돌아가서, 실험집단과 통제집단 간의 재범률 차이가 얼마나 되어야 유의수준 .05에서 통계적으로 유의하다고 할 수 있는지를 생각해보자. 이 질문에 대한 답을 구하려면 우선 표 22-1의 누적확률을 보여주는 행을 따라 내려오다가 확률이 .05보다 큰 값과 .05보다 작은 값 사이의 값을 갖는 점을 찾아야 한다. 표 22-1에 따르면 어떤 집단이라도 재범자의 수가 8명 이하가 되고 다른 한 집단의 재범자의 수가 최소한 18명이 되면 통계적으로 유의한 차이가 됨을 알 수 있다. 이는 다시 말하면 두 집단에 재범자가 8:18의 비율보다 덜 극단적으로 편중되는 경우 확률은 .05보다 높으며, 따라서 통계적으로 유의하지 않게 된다. 그러므로 우리의 예에서 비록 실험집단의 재범률이 35%(26명 중 9명)이고 통제집단의 재범률은 65%(26명 중 17명)로 통제집단의 재범률이 현저하게 높다고 하더라도 유의수준 .05에서는 두 집단 간의 차이가 그저 우연에 의해 발생한 차이일 가능성을 대립가설에서 배제할 수 없다. 그러나 유의수준을 미리 .10으로 설정한다면 9:17에 해당하는 누적확률은 .052로, 이는 .10보다 낮으므로 두 집단 간에 관찰된 재범률의 차이는 통계적으로 유의하다고 하겠다.

여기서 한 가지 주의해야 할 사항은, 유의수준을 .05로 설정하는 것은 어떤 수학적 이론에 의해 반드시 그렇게 해야만 하는 게 아니라는 사실, 즉 유의수준 .05가 절대불변의 기준이 결코 아니라는 사실이다. 모든 연구에서 유의수준을 .05로 정하지는 않는다. 어떤 연구에서는 유의수준을 사회과학 분야에서는 좀처럼 나오지 않는 .01로 정하는 경우도 있다. 표본 크기가 그다지 크지 않은 경우를 포함한 몇 가지 조건하에서는 유의수준을 .10에 가깝게 높이 정하기도 하는데, 이러한 조건들에 대해서는 나중에 좀 더 자세히 논의하겠다.

이제 다른 내용으로 옮겨가기에 앞서 한 가지 강조해 둘 사항은, 유의수준은 반드시 자료를 분석하기 전에 설정해야 한다는 점이다. 유의수준을 자료분석 이후에 설정한다는 것은, 연구자가 어떤 수준에서 유의수준을 정하면 자신이 검증하고자 하는 바가 통계적으로 유의해지는지에 대한 사전지식을 갖게 된다는 뜻이다. 이런 사전지식을 갖게 되는 경우, 연구자는 비록 그가 높은 인격을 갖춘 사람이라고 할지라도 무의식적으로라도 유의수준을 정할 때 편향되거나 왜곡된 결정을 내릴 가능성을 내포하게 된다. 더 나아가서 만약 모든 연구자가 이런 입장을 취한다면 어떻게 될지를 생각해봐야 한다. 우리 모두는 학문에 임하는 사람으로서 각자가 지식인으로서의 양심과 편향되거나 왜곡되지 않을 수 있는 역량이 있다고 자부할 수 있으리라 생각한다. 그렇기 때문에 만약 다른 모든 사람이 자신의 연구결과를 통계적으로 '유의하게' 만들고자 유의수준을 정한다면 그런 사실에 상당한 불쾌감을 느낄 것이다.

단측검증과 양측검증

앞서 제시한 표 22-1에서 왜 이론적 표본분포를 생각할 때 실험집단에 12명의 재범자가 있고 통제집단에 14명의 재범자가 있을 확률과 그 반대로 실험집단에 14명의 재범자가 있고 통제집단에 12명의 재범자가 있을 확률을 모두 생각해야 했는지에 대해 의문을 가졌으리라 본다. 우리가 알고자 하는 바가 재범방지를 위한 개입 프로그램의 효과성이라면 14:12의 비율이나 혹은 그보다 더 못한 비율이 우연에 의해 나타날 확률, 즉 실험집단의 재범률이 통제집단의 재범률보다 높은 경우를 구태여 생각할 필요는 없지 않은가? 왜 단순히 실험집단의 재범률이 통제집단의 재범률보다 낮은 경우에 해당하는 확률만으로 시각을 제한하지 않는가?

이처럼 긍정적인 결과와 부정적인 결과 모두를 고려해 표본분포를 생각해야 하는 이유는 우리가 가상적 연구에서 의도하는 바를 개입 프로그램이 긍정적 효과를 갖는지 여부만을 알아보는 것으로 제한하지 않았기 때문이다. 연구가 의도하는 바는 개입 프로그램의 효과성을 평가하는 것이며, 여기에는 프로그램의 효과가 부정적일 가능성도 포함된다. 만약 연구결과로 개입 프로그램의 효과가 부정적이라고 나타난다면, 우리는 이러한 결과를 가지고 개입 프로그램이 실제로 부정적인 영향을 미친다는 것을 일반화할 수 있는 것인지, 그렇지 않으면 그러한 결과가 단순히 우연에 의해 어쩌다가 나타난 것인지의 여부를 밝히고자 할 것이다. 따라서 우리는 개입 프로그램의 효과가 우연에 의해 긍정적인 것으로 나타날 확률과 우연에 의해 부정적인 것으로 나타날 확률 모두에 관심을 갖게 된다.

가설 중에서 예상되는 관계의 방향이 양(positive)의 방향인지 음(negative)의 방향인지가 명시되지 않는 가설을 **비방향성 가설**(nondirectional hypothesis)이라고 한다. 비방향성 가설을 검증하기 위해서는 **양측검증**(two-tailed tests of significance) 방법을 사용한다. 양측검증은 검증하고자 하는 관계가 양의 방향인가 음의 방향인가와는 상관없이 강한 양의 관계가 나타날 확률과 강한 음의 관계가 나타날 확률을 합한다. 양측검증 방법을 사용한 우리의 예에서 두 집단 간의 재범자 비율이 최소한 어느 방향이든 간에 12:14 또는 14:12가 될 확률은 .782였다. 이 수치는 두 집단 중 어느 한 집단이 12명 이하의 재범자를 갖게 될 확률과 또 다른 집단이 12명 이하의 재범자를 갖게 될 확률의 합이다. 따라서 만약 실험집단이 12명 이하의 재범자를 갖게 될 확률만을 고려하고 통제집단의 확률을 포함시키지 않는다면 확률은 .782의 절반인 .391이 된다.

양측검증에서 '양측' 혹은 '양극단'이라는 말의 의미는 표본분포상의 양의 방향과 음의 방향에서 흔히 보기 어려울 정도의 매우 극단적인 값에 관심을 갖는다는 뜻이다. 이를 좀 더 정확하게 이해하기 위해 표 22-1의 표본분포를 약간 수정해 표 22-2로 나타내봤다. 이제 표 22-2에서는 긍정적인 결과와 부정적인 결과 모두를 한데 합해 나타내는 대신에, 긍정적인 결과와 각 결과마다의 확률을 중간 위쪽에 나열하고 부정적인 결과와 확률을 중간 아래에 나열해 대칭을 이루고 있다(이런 형식은 공간을 많이 줄일 수 있다. 컴퓨터 프로그램을 이용해 표를 만들면 열이 세 개인 긴 표가 만들어지는데, 표의 위쪽 절반에는 양의 결과가, 그리고 아래쪽 절반에는 음의 결과가 제시된다). 또한 표 22-2에 제시된 각 확률은 표 22-1에 나타난 확률의 절반임을 알 수 있다.

표 22-2의 표본분포에서 '양극단'은 표의 양쪽 방향(왼쪽 윗부분 또는 오른쪽 아랫부분)의 기각역, 즉 통계적으로 유의하다고 볼 수 있는 극단적인 값들로 이루어진 구간을 말한다. 다시 반복해서 말하자면, 양측검증 방법을 사용하는 것은 양극단 모두에 관심을 갖는다는 것이므로 양쪽 방향의 확률을 합해 유의수준의 위치를 확인하게 된다. 기억해두어야 할 사항은 양방향의 확률을 합해야 한다는 것이다.

따라서 표 22-2의 경우, 실험집단이 9명 혹은 그 미만의 재범자를 가질 확률은 .05에 미치지 못하지만(.026) 통제집단이 9명 혹은 그 미만의 재범자를 가질 확률을 합하면 확률은 .05를 넘게 된다(.026과 .026의 합은 .052이므로). 표 22-1의 수치들은 이와 같이 (표 22-2에 제시되어 있는) 양쪽의 확률을 합하여 제시하고 있으며, 따라서 양측검증에 해당한다. 표 22-2에서 유의수준은 역시 .05이지만 결과의 통계적 유의성을 판단하는 기각역을 나타내는 기준점(cutoff points)이 분포의 양쪽 방향 모두에 존재한다. 표 22-2에서 볼 수 있듯이, 분포상에서 통계적 유의성을 갖는 구간은 실험집단의 재범자 수가 8명부터 그 미만에 해당하는 구간과 통제집단의 재범자가 역시 8명부터 그 미만에 해당하는 구간이다. 각 방향에서 이 구간에 해당하는 확률은 .0065이고, 두 확률을 합하면 .013이 된다.

비방향성 가설과는 달리, 연구자가 개입의 효과가 긍정적인지에만 관심이 있었다고 미리 밝히는 경우에는 **방향성 가설**(directional hypothesis)이 된다. 방향성 가설은 검증하고자 하는 관계가 양의 관계인지 음의 관계인지를 미리 예측하게 되며, 따라서 방향성 가설을 검증할 때는 **단측검증**(one-tailed test of significance) 방법을 사용하게 된다. 그러나 단측검증 방법을 사용하는 경우에는 연구자의 선택의 폭이 좁아진다. 즉, 단측검증 방법을 사용한다면 관찰된 관계를 미리 예측한 방향에 대해서만 일반화할 수 있다. 만약 검증결과가 예측한 방향과 정반대의 방향으로 나타난다고 할지라도 그때 가서 다시 양측검증을 하고는 검증결과가 통계적으로 유의하다고 말할 수는 없다. 그렇기 때문에 많은 경우 사회과학자들은 설사 연구가설이 방향성을 갖는다고 하더라도 양측검증을 더 선호한다.

단측검증을 예를 들어 설명하기 위해 표 22-2의 자료

표 22-2 26명의 재범자와 26명의 비재범자를 크기가 각각 26명인 두 집단으로 무작위 배정할 때의 이론적 표본분포(분포의 양극단에 해당하는 누적확률을 모두 제시함)

결과 (각 집단의 재범자와 비재범자의 수)			결과 (각 집단의 재범자와 비재범자의 수)		
실험집단	통제집단	누적확률	실험집단	통제집단	누적확률
0:26	26:0	.0000	14:12	12:14	.3910
1:25	25:1	.0000	15:11	11:15	.2025
2:24	24:2	.0000	16:10	10:16	.0830
3:23	23:3	.0000	17:9	9:17	.0260
4:22	22:4	.0000	18:8	8:18	.0065
5:21	21:5	.0000	19:7	7:19	.0010
6:20	20:6	.0002	20:6	6:20	.0002
7:19	19:7	.0010	21:5	5:21	.0000
8:18	18:8	.0065	22:4	4:22	.0000
9:17	17:9	.0260	23:3	3:23	.0000
10:16	16:10	.0830	24:2	2:24	.0000
11:15	15:11	.2025	25:1	1:25	.0000
12:14	14:12	.3910	26:0	0:26	.0000
13:13	13:13	.5000			

로 단측검증을 해보자. 일단 개입 프로그램의 긍정적인 효과, 즉 개입 프로그램 결과로 재범률이 낮아지는 효과에 관심이 있다고 가정하고 따라서 모든 부정적인 효과는 연구가설과는 상반되는 것으로 간주해 일반화하지 않는다는 것을 명시한다. 이런 경우 유의성 여부를 판단하는 기준점은 표본분포상의 위쪽 극단에만 존재하게 된다. 이는 곧 우리가 알고자 하는 확률은 어떤 결과와 그 결과보다 더 긍정적인 결과가 나타날 확률로 한정됨을 의미한다. 이때 유의수준을 .05라고 한다면 예측했던 정의 방향, 즉 실험집단의 재범자 수가 적은 쪽에서 누적확률이 .05에 가장 가까우면서 .05를 넘지 않는 범위는 실험집단의 재범자 수가 9명이 될 때까지이며 그때까지의 누적확률은 .026이다(즉, $p < .05$). 따라서 이 구간에 해당하는 결과에 대해서는 일반화할 수 있음을 알 수 있다.

이제 상황을 바꿔서, 단측검증을 계획했으나 연구결과로 실험집단에서는 17명의 재범자가 생긴 반면, 통제집단에서는 9명의 재범자만이 생겼다고 가정해보자. 이런 상황에서 개입 프로그램이 부정적인 효과를 가질 수 있다는 사실을 알리고자 단측검증을 하려는 처음의 계획을 변경해 양측검증을 한다면 과연 유의수준은 얼마가 되어야 하는가? 양측검증을 하게 되면 양의 방향에서뿐만 아니라 음의 방향에서도 누적확률이 .026이 되는 점을 기준으로 그 이하에서부터 그 점까지의 구간에 속하는 결과에 대해서는 유의하다고 해석하게 되는데, 그러면 실제 유의수준은 더 이상 .05가 아니며 연구자가 발견한 내용이 유의하다고 말하기 위해서는 유의수준이 .052 혹은 그 이상이 되었어야 한다. 그렇다면 우리가 생각해봐야 할 점은 과연 .05가 아니라 다른 값을 유의수준으로 받아들일 수 있다면 왜 처음부터 단측검증을 할 때 유의수준을 .05 이상으로 정하지 않았는가이다. 만약 양측검증을 하고 난 후에 .05가 아닌 다른 값을 유의수준으로 정한다면, 다른 사람들은 물론이고 스스로를 기만하는 행위이며 사실상 연구결과를 유의하게 만들려는 목적으로 유의수준을 연구결과에 맞추는 것이 아니겠는가?

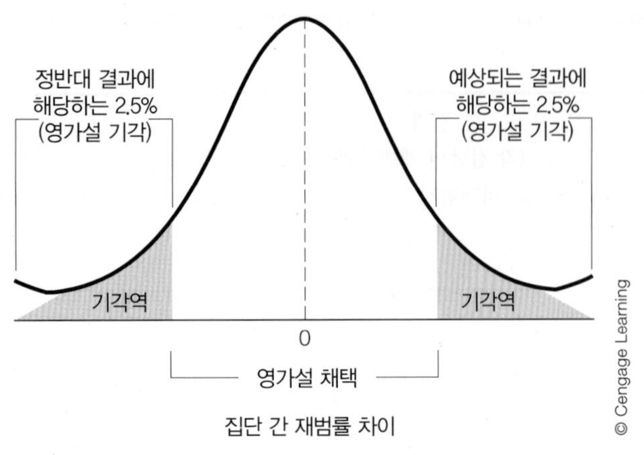

그림 22-1 통계적 유의성 검증을 위한 양측검증에 해당하는 이론적 표본분포

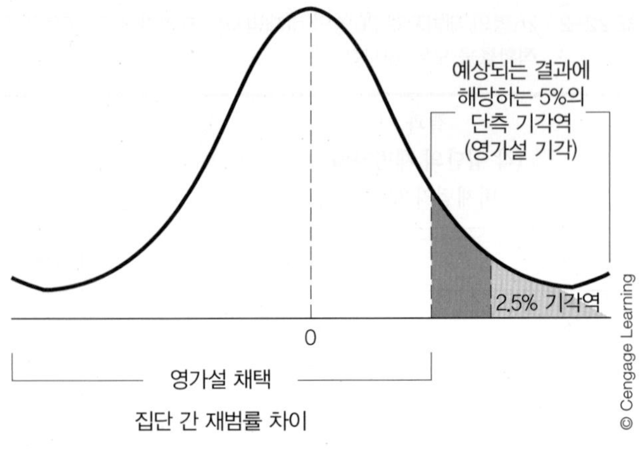

그림 22-2 통계적 유의성 검증을 위한 단측검증에 해당하는 이론적 표본분포

이런 문제를 해결할 수 있는 한 가지 방법은 양측검증 결과를 발표하고 양측검증에서는 유의하게 나타나지 않았음을 밝힘과 동시에, 유의수준 .05에서 단측검증을 했다는 사실을 함께 밝히는 것이다. 만약 연구대상이 되었던 개입 프로그램이 이미 널리 보급되어 쓰이고 있다면, 이 연구에서 발견한 예상 밖의, 그리고 다분히 우려를 불러일으킬 수 있는 결과를 사람들에게 알리고 연구자가 행한 평가연구를 재현해볼 것을 적극 권할 필요가 있다고 볼 수 있다. 이렇게 함으로써 읽는 사람들로 하여금 연구결과를 충분히 이해할 수 있게 하여 각자가 연구결과를 어떻게 받아들일지 판단하게 해야 한다. 그러나 이런 결과가 평가된 개입 프로그램이 정말로 부정적인 효과를 갖는다는 주장에 대한 근거로 인용되기에 적절하다고는 볼 수 없다 하겠다.

그림 22-1과 그림 22-2는 양측검정과 단측검정에 해당하는 이론적 표본분포다. 그림 22-1은 양측검정에 해당하는 표본분포다. 이 그림에서 유의수준 .05는 분포의 양쪽 방향에 절반씩 설정되어 있으며, 따라서 5%를 넘을 수 없는, 우연에서 비롯된 무작위적인 결과의 절반인 2.5%씩에 해당하는 두 개의 기각역(예상되는 방향에 한 개 그리고 그 반대 방향에 나머지 한 개)을 이루고 있다. 이에 비해 그림 22-2는 유의수준 .05가 모두 예상되는 방향에만 설정되는 단측검증에 해당한다.

영가설

이제 방향성 가설과 비방향성 가설에 대한 이해를 바탕으로 영가설이라는 또 하나의 가설에 대해 살펴보자. 아마도 어떤 사람들에게는 '영가설'이라는 용어가 틀림없이 어떤 장난기 가득한 통계학자가 사람들을 괴롭히려는 의도에서 만들어낸 용어라고 생각될 만큼 이상하게 들릴지도 모른다. 그러나 실제로 이 용어는 조사연구에서 일반적으로 아주 널리 쓰이는 중요한 용어 중 하나이므로 이 용어의 개념을 잘 이해하는 것은 매우 중요하다.

이제까지 우리는 '우연'을 경쟁가설이라고 일컬어왔는데, 바로 그 경쟁가설을 영가설이라고 한다. 간단히 말해, **영가설**(null hypothesis)이란 연구자가 통계적으로 검증하고자 하는 관계가 비록 자신의 연구에서 발견한 바와 상당히 관련이 있어 보일지라도 실제로는 어떤 특정 모집단에 대해 적용할 수 있거나 혹은 이론적으로 실존하는 관계가 아니라 단순히 '우연'으로 설명될 수 있는 관계라는 것을 의미한다. 따라서 검증하고자 하는 연구결과가 통계적으로 유의하다고 밝혀진다면 이는 연구결과가 우연에 의해 나타날 수 있는 확률이 미리 설정해둔 유의수준보다 낮음을 의미하며, 따라서 영가설을 기각(reject)할 수 있게 된다. 연구결과가 유의수준 .05에서 통계적으로 유의하다는 것은 결국 영가설이 참일 수 있는 확률이 .05에 불과함을 의미하므로 영가설을 기각할 수 있는 근거를 갖게 된다(그림 22-1과 그림 22-2를 다시 한 번 본다면 언제 영가설을 기각하고 언제 기각하지 않는지를 알 수 있다).

영가설이라는 개념을 이해하기 어렵게 만드는 이유는 아마도 영가설을 기각함으로써 연구가설이 참일 수 있는 가능성을 받아들이게 된다는 점일 것이다(두 변수 간에 관련이 있다고 예측하면서 두 변수가 아무런 관련이 없음을 보이려는 것은 아니라고 가정한다). 다시 말하자면, 영가설을 기각할 수 없다는 것은 연구가설이 참일 수 있음을 주장하기가 어렵다는 것을 의미한다.

그렇다면 도대체 영가설이라는 개념은 왜 필요할까? 단순히 우연을 경쟁가설이라고 부르면 안 되는 어떤 이유가 있는가? 언뜻 보기에 영가설이라는 용어를 별도로 사용하지 않더라도 별문제 없어 보일지 모르나, 실제로 영가설이란 용어는 연구자로 하여금 통계적 유의수준이라는 것과 연구가설이 참일 확률과는 아무런 관계가 없음을 일깨워주는 중요한 역할을 한다. 영가설이란 검증하고자 관계가 우연에서 비롯된 것일 확률, 즉 영가설이 참일 수 있는 확률을 의미한다. 예를 들어, 연구결과가 유의수준 .05에서 유의하다고 나타났다면 이는 영가설이 참일 확률이 .05에 불과하다는 뜻이다. 그러나 그렇다고 해서 이러한 검증결과가 연구가설이 참일 수 있는 확률이 .95라는 의미는 결코 아니라는 점 또한 이해해야 한다.

우연이란, 연구결과를 설명할 수 있는 수많은 대립가설 중 하나임에 불과함을 다시 한 번 상기할 필요가 있다. 우연 외의 경쟁가설의 예로는 이미 앞에서 논의한 바 있는 편견, 내적 신뢰도 저해요인들, 외생변수 등을 생각할 수 있다. 연구자는 이러한 사실을 항상 염두에 둠으로써 단순히 통계적 확률이 낮다는 이유만으로 어떤 특정 연구의 방법론적인 장점이나 단점을 무시하는 오류를 범하지 않도록 주의해야 한다. 사실 자신의 연구결과가 통계적으로 유의한 결과임을 보여줄 수 있는 방법 중 연구방법을 왜곡하는 것(예를 들어, 측정값을 조작해 자신의 연구가설을 뒷받침할 수 있는 결과를 얻는 등의 행위)보다 더 확실한 방법은 없다. 이런 점을 고려해본다면 **영가설**이라는 용어를 사용함으로써 연구자는 어떤 가설이 참일 수 있는 확률이 곧 연구자가 정해놓은 유의수준과 일치하는 유일한 가설은 연구가설이 아니라 통계적 가설이라는 점을 늘 인식해야 한다.

영가설이라는 용어는 또한 연구자로 하여금 통계적 유의성 검증과 관련이 있을 수 있는, 다른 종류의 발생 가능한 오류들을 생각해볼 수 있게 해준다. 이제 그런 오류에는 어떤 것들이 있는지를 살펴보자.

제1종 오류와 제2종 오류

연구를 통해 발견한 관계의 통계적 유의성을 검증하고자 할 때는 항상 오류를 범할 가능성이 존재한다. 통계적 유의성 검증결과로 영가설을 기각하게 되는 경우, 연구자는 한 가지 오류를 범할 가능성을 갖게 되며 연구가설을 기각하는 경우에도 또 다른 종류의 오류를 범할 가능성을 갖게 된다. 그 이유는 통계적 유의성 검증이 확실성을 다루는 것이 아니라 확률을 다루기 때문이다.

유의수준이란 영가설이 거짓일 수 있는 확률을 의미한다는 사실을 다시 한 번 기억해보자. 영가설이 기각되는 이유는 영가설의 확률이 .05밖에 되지 않아 가능성이 매우 낮기 때문이지, 결코 영가설이 참일 가능성이 전혀 없기 때문은 아니다. 따라서 비록 아주 낮은 확률일지라도 통계적으로 유의한 어떤 관계가 실제로 단순히 우연에 의해 나타날 확률이 존재한다. 우리는 흔히 보기 어려운 우연 또는 운에 의해 통계적으로 유의한 어떤 결과가 나타날 수 있다는 가능성을 간과하기 쉽다. 그러나 유의수준이 .05라고 한다면 연구자는 유의성 검증을 20번 할 때마다 그런 우연을 한 번씩은 기대할 수 있음을 알아둘 필요가 있다.

검증결과가 통계적으로 유의하다고 나타날 때, 다시 말해 영가설을 기각할 때 연구자가 범할 수 있는 오류를 **제1종 오류**라고 한다. 제1종 오류란 기각된 영가설이 실제로는 참인 경우를 말한다. 영가설을 기각하는 경우 연구자는 자신이 실제로 제1종 오류를 범하고 있는지 여부를 알 수 있는 방법은 없으며, 단지 그런 오류를 범할 수 있는 확률이 얼마나 되는지를 알 수 있을 뿐이다. 이때 제1종 오류를 범할 수 있는 확률은 유의수준과 동일하다. 따라서 유의수준이 .05라면 참인 영가설을 기각하는 제1종 오류를 범할 수 있는 확률도 .05가 된다.

아마도 제1종 오류가 발생하지 않을 수 있는 유일한 경우는 영가설이 기각되지 않는 경우뿐일 것이다. 그러나 영가설이 기각되지 않는다면 연구자는 자동적으로 **제2종 오류**를 범할 위험을 안게 된다. 제2종 오류라는 것은 실제로는 참이 아닌 영가설을 기각하지 못하는 오류를 말한다. 여기서 기억해야 할 사항은, 검증하려는 관계가 우연에 의해 나타날 수 있는 확률이 유의수준보다 높다고 해서 그 관계가 전적으로 우연에 의해 나타난 것임을 의미하진 않는다는 점이다. 유의수준이 .05이고 특정 관계가 우연에서 비롯될 수 있는 확률이 .06이라고 한다면, 영가설이 참일 수 있는 확률이 .06밖에 되지 않음에도 불구하고 영가설은 기각되지 않는다.

따라서 관찰된 관계가 유의하지 않다는 것이 연구가설이 거짓임을 의미하는 것은 아니며, 단지 관찰된 관계가 우연에 의해 나타난 것일 수 있다는 가능성을 배제하는 데 필요한 확률수준에는 미치지 못한다는 의미라고 해석해야 한다. 그렇기 때문에 검증결과가 통계적으로 유의하지는 않으나 유의수준에 매우 근접한 확률을 갖는다면, 연구가설이 참이 아니라고 단정하기보다는 연구결과를 읽는 사람들이 확률수준이 어느 정도인지 알게 하고 동일한 연구를 재현해볼 것을 적극 권장하는 것이 바람직하다고 하겠다. 왜냐하면 연구가설이 실제로는 참이지만 단지 결과가 통계적으로 유의함을 밝힐 수 있을 만큼 표본이 충분히 크지 않다거나 혹은 운이 없을 수 있기 때문이다(표본 크기의 영향에 대해서는 바로 뒷부분에서 설명하겠다).

표 22-3은 제1종 오류와 제2종 오류의 관계를 보여준다. 표 22-3을 통해, 두 종류의 오류를 동시에 방지한다는 것이 불가능함을 가시적으로 이해할 수 있다. 제1종 오류를 범할 확률을 줄이고자 유의수준을 낮추면 제2종 오류를 범할 수 있는 확률을 높이는 결과를 가져온다. 반대로 제2종 오류를 줄이고자 유의수준을 높이는 경우, 제1종 오류를 범할 가능성은 높아진다.

표 22-3 영가설 기각 여부에 따라 발생 가능한 오류의 종류

	영가설 기각 여부	
오류의 종류	기각함	기각하지 못함
제1종 오류	발생 가능함	발생하지 않음
제2종 오류	발생하지 않음	발생 가능함

일반적으로 사회과학에서는 제2종 오류보다는 제1종 오류를 범할 확률을 낮추는 편을 선호한다. 아마도 이러한 선호현상은 사회과학 분야의 연구자들이 통계적으로 유의한 결과를 얻고자 하는 바람과 그러한 바람에서 가능한 한 모든 편견이나 왜곡을 배제하려는 의도에서 비롯된 것이라 생각된다. 따라서 일반적으로 연구가설을 그릇되게 주장할 수 있는 확률을 .05나 혹은 그보다 낮게 설정함으로써 연구의 과학적인 면과 객관성을 부각시키고자 노력하는 것을 볼 수 있다.

그러나 많은 사회과학자가 제1종 오류에 더 많은 관심을 기울인다고 해서 제1종 오류가 제2종 오류보다 더 중요하다고 인식해서는 안 되며, 특히 사람들의 삶을 다루는 연구에서라면 이러한 잘못된 관행은 자칫 위험할 수도 있다. 어떤 오류를 피하는 것이 더 중요한지를 결정하는 데는 가치판단이 개입되며, 그런 판단은 연구를 통해 알고자 하는 바가 무엇이며 어떤 맥락에서 이해되어야 하는가에 따라 바뀔 수 있어야 한다. 이 점을 강조하기 위해 앞서 들었던 아동학대 방지를 위한 개입 프로그램의 예로 돌아가서 표 22-2의 표본분포를 다시 한 번 보자. 실험집단과 통제집단의 재범자 비율이 9:17이 될 확률은 양측검증의 경우 .052였으며, 따라서 유의수준 .05에서 통계적으로 유의하지 않다고 나타났다. 이 경우 우리는 .052라는 제1종 오류를 범할 확률보다는 2종 오류를 범할 수 있는 위험부담을 택했다.

그런데 과연 이런 판단이 적절한 것일까? 합리적인 사람이라면 아마도 이런 판단에 동의하지 않을지도 모른다. 그러나 만약 다른 종류의 개입 노력이 아동학대 방지에 더 효과적이라는 증거가 없다면 어떨까? 만약 다른 어떤 개입 노력도 효과적이지 못한 상황에서 현재의 개입 프로그램이 부정적인 효과를 가져온다고 볼 수 있는 아무런 증거가 없다면, 아동학대 방지에 실제로는 아무런 효과가 없는 개입 프로그램을 추천하는 것과 아동학대를 효과적으로 줄일 수 있는 개입 프로그램을 추천하지 못하는 것 중 어떤 오류를 범하는 것이 사람들의 삶에 더 부정적인 영향을 미칠 것인가? 이 질문을 생각하면서, 만약 연구에서 나타난 9:17이라는 비율을 일반화할 수 있다면 이는 그러한 개입 프로그램을 통해 아동학대율을 65%(26명의 통제집단 대상 중 17명이 재범)에서 35%(실험집단의 26명 중 9명만이 재범)로 낮출 수 있음을 의미하는 것임을 생각해볼 필요가 있다. 이는 참으로 많은 사람의 고통을 덜어줄 수 있는 대단한 효과라고 하지 않을 수 없다.

여기 또 다른 사례가 .05 유의수준의 자의성과 제2종 오류의 중요성에 대해 유념해야 한다는 것을 보여준다. 자선행사에 100명의 사람들이 참여해 단 한 명이 뽑히는 경품 추첨권을 모두 하나씩 받았다고 생각해보자. 그리고 당신이 그 행사에 참여했고, 거기에서 우연히 당신 이웃에 사는 7인 가족을 만났다고 하자. 여기에 하나 더해서 이웃 가족이 자기들 7명 중에서 당첨자가 나올지를 두고 5달러를 거는 내기를 제안한다고 하자. 추첨이 올바로 진행되고 이웃 가족이 당첨되도록 조작할 수 없다고 가정한다면, 이웃 가족이 이길 확률은 100분의 7, 즉 .07일 것이다. 당신이 "나는 얼마를 걸었으면 좋겠소?" 하고 이웃에게 묻자, "뭐 똑같이 걸기로 합시다. 내가 내기에 이기면 당신이 내게 5달러를 주고, 당신이 이기면 내가 5달러 주겠소."라고 대답한다고 하자. 당신은 내기에 응할 것인가? 당신은 제안을 받아들였다! 당신이 이길 확률은 100분의 93으로, 이웃 가족이 이길 확률인 100분의 7보다 엄청나게 높다. 당신은 당신에게 유리한 판을 짜기 위해 이웃 가족 중 5명만 계산에 넣자고(그렇게 해서 이웃 가족이 이길 확률을 .05로 낮추기 위해) 고집을 피울 필요도 없다. 이 사례는 분석결과의 p 값이 .05보다 조금 높은 .07이라는 이유로 논의에서 제외하는 것이, 당신 이웃의 내기 제안을 거절하는 것과 아무런 차이도 없음을 보여준다.

이런 딜레마를 해결할 수 있는 방법 중 하나는 동일한 연구를 다시 해보는 것이고, 또 다른 방법은 표본 크기를 늘리는 것이다. 사실 선행 연구의 결과를 볼 때, 표본의 크기를 늘려 동일한 연구를 다시 해보는 것이 가장 좋은 방법이라고 할 수 있다. 바로 뒤이어 설명하겠지만 표본 크기를 늘리면 제1종 오류를 범할 확률을 높이지 않으면서도 제2종 오류를 줄일 수 있다.

표본 크기의 영향

앞서 15장에서 표본에 대해 논의한 바와 같이 표본 크기가 클수록 표본오차는 줄어든다. 표본오차를 줄이면 그만큼 연구를 통해 관찰한 관계가 표본오차에 의해 나타날 수 있는 확률을 줄일 수 있다. 따라서 어떤 관계가 표본 크기가 작을 때는 통계적으로 유의하지 않을지라도, 표본 크기가 커지면 관계의 수준이 변하지 않더라도 통계적으로 유의한 관계로 나타날 수 있다. 다시 말해 표본 크기가 클 때 연구결과를 일반화하는 것이 표본 크기가 작을 때보다 훨씬 안전하며, 표본 크기가 크다면 강도가 매우 약한 관계라도 일반화할 수 있는 가능성이 매우 높아진다.

예를 들어 1980년대 미국 사회복지학과 교수들의 봉급 수준에 관한 연구에서 루빈 Rubin(1981)은 여러 가지 외생변수들을 통제한 상태에서 남성 교수들의 평균 봉급은 26,638달러이고 여성 교수들의 평균 봉급은 26,157달러임을 발견했다. 이 연구에서 사용한 표본 크기는 1,067명이었으며, 이 정도 크기의 표본에서 481달러라는 남녀 교수 간의 평균 봉급 차이는 유의수준 .01에서 통계적으로 유의하다고 나타났다.

표본 크기가 미치는 영향을 좀 더 구체적으로 살펴보

기 위해 아동학대 방지 프로그램의 예로 돌아가 보자. 이번에는 블레이락 Blalock(1972)이 제시한 가상적인 자료를 부분적으로 이용해 표본 크기를 변화시켜보자. 우선 실험집단과 통제집단에 각각 다섯 사례를 배정하고 실험집단에서는 5명 중 2명이, 그리고 통제집단에서는 5명 중 3명이 재범했다고 가정해보자. 비록 2:5의 비율은 40%를 나타내고 3:5의 비율은 60%를 나타내기는 하지만, 이와 같이 작은 표본에서는 '우연'의 영향이 매우 클 수 있으므로 이러한 백분율을 중요하게 받아들이기는 어렵다고 하겠다. 만약 표본 크기를 각각의 집단에서 사례 수를 10으로 늘리고 동일한 재범률(즉, 각 집단에서 4명과 6명이 재범자라고 가정한다)을 유지한다고 해도 결과는 유의수준 .05에서 유의하게 나타나지 않을 것이다.

그러나 만약 동일한 재범률을 각 집단의 사례 수가 50명인 경우(50명 중 20명, 그리고 50명 중 30명)에 얻었다면 영가설이 참일 확률이 .05보다 작을 것이며, 따라서 유의수준 .05에서 영가설을 기각할 수 있을 것이다. 또한 각 집단의 사례 수를 100명으로 늘렸을 때 동일한 재범률이 나타난다면, 영가설이 참일 확률은 아마도 .01 이하로 떨어질 것이다.

좀 더 정확한 이해를 위해 한 가지 예를 더 들어보자. 위의 예에서 각 집단에 50명씩을 배정했다고 하고 실험집단에서는 24명(48%), 그리고 통제집단에서는 26명(52%)이 재범했다고 가정하자. 이 결과는 유의수준 .05에서 유의하게 나타나지 않는다. 그러나 각 집단의 사례수가 5,000이고 동일한 재범률을 갖는다면, 영가설이 참일 수 있는 확률은 .001 이하로 떨어질 것이다.

관련성 측도

통계적 유의성을 검증하는 목적은 결국 단 한 가지 질문에 대한 답을 찾기 위해서라고 할 수 있는데, 그 질문이란 "과연 관찰된 관계는 이론적 혹은 모집단 수준에서 존재한다고 추론할 수 있는가?"이다. 그러나 통계적 유의성 검증을 통해 관계의 강도를 알아내지는 못한다. 아마도 유의수준이 관계의 강도를 나타내는 수치로 사용될 수 있지 않은가 하는 생각, 즉 유의수준 .01에서 유의하게 나타난 관계가 유의수준 .05에서 유의하게 나타난 관계보다 강도가 높다고 생각할지 모르나 이는 잘못된 생각이다.

앞서 표본 크기가 통계적 유의성에 영향을 미친다는 사실을 알아봤다. 위의 예에서 표본의 크기가 집단마다 50사례일 경우 실험집단의 40%의 재범률과 통제집단의 60%의 재범률은 유의수준 .05에서 유의했으나, 표본 크기가 집단마다 5,000사례인 경우 48%와 52%의 재범률만으로도 유의수준 .001에서 통계적으로 유의하다는 사실을 예를 통해 알아봤다. 따라서 단지 제1종 오류가 낮다고 해서 반드시 관계의 강도가 높다고 볼 수만은 없다.

혹자는 또 유의성 검증이 관계의 강도를 알려주지 못하므로 유의성 검증을 하기보다는 곧바로 관련성 정도를 측정하는 편이 더 낫다고 생각할 수도 있다. 그러나 이러한 생각 역시 옳지 않다. 어떤 경우, 높은 강도의 관계가 단순히 우연에 의해 나타날 수도 있기 때문이다. 예를 들어 2명밖에 없는 실험집단에서 재범자가 전혀 없는 것과 2명밖에 없는 통제집단에서 2명 모두가 재범자인 것은 백분율로 나타내면 0과 100이 되며, 따라서 매우 강도 높은 관계라고 할 수 있지만 이러한 관계를 일반화한다는 것은 마치 두 개의 동전을 두 번 던져서 하나는 두 번 모두 앞면이 나오고 다른 하나는 앞면과 뒷면이 한 번씩 나왔다는 이유만으로 동전이 불량하다고 추론하는 것이나 다를 바 없다고 할 수 있다. 간단히 말해서, 관계를 해석할 때 맨 처음 거쳐야 할 필수적인 과정은 유의성 검증이며, 이를 통해 연구자가 알 수 있는 것은 관찰된 관계가 우연에서 비롯될 수 있는 확률뿐이다.

이제 관계의 강도를 측정하는 것에 대해 알아보자. 우선 관계의 강도를 측정하는 것을 **관련성 측도**라고 표현하기로 하자. 앞서 재범 여부와 치료 프로그램 제공 여부 같은 두 개의 이변량 변수들 간의 백분율 차이를 언급하면서 이미 관련성 측정치를 소개한 바 있다. 직관적으로 볼 때, 40% 대 60%의 재범률은 48% 대 52%의 재범률보다 강도 높은 관계를 나타냄을 알 수 있다. 물론 이항변수가 아니라 두 개 이상의 범주를 갖는 다항변수를 다루거나 서열 혹은 등간/비율 형태의 변수를 다루어야 한다면 아마도 백분율이 아닌 다른 통계량이 필요할 것이다(가능한 한 이해가 쉽도록 관련성 측도에 대한 설명은 이항변수만 있는 아동학대 방지 프로그램의 예를 들어 설명하겠다).

일반적으로 많이 쓰이는 관련성 측도들은 주로 0과 1 사이의 수치를 갖는데, 0은 두 변수 간에 아무런 관계가 없음을 나타내며, 1에 가까워질수록 완전한 관계를 나타낸다. −1.0 역시 완전한 관계를 의미한다. 이때 음의 부호는 측도에 양의 부호가 붙는 경우보다 약하다는 뜻이 아니라 단지 변수들 간의 관계가 반대 방향임을 뜻하는 것으로, 하나의 변수가 갖는 변수값이 증가하면 다른 변수의 변수값은 감소함을 의미한다. 관련성 측도가 0에 가까울수록 하나의 변수가 갖는 변수값을 앎으로써 다른 변수가 갖게 될 변수값을 예측할 수 있는 능력은 떨어진다.

예를 들어 두 집단이 동일한 재범률을 갖는다고 한다면, 어떤 특정 사례 하나가 어느 집단에 속하는지를 안다는 사실은 그 사례가 재범될 가능성을 계산하는 데 전혀 영향을 미치지 못한다. 그 특정 사례의 재범 가능성은 두 집단 중 한 집단을 선택해 그 집단의 재범률을 가지고 계산할 수 있는데, 이 경우 역시 사례가 어느 집단에 속하는지를 안다는 것은 재범 가능성을 계산하는 데 아무런 영향을 주지 않는다. 따라서 관계의 강도는 0이 된다.

이와 반대로, 한 집단의 재범률이 0%이고 다른 한 집단의 재범률이 100%라고 한다면, 특정 사례가 어느 집단에 속하는지를 안다는 것은 연구자로 하여금 그 사례가 재범될 가능성을 정확하게 예측할 수 있게 해준다. 따라서 관계의 강도는 1이 된다.

표 22-4는 완전한 관계를 보여주는 두 개의 예와 관련성이 0인 2×2 표를 보여준다. 맨 위에 제시된 2×2 표를 보면, 두 집단의 재범률이 동일하기 때문에 두 집단 간의 관계가 전혀 없고, 따라서 관계의 강도는 0로 나타나 있다. 두 집단에서 모두 재범자가 비재범자보다 많다는 것

표 22-4 관계 강도가 0, 1.0, −1.0인 경우의 예

관계 강도가 0인 경우의 예

결과	실험집단	통제집단
재범자	40	40
비재범자	60	60

관계 강도가 1.0인 경우의 예

결과	실험집단	통제집단
재범자	0	100
비재범자	100	0

관계 강도가 −1.0인 경우의 예

사례번호	치료에 참여한 횟수	관찰된 언어학대 횟수
1	1	14
2	2	12
3	3	10
4	4	8
5	5	6
6	6	4
7	7	2
8	8	0

은(즉, 재범률 40%) 기술통계를 통해 발견할 수 있는 매우 중요한 발견점이다. 그러나 두 집단의 재범률이 동일함에 따라, 특정 사례가 어느 집단에 속하는지를 안다는 것이 그 사례가 재범될지를 예측하는 데 아무런 도움이 되지 않기 때문에 관련성 정도는 0이 된다.

두 번째 2×2 표에 나타난 관계 강도는 1로, 실험집단의 재범률은 0%인 반면 통제집단의 재범률은 100%이다. 따라서 특정 사례가 어느 집단에 속하는지를 안다면 그 사례의 재범 여부를 정확하게 예측할 수 있다.

세 번째 표에서도 동일한 수준의 예측률을 볼 수 있다. 다만 부호가 음이라는 차이가 있는데, 이는 한 변수의 변수값이 증가하면 다른 변수의 변수값이 감소하기 때문이다. 관계 강도가 −1.0인 이유는, 치료 프로그램에 참여

한 횟수가 한 단위 증가할 때마다 관찰된 언어학대의 횟수는 예외 없이 동일한 횟수만큼씩 감소하기 때문이다. 따라서 치료 프로그램에 참여한 횟수를 안다면 관찰된 언어학대 횟수를 정확하게 예측할 수 있다. 앞서 언급한 바와 같이, 음의 부호는 관계의 강도가 약하다는 뜻이 아니며, 단순히 한 변수의 변수값이 한 단위 증가하면 다른 변수의 변수값이 한 단위 감소하는 관계임을 의미한다.

이제까지는 완전한 관계(관계 강도가 1.0이나 −1.0)와 전혀 관계가 없는 경우(관계 강도가 0)를 비교했다. 이 두 극단이 아닌 경우는 어떤가? 예를 들어, 실험집단의 재범률이 40%이고 통제집단의 재범률이 60%인 경우는 어떤가? 이 경우 특정 사례가 실험집단에 속한다면 연구자는 그 사례가 비재범자라고 생각하기 쉬울 것이고, 통제집단에 속한다면 재범자라고 생각하기 쉬울 것이다. 그러나 만약 실험집단에 속한 모든 사례에 대해 비재범자라고 예측하고 통제집단에 속한 모든 사례에 대해 재범자라고 예측한다면 매번 40%의 오류를 범하게 된다. 이는 매우 높은 수준의 오류라고 하겠다. 그러나 전반적인 재범률이 50%임을(두 집단의 사례 수가 동일하고 한 집단의 재범률은 40%이고 다른 집단은 60%이므로) 고려해 볼 때, 특정 사례가 어느 집단에 속하는지를 모르는 상태에서 그 사례의 재범률을 예측하려고 한다면 매번 50%의 오류를 범하게 될 것이다. 따라서 특정 사례의 소속집단을 알고 있다는 것은 오류를 범할 확률을 50%에서 40%로, 20% 감소시킬 수 있다(20%란, .05에서 .04로의 .01 감소를 비율로 표시하면 .10은 .50의 20% 또는 .20이기 때문이다).

간단히 말해서, 두 변수 간에 어떤 관계가 존재한다면 두 변수 중 한 변수의 변수값을 안다는 것은 나머지 변수의 변수값을 예측하는 데 오류를 범할 횟수를 줄일 수 있다. 이때 관계의 강도가 높을수록 예측오차의 가능성은 감소한다. 이를 일컬어 **예측오차 비례감소**(proportionate reduction of error, PRE)라고 한다. 이제부터 논의할 관련성 측도들 중 대부분은 예측오차 비례감소 측정법에 기초를 두고 있으며, 모든 관련성 통계량은 공통적으로 0과 1.0(또는 −1.0) 사이의 수치로 관계의 강도를 표시한다. 관계가 강할수록 수치는 1.0(또는 −1.0)에 가까워지면서 예측에서 불확실성이 감소한다. 반면에 관계가 약할수록 수치는 0에 가까우며 불확실성의 감소는 줄어든다.

어떤 관련성 측도를 사용해야 하는가는 변수의 종류에 따라 달라진다. 예를 들어, 두 변수 모두가 등간 또는 비율측도로 측정된 변수라면 **피어슨 상관계수**(Pearson's product-moment correlation: *r*)가 가장 일반적으로 사용된다. 만약 두 변수 모두가 명목측도로 측정된 변수라면 일반적으로 **람다**(lambda), **율**(Yule)의 *Q*, **파이**(phi), **크라머**(Cramer)의 *V* 등의 측도를 사용한다. 독립변수가 명목변수(예를 들어 참여자가 실험집단에 속하는지 통제집단에 속하는지의 여부)이고 종속변수가 등간 혹은 비율변수(예를 들어 참여자가 어떤 행위를 한 횟수)라면 **에타**(eta)와 **포인트-비즈리얼 상관계수**(point-biserial correlation coefficient)를 주로 많이 사용한다. 대부분의 이들 측도는 측도의 값을 제곱하면 그 값이 종속변수의 변량 중 독립변수의 변량에 의해 설명되는 변량의 정도를 나타낸다. 예를 들어, $r=.5$이면 $r^2=.25$이고 이는 종속변수의 중 약 1/4가량이 독립변수의 변량에 의해 설명됨을 의미한다(이 측도들에 대한 좀 더 자세한 내용은 이 장 맨 뒷부분의 '추천도서'에 제시되어 있는 통계학 교재들을 참조할 것을 적극 권한다).

효과크기

종종 변수들 간의 관련 정도를 나타내는 통계량을 가리켜 **효과크기**(effect size) 통계량이라고 한다. 특히 효과크기는 임상조사연구에서 일반적으로 많이 쓰인다. 이제까지 살펴봤던 관련성 측도(파이, *r*, 포인트-비즈리얼 상관계수 등)는 모두 효과크기 통계량이라고 할 수 있으며, 이제부터 설명할 다른 종류의 관련성 측도 또한 효과크기 통계량에 속한다. 효과크기 통계량은 각기 다른 연구에서 발견된 여러 종류의 관계들의 강도를 비교 가능한 형태로 전환해 나타냄으로써, 설령 처음부터 각 연구에서 관계를 제각기 다른 방식으로 측정했다고 할지라도 이 관계들의 강도를 비교할 수 있게 해준다.

효과크기 통계량의 이러한 기능을 임상조사연구의 예를 통해 살펴보자. 배우자를 학대하는 남성들에 대한 두 가지 상이한 치료개입 접근방식의 효과를 평가하는 두 가지 연구가 진행되었다고 가정해보자. 두 연구 중 첫 번째 연구에서는 인지행동적 치료개입 접근의 효과를 평가했다. 평가 결과, 치료를 받은 실험집단 대상들의 경우 치료를 받은 후 사후관리 기간 동안 대상당 평균 2회의 배우자 폭행이 있은 반면, 통제집단 대상들은 평균 3회 배우자를 폭행했음을 발견했다. 두 번째 연구에서는 사회심리적 치료개입 접근방식의 효과를 평가했는데, 배우자 폭행 건수 같은 비율변수를 써서 결과를 측정하지 않고 사후관리 기간 동안 배우자 폭행이 있었는지 여부를 묻는 명목변수를 사용했다. 그 결과, 실험집단의 경우는 40%가, 그리고 통제집단의 경우는 60%가 배우자를 폭행했다고 나타났다고 가정해보자. 더 나아가서, 두 연구의 연구결과는 모두 통계적으로 유의하다고 나타났다고 가정하자.

이런 경우 과연 두 가지 치료개입 접근방식 중 어느 쪽이 더 큰 효과가 있는지 어떻게 판단할 수 있을까? 한 가지 분명한 사실은, 연구결과를 측정할 때 각기 다른 통계치를 사용한 두 연구의 결과를 있는 그대로 비교한다는 것은 마치 사과와 오렌지를 비교하는 것이나 다름없다는 점이다. 효과크기 통계량은 이런 문제를 어느 정도 해결해줄 수 있다. 첫 번째 연구의 **포인트-비즈리얼 상관계수**는 두 번째 연구의 **파이** 통계량과 비교될 수 있는데, 이는 비록 두 통계량의 계산방식은 다를지라도 의미하는 바는 동일하기 때문이다. 두 가지 개입, 즉 두 가지 치료개입 접근방식 중 효과크기 통계량이 더 큰 쪽이 종속변수의 변량을 더 많이 설명한다는 것을 의미한다. 다시 말해, 더 큰 효과크기 통계값을 갖는 개입이 평가하고자 하는 특정 결과변수에 더 큰 영향을 미친다는 뜻이다(물론 인과관계를 추론할 수 있는 내적 타당성을 가진 연구설계라고 가정할 수 있을 때).

물론 누구나 앞서 설명한 파이나 r 같은 관련성 측도를 '효과크기'라고 부르는 것은 아니다. 예를 들어 어떤 연구자는 "파이가 .50임을 볼 때, 효과크기가 매우 크다"라고 말하는가 하면, 또 어떤 연구자는 "파이가 .50이므로 관계의 정도가 매우 높다"라고 표현하기도 한다.

코헨의 *d*

반면에 어떤 종류의 효과크기 통계량은 항상 '효과크기' 통계량이라고 부르는데, 좀 더 정확하게는 d 혹은 코헨 Cohen의 d라고 부른다. 이 통계량은 자료의 형태가 등간 혹은 비율일 때, 실험집단과 통제집단 간의 평균값 차이를 표준편차로 나눈 값이다. d를 계산하는 방법은 계산에 사용하는 표준편차가 어떤 것인가에 따라서 달라질 수 있는데, 통제집단의 표준편차를 사용하기도 하고, 그 외에도 두 집단을 하나로 합쳐서 구한 표준편차나 모집단의 표준편차에 대한 추정값을 사용하기도 한다. 가능한 한 설명을 단순하게 하기 위해 이 책에서는 통제집단의 표준편차를 사용할 것이며, 실제로 이 방법이 가장 많이 쓰이는 것으로 알려져 있다. 이 방법을 따를 때, d(효과크기)를 계산하는 공식은 다음과 같다.

$$d = \frac{\begin{pmatrix}\text{실험집단의}\\\text{평균}\end{pmatrix} - \begin{pmatrix}\text{통제집단의}\\\text{평균}\end{pmatrix}}{\text{통제집단의 표준편차}}$$

이 공식의 쓰임을 알아보기 위해, 앞서 언급했던 두 가지 치료개입 접근방식의 효과 평가에 관한 예로 돌아가보자. 앞의 경우와는 달리, 이번에는 두 연구 모두 결과를 비율변수로 측정했다고 가정하자. 첫 번째 연구에서는 평균 배우자 학대 횟수를 측정했으며, 실험집단과 통제집단이 각각 평균 2회와 3회로 나타났고 통제집단의 표준편차는 1이라고 가정하자. 따라서 d는 아래 식에 의해 -1.0이 된다.

$$d = \frac{2-3}{1} = -1.0 \rightarrow +1.0$$

이 공식을 써서 d를 계산할 경우, d의 양·음 부호는 결과값의 한 단위 감소가 긍정적인 효과인지 아니면 부정적인 효과인지를 나타낸다. 바로 위의 예에서는 학대를 줄이는 것이 바람직한 것이므로 −1.0은 긍정적인 효과를 의미한다. 따라서 *d*는 −1.0이 아니라 '1.0'이라고 해야 한다. *d*에서 음의 부호는 반드시 부정적인 효과(즉, 위의 예에서 현재의 결과와 정반대되는 결과가 나타났을 때)가 나타난 경우에 한해 사용한다. 위의 예에서 $d=1.0$이라는 것은 실험집단의 평균이 통제집단의 평균보다 1 표준편차만큼 높다는 것으로 해석된다.

21장에서 살펴봤듯이, 정규분포상에서 전체 사례 중 평균보다 적어도 1 표준편차 이상 큰 값을 갖는 사례는 16%에 불과하며 나머지 84%는 평균보다 작은 값을 갖는다. 따라서 통제집단의 측정치가 정규분포를 따른다고 가정한다면, $d=1.0$이라는 의미는 실험집단의 평균 결과가 통제집단의 평균 결과에 비해 84% 정도 낮다는 것을 뜻한다. *d* 값은 *Z*-분포표를 이용해 위와 같이 해석할 수 있다. *Z*-분포표는 모든 통계학 개론에서 쉽게 찾을 수 있다. *Z*-분포표는 전체 정규분포 중 몇 퍼센트가 특정 *z* 값 이하 또는 이상에 해당하는지를 보여주는 표다. *z* 값은 위의 *d* 계산 공식으로 구하는데, 다시 말해 *z* 값은 어떤 특정한 값이 평균으로부터 얼마나 떨어져 있는지를 표준편차라는 단위로 나타내는 값을 말한다.

표 22-5는 0과 3 사이의 *d* 값이 정규분포상에서 차지하는 비율을 나타낸 것이다. 즉, 실험집단의 평균 결과보다 낮은 결과를 보인 통제집단의 비율을 보여준다. 표를 간결하게 만들기 위해 모든 *d* 값을 제시하지는 않았다(표에 나타나지 않은 정확한 *d* 값에 대한 정규분포값을 찾고자 한다면, 통계학 서적의 전체 *Z*-분포표를 참고하라). 표에서는 *d* 값이 3.0과 −3.0까지만 나타나 있으나, *d* 값은 3.0보다 크거나 −3.0보다 작을 수 있다. 그러나 표에서 볼 수 있듯이, 3.0 이상의 모든 *d* 값은 사실상 정규분포상의 거의 모든 값을 넘으며, 이는 실험집단의 평균 결과가 거의 모든 통제집단의 결과보다 더 나았다(혹은 −3.0일 경우에는 더 낮았다)는 것을 뜻한다.

표 22-5 정규분포상에서 *d* 값(효과크기)이 차지하는 비율

양의 *d* 값		음의 *d* 값	
d	**정규분포상에서 차지하는 비율**	***d***	**정규분포상에서 차지하는 비율**
3.0	.9987	−3.0	.0013
2.8	.9974	−2.8	.0026
2.6	.9953	−2.6	.0047
2.4	.9918	−2.4	.0082
2.2	.9861	−2.2	.0139
2.0	.9772	−2.0	.0228
1.8	.9641	−1.8	.0359
1.6	.9452	−1.6	.0548
1.5	.9332	−1.5	.0668
1.4	.9192	−1.4	.0808
1.3	.9032	−1.3	.0968
1.2	.8849	−1.2	.1151
1.1	.8643	−1.1	.1357
1.0	.8413	−1.0	.1587
0.9	.8159	−0.9	.1841
0.8	.7881	−0.8	.2119
0.7	.7580	−0.7	.2420
0.6	.7257	−0.6	.2743
0.5	.6915	−0.5	.3085
0.4	.6554	−0.4	.3446
0.3	.6179	−0.3	.3821
0.2	.5793	−0.2	.4207
0.1	.5398	−0.1	.4602
0.0	.5000		

또한 음의 *d* 값이 정규분포상에서 차지하는 비율은 해당 *d* 값에 대응하는 양의 *d* 값이 차지하는 비율을 1에서 뺀 값과 정확히 같음을 알 수 있다. 그러나 앞서 말했듯이, *d* 값은 부정적(혹은 해로운) 효과를 뜻할 때만 음의 값을 갖는다. 따라서 실험집단의 평균 배우자 폭행횟수인 2에서 통제집단의 평균 4를 차감하면 −2가 되고, 이것을 표준편차 1로 나누면 −2라는 값을 얻게 된다. 그러나 실험집단은 통제집단에 비해 적은 부정적 행동(배우자 폭행)을 보인 것이므로 −2는 바람직한 결과값이며, 따라서 정적인 효과크기(양의 *d* 값)로 불린다. 표 22-5에

서 d 값이 2.0인 경우를 찾아보면 통제집단 결과의 97% 이상에 대해 실험집단의 평균이 더 높음을 알 수 있다. 만약 실험집단의 평균과 통제집단의 평균이 각각 4와 2로 바뀐다면(표준편차는 1로 유지한 상태에서) 우리는 d 값을 2.0에서 −2.0으로 바꾸고, 실험집단의 평균이 통제집단 결과의 2.28% 정도만 넘는다는 것을 확인할 수 있다.

아래에 제시된 두 정규분포곡선은 표 22-5에 나타난 값들이 의미하는 바를 묘사한 것이다. 각 곡선은 개입을 받지 않은 통제집단의 결과에 대한 이론적인 표본분포를 나타낸다. 곡선에서 어두운 부분은 실험집단의 평균보다 낮은 통제집단 결과의 비율을 뜻한다. 밝은 부분은 실험집단의 평균보다 나은 통제집단 결과의 비율을 뜻한다. 부정적인 효과크기의 경우 밝은 부분이 어두운 부분보다 더 큰데, 이는 실험집단의 결과가 통제집단의 결과보다 못하다는 것(개입의 효과가 부정적이었음을 가리킴)을 나타낸다. 정적인 효과크기의 경우 어두운 부분이 밝은 부분보다 크게 나타나면서 개입의 효과가 긍정적이었음을 가리킨다.

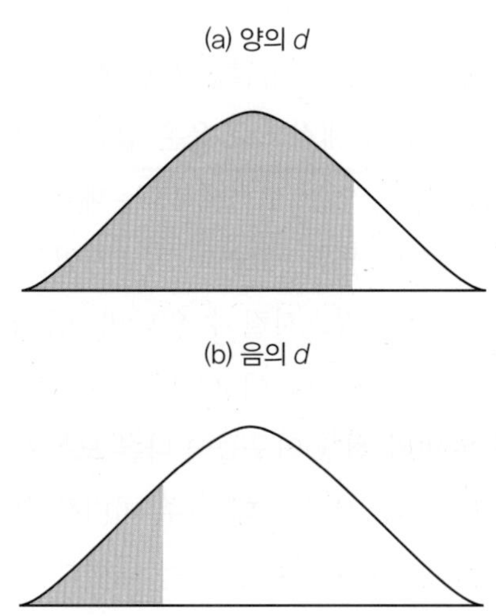

효과크기 개념의 용도와 의미를 좀 더 명확히 하기 위해, 다시 배우자 학대 프로그램의 효과를 평가하는 두 번째 연구를 생각해보자. 두 번째 연구의 결과변수는 배우자에 대한 신체 및 언어학대 사례건수의 평균이며(첫 번째 연구에서는 신체적 학대만 고려한 것과 달리), 첫 번째 연구에 비해 치료개입이 있은 후 사후측정 기간이 더 길다고 가정해보자. 연구 결과, 실험집단과 통제집단의 평균은 각각 20과 26이며 표준편차는 10으로 나타났다. 따라서 효과크기 통계치는 다음과 같다.

$$d = \frac{20 - 26}{10} = -.60 \rightarrow +.60$$

이처럼 두 연구의 결과가 상이한 통계량으로 측정됨에 따라 한 연구는 다른 연구에 비해 더 큰 통계값을 갖게 되나 그럼에도 불구하고 각각의 통계값을 각각의 표준편차로 나눔에 따라 비교가 가능하다. 비교 결과, 첫 번째 연구의 인지행동적 개입이 심리사회적 개입보다 결과변수에 더 긍정적인 영향을 미친다는 사실을 알 수 있다.

여기서 혹자는 만약 위의 예에서 d 통계량이 아닌 포인트-비즈리얼 상관계수나 그 밖의 측정치로 관련 정도를 측정했다면 비교결과가 달라질지 궁금해할지도 모르겠다. 그러나 어떤 방식을 택하더라도 그 결과는 첫 번째 접근방식이 더 긍정적인 영향을 미치는 것으로 나타난다. 어떤 교재들은 하나의 관련성 통계량을 다른 관련성 통계량으로 전환할 수 있는 공식이나 표를 제시하기도 한다.

예를 들어 $d = 6.0$은 상관계수 .287에 해당하며, $d = 1.0$은 상관계수 .447에 해당한다. 어떤 통계량을 사용해야 하는지는 연구자의 의도가 집단 간의 평균 차이를 정규분포상에서 표준편차를 단위로 하여 나타내고자 하는가에 달려 있다. 연구자는 혼동하지 않기 위해 효과크기를 나타내는 두 가지 방법 모두를 잘 알아둘 필요가 있다.

효과크기 통계량의 의미와 관련해서 한 가지 주의할 점이 있다. 그것은 효과크기 통계량이 결코 어떤 개입이 더 '나은' 것인가를 나타내 보여주는 수치가 아니라는 점이다. 이제까지의 논의에서 언급한 바와 같이, 효과크기 통계량이란 어떤 개입이 특정 결과변수에 더 큰 영향을 미치는지, 혹은 어떤 개입이 결과변수의 변량 가운데 더 많은 부분을 설명하는지를 보여주는 수치이며, 이 말은 어떤 개입이 더 나은 것인가라는 말과는 다름을 인식해야 한다.

예를 들어, 어떤 개입이 이루어진 후 언어학대와 신체

적 학대의 감소 정도를 측정한 결과 1.0과 .6이라는 d 값을 얻었다고 가정해보자. 이때 d 값 1.0은 그다지 심각하지 않은 언어학대에서의 변화(즉, 감소)를 개입 이후부터 그리 길지 않은 기간이 경과한 다음 사후측정한 결과이고, d 값 .6은 매우 심각한 신체적 학대에서의 감소를 개입 이후부터 상당 기간이 경과한 다음 사후측정해 얻은 값이라고 가정해보자. 신체적 학대는 언어학대에 비해 심각한 문제이고 또한 사후측정을 하기까지 경과한 기간이 언어학대의 경우보다 길었다는 점을 고려해본다면, 신체적 학대의 d 값이 더 작기는 하지만 신체적 학대를 감소시키기 위한 개입이 더 가치 있는 개입임을 알 수 있다. 어떤 개입이 더 나은지를 결정하는 과정에는 가치판단을 포함한 여러 가지 중요한 사항들이 함께 고려되어야 한다. 효과크기 통계량은 그런 많은 사항들 중 하나에 불과하다. 이제 그렇다면 과연 어떤 것들이 고려되어야 하는지 살펴보자.

강, 중, 약 효과크기

이따금 효과크기 통계치를 강, 중, 약으로 나누어 해석하는 것이 편리한 경우가 있다. 그렇게 함으로써 효과크기 통계치는 다른 연구결과나 설명과 관련된 새로운 의미를 갖게 된다. 그러나 효과크기 통계값을 해석한다는 것은 쉽지 않은 일이다. 예를 들어 r이 .30일 때 이를 제곱하면 .09가 되며, 이는 독립변수가 종속변수의 전체 변량 가운데 9%를 설명한다는 뜻이다.

종종 우리는 거의 반사적으로 이러한 백분율에 대해 마치 우리가 시험 성적에 부여하는 것과 같은 의미, 즉 70% 혹은 80% 이상은 관계가 강하고 그 이하는 약하다는 식의 의미를 부여하곤 한다. 이런 식의 의미 부여는 측정 신뢰도에 관한 연구라면 적용 가능할지 모르나 관계의 강도를 분류하는 데는 적절하지 못하다.

이 점을 설명하기 위해, 아동학대의 원인에 대한 연구를 살펴보자. 많은 수의 다양한 요인이 부모를 폭력적으로 혹은 그렇지 않게 만드는 데 영향을 줄 수 있다. 부모가 어린 시절에 학대를 받은 경험이 있는지의 여부는 하나의 요인이지만, 또 다른 요인들도 많다. 어린 시절에 학대를 받았던 부모들 다수는 폭력적인 부모가 되지 않으며, 다른 많은 요인이 이러한 결과에 영향을 미친다. 대부분의 연구에서 사용한 학대요인들은 학대받은 아동이 폭력적인 부모가 되는지의 여부에 대해 아주 작은 부분만을 설명할 수 있었다. 만약 어떤 연구에서 학대받은 아동이 폭력적인 부모가 되는 변화의 20%를 설명하는 요인을 발견했다면, 이 분야의 다른 연구결과들에 비해 아주 강한 상관관계를 발견한 것이라는 데 대부분이 동의할 것이다. 확실히, 이러한 분석 결과는 엄청난 발견일 것이다.

또 다른 예로서, 앞서 논의한 바 있는 아동학대의 예를 들어보자. 연구 결과, 100명의 실험집단 대상 중 40%가 재범했으며 역시 100명의 통제집단 대상 중 60%가 재범했음을 발견했다고 하자. 이 경우 파이 통계치는 .20이었으며 이를 제곱함으로써 어떤 사람이 재범할 것인지 여부를 전체 변량의 4%(.20 × .20 = .04)는 치료개입이 이루어졌는가를 가지고 설명할 수 있다는 결론을 내렸다고 하자. 이런 상황에서, 과연 재범 가능성의 4%만을 설명할 수 있으므로 이는 매우 미약한 관계라고 할 수 있을까? 아마도 모든 사람이 똑같은 답을 할 수는 없겠지만 많은 사람이 어떤 절대적으로 옳은 답은 없다는 생각에 동의하리라고 본다. 언뜻 보기에 4%는 매우 작은 수치인 것처럼 보일지도 모른다. 그러나 치료개입을 통해 아동학대 재범률을 20% 감소시킬 수 있다면 이는 60%의 3분의 1에 해당하므로 33%에 해당한다는 사실을 알고 나면 어떤가? 혹은 만약 선행 연구들이 다른 모든 치료개입 방법이 재범률을 감소시키는 데 아주 미미하거나 혹은 전혀 영향을 미치지 못했다는 결론을 내렸다는 사실을 알게 된다면 어떤가?

또한 다음과 같은 경우를 생각해보자. 위의 아동학대 예에서 실험집단의 재범률은 35%이고 통제집단의 재범률은 65%라고 할 때, 관련 정도를 계산해보면 재범 가능성의 변량 가운데 9%만이 설명되는 것으로 나타난다. 그러나 통제집단의 재범률은 실험집단에 비해 약 2배가 된다는 사실을 알 수 있다. 이와 같은 예를 통해 볼 때, 아무리 적은 백분율이라고 할지라도 그것이 종속변수의 변량에 대한 설명력을 나타내는 경우에는 결코 적은 수치가 아닐 수 있음을 이해하고 있어야 한다.

이와 관련해서 코헨 Cohen(1988)은 14세와 18세 여자아이들을 비교하는 연구에서 종속변수인 신장의 변량 가운데 약 6%가 연령에 의해 설명되며 이때의 *d* 값 .5는 중간 정도의 관계로 봐야 한다고 주장한다. 코헨은 고등학교 교육을 마칠 수 있는 가능성이 50 대 50 정도인 사람들과 대학생들 간 지능지수(IQ)의 평균 차이를 비교하는 연구에서 *d* 값이 .8이고 종속변수의 변량 가운데 8%가 설명된다면 이러한 관계 정도는 강한 관계로 봐야 한다고 주장한다.

코헨은 종속변수의 변량 가운데 약 1%를 설명하는 것을 의미하는 .2 정도의 *d* 값은 매우 약한 것으로 간주했다. 그러나 로젠탈 Rosenthal과 루빈 Rubin(1982)은 새로운 개입방식이 치료 성공률을 45%에서 55%로 높인다 할지라도 상관계수는 .10에 불과하며, 이를 제곱할 경우 결과변수에서 변량의 1%를 설명하는 데 그친다는 점을 지적한다. 여기서 생각해봐야 할 점은, 치료 성공률을 10% 높인다는 것이 어떤 의미를 갖는가이다. 만약 이것이 생존율이나 치료율에서의 10% 증가라고 한다면, 단순히 효과크기 통계량에 근거해 관계 정도가 '약하다'고 하는 것은 연구자로 하여금 실제 개입의 효과를 과소평가하게 할 수 있는 위험을 내포하고 있다는 점을 지적한다.

최근 들어, 관련성 측도들의 상대적 경중을 이해하는 데 필요한 실증적 지침서를 개발하려는 움직임이 있어왔다. 이 분야에서 '고전'이라고 여겨지는 스미스 Smith와 글라스 Glass(1977)의 연구를 보면, 약 400여 개에 달하는 상담 및 심리치료에 대한 평가연구들을 바탕으로 평균 *d*를 계산한 결과, *d*는 .68로 나타났으며 이때 *r*과 r^2은 각각 .32와 .10이었다(이는 평균적으로 볼 때, 종속변수의 변량의 10% 정도가 설명됨을 의미한다). 하세 Haase, 웨처 Waechter, 솔로몬 Solomon(1982)은 1970년대에 「Journal of Counseling Psychology」에 실린 연구들에 제시된 관련성 측도들의 중앙값을 계산한 결과 .08이라는 값을 얻었으며, 이는 종속변수 변량 가운데 평균 8%가 독립변수에 의해 설명됨을 의미한다. 또한 햄블린 Hamblin(1971)은 사회학 연구들을 바탕으로 하세 등과 유사한 접근을 통해 중앙값 .10을 계산한 바 있었다. 1985년에 루빈과 콘웨이 Conway는 사회복지 학술지를 대상으로 유사한 연구를 했는데, 전반적인 중앙값은 .13이었으며 임상적 개입의 효과성에 대한 연구들의 경우 약 .10인 것으로 나타났다. 따라서 앞으로 임상사회복지 개입의 효과성을 평가하는 연구에서 통계적 유의미성을 가지면서 치료개입의 제공 여부가 종속변수의 변량을 10% 이상 설명하는 연구결과가 나타난다면, 이때 관찰된 관계는 임상사회복지의 효과에 관한 연구들로부터 얻은 평균보다 높은 강도를 가진 관계라고 할 수 있다. 또한 립세이 Lipsey(1990)는 심리, 교육, 행동치료의 효과에 관한 연구들을 바탕으로 계산한 102개의 평균 효과크기 측정치를 발표했다. 이 102개 측정치들의 중앙값은 .45이며, 이에 해당하는 r^2은 .05인 것으로 나타났다. 이 수치는 심리치료, 상담, 그리고 임상사회복지 개입의 경우에 비해 낮은 반면, 코헨의 초기 연구에서 제시한 수치와 매우 근접하다.

앞서 소개한 평균 효과크기 통계량은 앞으로의 연구에서 발견되는 효과크기 통계량을 해석하는 데 유용한 지침을 제공할 것이다. 위에서 살펴본 연구결과들을 바탕으로 판단할 때, 결과변수의 약 5~10%를 설명할 수 있는 효과크기를 가진 개입은, 기존에 발표된 연구들의 평균에 해당하는 개입과 비슷한 수준의 효과를 갖는다고 볼 수 있다. 이 평균에 해당하는 개입들의 상관계수는 .23에서 .32 정도가 될 것이며, *d*는 약 .45에서 .68 정도가 될 것이다.

승산비

종속변수와 독립변수가 모두 이분적일 때, 파이 혹은 크라머의 *V* 같은 관련성 측도 외에 **승산비**와 **위험비**로 불리는 통계량으로 효과크기를 측정할 수 있다. **승산비**(odds ratio)는 특정 독립변수의 결과가 종속변수 값에 얼마나 많이 혹은 적게 속하는지 보여준다. 예를 들어 아동학대를 이유로 의뢰된 100명의 부모는 A라는 획기적인 새로운 개입을 받고, 다른 100명의 부모는 일반적인 개입을 받았다고 가정해보자. 또한 일반적인 개입을 받은 100명 중 50명(50%)이 재범한 것에 비해, A 개입을 받은 100명 중 20명(20%)만이 재범했다고 가정해보자. 그렇다면 A 개입을 받은 부모들 중 성공사례는 80/20, 즉 4 대 1(혹은 4.0)이다. 반면에 일반적인 개입을 받은 부모들 중 성공사례는 50/50, 즉 1 대 1(혹은 1.0)에 그친다. 개입 A의 비(4.0)를 일반적인 개입의 비(1.0)로 나누면 4.0이 된다. 그러므로 개입 A의 성공사례에 대한 승산비는 4.0이며, 이는 개입 A가 일반적인 개입에 비해 성공할 가능성이 4배 더 높음을 의미한다.

위험비

몇몇 연구에서는 실패사례를 다룰 때 **위험비**(risk ratio)를 계산하는 것을 선호한다. 위험비는 한 집단의 실패사례 비율을 나머지 한 집단의 실패사례 비율로 나누어 계산한다. 승산비를 설명할 때 사용한 예시를 생각해보면, 개입 A의 재범률은 .20(100분의 20)이다. 여기에 비교되는 일반적인 개입의 재범률은 .50(100분의 50)이다. 따라서 위험비는 .50분의 .20인 .40이다. 어떤 집단의 위험비가 1.0보다 작다는 것은 그 집단이 다른 집단에 비해 위험이 적다는 뜻이다. 만약 위험비가 1.0보다 클 경우 두 집단에는 같은 정도의 위험이 있다. 아동학대 개입 사례에서 개입 A의 위험비 .40은 1.0보다 .40만큼 작으므로, 개입 A는 위험 정도를 60% 낮춘 것이다(1.0에서 .40을 빼면 .60이고, .60은 1.0의 60%이므로). 다시 말해 개입 A의 재범률은 .20으로 일반적인 개입의 재범률 .50보다 .30 적은 것이며, .30은 .50의 60%를 감소시킨 값이다.

효과 발현의 필요 증례 수

위험비의 실용적 가치를 확인할 수 있는 한 가지 방법은 **효과 발현의 필요 증례 수**(number needed to treat, NNT)를 계산하는 것으로, NNT는 부정적인 사례 하나를 줄이기 위해 개입해야 할 사례의 수를 말한다. NNT는 두 집단의 위험비 차이를 절댓값으로 만든 후 역수를 취해 계산한다. 우리의 사례에서는 위험비 차이가 .15이다. 이제 1.0을 .15로 나누면 6.7이 된다. 따라서 개입 A를 실시한 6.7개의 사례마다 재범사례가 1개씩 줄어들 것이다. 만약 재범사례 하나당 드는 사회적 비용이 10만 달러이고 개입 A를 한 번 실시하는 데 드는 비용이 1만 달러라면, 개입 A를 7번 실시할 때마다 3만 달러를 절약할 수 있게 된다. 그 이유는 개입 A를 실시하는 비용 1만 달러의 7배가 7만 달러이고, 재범 1건을 예방하면 10만 달러를 절약할 수 있으므로(6.7건당 1건을 7건당 1건으로 반올림해), 7만 달러보다 3만 달러나 더 얻게 되는 것이다. 마찬가지로 개입 A가 70회 실시된다면 위의 계산에 10배를 하여 총 30만 달러가 절약될 수 있다.

그러나 14장에서 이야기한 바와 같이, 인간의 고통을 예방하는 일을 돈으로 환산하는 것이 언제나 적절하지는 않다. 여기서 한 번 더 강조하건대, 효과크기 통계량만으로는 어떤 개입이 갖는 올바른 가치를 파악할 수 없다. 효과크기 통계치가 크다고 해서 그 개입이 반드시 더 바람직한 개입이라고 할 수는 없다. 예를 들어, 아동학대 재범률이나 고등학생들의 학업 중도포기율을 55%에서 45%로 감소시킬 수 있는 치료개입은 아마도 대형제(Big Brother/Big Sister) 프로그램에 참여하는 자원봉사자들의 중도포기율을 60%에서 40%로 감소시키는 개입에 비해 사회적으로 더 중요할 수 있다. 또는 앞서 언급했던 예로 돌아가서, 매우 심한 수준의 신체적 학대를 55%에서 45%로 줄일 수 있는 개입이 있다면 이는 언어학대를 65%에서 35%로 줄일 수 있는 개입보다 훨씬 큰 중요성을 가질 것이다. 어떤 개입이 더 바람직하다거나 혹은 더 가치 있는 것인가는, 바로 아래에서 논의할 실제적 유의성을 고려해 결정해야 하는 문제다.

실제적 유의성

연구를 통해 발견한 관계의 강도를 측정한다고 해도 관계의 **실제적 유의성**(substantive significance)은 나타나지 않는다. 관계의 실제적 유의성이란, 어떤 관계가 갖고 있는 실제적 관점에서의 중요성을 말한다. 예를 들어 아무리 관계의 강도가 높다고 하더라도, 다시 말해 관찰된 관계가 평균 효과크기 값에 아주 가깝거나 혹은 완전한 관계인 1.0에 아무리 가깝다고 하더라도, 연구자는 발견된 관계가 정말 의미 있는 것인지 아니면 그다지 중요하지 않은 관계인지를 구분할 수 있어야 한다.

앞에서 논의했던 아동학대의 예를 들면서 이 문제를 논의해보자. 개입이 있은 후, 두 집단 간의 아동학대 재범률의 차이가 35% 대 65%로 나타났으며, 이때 관찰된 관계는 통계적으로 유의하다고 나타났다고 하자. 그렇다면 이런 관계의 실제적 중요성은 얼마나 될까? 다시 말해, 관찰된 관계가 사회복지 실무에서 얼마나 유의미한가? 또 다른 예를 들어보자. 동일한 대상에 대해 다른 치료개입을 제공했을 때, 두 집단 간의 재범률 차이가 20% 대 80%이며 이 차이는 통계적으로 유의하다고 가정해보자. 만약 이러한 두 종류의 개입방법이 시간적 혹은 금전적 비용 면은 물론, 그 밖의 여러 가지 면에서 동일하다고 한다면 두 가지 개입방법 중 어느 쪽이 더 실제로 중요한지를 판단하는 일은 매우 간단한데, 당연히 20% 대 80%의 차이를 보이는 쪽이 더 유의미하다고 말할 것이다. 왜냐하면 다른 모든 조건이 동일하고 관계의 강도만 차이가 난다면 관계의 강도가 높은 쪽이 실제적으로 유의미하다고 볼 수 있기 때문이다.

그러나 다른 연구 결과에 의하면 주당 600달러의 비용이 드는 정신분석치료를 5년 동안 받은 결과, 치료를 받은 실험집단의 대상과 치료를 받지 않은 통제집단의 대상들 중 각각 80%와 20%가 프로이드의 이론에 동의한다고 답했다고 가정해보자. 이제 과연 이 연구에서의 60%의 차이를 가져온 정신분석치료 개입과 바로 위에서 언급한 30%의 차이를 유발하는 데 그친 아동학대 방지를 목적으로 하는 개입 중 어떤 개입이 더 가치 있다고 생각할 수 있을까? 바라건대, 상대적으로 관계의 강도 면에서는 그다지 높지 않으나 아동학대를 30% 감소시킬 수 있는 후자의 경우가, 관계의 강도 면에서는 높으나 단지 이론에 대한 견해 차이라는 결과를 가져오는 전자보다는 더 실제적인 중요성을 갖는다고 생각할 수 있기를 바란다(물론 그렇다고 해서 정신분석학이론 그 자체가 어떤 문제가 있다는 뜻은 결코 아니며, 정신분석학이 아닌 다른 어떤 이론에 대해서도 현실적인 입장에서 똑같은 말을 했을 것이다).

다소 극단적인 비교이기는 하지만 그럼에도 불구하고 위의 예가 제시하는 바는 측정된 관계의 정도라는 것이 곧 관계의 실제적 중요성을 의미하진 않는다는 점이다. 물론 종속변수의 변량 가운데 어느 정도가 독립변수에 의해 설명되는지를 안다거나 혹은 현재 연구의 결과가 선행 연구들의 결과와 어떻게 다른지를 비교해보는 일도 매우 중요하다. 그러나 모든 연구결과가 현실적 중요성이라는 기준을 가지고 비교될 수 있는 것은 아니다.

따라서 일단 어떤 관계의 통계적 유의성을 검증하고 관련 강도를 측정한 다음에는 발견한 관계의 실제적 중요성을 가늠하기 위해 주관적 가치판단을 하지 않을 수 없다. 가치판단을 위해서는 변수 및 현재 연구되고 있는 문제의 중요성, 연구에서 발견된 내용을 실행함으로써 얻을 수 있는 혜택의 양이 그러한 내용을 실행에 옮기는 데 필요한 비용만큼의 가치가 있는지의 여부, 그리고 현재 연구되고 있는 문제와 그러한 문제를 줄여나가기 위한 방법에 대해 얼마나 사전지식을 갖고 있는지 등을 비롯한 여러 가지 막연한 사항들을 고려해야 한다. 만약 어떤 연구가 그다지 중요하지 않은 문제를 해결하려고 하거나, 별로 중요하지 않은 변수에 대해 알고자 한다거나, 연구가 제시하는 바를 실행에 옮기는 데 드는 비용이 혜택을 앞지르거나, 연구결과가 지식의 양을 늘리는 데 아무런 보탬이 되지 않는다고 한다면, 아무리 관찰된 관계가 종속변수 변량의 상당 부분을 설명할 수 있다고 할지라도 그러한 연구는 중요한 연구라고 볼 수 없다. 반복해서 강조하건대, 통계적 유의성, 관계의 정도, 실제적 중요성이라는 세 가지 측면 모두를 함께 고려해야만 한다.

주요 내용

- 추론통계를 이용해 연구자는 연구를 통해 얻은 결과가 '우연'에 의해 설명될 수 있는 가능성을 배제할 수 있다. 따라서 연구자는 연구목적에 맞는 적절한 실험설계를 갖출 수 있도록 노력한다면 추론통계를 이용해 연구결과를 모집단에 대해 또는 이론 형성을 위해 일반화할 수 있다.
- 통계적 유의성 검증이란 연구를 통해 관찰된 내용이 우연에 의해 나타날 확률이 얼마나 되는지를 계산하는 통계기법이다. 우연이나 혹은 표본추출과정에서의 오류는 연구를 통해 관찰된 내용에 대한 대립가설이 될 수 있으며, 이를 소위 순수한 통계적 가설인 **영가설**이라고 한다.
- 통계적 유의성 검증을 위해서는 이론적 표본분포를 이용하는데, 이론적 표본분포는 무작위로 분포되어 있는 자료 중 과연 몇 퍼센트가 적어도 연구에서 관찰된 수준 정도의 관계를 나타낼 수 있는지를 알게 해준다. 따라서 이론적 표본분포를 이용할 때, 연구자는 연구를 통해 관찰된 관계가 모집단 내에 존재하지 않거나 혹은 이론적으로 존재하지 않음에도 불구하고 단순히 우연에 의해 나타날 수 있는 확률이 얼마나 되는지를 계산할 수 있다.
- 연구를 통해 관찰된 관계가 단순히 우연에 의해 나타날 수 있는 확률은 통계적 유의성을 검증하기 이전에 미리 설정해놓은 유의수준과 비교된다. 만약 확률이 유의수준과 같거나 혹은 유의수준보다 낮다면, 관찰된 관계는 통계적으로 유의하다고 할 수 있으며, 이때 영가설을 기각할 수 있다.
- 일반적으로 사회과학 분야에서는 유의수준을 .05로 정한다. 그러나 이는 통상적인 예에 불과하다. 연구의 성격이나 종류에 따라 유의수준을 더 높게 정할 수도 있다. 유의수준 .05에서 어떤 연구의 결과가 통계적으로 유의하다고 하는 것은, 그 정도 수준의 결과는 적어도 100번 중 5번 이상은 우연이나 표본추출상의 오류로 인해 나타날 수 있음을 의미한다.
- 방향성을 갖는 가설을 검증할 때는 단측검증 방법을 사용할 수 있다. 단측검증 방법이란 이론적 표본분포상의 두 방향 중 한쪽만을 정해 통계적 유의성 존재 여부를 판단하는 데 필요한 기각역을 설정하는 방법이다.
- 비방향성 가설을 검증하기 위해서는 반드시 양측검증 방법을 사용해야 한다. 양측검증이란 이론적 표본분포상의 양쪽 방향 모두에 기각역을 설정하는 방법이다.
- 제1종 오류란 영가설이 참일 때 이를 기각하는 것을 말한다. 제2종 오류란 거짓인 영가설을 기각하지 못하는 것을 말한다. 통계적 유의성을 검증할 때, 연구자는 항상 이 두 가지 오류 중 한 가지를 범할 위험이 있다.
- 표본 크기를 늘림으로써 제2종 오류를 범할 가능성을 낮출 수는 있으나, 표본 크기가 커질수록 관계의 강도가 약함에도 불구하고 통계적으로 유의하다고 판정될 수 있는 가능성이 높아진다.
- 상관계수나 이와 유사한 관련성 측도(예를 들어 **파이**, **크라머의** V, **에타** 등)는 관찰된 관계의 강도를 나타내는 통계량이다. 관계의 강도가 높을수록 통계치는 1.0 또는 −1.0에 가까워지며, 관계의 강도가 약할수록 0에 가까워진다. 많은 관련성 통계량이 예측오차 비례감소(PRE) 모델에 기초하고 있으며, 이는 독립변수의 속성에 대한 지식이 종속변수의 속성을 예측하는 데 발생할 수 있는 오차를 얼마나 감소시킬 수 있는지를 나타내 보여준다.
- 관련성 정도를 나타내주는 측도를 종종 **효과크기** 통계량이라고 부른다. 효과크기 통계량이란 종속변수의 변량 가운데 독립변수에 의해 설명될 수 있는 부분, 또는 두 집단 간 평균의 차이를 표준편차로 나누어 구한 값을 말한다.
- 승산비는 특정 이분적 독립변수의 결과가 종속변수의 이분적 변수값에 얼마나 많이 혹은 적게 속하는지 보여준다.

- 위험비는 한 집단의 실패사례 비율을 나머지 한 집단의 실패사례 비율로 나누어 계산한다.
- 효과 발현의 필요 증례 수는 부정적인 결과 사례 하나를 줄이기 위해 개입해야 할 사례의 수를 말한다.
- 통계적 유의성, 관계의 강도, 실제적 중요성이라는 개념은 반드시 구별해야 한다. 통계적으로 유의한 관계라고 해서 반드시 관계의 강도가 높거나 실제적 유의성을 갖는 것은 아니다. 또한 관계의 강도가 높다고 해서 반드시 실제적 유의성을 갖는 것은 아니며, 분명히 관계의 정도가 약하고 따라서 종속변수의 변량 가운데 아주 적은 부분만이 독립변수에 의해 설명된다고 할지라도 실제적 유의성은 매우 높을 수 있다. 연구를 통해 얻은 결과의 실제적 유의성이란 그 결과가 갖는 실제적 혹은 이론적 가치 또는 의미와 관련된 것이다. 따라서 실제적 유의성을 가늠하는 데 있어, 연구하고자 하는 변수나 문제의 중요성 및 연구를 통해 얻은 결과가 특정 문제를 해결하는 데 필요한 기존의 지식을 넓히거나 아직까지 알려지지 않았던 새로운 지식을 제공할 수 있는지 여부 등과 관련된 가치판단은 반드시 필요하다고 하겠다.

연습문제

1. 다음과 같은 어처구니없는 가설들을 한번 생각해보자.
   a. 형제들 중 첫째는 첫째가 아닌 사람들에 비해 자기 이름의 획수가 홀수일 가능성이 높다.
   b. 첫째들은 첫째가 아닌 사람들에 비해 자기 성(姓)의 획수가 홀수일 가능성이 높다.
   c. 첫째들은 첫째가 아닌 사람들에 비해 갈색머리일 가능성이 높다.

   약 20~30명 정도의 학생들을 대상으로 이 가설들을 검사해본 결과, 한두 가지 가설에 대해서는 50:50의 확률이 아닌 것으로 나타났다고 가정해보자. 이 결과가 의미하는 바는 무엇인가? 또한 이와 같은 실험의 통계적 유의성을 검증해봤더니 이런 결과가 우연 또는 표본오차로 인해 나타날 수 있는 확률이 .047인 것으로 나타났다고 가정해보자.

   따라서 일반화할 수 있다는 결론을 내릴 것인가? 위의 가설 중 어떤 것은 사실이며, 따라서 일반화할 수 있다는 결론을 내릴 것인가? 아니면 비록 통계적 유의성은 있을지 모르나 이 가설을 일반화할 수는 없다는 결론을 내릴 것인가? 만약 후자의 결론을 내려야 한다고 생각한다면, 이 가설을 일반화한다는 것은 어떤 종류의 오류를 범하게 되는 것인가? 단측검증과 양측검증 중 어떤 것을 해야 한다고 생각하는가?

2. 카드를 가지고 네 장씩 카드를 쌓아 두 개의 카드더미를 만드는 과정을 20번 반복하면서 매번 왼쪽 카드더미에 있는 빨간색 카드의 수를 오른쪽 파일에 있는 카드의 수에서 뺀다. 또한 매번 각 카드더미에서 빨간색 카드가 차지하는 퍼센트를 구하고 둘 간의 차이를 기록한다. 이렇게 해서 얻은 수치를 가지고 퍼센트 간 차이의 이론적 표본분포를 만들어본다. 이런 과정을 다시 한 번 하되, 이번에는 각 카드더미에 20장씩의 카드를 쌓는다. 두 표본분포를 비교한다. 어느 쪽의 산포도가 더 높은가(다시 말해, 어느 쪽의 표본오차가 더 큰가)?

   빨간색 카드는 학교에 계속 남아 있을 학생들을 의미하고 검은색 카드는 학교를 중도포기할 가능성이 높은 학생들을 의미한다고 가정해보자. 또한 왼쪽의 카드더미는, 중도포기 가능성이 높은 학생들 중 학교사회사업 서비스를 받는 학생들을 나타내며, 오른쪽 카드더미는 이들에 대한 통제집단이라고 가정해보자. 그렇다면 이제, 앞서 구했던 두 가지 표본분포는 표본의 크기가 통계적 유의성에 미치는 영향과 관련해서 무엇을 말한다고 볼 수 있는가? 또한 이 두 가지 표본분포는 '우연일 가능성을 배제'하는 것의 중요성에 대해서는 무엇을 말해준다고 생각하는가?

인터넷 연습문제

1. 이 장에서 논의한 추론적 자료분석 이슈를 다룬 두 편의 논문을 찾아보라. 각 논문에 수록된 참고문헌들을 찾아 주요 내용을 간략하게 정리해보자. 브루스 톰슨Bruce Thompson이 쓴 다음의 두 논문은 꼭 한 번 읽어볼 만한 가치가 있다.

   "Improving Research Clarity and Usefulness with Effect Size Indices as Supplements to Statistical Significance Tests," *Exceptional Children*, Spring 1999.

   "Why Encouraging Effect Size Reporting Is Not Working: The Etiology of Researcher Resistance to Changing Practices," *Journal of Psychology*, March 1999.

2. 웹사이트 http://www.socialresearchmethods.net/OJtrial/ojhome.htm을 찾아서 나타나는 모든 프롬프트를 클릭한 다음, O. J. 심프슨Simpson 재판이 우리가 이 장에서 배운 유의수준, 영가설, 제1종 오류, 제2종 오류, 효과크기라는 개념을 어떻게 설명하는지를 읽어보라.

추천도서

Rubin, A. (2013). *Statistics for Evidence-Based Practice and Evaluation* (3rd ed.). Belmont, CA: Brooks/Cole Cengage. 앞 장에서 언급한 바와 같이, 실천가들을 위해 쓴 책이다. 이 책의 제3부에 해당하는 추론적 자료분석은 우리가 이 장에서 다루었던 내용과 매우 관련 있는 부분으로서, 이 장에서 다룬 내용을 좀 더 심도 있게, 그러면서도 이해하기 쉽게 다루고 있다. 이 책은 또한 추론적 자료분석과 사실에 근거한 실천 및 평가가 어떻게 연결되는지 이해할 수 있게 해준다.

활용 노트

EP 2.1.6b

EP 2.1.6b: 실천에 유용한 연구증거를 활용하기: 사회복지사가 이 장에 소개된 모든 개념을 이해한다면, 양적 연구를 통해 얻을 수 있는 통계적 증거를 이해하고 그러한 증거를 실천과정에 활용하는 데 도움이 될 것이다.

EP 2.1.10m

EP 2.1.10m: 개입을 비판적으로 분석하고, 모니터링하고, 평가하기: 사회복지사가 이 장에 소개된 모든 개념을 이해한다면, 개입방법을 모니터링하고 평가할 때 개입결과를 분석하는 데 도움이 될 것이다.

CHAPTER 23

추론적 자료분석(II)

Inferential Data Analysis: Part 2

이 장의 학습내용

앞 장에서 자료분석 방법을 살펴본 것에 이어서 이 장에서는 제2종 오류를 범하지 않을 확률, 메타분석의 활용, 여러 가지 자료분석 기법의 기능 및 선택 시 고려해야 할 사항들 그리고 추론적 자료분석과 관련된 쟁점과 문제점을 살펴보겠다.

서론

앞 장의 논의를 통해 통계적 유의성이라는 개념과 관계의 강도 및 실질적 중요성을 고려해야 하는 이유를 이해할 수 있게 되었는데, 이제 추론통계를 좀 더 자세히 살펴보겠다. 먼저 제2종 오류를 범하지 않을 확률을 계산하는 방법부터 고찰해보자.

EP 2.1.6b
EP 2.1.10m

메타분석

앞서 살펴본 제1종 및 제2종 오류에 대한 이해를 바탕으로 볼 때, 어떤 특정한 하나의 연구에서 얻은 결과를 실무적 지침으로 삼는다는 것은 참으로 불안하기 짝이 없는 일임을 쉽게 이해할 수 있을 것이다. 모든 연구는 제1종 또는 제2종 오류를 범할 수 있다. 예를 들어 표본의 크기가 매우 작은 어떤 한 연구에서 중간 정도의 효과성을 갖는 개입이 주어질 때 그 개입의 효과는 통계적으로 유의하지 않다고 나타날 수 있으나, 표본의 크기가 훨씬 큰 또 다른 어떤 연구에서는 동일한 개입에 대해 효과성의 정도는 작으나 그 효과는 통계적으로 유의하다고 나타날 수 있다.

어떤 한 분야에 관한 연구논문들을 비교해본 경험이 있다면, 동일한 주제 또는 연구질문에 대한 연구임에도 불구하고 연구결과가 매우 상이하다는 것을 발견할 수 있었을 것이다. 예를 들어 어떤 연구에서는 사례관리의 효과가 매우 높게 나타나는 반면, 다른 연구에서는 그렇지 않다는 결론을 내리는 경우가 있다. 또 많은 연구에서 사례관리의 효과가 중간 정도라고 하는 반면, 어떤 연구에서는 아무런 효과가 없다고 주장하는 경우도 있을 수 있다.

이처럼 연구들마다 결과에 차이를 보이는 데는 여러 가지 이유가 있을 수 있으며, 그런 차이가 통계적인 이유에서 비롯되는 것만은 아니다. 연구설계상의 차이나 자료수집 방법의 차이가 가장 흔한 이유 중 하나라고 볼 수 있다. 어떤 특정한 사회복지 개입의 효과에 대한 연구들에서 연구마다 매우 상반된 결과를 보일 수 있는데 이는 연구마다 개입을 조작화하는 방식, 표본을 구성하고 있는 클라이언트의 특성, 효과를 측정하는 방식의 차이 등이 있을 수 있기 때문이다. 여러 가지 면에서 거의 동일하다고 여겨지는 두 연구가 결과에서 큰 차이를 보이는 경우도 표본추출상의 오류나 아니면 순수한 우연에 의해서일 수 있다.

따라서 어떤 동일한 주제에 대해 많은 연구가 각기 다른 결과를 보일 경우 어떤 결론을 도출해내기란 결코 쉬운 일이 아니다. 그렇기 때문에 여러 연구들이 제시하는 각기 다른 연구결과를 모두 고려하면서 어떤 특정 개입의 효과에 대한 일반적인 결론을 이끌어낼 수 있는 방법에 대한 필요성이 매우 높다. 예를 들어, 현재 자신이 서비스 전달 프로그램을 기획하는 과정에서 사례관리 기법과 또 다른 어떤 기법을 놓고 고민하고 있는 입장이라고 가정해보자. 두 접근방법 중 어느 것이 더 효과적인지를 알아보기 위해 관련된 여러 연구논문들을 읽고 모든 연구결과를 고려해볼 때, 사례관리의 효과크기 측정치는 $d = .70$인 반면 다른 쪽은 $d = .25$라는 식으로 두 접근방법을 비교할 수 있다면 충분한 근거를 가지고 사례관리 기법 위주의 서비스 전달 프로그램을 기획할 수 있을 것이다.

같은 주제에 대한 방대한 양의 각기 다른 연구결과물들로부터의 결론도출과정을 단순화하는 방법을 메타분석이라 한다. 이 용어가 복잡하게 들릴 수 있겠지만, 그 저변에 깔려 있는 용어의 의미는 복잡하지 않다. **메타분석**(meta-analysis) 기법은 어떤 특정 분야에서 이미 발표된 기존 연구들에 나타난 효과크기 통계값의 평균을 구하는 연구방법과 관련이 있다. 이 연구방법은 1970년대 후반부터 나타나기 시작했는데, 스미스 Smith와 글라스 Glass (1977)의 상담 및 심리치료의 효과에 대한 400개의 통제된 평가 연구를 바탕으로 해서 .68이라는 효과크기 통계값의 평균을 계산한 연구가 대표적인 초기 메타분석의 예라고 하겠다(스미스와 글라스의 연구는 22장에서 언급한 바 있다). 좀 더 구체적으로 말하자면, 스미스와 글라스는 많은 선행 연구를 고찰하면서 선행 연구에 제시된 효과크기 통계값을 찾아 기록한 다음 그 값들을 모두 더한 값을 그들이 찾은 효과크기 통계값의 수로 나눔으로써 평균 효과크기 통계값의 평균을 구했다.

물론 메타분석은 효과크기 통계값의 평균을 구하는 것만은 아니다. 복잡한 통계적 분석기법을 사용하는 메타분석에서는 기존의 여러 연구결과를 하나로 종합한 결과의 통계적 유의성을 검증하기도 한다. 기존의 여러 연구결과를 하나로 종합해 통계적 유의성을 계산하는 것은 표본 크기가 작은 연구들 내에 존재하는 제2종 오류 위험성의 부담을 줄여준다는 이점이 있다. 각 연구들은 제2종 오류 위험성 때문에 자체적으로 결론을 내리지 못하는 결과가 있을 수 있다. 그러나 메타분석은 연구 간의 결합을 통해 제2종 오류의 위험성을 상당히 감소시킬 수 있고, 종합된 표본을 기반으로 통계적 유의성의 종합적 검증을 실시할 수 있다.

메타분석이 제2종 오류의 위험성을 감소시키고, 연구들 간의 이질적인 결과물을 결합하는 데 유용하다는 점을 고려해볼 때, 사회복지사의 관심이 되는 많은 주제에 관한 수많은 메타분석이 있다는 사실은 놀랄 일이 아니다. 메타분석 기법은 특정 문제에 대한 최고의 효과성을 갖는 개입방식이 무엇인지를 알아내는 실증적 연구과정의 단계를 축소해준다. 예를 들어 몇몇 메타분석은 외상 후 스트레스 장애 치료와 관련된 연구결과들을 검토한 뒤, 외상 초점형 인지행동표출 요법과 안구운동둔감화재처리 요법이 외상 후 스트레스 장애 치료의 가장 효과적인 방법이라는 데 동의하고, 이 두 치료기법의 효과성이 거의 동등하다고 보았다(Rubin & Springer, 2010). 이 외에도 우울증, 약물남용, 아동복지, 사례관리, 가족치료 등을 포함한 많은 문제와 개입방식에 적용된 메타분석을 발견할 수 있다.

편향된 메타분석

이러한 이점에도 불구하고 메타분석은 잘못된 방향으로 갈 수 있다. 다른 유형의 연구들처럼, 메타분석을 사용한 몇몇 연구는 다른 연구들보다 방법론적으로 뛰어나거나 취약하며, 어떤 연구는 터무니없는 방식을 사용해 편향되기도 한다. 상충하는 이해관계를 가진 조직이나 인물이 메타분석을 사용할 경우가 바로 그런 예다.

이해관계 예를 들어, 담배회사는 담배의 해로운 효과에 대한 증거를 반박하기 위해 편향된 메타분석을 할 것이다. 마찬가지로 제약회사도 새롭게 출시된 약의 극적인 효과성을 뒷받침하고 그 약의 부작용이 갖는 위험성은 최소화하기 위해 편향된 메타분석을 수행할 것이다. 논란거리가 되는 새로운 유형의 심리치료 개발자와 그의 제자들(혹은 새로운 심리치료를 통해 이득을 볼 수 있는 모든 사람)은 그 심리치료에 대한 편향된 메타분석을 실시할 것이다. 아마도 당신은 메타분석이 어떤 식으로 편향될 수 있는지 궁금해할지도 모른다. 이어서 편향된 메타분석의 사례들을 볼 텐데, 이를 통해 편향성은 의도적이지 않을 수 있다는 점을 깨달아야 한다. 선의를 가진 연구자들이 상충하는 이해관계 없이 연구를 하더라도 명백한 착오로 인해 자신의 의도와는 상관없이 편향된 연구결과를 얻을 수 있다.

방법론적으로 뛰어난 연구와 제한점을 가진 연구를 동일하게 취급하기 편향된 결과물을 얻는 한 가지 방법은, 분석기법 안에 매우 편향된 연구설계를 바탕으로 실시된 연구들을 포함시킨 뒤 그 연구들의 효과크기 통계값의 평균과 더욱 엄격하고 편향되지 않은 연구들에서 얻은 효과크기 통계값의 평균을 서로 분리하지 않는 것이다. 방법론적으로 뛰어난 연구와 방법론적으로 심각한 한계를 가진 연구를 동일하게 보고 각 연구결과물을 분석기법 내에서 동등하게 다룰 경우, 위험하고 잘못된 결론에 이를 수 있다.

예를 들어 방법론적인 문제로 인해 내적 타당성이 낮은 두 편의 연구에서 각각 효과크기 통계값이 1.0이라고 하는 반면, 방법론적으로 아무런 문제가 없는 연구의 효과크기 통계값은 0이라고 하자. 이때 메타분석 결과, 세 편의 연구를 종합해 평균 효과크기를 구한다면 그 값은 .67이 된다(1+1+0을 3으로 나눔). 이러한 메타분석 결과는 자칫 잘못된 결론을 이끌어낼 수 있는 위험을 내포하고 있다. 실무적 관점에서 볼 때, 과연 어떤 개입방법을 선택해야 하는가는 전적으로 방법론상의 문제가 없는 연구의 결과만을 근거로 하여 결정되어야 한다.

이와 같은 예가 1980년대 후반, 한 사회복지 관련 학술지에 소개된 적이 있다. 비데카 셔먼 Videka-Sherman (1988)은 만성 정신질환자에 대한 사회복지 치료개입의 효과에 대한 자신의 메타분석에서 단기 치료개입이 장기 치료개입보다 더 큰 효과가 있다고 주장했다. 이러한 연구결과에 대해 수년간 만성 정신질환자에 대한 치료개입의 효과에 대한 실험적 연구를 해온 제라드 호가티 Gerard Hogarty는 의문점을 제기했다. 호가티는 자신의 연구결과뿐만 아니라 동료 학자들의 연구결과를 통해 만성 정신질환은 생애 전반에 걸쳐 지속되는 질환이며 따라서 장기적인 돌봄이 필요한 질환이라고 믿어왔기 때문이었다.

호가티(1989)는 비데카 셔먼의 메타분석에 대한 비판의 글에서 비데카 셔먼의 연구결과는 그녀가 메타분석에 포함했던 연구들 중 한 연구의 방법론이 단기치료와 장기치료의 효과를 비교하는 데 적절하지 않은 연구였기 때문에 나타난 것임을 주장했다. 문제가 된 그 연구는 횡적 연구로, 이에 따르면 치료 서비스를 이용한 사람들 중 재입원하는 사례가 많았고 효과크기 통계값이 −1.97로 매우 부정적인 것으로 나타났다. 22장에서 논의했듯이, 부적인 효과크기 통계값은 역효과를 의미한다. 만약 한 연구가 부적인 효과크기 통계값 −1.97을 얻었고 다른 연구가 정적인 효과크기 통계값 +1.97을 얻었다면, 두 연구의 효과크기 통계값 평균은 0이 될 것이다(그러므로 효과 없음). 호가티는 이러한 결과가 표본추출상의 편향, 즉 치료 서비스 이용자들이 비이용자들에 비해 질환의 정도가 심하기 때문이며, 또한 비데카 셔먼이 치료 서비스를 이용하지 않은 사람들이 치료 서비스를 이용한 사람들에 비해 치료를 받은 기간이 짧은 것처럼 생각하는 오류를 범했음을 지적했다.

호가티는 비데카 셔먼의 메타분석이 실험통제가 잘 되고 방법론적으로 우수한 연구들만을 포함했더라면 분석결과는 아마도 정반대로 나타났을 것이라는 점을 설명했다. 호가티(1989)는 이 결과와 그 외 비데카 셔먼이 실시한 메타분석 결과물들을 비판하며 "효과크기 통계값의 평균을 구하거나 효과크기와 치료요인 간의 상관관계를 구하는 데 있어 올바른 실험설계를 갖춘 연구들의 효과크기 통계값이 그렇지 못한 연구들의 효과크기 통계값의 영향에 의해 압도당하게 되고, 그로 인해 효과적인 개입에 대한 평가를 왜곡하는 결과를 가져왔다"고 지적했다(p. 363). (비데카 셔먼의 분석에 명백한 결함이 있으나 그녀가 의도적이었는지는 알 수 없다. 그러므로 본 사례는 편향되지 않은 연구자의 단순한 착오로 인해 어떻게 편향된 결과물이 만들어지는지를 보여준다).

방법론의 질적 수준에 따라 등급을 매기는 문제 이러한 문제점을 극복하기 위해 어떤 메타분석가들은 각 연구를 방법론의 질적 수준에 따라 등급을 매기고 이를 분석에서 하나의 요인으로 포함하는 접근방법을 쓰기도 한다. 예를 들어, 그들은 효과크기 통계값의 평균과 연구방법론의 질적 수준 등급 간에 상관관계가 없다고 판단한 뒤 방법론적으로 제한점이 있는 연구들이 전체 평균 효과크기 계산값을 왜곡하지 않았다고 결론 내릴 수 있다. 아니면 방법론적으로 뛰어난 연구와 그렇지 않은 연구의 효과크기 통계값 평균을 각각 구해보고, 두 값이 다르다면 방법론적으로 뛰어난 연구의 효과크기 통계값 평균을 선택할 것을 추천할 수 있다. 또 다른 방법은 편향되지 않은 산출 지표를 가진 무작위적 실험설계처럼 특정한 방법론적 요건을 충족하는 연구들만 메타분석에 포함시키는 것이다.

이러한 방식들이 방법론적으로 뛰어난 연구와 그렇지 않은 연구를 그저 같은 종류로 보는 것보다는 낫기는 하지만, 효과크기 통계값의 평균이 잘못 나오지 않도록 보장해주는 건 아니다. 연구에 사용된 방법론의 뛰어난 정도를 판단할 때 오류가 있을 수 있기 때문이다. 예를 들면, 메타분석가들은 메타분석 안에 포함된 방법론적 우수성과는 거리가 있는 유사실험설계 안에 발생할 수 있는 선택적 편향의 심각한 취약성을 간과할 수 있다. 또한 원래대로라면 방법론적으로 뛰어난 무작위적 연구에서 이행된 편향적인 결과측정 방식을 간과할 수도 있다. 더욱더 황당한 경우에는, 메타분석가들이 무의식 또는 비의도적으로 자신이 좋아하지 않는 결과물을 내는 연구보다 자신의 선호를 뒷받침하는 연구가 방법론적으로 더 뛰어나다고 인지하게 만드는 상충하는 이해관계를 갖고 있을 수도 있다.

서류함 효과 5장의 내용 중 윤리적 논란이 있는 엡스타인 연구에 대한 논의를 되새겨볼 때, 개입의 효과성을 뒷받침하는 결과를 낸 연구가 그렇지 못한 연구보다 더 발간되기 쉽다는 사실을 알 수 있다. 엡스타인은 이 현상을 학술지 편집자들의 편견 때문으로 보았고, 또 다른 이들은 연구저자들의 편견 때문으로도 보았다. 후자의 편견을 바로 **서류함 효과**(file drawer effect)라고 부른다. 이 용어는 연구저자가 개입의 효과성을 뒷받침하지 못하는 연구결과물을 냈을 경우, 이를 출판하기보다는 숨기려 한다는 뜻이다. 이는 개입의 효과성을 증명하지 못한 연구는 학술지에서 흥미를 느끼지 않을 것이라는 연구저자들의 잘못된 생각에서 비롯된 것이다. 또한 그들은 아무도 이런 연구를 읽어보는 데 관심이 없을 것이라 여긴다. 혹은 그들이 연구를 통해 평가한 개입이 자신의 기득권과 관련되어 있기 때문인지도 모른다. 이러한 기득권은 그들에게 다양한 방식으로 영향력을 행사한다. 심한 경우에는 그들에게 기득권을 안겨다준 기존의 개입이 실제로는 효과적이지 않다는 사실을 알리고 싶어 하지 않을 수 있다. 좀 더 긍정적으로 생각하자면, 그들의 편견이 자신의 연구방법론에 문제가 있음을 깨닫게 하고 어떤 개입방법에 관한 잘못된 정보를 특정 분야에 제공해 잘못 이끌어가기보다 좀 더 나은 연구를 설계해야 한다고 설득했을 수도 있다(1장에서 논의했듯이, 이는 사후가설의 예시라 볼 수 있다).

메타분석 기법을 비판적으로 평가하기

앞서 언급한 메타분석 기법의 잠재적인 문제들을 상기해 볼 때, 어떤 메타분석 기법은 다른 메타분석 기법보다 더 신뢰할 만하다는 것을 알 수 있다. 그러므로 실천적 업무 이행의 잠재적 지침으로 이용되는 메타분석 기법에 있어 종류에 상관없이 그것의 질 또는 신뢰성을 비판적으로 평가해보는 것이 중요하다.

투명성 가장 먼저 찾아봐야 할 것들 중 하나는 메타분석 안에 이해관계 진술이 포함되어 있는지 여부다. 이러한 진술이 발견되지 않으면 조심할 필요가 있는데, 두 가지 이유가 있다. 첫째, 투명성의 문제가 있다. 잘 설계된 메타분석 기법은 모든 연구 관점에서 바라보더라도 투명할 것이다. 그러므로 메타분석 안에 연구를 통해 점검된 개입방법과 관련해 연구저자가 기득권을 갖고 있는지에 관한 진술을 포함시켜야 한다. 이러한 진술을 포함시키지 않는 것은 해당 메타분석이 덜 투명하다는 의미이며, 연구저자의 메타분석 기법 전문성에 대한 의혹을 유발하는 요인이 된다. 둘째, 이해관계 진술의 부재는 메타분석 기법 안에 이해관계가 숨겨져 있는지 의문을 품게 한다. 그리고 만약 이해관계 진술을 찾아내고 숨겨져 있던 이해관계가 드러났다면, 그 연구에 게재된 다른 모든 내용이 괜찮아 보일지라도 경계심을 가져야 한다.

메타분석 연구에 사용된 방법론 또한 연구저자들은 어떤 기준으로 자신의 메타분석 연구 안에 특정 연구를 포함시킬지 말지를 결정했는지에 대한 투명성을 보여야 한다. 그들이 과연 공정한 척도와 함께 방법론적 우위성을 가진 무작위 설계방법을 기반으로 한 연구만 포함시켰는지, 그리고 만약 방법론적으로 한계가 있는 연구도 같이 포함시켰다면, 포함된 모든 연구의 등급을 비판적으로 평가하고 방법론적으로 뛰어난 연구와 그렇지 않은 연구의 결과물을 동일하게 취급하는 것을 피했는지 의문을 가져봐야 하며, 그들이 검토한 연구들의 결과물 및 방법론에 대한 추가적인 정보를 얻기 위해 해당 연구저자들과 접촉해봤는지 또한 알아볼 필요가 있다.

발간되지 않은 연구 메타분석 기법은 발간된 연구들만 메타분석 기법 내에 포함시킬까? 만약 그렇다면 서류함 효과에 취약할 것이다. 이를 최소화하기 위해서는 인터넷에만 올라와 있는 논문이나 보고서, 또는 회의자료처럼 발간되지 않은 연구들을 종합적으로 포함시켜야 한다. 이 역시 마찬가지로, 연구저자들이 자신의 연구에 있어 예비자료로 쓰일 만한 결과물을 지닌 다른 연구들의 저자와 접촉을 시도해봤는지 의문을 가져볼 필요가 있다.

종합성 서류함 효과 외에도, 연구저자들은 메타분석 안에 다른 연구들을 포함시키기 위해 얼마나 종합적으로 연구물 탐색작업을 했을까? 다른 언어로 쓴 연구물은 고려했을까? 얼마나 많은 문헌 데이터베이스를 찾아봤을까? 그들이 찾은 보고서 내의 참고문헌을 통해 연구물 탐색범위를 넓혔을까? 어떤 특정 문제에 대한 개입방법의 효과성을 조사할 때 한 가지 종류의 개입방법만 고려했을까, 아니면 특정 집단에게 어떤 개입방법이 가장 효과적인지 알아보기 위해 그동안 평가되었던 모든 개입방법을 훑어보는 방법을 택했을까? 예를 들어, 만약 메타분석 기법들로 외상 후 스트레스 장애 치료법 중 인지 재구조화에 대한 연구들만 훑어본다면 아마도 노출치료나 안구운동둔감화재처리 요법이 더욱 효과적이라는 사실을 깨닫지 못한 채로 인지 구조화만이 효과가 있다고 결론을 내릴 것이다.

통계적 검증력 분석

메타분석 기법이 제2종 오류를 다루기 위한 유일한 방법은 아니다. 앞 장에서 표본 크기를 늘림으로써 제2종 오류를 범할 확률을 낮출 수는 있다는 것에 대해서는 언급한 바 있으나, 어떤 연구에서 제2종 오류를 범할 확률이 정확하게 얼마나 되는지를 계산하는 구체적인 방법은 살펴보지 않았다. 제2종 오류를 범하지 않을 확률을 계산하는 것을 **통계적 검증력 분석**이라고 한다.

추론적 자료분석에서 통계적 검증력 분석의 중요성이 매우 높은데도 많은 경우 이를 등한시하는 경향이 있다. 통계적 검증력 분석이란 수학적인 관점에서 볼 때 매우 복잡하고 이해하기 어려운 주제이기 때문에 대부분의 통계학 개론서나 조사방법론 개론서에는 다루기를 꺼린다. 그러나 최근 들어 통계적 검증력의 중요성에 대한 인식이 높아졌으며, 아울러 사회과학 분야의 연구들이 통계적 검증력을 정확하게 이해하지 못해서 잘못된 결론을 내리곤 한다는 사실에 대한 인식 또한 높아지고 있다. 따라서 통계적 검증력 분석에 대해서만큼은 개념적인 수준에서만이라도 반드시 이해하고 있어야 하며, 그렇게 함으로써 검증력표(power table)를 사용해 표본의 크기를 결정하거나 혹은 통계적으로 유의하지 않게 나타난 결과들을 해석할 수 있어야 한다. 이에 관한 좀 더 자세한 설명이나 수학적 이해를 위해서는 코헨(1988)의 『Statistical Power Analysis for the Behavioral Sciences』를 참조하기 바란다.

통계적 검증력 분석(statistical power analysis)이란 한마디로 제2종 오류를 범하지 않을 확률에 관한 것이다. 즉, 통계적 검증력 분석은 거짓인 영가설을 성공적으로 기각할 수 있는 확률을 계산해내는 분석이다. 앞서 통계적 유의성이 단지 참인 영가설을 기각하게 되는 확률임을 언급한 바 있다. 다시 말해, 유의성 검증을 통해 알 수 있는 것은 제1종 오류를 범할 확률뿐이며 제2종 오류를 범할 확률은 검증력 분석을 통해서만 알 수 있다.

전통적으로 사회복지학 연구자들을 포함해서 많은 사회과학자가 제2종 오류에는 그다지 관심을 기울이지 않았고, 그 결과 연구보고서에도 이를 밝히는 경우는 거의 찾아볼 수 없었다. 이는 단순히 .05의 제1종 오류를 범할 확률은 받아들이면서 제2종 오류를 범할 확률은 전혀 의식하지 못한다는 뜻이다. 단적으로 말하면 이런 현상은 많은 연구자가 제1종 오류만이 가장 중요하며, 따라서 자신의 연구에서 걱정해야 할 것은 제1종 오류뿐이라고 생각하고 있음을 보여준다고 하겠다. 한 가지 예를 들어 보면, 오르메 Orme와 콤스 오르메 Combs-Orme(1986)는 사회복지 연구지에 나타난 연구들의 결과를 자신들 나름대로 계산해본 결과, 약 절반에 달하는 연구에서 상관관계 .30 수준(이는 $r^2 = .09$로서, 중간 정도의 관계 강도를 의미함)에 달하는 관계를 발견하면서 .20이 넘는 제2종 오류를 범할 확률을 갖는다는 사실을 발견했다. 상관관계가 .30이라는 것은 관찰하는 경우에 실험집단의 35%가 재범하고 통제집단에서는 65%가 재범하는 결과가 나타날 수 있는 정도의 관계를 말한다. 따라서 어떤 연구에서는 평가된 개입이나 치료개입 프로그램이 실제로 상당히 중요한 영향을 미쳤는데도 실패한 개입 혹은 실패한 치료개입 프로그램이라는 잘못된 결론을 내렸을 수도 있다.

이와 같은 결과는 아마도 통계적 검증력 분석의 중요성에 대해 언급하지 못하는 교육과정, 문헌이나 연구논문에서 검증력 분석의 중요성이 무시되는 경향, 제1종 오류가 제2종 오류에 비해 훨씬 더 중요한 것이라는 인식, 제2종 오류를 감소시킨다는 것은 현실적이지 않다는 잘못된 인식 등에서 비롯되었다고 하겠다. 제2종 오류의 중요성에 대해서는 충분히 설명했으니, 이제는 제2종 오류를 측정하고 이를 줄이는 방법에 대해 함께 논의해 보자.

제2종 오류를 범할 확률을 수학적으로 계산하는 것은 이 책의 범위 밖의 내용이며, 따라서 앞서 소개한 코헨의 책을 참조하기 바란다. 그러나 다행스럽게도 제2종 오류가 발생할 확률은 직접 계산을 하지 않고서도 구할 수 있다. 코헨이 만든 검증력표가 바로 이런 수고를 덜어줄 수 있는 유용한 도구다. 코헨이 그의 책에서 제시하는 검증력표는 유의수준, 표본 크기, 관계 강도가 변함에 따라 통계적 유의성 검증의 검증력이 어떻게 달라지는지를 나타내준다. 코헨은 그의 책에서 여러 가지 유의성 검증기법별로 이러한 검증력표를 제시하고 있다.

코헨의 검증력표를 바탕으로 만든 표 23-1은 강·중·약의 효과크기를 갖는 상관계수의 통계적 유의성을 유의수준 .05에서 .10까지의 범위 내에서 검증할 때 각각의 검증마다 검증력이 어떻게 변하는지를 보여준다. 코헨의 검증력표는 조사연구계획을 세울 때 검증하고자 하는 통계적 유의성 검증기법이 상관계수와 관련이 없다 할지라도 사용할 수 있는데, 이는 다른 종류의 통계적 유의성 검증기법과 관련해 코헨이 만든 검증력표의 값들도 표 23-1과 거의 같기 때문이다. 자세한 검증력을 알고자 한다면 코헨의 책에 나와 있는 검증력표를 참조하기 바란다.

표 23-1을 참조해 조사연구계획을 세울 때 가장 먼저 해야 할 일은 유의수준을 정하는 것이다(만약 유의수준을 .01로 정하고자 한다면 코헨의 책에 제시된 검증력표를 참조하기 바란다). 그 다음 단계는 모집단의 차원에서 독립변수와 종속변수 사이에 존재하리라 예상되는 상관관계의 강도를 추정하는 것이다(이는 일종의 효과크기 통계량이다). 표 23-1의 열은 약($r = .10$; $r^2 = .01$), 중($r = .30$; $r^2 = .09$), 강($r = .50$; $r^2 = .25$) 효과크기가 나타나 있다(만약 .20, .40 혹은 .50 이상 등의 효과크기에 대한 검증력을 알고자 한다면 코헨의 책을 참조하는 것이 바람직하다고 본다. 그러나 설명을 좀 더 들어보면 표 23-1만 보더라도 연구계획을 세우기에 충분할 것이다).

물론, 자료를 수집하기 전까지는 모집단 수준에서 관계가 실제로 존재하는지 혹은 효과크기가 얼마가 될 것인지를 알 수 없다. 그러나 이런 것들을 추정해볼 수는 있다. 예를 들어보면, 앞서 루빈과 콘웨이(1985)의 연구를 소개하면서 임상사회복지 개입결과에 대한 여러 연구에 나타난 관계의 평균은 $r^2 = .10$임을 발견했다는 것을 언급한 바 있다(앞서 언급했듯이, 이 정도 수준의 관계는 평균과 표준편차를 가지고 효과크기를 구한다면 중간 효과크기인 .60 정도에 해당한다). 만약 자신이 연구하려는 분야가 임상사회복지 개입결과이고 자신의 가설이 참일 것이라고 예상한다면, r^2이 .10 정도가 되리라는 것을 생각할 수 있다. 그렇게 되면 표 23-1에 나타난 중간 효과크기에 해당하는 두 개의 열 중 일단 하나를 선택할 수 있게 된다.

각 열에 나타난 숫자는 여러 크기의 표본에서 모집단에서의 r이 .30이라는 영가설이 거짓일 때 이를 기각할

표 23-1 통계적 유의성, 효과크기 및 표본 크기별 상관계수의 유의성 검증력

	유의수준 .05			유의수준 .10[b]			
	효과크기			효과크기			
	약	중	강	약	중	강	
표본 크기[a]	$r=.10$ $r^2=.10$	$r=.30$ $r^2=.09$	$r=.50$ $r^2=.25$	$r=.10$ $r^2=.01$	$r=.30$ $r^2=.09$	$r=.50$ $r^2=.25$	표본 크기[a]
10	6	13	33	11	22	46	10
20	7	25	64	13	37	75	20
30	8	37	83	15	50	90	30
40	9	48	92	16	60	96	40
50	11	57	97	18	69	98	50
60	12	65	99	20	76	99	60
70	13	72	*	22	82	*	70
80	14	78		23	86		80
90	16	83		25	90		90
100	17	86		27	92		100
200	29	99		41	*		200
300	41	*		54			300
400	52			64			400
500	61			72			500
600	69			79			600
700	76			84			700
800	81			88			800
900	85			91			900
1,000	89			94			1,000

a 위의 수치들은 카이제곱 검증(2×2의 경우)이지만 t-검증에 해당하는 표의 수치와 거의 동일하다. t-검증의 경우, 각 집단의 크기를 모두 합하면 이 표의 표본 크기와 거의 같다.

b 모든 유의수준에 해당하는 수치는 양측검증일 때의 수치다. 그러나 유의수준 .10에서의 검증력은 유의수준 .05에서의 단측검증의 검증력과 거의 같다고 볼 수 있다.

* 이 수준 이하의 검증력은 .995를 초과함

출처: 위의 표에 제시된 수치들은 『Statistical Power Analysis for the Behavioral Sciences』(Jacob & Cohen, 2nd ed., Lawrence Erlbaum Associates, Inc. 1988)에 수록된 표에서 발췌한 것임

수 있는 확률을 나타낸다(모든 숫자 앞에 소수점이 생략되어 있다). 표본의 크기는 '표본 크기'라는 열에 제시되어 있다.

앞서 표본 크기와 통계적 유의성 간의 관계에 관한 논의에서 표본 크기가 증가함에 따라 영가설을 기각할 수 있는 확률이 높아진다고 했음을 기억하면서 표 23-1을 보자. 예를 들어 어떤 연구에서 표본의 크기가 10일 때, 유의수준 .05에서 영가설이 거짓일 때 이를 기각할 수 있는 확률은 .13에 불과하다. 즉, 이 연구의 통계적 검증력은 .13에 불과하다는 뜻이다. 이는 다시 말하자면 영가설

이 참이 아님에도 이를 받아들이게 될 확률은 1에서 .13을 뺀 확률인 .87임을 뜻하며, 이 확률이 바로 제2종 오류를 범할 확률이 된다.

만약 표본 크기가 40이라고 한다면 검증력은 .48로 증가한다. 그러나 제2종 오류를 범할 확률은 아직까지도 .52에 달한다(1.00 − .48 = .52). 제2종 오류의 확률을 .20까지 낮추려면(코헨에 따르면 .20이 가장 낮은 수준이다) 검증력은 .80까지 높아져야 한다(1.00 − .20 = .80). 이 정도 수준의 검증력을 얻으려면 표본의 크기가 90이 되어야 한다(좀 더 정확하게 말하자면 표본의 크기가 90이면 검증력은 .83이 된다. 코헨의 검증력표에 의하면 표본의 크기가 84일 때 검증력은 정확하게 .80이 된다). 제2종 오류를 범할 확률을 제1종 오류를 범할 확률(즉 .05 수준)과 동일한 수준으로 맞추고자 한다면 검증력은 .95가 되어야 하며, 이를 위해 표본의 크기는 100 이상이 되어야 한다(코헨의 검증력표에 의하면 정확한 표본 크기는 140이다).

간단히 말해서, 연구자는 이 표를 이용해 자신이 원하는 검증력을 얻을 수 있게 해주는 표본 크기를 알 수 있다. 그런데 만약 표본 크기를 늘릴 수 없다면 어떻게 해야 할까? 예를 들어, 지방에 있는 사회복지사들을 대상으로 설문조사를 하려고 하는데 지방에 있는 사회복지사가 50명에 불과하다고 가정해보자. 표 23-1에 의하면 유의수준이 .05이고 $r = .30$ $n = 50$일 때 연구자가 얻게 될 검증력은 .57에 불과하다. 그러므로 제2종 오류를 범할 확률은 .43이다(1.0 − .57 = .43). 이 경우 제1종 오류를 범할 확률은 .05에 불과하며, 실제로 연구자의 가설이 참이라고 할지라도 연구를 통해 잘못된 결론을 내릴 가능성이 50 대 50에 이른다. 따라서 굳이 많은 시간과 경비를 투자하면서까지 연구를 진행할지 다시 한 번 생각해봐야 할 것이다. 이와 같은 경우 표본의 크기를 늘릴 수는 없으므로 연구의 검증력을 높일 수 있는 유일한 방법은 제1종 오류를 범할 확률을 높게 설정함으로써 제2종 오류를 범할 확률을 낮추는 것이다.

예를 들어 유의수준을 .05에서 .10으로 늘린다고 해보자. 이를 위해서는 표 23-1에서 유의수준이 .10인 행을 참조해야 한다. 유의수준이 .10이고 중간 정도의 효과크기에 해당하는 열에서 표본의 크기가 50에 해당하는 검증력은 .69(유의수준이 .05일 때의 검증력은 .57)임을 알 수 있다. 이처럼 제1종 오류를 범할 확률을 .10으로 높임으로써 제2종 오류를 범할 확률을 .31로 낮추는 결과를 가져올 수 있다(1.00 − .69 = .31). 물론 제2종 오류를 범할 확률을 .31로 낮춘다고 하더라도 이 연구의 위험성이 매우 높다는 것은 변하지 않을 수 있다. 그러나 만약 이 연구를 진행하고자 한다면 제1종 오류와 제2종 오류의 수준을 .10과 .31로 하는 것이 .05과 .43으로 하는 것보다는 훨씬 합리적임을 이해해야 한다.

물론 이상적으로는 다른 지역의 사회복지사들도 연구에 포함시키는 등의 방법을 써서 두 종류의 오류를 범할 확률을 낮은 수준으로 유지하는 것이 가장 바람직하다. 또한 무엇을 연구하든 간에 표본의 크기는 반드시 두 종류의 오류를 범할 위험 정도를 고려해 결정해야 한다. 그럼에도 실제로 많은 연구자가 통계적 검증력을 전혀 고려하지 않은 상태에서 연구를 진행한다는 사실은 매우 놀랄 만한 일이라 하겠다. 따라서 많은 연구자가 자신이 주장하는 가설이(실제로 그 가설이 사실이라고 하더라도) 올바르게 검증될 수 있는 확률이 매우 낮음에도 불구하고 가설을 입증하기 위해 자신이 모험을 하고 있다는 사실을 인식하지 못하는 경우가 너무도 많다.

예를 들어 다음과 같은 경우를 한번 생각해보자. 대도시 지역의 고등학교에서 실시되는 학교사회복지 프로그램의 효과성을 평가하고자 하는 어떤 연구자가 이 프로그램이 학생들의 중퇴율을 55%에서 45%로 낮출 수 있을 것이라 예상하고 있다고 가정해보자. 앞서 22장에서 논의했던 바에 의하면, 이 정도의 중퇴 감소율은 상관관계가 .10(제곱하면 .01) 정도에 해당하는 관계라고 할 수 있으며 표 23-1에서는 약한 효과크기에 해당한다고 하겠다. 통계적 검증력을 .80 수준이 되게 하고자 한다면(다시 말해, 제2종 오류의 확률을 .20으로 하고자 한다면), 유의수준 .05와 .10에서 필요한 표본 크기는 각각 800과

600이다.

통계적 검증력 분석은 연구를 계획하는 단계에서 행해지는 것이 올바르긴 하지만, 연구결과를 통해 가설을 기각하지 못한다는 사실을 알게 된 이후에 검증력 분석을 하는 것도 전혀 가치 없는 일은 아니다. 영가설을 기각하지 못한다는 연구결과를 발표하면서 연구자는 제2종 오류를 범할 확률이 어느 정도인지를 함께 밝혀줘야 한다. 이처럼 제2종 오류의 확률을 밝히는 것은 검증력 분석이 사전에(즉, 연구계획 단계에서) 이루어졌는지 아니면 연구결과를 보고 나서 사후에 이루어졌는지에 상관없이 매우 중요하다. 왜냐하면 그렇게 해야만 연구결과를 읽는 독자들이 연구자의 가설이 입증되지 않는 가설이라고 생각하기에 앞서 가설을 입증하지 못하는 원인 중 하나가 제2종 오류라는 사실을 이해할 수 있기 때문이다. 연구자의 이런 역할은 특히 이제까지 효과적인 개입방안이 없었던 어떤 문제에 대해 새로운 개입방안을 개발해 그 개입방안의 효과성을 시험해보고자 하는 경우에는 상당한 중요성을 갖는다고 하겠다.

이제 다른 주제로 넘어가기에 앞서, 통계적 검증력 분석에 관한 이제까지의 논의를 다시 한 번 재정리해볼 필요가 있다. 한마디로 통계적 검증력에 대한 논의의 초점은, 연구를 하기에 앞서 가설이 참인지 거짓인지를 알 수 없는 상황에서 "통계적 검증력 분석이 어떻게 연구자에게 거짓인 영가설을 기각하는 확률이 얼마인지를 알려줄 수 있는가?"라는 질문에 있다. 이 질문에 대한 답은, 통계적 검증력 분석은 연구자에게 거짓인 영가설을 기각할 수 있는 가능성이 얼마인지를 알려주는 것이 아니라 영가설이 실제로 거짓일 때 이를 기각하게 될 확률을 알려준다는 것이다. 다시 말해, 통계적 검증력 분석을 이용할 때는 '영가설은 거짓이며 특정한 강도의 관계가(예상되는 강도를 명시해야 한다) 실제로 모집단 차원에서 존재한다'는 것을 먼저 가정해야 한다. 검증력 분석이란 이러한 가정하에서, 연구를 통해 얻은 결과가 통계적으로 유의할 확률이, 특정 크기의 표본과 유의수준에서 얼마나 되는가라는 질문에 답을 구하는 것을 말한다.

통계적 유의성 검증기법의 선택

앞 장에서 언급했듯이 통계적 유의성을 검증하는 방법에는 여러 가지가 있으며, 새로운 기법이 지속적으로 개발됨에 따라 모든 검증기법을 완벽하게 이해하기란 매우 어렵다. 여기서는 사회복지 분야에서 주로 많이 쓰이는 검증기법 중 연구자가 어떤 기법을 사용할지를 결정하는 데 필요한 선택기준에 초점을 맞춰 논의해보겠다. 논의는 가능한 한 개념적 차원에서 이루어질 것이며, 각 검증기법의 수학적 도출방식이나 계산공식은 다루지 않을 것이다.

관련성 측도와 마찬가지로, 유의성 검증을 위한 계산 또한 컴퓨터를 이용해 할 수 있다. 따라서 구체적인 계산 방법보다는 어떤 검증기법을 선택해야 하는지를 아는 것이 더 중요하다. 그럼에도 구체적인 계산방법을 이해하는 것은 두말할 나위 없이 매우 중요하며, 이런 영역까지 공부의 영역을 넓히고자 하는 사람들을 위해 이 장의 끝부분에 몇 권의 교재를 제시했으므로 참조하기 바란다. 각 검증기법의 수학적 도출과정과 계산방법에 대한 이해는 각 검증기법을 깊게 이해하는 데 매우 중요한 과정이라고 하겠다.

통계적 유의성 검증기법을 선택하는 데 가장 중요한 기준으로는 (1) 변수의 종류, (2) 분석에 포함될 변수의 개수(이변량 혹은 다변량) 및 명목변수가 가질 수 있는 범주의 개수, (3) 사용한 표본추출 방법, (4) 각 변수의 모집단이 따르는 분포의 종류를 꼽을 수 있다. 각 연구가 이런 기준들에서 어떤 속성을 갖는가에 따라 연구자가 선택할 수 있는 통계적 유의성 검증기법은 크게 모수 검증과 비모수 검증으로 나뉜다.

모수 검증(parametric test)이라는 용어는 **모수**(parameter)라는 말에서 유래한 용어다. 모수란 전체 모집단의 속성을 보여주는 통계량으로서, 예를 들면 아동을 학대하는 모든 부모의 평균 연령이나 그들의 소득 표준편차 같은 통계량을 생각할 수 있다. **모수 검증**에서는 연구하고자 하는 변수들 중 적어도 한 가지 이상의 변수가 등간 또는 비율변수의 형태로 측정되어야 하고, 그 변수들에서 모수의 표본분포는 정규분포여야 하며, 비교할 집단들은 무작위로 선정되어야 하고 서로 독립적이어야 한다. 일반적으로 많이 사용되는 모수 검증기법에는 *t* 분석, 분산분석, 상관분석 등이 있다.

가장 일반적인 비모수 검증기법: 카이제곱 검증

반면에 **비모수 검증**(nonparametric test)이란 위에서 언급한 조건들이 모두 만족되지 못하는 경우에 사용하는 통계 검증기법을 말한다. 비모수 검증에서는 등간이나 비율변수 형태로 측정된 변수들뿐만 아니라 명목 혹은 서열변수 형태로 측정된 변수들로서 반드시 정규분포를 따르지 않는다 하더라도 무관하다. 또한 표본추출이 독립적으로 이루어지지 않았다 하더라도 상관없다. 가장 대표적인 비모수 검증기법으로는 카이제곱 검증을 꼽을 수 있다.

카이제곱(chi-square) 검증은 독립변수와 종속변수가 모두 명목변수일 때, 즉 22장에서 소개했던 아동학대 부모들에게 치료개입 프로그램의 제공 여부('예' 또는 '아니오')와 그 이후의 재범 여부(이 역시 '예' 또는 '아니오')와 같은 경우에 사용한다. 22장의 표 22-1과 표 22-2는 카이제곱 분석을 통해 얻은 것이다. 간단하게 말해서 카이제곱 검증은 수집된 표본의 분포가 우연에 의해 나타난 것이라고 가정한다면, 두 개의 명목변수를 가지고 교차표(cross table)를 만들 때, 교차표상에 나타나리라 기대되는 빈도수와 실제로 관찰된 빈도수 간의 차이가 얼마나 되는가를 측정한다.

예를 들어 100명의 재범자와 100명의 비재범자가 두 집단에 무작위로 나뉜다면, 각 집단에 50명의 재범자와 50명의 비재범자가 있게 되리라 기대할 수 있다. 그러나 실제로 각 집단의 재범자와 비재범자의 수는 기대와 다를 수 있으며, 실제로 관찰된 재범자와 비재범자의 비율이 기대된 비율과 많이 다를수록 카이제곱값 또한 커진다. 표본의 크기가 200일 때, 실험집단의 비율이 40 대 60이고 통제집단의 비율이 60 대 40이라고 한다면 컴퓨터로 계산된 카이제곱값은 8.0이 될 것이며 이는 유의수준 .01에서 통계적으로 유의하게 나타날 것이다.

특정 카이제곱값이 통계적으로 유의한지 여부는 자유도(degree of freedom, df)에 따라 달라진다. 자유도란 각 변수가 가질 수 있는 범주의 개수에 따라 결정되는데, 좀 더 구체적으로 말하면 하나의 변수가 가질 수 있는 범주의 수에서 1을 뺀 수와 나머지 하나의 변수가 가질 수 있는 범주의 수에서 1을 뺀 수의 곱이 자유도 값이다. 이를 기호로는 $(r-1)(c-1)$로 표시하는데, 이때 r은 교차표에서 행에 해당하는 변수가 가질 수 있는 범주의 수를 나타내며, c는 열에 해당하는 변수가 가질 수 있는 범주의 개수를 말한다. 예를 들어 카이제곱값이 8.0이라고 할 때, 그 값이 과연 유의미한지를 알기 위해서는 해당 자유도 값에서 카이제곱값 8.0이 유의한지를 말해줄 수 있는 표가 필요하다. 그런 표는 거의 모든 통계학 교재에 제시되어 있는데, 표에 의하면 자유도가 1일 때(위의 예에서 치료개입 프로그램의 제공 여부와 그 이후의 재범 여부라는 두 변수는 각각 2개의 응답범주를 가지며 각각에서 1을 뺀 값을 서로 곱하면 1이 된다), 유의수준 .01에서 유의미한 카이제곱값은 적어도 6.6349 이상이 되어야 한다는 사실을 알 수 있다. 앞서 카이제곱값이 8.0이라고 가정했으며 이는 6.6349보다 큰 값이므로 유의수준 .01에서 유의미하다는 결론을 내릴 수 있다. SPSS 같은 통계 프로그램을 이용해 카이제곱 검증을 하면 컴퓨터는 이제까지 논의한 모든 것을 고려해 카이제곱값의 통계적 유의성을 검증해낸다. 따라서 연구자가 자유도나 카이제곱값을 직접 계산할 필요는 없다. 그럼에도 연구자가 카이제곱 검증을 좀 더 심층적으로 이해하기 위해서는 컴퓨터가 어떤 과정을 거쳐 카이제곱 검증을 수행하는지 이해할 필요가 있으며, 이를 위해 이 장의 마지막 부분에 도움이 될 만한 교재를 추천하겠다.

그 밖의 비모수 검증기법

통계적 유의성 검증에 대한 논의를 시작하면서 이미 언급했듯이, 참으로 많은 통계 검증기법이 현재 사용되고 있으며 지금 이 순간에도 많은 새로운 검증기법이 지속적으로 개발되고 있다. 이처럼 수많은 검증기법에 대한 충분한 지식을 갖는다는 것은 아마도 현실적으로 불가능할 것이다. 지금까지는 사회복지학 연구에서 주로 많이 쓰이는 몇 가지 검증기법을 살펴봤다. 이제 이 주제에 대한 논의를 마치기에 앞서 몇 가지 비모수 검증기법을 추가로 소개하고자 한다. 아래에서 소개할 검증기법들을 좀 더 자세히 알고 싶다면 이 장의 맨 끝부분에 소개되어 있는 교재들을 참조하라.

연구자는 이따금씩 카이제곱 외의 비모수 검증을 필요로 하는 경우에 직면하곤 한다. 예를 들어, 표본의 크기가 너무 작아 카이제곱 검증을 사용하기에 부적절한 경우가 있다. 이런 경우에는 카이제곱과 매우 유사하나 표본의 크기가 작은 경우에 사용할 수 있도록 고안된 피셔즈 이그잭트 검증(Fisher's exact test)을 사용한다.

또 다른 예로는 동일한 표본을 가지고 동일한 명목변수에 대해 '사전'과 '사후'에 반복해서 관찰해 얻은 자료를 얻은 다음 사전자료와 사후자료를 비교하는 사전사후설계(before-and-after design) 같은 경우를 생각할 수 있다. 이런 경우에는 카이제곱 검증에 필요한 중요한 가정 중 하나가 위배되며, 따라서 맥니마 비모수 검증(McNemar nonparametric test)을 해야 한다.

이 밖에도 순위변수를 위해 개발된 일련의 비모수 검증기법이 있다. 예를 들면 맨휘트니 U 검증(Mann-Whitney U test), 중앙값 검증(median test), 콜모고로브-스미르노브 두 표본 검증(Kolmogorov-Smirnov two-sample test), 윌콕슨 부호 검증(Wilcoxon sign test) 등이 있다. 어떤 상황에서 이런 검증기법을 사용해야 하는지에 대한 자세한 내용은 통계학 교재나 컴퓨터 통계 프로그램의 안내서 등을 통해 얻을 수 있다. 다른 검증과 마찬가지로, 이런 비모수 검증 역시 컴퓨터를 이용할 수 있다. 컴퓨터는 관찰된 관계가 단순히 우연에서 비롯될 수 있는 확률을 계산해주며, 컴퓨터를 통해 계산되어 나온 확률 수준이 의미하는 바는 어떤 검증기법을 사용하든 상관없이 22장과 23장에서 반복해 논의했던 의미와 동일한 의미를 갖는다.

일반적인 모수 검증기법

이제 앞서 소개했던 모수 검증기법들을 하나씩 살펴보자. 제일 먼저 ***t*-검증**부터 시작하겠다. *t*-검증은 연구하려는 독립변수가 명목변수이면서 이항변수(즉, 치료를 받거나 받지 않거나와 같이 단 두 개의 범주만을 갖는 변수)이고 종속변수가 등간 혹은 비율변수일 때 사용할 수 있는 검증기법이다. 만약 치료 프로그램을 제공받은 부모들과 제공받지 못한 부모들을 재범 횟수로 비교하고자 한다면, 재범 횟수란 재범 여부 같은 명목변수가 아닌 비율변수이므로 카이제곱 검증 대신 *t*-검증을 사용할 수 있다.

t-검증을 하면 컴퓨터는 매우 복잡한 공식에 따라 *t* 값을 계산하는데, 각각의 두 집단에서 종속변수의 평균을 구하고 다시 이 두 평균값의 차이를 구해 이를 이론적 표본분포의 표준편차로 나눔으로써 구한다. 이론적 표준분포의 표준편차 역시 매우 복잡한 공식으로 구하는데, 표본의 크기와 각 집단의 표준편차 등을 고려한다. 공식 자체의 복잡성에도 불구하고 *t*-검증의 궁극적인 기능은 관찰된 관계가 우연이나 혹은 표본추출상의 오류로 인해 나타날 확률을 계산하는 것이며, 이는 그 밖의 유의성 검증기법들의 기능과 동일하다고 하겠다. 역시 다른 검증기법과 마찬가지로, 일단 *t* 값을 구하고 나면 자유도를 고려해 유의성 여부를 판단하는데 이를 위해서는 *t* 표를 이용한다. *t*-검증의 경우, 자유도는 전체 표본의 크기에서 2를 뺀 값이 된다. 따라서 앞의 예에서 두 집단이 있고 각 집단의 크기가 100명이면 자유도는 198(= 200 − 2)이 된다. 다른 유의성 검증의 경우와 마찬가지로 *t*-검증 역시 SPSS 같은 컴퓨터 통계 프로그램으로 실행할 수 있다. 컴퓨터는 앞서 설명한 모든 사항을 고려해 제1종 오류의 확률을 계산해낸다. 따라서 컴퓨터 프로그램을 이용하는 경우, 연구자는 컴퓨터가 결과로 제시하는 확률을 보고 관찰된 관계가 통계적으로 유의한지를 판단하면 된다.

또 다른 모수 검증기법으로는 **분산분석**(analysis of variance)이 있으며, 흔히 이를 줄여서 ANOVA(아노바)라고 한다. 분산분석은 검증에 있어서 기본적으로 *t*-검증과 동일한 논리를 이용한다. 따라서 t-검증을 할 수 있는 상황에서 t-검증 대신 ANOVA 검증을 해도 결과는 t-검증결과와 같다. ANOVA 검증은 이변량 관계뿐만 아니라 다변량 관계의 경우에도 유의성 검증을 할 수 있다. 이변량 관계 검증에서 t-검증과의 차이점은 t-검증은 독립변수가 이항명목변수인 경우에만 가능한 반면, ANOVA는 독립변수가 두 가지 이상의 범주를 갖는 경우에도 사용할 수 있다는 점이다(종속변수는 반드시 등간 혹은 비율변수여야 한다).

따라서 단순히 실험집단과 통제집단 두 집단만을 결과변수로 비교하는 것이 아니라 세 집단이나 네 집단 혹은 그 이상의 집단을 비교하는 경우에는 ANOVA 검증을 해야 한다. ANOVA 검증은 F 값을 바탕으로 이루어지는데, F 값의 계산공식은 t-검증의 경우보다 더 복잡하다. 궁극적으로 F 값을 통해 알고자 하는 바는 집단들 간의 차이(등간 혹은 비율변수인 종속변수에 있어서의 차이)가 우연에서 비롯될 확률이며, F 값은 다른 검증기법의 경우와 마찬가지로 F 분포표를 참조해 통계적 유의성 여부를 판단한다. ANOVA 검증은 집단 간의 분산을 집단 내의 분산과 비교함으로써 이루어지는데, 이 역시 컴퓨터를 이용해 검증할 수 있으며 다른 검증의 경우와 마찬가지로 컴퓨터는 영가설이 사실일 확률을 계산해 제시해준다.

t-검증과 ANOVA가 명목측도로 측정된 독립변수를 가진 경우 사용할 수 있는 검증기법이라고 한다면, **상관분석**(Pearson product-moment correlation: r)은 독립변수와 종속변수 모두가 등간 혹은 비율변수인 경우에 사용할 수 있다. 상관분석은 앞서 22장에서 관련성 측도 중 하나로 소개한 바 있으며, 이 역시 통계적 유의성 검증을 위해 사용할 수 있음을 언급했다.

상관분석 기법을 사용해 유의성을 검증한다는 것은, 모집단상에서 두 변수 간에 아무런 관계가 없다($r=0$)고 한다면 그 두 모집단 각각에서 무작위로 표본을 추출해 두 변수 간의 상관관계를 관찰할 때 연구자가 연구를 위해 수집한 표본에서 관찰할 수 있는 정도의 상관관계가 나타날 수 있는 확률이 얼마나 되는지 계산하는 것을 말한다. 다시 말해, 영가설이 사실이고 연구자가 표본을 통해 발견한 상관관계는 우연이나 표본추출상의 오류에서 비롯되었을 확률이 얼마나 되는가에 대한 답을 구하는 것이다. 이런 확률을 구하려면 상이한 표본의 크기와 유의수준에서 어떤 r 값(0과 1 사이의 값)이 통계적으로 유의한지를 보여주는 표를 이용해야 한다(8장에서 논의했듯이 정의 관계라면 r 값은 0.0에서 1.0, 부의 관계라면 r 값은 0.0에서 −1.0 사이의 값을 가질 것이다). 이런 표는 ANOVA의 공식을 독립변수가 가질 수 있는 범주의 수가 무한히 많아지는 경우에 적용해 만들어진다. 다른 종류의 검증에서와 마찬가지로, r 값은 물론 영가설이 사실일 확률(즉, 모집단 차원에서 $r=0$)도 컴퓨터를 사용하면 매우 손쉽게 구할 수 있다. 한마디로 컴퓨터를 활용한다면 단순한 몇 가지 컴퓨터 조작만으로도 관찰된 관계의 강도와 통계적 유의성 여부 모두 간단히 구할 수 있다.

다변량 분석

이제까지는 이변량 분석 수준의 추론통계에 대해 논의해봤다. 그러나 이변량 분석뿐만 아니라 **다변량 분석**(multivariate analysis)을 위해서도 많은 추론적 자료분석 기법이 개발되었다. 예를 들면 다변량 분석에 해당하는 상관분석으로는 다중회귀 분석이 있다. **다중회귀 분석**(multiple regression analysis)은 일련의 독립변수와 등간 혹은 비율변수 상태의 종속변수와의 전반적인 상관을 보여준다. 다중상관은 대문자 R로 표시되며, 이는 다중상관계수를 뜻한다. 이변량 상관분석에서와 마찬가지로 R을 제곱함으로써 종속변수의 변량 가운데 독립변수에 의해 설명되는 부분이 얼마나 되는가를 표시한다. 그러나 r^2이 단 하나의 독립변수에 의해 설명되는 변량을 나타내는 것과는 달리, R^2은 일련의 독립변수에 의해 설명되는 종속변수의 변량이 차지하는 부분이 얼마인가를 나타낸다.

루빈 Rubin과 토렐리 Thorelli(1984)는 다중회귀 분석을 이용해 사회서비스 분야의 자원봉사자들의 봉사기간 변량을 설명하기 위한 연구를 한 적이 있다. 이 연구에는 자원봉사기간을 설명할 수 있으리라 생각되는 22개의 독립변수가 포함되었는데, 좀 더 구체적으로 살펴보면 성, 연령, 인종, 사회경제적 변수들, 가족, 거주 이전 정도, 이전의 경험, 자원봉사 이유, 자원봉사를 통해 얻고자 하는 것 등이었다. 이 22개 독립변수에 대한 *R*은 .56이었으며, 이는 종속변수의 변량 가운데 약 31%가(.56을 제곱한 값이 .31이므로) 독립변수에 의해 설명된다는 뜻이다.

다중회귀 분석은 독립변수 각각에 해당하는 **표준화된 회귀계수**(standardized regression coefficient) 혹은 **베타 가중치**(beta weight)를 계산해낸다. 베타 가중치가 높을수록 그에 해당하는 독립변수가 다른 독립변수들이 종속변수에 미치는 영향이 통제된 상태에서, 종속변수에 미치는 영향의 정도가 높음을 의미한다. 다중회귀 분석은 또한 각 베타 가중치의 통계적 유의성을 검증하는데, 이를 통해 다른 독립변수들의 종속변수에 대한 영향이 통제된 상태에서 어떤 독립변수가 종속변수에 유의미한 수준으로 관련되어 있는지를 알 수 있게 해준다.

루빈과 토렐리의 연구에서 가장 높은 베타 가중치를 가졌으며 유일하게 통계적으로 유의하다고 나타난 독립변수는 자원봉사자들이 봉사를 통해 얻게 되리라고 기대하는 심리적 혜택(예를 들어 클라이언트의 감사하는 마음, 자원봉사자들이 느끼는 다른 사람의 삶에 매우 중요한 변화를 가져오게 했다는 느낌 등)이었다. 연구 결과, 심리적 혜택에 대한 기대감이 적을수록 자원봉사가 더 오래 지속된 것으로 나타났으며, 나머지 21개의 독립변수가 종속변수에 미치는 영향이 통제된 상태에서 종속변수의 변량의 18%가 심리적 혜택이라는 하나의 변수에 의해 설명되는 것으로 나타났다. 따라서 부분상관계수(partial correlation coefficient)는 .43(.18의 제곱근)으로 나타났다. 자원봉사기간에서의 변량 가운데 나머지 21개의 변수에 의해 설명되는 부분은 13%에 불과했다.

부분상관계수란 이변량 분석의 경우와 동일한 의미와 기능을 갖는다. 다만 한 가지 중요한 차이점은 부분상관계수는 다른 외생변수들이 통제된 상태에서 두 변수 간의 관련성 정도를 측정한다는 것이다. 즉, 외생변수들의 영향을 일정 수준으로 통제한 상태에서의 관련성 정도를 나타낸다. 부분상관계수의 통계적 유의성은 이변량 분석의 경우와 동일한 방법으로 검증할 수 있다.

다중회귀 분석과 유사하지만 종속변수가 명목변수인 경우를 위해 개발된 다변량 분석기법으로는 **판별분석**(discriminant function analysis)이 있다. 판별분석은 다중회귀 분석의 통계량들과 이름은 다르나 기능에서는 매우 유사한 통계량들을 계산해낸다.

바르트코Bartko와 그의 동료들은 1988년 「Schizophrenia Bulletin」에 게재된 논문에서 활발한 조사연구 활동을 하고는 있으나 통계학적인 지식이 부족한 정신보건 분야의 연구자들을 위해 다중회귀 분석 및 그와 관련된 다변량 분석기법의 기능을 알기 쉽게 설명하고 있다. 바르트코와 그의 동료들은 그림 23-1과 그림 23-2에 제시된 것과 같은 벤다이어그램을 이용해 다중회귀 분석의 논리를 설명했다.

그림 23-1을 보면 3개의 원이 겹쳐 있음을 볼 수 있다. 가운데 있는 원은 종속변수의 분산을 의미하는 것으로 *Y*라고 한다. 나머지 두 개의 원은 두 개의 독립변수 X_1과 X_2를 의미한다. X_1과 X_2 각각은 종속변수인 *Y*와는 관련되어 있으나 서로 간에는 아무런 관계가 없다. X_1과 X_2 모두 상당 부분 *Y*와 겹쳐 있으며, 따라서 종속변수 분산의 상당 부분을 설명한다는 사실을 알 수 있다. 논의를 단순하게 하고자 두 독립변수 모두 종속변수의 분산의 25%씩을 설명한다고 가정하자. 따라서 X_1과 X_2 각각의 종속변수와의 상관계수 *r*은 .50이며 이를 제곱하면(r^2) *Y*의 분산 25%씩을 설명함을 알 수 있다. 그림에서 회색으로 표시된 두 부분은 각각 25%씩이며 두 부분의 합은 50이다. 따라서 두 독립변수에 의해 설명되는 종속변수의 분산은 50%가 된다. 다시 말해, 두 독립변수의 영향을 하나로 합해볼 때 두 변수의 R^2은 .50이며 이는 *Y*의 분산 절반이 두 독립변수에 의해 설명되나 나머지 절반은 설명되지 않음을 의미한다(설명되지 않는 나머지 절반은 연구에서 고려되지 않은 다른 요인에서 비롯된다).

그림 23-2는 그림 23-1과 유사하나 중요한 차이점이

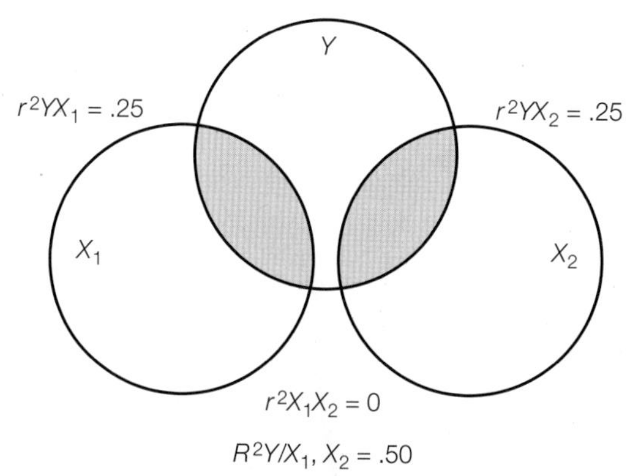

그림 23-1 두 독립변수 X_1과 X_2는 종속변수 Y와는 관련이 있으나 서로 간에는 관련이 없기 때문에 r^2은 큰 값을 갖는다.

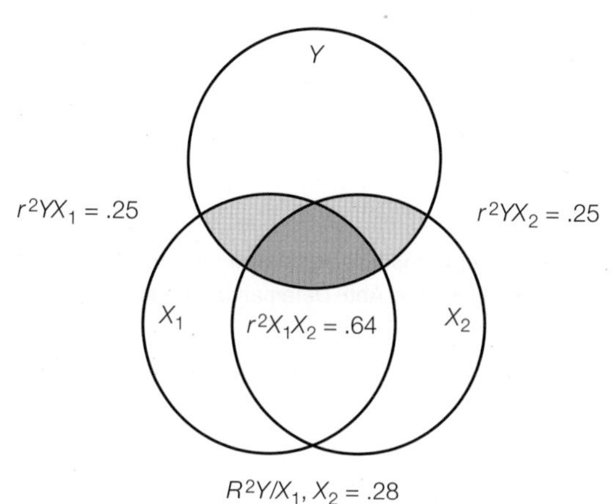

출처: Figures 17-1, 17-2: J. J. Bartko et al.,"Statistical Issues in Long-Term Follow-up Studies," *Schizophrenia Bulletin*, 14(4), 1988, pp. 575-587. Used by permission of the National Institute of Mental Health.

그림 23-2 두 독립변수 X_1과 X_2가 종속변수 Y와 관련이 있을 뿐만 아니라 서로 간에도 관련이 있기 때문에 r^2은 작은 값을 갖는다.

하나 있다. 그림 23-2에서 독립변수를 나타내는 두 개의 원이 각각 종속변수와 겹쳐 있을 뿐만 아니라 두 독립변수끼리도 겹치는 부분이 있음을 볼 수 있다. 이는 두 독립변수가 서로 관계되어 있음을 의미한다. 종속변수인 Y와 두 독립변수 X_1과 X_2 간의 상관계수는 .50이며, X_1과 X_2 간의 상관관계는 .64이다. 각각의 독립변수 하나씩과 종속변수 간의 상관만을 분리해서 본다면 각 독립변수는 Y의 25%씩을 설명한다. 그러나 두 독립변수 간에 공통되는 부분이 있기 때문에 R^2은 단순히 X_1과 Y와의 r^2 그리고 X_2와 Y와의 r^2의 합이 아니며, X_1, X_2 그리고 Y 세 부분이 모두 함께 겹치는 삼중겹침 부분을 제외해야 한다. 그림 23-2에서 검게 표시된 부분이 이에 해당한다. 다중회귀 분석 결과, 검게 표시된 중첩 부분을 제외하면 R^2은 .28로 감소한다. 이는 두 독립변수 간에 겹치는 부분, 즉 두 독립변수 간의 상관관계가 높기 때문이다. 달리 표현하자면, 각 독립변수에 의해 설명되는 25%씩의 Y 외에 추가로 두 독립변수에 의해 동시에 설명되는 Y는 3%에 불과하다는 것이다.

이제 다중회귀 분석에 변수를 하나 더 포함시키는데, 이 새로운 변수는 X_2와 Y가 겹치는 부분과 공통되는 부분을 갖는다고 가정해보자. 만약 이 세 번째 독립변수와 X_2 그리고 Y 간에 삼중겹침이 있다고 한다면 Y에 대한 설명요인으로서 X_2가 갖는 중요성은 더욱 감소한다. 즉, Y에 대한 설명요인으로서 X_2가 갖는 중요성은, X_2와 Y만의 관계만을 생각할 때는 r=.50으로 매우 높다고 할 수 있으나 나머지 다른 변수들을 통제함에 따라 감소됨을 알 수 있다.

다중회귀 분석과 함께 연구자가 종종 접할 수 있는 다변량 분석기법으로는 **경로분석**(path analysis)과 **구조방정식 모델**(structural equation model)이 있다. 이 중 경로분석은 구조방정식 모델의 일종이므로 이 책에서는 상대적으로 덜 복잡한 경로분석에 대해서만 설명하겠다(이 두 가지 자료분석 기법에 관해 좀 더 자세히 알고자 할 경우, 고급 자료분석론 교재를 참조하기 바란다).

경로분석은 변수들 간의 관계를 이해하기 위한 하나의 인과모델(causal model)이다. 경로분석은 기본적으로 회귀분석을 기반으로 하는 분석기법이지만 다른 어떤 분석기법보다 여러 변수들 간의 관계를 한눈에 알아볼 수 있게 해주는 매우 유용한 관계도를 그려내는 데 뛰어나다. 경로분석에서는 한 변수의 변수값이 다른 변수의 변수값에 의해 영향을 받는다고 가정하므로 독립변수와 종속변수의 구분이 필수적이다. 물론 이런 변수 구분이 경로분석에만 국한되는 것은 아니지만 경로분석은 변수들

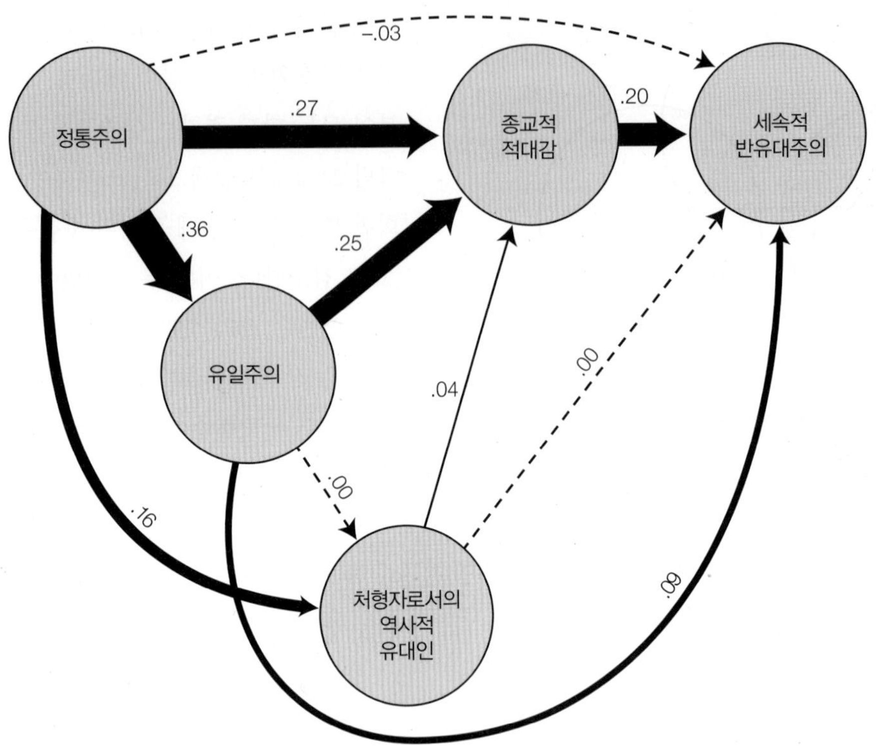

출처: Figure 21–2 [Diagramming the Religious Sources of Anti–Semitism] from Wayward Shepherds: Prejudice and the Protestant Clergy by Rodney Stark, Bruce D. Foster, Charles Y. Glock, and Harold E. Quinley. Copyright © 1971 by the Anti–Defamation League of B'nai B'rith. Reprinted by permission of HarperCollins Publishers.

그림 23–3 반유대주의에 대한 종교적 원인

간의 관계에 관한 분석결과를 매우 독특한 방식으로 제시한다.

여기서 잠깐, 앞서 8장에서 논의했듯이 어떤 독립변수가 개입변수에 영향을 미치고 그 개입변수(매개변수)가 다시 종속변수에 영향을 미친다는 내용을 기억해보자. 이러한 관계에 대한 해석을 다음과 같이 도식화해볼 수 있다.

독립변수 → 개입변수 → 종속변수

경로분석은 변수들 간에 이와 유사한 유형의 관계를 만들어내는데, 일반적인 경로도(path diagram)는 위의 그림보다는 훨씬 많은 변수를 포함한다. 경로분석은 변수들 간의 관계망을 도식해 나타낼 뿐만 아니라 변수들 간에 존재하는 관계의 강도 또한 제시해준다. 관계의 강도는 회귀분석을 통해 구한 **경로계수**(path coefficient)로 나타내는데, 경로계수는 정교화 모델의 부분상관과 매우 유사한 수치다. 경로계수는 특정 두 변수 간의 관계가, 모델에 포함된 다른 모든 변수의 영향력을 통제한 상태에서, 어느 정도인지를 나타낸다.

예를 들어, 그림 23-3에 제시된 분석은 기독교인들이 가진 반유대주의의 종교적 원인에 초점을 둔 분석이다. 그림 23-3에 제시된 변수들을 왼쪽에서 오른쪽으로 차례대로 설명하면 다음과 같다. (1) 정통주의, 즉 관찰대상이 하나님, 예수, 성경 등에 관한 전통적인 믿음을 받아들이는 정도, (2) 유일주의, 즉 자신이 가진 종교만이 '유일한 참된 신앙'이라는 믿음, (3) 예수를 십자가에 처형한 것이 유대인들이라는 생각, (4) 유대교인이 기독교인으로 개종하지 않으면 하나님이 유대인을 벌할 것이라 식의, 유대인에 대한 종교적 적대감, (5) 세속적 반유대주의, 예를 들어 유대인은 정직한 거래를 하지 않는다거나 자신의 국가에 충성하지 않는다는 등의 생각.

먼저, 이 분석을 실시했던 연구자가 세속적 반유대주의는 다섯 가지 변수를 거치면서 만들어진다고 주장했다고 가정해보자. 즉, 정통주의가 유일주의를 낳았으며 유일주의는 예수를 처형한 것이 유대인이라는 입장으로 이어지며 그러한 입장은 유대인에 대한 종교적 반감으로 이어지고 마지막으로는 세속적인 반유대주의를 낳게 된다는 것이다.

그림 23-3에 제시된 경로도는 이러한 연구자의 생각과는 매우 다른 내용을 제시한다. 예를 들어 연구자들은 예수를 처형한 사람이라는, 역사 속에서의 유대인 역할에 대한 생각이 반유대주의의 출현에 아무런 영향을 미치지 않았음을 발견했다. 또한 비록 유일주의가 반유대주의 출현과정의 일부이기는 하지만, 경로도에 따르면 반유대주의의 출현은 정통주의와 종교적 적대감에 의해 더 직접적으로 영향을 받았음을 알 수 있다. 정통주의가 유일주의 없이도 종교적 적대감을 만들어냈으며 종교적 적대감은 세속적 적대감을 낳게 되었다.

마지막으로, 경로분석과 관련해 알아둬야 할 또 한 가지는, 비록 경로분석이 여러 변수들 간의 복잡한 인과관계 사슬과 관계망을 다둘 수 있는 매우 유용한 분석기법이기는 하지만 경로분석 그 자체가 변수들 간에 존재하는 인과관계의 순서를 나타내 보여주지는 못한다는 점이다. 물론 컴퓨터가 그려주는 경로도 또한 인과관계의 순서를 알려주지는 못한다. 변수들 간의 관계구조를 결정해야 하는 사람은 바로 연구자 자신이며, 컴퓨터는 그런 구조에 해당하는 경로계수를 계산해주는 역할을 할 뿐이다.

통계적 유의성 검증결과가 보고서 및 학술지에 명시되는 방식

학술지나 연구보고서에 통계적 유의성을 명시할 때 규정된 방식은 없다. 예를 들어 어떤 연구자는 상관분석이나 t-검증결과를 명시할 때 집단들의 평균값만 적어놓고, 별표와 각주를 이용해 집단 간 평균값의 차이가 통계적으로 유의한지만 알려준다. 심지어 어떤 연구자는 통계적 유의성을 검증하는 데 사용한 분석기법이 무엇인지 알려주지도 않는다. 어떤 경우에는 표 형태로 t-검증결과값을 보여주기도 하며, 또 어떤 때에는 평균 간 통계적 차이를 단순히 서술형식으로 언급한다. 이상적으로, 연구자는 사용한 검증기법의 종류와 평균, 표준편차, 자유도, p 값, 효과크기 통계값을 명시해야 한다는 것이 통상적으로 합의된 사항이다. 그러나 불행하게도 대부분의 보고서나 논문은 이러한 이상적인 기준에서 벗어나 있고, 심지어 이상적 기준에서 요구하는 모든 정보를 포함하고 있다 하더라도 그 표기양식이 제각각이다.

추론통계 활용과 해석 시 범하기 쉬운 오류

사회과학 연구에서 추론통계가 연구자들에 의해 잘못 사용되고 또한 연구결과를 이용하려는 사람들에 의해 잘못 해석되는 경우를 흔히 볼 수 있다. 추론통계에 대한 잘못된 사용 및 해석의 문제는 비단 사회복지학에 국한된 것이 아니며, 사회과학 내의 모든 학문영역 전반에 걸쳐 나타나는 문제라고 하겠다. 이제 이런 문제를 함께 살펴볼 텐데, 이미 대부분은 이 장의 앞부분 내지는 이전 장에서 살펴봤던 것들이다.

앞서 통계적 검증력에 대한 논의에서 추론통계의 사용과 해석에서 자주 나타나는 문제 중 하나를 소개한 적이 있다. 그것은 다름 아닌, 연구에 있어서 통계적 검증력을 고려하지 않는다는 것이었다. 이 문제는 다음과 같은 바람직하지 못한 결과를 야기한다.

1. 표본의 크기를 지나치게 작게 함으로써 실제로 영가설이 거짓이라고 할지라도 통계적으로 유의한 결과를 얻을 확률이 너무도 낮기 때문에 연구를 할 만한 가치가 없어진다.
2. 적절한 수준의 통계적 검증력을 갖는 데 필요한 표본 크기 이상으로 표본을 추출함으로써 자원을 불필

요하게 낭비한다.

3. 유의미하지 않다는 결과를 통계적 검증력의 관점이라는 관점에서 해석하지 못함으로써, 연구가설이 뒷받침되지 못하는 이유가 제2종 오류 때문일 가능성을 무시하게 된다.

위에서 소개한 문제와 관련된 또 하나의 문제는 영가설을 기각하지 못한다는 것을 마치 영가설을 입증하는 것처럼 잘못 생각하는 것이다. 통계적으로 유의하지 않은 연구결과라고 하더라도 그 결과가 우연 또는 표본추출상의 오류에 의해 비롯되었을 확률이 비교적 낮을 수 있다. 이러한 상황은 특히나 유의수준에 매우 가까우면서 낮은 통계적 검증력을 갖는 경우에 문제가 될 수 있다.

반면, 영가설을 기각한다는(즉, 연구결과가 통계적으로 유의한 경우) 것을 마치 연구가설을 입증하는 것으로 잘못 이해하는 경우도 있다. 영가설이란 단지 통계적 가설에 불과하다. 그렇기 때문에 영가설은 단지 '우연'이 대립가설이 될 수 있는 가능성에만 관련이 있는 것이지 그 밖의 측정상의 오류나 연구설계의 오류가 연구결과에 대한 대안적 설명이 될 수 있는 가능성과는 전혀 관련이 없다. 이와 관련해서 이해해야 할 것은, 연구에서 사용된 통계분석 기법이 거창하다거나 혹은 연구결과가 유의미하고 강도 높다고 해서 그 연구를 너무 좋게 생각해서는 안 된다는 점이다. 그렇게 될 경우, 자칫 그 연구가 가진 통계 외의 이유에 의해 나타날 수 있는 방법론적인 오류나 왜곡됨을 쉽게 간과하게 되기 때문이다. 따라서 거창해 보이는 통계분석 기법에 현혹되어 통계 외의 원인으로 야기될 수 있는 중요한 방법론적인 문제점이 있음을 간과하지 않도록 주의해야 한다. 올바른 추론을 위해서는 연구결과가 나타나는 데 있어 단순히 우연의 역할뿐만이 아니라 그 연구의 모든 방법론적 측면이 과연 연구자로 하여금 연구결과를 일반화할 수 있게 해줄 만한 것인가를 고려해야만 한다.

연구를 통해 관찰된 관계가 통계적으로 유의하고 연구방법론에 아무런 문제가 없는 경우에도 연구자는 통계적 유의성과 관계의 강도가 다른 개념임을 구분할 수 있어야 한다. 이런 구분을 하지 못하는 것이 바로 추론통계의 사용과 해석에서 종종 볼 수 있는 또 하나의 문제라고 하겠다. 통계적으로 유의한 관계라고 해서 그것이 항상 강도 높은 관계를 의미하는 것은 아니며, 약한 강도의 관계라고 할지라도 표본의 크기가 크다면 통계적으로 유의한 관계가 될 수 있다.

이와 관련된 또 다른 문제로는 연구자나 연구결과를 활용하는 사람이 실제적 유의성을 통계적 유의성 혹은 관계 강도와 구별하지 못한다는 점이다. 통계적으로 유의한 관계는 실제적 혹은 실천적인 관점에서 의미가 있을 수도 있고 없을 수도 있다. 통계적으로 유의한 관계이면서 동시에 강도 또한 높다고 하더라도 그 관계가 실제로 그다지 중요하지 않은 변수들 간의 관계일 수도 있다.

이제 앞 장에서나 이번 장에서 논의되지 않았으나 고성능 컴퓨터 시대로 접어들면서 점차 그 중요성이 높아지고 있는 문제들을 살펴보자. 다양하고 복잡한 추론통계 분석도 컴퓨터를 이용해 손쉽게 할 수 있게 되면서 연구자들은 통계적 유의성을 검증하려는 의도에서 독립적인 다수의 이변량 검증을 하게 됨에 따라 부지불식간에 제1종 오류를 범할 확률을 높이는 결과를 가져오곤 한다. 예를 들어, 한 연구팀에서 20가지의 상이한 이변량 관계 각각을 유의수준 .05에서 검증한다고 가정해보자. 더 나아가서 이 20가지의 관계 중 단 하나만이 통계적으로 유의하다고 나타났다고 해보자. 이때 연구자는 과연 영가설을 기각할 수 있을까? 결코 그렇게 할 수 없는데, 그 이유는 다음과 같다.

유의수준을 .05로 설정한다는 것은 통계적으로 유의한 관계를 100번 관찰할 때마다 그중 5번은 다름 아닌 우연에 의해 통계적 유의성을 갖는 관계가 있을 수 있음을 의미한다. 다시 말해, 전혀 존재하지 않는 가상적인 관계에 대해 유의성 검증을 하더라도 매 100번 검증을 할 때마다 단순히 우연에 의해 5번의 검증결과는 유의하다고 나타난다는 뜻이다. 바로 이런 의미에서 볼 때, 결과가 통계적으로 유의하다고 하더라도 .05만큼의 제1종 오류를 범할 위험부담을 안고 있다는 것이다. 100번 중 5번이란 20번 중 한 번과 같다. 따라서 유의성 검증을 20번 하는 경우, 그중 한 번은 단순히 우연에 의해 '유의하다'는 결과가 나타나리라 예상할 수 있다.

위와 같은 내용을 좀 더 구체적으로 설명하기 위해 다음과 같은 예를 들어보자. 각자 자신을 어떤 사회복지기관에서 주최하는 '라스베이거스의 밤'이라는 기금모금행사에서 룰렛게임을 담당하는 자원봉사자라고 생각해보자. 둥근 바퀴모양의 룰렛에는 1부터 20까지 숫자가 쓰여 있자. 룰렛이 돌다가 멈출 때 나오는 숫자를 맞출 수 있는 승률은 15 대 1이라고 하자(기금모금을 위해 주최자의 승률이 더 높다). 만약 어떤 사람이 나타나서 승률이 15 대 1이나 되므로 돈을 한 번 걸고 룰렛을 한 번 돌리는 것이 아니라 20번 돌릴 수 있어야 한다고 주장한다고 하자. 물론 게임을 진행하는 우리로서는 이를 허락할 수 없다. 왜냐하면 15 대 1의 승률은 룰렛을 한 번 돌릴 때만 해당되는 것이기 때문이다. 룰렛을 많이 돌릴수록 각자가 미리 선택한 숫자가 나타날 확률은 높아지며, 따라서 20번을 돌리고 나면 적어도 한 번은 자신이 돈을 건 숫자가 나올 것이다. 정확히 말해서 룰렛을 20번 돌릴 때 자신이 선택한 숫자가 한 번 나올 수 있는 확률은 .64이다(50 대 50보다 높음을 알 수 있다).

바로 이런 이유에서 다수의 독립된 유의성 검증을 하면 제1종 오류를 범할 확률은 실제로 .05보다 높아진다. 유의성 검증을 20번 한다고 할 때, 각 검증이 유의수준 .05에서 이루어졌다고 한다면 단 한 번의 검증에서만 유의미하다는 검증결과를 얻게 될 때의 제1종 오류를 범할 실제 확률은 .05가 아니라 .64가 된다. 즉, 독립된 유의성 검증을 많이 하면 할수록 제1종 오류를 범할 확률은 높아진다. 유의수준 .05라는 것은 단 한 번의 유의성 검증을 하는 경우에만 해당되는 확률이다.

그렇다고 해서 하나의 연구에서 단 한 번밖에 유의성 검증을 할 수 없다는 뜻은 아니다. 다수의 유의성 검증을 해야 하는 경우에는 그렇게 함으로써 제1종 오류를 범할 확률이 높아지지 않도록 적절한 조치를 취해야 한다. 이 문제를 해결할 수 있는 가장 간단한 방법은 **본페로니 조정**(Bonferroni adjustment)이다. 본페로니 조정은 유의수준을 통계적 유의성 검증분석을 행한 횟수로 나누어줌으로써 유의수준을 조정하는 방법이다. 예를 들어 처음의 유의수준이 .05이고 유의성 검증을 위해 20차례의 이변량 분석을 했다면 조정된 유의수준은 .05를 20으로 나눈 값인 .0025가 각각의 유의성 검증분석의 유의수준이 된다.

또 다른 해결방안은 다수의 가설을 동시에 검증할 수 있고 한 가지 이상의 비교를 하게 된다는 사실을 고려해 제1종 오류를 범할 확률을 계산할 수 있는 좀 더 고차원적인 다변량 분석기법을 사용하는 것이다. 앞서 이러한 다변량 분석기법 두 가지를 소개한 바 있는데, 한 가지는 다중회귀 분석이고 다른 한 가지가 판별분석이다(다변량 분산분석 같은 그 밖의 고단위 분석기법들에 대한 논의는 이 책의 범위를 넘어서는 수준의 내용이다. 그러나 연구자가 만약 제1종 오류를 범할 확률이 높아지지 않도록 어떠한 조치를 취했다면 일반적으로 연구결과를 발표할 때 이를 밝혀준다).

앞서 소개한 방법에 비해 위험도가 좀 높은 해결책이 있다. 일단 다수의 이변량 검증을 하고 나서 그중 대부분이 통계적으로 유의하다는 결론을 내릴 수 있다면 그런 결과가 단순히 우연에 의해 나타나기란 결코 쉬운 일이 아님을 보여주는 것이다(예를 들어, 룰렛게임에서 자신이 나오기를 기대하는 숫자가 여러 번 나오는 것과 같이). 이보다는 좀 더 안전한 해결책은 유의미한 이변량 검증결과를 연구하고자 하는 관계의 존재를 '입증'하는 것이 아니라 그러한 관계가 존재할 수 있다는 하나의 가설을 만들 수 있는 바탕으로 해석하는 것이다. 그런 다음 그만큼 유의미한 관계가 후속연구에서 또 다시 나타나는지를 보는 것이다. 다시 말해, 다수의 유의성 검증을 하되 탐구적 목적을 가지고 한다는 것이다. 즉, 후속연구를 통해 검증될 가설을 만든다는 목적에서 유의성 검증을 하는 것이라 할 수 있다.

아마도 가장 최악의 경우는, 많은 변수 중 어떤 변수와 어떤 변수 사이에 관계가 있는지를 알아보기 위해 다수의 독립된 유의성 검증을 실시하다가 혹시라도 어떤 유의한 관계가 발견되면 마치 처음부터 그 관계의 유의성을 검증하려고 했던 것인 척하면서, 어쩌다가 얻은 검증결과를 자신의 가설을 입증할 수 있는 근거로서 제시하는 그릇된 행태를 보이는 경우라고 하겠다.

이제까지 살펴본 바와 같이, 추론통계의 활용과 해석에서 여러 가지 오류가 발생할 수 있다는 사실은 양적 연구와 질적 연구의 상호 보완적 필요성을 다시 한 번 인식할 수 있게 해준다(이제까지 거의 모든 장의 마지막 부분에서 이에 관한 논의를 해왔다). '제3종 오류와 질적 탐구방법의 역할'이라는 제목의 글상자는 이에 관한 좋은 예라고 하겠다.

제3종 오류와 질적 탐구방법의 역할

앞 장에 이어 이 장에서도 제1종 오류와 제2종 오류에 대한 많은 논의가 이루어졌다. 혹시 이 두 가지 종류의 오류를 정확하게 이해하는 데 약간의 어려움을 겪고 있다면, 다음과 같이 기억하기에 편리한 방법을 알아두는 것도 도움이 된다.

제1종과 제2종 오류 각각을 '잘 속는'과 '잘 믿지 않는'이라는 말과 연관시켜보자.

제1종 오류: 연구자가 자신이 수집한 자료를 분석한 결과 나타난 관계가 실제로는 단순한 우연에 의해 비롯된 관계임에도 불구하고 마치 그 관계가 통계적으로 유의한 관계인 것으로 속아버리는 오류. 예를 들어 표본추출과정에서 우연히 표본으로 추출된 비행청소년이 모두 배리 매닐로 Barry Manilow의 음악을 듣는 반면, 비행청소년이 아닌 표본은 그의 이름을 알지도 못하는 경우가 발생했는데, 이런 사실을 전혀 모르는 채 단순히 배리 매닐로의 음악이 청소년들로 하여금 비행을 저지르게 한다는 그릇된 결론을 내리는 경우(그 결과, 실제로는 참인 영가설을 기각하게 된다).

제2종 오류: 어떤 관계가 실제로 존재함에도 불구하고 그 사실을 믿지 않음으로써 관계가 존재하지 않는다고 여기는 오류. 예를 들어 통계적 유의도가 .05보다 약간 높기 때문에 중학생이 노인보다 랩 음악을 더 좋아하지 않는다는 결론을 내리는 경우(따라서 거짓인 영가설을 기각하지 못하는 결과를 낳는다).

이제 제1종과 제2종 오류를 이해했으므로, 이번에는 제3종 오류라는 개념을 살펴보자. 제3종 오류란 처음부터 잘못된 연구질문이나 연구문제를 가지고 연구를 시작하는 오류를 말한다(Miller & Crabtree, 1994). 양적 연구에서, 특히 추론통계를 사용하는 연구에서, 제3종 오류를 범하는 가장 흔한 이유는 잘못된 가설을 검증하려고 하기 때문이거나 아니면 가설을 이루고 있는 변수에 대한 조작화가 잘못되어 있기 때문이다. 다음과 같은 제3종 오류에 관한 예를 보면서 질적 연구를 통해 어떻게 이런 오류에 대처 또는 방지할 수 있는지를 생각해보자. '간병인이 받는 부담'에 대해 알아보고자 하는 연구가 있다고 가정해보자. 간병인이 받는 부담이란 예를 들어 자신이 아끼는 이들 중 치매나 에이즈(AIDS) 또는 중증 정신질환처럼 점차 쇠약해지는 정도가 더해가는 질환을 가진 환자를 돌보는 사람들이 받는 부담을 말한다. 이 연구에서 연구자는 만약 간병인의 주위에 자신에게 정서적인 격려를 제공해줄 수 있는 비공식적 사회적 지지체계가 약할수록 간병인이 받는 느끼는 부담의 정도가 심할 것이라는 가설을 검증하고자 한다고 가정해보자.

이를 위해 연구자는 횡적 연구를 통해 두 집단을 비교한 결과, 두 변수 간에 중간 정도 수준의 통계적으로 유의한 관계가 존재한다는 사실을 발견했다. 분석결과가 통계적으로 유의하기 때문에 제1종과 제2종 오류 중 제1종 오류에 대해 걱정해볼 필요가 있다. 그런데 만약 어떤 동료 연구자가 말하기를 연구에서 간병인의 부담을 조작화해 종속변수로 만들기 위해 사용한 '간병인 부담 척도'의 항목들 중 몇 가지 항목이 사회적 지지체계의 강도를 측정하는 항목이라면 어떻게 될까? 만약 그렇다면 조작화한 두 변수에 서로 중첩되는 부분을 갖게 되기 때문에 연구자의 가설은 실제로는 동어반복에 불과한 것이 되며, 비공식적 사회적 지지체계의 강도가 종속변수와 독립변수 모두에 수치화되어 포함되어 있으므로 너무도 당연한 결론이 나올 수밖에 없게 된다. 바로 이런 경우를 일컬어 제3종 오류라고 하며, 따라서 연구를 통해 아무리 통계적으로 유의한 결과를 얻었다고 할지라도 실제로 아무런 가치가 없게 되고 만다.

질적 연구를 하는 사람들은 좀 더 개방적이고 유동적이며, 귀납법적 논리를 사용하는 연구일수록 앞서의 예와 같이 전적으로 잘못된 변수를 가지고 연구를 하는 오류를 범하지 않을 수 있다는 점을 지적한다. 또한 질적 접근방법은 연구자로 하여금 가장 중요한 변수들과 그러한 변수들의 의미를 파악할 수 있게 해주며, 연구의 전 과정에 걸쳐 처음에 내린 조작적 정의 하나에만 매달리기보다는 시간이 지날수록 탐구의 방향을 조정해나갈 수 있게 해준다고 한다.

예를 들어 간병인 상호 간에 지지를 목적으로 하는 집단활동을 통해 사회복지적 개입을 제공하려는 계획을 갖고 있다고 가정해보자. 이때 집단에 참여하는 간병인들이 돌보는 대상이 어떤 질환을 갖는가에 따라서 과연 개입의 성격을 달리해야 하는지, 또한 각 집단은 동일한 질환을 가진 대상을 돌보는 간병인들로만 구성되어야 하는지에 대해 의문을 가질 수 있다. 이러한 의문점들을 해결하기 위해 횡적 연구를 통한 집단 간 비교연구를 실시한 결과, 질환의 종류와 간병인이 느끼는 부담 간에는 통계적으로 유의한 관계가 없음을 발견했으며(앞서의 예와 동일한 간병인 부담 척도를 사용했다고 가정해보자), 이러한 연구결과를 토대로 개입 유형을 질환의 종류에 따라 달리하지 않기로 결정했다. 그런데 영가설을 기각하지 못했기 때문에 혹시 제2종 오류를 범했을지 모른다는 우려 때문에 동료와 함께 이에 대해 이야기하는 과정에서 동료로부터, 정작 걱정해야 하는 것은 제2종 오류가 아니라 제3종 오류라는 지적과 함께 "단순히 두 집단이 동일한 정도의 부담을 느낀다고 해서 상이한 종류의 질환을 가진 대상을 돌보는 사람들이 느끼는 부담의 내용이나 의미까지 동일하다는 뜻은 결코 아니다."라는 말을 듣게 되었다.

이런 의견을 받아들여 질환의 종류별로 약간 명의 간병인들을 대상으로 개방적인 면담을 해본 결과, 비록 각 집단이 느끼는 부담의 수준은 유사하지만 부담의 의미는 집단에 따라 매우 다르다는 사실을 발견했다. 예를 들어 치매환자를 돌보는 사람들은 환자를 돌보는 데 많은 신체적인 활동이 요구된다는 점과 자신을 알아보지 못하고 자신의 수고를 전혀 알아주지 못하는 사람을 돌봐야만 한다는 사실에서 비롯되는 정신적인 갈등이 매우 두드러지는 것으로 나타났다. 정신질환자를 돌보는 사람들의 경우, 정신질환 분야의 전문인이 갖는 '역기능적인 가족관계가 정신질환의 부분적인 원인'이라는 견해와 은연중에 느껴지는 비난으로 인한 정서적인 부담이 큰 것으로 나타났다. 이러한 발견점들을 바탕으로 질환의 종류에 따라 개입을 달리해야 한다는 결론을 내리게 되었으며, 이런 결론은 연구를 통해 처음 얻은 결론과는 정반대되는 것이다.

이제 만약 정신질환 환자를 돌보는 간병인을 위한 개입의 효과를 평가하기 위해, 개입이 있은 후 실험집단의 부담 척도 점수가 비교집단에 비해 훨씬 더 낮아졌는지를 비교했다고 해보자. 그 결과, 두 집단 간의 점수의 변화에 있어서의 차이는 예상했던 방향대로 나타났으며 차이의 정도 또한 상당히 의미 있는 수준인 것으로 나타났으나 통계적으로 유의한 차이는 아닌 것으로 밝혀졌다고 하자. 이 경우에도 역시 연구자는 표본의 크기가 크지 않기 때문에 제2종 오류의 가능성을 생각했으나 동료 연구자는 또 다시 제3종 오류에 대해 언급했다. 아마도 이번에는 연구에서 사용한 간병인 부담 척도는 일반적인 간병인을 대상으로 개발된 것이며 사회적 낙인이라는 개념과는 전혀 무관하다는 점을 지적할 수 있을 것이다.

이 경우에도 앞서의 경우와 마찬가지로 두 집단의 구성원들을 대상으로 개방적인 면담 위주의 질적 접근방법을 이용한 연구가 연구자가 가진 의문점을 풀어나가는 데 도움을 줄 수 있을 것이다. 예를 들어 비교집단의 구성원들 모두가 연구의 전 과정에 걸쳐 자신도 동일한 수준의 사회적 낙인을 경험했음을 알아냈으며, 개입이 이루어졌던 거의 모든 대상이 상호 지지를 위한 집단활동이 자신들에게 상당히 많은 도움을 주었으며 그로 인해 더 이상 자신의 가족이 정신질환 환자임을 숨기지 않을 수 있게 되었다는 사실을 알게 되었다고 가정해보자. 또한 집단에 참여했던 사람들이, 비록 신체적인 피로의 수준이나 자신이 사랑하는 사람이 너무도 젊은 나이에 곧 죽는다는 사실에서 비롯되는 정신적인 고통의 수준은 전과 마찬가지이지만, 그럼에도 불구하고 상호 지지적인 집단활동이 그들에게 큰 정신적인 위안을 주었으며 그로 인해 그들이 느끼는 부담의 가장 큰 원인이었던 사회적 낙인을 극복할 수 있었음을 알게 되었다고 해보자.

이러한 질적 자료는, 상호 지지적 집단활동을 통해 이루어진 개입의 효과가 낙인이라는 개념이 전혀 고려되지 않는 양적 자료를 바탕으로 얻어진 평가결과보다 훨씬 더 효과적일 수도 있음을 시사해준다. 따라서 양적 자료에 전적으로 의존하는 연구방법으로 인해 제3종 오류가 발생했을 수도 있다는 가능성을 인식할 수 있다. 더 나아가서, 개입이 이루어졌던 대상들 모두가 사회적 낙인을 극복하는 데 많은 도움을 받았다는 반응으로부터 개입이 효과적일지 모른다는 높은 가능성을 발견할 수 있으며, 또한 이런 가능성을 무시하는 경우 치명적인 제2종 오류를 범할 수 있다는 점을 알게 되었다. 물론, 양적 연구를 설계하기에 앞서 질적 면담기법을 이용한 사전연구를 해보는 것이 훨씬 더 바람직한 방법이라고 볼 수 있다. 만약 그렇게 할 수 있다면 양적 연구에 낙인을 측정할 수 있는 척도를 포함시킬 수 있을 것이며, 따라서 좀 더 의미 있고 결정적인 양적 연구결과를 얻게 될 것이다.

추론통계의 이용과 관련된 쟁점

일반적으로 통계학이라고 하면 수학이나 논리학을 생각하기 때문에 통계학에서는 항상 옳고 그름이 분명할 것이라 생각하기 쉽다. 그렇기 때문에 경험이 많지 않은 연구자들은, 통계학에 상당한 권위를 가진 학자들조차도 추론통계의 기본적인 쟁점들에 의견의 일치를 보이지 못하고 있다는 사실을 알면 매우 놀라곤 한다. 전문학술지를 읽다 보면 가끔씩 어떤 연구에서 자료의 형태로 보아 틀림없이 비모수 통계기법을 사용해야 함에도 불구하고 모수 통계기법을 사용해 자료를 분석한 경우를 적지 않게 볼 수 있다. 때로는 그런 연구에서 사용된 통계기법의 적절성에 대해 학자들 간에 매우 심각한 논쟁을 벌이기도 한다.

아직도 학자들 간의 논쟁의 대상이 되고 있는 통계 관련 쟁점들을 심층적으로 살펴보기 위해서는 아주 복잡하고 장황한 내용을 다루어야 하는데 그런 내용은 이 책에서 다루고자 하는 바가 아님을 분명히 하고자 한다. 그러나 이 장의 결론 부분에 해당하는 바로 여기에서 몇 가지 중요한 쟁점을 소개하고자 한다. 그렇게 함으로써, 혹시나 추론통계와 관련된 논쟁의 심각성에 너무 압도당하게 되어 차라리 추론통계 분석은 가급적 피하는 편이 더 나을 것이라고 여기는 상황이 발생하지 않도록 하고자 한다.

많은 추론통계 관련 쟁점들에서 공통된 점이 있다면 그것은 대부분 혹은 거의 모든 통계적 유의성 검증기법이 바탕으로 하고 있는 기본가정에 대한 위배라는 문제다. 이러한 문제에 대해 각자가 어떤 입장을 취하는가는 아마도 통계적 유의성이라는 것을 표본으로부터 모집단으로 일반화하는 과정에서 오류가 발생할 확률을 보여줄 수 있는 정확하고도 충분한 증거라고 생각하는지, 그렇지 않으면 과연 무엇을 추론할 수 있고 무엇을 추론할 수 없는가에 대한 판단에 있어서 단지 첫 단계(혹은 대략적 지침)에 불과하다고 생각하는지에 따라 달라질 것이다.

이 두 가지 극단적 입장 가운데 한쪽 극단은 통계적 유의성이란, 유의성 검증에 전제가 되는 완벽한 무작위 표본추출 혹은 배정과 같은 기본가정이 모두 만족되지 않는 한 무의미할 뿐만 아니라 그릇된 결과를 초래할 수 있다고 보는 입장이다. 이런 입장에서 본다면, 예를 들어 어떤 연구에서 무작위 표본추출이 이루어지지 않았다면 (또는 표본추출은 무작위로 이루어졌으나 어떤 변수에 대해서는 무응답 내지는 무효자료가 있다면), 비록 그 연구에서 유의수준 .05에서 통계적으로 유의미한 결과를 얻었다고 하더라도 실제로 유의수준 .05에서 연구결과를 모집단 수준으로 일반화할 수 있는 아무런 근거는 없다고 주장할 것이다.

만약 통계적 유의성 검증의 핵심이 표본으로부터 모집단으로 올바른 일반화를 할 수 있을 확률을 정확하게 추론할 수 있다는 충분한 근거를 제시하는 것이라고 생각한다면 위와 같은 주장에 반론을 제기하기 어려울 것이다. 그러나 어떤 학자들은 통계적 유의성 검증에 근거한 추론과 연구설계에 근거한 추론을 분리해 구분하고 있다. 이러한 입장을 가진 학자들은, 유의성 검증은 추론을 위한 첫 단계이지 결코 전부가 아님을 강조하면서 유의성 검증뿐만 아니라 표본추출 방법이나 측정상의 오류 같은 연구설계상의 문제점에도 관심을 기울여야 한다고 주장한다. 이런 관점에서 본다면, 유의성 검증을 통해 연구가설이 참일 수 있는 정확한 확률이 유의수준 정도임을 입증할 수 있다고는 볼 수 없다. 오히려 그보다는 유의수준이란 단지 영가설이 참일 수 있는 확률, 즉 관찰된 결과가 우연에서 비롯된 것일 수 있는 확률을 의미하는 것으로 해석한다. 결과에 대한 가능한 설명들 중에서 우연을 배제할 수 있다는 것만으로는 추론분석이 끝났다고 말할 수 없으며, 연구결과를 일반화하는 데 장애가 될 수 있는 연구설계 전반에 걸친 다른 문제점을 충분히 고려하면서 연구자가 판단하는 과정이 반드시 뒤따라야만 한다.

만약 연구자가 이보다는 좀 더 확고한 입장을 갖는다면(다시 말해, 추론분석은 통계적 추론만으로도 충분하며 유의수준이 바로 연구가설을 모집단에 대해 올바르게 일반화할 수 있는 정확한 확률을 의미한다고 생각한다면) 통계분석의 기반이 되는 가정들이 조금이라도 위반될 경우 그러한 분석결과를 받아들일 수 없을 것이다. 이와 달리 유의수준을, '우연'을 가능한 설명들 중에서 배제하는 데 필요한 하나의 유용한 판단 기준이라고 보고 통계적 유의성 외에도 다른 중요한 연구설계와 관련된 문제들을 고려해야 한다는 입장을 갖는다면, 통계적 유의성을 검증할 때 기본적인 가정들이 어느 정도 위배된다 하더라도 이를 받아들일 수 있다.

아이러니하게도 통계적 유의성에 대해 다른 사람들보다 훨씬 더 많은 것을 기대하는 사람들이, 통계를 별로 많이 사용하지 않으면서 다른 사람들이 통계를 사용하는 것을 비난하는 사람들일 수 있다. 이는 사회복지학 연구가 갖는 현실적인 제약으로 인해 통계분석에 필요한 가정들, 특히 무작위 표본추출이라든지 검증하고자 하는 변수에 무응답 혹은 무효자료가 없어야 한다는 등의 조건을 모두 만족시키기 어렵기 때문이다. 이런 현실을 고려해볼 때, 어떤 사람들은 통계분석에 바탕을 둔 추론분석과 연구설계에 바탕을 둔 추론분석을 함께 연결할 수 있는 다른 합리적인 대안이 없음을 주장한다.

통계학자들 사이에서 의견의 일치를 보지 못하는 또 다른 문제는 표본이 아니라 모집단을 가지고 연구를 하는 경우 통계적 유의성 검증을 해야 하는가에 관한 것이다. 어떤 학자들은 통계적 유의성 검증이란 표본으로부터 얻은 통계값을 가지고 모집단에 대해 일반화를 하는 경우에만 필요하다고 주장한다. 이런 주장의 핵심은, 모집단 전체를 가지고 연구하는 경우 표본을 가지고 연구하는 경우와 달리 표본오차가 있을 수 없으며, 따라서 연구를 통해 발견된 사항들이 표본오차에서 비롯된 것인지를 검증한다는 것은 불필요할 뿐만 아니라 부적절하다는 것이다. 표본이 아닌 모집단 전체를 가지고 연구를 하기 때문에 관찰된 모든 관계는, 관계의 강도가 아무리 약하다고 하더라도 곧 바로 모집단 차원으로 일반화할 수 있다는 것이다. 물론 모집단 자료에서 관찰된 관계들도 그 강도나 실제적 유의성에 있어서는 차이가 있을 수 있으나 관계 그 자체는 자동적으로 통계적 유의성을 갖게 되며, 따라서 제1종 오류를 범할 확률이 없으므로 항상 일반화할 수 있다.

이와 달리 어떤 학자들은 모집단 자료를 가지고 연구한다고 하더라도 통계적 유의성 검증은 필요하며, 또한 적절하다고 주장한다. 이런 주장을 하는 학자들도 바로 앞서 소개한 입장의 기본논리 자체를 부정하는 것은 아니며, 단지 예외적인 상황이 있을 수 있다는 점을 강조한다. 여기서 말하는 예외적인 상황이란 연구의 목적이 모집단 수준에서 두 개의 변수 간의 관계가 존재하는지를 서술적으로 밝히는 수준을 넘어서서 과연 독립변수가 종속변수를 설명하는 데 도움을 줄 수 있는가를 추론하고자 할 때 발생한다. 만약 연구의 목적이 후자와 같다면 연구자는 종속변수를 설명할 수 있는 인과관계를 추론하기 위해 통계적 유의성 검증을 할 수 있다는 것이다.

이런 입장에서 볼 때, 유의성 검증의 기능은 모집단 차원에서 어떤 특정 관계가 존재하는지를 보기 위한 것이 아니라 모집단 차원에서 존재하는 어떤 관계가 무작위적 과정(random process)에 의해 나타난 것인지 아니면 어떤 이론적 과정에 의해 나타난 것인지를 검증하는 것이다. 미국 50개 주를 대상으로 하는 블레이락 Blalock(1972)의 연구는 이런 내용을 잘 설명해주는 예라고 할 수 있는데, 이 연구를 약간만 변형해 좀 더 사회복지와 관련된 예를 만들어보겠다.

미국의 50개 주 전체를 대상으로 AFDC(Aid to Families with Dependent Children) 프로그램에서 지급되는 공공부조 급여액 수준을 관찰한 결과, 주의 명칭에 들어 있는 알파벳의 개수가 짝수인 주가 홀수인 주에 비해 급여액 수준이 높다는 것을 발견했다고 가정해보자. 이런 경우 연구자는 자신이 발견한 내용을 구태여 통계적 유의성 검증을 통해 모집단, 즉 미국 모든 주의 차원으로 일반화할 필요가 없다. 그럼에도 불구하고 누구도 주의 명칭 속에 있는 알파벳의 개수가 짝수라는 사실이 AFDC 급여액의 수준을 높이는 원인이라고 생각할 수는 없을 것이며, 더 나아가서 이러한 관계를 사회복지정책과 관련된 하나의 이론으로 발전시키려는 사람은 아무도 없을 것이다. 모집단 자료로부터 어떤 관계를 발견하면 연구자는 반드시 그 모집단을 독립변수의 범주에 따라 여러 개의 하위집단으로 나눠봐야 한다. 이는 마치 52장의 카드라는 모집단을 몇 개의 뭉치로 나누는 것과 마찬가지라고 하겠다. 이렇게 하면, 독립변수가 아무리 의미 없는 변수라고 할지라도 하위집단들 간에 종속변수에 차이가 있을 수 있다. 예를 들어 한 벌의 카드를 여러 개의 뭉치로 나누었을 때, 어떤 뭉치에 하트, 다이아몬드 혹은 왕이나 여왕이 그려진 카드가 더 많이 있을 이론적인 근거를 찾아보기는 어려울 것이다. 그러나 그럼에도 불구하고 두 개의 카드더미에 전혀 아무런 차이점도 없다는 것 또한 매우 기대하기 어렵다. 똑같은 논리에서 모집단 차원에서 어떤 관계가 존재하는가를 관찰하다 보면 어떤 관계를 발견할 수도 있으며, 이는 단순히 여러 가지 변수들 간의 우연한 상호작용에 의해 비롯된 관계일 수도 있다. 이런 경우 연구자는 통계적 유의성 검증을 통해 모집단 차원에서 존재하는 특정 관계가 무작위적인 어떤 과정에 의해 비롯될 확률이 얼마나 되는지를 알아볼 수 있으며, 이를 바탕으로 관찰된 관계가 어떤 인과관계를 반영하고 있을 가능성을 높일 수 있고, 따라서 이론적 가치 또한 높일 수 있다.

각자가 갖고 있는 통계적 유의성 검증의 기능과 유의수준의 정확한 의미에 대한 입장은 위에서 언급한 통계 관련 쟁점들 외의 쟁점들에 대한 각자의 입장을 정하는 데도 영향을 준다. 예를 들면, 어떤 통계학자들은 자료의 형태가 비모수 통계기법을 사용해야 함에도 불구하고 비모수 통계보다 모수 통계가 통계적 검증력에서 더 월등하기 때문에 모수 통계를 더 선호하기도 한다. 즉, 유의수준 .05(혹은 그 밖의 어떤 유의수준을 택한다고 하더라도)를 반드시 고수해야 하는 어떤 절대성이 있는 것이 아닌 이상, 제2종 오류를 범할 확률을 낮추기 위해 제1종 오류의 정확성을 어느 정도 양보할 수 있다는 뜻이다. 그러나 엄밀하게 말해서 이런 이유에서 비모수 통계기법 대신 모수 통계기법을 사용한다면 실제로 모수 통계기법을 사용하는 데 필요한 모든 가정을 만족시키지 못하게 됨에 따라 연구결과가 유의수준 .05에서 유의하다고 하더라도 실제로는 제1종 오류를 범할 확률이 정확하게 .05

가 아닐 수 있다는 점을 유의해야 한다. 왜냐하면 연구에 사용된 자료가 모수 통계기법 사용에 필요한 기본가정을 모두 다 충족하고 있지 않기 때문이다.

22장에 나왔던 예인 '자선행사에서 경품을 받기 위한 내기' 경우를 생각해보자. 통계적 분석을 위해 필요한 어떤 중요한 가정들이 만족되지 않은 상태에서 통계적 분석을 실시해 얻은 p 값은 사실상 별다른 의미를 갖지 못한다. 예를 들어 통계적 유의성 검사에서 .05보다 약간 작은 p 값(예를 들면 .04)이 나왔다고 하더라도 그 결과가 p 값이 .05보다 약간 큰 값(예를 들면 .06 혹은 .07)이 나온 경우와 실질적으로 다른 의미를 가질 가능성은 극히 낮다는 것이다.

연구자가 어떤 선택을 하더라도 무엇이 가장 바람직한 통계기법인가에는 논란의 여지가 항상 있기 마련이며, 이러한 논란은 어떤 정해진 공식으로 해결될 수 있는 성질의 것이 아니다. 따라서 최소한 이제까지 앞 장과 이번 장에 걸쳐 논의했던 통계적 추론의 의미와 제한점을 이해하는 한, 연구자 자신이 가진 지식을 토대로 판단하기에 가장 바람직하다고 생각하는 통계기법을 사용해 자료를 분석할 수 있기를 바라며, 절대로 이제까지 살펴본 추론통계와 관련된 쟁점들이 자신의 연구에 장애가 되지 않게 할 수 있기를 바란다.

마찬가지로, 방법론적인 면에서 매우 엄격하고 훌륭한 연구가 있다면 그 연구가 설사 통계분석에 전제가 되는 가정들을 모두 만족시키지 못한다고 하더라도 그 이유만으로 연구 전체를 무시해서는 안 된다. 통계분석이 아무리 잘되었다고 하더라도 그것이 연구설계상의 문제를 덮어줄 수 없는 것과 마찬가지로, 통계분석에 있어 다소 논란의 여지가 있다고 하더라도 그것 또한 연구설계에 있어 아무런 손색이 없는 훌륭한 연구가 가질 수 있는 여러 가지 장점을 모두 무시해버릴 수 있는 어떤 절대적이 기준은 될 수 없다는 점을 인식해야 한다.

특정 연구를 통해 발견한 내용을 일반화하기 위해서는 궁극적으로 반복연구가 필요하다는 점을 기억하기 바란다. 심지어 어떤 학자들은 연구를 반복할 때마다 동일한 결과를 일관되게 얻는다는 것과, 각각 혹은 모든 연구에서 연구결과가 통계적으로 유의한가의 여부는 별개의 문제임을 주장한다. 연구결과가 유의하든 그렇지 않든 간에, 여러 차례에 걸쳐 항상 동일하게 나타나는 연구결과를 일반화하는 과정에서는 제1종 혹은 제2종 오류를 범하지 않는다. 이는 마치, 연구설계상의 어떤 문제를 가진 연구를 여러 차례 반복하면 연구결과는 다름 아닌 바로 그 설계상의 문제에 의해 설명되지만 연구결과가 우연에 의해 설명될 수 있는 가능성을 어느 정도 정확하게 계산할 수 있는 것과 같은 이치라고 하겠다.

예를 들어, 4개의 연구가 있는데 이들 모두가 유의수준 .05에서 통계적으로 유의하지는 않으나 각각이 제1종 오류를 범할 확률 .10을 갖는다고 가정해보자. 이러한 연구결과가 전적으로 우연에 의해 4번 연속해서 나타날 확률은 (.10)(.10)(.10)(.10), 즉 .0001이다. 이처럼 각 연구가 통계적으로 유의하지 않음에도 불구하고 동일한 결과가 일관되게 반복되어 나타나면 연구자는 우연에 의해 이런 결과가 나타날 가능성을 배제할 수 있게 된다.

실제로 통계분석은 모든 가정이 만족될 때만 의미 있다고 주장하는 사람들 또한, 각 연구가 통계적 유의성이나 제1종 오류의 확률을 거론할 필요조차 없는 수준이라고 할지라도 방금 위에서 설명한 것과 같이 반복연구를 하면 똑같은 추론을 할 수 있다는 데 의견을 같이한다. 예를 들어, 특정한 개입의 효과를 측정하는 연구에서 개입 프로그램을 받은 사람들이 그렇지 않은 사람들에 비해 재범률이 30% 낮다는 것을 발견했다고 하자. 이와 동일한 연구를 여러 차례 반복한 결과, 매번 똑같은 결과를 얻었다고 한다면 그러한 개입이 재범률을 30% 낮추는 효과가 있음을 추론하기 위해 구태여 어떤 특정 연구의 결과가 통계적으로 유의한지를 검증해볼 필요는 없다.

이것으로 자료분석에 대한 논의를 마치겠다. 이제까지의 설명이 너무 난해하다고 느껴지더라도 절대로 의기소침할 필요는 없다. 왜냐하면 다른 사람들도 똑같이 느끼고 있을 것이기 때문이다. 이제까지 설명한 모든 내용을 완벽하게 이해해야만 올바른 연구를 할 수 있는 것은 결코 아니다. 그러나 앞서 설명한 내용 중에서 좀 더 자세히 공부할 필요가 있다고 느낀다면 바로 다음에 소개될 추천도서들을 볼 것을 권하고자 한다. 또한 사회복지 전문인들이 이러한 통계 관련 쟁점들에 대해 어떻게 생각하는지를 알아보고자 한다면 「Social Service Review」 학술지에 실린 카우거 Cowger(1984, 1985, 1987), 루빈 Rubin(1985b), 길손 Gilsson(1987) 등의 논문을 참조하기 바란다.

주요 내용

- 메타분석이란 특정 분야에서 이미 발표된 연구들에 나와 있는 효과크기 통계값들의 평균을 구하고 다양한 분야의 연구들로부터 도출된 종합적 결과물의 통계적 유의성을 구하는 연구방법을 말한다.
- 메타분석은 연구저자의 편향성, 이해상충관계, 방법론적으로 뛰어난 연구와 한계점이 많은 연구를 동일하게 취급하기, 메타분석 대상으로 포함되는 연구들의 방법론에 대한 질적 판단 오류, 종합성, 투명성 등으로 인해 분석상의 결함이 있는지를 고려해 비판적으로 평가되어야 한다.
- 통계적 검증력 분석이란 제2종 오류를 범하지 않을 확률이 얼마나 되는지를 계산하는 분석이다. 제2종 오류를 범하지 않을 확률이란, 제2종 오류를 범할 확률을 계산해 이를 1.0에서 뺀 값을 말한다. 연구를 계획할 때 검증력표를 참고하면, 어느 정도의 표본 크기 혹은 유의수준이 우리가 원하는 이상적인 통계적 검증력에 영향을 미칠지 알 수 있다. 검증력표를 우선적으로 참고하지 않고 가설을 검증하면, 실제로 진실인 가설을 뒷받침할 근거조차 찾지 못할 가능성이 있다.
- 통계적 유의성을 검증하는 검증기법에는 여러 가지가 있다. 어떤 검증기법을 사용하는 것이 가장 적절한가의 문제는 변수의 종류, 분석에 포함할 변수의 개수, 표본추출 방법, 변수의 모집단에서의 분포 형태 등에 따라 달라진다. 모든 통계적 유의성 검증기법은 궁극적으로 제1종 오류를 범할 확률이 얼마인가를 알려준다.
- 추론통계에서 학자들 간의 논쟁은 주로, 통계검증에 전제가 되는 가정들 중 일부가 만족되지 않은 상태에서도 유의성 검증이 정당화될 수 있는 조건들이 무엇인가에 초점이 맞춰져 있다.

연습문제

1. 각자가 관심 있는 분야를 다룬 설명적 연구논문을 사회복지 관련 학술지나 그 밖의 근접학문 분야의 학술지에서 몇 개 정도 수집해 수업시간을 통해 다음과 같은 관점에서 비판해본다.
   a. 만약 영가설이 기각되지 않았다면, 연구자는 통계적 검증력이나 제2종 오류를 범할 확률에 대해 적절한 언급을 하고 있는가? 만약 상관관계를 발견한 경우라면 표 23-1에서 각각의 상관관계와 가장 근접한 열이 어디인가를 찾아본다. 그 다음으로는 연구에서 사용된 표본 크기에 해당하는 행을 찾아본다. 이제 행과 열이 교차하는 점을 찾아 유의수준 .05에서 양측검증을 하는 경우에 해당하는 통계적 검증력이 얼마인지를 확인한다. 이때 확인된 검증력의 수준이 적절한지 생각해본다.
   b. 만약 영가설이 기각된 경우라면, 연구자가 통계적 유의성을 실제적 유의성이나 관계 강도와 혼동하고 있지는 않은가? 관련성 측정치를 사용하고 있는가? 연구자가 통계적 유의성을 파악하고 난 뒤 분석을 더 이상 하지 않았나? 연구결과가 갖는 실제적 유의성을 어떻게 해석할 수 있을까?
2. 1장에서 논의한 바 있는 사회복지 실천의 효과에 관한 연구논문 중 한 가지를 살펴본다(Fisher, 1973; Wood, 1978; Reid & Hanrahan, 1982; Rubin, 1985a). 영가설이 기각되지 않은 연구(즉, 평가하고자 하는 프로그램이나 개입의 효과성을 뒷받침하지 못한 연구)에서 표본 크기가 얼마인가를 알아본다(실험집단과 통제집

단을 합한 표본의 크기). 만약 평가하고자 하는 프로그램이나 개입이 결과변수와 .30 수준 정도의 관계가 있다고 가정해본다면 각 연구에서 참이 아닌 영가설을 기각하지 못할 확률은 얼마가 되었을까(즉, 제2종 오류를 범할 확률은 얼마인가)? 이 질문 또한 위의 연습문제 1a와 마찬가지로 표 23-1을 이용해 답할 수 있다. 이와 같은 질문들이 사회복지 실천에서 어떤 의미를 주는지를 논의해본다.

인터넷 연습문제

1. 사회복지 또는 사회과학 학술지에서 '통계적 검증력'이라는 검색어를 사용해 이번 장에서 논의했던 통계적 검증력에 관한 두 편의 논문을 찾아보자. 각 논문에 제시된 참고문헌들을 써두고 각 논문의 주요 내용을 간략하게 정리해보라.
2. 사회복지 또는 사회과학 학술지에서 '메타분석'이라는 검색어를 사용해 두 편의 관련 논문을 찾아보자. 그중 한 편은 각자의 관심 분야에 관한 메타분석 논문으로 찾아보라. 각 논문에 수록된 참고문헌들을 찾아 주요 내용을 간략하게 정리하고 논문에서 사용된 방법론의 장점과 단점 역시 간략하게 정리해보라. 또한 메타분석과 관련된 방법론적 쟁점에 관한 한 편의 논문을 찾아 그 논문 뒤에 제시된 참고문헌들을 써두고 논문의 주요 내용을 간략하게 정리해보라.
3. 다음의 검증력 분석 웹사이트 http://hedwig.mgh.harvard.edu/size.html을 찾아 들어가라. 그런 다음, 첫 번째 행의 'Parallel Study(병행연구)'라는 제목 아래에 있는 'Quantitative Measurement(양적 측정)'를 클릭하라.
   a. 100명을 관찰대상으로 하여 실시된 성취도 평가의 검증력을 알아보고자 하며 .6 정도의 효과크기가 예상된다고 가정해보자. 박스 2에 100을 입력하고 박스 3-1에 .6을 입력한 다음 'Calculate(계산)'를 누르면 검증력을 알 수 있다.
   b. 위의 예에서 .95의 검증력을 얻고자 한다고 가정해보자. 박스 1에 .95를 입력하고 박스 3-1에 .6을 입력한 다음 'Calculate(계산)'를 누르면 필요한 관찰대상의 수를 알 수 있다.
4. 사회조사방법연구센터 웹사이트 http://www.socialresearchmethods.net을 찾아 들어가라. 통계적 검증방법을 선택하는 프롬프트를 클릭하면 연구자가 갖고 있는 변수의 특성을 파악하기 위한 일련의 대화식 질문들을 접하게 될 것이다.
   a. *t*-검증이 적합한 검증방법이 되도록 질문에 답하라.
   b. 카이제곱 검증이 적합한 검증방법이 되도록 질문에 답하라.
   c. 다중회귀 분석이 적합한 검증방법이 되도록 질문에 답하라.
5. '서류함 효과'라는 용어에 관해 조사해보라. 조사하면서 새로 배운 점 혹은 흥미로웠던 부분을 간단히 요약하라.

추천도서

Bloom, M., Fischer, J., & Orme. J. G. (2006). *Evaluating Practice: Guidelines for Accountable Professional* (5th ed.). Boston: Allyn & Bacon. 13장 끝부분에서 단일사례 평가설계를 사용해 자신의 사회복지 실천을 평가하는 것과 관련해서 이 책을 한 번 추천한 바 있다. 이 책은 단일사례 평가설계 자료분석을 위한 다양한 통계적 접근방법을 여러 장에서 다루고 있으므로, 여기서 이 책을 다시 한 번 추천한다.

Cohen, J. (1988). *Statistical Power Analysis for the Behavioral Sciences* (2nd ed.). New York: Lawrence Erlbaum Associates. 이 책은 통계적 검증력 분석을 가장 자세하고 명확하게 설명하고 있으며, 조사연구를 계획할 때 표본의 규모와 유의수준을 결정하는 데 지침이 되는 통계적 검증력을 쉽게 알 수 있게 해주는 여러 가지 표를 제시해준다. 코헨은 관계 강도에 관한 지침을 제시하고 있으며 아울러 통계적 유의성, 관계 강도 및 실제적 중요성 간의 차이도 상세하고 설명하고 있다. 또한 좋은 예와 중요한 공식 그리고 공식을 도출하는 과정도 제시해준다. 매우 읽기 쉽게 쓰인 책으로서 연구자라면 반드시 읽어봐야 할 책이라고 하겠다. 연구결과를 읽는 독자들 또한 연구자들이 별도의 설명 없이 통계적 유의성만을 제시해놓은 경우를 접하게 되면 관계 강도에 대한 계산을 단순화해놓은 코헨의 공식이 얼마나 가치 있는지를 깨닫게 될 것이다.

Lipsey, M. W. (1990). *Design Sensitivity: Statistical Power for Experimental Research*. Newbury Park, CA: Sage. 이 책 역시 통계적 검증력 분석에 관한 매우 훌륭한 책이다. 이 책은 메타분석과 조사연구 설계와 관련된 여러 가지 속성들이 통계적 검증력에 미치는 영향에 대해서도 설명하고 있다. 이 책의 일부 내용은 통계적 지식이 그리 많지 않은 학생들에게는 너무 어려울 수도 있다. 그러나 그럼에도 불구하고 적극 추천할 만한 책이다.

Morrison, D., & Henkel, R. (Eds.). 1970. *The Significance Test Controversy: A Reader*. Chicago: Aldine-Atherton. 이 책은 통계적 유의성에 관한 찬반 입장을 잘 제시해준다. 통계적 유의성 검증의 타당성 또는 유용성에 관한 질문은 사회과학 연구논문에 주기적으로 등장하는 주제다. 매번 이 주제가 다시 논의될 때마다 각기 다른 관점을 가진 연구자들 간에 상당한 수준의 학문적 의견교환이 이루어져 왔다. 이러한 학문적 의견교환을 한데 묶어 편집한 이 책은 지금도 끊임없이 지속되는 이러한 논쟁을 이해할 수 있게 해주는 훌륭한 교재라고 하겠다.

활용 노트

EP 2.1.6b

EP 2.1.6b: 실천에 유용한 연구증거 활용하기: 사회복지사가 이 장에 소개된 모든 개념을 이해한다면, 양적 연구를 통해 나온 통계적인 증거들을 이해하고 사회복지 실천에 도움이 되는 연구증거들을 활용할 수 있다.

EP 2.1.10m

EP 2.1.10m: 개입을 비판적으로 분석하고, 모니터링하고, 평가하기: 사회복지사가 이 장에 소개된 모든 개념을 이해한다면, 개입방법을 모니터링하고 평가할 때 만들어진 결과물을 분석하는 데 도움이 될 것이다.

연구계획서와 연구보고서 작성

Writing Research Proposals and Reports

8부는 이 책의 맨 마지막 장으로 구성되어 있다. 여기서는 이전 장들에서 배웠던 내용과 연구결과를 표현하는 방법에 대해 살펴볼 것이다. 먼저 연구계획서를 작성하는 방법을 살펴보는데, 여기서 이전 장들에서 배웠던 모든 내용을 이해하는 것이 연구계획서를 작성하는 데 어떻게 도움이 되는지 알게 될 것이다.

CHAPTER 24

연구계획서와 연구보고서 작성

Writing Research Proposals and Reports

이 장의 학습내용

제목에서 알 수 있듯이 이 장에서는 연구비를 얻기 위해 연구계획서를 작성하는 방법과 연구를 마친 다음 연구결과를 보고하는 방법에 대해 살펴볼 것이다. 아울러 연구비 지원기관을 찾는 데 도움이 될 만한 사항과 연구계획서를 작성하기에 앞서 알아두면 도움이 될 만한 사항에 대해서도 논의할 것이다. 연구계획서와 연구보고서의 작성과 관련해서는 연구계획서와 연구보고서를 구성하는 각각의 구성요소와 연구자가 염두에 두고 있는 독자들에게 연구결과를 설명할 때 따라야 할 일반적인 지침을 살펴보겠다.

서론

지금까지 많은 것을 배웠다. 그중 중요한 것만 꼽아보더라도 사회복지 조사연구의 가치, 과학적 방법, 연구윤리와 정치적인 측면, 유용성과 타당성을 갖춘 조사연구를 계획하고 설계하는 방법, 여러 가지 차원의 측정방법과 자료수집 방법, 문화적 능력을 갖춘 연구를 하는 방법, 자료를 분석하고 해석하는 방법 등을 포함해 많은 내용을 다루었다. 이제 이런 내용에 이어서 자신의 연구를 다른 사람들에게 알리는 방법에 관해 살펴보자. 먼저 연구비를 얻기 위해 자신이 연구하고자 하는 바를 다른 사람들에게 알리는 방법을 살펴보고, 그 다음으로는 연구결과를 보고하는 방법도 논의해보자. 이런 논의과정을 통해 이제까지 배운 내용을 이해하는 것이 연구계획서와 연구보고서의 질을 높이는 데 얼마나 도움이 되는지 쉽게 이해할 수 있을 것이다.

EP 2.1.10m

연구계획서 작성

조사연구를 계획하면서 연구자는 종종 자신의 연구계획을 검토 또는 승인할 사람에게 연구계획에 대해 구체적이고 자세하게 글로 작성해 보고해야 할 때가 있다. 예를 들어 어떤 과목의 과제로 조사연구를 진행해야 할 때, 담당교수는 당연히 학생에게 실제로 연구를 시작하기에 앞서 '연구계획서'를 작성하게 하고 그 계획서를 읽어보고자 할 것이다. 또한 학업을 마친 뒤에도 연구자로서 어떤 중요한 연구를 진행하고자 할 때 민간재단이나 정부기관에서 연구비를 지원받으려면 연구비를 어떻게 사용할 것인지 구체적으로 밝히는 계획서를 제출해야 한다.

연구계획서를 어떻게 작성해야 하는지는 연구목적에 따라 달라진다. 예를 들어 연방정부 산하기관인 국립정신보건연구소(National Institute of Mental Health, NIMH)나 국립약물남용연구소(National Institute of Drug Abuse, NIDA) 같은 기관에 연구비를 신청하는 경우에는 상당한 분량에 달하는 매우 구체적인 연구계획서를 제출해야 한다. 이런 기관들이 지원하는 연구비의 규모는 경험이 전혀 없는 연구자가 일반적인 규모의 연구를 하는 경우에 5만 달러 미만 정도를 지원하는 것부터, 많게는 경험 많은 연구자의 대규모 연구를 위해 매년 수십만 달러를 수년 동안 지원하기도 한다. 이런 기관들은 연구계획서를 검토할 때 계획서를 얼마나 잘 썼는가를 고려할 뿐만 아니라 계획서에 제시된 연구방법의 엄격성까지도 고려한다. 따라서 예컨대 내적 타당도가 낮은 원시실험설계 또는 유사실험설계를 사용하거나 확률 표본추출 외의 표본추출 방법을 사용할 연구를 위해 25만 달러의 연구비를 신청하려 한다면 연구비 지원은 아예 기대조차 하지 않는 것이 현실적이라고 하겠다.

이와 대조적으로 1만 달러에 훨씬 못 미치는 규모의 연구비를 지원하는 기관도 있다. 주로 정부지원 프로그램에 대한 제한적인 수준의 평가를 하고자 하는 주정부나 지방정부 또는 민간재단이나 교수의 연구를 독려하기 위해 소규모 연구비를 지원하는 대학 등이 이에 해당한다. 물론 이 기관들은 연방정부기관에서 요구하는 연구계획서보다는 낮은 수준의 엄격성을 요구하지만, 그렇다고 이 기관이 요구하는 연구계획서를 쉽게 생각해서는 결코 안 된다. 가장 안전한 접근방법은 연구계획서를 작성하기에 앞서 연구비를 신청할 기관의 기대수준이 어느 정도인지를 파악한 후 그 수준에 맞게 연구계획서를 작성하는 것이다.

연구비 지원기관 찾기

연구비를 지원해줄 기관을 찾는 과정은 연구의 유연성과 밀접한 관계가 있다. 예를 들어 연구자가 특정 연구질문에 대한 답을 특정 연구방법을 통해 얻기로 마음을 굳힌 상태라면, 자신이 연구하고자 하는 연구질문이 어떤 기관의 주된 관심사가 될지를 생각해보면서 연구비 지원기관을 찾아야 한다. 이와 달리 연구자가 특정 연구주제에 관한 연구를 고집하는 것이 아니라면, 연구비 지원기관이 주로 어떤 주제에 연구비를 지원하고자 하는지 알아보고 그 주제에 자신의 연구를 맞출 수도 있다. 이 경우 연구자는 다양한 연구비 지원기관에서 공지하는 **연구계획공모**(request for proposals, RFP) 중 자신이 연구하고자 하는 주제와 일치하는 연구주제가 있는지에 관심을 기울여야 한다. 연구비 지원기관들은 RFP를 통해 자신들이 원하는 연구질문과 연구방법, 지원하고자 하는 연구비의 최대 규모, 연구비 지원기관이 갖고 있는 그 밖의 기대사항과 연구비 지원방식 등을 밝히면서 관심 있는 연구자에게 연구계획서를 제출해줄 것을 요청한다.

어떤 연구비 지원기관이 있는지 그리고 최근에 공지된 연구계획공모가 무엇인지를 알아보는 가장 효과적인 방법은 인터넷을 이용하는 것이다. 예를 들어 http://www.nih.gov에 가면 연방정부가 지원하는 연구비에는 어떤 것들이 있는지 알아볼 수 있다. 또한 NIH의 연구비 및 연구계약 안내서(National Institute of Health Guide for Grants and Contracts, http://grants2.nih.gov/grants/guide)나 연구비획득지원센터(Grantsmanship Center, http://www.tgci.com) 같은 사이트에 접속할 수 있다. 이 중 NIH 웹사이트에서는 RFP에 관한 매우 유용한 자료, 예를 들면 연구비 신청방법이나 그 밖에 도움이 되는 많은 주제에 관한 정보를 얻을 수 있다. 연구자가 자신의 연구에 관심을 가질 만한 기관을 알아보기에 가장 좋은 곳은 재단센터(Foundation Center)다. 재단센터의 웹사이트(http://foundationcenter.org)는 재단목록(http://fconline.fdncenter.org)과 링크되어 있는데, 이 재단목록에 수록된 재단들을 찾아 들어가면 각 재단의 관심 지원 분야나 재단이 지원하는 일반적인 연구비의 평균 규모, 연구비를 신청하는 절차 등을 알 수 있다.

또한 자신의 특정 연구 분야와 관련된 전문가 조직에 가입하면 RFP나 다양한 연구비 지원 기회가 생길 때 이메일로 알림을 받을 수 있다. 예를 들어, 안구운동둔감화재처리 국제연구위원회(Research Committee of the Eye Movement Desensitization and Reprocessing International Association)는 이메일을 통해 정기적으로 회원들에게 EMDR과 관련이 있다고 판단되는 최신 RFP를 공지해준다. 자신이 소속되어 있는 사회복지대학원에 연구소가 있다면, 아마도 사회복지학과 관련된 최신 RFP 목록을 정기적으로 경신하고 제공해주는 또 하나의 자원이 될 것이다.

또한 구글이나 야후 등의 검색엔진에서 '연구비(research grants)'라는 검색어를 사용해 연구비 지원기관 및 기관별 RFP를 찾아볼 수 있다. 만약 특정 분야의 연구를 위해 지원되는 연구비를 찾고자 한다면 그 분야에 해당하는 검색어를 사용한다. 예를 들어, 찾고자 하는 분야가 아동학대라면 '아동학대를 위한 연구비 지원'이라는 검색어를 입력해 자신이 원하는 정보를 제공해줄 수 있는 다양한 사이트를 찾을 수 있다. 또 다른 방법은 특정 정부기관의 명칭, 예를 들면 NIH를 직접 입력해 해당 기관과 관련된 웹사이트들을 찾은 다음 그중 연구비 지원과 관련해 언급하고 있는 사이트에 접속해 들어가 보는 것이다.

일반적으로 RFP가 나오는 시점과 위에서 언급한 웹사이트에 RFP가 올라오는 시점 간에는 다소 차이가 있다. 따라서 매일 발간되는 '연방정부관보(Federal Register)'를 정기적으로 검색해봐야 한다. 이 관보에 실리는 내용은 대부분 연방정부의 활동이나 공지사항 등으로 사회복지학 연구와는 직접적인 관련이 없다. 그러나 연방재정에서 지원되는 새로운 RFP가 나오면 가장 먼저 공지되는 곳이 바로 관보이므로 이를 잘 활용한다면 남들보다 좀 더 빨리 RFP 공지를 알 수 있어서 연구비 신청 마감 전까지 여유를 갖고 연구계획서를 준비할 수 있다. 이 관보의 웹주소는 http://www.gpoaccess.gov/nara/이다.

연구비와 연구계약

이제까지의 재정 지정기관에 관한 우리의 논의는 **연구비**(research grants)를 지원하는 기관에만 초점을 맞추고 이루어졌다. 비록 연구비 지원기관들이 일반적으로 연구비 지원 대상영역의 범위를 정해놓고는 있지만, 연구자들은 정해진 연구영역 내에서 자신이 무엇을 그리고 어떻게 연구하고자 하는지를 구체적으로 밝히는 데 어느 정도의 유연성을 가질 수 있다. 따라서 연구자가 제출한 연구계획서가 연구비 지원기관에서 승인되지 않을 수도 있고, 승인된 연구계획서라고 할지라도 연구계획서 간에 상당한 수준 차이가 존재할 수 있다. 예를 들어, 어떤 연방정부 소속기관이 미국에 거주하는 소수계 약물남용자를 위한 치료개입 프로그램에 관한 연구를 위해 RFP를 공지했다고 가정해보자. 이 기관은 멕시코계 코카인 중독자를 위한 새로운 치료개입공동체 접근방법에 관한 실험적 평가를 제안한 연구에 연구비를 지원하기로 결정할 수 있다. 그리고 아프리카계 헤로인 중독자가 치료개입 프로그램에서 중도이탈할지 아니면 프로그램을 마칠지 여부에 영향을 미치는 요인을 밝히고자 하는 연구에 연구비를 지원할 수도 있다. 동시에 부모의 약물남용이 미국 원주민 자녀의 삶에 어떤 영향을 미치는지를 알아보고자 하는 질적 연구를 위해 연구비를 지원할 수도 있다.

연구비와 달리 **연구계약**(research contracts)에는 연구비 지원기관이 원하는 연구내용이 무엇이고 연구방법은 어떠해야 하는지에 관한 좀 더 구체적인 사항이 제시된다. 연구계약을 맺기 위해 작성하는 연구계획서의 내용은 요구되는 구체적인 사항과 정확하게 일치해야 한다. 만약 어떤 주정부기관에서 고객 만족도를 조사하기 위해 연구자에게 우편조사를 통해 알아볼 것을 요구했다고 하자. 그런데 연구자가 실험설계나 참여관찰, 비구조화된 면접을 통해 조사하기를 제안한다면, 연구자가 제안한 연구계획이 아무리 방법론적으로 엄격하고 탄탄한 이론적 근거를 뒷받침하고 있을지라도 연구비를 지원받을 수 없다.

그렇다고 해서 연구계약을 위한 연구계획서를 작성할 때 연구자가 전혀 융통성을 갖지 못한다는 것은 아니다. 결국 연구계획서를 쓰는 사람은 연구자이지 연구비를 지원하는 기관이 아니다. 연구비 지원 주체가 만족도 조사에서 우편조사를 원할 수는 있지만, 어떤 식으로 표본을 추출할 것인지 혹은 설문지의 형식과 내용을 어떻게 할 것인지에 대해서는 구체적인 사항을 요구하지 않을 수도 있다. 중요한 것은 연구비 지원을 신청하기 위해 연구계획서를 쓸 때보다 연구계약을 위해 연구계획서를 쓸 때 연구자가 가질 수 있는 재량의 수준이 훨씬 낮다는 사실이다. 또한 정부와 연구계약을 맺을 경우에는 요구되는 예산의 규모의 정도가 어떤 연구계획서를 선택할지 결정하는 데 중요한 기준이 된다.

연구계약을 위해 연구비 지원기관을 찾는 과정 또한 연구비를 위해 재정 재정지원기관을 찾는 과정과 다를 수 있다. 예를 들면 연구비 지원기관이 처음부터 특정 연구자나 연구기관을 선택한 다음, 연구계획서를 작성하는 과정에서 연구자나 연구기관과 긴밀한 관계를 맺는 경우도 있다. 따라서 연구자가 과거에 연구비 지원기관 또는 연구비 지원기관과 관련 있는 사람들과의 관계에서 쌓아두었던 친밀감과 신뢰감이 연구계약을 맺을 수 있을지 여부에 상당한 영향을 미칠 수 있다. 물론 이는 주정부기관이 지원하는 연구비의 경우에도 마찬가지다.

연구계획서 작성에 앞서 알아야 할 사항

대개 연구계획서 작성은 일단 RFP가 공지되고 난 후부터 시작되지만 연구계획서를 작성하기에 앞서 필요한 준비를 미리 해둔다면 연구계획서가 채택될 가능성을 높이는 데 도움이 될 수 있다. 첫 번째는 앞에서 이미 언급한 것처럼 연구비 지원기관의 기대가 무엇인지를 파악하고 그에 부합하도록 연구계획서를 작성하는 것이다. 연구비 지원기관이 기대하는 바는 해당 기관의 웹사이트나 해당 기관이 발행하는 다양한 서면자료를 이용해 파악할 수 있다.

아울러 연구비 지원기관의 직원 중 연구비를 신청하는 연구자들과의 연락 및 지원을 담당하는 직원과 관계를 형성해둘 필요도 있다. 연구자는 그런 관계를 활용해 해당 연구비 지원기관이 자신의 연구에 관심을 가질지를 알아볼 수 있다. 만약 연구비 지원기관이 관심을 보인다면 연락 및 지원 담당 직원이 연구자에게 연구비 지원기관이 가진 우선순위와 기준에 맞게 연구계획과 아이디어를 발전시키는 방법을 제시해줄 수도 있다. 어떤 연구비 지원기관에서는 연구자가 직원을 만나기에 앞서 연구자의 아이디어와 연구하고자 하는 바를 간략하게 정리한 요약문을 제출할 것을 요구하기도 한다. 그러나 할 수만 있다면 그런 요약문을 쓰기 전에 미리 관계를 형성해두는 것이 가장 좋다. 때로는 요약문을 작성하거나 자신의 생각을 간략하게 정리한 예비 계획서를(보통 몇 장 분량) 준비하는 데 연락 및 지원 담당 지원의 도움을 받을 수도 있다. 어떤 경우에는 예비 계획서를 요약문에 첨부해서 제출하기도 하고, 또 어떤 경우에는 연구비 지원기관이 연구자의 아이디어에 관심을 보일 때만 예비 계획서를 제출하기도 한다. 연락 및 지원 담당 직원과 관계를 형성하고 그들의 조언을 따를 경우 연구계획서를 연구비 지원기관의 기대에 맞게 쓸 수 있다는 장점이 있다. 그뿐 아니라 다른 직원들이 연구자의 연구계획에 긍정적인 영향을 미칠 가능성을 높일 수 있다는 장점도 있다.

또한 연구비 지원기관에서 제안서를 검토하는 봉사활동 등을 통해 그 연구 지원기관의 담당자나 연구비 지원 결정에 영향을 미치는 주요 인물들과 관계를 형성할 수 있다. 만약 기관에서 검토자로 활동하면 기관 내 사람들과 친밀한 관계를 쌓을 수 있을 뿐만 아니라 연구비 지원 검토사항과 평가과정을 직접 볼 수 있다. 이것은 앞으로의 연구계획서 작성에 도움이 될 것이다.

제안서 검토자가 아니라 하더라도 연구계획서를 작성하기에 앞서 준비해야 할 또 한 가지는 해당 연구비 지원기관에서 이미 연구비 지원을 승인받은 연구계획서를 구해서 읽어보는 것이다. 그러면 연구비 지원기관이 어떤 기대를 갖고 있는지 분명하게 알 수 있다. 예를 들어 이전에 연구비 지원을 승인받은 모든 연구계획서가 자료분석 계획을 세울 때 어떤 자료분석 기법을 사용할 것인지를 서술하는 데서 그치는 것이 아니라 각 기법을 사용해야 하는 근거와 그에 관련된 기본조건을 서술하고 자료수집 후에 그 조건이 만족되지 않을 경우 어떤 조치를 취할 것인지에 대해서까지 자세히 설명했다는 사실을 알게 되었다고 가정해보자. 그러면 연구자는 연구계획서를 준비할 때 당연히 자료분석 계획 부분을 그 수준까지 자세하게 설명해야 하며, 필요하다면 통계전문가를 연구에 끌어들여 함께 연구계획서를 작성해야 한다. 어떤 연구비 지원기관은 연구비를 지원받은 연구자들의 연구계획서를 공개(아마도 웹사이트를 통해서)하기도 한다. 만약 공개하지 않았다면 그 기관에 연구비를 지원받은 적이 있는 연구자들의 목록을 요청해 직접 연락해볼 수 있다. 어떤 연구자들은 기꺼이 자신의 성공적인 연구계획서를 보여줄 것이며 유용한 팁을 줄 수도 있다. 이들을 연구진에 포함하는 것도 좋은 방법이다. 심사위원들은 연구계획서에 '좋은 기록'을 가진 연구자가 연구진에 포함되어 있는 것을 보면 그 연구계획을 승인할 가능성이 높다.

동일한 논리로 만약 연구자가 과거에 연구비를 지원받은 적이 있고 연구를 성공적으로 마친 좋은 경력이 있다면 연구비를 지원받을 가능성은 높아질 것이며, 따라서 좋은 경력을 가진 연구자를 연구진에 포함시켜야 할 필요성은 그만큼 낮아질 것이다. 이와 달리 만약 연구자에게 좋은 경력이 없다면 연구비를 지원받을 수 있게 되기까지 상당히 많은 과정을 거쳐야 함을 분명하게 이해해야 한다. 따라서 첫 번째 시도에서 연구비를 지원받지 못했다고 해서 지나치게 낙담할 필요는 없으며, 그런 과정을 통해 배우는 것이 중요하다. 만약 연구비 지원기관이 연구비를 지원할 수 없다는 결정을 내린 이유를 연구자에게 통보해준다면 연구자는 그 이유를 검토하면서 방어적인 태도를 취하지 않는 것이 좋다. 오히려 경험을 통해 배운 바를 바탕으로 연구계획서를 수정 및 보완해서 다음 기회에 그 기관에 다시 제출해볼 것을 권한다. 예를 들어 연방정부 차원의 어떤 연구비 지원기관의 경우는 연구비를 지원받기까지 연구계획서를 수정 및 보완해 제출하는 과정을 수차례에 걸쳐 반복해야 하는 경우도 종종 있다.

마지막으로, 연구비 지원 가능성을 높이기 위해 연구자가 기울여야 하는 노력은 연구가 아닌 다른 프로젝트에서 재정지원의 가능성을 높이고자 기울여야 하는 노력과 그다지 다르지 않다는 점을 알아두어야 한다. 따라서 연구계획서를 작성하기에 앞서 연구비를 지원받을 가능성을 높이기 위해 어떤 원칙과 전략을 따라야 하는지를 알아둘 필요가 있다. 일반적인 연구비 획득기술(grantsmanship)에 대한 논의는 이 책의 범위를 벗어나는 광범위한 주제다. 그러나 구글(http://www.google.com)이나 야후(http://www.yahoo.com) 같은 검색엔진에서 '연구비 획득기술'이라는 검색어를 입력하면 유용한 정보를 제공하는 링크를 많이 찾을 수 있다. 이제 훌륭한 연구계획서가 갖추어야 할 구성요소들을 살펴보자.

연구계획서의 구성

연구계획서의 구성과 각 구성요소를 어떻게 작성할 것인지는 연구목적과 연구비 지원기관이 기대하는 바가 무엇인가에 따라 달라진다. 예를 들면, 질적 연구의 연구계획서는 양적 연구의 연구계획서와 다를 수 있다. 또한 소규모 사전연구 프로젝트의 경우는 좀 더 야심 찬 연구들의 경우에 비해 앞으로 논의할 연구계획서의 각 구성요소 부분을 작성할 때 내용의 엄격성이나 구체성에 그다지 많은 신경을 쓰지 않아도 된다. 이제부터 비교적 중요하다고 여겨지는 연구를 위한 이상적인 연구계획서를 쓴다는 가정하에 연구계획서의 각 구성요소를 어떻게 작성해야 하는지 고찰해보겠다. 그런 고찰을 통해 연구자는 중요도가 낮은 연구의 경우 해당하는 연구계획서 작성 요령을 따로 언급하지 않더라도 자연스럽게 터득할 수 있을 것이다. 다음에 소개할 내용 중 대부분은 질적 연구와 양적 연구 모두에 해당되는 내용이지만, 어떤 부분은 질적 연구보다는 양적 연구에 해당되는 내용인 경우도 있다. 일반적으로 질적 연구가 양적 연구에 비해 연구계획서를 작성하기가 좀 더 어렵다고 알려져 있다. 따라서 일단 연구계획서의 구성요소를 개괄적으로 살펴본 다음, 뒤이어서 질적 연구를 위한 연구계획서와 양적 연구를 위한 연구계획서 간에 어떤 유사점과 차이점이 존재하는지도 살펴보겠다.

표지

대부분의 연구비 지원기관은 실제 연구계획서를 읽어보기에 앞서 예비 계획서를 읽어보기를 원한다. 따라서 연구비 지원기관이 갖고 있는 기대와 잘 부합하는 표지 글(cover letter)의 중요성은 매우 높다. 어떤 연구비 지원기관들은 표지에 연구계획서의 제목, 연구계획서를 제출하는 연구자와 기관의 이름과 주소, 그리고 연구비 규모나 연구기간 같은 정보를 제시하도록 요구하거나 요약문을 요구하기도 한다. 요약문의 길이는 경우에 따라 다르다. 어떤 경우는 겉표지에 들어갈 수 있을 정도인 한 문단 정도를 요구하는 반면, 어떤 경우는 별도의 페이지에 해당하는 분량의 요약문을 요구하기도 한다. 앞서 논의했던 예비 단계에 관한 내용이 요약문의 분량을 결정하는 데 도움이 될 것이다. 일반적으로 요약문에서는 연구계획서를 이루는 각 구성요소의 주된 내용을 한두 문장 정도로 간략하게 요약해서 제시한다.

문제와 목적

연구하고자 하는 바가 정확하게 무엇인가? 연구를 해야 하는 이유는 무엇인가? 연구의 목적을 자세하게 밝히되 목록의 형태로 기술한다. 예를 들어 두 개의 연구목적이 있을 경우, 각각을 들여쓰고 번호를 매겨 각 번호에 한두 개의 문장을 덧붙인다. 연구목적은 연구계획서의 연구질문에 대답하는 형식이어야 하며 7장에서 논의한 '좋은 연구질문'의 속성을 반영하고 있어야 한다. 연구목적은 지엽적이고 구체적인 동시에 관찰 가능한 근거에 의해 증명될 수 있어야 하며 연구와 답을 내기에 실현 가능해야 한다. 가장 중요한 것은 이 질문에 대한 대답이 실천적, 정책적으로 어떤 중요한 의미를 갖는지를 설명하는 것이다.

연구의 중요성을 언급할 때는 사실을 인용하는 것이 좋다. 예를 들어 노숙인 문제에 관한 연구를 한다고 할 때, 기존 연구에 나와 있는 전국 또는 특정 지역의 노숙인 규모를 제시해주는 것이 바람직하다. 또는 어떤 사례연구에 나타나 있는 아주 구체적인 사례를 제시해서 자신이 하고자 하는 연구의 주제나 목적이 명확함을 보여줄 필요도 있다. 정책 또는 실무적 중요성에 대해 언급할 때는 가능한 한 구체적이어야 한다. 예를 들어 학생들의 학업 중도포기에 영향을 미치는 요인을 연구한다고 할 때 "왜 어떤 학생은 학업을 중도에 포기하는 반면 어떤 학생은 그렇지 않은가를 밝힘으로써, 문제를 해결하기 위한 정책이나 프로그램을 개발할 수 있다"는 식의 막연한 말을 하기보다는 어떤 연구결과가 나왔을 때 어떤 대안적 정책이나 프로그램을 개발해야 한다는 식으로 아주 구체적이어야 한다. "만약 특정 소수계 남학생들의 경우 바람직한 남성 역할모델의 부재가 중도포기의 주된 요인으로 밝혀진다면, 해당 소수계 남자 교사를 더 많이 채용하거나 아니면 새로운 프로그램을 개발해서 바람직한 역할모델이 될 수 있는 사람과 함께 공부하거나 그 밖의 여러 가지 문제에 대해 함께 이야기할 수 있는 기회를 마련해줘야 한다."

앞서 언급한 것처럼 연구계획서를 작성하기에 앞서 연구자는 연구비를 지원하는 단체나 기관의 선호도를 파악해야 한다. 자신의 연구 분야와 연구문제 또는 연구가 의미하는 바에 관심을 가질 만한 후원단체를 찾아보고, 가급적이면 자신의 연구와 후원단체의 우선순위가 잘 부합한다는 점을 강조하는 방향으로 써야 한다.

문헌고찰

자신이 연구하려는 주제에 대해 다른 사람들은 어떻게 생각하고 있는가? 어떤 이론이 자신의 연구주제와 관련이 있으며 그 내용은 무엇인가? 선행 연구로는 어떤 것이 있는가? 선행 연구는 일관성 있는 결론을 내는가, 아니면 불일치하는 면이 있는가? 기존 연구들이 공통적으로 어떤 방법론상의 문제점이 있지는 않은가? 그런 문제점은 개선할 수 있는가? 자신의 연구는 기존 연구들과 어떤 연관이 있으며, 또 어떤 면에서 차이가 있는가? 기존 연구가 자신이 하고자 하는 연구에 어떤 영향을 줄 수 있는가? 예를 들면, 어떤 특정 변수들을 조사하거나 또는 새로운 방식으로 분석해볼 필요성을 제시하고 있는가? 관련성이 있다고 해서 기존의 연구나 문헌을 불필요하게 너무 많이 인용하거나 자세히 인용하지 말아야 한다. 관련 문헌이나 연구가 너무 많은 경우에는 최근의 연구를 위주로 하되 소위 '고전'이라고 여겨지는, 반드시 포함해야 할 것을 빠뜨리지 않도록 해야 한다. 모스 Moss(1988, p. 434)는 "문헌고찰은 지겹게 느껴지지 않을 정도로 충분히 간결해야 하며, 동시에 연구계획서를 검토하는 사람이 연구주제가 무엇인지를 명확하게 이해할 수 있을 정도로 충분히 포괄적이어야 한다"고 지적한다.

이런 두 가지 조건 모두를 충족하려면 핵심이 되는 주제를 유지하면서 많은 관련 문헌 및 연구를 간략하게 종합해 핵심이 되는 주제와 연결하는 것이 바람직하다. 이와 관련해서 다음과 같은 예를 생각해볼 수 있다. "중증정신질환자를 대상으로 하는 사례관리 서비스의 효과에 관한 선행 연구는 연구결과에서 불일치를 보이고 있다. 네 개의 연구(Rubin, 1998; Babbie, 1999; Rubin &

Babbie, 2000; Babbie, Rubin & Freud, 2001)에 따르면 효과적인 것으로 나타난 반면, 세 연구(Nietzsche, 1998; Scrooge, 1999; Fischer, 2000)에서는 효과적이지 않은 것으로 나타났다. 긍정적인 효과를 보고한 네 가지 연구 모두는 낮병원을 종속변수로 사용한 반면, 부정적인 효과를 보고한 세 가지 연구는 공통적으로 삶의 질을 종속변수로 사용했다." 이와 반대로, 만약 자신의 연구주제와 직접적으로 관련이 있는 문헌이나 선행 연구를 찾기가 어렵다면 간접적으로 관련이 있는 문헌이나 선행 연구를 찾아야 한다. 따라서 만약 정신질환자를 대상으로 하는 사례연구의 효과에 관한 연구를 찾을 수 없다면 지체장애나 발달장애 같은 대상 집단을 위한 사례관리 서비스 효과에 관한 연구를 찾아야 한다.

물론 지나친 문헌고찰을 삼가야 한다는 말이 연구자가 하려는 연구와 관련 있는 연구들에 관한 언급을 하지 않아도 된다는 뜻은 아니다. 특히 관련 문헌이 많지 않은 경우는 더욱 그러하다. 연구비 지원 여부를 결정하는 심사위원들은 해당 주제에 관한 연구자의 전문성과 연구자로서의 역량을 연구계획서에 제시된 문헌고찰의 적절성과 엄격성을 바탕으로 판단한다. 예를 들어, 심사위원은 해당 연구주제에 관한 전문가를 외부 심사위원으로 선정한 다음 그들에게 연구계획서를 검토해줄 것을 의뢰하기도 한다. 외부 심사위원들은 연구계획서에서 언급되는 문헌에 대해 연구자만큼 혹은 연구자보다 더 많은 지식을 가진 사람들이다. 만약 반드시 고찰해야 하는 중요한 문헌이 문헌고찰에서 빠져 있다면 연구비를 지원받을 가능성은 상당히 낮아질 것이다. 물론 개별 연구에 대해 지루할 정도로 구체적인 내용을 보고하는 것은 바람직하지 않지만, 하고자 하는 연구와 관련이 있는 문헌은 반드시 모두 고찰해야 한다.

아울러 어떤 선행 연구를 강조할 것인지 결정하는 데 편향됨을 보이지 않도록 주의해야 한다. 예를 들어 멕시코계 미국인 청소년 부모들의 아동학대 예방을 목적으로 하는 한 개입 프로그램의 효과성을 평가한다고 가정해보자. 그리고 이제까지 동일 프로그램에 대해 다섯 번의 평가가 진행되었으나 멕시코계 청소년 부모를 대상으로 한 평가는 없었으며, 다섯 번의 평가 중 네 번은 프로그램이 효과적이라는 연구결과를 보고한 반면, 마지막인 다섯 번째 평가는 그와 정반대되는 결과를 보고했다고 가정해보자. 이때 연구자는 재정을 지원하는 주체들에게 프로그램에 대한 긍정적인 이미지를 심어주려는 의도에서 긍정적인 평가결과를 보고한 네 번의 평가는 두드러지게 강조하면서 다섯 번째 평가결과는 그다지 강조하지 않거나 아예 보고조차 하지 않을 수도 있다. 연구자는 이런 유혹을 뿌리쳐야만 한다. 그러지 못할 경우 다섯 번째 평가에 대해 알고 있는 심사위원은 다섯 번째 평가에 대한 언급이 빠져 있거나 충분한 언급이 없는 것을 보고 연구자의 연구역량 부족 또는 객관성 부족으로 해석할 수도 있다.

또한 연구자는 성의 없는 문헌고찰을 지양해야 한다. 다시 말해, 문헌고찰을 일종의 형식으로 여기고 별생각 없이 해서는 안 된다. 고찰한 문헌을 제시할 때 연구자는 단순히 선행 연구의 연구결과를 나열하는 것이 아니라 어떤 문헌을 왜 고찰했으며, 그런 문헌들을 왜 문헌고찰 부분에 제시한 방식으로 개념화했는지를 밝혀야 한다. 즉, 연구계획서를 검토하는 심사위원에게 연구자의 연구질문 또는 연구가설이 아무런 근거 없이 설정되었다는 느낌을 받게 해서는 안 되며, 심사위원이 문헌고찰 부분을 읽은 다음 연구자가 설정한 연구가설이나 변수가 무엇을 근거로 도출된 것인지를 명확하게 이해할 수 있게 해야 한다. 예를 들어, 특정 개입 프로그램을 평가하기 위한 연구계획서를 작성할 때 학생들이 흔히 범하는 실수가 있다. 그 개입 프로그램이 목표로 하는 어떤 문제에 관한 문헌을 고찰한 결과를 제시하면서 어떻게 자신이 문헌고찰을 통해 여러 가지 대안적 개입 프로그램들 중 특정 개입 프로그램을 선택해서 평가하게 되었는지는 전혀 언급하지 않는 것이다. '빈약한 문헌고찰을 보완하는 방법'이라는 제목의 글상자는 위에서 논의한 내용을 다시 한 번 정리해서 설명하고 있다.

빈약한 문헌고찰을 보완하는 방법

행동장애 때문에 거주치료센터에 거주하는 여아에게 제공된 인지행동 치료개입의 효과성을 평가하는 가상적인 연구를 위해 연구비를 지원받고자 연구계획서를 작성하면서 다음과 같은 두 가지 문헌고찰을 했다고 가정해보자. 이 거주치료센터에 거주하는 여아들은 센터에 들어오기 전에 여러 차례의 아동학대를 경험했다. 다음에 제시되는 두 가지 문헌고찰 중 첫 번째 문헌고찰을 읽고 이 문헌고찰의 약점이 두 번째 문헌고찰에서 어떻게 보완되는지를 기록하기 바란다. 그런 다음 끝부분에 제시한 '두 문헌고찰에 대한 비판적 비교'에서 지적하는 사항과 자신이 기록해둔 사항을 비교해보기 바란다.

빈약한 문헌고찰의 예

아동학대는 희생자들에게 여러 가지 끔찍한 결과를 야기하는 매우 비극적인 문제다. 새로 소개되는 많은 연구에 따르면 아동학대 문제는 사회 전체로 확대되고 있다고 한다. 아동학대의 희생자들은 공통적으로 외상 후 스트레스 장애(PTSD)를 경험한다. EMDR은 외상 후 증후군을 비롯해 외상으로 인해 발생하는 여러 가지 문제를 치료하기 위해 개발된 새로운 치료방법이다. 프랜신 샤피로 Francine Shapiro는 그녀의 책『Eye Movement Desensitization and Reprocessing: Basic Principles, Protocols, and Procedures』(New York: Guilford Press, 1995)에서 이 혁신적이고 효과가 기대되는 치료개입 방법을 서술하고 있다. 샤피로는 1987년에 개발된 인지행동적 치료개입이 클라이언트가 가진 고통스러운 기억, 감정 및 인지를 어떻게 둔감화하고 부정적인 인지를 긍정적인 인지로 대체하는지를 서술하고 있다. EMDR의 핵심은 쌍방적 자극의 사용에 있다. 클라이언트가 고통스러운 장면을 떠올리면서 그와 관련된 인지 및 감정을 갖게 될 때마다 치료사는 클라이언트로 빠른 전후 안구운동을 하도록 자극하거나 클라이언트의 좌우측 귀에 번갈아가면서 손뼉을 치거나 소리를 낸다.

EMDR의 효과에 대한 낙관적 기대는 EMDR이 고통스러운 증상을 없애는 데 매우 효과적임을 보여준 프랜신 샤피로(1989)의 최초 연구를 근거로 하고 있다. 샤피로는 22명의 클라이언트를 EMDR 치료를 받는 실험집단과 다른 치료를 받는 통제집단으로 나누어 무작위 배정했다. 클라이언트의 연령범위는 11세에서 55세였다. 클라이언트들이 경험한 외상의 종류는 다양했다. 샤피로는 치료개입의 효과를 주관적 스트레스 단위 척도(Subjective Units of Distress Scale)와 인지 타당성 척도(Validity of Cognitions Scale)로 측정했다. 두 가지 척도 모두에서 실험집단의 측정점수는 통제집단의 측정 점수에 비해 높았다. 효과크기는 매우 크게 나타났다. 많은 정신보건 치료전문가가 샤피로의 연구결과를 보고나서 EMDR을 배우고자 했다. 카데트 Kadet(2002)가 쓴 'Good Grief'라는 제목의 흥미로운 논문이 2002년 6월「Smart Money」에 게재되었는데, 이 논문은 4만 명 이상의 정신보건 전문가들이 EMDR 훈련을 받았으며 이런 사실은 이 치료방법이 매우 효과적이며 많은 정신보건 전문가가 이 치료방법을 인정했음을 시사하는 것이라고 서술했다.

아동에 대한 EMDR의 효과성을 평가한 많은 연구는 EDMR이 아동학대 피해 아동들에게 미치는 부정적인 영향을 없앨 수 있는 매우 기대되는 치료개입 방법임을 보여주었다. 예를 들어 펠리셔 Pellicer(1993)는 악몽으로 고생하는 10세 여아를 대상으로 실시한 1회의 EMDR 치료개입 효과를 사례연구 방법을 통해 연구했다. 펠리셔는 단 1회의 EMDR 치료를 받은 여아가 더는 악몽을 꾸지 않게 되었다는 연구결과를 발표했다. 그린발트 Greenwald(1994)는 5명의 아동을 대상으로 한 사례연구를 통해 태풍에서 살아남은 아동의 고통스러운 증상을 경감하는 데 EMDR이 얼마나 효과적인지를 평가했다. 연구 결과, EMDR은 매우 효과적인 것으로 나타났다. 퍼퍼 Puffer, 그린발트, 엘러드 Elrod(1998)는 그들의 유사실험설계 연구에서 단 1회의 EMDR 치료개입을 통해 1회의 고통스러운 경험 또는 사별을 경험한 아동과 청소년의 증상을 줄일 수 있었다는 결과를 보고했다.

챔토브 Chemtob와 그의 동료들(2002)은 태풍을 겪은 32명의 초등학교 아동들로 이루어진 두 집단의 사전사후 변화를 알아보고자 무작위 지연집단 설계 연구를 실시했다. 대부분의 아동은 재난 관련 외상 후 증후군 기준을 만족했다. 아동들의 나이는 6~12세 범위에 있었다. 한 집단은 3회의 EMDR 치료를 받았고 다른 집단은 치료를 받지 않았다. 사전사후 변화를 측정하기 위해 표준화된 다양한 심리척도들이 사용되었다. 연구 결과, EMDR이 외상 후 증후군을 경감하는 데 효과적임을 발견할 수 있었다.

뮤리스 Muris와 동료들(1997)은 실험을 통해 EMDR이 거미공포증이 있는 아동들의 기피행동을 감소시키는 데 효과적인지 여부를 알아보고자 시도했다. 표본의 크기는 26명이었으며 실험집단의 아동들은 1회의 EMDR 치료를 받았고 통제집단의 아동들은 비보(vivo) 치료를 받았다. 각 집단은 서로 다른 치료사에게 치료를 받았다. 치료개입 효과는 치료사에 의한 직접적인 관찰과 아동의 자기보고를 통해 측정했다. 뮤리스와 동료들(1997)은 EMDR이 아동들의 거미공포증을 상당히 감소시킨다는 사실을 발견했다.

이상에서 언급한 연구들은 학대아동을 치료하는 데 EMDR이 효과적일 수 있음을 시사해주는 것으로, EMDR이 학대아동을 위한 치료에 얼마나 효과적인지를 평가하고자 하는 본 연구의 중요성을 잘 나타내 보여주는 연구들이라고 하겠다.

보완된 문헌고찰의 예

1987년에 개발된 인지행동 치료개입 방법인 안구운동둔감화재처리(EMDR)는 클라이언트의 고통스러운 기억, 감정 및 인지를 둔감화하고 부정적인 인지를 긍정적인 인지로 대체하는 치료개입 기법이다(Rubin, 2002a). EMDR의 핵심은 쌍방적 자극을 사용하는 데 있다. 일반적으로 치료사는 클라이언트에게 빠른 전후방향으로 안구운동을 하도록 자극하거나 클라이언트가 고통스러운 기억을 떠올리면서 그와 관련된 인지와 감정을 가질 때마다 좌우측 귀에 번갈아가면서 손뼉을 치거나 소리를 낸다. EMDR 치료개입의 8단계는 샤피로(1995)의 책에 자세하게 기술되어 있다.

EMDR이 알려진 지 얼마 되지 않아 여러 대중매체들이 EMDR을 다양한 종류의 문제를 치료할 수 있는 기적의 치료법으로 묘사하면서 4만 명 이상의 정신보건 전문가들이 EMDR 훈련을 받았다고 보도했다(Kadet, 2002). EMDR에 대한 이런 평가는 샤피로(1989)의 최초 연구에 의해 주로 뒷받침되었다. 샤피로는 연구를 통해 EMDR의 효과를 뒷받침하는 매우 높은 수준의 효과크기를 발견했다. 그러나 샤피로의 연구는 무작위 실험이긴 했지만 편향 발생 가능성이 높을 뿐만 아니라 실험자의 욕구에 따라 영향을 받기 쉬운 측정방법을 사용했다는 비판을 받았다(Herbert et al., 2000; Rosen, 1999). 그 후 편향 가능성이 좀 더 낮은 척도를 이용한 많은 후속 연구가 진행되었다. 여러 연구자가 문헌고찰을 통해 EMDR이 다른 심리치료개입에 비해 단일외상으로 인한 PTSD를 가진 성인들을 치료하는 데 더 효과적임을 뒷받침해주는 좀 더 엄격하게 통제된 연구들을 발견했다(Spector & Read, 1999; Chambless et al., 1998); Chemtob, Tolin, van der Kolk & Pitman, 2000); Van Etten & Taylor, 1998; Davidson & Parker, 2001).

그러나 EMDR이 아동이나 청소년, 특히 여러 차례 외상을 경험한 아동이나 청소년에게도 효과적인지에 대해서는 아직 알려진 바가 없다. 또한 EMDR이 다른 대안적 치료방법에 비해 더 효과적인지에 대해서는 아직 알려진 바가 없다. 이제까지 알려진 바로는 무작위 실험통제 방법을 사용하지 않은 세 편의 연구가 EMDR이 단일 외상 혹은 사별을 경험한 아동의 치료에 효과적임을 뒷받침하고 있다(Pellicer, 1993; Greenwald, 1994; Putter, Greenwald, & Elrod, 1998). 무작위 실험통제 방법을 사용한 연구 중에서 네 편의 연구만이 아동만으로 이루어진 표본에 대해 EMDR의 효과성을 파악하고자 시도했다. 쳄토브(2002)는 무작위 지연집단설계를 사용한 연구를 통해 EMDR이 태풍을 경험한 (6세에서 12세까지의) 아동 32명의 PTSD를 (표준화된 척도로 측정해) 경감하는 데 효과적이라는 결론을 내렸다. 뮤리스와 동료 연구자들은 두 번의 연구를 통해 거미 공포증이 있는 아동들의 기피 행동을 치료하는 데 EMDR의 효과와 기존 노출치료의 효과를 비교했다. 그중 한 연구에서 뮤리스와 동료들(1997)은 EMDR이 긍정적인 효과를 갖기는 하지만 비교했던 노출치료의 효과가 훨씬 크다는 사실을 발견했으며, EMDR이 기존 노출치료보다 낫다고 볼 수 없다는 결론을 내렸다. 뮤리스와 동료들(1998)은 나머지 한 연구에서 노출치료가 측정된 행동과 자기보고 모두에서 거미 공포증을 감소시키는 데 상당한 효과를 보인 반면, EMDR은 자기보고의 경우에만 효과적임을 발견했다. 또 다른 무작위 실험에서 루빈과 동료들(2001)은 아동지도센터에서 일반적인 치료와 EMDR 치료를 병행해 받은 아동과 일반적인 치료만을 받은 아동 간에 부모가 보고한 아동의 정서 및 행동상의 문제에서 아무런 차이가 없음을 발견했다. 이 연구에서 관찰된 아동들의 진단명은 다양했다. 어떤 아동들은 단 한 번의 외상만을 경험한 반면, 어떤 아동은 다수의 외상과 관련된 문제를 갖고 있는가 하면, 또 어떤 아동이 가진 문제는 외상과는 전혀 관련이 없는 경우도 있었다.

아동을 대상으로 한 연구들 중에서는 단 한 번의 외상과 관련된 PTSD에만 초점을 둔 연구에서만 EMDR이 효과적인 것으로 나타났으며, 그런 연구결과를 보고한 연구들 중 무작위 실험방법을 사용한 연구는 단 한 개에 불과했다. 그럼에도 EMDR은 외상과 관련이 없는 문제를 가진 아동이나 여러 가지 외상과 관련된 문제를 가진 아동을 치료하기 위한 방법으로 계속 사용되었다. EMDR의 지지자들은 EMDR이 다양한 정서 및 행동상의 문제를 가진 아동들을 위한 치료방법으로 매우 효과적이라고 주장했으며, 심지어는 2세 미만의 아동에게도 효과적이라고 주장했다(Tinker & Wilson, 1999). 이런 주장의 진위 여부를 판단하기 위해서는 좀 더 많은 실험연구가 이루어져야 하며, 특히 EMDR이 단 한 번의 외상과 관련된 PTSD가 아닌 다른 문제에 대해서도 효과적인지를 검증해보기 위한 연구의 필요성이 매우 높다고 할 수 있다. 본 연구자가 진행하고자 하는 연구는 행동장애로 인해 거주치료센터에 거주하면서 치료를 받고 있는 여아들이 심각한 행동상의 문제를 보이는 횟수를 감소시키는 데 EMDR이 기존의 노출치료보다 더 효과적인지를 알아보려는 것이며, 이런 연구는 앞서 언급한 필요성에 부합하는 연구가 될 것으로 판단된다.

두 문헌고찰에 대한 비판적 비교

두 번째 문헌고찰은 첫 번째 문헌고찰에 비해 사용된 단어 수가 더 적으면서도 더 객관적인 정보를 더 객관적인 방법으로 전달하고 있다. 예를 들면 첫 번째 문헌고찰의 첫 번째 문단은 다수의 과장된 문장으로 이루어져 있음을 알 수 있다. 또한 PTSD라는 약자가 무엇을 의미하는지도 설명하고 있지 않으며, 샤피로의 책에 대한 인용표기 역시 지나치다. 두 번째 문헌고찰의 경우, 샤피로의 책을 과장됨 없이 샤피로(1995)라고 간단히 인용 표기하고 있음을 볼 수 있다.

첫 번째 문헌고찰은 두 번째 문단에서도 과장된 표현을 계속 사용할 뿐만 아니라 샤피로의 연구 내용을 지나치게 구체적으로 서술하고 있다. 또한 샤피로의 연구를 서술하면서 그녀의 연구에 어떤 심각한 방법론적 오류가 있는지를 언급하지 않아 샤피로의 연구결과를 편향되게 보고했다. 두 번째 문단의 마지막 두 문장에서도 과장된 표현은 계속되고 있으며, 카데트의 연구에 대한 인용표기 또한 불필요할 정도로 길게 하고 있다. 이와 대조적으로 두 번째 문헌고찰의 두 번째 문단은 더 적은 분량의 단어를 사용하면서도 더 객관적인 정보를 독자에게 전달해주고 있다.

첫 번째 문헌고찰의 세 번째 문단은 두 번째 문헌고찰의 세 번째 문단에 비해 예비연구들을 서술하는 데 비효율적임을 알 수 있다. 첫 번째 문헌고찰은 두 번째 문헌고찰과 달리 예비연구들이 가진 연구설계상의 제한점을 지적하지 않음으로써 예비연구들을 편향되게 서술하고 있다. 이와 유사한 문제를 첫 번째 문헌고찰의 나머지 부분들에서도 찾아볼 수 있는데, 여러 연구에 대해 지나치게 구체적인 사항을 서술하고 있으며, 연구결과를 편향되게 소개해 EMDR의 효과를 실제보다 높게 평가하려는 듯한 인상을 주었다. 또한 첫 번째 문헌고찰은 두 번째 문헌고찰에서 언급되고 있는 루빈과 동료들(2001)의 연구를 전혀 언급하고 있지 않아 다수의 외상을 경험한, 서로 다른 진단명을 가진 아동들의 경우 EMDR의 효과에 의문이 제기된다는 연구결과를 간과하고 있다. 또한 두 번째 문헌고찰은 첫 번째 문헌고찰에서는 찾아볼 수 없는 다수의 외상과 관련된 검증되지 않은 쟁점에 대해 언급하고 있으며, 아울러 EMDR과 노출치료를 비교한 내용도 제시한다. 이런 맥락에서 볼 때, 두 번째 문헌고찰은 첫 번째 문헌고찰에 비해 더 적은 양의 단어를 사용하면서도 연구자가 검증하고자 하는 가설에 대한 더 나은 토대를 제공해준다고 볼 수 있다. 만약 우리가 연구비 지원기관의 심사위원이라면 과연 이 두 가지 문헌고찰 중 어느 것이 우리로 하여금 연구계획서에 제시된 연구계획서에 연구비를 지원해주고 싶은 마음이 더 생기겠는가?

개념틀

연구계획서의 이 부분에서는 연구질문, 가설, 변수 및 조작적 정의를 분명하게 밝히고 각각에 대한 합리적 근거를 제시해야 한다. 다시 말해, 연구자는 왜 그리고 어떻게 각각의 것을 연구하게 되었는지에 관한 근거를 설명해야 한다. 이때 이런 설명은 연구자가 문헌고찰 부분에서 서술한 내용에 부분적으로 근거해야 한다. 또한 연구자가 하고자 하는 연구에서 연구자만의 논리가 무엇인지를 보여주어야 하며, 이 연구가 어떤 의미에서 기존의 연구들보다 더 발전적인 연구인지를 설명해야 한다. 예를 들어 아동학대 예방을 위한 개입에 관한 기존의 연구 중 멕시코계 미국인을 표본에 포함했던 연구가 전혀 없었다면 그런 기존 연구들을(물론 문헌고찰 부분에 그런 연구들에 대한 논의가 반드시 포함되어야 할 것이며) 언급하면서 멕시코계 미국인을 대상으로 한 연구의 부재를 그 출발점으로 삼을 수 있다. 또 다른 예로서 이제까지의 모든 연구가 아동학대 예방을 위한 개입의 성공 여부를 판단하면서 피해 아동이 자신의 집이 아닌 다른 곳에 머물게 되는 경우가 얼마나 감소했는지에만 초점을 둔 반면, 피해 아동들이 자기 집에 그대로 머무는 것이 실제로 더 나은 결과를 가져오는지 여부를 검증한 연구가 없었다고 가정해보자. 이런 쟁점이 기존의 문헌에서는 아직까지 한 번도 제기된 적이 없었더라도 연구자 스스로 이런 쟁점을 기본 개념틀(conceptual framework) 부분에서 제기하고 그 이유를 설명할 수 있다. 그렇게 함으로써 연구자는 자신의 연구가 어떤 의미에서 기존 연구들의 연구방법보다 한 걸음 더 나아간 연구인지를 보여줄 수 있다. 아울러 독자에게 자신의 연구에 왜 특정 변수들을 포함시켰으며 그런 변수들에 대한 조작적 정의를 연구계획서에 제시된 바와 같이 내렸는지를 설명할 수 있을 것이다.

측정

이 부분에서는 연구자가 기본 개념틀 부분에서 개념화 및 조작화한 변수들을 어떻게 측정할 것인지를 서술한다. 이 부분은 기본 개념틀 부분에서 내렸던 조작적 정의와 무리 없이 연결되어야 하는데, 이미 앞에서 설명했던 조작적 정의와 측정 절차에 대해 불필요한 반복 설명을 거듭하지 않도록 주의해야 한다. 예를 들어 이미 기본 개념틀 부분에서 아동의 복지 수준을 학대 가정 아동의 복지 수준을 측정하기 위해 개발된 척도의 점수로 조작화했다면, 그런 척도에 대한 자세한 설명을 기본 개념틀 부분과 측정 부분 모두에서 할 필요는 없다. 예를 들어 일단 기본 개념틀 부분에서 "아동의 복지수준을 해당 척도의 점수로 조작화한다"라고만 간단히 언급해둔 다음 측정 부분에서 해당 척도의 특성, 측정방법, 하위 척도 및 신뢰도와 타당도 등을 구체적으로 설명할 수 있다.

이미 개발되어 있는 척도를 사용하든, 자신이 새로운 조사도구를 개발해 사용하든 상관없이 연구자는 연구계획서의 맨 뒷부분에 자신이 사용하고자 하는 측정도구의 사본을 부록으로 첨부해야 한다. 만약 사용하고자 하는 척도가 신뢰도와 타당도 검증을 거친 척도라면 단순히 검증결과를 보고한 문헌을 인용하는 것에서 그치지 말고 반드시 검증결과 자료를 제시하는 편이 좋다. 예를 들면 "척도의 내적 일관성 신뢰도를 측정한 다섯 편의 연구에서 알파계수의 범위는 .87에서 .94인 것으로 나타났으며 이는 양호 또는 매우 양호 수준의 내적 일관성을 의미한다"라는 식으로 검증결과를 제시해야 한다. 대개 연구자는 하나의 구성개념을 측정하기 위해 다수의 척도 중 특정 척도를 선택하게 된다. 예컨대 우울증이나 자존감은 서로 다른 여러 개의 척도로 측정할 수 있다. 만약 연구자가 특정 척도를 선택해 사용하고자 한다면 그 척도를 선택한 근거를 제시해야 한다.

예를 들어 자존감을 측정하기 위한 척도들 중 어떤 척도는 자존감이 매우 낮은 사람과 높은 사람을 구분하는 데는 타당도가 높다. 반면에 개입 전에 자존감이 매우 낮았으나 개입 후에는 자존감이 그다지 낮지 않은 상태에 있게 된 사람에 해당하는, 자존감 수준에 나타나는 약간의 차이에 대해서는 민감하지 못한 척도일 수 있다. 만약 연구자가 하고자 하는 연구가 자존감이 매우 낮은 사람들을 대상으로 하는 평가연구라면 신뢰도와 타당도는 매우 우수하지만 민감도가 낮은 척도보다는 신뢰도와 타당도가 모두 우수하고 동시에 민감도 또한 우수한 척도를 사용하고자 하는 이유를 밝혀야 한다. 또한 연구자는 하나의 변수를 여러 가지 방법으로 측정할 수 있다. 앞서 우리는 이런 변수 측정 방식의 장점을 다원측정이라는 원리와 관련해 설명한 바 있다. 연구계획서를 검토하는 심사위원들은 다원측정 개념을 고려한 측정방법이 제시된 연구계획서를 그렇지 않은 연구계획서보다 당연히 더 높게 평가할 것이다.

연구대상(표본추출)

자료를 수집하기 위해 누구 또는 무엇을 연구할 것인가? 무엇보다 먼저 연구대상이 누구인지를 일반적이고 이론적인 용어를 사용해 밝히고, 그 다음으로는 연구대상이 될 수 있는 사람은 누구이며, 어떻게 그들에게 접근할 것인지를 설명한다. 표본을 뽑아야 하는가? 만약 그렇다면 어떻게 표본을 추출할 것인가? 질적 탐색연구를 하고자 한다면 연구대상들 간에 있을 수 있는 차이점(연령, 인종, 계층)을 파악하고 관찰하기 위해 자신의 판단력을 발휘해야 할 것이다. 어떤 대상집단이 가진 특성의 빈도(예를 들어, 실업률)를 파악할 목적으로 조사를 실시한다면 확률 표본추출이 필요할 것이다. 혹시 하고자 하는 연구가 연구대상에게 심각한 영향을 줄 가능성이 존재하는가? 만약 그렇다면 연구대상들이 연구로 인해 피해를 입지 않게 할 수 있는 방법은 무엇인가? 이런 내용 또한 반드시 연구계획서에 포함되어야 한다.

연구자가 비확률 표본추출 방법을 사용한다면 그렇게 해야 하는 이유를 설명해야 하며, 아울러 그렇게 함으로써 표본 편향이 발생할 가능성과 모집단을 대표할 수 없다는 문제에 대해서도 언급해야 한다. 그런 표본 편향이 발생하지 않게 하거나 혹은 발생할 경우 편향을 줄이기 위해 어떤 방법을 사용할 것인가? 확률 표본추출 방법을 사용하든 비확률 표본추출 방법을 사용하든 관계없이 연구자는 반드시 표본소멸이나 참여거부 같은 쟁점에 대해 기술해야 한다. 필요한 연구대상을 모집하고 연구기간에 연구대상을 유지하기 위해 어떤 노력을 기울일 것인가? (이에 관해 앞서 6장에서는 소수인종 및 억압된 모집단에 대해, 그리고 11장에서는 실험에 대해 언급하면서 논의한 바 있다).

연구자는 또한 표본의 크기에 대해 근거를 밝혀야 한다. 앞서 15장과 23장에서 표본의 크기와 관련된 쟁점들을 살펴본 바 있다. 23장에서 언급했듯이 연구자는 **통계적 검증력 분석**을 통해 영가설이 참일 때 영가설을 뒷받침하기에 충분한 표본의 크기가 얼마인지를 알아볼 수 있다. 따라서 통계적 검증력 분석을 연구계획성의 표본 부분에(그리고 아마도 자료분석 부분에도) 포함하는 것이 좋다. 또한 필요한 크기의 표본을 확보하는 것이 현실적으로 가능함을 제시해야 한다. 예를 들어 멕시코계 미국인의 아동학대 예방을 위한 개입 프로그램을 평가하고자 한다면, 아동복지기관들이 연구에 필요한 충분한 수의 연구대상을 제공해줄 것임을 보여주는 일종의 증거를 제시해야 한다. 아마도 그런 증거로는 기관이 발행한 협조공문이나 최근 몇 년 동안 기관들이 얼마나 많은 멕시코계 아동들에게 서비스를 제공했는지를 보여주는 자료 등을 생각해볼 수 있다.

연구설계와 자료수집 방법

연구를 위해 실제로 자료를 수집할 것인가? 실험이나 설문조사를 실시할 계획인가? 현장조사나 역사고찰연구를 할 것인가, 아니면 다른 연구자들이 만들어놓은 통계자료를 사용할 것인가? 어떤 연구설계를 택하든 간에 앞서 연구설계에 관한 장에서 논의했던 중요한 방법론적 쟁점을 반드시 언급해야 한다.

예를 들어 실험설계나 유사실험설계 연구를 실시하고자 한다면, 연구자가 선택한 연구설계의 기본논리를 설명해야 한다. 이때 11장에서 다루었던 중요한 쟁점, 예를 들면 내적 타당도와 치료의 신빙성 등에 대한 언급이 반드시 포함되어야 한다. 어떤 연구설계를 택하든 간에 연구자는 언제, 어디서, 누가 자료를 수집할 것인지를 밝혀야 한다. 조사원은 어떤 전문성과 경험을 가진 사람이어야 하는가? 조사원을 어떻게 모집하고 훈련할 계획인가? 조사들이 편향성을 갖지 않도록 어떤 노력을 기울일 것인가? 조사원들이 연구가설이나 사전 및 사후조사를 실시할 연구대상 중 누가 실험집단에 속하는지를 모르게 할 것인가? 만약 조사원이 그런 사실을 안다면 혹시라도 조사원이 연구결과와 관련해서 어떤 이해관계를 가질 수 있는 사람들인가?(그렇지 않기를 바란다!) 조사원에 대해 평가자 간 신뢰도를 측정할 수 있는가? 자료수집 방법을 다원화할 수 있는가?(그럴 수 있기를 바란다!) 연구자가 명시한 시점과 장소에서 자료를 수집해야 하는 근거는 무엇인가? 연구의 실행 가능성은 어떤가? 연구자의 연구과정에 대해 또는 조사나 면접을 하는 데 걸리는 시간에 대해 기관들이 협조적인가? 혹시 자료수집과정 중 반응성(reactivity)에 취약한 부분이 있지는 않은가(11장 참조)?

자료분석

이 부분에서 연구자는 어떤 분석을 하게 될지 설명해야 한다. 만약 어떤 분석기법, 예를 들어 다중회기 분석, 분산분석 등을 사용할지 알고 있다면 사용할 분석기법이 무엇인지 밝히는 것이 좋다. 만약 연구자의 의도가 어떤 현상의 차이를 설명할 수 있는 문화기술지적(ethnography) 이상형을 개발하는 것이라면, 어떻게 그렇게 할 것인지를 설명한다. 그러나 중요한 것은 분석의 목적과 논리를 설명하는 것이다. 어떤 현상을 설명하려는 것이 연구의 목적인가? 아니면 어떤 속성의 차이, 예를 들어 어떤 아동들은 왜 다른 아동들에 비해 훨씬 다루기 어려운지를 설명하고자 하는가? 분석에서 어떤 설명변수들을 사용할 것이며, 설명하려는 차이를 적절히 설명했는지는 어떻게 알 수 있는가?

앞서 언급했듯이, 연구비를 지원하는 기관들은 연구계획서의 구성요소 가운데 이 부분의 분량과 구체성에 대해 각기 다른 기대를 갖고 있다. 만약 연구비 지원기관이 어떤 기대를 갖고 있는지 모른다면, 가장 안전한 방법은 자료분석 부분을 구체적으로, 다시 말해 각각의 자료분석 기법을 선택한 근거를 구체적으로 서술하는 것이다. 예를 들어 사용하고자 하는 자료분석 기법과 관련된 가정들을 어떻게 확인해볼 것이며, 만약 자료를 수집한 다음에 어떤 가정들이 만족되지 않는다는 사실을 알게 된다면 어떻게 할 것인지를 설명해야 한다. 또한 예상되는 표본의 크기를 바탕으로 각 자료분석 기법의 통계적 검증력에 대해서도 설명해야 한다. 만약 연구자가 전문성이 부족함에도 불구하고 특정 자료분석 기법을 사용해야만 한다면, 통계전문가를 연구에 참여시키고 연구계획서의 이 부분을 통계 전문가에게 작성도록 하는 것이 바람직할 수도 있다.

연구일정

연구의 모든 단계에 대한 연구일정을 세우고 이를 밝히는 것이 바람직하다. 비록 연구계획의 일부로 제시하기 위해 연구일정을 세울 필요가 없더라도 연구 그 자체를 위해서는 반드시 일정을 세우는 것이 바람직하다. 현실적인 연구일정을 세우고 이에 맞추어 연구진행 상황을 점검해보지 않는다면 많은 문제점에 직면할 수도 있다. 연구계획서에 제시된 연구일정은 반드시 현실적이어야 한다. 연구의 어떤 단계에 대해 일정을 너무 짧거나 길게 잡으면 연구계획서를 검토하는 심사위원들은 연구자가 과연 연구를 성공적으로 수행할 만한 준비가 되어 있는지를 의심할 수 있다.

예산

다른 사람에게 자신이 하고자 하는 연구에 필요한 연구비를 신청하는 경우 반드시 예산서를 제출해 어떤 목적으로 얼마의 예산이 필요한지를 밝혀야 한다. 규모가 큰 연구의 경우 일반적으로 인건비, 장비 및 시설비, 물품비, 전화비, 우편요금 등의 항목이 예산항목에 포함된다. 규모가 그리 크지 않아서 연구자 자신이 연구비를 부담하는 경우에도 미리 예산을 짜보는 것이 바람직하며, 다음과 같은 항목들, 즉 사무용품비나 복사비, 컴퓨터 관련 물품, 전화비, 교통비 등에 대한 해당하는 비용을 생각해보고 전체 비용의 규모를 짐작해보는 것이 매우 중요하다. 예산에 명시된 비용들은 당연히 현실적이어야 하며, 각 항목에 대해 산출 근거를 밝혀야 한다. 예산을 과대 혹은 과소 책정할 경우 연구비를 지원받을 가능성이 낮아진다. 예산을 과다 책정하는 경우 심사위원들은 '돈을 뜯긴다'는 느낌을 받을 수 있으며, 연구비만큼의 가치가 없는 연구라는 생각을 하기 쉽다. 이와 반대로 너무 적게 책정된 예산은 심사위원들로 하여금 연구자가 경험이 부족하다는 느낌을 갖게 만든다. 필요하다면 연구진의 급여 수준이나 부가급여 수준 등과 같은 비용을 계산할 때 기술적 지원을 제공해줄 수 있는 사람의 도움을 받는 것이 좋다. 연구계획서를 작성하기에 앞서 자신의 소속 대학이나 기관에 그런 기술적인 지원을 제공해줄 수 있는 직원이 있는지를 반드시 알아봐야 한다.

그 밖의 구성요소

대부분의 연구비 지원기관들은 이상에서 언급한 연구계획서의 구성요소들 외에 추가적인 구성요소를 부록으로 첨부할 것을 요구한다. 예를 들어, 연구자는 자신이 하려는 연구가 자신이 소속된 기관윤리위원회로부터 연구윤리 및 연구대상의 권리보호에 관한 심의를 받았음을 입증할 수 있는 자료를 연구계획서에 첨부해야 할 것이다. 이에 대한 과정은 5장에서 논의했다. 또한 하고자 하는 연구의 현실적 실행 가능성과 연구를 성공적으로 수행할 만큼 준비가 되어 있음을 뒷받침하는 자료를 첨부해야 할 수도 있다. 그런 용도로 사용될 수 있는 자료로는 (1) 연구자 또는 연구진이 이전의 경험을 통해 제안한 연구를 성공적으로 수행할 수 있을 정도로 준비가 되어 있음을 보여줄 수 있는 이력서나 경력 관련 서류, (2) 연구에 필요한 자료와 연구대상을 제공해주고자 하는 기관의 관계자에게 받은 공문, (3) 충분한 크기의 연구대상을 모집할 수 있고 연구기간 동안 유지할 수 있음을 보여주어 연구의 성공적 실행 가능성을 추가로 뒷받침해줄 수 있는 문서, (4) 학술지, 소식지, 학회발표 또는 연구를 통해 얻은 결과를 향후 연구나 실천에 활용하려는 사람들이 참석하는 모임 등을 통해 연구결과를 알리고자 하는 구체적인 계획 등을 생각해볼 수 있다.

만약 연구자가 하려는 연구가 사회복지 연구라면, 비록 과목을 담당하는 교수나 연구비를 지원하는 기관이 요구하지 않더라도 연구자 자신을 위한 연구계획서를 작성해보는 것이 좋다. 연구계획서를 작성하려고 자신의 시간과 열정을 투자하고자 한다면 그런 투자를 통해 무엇인가를 반드시 얻을 수 있게 해야 한다. 연구계획서를 작성하는 과정에서 연구자가 겪는 어려움의 정도는 연구자가 하고자 하는 연구의 종류와 성격에 따라 달라진다. 특히 다음에 나오는 '질적 연구계획서와 양적 연구계획서 간의 유사점과 차이점'이라는 제목의 글상자에 잘 나타나 있듯이, 질적 연구를 위한 연구비를 지원받기 위해 연구계획서를 작성할 때는 더 많은 어려움이 따른다.

사회복지 연구보고서 작성

이제 시간을 앞쪽으로 뛰어넘어, 연구계획서를 작성하는 것에서 연구보고서를 작성하는 것으로 가보자. 연구보고서를 준비할 즈음이면 연구자는 연구를 위해 이미 엄

질적 연구계획서와 양적 연구계획서의 유사점과 차이점

이 책에서 살펴본 '연구계획서의 구성요소'는 어떤 종류의 연구에서나 공통적으로 적용될 수 있다. 하려는 연구가 질적 연구이든 아니면 양적 연구이든 간에(또는 두 가지를 모두 하는 연구든) 연구자는 연구문제와 연구목적, 문헌고찰, 연구방법론 등에 대한 언급을 시작으로 연구계획서를 쓰게 될 것이다. 연구의 종류에 상관없이 연구자는 연구질문의 중요성 및 연구의 가치를 설득력 있게 표현해야 한다. 문헌고찰의 질을 평가하는 기준 또한 질적 연구와 양적 연구에서 별다른 차이가 없다. 그 밖의 공통점으로는 두 종류의 연구계획서 모두 현실적인 연구일정을 가져야 한다는 것, 기관윤리위원회의 승인을 필요로 한다는 것, 합리적인 예산안을 제시해야 한다는 것, 전문성을 느낄 수 있는 깔끔한 보고서를 준비하기 위해 가급적 명료하고 인상적인 문체와 레이저 프린터를 이용할 것 등을 들 수 있다.

이렇듯 두 종류의 연구계획서를 준비하는 과정에 공통적인 면이(위에서 언급한 것들과 같은) 있는 반면, 질적 방법론자들은 질적 연구를 위한 연구계획서가 양적 연구를 위한 연구계획서와 다르다는 점을 지적한다. 일반적으로 질적 연구를 위한 계획서를 준비하는 것이 양적 연구의 경우보다 더 어렵다고 인식된다. 그 이유는 양적 연구가 질적 연구보다 구조적인 면이 많고 더 많은 사전계획을 필요로 하기 때문이라고 볼 수 있다. 예를 들어 샌델로우스키 Sandelowski, 데이비스 Davis, 해리스 Harris(1989)에 따르면 질적 연구를 위한 연구계획서를 준비한다는 것은, 미리 계획될 수 없는 내용을 계획하는 궤변에 대한 협상을 요구하는 행동이라고 한다. 이와 마찬가지로 모스 Morse(1994)는 비교적 덜 구조화되었다는, 그리고 예측이 힘들다는 질적 연구의 특성과 그로 인해 흥미로운 연구결과를 약속하는 연구계획서를 준비하는 과정에서 나타나는 어려움을 지적하고 있다. 이들이 공통적으로 지적하는 점은 질적 연구의 설계가 연구주제, 연구방법, 그리고 진실이 자연스럽게 나타날 수 있는 개방적인 출발점을 제시한다는 것이다. 또한 이는 연구방법과 구체적인 연구결과를 미리 계획하고 밝힐 수 있는 양적 연구설계와는 분명히 다르다는 점이다.

따라서 질적 연구자의 딜레마는, 질적 연구의 구조화되지 않고 유연하며 귀납적인 특성을 그대로 유지하면서도 연구비 지원 여부를 결정할 사람들이 연구의 중요성을 충분히 이해할 수 있도록 구체적이고 자세한 연구계획을 세워야 한다는 것이다. 샌델로우스키와 그 동료들(1989)의 말을 빌리면, "연구계획서를 준비하는 데 가장 어려운 점은 … 연구를 시작해보기 전까지는 아무런 구체적인 연구방법이 없음에도 불구하고 연구방법을 설명해야 한다는 것이다"(p. 78). 이런 어려움은 특히 연구계획서를 검토할 사람들이 주로 양적 연구방법을 선호하는 사람들이어서 양적 연구계획에서 찾아볼 수 있는 아주 구체적이고 정확한 연구계획을 기대하는 경우, 더욱 심각해진다.

한 가지 해결방안은, 질적 연구라고 할지라도 일단은 표본추출, 자료수집, 자료분석에 관한 계획을 밝히고 동시에 이런 계획은 잠정적이며 연구를 진행하는 과정에서 필요에 따라 변할 수도 있다는 사실을 함께 명시하는 것이다. 또한 연구에서 사용할 질적 접근방법의 종류와 내용을 설명한다(일반적으로 많이 사용되는 질적 접근방법과 그런 접근방법에 대한 지침은 18장과 19장에서 자세하게 논의되고 있다). 물론 연구자 자신이 구체적으로 무엇을 하게 될 것이며 무엇을 발견하게 될지를 미리 알 수는 없으나 연구계획서를 검토할 사람들에게 연구자가 어떠한 일반적인 원칙에 준해 질적 연구를 할 것인지를 시사할 수는 있다.

이런 논리는 질적 연구계획서의 다른 부분에도 똑같이 적용된다. 예를 들어 표본추출 방법을 논의하는 경우, 질적 연구에서 양적 연구 수준의 정확성을 가지고 표본의 크기나 표본의 특성을 예상하기는 힘들다. 그러나 잠정적으로 생각해 볼 수 있는 연구대상의 유형이라든지 또는 어떤 유형의 연구대상이 가장 유용한 자료를 제공하리라 생각하는지는 설명할 수 있다. 또한 연구에서 사용하고자 하는 질적 표본추출 방법의 원리나 이론적 근거에 대해서도 설명할 수 있다(이런 방법들은 15장과 18장에서 논의되고 있다).

그럼에도 질적 연구계획서가 양적 연구계획서에 비해 쓰기 어렵다는 사실에는 변함이 없다. 양적 연구를 선호하는 사람들이 질적 연구계획서를 검토하는 경우 질적 연구방법에 익숙하지 않은 검토자가 연구계획서를 충분히 이해하지 못할 수도 있다. 따라서 연구자는 질적 연구자로서의 자신의 전문성과 연구수행 능력을 연구계획서에 밝히는 것이 중요하다. 연구계획서의 모든 부분을 다 잘 쓸 수 있도록 정성을 기울여야 하며, 또한 문헌고찰이 적절한지도 신경을 써야 한다(질적 연구계획서의 문헌고찰은 양적 연구계획서의 문헌고찰에 비해 연구비 지원자들에게 '믿을 만하다'는 확신을 갖게 하는 데 있어 더 중요한 역할을 하므로 연구자의 전문성을 잘 보여줄 수 있도록 광범위하고 포괄적이어야 한다).

이런 노력과 함께 연구계획서에 제시된 연구주제에 대해 시범연구를 실시하고, 시범연구의 내용과 결과를 연구계획서에 부록으로 첨부해 제출하는 것을 생각해볼 수 있다. 이를 통해 연구자는 자신의 연구에 대한 열의와 연구수행능력을 보여줄 수 있으며, 또한 하고자 하는 연구에서 어떻게 자료를 분석할 것인가를 보여줄 수 있다. 물론 시범연구의 경험이 연구비를 지원받을 수 있는 가능성을 높여준다는 것은 질적 연구계획서나 양적 연구계획서 모두 사실이라고 하겠다.

이 두 가지 연구계획서 간의 유사점을 너무 무시하거나 혹은 차이점을 너무 강조하려는 것은 아니지만, 질적 연구계획서를 쓸 사람들은 특별한 딜레마를 경험하게 된다는 사실을 인식하는 것이 중요하다. 또한 연구계획서를 검토하는 사람들이나 연구비 지원기관의 관계자도 이런 사실을 인식할 수 있어야 하며, 성격이 다른 두 가지 연구계획서를 평가하는 데 있어 평가 기준을 달리 적용할 수 있어야 할 것이다.

청난 시간과 노력을 투자한 상태일 것이다. 이 책에서 이제까지 논의했던 모든 과정을 거치면서 연구자가 쏟아부었던 노력이 헛되지 않으려면 연구자는 다른 사람들에게 자신의 연구결과를 적절하게 알릴 수 있어야 한다. 이 말은 결국, 훌륭한 연구보고서는 훌륭한 영어(또는 각자가 사용하는 언어)를 필요로 한다는 것이다. 우리가 '그림이 스스로 얘기하도' 요구하면 그림은 아무 말도 하지 않게 되는 경향이 있다. 지나치게 복잡한 용어나 개념을 사용할 때마다 의사소통은 원활하지 못하게 된다.

우리가 해주고자 하는 첫 번째 충고는 스트렁크 Strunk와 화이트 White가 쓴 짧으면서도 매우 훌륭한 책인 『The Elements of Style』을 반복해(약 3개월 정도의 간격을 두고) 읽으라는 것이다. 이 책을 열심히 읽고 책 내용 중 약 10% 정도만이라도 완전히 이해할 수 있게 된다면, 아마도 다른 사람들에게 자신이 말하고자 하는 바와 연구결과를 좀 더 쉽게 이해시킬 수 있을 것이다.

과학적 연구보고서는 여러 가지 기능을 갖고 있다. 첫째, 연구보고서는 구체적인 자료와 생각을 독자들에게 전달해야 한다. 연구자는 보고서를 통해 그런 구체적인 내용을 명확하게, 그리고 다른 사람들이 평가할 수 있을 정도로 충분히 세부적으로 제시해야 한다. 둘째, 연구자는 연구보고서를 일반적인 과학지식에 대한 기여로 여겨야 한다. 연구자는 겸손함을 유지하면서도 동시에 자신의 연구보고서가 사회복지 실천 및 정책에 관한 지식의 양을 늘리는 데 기여하는 것으로 간주해야 한다. 마지막으로, 연구보고서는 더 많은 연구를 이끌어낼 수 있어야 하고 그런 연구들에 대해 방향을 제시할 수 있어야 한다.

기본적으로 고려해야 할 사항

이상에서 언급한 일반적인 지침들 외에도 연구보고서는 여러 가지 목적을 갖고 있다. 어떤 보고서는 특정 목적에는 매우 적합하지만 다른 목적에는 전혀 적합하지 않을 수 있다. 이제 이와 관련해서 고려해야 할 기본적인 사항들을 살펴보자.

독자

연구보고서의 초안을 만들기 전에 보고서를 읽을 사람

이 누구인지를 생각해봐야 한다. 일반적으로 전문 연구자와 일반 독자는 구분해야 한다. 전문 연구자를 위해 보고서를 쓰는 경우, 그들은 어느 정도의 지식을 갖고 있음을 염두에 두고 모든 것을 구체적으로 설명하기보다는 중요한 사항들만 요약해서 제시할 수 있다. 또한 일반 독자를 대상으로 할 때는 좀 더 기술적인 용어들을 사용할 수 있다.

동시에 다른 모든 학문 분야와 마찬가지로 사회복지학 또한 매우 다양하다는 것을 기억해야 한다. 동료 연구자들 중 어떤 사람들에게는 친숙한 용어나 가정 또는 특별한 기술이 다른 동료 연구자들에게는 너무도 생소할 수 있다. 예를 들어, 인지행동적 개입에 관한 연구를 그런 개입에 익숙하지 않은 동료 연구자들에게 보고해야 한다면 인지행동적 개입을 전문으로 하는 사회복지사들에게 설명할 때보다 훨씬 더 자세하게 선행 연구결과들을 설명해야 한다.

마찬가지로 독자들의 연구 관련 전문성과 전문 역할에 따라서 어떤 식으로 연구결과를 보고할 것인지를 결정해야 한다. 예를 들어 연구설계의 기본논리나 자료분석과정을 어떻게 설명할지는 독자들이 주로 연구자인지 행정가인지 아니면 일선 현장의 실천가인지에 따라 달라져야 한다. 만약 주된 독자들이 주로 연구자라면 기술적인 조사연구 관련 용어의 의미를 설명해야 하거나 그런 용어의 사용을 자제해야 할 필요성은 매우 줄어든다. 만약 주된 독자들이 행정가 또는 연구 관련 경험이 그다지 많지 않은 다른 실천가라면 용어 사용을 가능한 한 단순화해야 하며, 불가피하게 기술적인 용어를 사용할 경우 용어의 의미를 설명해야 한다. 또한 행정가나 다른 실천가들은 요약문이나 단순한 그림, 도표를 이용한 가시적인 보고 내용 그리고 연구방법에 관한 자세한 설명이 아닌 실천적 함의에 더 관심이 있음을 기억해두어야 한다(행정가나 다른 실천가들을 대상으로 할 때의 연구보고서 작성요령에 대해서는 14장의 '평가연구 기획과 평가결과 이용의 활성화' 절의 끝쪽에 언급된 내용을 참조하기 바란다).

연구보고서를 전문학술지에 게재하고자 작성하는 경우에도 학술지마다 독자들의 유형과 그들이 갖는 기대에 상당한 차이가 있다는 사실을 염두에 두어야 한다. 사회복지학 학술지 중 명칭에 '조사연구'가 들어가는 학술지의 경우는 독자들 중 대부분이 기술적인 용어에 대한 설명을 그다지 필요로 하지 않는 연구자이며, 이들은 방법론적 쟁점에 관한 논의를 이해하고 그런 논의를 중요하게 생각한다. 물론 어떤 학술지는 연속선상의 정반대 쪽 극단에 위치한 학술지(실천적 함의를 매우 중요시하는)일 수도 있고, 또 어떤 학술지는 양극단 사이의 어딘가에 해당할 수도 있다. 학술지 게재를 목적으로 연구보고서를 작성하고자 하는 연구자가 반드시 해야 하는 일 두 가지는 다음과 같다. (1) 학술지를 고를 때는 자신이 작성하려는 보고서의 종류 및 연구주제에 가장 잘 부합하는 독자와 기대를 갖는 학술지를 선택하고, (2) 학술지 내용 중 편집자가 논문의 형식과 스타일 그리고 어떤 종류의 글을 기대하는지를 밝히는 부분을 찾아서 읽는다. 미국 사회복지사협회가 1997년에 발행한 『저자들을 위한 사회복지 학술지 관련 지침(A Author's Guide to Social Work Journals)』은 연구자가 자신의 보고서와 가장 잘 맞을 것 같은 학술지를 선택하는 데 도움이 된다.

연구보고서의 형식과 분량

여기서 하게 될 논의는 연구결과를 글로 보고하는 것과 말로 보고하는 두 가지 형식 모두에 해당된다. 각 형식은 보고서의 성격에 영향을 미친다.

동일한 연구결과를 다양한 형식으로 보고할 수 있다는 생각을 해보면 도움이 된다. 우선, 학술지 게재를 위해 연구노트(research note)를 준비해볼 수 있다. 연구노트 형식의 보고서는 대략 1~5쪽 정도 분량이며, 내용은 간략하고 직접적이어야 한다. 지면이 제한적이므로 연구 분야를 자세하게 설명할 수는 없으며, 연구방법 부분 또한 축약적으로 기술해야 한다. 연구노트의 경우에 중요한 부분은 노트 내용이 어떤 연구결과에 의해 뒷받침되는지 밝히고 그런 연구결과가 무엇인지를 서술하는 것이다.

연구자는 연구비 지원기관을 위해 종종 보고서를 준비

해야 한다. 이런 목적으로 작성하는 보고서의 길이는 천차만별이다. 보고서를 준비할 때 연구자는 보고서의 독자가 누가 될지(전문가인지 아니면 일반인인지)와 연구비 지원기관이 애초에 연구비를 지원한 이유를 염두에 두어야 한다. 연구비 지원기관이 별로 중요하게 생각하지 않거나 별다른 가치를 부여하지 않는 연구결과를 장황하게 서술하면서 연구비를 지원해준 사람들을 싫증나게 만드는 것은 정치적으로 바람직하지 않을 뿐만 아니라 예의에도 어긋나는 행동이다. 동시에 자신의 연구가 어떻게 사회복지 분야의 지식을 발전시켰는지를(실제로 그랬다면) 간략하게 요약하는 것은 도움이 될 수 있다.

미완성 논문(working papers)은 또 다른 형태의 연구보고서다. 특히 대규모 연구에서는 자료분석과 해석에 대한 논평을 받아보는 것이 매우 유용하다. 미완성 논문은 논평을 암묵적으로 요청하는 실험적 성격의 보고서라고 할 수 있다. 미완성 논문의 길이는 다양할 수 있으며, 모든 연구결과를 제시할 수도 있고 일부분만을 제시할 수도 있다. 미완성 논문은 연구자의 '전문가로서의 명성'이 걸려 있는 글이 아니기 때문에 정당화할 수 없는 시험적 해석이라도 그런 해석이 시험적인 것이며 그에 대한 평가를 바란다는 것을 밝힌다면 얼마든지 자유롭게 제시할 수 있다.

많은 경우, 연구결과들은 전문적 모임에서 발표될 논문의 형식으로 준비되기도 한다. 이런 논문은 미완성 논문과 동일한 목적을 갖는다. 연구자는 자신의 논문을 발표할 때 동료 연구자들이 관심을 가질 만한 연구결과와 아이디어를 발표하고 그에 대한 논평을 요구할 수 있다. **전문적인 논문**(professional papers)의 길이는 논문을 발표할 모임의 성격에 따라 다양할 수 있으나 너무 긴 것과 너무 짧은 것 중에서는 항상 후자가 더 나은 선택이라고 볼 수 있다. 물론 미완성 논문이 다양한 실험적 성격의 결론들을 제시할 수 있는 글이기는 하지만, 모임에 참석한 사람들에게 같은 내용을 계속 반복하는 발표를 들어줄 것을 강요할 수는 없다. 관심 있는 참석자들은 발표가 끝난 후에 얼마든지 더 구체적인 내용을 질문할 수도 있고, 관심이 없는 참석자들은 자리를 뜰 수도 있다.

아마도 가장 일반적인 연구보고서는 전문학술지에 게재된 **논문**(article)일 것이다. 이 경우에도 보고서의 길이는 다양할 수 있으므로 해당 학술지에 실린 다른 논문들이 어느 정도의 길이인지를 보고 참조하는 것이 바람직하지만, 보통은 20~25쪽 정도의 길이라면 큰 무리가 없다고 볼 수 있다. 바로 뒤이어 소개되는 연구보고서의 구성에서는 학술논문을 염두에 두고 연구보고서의 구성에 대해 논의할 것이다. 그러므로 여기서는 학생들의 기말보고서 또한 이 형식을 따라야 한다는 것만을 지적하고 더 이상의 논의는 생략하겠다. 일반적으로 볼 때, 훌륭한 기말보고서란 결국 훌륭한 학술논문이 될 수 있는 기말보고서라고 할 수 있다.

물론 가장 길고 자세한 연구보고서는 책이다. 만약 책 형태의 연구보고서를 권위 있는 출판사를 통해 출판하면 독자들 중 어떤 사람은 연구결과를 아무런 비판 없이 받아들일 수도 있다. 따라서 연구보고서를 책으로 출판하는 경우, 연구자는 독자들에게 특별한 의무감을 가져야 한다.

연구보고서의 목적

이 책의 앞부분에서 사회복지 조사연구의 여러 가지 목적을 살펴본 바 있다. 연구보고서를 준비하면서 연구자는 그런 목적들을 염두에 두어야 한다.

어떤 보고서는 주로 연구주제에 대한 탐색(exploration)에 초점을 둘 수 있다. 그런 보고서의 결론은 실험적이고 불완전할 수 있다. 연구자는 독자들에게 연구가 가진 탐색적 목적을 분명하게 밝히고, 단점이 무엇인지도 서술해야 한다. 탐색적 연구보고서는 연구주제에 관한 좀 더 나은 연구가 되기 위해 나아가야 할 방향을 제시하는 기능을 한다.

대부분의 연구보고서는 연구가 가진 기술적인 목적(descriptive purpose)에 해당하는 기술적 요소를 갖고 있다. 연구자는 표본에만 해당되는 기술과 모집단에 해당되는 기술을 분명하게 구분해야 한다. 만약 추론적 기술을 할 경우, 연구자는 독자들에게 그런 추론적 기술의 오차가 어느 정도인지를 가늠할 수 있게 해주어야 한다.

많은 경우, 연구보고서들은 변수들 간의 인과관계를 밝히려는 설명적 목적(explanatory purpose)을 갖는다. 주된 독자가 누구인가에 따라 연구자는 독자들에게 자신의 결론과 계산의 근거를 어떤 규칙에 준하여 설명하는지 말해주어야 한다. 또한 기술적 목적의 경우와 마찬가지로 연구자는 독자들에게 연구자가 제시한 결론의 확실성이 상대적임을 밝혀야 한다.

연구목적이 무엇이든 간에 모든 사회복지 연구 프로젝트는 반드시 사회복지 실천과 정책에 도움이 되는 유용한 정보를 제공한다는 목적을 가져야 한다. 따라서 연구보고서에는 어떤 구체적인 행동에 관한 함의가 반드시 포함되어야 한다. 또한 연구자가 제안하는 사항들은 자료에 의해 뒷받침되어야 한다. 따라서 실증적 자료로부터 어떤 행동을 제안할 때는 그렇게 할 수 있는 논리적 근거를 분명하게 밝혀야 한다.

표절 방지

연구보고서에서 다른 사람의 연구결과를 보고할 때는 누가 무엇을 말했는지를 분명하게 밝혀야 한다. 한마디로 말해서 표절, 즉 다른 사람의 말과 생각을 가져다가 마치 자신의 말과 생각인 것처럼 보고하지 않도록 주의해야 한다. 표절은 학생들 사이에서 일반적이기도 하지만 때로는 불분명하기도 한 문제다. 따라서 표절에 대해 한번 생각해볼 필요가 있다. 표절에 관한 기본적인 규칙은 다음과 같다.

- 다른 사람이 사용한 말을 인용부호를 사용하지 않거나 독자들이 원래 자료에서 연구자가 인용한 부분을 찾는 데 필요한 인용문의 출처를 밝히지 않고 사용해서는 안 된다. 일반적인 규칙은 인용표시 없이 다른 사람의 말을 여덟 단어 사용하는 것은 연방저작권법에 위배되는 행위다.
- 다른 사람의 말을 편집하거나 달리 표현하는 식으로 수정한 다음 자기 자신의 것처럼 보고하는 것도 용납될 수 없는 행위다.
- 마지막으로, 다른 사람의 생각을(설령 그런 생각을 완전히 다른 말로 표현하더라도) 마치 자신의 것처럼 보고하는 것 또한 절대로 용납되지 않는다.

다음의 예를 통해 다른 사람의 말이나 글을 사용할 때 해도 되는 것과 해서는 안 되는 것이 무엇인지를 분명히 구분해보기 바란다.

원문:

성장 법칙

체계라는 것은 마치 어린아이와 같다. 일단 무엇인가를 얻고 나면 그것을 항상 가지고 있으려 한다. 체계는 소멸되지 않는다. 오히려 체계는 놀랄 만한 정도의 지속성을 가지고 있다. 체계는 지속할 뿐만 아니라 성장한다. 또한 성장하면서 다른 것들을 잠식한다. 체계의 성장 잠재력은 파킨슨에 의해 실험적으로 그리고 예비적으로 탐구되었다. 파킨슨에 따르면 행정체계는 무엇을 하든 간에 매년 평균 5~6%의 성장을 유지한다고 한다. 파킨슨의 주장은 그의 연구결과에 근거해볼 때 옳다고 볼 수 있으며, 이처럼 중요한 주제에 대한 어려운 연구를 시작한 그의 공로를 전적으로 인정해야 한다. 이제 우리는 파킨슨이 인식하지 못했던 파킨슨의 법칙과 유사한 일반 체계 이론을 발표하고자 한다.

체계 그 자체는 매년 5~6% 성장하는 경향이 있다.

이 법칙은 가장 일반적이며 가능한 형성이론, 즉 체계 우주론의 빅뱅이론에 대해서도 예비적인 것이다.

체계는 우리가 알고 있는 우주를 채우기 위해 팽창하는 경향이 있다(Gall, 1975, pp. 12-14).

이제 기말보고서를 작성하면서 존 갈John Gall의 글을 사용한 몇 가지 '적절한 사용'의 예를 들어보자.

> **적절한 사용**: 존 갈은 자신의 책 『Systemantics』에서 체계와 어린아이를 재미있게 비교하고 있다. "체계는 마치 어린아이와 같다. 일단 무엇인가를 얻고 나면 그것을 항상 가지고 있으려 한다. 체계는 소멸되지 않는다. 오히려 체계는 가장 놀랄 만한 정도의 지속성을 가지고 있다. 체계는 지속할 뿐만 아니라 성장한다."[1]

> **적절한 사용**: 존 갈은 체계가 어린아이와 같다고 경고한다. 체계를 만들면 그 체계는 사라지지 않는다. 갈에 따르면 더 큰 문제는 체계가 점점 더 커진다는 것이다.[2]

> **적절한 사용**: 체계는 지속하고자 하고, 심지어는 성장하고 잠식하려는 자연스러운 성향을 갖는다는 주장 또한 제기되어 왔다(Gall, 1975, p. 12).

위의 세 가지 예 중 마지막 예의 경우, 연구자는 본 저자들이 이 책에서 하고 있는 것처럼 참고문헌에 인용문의 완전한 출처를 밝혀야 한다. 첫 번째와 두 번째 예에서처럼 완벽한 인용구나 각주를 사용해도 된다. 인용 사실이나 참고문헌을 어떤 식으로 표기해야 하는지를 알아보려면 American Psychological Association과 American Sociological Association 같은 여러 기관이 발행한 매뉴얼인 『Chicago Manual of Style』 등을 참조하기 바란다.

다음은 동일한 존 갈의 글을 '부적절하게' 사용한 예로서, 이런 예들은 공통적인 오류를 갖고 있다.

> **부적절한 사용**: 이 논문에서 나는 우리가 조직 내에 만들어놓은 사회적 체계의 몇 가지 특성을 살펴보고자 한다. 첫째, 체계는 어린아이와 같다. 일단 무엇인가를 얻으면 항상 가지고 있으려 한다. 체계는 사라지지 않는다. 오히려 체계는 놀랄 만한 정도의 지속성을 보여준다. 체계는 지속할 뿐만 아니라 성장한다. [인용부호와 완전한 출처를 밝히지 않고 다른 사람의 글을 그대로 인용하는 것은 용납될 수 없는 행위다.]

> **부적절한 사용**: 이 논문에서 우리가 조직 내에 만든 사회적 체계의 몇 가지 특성을 살펴보고자 한다. 첫째, 체계는 상당히 어린아이들과 같다. 일단 무엇인가를 얻으면 그것은 자신의 것이라고 생각한다. 체계는 없어지지 않는다. 체계는 지속한다. 체계는 지속할 뿐만 아니라 사실은 성장한다. [다른 사람의 글을 편집해 자신의 것처럼 제시하는 것은 부적절한 행위다.]

> **부적절한 사용**: 이 글에서 나는 우리가 조직 내에 만든 사회적 체계의 몇 가지 특성을 살펴보고자 한다. 내가 알게 된 한 가지 특성은 일단 어떤 체계가 만들어지고 나면 체계는 절대로 없어지지 않는다는 것이다. 사실은 그 반대인 것 같다. 체계는 성장하는 경향이 있다. 그런 특성을 보면 체계는 어린아이와 아주 비슷하다고 할 수 있다. [다른 사람의 생각을 달리 표현해 마치 자신의 것처럼 제시하는 것은 부적절한 행위다.]

이상의 세 가지 '부적절한 사용 예'는 모두 표절이며 매우 심각한 범법행위다. 물론 어떤 '회색 지대'가 존재하는 것은 사실이다. 어떤 생각은 어느 한 개인의 '전유물'이라기보다는 어느 정도 공공의 영역에 속할 수 있다. 또한 자신이 어떤 생각에 이르게 되었으나 그 생각을 이미 다른 사람이 글로 표현해놓았을 수도 있다. 만약 어떤 구체적인 상황에 관해 의문을 갖게 된다면 담당교수와 미리 상의할 것을 권한다.

이상에서 우리는 표절에 대해 구체적으로 살펴봤다. 물론 연구자는 자신의 연구를 사람들의 생각과 말이라는 맥락 속에 위치하게 하는 것이 중요하지만, 그들의 생각

---

1 John Gall, *Systemantics: How Systems Work and Especially How They Fail*, New York: Quadrangle, 1975, pp. 12.

2 John Gall, *Systemantics: How Systems Work and Especially How They Fail*, New York: Quadrangle, 1975, pp. 12.

이나 글을 부적절하게 사용하는 것은 심각한 범법행위이기 때문이다. 표절을 방지하는 방법을 배우는 것은 학자들에게 있어서는 '성인'이 되어가는 과정의 일부라고 할 수 있다.

연구보고서의 구성

연구보고서의 구성은 보고서의 형식과 목적에 따라 어느 정도 다를 수 있으나, 연구자료를 제시하는 일반적인 양식을 알아두면 도움이 된다. 다음의 논의 내용은 학술논문에 가장 잘 적용되는 내용이기는 하지만, 약간 변형하면 대부분의 연구보고서에 적용할 수 있는 내용이다.

제목

이 글을 읽을 정도의 교육 수준을 갖춘 독자들에게 연구보고서에 제목이 있어야 한다는 것을 상기시킬 필요는 없을 것이다. 마찬가지로 보고서의 제목이 보고서의 주된 내용을 반영해야 한다는 것을 강조할 필요 또한 없을 것이다. 그럼에도 불구하고 보고서의 제목을 결정하는 일은 쉽지 않다. 제목은 독자들에게 충분한 정보를 제공할 수 있으면서 동시에 너무 길지 않아야 한다. 만약 제목이 12단어보다 길다면 줄이는 것이 바람직하다. 만약 부제(subtitle)가 있다면 약간 길어질 수도 있지만, 그렇더라도 제목은 짧고 간결할수록 좋다.

연구보고서의 제목은 할 수만 있다면 독자들의 관심을 자극하게 정할 수도 있다. 약간 재미있는 제목을 다는 것도 좋은 방법일 수 있다. 그러나 너무 지나친 것은 바람직하지 않다. 독자에게 연구자가 사람들의 관심을 끌기 위해 자신의 연구보고서에 오해의 소지가 있는 학술적이지 않은 제목을 붙였다는 생각을 하게 해서는 안 된다. 물론 이는 결국 각자가 판단해야 할 문제다. 그러나 연구자는 자신이 논문을 싣고자 하는 학술지가 자신이 선택한 논문제목으로 인해 영향을 받을 수 있음을 알아둘 필요가 있다. 가장 안전한 방법은 여러 개의 제목을 만든 다음 동료 연구자나 공동 연구자의 의견과 반응을 들어보는 것이다. 그런 의견을 바탕으로 이미 만들어놓은 제목을 그대로 사용할 수도 있고 필요하다면 문구를 다소 수정해 사용할 수도 있다.

초록

제목이 명시된 쪽(물론 여기에는 제목뿐만 아니라 모든 저자의 이름과 학위, 소속기관명 등이 명시되어야 한다) 바로 뒤에는 일반적으로 연구보고서의 내용을 간략하게 요약해 정리한 **초록**(abstract)을 별도의 쪽으로 만들어 첨부한다. 학술지마다 초록의 길이에 대한 규정은 다르나 대부분의 경우 75~150단어로 길이를 제한하고 있다. 일반적으로 초록은 연구의 목적을 밝히는 첫 문장으로 시작한다. 그 다음 한두 문장으로는 연구설계와 방법을 설명한다. 뒤이어서 역시 한두 문장 정도로 연구의 주된 결과가 무엇인지를 설명한 다음 연구결과의 함의를 간략하게 언급한다. 다음은 초록의 예다.

> 약물남용과 정신질환 문제를 함께 가지고 있는 이중진단자들을 위한 두 개의 치료 프로그램인 일반 약물의존 입원치료와 심리·교육적 집단치료개입의 효과를 비교 검증하기 위해 무작위 실험설계 연구를 실시했다. 이를 위해 백 명의 클라이언트를 무작위로 실험집단과 통제집단에 배정했다. 결과변수로는 약물 및 알코올 사용, 감금 일수, 정신과적 증상, 정신과 입원횟수를 측정했다. 연구 결과, 어떤 결과변수에서도 이렇다 할 만한 치료효과를 발견할 수 없었다. 집단치료개입은 일반 입원치료의 효과를 증진시키지 않는 것으로 나타났다. 본 연구에서 검증한 치료개입보다 더 효과적인 대안적 치료 접근방법을 개발하고 평가하는 노력이 실천가들 사이에서 지속적으로 이루어져야 할 것이라 생각된다.

오래전부터 전해져오는 법 분야의 격언이 있다. "말하고자 하는 것을 말하라. 말하라. 그리고 말했던 것들을 말하라." 이 말을 따른다면 초록을 작성하는 데 큰 어려움은 없을 것이다. 연구자는 초록에서 자신이 독자들에게 말하고자 하는 바를 말해야 한다. 이제 그렇다면 연구자가 말하고자 하는 것들은 무엇인지 함께 살펴보자.

서론과 문헌고찰

연구보고서에서 본격적인 논의는 연구자가 연구한 문제의 배경이 무엇인지를 설명하는 서론에서부터 시작되어야 한다. 이 부분은 연구자가 연구계획서에 제시했던 문제와 목적 그리고 문헌고찰 부분과 유사해야 한다. 예를 들면 연구자는 이 부분에서 문제의 범위, 연구의 목적과 필요성, 연구의 중요성 등을 언급해야 한다. 또한 선행 연구들을 가능한 한 간략하게, 그러면서도 독자들이 연구주제를 이해하는 데 충분한 정보를 얻을 수 있고 연구자가 기존의 연구라는 토대 위에서 연구를 하고자 한다는 것을 느낄 수 있을 정도로 요약·정리해 제시해야 한다. 이런 모든 내용(문제 제기, 문헌고찰, 목적, 가설)은 주로 '서론'이라는 하위제목 아래 정리되어 제시된다. 물론 서론의 내용을 더 세분화해 '문헌고찰'이나 '가설'이라는 하위제목으로 나누어 제시할 수도 있다. 중요한 것은 몇 개의 하위제목을 갖는가가 아니라 서론 부분에 제시된 내용이 독자들에게 연구의 목적과 필요성이 무엇이고, 이 연구가 왜 시의적절하고 중요한지, 그리고 이 연구가 어떻게 기존의 연구들을 토대로 연결되어 있는지를 얼마나 분명하게 이해할 수 있게 해주는가이다.

연구자는 문헌고찰 부분을 통해 독자들이 연구주제에 관해 어떤 연구들이 이루어졌고, 그런 연구들 간에 일치하는 점과 불일치하는 점이 무엇인지를 알 수 있게 해야 한다. 만약 기존에 받아들여져 왔던 어떤 주장이나 생각에 이의를 제기하고자 한다면 그런 주장이나 생각을 받아들이게 했던 연구들을 자세히 고찰한 다음, 그런 연구들이 가진 논리적 오류나 고려하지 못했던 점들이 무엇인지를 지적해야 한다. 만약 기존 연구들이 불일치하는 입장을 보이는 어떤 주제에 대해 연구하는 경우라면, 한쪽의 입장을 뒷받침하는 연구결과를 정리하고 또 다른 입장을 뒷받침하는 연구결과를 정리한 다음, 마지막으로 두 입장 간의 차이가 어떤 이유에서 비롯된 것인지를 설명해야 한다.

독자들에게 문헌고찰 부분은 특정 주제에 관한 선행 연구들을 나열해주는 참고문헌 목록으로서의 역할을 한다. 그러나 때로는 이런 역할이 지나친 경우도 있는데, 모든 선행 연구에 대해 언급하면서 문헌고찰의 첫 문단이 3쪽에 달하는 상황이 벌어지지 않게 주의해야 한다. 참고문헌 목록으로서의 역할은 연구보고서의 맨 뒷부분에 참고문헌을 제시하는 것으로도 충분하다. 문헌고찰 부분에서 연구자는 연구와 직접적인 관련성을 갖는 연구에만 초점을 맞추어야 하며, 연구와 관련성을 가진 문헌들을 고찰할 때도 문헌의 내용에서 연구와 가장 관련이 있는 부분에 초점을 맞추어야 한다. 마지막으로 다수의 연구들이 유사한 연구결과를 보고한 경우, 각 연구를 따로따로 논의하지 말고 그런 연구들이 공통적으로 말하고 있는 바가 무엇인지를 밝힌 다음, 괄호 속에 각 연구의 저자와 연구가 발표된 날짜를 밝히는 것이 바람직하다.

이번 장의 앞부분에서 '빈약한 문헌고찰을 보완하는 방법'이라는 글을 통해 연구계획서를 준비할 때 문헌고찰 부분을 어떻게 작성해야 하는지에 대해 논의한 적 있다. 그때 논의했던 내용은 연구보고서 서론 부분의 문헌고찰에도 적용된다.

연구방법

이제까지 이 책의 거의 모든 장에서 논의했던 것처럼, 어떤 연구를 통해 얻은 연구결과의 가치는 그 연구의 설계와 자료수집과정이 얼마나 타당한가에 달려 있다. 독자들은 연구의 방법론적 설계와 연구과정을 구체적으로 알기 원하며, 그런 정보를 바탕으로 연구결과의 가치를 판단하고 그런 연구결과를 활용할 것인지를 결정한다. 연구자는 독자들에게 연구방법과 관련된 충분히 자세한 정보를 제공함으로써 연구자가 무엇을 어떻게 연구한 것인지를 이해하고 동일한 연구를 반복해볼 수 있게 해줘야 한다.

어떤 연구에서는 연구방법 부분이 연구자가 설정한 가

설과 변수가 무엇인지를 밝히는 것으로 시작되기도 한다. 또 어떤 연구에서는 이전 부분과 관련된 정보를 제공하면서, 연구자가 가진 기본적인 개념틀이 어떻게 선행 연구들로 도출되었는지를 밝히기도 한다. 어떤 경우이든 연구자는 연구방법 부분에서 각 변수를 어떻게 측정했는지를 구체적으로 밝히고 독자들이 측정과정의 신뢰성과 타당도에 확신을 갖기에 충분할 만큼의 정보를 제공해야 한다. 물론 자료수집과정, 인과관계에 대한 논리적 근거(만약 이것이 연구의 목적이라면) 및 표본추출과정에 대해서도 마찬가지로 구체적이고 자세한 설명을 제공해야 한다.

예를 들어, 조사연구를 어떻게 계획하고 실행에 옮겼는지를 보고할 때는 항상 다음 사항들을 설명해야 한다. 모집단과 표본틀, 표본추출 방법, 표본의 크기, 자료수집 방법, 조사율, 자료처리 방법 및 자료분석 방법이다. 만약 다른 연구방법이 사용되었다면 그에 대해서도 마찬가지로 충분히 자세하게 설명해야 한다. 경험 많은 연구자들은 매우 제한된 지면 내에서도 독자들이 연구를 평가하는 데 필요한 중요 정보를 빠짐없이 잘 제시할 수 있다.

연구결과

자신의 연구를 선행 연구들의 관점이라는 맥락 속에 위치하게 하고 연구계획과 실행방법을 설명하고 나면 연구자는 자료를 소개해야 한다. 자료분석을 제시할 때는 가능한 한 상세한 내용을 혼란스럽지 않게 제시해야 한다. 이를 위해 연구자는 다음의 지침과 자신이 연구결과 부분에서 제시하는 내용을 지속적으로 비교해볼 수 있어야 한다.

양적 자료를 사용한 경우, 자료를 제시해 독자들이 분석해볼 수 있게 한다. 예를 들어, 백분율표의 경우라면 독자들이 범주를 통폐합해 백분율을 실제로 계산해볼 수 있어야 한다. 연구자는 자신이 표에서 백분율을 계산한 방향과 반대 방향으로 독자들이 백분율을 계산해볼 수 있을 정도로 충분한 정보를 제시해야 한다.

또한 자료분석의 모든 측면을 서술함으로써 다른 사람이 동일한 자료를 가지고 동일한 분석을 할 수 있게 해야 한다. 다시 말해 다른 연구자가 동일한 자료를 가지고 똑같은 지표와 척도를 만들 수 있고, 똑같은 표를 만들 수 있으며, 똑같은 회귀분석 모델을 추정할 수 있고, 똑같은 요인과 요인적재값을 얻을 수 있게 해야 한다는 것이다. 물론 실제로 그렇게 하는 경우는 매우 드물지만 연구자가 연구보고서에 자료를 제시한다면 그렇게 하지 않을 때에 비해 사람들은 연구결과를 더 잘 평가할 수 있을 것이다.

그리고 자세하고 구체적인 내용을 제시하라. 만약 질적 연구를 한다면 연구자는 독자들이 마치 연구자와 함께 면접을 한다는 느낌이 들 정도로 자세한 내용을 제시해야만 한다. 연구자의 해석을 뒷받침하는 자료를 제시하는 것만으로는 충분하지 않다. 연구자는 자신의 이해 방식과 대립되는 자료 또한 제시해야 한다. 궁극적으로 말하면 연구자는 자신이 내린 결론과 다른 결론을 독자들이 내릴 수 있을 만큼 충분한 정보를 제시해야 한다(물론, 연구자는 자신의 결론이 가장 타당한 결론이기를 바랄 것이다) 사실 독자들은 연구자가 보고한 연구를, 그 연구가 노숙인들에 대한 참여관찰 연구든, 학대아동을 위한 개입의 효과성을 알아보기 위한 실험설계 평가연구든, 아니면 그 밖의 어떤 연구든 상관없이 실제로 자신이 한번 수행해볼 수 있는 위치에 있어야 한다. 과학이 가지고 있어야 할 필수적인 규범 중 하나가 바로 재현 가능성임을 상기하자. 단 한 번의 연구를 통해 입증할 수 있는 건 아무것도 없다. 무엇인가를 입증하기 위한 노력의 첫걸음은 많은 연구를 계속해서 해보는 것이다.

다음으로 근거자료를 종합하라. 자료를 종합하고 해석하는 일의 중요성에 대해서는 앞서 언급한 바 있다. 그렇게 하기 위해 필요한 좀 더 구체적인 지침을 살펴보면 다음과 같다. 표나 도표, 그림 무엇이든 연구보고서의 내용에 포함시켜야 하며, 가능한 한 해당 사항을 논의하는 부분과 가까운 부분에 제시한다. 어떤 학생들은(그리고 학술지 게재를 위해 논문을 쓰는 연구자들의 경우도) 본문에서는 분석결과만 서술하고 모든 표를 부록으로 제시하는 경우가 있다. 이렇게 하는 것은 독자들의 이해를 방해할 수 있다. 일반적으로는 (1) 표를 제시하는 목적을 분명히 밝히고, (2) 표를 제시한 다음, (3) 표의 내용을 검토하고 해석할 것을 권한다.

문서로 발행하는 연구보고서에서는 연구결과의 함의에 대한 해석은 '연구결과'에 뒤이어 제시되는 '논의' 부분에서 하는 것이 좋다. '연구결과' 부분에서의 해석은 자료의 기술적 의미와 사실적 의미가 무엇인지를 서술하는 정도로 제한하는 것이 좋다. 예를 들어, 연구자가 최근에 소개된 매우 복잡한 자료분석 기법을 사용했다고 가정해보자. 또한 배우자 학대자를 위한 개입이 가해자의 자기보고에 따르면 효과적이지만 피해자의 보고에 따르면 효과적이지 않은 것으로 나타났다고 가정해보자. '연구결과' 부분에서는 이런 차이가 존재한다는 사실만을 밝히고 그런 차이에 대한 설명은 '논의' 부분에서 하기로 미뤄둘 수 있다. 이와 반대로, 만약 연구자가 자료제시나 자료처리 및 분석 그리고 해석 모두를 하나로 종합해 제시한다면 연구보고서를 좀 더 읽기 쉽게 만들 수도 있다. 즉, 이런 내용을 '결과'와 '논의'라는 두 부분으로 나누어 제시하지 말고 '연구결과'라는 하나의 부분에서 모두 제시할 수도 있다. 어쩌면 독자들은 '결과' 부분에 제시된, 전혀 관련이 없어 보이는 분석결과와 발견점들을 보면서 보고서의 좀 더 뒷부분 어딘가에서 이런 내용이 모두 하나로 연결될 것이라고 막연히 기대해야 할 때 좌절감을 느낄지도 모른다. 독자들이 이런 좌절감을 느끼지 않도록 연구자는 자료분석의 모든 단계를, 처음 결과를 보고하는 바로 그 시점에서 설명하고, 관련된 자료를 제시하고, 결과를 해석함과 동시에 그런 결과가 그 다음에는 어디로 이어지는지를 설명해야 한다.

논의와 결론

연구보고서의 마지막 부분은 구체적인 결론을 이끌어내고, 결론에 근거한 함의를 도출하고, 연구가 가진 방법론적 한계를 밝힌 다음, 후속연구를 위한 제안점을 제시하는 부분이다.

많은 연구가 한 가지 이상의 방식으로 해석될 수 있는 연구결과를 갖는다. 연구자가 내린 가장 적절하다고 판단되는 해석과 결론에 대해 누구나 이견을 제시할 수 있다. 연구자는 자신의 자료를 바탕으로 내릴 수 있는 모든 가능한 대안적 해석이 무엇인지를 알아야 하며, 그런 대안적 해석 중 어떤 것이 가장 설득력이 있는지 그리고 그 이유는 무엇인지를 밝혀야 한다. 이는 단순히 편집을 잘해야 한다는 뜻이 아니다. 연구자가 내린 결론은 자료에 의해 뒷받침되어야 한다. 연구자는 각 결론에 대한 근거가 무엇인지를 구체적으로 밝혀야 한다. 그러지 않을 경우, 연구자는 아무런 근거도 없는 결론을 받아들이도록 독자들을 내몰게 된다. 연구자는 또한 독자들에게 각 결론을 평가하는 데 필요한 방법론적 제한점을 포함한 모든 조건과 가정이 무엇인지를 설명해야 한다. 연구가 갖는 제한점과 결론의 불완전성을 가장 잘 아는 사람은 바로 연구자이며, 연구자는 자신이 가진 그런 지식을 독자들에게 줄 수 있어야 한다.

연구자는 자신이 내린 결론에 근거해 사회복지 실천과 정책을 위한 함의를 도출해야 한다. 어떤 연구들은 사회복지교육을 위한 함의를 제시하기도 한다. 연구자는 또한 연구결과로부터 얻은 새로운 질문과 자신이 연구를 진행하는 과정에서 접한 실제적 혹은 방법론적 문제를 바탕으로 후속연구를 위한 함의를 제시해야 한다. 많은 학술논문이 다음과 같은 문장으로 글을 마치는 것을 볼 수 있다. "더 많은 연구가 이루어져야 할 필요성이 높다." 이런 결론은 항상 사실이다. 그러나 후속연구가 어떠해야 한다는 것을 구체적으로 제시하지 못한다면 이런 결론은 아무런 가치가 없다. 연구자는 자신의 연구가 가진 문제점을 분명하게 이해하고 그런 문제점을 극복할 수 있는 방법을 제시해야 한다.

앞서 소개했던 법 분야의 오랜 격언에 따라 연구보고서의 맨 끝부분에서 연구자는 자신이 독자들에게 했던 말을 다시 한 번 할 수 있다. 연구보고서를 요약할 때는 모든 것을 구체적으로 다시 검토하는 것이 아니라 중요한 사항들만 선택해 그런 사항들이 갖는 일반적 중요성을 한 번 더 지적하는 것이 바람직하다.

참고문헌과 부록

결론 부분에 바로 뒤이어서 제시되어야 하는 부분은 연구보고서에서 인용한 참고문헌들의 목록이다. 일반적으로 보고서의 본문 내용에 인용표시를 할 때는 저자의 성과 연도를 제시한다. 예를 들어 이 책이 이전 판의 내용을 인용했다는 사실을 나타내려면 (Rubin & Babbie, 2011)이라고 표기한다. 물론 인용했다는 사실을 다음과 같이 표기할 수도 있다. Rubin and Babbie(2011). 인용 문헌의 저자의 이름을 문장 중에 쓸 때는 연도를 괄호 속에 표기한다. 그렇게 하고 나서 보고서 맨 뒤의 참고문헌 부분에 인용한 문헌에 대한 완전한 인용주를 밝히되, 주저자의 성의 알파벳 순서를 기준으로 문헌을 차례대로 나열한다.

참고문헌을 제시하는 또 한 가지 방법은 각 인용부분에 [1]과 같은 식으로 번호를 매긴 다음 보고서 맨 뒤의 참고문헌 부분에 각 인용부분에 해당하는 완전한 인용주를 밝히는 것이다. 이때 문헌을 나열하는 순서는 인용부분에 붙인 번호가 빠른 것부터, 즉 본문 내용에서 먼저 나오는 것부터 먼저 제시한다. 어떤 방식으로 참고문헌을 제시할 것인지는 연구자가 논문을 게재하려는 학술지가 어떤 방식을 요구하는가에 달려 있지만, 일반적으로는 앞의 방식이 더 널리 사용되므로 앞의 방식을 따라 참고문헌을 제시하는 것이 더 바람직하다고 하겠다.

만약 연구자가 본문의 일부로 제시하지 않는 편이 더 좋다고 판단한 표나 그림, 도표 등이 있다면 참고문헌에 바로 뒤이어서, 다른 부록을 제시하기 전에 그런 것들을 제시해야 한다.

질적 연구보고서 작성 시 추가로 고려해야 할 사항

연구보고서 작성에 관해 이제까지 논의한 내용 중 대부분은 양적 연구와 질적 연구 모두에 해당되는 내용이었다. 그러나 우리는 여러 차례에 걸쳐 질적 연구보고서가 양적 연구보고서와 다를 수 있음을 언급한 바 있다. 이제 질적 연구보고서에만 적용되는 추가적인 사항(노이만 Neuman(2000)이 제안한)을 살펴보자.

질적 연구는 양적 연구와 달리 현상에 대한 심층적이고 감정이입적인 이해를 목적으로 하며, 질적 연구에서 수집하는 자료는 양적 연구에 비해 축약하기가 훨씬 어렵기 때문에 질적 연구의 보고서는 양적 연구의 보고서보다 일반적으로 긴 경향이 있다. 예를 들어 표본자료를 통계량으로 요약해 제시하는 양적 연구와 달리, 질적 연구에서는 많은 분량의 인용문을 제시한다. 때로는 사진을 제시하기도 하고 연구자가 관찰한 사람이나 상황에 대한 매우 구체적이고도 상세한 서술을 제시하기도 한다. 질적 연구의 경우, 보다 덜 구조화되고 덜 표준화된 그리고 때로는 독특하기까지 한 자료수집 방법을 서술하고 정당화해야 하기 때문에 양적 연구에 비해 보고서의 길이가 길어진다. 또한 질적 연구를 통해 새로운 개념이나 이론이 발달하는 과정을 설명하기 위해서도 질적 연구보고서는 양적 연구보고서에 비해 더 많은 지면을 필요로 한다. 역사연구나 비교연구의 경우, 각각의 결론에 해당하는 증거와 출처를 밝혀야 하기 때문에 인용주를 매우 자세하게 작성해야 한다. 이런 사항들을 고려해볼 때, 양적 연구보고서에 익숙해져 있는 대부분의 학술지들이 설정해놓은 논문의 분량에 맞게 질적 연구보고서를 작성하기란 매우 어렵다는 것을 알 수 있다. 따라서 질적 연구보고서는 질적 연구를 주로 다루는, 학술지명에 '질적'이라는 말이 들어가는 학술지를 통해 발표하는 것이 바람직하다. 질적 연구자들은 또한 자신의 연구결과를 종종 책의 형태로도 발표한다.

양적 연구보고서가 공식적이고 간결한 문체로 쓰이는 것과 대조적으로 질적 연구보고서에서는 연구자가 연구대상에 대한 심층적이고 감정이입적이며 주관적인(마치 우리가 그 사람들의 신발을 신고 걷는 듯한 느낌이 들 정도로) 이해를 독자들에게 전달하기 위해 창의적이고 다양한 문장 스타일을 사용해 보고서를 작성한다. 물론 그렇다고 해서 어떤 식으로 글을 쓰든 상관이 없다는 뜻은 결코 아니다. 앞서 언급했던 것처럼, 질적 연구의 결론은 충분한 자료에 의해 뒷받침되어야 한다. 비록 질적 연구의 경우가 보고서의 형식이나 구성 면에서 좀 더 융통성이 있는 건 사실이지만 질적 연구의 모든 결론은 납득할 만한 방법을 통해 수집된 충분한 양의 근거자료로 뒷받침되어야 한다.

이제 앞서 언급했던 내용을 다시 한 번 언급하면서 결론을 맺기로 하겠다. 연구보고서는 가장 좋은 스타일로 써야 한다. 어떤 사람에게는 글을 명료하고 매끄럽게 쓰는 것이 쉬운 일이지만, 일반적으로 글을 잘 쓰기란 매우 어렵다. 따라서 우리는 다시 한 번 스트렁크와 화이트의 책을 권하고자 한다. 다음과 같은 과정을 따른다면 모든 연구자가 글을 잘 쓰게 될 것이다. 즉, 먼저 글을 쓴다. 스트렁크와 화이트의 책을 읽는다. 글을 고친다. 스트렁크와 화이트의 책을 다시 읽는다. 글을 다시 고친다.

만약 연구자가 자신이 작성한 연구보고서가 만족스럽다고 느껴지거든 연구보고서를 동료 연구자에게 보여주고 논평을 부탁한 다음 그들의 논평을 바탕으로 보고서를 고쳐보기 바란다. 물론 이는 많은 시간과 노력을 필요로 하는 작업이다. 그러나 과학 또한 마찬가지다.

아무리 완벽하게 계획되고, 신중을 기해 실행되고, 훌륭하게 분석된 연구라고 할지라도 연구를 통해 얻은 결과를 다른 사람들에게 알리지 않는다면 그 연구는 아무런 가치가 없어져 버리고 만다. 이제까지 연구결과를 사람들에게 알리는 데 도움이 되는 몇 가지 지침을 제시했다. 가장 중요한 지침은 논리적이어야 한다는 것, 명료해야 한다는 것, 그리고 정직해야 한다는 것이다. 더 궁극적으로는 연구보고서를 실제로 작성해보는 것이 가장 좋은 방법이다.

주요 내용

- 연구보고서를 작성하기 전에 연구비 지원기관이 기대하는 바가 무엇인지 먼저 검토해보는 것이 바람직하다.
- 연구계획공모를 통해 연구비 지원기관이 기대하는 바와 연구비 지원과정에 대한 정보를 얻을 수 있다.
- 인터넷상의 다양한 웹사이트는 어떤 연구비 지원기관에서 어떤 연구비를 지원하는지 알아볼 수 있는 가장 효과적인 방법이라고 할 수 있다.
- 연구자는 연구계약을 위해 연구계획서를 작성할 때보다 연구비 신청을 위해 연구계획서를 작성할 때 더 많은 융통성을 가질 수 있다.
- 연구계획서를 작성하기에 앞서 연구자 지원업무를 담당하는 연구비 지원기관의 직원들과 관계를 형성해두어야 하며, 해당 연구비 지원기관으로부터 연구비 지원 승인을 받은 바 있는 연구계획서들을 반드시 검토해봐야 한다.
- 연구계획서의 구성과 지침은 연구목적과 연구비 지원기관의 기대가 무엇인가에 따라 달라진다.
- 질적 연구를 위한 연구계획서를 작성하는 일은 양적 연구를 위한 연구계획서를 작성하는 것보다 더 까다로울 수 있다.
- 일반적으로 연구계획서의 맨 첫 부분은 표지 글, 표지 및 요약문 등으로 구성된다.
- 연구계획서에는 무엇을 연구하고자 하며 왜 이 연구가 중요한지를 서술하는 문제 및 목적 부분이 제시되어야 한다.
- 연구계획서의 처음 부분에서 중요한 점은 자세하면서도 간결한 문헌고찰이다.
- 연구계획서의 기본 개념틀 부분에서 연구자는 연구질문, 가설, 변수, 조작적 정의를 밝히고 각각에 해당하는 근거를 제시해야 한다.
- 연구계획서에는 방법론 부분이 반드시 있어야 하며 이 부분에서는 측정방법, 표본추출 방법, 연구설계 및 자료분석 방법 등을 서술해야 한다.
- 연구계획서 작성 시 추가로 요구될 수 있는 구성요소로는 단계별 연구일정, 예산, 연구심위위원회의 승인 관련 자료, 연구의 실행 가능성을 뒷받침하는 자료, 연구결과 보고 계획 등을 꼽을 수 있다.
- 훌륭한 연구보고서는 훌륭한 글쓰기에서부터 시작한다. 감동을 주기 위해 글을 쓰려고 하지 말고 내용을

전달하기 위해 글을 쓰는 것이 중요하다.

- 연구보고서를 작성할 때 연구자는 보고서를 읽을 독자들과 자신의 연구목적을 염두에 두어야 한다.
- 표절, 즉 다른 사람의 말 또는 생각을 자신의 것처럼 제시하지 않도록 주의해야 한다.
- 다른 사람의 말을 그대로 사용할 때는 반드시 인용부호나 그 밖의 인용표기를 사용해 다른 사람의 말을 사용한다는 사실을 밝혀야 한다.
- 다른 사람의 생각을 다른 말로 표현할 때는 반드시 완전한 인용주를 제시해야 한다.
- 연구보고서의 제목은 가능한 한 간결하면서도 독자들에게 연구의 핵심에 관한 충분한 정보를 제공해줄 수 있어야 한다.
- 대부분의 연구보고서에는 연구의 목적, 연구설계 및 방법 그리고 주된 연구결과와 함의를 요약해 제시하는 초록 부분이 있다.
- 일반적으로 연구보고서는 서론 및 문헌고찰, 방법, 결과, 논의 및 결론, 참고문헌, 부록으로 구성된다.
- 양적 연구보고서와 비교해볼 때, 질적 연구보고서의 구성과 형식은 좀 더 유연할 수 있다. 또한 질적 연구보고서는 독자들에게 현상에 대한 심층적 이해를 제공해야 하고, 각 결론에 대해 납득할 수 있는 충분한 근거자료를 제시해야 하기 때문에, 양적 연구보고서에 비해 길이가 길다.

연습문제

1. 사회복지학 또는 관련 학문 분야에서 연구비 지원 승인을 받은 연구계획서와 연구계약을 맺은 연구계획서를 각각 한 편씩 구해보라. 먼저, 담당교수에게 소속 학과에 사회복지연구소가 있는지 물어보라. 만약 없다면 대부분의 교수들이 학생들에게 보여줄 수 있는 연구비 또는 연구계약을 지원받았던 연구계획서를 갖고 있을 것이다. 또한 전체 대학 차원의 연구소가 있을 수 있으며 그런 연구소로부터 도움을 받을 수도 있다. 주정부나 지방정부의 사회서비스기관 또한 공개 가능한 연구계획서를 갖고 있을 수 있다.
   a. 두 편의 연구계획서를 비교해 연구비를 위해 연구계획서를 작성할 때와 연구계약을 위해 연구계획서를 작성할 때 연구자가 가질 수 있는 재량에 어느 정도의 차이가 있는지를 서술하라.
   b. 각각의 연구계획서가 이번 장에서 살펴본 연구계획서 작성 지침과 연구계획서의 구성을 얼마나 따르고 있는지 혹은 얼마나 벗어나고 있는지를 서술하라.
2. 연습문제 1과 동일한 과정을, 연구비를 지원받지 못한 연구계획서와 연구계약을 맺지 못한 연구계획서를 각각 한 편씩 구해서 진행해보라.
   a. 두 편의 연구계획서가 이 장에서 살펴본 연구계획서 작성 지침과 연구계획서의 구성을 얼마나 따르고 있는지 혹은 얼마나 벗어나고 있는지를 검토해보라.
   b. 지원을 받지 못한 두 편의 연구계획서를 이 장에서 살펴본 연구계획서 작성 지침과 연구계획서의 구성을 기준으로 삼아 지원받은 두 편의 연구계획서와 비교해볼 때, 지원을 받지 못한 연구계획서에는 어떤 단점이 있는지 혹은 없는지를 서술해보라.
3. 연습문제 1과 2를 위해 구한, 지원받은 연구계획서의 저자 중 한 사람과 지원받지 못한 연구계획서의 저자 중 한 사람에게 면접을 신청해 그들의 경험을 들어보라. 면접을 할 때 기록을 해두었다가 그들의 경험이 이 장에서 살펴본 연구계획서 작성 지침 및 연구계획서의 구성과 얼마나 일치하는지 혹은 얼마나 벗어나는지를 분석해보라.

인터넷 연습문제

1. 이번 장의 '연구비 지원기관 찾기' 절에서 언급한 웹사이트들 중 한 가지 이상의 웹사이트를 이용해 사회복지학 연구 분야의 연구계획서 공모(RFP)를 찾아보

라. RFP를 찾은 다음 연구질문, 연구비 지원기관, 최대 연구비 지원규모, 연구비 지원기관이 생각하고 있는 연구계획 등을 서술하라.

2. 제목이나 초록에서 연구계획서 쓰기에 도움이 되는 팁을 소개할 것 같은 논문을 찾아보라. 참고문헌 정보와 해당 논문의 내용을 몇 문장으로 요약해 적어보라. 논문이 소개하는 연구계획서 쓰기 팁 중에서 유용하다고 느껴지는 사항과 의문이 드는 사항을 찾아보라.
3. 사회복지와 관련한 두 편의 양적 연구논문을 찾아라. 이 장에서 살펴본 연구계획서 작성 지침과 비교해 비평해보라.
4. 웹사이트 http://www.nova.edu/ssss/QR/index.html로 들어가서 노바사우스이스턴 대학교가 발간하는 온라인 학술지 「The Qualitative Report」를 찾아보라. 이 학술지에 게재된 질적 연구논문 중 사회복지학 논문을 한 편 골라 읽어보라. 자신이 읽은 논문을 연습문제 3을 위해 찾은 한 편의 양적 연구논문과 이번 장에서 배운 연구보고서의 구성 및 작성 지침을 기준으로 유사점과 차이점에 대해 논의해보라.
5. 웹사이트 http://www.nova.edu/ssss/QR/QR3-1/health.html에서 앤서니 히스 Anthony W. Heath의 논문 'The Proposal in Qualitative Research'를 찾아보라. 이 논문은 온라인 학술지인 「The Qualitative Report」(1997년 3월, 제3권 1호)에 게재되었던 논문으로서 특히 질적 연구계획서를 작성하는 데 많은 도움이 되는 매우 유용한 지침을 제공해주는 논문이다. 이 논문에 제시된 질적 연구계획서 작성 지침을 양적 연구계획서 작성 지침과 비교해보고 그 결과를 간략하게 서술하라.

추천도서

Beebe, L. (1993). *Professional Writing for the Human Services*. Washington, DC: NASW Press. 사회복지 전문 학술지에 글을 싣고자 한다면 이 책이 도움이 될 것이다.

Birchfield, R. W. (1998). *The New Fowler's Modern English Usage* (3rd ed.). New York: Oxford University Press. 1926년에 처음 발행된 이후 줄곧 '적절한' 영어에 관한 한 가장 좋은 교재 중 하나로 손꼽혀온 책이다. 제3판에는 '현대'라는 말에 부합하는 지침이 제시되어 있다.

Strunk, W., Jr., & White, E. B. (1999). *The Elements of Style* (4th ed.). New York: Macmillan. 문법과 철자에 관한 구체적인 지침을 제공하는 더 없이 훌륭한 책이지만, 이 책의 진가는 이 책이 좋은 글을 쓰도록 사람들을 고무하는 데 있다.

Walker, J. R., & Taylor, T. (1998). *The Columbia Guide to Online Style*. New York: Columbia University Press. 학술보고서에서의 웹자료 인용에 관한 지침서다.

활용 노트

EP 2.1.10m: 개입을 비판적으로 분석하고, 모니터링하고, 평가하기: 사회복지사가 이 장에 소개된 모든 개념을 이해한다면, 개입을 평가하는 데 도움이 된다.

EP 2.1.10m

참고문헌

Abramovitz, R., Ivanoff, A., Mosseri, R., & O'Sullivan, A. (1997). Comments on outcomes measurement in mental and behavioral health. In E. J. Mullen & J. L. Magnabosco (Eds.), *Outcomes measurement in the human services: Cross-cutting issues and methods* (pp. 293–296). Washington, DC: NASW Press.

Acker, J., Barry, K., & Esseveld, J. (1983). Objectivity and truth: Problems in doing feminist research. *Women's Studies International Forum*, 6, 423–435.

Adler, P. A., & Adler, P. (1994). Observational techniques. In N. K. Denzin & Y. S. Lincoln (Eds.), *Handbook of qualitative research* (pp. 377–392). Thousand Oaks, CA: Sage.

Aiken, L. R. 1985. *Psychological testing and assessment*. Rockleigh, NJ: Allyn & Bacon.

Alexander, L. B., & Solomon, P. (Eds.). (2006). *The research process in the human services: Behind the scenes*. Belmont, CA: Thomson Brooks/Cole.

Allen, J., & Walsh, J. A. (2000). A construct-based approach to equivalence: Methodologies for cross-cultural/multicultural personality assessment research. In R. Dana (Ed.), *Handbook of cross-cultural personality assessment* (pp. 63–85). Mahwah, NJ: Lawrence Erlbaum Associates.

Allen, K. R., & Walker, A. J. (1992). A feminist analysis of interviews with elderly mothers and their daughters. In J. Gilgun, K. Daly, & G. Handel (Eds.), *Qualitative methods in family research* (pp. 63–85). Thousand Oaks, CA: Sage.

Altheide, D. L., & Johnson, J. M. (1994). Criteria for assessing interpretive validity in qualitative research. In N. K. Denzin & Y. S. Lincoln (Eds.), *Handbook of qualitative research* (pp. 485–499). Thousand Oaks, CA: Sage.

Alvidrez, J., Azocar, F., & Miranda, J. (1996). Demystifying the concept of ethnicity for psychotherapy researchers. *Journal of Consulting and Clinical Psychology*, 64(5), 903–908.

American Psychiatric Association Task Force for the Handbook of Psychiatric Measures. (2000). *Handbook of psychiatric measures*. Washington, DC: American Psychiatric Association.

Anastasi, A. (1988). *Psychological testing*. New York: Macmillan.

Andrulis, R. S. (1977). *Adult assessment: A source book of tests and measures of human behavior*. Springfield, IL: Thomas.

Aneshenshel, C. S., Becerra, R. M., Fiedler, E. P., & Schuler, R. A. (1989). Participation of Mexican American female adolescents in a longitudinal panel survey. *Public Opinion Quarterly*, 53(Winter), 548–562.

Areán, P. A., & Gallagher-Thompson, D. (1996). Issues and recommendations for the recruitment and retention of older ethnic minority adults into clinical research. *Journal of Consulting and Clinical Psychology*, 64(5), 875–880.

Arnold, B. R., & Matus, Y. E. (2000). Test translation and cultural equivalence methodologies for use with diverse populations. In I. Cuéllar & F. A. Paniagua (Eds.), *Handbook of multicultural mental health: Assessment and treatment of diverse populations* (pp. 121–135). San Diego: Academic Press.

Asch, S. E. (1958). Effects of group pressure upon the modification and distortion of judgments. In E. E. Maccoby, T. M. Newcomb, & E. L. Hartley (Eds.), *Readings in social psychology* (3rd ed., pp. 174–183). New York: Holt, Rinehart and Winston.

Asher, R. M., & Fine, G. A. (1991). Fragile ties: Sharing research relationships with women married to alcoholics. In W. B. Shaffir & R. A. Stebbins (Eds.), *Experiencing fieldwork: An inside view of qualitative research* (pp. 196–205). Newbury Park, CA: Sage.

Babbie, E. R. (1966). The third civilization. *Review of Religious Research* (Winter), 101–102.

Babbie, E. R. (1985). *You can make a difference*. New York: St. Martin's Press.

Babbie, E. R. (1986). *Observing ourselves: Essays in social research*. Belmont, CA: Wadsworth.

Babbie, E. R. (1990). *Survey research methods*. Belmont, CA: Wadsworth.

Babbie, E. R., Halley, F., & Zaino, J. (2000). *Adventures in social research*. Newbury Park, CA: Pine Forge Press.

Baker, V., & Lambert, C. (1990). The National Collegiate Athletic Association and the governance of higher education. *Sociological Quarterly*, 31(3), 403–421.

Banfield, E. (1968). *The unheavenly city: The nature and future of our urban crisis*. Boston: Little, Brown.

Barlow, D. H., & Hersen, M. (1984). *Single case experimental designs: Strategies for studying behavior change* (2nd ed.). New York: Pergamon Press.

Bartko, J. J., Carpenter, W. T., & McGlashan, T. H. (1988). Statistical issues in long-term follow-up studies. *Schizophrenia Bulletin*, 14(4), 575–587.

Baxter, E., & Hopper, K. (1982). The new mendicancy: Homeless in New York City. *American Journal of Orthopsychiatry*, 52(3), 393–407.

Bednarz, M. (1996, April 5). Push polls statement. Report to the AAPORnet listserv. Available: mbednarz@umich.edu.

Beebe, L. (1993). *Professional writing for the human services*. Washington, DC: NASW Press.

Beere, C. A. (1979). *Women and women's issues: A handbook of tests and measures*. San Francisco: Jossey-Bass.

Beere, C. A. (1990). *Sex and gender issues: A handbook of tests and measures*. New York: Greenwood Press.

Belcher, J. (1991). Understanding the process of social drift among the homeless: A qualitative analysis. Paper presented at the Research Conference on Qualitative Methods in Social Work Practice Research, Nelson A. Rockefeller Institute of Government, State University of New York at Albany, August 24.

Bellah, R. N. (1970). Christianity and symbolic realism. *Journal for the Scientific Study of Religion*, 9, 89–96.

Bellah, R. N. (1974). Comment on the limits of symbolic realism. *Journal for the Scientific Study of Religion*, 13, 487–489.

Bennet, C. A., & Lumsdaine, A. A. (Eds.). (1975). *Evaluation and experiment*. New York: Academic Press.

Benton, J. E., & Daly, J. (1991). A question order effect in a local government survey. *Public Opinion Quarterly*, 55, 640–642.

Berg, B. L. (1989). *Qualitative research methods for the social sciences.* Boston: Allyn & Bacon.

Berg, B. L. (1998). *Qualitative research methods for the social sciences* (3rd ed.). Boston: Allyn & Bacon.

Berg, B. L. (2007). *Qualitative research methods for the social sciences* (6th ed.). Boston: Allyn & Bacon.

Bernstein, I. H., & Havig, P. (1999). *Computer literacy: Getting the most from your PC.* Thousand Oaks, CA: Sage.

Beutler, L. E., Brown, M. T., Crothers, L., Booker, K., & Seabrook, M. K. (1996). The dilemma of factitious demographic distinctions in psychological research. *Journal of Consulting and Clinical Psychology, 64*(5), 892–902.

Beveridge, W. I. B. (1950). *The art of scientific investigation.* New York: Vintage Books.

Bian, Y. (1994). *Work and inequality in urban China.* Albany: State University of New York Press.

Biggerstaff, M. A., Morris, P. M., & Nichols-Casebolt, A. (2002). Living on the edge: Examination of people attending food pantries and soup kitchens. *Social Work, 47*(3), 267–277.

Billups, J. O., & Julia, M. C. (1987). Changing profile of social work practice: A content analysis. *Social Work Research and Abstracts, 23*(4), 17–22.

Birchfield, R. W. (1998). *The new Fowler's modern English usage* (3rd ed.). New York: Oxford University Press.

Black, D. (1970). Production of crime rates. *American Sociological Review, 35*(August), 733–748.

Blair, J., Zhao, S., Bickart, B., & Kuhn, R. (1995). *Sample design for household telephone surveys: A bibliography 1949–1995.* College Park: Survey Research Center, University of Maryland.

Blalock, H. M. (1972). *Social statistics.* New York: McGraw-Hill.

Blaunstein, A., & Zangrando, R. (Eds.). (1970). *Civil rights and the black American.* New York: Washington Square Press.

Blood, R. O., & Wolfe, W. (1960). *Husbands and wives: The dynamics of married living.* New York: Free Press.

Bloom, M., Fischer, J., & Orme, J. G. (2006). *Evaluating practice: Guidelines for the accountable professional* (5th ed.). Boston: Allyn & Bacon.

Blythe, B. J., & Briar, S. (1987). Direct practice effectiveness. In *Encyclopedia of social work* (18th ed., Vol. 1, pp. 399–408). Silver Spring, MD: National Association of Social Workers.

Bogdan, R., & Taylor, S. J. (1990). Looking at the bright side: A positive approach to qualitative policy and evaluation research. *Qualitative Sociology, 13*(2), 183–192.

Bohrnstedt, G. W. (1983). Measurement. In P. H. Rossi, J. D. Wright, & A. B. Anderson (Eds.), *Handbook of survey research* (pp. 70–121). New York: Academic Press.

Boone, C. R., Coulton, C. J., & Keller, S. M. (1981). The impact of early and comprehensive social work services on length of stay. *Social Work in Health Care* (Fall), 1–9.

Booth, C. (1970). *The life and labour of the people of London.* New York: AMS Press. (Original work published 1891–1903)

Botein, B. (1965). The Manhattan Bail Project: Its impact in criminology and the criminal law process. *Texas Law Review, 43*, 319–331.

Boyd, L., Hylton, J., & Price, S. (1978). Computers in social work practice: A review. *Social Work, 23*(5), 368–371.

Bradburn, N. M., & Sudman, S. (1988). *Polls and surveys: Understanding what they tell us.* San Francisco: Jossey-Bass.

Brannen, S. J., & Rubin, A. (1996). Comparing the effectiveness of gender-specific and couples groups in a court-mandated spouse abuse treatment program. *Research on Social Work Practice, 6*(4), 405–424.

Briar, S. (1973). Effective social work intervention in direct practice: Implications for education. In *Facing the challenge: Plenary session papers from the 19th annual program meeting* (pp. 17–30). Alexandria, VA: Council on Social Work Education.

Briar, S. (1987). Direct practice: Trends and issues. In*Encyclopedia of social work* (18th ed., Vol. 1, pp. 393–398). Silver Spring, MD: National Association of Social Workers.

Briggs, H. E., & Rzepnicki, T. L. (Eds.). (2004). *Using evidence in social work practice: Behavioral perspectives* Chicago: Lyceum Books.

Brodsky, S. L., & Smitherman, H. O. (1983). *Handbook of scales for research in crime and delinquency.* New York: Plenum Press.

Brownlee, K. A. (1975). A note on the effects of nonresponse on surveys. *Journal of the American Statistical Association, 52*(227), 29–32.

Buckingham, R., Lack, S., Mount, B., MacLean, L., & Collins, J. (1976). Living with the dying. *Canadian Medical Association Journal, 115*, 1211–1215.

Burnette, D. (1994). Managing chronic illness alone in late life: Sisyphus at work. In C. Reissman (Ed.), *Qualitative studies in social work research* (pp. 5–27). Thousand Oaks, CA: Sage.

Burnette, D. (1998). Conceptual and methodological considerations in research with non-white ethnic elders. In M. Potocky & A. Y. Rodgers-Farmer (Eds.), *Social work research with minority and oppressed populations: Methodological issues and innovations* (pp. 71–91). New York: Haworth Press.

Buros, O. (1978). *Eighth mental measurements yearbook.* Highland Park, NJ: Gryphon Press.

Campbell, D. T. (1971). Methods for the experimenting society. Paper presented at the meeting of the Eastern Psychological Association, New York, and at the meeting of the American Psychological Association, Washington, DC.

Campbell, D. T., & Stanley, J. (1963). *Experimental and quasi-experimental designs for research.* Chicago: Rand McNally.

Campbell, P. B. (1983). The impact of societal biases on research methods. In B. L. Richardson & J. Wirtenberg (Eds.), *Sex role research* (pp. 197–213). New York: Praeger.

Carmines, E. G., & Zeller, R. A. (1979). *Reliability and validity assessment.* Beverly Hills, CA: Sage.

Cauce, A. M., Coronado, N., & Watson, J. (1998). Conceptual, methodological, and statistical issues in culturally competent research. In M. Hernandez & M. R. Isaacs (Eds.), *Promoting cultural competence in children's mental health services* (pp. 305–329). Baltimore: Paul H. Brookes.

Cautela, J. R. (1981). *Behavior analysis forms for clinical intervention* (Vol. 2). Champaign, IL: Research Press.

Chaffee, S., & Choe, S. Y. (1980). Time of decision and media use during the Ford-Carter campaign. *Public Opinion Quarterly* (Spring), 53–69.

Chambless, C. M., Baker, M. J., Baucom, D. H., Beutler, L. E., Calhoun, K. S., Crits-Christoph, P., et al. (1998). Update on empirically validated therapies II. *Clinical Psychologist, 51*, 3–16.

Chambless, D. L., Sanderson, W. C., Shoham, V., Johnson, S. B., Pope, K. S., Crits-Christoph, P., et al. (1996). An update on empirically validated therapies. *Clinical Psychologist, 49*, 5–18.

Chronicle of Higher Education. (1988, November 2). Scholar who submitted bogus article to journals may be disciplined, pp. A1, A7.

Chun, K.-T., Cobb, S., & French, J. R. (1975). *Measures for psychological assessment: A guide to 3,000 original sources and their applications.* Ann Arbor, MI: Institute for Social Research.

Ciarlo, J. A., Brown, T. R., Edwards, D. W., Kiresuk, T. J., & Newman, F. L. (1986). *Assessing mental health treatment outcome measurement techniques.* DHHS Publication No. (ADM) 86–1301. Rockville, MD: National Institute of Mental Health.

Cohen, J. (1977). *Statistical power analysis for the behavioral sciences.* New York: Academic Press.

Cohen, J. (1988). *Statistical power analysis for the behavioral sciences* (2nd ed.). New York: Lawrence Erlbaum Associates.

Coleman, J. (1966). *Equality of educational opportunity.* Washington, DC: U.S. Government Printing Office.

Compton, B. R., & Galaway, B. (1994). *Social work processes.* Homewood, IL: Dorsey Press.

Comrey, A., Barker, T., & Glaser, E. (1975). *A sourcebook for mental health measures.* Los Angeles: Human Interaction Research Institute.

Comstock, D. (1980). Dimensions of influence in organizations. *Pacific Sociological Review* (January), 67–84.

Conoley, J. C., & Kramer, J. J. (1995). *The 12th mental measurements yearbook.* Lincoln, NE: Buros Institute of Mental Measurements.

Conrad, K. J., Randolph, F. L., Kirby, M. W., & Bebout R. R. (1999). Creating and using logic models: Four perspectives. *Alcoholism Treatment Quarterly, 17*(1/2), 17–31.

Cook, E. (1995, April 25). Communication to the METHODS listserv from Michel de Seve (T120@music.ulaval.ca) to Cook (EC1645A@american.edu)@Online.

Cook, T. D., & Campbell, D. T. (1979). *Quasi-experimentation: Design and analysis issues for field settings.* Chicago: Rand McNally.

Cooper, H. M. (1989). *Integrating research: A guide for literature reviews.* Newbury Park, CA: Sage.

Cooper-Stephenson, C., & Theologides, A. (1981). Nutrition in cancer: Physicians' knowledge, opinions, and educational needs. *Journal of the American Dietetic Association* (May), 472–476.

Corcoran, J. (2000). *Evidence-based social work practice with families: A lifespan approach.* New York: Springer.

Corcoran, J. (2003). *Clinical applications of evidence-based family interventions.* Oxford: Oxford University Press.

Corcoran, K. J., & Fischer, J. (2000a). *Measures for clinical practice: Vol. 1. Couples, families, children* (3rd ed.). New York: Free Press.

Corcoran, K. J., & Fischer, J. (2000b). *Measures for clinical practice: Vol. 2. Adults* (3rd ed.). New York: Free Press.

Corcoran, K., & Gingerich, W. J. (1994). Practice evaluation in the context of managed care: Case-recording methods for quality assurance reviews. *Research on Social Work Practice, 4*(3), 326–337.

Coulton, C., Pandey, S., & Chow, J. (1990). Concentration of poverty and the changing ecology of low-income, urban neighborhoods: An analysis of the Cleveland area. *Social Work Research and Abstracts, 26*(4), 5–16.

Couper, M. P. (2001). Web surveys: A review of issues and approaches. *Public Opinion Quarterly, 64*(4), 464–494.

Cournoyer, B., & Powers, G. T. (2002). Evidence-based social work: The quiet revolution continues. In A. R. Roberts & G. J. Greene (Eds.), *Social workers' desk reference* (pp. 798–807). New York: Oxford University Press.

Cowger, C. D. (1984). Statistical significance tests: Scientific ritualism or scientific method? *Social Service Review, 58*(3), 358–372.

Cowger, C. D. (1985). Author's reply. *Social Service Review, 59*(3), 520–522.

Cowger, C. D. (1987). Correcting misuse is the best defense of statistical tests of significance. *Social Service Review, 61*(1), 170–172.

Crawford, K. S., Thomas, E. D., & Fink, J. J. (1980). Pygmalion at sea: Improving the work effectiveness of low performers. *Journal of Applied Behavioral Science* (October–December), 482–505.

Crowe, T. V. (2002). Translation of the Rosenberg Self-Esteem Scale into American Sign Language: A principal components analysis. *Social Work Research, 26*(1), 57–63.

Cuéllar, I., & Paniagua, F. A. (Eds.). (2000). *Handbook of multicultural mental health: Assessment and treatment of diverse populations.* San Diego: Academic Press.

Cummerton, J. (1983). A feminist perspective on research: What does it help us to see? Paper presented at the annual program meeting of the Council on Social Work Education, Fort Worth, TX.

Curtin, R., Presser, S., & Singer, E. (2005a). Changes in telephone survey nonresponse over the past quarter century. *Public Opinion Quarterly, 69*(1), 87–98.

Curtin, R., Presser, S., & Singer, E. (2005b). The effects of response rate changes on the index of consumer sentiment. *Public Opinion Quarterly, 64*(4), 413–428.

Dahlstrom, W., Grant, W., & Welsh, G. S. (1960). *An MMPI handbook.* Minneapolis: University of Minnesota Press.

Dallas Morning News. (1990, February 11). Welfare study withholds benefits from 800 Texans, p. 1.

Daly, K. (1992). The fit between qualitative research and characteristics of families. In J. Gilgun, K. Daly, & G. Handel (Eds.), *Qualitative methods in family research* (pp. 3–11). Thousand Oaks, CA: Sage.

Dana, R. (Ed.). (2000). *Handbook of cross-cultural personality assessment.* Mahwah, NJ: Lawrence Erlbaum Associates.

Davis, F. (1973). The Martian and the convert: Ontological polarities in social research. *Urban Life, 2*(3), 333–343.

DeFleur, L. (1975). Biasing influences on drug arrest records: Implications for deviance research. *American Sociological Review* (February), 88–103.

De Maria, W. (1981). Empiricism: An impoverished philosophy for social work research. *Australian Social Work, 34*, 3–8.

Denzin, N. K., & Lincoln, Y. S. (1994). *Handbook of qualitative research.* Thousand Oaks, CA: Sage.

DePanfilis, D., & Zuravin, S. J. (2002). The effect of services on the recurrence of child maltreatment. *Child Abuse and Neglect*, 26, 187–205.

Dillman, D. A. (1978). *Mail and telephone surveys: The total design method.* New York: Wiley.

Dillman, D. A. (2000). *Mail and Internet surveys: The tailored design method* (2nd ed.). New York: Wiley.

Donald, M. N. (1960). Implications of nonresponse for the interpretation of mail questionnaire data. *Public Opinion Quarterly, 24*(1), 99–114.

Draguns, J. G. (2000). Multicultural and cross-cultural assessment: Dilemmas and decisions. In G. R. Sodowsky & J. C. Impara (Eds.), *Multicultural assessment in counseling and clinical psychology* (pp. 37–84). Lincoln, NE: Buros Institute of Mental Measurements.

DuBois, B. (1983). Passionate scholarship: Notes on values, knowing and method in feminist social science. In G. Bowles & R. Duelli-Klein (Eds.), *Theories of women's studies* (pp. 105–116). London: Routledge & Kegan Paul.

Duelli-Klein, R. (1983). How to do what we want to do: Thoughts about feminist methodology. In G. Bowles & R. Duelli-Klein (Eds.), *Theories in women's studies* (pp. 88–104). London: Routledge & Kegan Paul.

Duneier, M. (1999). *Sidewalk*. New York: Farrar, Straus & Giroux.

Edmond, T., Rubin, A., & Wambach, K. (1999). The effectiveness of EMDR with adult female survivors of childhood sexual abuse. *Social Work Research* (June), 103–116.

Edmond, T., Sloan, L., & McCarty, D. (2004). Sexual abuse survivors' perceptions of the effectiveness of EMDR and eclectic therapy. *Research on Social Work Practice, 14*(4), 259–272.

Eichler, M. (1988). *Nonsexist research methods*. Boston: Allen & Unwin.

Einstein, A. (1940). The fundamentals of theoretical physics. *Science* (May, 24), 487.

Elder, G. H., Jr., Pavalko, E. K., & Clipp, E. C. (1993). *Working with archival data: Studying lives*. Newbury Park, CA: Sage.

Emerson, R. M. (Ed.). 1988. *Contemporary field research*. Boston: Little, Brown.

England, S. E. (1994). Modeling theory from fiction and autobiography. In C. K. Reissman (Ed.), *Qualitative studies in social work research* (pp. 190–213). Thousand Oaks, CA: Sage.

Epstein, I. (1985). Quantitative and qualitative methods. In R. M. Grinnell (Ed.), *Social work research and evaluation* (pp. 263–274). Itasca, IL: Peacock.

Epstein, W. M. (2004). Confirmational response bias and the quality of the editorial processes among American social work journals. *Research on Social Work Practice, 14*(6), 450–458.

Evans, W. (1996). Computer-supported content analysis: Trends, tools, and techniques. *Social Science Computer Review, 14*(3), 269–279.

Fairbanks, E. (2008). Wiki woman: The battle to define Hilary online. *The New Republic*. Available: http://www.tnr.com/article/ wiki-woman.

Feick, L. F. (1989). Latent class analysis of survey questions that include don't know responses. *Public Opinion Quarterly, 53*, 525–47.

Festinger, L., Reicker, H. W., & Schachter, S. (1956). *When prophecy fails*. Minneapolis: University of Minnesota Press.

Fischer, J. (1973). Is social work effective: A review. *Social Work, 18*(1), 5–20.

Fischer, J. (1978). *Effective casework practice: An eclectic approach*. New York: McGraw-Hill.

Fischer, J. (1990). Problems and issues in meta-analysis. In L. Videka-Sherman & W. J. Reid (Eds.), *Advances in clinical social work research* (pp. 297–325). Silver Spring, MD: NASW Press.

Foa, E. B., Keane, T. M., & Friedman, M. J. (2000). *Effective treatments for PTSD*. New York: Guilford Press.

Fong, R., & Furuto, S. (Eds.). (2001). *Culturally competent practice: Skills, interventions, and evaluations*. Boston: Allyn & Bacon.

Fowler, F. J., Jr. (1995). *Improving survey questions: Design and evaluation*. Thousand Oaks, CA: Sage.

Frankfort-Nachmias, C., & Leon-Guerrero, A. (1997). *Social statistics for a diverse society*. Thousand Oaks, CA: Pine Forge Press.

Franklin, C., & Nurius, P. (1998). *Constructivism in practice: Methods and challenges*. Milwaukee, WI: Families International.

Fraser, M., Day, S. H., Galinsky, M. J., Hodges, V. G., & Smokowski, P. R. (2004). Conduct problems and peer rejection in childhood: A randomized trial of the making choices and strong families programs. *Research on Social Work Practice, 14*(5), 313–324.

Fredman, N., & Sherman, R. (1987). *Handbook of measurements for marriage and family therapy*. New York: Brunner/Mazel.

Gage, N. (1989). The paradigm wars and their aftermath: A "historical" sketch of research and teaching since 1989. *Educational Research, 18*, 4–10.

Gall, J. (1975). *Systemantics: How systems work and especially how they fail*. New York: Quadrangle.

Gallup, G. (1984, December 13). Where parents go wrong. *San Francisco Chronicle*, p. 7.

Gambrill, E. (1999). Evidence-based practice: An alternative to authority-based practice. *Families in Society, 80*, 341–350.

Gambrill, E. (2001). Educational policy and accreditation standards: Do they work for clients? *Journal of Social Work Education, 37*, 226–239.

Garant, C. (1980). Stalls in the therapeutic process. *American Journal of Nursing* (December), 2166–2167.

Gaventa, J. (1991). Towards a knowledge democracy: Viewpoints on participatory research in North America. In O. Fals-Borda & M. A. Rahman (Eds.), *Action and knowledge: Breaking the monopoly with participatory action-research* (pp. 121–131). New York: Apex Press.

Gibbs, L., & Gambrill, E. (1999). *Critical thinking for social workers: Exercises for the helping professions*. Thousand Oaks, CA: Pine Forge Press.

Gibbs, L., & Gambrill, E. (2002). Evidence-based practice: Counterarguments to objections. *Research on Social Work Practice, 12*, 452–476.

Gilgun, J. (1991). Hand into glove: The grounded theory approach and social work practice research. Paper presented at the Research Conference on Qualitative Methods in Social Work Practice Research, Nelson A. Rockefeller Institute of Government, State University of New York at Albany, August 24.

Gilgun, J. (2010). Reflexivity and qualitative research. *Current Issues in Qualitative Research, 1*(2), 1–8.

Gilgun, J., Daly, K., & Handel, G. (Eds.). (1992). *Qualitative methods in family research*. Thousand Oaks, CA: Sage.

Ginsberg, L. (1995). *Social work almanac* (2nd ed.). Washington, DC: NASW Press.

Giuli, C. A., & Hudson, W. W. (1977). Assessing parent-child relationship disorders in clinical practice: The childs point of view. *Journal of Social Service Research, 1*(1), 77–92.

Glaser, B., & Strauss, A. (1967). *The discovery of grounded theory: Strategies for qualitative research*. Chicago: Aldine.

Glisson, C. (1987). Author's reply. *Social Service Review, 61*(1), 172–176.

Glock, C. Y., Ringer, B. B., & Babbie, E. R. (1967). *To comfort and to challenge*. Berkeley: University of California Press.

Goffman, E. (1961). *Asylums: Essays on the social situation of mental patients and other inmates*. Chicago: Aldine.

Goffman, E. (1963). *Stigma: Notes on the management of a spoiled identity*. Englewood Cliffs, NJ: Prentice Hall.

Goffman, E. (1974). *Frame analysis*. Cambridge, MA: Harvard University Press.

Goffman, E. (1979). *Gender advertisements*. New York: Harper & Row.

Gold, R. L. (1969). Roles in sociological field observation. In G. J. McCall & J. L. Simmons (Eds.), *Issues in participant observation* (pp. 30–39). Reading, MA: Addison-Wesley.

Goldberg, W., & Tomlanovich, M. (1984). Domestic violence victims in the emergency department. *Journal of the American Medical Association, 32*, 59–64.

Goldman, B. A., & Busch, J. C. (1982). *Directory of unpublished experimental measures* (Vol. 3). New York: Human Sciences Press.

Goldstein, E. G. (1995). Psychosocial approach. In *Encyclopedia of social work* (19th ed., Vol. 3, pp. 1948–1954). Washington, DC: National Association of Social Workers.

Gorey, K. M. (1996). Effectiveness of social work intervention research: Internal versus external evaluations. *Social Work Research, 20*, 119–128.

Gottlieb, N., & Bombyk, M. (1987). Strategies for strengthening feminist research. *Affilia* (Summer), 23–35.

Goyder, J. (1985). Face-to-face interviews and mailed questionnaires: The net difference in response rate. *Public Opinion Quarterly, 49*, 234–252.

Graham, L., & Hogan, R. (1990). Social class and tactics: Neighborhood opposition to group homes. *Sociological Quarterly, 31*(4), 513–529.

Graham, M. (1989). One toke over the line. *The New Republic, 200*(16), 20–21.

Greene, R., Murphy, K., & Snyder, S. (2000). Should demographics be placed at the end or at the beginning of mailed questionnaires? An empirical answer to a persistent methodological question. *Social Work Research, 24*(4), 237–241.

Grinnell, R. M., Jr. (1997). *Social work research and evaluation: Quantitative and qualitative approaches.* Itasca, IL: Peacock.

Grob, G. N. (1973). *Mental institutions in America.* New York: Free Press.

Grote, N. K., Bledsoe, S. E., Swartz, H. A., & Frank, E. (2004). Feasibility of providing culturally relevant, brief interpersonal psychotherapy for antenatal depression in an obstetrics clinic: A pilot study. *Research on Social Work Practice, 14*(6), 397–407.

Grotevant, H. D., & Carlson, D. I. (Eds.). (1989). *Family assessment: A guide to methods and measures.* New York: Guilford Press.

Groves, R. M. (1990). Theories and methods of telephone surveys. In W. R. Scott & J. Blake (Eds.), *Annual review of sociology* (Vol. 16, pp. 221–240). Palo Alto, CA: Annual Reviews.

Guba, E. G. (1981). Criteria for assessing the trustworthiness of naturalistic inquiries. *Educational Resources Information Center Annual Review Paper, 29*, 75–91.

Gubrium, J. F., & Holstein, J. A. (1997). *The new language of qualitative method.* New York: Oxford University Press.

Haase, R. F., Waechter, D. M., & Solomon, G. S. (1982). How significant is a significant difference? Average effect size of research in counseling psychology. *Journal of Counseling Psychology, 29*(2), 59–63.

Habermas, J. (1971). *Knowledge and human interests.* Boston: Beacon Press.

Hamblin, R. L. (1971). Mathematical experimentation and sociological theory: A critical analysis. *Sociometry, 34*, 4.

Hanson, W. E., Creswell, J. W., Plano Clark, V. L., Petska, K. S., & Creswell, J. D. (2005). Mixed methods research designs in counseling psychology. *Journal of Counseling Psychology, 52*(2), 224–235.

Harrington, R. G. (Ed.). (1986). *Testing adolescents: A reference guide for comprehensive psychological assessment techniques.* Elmsford, NY: Pergamon Press.

Healey, J. F. (1999). *Statistics: A tool for social research.* Belmont, CA: Wadsworth.

Heath, A. W. (1997). The proposal in qualitative research. *Qualitative Report* [On-line serial], *3*(1). Available: http://www.nova.edu/ssss/QR/QR3-1/heath.html

Heineman, M. B. (1981). The obsolete scientific imperative in social work research. *Social Service Review, 55*, 371–397.

Hempel, C. G. (1952). *Fundamentals of concept formation in empirical science* (*International encyclopedia of unified science*, Vol. 2, No. 7). Chicago: University of Chicago Press.

Hepworth, D. H., Rooney, R., & Larsen, J. A. (2002). *Direct social work practice: Theory and skills* (6th ed.). Belmont, CA: Wadsworth.

Herman, D. B., Susser, E. S., Struening, E. L., & Link, B. L. (1997). Adverse childhood experiences: Are they risk factors for adult homelessness? *American Journal of Public Health, 87*, 249–255.

Hernandez, M., & Isaacs, M. R. (Eds.). (1998). *Promoting cultural competence in children's mental health services.* Baltimore: Paul H. Brookes.

Hersen, M., & Bellack, A. S. (Eds.). (1988). *Dictionary of behavioral assessment techniques.* Elmsford, NY: Pergamon Press.

Higginbotham, A. L., Jr. (1978). *In the matter of color: Race and the American legal process.* New York: Oxford University Press.

Hill, R. R. (1978). Social work research on minorities: Impediments and opportunities. Paper presented at the National Conference on the Future of Social Work Research, San Antonio, TX, October.

Hirschi, T., & Selvin, H. (1973). *Principles of survey analysis.* New York: Free Press.

Hogarty, G. (1979). Aftercare treatment of schizophrenia: Current status and future direction. In H. M. Pragg (Ed.), *Management of schizophrenia* (pp. 19–36). Assen: Van Gorcum.

Hogarty, G. (1989). Meta-analysis of the effects of practice with the chronically mentally ill: A critique and reappraisal of the literature. *Social Work, 34*(4), 363–373.

Hohmann, A. A., & Parron, D. L. (1996). How the NIH guidelines on inclusion of women and minorities apply: Efficacy trials, effectiveness trials, and validity. *Journal of Consulting and Clinical Psychology, 64*(5), 851–855.

Homans, G. C. (1971). Reply to Blain. *Sociological Inquiry, 41*(Winter), 23.

Hough, R. L., Tarke, H., Renker, V., Shields, P., & Glatstein, J. (1996). Recruitment and retention of homeless mentally ill participants in research. *Journal of Consulting and Clinical Psychology, 64*(5), 881–891.

Howell, J. T. (1973). *Hard living on Clay Street.* Garden City, NY: Doubleday Anchor.

Hudson, W. W. (1982). *The Clinical Measurement Package: A field manual.* Homewood, IL: Dorsey Press.

Hudson, W. W. (1992). *The WALMYR Assessment Scales scoring manual.* Tempe, AZ: WALMYR.

Hudson, W. W. (1997). Assessment tools as outcomes measures in social work. In E. J. Mullen & J. L. Magnabosco (Eds.), *Outcomes measurement in the human services: Cross-cutting issues and methods* (pp. 68–80). Washington, DC: NASW Press.

Hughes, M. (1980). The fruits of cultivation analysis: A reexamination of some effects of television watching. *Public Opinion Quarterly* (Fall), 287–302.

Humphreys, L. (1970). *Tearoom trade: Impersonal sex in public places.* Chicago: Aldine.

Hutchby, I., & Wooffitt, R. (1998). *Conversation analysis: Principles, practices and applications.* Cambridge: Polity Press.

Hyun, S. L., & Johnson, M. M. (2001). Korean social work students' attitudes toward homosexuals. *Journal of Social Work Education, 37*(3), 545–554.

Jackman, M. R., & Senter, M. S. (1980). Images of social groups: Categorical or qualified? *Public Opinion Quarterly, 44*, 340–361.

Jackson, A. P., & Ivanoff, A. (1999). Reduction of low response rates in interview surveys of poor African-American families. *Journal of Social Service Research, 25*(1–2), 41–60.

Jacob, T., & Tennebaum, D. L. (1988). *Family assessment: Rationale, methods, and future directions.* New York: Plenum Press.

Jayaratne, S., & Levy, R. L. (1979). *Empirical clinical practice.* New York: Columbia University Press.

Jayaratne, S., Tripodi, T., & Talsma, E. (1988). The comparative analysis and aggregation of single case data. *Journal of Applied Behavioral Science, 1*(24), 119–128.

Jensen, A. (1969). How much can we boost IQ and scholastic achievement? *Harvard Educational Review, 39*, 273–274.

Johnson, C., Shala, M., Sedjejaj, X., Odell, R., & Dabishevci, K. (2001). Thought field therapy—Soothing the bad moments of Kosovo. *Journal of Clinical Psychology, 57*(10), 1237–1240.

Johnson, J. C. (1990). *Selecting ethnographic informants.* Newbury Park, CA: Sage.

Johnston, H. (1980). The marketed social movement: A case study of the rapid growth of TM. *Pacific Sociological Review* (July), 333–354.

Jones, J. H. (1981). *Bad blood: The Tuskegee syphilis experiment.* New York: Free Press.

Jones, L. (1991). The impact of cancer on the health status of minorities in Texas. Paper presented at the Texas Minority Health Strategic Planning Conference, Austin, TX, July.

Kahane, H. (1992). *Logic and contemporary rhetoric* (2nd ed.). Belmont, CA: Wadsworth.

Kalton, G. (1983). *Introduction to survey sampling.* Newbury Park, CA: Sage.

Kaplan, A. (1964). *The conduct of inquiry.* San Francisco: Chandler.

Kaplowitz, M. D., Hadlock, T. D., & Levine, R. (2004). A comparison of Web and mail survey response rates. *Public Opinion Quarterly, 68*(1), 94–101.

Keeter, S. (2006). The impact of cell phone noncoverage bias on polling in the 2004 presidential election. *Public Opinion Quarterly, 70*(1), 88–98.

Keeter, S., Dimock, M., Christian, L., & Kennedy, C. (2008, January 31). The impact of "cell-onlys" on public opinion polls: Ways of coping with a growing population segment. Pew Research Center Publications. Available: http://pewresearch.org/pubs/714/the-impact-of-cell-onlys-on-public-opinion-polls.

Keitel, M. A., Kopala, M., & Adamson, W. S. (1996). Ethical issues in multicultural assessment. In L. Suzuki, P. J. Meller, & J. G. Ponterotto (Eds.), *Handbook of multicultural assessment.* (pp. 29–50). San Francisco: Jossey-Bass.

Kelly, A. 1978. Feminism and research. *Women's Studies International Quarterly, 1*, 226.

Kendall, P. L., & Lazarsfeld, P. F. (1950). Problems of survey analysis. In R. K. Merton & P. F. Lazarsfeld (Eds.), *Continuities in social research: Studies in the scope and method of "The American Soldier."* New York: Free Press, 160–176.

Kestenbaum, C. J., & Williams, D. T. (Eds.). (1988). *Handbook of clinical assessment of children and adolescents.* Austin, TX: PRO-ED.

Kinnell, A. M., & Maynard, D. W. (1996). The delivery and receipt of safer sex advice in pretest counseling sessions for HIV and AIDS. *Journal of Contemporary Ethnography, 24*, 405–437.

Kirk, S. A., & Reid, W. J. (2002). *Science and social work.* New York: Columbia University Press.

Kish, L. (1965). *Survey sampling.* New York: Wiley.

Knight, G. P., Roosa, M. W., & Umana-Taylor, A. J. (2009). *Studying ethnic minority and economically disadvantaged populations: Methodological challenges and best practice.* Washington, DC: American Psychological Association.

Knoff, H. M. (1986). *The assessment of child and adolescent personality.* New York: Guilford Press.

Krefting, L. (1991). Rigor in qualitative research: The assessment of trustworthiness. *American Journal of Occupational Therapy, 45*(3), 214–222.

Kronick, J. C. (1989). Toward a formal methodology of document analysis in the interpretive tradition. Paper presented at the meeting of the Eastern Sociological Society, Baltimore, MD.

Kuhn, T. (1970). *The structure of scientific revolutions* (2nd ed.). Chicago: University of Chicago Press.

Kulis, S., Napoli, M., & Marsiglia, F. F. (2002). Ethnic pride, biculturalism, and drug use norms of urban American Indian adolescents. *Social Work Research* (June), 101–112.

Kvale, S. (1996). *InterViews: An introduction to qualitative research interviewing.* Thousand Oaks, CA: Sage.

Ladd, E. C., & Ferree, G. D. (1981). Were the pollsters really wrong? *Public Opinion* (December/January), 13–20.

LaGreca, A. M. (1990). *Through the eyes of the child: Obtaining self-reports from children and adolescents.* Boston: Allyn & Bacon.

Lake, D. G., Miles, M. B., & Earle, R. B., Jr. (1973). *Measuring human behavior: Tools for the assessment of social functioning.* New York: Teachers College Press.

Lasch, C. (1977). *Haven in a heartless world.* New York: Basic Books.

Lazarsfeld, P. (1959). Problems in methodology. In R. K. Merton (Ed.), *Sociology today.* New York: Basic Books, 39–78.

Lazarsfeld, P., Pasanella, A., & Rosenberg, M. (Eds.). (1972). *Continuities in the language of social research.* New York: Free Press.

Lee, R. (1993). *Doing research on sensitive topics.* Newbury Park, CA: Sage.

Lewis-Beck, M. (1995). *Quantitative application in the social sciences: Vol. 103. Data analysis: An introduction.* Thousand Oaks, CA: Sage.

Liebow, E. (1967). *Tally's corner.* Boston: Little, Brown.

Liebow, E. (1993). *Tell them who I am: The lives of homeless women.* New York: Free Press.

Lincoln, Y. S., & Guba, E. A. (1985). *Naturalistic inquiry.* Beverly Hills, CA: Sage.

Lipsey, M. W. (1990). *Design sensitivity: Statistical power for experimental research.* Newbury Park, CA: Sage.

Literary Digest. (1936a, October 31). Landon, 1,293,669: Roosevelt, 972,897, pp. 5–6.

Literary Digest. (1936b, November 14). What went wrong with the polls?, pp. 7–8.

Lofland, J. (1995). Analytic ethnography: Features, failings, and futures. *Journal of Contemporary Ethnography, 24*(1), 30–67.

Lofland, J., & Lofland, L. H. (1995). *Analyzing social settings* (3rd ed.). Belmont, CA: Wadsworth.

Longres, J. F., & Scanlon, E. (2001). Social justice and the research curriculum. *Health and Social Work, 37*(3), 447–463.

Luker, K. (1984). *Abortion and the politics of motherhood.* Berkeley: University of California Press.

Magura, S., & Moses, B. S. (1987). *Outcome measures for child welfare services.* Washington, DC: Child Welfare League of America.

Manning, P. K., & Cullum-Swan, B. (1994). Narrative, content, and semiotic analysis. In N. K. Denzin & Y. S. Lincoln (Eds.), *Handbook of qualitative research* (pp. 463–477). Thousand Oaks, CA: Sage.

Marsden, G. (1971). Content analysis studies of psychotherapy: 1954 through 1968. In A. E. Bergin & S. L. Garfield

(Eds.), *Handbook of psychotherapy and behavior change: An empirical analysis.* New York: Wiley.
Marshall, C., & Rossman, G. B. (1995). *Designing qualitative research.* Thousand Oaks, CA: Sage.
Martin, R. P. (1988). *Assessment of personality and behavior problems: Infancy through adolescence.* New York: Guilford Press.
Maruish, M. E. (Ed.). (2000). *Handbook of psychological assessment in primary care settings.* Mahwah, NJ: Lawrence Erlbaum Associates.
Maruish, M. E. (Ed.). (2002). *Psychological testing in the age of managed behavioral health care.* Mahwah, NJ: Lawrence Erlbaum Associates.
Marx, K. (1867). *Capital.* New York: International Publishers. (Reprinted 1967)
Marx, K. (1880, July 5). *Revue socialist.* Reprinted in T. B. Bottomore & M. Rubel (Eds.), *Karl Marx: Selected writings in sociology and social philosophy.* New York: McGraw-Hill, 1956, 204–212.
Mash, E. J., & Terdal, L. G. (1988). *Behavioral assessment of childhood disorders.* New York: Guilford Press.
Matocha, L. K. (1992). Case study interviews: Caring for persons with AIDS. In J. Gilgun, K. Daly, & G. Handel (Eds.), *Qualitative methods in family research* (pp. 66–84). Thousand Oaks, CA: Sage.
Maxwell, J. A. (1996). *Qualitative research design: An interactive approach.* Thousand Oaks, CA: Sage.
McAlister, A., Perry, C., Killen, J., Slinkard, L. A., & and Maccoby, N. (1980). Pilot study of smoking, alcohol, and drug abuse prevention. *American Journal of Public Health* (July), 719–721.
McCall, G. J., & Simmons, J. L. (Eds.). (1969). *Issues in participant observation.* Reading, MA: Addison-Wesley.
McCubbin, H. I., & Thompson, A. I. (Eds.). (1987). *Family assessment inventories for research and practice.* Madison: University of Wisconsin Press.
McRoy, R. G. (1981). A comparative study of the self-concept of transracially and in racially adopted black children. Dissertation, University of Texas at Austin.
McRoy, R. G., Grotevant, H. D., Lopez, S. A., & Furuta, A. (1990). Adoption revelation and communication issues: Implications for practice. *Families in Society, 71*(9), 550–557.
McWirter, N. (1980). *The Guinness book of records.* New York: Bantam.
Mehta, A. (1978). *Perception of Asian personality.* Calcutta: S. Chand.
Menard, S. (1991). *Longitudinal research.* Newbury Park, CA: Sage.
Mercer, S., & Kane, R. A. (1979). Helplessness and hopelessness among the institutionalized aged. *Health and Social Work, 4*(1), 91–116.
Messer, S. B. (2006). What qualifies as evidence in effective practice? Patient values and preferences. In J. C. Norcross, L. E. Beutler, & R. F. Levant (Eds.), *Evidence-based practices in mental health: Debate and dialogue on the fundamental questions* (pp. 31–40). Washington, DC: American Psychological Association.
Mies, M. (1983). Toward a methodology for feminist research. In G. Bowles & R. Duelli-Klein (Eds.), *Theories of women's studies* (pp. 117–139). London: Routledge & Kegan Paul.
Miles, M. B., & Huberman, A. M. (1994). *Qualitative data analysis* (2nd ed.). Thousand Oaks, CA: Sage.
Milgram, S. (1963). Behavioral study of obedience. *Journal of Abnormal and Social Psychology, 67*, 371–378.
Milgram, S. (1965). Some conditions of obedience and disobedience to authority. *Human Relations, 18*, 57–76.
Miller, D. C. (1983). *Handbook of research design and social measurement* (4th ed.). New York: Longman.
Miller, D. C. (1991). *Handbook of research design and social measurement* (5th ed.). New York: Longman.
Miller, W. L., & Crabtree, B. F. (1994). Clinical research. In N. K. Denzin & Y. S. Lincoln (Eds.), *Handbook of qualitative research* (pp. 340–352). Thousand Oaks, CA: Sage.
Miranda, J. (1996). Introduction to the special section of recruiting and retaining minorities in psychotherapy research. *Journal of Consulting and Clinical Psychology, 64*(5), 848–850.
Mitchell, J. V. (1983). *Tests in print III.* Lincoln, NE: Buros Institute of Mental Measurements.
Mitchell, J. V. (Ed.). (1985). *The ninth mental measurements yearbook.* Lincoln: University of Nebraska Press.
Mitchell, R. G., Jr. (1991). Secrecy and disclosure in field work. In W. B. Shaffir & R. A. Stebbins (Eds.), *Experiencing fieldwork: An inside view of qualitative research* (pp. 97–108). Newbury Park, CA: Sage.
Mitofsky, W. J. (1999). Miscalls likely in 2000. *Public Perspective, 10*(5), 42–43.
Monette, D. R., Sullivan, T. J., & DeJong, C. R. (1994). *Applied social research: Tool for the human services* (3rd ed.). Fort Worth, TX: Harcourt Brace.
Monette, D. R., Sullivan, T. J., & DeJong, C. R. (2002). *Applied social research: Tool for the human services* (5th ed.). Fort Worth, TX: Harcourt Brace.
Moore, D. W. (2002). Measuring new types of question-order effects: Additive and subtractive. *Public Opinion Quarterly, 66*, 80–91.
Moreland, K. L. (1996). Persistent issues in multicultural assessment of social and emotional functioning. In L. Suzuki, P. J. Meller, & J. G. Ponterotto (Eds.), *Handbook of multicultural assessment* (pp. 51–76). San Francisco: Jossey-Bass.
Morgan, D. L. (1993). *Successful focus groups: Advancing the state of the art.* Newbury Park, CA: Sage.
Morgan, L. H. (1870). *Systems of consanguinity and affinity.* Washington, DC: Smithsonian Institution.
Morrison, D., & Henkel, R. (Eds.). (1970). *The significance test controversy: A reader.* Chicago: Aldine-Atherton.
Morrissey, J., & Goldman, H. (1984). Cycles of reform in the care of the chronically mentally ill. *Hospital and Community Psychiatry, 35*(8), 785–793.
Morse, J. M. (1994). Designing funded qualitative research. In N. K. Denzin & Y. S. Lincoln (Eds.), *Handbook of qualitative research.* Thousand Oaks, CA: Sage, 220-235.
Moskowitz, M. (1981, May 23). The drugs that doctors order. *San Francisco Chronicle*, p. 33.
Moss, K. E. (1988). Writing research proposals. In R. M. Grinnell, Jr. (Ed.), *Social work research and evaluation* (3rd ed., pp. 429–445). Itasca, IL: Peacock.
Mowbray, C. T., Jordan, L. C., Ribisl, K. M., Kewalramani, A., Luke, D., Herman, S., et al. (1999). Analysis of post-discharge change in a dual diagnosis population. *Health and Social Work, 4*(2), 91–101.
Moynihan, D. (1965). *The Negro family: The case for national action.* Washington, DC: U.S. Government Printing Office.
Mullen, E. J. (2006). Facilitating practitioner use of evidence-based practice. In A. R. Roberts and K. R. Yeager (Eds.), *Foundations of evidence-based social work practice* (pp. 152–159). New York: Oxford University Press.
Mullen, E. J., & Bacon, W. B. (2004). Implementation of practice guidelines and evidence-based treatment: A survey of psychiatrists, psychologists, and social workers. In A. R. Roberts & K. Yeager (Eds.), *Evidence-based practice manual: Research and outcome measures in health and

human services (pp. 210–218). New York: Oxford University Press.

Mullen, E. J., & Dumpson, J. R. (Eds.). (1972). *Evaluation of social intervention.* San Francisco: Jossey-Bass.

Mullen, E. J., & Magnabosco, J. L. (Eds.). (1997). *Outcomes measurement in the human services: Cross-cutting issues and methods.* Washington, DC: NASW Press.

Mullen, E. J., & Streiner, D. L. (2004). The evidence for and against evidence-based practice. *Brief Treatment and Crisis Intervention, 4*, 111–121.

Murray, C. (1984). *Losing ground.* New York: Basic Books.

Murray, C., & Herrnstein, R. J. (1994). *The bell curve.* New York: Free Press.

Myrdal, G. (1944). *An American dilemma.* New York: Harper & Row.

Nandi, P. K. (1982). Surveying Asian minorities in the middle-sized city. In W. T. Liu (Ed.), *Methodological problems in minority research* (81–92). Chicago: Pacific/Asian American Mental Health Research.

National Association of Social Workers. (1997). *An author's guide to social work journals* (4th ed.). Washington, DC: NASW Press.

National Association of Social Workers. (1999). *NASW Code of Ethics.* Washington, DC: NASW Press.

Neuman, W. L. (1994). *Social research methods: Qualitative and quantitative approaches.* Needham Heights, MA: Allyn & Bacon.

Neuman, W. L. (2000). *Social research methods: Qualitative and quantitative approaches* (4th ed.). Boston: Allyn & Bacon.

Newton, R. R., & Rudestam, K. E. (1999). *Your statistical consultant: Answers to your data analysis questions.* Thousand Oaks, CA: Sage.

New York Times. (1984, June 6). Method of polls in two states, p. 12.

New York Times. (1988, September 27). Test of journals is criticized as unethical, pp. 21, 25.

New York Times. (1989, April 4). Charges dropped on bogus work, p. 21.

Nicholls, W. L., II, Baker, R. P., & Martin, J. (1996). The effect of new data collection technology on survey data quality. In L. Lyberg, P. Biemer, M. Collins, C. Dippo, N. Schwartz, & D. Trewin (Eds.), *Survey measurement and process quality.* New York: Wiley, 221–248.

Nichols, D. S., Padilla, J., & Gomez-Maqueo, E. L. (2000). Issues in the cross-cultural adaptation and use of the MMPI-2. In R. Dana (Ed.), *Handbook of cross-cultural personality assessment* (pp. 247–266). Mahwah, NJ: Lawrence Erlbaum Associates.

Nie, N. H., Hadlai Hull, C., Jenkins, J. G., Steinbrenner, K., & Bent, D. H. (1975). *Statistical Package for the Social Sciences.* New York: McGraw-Hill.

Norton, I. M., & Manson, S. M. (1996). Research in American Indian and Alaska Native communities: Navigating the cultural universe of values and process. *Journal of Consulting and Clinical Psychology, 64*(5), 856–860.

Nugent, W. R. (1991). An experimental and qualitative analysis of a cognitive-behavioral intervention for anger. *Social Work Research and Abstracts, 27*(3), 3–8.

Nurius, P. S., & Hudson, W. W. (1988). Computer-based practice: Future dream or current technology? *Social Work, 33*(4), 357–362.

Oakley, A. (1981). Interviewing women: A contradiction in terms. In H. Roberts (Ed.), *Doing feminist research.* London: Routledge & Kegan Paul, 221–242.

Ogles, B. M., & Masters, K. S. (1996). *Assessing outcome in clinical practice.* Boston: Allyn & Bacon.

O'Hare, T. (2005). *Evidence-based practices for social workers: An interdisciplinary approach.* Chicago: Lyceum Books.

Ollendick, T. H., & Hersen, M. (1992). *Handbook of child and adolescent assessment.* Des Moines, IA: Allyn & Bacon.

Orme, J. G., & Combs-Orme, T. D. (1986). Statistical power and type II errors in social work research. *Social Work Research and Abstracts, 22*(3), 3–10.

Ortega, D. M., & Richey, C. A. (1998). methodological issues in social work research with depressed women of color. In M. Potocky & A. Y. Rodgers-Farmer (Eds.), *Social work research with minority and oppressed populations: Methodological issues and innovations* (pp. 47–70). New York: Haworth Press.

Øyen, E. (Ed.). (1990). *Comparative methodology: Theory and practice in international social research.* Newbury Park, CA: Sage.

Ozawa, M. N. (1989). Welfare policies and illegitimate birth rates among adolescents: Analysis of state-by-state data. *Social Work Research and Abstracts, 24*(2), 5–11.

Padgett, D. K. (1998a). Does the glove really fit? Qualitative research and clinical social work practice. *Social Work, 43*(4), 373–381.

Padgett, D. K. (1998b). *Qualitative methods in social work research.* Thousand Oaks, CA: Sage.

Padilla, A. M., & Medina, A. (1996). Cross-cultural sensitivity in assessment. In L. Suzuki, P. J. Meller, & J. G. Ponterotto (Eds.), *Handbook of multicultural assessment* (pp. 3–28). San Francisco: Jossey-Bass.

Parrish, D. E. (2008). Evaluation of the impact of a full-day continuing education training on how practitioners learn about, view, and engage in evidence-based practice. Dissertation. The University of Texas at Austin, 3341945.

Parsons, T., & Shils, E. A. (1951). *Toward a general theory of action.* Cambridge, MA: Harvard University Press.

Patton, M. Q. (1990). *Qualitative evaluation and research methods* (2nd ed.). Newbury Park, CA: Sage.

Payne, C. M. (1995). *I've got the light of freedom: The organizing tradition and the Mississippi freedom struggle.* Berkeley: University of California Press.

Perinelli, P. J. (1986, February 14). No unsuspecting public in TV call-in polls [Letter to the editor]. *New York Times.*

Perlman, D. (1982, September 6). Fluoride, AIDS experts scoff at Nelder's idea. *San Francisco Chronicle*, p. 1.

Petersen, L. R., & Maynard, J. L. (1981). Income, equity, and wives' housekeeping role expectations. *Pacific Sociological Review* (January), 87–105.

Petrolia, D. R., & Bhattacharjee, S. (2009). Revisiting incentive effects: Evidence from a random-sample mail survey on consumer preferences for fuel ethanol. *Public Opinion Quarterly, 73*, 537–550.

Petrosino, A., Turpin-Petrosino, C., & Buehler, J. (2002). "Scared Straight" and other juvenile awareness programs for preventing juvenile delinquency. *Cochrane Database of Systematic Reviews, 2*, CD002796

Polansky, N. A. (1975). *Social work research.* Chicago: University of Chicago Press.

Polansky, N. A., Lippitt, R., & Redl, F. (1950). An investigation of behavioral contagion in groups. *Human Relations, 3*, 319–348.

Polster, R. A., & Lynch, M. A. (1985). Single-subject designs. In R. M. Grinnell (Ed.), *Social work research and evaluation* (pp. 381–431). Itasca, IL: Peacock.

Population Reference Bureau. (1980). 1980 world population data sheet. Poster prepared by Carl Haub & Douglas W. Heisler. Washington, DC: Author.

Porter, S. R., & Whitcomb, M. E. (2003). The impact of contact type on Web survey response rates. *Public Opinion Quarterly, 67*, 579–588.

Posavac, E. J., & Carey, R. G. (1985). *Program evaluation: Methods and case studies.* Englewood Cliffs, NJ: Prentice Hall.

Potocky, M., & Rodgers-Farmer, A. Y. (Eds.). (1998). *Social work research with minority and oppressed populations* New York: Haworth Press.

Presser, S., & Blair, J. (1994). Survey pretesting: Do different methods produce different results? In P. Marsden (Ed.), *Sociological methodology* (pp. 73–104). San Francisco: Jossey-Bass.

Public Opinion. (1984, October-November). See how they ran, pp. 38–40.

QSR International. (2011). NVivo 9: Getting started. Available: http://download.qsrinternational.com/Document/NVivo9/NVivo9-Getting-Started-Guide.pdf.

Quay, H. C., & Werry, J. S. (1972). *Psychopathological disorders of childhood.* New York: Wiley.

Quoss, B., Cooney, M., & Longhurst, T. (2000). Academics and advocates: Using participatory action research to influence welfare policy. *Journal of Consumer Affairs, 34*(1), 47.

Rank, M. (1992). The blending of qualitative and quantitative methods in understanding childbearing among welfare recipients. In J. Gilgun, K. Daly, & G. Handel (Eds.), *Qualitative methods in family research* (pp. 281–300). Thousand Oaks, CA: Sage.

Rank, M., & Hirschl, T. A. (2002). Welfare use as a life course event: Toward a new understanding of the U.S. safety net. *Social Work, 47*(3), 237–248.

Ransford, H. E. (1968). Isolation, powerlessness, and violence: A study of attitudes and participants in the Watts riots. *American Journal of Sociology, 73*, 581–591.

Rasinski, K. A. (1989). The effect of question wording on public support for government spending. *Public Opinion Quarterly, 53*, 388–394.

Ray, W., & Ravizza, R. (1993). *Methods toward a science of behavior and experience.* Belmont, CA: Wadsworth.

Reed, G. M. (2006). What qualifies as evidence of effective practice? Clinical expertise. In J. C. Norcross, L. E. Beutler, & R. F. Levant (Eds.), *Evidence-based practices in mental health: Debate and dialogue on the fundamental questions* (pp. 13–23). Washington, DC: American Psychological Association.

Reid, W. J. (1997). Evaluating the dodo's verdict: Do all evaluations have equivalent outcomes? *Social Work Research, 21*, 5–18.

Reid, W. J., & Epstein, L. (1972). *Task-centered casework.* New York: Columbia University Press.

Reid, W. J., & Hanrahan, P. (1982). Recent evaluations of social work: Grounds for optimism. *Social Work, 27*(4), 328–340.

Reinharz, S. (1992). *Feminist methods in social research.* New York: Oxford University Press.

Reissman, C. (Ed.). (1994). *Qualitative studies in social work research.* Thousand Oaks, CA: Sage.

Reynolds, C. R., & Kamphaus, R. W. (Eds.). (1990). *Handbook of psychological and educational assessment of children.* New York: Guilford Press.

Richmond, M. (1917). *Social diagnosis.* New York: Russell Sage Foundation.

Roberts, A. R., & Greene, G. J. (Eds.). (2002). *Social workers' desk reference.* New York: Oxford University Press.

Roberts, A. R., & Yeager, K. R. (Eds.). (2004). *Evidence-based practice manual: Research and outcome measures in health and human services.* New York: Oxford University Press.

Roberts, A. R., & Yeager, K. R. (Eds.). (2006). *Foundations of evidence-based social work practice.* New York: Oxford University Press.

Roberts, M. C., & Hurley, L. K. (1997). *Managing managed care.* New York: Plenum Press.

Robinson, R. A. (1994). Private pain and public behaviors: Sexual abuse and delinquent girls. In C. Reissman (Ed.), *Qualitative studies in social work research* (pp. 73–94). Thousand Oaks, CA: Sage.

Rodwell, M. K. (1987). Naturalistic inquiry: An alternative model for social work assessment. *Social Service Review, 61*(2), 232–246.

Rodwell, M. K. (1998). *Social work constructivist research.* New York: Garland.

Roethlisberger, F. J., & Dickson, W. J. (1939). *Management and the worker.* Cambridge, MA: Harvard University Press.

Roffman, R. A., Downey, L., Beadnell, B., Gordon, J. R., Craver, J. N., & Stephens, R. S. (1997). Cognitive-behavioral group counseling to prevent HIV transmission in gay and bisexual men: Factors contributing to successful risk reduction. *Research on Social Work Practice, 7*, 165–186.

Roffman, R. A., Picciano, J., Wickizer, L., Bolan, M., & Ryan, R. (1998). Anonymous enrollment in AIDS prevention telephone group counseling: Facilitating the participation of gay and bisexual men in intervention and research. In M. Potocky & A. Y. Rodgers-Farmer (Eds.), *Social work research with minority and oppressed populations: Methodological issues and innovations* (pp. 5–22). New York: Haworth Press.

Rogler, L. H. (1989). The meaning of culturally sensitive research in mental health. *American Journal of Psychiatry, 146*(3), 296–303.

Rogler, L. H., & Hollingshead, A. B. (1985). *Trapped: Puerto Rican families and schizophrenia.* Maplewood, NJ: Waterfront Press.

Rose, S., Bisson, J., & Wessely, S. (2001). Psychological debriefing for preventing post traumatic stress disorder (PTSD). *Cochrane Database of Systematic Reviews, 3*, CD000560.

Rosenberg, M. (1965). *Society and the adolescent self-image.* Princeton, NJ: Princeton University Press.

Rosenberg, M. (1968). *The logic of survey analysis.* New York: Basic Books.

Rosenhan, D. L. (1973). On being sane in insane places. *Science, 179*, 240–248.

Rosenthal, R., & Rubin, D. (1982). A simple, general purpose display of magnitude of experimental effect. *Journal of Educational Psychology, 74*(2), 166–169.

Rosenthal, R. N. (2006). Overview of evidence-based practice. In A. R. Roberts & K. Yeager (Eds.), *Foundations of evidence-based social work practice* (pp. 67–80). New York: Oxford University Press.

Rossi, P. H., & Freeman, H. E. (1982). *Evaluation: A systematic approach.* Beverly Hills, CA: Sage.

Rossi, P. H., & Freeman, H. E. (1993). *Evaluation: A systematic approach* (5th ed.). Newbury Park, CA: Sage.

Rothman, E. K. (1981). The written record. *Journal of Family History* (Spring), 47–56.

Rowntree, D. (1981). *Statistics without tears: A primer for non-mathematicians.* New York: Charles Scribner's Sons.

Royse, D. (1988). Voter support for human services. *ARETE, 13*(2), 26–34.

Royse, D. (1991). *Research methods in social work.* Chicago: Nelson-Hall.

Rubin, A. (1979). *Community mental health in the social work curriculum.* New York: Council on Social Work Education.

Rubin, A. (1981). Reexamining the impact of sex on salary: The limits of statistical significance. *Social Work Research and Abstracts, 17*(3), 19–24.

Rubin, A. (1983). Engaging families as support resources in nursing home care: Ambiguity in the subdivision of tasks. *Gerontologist, 23*(6), 632–636.

Rubin, A. (1985a). Practice effectiveness: More grounds for optimism. *Social Work, 30*(6), 469–476.

Rubin, A. (1985b). Significance testing with population data. *Social Service Review, 59*(3), 518–520.

Rubin, A. (1987). Case management. In *Encyclopedia of social work* (18th ed., Vol. 1, pp. 212–222). Silver Spring, MD: National Association of Social Work.

Rubin, A. (1990). Cable TV as a resource in preventive mental health programming for children: An illustration of the importance of coupling implementation and outcome evaluation. *ARETE, 15*(2), 26–31.

Rubin, A. (1991). The effectiveness of outreach counseling and support groups for battered women: A preliminary evaluation. *Research on Social Work Practice, 1*(4), 332–357.

Rubin, A. (1992). Is case management effective for people with serious mental illness? A research review. *Health and Social Work, 17*(2), 138–150.

Rubin, A. (1997). The family preservation evaluation from hell: Implications for program evaluation fidelity. *Children and Youth Services Review, 19*(1–2), 77–99.

Rubin, A. (2002). Is EMDR an evidence-based practice for treating PTSD? Unanswered questions. Paper presented at the annual conference of the Society for Social Work and Research, San Diego, January 18.

Rubin, A. (2008). *Practitioner's guide to using research for evidence-based practice.* Hoboken, NJ: Wiley.

Rubin, A. (2010). Research for providing the evidence-base for interventions in this volume. In A. Rubin & D. W. Springer (Eds.), *Treatment of traumatized adults and children: Vol. 1. The clinician's guide to evidence-based practice.* Hoboken, NJ: Wiley, 423–429.

Rubin, A. (2010). Teaching EBP in social work: Retrospective and prospective. Journal of Social Work, *11*(1), 64–79.

Rubin, A. (2013). *Statistics for evidence-based practice and evaluation* (3rd ed.). Belmont, CA: Brooks/Cole Cengage Learning.

Rubin, A., Bischofshausen, S., Conroy-Moore, K., Dennis, B., Hastie, M., L. Melnick, L., et al. (2001). The effectiveness of EMDR in a child guidance center. *Research on Social Work Practice, 11*(4), 435–457.

Rubin, A., & Bowker, J. (Eds.). (1986). *Studies on chronic mental illness: A new horizon for social work researchers* New York: Council on Social Work Education.

Rubin, A., Cardenas, J., Warren, K., Pike, C. K., & Wambach, K. (1998). Outdated practitioner views about family culpability and severe mental disorders. *Social Work* (September), 412–422.

Rubin, A., & Conway, P. G. (1985). Standards for determining the magnitude of relationships in social work research. *Social Work Research and Abstracts, 21*(1), 34–39.

Rubin, A., Conway, P. G., Patterson, J. K., & Spence, R. T. (1983). Sources of variation in rate of decline to MSW programs. *Journal of Education for Social Work, 19*(3), 48–58.

Rubin, A., & Johnson, P. J. (1982). Practitioner orientations toward the chronically disabled: Prospects for policy implementation. *Administration in Mental Health, 10*, 3–12.

Rubin, A., & Johnson, P. J. (1984). Direct practice interests of entering MSW students. *Journal of Education for Social Work, 20*(2), 5–16.

Rubin, A., & Parrish, D. (2007a). Problematic phrases in the conclusions of published outcome studies: Implications for evidence-based practice. *Research on Social Work Practice, 17*(3), 334–347.

Rubin, A., & Parrish, D. (2007b). Views of evidence-based practice among faculty in MSW programs: A national survey. *Research on Social Work Practice, 17*(1), 110–122.

Rubin, A., & Parrish, D. (2009). Development and validation of the EBP process assessment scale: Preliminary findings. *Research on Social Work Practice, 20*(6), 629–640.

Rubin, A., & Shuttlesworth, G. E. (1982). Assessing role expectations in nursing home care. *ARETE, 7*(2), 37–48.

Rubin, A., & Springer, D. W. (Eds.). (2010). *The clinician's guide to evidence-based practice.* Hoboken, NJ: Wiley.

Rubin, A., & Thorelli, I. (1984). Egoistic motives and longevity of participation by social service volunteers. *Journal of Applied Behavioral Science, 20*(3), 223–235.

Rubin, H. J., & Rubin, R. S. (1995). *Qualitative interviewing: The art of hearing data.* Thousand Oaks, CA: Sage.

Ruckdeschel, R. A., & Faris, B. E. (1981). Assessing practice: A critical look at the single-case design. *Social Casework, 62*, 413–419.

Rutter, M., Tuma, H. H., & Lann, I. S. (Eds.). (1988). *Assessment and diagnosis in child psychopathology.* New York: Guilford Press.

Sackett, D. L., Richardson, W. S., Rosenberg, W., & Haynes, R. B. (1997). *Evidence-based medicine: How to practice and teach EBM.* New York: Churchill Livingstone.

Sackett, D. L., Richardson, W. S., Rosenberg, W., & Haynes, R. B. (2000). *Evidence-based medicine: How to practice and teach EBM* (2nd ed.). New York: Churchill Livingstone.

Sacks, J. J., Krushat, W. M., & Newman, J. (1980). Reliability of the health hazard appraisal. *American Journal of Public Health* (July), 730–732.

Sales, E., Lichtenwalter, S., & Fevola, A. (2006). Secondary analysis in social work research education: Past, present, and future promise. *Journal of Social Work Education, 42* (3), 543–558.

Saletan, W., & Watzman, N. (1989). Marcus Welby, J. D. *New Republic, 200*(16), 22.

Sandelowski, M., Holditch-Davis, D. H., & Harris, B. G. (1989). Artful design: Writing the proposal for research in the naturalistic paradigm. *Research in Nursing and Health, 12*, 77–84.

Sarnoff, S. K. (1999). "Sanctified snake oil": Ideology, junk science, and social work practice. *Families in Society, 80*, 396–408.

Sattler, J. M. (1988). *Assessment of children* (3rd ed.). Brandon, VT: Clinical Psychology Publishing.

Sawin, K. J., Harrigan, M. P., & Woog, P. (Eds.). (1995). *Measures of family functioning for research and practice.* New York: Springer.

Schilling, R. F., El-Bassel, N., Finch, J. B., Roman, R. J., & Hanson, M. (2002). Motivational interviewing to encourage self-help participation following alcohol detoxification. *Research on Social Work Practice, 12*(6), 711–730.

Scholl, G., & Schnur, R. (1976). *Measures of psychological, vocational, and educational functioning in the blind and visually handicapped.* New York: American Foundation for the Blind.

Schuerman, J. (1989). Editorial. *Social Service Review, 63*(1), 3.

Selltiz, C., Wrightsman, L. S., & Cook, S. W. (1976). *Research methods in social relations*. New York: Holt, Rinehart and Winston.

Shadish, W. R., Cook, T. D., & Campbell, D. T. (2001). *Experimental and quasi-experimental designs for generalized causal inference*. New York: Houghton Mifflin.

Shadish, W. R., Cook, T. D., & Leviton, L. C. (1991). *Foundations of program evaluation*. Newbury Park, CA: Sage.

Shaffir, W. B., & Stebbins, R. A. (Eds.). (1991). *Experiencing fieldwork: An inside view of qualitative research*. Newbury Park, CA: Sage.

Shanks, J. M., & Tortora, R. D. (1985). Beyond CATI: Generalized and distributed systems for computer-assisted surveys. Paper presented at the First Annual Research Conference, Bureau of the Census, Reston, VA, March 20–23.

Shapiro, F. (1995). *Eye movement de-sensitization and reprocessing: Basic principles, protocols, and procedures*. New York: Guilford Press.

Shea, C. (2000). Don't talk to the humans: The crackdown on social science research. *Lingua Franca, 10*(6), 27–34.

Shlonsky, A., & Gibbs, L. (2004). Will the real evidence-based practice please stand up? Teaching the process of evidence-based practice to the helping professions. *Brief Treatment and Crisis Intervention, 4*(2), 137–153.

Silverman, D. (1993). *Interpreting qualitative data: Methods for analyzing talk, text, and interaction*. Newbury Park, CA: Sage.

Silverman, D. (1999). *Doing qualitative research: A practical handbook*. Thousand Oaks, CA: Sage.

Simon, C. E., McNeil, J. S., Franklin, C., & Cooperman, A. (1991). The family and schizophrenia: Toward a psychoeducational approach. *Families in Society, 72*(6), 323–333.

Singer, E., Groves, R. M., & Corning, A. D. (1999). Differential incentives: Beliefs about practices, perceptions of equity, and effects on survey participation. *Public Opinion Quarterly, 63*, 251–260.

Smith, A. E., & Bishop, G. F. (1992). The Gallup secret ballot experiments: 1944–1988. Paper presented at the annual conference of the American Association for Public Opinion Research, St. Petersburg, FL, May.

Smith, E. R. A. N., & Squire, P. (1990). The effects of prestige names in question wording. *Public Opinion Quarterly, 54*, 97–116.

Smith, J. (1991). A methodology for twenty-first century sociology. *Social Forces, 70*(1), 117.

Smith, M. L., & Glass, G. V. (1977). Meta-analysis of psychotherapy outcome studies. *American Psychologist, 32*(9), 752–760.

Smith, T. W. (1988). The first straw? A study of the origins of election polls. *Public Opinion Quarterly, 54*(Spring), 21–36.

Smith, T. W. (2001). Are representative Internet surveys possible? In *Proceedings of Statistics Canada symposium, 2001, Achieving data quality in a statistical agency: A methodological perspective*.

Snow, D. A., & Anderson, L. (1987). Identity work among the homeless: The verbal construction and avowal of personal identities. *Journal of Sociology, 92*(6), 1336–1371.

Sodowsky, G. R., & Impara, J. C. (Eds.). (1996). *Multicultural assessment in counseling and clinical psychology*. Lincoln, NE: Buros Institute of Mental Measurements.

Solomon, P., & Paulson, R. I. (1995). Issues in designing and conducting randomized human service trials. Paper presented at the national conference of the Society for Social Work and Research, Washington, DC, January.

Srole, L. (1956). Social integration and certain corollaries: An exploratory study. *American Sociological Review, 21*, 709–716.

Stouffer, S. (1962). *Social research to test ideas*. New York: Free Press of Glencoe.

Strachan, A. M. (1986). Family intervention for the rehabilitation of schizophrenia: Toward protection and coping. *Schizophrenia Bulletin, 12*(4), 678–698.

Straus, M., & Brown, B. (1978). *Family measurement techniques: Abstracts of published instruments*. Minneapolis: University of Minnesota Press.

Strauss, A., & Corbin, J. (1990). *Basics of qualitative research: Grounded theory procedures and techniques*. Newbury Park, CA: Sage.

Strauss, A., & Corbin, J. (1994). Grounded theory methodology: An overview. In N. K. Denzin & Y. S. Lincoln (Eds.), *Handbook of qualitative research* (pp. 273–285). Thousand Oaks, CA: Sage.

Strunk, W., Jr., & and White, E. B. (1999). *The elements of style* (4th ed.). New York: Macmillan.

Stuart, P. (1981). Historical research. In R. M. Grinnell (Ed.), *Social work research and evaluation* (pp. 316–332). Itasca, IL: Peacock.

Sudman, S. (1983). Applied sampling. In P. H. Rossi, J. D. Wright, & A. B. Anderson (Eds.), *Handbook of survey research* (pp. 145–194). New York: Academic Press.

Sue, S. (1996). Measurement, testing, and ethnic bias: Can solutions be found? In G. R. Sodowsky & J. C. Impara (Eds.), *Multicultural assessment in counseling and clinical psychology* (pp. 7–36). Lincoln, NE: Buros Institute of Mental Measurements.

Suzuki, L. A., Meller, P. J., & Ponterotto, J. G. (Eds.). (1996). *Handbook of multicultural assessment*. San Francisco: Jossey-Bass.

Sweet, S. (1999). Using a mock institutional review board to teach ethics in sociological research. *Teaching Sociology, 27*(January), 55–59.

Taber, S. M. (1981). Cognitive-behavior modification treatment of an aggressive 11-year-old boy. *Social Work Research and Abstracts, 17*(2), 13–23.

Takeuchi, D. (1974). Grass in Hawaii: A structural constraints approach. MA thesis, University of Hawaii.

Tan, A. S. (1980). Mass media use, issue knowledge and political involvement. *Public Opinion Quarterly, 44*, 241–248.

Tandon, R., & Brown, L. D. (1981). Organization-building for rural development: An experiment in India. *Journal of Applied Behavioral Science* (April–June), 172–189.

Task Force on the Promotion and Dissemination of Psychological Procedures. (1995). Training in and dissemination of empirically-validated psychosocial treatments: Report and recommendations. *Clinical Psychologist, 48*, 3–23.

Taylor, J. B. (1977). Toward alternative forms of social work research: The case for naturalistic methods. *Journal of Social Welfare, 4*, 119–126.

Taylor, H., & Terhanian, G. (1999). Heady days are here again: Online polling is rapidly coming of age. *Public Perspective, 10*(4), 20–23.

Thomas, W. I., & Znaniecki, F. (1918). *The Polish peasant in Europe and America*. Chicago: University of Chicago Press.

Thompson, B. (1999a). Improving research clarity and usefulness with effect size indices as supplements to statistical significance tests. *Exceptional Children, 65*(3), 329–337.

Thompson, B. (1999b). Why encouraging effect size reporting is not working: The etiology of researcher resistance to changing practices. *Journal of Psychology, 133*(2), 133–140.

Thompson, E. E., Neighbors, H. W., Munday, C., & Jackson, J. S. (1996). Recruitment and retention of African American patients for clinical research: An exploration of response rates in an urban psychiatric hospital. *Journal of Consulting and Clinical Psychology*, *64*(5), 861–867.

Thomson, B. (1996, May 29). Letter on push polling. AAPORnet listserv. Available: billt@pos.org.

Thyer, B. (2001). Evidence-based approaches to community practice. In H. E. Briggs & K. Corcoran (Eds.), *Social work practice: Treating common client problems* (pp. 54–65). Chicago: Lyceum Books.

Thyer, B. (2002). Principles of evidence-based practice and treatment development. In A. R. Roberts & G. J. Greene (Eds.), *Social workers' desk reference* (pp. 738–742). New York: Oxford University Press.

Tobler, N. S. (1986). Meta-analysis of 143 adolescent drug prevention programs: Quantitative outcome results of program participants compared to a control or comparison group. *Journal of Drug Issues*, *4*, 537–567.

Todd, T. (1998). Co-constructing your business relationship. In C. Franklin & P. Nurius (Eds.), *Constructivism in practice: Methods and challenges* (pp. 323–347). Milwaukee, WI: Families International.

Touliatos, J., Perlmutter, B. F., & Straus, M. A. (Eds.). (1990). *Handbook of family measurement techniques*. Newbury Park, CA: Sage.

Tuckel, P. S., & Feinberg, B. M. (1991). The answering machine poses many questions for telephone survey researchers. *Public Opinion Quarterly*, *55*, 200–217.

Tuckel, P. S., & O'Neill, H. (2002). The vanishing respondent in telephone surveys. *Journal of Advertising Research* (September/October), 26–48.

Turk, T. G. (1980). Hospital support: Urban correlates of allocation based on organizational prestige. *Pacific Sociological Review* (July), 315–332.

Turner, J. (1974). *The structure of sociological theory*. Homewood, IL: Dorsey Press.

U.S. Bureau of the Census. (1979). *Statistical abstract of the United States*. Washington, DC: U.S. Government Printing Office.

U.S. Bureau of the Census. (1992). *Statistical abstract of the United States*. Washington, DC: U.S. Government Printing Office.

U.S. Bureau of the Census. (1995). *Statistical abstract of the United States*. Washington, DC: U.S. Government Printing Office.

U.S. Bureau of the Census. (1996). *Statistical abstract of the United States, 1996, National Data Book and Guide to Sources*. Washington, DC: U.S. Government Printing Office.

U.S. Bureau of the Census. (2006). *Statistical abstract of the United States, 2006, National Data Book and Guide to Sources*. Washington, DC: U.S. Government Printing Office.

U.S. Department of Health and Human Services. (1992). *Survey measurement of drug use*. Washington, DC: U.S. Government Printing Office.

U.S. Department of Labor, Bureau of Labor Statistics. (1978). *The consumer price index: Concepts and content over the years*. Report 517. Washington, DC: U.S. Government Printing Office.

Videka-Sherman, L. (1988). Meta-analysis of research on social work practice in mental health. *Social Work*, *33*(4), 325–338.

Vonk, M. E. (2001). Cultural competence for transracial adoptive parents. *Social Work*, *46*(3), 246–255.

Votaw, C. D. (1979). *Women's rights in the United States*. Washington, DC: Clearinghouse Publications.

Wagner-Pacifici, R. (1995). *Discourse and destruction: The city of Philadelphia versus MOVE*. Chicago: University of Chicago Press.

Walker, D. K. (1973). *Socioemotional measure for preschool and kindergarten children*. San Francisco: Jossey-Bass.

Walker, J. R., & Taylor, T. (1998). *The Columbia guide to online style*. New York: Columbia University Press.

Walker, J. T. (1994). Fax machines and social surveys: Teaching an old dog new tricks. *Journal of Quantitative Criminology*, *10*(2), 181–188.

Walker Research. (1988). *Industry image study* (8th ed.). Indianapolis: Author.

Wallace, W. (1971). *The logic of science in sociology*. Chicago: Aldine-Atherton.

Walster, E., Piliavian, J., & Walster, G. W. (1973). The hard-to-get woman. *Psychology Today* (September), 80–83.

Webb, E., Campbell, D. T., Schwartz, R. D., & Sechrest, L. (1981). *Nonreactive research in the social sciences*. Chicago: Rand McNally.

Webb, E., Campbell, D. T., Schwartz, R. D., & Sechrest, L. (2000). *Unobtrusive measures*. Thousand Oaks, CA: Sage.

Weber, M. (1925). Science as a vocation. In H. Gerth & C. Wright Mills (Trans. & Eds.), *From Max Weber: Essays in sociology*. New York: Oxford University Press.

Weber, R. P. (1990). *Basic content analysis*. Newbury Park, CA: Sage.

Weinbach, R., & Grinnell, R. (1998). *Statistics for social workers* (4th ed.). New York: Longman.

Weisbrod, B. A., Test, M. A., & Stein, L. I. (1980). Alternative to mental hospital treatment: II. Economic benefit-cost analysis. *Archives of General Psychiatry*, *37*(4), 400–408.

Weiss, C. H. (1972). *Evaluation research*. Englewood Cliffs, NJ: Prentice Hall.

Weisz, A. N., & Black, B. M. (2001). Evaluating a sexual assault and dating violence prevention program for urban youths. *Social Work Research*, *25*(2), 89–99.

Westen, D. I. (2006). Patients and treatments in clinical trials are not adequately representative of clinical practice. In J. C. Norcross, L. E. Beutler, & R. F. Levant (Eds.), *Evidence-based practices in mental health: Debate and dialogue on the fundamental questions* (pp. 161–171). Washington, DC: American Psychological Association.

Wetzler, S. (Ed.). (1989). *Measuring mental illness: Psychometric assessment for clinicians*. Washington, DC: American Psychiatric Press.

White, K. R. (1988). Cost analyses in family support programs. In H. B. Weiss & F. H. Jacobs (Eds.), *Evaluating family programs* (pp. 429–443). New York: Aldine de Gruyter.

White, R. (1951). *Value-analysis: The nature and use of the method*. New York: Society for the Psychological Study of Social Issues.

Whiteman, M., Fanshel, D., & Grundy, J. F. (1987). Cognitive-behavioral interventions aimed at anger of parents at risk of child abuse. *Social Work*, *32*(6), 469–474.

Whittaker, J. K. (1987). Group care for children. In *Encyclopedia of social work* (18th ed., Vol. 1, pp. 672–682). Silver Spring, MD: National Association of Social Workers.

Whyte, W. F. (1943). *Street corner society*. Chicago: University of Chicago Press.

Whyte, W. F., Greenwood, D. J., & Lazes, P. (1991). Participatory action research: Through practice to science in social research. In W. F. Whyte (Ed.), *Participatory action research* (pp. 19–55). New York: Sage.

Williams, J., & Ell, K. (1998). *Advances in mental health research: Implications for practice*. Washington, DC: NASW Press.
Wilson, J. (1989). Cancer incidence and mortality differences of black and white Americans: A role for biomarkers. In L. Jones (Ed.), *Minorities and cancer*. New York: Springer-Verlag.
W. K. Kellogg Foundation. (2004). *W. K. Kellogg Foundation logic model development guide*. Battle Creek, MI: Author.
Wood, K. M. (1978). Casework effectiveness: A new look at the research evidence. *Social Work*, *23*(6), 437–458.
Yin, R. K. (1984). *Case study research: Design and methods*. Beverly Hills, CA: Sage.
Yinger, J. M., Ikeda, K., Laycock, F., & Cutler, S. J. (1977). *Middle start: An experiment in the educational enrichment of young adolescents*. London: Cambridge University Press.
York, J., & Persigehl, E. (1981). Productivity trends in the ball and roller bearing industry. *Monthly Labor Review* (January), 40–43.
Yoshihama, M. (2002). Breaking the web of abuse and silence: Voices of battered women in Japan. *Social Work*, *47*(4), 389–400.
Yu, E. S. H., Zhang, M.-Y., Xia, Z.-Y., Liu, W. T. Translation of instruments: Procedures, issues, and dilemmas. In W. T. Liu (Ed.), *A decade review of mental health research, training, and services* (pp. 75–83). Chicago: Pacific/Asian American Mental Health Research Center.
Ziesel, H. (1957). *Say it with figures*. New York: Harper & Row.
Zimbalist, S. E. (1977). *Historic themes and landmarks in social welfare research*. New York: Harper & Row.
Zippay, A. (2002). Dynamics of income packaging: A 10-year longitudinal study. *Social Work*, *47*, 291–300.
Zlotnik, J. L., & Galambos, C. (2004). Evidence-based practices in health care: Social work possibilities. *Health and Social Work*, *29*, 259–261.

찾아보기

ㄱ

ㅂ

ㅅ

ㅇ

ㅈ

ㅊ

ㅋ

ㅌ